「키워드로 푸는 성경」에 대한 격찬

귀납적인 성경 연구를 하는 학생은 저자가 의도한 의미가 하나님의 말씀을 이해하는 데 매우 중요하다는 것을 안다. 이 책은 성경의 저자들이 문맥 속에서 각 책마다 사용한 단어들의 용례와 의미를 이해하고자 애쓰는 사람의 장서로 환영받는 책이다. 우리는 다가오는 해에 이 귀중한 새 도구를 사용할 것을 고대한다.

– 케이 아더(Kay Arthur)
협동 설립자/CEO, 국제 프리셉트 사역

「키워드로 푸는 성경」은 학생들과 교회에서 성경을 가르치는 교사들이 신속하게 사용할 수 있는 가장 유용한 참고서가 될 것이다. 우선 건전한 단어 연구의 원리들에 대한 설명이 나온다. 그리고 단어의 의미는 각각 격리된 단어들에서가 아니라 구절, 문장, 문단 가운데 다른 단어들과 함께 사용되는 방식에서 발견된다는 사실에 세밀하게 주목하는 것을 포함하여 각 구절에서의 의미가 제시된다. 더욱이 저자들은 구절들 사이의 연결, 신학적인 이해 및 반성, 그리고 오늘날 사람들의 삶 속에 성경을 적용하는 데 매우 중요한 신구약 사이의 연결을 명료하게 설명한다.

– 리차드 E. 애버벡(Richard E. Averbeck)
트리니티 복음주의 신학교, 구약학과 셈족어 담당 교수

나는 이 도구가 지난 25년 간 내 사역에 도움이 되었다면 얼마나 좋았을까 생각한다. 이 「키워드로 푸는 성경」 시리즈는 하나님의 말씀을 진지하게 연구하는 학생과 가르치는 이에게 많은 시간을 절감해주고, 해석의 많은 오류로부터 보호해줄 것이다. 서론에 실린 개론적인 글은 시리즈에 속한 책 전체에 적용된 용어 분석의 방법을 가르쳐주므로 이것들만으로도 특별한 주목을 받을 가치가 있다. 성경 말씀의 정확한 해석과 선포를 위해서 이 새로운 도구를 최고로 추천한다.

– 마크 L. 베일리(Mark L. Bailey 박사)
달라스 신학교 총장

「키워드로 푸는 성경」은 성경을 연구하는 사람의 책상 위에 놓여 있어야 한다. 이 책은 책별, 장별, 절별로 정리되어 있어서 사용하기 편하고 실용적이다. 문맥 속에서 핵심단어들에 대한 선택적인 분석은 단어가 속하는 장소, 곧 성경적인 진술들 자체에 초점을 지속적으로 둔다. 이 자료는 진지한 학생과 주해가를 위해서 언어적/주해적인 열쇠와 신학 사전들 사이의 공백을 연결해준다.

– 윌리엄 D. 배릭(William D. Barrick) 박사
매스터스 신학교, 구약학 교수

성경 단어들의 연구는 과학이며 예술이다. 보크 박사는 이 둘 모두의 대가다. 이 책은 책임 있고 간결한 단어 연구를 신속하게 활용하기 원하는 사역자들과 성경 교사들의 필요를 충족시킨다.

– 대니얼 I. 블록(Daniel I. Block) 박사
남침례교 신학교, 협동 학장, 구약 해석학 석좌 교수

단지 개별적인 단어들과 연결된 논평들은 성경책에 대한 완벽한 주석서를 대신할 수 없다. 그러나 단어들이 등장하는 구체적인 문맥들에서 성경 단어들에 대한 간결하고 정확한 통찰을 찾는다면, 이 책의 방법과 내용보다 더 좋은 책은 좀처럼 찾기 어렵다. 더욱이 대럴 보크 박사는 미국 복음주의 신학계에서 선두를 달리는 누가복음 전문가다. 그는 결코 당신을 잘못된 길로 인도하지 않을 것이다.

– 크레이그 블롬버그(Craig Blomberg) 박사
덴버 신학교, 신약연구 교수

대럴 보크 박사와 유진 메릴(「키워드로 푸는 성경」 구약 편집자) 박사가 단어 연구의 창문들을 열어놓아 나의 성경 연구에 신선한 바람이 불어왔다. 오늘 아침에 나는 빈 무덤에서 달려온 여인에게 돌려진 '쓸모없는 이야기' 로 번역된 단어 배후의 흥미진진한 역사를 배웠다. 나는 이 사용하기 간편한 도구를 가지고 내 성경을 탐독하고 있다.

– 디 브레스틴(Dee Brestin)
「A Woman' s Journey」 시리즈, 「The Friendships of Woman」의 저자

효율적인 의사소통은 조심스런 정의와 분명한 예와 설득력 있는 적용을 요구한다. 고대 성경의 메시지를 현대의 청중들에게 전달하는 것은 이 세 분야에 있어서 대단한 기술을 필요로 한다. 「키워드로 푸는 성경」은 측량할 수 없을 정도의 도움을 줄 것이다.

– 스튜어트, 질 브리스코(Stuart, Jill Briscoe)
엠브룩 교회(Brookfield, WI)의 사역자, 저술가

이 책은 성경 본문을 놀라울 정도로 조명해줄 귀중한 정보를 가지고 있는 금광이다. 분명한 문체로 쓰여진 이 책은 다양한 독자에게 어휘와 배경 자료를 쉽게 접근하고 사용할 수 있게 한다. 더욱이 편집자는 단어를 연구하는 방법에 대하여 간결한 개론을 서문에 싣고 있다. 당신의 성경을 꺼낸 다음, 「키워드로 푸는 성경」을 펴고 하나님 진리의 더 깊은 지식 속으로 여행을 시작하기 바란다.

– M. 마이클 캐럴 R.(M. Daniel Carroll R.) 박사
덴버 신학교 구약학 교수

나는 「키워드로 푸는 성경」이 '진리의 말씀을 옳게 분별하려는' 진지한 소원을 가진 모든 사람에

게 가장 많이 도움을 주는 유일한 도구가 될 것이라고 예언한다. 이 책은 내 연구 책상 위에서 가장 중요한 자리를 차지한다. 이 책을 통해 많은 수확을 거두기 바란다.

– O. S. 호킨스(O. S. Hawkins) 박사
남침례교단 연금 위원회 의장

성경을 연구하는 학생이 이용할 수 있는 가장 정확하고도 학술적인 단어 연구를 원한다면, 그것이 바로 이 책이다. 내 동료인 보크와 메릴박사는 팀을 잘 구성하여 참으로 신뢰할 만한 참고서를 만들어냈다. 이 책은 살아 있는 말씀으로부터 나오는 유용한 통찰로 가득 찬 보물 상자이며, 탐구하는 지성이 기꺼이 사용할 수 있도록 준비된 책이다. 나는 이 책을 추천하는 데 결코 주저하지 않는다.

– 하워드 G. 헨드릭스(Howard G. Hendricks)
달라스 신학교 기독교 리더십 센터 소장

바쁜 사람이 「키워드로 푸는 성경」을 발견하는 것은 목수가 완벽한 연장 일체를 발견하는 것과 같은 일이다. 이 책에 모든 것이 다 들어 있다. 어휘 분석, 원어의 음역, 번역의 비교, 핵심 있는 주석, 성경에 대한 참고 구절이 설명되어 있다. 그리고 더 중요하게는 각 표제어는 단어에 대한 가장 문맥적인 의미 설명을 포함한다. 이 책을 가지고 있으면, 정확하고 권위 있게 하나님의 말씀을 가르치는 일은 훨씬 수월해질 것이다.

– 우드로우 크롤(Woodrow Kroll)
백 투더 바이블(Back to the Bible) 총재

보크와 메릴 박사가 우리에게 선사한 이 책은 우아하고 단순한 모양으로 본문의 감각과 각 구절의 의미를 경이롭게 포착한다. 이것처럼 강단에서든 교인의 자리에서든 하나님의 말씀과 더 큰 관계를 얻는 데 도움을 주는 유용한 도구가 어디 있는가!

– J. 오티스 레드베터(J. Otis Ledbetter)
목사, 저술가, Heritage Builders Association의 공동 설립자

빠른 삶의 현장에 있는 기독교 사역자에게 이 책은 매우 위대한 도구다. 이 책은 본문의 어휘를 다루기 때문에, 「키워드로 푸는 성경」은 본문의 의미를 포착하는 일을 향한 먼 길을 잘 안내할 것이다. 이 책은 단음적인 방식으로 통찰 위에 통찰을 가져오는 좋은 스승의 말을 듣는 것과 같다. 참고 대조는 통계적인 정보와 같이 특별히 소중하다. 교사들과 목회자들을 위한 손에 와 닿는 유용한 도구요, 성경을 읽는 독자의 호기심을 함양하는 데 결정적으로 도움을 주는 자료다.

– 엘머 A. 마틴스(Elmer A. Martens)
재세례파 형제 신학교(Mennonite Brethren Biblical Seminary), 구약학 명예교수

「키워드로 푸는 성경」은 개인 성경공부와 가르침과 설교에 있어서 평신도와 목회자의 사역을 크게 증진시킬 것이다. 존경받는 학자들이 내린 건전하고 학식 있는 판단에 근거한 본서의 정확하고 분명한 의미 제시는 이 시리즈가 성경 연구 자료들 가운데 귀중한 자리를 차지할 것을 확신시켜준다. 마침내 최정상급의 학계는 하나님의 말씀을 더욱 풍성하게 이해하는 데 걸림돌이 되었던 히브리어와 헬라어 단어들의 미로를 헤치고 나갈 분명하고도 확실한 길을 교회에 제공하게 되었다.

– 케네스 매튜(Kenneth Matthews)
샘포드 대학교 비손 신학교, 신학부 교수

신약의 진지한 학생들은 대럴 보크 박사가 집필하는 모든 것이 읽을 가치가 있다는 사실을 발견했다. 이 참고서 역시 예외가 아니다. 이 책은 충만하면서도 텅 빈 책이다. 도움을 주는 자료와 통찰이 경이로울 정도로 가득 차 있기에 충만한 책이요, 너무나 많은 주석을 가득 채우고 있는 탈선적이고, 이색적이고 쓸모없는 자료로부터 놀랍게도 자유롭기 때문에 텅 빈 책이다.

–앨 모힌니(Al Mawhinney) 박사
개혁 신학교 올란도 캠퍼스, 신약교수 및 교무처장

손끝에 와 있는 얼마나 큰 지식의 부요함인가! 「키워드로 푸는 성경」은 내가 사용할 계획을 가진 강력한 자료일 뿐만 아니라, 성경을 연구하는 모든 진지한 학생에게 이 책을 사용할 것을 기꺼이 추천한다.

– 조쉬 맥도웰(Josh McDowell)
저술가 및 강사

내가 애호하는 성경지식 주석서를 사용하는 데 도움을 줄 이 굉장한 자료를 가지게 되어 매우 흥분되고 감사한다. 나는 단어 배후에 있는 의미를 배우는 것을 사랑한다. 이 책은 나의 연설, 가르침과 집필을 위해 더 큰 이해를 내게 제공할 것이다. 나는 성경 본문을 생동감 있게 해주는, 간단하지만 강력한 사상들과 함께 단어들을 설명하는 방식에 대해 감사한다.

– 캐시 콜라드 밀러(Kathy Collard Miller)
「Daughters of the King」 성경연구 시리즈,
「Princess to Princess」의 저자 및 인기 있는 여성 집회 강사

「키워드로 푸는 성경」은 내 장서에 있을 것이다. 얼마나 대단한 도구인가!

–베스 무어(Beth Moore)
Living Proof Ministries, 저술가 및 인기 강사

「키워드로 푸는 성경」은 하나님의 말씀을 읽고 연구하고 묵상하는 누구에게나 유용한 도구다. 성경말씀을 들이마실 때 항상 수반하는 흥미를 더해줄 이러한 지침서들을 인하여 두 편집자 대럴 보

크와 유진 메릴(「키워드로 푸는 성경」, 구약 편집자)에게 경의를 표한다. 각 구절에서 핵심단어들의 중요한 의미를 아는 것은 날마다 또는 주마다 먹는 양식인 하나님의 말씀에 참으로 성경의 양식을 더해줄 것이고, 모든 사람에게 믿음과 실천의 궁극적인 향상과 강화를 가져다줄 것이다.

– 톰 필립스(Tom Phillips)
빌리 그래이엄 전도협회 부총재

「키워드로 푸는 성경」은 젊고 성숙한 그리스도인들을 위해 성경 연구에 통찰과 깊이를 가져다주는 책들을 공급하는 일에 헌신한 출판사로 알려진 빅터 북스가 출판한 또 다른 좋은 자료다.

– 래리 리차드(Larry Richards) 박사
「Home Bible Study Library」 시리즈의 저자

설교자들은 성경 자체를 이해하고 그 메시지를 다른 사람들에게 전달하는 데 동원할 수 있는 모든 도움을 필요로 한다. 「키워드로 푸는 성경」을 소장하는 것은 책과 관련한 탁월한 투자다.

– 해돈 W. 로빈슨(Haddon W. Robinson) 박사
고든 콘웰 신학교, 설교학 석좌교수

이 책은 온전한 주석과 전통적인 성경 단어 연구 사이에 특별한 위치를 점유하는 잘 구상된 작품이다. 종종 도움을 주는 배경지식과 함께 문맥적인 배경에서 핵심단어들의 의미를 제공함으로써 이 이례적인 책은 성경을 이해하는 데 준비된 자료를 제공한다. 목회자뿐만 아니라 평신도를 위해서도 쓰였으므로 이 책을 성경과 함께 읽으면 큰 풍성함을 얻을 것이다.

– 로버트 L. 소시(Robert L. Saucy)
탈봇 신학교, 조직신학 교수

나의 가장 좋은 친구들 가운데 일부는 특별히 하나님의 말씀을 이해하는 데 더 깊은 단계로 나를 데리고 가는 책들이다. 나는 「키워드로 푸는 성경」을 나의 '가장 좋은 친구들'의 명단에 추가한다.

– 조셉 M. 스토웰(Joseph M. Stowell) 박사
무디 성경 연구원 총장

우리가 하나님의 오류 없는 진리를 더욱 효과적으로 파내려가는 것을 돕는 도구는 어떤 것이든지 소유할 가치가 있다. 「키워드로 푸는 성경」은 바로 그러한 도구다. 이 책은 당신과 나와 같은 사람이 하나님의 말씀 속에 숨겨진 보화를 찾는 일을 도와준다.

– 루시 스윈돌(Luci Swindoll)
Women of Faith, 저술가 및 강사

성경의 언어에 깊이 몰두한 전문가들을 통해서 성경의 어휘로 학생을 열어주는 위대한 도구다.

보크 박사의 기여는 누가복음의 본문 속으로 진지한 학생을 안내하는 탁월한 주석가의 좋은 본보기다.

– 윌렘 A. 반게메렌(Willem A. VanGemeren) 박사
트리니티 복음주의 신학교, 구약학 교수

성경을 연구하는 진지한 모든 학생을 위한 소중한 도구다. 최근에 믿기 시작한 신자와 대부분의 시절을 겪은 베테랑 교사는 이 책을 사용함으로 도움을 받을 것이다. 연구서들의 특징은 명료성과 간략성과 정통성과 실용성이다. 우리가 이 새로운 도구를 사용할 수 있게 되었으니 얼마나 행운인가!

– 워렌 W. 위어스비(Warren W. Wiersbe) 박사
저술가 및 집회 강사

성경의 축자적인 영감은 성령 하나님께서 성경의 개념들뿐만 아니라 단어들도 영감의 대상으로 삼으신 것을 의미한다. 그러므로 하나님께서 성경을 통해 우리에게 전달하신 것을 이해하기 위해서, 우리는 성경의 단어들 – 단어들의 기원, 사용들과 의미들 – 을 이해할 필요가 있다. 이 책은 성경의 중요한 단어들의 배경과 문맥 속에서 단어들의 의미를 알기 원하는 학생들을 위한 탁월한 자료다. 여기에 바로 성경을 이해하고, 정확하게 그 메시지를 전달하기를 애쓰는 모든 사람을 위해 유용한 도구가 있다.

– 로이 B. 주크(Roy B. Zuck) 박사
달라스 신학교 성경강해 원로 명예교수, 저술가 및 「Bibliotheca Sacra」 편집자

키워드로 푸는 성경

사복음서

The Bible Knowledge Key Word Study: The Gospels
Editor: Darrell L. Bock, General Editor: Craig A. Bubeck, Sr. Editor

Originally published in English under the title:
The Bible Knowledge Key Word Study: The Gospels

심층 성경 연구 시리즈

사복음서에 나오는 핵심 단어의
배경 지식과 문맥적인 의미의 탐구

키워드로 푸는 성경

사복음서

책임 편집 **대럴 L. 보크** | **유상섭** 옮김

도서출판 디모데

차 례

역자 서문

이 책의 번역을 출판사로부터 의뢰받고 대략 2주 정도 고민했다. 이 책의 원서를 훑어보면서 과연 귀중한 시간을 들여 번역할 가치가 있는지 결정해야 했기 때문이다. 물론 복음서에 대한 깊은 관심을 가지고 있는 본인은 이 책이 교회의 강단을 풍요롭게 할 것이라는 확신이 들어 번역하기로 결정했다. 이 결정은 실제적인 번역 과정에서 옳은 판단으로 굳어졌다.

사복음서에 기록된 예수님의 가르침과 사역에 대하여 진지한 관심을 가지고 있는 신학도와 목회자와 진지한 성도라면 이 책에서 많은 유익을 얻을 것이다. 본서는 문맥에 대한 심도 있는 고찰 없이 단어의 여러 의미만 나열하는 사전과 본문의 내용을 상세하고 방대하게 설명하는 주석 사이에 속한다. 이 책의 장점은 사전과 주석을 효율적으로 연결하는 다리 역할을 한다는 것이다.

이 책은 세 가지 점에서 신학도와 목회자들에게 유익을 줄 것이다. 첫째, 이 책은 각 복음서의 주요 단어의 의미를 장, 절에서 단어가 나오는 순서에 따라 문맥과 그 책 속에서 이해한다. 따라서 이 책은 단어의 문맥적인 의미를 파악하는 데 결정적인 도움을 준다. 대부분의 사전은 단어의 여러 의미 가운데 어떤 것이 본문에 해당되는지를 밝혀주지 않기 때문에 고민해야 한다. 그런데 본서는 그 고민을 불필요하게 한다. 각 복음서의 전문가가 각 책의 문맥 속에서 단어의 문맥적인 뜻을 간결하고 명확하게 제시하고 있기 때문이다.

둘째, 집필자들의 신학적인 입장이 본질적으로 단어 이해에 영향을 심각하게 끼치지 않았다는 것이다. 이것은 어떠한 신학적인 입장에 있든지 독자는 큰 부담 없이 이 책을 활용할 수 있다는 것을 의미한다. 이러한 이해에 근거하여 본문을 심층적으로 이해할 때 각자의 신학적인 입장이 다양하게 나타난다. 그렇지만 본서 자체는 아직 그러한 단계까지는 나가지 않았다고 볼 수 있다.

셋째, 이 책은 신학도와 목회자를 위한 책으로 눈높이에 맞추어 복음서의 깊은 세계로 인도하려는 진지한 관심을 가지고 있다. 단어의 모든 논의를 헬라어 단어를 기준으로 전개하면서도 헬라어에 다소 자신감이 떨어지는 분들의 부담을 덜어주면서 동시에 좀더 관심을 가진 분들에게 더 깊이 연구할 수 있는 기회를 제공한다.

아무쪼록 지금까지 자신감이 없어서 주마간산 격으로 대충대충 복음서를 대하던 분들이 이 책의 현미경으로 복음서를 면밀하고 조밀하게 들여다보며 각 복음서의 심오한 메시지를 깊이 이해할 수 있게 되기를 바란다. 이 책으로 말미암아 교회의 강단이, 곧 복음서의 가르침과 설교가 각 본문에 충실한 내용으로 충만하기를 바란다.

총신대학교 연구실에서

유상섭 교수

서문

Ⅰ. 「키워드로 푸는 성경」에 관한 소개

건축중인 건물을 지켜보는 것은 사람을 매료시킨다. 건물의 각 부분이 모두 완성된 후에 비로소 청사진의 진면목이 드러난다. 이와 유사하게 성경이란 집의 건축 벽돌과 같은 단어들은 하나님과 그분의 세계에 관해 생각을 바꾸게 하는 개념들을 드러낸다. 단어들의 구성은 부분의 의미를 결정할 뿐만 아니라, 전체의 개념을 형성하기도 한다. 신약 성경의 단어를 연구하는 것은 주석적이며 신학적인 발견에 도달하는 가장 기본적인 구성 요소에 대한 탐구를 포함한다. 사람들은 신약에서 단어를 검토할 때, 주석적이며 신학적인 의미의 출발점을 형성하는 단위들을 주목한다. 성경 연구자들 앞에 놓여 있는 것을 이해하는 것뿐만 아니라, 그러한 이해가 어떻게 존재하는지 결정하는 일은 흥미 있는 일이다.

「키워드로 푸는 성경」은 개별적인 문맥 속에 있는 핵심 단어들의 기본적인 의미를 쉽게 참고하기를 원하는 평신도와 목회자를 위해 고안되었다. 이 책은 구체적인 문맥 속에서 특정한 용례의 정보를 줄 수 있는 단어의 배경에 대해 적절한 정보를 곳곳에서 제공한다. 단어 자체가 주어진 항목에 대한 상세한 정보를 제공할 의도로 주어진 것이 아니기 때문에 이 도구 자체는 '단어 연구서' 나 사전이 아니다. 사전 또는 단어 사전들과 같은 다른 도구들은 단어에 대해 종합적인 정보를 제공한다. 오히려 「키워드로 푸는 성경」의 개별적인 항목들은 구체적인 구절에서 단어의 용례에 초점을 맞추고, 이 단어가 왜 이곳에서 그러한 의미를 가지는가를 설명하는 일을 돕는다. 그러므로 「키워드로 푸는 성경」은 성경을 읽을 때 곁에 두고 참고용으로 사용할 수 있도록 고안되었다. 이와 같은 의도 때문에 이 책의 내용은 성경 자체의 순서에 따라 전개된다. 이 책은 또한 독자에게 신약 연구서들에서 발견되는 공통적인 약어들을 소개하는 역할을 한다.

독자들은 이 책들과 「성경지식 사전(The Bible Knowledge Commentary, BKC)」의 관계를 인식하는 것이 중요하다. 신약 기고자들은 헬라어에 대한 전문 지식을 가지고 있는 학자로 해당 책을 가르치고 저술해왔기 때문에 선정되었다. 모든 기고자들은 신약 연구 분야에서 가르치고 있다. 핵심단어 연구 책들에 참여한 학자들의 경우, 각자 적합하다고 판단한 대로 해당 책과 단어를 취급할 수 있도록 허락받았다. 이것은 어떤 부분에는 이 책들과 BKC 사이에 본문을 어떻게 해석하느냐에 대해 차이점이 있을 수 있음을 의미한다. 이러한 차이점은 종종 해석에 여러 가능성의 범위를 반영한다. 따라서 이 책들 사이에 해석을 '잘 어울리게 하려는' 노력은 전혀 없었다. 몇몇 개별적인 성경책들의 경우에는 이러한 차이점이 책 전체를 어떻게 해석해야 하는지에 영향을 줄 것이다. 어휘상의 문제점들과 구체적으로 관련될 경우, 이러한 차이점은 해석상의 선택을 언급할 때 논의되었다.

시리즈의 각 기고자들은 주어진 항목을 왜 논의하는지 확립하면서 다음과 같은 일부 핵심적인 관심에 초점을 두도록 요청받았다.

1. 기고자들은 주어진 문맥에서 단어를 어떻게 번역할지에 대해 논쟁이 있을 때 관련 단어를 논의할 수 있다. 그러한 경우에 해당 구절에서 문제가 되는 단어를 다양한 영역본들이 어떻게 번역했는지 주목함으로 그 의미의 가능성들을 확인할 수 있다. 참고한 번역본들은 King James Version(KJV), New King James Version(NKJV), Revised Standard Version(RSV), New Revised Standard Version(NRSV), NET Bible(NET), New American Standard Bible(NASB), New International Version(NIV), New Living Translation(NLT), New English Bible(NEB), Revised English Bible(REB), Contemporary English Version(CEV) 등이다. 단어의 의미를 결정하기가 힘들 때는 어떤 번역이 왜 나은지에 대한 설명을 시도하기도 했다.
2. 어떤 단어들은 해당 구절의 의미에 특정한 의미를 지닌다. 이 경우, 의미에 대한 논의는 더 큰 구절의 이해에 중요하다. 이것은 특정한 용어를 정확하게 논의해야 하는 '핵심' 단어가 되게 한다.
3. 다른 본문들은 헬라어의 의미를 이해하는 데 구체적으로 중요한 배경을 가지고 있어, 헬라어를 알지 못하거나 다룰 줄 모르는 자 또는 헬라어에 세련되지 못한 자들

을 위해서 그 배경이 어떤 것인지를 분명하게 해주는 항목을 두었다.

4. 어떤 표제어는 이러한 특성들을 모두 가진다. 외국어의 모든 논의는 음역을 사용했다. 그래서 헬라어(구약의 경우 히브리어나 아람어)를 알지 못하는 자들도 용어를 어떻게 발음하는지 알 수 있다. 각 논의 표제어 끝에 단어의 기본 형태를 기록해 상세한 사전 자료를 참고하는 것을 더욱 수월하게 했다. 헬라어를 아는 사람은 음역된 단어를 적절한 헬라어로 바꾸어야 할 필요가 있다.

기고자들은 만일 독자가 해당 용어에 대해 더 많은 정보를 참고하기를 원하면, 그들이 추가적인 논의에 도움을 얻을 수 있도록 (사전적인 도구들과 같은) 핵심적인 참고 자료를 간략하게 언급하면서 용어에 대한 핵심 정보를 간결하게 논의하도록 요구받았다. 해당 선택의 의의는 종종 한두 문장으로 전개된다. 목적은 관련된 단어가 더 큰 구절에 어떻게 기여하는지 보여줄 목적으로 간결하게 설명하는 것이다.

각 표제어는 간결한 일상 언어를 사용하여 기술한다. 이 도구의 목적은 단어가 가지는 헬라어의 언어적인 배경과 신학적-해석적인 요점을 문맥 속에서 분명하게 하는 것이다. 성경 전체 또는 신약에서 용어의 사용에 대한 추가적인 기술이 제공될 수 있으나 주어진 논의를 위해 필수사항은 아니었다. 이 책은 주서이 아니므로 가능한 모든 용어를 논의하지 않았다. 선택된 단어는 그 용어가 구절에서 핵심 역할을 하기 때문이거나 헬라어의 배경이 이해를 증진하기 때문이다. 일반적으로 한 구절에서 하나 혹은 두 단어가 논의된다. 어떤 구절들은 논의되지 않고, 어떤 구절들은 한 단어 이상 논의된다. 만일 동일한 단어가 기본적으로 동일한 의미로 여러 번 한 책에 사용될 경우, 기고자는 그 단어를 한 곳에서 토론했고, 나중에 다른 곳에서는 이 논의를 참고하도록 했다. 이것은 불필요한 반복을 피하는 데 도움이 되었다.

표제어의 설명은 다음과 같은 형식을 가진다.

> **1:33 <u>세례를 베푸는</u> 자**(The one who <u>baptizes</u>, baptizōn)—공관복음과 같이 요한은 예수님을 성령으로 백성에게 '세례를 베풀' 자로 소개한다(마 3:11, 막 1:18, 눅 3:16). 또한 1장 25절을 보라. [baptizō]

표제어는 해당 구절에서 둘째 혹은 그 다음 항목이 아니면, 가장 먼저 지적되고 진한 서체로 나온다. 진한 서체는 기고자가 논의중에 있는 단어나 구절을 번역한 것이다. 만일 구절에서 한 단어가 논의의 초점이면 그 용어는 밑줄로 표기된다. 그리고 그 용어는 문구에 나오는 형태로 음역된다. 이것은 헬라어를 알지 못하는 독자가 문맥 속에서 헬라어의 발음을 알도록 도와준다. 가끔 독자의 번역과 표제어 설명의 번역 사이에 사소한 차이점이 나타나는데, 이때 그 번역에서 어떤 용어가 진한 서체로 기술되었는지를 알아낼 필요가 있다. 사람들은 다양한 번역을 사용하기 때문에 기고자에게 자신의 번역을 선택하고 그것을 설명하게 하는 것이 최상이라고 생각한다. 일부 표제어에는 독자를 위해 대체적인 번역이 언급되고, 그 용어에 대한 설명이 이어서 나온다. 헬라어에 대한 약간의 지식을 가진 독자가 사전에서 그 단어에 대해 더 많은 정보를 원할 경우에 참고할 수 있도록, 표제어 설명 끝에 괄호로 표기한 것은 음역으로 된 용어의 기본형을 제공한다. 이 기본형은 사전에 실린 기본형과 그것이 어떻게 발음이 되는지 알도록 도와준다. 어떤 경우에는 한 단어 이상이 괄호들 속에 들어 있다. 이것은 한 어휘 이상 논의되고 있음을 가리킨다.

우리는 이 도구가 QT, 성경공부 혹은 가르치기 위한 준비에 많은 유익이 되기를 기도한다.

II. 단어 연구방법에 관한 논의

오랫동안 성경을 연구하는 사람은 해석이 종종 곧바로 성경이 가르치는 것에 대한 직접적 일치의 문제가 아니라는 것을 안다. 심오하고 복잡한 작품과 같이 성경 본문이 정확하게 가르치는 것에 대한 불일치는 있을 수 있다. 분명히 성경 용어들은 그러한 논의들에 있어 중요한 부분이다. 무엇이 의견의 일치를 방해하는가? 어떻게 해석자는 그러한 불일치를 가져오는 방해물들을 극복할 수 있는가? 우리는 어떻게 성경 본문이 의미하는 것과 실제적으로 의미하는 것의 가능성들을 가지고 해석 작업을 할 수 있는가? 우리는 그러한 불일치의 유형들에 대해 얼마나 민감해야 하는가? 어떤 차이점이 다른 차이점보다 더 중요한가? 이 서론적인 글의 나머지 부분은 우리가 단어의 의미를 이해하는 것을 방해하는 것과 단어들이 해석될 때 어떻게 취급되어야 하는지에 대한 설명을 시도할 것이다. 단어 분석을 생각할 때, 우리는 몇 가지 근본적인 질문들을 우선적으로 고려해야 한다. 단어 연구의 기본적인 법칙들은 무엇인가, 어떤 방해물들이 단어들의 의미 이해를 방해하는가?

이 두 질문에 대한 논의가 차례로 나온다.

그리고 세 번째로는 단어 연구에 두 가지 중요한 접근, 즉 통시적인 접근(혹은 '시간에 따른' 종합적인 단어 연구)과 공시적인 (혹은 '주어진 시점에' 좀더 초점을 둔 단어 연구) 접근에 대해 개괄적인 논의를 할 것이다. 네 번째와 마지막으로는 단어의 연구에서 종종 발생하는 흔한 오류를 포함해 단어 분석의 단계들을 상술할 것이다. 인간이 유한한 피조물인지라 결과적으로 모든 애매함과 논쟁이 제거되지 않을 수도 있다. 그러나 주석가들은 왜 그 구절이 본문에서 그렇게 말하는지를 이해하게 하며, 서로 토론하고 성경에 대한 각자의 통찰과 관찰에서 유익을 얻으며 자기 자신의 이해를 다른 사람에게 분명히 말할 수 있도록 해주어야 할 것이다.

A. 단어 연구의 기본적인 규칙들

단어들과 해석에 대해 생각할 때, 보편적으로 동의해야 하는 세 가지 근본적인 법칙이 있다.

1. 주석가는 원독자를 위한 저자의 의도를 우선적으로 찾아야 한다.[1] 의사소통은 근본적으로 한 마음에서 다른 마음으로 생각을 전달하는 것을 포함한다. 성경 연구에 있어서 해석자의 목표는 원저자가 선택한 용어들을 사용해 말한 것을 이해하는 것이다. 우리는 단어가 자동적으로 의미를 갖지 않는다는 것을 인식할 필요가 있다. 단어는 단어를 사용한 저자에게서 그 의미를 부여받는다. 「키워드로 푸는 성경」에 나오는 대부분의 표제어들은 해당 구절이 교훈하는 것에 대한 모든 반영을 위한 출발점이기 때문에 이 차원에서 의미를 다룬다.

   이러한 숙고에서 다른 중요한 점들이 파생된다. 메시지는 의사소통을 위해서 청중과 잠재적으로 반드시 공유될 수 있어야 한다. 메시지는 저자의 청중이 인식할 수 있는 의미의 범주와 관련되어야 한다. 그렇지 않으면 메시지는 이해될 수 없다. 이러한 고찰은 어떤 저자가 자신이 사용하는 단어로 새로운 의미를 전달할 수 있다는 것을 부인하지 않는다. 그렇지만 이것은 저자가 새로운 의미를 의도할 때, 그의 독자가 용어의 새로운 의의를 포착할 수 있도록 이에 대한 신호를 보낼 것을 시사한다.[2]

2. 우리는 단어의 정확한 의미를 확립하기 위해서, 해당 단어가 가질 수 있는 의미들

의 범위를 인식해야 한다. 해석자는 종종 한 단어가 어떤 의미를 가진다고 단순하게 가정한다. 그렇지만 용어의 의미는 상황에 따라, 사람에 따라, 그리고 가장 중요하게는 문맥에 따라 변할 수 있다. 그러므로 해석자는 성경의 메시지를 구성하는 단어를 연구할 때 주어진 문맥에 매우 민감해야 한다. 「키워드로 푸는 성경」이 단어의 의미를 논의할 때 주어진 문맥에서 단어를 다루는 것은 이러한 사실 때문이다. 단어는 '자동적인' 일반 의미를 지니지 않는다. 단어마다 의미의 범주를 가지고 있으나 구체적인 문맥에서 구체적인 의미를 가진다.

3. 단어들은 문맥 속에서 작용하고 그 문맥으로부터 의미를 받는다. 이 사실은 중요하다. 분리되고 격리된 각 단어는 성경의 의미를 이해하는 열쇠를 제공하지 않는다. 그 대신 다른 단어와 관계 속에 있는 단어는 본문의 메시지를 제시하는 개념들의 기초를 형성한다. 따라서 단어의 의미를 결정함에 있어서 해석자의 주요 관심사는 단어가 사용되는 구절과 문단과 책의 배경이다. 다시 말해서, 단어는 바둑판에 있는 바둑알과 같다. 단어의 중요성과 의의는 그것이 문장과 문단 속에 있는 다른 단어와 맺는 관계에 의해 결정된다.

이들 세 가지 기본적인 법칙은 해석자에게 어휘 분석을 위한 견고한 토대를 제공한다. 이것은 하나님의 말씀을 정확하게 해석하기 위해서 반드시 인식해야 하는 중요한 과정이다.

B. 의미의 복잡성들

i. 의미의 의미들

의미를 파악하기 매우 어렵게 만드는 것의 일부는 의미 자체의 복잡성이다. 우리 대부분은 단어를 다루고 이를 해석하고자 할 때 얼마나 많은 의미의 범주들과 상호작용을 하는지 생각하지 않는다. 형식적으로 말해서, 의미와 단어의 연구는 의미론이라 불리는 형식적이고 광범위한 학제와 매우 밀접하게 연관되어 있다.[3] 의미론은 '의의' 또는 '의미'에 관한 연구다. 의미론은 단어를 연구함에 있어서 방법론의 쟁점에 관해 많은 통찰을 해석자에게 제공할 수 있다. 사전의 차원에서 이 분야의 목적은 의미가 단어를 통해 어떻게 전달되는가를 검토하는 것이다.

의미론에 있어서 사전적인 의미의 문제들 가운데 하나는 사실 단어의 의미에 대해 말함으로써 의미하는 것이 무엇인지 결정하는 것이다.[4] 의미론을 연구하는 학자들은 의미의 가능한 의미들을 25가지나 제시했으나 여기에서는 몇 가지 구분으로 주해와 관련한 극히 중요하고 세심한 주의의 필요성을 지적한다. 이러한 구분들의 목록을 제시하면 다음과 같다.

1. **함축적 의미**(Entailment meaning)는 문맥에서 분명하지 않은 결론이나 의도의 어떤 유형을 암시하는 단어나 사상과 관련되어 있다. 예를 들면, 예수님께서 하나님만이 하실 수 있는 일을 행하시는 것을 보여주는 구절은, 비록 예수님께서 하나님이시라는 신학적인 주장이 구체적으로 본문에 분명하게 제시되지 않지만 예수님께서 신이시라는 사상을 함의한다(막 2:1–12).
2. **감동적 의미**(Emotive meaning)는 감동적인 힘을 수반하는 용어 사용에 적용된다. 야고보가 독자들의 형편없는 행동으로 말미암아 그들을 간음하는 사람들이라고 부를 때(4:4), 그는 그들로 의도적으로 부끄럽게 하려는 감동적인 의미를 가진 용어를 선택한다. 민감한 해석자는 용어가 가지는 이와 같은 감정적인 뜻을 주목할 것이다.
3. **심층적 의미**(Significance meaning)는 다른 새로운 문맥에 놓였을 때 새로운 의미를 가지는 용어나 개념을 가리킨다(예를 들면, 신약의 구약 인용은 이전 본문에 추가적인 뜻을 가져올 수 있다). 예수님께서 사도행전 4장 25–27절에서 시편 2편을 인용해 유대인들을 메시아의 원수로 간주하며 호소하실 때, 원수의 범주는 하나님에 의해 선택된 통치자를 이스라엘이 반대했던 시편의 일반적인 기대에서 확대된다. 언급되는 사람의 변환은 예수님의 오심과 그분에 대한 많은 유대인들의 배척으로 얼마나 많은 것들이 변했는지를 보여준다. 유대인들의 소망을 표현했던 본문은 현재 복음에 대립되는 것으로 그들의 입장을 지금 표면에 드러낸다.
4. **백과사전적 의미**(Encyclopedic meaning)는 용어가 가질 수 있는 모든 가능한 의미를 뜻한다. 우리는 사전, 고전어 사전이나 완전한 단어 연구 도구를 이용해 그와 같은 목록을 만들 수 있다.[5] 이와 같은 가능한 의미의 범위는 그릇된 해석과 가능한 다양한 해석들을 허용한다. 해석자의 목적은 의미의 이러한 가능성들을 참고하여 그 가운데 어떤 구체적인 의미가 주어진 문맥에서 적절한지 결정하는 것이다.
5. **문법적 의미**(Grammantical meaning)는 중급 헬라어 문법 과목에서 배우는 범주

들 같은 용어의 문법적인 역할을 가리킨다. 어떤 해석자들은 사실상 종종 모든 행위가 가능한 의미를 제한하는 것일 때에도 의미를 확보하기 위해 의미의 제한된 분야를 사용한다. 단어들이 가능한 의미들을 가지고 있는 것과 마찬가지로, 문법적인 범위들도 종종 그 정확한 뜻은 문맥적인 요소들에 의해 결정되는 다양한 뜻이나 용도를 가진다.

6. **은유적 의미**(Figurative meaning)는 의미와 지시대상물이 용어가 묘사하는 것에 직접적으로 적용되기 때문이 아니라, 그것이 일으키는 연관성 때문에 용어의 용례를 지시한다. 예를 들면, 예수님께서 '산들을 움직일' 수 있는 믿음에 대해 말씀하실 때, 그것은 지구를 이동시키는 기구의 사용을 가리키는 것이 아니고, 경이로운 일들을 할 수 있는 믿음을 가리키는 것이다. 논쟁 가운데 많은 경우는 용어가 문자적인지 은유적인지에 관한 것이다. 이것은 항상 고려해야 할 적절한 질문이다. 일반적으로 장르와 관용어와 저자의 스타일에 대한 이해는 은유들을 해석하는 데 도움을 줄 수 있다.

의미의 이러한 의미들은 주어진 용어의 뜻을 결정하는 데 중요하며, 또한 용어의 연구를 심사숙고할 때 반드시 주목해야 한다. 그러나 이것들은 단어의 세 가지 기본 요소와 같은 용어의 연구에는 중추적이지 않다.

ii. 단어의 세 가지 요소들

가장 추상적으로 생각해볼 때, 단어는 그 의도된 의미에 가장 직접적으로 기여하는 세 가지 기본적인 요소로 구성되어 있다. 그것은 기호, 인식과 지시대상물이다. 실제로 단어는 주어진 문화나 특정문화 안에서 의미를 전달하는 상징물이다.[6] 단어는 그 자체로 의미를 지니지 않고, 문화적인 관습과 용례를 통해 의미를 부여받는다.

단어의 첫 번째 요소는 단어를 구성하는 상징들의 집합체인 기호다. 예를 들면, 영어 단어 'p-a-r-a-c-l-e-t-e' 는 9개의 알파벳 상징으로 이루어졌다. 이 상징들은 우리로 하여금 단어를 구별하고 발음하게 해준다. 그래서 우리는 그 의미를 이해할 수 있다. 때때로 단어를 구성하는 상징들을 알지 못하기 때문에 애매한 것이다. 어떤 사람이 이스라엘에 가서 히브리어를 공부한 적 없이 히브리어를 이해하려고 시도를 했다면, 그는 단어들을 구성하는 상징들을 읽을 수조차 없기 때문에 의미를 파악하는 일을 시작도 할 수 없을 것이다. 번역이나 설명 없이 독자는 본문 작업을 할 수 없다. 「키워드로 푸는 성경」에 기고한 학자들은 헬라어 본문을 대할 때 헬라어에 대한 지식과 그 언어에 대한 경험을 적용함으로 독자들에게 서비스를 제공한다. 이것은 히브리어와 아람어 지식을 겸비하고 구약 책들에 기고한 학자들의 경우도 마찬가지다. 이와 같이 원어로 된 문서의 해석은 기술적 주해로 알려져 있다.

단어의 두 번째 요소는 상징과 연관된 내용인 인식(sense)이다.[7] 단어의 의미는 단어의 사전적인 '정의'와 긴밀하게 관련되어 있다. 그러나 용어의 의미에 의해 언급된 개념은 본문이 실제적으로 주어진 용어로 언급하는 것을 정확하게 밝힐 필요는 없다. 예를 들면, 'paraclete'에 해당되는 헬라어 용어는 영어로 그 자체가 애매모호한 '위로자'(comfort)를 뜻한다. 이것은 이 단어가 구체적으로 피고와 유사한 대상이나 동정적인 권고자를 구체적으로 가리킬 수 있기 때문이다. 모호성은 부분적으로 '수용자'(receptor)라는 언어(이 경우 영어)가 소유하는 모호성에서 기인한다. 추가적으로 우리는 무엇이 구체적으로 위로자로서 언급되었는지 밝혀내야 한다. 이 경우, 실제로 용어의 의미는 정확하게 기술되고 정체를 밝히는 것과 반대되는 속성의 묘사다. 그래서 의미는 독자로 하여금 종종 본문의 의미에 근접하게 하지만, 그 의도된 의미가 정확하게 언급하는 것이 무엇인지 항상 상술하거나 분명하게 밝히지는 않는다. 해석은 기술되는 것이 정확하게 무엇인지 우리에게 탐구할 것을 요구한다. 단어가 등장하는 문맥은 용어의 뜻을 결정하는 데 도움을 줄 수 있을 뿐만 아니라, 희망적으로는 그 지시대상물(단어가 실제적으로 가리키는 것)을 결정하는데도 도움을 줄 것이다. 그럼에도 불구하고 일단 용어의 일반적인 내용이 분명하면, 그 의미와 관련해 구절의 일반적인 방향을 알게 된다.

단어의 세 번째 요소는 지시대상물이다. 지시대상물이란 특정한 문맥에서 용어가 지시하는 실제적인 물체다. 예를 들면, 요한복음 14-16장에서 'paraclete'의 지시대상물은 분명히 인간적으로 동정적인 인물도 덮개도 아니다. 오히려 이 단어는 예수님께서 부활 후에 신자들과 함께 있게 하기 위해서 보내실 자를 가리킨다. 확실하게 말하면 이것은 성령에 대한 언급이다. 가능한 곳에서 지시대상물을 밝혀내는 것은 해석에 있어서 명확성과 명료성을 낳는다.

단어 의미의 복합적인 성격과 단어의 다양한 요소들은 해석자가 단어의 연구에 접근할 때 세심한 주의를 가질 것을 요구한다. 성경을 연구하는 자들이 단어 연구의 근본적인 원리들, 곧 의미의 의미와 단어의 기본적인 요소들을 일단 파악했다면, 단어 분석의 실제적인 절차에서 주의 깊고 정확하게 전진할 수 있다.

III. 통시적이고 공시적인 단어 분석

단어 의미는 두 가지 방식으로 검토될 수 있다. 첫째, 단어가 시대를 거쳐 과거에 어떻게 사용되었으며, 의미에 있어서 어떤 변화를 겪었는지를 검토함으로써 단어를 역사적으로 연구할 수 있다. 이것을 통시적인 단어 분석이라고 한다. TDNT와 NIDNTT와 같은 전문적인 단어 연구 도구들은 이와 같은 방식으로 단어를 연구한다.[8] 이 두 참고 도구들은 고대 헬라 시대를 시작으로 신약을 거치거나 심지어 교부 시대(즉, 교회 '아버지' 들의 시대)까지의 단어 용례를 연구한다. 이와 같은 방식으로 단어를 연구하는 것은 용어가 가질 수 있는 가능한 의미들을 지적한다.

둘째, 단어는 주어진 시대(예를 들면, 구약과 신약 시대 사이를 가리키는 중간기 시대, 혹은 주후 70년 전 시대) 안에서 또는 구체적인 저자(예를 들면, 바울, 요한, 마태, 필로 또는 요세푸스)의 기록들 속에서 연구될 수도 있다. 이것을 공시적인 단어 분석이라고 한다. 시간적이든 문학적이든 구체적인 문맥에서 단어의 의미는 해석자의 주요 관심사이므로 이것은 아마도 사전적인 분석의 가장 중요한 단계일 것이다.

다음 단락은 신약의 단어 분석을 위해 사용된 통시적이고 공시적인 과정들에 대한 본보기를 제시한다. 기고한 학자들의 작업 속에서 우리는 그와 같은 단어 연구의 과정이 가지는 다양한 차원을 추정할 수 있다. 「키워드로 푸는 성경」은 단지 이와 같은 방법으로 기술된 결과다. 다음 단락은 헬라어로 작업을 하고 헬라어로 된 많은 범위의 도구들을 활용할 수 있는 사람에게 유익할 것이다. 헬라어 지식을 소유하지 못한 독자들은 신약 자체 안에서 단어 연구 방법론에 대한 논의와 단어 연구들에서 흔히 빚어지는 실수들에 대한 논의로 곧장 넘어가는 것이 좋다.

A. 신약 단어 분석을 위한 기본적인 절차: 준비하기

단어와 그 용례를 파악하기 위한 준비는 우리에게 다양한 도구를 요구한다. 이러한 도구들은 책과 컴퓨터 두 가지 종류다. 먼저 책으로 된 기본 자료들의 경우, 일반적인 헬라어 용례를 위해서는 「Liddell-Scott-Jones(LSJ)」 사전, 코이네 헬라어 용례를 위해서는 「Moulton and Milligan(MM)」 사전, 「Bauer-Arndt-Gingrich-Danker(BAGD)」 사전 또는 최근 업데이트 판인 「Bauer-Danker-Arndt-Gingrich(BDAG)」 사전을 포함한다. 여기에 헬라어 구약 성경(칠십인경)을 위해서 「Hatch-Redpath」 사전, 헬라어 신약, 또는 이차적으로 견실한 신약 번역에 관한 성구 사전과 같은 사전들을 포함할 수 있다. 컴퓨터 프로그램들도 성구 사전과 같이 동일한 임무를 성취할 수 있다. 만일 컴퓨터로 사용하는 본문이 가장 업데이트된 본문이라면 사실 칠십인경과 다른 도구들을 위해서는 컴퓨터 성구사전이 사용하기에 가장 효과적일 수 있다. Accordance란 탐구 프로그램은 매킨토쉬를 사용하는 자들에게는 가장 유익한 것으로 입증된 반면, 개인용 PC를 위해서는 Logos Library 컴퓨터 시스템이 이 연구를 위해 가장 유용하다. 두 프로그램 모두 고대 문서 탐색을 가능하게 하는 '학자용' 버전에는 선택된 고대 문서들이 들어 있는 개별적인 프로그램이 함께 제공된다. 고전 헬라어와 관련해 컴퓨터 도움을 위해서는 Thesarsus Linguae Graecae(TLG), 온라인으로는 Perseus 프로젝트(www.perseus.tufts.edu)가 있다. 이 두 도구는 헬라어에 대한 상세한 지식을 요구한다. 수준 높은 학생들이 참고도서로 사용할 수 있는 다른 도구들은 10권으로 된 「Theological Dictionary of the New Testament(TDNT)」, 4권으로 된 「The New International Dictionary of the New Testament(NIDNTT)」와 3권으로 된 「Exegetical Dictionary of the New Testament (EDNT)」를 포함한다.[9] 불행하게도 영어를 사용하는 학생들이 쉽게 활용할 수 있도록 단권으로 된 견실한 최신판 어휘 도구는 없다. 이것은 우리가 「키워드로 푸는 성경」 시리즈를 출판한 다른 이유다. 위에 언급된 도구들은 개인적으로 통시적인 단어 연구를 위한 기본적인 참고 도서의 일부다.

세밀한 분석을 위해서 어떤 용어를 선정할지에 대한 몇 가지 선택이 존재한다. 첫째, 영어로는 단어의 정의들이 분명하지 않은 어떤 단어를 연구하기 위해 선택할 수 있다. 둘째, 문맥 속에서 외관상 동의어와 반대어를 가진 단어들은 좋은 후보들이 된다. 셋째, 아주 드물게 혹은 단 한번만(hapax legomenon−단 한번만 사용됨) 단어들이 구절 속에서 개념적으로 중요성을 지니면 역시 좋은 후보들이다. 넷째, 상징들의 정확한 의미는 종종 투명하지 않으므로 좋은 선택이 된다. 그렇지만 가장 중요한 단어들은 반복적으로 사용되거나 구절의 개념적인 중요성을 지니는 것으로 보이는 용어들이다. 구절의 의미를 확인하기 위해서는 이러한 단어들을 이해해야 한다.

주석가는 주어진 구절에서 핵심 용어들을 어떻게 발견하는지에 대해 배워야 한다. 만일 개인적으로 본문을 읽어도 이러한 핵심 용어들을 발견하지 못한다면, 헬라어 본문에 대한 어휘적으로 민감한 주석들이나 영어 번역 배후에 있는 헬라어를 다루는 견실한 주석들을 사용하면 이러한 단어들을 찾는 데 도움을 얻을 수 있다. 이러한 핵심 용어들을 발견하는 다른 방법은 다른 영어 성경들을 비교하는 것이다. 번역본들이 헬라어 원문을 분명하게 구별된 영어로 번역한다면, 아마도 차이점들 배후에 있는 용어는 더 세밀하게 검토할 가치를 지닐 것이다.

B. 단어 연구 방법: 통시적인 단어 연구의 네 단계와 공시적인 용례의 두 단계

i. 통시적인 연구 1: 고전적 용례를 위해 검토하기

통시적인 단어 연구는 네 가지 개별적인 단계를 포함하고 있는데, 각 단계는 어떤 도구나 도구들의 세트를 활용한다.[10] 고전 헬라어 시대 기간(주전 900-300년) 동안 사용된 용어의 검토는 리델-스코트-존스(Liddel-Scott-Jones)가 편집한 사전을 활용할 것을 요구한다.[11] 다음 단계는 헬라 또는 코이네 시대(주전 330-주후 330년)다. 여기에서 고려되는 세 그룹의 자료들은 칠십인경, 성경 밖에 있는 인기 있는 자료들과 신약 성경이다. 칠십인경(LXX)의 연구는 해치(Hatch)와 레드페쓰(Redpath)의 성구 사전의 사용을 요구할 것이다.[12] 코이네 시대의 성경 밖에 있는 자료들 속에 사용된 용어들의 검토는 LSJ와 몰튼(Moulton)과 밀리간(Milligan)의 책의 사용을 요구한다.[13] 신약 성경에서 사용된 용어의 연구는 신약 성구 사전을 요구하는데, 이 가운데 가장 최신판은 바크만(Bachmann)과 슬래비(Slaby)가 출판한 책이나 헬라어 신약 성경의 네슬-알란드(Nestle-Aland) 27판 또는 유비에스(UBS) 4판과 연결된 컴퓨터 프로그램들이다.[14]

실제적으로 말해서, 연구를 진전시키는 최상의 방법은 몇 장의 종이를 사용해 이 네 기간들 가운데 사용된 단어들에 대한 연구의 결과를 기록하는 것이다. 이렇게 하면 생각을 조직적으로 정리하고 자료에 대한 결론을 내리는 데 궁극적으로 도움을 줄 것이다. 그러한 연구는 컴퓨터 워드 프로세스 프로그램을 이용해서 기록할 수도 있다. 주해를 위한 가장 중요한 결과들은 문맥과 저자의 의도를 핵심적으로 고려하면서 해당 본문에 더욱 가까이 나아갈 때 드러날 것이다.[15]

다음 단락은 헬라어 명사 ἀρραβών(arrabōn으로 음역되고 발음됨)를 사용해 단어 연구의 네 단계를 예를 들어 설명한다. 용례에 근거해서 볼 때 이 단어의 가능한 정의들은 (1) 보증금(earnest-money), 예치금(caution-money), (2) 저당물(pledge), 약조금(earnest), (3) 선물(present)과 뇌물(bribe)이다.[16] 이사에우스(Isaeus)[17]와 아리스토텔레스(Aristotle)의 글들 속에 나타나는 예는 ἀρραβών이 여러 단계의 지불에서 첫 번째 지불을 가리키는 상업적인 용어임을 보여준다. LSJ가 언급하는 고전적인 자료들은 로엡(Loeb) 고전 도서전집(LCL)에서 확인될 수 있다.[18]

고전 시대 단어의 용례에 관한 연구는 단어의 가능한 의미들을 유추해낼 수 있는 기초를 제공한다. 그렇지만 이러한 연구는 예문들이 용어의 뜻을 예증할 수 있더라도 드물게 사용된 단어들의 경우에만 중요한 의미를 가진다.

ii. 통시적인 연구 2: 헬라시대 성경적인 용례를 위해 검토하기

이 구체적인 단계는 히브리어 구약 성경의 헬라어 번역인 칠십인경에서 헬라어 용어들이 어떻게 사용되었는지를 연구한다.[19] 여기에서 연구는 더욱 흥미 있기도 하고, 복잡하기도 하다. 더욱 흥미 있는 것은 이 단계의 목적 가운데 하나가 칠십인경에서 용어가 가질 수 있는 종교적 또는 신학적인 의미를 결정하는 것이기 때문이고, 더욱 복잡한 것은 이 단계가 히브리어의 지식을 요구하기 때문이다.

그러나 이 단계는 잠재적인 오류로부터 자유롭지 않다. 한 가지 흔한 오류는 단순하게 칠십인경에 나오는 헬라어 번역 배후에 있는 히브리어 단어를 발견하고 나서 헬라어 개념을 파악하기 위해 히브리어 단어의 번역을 결정하는 것이다. 이러한 절차는 세 가지 중요한 사실을 무시한다. 첫째, 언어에서 단어는 의미에 있어서 정확하게 중복되지 않는다.[20] 둘째, 칠십인경은 종종 풀어쓴 번역(의역)이지 히브리어의 축어적 번역이 아니다.[21] 사실상 어떤 곳에서는 칠십인경 배후에 있는 정확한 표현은 매우 불확실하다. 셋째, 종종 개별적인 헬라어 용어가 선택된 것은 번역자가 특정한 히브리어 용어를 번역하려고 시도했기 때문이 아니라, 그 구절이 전통적으로 읽혀지고 통역된 방식 때문이다. 이러한 사실은 어떤 용어가 히브리어에서 헬라어 의미를 선택했다거나 전문적인 히브리어 용례를 지적한다고 주석가가 성급하게 결론 내리는 것을 경고한다. 단어는 유사한 방식으로 사용될 수 있으나 그렇다고 해서 이것이 같은 의미를 수반한다는 것을 의미하는 것은 아니다.

주석가는 일단 헬라어 칠십인경 용어들이 번역하는 히브리어 단어의 목록을 만든 다음에, 가능하다면 히브리어 사전과 더불어 성경에 사용된 히브리어 단어들을 위한 신학적인 사전에서 이들 히브리어 용어들의 의미들을 연구해야 한다.[22]

칠십인경에서 ἀρραβών을 조사해보면 이 용어가 다말과 유다에 관한 구절인 창세기 37장 17-18절과 20절에만 나오는 것을 알 수 있다.[23] 이 구절들에서 ἀρραβών의 의미는 물건이 다말에게 보증으로 주어졌기 때문에 분명하게 '저당물'(pledge)이다. 여기에 사용된 대로 이 용어는 일종의 '사업상' 거래를 의미한다. 비록 돈이 교환된 것은 아니지만, 가족의 인장과 끈과 지팡이가 있었다. (NIV에서 '보증물'로 번역됨) 히브리어 용어 עֵרָבוֹן를 언뜻 살펴보면 칠십인경의 용어는 단지 히브리어의 용어를 단지 음역한 것임을 알 수 있다. 이 단어는 '차용어', 곧 빌려온 단어다.

iii. 통시적인 연구 3과 공시적인 연구 1: 성경 외적인 헬라시대 (또는 코이네 시대) 용례들을 위해 검토하기

이 단계로 넘어올 때, 우리는 통시적인 분석에서 공시적인 분석으로 넘어가기 시작한다. 이 단계에서 연구의 목표는 해당 용어가 주전 330-주후 100년의 기간 사이에 가지는 의미의 다양성을 추적하는 것이다. 실제적으로 코이네 시대는 이 후대 시기를 넘어 확대되지만, 신약 용례를 연구할 때 연구자는 신약 성경의 시기를 넘어서 연구할 필요는 없다.

성경 밖에 있는 자료들 속에서 헬라 시대의 헬라어 단어들을 연구하는 데 중요한 자료는 몰튼(Moulton)과 밀리간(Milligan)의 책이다.[24] 이 도구는 파피루스와 비석명으로 된 유물들에서 발견되는 것과 같은 코이네 헬라어 단어들의 용례를 예로 보여준다. 어떤 예문들은 번역되지 않은 채로 실려 있으나 다행히도 대부분의 예문들은 시기가 밝혀졌을 뿐만 아니라 번역, 요약되어 있다. 어떤 예문들은 신약 시대 이후의 자료들이기 때문에 배제되어야 한다. 그러나 용어들의 일상적 용례를 생생하게 보여주는 탁월한 예문들은 많이 나온다.[25]

몰튼과 밀리간의 책에서 ἀρραβών를 즉각적으로 보면 몇 가지 중요한 사실이 드러난다.[26] 첫째, 표제어는 이 용어가 히브리어 차용어임을 지적한다. 이것은 번역한 히브리어 용어와 칠십인경 용어를 비교한 후의 고찰이다. 둘째, 표제어는 용어의 다른 철자를 제시한다. 셋째, 몇 가지 유용한 예문들에 따르면, ἀρραβών은 젖소를 구매하는 데 1천 드라크마의 보증금으로, 땅을 구매하는 데 160드라크마의 보증금으로, 그리고 쥐를 잡는 사람의 봉사에 대한 대가로 8드라크마의 계약금으로 사용되었다. 이러한 예문들은 이 단어가 상업적인 용어로 사용된 것을 분명하게 보여준다. 표제어의 내용은 다음과 같이 말한다. "위의 일상적인 용례는 고린도후서 1장 22절, 5장 5절과 에베소서 1장 14절에서 '보증금' 또는 나중에 충분히 수여될 것을 미리 주는 일부란 신약의 의미를 충분하게 확증한다."[27]이 표제어에서 그들은 신약 용어를 '보증금' 으로 정의했을 뿐만 아니라, 이것을 '나중에 충분히 수여될 것을 미리 주는 일부' 로 풀어서 설명한다.[28]

어떤 경우, 코이네 시대 용어의 연구는 새로운 의미들을 표면으로 드러낼 것이다. 그러나 일반적으로 코이네 자료들은 신약의 글들과 동시에 사용된 용어의 일반적인 이해에 관한 정보를 제공할 것이다.

iv. 통시적인 연구 4와 공시적인 연구 2: 성경적인 용례(신약)를 위해 검토하기

이 단계의 목표는 신약에서 용어의 의미를 결정하는 것이다. 여기에는 다양한 방식이 있다. 첫째, 신약 자료들의 각 저자의 목록을 작성하고, 저자별로 용어의 용례를 연구할 수 있다. 이 접근 방법은 연구자로 하여금 각 저자가 용어들을 독특하게 다루는 것을 주목함으로써 가치 있는 성경-신학적인 고찰들을 할 수 있게 해준다. 둘째, 특정한 장르(예를 들면, 복음서, 바울 서신들, 묵시록 등) 안에서 용어의 사용을 연구할 수 있다. 이러한 구분의 가치는 장르가 용어들과 이미지들의 사용에 어떤 영향을 주는지 검토할 수 있게 해준다는 것이다. 셋째, 연대기적인 순서로 본문을 연구함으로 용어의 사용을 연구할 수도 있다. 이 과정은 최종적으로 기록된 형태의 복음서들이 상당히 전에 일어났던 사건들을 묘사하기 때문에 아마도 복음서에서 도움이 별로 되지 않을 것이다. 그러나 바울 서신이나 일반 서신들에서 이 세 번째 접근 방법은 저자의 신학이나 초대 교회의 신약의 발전을 추적하는 데 도움을 줄 수 있다(여기에서 '발전' 은 새로운 연관들을 자연스럽게 가져온 새로운 주제의 소개를 단순하게 의미할 수 있다).

그러면 이제 ἀρραβών에 대해 발견하는 것은 무엇인가?[29] 이 단어는 세 번 모두 신약의 바울 서신에 나온다(고후 1:22, 5:5, 엡 1:14). 이 단어의 사용은 그것이 성령과 인침의 사상과 관련되어 있음을 보여준다. 고린도후서 1장 22절에 따르면 하나님께서는 "장차 올 것을 보증하면서 담보물(ἀρραβών)로 성령을 우리 마음에 두셨다." 고린도후서 5장 5절에서 바울은 하나님께서 "장차 올 것을 보증하면서 성령을 담보물로 우리에게 주셨다"고 진술한다. 에베소서 1장 13-14절은 신자들이 "하나님의 소유가 된 자들의 구속 때까지 우리의 기업을 보증하는 담보물인 약속된 성령으로 우리를 그 안에서 인 치셨다"고 말한다. 그러므로 신자들에게 주시는 하나님의 성령 선물은 하나님께서 그들에 대한 소유권(인)을 가지고 계신 것뿐만 아니라, 그들에 대한 미래 기업의 보증도 보여준다. 분명하게 바울에게 성령은 보증물, 즉 더 올 것의 약속이다.

이것은 기본적인 네 단계 과정의 결론을 내린다. 그렇지만 주석가가 이 시점에 물을 수 있는 질문은 "내가 어떤 도구들을 가지고 있느냐?"는 것이다. 이상적으로 볼 때, 주석가는 앞에 언급된 모든 도구들을 소유해야 한다. 그러나 최소한으로 소유해야 하는 것은 바우어 사전, 헬라어 신약 성구 사전과 TDNT나 NIDNTT이다. TDNT의 이점은 그곳에 실린 글들이 종종 고대 참고자료들을 충분히 열거하고, 적절한 고대 본문들의 일부분을 인용하며, 주어진 구절에서 주석적인 가능성들에 대한 언급을 자주 포함하고 있다는 것이다. NIDNTT는 개념을 점검하고, 논의와 방법론에 있어서 가장 업데이트되었고 더욱 간결하다는 이점을 가진다. 또한 TDNT의 한 권으로 된 축약판(종종 '작은 키텔, Kittel'로 언급됨)은 빨리 참고할 수 있는 안내서와 완전판 TDNT으로 들어가는 통로로 유익하다.[30] 핵심자료에 대한 간결한 논의를 제시하고 있는 다른 유용한 도구는 Exegetical Dictionary of the New Testament(EDNT)다.[31] 이러한 모든 도구들이 사용한 방법론과 접근 방법은 평가를 받아야 할 필요가 있다. 이것은 특히 신약의 저작 시기와 저자, 또는 어떤 핵심용어들의 적절한 역사적인 배경에 따른 논쟁들과 연결된 쟁점들의 적합성에 대한 어떤 역사적인 판단들을 내릴 때 그렇다. 그러므로 이러한 도구들은 이것들이 어떻게 작용하고 있는지 이해하며, 그 한계점들과 가정들을 알고 있는 수준 높은 연구자들을 위한 것이다.

IV. 오류 피하기: 단어 분석에서 빚어지는 일반적인 오류들

이 단락의 마지막 단계로 넘어가기 전에 한 가지 추가적인 쟁점에 주목할 필요가 있다. 그것은 바로 단어 연구 과정에서 빚어지는 일반적인 오류다.[32] 가장 흔한 오류 가운데 몇 가지를 아래 문단에 열거하면 다음과 같다.

1. '어근 오류'로도 알려진 **어원적 오류**(etymological fallacy)는 한 단어의 의미는 그

어근 또는 어근들의 의미에 지배를 받는다고 가정한다.[33] 또한 이것은 단어의 원래 의미는 후대의 저자가 그 단어를 사용할 때 의미하는 것이라고 가정할 수 있다. 비록 단어의 뜻은 관련될 수 있지만, 어떤 저자가 단어의 구성 요소들을 알고 용어를 인용하는지는 확실하지 않다. 그러므로 문맥적인 요소가 저자가 어원적인 의미를 의식하고 있다는 것을 분명하게 하지 않는 한 어원에 호소하지 않는 것이 최상의 방책이다.

2. **부당한 총체성 양도**(illegitimate totality transfer)는 한 단어는 어떤 구절에서든 그 단어가 가질 수 있는 의미의 전부를 수반한다고 가정한다. 이것은 '의미의 과부하'(meaning overload)로 불릴 수 있다. 그러나 언어학자들은 "어떤 용어의 바른 의미는 전체 문맥에 최소한의 내용을 기여하는 것이다"라는 데 동의한다.[34] 이러한 오류가 가지는 함축적 의미들 가운데 하나는, 용어에 대한 전문적인 의미 또는 특별한 의미가 다른 문맥들에서 유입되기보다는 문맥적으로 결정되어야 할 필요가 있다는 것이다. 이중적인, 또는 전문적인 의미의 어떤 유형이 문맥과 저자의 스타일 또는 장르에 의해 분명하게 암시되지 않는 한, 주어진 문맥에서 추가적인 뉘앙스를 더하지 않는 것이 최상의 방책이다.
3. 다른 오류는 **의미론적 시대착오**(semantic anachronism)다. 이것은 한 단어의 후대 의미를 이전 용어에 집어넣어 해석하는 것을 말한다. 종종 이러한 오류를 제공하는 것은 교회가 오늘날 성경적인 용어를 사용하는 방식이다. 단어의 옛 용례와 다른 의미는 종종 발전한다. 이것의 간단한 예는 일상적인 현대교회에서 거의 항상 '칭의-성화-영화'를 의미하는 '구원'이다. 오늘날 이 용어는 초기 용례에서 가능했던 것과 같이 이들 구체적인 요소들 가운데 어느 하나보다는 폭넓게 모든 꾸러미를 가리킨다. 다른 말로 표현하면, 후대의 의미가 초기 용례에 주입되어 읽혀져서는 안 된다. 이 문제의 다른 예는 초기 자료들에서 의미를 확증할 수 없는 1세기의 의미를 지지하기 위해서 후기 유대나 헬라 문서들을 활용할 때다. 자료들의 시기에 주의 깊은 안목을 가지면 이러한 오류를 분명하게 방지할 수 있다.
4. **의미론적 퇴보**(semantic obsolescence)는 더 이상 사용되지 않는 초기 의미를 용어에 부여할 때 일어난다. 이것은 신약의 단어 연구에서 고전 헬라어의 의미를 1세기의 코이네 헬라어 용어에 수여하는 것과 동일하다. 한 가지 영어 예로 충분하다.

흠정역(KJV)이 일부 장소에서 읽기 어려운 한 가지 이유는, 그 용어들의 어떤 의미들은 주후 1611년 이후에 더 이상 사용되지 않기 때문이다. 용어는 존재하지만 그것이 원래 가졌던 의미를 더 이상 수반하지 않는 경우다.

5. **규범적 오류**(prescriptive fallacy)는 한 단어는 오로지 한 가지 의미를 가지고 모든 구절에서 이 의미를 가진다고 주장한다. 예를 들면, 한 단어가 14회 가운데 'X' 라는 의미를 13회 가진다면, 논란이 되는 경우에도 이것은 반드시 'X' 를 의미한다는 것이다. 그러나 단어 의미는 단어 횟수가 아니라, 문맥에 의해 결정된다.[35]
6. **단어-개념 오류**(word-idea fallacy)는 용어의 연구를 개념의 연구라고 가정한다. 그러나 개념의 연구는 단어 연구보다 광범위하며, 많은 용어는 유일한 개념과 관련될 수 있다. 예를 들어, 왕 되신 예수님의 개념을 연구한다면 이때 '왕' (basileus)이라는 용어가 등장하는 본문에만 국한되지 않는다. 연구를 위해 포함될 다른 적절한 용어는 '통치하다', '통치', '왕국' 등이다.
7. **참고 오류**(referential fallacy)는 의미를 지시대상물에 제한한다. 그러나 원리가 주어지고, 명령이 제공되며, 상징이 사용되거나 추상적인 개념이 표현되는 문맥에서 그 의미를 유일한 지시대상물에 제한하는 것은 잘못이다. 그러한 경우들에 용어의 구체적인 지시대상물은 구절이 관계될 수 있는 유일한 대상은 아니다.[36]

   예를 들어, 바벨론에서 귀환하는 것을 '새로운 출애굽' 으로 묘사했을 때, 구약 선지자들은 이전 이미지를 자기들의 경험에 적용한 것이다. 신약 저자들이 원래 여호와를 가리켰던 구약 구절을 인용해 예수님께 적용했을 때, 그들은 예수님께서 행한 행동들에 비추어 본문과 상응하는 구약을 해석한 것이다. 그들은 이러한 구절들에 대한 이해를 하늘에 계신 하나님께만 국한시키는 데 제한하지 않았다. 그러나 주목해야 할 것은 저자의 원래 지시대상물들을 넘어갈 때 해석자는 주석의 전문적인 영역(주석의 목적은 저자의 원래 의도를 복원하는 것이다)을 넘어서 적용으로 들어간다는 것이다.
8. **동사 평행구 지지**(verbal parallelomania)는 여러 다른 문맥에서 동일한 용어의 존재는 개념적인 평행구, 용어들의 차용 또는 문학적인 의존을 자동적으로 가리킨다고 주장하는 일부 성경 주석가들의 관습을 말한다. 인정된 바와 같이 많은 고대 문화들은 막연하게 유사한 문맥에서 유사한 용어를 사용했고, 헬라 종교 세계는 신

약에도 나타나는 용어들을 사용했다. 그러나 필로의 용어 '로고스' 사용은 이 단어가 사도 요한에게 의미하는 것과 같이 그에게 동일한 의미를 가진다는 것을 뜻하지 않는다. 모든 적절한 본문을 면밀하게 비교 검토한 후에만 가능한 평행과 차용과 문학적인 의존의 신빙성을 확증할 수 있다.

9. 아마 가장 심각한 것은 **선택적 증거의 오류**(selective evidence fallacy)일 것이다. 이것은 자신이 변호하기 원하는 해석을 지지하는 증거만 인용하는 것을 의미한다. 분명히 판단 과정에서 의도하지 않는 오류들은 종종 발생한다. 그러나 어떤 사실을 의도적으로 회피하는 것은 부정확하고 편견에 사로잡힌 결론에 항상 도달하고 만다.

이러한 아홉 가지 오류들은 단어들의 의미를 결정할 때 주석가를 방해할 수 있는 일부 장애물의 단면을 보여준다. 때때로 주석가는 해석의 작업에 참여할 때 이러한 장애물 가운데 하나 또는 그 이상에 걸려넘어진다. 이러한 이유 때문에 다른 참고서들과 대화를 하는 것이 주해 과정의 본질적인 부분이다. 그래서 우리는 단어의 분석 과정에서 마지막 한 단계를 포함시킨다. 이것은 우리의 연구 결과들을 다른 성경학자들이 밝혀낸 결과들과 비교하는 것이다.

V. 다른 권위 있는 참고서들 참고하기: BAGD,[37] BDAG, TDNT, NIDNTT

이러한 자료들을 참고하면 우리가 시도한 ἀρραβών에 대한 분석이 다른 사람들의 분석과 일치함을 알 수 있다. 예를 들어, TDNT 기사는 이 단어가 "더 큰 어떤 것을 약속하는 행동을 항상 암시한다"고 말한다.[38] 그러므로 성령은 "그들이 미래에 구원을 충만하게 소유하게 될 것을 보증하는 것"이다.[39] 이것은 용어 ἀρραβών이 가지는 문맥적인 함의에 대한 탁월한 묘사다. NIDNTT는 이러한 묘사와 일치하며, 성령은 하나님으로 말미암은 은혜로운 선물이기 때문에 누구도 하나님을 빚진 자로 말해서는 안 된다고 지적한다.[40] 이것은 그 이미지가 일상적인 용례와 다름을 보여주는 한 가지 예다. BAGD는 ἀρραβών을 '첫 분할금', '담보물', '계약금'과 '보증금'으로 정의한다. 이것은 "구매 대금의 일부를 미리 지불하여 해당 물품에 대한 법적인 권리를 확보하거나 계약을 유효하게 하는 것"을 뜻하는 상업적 또는 법적인 용어다.[41]

이것으로 단어 분석의 마지막 단계를 마감한다. 그러므로 용어가 신약 시대(공시적인 단어 분석)뿐만 아니라, 여러 시대를 통해(통시적인 단어 분석) 어떻게 사용되었는지를 추적했다.

사전적인 분석은 엄청난 과정을 요구하지만 필요한 일이다. 사전적인 연구를 통해 용어들의 의미에 대한 이해를 방해하는 장애물은 종종 극복되거나 현저하게 줄어든다. 단어 연구의 기본적인 규칙들을 이해하는 데 애쓰고, 의미의 복합성들을 파악하며, 건전한 방법론을 활용하고, 단어 연구에서 빚어지는 일반적인 오류를 피하는 주석가는 성경이란 건물의 건축 벽돌들인 단어를 해석할 때 높은 수준의 정확성을 성취할 수 있을 것이다.

결론: 「키워드로 푸는 성경」으로 연구하게된 것에 대한 환영

「키워드로 푸는 성경」에 기고한 학자들은 더 많은 대중이 성경의 의미와 핵심 어휘 사항들에 접근할 수 있다는 소망으로 연구 결과를 제공한다. 일부 전문적인 면이 있지만 이 글은 헬라어 연구와 관련된 약간의 배경 지식을 가지고 있는 자들을 위해서, 적절하고 주의 깊은 어휘 연구에 정보를 제공하는 기본적인 방법론을 제시한다. 이것과 병행을 이루는 구약에 적용되는 글은 해당하는 책들에 소개할 것이다. 우리는 「키워드로 푸는 성경」의 사용자가 이 책을 통해 교훈과 개인적인 건덕을 얻을 수 있기를 바란다.

대럴 L. 보크

각주

1. 이것은 주석가의 최초 목적이다. 주석가는 인간 저자의 메시지를 파악하는 데 전념한다. 우선적으로 목적은 저자가 활동한 배경 속에 제시된 대로 메시지를 이해하는 것이다. 그 메시지가 앞서 나왔든 나중에 나왔든, 다른 성경책과 연결을 짓는 과정은 뒤따르는 신학적인 과정의 임무다. 이 후기 단계에서 우리는 '계시의 점진', 하나님께서 의도하신 '충만한 의미', 신약에서 구약의 사용과 적용과 본문의 개인적인 적용과 같은 개념들을 가지고 씨름한다. 이 모든 것은 주어진 배경 속에서 주어진 문서의 메시지에 대한 우선적인 주해적 관심을 넘어선 후기의 반성을 포함한다. E. D. 허쉬(Hirsh)는 Validity in Interpretation(New Haven: Yale University Press, 1967)에서 저자의 의도에 대한 좋은 토론과 변호를 제시한다. 저자의 의도와 관련하여 조심스런 경고에 대하여 J. P. Louw, Semantics of New Testament Greek (Philadelphia/Chico: Fortress/Scholars, 1982), 48을 보라. 충만한 의미에 대한 복잡한 쟁점은 D. J. Moo, "The Problem of Sensus Plenior," in Hermeneutics, Authority, and Canon, ed. D. A. Carson and J. Woodbridge (Grand Rapids: Zondervan, 1986), 179–211, 397–405에 잘 다루어졌다.

   저자의 의도를 말할 때, 우리는 저자의 주어진 시점에서 반드시 생각했을 것이나 그가 왜 기록했는지 재현하려고 노력하지 않는다. 오히려 해석자의 목적은 저자가 그의 메시지를 위해서 선택한 용어들을 통하여 전달하고자 했던 것을 확인하는 것이다. 단어는 자동적으로 의미를 수반하지 않고 그 의미는 그 원래 배경에서 분리될 때 다양하게 이해될 수 있으므로 저자의 의도를 이야기하는 것이 본문의 의미에 대하여 이야기하는 것보다 더욱 적절하다. 주석가의 관심사는 저자의 표현 선택에서 비롯되는 의미, 곧 저자가 단어를 제시할 때 그것에 부여한 의미다.

2. 이것은 역사적으로 민감한 해석에서 구약 구절들이 가리키는 것을 결정하기 위해서 나중에 주어진 신약 구절들을 이용하지 않을 것을 의미한다. 우리가 시간의 경과란 요소를 끌어들일 때 의미는 다양한 방식으로 나타난다. 그러므로 주해적이고 해석적인 과정의 단계에서 후기 계시로 나갈 때, 원 메시지를 전적으로 불분명하게 하지 않는다면 원 메시지의 진의를 흐리게 할 수도 있다.

이 복잡한 분야와 관련하여 이 복잡한 쟁점을 다루기 위해서 복음주의 학자들이 제시한 네 가지 모델을 검토하고 평가하는 D. L. Bock, "Evangelical and the Use of the Old Testament in the New," in Bibliotheca Sacra 142 (1985):209-23, 306-17과 더욱 최근에 필자가 쓴 "The Use of the Old Testament in the New," in Foundations for Biblical Interpretations. David S. Dockery, Kenneth A. Matthews and Robert B. Sloan, eds. (Nashville: Broadman & Holman, 1994), 97-114를 참고하라.

3. J. Barr, The Semantics of Biblical Language (Oxford: Oxford University Press, 1961), 1; A. Thiselton, "Semantics and New Testament Interpretation," in New Testament Interpretion, ed. I. H. Marshall (Grand Rapids: Eerdmans, 1977), 75-104, 특별히 75; M. Silva, Biblical Words and Their Meanings: An Introduction to Lexical Semantics (Grand Rapids: Zondervan, 1983)를 보라. 신약 단어 연구에 적용되는 의미론의 모든 국면에 대한 탁월한 연구를 위해서는 J. P. Louw, Semantics of the New Testament를 보라. 이 연구는 단어, 문장과 문단과 관련하여 의미의 문제를 다룬다. 의미론의 폭넓은 분야를 위해서는 S. Ullmann, The Principles of Semantics, 2d ed.(Oxford: Blackwells, 1957), 1-137, 197-259; idem, Semantics: An Introduction to the Science of Meaning (Oxford: Blackwells, 1962)을 보라.

4. G. B. Caird, The Language and Imagery of the Bible (Philadelphia: Westminster, 1980), 37-61.

5. 표준적인 사전에서 단어의 의미들은 개별적인 의미를 반영하는 구절들과 함께 단순하게 열거된다. 그것들은 용어의 '의미의 범위' 와 관련하여 의미론적으로 차트화될 수 있다. 여기서 의미는 단어가 가질 수 있고 의미의 범주와 연결될 수 있는 다른 용어들과 함께 나란히 놓이는 의미의 범주들로 분류될 수 있다(Thiselton, 'Semantics' , 91을 보라. 여기서 그는 단어 pneuma를 차트로 제시한다. 또한 Louw, Semantics, 60-66을 보라). 동일한 범위의 개념을 다루는 단어들은 동일한 의미론적 영역을 공유한다. 의미론적인 영역 중심으로 된 사전은 개념적인 그룹 짓기에 따라서 단어들을 검토한다. J. P. Louw and E. A. Nida, eds., Greek-English Lexicon of the New Testament Based on Semantic Domain (New York: United Bible Societies, 1988)을 보라. 이 시리즈의 책들에서 이 책의 약어는 LN이다. 단어 사이의 다양한 관계들에 대해 탁월하게 다룬 것을 보려면 Silva, Biblical Words, 118-35를 보라.

6. 이 요점은 다른 언어들과 알파벳들의 존재에 의하여 예증된다. 이것들은 단지 개념들을 단어로 표현하는 다른 상징적인 체계들이다.

7. Silva, Biblical Words, 101-3.

8 Theological Dictionary of the New Testament, ed. E. Kittel and G. Friedrich, trans, G. W. Bromiley, 10권(Grand Rapids: Eerdmans, 1964-76), 약어로 TDNT와 The New

International Dictionary of New Testament Theology, ed. E. Brown, 4권(Grand Rapids: Zondervan, 1975–85), 약어로 NIDNTT이다. 이들 도구에 있어서 차이점은 TDNT가 상세한 기본 형태와 연결된 개별적인 사전적인 용어들을 열거하는 데 반하여, NIDNTT는 개념들, 즉 유사한 사전적인 용어들이 속하는 그룹들 또는 필연적으로 동일한 기본형을 공유하고 있지 않을 수도 있는 동의어들에 따라서 단어들을 구성하고 있다는 것이다. TDNT는 더욱 상세한 역사적인 정보를 제공하는 반면, NIDNTT는 관련된 용어들을 분명하게 연결시키기 때문에 개념들을 더 잘 다룬다. TDNT의 비판과 관련하여 J. Barr, Semantics, 21–45, 206–62를 보라.

9. 이러한 도구들은 때때로 성경책들의 저작 시기와 저작자에 대하여, 또는 이 도구들을 사용하는 학생에게 중요한 역사적인 지식을 요구하는 역사적인 배경과 연결된 쟁점들에 대하여 비평적인 가정을 하기 때문에 수준 높은 연구자들을 위한 것이다. 이러한 도구들을 위한 핵심적인 도서 정보는 도구가 적용하는 개별적인 세부 항목의 논의 다음에 나온다.

10. 추가될 수 있는 다섯째 단계는 기독교 교부들의 문서에서 신약 용어들이 어떻게 사용되고 있는지에 대하여 연구하는 것이다. 이 단계를 위해서 G. W. H. Lampe, A Patristic Greek Lexicon (Oxford: Clarendon, 1961–68)을 사용하라. 이 책은 교부들의 글들 속에서 용어들의 사용에 대하여 알 수 있게 해준다. 헬라 교부들의 책들의 가장 완벽한 모음집은 J. P. Migne, Patrologia Graeca, 161권(New York: Adlers, 1965–1971)이다. 이들 가운데 많은 책들은 번역되었으며, 다른 시리즈에서도 발견된다. 가능한 여섯째 단계는 유대인 또는 랍비들의 문서(예를 들면, 히브리어나 아람어 문서들)에서 관련된 용어들의 사용에 대하여 검토하는 것이다. 이 단계를 위해, 신중하게 사용할 책은 H. L. Strack and P. Billerbeck, Kommentar zum Neuen Testament aus Talmud and Midrash, 6권 (Munchen: Beck, 1921–61)이다. 또한 참고할 책은 M. Jastrow, A Dictionary of the Targumim, the Talmud Babli and Yerushalmi, and the Midrashic Literature (London: Judaica, 1971)이다.

11. H. G. Liddell and R. Scott, A Greek-English Lexicon: A New Edition Revised and Augmented Throughout with Supplement, rev. H. S. Jones and R. McKenzie, 제9판 (Oxford: Oxford University Press, 1924–40; 증보판, 1968). 이 책은 이후부터 LSJ로 표기되었다. Liddell-Scott에 의해 편집된 중급 사전은 LS로 표기되었다.

12. E. Hatch and H. A. Redpath, A Concordance to the Septuagint and the Other Greek Versions of the Old Testament(외경 포함), 2권 (1897; 재판, Graz: Akademische Drucku. Verlagsantalt, 1975; 재판 Grand Rapids: Baker, 1983).

13. J. H. Moulton and G. Milligan, The Vocabulary of the Greek New Testament (Grand Rapids: Eerdmans, 1974)

14. H. Bachmann and H. Slaby, eds., Computer-Konkordanz zum Novum Testamentum

Graece (New York: W. de Gruyter, 1980). 또 사용할 수 있는 색인은 Westcott과 Hort의 1881판을 토대로 쓰인 W. F. Moulton과 A. S. Geden의 Concordance to the Greek Testament, 제5판 (Edinburgh: T.&T. Clark, 1897; supplement, 1977)이다. Computer-Konkordanz의 주요 장점들은 가장 최근의 그리스 본문을 인용했다는 것뿐만 아니라, 인용하는 단어마다 더 폭 넓은 문맥을 제공한다는 것이다. 완비한 단어 통계를 갖춘 K. Aland의 2권으로 이루어진 Vollstandige Konkordanz zum griechishen Neuen Testament(Berlin: Walter de Gruyter, 1978, 1983)는 수준 높은 연구자들에게 이득이 될 것이다. Strong과 Young의 신약 색인들처럼 가장 일반적으로 사용되는 것들은 흠정역(KJV)과 함께 사용하기에 적합하다. 다른 색인들은 어느 특정한 영문 성경을 위해서 사용된다. 이런 색인들은 기본적인 용어의 뜻풀이에는 충분하나 가장 좋은 색인들은 헬라어를 기본으로 하고 더욱 최근의 본문과 연결되어 있는 것들이다. 어떤 이들은 흠정역을 근거로 한 신약 성경이 가장 훌륭하다고 주장한다. 그러나 이 주장은 우리의 현재 헬라어 신약 성경의 필사본 기초가 흠정역이 제작된 17세기 때의 것보다 향상되었다는 사실을 무시한다.

15. 어휘에 관한 문제에서 강조되어야 할 것은 용례에 대한 증거는 숫자로 헤아리는 것이 아니라 그 무게가 중요하다는 것이다. 그러므로 의미가 불확실한 단어는 반드시 가장 대중적인 뜻을 반영하는 것은 아니며, 문맥은 항상 가장 중요한 요소가 될 것이다.
16. LSJ, 246.
17. LSJ 는 Isaeus 8.20을 인용한다. 하지만 표제어의 용어는 이 부분에서 찾을 수 없고, 8.23에서 찾을 수 있다. 이 예시는 참고 문헌을 참고하는 것의 중요성을 명확히 보여준다. 그래야만 오류와 오타들을 발견하고 제거할 수 있다.
18. The Loeb Classical Library (Cambridge, Mass.: Harvard University Press)는 그리스어와 라틴어 본문과 영문 번역으로 구성된 막대한 모음집(약 450권)이다.
19. 성경 연구에 있어서 칠십인경의 중요성에 관한 유용한 자료를 위해서는 F.W. Danker의 Multipurpose Tools for Bible Study 제3판(St. Louis: Concordia, 1970), 81-95의 "The Use of the Septuagint"와 Karen H. Jobes과 Moises Silva의 Invitation to the Septuagint(Grand Rapids: Baker,2000)를 참고하라.
20. 예를 들면, 독일어에서 역사라는 단어는 'Geschichte' 와 'Historie' 2개가 있지만 영어에는 역사라는 단어가 'history' 하나뿐이다. 이 두 독일 단어 가운데 하나와 영어 단어를 동일시한다는 것은 독일어 전문용어의 정확성을 떨어뜨리는 것이다. Silva는 이런 분야의 문제점들을 Biblical Words, 52-73에서 자세히 설명한다.
21. 사실 칠십인경의 번역 성격은 책마다 차이가 있다. 세부적인 내용을 위해서는 J. Roberts, The Old Testament Text and the History of the Ancient Versions (Cardiff: University of

Wales Press, 1951), 172-87을 참고하라. 칠십인경 연구의 최근 개관을 위해서는 Early Judaism and its Modern Interpreters, ed. R. Kraft and G. W. E. Nickelsburg (Philadelphia: Fortress, 1986), 223-37에 실린 E. Tov, "Jewish Greek Scriptures"를 참고하라.

22. F. Brown, S. R. Driver, and C. A. Briggs, eds., A Hebrew and English Lexicon of the Old Testament (Oxford: Clarendon Press, 1907); L. Koehler and W. Baumgartner, eds., Lexicon in Veteris Testamenti Libros, 2d ed. (Leiden: Brill, 1958). 후자는 새로운 이름 (Hebraisches und aramaisches Lexikon zum Alten Testament, 3 vols. [Leiden: Brill, 1967, 1974, 1983])으로 완전한 개정중이다. 연구자는 몇 권이 출판된(12권 계획) G. J. Botterweck and H. Ringgren, eds., Theological Dictionary of the Old Testament(Grand Rapids: Eerdmans, 1974-)를 참고하라.

23. Hatch and Redpath, Concordance to the Septuagint, 160.

24. 각주 13번을 참고하라. 이 책은 출판된 지 다소 오래되었다(1932). 그러나 The Society of Biblical Literature(SBL)의 작업 그룹이 개정을 준비중이다. 그렇지만 언제 업데이트된 판이 나올지 불확실하다. 매우 수준이 높은 연구자들이 참고할 수 있는 자료는 몰튼과 밀리간의 책에 실린 유용한 정보를 업데이트하는 파피루스 모음집 시리즈다.

25. 몰튼과 밀리간의 책은 주어진 단어의 모든 횟수 가운데 단지 작은 샘플만 포함한다. 그래서 이 시기에 용어들에 대한 완벽한 논의를 제공하는 것으로 간주해서는 안 된다. 이러한 자료의 완벽한 논의는 한 권으로 모집된 형태로 존재할 수 없다. 그렇지만 약간의 파피루스 자료 업데이트는 www.perseus.tufts.edu에 나오는 Perseus 프로젝트 사이트에 온라인으로 이용 가능하다.

26. Mouton and Miligan; Vocabulary, 79

27. Ibid.

28. 표제어는 몇 가지 흥미 있는 후기 본보기를 포함한다. 한 예는 ἀρραβών를 '아내를 사는 것'과 연결한다. 두 번째 예는 '약혼반지'를 ἀρραβών을 말한다. 다시 보증으로서의 대상에 대한 묘사는 여기서 매우 분명하다.

29. Bachmann and Slaby, Computer-Konkordanz, 222.

30. G. Bromiley에 의하여 준비된 'Little Kittle' (Grand Rapids; Eerdmans, 1985)는 TDNT의 단권 축약판이다.

31. Horst Balz and Gerhard Schneider, eds. Exegetical Dictionary of the New Testament. 3권(Grand Rapids; Wm. B. Eerdmans, 1990-93). 다른 단어 도구인 C. Spicq, Theological Lexicon of the New Testament. 3권(Peabody, Mass: Hendrickson Publishers, 1994)은 매우 유용하지만 이 사전은 단어를 선택적으로만 다룬다. 이 책이 인용될 때 이것은 Spicq로 축약된다.

32. 오류들에 대한 좀더 종합적인 논의를 위해서, D. A. Carson, Exegetical Fallacies (Grand Rapids: Baker, 1984), 25-66을 참고하라. 그는 그러한 오류를 16개 언급한다. 이 논문은 단지 아주 흔한 오류만 언급할 것이다.

33. Louw, Semantics, 23-31; Silva, Biblical Words, 35-51; Barr, Semantics, 107-60을 보라.

34. E. A. Nida, "The Implications of Contemporary Linguistics for Biblical Scholarship," Journal of Biblical Literature 91 (1972):86; Louw, Semantics, 51-52.

35. 이것은 특별히 초보적인 학생에게 주해를 종종 복잡하게 하는 주요 쟁점을 제기한다. 사람은 용어의 의미가 문맥적으로 가능하다는 사실을 단지 보여줌으로써만 단어의 의미를 확립하지 않는다. 종종 주석가들은 문맥이 변호된 의미를 지지할 수 있다고 보여주었을 때 자기들의 임무가 완성되었다고 생각한다. 그렇지만 선택되어야 할 의미는 십중팔구 여러 가지 가능성 가운데 하나다. 종종 문맥은 의미의 다양성을 지지할 수 있으나, 문맥에 가장 자연스럽게 어울리고 문맥적으로 최소한의 압력을 받는 것이 그 단어의 의미다.

36. 이 오류는 언급된 것들 가운데 가장 추상적인 것이며 간단하게 설명하기 어렵다. 더욱 상세한 논의를 위해서, Silva, Biblical Words, 103-8을 보라.

37. BAGD는 W. Bauer, A Greek-English Lexicon of the New Testament and Other Christian Literature, trans. W. F. Arndt and F. W. Gingrich, rev, Ed. F. W. Gingrich and F. W. Danker (Chicago: University of Chicago Press, 1979)의 약어다. 이 사전에 세 번째 수정판은 2000년에 출판되어 이 판에서 Danker의 역할이 두드러지게 나타나기 때문에 그것을 앞에 두어 BDAG로 축약된다. 이 사전의 이전 판이 여기서는 예로 인용되었다.

38. TDNT, 1:475.

39. Ibid.

40. NIDNTT, 2:39-40.

41. BAGD, 109.

저자 소개

대럴 L. 보크(Darrell L. Bock)

학사, 신학석사, 에버딘(Aberdeen) 대학교 철학박사
달라스(Dallas) 신학교 연구 교수
총 편집자, 서문과 누가복음 집필

데이빗 K. 로워리(David K. Lowery)

학사, 신학석사, 에버딘 대학교 철학박사
달라스 신학교 신약학 교수
마태복음 집필

조엘 F. 윌리엄스(Joel F. Williams)

학사, 신학석사, 마쿠에트(Marquette) 대학교 철학박사
콜롬비아 국제 대학교 성경연구 분야 부교수
마가복음 집필

W. 홀 해리스(W. Hall Harris)

학사, 신학석사, 쉐필드(Scheffield) 대학교 철학박사
달라스 신학교 신약학 교수
요한복음 집필

약어및 고대 자료

성경 밖에 있는 자료들에 대해서는 표준 약어가 사용되었다. 이러한 책들에 대한 종합적인 목록은 Patrick H. Alexander, John F. Kutsko, James D. Ernest, Shirley A. Decker-Lucke와 the Society of Biblical Literature를 위해서 David L. Petersen이 편집한 'The SBL Handbook: For Ancient Near Eastern, Biblical and Early Christian Studies' (Peabody, Mass: Hendrickson, 1999)에 나온다. 더 많이 사용되지만 덜 알려진 약어 가운데 일부만 아래 목록에 나온다. 참고한 주석서들은 저자의 이름으로 인용된다(마태복음: Allison/Davies, Keener, 마가복음: Cranfield, Evans, Guelich, Gundry, Hooker, Marcus, Taylor, 누가복음: Bock, Green, Marshall, Fitzmyer, 요한복음: Barrett, Bernard, Brown, Carson). 주석서들은 해당되는 책에서 나온다. 성경책들의 약어는 표준을 따르고 있어 분명하다. 목록에서 다른 자료들은 주어진 책들의 저자들이다.

Ant(고대사) 「유대인의 고대사(The Antiquities of the Jews)」. 요세푸스(Josephus, 주후 1세기 유대인 역사가)

Apocryhpha(외경) 구약과 신약의 기간 사이에 나온 유대인 문서들의 모음집으로 이 시기의 유대인의 삶과 관습에 대한 통찰을 우리에게 제공한다. 이 책들은 정경의 지위를 분명하게 얻지는 못했으나 유대교에서 존중되는 책들이다.

Athenaeus(아데나우스) 주후 3세기 헬라 저술가

b 이 약어는 미쉬나(아래 약어 'm'을 보라)에 대한 랍비들의 주석서인 바벨론 탈무드를 가리킨다. 이 주석은 주후 5세기까지 거슬러올라간다. 이 약어 다음에는 탈무드 안에서 언급된 책의 소논문 이름이 나온다.

약어및 고대 자료

BAGD Bauer–Arndt–Gingrich–Danker, A Greek–English Lexicon of the New Testament and Other Early Christian Literature, 제2판, 1979.

BDAG Bauer–Arndt–Gingrich–Danker, A Greek–English Lexicon of the New Testament and Other Early Christian Literature, 제3판, 2000.

BDF F. Blass and A. Debrunner, A Greek Grammar of the New Testament and Other Early Christian Literature, translated and revised by R. W. Funk, 1961.

Bock(보크) Bock, Darrell L. Blasphemy and Exaltation in Judaism and the Jewish Examination of Jesus.

CEV Contemporary English Version

Dead Sea Scrolls 주전 2세기 중반부터 주후 70년경까지의 기간중 유대인 분리주의자 공동체의 장서

DJG Dictionary of Jesus and the Gospels(항목들은 논문 저자에 의해 인용됨)

EDNT Exegetical Dictionary of the New Testament, 3권, 1978–80, 영어판은 1990.

Eng. 이것은 장과 절이 표기될 때 헬라어나 히브리어 본문과 다르게 영역본에서 절 구분이 다른 것을 가리킨다.

Epictetus(에픽테투스) 주후 1–2세기 헬라 저술가

ESV Engligh Standard Version

Usebius(유세비우스) 주후 4세기 교회사가

Howard(하워드) W. F. Howard, Accidence and Word Formation, 1929(J. H. Moulton, A Grammar of the Greek New Testament의 제2권)

Irenaeus(이레니우스) 주후 2세기 교부

Jerome(제롬) 주후 4세기 후반과 5세기 초반 교부

Josephus(요세푸스) 이스라엘에 살았던 1세기 유대 역사가. 그가 저술한 네 권의 책(유대인의 고대사, 유대인의 전쟁사, 그의 생애와 Against Apion)은 유대인의 삶, 관습과 신념에 알려주는 우리가 가지고 있는 가장 중요한 고대 문서들 가운데 속한다.

Justin(순교자 저스틴) 주후 2세기 교부

Juvenal(주베날) 1세기 후반 2세기 초반 로마 저술가

JW 「The Wars of the Jews(유대인의 전쟁사)」, 요세푸스

KJV 흠정역

LS Liddell and Scott, Intermediate Greek–English Lexicon.

LSJ Liddell, Scott, Jones, and McKenzie, Greek–English Lexicon.

LN Johanes P. Louw and Eugene Nida, Greek-English Lexicon of the New Testament Based on Semantic Domain, 2권, 1988.

m 이 약어는 주후 2세기에 만들어진 구전의 유대인 법전인 미쉬나를 지칭한다. 미쉬나는 유대교와 적합한 광범위한 주제들을 다루는 많은 책들로 구성되었기 때문에 이 약어 다음에 책의 소논문 이름이 나온다.

Marshall Marshall, Christopher, D., Faith as a Theme in Mark' s Narrative, 1989.

MM Moulton-Milligan, Vocabulary of the Greek New Testament, 1930.

NASB New American Standard Bible

NCV New Century Version

NEB New English Bible

NET New English Translation

NIDNTT New International Dictionary of New Testament Theology, 4권, 1975-85.

NIV New International Version

NKJV 새 흠정역

NLT New Living Translation

NRSV New Revised Standard Version

NT(신약) 신약 성경

OT(구약) 구약 성경

Pesiq. Rab Kah Pesigta de Rab Kahana, 주후 6세기에 나온 안식일 교훈을 위한 유대 랍비 문서

Philo(필로) 주전 1세기 후반과 주후 세기 초에 이집트에 살았던 헬라파 유대인 철학자. 그의 작품들은 많은 유대인 성경책들과 주제들을 다룬다.

Pliny the Elder 1세기 로마 저술가

Plutarch 주후 1-2세기 그리스 저술가

Pseudepigrapha(가경) 중간기 시대부터 그리스도의 시대 이후 몇 세기에 걸쳐서 나온 유대인 문서들의 모음집으로, 신약을 둘러싼 시기의 유대인 사상에 대한 통찰을 제공한다.

Q 이 문자 앞에 흔히 숫자를 포함하는 약어의 일부. 이것은 쿰란에서 나온 문서를 구체적으로 밝힌다. 숫자는 해당 문서가 쿰란의 어떤 동굴에서 발견되었는지 알려준다. 이들 문서들은 사해 사본들의 일부분이다.

Qumran(쿰란) 유대인 분리주의자 공동체의 장서인 사해 사본들이 발견된 장소

R. 랍비(일반적으로 랍비의 이름이 다음에 나온다.)

Rab. Rabbah. 이 약어는 (표준 약어와 함께 나오는) 성경책 다음에 나온다. 해당 성경책들은 주후 4세기의 작품인 미드라쉬 랍바(Midrash Rabbah)로 알려진 유대인 주해의 더 큰 작품의 부분으로 다루어진 것들이다. 다루어진 열 권의 성경책들은 창세기에서 신명기까지, 그리고 예레미야애가, 룻기, 전도서, 아가와 에스더서다.

REB Revised English Bible

Robertson A. T. Robertson, A Grammar of the Greek New Testament in Light of Historical Research, 1934

RSV Revised Standard Version

Schurer The History of the Jewish People in the Age of Jesus Christ (주전 175–주후 135년), 3권, 1973–87

Seneca(세네카) 주후 1세기 로마 저술가

Sir.(시락서) 시락서—가경에 속한 유대문서

수에토니우스(Suetonius) 주후 2세기 초 로마 역사가

Spicq Theological Lexicon of the New Testament, 3권, 1978–82, 영어판 1994.

T. Testament(「the Testament of the Twelve Patriarchs」의 일부 제목의 한 부분으로 야곱의 아들들의 한 사람의 이름과 함께 일반적으로 사용된다. 이 책은 구약 가경에 속하거나 모세와 아브라함과 같은 위대한 유대인과 연관된 Testament[유언서]와 연결된 책이다).

t Tosefta(약어 't' 다음에 'Tosefta' 안에서 언급되는 구체적인 소논문의 이름이 나온다. 이 작품은 미쉬나를 보충하는 유대 랍비 문서다. 그래서 주후 2세기 후반에 나왔다)

Tacitus(타키투스) 1세기 후반과 2세기 초기 로마 역사가

TDNT Theological Dictionary of the New Testament, ed by Gerhard Kittel and Gerhard Friedrich, 10권, 영어판 1964.

TEV Today's English Version

Theodotion(데오도션) 주후 2세기 헬라어 구약 성경의 번역자

Virgil(버질) 주후 1세기 로마 저술가

Wallace Daniel B. Wallace, Greek Grammar Beyond the Basics, 1996.

Wis(지혜서) 지혜서—가경에 속하는 유대 문서

x 단어나 구절이 사용되거나 등장하는 횟수를 지칭하는 약어(예, 3× – 3회)

Xenophon(크세노폰) 주전 5세기 후반과 4세기 초반 그리스 저술가

음역(Transliteration)

「키워드로 푸는 성경」은 헬라어를 위해 표준 음역 체계를 사용한다. 아래는 각 글자가 어떻게 상응하는지 보여주는 목록이다. 이것은 독자에게 헬라어 글자를 읽는 데 도움을 줄 것이다.

α	—	a	ν	—	n
β	—	b	ξ	—	x
γ	—	g	ο	—	o
δ	—	d	π	—	p
ζ	—	z	ρ	—	r
η	—	ē	σ, s	—	s
θ	—	th	τ	—	t
ι	—	i	υ	—	y*
κ	—	k	φ	—	ph
λ	—	l	χ	—	ch
μ	—	m	ψ	—	ps
			ω	—	ō

◎ 이중 모음의 경우는 예외다. 아래를 보라.

정상적인 음역의 특별한 경우는 다음과 같은 변형을 포함한다.

ῥ	—	rh	αυ	—	au
	—	h	ει	—	ei
γγ	—	ng	ευ	—	eu
γκ	—	nk	ηυ	—	ēu
γξ	—	nx	οι	—	oi
γχ	—	nch	ου	—	ou
αι	—	ai	υἱ	—	hui

음역에 대한 색인에서 우리는 단어들의 순서를 번역할 때 알파벳 순서를 따른다.

마태복음

데이빗 K. 로워리(David K. Lowery)

1:1. **책**(Book, biblos) – 이 단어는 글을 쓰는 데 사용된 파피루스 식물(byblos)을 가리키는 이집트어와 관련되어 있다('paper' 란 단어는 라틴어 이름 papyrus에서 나옴). 비록 마태복음의 매우 오래된 사본들이 파피루스에 쓰였지만, 여기에서 사용된 이 단어는 복음서가 쓰인 재료를 밝히지 않는다(예를 들어, 쿰란에 위치한 유대인 공동체는 보통 양이나 염소들의 가죽으로 만들어진 양피지에 글을 썼다). 오히려 이것은 마태복음 전체나 즉시 이어서 나오는 족보를 묘사한다. 이 단어가 기록이나 기술의 책, 또는 특별히 뒤따르는 족보를 구체적으로 가리키는 것이라면, 단순히 '기술' 을 의미하기 위해서 '생명의 책' (빌 4:13, 계 3:5) 이란 구절에서 사용되기 때문에 '기록' 으로 번역될 수 있다(NASB, NIV). 그러나 이것은 서론적인 구절로 복음서 전체를 가리킬 가능성이 매우 높다(BDAG 192-3). 이러한 방식의 예수님의 생애와 사역에 대한 복음서 설명은 앞서 나온 성경들에 새로운 추가와 지침 역할을 한다('예수 그리스도의 역사에 관한 책', 참고–막 12:26의 '모세의 책', 눅 3:4의 '이사야의 말씀들의 책', 행 1:20의 '시편의 책'). [biblos]

계보(Genealogy, geneseōs) – 이 단어는 '탄생' 을 의미할 수도 있고, 이러한 의미에서 이어 나오는 구절들에 제시된 가족 혈통의 제목 역할을 할 수도 있다(1–17절). biblos와 연결해서는 '가계 혈통의 기록' 을 의미할 수 있으며, 1–17절의 서론 기능을 한다(NIV, NASB, NRSV). 그러나 이것이 복음서에 나오는 예수님의 삶에 관한 모든 기록을 가리키는 것이라면, '예수 그리스도의 역사에 관한 책' 이란 번역은 여기 사용된 구절의 의미를 더 정확하게 반영하는 것이다(BDAG, 193). [genesis]

예수(Jesus, Iēsou) – 이 개인적인 이름은 '주님께서 구원하신다' 는 의미를 가진 여호수아의 헬라어 형태다. [Iēsous]

그리스도(Christ, Christou) – 이것은 '기름부음을 받은 자' 를 뜻하는 단어 '메시아' 의 헬라어 형태다. 이 칭호는 외세의 폭정 가운데서 건져내는 이스라엘의 구원자 또는 구속자라고 주장하는 사람들에게 적용되었다. 이 단어는 복음서에서 예수님과 매우 밀접하게 연결되어 있어 개인적인 이름으로 사용된다. 비록 1장 21절이 이스라엘의 가장 현저한 필요는 정치적인 폭정으로부터의 구원이 아니라 죄의 폭정으로부터의 해방임을 보여주지만, 예수님께 적용된 칭호는 복음서가 전개됨에 따라 독자를 위해 분명하게 정의될 것이다. [Christos]

다윗의 자손(Son of David, huiou Dauid) – 이 구절은 사무엘하 7장 12–16절의 약속을 상기시키며, 메시아의 칭호로 사용되었다. 마태는 예수님이 다윗에게 주어진 이 약속의 성취임을 보여준다(예, 11:4–6). [Dauid]

아브라함의 자손(Son of Abraham, huiou Abraam) – 마태는 또한 창세기 12장 1–3절에 있는 약속, 다시 말하면 아브라함을 통해 온 세상이 복을 받으리라는 약속이 예수님의 삶과 사역 안에 성취됨을 보여준다. 이방인들에게 보인 하나님의 자비는 이 복음서에서 하나의 주제다(예, 8:10–13). [Abraam]

1:2–16. **~의 아버지였다**(was the parent of, egennēsen) – 이 단어는 족보 속에서 직계를 묘사하기 위해 사용되지만, 직접적 아버지인 경우에만 제한되지 않는다. 이를테면 할아버지, 혹은 형사취수법에 따른 부모나 법적(생물학적이 아님) 부모를 가리킬 수 있다. 족보의 독특한 면은 네 이방 여인의 언급이다. 다말(1:3), 라합, 룻(1:5) 그리고 밧세바(1:6, '우리아의 아내' 로만 밝혀짐)는 독자들에게 메시아의 혈통이 이방인들을 포함하고 있음을 상기시켜 준다. 과거에 의심스런 사건에 동참했던 여인들 가운데 많은 이들은 하나님의 은혜를 보여준다. 요셉(1:16)은 예수님의 법적인 아버지란 의미에서 '마리아의 남편' 이라는 이름으로 족보의 끝을 맺고 있다. 족보에서 사용된 동사 gennaō의 마지막 형태는 수동태다('낳다' 보다는 '태어났다' 임). 다음 구절들에서 분명하게 볼 수 있듯이(1:18–25), 수동태는 성령 하나님에 의해 일어난 잉태를 가리킨다. [gennaō]

1:17. **열넷**(Fourteen, dekatessares) – '14' 에 대한 강조(3회)는 다윗의 이름에 주의를 집중시킨다. 그의 세 히브리어 자음(d, w, d)들은 알파벳에서 넷째, 여섯째 그리고 넷째 문자다. 이 셋을 합하면 14가 된다. 이러한 방식의 계산법은 고대 세계에서 널리 사용되었다. 그러므로 이 합계는 예수님의 메시아 혈통을 강조한다. [dekatessares]

1:18. **탄생**(birth, genesis) – 이것은 1장 1절에 사용된 단어와 같으나 이 문맥에서는 탄생을 의미한다(BDAG, 192). [genesis]

정혼한(betrothed, mnēsteutheisēs) – 유대 자료들은 마리아와 같은 젊은 여인이 종종 십대 초에 정혼하는 것을 보여준다(m Abot 5.21, 32, Gen Rab 95, Pesiq Rab Kah 11:6, Keener, p. 88). 정혼 관계는 일반적으로 1년간 지속된다. 그러나 정식 결혼이 성사되기 전('동거하기 전에' 란 문구는 아마도 함께 살면서 성관계를 가지는 것을 가리킨다)이라 하더라도 정혼한 여인은 '아내' 로, 그리고 정혼한 남자가 죽으면 과부로 간주된다(m Ketub 1.2). 여인은 또한 정절을 지키지 못한 경우 간음죄로 처벌을 받을 수 있다(에녹 2서 71:6-11, p Ketub 1.4 § 4). 이러한 가능성은 요셉의 곤경을 강화시킨다. [mnēsteuō]

성령에 의하여(by the Holy Spirit, ek pneumatos hagiou) - 그러나 마리아의 임신은 성령에 의한 것이다. 탄생과 관련하여 사용된 전치사 '~에 의하여'(ek)는 종종 남성의 역할을 소개하기 위하여 사용된다. 비록 번역은 매개 역할을 제시하지만 전치사는 또한 신적인 존재로서 예수님의 기원을 지시한다. 인간으로서 예수님의 시작은 성령 하나님의 창조적인 역할에 의해 중재된다. [pneuma]

1:19. **의로운**(righteous, dikaios) - 의로운, 또는 바른 사람은 구약에 있는 하나님의 계시에 따라서 산 믿음의 사람이다(욥 1:1). 요셉은 율법의 규정들을 따르기 원했지만, 사랑스럽고 자비한 마음으로 그렇게 하기를 원했다. [dikaios]

이혼하다(divorce, apolysai) - 요셉은 가능한 두 가지 선택에 직면하고 있는 것 같다. 신명기 22장 23-27절에 따르면, 정혼한 여인이 동의하에 성관계를 가졌는지 강압된 성관계를 가졌는지 결정하기 위한 재판을 열 수 있었다(유죄 판정은 사형 선고를 요구했다. 이스라엘 역사 속에 이 선고가 실행된 적이 있는지는 불분명하다. 그러나 이스라엘은 이 시기에 로마의 통치하에 있는 한 지방이었고, 여기에서 사형 선고는 로마만이 가지고 있는 특권이었다). 요셉에게 열려 있는 둘째 행동 경로는 신명기 24장 1절을 따라서 마리아에게 이혼 증서를 써주는 것이다(미쉬나는 증서를 쓰는 데 증인들을 세울 것을 요구한다, Gittin 9.4. 그렇지만 마리아와 요셉 당시에는 필요하지 않았을 것이다). [apolyō]

수치를 당하게 하지 않고(without humiliating, me…deigmatisai) - 이 단어는 '폭로하다, 본보기를 삼다, 수치를 당하게 하다'를 의미한다(BDAG, 214). 요셉은 자신이 옳다고 믿은 것을 행하기로 결심했지만, 마리아의 임신을 공적으로 알리기를 원하지 않았다. [deigmatizō]

1:20. **요셉이 이것을 행하는 것에 대하여 생각한 후에**(After Joseph <u>had though</u> about doing, tauta de autou enthymēthentos) - 이 분사는 요셉이 자신이 취할 행동의 경로에 대해 오랫동안 깊이 생각했음을 보여준다. 요셉의 생각을 바꾸게 한 것은 하나님의 계시였다. [enthymeomai]

천사(angel, angelos) - 이 경우 계시는 천사를 통해 주어졌다(단어 angelos는 '심부름꾼'을 의미한다. BDAG, 8). 천사는 요셉에게 꿈을 통해, 마태가 이미 1장 18절에서 독자들에게 설명한 내용을 알려주었다. 그 내용은 마리아의 임신이 인간으로 말미암지 않고 하나님의 역사로 말미암았다는 것이다. [angelos]

두려워하지 말라(do not fear, mē phobēthēs) - 요셉을 향한 이 위로의 말씀은 아마도 천사의 나타남과 관련된 것이라기보다는, 이혼에 관한 율법의 규정을 따르지 말고 결혼해야 한다는 천사의 메시지와 관련해서 진술된 것이다. 신약에서 이 용어는 phobeomai의 수동태 형태로만 나타난다. [phobeō]

1:21. 그는 그의 백성을 구원할 것이다(He will save his <u>people</u>, sosei ton laon autou) – 예수님의 이름은 그분의 운명을 묘사한다(1:1을 보라). 마태복음 전체에서 '백성'은 이스라엘 백성을 가리킨다. 이스라엘은 그들을 구원할 메시아를 고대했다. 복음서는 비록 예수님께서 백성들에게 배척당하시는 모습을 보여줄 것이지만, 이 계시는 하나님께서 이스라엘을 종국적으로 버리지 않으실 것이라는 소망의 의미를 담고 있다. 모든 민족에게 복음(28:19)을 증거해야 한다는 복음서의 결말은 구원이 이스라엘에 국한되지 않음을 보여준다.[laos]

그들의 죄들로부터(From their sins, apo tōn hamartiōn autōn) – 예수님께서는 자신의 죽으심으로 말미암아 백성을 그들의 죄로부터 구원하실 것이다(26:28). 죄는 하나님과 그분의 계시를 배척하는 것이다. 만일 죄를 용서받지 못하면 그 결과는 진노와 심판이며(3:6,10,12), 하나님의 임재로부터 추방되는 결과를 가져온다(7:23, 25:46). [hamartia]

1:22. 성취하기 위하여(to fulfill, hina plērōthē) – 마태는 구약 구절들을 소개하기 위해서 이와 유사한 문구를 10회 사용할 것이다. 이러한 언급은 예수님 생애의 사건들이 하나님의 계시와 일치해서 일어나는 것을 독자에게 인식시켜준다. [plēroō]

선지자를 통하여 주님께서 <u>말씀하신</u> 것(What <u>was spoken</u> by the Lord through the prophet, to rhēthen hypo kyriou dia tou prophētou) – 선지자는 자신의 스타일과 단어를 가지고 메시지를 전달할 수 있지만, 어디까지나 주님의 대표자와 대변인의 자격이다. 마태는 성경의 말씀들을 비록 사람이 기록하고 말했지만, 궁극적으로 그것은 하나님께로부터 나오는 것임을 독자들에게 정규적으로 상기시킨다. 그러한 의미에서 하나님께서는 성경의 저자라 할 수 있다. [eipon, legō]

주님(Lord, kyriou) – 이것은 헬라어 구약 성경에서 하나님의 일반적인 명칭이다. 이 단어는 통치자로서의 권세를 우선적으로 가리킨다. [kyrios]

1:23. 처녀(Virgin, parthenos) – 이사야의 예언(7:14)은 아마도, 결혼하여 하나님께서 다윗의 혈통을 지탱하신다는 표시로 아이를 낳게 될 젊은 여인에 의해 아하스 왕 때 처음 성취된 것같이 보인다(아이가 분별의 연령에 도달하기 전에 왕이 폐위될 것이라는 시점을 제공하는 사 7:15-16을 보라). 그러나 이 예언의 더 큰 성취와 그것을 제시하는 하나님의 활동 유형은 곧 결혼하여 다윗의 혈통을 절정에 도달하게 할 메시아 되신 예수님을 낳을 젊은 자, 처녀 마리아의 삶 속에 있다. 이사야 시대에 아이의 탄생이 자연적인 방식 이외에 다른 방식으로 이루어졌다는 지적은 없다. 마리아의 경우 예수님의 탄생은 초자연적인 방법으로 이루어진 것이 분명하다. 성취에 있어서 그 유형이 강화되는 예언은 신약에서 흔한 일이다(예, 행 4장에서 시 2:1-2와 118편 사용). [parthenos]

임마누엘(Immanuel, Emmanouēl) – 하나님께서는 이스라엘 백성의 믿음이 부족함에도 불구하고 그들을 지탱하고 다윗의 혈통을 보존하심으로써, 아하스 왕 때 그분의 임재를 백성에게 나타내셨다. 비록 예수님 당시에도 많은 이스라엘 사람들이 이와 유사하게 믿음이 부족했지만, 하나님께서는 예수님의 탄생과 사역 과정에서 하나님 자신의 말씀에 대한 신실함을 나타내셨다. 예수님께서는 탁월한 방식으로 하나님의 임재를 나타내셨다. 예수님께서는 제자들에게 말씀하신 것처럼 그들과 지속적으로 함께하실 것이다. "내가 세상 끝날까지 너희와 항상 함께 있으리라"(28:20, 참고-18:20). [Emmanouēl]

1:24. 요셉은…행했다(Joseph…did, epoiēsen) - 그는 구약의 요셉처럼 하나님께 순종한 꿈의 사람이다 (꿈은 마태의 탄생기사에서 중요한 역할을 한다-2:13, 19, 22). 예수님께서는 하나님과 관계를 맺고 있는 사람을 가리켜 자신의 뜻을 '행한다'(poiōn)고 강조하실 것이다(7:21). 지혜로운 사람은 예수님께서 말씀하는 것을 듣고 '행함으로'(poiei) 그분에게 반응할 것이다. 요셉은 바로 그러한 부류의 사람이었다. [poieō]

1:25. 그는 그녀를 알지 않았다(he did not know her, ouk eginōsken autēn) - 단어 '알다'는 성적인 관계를 완곡하게 표현한 것이다(창 4:1, 17, 눅 1:34). 대부분의 역본은 이것을 분명하게 표현하여 "그는 그녀를 처녀로 있게 했다"(NASB), "그는 그녀와 관계를 맺지 않았다"(NIV), "그녀와 결혼 관계를 맺지 않았다"(NET) 등으로 번역한다. [ginōskō]

그녀가 아이를 낳을 때까지(until she gave birth, heōs ou eteken) - 접속사 '~까지'는 '시간의 한 시점의 끝을 가리키기 위해' 종종 사용된다(BDAG, 442. 막 9:1이 보여주듯이 상황에 따라 변화는 즉시 일어나지 않을 수도 있다). 마태는 이 진술로 요셉과 마리아가 예수님의 탄생 이후에 정상적인 부부관계를 시작했음을 지적한다. [heōs]

2:1. 베들레헴(Bethlehem, Bēthleem) - 지혜로운 사람은 유대인의 왕이 수도 예루살렘에서 태어날 것으로 예상했다. 그러나 예수님께서는 그곳에서 남쪽으로 11킬로미터 떨어진 작은 마을에서 태어났다. 예수님의 탄생에 대해 예상했던 상황과 실제적인 상황들 사이의 대조는 복음서에서 예수님의 삶과 사역과 관련해서 다양한 방법으로 나타나는 주제의 일부분이다. 예를 들면, 메시아의 탄생을 기뻐하는 대신 예루살렘의 시민과 그 지도자들은 '근심했다'(2:3). 이러한 예수님의 임재는 마태복음 처음부터 이스라엘에 긴장감을 소개한다. [Bēthleem]

헤롯(Herod, Hērōdou) - 헤롯 대왕으로도 알려진 그는 주전 37-34년까지 통치했다. 그의 아들 헤롯 안디바스(Herod Antipas)는 세례 요한을 죽임으로써 아버지의 피 묻은 유산을 확대했고(마 14:11), 그의 손자 헤롯 아그립바(Herod Agrippa)는 세베대의 아들 사도 야고보를 죽임으로 그의 선임자들을 따랐다(행 12:1-2). [Hērōdēs]

동방에서 온 지혜로운 사람들(Wise men from the east, magoi apo anatolōn) - 이 용어는 처음에 페르시아에서 점성술과 꿈을 해석하는 제사장 계층의 사람들을 묘사했다. 나중에는 바벨론에서 유사한 활동을 하는 사람들과 고대 세계 전반에서 주술과 밀교적 예술을 행하는 자들에게 적용되었다(행 13:6, 8). 이들이 페르시아, 바벨론 또는 아라비아에서 왔든지(금과 유향들의 선물들은 이 지역과 관련되어 있다. 사 60:6) 그렇지 않든지 그들은 이방인들로 묘사된다. 마태는 자연 계시에 대한 그들의 반응을 통해, 구약에 나타난 메시아와 그분의 탄생지에 대한 특별한 계시에도 불구하고 존경하기를 거부하는 유대인들과 긍정적인 대조를 보여주는 것 같다. 이것은 마태복음에서 예수님에 대해 민감하게 반응하는 이방인들의 많은 사례들 가운데 첫 번째다. [magos]

2:2. **어디**(where, pou) – 자연 계시는 지혜로운 사람들을 이스라엘의 수도로 데리고 왔다. 성경의 특별 계시(2:6)는 그들의 질문에 최종적인 답을 제공할 것이다. [pou]

유대인들(Jews, Ioudaiōn) – 유대 지역에 위치한 예루살렘은 이스라엘 백성과 일반적으로 동일시되었다. 지혜로운 사람들은 문자적으로, 십자가 처형 때 로마인들이 예수님께 붙였던 동일한 칭호인 '유대 지방 사람들의 왕'을 찾았다(27:11, 29). 그렇지만 이것은 이스라엘 백성이 어디에 살든지(예를 들면, 고린도에 있는 유대인들, 행 18:12), 지금도 그들에게 적용되는 이름으로 이해된다(이 단어가 나오는 모든 곳에서 '유대 지역 사람'이라는 번역을 해야 한다는 주장과 관련해서는 BDAG, 477–79를 보라). [Ioudaios]

경배하다(worship, proskynesai) – 이 단어는 헬라인들과 페르시아인들 같은 백성이 왕이나 신 앞에 엎드려 복종과 의존의 표현으로 땅과 발, 또는 옷자락에 입을 맞추는 관습을 묘사한다(BDAG, 882). [proskyneō]

그의 별(his star, autou ton astera) – 여기에서의 문맥은 지혜로운 사람들이 해석할 수 있는 자연적인 현상을 일차적으로 지시한다. 현대 천문학자들은 주전 7년에 세 차례에 걸쳐서 목성(왕권과 연관됨)과 토성(유대인들과 연관됨)이 서로 만난 사실을 주목한다(Allison and Davies, 235). 그러나 2장 9절에 나오는 별의 기능은 자연적인 현상 이상으로 보인다. [astēr]

2:4. **대제사장들**(chief priests, archiereis) – 이 단어에 포함된 자들은 전임 대제사장들, 현 대제사장과 아마도 성전의 운영과 관계된 자들일 것이다. [archiereus]

서기관들(scribes, grammateis) – 서기관들은 '율법을 가르치는 자들'(NIV) 또는 '율법의 전문가들'(NET)이다. 기록된 성경과 특별히 모세의 율법(창세기–신명기)뿐만 아니라, 기록된 법전을 보충하기 위해서 발전된 전통적인 율법과 규례를 아는 자들이다. 그들은 이스라엘에서 지식인 계층을 형성하면서 법전을 해석하고, 이러한 해석들을 백성에게 알려주는 일을 했다. [grammateus]

2:6. **통치자**(ruler, hēgoumenos) – 비록 헤롯과 로마 총독들이 통치자의 자리에 올라 있었지만, 이스라엘의 합법적인 통치자가 베들레헴에 태어난 것이다. [hēgeomai]

양을 칠 것이다(will shepherd, poimanei) – 목자의 이미지는 자신의 통치 아래 있는 백성의 번영을 보살피는 통치자의 개념을 확대시킨다.

이러한 이미지의 뿌리들은 다윗의 때까지 거슬러올라간다(삼하 7:7-8). 마태는 나중에 이스라엘을, 형편없는 지도력으로 인해 고통을 받는 '목자 없는 양과 같은 자'로 묘사할 것이다(9:36). 이 묘사는 에스겔 34장의 책망을 상기시킨다. 비록 이 예언이 예수님의 초기 사역 시기에 제한적인 성취를 이루지만(예수님께서는 제자들의 목자다. 26:31 참고), 마태는 말씀을 행하시는 하나님의 신실하심을 믿는다. 이 동사의 미래 시제는 그날을 내다본다. [poimainō]

내 백성 <u>이스라엘</u>(my people <u>Israel</u>, ton laon mou ton Israel)－'백성'이라는 단어는 복음서 전체에서 유대인 백성을 묘사한다. 대명사 '나의'는 하나님을 가리키고, 그분의 언약적인 관계를 강조한다. '이스라엘'도 이 복음서에서 유대인 백성만 가리킨다. [Israēl]

2:10. **그들은 큰 <u>기쁨</u>으로 외쳤다**(they shouted with great <u>joy</u>, echarēsan charan megalēn sphodra)－마태는 기쁨, 곧 '즐거워함의 경험'을 강조한다(BDAG, 1077). 그는 이러한 강한 의미를 가진 단어로 지혜로운 자들이 느낀 기쁨을 묘사한다. 대조적으로 예루살렘의 백성은 '고통스러워했다'(2:3). [chara]

2:11. **유향**(frankincense, libanon)－유향은 주로 아라비아와 소말리아에서 자라는 나무들에서 추출한 향기 나는 송진이다. 이것은 의약 분야와 종교적인 목적으로 사용되었다(출 30:34-38, 레 2:1-2, 24:7). 이것은 탈 때 강한 향기를 낸다. 이와 관련된 단어 libanōtos는 '향' 또는 그릇, 곧 향을 태우는 '향로'를 뜻한다(계 8:3, 5). [libanos]

몰약(myrrh, smyrnan)－유향과 마찬가지로 몰약은 아라비아와 소말리아에서 자라는 나무들에서 추출한 향기로운 수액이다. 몰약을 기름과 함께 섞어 향수를 만든다(에 2:12, 아 5:5). 관유의 주요 성분이며(출 30:23-25), 장례를 위해 시신을 준비하는 데 사용되었다(요 19:39). 또한 이것을 포도주와 섞으면(막 15:23) 진정제의 효과를 증가시킨다. [smyrna]

2:15. **내 아들**(my son, huion mou)－이스라엘 백성(출 4:22)과 후대의 왕들(삼하 7:14)은 종종 하나님의 아들로 묘사된다. 이것은 하나님과 그들 사이의 특별한 관계를 뜻하고, 하나님의 뜻을 성취한 백성이 됨으로써 하나님을 나타낼 것이라는 기대를 담았다. 예수님께서는 하나님 아버지와 독특한 관계를 맺고 있는 탁월한 아들(11:27)로 하나님의 뜻을 완전하게 성취하셨다(26:39). 하나님께서는 자신의 백성을 바로에게서 보호하신 것과 같이(출 14장) 예수님을 헤롯에게서 보호하셨다. [huios]

2:18. **라마**(Ramah, Rhama)－베들레헴에 가는 도중 아들 베냐민을 낳다가 죽은 라헬의 무덤이 있는 곳으로 알려진 장소다(창 35:16-20). 라헬은 죽음과 유배로 말미암은 자녀들의 상실을 슬퍼하는 이스라엘의 대표적인 어머니다. 또한 예레미야는 예루살렘의 북쪽에 위치한 라마에서 바벨론으로 끌려가던 자들 가운데서 풀려나, 이방인 군인의 입술을 통해 이스라엘에게 부어진 하나님의 심판에 대해 들었다. 그것은 "이 모든 일이 너희들이 주님을 대항해

죄를 범하고 그에게 순종하지 않았기 때문이다"는 것이었다(렘 40:3). 그러나 이스라엘의 거듭되는 불순종의 반복에도 불구하고 예레미야와 마태 당시, 즉 라헬의 슬픔을 묘사하는 예레미야의 동일한 장은 분명히 하나님의 지속적인 은혜, 소망과 자비를 상기시켜주는 새 언약의 예언(31:31-34)도 포함하고 있다. [Rhama]

2:23. **나사렛 사람**(Nazarene, Nazōraios) – 이 구절의 단순한 이해는 예수님의 고향이 나사렛이었기 때문에 예수님께서 나사렛 사람으로 불렸다는 것이다. 물론 이 기본적인 요점이 무시되어서는 안 된다. 그러나 이 요점은 한 사람 이상의 선지자가 한 말의 성취로 이 이름을 인용하는 소개 문구에 의해 복잡해진다. 그러나 구약 어디에서도 이와 같은 진술은 발견되지 않는다. 구약과 유대교는 이름을 상대로 종종 언어유희를 한다. 이와 유사하게 '나사렛 사람' 이라는 단어를 상대로 언어유희가 의도된 것으로 보인다. 히브리어 단어들에는 여러 가지 가능한 유희들이 있고 복수로 사용된 '선지자들' 은 마태가 한 사람 이상을 염두에 두고 있음을 의미한다. 제안된 암시들은 다음과 같은 것들을 포함한다. 첫째, 이것은 사사기 13장 5절에서 날 때부터 하나님께 구별된 자로 정의된 단어 nazir(나실인)에 대한 언어유희다. 둘째, 이사야 11장 1절(사 53:2 참고)에 대한 언급으로 단어 neser(가지)에 대한 언어유희다. 셋째, 이사야 49장 6절에 나오는 단어 nsyry(종)에 대한 언어유희다. 넷째, 창세기 49장 26절에서 '왕자' (NIV), '특별한' (NASB) 혹은 '구별된' (NRSV)으로 다양하게 번역된 단어 nzyr에 대한 언어유희다. [Nazōraios]

3:1. **선포하며**(Proclaiming, kēryssōn) – 이 단어는 '설교하다' 로도 번역된다(NIV, NASB). 이것은 공적인 연설을 가리킨다. 요한은 예수님의 사역을 준비하며, 이스라엘 백성에게 하나님의 메시지를 선포하는 선지자로 나온다. 예수님께서는 요한과 동일한 메시지를 선포함으로써(3:2, 4:17) 백성들에게 하나님의 말씀을 신실하게 선포하는 일에 그와 동일한 헌신을 보여준다. [kēryssō]

3:2. **회개하라**(Repent, metanoeite) – 요한은 백성에게 하나님과 각자 자신들에 대한 사고방식을 바꾸라고 말했다. 이스라엘 백성은 하나님의 용서를 필요로 하는 자신을 돌아봐야 했다. 그들은 주제넘게 아브라함의 자손이라는 자격으로 하나님과 관계를 기대하는 대신(3:9), 하나님의 자비에 비추어 자신의 죄에 대한 용서를 구할 필요가 있었다. 회개는 우선 세례로 표현되며, 한편으로는 신실한 삶에 이르는 하나님께 대한 신앙의 표현이다. [metanoeō]

왕국(Kingdom, basileia) – 이 단어는 통치하고 주관할 권세와 그 통치가 시행되는 장소를 모두 가리킨다. 복음서에서 이것은 예수님과 더불어 그분의 사역과 자주 연관된다. 예를 들면, 마태복음 12장 28절에서 예수님께서 성령으로 말미암아 행하신 귀신축출 사역은 왕국의 임재를 나타낸다. 그러나 왕국에 대한 대부분의 언급은 미래와 예수님께 인정받은 자들이 들어가는 장소를 가리킨다(마 7:21-23). [basileia]

하늘(Heaven, ouranōn) – 하늘은 하나님께서

거하시는 장소지만 하나님을 간접적으로 언급하는 방식으로 종종 사용되기도 한다. 그래서 '하늘나라' (왕국)와 '하나님의 나라' 는 같은 뜻을 의미한다(마 19:23-24을 보라). 따라서 요한이 공포하는 왕국은 하나님께 속하고, 그분 뜻의 성취와 관련된다. [ouranos]

가까이 왔다(near, ēngiken) – 이 단어는 백성과 사건들 또는 시간과 관련하여 사용될 수 있다. 마태복음 26장 45절에서 예수님께서는 배반의 때가 가까이 왔다고 말씀하시고, 바로 다음 구절(26:46)에서 바로 그때 도착한 것으로 묘사된 배반자 유다가 가까이 왔다고 언급하신다(26:47). 왕국이 가까이 왔다는 요한의 선포는 예수님의 다가오는 사역에 초점이 맞춰져 있다. 요한의 사역은 백성을 준비시켜 예수님의 말씀을 듣고 그분에게 반응하게 하는 것이었다. [engizō]

3:3. **준비하라**(Prepare, hetoimasate) – 이스라엘 백성들을 향한 요한의 메시지는 주님의 오심을 준비하라는 외침이었다. 백성들은 죄를 고백하고, 하나님의 용서를 필요로 한다는 표시로 세례를 받음으로써(3:6) 자신을 준비시켰다. 그렇게 함으로 그들은 예수님의 말씀을 듣고 그분 메시지에 반응할 준비를 하는 것이다. [hetoimazō]

3:4. **옷**(Clothing, endyma) – 요한의 옷은 선지자 엘리야의 옷과 같았다. 헬라어 구약 성경인 칠십인경에서도 이 단어는, 마태가 요한의 복장을 묘사하기 위해 사용한 것같이 엘리야의 복장을 묘사하기 위해 사용되었다. [endyma]

3:7. **바리새인들과 사두개인들**(Pharisees and Sadducees, Pharisaiōn kai Saddoukaiōn) – 이들은 요한과 예수님 당시에 유대인의 두 주요 종파였다. 바리새인들은 이스라엘을 원수들로부터 구출하기 위해 오실 메시아를 고대했다. 그러나 그들은 정작 예수님을 메시아로 믿기를 거부했다. 다른 한편으로 사두개인들은 성전을 통제하고 있는 당파로서 로마와 협력하면서 지배 계층의 일원으로 자신들의 지위를 지탱하려고 했다. 그들은 메시아가 이스라엘의 통치자로서 자신들을 대신할 것이기 때문에 가급적 메시아에 대한 이야기를 하지 않도록 했다. [Pharisaios, Saddoukaios]

진노(wrath, orgēs) – 하나님의 진노는 악인들에 대한 심판이다. 진노는 때때로 노아 홍수(창 6장)와 소돔과 고모라의 멸망(창 19장)과 같이 역사적으로 표현되기도 하나, 더 자주 세상의 종말에 있을 하나님의 마지막 심판을 가리킨다(3:10). 요한은 메시아를 하나님의 심판 대행자로(3:12), 그분의 진노를 꺼지지 않는 불이 타는 것으로 묘사했다. [orgē]

3:8. **열매**(fruit, karpon) – 요한이 요구한 열매는 회개, 곧 죄의 고백과 세례의 행위로 죄 고백의 공적인 인정과 일치하는 행위였다. 요한에게 이것은 분명히 삶의 방식으로서 '선한 열매' 로 특징 지워지는, 하나님과 함께한 삶 가운데 첫 단계로 보인다(3:10). [karpos]

회개(repentance, metanoias) – 회개를 표현하기 위해 사용된 헬라어 단어들은 생각의 변화를 묘사한다. 하나님과 그분의 길을 필요하지 않다고 생각하는 자들은 다시 생각할 필요가 있다. 회개는 하나님에 대한 믿음과 그분의 말씀에 대한 순종에 뿌리를 내리고, 새로운 방식의 생각과 삶을 추구하는 것을 포함한다. [metanoia]

3:9. **아브라함**(Abraham, Abraam) – 유대인들은 아브라함을 자기들의 조상으로 간주했고, 자신들이 이스라엘 가문에(유대인 어머니로 말미암아) 탄생한 사실에 근거해 하나님과의 관계에 자부심을 가졌다. 그러나 요한은 단순한 물리적 혈연 관계보다 더 많은 것이 요구된다고 말했다. 영적 관계, 곧 죄의 고백으로 시작하여 하나님의 자비를 구하는 관계가 필요했다. [Abraam]

3:10. **이미**(already, ēdē) – 요한은 자신의 사역을 하나님의 심판 과정 가운데 첫 단계로 보았다. 이 심판에서 백성은 요한의 메시지에 반응한 자들이든지, 반응하지 않은 자들이든지 두 부류 가운데 하나로 분리되었다. 요한의 메시지에 반응한 자들은 이어서 메시아를 영접할 것이고, 그분이 그들을 받아주실 것이다. 요한의 메시지를 배척한 자들은 메시아를 배척할 것이고, 그분에게 심판을 받을 것이다. [ēdē]

3:11. **성령**(Holy Spirit, pneumati hagiō) – 요한은 성령 세례를 그리스도의 사역과 연결시킨다. 요한은 성령의 사역을 메시아를 환영한 사람들에게는 깨끗하고 정결케 하는 불로, 배척한 자들에게는 진노의 불로 본 것 같다. 이 두 경험은 모두 하나님의 심판과 연관되어 있다(12절). 요한은 한 가지 세례를 염두에 둔 것 같다. 그러나 분명한 것은 메시아의 더 큰 사역이 성령의 임재와 연결되었다는 것이다. 예수님께서는 나중에 자신이 행하신 기적들을 성령께 돌릴 것이다(12:28). 제자들에게 주신 기적의 권세(10:1)도 성령의 능하심을 가리킨다. 이것은 나중에 성령을 교회에 부어주실 것에 대한 예고이기도 하다. [pneuma + hagios]

3:12. **꺼지지 않는 불**(unquenchable fire, pyri asbestō) – 하나님의 심판을 묘사하기 위해 사용된, 꺼지지 않는 불의 이미지는 심판의 확실성과 피할 수 없음을 가리킨다. 단어 asbestos(꺼지지 않는)는 '어떤 대상의 존재 상태가 취소되거나 멈추어질 수 없는 것'을 묘사하기 위해 사용된다(BDAG, 141). [pyr + asbestos]

3:15. **적합한**(Proper, prepon) – 요한은 죄의 고백과 관련하여 세례를 베풀었기 때문에 예수님께서 자신에게 세례 받는 것(3:14)을 '적절하게'(NASB) 또는 '적합하게'(NIV, NRSV) 생각하지 않았다. 그러나 예수님께서는 세례를 하나님의 뜻에 순복하는 표현으로 간주하셨다. 세례는 그분의 백성을 향한 하나님의 뜻이 옳고 참됨을 인정하는 것이다. 그러므로 공생애 사역 초기에 세례를 받으시려는 예수님의 소망은, 그분 앞에 놓여 있는 사역 성취에 대한 전적인 헌신과 이스라엘을 상대로 한 세례 요한의 외침이 하나님께로 말미암은 것임을 예수님께서 인정하신다는 것을 증거한다. [prepō]

의(Righteousness, dikaiosynēn) – 의는 하나님의 뜻을 행하는 것을 의미한다. 바울이 종종 이 단어를 하나님께서 믿는 자에게 주시는 지위로 말하지만, 마태복음에서는 믿는 자를 특징짓는 삶의 방식을 가리킨다. 예수님께서는 하나님의 뜻을 온전히 성취하는 신실한 아들로 탁월한 본을 보이신다. 세례에서 십자가 처형까지, 즉 그분의 공생애 사역의 시작에서부터 끝까지 예수님께서는 모든 의를 성취하셨다. 그분은 전적으로 온전히 하나님의 뜻을 행하셨다. [dikaiosynē]

3:16. **하늘**(heaven, ouranoi)–마태는 종종 복수 명사 '하늘들' 을 하나님께서 거하시는 장소를 가리키기 위해 사용한다. 그러므로 하늘의 열림은 하나님께로 말미암은 계시를 가리킨다. [ouranos]

하나님의 성령(Spirit of God, to pneuma tou theou)–삼위일체의 제삼 위격은 예수님의 공생애 사역 시작과 생생하게 연결되어 있다. 예수님께서는 나중에 일으킬 기적의 역사를 성령의 사역으로 돌리실 것이다(12:28). 마태는 예수님을, 자신의 능력을 사용하지 않고 하나님의 사역을 성취하기 위해 성령을 의지하는 메시아로 제시하는 것처럼 보인다. 이러한 방식으로 예수님께서는 하나님을 의지하고, 자신의 전 사역 기간 동안 성령의 역사를 증거한 자로서 모든 믿는 자들에게 모델이 된다. [pneuma]

비둘기(dove, peristeran)–성령의 나타남이 비둘기에 비교된 것은 하나님의 세상 심판 이후 희망적인 시대를 묘사하는 노아의 사건(창 8:8–12)을 반영하는 것 같다. 그러나 이보다는 창세기 1장 2절에 언급된 창조 기사 가운데 성령의 퍼덕이는 임재를 상기시켜주는 것 같다. 그러므로 성령의 임재는 메시아 사역과 함께 새로운 질서를 알려준다(사 42:1–9). [peristera]

3:17. **내 아들**(My Son, huios mou)–아버지의 아들에 대한 확증은 시편 2편과 이사야 42장의 말씀을 결합시킨 것이다. 그분은 십자가에서 절정에 이르게 될 위험한 길을 따라가는 메시아적 왕과 종으로서 아버지의 뜻을 신실하게 이행할 것이다. 이 같은 말씀들은 변화산에서 다시 확증될 것이다(17:5). [huios]

4:1. **광야**(Wilderness, erēmos)–이 단어는 일반적으로 사람들이 거주하지 않는 지역에 적용된다. 이 문맥에서는 요단강으로부터 떨어진 건조하고 메마른 지역을 가리킨다. 그러므로 NIV는 '사막' 으로 번역한다. [erēmos]

시험을 받기 위하여(To be tempted, peirathē–nai)–문맥에 따라서 이 단어는 '시험하는 것' 을 의미할 수 있다. 따라서 좋은 결과를 위해 사람의 성격 혹은 성품을 드러내거나, 고소 혹은 정죄의 원인을 발견하기 위해 적대적인 의도로 '시험하는 것' 을 의미할 수 있다(예수님의 대적들이 묘사한 것과 같이, 19:3, 22:18, 35). 이것은 어떤 사람에게 그릇 행하게 하기 위해서 '유혹하는 것' 을 의미할 수도 있다. 이 단어의 두 번째 의미는 '유혹하는 자' 로도 불리는 마귀의 일과 관련되어 있다(4:3). 유혹은 마귀가 행하는 것이기 때문에 이 단어는 이 구절에서 우선 부정적인 의미를 가진다. 그러나 본 기사는 예수님을 이러한 환경으로 인도하시는 분이 바로 성령이며, 예수님께서 신실한 자로 보였다는 사실로 말미암아 이 단어의 긍정적인 측면을 예증할 것이다. [peirazō]

마귀(Devil, diabolos) – 이 단어는 '비방에 종사하는 자'를 의미한다(BDAG, 226). 이것은 헬라어 구약 성경(칠십인경)에 나오는 히브리어 단어 사탄(Satan) 또는 '대적자'에 대한 일반적인 번역이다(욥 2:1, 슥 3:1). 마귀는 하나님의 백성을 미혹해 하나님을 떠나게 하며, 하나님의 이름을 비방하고 욕하게 한다. [diabolos]

4:2. **금식하고 나서**(Fasting, nēsteusas) – 음식을 먹지 않고 지내는 것은 고대 이스라엘의 자발적인 관습이다. 금식은 국가적으로 죄의 고백(느 9:1–2 참고)을 수반하기 위해서 속죄일과 연관되어 있다(레 16:29–34). 그러나 사별로 인한 애도(삿 20:26, 삼상 31:13)와 개인적인 중보기도(삼하 12:16)를 수반하기도 한다. 예수님의 금식은 아마도 자신의 세례에서 표현한 헌신, 다시 말해서 하나님의 뜻에 대한 그분의 전적인 순복의 또 다른 예시로 이해되어야 할 것이다. [nēsteuō]

사십(Forty, tesserakonta) – 구약의 독자들은 40일 금식한 모세(신 9:9)와 엘리야(왕상 19:8)를 생각할 것이다. 예수님께서 신명기 8장 3절을 인용해 첫 번째 시험에 반응하신 점으로 보아, 사십은 또한 이스라엘 백성의 광야 40년을 상기시킬 수 있다(신 8:2, 4). 예수님께서는 하나님께 의존하고, 그분의 뜻에 순복한 신실한 아들임을 입증하신다. [tesserakonta]

4:3. **유혹하는 자**(Tempter, peirazōn) – 이 명칭은 마귀가 하는 행동의 본질적인 측면을 묘사한다(계 2:10). 비록 이 단어가 마귀를 가리키기 위해서 자주 사용되는 것은 아니지만(살전 3:5), 유혹은 하나님 백성의 대적자로서 그분의 역사와 빈번하게 연결된다(고전 7:5). [peirazō]

4:4. **기록되어 있다**(It is written, gegraptai) – 문법적으로 이 동사의 수동태는 하나님의 행위를 묘사하기 위해 종종 사용된다. 현재완료 시제는 과거 행동이 여전히 끼치고 있는 중요한 결과를 표현하기 위해서 사용된다. 이 경우 이스라엘 백성에게 한 모세의 말이, 구약 성경에 기록되었을 때와 같이 예수님 당시에도 여전히 참되다는 것을 의미한다. [graphō]

살다(live, zēsetai) – 이 단어는 생명을 지탱하기 위해서 음식을 요구하는 어떤 것과 같이 육적인 생명을 가리킬 수 있으나 이 구절에서 영적인 차원, 곧 하나님과 관계 속에 있는 삶을 포함하는 생명을 지시한다. 그러한 삶은 하나님의 말씀을 받고 순종하는 자들에게만 가능하다. [zaō]

말씀(Word, rhēmati) – 기록된 말씀은 이 경우, 원래 말씀되어진 것이다. 하나님께서는 선지자 모세를 통해 말씀하셨고, 그는 하나님의 뜻을 알아야 할 필요가 있는 자들을 위해서 그 말씀들을 기록했다. 그러나 이 구절의 경우, 기록된 말씀은 예수님께서 삶의 우선순위에 대한 증거로 마귀에게 말씀하신 것이다. 음식이 육적 생명을 지탱하는 데 아무리 필요하다고 해도 예수님께서 하나님의 뜻을 성취하시는 것이 더 중요하다(요 4:34 참고). 마태가 예수님의 생애에 대해서 기록하는 것의 상당 부분은 특별히 시련 가운데 성경을 배우고 인용해야 할 필요성을 포함하는 동시에, 그분의 제자들을 위한 모델 역할로 의도되었다. [rhēma]

4:5. 거룩한 도성(Holy city, hagian polin) – 예루살렘은 성전이 건축된 장소이고, 하나님의 임재가 예루살렘 성전 가장 안쪽의 지성소에서 이루어졌기 때문에 거룩한 곳으로 불린다. 거룩함은 하나님으로 말미암으며, 그분에게 사용되기 위해 구별된 것은 그분에게 속하기 때문에 거룩하다고 불린다. [hagios]

4:7. 시험하다(Test, ekpiraseis) – 하나님을 시험하는 것은 그분의 신실함을 보이라고 요구하는 것이다. 그러므로 이것은 하나님께서 하겠다고 말씀하신 것에 대해 의심하고 있음을 인정하는 것이다. [ekpeirazō]

4:10. 사탄(Satan, Satanas) – 하나님의 백성을 대적하는 하나님의 대 원수 이름인 이 단어는 '대적' 을 의미하는 히브리어 단어에서 나온 것이다. 헬라어 철자는 히브리어(satan) 또는 더욱 흔하게 사용된 아람어(satana)를 반영한다. [Satan/Satanas]

섬기다(Serve, latreuseis) – 이 단어는 기본적으로 종교적인 예배, 특별히 성전에서 임무를 감당하는 자들과 관련하여 사용된다(BDAG, 587). [latreuō]

4:11. 시중들었다(Attended, diēkonoun) – 이 단어는 '돌보다' (NASB) 또는 '식사 시중을 하다' (NRSV)로도 번역될 수 있으며, 우선적으로 육적인 필요를 채워주는 것을 가리킨다. 이 단어의 명사형은 집사같이 교회를 섬기는 자들에게도 적용된다(딤전 3:8). [diakoneō]

4:15. <u>이방인들</u>의 갈릴리(Galilee of the <u>Gentiles</u>, Galilaia tōn ethnōn) – 이스라엘이 포로로 잡혀간 후에 다른 나라들에서 온 백성들이 북부 이스라엘에 와서 살았다. '이방인' 으로 번역된 단어는 다른 나라 백성에게 적용되었다. 그러므로 유대 백성의 입장에서 이것은 비유대인을 묘사했다. 비록 이방인들은 결코 인구의 작은 부분 이상일 수 없지만, 이사야(9:1) 말씀의 인용은 예수님의 사역 영역 안에 포함시키기 위한 기능을 한다. 믿음의 모델로 인용된 첫째 백성 가운데 한 사람은 이방인 백부장이다(마 8장). 그러나 이사야의 인용은 이방인들을, 오실 예수님을 동등하게 필요로 하는 유대인들과 연결시킨다. [ethnos]

4:16. 흑암(Darkness, skotei) – 이것은 하나님과 관계가 두절된 백성의 영적이고 도덕적인 상태를 은유적으로 묘사한다. 시편 27편 1절에서 다윗은 빛과 구원을 하나님과 연관시켰다. 그러나 흑암 가운데 있는 백성은 하나님과 관계가 없거나 그분의 구원을 경험하지 못한 자들이다. [skotos]

빛(Light, phōs) – 시편 27편 1절에서와 같이 빛은 하나님과 그분이 가져오는 구원을 가리킬 수 있다. 그러나 빛은 하나님께서 생명의 길, 곧 하나님과 관계된 자들이 어떻게 최상의 삶을 살 수 있는지를 계시하는 것을 가리킬 수도 있다. 시편 119편에 따르면 하나님의 계시는 우리 첩경의 빛이다(119:105). 하나님의 계시에 반응할 때 우리는 그분에게 생명을 얻고 세상의 흑암을 피할 수 있다. 마태는 예수님을 하나님을 계시하는 자와 구원을 가져오는 자로 밝

힌다. [phōs]

사망의 그림자(Shadow of <u>death</u>, skia thanatou) – 사망은 하나님께로부터 분리된 상태와 연관된다. 이 구절의 상징물에서 죽음은 하나님의 빛이 그들에게 비추는 것을 봉쇄하며, 피통치자에게 그림자를 던지는 폭군으로 의인화되어 있다. [thanatos]

비쳤다(Dawned, aneteilen) – 솟아오르는 태양이 밤의 흑암을 추방하고 그 앞에 있는 여명의 그림자들을 흩듯이, 예수님의 공생애 사역의 시작은 이스라엘 백성과 그들 가운데 사는 이방인들을 향해 하나님의 빛으로 돌진한다(눅 1:78–79). [anatellō]

4:17. **시작했다**(Began, ērxsato) – 예수님께서는 요한과 동일한 메시지를 전파함으로써 사역을 시작했고, 그렇게 해서 요한의 사역을 확증하셨다(3:2 참고). 헬라어 본문에서 단어들의 동일한 문구("그때부터 예수님께서 시작하셨다")로 시작하는 이 구절은 16장 21절에 다시 나타나, 예수님께서 예루살렘을 향해 방향을 틀어 십자가를 직면할 때 공생애 사역의 마지막 단계가 시작됨을 알려준다. [archō]

4:18. **시몬**(Simon, Simōna) – 시몬은 그리스인들 가운데 흔한 이름이었다(BDAG, 924). 이에 상응하는 히브리어는 야곱과 레아의 아들 가운데 하나인 시므온(창 29:33)으로, 그 뜻은 '하나님께서 들으셨다' 이다. [Simōn]

베드로(Peter, Petron) – 시몬의 별명은 '반석'을 가리키는 아람어 게바(Cephas)에서 유래한다. 이에 상응하는 헬라어는 Petros다. 요한복음 1장 42절에 따르면, 이 이름은 예수님께서 그에게 준 이름이다. 신약의 저자들 가운데 바울만 베드로를 '게바' 라고 부른다(고전 3:22, 갈 1:18). [Petros]

그물(Net, amphiblēstron) – 이것은 원형 모양의 그물로 물 속으로 가라앉으면서 고기를 잡는다(BDAG, 55). 베드로와 안드레는 예수님께서 제자로 부르셨을 때 자기들의 일로 바빴다. [amphiblēstron]

4:20. **따랐다**(Followed, ēkolouthēsan) – 제자들은 예수님의 부르심에 대한 한결같은 반응의 모델이 된다('나를 따르라', 4:19). 그들은 자기들이 하고 있던 일을 버리고 예수님의 추종자들이 되어 그분을 따른다. 마태에게 주신 예수님의 부르심은 문자적으로 '나를 따르라' 는 것이다(9:9). 예수님께서 나중에 어떤 사람에게 자기 소유를 버리고 따르라고 도전하실 때(19:21), 그는 베드로와 다른 제자들과는 대조적으로 거절한다(19:27). '나를 따라온 너희들' 이란 문구(19:28)는 예수님의 제자들을 정의한다. [akoloutheō]

4:23. **가르치며**(Teaching, didaskōn) – 마태는 예수님의 가르침을 크게 다섯 가지 주제로 나누어 기록하고 있다. 그것은 제자도(5–7장), 선교(10장), 비유들(13장), 공동체 관계(18장), 시대의 종말(24–25장)이다. 그러나 예수님의 가르침은 복음서 전반에 나타난다. 이것은 때때로 주요 가르침 단락과 거의 분량이 동등하기도 하다. 예를 들어, 23장은 위선과 그 파괴적인 결과에 대한 확장된 경고다. 선포와 가르침

을 구분하는 것은 쉽지 않다. '선포'는 하나님께서 행하시는 일과, 이에 대한 반응으로 백성이 해야 할 것과 관련한 폭넓은 공포를 기술하는 경향이 있다(예를 들면, "회개하라 천국이 가까왔느니라"-4:17). 다른 한편으로 '가르침'은 예수님의 선포에 반응한 자들이 하나님과 다른 사람들과의 관계에 대해 알고 행해야 할 것들을 좀더 규정한다. [didaskō]

회당들(Synagogues, synagōgais)-회당은 성경을 낭독하는 것을 듣고 말씀을 삶에 적용하는 것에 관한 교훈을 받기 위해서 유대인들이 모이는 장소다. 어느 곳이든지 열 명이 공동체를 형성하면 회당을 설립할 수 있었다. 회당은 기도를 위한 장소, 성인과 어린아이들의 교훈을 위한 장소, 사법적이고 법적인 쟁점들을 해결하기 위한 장소였으며, 심지어 여행자들을 위해 숙소 역할을 하기도 했다. 성전이 이스라엘의 국가적인 예배 장소였다고 하면, 회당은 지역 공동체의 종교 생활의 중심이었다. 회당이 언제 시작되었는지는 논란이 되고 있지만, 아마도 성전이 더 이상 모임의 장소로 유용하지 못하게 되었을 당시 포로 기간중에 기원했을 것이다. 갈릴리에 사는 백성들은 예수님의 부모가 그랬던 것처럼 일 년에 한 번 성전을 방문했을 것이다. 만약 그렇지 않으면 그들은 기도와 성경 공부를 위해서 아침부터 정오까지 매 토요일(안식일)마다 회당에서 모였을 것이다. [synagōgē]

복음(Gospel, euangelion)-'복음'이란 단어는 '좋은 소식'의 공포를 의미한다. 이 경우 '나라의 복음'은 하나님께서 어떤 폭정에서 백성을 구출하여 자신의 통치하에 그들을 이끌기 위해 메시아에 관한 약속을 성취하는 일을 하고 계신다는 좋은 소식이다. 이 시기에 대부분의 유대인은 이것을 곧 로마 통치의 종결을 의미하는 것으로 생각했다. 그러나 백성이 구출받아야 할 파괴적인 폭정은 곧 예수님께서 십자가에서 죽으심으로 성취하실 죄와 사망을 가리킨다. [euangelion]

치유하며(Healing, therapeuōn)-예수님께서는 치유 사역을 자신의 메시아직에 대한 실증(11:3-6)으로 인용하셨다. 그러나 치유는 또한 죄의 결과인 사망이 추방될 때, 하나님의 통치하에 있는 삶을 예시했다(계 20:14 참고). [therapeuō]

4:24. **수리아**(Syria, Syrian)-수리아는 갈릴리 지역 북쪽에 위치한 로마의 큰 지방이며, 수도는 안디옥이다. 바울은 안디옥에서 선교사로 파송을 받았고, 1차 선교 사역을 마친 후 안디옥 교회로 돌아왔다(행 13-14장). 많은 해석자들은 마태복음이 쓰인 장소를 안디옥이라고 생각하는데, 바로 수리아를 언급하는 이 구절에서 이러한 암시를 발견한다. [Syria]

고통(Pain, basanois)-이 단어는 후기의 그리스도인들이 이교도 핍박자들에게 받은 고문의 고통(BDAG, 168)을 묘사하는 데 사용되었다(클리멘트 1서 6:1, 클리멘트 2서 17:7). 그러나 여기에서는 각종 질병들과 연결된 극심한 고통을 가리킨다. 예수님께서는 치유 사역으로 사람들을 이러한 고통에서 건지셨다. [basanos]

귀신들린 자들(Demoniacs, daimonizomenous)-'귀신들린 자'(NIV)는 악한 영적 존재에게 고통을 당하고, 그의 지배 아래 있다. 귀신들은 사탄과 연결되어 있으며, 그의 권세 아래서 섬긴다(12:24-26). 귀신은 사람과 신들 사이에 지위를 가진 적대적인 초월적 존재(BDAG, 210), 곧 '타락한' 천사로 정의할 수 있다. 귀신들의 지배로부터의 구출은 사탄과 그 세력들을 지배하시는 예수님의 능력과 권세를 드러냈다. 예수님께서는 나중에 이 능력을 그분의 사역에 함께하는 성령의 능력과 하나님의 구원하는 능력의 증거로 지적하실 것이다(12:28). [daimonizomai]

간질병자들(Epileptics, selēniazomenous) - 이 헬라어 단어의 끝 부분은 귀신들린 자를 지칭하는 단어와 같다. 고대인들은 발작 증세를 달의 악한 세력들과 연관시켰다(시 121:6 참고). 이 단어는 '달에 의해 고통당하는 것'을 의미한다(달에 해당되는 라틴어 luna를 근거하여 만들어진 간헐적인 정신병이란 의미의 lunacy를 참고하라). 간질('발작'을 의미하는 헬라어 단어 epilepsia에서 나옴)은 중추 신경계의 전기 같은 리듬이 다양하고도 불규칙적으로 작용하여 경기를 일으키는 것을 묘사한다. [selēniazomai]

중풍병자들(Paralytics, paralytikous) - 이 단어의 동사형은 '망치다' 또는 '불구가 되게 하다'를 의미한다. 명사는 감각이나 몸의 완전한 또는 부분적인 마비를 가리킨다. 이것은 종종 몸을 전혀 움직이지 못하게 하는 결과를 가져오기도 한다(9:2). 이 단어는 여기와 신약의 다른 곳에서 형용사의 형태로 나오지만 명사와 같은 역할을 한다. [paralytikos]

4:25. **무리들**(Crowds, ochloi) - 비록 예수님을 따라다니고 그분의 가르침에 놀라기도 하지만, 무리들은 예수님의 제자들과 구별되는 그룹이다. 예수님께서는 그들을 불쌍히 여기시고(9:38), 제자들의 사역 대상으로 지칭하기도 하셨다(9:37-38). 무리는 궁극적으로, 종교 지도자들에게 미혹을 받아 예수님의 석방을 요구하는 데 실패한다(27:20). 그들은 예수님께서 예루살렘에 입성할 때 환호하고(21:9) 그를 선지자로 간주하지만(21:11), 바라바의 석방을 요구함으로써 마침내 예수님을 죽이는 일에 가담하게 된다(27:24). [ochlos]

데가볼리(Decapolis, Dekapoleōs) - 데가볼리는 갈릴리의 남쪽과 동쪽에 위치한 지역이다. 원래 열(deka) 도시(polis)의 연합체가 알렉산더 대왕과 그의 후계자들 시대에 형성되었고, 이들 지역은 그리스-로마 시대의 세계주의적인 특징들을 구현했다. 예수님 당시에 이 지역은 부분적으로 이스라엘 영토 안에 속하기는 했지만, 도시 거리들에 병존하는 회당들과 이교 사원들이 있는 넓은 로마 세계의 도시들과 더 많이 닮았다. 여기에서 데가볼리의 언급은 예수님을 따르며 그분의 메시지를 들은 무리들의 다양한 배경을 예시한다. [Dekapolis]

5:1. **산**(Mountain, oros) - 어느 산인지 확실하지는 않지만, 예수님의 가르침과 관련하여 산을 언급한 것은 독자들에게 시내 산에서 있었던 하나님의 계시를 연상시키는 것 같다. 저자는 이러한 방법으로 모세를 통해 주어진 옛 언약의 메시지와 그리스도를 통해 주어진 새 언약의 메시지 비교하는 일에 독자들을 초청하고 있다. [oros]

앉고 나서(Sat down, kathisantos) - 앉는 자세는 유대인 전통에서 선생의 일반적인 자세다.

학교를 가리키는 히브리어 단어 yeshiva는 '자리' 를 의미한다. 회당에서 성경을 낭독하는 자는 서고(눅 4:16 참고), 읽은 말씀을 가르치는 자는 앉는 것이 관습이었던 것 같다(눅 4:20 참고). 예수님께서 자리에 앉으시고 제자들을 부르는 것은 유대인의 관습에 익숙한 독자들에게 가르침이 곧 시작될 것이라는 암시를 던져준다. [kathizō]

제자들(Disciples, mathētai) – 마태복음 기사에서 이 시점까지 부름 받은 제자들은 단지 네 명뿐이다. 그렇지만 그들은 예수님을 따르고 그분에게 배울 자들의 모형을 대표한다. 이 단어는 '학생' 또는 '견습생' 으로, 공식적인 교육을 통해 배우는 사람을 묘사할 수 있다. 혹은 말씀과 삶의 형태로 교훈을 받을 수 있도록 계속적인 교제로 배우는 '제자' 또는 '추종자' 를 묘사할 수 있다(BDAG, 609). 이 단어는 특별히 12제자들을 형성하고(10:1–4), 예수님의 지시를 받아 그분에게서 배운 것을 다른 사람들에게 가르치는 자들의 관계를 기술하기도 한다(28:19–20). 그래서 마태는 예수님의 가르침과 삶의 방식의 본보기들을 포함함으로써 자신의 복음서가 제자들의 발전에 기여하는 것으로 본다. 자신을 제자로 간주하는 독자는 예수님의 이러한 말씀들에서 그들에게 지속적으로 적합한 메시지를 발견해야 할 것이다. [mathētēs]

5:3. **복되다**(Blessed, makarioi) – 이 단어는 삶의 환경과 관련하여 '행복하다' (고전 7:40), 구체적인 상황이나 기회의 관점에서 볼 때 '행운이 있다' (행 26:2)를 의미할 수 있다. 그러나 이 구절에서 이 단어는 특별한 방식으로 하나님의 은혜를 경험할 수 있는 특권을 받은 자의 상태를 묘사한다. 그러므로 '복되다' 는 것은 가장 중요하게는 하나님과 관계를 맺고 있는 자들을 묘사하고, 이차적으로는 이러한 자들이 하나님의 은혜로운 공급과 보살핌을 이생에서 받는 것을 말한다. 이 구절들의 진술에 적용된 '팔복' (beatitudes, 라틴어 beatitudo에서 기원함)이란 용어는 '특별한 복됨의 선언 또는 칭송' (Oxford English Dictionary, 1:743), 곧 하나님의 은혜로 말미암은 복됨으로 정의된다. [makarios]

가난한 자(Poor, ptōchoi) – 이 단어와 관련해서는 기본적인 두 정의가 있다. 예상되듯이 이 단어는 '경제적으로 불리한' (BDAG, 896) 자들, 곧 정상적인 삶을 사는 데 기본적으로 필요한 물질이 결여된 사람들에게 흔히 적용된다. 그러나 이 단어는 '영적으로 불리한' 자들, '영적인 가치가 부족한' 자들에게도 적용될 수 있다(계 3:17, BDAG, 896 참고). 이 구절에서는 일반적으로 백성을 가리키며, 좀더 구체적으로는 세례 요한과 예수님의 메시지를 경청한 자들을 묘사하는 것으로 볼 수 있다. 그들은 하나님의 은혜의 필요성을 인정하고, 그들 자신에 대한, 혹은 아브라함의 후손이라는 사실에 대한 자만심을 회개했다(3:2–9 참고). 그들은 자기 자신을 하나님의 은혜를 필요로 하는 영적으로 빈곤한 백성으로 간주한다. [ptōchos]

영(Spirit, pneumati) – 이 단어는 성령(3:11 참고), 혹은 인간의 영 곧 '인간의 내적인 생명의 대표적 부분으로서 통찰력, 감정과 의지의 출처와 좌소' (BDAG, 832)를 가리킬 수 있다. 만일 이 단어가 성령을 의미한다면, 이것은 자기들의 삶 속에 성령의 임재와 사역의 결핍을 인정하는 자들을 묘사한다. 그러나 이것보다는 개인적인 삶의 영적 빈곤과 하나님의 은혜로 채움 받아야 할 필요성을 인정하는 자들을 묘사하는 것 같다(사 61:1, 대안적인 의미들도 유사한 결론에 도달할 수 있다). [pneuma]

하늘나라(The kingdom of heaven, basileia tōn ouranōn)–하나님의 이름을 언급하는 대신 이스라엘 백성은 '하늘'을 경건한 대치어로 사용한다(3:2 참고, BDAG, 739). 예수님도 이와 같은 방식으로 말씀하신 것 같다. 하나님의 나라(왕국)는 그분의 통치와 권세의 영역을 가리킨다. 비록 하나님의 권세는 모든 피조물 위에까지 확대되지만, 그분의 왕국은 그분의 권세를 인정하고 그분의 축복을 경험한 자들과만 종종 연관된다(7:21 참고). 하늘나라의 백성들은 자기들 삶 속에 하나님의 통치를 환영하며, 그에 따라 살려고 한다. 비록 나라는 종종 신실한 자들이 가지는 기쁜 미래적인 소망으로 간주되기도 하지만, 이 구절은 현재적인 관점도 가지는 것으로 볼 수 있다(다음에 나오는 동사 시대에 대한 논의를 참고하라). [basileia]

그들의 것이다(Is theirs, autōn estin)–비록 나라는 하나님께 속하고 백성은 그 안에 속하지만, 이 구절의 구성은 어떤 의미에서 백성들이 그 나라를 소유하고 있는 것으로 말할 수 있음을 강조한다. 여기에서 요점은 나라는 하나님의 특별한 복의 영역이며, 그 나라에 속한 백성이 된다는 것은 사람이 소유할 수 있는 가장 위대한 것이라는 점이다(13:44–46 참고). 이 구절에 사용된 동사의 시제는 현재다. 현재 시제는 앞으로 있을 사건을 가리키는 데 사용될 수 있지만(사건이 성취될 확실성을 강조하는 수단), 일반적으로는 현재적인 경험을 묘사한다. 여기에서 이러한 경우라면, 현재 시제는 하나님과 관계를 맺고 있는 자들의 현재적인 복, 즉 그들을 가르치고 인도하는 하나님의 뜻으로 말미암은 복을 강조하는 것이다. 이것은 하나님나라의 미래적인 출현의 소망을 대치하지 않는다. 장차 다가올 복들의 맛보기로서 하나님을 알고 섬길 기회로 현재를 본다(구원을 과거적이며[엡 2:8] 미래적인[롬 13:11] 것으로 보는 바울의 견해를 참고하라). [autos]

5:4. **애통하는 자들**(Mourn, penthountes)–이 단어는 '어떤 상태나 상황의 결과로 슬픔을 경험하는 것'을 의미한다(BDAG, 795). 애통은 요한과 예수님의 가르침에 대한 믿음의 반응 가운데 일부로 개인적인 죄로 인한 회개를 묘사할 수 있다. 애통하는 자들은 회개에 뒤따르는 하나님과의 관계에서 오는 위로를 받을 것이다. 그러나 애통하는 자들은 일반적으로, 하나님과 그분의 백성을 대적하는 타락한 세상에서 시련과 박해를 당하며 사는 제자들을 가리키는 것으로 보는 것이 가장 적절하다(5:11–12, 2:18, 롬 8:18–25 참고). [pentheō]

위로를 받을 것이다(Comforted, paraklēthēsontai)–이 단어는 가르치고, 요청하며, 권고하거나 위로하기 위해 '어떤 사람의 편으로 부르는 것'(BDAG, 764)을 의미한다. 이 가운데 마지막 의미가 문맥과 일치한다. 여기에서 동사의 형태는 수동태로 주어가 단어의 행동을 받는 것을 의미한다. 수동태는 종종 하나님의 이름을 언급하지 않고 하나님의 사역을 묘사하기 위해서 사용된다(5:3의 '하늘'에 대한 논의를 참고하라). 여기에 사용된 시제는 미래 시제다. 하나님께서 현재 세상의 질병들을 말끔히 제거하고 '만물을 새롭게' 하실 때 그분의 백성은 위로를 받을 것이다(계 21:1–5). [parakaleō]

5:5. **온유한 자들**(Meek, praeis) – 성격의 특성을 묘사하는 이 단어는 종종 세상적인 성공과 연결된 자기 과장이나, 거만한 영과는 대조적으로 주제넘지 않거나 자기를 감추는 (겸손한) 사람을 묘사한다(20:25 참고). 이러한 의미에서 이 단어는 '섬김 받기 위해서가 아니라 섬기러' 오신(20:28) 예수님을 적절하게 묘사한다(11:29, 21:5). 이것은 또한 불의한 일들을 당할 때 비슷하게 반응하거나 공격적으로 보복하지 않는 온유한 영을 가리킨다. [praus]

상속할 것이다(Inherit, klēronomēsousin) – 이 단어는 가족의 유대관계 때문에 어떤 것의 소유권을 획득하거나 얻는다는 의미를 어느 정도 지닌다. 상속받을 자는 하나님과 관계를 맺는 자들이다(25:40에서 '상속'은 하나님나라 안의 장소다). 하나님께서는 이 세상의 종말에 행운들의 반전을 가져오실 것이다. 그래서 '하나님의 뜻이 읽혀질 때' 세상의 눈에 나중 된 것으로 보이는 자들이 하나님의 나라에서 첫째가 될 것이다(19:29–30). [klēronomeō]

땅(Earth, gēn) – 이 단어는 온유한 자가 이스라엘 땅을 상속받을 것을 묘사하는 시편 37편 11절을 반영한다. 따라서 여기에서도 유사하게 좁은 초점이 의도되었는지에 대한 의문이 제기된다. 비록 이 단어가 앞 구절들에서 이스라엘 땅 또는 땅의 일부분을 가리키는 데 사용되긴 했지만(2:6, 20, 4:15), 이것은 항상 수식을 받는다. 그러므로 이 단어는 땅 전체를 가리키는 것으로 보는 것이 가장 적절하다(5:18, 35, 6:10, 19 참고). [gē]

5:6. **의**(Righteousness, dikaiosynēn) – 의는 하나님의 뜻을 행하는 것을 의미한다(3:15에 나오는 단어의 논의를 보라). 복된 자들은 날마다 하나님의 뜻에 따라 살기를 추구한다. 그들은 의를 삶의 필수적인 구성 요소로 간주한다. 그들은 의에 '굶주리고 목말라' 한다(시 42:1–2 참고). 이와 관련하여 상기되는 예수님의 말씀은 "나의 양식은 나를 보내신 이의 뜻을 행하며 그의 일을 온전히 이루는 이것이니라"(요 4:34)이다. [dikaiosynē]

만족하게 될 것이다(Will be satisfied, chortasthēontai) – 일반적으로 이 단어는 음식과 관련되어 있으나(14,20, 15:33), 여기에서는 하나님의 뜻을 성취하는 것이 일상이 된 삶을 보고 경험하는 자의 감명 깊은 만족을 묘사한다. 동사의 시제는 미래다. 이것은 즉각적인 미래를 묘사하는 것으로서, 하나님께서 자기 백성을 의롭게 살 수 있게 함으로써 그들의 소원을 만족시켜주시는 것을 말한다. 그러나 이 구절의 다른 미래 시제들은 하나님의 나라가 충만하게, 그리고 최종적으로 확립되는 때를 가리킨다(계 7:16–17). 이때 하나님의 뜻은 하늘에서 이루어진 것과 같이 땅에서도 이루어질 것이다(6:10). [chortazō]

5:7. **긍휼히 여기는 자는 긍휼히 여김을 받을 것이다**(Mercy…obtain mercy, eleēmones…

eleēthēsontai)–이 단어는 처음으로 여기에서 형용사로 나오고(그리스도와 관련하여 다른 등장은 히 2:16에 나온다), 그 다음은 동사로 나온다. 비록 이 단어는 '곤궁에 처해 있는 어떤 사람에게 큰 관심을 가지는 것'을 의미하지만(BDAG, 315), 이것은 감정을 넘어서 다른 사람들의 필요를 다루고 그것을 완화시키는 행동의 동정적인 반응을 묘사한다. 이것은 마태복음에서 중요한 성격 특성이다. 희생보다 하나님께 더 중요한 것은 자비라는 내용의 호세아 6장 6절이 두 번이나 인용되었다(9:13, 12:7). 백성은 예수님께 자비를 호소하고, 예수님께서는 이에 응답하신다(9:27, 15:22, 17:15, 20:30, 31). 하나님께서는 죄인들을 향해 자비롭게 행동하시고 그들의 빚을 탕감하신다. 그분은 죄인들이 이와 비슷한 동정심으로 동료들을 대할 것을 기대한다(18:33). 위선자들의 자비가 결여된 모습은 정죄 받을 상태를 정의한다(23:23). 그러므로 자비는 복된 자들의 본질적인 특성이다. 제자들은 하나님께서 자기들에게 자비를 보여주셨기 때문에 자비를 보여줄 수 있다(18:33). 자비로운 자들은 하나님의 자비를 확신할 수 있기 때문에 복되다(동사의 미래 시제는 심판을 예고한다. 약 2:13 참고). [eleēmōn, eleeō]

5:8. **정결한 자들**(Pure, katharoi)–단어의 기본적인 의미는 '불순물이 섞인 물건으로부터 정결하거나 자유로운 것'과 관련된다(BDAG, 489). 마음과 관련하여 정결하다는 것은 '도덕적인 죄책으로부터 자유로운 것'이다(BDAG, 489). 이것은 하나님께 온전한 마음으로 헌신하는 사람, 한결같은 마음으로 하나님의 뜻을 성취하는 사람을 묘사한다. 이 복이 반사하고 있는 시편 24편 4절은 진실함과 순결함을 정결의 특징들로 정의한다. 예수님께서는 나중에 하나님의 인정보다는 사람들의 칭찬을 추구하는 위선에 대하여 제자들에게 경고하실 것이다(6:1–18). [katharos]

마음(Heart, kardia)–마음은 종종 '사고, 감정, 의지를 가진 전적으로 내적인 생명의 중심과 출처'를 뜻한다(BDAG, 508). 마음은 하나님을 찾고(시편 27:8), 그리스도와 관계를 경험하는 것을 가능하게 한다(엡 3:17). 그렇다면 마음의 정결함은 생각, 감정, 의지가 오직 전적으로 하나님께 헌신하는 것을 묘사한다. [kardia]

볼 것이다(See, opsontai)–마태복음 18장 10절에 따르면 천사들은 '하늘에 계신 내 아버지의 얼굴을 항상 보기' 때문에 하나님의 직접적인 임재를 즐긴다. 이 경험은 "정직한 자는 그 얼굴을 뵈오리로다"고 시편 기자는 내다보았다(시 11:7). 신약의 마지막 계시가 하나님의 종들의 마지막 운명으로 묘사하는 것은 "그의 얼굴을 볼 터이요"라는 말씀이다(계 22:4). 내세에서 마음이 정결한 자들을 기다리는 운명은 '하나님을 보고 그분의 임재를 즐거워할 것'이라는 것이다. [horaō]

5:9. **화평케 하는 자들**(Peacemakers, eirēnopoioi)–이 단어는 신약에서 여기에만 등장한다. 이것은 '다투는 사람들을 화해시키려고 애쓰는' 사람을 묘사한다(BDAG, 288). 이 정의는 두 적대자들 사이에 평화를 주선하는 제3자를 암시한다. 이것은 중요한 역할인 한편, 이 복의 요점은 하나님의 복을 경험하는 제자들이

다른 사람들과 바른 관계를 유지하기 위해서 할 수 있는 모든 일을 해야 한다는 것이다. 산상수훈 가운데 나중에 다루어진 첫 번째 쟁점은 형제 및 원수와 화해하는 것의 중요성을 강조한다(5:23-25). 나중에 주어진 강화는 제자들 사이에 용서와 화해의 주제에 대하여 할애되었다(18:1-34). '화평케 하는 자'란 단어는 오직 여기에만 등장하지만, 이것은 마태복음에서 중요한 주제의 일부다. [eirēnopoios]

하나님의 아들들(Sons of God, huioi theou) - '화평케 하는 자들'이라는 단어같이 이것은 여기에 단 한번만 나오는 구절이지만, 마태복음의 메시지 가운데 중요한 주제의 한 부분이다. 이것은 아버지로서의 하나님과 관계하는 것을 말한다(16절). 이 복은 여기에서 화평케 하는 자들인 제자들과 연결되어 미래적인 선언을 예고한다(7:21 참고). 산상수훈에서 제자들은 아버지의 아들들이 되기 위해서 원수를 사랑하고, 핍박하는 자들을 위해서 기도하라고 교훈을 받는다(5:44-45). 이것은 화평케 하는 것의 개념이 제자들의 포괄적인 사명에도 적용될 수 있음을 제시한다(10:13). [huios]

5:10. **핍박을 받은 자들**(Persecuted, dediōgmenoi) - 제자들은 하나님의 뜻을 신실하게 행했기 때문에('의를 위하여') 핍박을 받았는데, 그 핍박은 물리적이고 언어적인 공격을 수반한다(11절). 그들의 경험은 앞서 있었던 신실한 선지자들의 경험과 같다(12절). 핍박이 하나님의 종으로서 의 지위를 확증하기 때문에 그들은 기뻐할 수 있다(행 16:25 참고). 그들은 참으로 하나님나라의 백성들이다(3절). [diōkō]

5:12. **상급**(Reward, misthos) - 제자들의 상급은 하나님의 거처인 하늘과 연관되어 있다. 6장 1절에서 상급은 하나님의 임재에 참여하는 것과 연결되어 있다('하늘에 계신 너희 아버지께'). 6장 1-18절의 문맥은 종교적인 행위를 과시함으로 백성의 칭찬을 추구하고 얻는 것과, 제자들이 하나님만을 위하여 의로운 삶을 사는 것을 대조한다. 비록 하나님께서 주시는 상급의 성격에 대해서는 아무것도 언급된 것이 없지만, 이 대조는 상급이 하나님의 인정을 받고 그분과 함께하는 관계를 누리는 것임을 제시한다(BDAG, 653을 참고하라. 하나님의 상급은 '인정'과 '확증'이다). [misthos]

5:13. **소금**(Salt, halas) - 어떤 의미가 소금과 연결되었는지를 이해하는 것은 제자들이 영향력을 끼치는 범위가 온 세상이어야 한다는 것을 인식하는 것보다 중요하지 않다. 맛을 잃은 소금은 다양한 방법으로 불순물에 의해 희석된 것이다. 그러므로 이 말씀은 희석되어 본래의 임무에서 이탈하는 것을 경고하면서 더불어 제자들의 사명의 범위를 정의한다. [halas]

5:14. **빛**(Light, phōs) - 하나님의 구원의 상징으로서 빛은 예수님께서 사역을 시작하시는 것과 연결되어 처음으로 언급되었다(4:16을 보라). 이제 세상에 빛을 가져가야 할 자들은 제자들이다. 소금과 비교했을 때와 같이(13절) 제자들의 사명은 모든 백성에게 확대된다. 비록 그들이 먼저 이스라엘에게 보냄을 받을 것이지만(10:5-6), 궁극적으로는 모든 사람에게 보냄을 받을 것이다(28:19). 그들은 하나님의 종들로서

말하고 행동함으로써(5:16) 세상의 빛으로 섬겨야 한다(사 49:6, 행 13:47 참고). [phōs]

5:16. **영화롭게 하다**(Glorify, doxasōsin) – '다른 사람에 대한 어떤 사람의 견해에 영향을 주어 그 사람의 명성을 높이는 것'을 의미한다(BDAG, 258). 이 경우 제자들은 사람들이 하나님을 존경하고 찬양하도록 말하고 행동해야 한다. 이것은 하나님과 관계를 맺지 않는 백성은 제자들의 메시지에 믿음으로 반응하고, 하나님과 관계를 맺고 있는 자들은 제자들의 삶 속에 나타난 하나님의 임재를 더욱 인정하고 찬양하도록 감동받는 것을 뜻한다. 이 복음서는 이 일을 행함에 있어서 예수님께서 제자들에게 모델이 됨을 보여준다(9:8, 15:31). [doxazō]

백성(People, anthrōpōn) – 비록 이 단어는 종종 '사람'으로 번역되지만, 이것은 모든 인종과 성별의 백성을 가리키는 일반적인 단어다. 예수님께서 마태복음 10장 17절에서 제자들에게 "사람들을 조심하라"고 경계하셨을 때 동일하게 사용하신 단어이기도 하다. 이것은 제자들이 '대적들과 원수들 앞에서' 그들의 빛을 발해야 하는 것을 상기시켜준다. [anthrōpos]

아버지(Father, patera) – 하나님을 '아버지'로 가리키는 호칭이 여기에서 처음 등장한다. 이것은 하나님과 특별한 관계를 묘사할 뿐만 아니라, 영적인 가정에서 제자들을 형제, 자매들로 연결시킨다(12:50). 아버지로서 하나님과 연관된 중요한 주제는 그분의 뜻에 대한 제자들의 순종이다(7:21, 12:50). 제자들은 그들의 '선한 행위들'로 하나님께 존귀와 찬양을 돌려야 한다. [patēr]

5:17. **율법 또는 선지자들**(The law or the prophets, ton nomon ē tous prophētas) – 비록 율법과 선지자들은 구체적으로 구약의 주요 세 부분 가운데 두 부분을 가리키지만(세 번째 부분은 지혜서임), 이 구절은 아마도 구약 전체를 가리키는 것으로 보인다(요 1:45, 롬 3:21 참고). 예수님께서는 자신의 생애와 사역으로 하나님께서 백성에게 주신 이전 계시의 부분들을 성취했고, 하나님의 뜻을 더욱 분명하게 하셨다. [nomos, prophētēs]

성취하다(Fulfill, plērōsai) – 마태가 예수님의 삶의 다양한 사건들과 관련하여 구약 성경을 빈번하게 인용하는 것은 예수님의 삶과 사역이 이전 계시를 성취하고 있음을 예증한다. 이 요점은 하나님의 말씀에 대한 그분의 진실성을 지적하고, 더 나가서 예수님께로부터 주어지며 그분에 관한 진전된 계시가 성취될 것이라는 확신을 더욱 심어준다. [plēroō]

5:18. **가장 작은 문자 또는 획**(the smallest letter or stroke, iōta hen ē mia keraia) – 이오타(iota)는 헬라어 알파벳에서 가장 작은 문자다. 이것은 히브리어 또는 아람어에서 요드(yod)에 해당된다. 획은 문자 그대로 '뿔'을 의미하고, '돌출한 것'이나 '문자의 한 부분으로서 고리'를 가리키는 점으로 번역되어 왔다(BDAG, 540). 심지어 가장 작은 부분까지의 이러한 성취의 확신은 구약 전체에 기록된 계시에 적용된다. [iōta, keraia]

5:19. **계명들**(Commandments, entolōn) – 계명은 그분의 백성을 향한 하나님의 뜻을 나타

낸다. 예수님께서는 나중에 바리새인들의 경우, 작은 계명들은 지키지만 의와 자비와 신실함에 관한 큰 계명들을 무시했기 때문에 그들을 엄히 경고할 것이다(23:23). [entolē]

행하고 가르치다(Does and teaches, poiēsē kai didaxē) – 제자들은 하나님의 뜻에 일치해서 살아야 하고, 다른 사람들에게 이와 같이 행하도록 가르쳐야 한다. '행하는 것'은 '지키다'(NASB) 또는 '실천하다'(NIV)로 번역될 수도 있다. 만일 제자들이 다른 제자들을 '만들어'야 한다면(28:20) 가르쳐야 한다. 그러나 이 가르침은 순종의 본보기를 포함해야 한다. [poieō, didaskō]

5:20. **의**(Righteousness, dikaiosynē) – 예수님께서는 곧바로 바리새인들의 의의 일부 결핍들을 다루실 것이다(6:1-18). 그들은 하나님을 기쁘게 하고 존중하기 위해서 살기보다는 백성들의 인정을 받으려고 살았다. 예수님께서는 나중에 그들이 신앙의 더 큰 진리, 곧 의와 자비와 신실함(23:23)에 비추어 사는 데 실패했음을 질책하실 것이다. 그들의 '의'는 실제적인 것이 아니고 외관적인 것이다. 예수님의 제자들은 생활 가운데 성품의 정직성과 하나님의 뜻 전체에 대한 신실함 면에서 반드시 이러한 점을 능가해야 한다. 그것에 대한 일부 예시는 마태복음 5장 21-48절에 기록된 가르침에 나온다. [dikaiosynē]

5:21. **이것은 말해졌다**(It was said, errethē) – 이 단어는 수동태로 사용되었다. 이것은 종종 하나님의 행동들과 관련하여 사용되는 표현의 방식이다. 구약의 구절들이 인용되었기 때문에, 여기에서 말씀하시는 분은 하나님으로 간주된다. 제자들을 위한 예수님의 가르침은 이스라엘 백성에게 주신 하나님의 메시지에 근거한다. [eipon, legō]

5:22. **화를 내는 사람마다**(Everyone who is angry, orgizomenos) – 분노의 감정은 여기에서 살인, 그리고 모욕적이고 품위를 손상시키는 말과 연결된다. 예수님께서는 파괴적인 행동과 상처를 주는 말뿐만 아니라, 심지어 실제적이든 인식된 불의든 보복하려는 욕망을 정죄하셨다(약 1:20 참고). [orgizō]

형제(Brother, adelphō) – 이 단어는 일반적으로 공동체의 동료 지체들을 가리킨다. 본문의 경우 예수님의 동료 제자들을 가리킨다. 그러나 예수님께서 나중에 공동체 밖에 있는 사람들을 사랑하는 것에 대하여 말씀하시는 것에 비추어볼 때(5:43-47), 형제를 바로 대하는 것을 모든 사람과 바르게 관계를 맺는 첫 단계로 보는 것이 적절하다. [adelphos]

5:24. **화해하고**(Reconciled, diallagēthi) – 화해는 대적자나 원수를 친구로 만드는 것을 포함한다. 제자들은 그들의 공동체에서 조화로운 관계들을 확립하고 유지하는 일의 중요성을 이해해야 한다. 예수님께서는 만일 제자들이 기꺼이 다른 사람들과 어그러진 관계들을 바로 잡는 데 마음을 쓰지 않으면, 하나님을 향한 경배가 헛되다는 것을 여기에서 암시하신다. [diallassomai]

5:26. 너는 결코 나오지 못할 것이다(You will not get out, ou mē exselthēs) – 심판의 위험은 예수님의 가르침에 등장하는 주제 가운데 하나다(18:34 참고). 예수님께서 이 주제를 가르치는 것은 제자들에게 이것이 선택이 아니라 의무라는 것을 강조하시기 위한 것이다. 예수님께서 말씀하는 것을 등한시하거나 무시하는 것은 무서운 결과를 초래한다. "너는 결코 나오지 못할 것이다"는 헬라어 단어들은 어조가 강하다. [exerchomai]

마지막 센트(Last cent, eschaton kodrantēn) – '마지막 페니' (NIV, NRSV)는 하루 품삯의 1/64 가치에 해당되는 로마 화폐의 가장 작은 단위의 동전이다(라틴어, quadrans). 예수님께서 제자들에게, 빚진 자들을 용서한 것과 같이 자신들의 빚들을 용서해 달라고 하나님께 요청하라고 하셨을 때(6:12) 이 말씀이 떠올랐을 것이다. 화해를 위해서 요구된 용서는 가장 작은 문제에도 적용되고 온전하게 베풀어져야 한다. [kodrantēs]

5:28. 정욕을 품으려고(Lust, epithymēsai) – 이 단어는 '어떤 것을 행하거나 확보하려는 강한 욕망을 가지는 것' 을 의미한다(BDAG, 371). 가치 있는 대상과 관련하여 긍정적인 방식으로 사용될 수도 있다(13:17 참고). 그러나 욕망의 대상이 잘못되거나 금지된 것일 때 이와 동일한 단어는 '탐심을 가지다' 를 의미한다(출 20:17, 신 5:21). 이 문맥에서 정욕은 배우자가 아닌 다른 사람을 향하는 성적인 욕망이다. 예수님께서는 분노와 살인의 경우와 같이 여기에서 간음의 근본적인 원인을 밝히며, 그들의 삶속에 정욕이 깊어질 기회를 주지 말라고 제자들에게 명령하신다. [epithymeō]

5:30. 지옥(Hell, geennan) – 헬라어(Gehenna) 'Gehenna' 는 히브리어로 '힌놈의 골짜기' 에 해당한다. 이 골짜기는 예루살렘의 남쪽에 위치한 골짜기로 하나님의 마지막 심판과 연관된다(BDAG, 191). 예수님의 생생한 언어는 정욕의 위험을 강조하는 역할을 한다. 이것은 생명을 파괴하는 것이기 때문에 결코 사소하게 취급되어서는 안 된다. [geenna]

5:31. 이혼 증서(Certificate of divorce, apostasion) – 이혼 확증 문서를 주는 것은 신명기 24장 1-4절에 나오는 모세의 명령에 일치하는 관습이었다. 그 구절에서 재혼은 예상할 수 있지만(적어도 두 번의 재혼이 언급된다), 다른 결혼이 있었다면 이전 배우자에게 재혼은 예상되지 않는다(아내들을 바꾸는 행위 등의 상황을 방지하기 위해서). 예수님의 말씀은 수용된 관습으로서 이혼에 대한 이러한 배경에 비추어 이해해야 한다. [apostasion]

5:32. 음행(Immorality, porneias) – 이것은 성적인 부도덕을 가리키는 일반적인 단어로, 여기에서 '결혼상의 불신실함' (NIV) 또는 '부정' (NASB, NRSV) 등 다양하게 번역된다. 이 예외를 제외하고 예수님께서는 이혼을 간음의 원인으로 간주하신다. 그분은 부도덕이 반드시 이혼으로 나아간다는 것이 아니고, 단지 그렇게 될 수 있다고 말씀하신 것이다. 부도덕한 사람은 간음하는 사람이다. 그러므로 이혼은 이 경

우 간음의 원인이 아니다. 그렇지 않으면 예상대로 재혼이 성사될 때, 이혼은 간음의 원인으로 나타난다. 예수님께서는 이 연결로써 부부 문제를 해결하기 위한 수용 가능한 대안으로 이혼을 실제적으로 배제하신다. 화해의 중요성에 관한 앞의 말씀은 여기에도 적용된다. [porneia]

5:36. **맹세하지 말라**(Do not swear, mēte⋯omosēs) – 예수님께서는 마치 맹세를 하지 않으면 자기들의 말을 신뢰할 수 없는 것같이 맹세로 진술이나 약속을 강조하는 관습에 대하여 제자들에게 경계하신다. 오히려 제자들은 정직하게 말하는 사람으로 알려져야 한다. 그들은 자기들이 뜻하는 것을 말해야 하고, 말하는 것을 행해야 한다. 단 맹세하는 것이 신약 다른 곳에서 긍정적으로 언급되고(예, 눅 1:73, 히 6:13–18) 실천되었다는(예, 롬 1:9, 고후 1:23, 빌 1:8) 사실은, 예수님께서 모든 맹세를 금하신 것이 아니라 제자들에게 정직의 중요성을 강조하기 위해 말씀하신 것으로 이해해야 한다. [omnuō]

5:37. **악한 자**(Evil one, ponērou) – 이 단어의 형태(형용사)는 이것을 '악의'(NASB)나 인격적인 지시로 '악한 자로부터'(NIV, NRSV)로 번역하는 것을 가능하게 한다. 이 단어는 다른 구절들(13:19, 38)에서 마귀를 가리키는 데 사용되고, 마귀는 다른 곳(요 8:44에서 '거짓말들의 아버지')에서 기만성과 연결된다. 그러므로 여기에서 이 단어는 대 사기꾼으로서 마귀를 가리키는 것으로 보는 것이 가장 좋다. 마귀의 기만성과 조작적인 말은 반드시 회피해야 한다. [ponēros]

5:39. **대적하라**(Resist, antistēnai) – '반대하다' 또는 '대적하다'를 의미한다(BDAG, 80). 이 단어들의 문맥은 제자들이 세상에서 소금과 빛으로, 다시 말해서 선교 사역에 참여하는 것과 관련된다는 사실이 중요하다. 예수님께서는 자신을 체포하러 온 사람들을 대적하지 않으셨다(26:50–54). 더 나아가 자신을 친 사람들을 때리지 않으셨다(26:67–68). 또한 자신의 옷을 빼앗은 자들을 비난하지 않으셨다(27:27, 35). 제자들은 선교 사역 과정에서 반대에 직면할 때 싸우지 말고 도망가라고 교훈을 받았다(10:23, 사도행전에서 제자들의 예를 참고하라). 그러나 이것은 제자들이 다른 사람들을 보호하거나 다른 사람들의 의무들(예를 들면, 공적인 의무)과 관련해서 악에 저항하는 것을 금하지는 않는다. [anthistēmi]

5:44. **사랑하라**(Love, agapate) – 사랑은 통속적으로 감정 또는 느낌들과 연결되어 있으나, 기본적으로는 적절한 행동을 묘사하는 의지적인 단어다. 이것은 느낌이나 감정들이 그 의미의 일부분이 아니라는 것을 제안하려는 것이 아니고, 우선적으로 요구되는 것은 다른 사람을 위해서 최상의 것을 추구하는 행동임을 확증하기 위함이다. 원수나 핍박자를 위해 드려진 기도는 그들 자신이 제자가 되어 아버지 되신 하나님을 영화롭게 한다(5:16). [agapaō]

5:48. **완전한**(Perfect, teleioi) – 이 단어는 어

떤 기준에 완벽하게 도달하는 것을 가리키기보다는 하나님의 뜻에 한결같은 마음, 또는 전심으로 헌신하는 것을 가리킨다. 하나님 자신은 그분의 뜻에 있어서 나누어지지 않는다. 이와 같이 제자들은 예수님께서 자신들에게 알려주신 대로 하나님의 뜻을 순전하게 따라야 한다. 그렇게 할 때 그들은 마음이 정결하고(5:8), 가장 우선적으로 '그의 나라와 의를 구하는'(6:33) 하나님의 아들로 자기 자신을 입증할 것이다. [teleios]

위선자들(Hypocrites, hypokritai) – 위선자는 '위장하는 자, 가장하는 자'(BDAG, 1038)란 의미에서 일종의 연기자다. 연기자가 청중의 칭찬을 받으려고 자신의 배역을 할 수 있는 것과 같이 위선자는 주변 사람들의 인정을 받기 위해 종교적인 의무들을 행한다. 예수님께서는 위선자가 그의 목적을 성취할 수 있는 것을 부인하지 않는다. 그러나 하나님의 인정을 받는 것과 비교해볼 때 그들이 받는 상은 지속적 가치가 없는 일시적인 상에 지나지 않는다. [hypokritēs]

6:1. **보이기 위하여**(Seen, theathēnai) – 이 단어는 주동사가 포함하는 사상(의로운 행위를 행하는 것)의 목적을 표현하는 구절에 나온다. 예수님께서는 잘못된 이유, 곧 사람들의 칭찬을 받으려고 바른 행위들을 하는 것에 대하여 제자들을 경고하신다. 제자들은 다른 사람들에게 자신의 선한 행위가 모범이 되도록 삶을 살아야 한다(5:16). 그러나 칭찬은 그들 자신이 아니라, 하나님께 돌려져야 한다. 예수님께서는 사람들에게 인정을 받기 원하는 자들은 그 목적을 성취할 수 있으나, 그렇게 함으로써 하나님의 인정을 상실하게 될 것이라고 제자들에게 경고하신다. 예수님께서는 제자들이 사람들과 하나님의 인정을 모두 받을 수 있다고 생각하는 것에 대하여 경고하신다. 제자의 삶은 둘 다가 아니라, 둘 가운데 하나다. [theaomai]

6:2. **구제**(Alms, eleēmosynēn) – 예수님께서는 제자들에게 가난한 자들을 돕기 위해서 어떤 돈을 줄 수 있는지를 권고하신다. [eleēmosynē]

6:4. **은밀하게**(Secret, kryptō) – '은밀하게'는 제자들이 구제하는 방식과 하나님의 임재의 영역을 묘사한다. 하나님의 임재는 숨겨진 실재다. 실제로 현존하시지만, 이것은 영적이고 대부분의 사람들에게 알려지지 않는다. 6장 3절과 같은 계산되지 않는 자발성이 제자들의 구제 행위의 특징이 되어야 하지만(25:37–38 참고), '은밀하게'는 마치 주는 자의 반대편 손이 관대한 행위를 의식하지 못하는 것과 같은 구제 행위의 엄격한 미묘함을 가리키는 것 같다. 이것은 예수님께서 제자들에게, 의는 다른 사람들의 칭찬을 얻기 위해 행해진 연기가 하나님에 대한 순종의 표현이 되어야 함을 말씀하는 과장된 표현 방식이다. [kryptos]

6:6. **골방**(Inner room, tameion) – 기도하기에 가장 잘 드러나는 공적 장소를 찾는 위선자들과는 대조적으로 제자들은 집 안의 골방으로 들어가야 한다. 그곳에서 대중의 눈을 피해 하나님의 뜻에 일치하여 기도해야 한다. 예수님께서는 모든 공중 기도를 비난하는 것이 아니

라 잘못된 동기를 가지고 행하는 것에 대해 경고하시는 것이다. [tameion]

6:7. **무의미한 반복**(Meaningless repetition, battalogēsēte) – "텅 빈 구절들을 쌓아올리지 말라"(NRSV) 또는 "계속 중얼거리지 말라"(NIV)고 예수님께서는 제자들에게 말씀하신다. 이렇게 말씀하시는 이유는 형식적인 기도의 단순한 반복은 하나님의 응답을 가져오지 못한다는 사실을 강조하기 위함이다. 하나님께서는 정해진 기도문에 따라서 낭독하는 간청자에게 조종당하시지 않는다. 이방인들은 신들이 있는 정확한 방향을 향해 적절한 이름들과 적합한 단어들을 가지고 간구하면 자신들을 위해서 신들이 행동할 것이라고 믿었다. 예수님께서는 제자들에게 기도는 반복의 문제가 아니라, 관계의 문제라고 말씀하신다. 그들의 기도를 받으시는 분은 그들의 필요를 아시고, 구하기도 전에 그들의 간청을 기꺼이 들어주시기 원하시는 아버지로서 그들과 관계를 맺고 계신다(8절). [battalogeō]

6:9. **거룩하게 되다**(Hallowed, hagiasthētō) – 예수님께서 제자들에게 모델로 제시하시는 기도에서 첫째 되며 모든 것을 포괄하는 간청은 하나님의 영광과 관련되어 있다. 제자들은 하나님의 이름을 사람들이 거룩하게 대하고, 평범하거나 속된 대상으로 대하지 않게 해달라고 간구해야 한다. 이것은 의인들만이 남아 있을 때, 즉 심판 후에 궁극적으로 실현될 것이다(13:41-43). 그러나 이 간청은 사람들이 제자가 되고 하나님을 아버지로 부르는 관계를 맺기 시작할 때, 아마도 현재적인 적합성도 가지는 것 같다. 그러므로 이 간청은 예수님의 추종자들로 하여금 선교의 과정에 하나님께 존귀를 돌리며, 모든 민족을 제자 삼는 사명 성취를 가능하게 해달라는 선교적인 기도가 된다(28:19-20). [hagiazō]

6:10. **당신의 나라**(Your kingdom, basileia sou) – 앞의 간청과 같이 이것은 아마도 '의인들이 아버지의 나라에서 태양처럼 빛나게 될' 완성의 때를 내다보는 것 같다(13:43). 그러나 하나님의 뜻이 행해지는 것과 같이 하나님나라에는 현재적인 영적인 측면도 있다. 제자들의 기도는 신앙 공동체의 구성원들인 그들 자신에게 하나님의 뜻의 성취를 실제가 되게 하는 수단이다. [basileia]

6:11. **날마다**(Daily, epiousion) – 이 단어가 '양식'을 수식할 때 그 의미는 논란이 된다. 학자들의 제안들은 '생존을 위해서 필요한', '오늘을 위해서', '다음날을 위해서'부터 미래적인 하나님나라에서 먹게 될 양식까지 다양하다(BDAG, 367-77). 예수님께서는 제자들에게 하나님께서 그들을 위해 공급해주실 것을 확신시켜주기 때문에, 여기에서 '날마다'란 번역이 가장 적절해보인다. 다시 한 번 기도는 하나님께서 하나님 자신의 뜻을 성취하시는 수단으로 제시된다(다시 말해서, 제자들은 하나님께서 하시겠다고 하는 것을 위해서 기도할 것을 요청받는다). [epiousios]

6:12. **빚들**(Debts, opheilēmata) – 여기에서 이

단어는 '도덕적인 의미에서 의무' 를 가리킨다. 따라서 '빚, 곧 죄' 다(BDAG, 743). 이 간청에서 제자들은 하나님의 뜻에 따라 사는 데 실패한 것으로 말미암은 용서를 간구한다. 그러나 그들은 또한 용서를 다른 사람들에게 확대하는 것의 필요성을 표현한다(그리고 일반적인 간청의 문맥에서 그렇게 하는 데 하나님의 도움을 구한다). [opheilēma]

6:13. **시험**(Temptation, peirasmon) - 이 단어는 '시련의 때' 로 번역될 수 있다(NRSV). 그렇다면 이것은 세상에 거하는 자들을 시험하기 위해서 세상에 임하는 시련의 시간으로부터 제자들을 구원해달라는 간청(계 3:20), 곧 종말적인 구원을 위한 간청이 될 것이다. 그러나 이것보다는 간청의 결론이 예수님께서 마귀에게 시험받는 것을 상기시켜주므로(4:1) 이 단어는 '시험', '죄를 지을 유혹' 을 의미한다(BDAG, 793). 제자들은 자신의 연약함을 인정하고, 시험을 피할 때 하나님의 도움을 구해야 한다(고전 10:13 참고). [peirasmos]

6:14. **과실들**(Trespasses, paraptōmata) - 이 단어는 '범죄들' (NASB), '과실들' (NRSV) 또는 '죄들' (NIV) 등으로 다양하게 번역된다. 이것은 일반적으로 하나님을 대적한 범죄에 사용된다(예, 6:15, 롬 5:1 참고). 그리고 사람이 하나님의 뜻에 의해 정해진 생명의 첩경에서 떠나 잘못된 발걸음을 걷는(BDAG, 770) 그림을 그려준다. 여기에 하나님과 바른 관계의 필요한 측면으로서 용서에 관한 다른 경계가 있다(5:23-24 참고). 제자들은 하나님께 자기들을 용서해 달라고 간청하면서 다른 사람에게 용서를 간청하는 것을 무시할 수 있다고 생각해서는 안 된다(12절). 하나님의 이전 용서를 강조하면서 이 주제의 유사한 진술은 나중의 비유에 나온다(18:21-35 참고). [paraptōma]

6:16. **금식하다**(Fast, nēsteuēte) - 금식은 하나님께 대한 의존과 그분의 뜻에 대한 순복을 표현하기 위해서 음식을 금하는 것을 말한다(4:11 참고). 예수님께서 가리키는 금식은 아마도 기도를 돕기 위해서 행해진 개인적인 금식일 것이다(눅 2:37 참고). 초대교회는 단체로 금식하고 기도했는데(예, 13:3, 14:23), 주로 유대인 신자들이 그렇게 했던 것으로 보인다. 금식의 관습은 신약 서신들 어디에도 언급되지 않으며, 제자들은 예수님과 함께 있었을 때 금식하지 않았다(9:14). 구제와 기도같이 금식은 하나님에 대한 헌신의 행동으로 해야지 어떤 다른 사람의 인정을 얻기 위한 목적으로 행해서는 안 된다. [nēsteuō]

6:19. **보물**(Treasure, thēsaurous) - 보물은 예수님의 진술 가운데 구체적으로 언급되지 않았지만, 넓은 문맥으로 보면 사람의 칭송과 하나님의 보상을 비교한다(1-18절). 다른 곳에서 하나님나라 자체는 모든 것을 팔아 얻을 가치가 있는 보물로 묘사된다(13:44, 19:21 참고). 이것은 제자들이 하나님의 뜻을 행하는 데 투자하는 시간과 에너지와 자원들은 지상의 보화를 확보하고 잡는 데 투자된 유사한 노력보다 더 크고 지속적 가치가 있는 어떤 것을 산출함을 암시한다. [thēsauros]

6:21. 마음(Heart, kardia) – 제자들이 시간과 에너지와 자원들을 투자하여 추구하는 것은 그들의 마음의 성격을 드러낸다. 다시 말해서 그들이 참으로 사랑하고 소중하게 여기는 것이 무엇인지를 드러낸다. 이 진술에 담긴 양자택일의 성격은 우선순위들과 궁극적인 관심들에 대해 결정 내릴 것을 촉구하는 기능을 한다. 이 말씀은 제자가 하나님의 뜻을 행하는 데 한결같은 마음으로 헌신하는 것의 필요성을 다루는, 이어지는 말씀과 짝을 이룬다(5:8 참고). [kardia]

6:22. 성하다(Clear, haplous) – 이 형용사는 이것이 수식하는 명사 '눈'과 관련하여 '좋다'(NIV), '건강하다'(NRSV) 또는 '성하다'(NASB)로 다양하게 번역된다. BDAG(104p)는 이것이 목적의 단일함을 가리킨다고 바르게 지적한다. 성한 눈을 가진 사람은 목적의 단일함으로 하나님의 뜻을 성취하려고 한다. 그러나 악한 눈을 가진 사람은 하나님께서 원하시는 것이 아니라, 자신이 원하는 것에 초점을 둔다. 그는 하나님을 신뢰하기보다는 자기 자신을 의지한다. 하나님의 빛을 경험하는 대신 어두움 가운데 방황하며, 하나님의 계시보다는 자신의 길을 찾아헤맨다(4:16 참고). [haplous]

6:23. 악한(Evil, ponēros) – '악한 눈'은 때때로 이기심(신 15:9, 잠 23:6), 또는 탐심(잠 28:22)과 연관된다. 따라서 악한 눈은 이 문맥에서 이중적인 뉘앙스를 수반할 수 있다. 이 둘은 위의 22절에서 논의된, 더욱더 일반적인 자기중심적인 모습과 구체적으로는 개인적인 재산을 기꺼이 포기하려는 의지가 없는 모습으로 나타난다(19:21 참고). [ponēros]

6:24. 부(Wealth, mamōna) – 이 단어는 소유나 부, 또는 NIV가 번역하는 것과 같이 '돈'을 가리킬 수도 있다. 예수님께서는 부를 하나님과 대적이 된 권세로 의인화한다. 많은 사람이 자기들은 부를 소유한다고 생각하지만, 예수님께서는 오히려 종종 부가 사람을 더 소유한다고 말씀하신다. 부가 사람들을 섬기는 것이 아니라, 오히려 사람이 부를 섬기는 것으로 끝난다. 부는 또한 그분의 종을 견고하게 장악하는 주인이다(19:21–23 참고). 제자들에게 주시는 도전은 이 세상의 보화에서 눈을 떼어 하나님을 섬기는 일 가운데 발견된 보화들에 초점을 두라는 것이다(19–20절). [mamōnas]

6:25. 걱정하다(Anxious, merimnate) – '음욕'(5:28)과 마찬가지로 이 단어는 그 대상에 따라서(BDAG, 632) 부정적('걱정하다', '두려워하다')일 수도, 긍정적('관심을 가지다')일 수도 있다. 대상이 여기에서와 같이 자기의 자아일 때(예, 빌 4:6), 이것은 부정적인 의미를 가진다. 반면 다른 사람들에게 중심을 둘 때(고전 7:32, 12:25, 빌 2:20)는 긍정적인 의미를 가진다. 걱정은 궁극적으로 하나님에 대한 신뢰가 없음을 표현하고, 하나님의 뜻을 성취하는 중요한 임무에서 이탈하는 것이다. 예수님께서는 이미 하나님께서 일반적으로 세상을 보살피시는 것에 대하여 말씀하셨고(5:45), 또한 제자들에게 일용할 음식과 관련하여 기도하라고 말씀하셨다(6:11). 이러한 교훈들은 말씀을 증거하는 사람들에게서 환대를 받는 제자들에게 특별

히 적절하다. [merimnaō]

6:33. **먼저 구하라**(Seek first, zēteite…prōton) – 제자의 삶의 최우선 순위는 하나님의 뜻을 성취하는 것이 되어야 한다. 예수님께서는 자신의 추종자들에게 하나님나라에 대한 좋은 소식이 온 세상에 전파되어야 한다고 말씀하실 것이다(24:14). 세상의 빛이 되기 위해서(5:14 참고) 이 목적은 의로운 제자들, 즉 하나님의 뜻 성취하는 것을 삶의 첫째 되고 가장 고상한 소명으로 간주하는 제자들을 요구한다. 이 목적을 위해 '분투하는'(NRSV) 자들은 궁극적인 만족에 이르는 생명의 첩경을 따라가야 한다(5:6). [zēteō]

6:34. **고통**(trouble, kakia) – 이 단어가 나오는 곳마다 이것은 '악함' 또는 '악의'를 뜻한다(BDAG, 500). 이것은 제자들이 타락한 세상에 살고 있다는 사실을 그들에게 강하게 상기시키신다. 그들은 선하신 하나님을 섬기지만, 악으로 표시된 세상에 산다. 고통을 추구하지 않지만, 그들은 고통을 만날 것이다. 이 말은 하나님께서 제자들의 필요를 채워주신다는 예수님의 고무적인 말씀과 균형을 이룬다. 제자들은 '어려운 때'를 피할 수 있다고 상상해서는 안 된다. 후기 제자인 바울은 하나님께서 자신을 지탱해주신 것을 알았다(빌 4:11–13). 그러나 그는 적절한 음식과 옷 없는 때를 경험하기도 했다(고후 11:27). [kakia]

7:1. **심판하다**(Judge, krinete) – 예수님께서는 제자들에게 비평 혹은 분별하지 말라고 하거나 (7:3–6, 15 참고) 죄를 무시하고 간과하라고 말씀하시는 것이 아니다(18:15). 그렇지만 그분은 하나님께만 속한 역할을 제자들이 사칭하는 것에 대하여 경고하신다. 심판은 하나님의 전권이다(롬 14:10–12 참고). 하나님만이 모든 사실을 가지고 계신다(6:6 참고). 제자들은 변경 혹은 추가하지 않거나 그들에게 주어지지 않은 권세를 사칭하지 않고, 하나님의 계시에 일치하여 살고 행하는 데 조심해야 한다(15:1–11 참고). [krinō]

7:3. **주목하다**(Notice, katanoeis) – 이 단어는 '관찰하다, 또는 주의 깊게 생각하다'를 의미한다(BDAG, 522). 위선자는 자기점검을 하는 데 분명하게 실패한다. 제자는 다른 사람들을 돕기 전에 자기 자신의 결점들을 주의 깊게 생각하고, 이것들을 처리할 행동을 취해야 한다. 위선자는 자기를 돌아보는 일을 피하기 위해 다른 사람들을 판단함으로 자기 자신을 속인다. 그렇게 함으로 그는 자기 자신을 정죄하고 다른 사람들에게 도움이 되지 못한다(5:13). [katanoeō]

7:6. **개들**(Dogs, kysin) – 고대 세계에서 날마다 쓰레기를 뒤지는 사람으로 살면서 어떤 사람을 개라고 부르는 것은 능욕의 말이다(삼상 17:43). 이것은 또한 하나님의 진리를 배척하는 자들에게도 적용되었다(잠 26:11). 이 말씀은 모든 사람이 제자들의 메시지를 경청하지는 않을 것임을 그들에게 상기시켜주는 역할을 한다. 때로는 그들이 더 이상의 사역을 중지하고, 메시지를 다른 곳으로 가지고 갈 필요가 있다

(10:14 참고). [kuōn]

7:7. **구하라**(Ask, aiteite) – 하나님께서는 제자들이 구하기 전에도 그들의 필요를 아시지만(6:8), 기도는 삶의 본질적인 부분으로 남아 있다. 기도는 하나님께서 그분의 뜻을 성취하기 위해서 정하신 수단이요, 그분과 관계를 함양하고 지탱하는 근본적인 방법이다. 아버지는 자녀의 말을 듣기 원하고, 그들에게 반응하는 것을 기뻐하신다(9–11절). [aiteō]

7:11. **악한**(Evil, ponēroi) – 이 단어는 이 구절에서 대조되고 있지만('좋은 선물들을 주다' / '악하다' 참고), 악함에 대한 언급은 인간의 근본적인 상태에 대한 강력한 기술이기도 하다. 예수님께서 나중에 많은 사람들을 위해서 피를 흘릴 것을 말씀하실 때(26:28), 제자들은 용서를 필요로 하는 사람들 가운데 포함된 것으로 이해된다. [ponēros]

7:12. **행하라**(Do, poieite) – 예수님께서는 앞서 자신의 추종자들에게 원수들을 사랑하라고 말씀하셨다(5:44). 이 구절의 진술은 이와 유사하고, 제자들은 모든 사람을 위해 최상의 것을 행해야 함을 분명하게 보여준다. 나중에 예수님께서는 "이웃 사랑하기를 네 몸과 같이 하라"(레 19:18)고 말씀하심으로 다른 사람들과 관계하여 율법을 요약할 것이다. [poieō]

7:13. **길**(Way, hodos) – 이 말씀에서 길 또는 '도로'(NIV, NRSV)는 삶의 과정을 묘사하는 '행동의 과정'을 가리킨다(BDAG, 691). 예수님을 따르는 것은 쉽거나 인기를 누리는 일이 아니다. 반대로 찍어누르며('좁은', NRSV) 어려움으로 둘러싸여 있다('어렵다', NRSV). 그러나 그것은 그 시작처럼 하나님과 함께한 삶으로 끝날 것이다. 이와는 대조로, 그 시작이 넓고 쉬운 길은 하나님께로부터 떨어져나가는 것으로 끝난다. [hodos]

7:15. **거짓 선지자들**(False prophets, pseudoprophētōn) – 세례 요한과 달리 거짓 선지자들은 의의 길을 따르지 않는다(21:32). 노략질하는 이리들같이 그들은 자기들의 욕심을 만족시키기 위하여 양을 멸망시킨다. 그들은 시편 95편 7절("우리는 그의 기르시는 백성이며 그 손의 양이라")을 노래할 것이나, 그들의 행위는 궁극적으로 하나님의 뜻을 행하지 않는 백성으로 드러날 것이다(7:21, 23). 예수님의 경고는 하나님의 백성이 있는 곳에 거짓 선지자들도 있을 것을 암시한다(24:11 참고). [pseudoprophētēs]

7:16. **열매들**(Fruits, karpōn) – 열매는 삶의 방식, 즉 사람의 행위를 가리킨다. 이 말씀에서 '생산하다'로 번역된 단어는 다른 곳에서 행동들(예, 12, 24절)을 가리킨다. 나중에 하신 말씀에서 '열매'는 말들을 가리킬 것이다(12:33-37). 여기에서 백성은 사실 바른 것들을 말할 것이나 그들의 행동은 그들 자신이 누구인지 드러내고(21절 참고), 그들을 심판에 이르게 한다(7:19, 23, 3:12 참고). [karpos]

7:18. **좋은 나무**(Good tree, dendron agathon) – 이 말씀에서 좋은 나무는 가라지의 비유에서

좋은 씨같이(13:37-38) 하나님께서 심으셨고 (15:13 참고), 그분에게 속하기 때문에 좋다. 좋은 나무는 좋은 것들을 행함으로, 다시 말해서 하나님의 뜻을 행함으로 구별된다. [dendron, agathos]

7:21. **주님**(Lord, kyrie) – 예수님께서 여기에서는 심판자로 묘사된다(3:12, 25:31-46). 언젠가 모든 백성은 자신들에 대한 그분의 권세를 인정할 것이다(빌 2:10-11 참고). 하나님의 가족이 된 사람은 하나님의 뜻을 행함으로 그 결속의 실제를 예증한다(12:50 참고). 하나님과의 관계를 드러내는 것은 공적인 현란한 사역이 아니라, 의의 개인적인 행동이다(6:1-18). 유다의 경우는 비록 예언도 하고 귀신들도 추방하며 기적들도 행했지만(10:4-8), 궁극적으로 자기 자신을 '나쁜 나무' 로 드러냈다(7:18). [kyrios]

7:23. **알았다**(Knew, egnōn)–이것은 이해에 대한 것이 아니고 관계에 대한 진술이다. 예수님께서는 심판자로서 은밀한 생각이 무엇인지 완전하게 드러내고(10:26, 롬 2:16 참고), 아버지의 뜻을 행하지 않는 자들과는 관계가 없다고 선언하실 것이다(7:21, 25:12 참고). [ginōskō]

7:24. **지혜로운 사람**(Wise man, andri phronimō) – 지혜로운 사람은 예수님의 명령에 따라 살므로 그분의 메시지에 반응한다. 그는 예수님께서 말씀하시는 것을 행한다. 여기에서 '반석' 은 예수님의 메시지다. 반석 위에 세워진 '집' 은 예수님의 교훈에 따라 산 삶이다(고전 3:10-15 참고). [phronimos]

7:25. **홍수들**(Floods, potamoi)–홍수들은 타락한 세상에서 삶의 일부인 시련들과 핍박들을 가리킬 수 있다(시 66:12 참고). 지혜로운 사람은 예수님의 메시지에 따라 살므로 이러한 것들을 잘 견딜 수 있다. 그러나 이것보다는 홍수들은 나중에 예수님께서 노아의 홍수와 비교한 (24:39) 마지막 심판의 그림이다(사 30:28 참고). 지혜로운 사람은 예수님의 가르침을 실천해왔기 때문에 하나님의 심판으로 멸망하지 않는다(롬 14:10 비교). [potamos]

7:26. **어리석은 사람**(Foolish man, andri mōrō) – 어리석은 사람은 예수님의 교훈을 경청하나 실천하지 않는다. 그는 자신의 관심들과 일정에 따라서 삶을 세워나가므로 하나님의 심판 가운데 멸망으로 쓸려내려간다(7:13 비교). [anēr, mōros]

7:29 **권세**(Authority, exousian) – 권세는 '통제하거나 명령할 권한' 이다(BDAG, 353). 예수님께서는 하나님의 아들의 자격으로 성령을 받을 때 이 권세를 받았다(3:16-17, 11:27). 이 권세가 예수님께서 말씀하거나 행하시는 모든 것과 연결되었다는 사실은 그분이 자연적인 영역(예, 8:27, 9:8)과 초자연적인 영역(8:29-32)에 대한 통치권을 행사하는 8-9장에서 예증된다. [exousia]

그들의 서기관들(Their scribes, grammateis autōn) – 오직 이곳에서만 예수님께서는 유대인의 율법 선생들을 구별된 그룹으로 가리키기 위해서 인칭 대명사를 사용하신다. 그들의 권세는 모세 율법의 진리를 진정으로 가르칠 때만 존재한다(23:2-3 참고). 이것은 예수님의 메시지를 가르치는 기독교 교사들에게도 마찬가지다(13:52, 23:34). 그들이 지닌 교훈의 권세는 예수님의 메시지에서 유래하고, 그것은 진리를 설명하는 범위까지만 확대된다. [grammateus]

8:2. **깨끗하게 하다**(Cleanse, katharisai) – 문둥병자는 예수님을 주님이라 부르고, 자신의 병을 치유해주심으로 깨끗하게 하신 그분의 권세를 인정한다. 예수님께서는 문둥병자를 회복하여 하나님의 백성과 함께 예배하게 하심으로(8:4), 메시아로서 자신의 사명을 성취하는 일을 기꺼이 하신다(17절, 11:5 참고). [katharizō]

8:5. **백부장**(Centurion, hekatontarchos) – 백부장은 '백 명 정도를 지휘하는 로마 장교'(BDAG, 299)이며, 사병들 가운데 최고의 군인으로 로마 군대의 뼈대를 형성했다. [hekatontarchēs]

8:10. **믿음**(Faith, pistin) – 예수님께서는 문둥병자를 만짐으로 치유하셨고(8:3), 백부장의 종의 경우에는 말씀으로 치유하셨다(8:13). 예수님의 권세에 대한 이 이방인의 신뢰는 전폭적이다. 그는 예수님께 단순히 "다만 말씀으로만 하옵소서 그러면 내 하인이 낫겠삽나이다"(8:8)라고 말했다. 그러한 믿음에 예수님께서는 칭찬과 경고의 말로 반응하셨다(8:11). [pistis]

8:11. **기대어 앉다**(Recline, anaklithēsontai) – 이 단어는 고대 세계의 만찬에서 손님들이 왼편으로 기대어 앉고 오른 손을 사용하여 음식을 먹는 스타일을 묘사한다. BDAG는 이것이 메시아의 만찬을 가리키기 때문에 '스타일 있게 식사하는 것'이라고 제시한다(65쪽). '많은 사람'은 전 세계에 흩어진 유대인들뿐만 아니라, 백부장과 같은 이방인들을 포함한다. [analkinō]

8:12. **나라의 아들들**(Sons of the kingdom, huioi tēs basileias) – 여기에서 이 구절은 족장들과의 육적인 관계가 메시아 왕국 참여를 보장할 것이라고 생각하는 거만한 손님들, 곧 이스라엘 백성을 가리킨다. 그러나 예수님께서는 하나님나라에서 자기 자리를 가정하고 있는 자들 가운데 많은 이들이 제외된 사실을 발견할 것이라고 경고하신다. 예수님에 대한 백부장의 신앙과는 달리, 그의 동료 유대인 가운데 많은 자들은 그분을 배척하고, 그 결과 자기 자신들을 정죄하게 될 것이다. [huios, basileia]

어두움(Darkness, skotos) – 어둠은 '불신자들과 불경건한 자들의 상태'를 정의한다(BDAG, 932). 빛이 하나님의 임재와 그분의 구원을 가리킨다면(4:16 참고), 어둠은 하나님의 임재와 그분의 구원으로부터 분리된 자들의 무시무시한 상황들을 기술한다. 하나님의 백성은 하나님과 함께 즐거운 교제를 누리는 반면, 어둠 가운데 있는 자들은 하나님의 임재로부터 분리와 추방으로 인한 고뇌를 경험한다. [skotos]

8:15. **섬기다**(Serve, diēkonei) – 베드로의 장모는 예수님의 치유하시는 만져주심을 경험한

모든 자들에게 모델이다. 그녀는 자신의 회복을 섬김을 위한 기회로 활용했다. [diakoneō]

8:16. 말씀으로(With a word, logō) – 비록 이방인 백부장은 긍정적인 본보기(8:8)이고, 귀신들린 사람들을 괴롭히는 영들은 부정적인 본보기이지만 그들은 같은 진리를 증거한다. 그들은 예수님의 권세가 절대적이라는 사실을 안다. 예수님께서 말씀만 하셔도 그들은 순종한다. [logos]

8:17. 선지자 이사야(Isaiah the prophet, Ēsaiou tou prophētou) – 마태복음에는 구약의 다른 어느 성경보다 이사야서의 인용이 더 많이 나온다. 이것은 이사야 53장 4절의 인용이다. 이 구절은 나중에 '그 영혼을 속건 제물로 드린'(53:10) 자로 묘사된 예수님을 고난 받는 종으로 밝힌다. 인간의 가멸성(과 그것을 정의하는 질병과 병)은 죄와 타락의 결과다. 예수님의 치유 사역은 자신의 생명을 죄를 위한 제물, 부활로 말미암아 충분한 것으로 입증된 제물로 드림으로써 그분이 성취하실 죄와 사망에 대한 승리를 예고한다. [Ēsaias]

8:20. 인자(Son of Man, huios tou anthrōpou) – 이것은 예수님께서 흔히 자기 자신을 가리키기 위해 사용하신 호칭이다. 이것은 인간성과 겸손을 강조한다(그러나 이 칭호는 나중에 모든 피조물의 심판자로서 높임 받은 역할을 묘사하는 데 사용될 것이다. 25:31, 26:64, 참고-단 7:13). 여기에서 예수님께서는 제자가 되고자 하는 자에게 자신을 따라오는 것은 집 없는 사람의 삶과 같은 상실과 어려움을 수반한다고 말씀하신다. [huios + anthrōpos]

8:21. 매장하다(Bury, thapsai) – 부모를 공경하는 것은 본질적인 의무이고(15:4 참고), 이것은 대인관계를 다루는 계명들 가운데 첫 번째에 나온다(출 20:12, 신 5:16). 적절한 장례로 부모를 공경하는 것은 분명히 중요한 임무다. 그러나 사람이 취할 수 있는 가장 중요한 임무는 예수님을 따르는 것이다. 비교해볼 때, 다른 모든 우선순위들은 이차적인 자리로 낮아지며, 다른 사람들이 대신 행할 수 있다. [thaptō]

8:22. 죽은 자들(Dead, nekrous) – 이 구절에서 '죽은 자들' 의 첫 번째 사용은 예수님께서 누구신지 아직 인식하고 못하고, 그분을 따르는 것이 얼마나 중요한지 모르는 사람들을 묘사한다. 그들은 "너무나 영적으로 둔하여 사실상 죽은 것이나 다름이 없다"(BDAG, 668). [nekros]

8:26. 믿음이 적은 너희들아(You of little faith, oligopistoi) – 제자들은 믿음이 없는 자들, 곧 죽은 자들이 아니다(22절). 그들은 "나를 따르라"는 예수님의 부르심에 순종으로 반응했다. 그러나 그들은 좀처럼 이방인 백부장의 믿음을 가지지는 못했다(8:10). 그들은 믿음의 크기가 믿음의 대상만큼 중요하지 않다는 것을 예증한다. 제자들의 작은 믿음은 위대한 주님 앞에 바르게 놓여졌다. 그렇지만 그들은 그분이 얼마나 위대한 분인지는 아직 이해하지 못했다. 그들은 병과 귀신들을 지배하는 예수님의 권세가 온 세상에 확대된다는 것을 파악하지 못했다.

심지어 자연 세계의 혼돈까지도 그분의 말씀의 권세에 굴복했다. [oligopistos]

8:28. **가다라인들**(Gadarenes, Gadarēnōn) – 가다라는 갈릴리 바다의 남동부 해안에 접하고 있는 데가볼리(4:25)의 일부다. [Gadarēnos]

극히 난폭한(Extremely violent, chalepoi lian) – 사나운 폭풍(8:24)과 같이 귀신들린 자들의 파괴적인 능력은 죽을 수밖에 없는 인간의 마음 속에 공포를 가져왔다. 그들이 괴상한 폭력을 보여주는 현상을 두려워하는 것은 당연한 일이다. 이것은 예수님의 귀신축출로 무섭게 예증되었다. 예수님께서는 귀신들을 돼지 떼 속으로 보내신다. 그 돼지 떼는 갈릴리 바다로 돌진하여 빠져죽는다(8:31–32). 이와 같이 악한 초자역적인 세계의 파괴적인 성격은 분명하게 계시된다. [chalepos]

8:29. **정한 때 전에**(Before the time, pro kairou) – 이 어구의 의미는 '종말과 심판 전에' 다(BDAG, 498). 귀신들은 하나님께서 심판의 때를 정하신 것은 인정하나, 예수님의 사역 기간중에 그 심판이 도래한 사실은 인정하지 않는다. 이 시점에서 그들은 부분적으로 옳았다. 예수님의 초림은 재림 때 그분이 행사할 심판과 확립할 통치를 미리 보여주었다(19:28 참고). 귀신들은 그분의 권세에 호소할 수 있었으나, 현재에서 그것을 거부할 수는 없었다. [kairos]

8:32. **가라**(Go, hypagete) – 마태는 앞서 예수님께서 말씀으로 귀신들을 축출하시는 것을 묘사했다(8:16). 본문의 단순한 단어 '가라' 는 한 가지 예다. 예수님께서는 자신의 종의 치유와 관련하여 확신을 표현하는 백부장에게 동일한 말씀을 하셨다(13절). 여기에서 '가라' 는 명령은 귀신들린 사람들을 포학자들로부터 구출하는 역할을 한다. 루터는 찬송가 '내 주는 강한 성이여' 에서 사탄의 붕괴에 대하여 "한마디 작은 말씀이 그를 멸망시키리라" 고 말할 때 이 구절의 진리를 환기시켰다. [hypagō]

8:34. **떠나다**(Leave, metabē) – 이것은 우리에게 닥친 모든 질병들을 바로 잡을 수 있는 자에게 '떠나라' 고 요청하는 인간의 어리석음에 대한 설명이다. [metabainō]

9:1. **그 자신의 도시**(His own city, idian polin) – 가버나움은 베드로의 집이 있는 곳이다. 수천 명이 사는 이 도시는 예수님의 사역 기지가 되었다. [polis]

9:2. **그들의 믿음**(Their faith, pistin autōn) – 중풍병자와 그의 친구들은 예수님께서 치유하실 수 있다는 것을 믿는다. 중풍병자는 친구들에게 자기를 예수님께 데려가 달라고 요청함으로 그의 믿음을 보여준다. 친구들은 그를 데리고 옴으로써 그들의 믿음을 보여준다. [pistis]

9:6. **용서하다**(Forgive, aphienai) – 귀신들을 내어쫓고 치유하시는 예수님의 권세보다 더 중요한 것은 죄를 용서하시는 권세다. 이 권세는 궁극적으로 예수님께서 행하러 오신 구원 사역에 뿌리를 내린다(26:28). 그러나 이것은 아버

지 하나님께서 자신을 대신해서 말하며 행동하라고 허락하신 권세와 직접적으로 연결되어 있다(11:27). [aphiēmi]

9:8. **하나님께 영광을 돌렸다**(Glorified God, edoxasan ton theon) – 예수님께서는 제자들의 모델이시다(5:16). 그분은 삶으로 존귀와 찬양을 자신이 아니라(6:2 참고) 하나님께 돌렸다. [doxazō]

9:9. **마태**(Matthew, Maththaion) – 로마 정부를 위해서 일하면서, 마태는 자신이 관할하는 지역을 통과하는 물품들과 생산물에 대한 세금을 징수했다. 세리들은 다른 사람들을 희생시키고 자신을 부유하게 할 수 있는 기회를 가졌으며, 이교도 정부를 위해서 일했기 때문에 그들은 유대인 사회에서 인간쓰레기 취급을 받았다. 마태의 이름이 이 복음서와 연결된 사실은 그가 저자임을 생각할 수 있는 좋은 이유가 된다. 복음서는 분명히 익명의 문서로 기록되었다. 그렇지만 마태복음이 초대교회 전통에 의해 마태와 연결된 사실은 마태가 유명한 제자가 아니기 때문에 중요한 증거가 된다(유세비우스, 교회사 3:39, 이레니우스, 이단들 논박 3.1.1). [Maththaios]

나를 따르라(Follow me, akolouthei moi) – 예수님께서 말씀하시고, 마태는 이 말씀에 순종한다. 이것은 제자의 특징이다. 누가복음에서 그 부르심으로 가버나움에서 그분의 사역을 따르고 있는 것과 같이 마태와 마가는 분명하게 기록하지 않지만, '제자가 되라'는 예수님의 부르심은 제자들이 예수님을 만나서 그분의 말씀을 들었던 이전 만남을 전제한다. [akoloutheō]

9:11. **먹다**(Eating, esthiei) – 어떤 사람과 함께 식사를 하는 것은 고대 세계에서 관계성과 친족 관계를 암시한다. 그 사람은 당시 친구들과 식사했다. 철저한 유대인들은 죄인들을 기피했지만, 예수님께서는 오히려 이러한 사람들을 자기 자신과 관계 안으로 들어오게 하려고 그들을 향한 하나님의 사랑과 자신의 열망을 보여주셨다. [esthiō]

9:13. **자비**(Mercy, eleos) – 자비는 '궁핍한 사람을 위해서 표현된 친절이나 관심'이다(BDAG, 316). 호세아 6장 6절을 인용함으로 예수님께서 말씀하시는 것은 희생 제사가 중요하지 않다는 것이 아니라, 하나님께서는 자비를 더욱 귀중하게 여기신다는 것을 나타낸다. 자비는 예수님께서 죄인들과 함께 식사함으로 보여주시는 그들을 향한 하나님의 긍휼을 요약한다. 스스로 의로운 바리새인들은 하나님의 자비를 경험하는 데 있어서 본질적인 첫 단계인, 자신들을 죄인들로 인정하는 일에 실패했기 때문에 호세아의 메시지를 오해했다. [eleos]

9:15. **신랑**(Bridegroom, nymphios) – 결혼은 축제와 즐거움의 시간이다. 예수님께서는 제자들이 금식할 필요가 없다는 이유를 설명하기 위해서 자신의 오심과 사역을 결혼 사건에 비교한다. 요한계시록의 저자는 그리스도의 재림 때 마치 결혼 축제처럼 축하할 것을 내다본다(19:7-10). 그러나 예수님께서 죽으심과 부활로 말미암아 결혼에 비교될 수 있는 관계를 신

자들과 창조하시는 것도 사실이다(엡 5:22-32, 고전 6:15-17 참고). 그래도 결혼을 정의하는 관계의 궁극적인 친밀함은 여전히 미래적인 것으로 간주된다(고전 13:12 참고). 그러므로 결혼의 이미지는 신약에서 예수님의 초기 사역과 그분의 미래 사역에 적용되는 그 무엇이다. 다시 말해서 이것은 '지금'과 '아직'의 측면을 모두 가진다. [nymphios]

9:18. **죽었다**(Died, eteleutēsen) - 이 단어는 문자 그대로 '끝나다'를 의미한다(BDAG, 997). 사람과 관계해서 이것은 '죽다'를 뜻한다. 8-9장은 죄, 질병, 귀신들, 풍랑들과 자연 세계의 혼돈을 지배하는 예수님의 권세를 기술했다. 이제 마태는 죽음에 대한 예수님의 권세를 보여준다. 유대인 회당의 한 지도자는 죄의 큰 결과인 죽음을 패배시켜달라고 그의 믿음을 예수님께 둔다. [teleutaō]

9:22. **온전하게 했다**(Well, sesōken) - 이 단어는 '~로부터 구원한 것'을 의미하고, 그 대상에 따라서 병과 질병 또는 죄와 영원한 죽음으로부터 건짐을 받는 것을 묘사한다(BDAG, 982). 예수님께서는 여인의 믿음과 그의 구원 경험 사이의 연결점을 강조한다. 예수님을 만지는 것(20-21절)은 그녀의 믿음의 표출이다. 8-9장에서 묘사된 예수님과의 다른 만남에서와 같이 치유는 예수님의 권세 있는 선언과 연결된다. [sōzō]

9:23. **피리 부는 자들**(Flute players, aulētas) - 고대 세계의 피리는 현대 악기와 비교해서 플루트보다는 클라리넷과 더 유사하다. 이들의 음악은 애곡하는 때의 감정을 표현하고, 애가를 부르는 사람들에게 도움을 주었다(요세푸스, 전쟁사 3:437). [aulētēs]

9:24. **잠자다**(Asleep, katheudei) - 예수님께서는 곧 있을 '깨어남'을 염두에 두고 죽은 아이가 잠을 잔다고 설명하신다(요 11:11-13 참고). 이와 같이 부활의 약속은 죽음이 마지막 상태가 아니므로 잠과 비교될 수 있다는 견해에 영향을 주었다(단 12:2, 살전 5:10 참고). [katheudō]

9:27. **다윗의 자손**(Son of David, huios Dauid) - 이것은 메시아의 칭호지만(1:1 참고), 예수님의 치유 사역과도 연결된다(12:23, 15:22, 20:30 참고). 유대인의 전통은 솔로몬을 치유 사역을 행한 자로 밝혔다(솔로몬의 유언서, 요세푸스, 고대사 8:42-49). 이러한 배경과 연결은 예수님께 치유를 부탁하는 호소 가운데 한 요소가 될 수 있었을 것이다. 소경이 보게 되는 사건은 메시아가 세례 요한에게 준 표적 목록의 시작이다(11:5). [huios Dauid]

9:28. **너는 믿느냐**(Do you believe, pisteuete) - 예수님에 대한 믿음과 기적은 예수님의 권세 있는 말씀들과 기적의 연결처럼(29절) 8-9장에서 반복되는 주제다(pisteuō).

9:30. **엄히 경계하셨다**(Sternly warned, enebrimēthē) - 예수님께서는 자신의 역할을 고난받는 메시아로 정의하실 필요가 있었기 때문에, 침묵하라고 명령하심으로 공개적인 주장

과 오해(제자들에 의하여 예증된, 16:21-22 참고)를 제한하려고 애쓰셨다. 그렇지만 백성들은 그것이 예수님의 권세에 굴복하는 일로 다가올 때 지속적인 예외임을 알렸다(31절). [embrimaomai]

9:33. **이스라엘**(Israel, Israēl) – 8-9장은 단지 말씀만으로도 기적을 행하실 수 있는 예수님의 권세를 예증했다. 이방인 백부장이 그 자신의 믿음 때문에 칭찬을 받기도 했지만(8:10), 예수님께서 기적을 행하시는 능력의 주된 수혜자는 이스라엘의 백성이었다. 그들의 주장은 마태복음의 이 단락을 적절한 결론에 이르게 하고 (7:28에 기록된 예수님의 가르침에 대한 반응과 비교하라), 종교 지도자들의 견해와 대조를 이룬다(34절). [Israēl]

9:34. **통치자**(Ruler, archonti) – 바리새인들은 예수님의 귀신축출 사건을 귀신들의 '통치자'로 묘사된 마귀와 공모한 사건으로 돌린다. 귀신들의 왕을 통해 치유 사역을 행한다는 이러한 고소는 나중에 다시 제기되고, 예수님께서는 그때 이러한 주장을 반박하며(12:22-29) 성령을 모독하는 죄에 대하여 경고하신다(12:30-32). 이것은 이 단락 앞부분(8:11-12)에서 언급된, 모든 이스라엘 백성들이 다 메시아의 만찬에 참여하게 되는 것이 아니고 하나님의 임재로부터 추방될 것이라는 예수님 말씀의 예증으로서의 기능을 한다. 또한 다음의 교훈 단락에서 예수님께서 제자들에게 주실 권면을 예상한다(10:25). [archōn]

9:35. **그들의 회당들**(Their synagogues, synagōgais autōn) – 예수님께서는 계속해서 유대인들이 일주일에 한 번씩 만나는 주된 장소인 회당에서 가르치신다. 공동체 안에 성인 남자 열 명이 있는 곳은 어디든지 회당이 있고, 그곳에서 온전한 예배가 드려진다(m Megillah 4.3). 토요일 이른 아침부터 때때로 정오까지 유대인들은 회당에 모여서 성경낭독을 듣고 가르침을 받으며, 회중 기도를 드리고, 시편으로 찬양했다. 대명사 '그들의'를 사용한 것은 복음서 저자가 자기 자신과 자신의 공동체를 주로 바리새인들에게 영향을 받는 회당들과 구별한다는 사실을 지적할 수 있다. 그렇지 않으면 이 대명사는 단순히 예수님의 초기 사역의 주된 수혜자들인 이스라엘 백성을 가리킬 수도 있다(36절에서 같은 대명사가 무리를 가리키는 것을 참고하라). [synagōgē, autos]

9:36. **측은히 여기시고**(Compassion, esplanchnisthē) – 이 단어는 '측은한 마음을 가지는 것' 또는 '동정심을 느끼는 것'을 의미한다 (BDAG, 762). 이 단어의 명사형은 감정의 자리로 흔히 알려진 내장(빌 1:8, KJV, "나는 예수 그리스도의 내장으로 너희 모두를 그리워한다")을 가리킨다(행 1:18). 예수님의 동정심은 백성에 대한 사역으로 보인다. 종교 지도자들이 예수님을 반대함으로 이스라엘의 번영을 방해하고 해친 사실에도 불구하고 그분은 이스라엘의 목자가 되었다(2:6). 그러나 백성의 필요는 너무나 커서 그들은 다른 신실한 목자를 요구한다. [splanchnizomai]

9:37. 추수(Harvest, therismos) – 세례 요한의 메시지에서 추수의 이미지는 심판과 그것이 가져올 인류의 분리와 연결되어 있다(3:12, 참고–13:39–43). 추수는 여기에서 예수님의 메시지를 더욱 폭넓게 선포하는 것과 백성의 필요들을 채워줄 더 큰 기회와 연결되나(10:5–15), 메시지를 수용하느냐 배척하느냐에 근거하는 인류의 분리는 여전히 존재한다(10:13–15). [therismos]

9:38. 주님(Lord, kyriou) – 예수님께서는 제자들에게 추수를 위한 일꾼들을 배가시켜달라고 기도하라고 권고하신다. 이것은 하나님의 뜻을 성취하는 일에 있어서 기도의 중요성을 상기시켜주고(7:7–8), 추수를 위한 일꾼들을 부르시는 분은 하나님이시라는 사실을 인정한다(11:25, 20:1–16, 21:33–43 참고). 그렇지만 마태복음의 독자들은 예수님을 일꾼들을 파송할 권세를 부여받은 분으로 보게 될 것이고(10:5, 13:37–43, 28:18–20 참고), 그렇기 때문에 더 많은 조력자를 위해서 그분에게 호소할 수 있다. [kyrios]

10:1. 열둘(Twelve, dōdeka) – 열두 명의 부르심은 제자들의 사명을 더욱 구체적으로 지적한 두 번째 교훈 단락을 시작한다(10:1–42). 바로 앞부분(9:35–38)은 이 내용을 소개했다. 열둘은 이스라엘 지파들의 숫자와 일치하고, 자신의 메시지를 먼저 이스라엘의 모든 백성에게 가지고 가게 하시려는 예수님의 의도를 표시한다(5–6절). [dōdeka]

권세(Authority, exousian) – 8–9장에 예시된 예수님의 권세는 이제 제자들에게 주어진다. 예수님께서는 그들을 '사람을 낚는 어부' 로 삼기 위해서 부르셨다(4:19). 그 역할은 이 사명으로 시작된다. 이 권세의 정확한 성격이 결코 정의되지는 않았지만 성령의 능력과 연결된 것으로 보는 것이 합리적이다(행 1:8 참고). 예수님의 사역 초기에 그분에게 임하셨던 것같이(3:16), 성령께서는 제자들이 예수님께서 시작하신 일을 계속하는(4:23, 9:35 참고) 가운데 그분의 대리자로서 그들 자신의 임무를 성취할 수 있도록 능력을 부어주신다(20절, 12:28 참고). [exousia]

10:2. 사도들(Apostles, apostolōn) – 이 단어의 동사형은 '어떤 목적의 성취를 위해서 내보내는 것' 을 의미한다(BDAG, 120, BAGD, 98). 예수님께서는 메시지를 선포하고 자신의 사역을 백성에게 확장하는 인정된 대리인들로 사도들을 파송하신다. [apostolos]

10:6. 잃어버린 양(Lost sheep, probata to apolōlota) – 우리 안으로 인도할(18:12 참고) 신실한 목자들이 부족하기 때문에 이스라엘 백성은 부분적으로 잃어버린 양으로 묘사된다(9:36 참고). 형용사 '잃어버린' 은 다른 곳에서 하나님과 분리된 자들의 운명을 묘사하는 데 사용된다(28절의 '지옥에 멸한다' , 39절, 요 3:16 참고). 이것은 제자들의 사명의 중요성을 지적한다. 그들은 영원한 결과들을 가져올 사명에 참여하고 있는 것이다. [probaton, apollymi]

이스라엘(Israel, Israēl) – 이스라엘 백성은 제자들의 첫 사명의 유일한 초점이다. 비록 제자들의 사명이 '세상의 빛'이 되는 것이고(5:16), 이 교훈 단락이 이방인들에 대한 사역을 다룰 것이지만(18절), 모든 민족에 대한 더욱 포괄적인 사역은 예수님의 십자가와 부활 이전에서 시작되지 않는다(28:19). 심지어 이방인들의 사도인 바울도 "첫째는 유대인에게요 또한 헬라인에게로다"(롬 1:16)라는 전도의 유형을 따랐다. [Israēl]

10:9. 금(Gold, chryson) – 예수님께서는 이미 제자들에게 개인의 일상적인 필요에 대하여 걱정하지 말라고 교훈하셨다(6:25–34). 그분은 이제 필요한 생필품을 살 어떤 돈도 지갑에 두지 않고 그들을 선교지에 보내신다. 그 대신 그들은 사역 대상이 되는 사람들의 환대에 의존해야 한다(11절). [chrysos]

10:11. 합당하다(Worthy, axios) – 사람은 제자들과 메시지를 수용함으로 그들 자신이 가치 있음을 보여준다. 그들의 사역을 잃어버린 양에 대한 선교로 묘사하는 이미지에 비추어볼 때(6절), '합당한' 자들은 발견되어 양 우리로 돌아온 양들이다. 이 형용사는 하나님과 바른 관계를 맺고 있는 사람을 구별한다. 따라서 합당한 사람을 그렇지 않은 사람으로부터 구별한다(37–38절, 22:8 참고). [axios]

10:12. 집(House, oikian) – 일반적으로 집은 구조를 가진 것으로 간주되는데, 여기에서도 사실 그렇다. 제자들은 잠자리를 제공해줄 장소로 들어간다. 그러나 더 중요한 것은, 집은 그 집의 소유자를 비롯해 아이들과 어떤 경우에는 종들까지 그곳을 점유하고 있는 자들을 대표한다는 것이다(13:57 참고). 제자들은 건물에게 문안인사를 하는 것이 아니고, 그 집에 사는 자들에게 하는 것이다. 그러므로 해당 표현은 환유법, 즉 이 경우 그릇과 그 안에 담겨 있는 것을 연관시키는 표현법이다. [oikia]

10:13. 평화(Peace, eirēnē) – 예수님께서 제자들에게 "당신의 건강을 기원합니다"(BDAG, 287–88, BAGD, 227, 2)와 같은 공식적인 진술을 가지고 그 가족에게 문안 인사하라고 교훈하는 것으로 볼 수 있다. 그러나 이 문맥에서 유일한 대안은 하나님의 정죄와 진노(15절)이기 때문에, 그보다는 구원(사 52:7 참고)과 그로 말미암은 하나님과 화해의 선언을 가리킨다. 제자들을 영접하는 것은 그들의 메시지를 영접하는 것이다. 이것은 하나님과 바른 관계를 맺는 믿음의 행위다. [eirēnē]

10:14. 먼지(Dust, koniorton) – 발이나 옷에서 먼지를 떨어내는 행위는 비난의 표시다(느 5:13, 행 18:6 참고). 이방인 지역을 떠나는 유대인들은 거룩하지 않고 속된 땅에서 하나님의 임재로 거룩하게 되었기에, 거룩한 땅으로 이동한다는 것을 표시하기 위한 방편으로 이스라엘 땅으로 들어오기 전에 이러한 행동을 습관적으로 하곤 했다(m Ohol 2.3, 18.6, m Tohar 4.5, 요세푸스, Apion 2.203 참고). 제자들의 메시지를 배척한 도시나 마을을 떠날 때 제자들이 이러한 행동을 하는 것은 그 도시의 상태가 하나님의 임재의 축복이 부족하고, 거룩하지 않음을 묘사한다. [koniortos]

10:15. **심판**(Judgment, kriseōs) – 제자들과 그들의 메시지를 배척하는 것은 위태한 일이다. 이 경고는 사람들이 자기의 어리석음을 나중에 회개하지 않을 수 있다고 암시하지는 않으나, 회개를 거절하는 사람들은 하나님의 심판으로 무시무시한 결과를 당할 수 있음을 확증한다. 소돔과 고모라는 불로 진멸되었다(창 19:24-28). 구원의 메시지를 배척하는 행동에 대한 심판은 이것보다 훨씬 더 엄하다(25:46 참고). [krisis]

10:16. **이리들**(Wolves, lykōn) – 혼자 있는 한 마리 이리도 양떼 가운데 대소동을 일으킬 수 있다. 몇 마리의 양들이 이리 떼 속에 있을 경우는 최악의 상황이다. 예수님께서는 제자들이 메시지를 들고 가는 지역 사람들을 강력한 대적들로 묘사한다. 그들의 공격을 막기 위해서 제자들은 도중에 무서운 반대에 직면할 것을 온전히 의식하면서, 한편으로는 현명해야 하고('뱀같이 지혜롭고') 자기들의 사명을 진전시키는 일에는 정직해야 한다('비둘기같이 순결하라'). [lykos]

10:17. **공회들**(Councils, synedria) – 이스라엘에서 주요 통치회의는 예루살렘에 있는 산헤드린이다(행 22:30-23:10). 다른 도시에는 지역의 법적인 문제들을 다루기 위해서 일반적으로 회당과 연결된 작은 공회들이 있었다. 그들의 권한 가운데 일부는 형벌을 집행하는 것을 포함한다. 예수님께서 신성 모독으로 고소를 받은 것과 같이(9:3, 26:65), 제자들도 이와 유사하게 소고받을 것을 예상해야 한다(24-25절 참고). [synedrion]

매질하다(Flog, magtigōsousin) – 회초리, 또는 채찍끈으로 매질하는 것은 신명기 25장 1-3절에서 어떤 범죄에 대한 벌로 묘사되어 있다. 미쉬나에 채찍질이라고 불리는 막코스(Makkoth)란 단락이 있는데 이것은 형벌로 매질을 가하는 것을 가리키고, 그러한 형벌을 집행하는 것을 묘사한다. 예수님의 경고는 유대인들의 반대가 공고하게 된 후에 그분을 따르는 제자들이 경험하게 될 박해를 예견한다(23:34, 행 22:19 참고). [mastigoō]

10:18. **이방인들**(Gentiles, ethnesin) – 이 단어는 '민족들'을 의미하고, 유대인이 아닌 백성을 가리킨다. 예수님께서는 이번 첫 사역 때 제자들을 오직 이스라엘 백성에게만 보내시기 때문에(10:5-6), 이것은 세상을 대상으로 하는 후기 사역에 대한 예수님의 말씀(5:14)이 여기에도 포함되어 있다는 또 다른 암시다. 예수님께서 이방인 총독(빌라도, 27:2)과 유대인 왕(헤롯, 눅 23:6-12) 앞에 서도록 강요를 받았던 것과 같이 그분의 선교 사명을 계승하는 추종자들도 그분과 같은 경험을 할 것이다(예를 들면, 이방인 총독 베스도와 유대인 왕 아그립바 앞에 선 바울, 행 25:14-26:32). [ethnos]

10:20. **성령**(Spirit, pneuma) – 예수님께서는 제자들이 그들 자신을 변호해야 할 필요(예, 행 25:14-36)가 있을 때, 곧 시련의 때에 필요한 도움에 초점을 두고 성령의 사역을 강조하신다. 제자들은 이와 같은 적대적인 환경에서 자기들이 무엇을 말할 것인가에 관해 걱정하는

대신(19절), 하나님께서 필요한 대로 적절히 증언(18절)할 능력을 주시는 성령을 신실하게 주실 것을 의지할 수 있다. [pneuma]

10:22. **견디다**(Endures, hypomeinas) – 예수님께서는 제자들에게 아무리 상황이 어렵고 환경이 위태롭다고 할지라도 자기들의 궁극적인 구원과 확증을 확신할 수 있다는 사실을 확신시켜 주신다. 그렇기 때문에 심지어 죽음에 직면한다고 할지라도 제자들은 자신들이 가야 할 길을 지속적으로 가고, 자기들의 소명에 충실하며, 자기들의 사역을 성취함으로 역경에 직면해 견고하게 서 있을 수 있다(21절). [hypomenō]

10:23. **이스라엘의 도시들**(Cities of Israel, poleis tou Israēl) – 이것은 언뜻 보면 제자들이 첫 선교 여행을 할 때 방문하게 될 도시들을 가리키는 것 같다(6절). 그러나 이 구절은 더 넓은 이방 세계를 대상으로 하는 미래 선교를 다루는 구절들 속에 등장하고, 다른 곳에서는 시대의 종말과 연관된 인자의 오심과 연결되어 있다(13:43, 24장). 예수님께서는 제자들에게 종말이 오기 전에 이스라엘의 도시들을 다 다니지 못할 것이라고 말씀하셨다. 이것은 비록 미래 선교사역이 모든 민족에게 확대될 것이지만(28:19), 이스라엘을 상대로 한 사역은 지속적으로 노력해야 할 부분이 남아 있을 것을 의미한다(23:34 참고). [polis, Israēl]

10:24. **제자들은 선생보다 낫지 않다**(Disciple…teacher, mathētēs…didaskalon) – 제자는 배우는 자다. 여기에 언급된 선생은 예수님이다. 나중에 제자들은 다른 사람들을 제자로 만들어야 한다는 명령을 받을 것이고, 이를 위해 그들은 주님께로부터 받은 교훈들을 가르쳐야 할 것이다(28:20). 마태는 예수님의 가르침의 본보기 되는 부분들을 제공하고(예, 5–7, 10, 13, 18, 23–24장), 그분이 어떻게 사셨는지 보여줌으로써 제자들이 이러한 임무를 감당하는 일을 부분적으로 돕기 위해 이 복음서를 기록했다. [mathētēs, didaskalos]

종은 주인보다 낫지 않다(Slave…master, doulos…kyrion) – 제자와 스승의 관계를 종과 주인의 관계에 비교했다. 이 비교의 요점은 종은 자기가 원하는 것을 하는 것이 아니고, 주인이 원하는 명령을 행한다는 것이다. '주인' 이라는 단어는 또한 '주님' 으로 번역될 수 있다. 예수님을 '주님' 이라고 부르는 것은 그분의 권세에 굴복하고 그분의 뜻을 행한다는 것이다(7:21 참고). [doulos, kyrios]

10:25. **~같이 되다**(Become like, genētai hōs) – 사람이 예수님처럼 말하고 행동하는 것은 제자도의 본질이다. 예수님께서는 사람이 직면했던 가장 무서운 상황을 직면했을 때 "나의 원대로 마옵시고 아버지의 원대로 하옵소서"라고 말씀하셨다(26:39). [ginomai]

바알세불(Beelzeboul, Beelzeboul) – 일부 고대 번역(고대 이집트어, 시리아어와 라틴어 역본 등)들은 이 단어가 에그론의 신 바알세붑(Beelzebub), 곧 '파리들의 주' 를 가리키는 것으로 생각했다(왕하 1:2–3 참고). 그러나 이것은 아마도 고대 가나안 신 바알을 지칭하는 것 같다. 여기에서 바알세불은 '높임을 받은 자'

를 의미한다. 앞에서, 혹은 뒤에(9:34, 12:24) 기록될 예수님에 대한 고소 사건에 비추어볼 때 이 단어는 사탄을 가리키는 것으로 보인다. [Beelzeboul]

10:26. **감추어진**(Hidden, krypton) – 이 단어가 첫 번째 강화(5–7장)에서 사용되었을 때는 긍정적인 함의를 가진다(6:4, 6). 여기에서는 부정적인 의미로 대적하는 자들이 제자들에게 가한 해를 가리킨다. 제자들은 고난당한 모든 억울한 일들을 하나님께서 드러내주실 것을 확신한다. 하나님께서 하나님 자신을 위해 행한 제자들을 그들의 의의 행동을 인하여 보상하실 것같이(6:4, 6), 제자들에게 가한 행악자들의 불의를 인하여 그들을 심판하실 것이 암시되고 있다. [kryptos]

10:27. **말하라**(Speak, eipate) – 제자들은 예수님께로부터 받은 메시지를 두려움이 없이 공개적으로 말할 것을 권고받는다. 어둠과 빛, 속삭임과 옥상의 각각의 대조는 아마도 개인적인 교훈과 공개적인 선포를 비유하는 것 같다. [eipon, legō]

10:28. **영혼**(Soul, psychēn) – 반대자들은 제자들을 죽음에 이르기까지 박해할 수 있다. 그러나 이 죽음은 지상의 몸을 가지고 사는 생명만 종결시킨다. 영혼은 죽을 운명을 넘어서 펼쳐지는 생명의 비물질적이고 영구적인 국면이다. 모든 사람의 생명은 하나님의 권세에만 최종적으로 굴복된다. [psychē]

멸하다(Destroy, apolesai) – 비록 이 단어는 진멸 사상, 곧 영혼과 몸을 존재하지 않게 하는 것을 시사하는 듯하나 그렇지 않다. 심판과 파멸의 장소로서 지옥(Gehenna)은 하나님의 임재로부터 분리된 사람들의 무시무시한 상태를 가리킨다. 하나님만이 이러한 결정을 할 수 있는 권세를 가지고 계신다. 영혼과 몸에 대한 언급은 정죄를 받은 자들에게 지속적으로 육체적인 존재가 있음을 시사한다. [apollymi]

10:29. **떠나서는**(Apart from, aneu) – 이 중요한 전치사는 심지어 참새의 죽음도 하나님의 '인식과 승인이 없이는' 일어나지 않는다는 것을 의미한다(BDAG, 78 a, BAGD, 65, 1). 이 문맥은 참새 한 마리가 사냥꾼이 놓은 덫에 걸릴 수 있는 것같이, 제자들도 그들의 원수들에게 잡혀 죽임을 당할 수 있음을 암시한다. 이것은 하나님께서 이러한 사건들을 결정하신다는 사실을 의미하는 것이 아니라, 이 타락한 세상에서 심지어 제자들에게 영향을 주는 고난과 죽음을 허용하신다는 것을 확증한다. [aneu]

10:30. **계산되었다**(Numbered, ērithmēmenai) – 이것은 하나님께서 우리를 알고 보살피시는 것이 우리 자신의 앎과 보살핌을 능가한다는 사실을 확증하는 격언의 한 방식이다. 삶의 가장 근심스러운 순간들을 포함하여 가장 작은 부분들까지도 하나님께 알려져 있다. 그러나 이러한 일들의 발생이 그분의 사랑이나 보살핌이 느슨해진 것을 의미하지는 않는다. [arithmeō]

10:33. **나는 부인할 것이다**(I will deny, arnēsomai) – 예수님을 부인하는 것은 궁극적으로 말

이나 행위로 그분과의 관계를 부정하는 것이다. 이 진술의 배경은 모든 인류의 미래 심판자 되시는 예수님의 실제다(25:31-46). 예수님께서 어떤 사람을 부인하는 것은 그 사람과 어떠한 관계도 없다는 것을 말씀하시는 다른 방식이다(7:23 참고). 베드로가 나중에 예수님과의 관계를 부인한 것(26:69-75)은 예수님께서 제자들을 피하시는 것의 예증이다. 그러나 이것은 또한 일시적인 실패가 필연적으로 영구적이지 않다는 점을 상기시켜준다. 회복은 일어날 수 있고, 실제적으로 일어난다. 다른 한편으로 유다는 지속적으로 위험천만한 결과를 모두 수반하는 부인을 예증한다. [arneomai]

10:34. **평화**(Peace, eirēnēn) - 예수님께서는 평화의 왕이지만(사 9:6) 그분의 재림 때까지는 이 평화를 세계적으로 확립하지 않으실 것이다(13:41-43, 19:28-29, 24:30, 25:31-34 참고). 그분의 초림 메시지는 그분과 그분의 제자들을 영접하는 사람들에게 평화의 메시지다(13절). 이것은 하나님과의 관계에서 경험되는 평화다. 제자들의 경험은 일반적으로 세상의 경험과 같이 충돌과 고뇌로 가득 찰 수 있다. 진정으로 전쟁들과 격변은 종말까지 이 세상에 일어날 특징들일 것이다(24:6-14). [eirēnē]

검(Sword, machairan) - 검의 이미지는 순교의 전망(28-31, 38-39절 참고)과 예수님에 대한 충성이 가져올 수 있는 인간적인 유대를 포함하는 분리(21-22, 35-37절, 8:21-22 참고)를 묘사하기에 적합하다. 예수님을 따르는 것은 위험은 물론, 목적에 도달하기 위해서 한결같은 헌신을 요구하는 고통으로 가득 찬 위험한 모험이다(22절). [machaira]

10:38. **합당하다**(Worthy, axios) - 예수님께서는 자신에 대한 반응을 두 범주, 곧 수용 또는 배척으로 나누신다(13절 참고). 그분과 그분의 메시지를 받아들이는 것은 가족의 결속보다 더 높은 차원의 충성(37절)과 어떤 것, 심지어 자기 보존까지도 유보하지 않는 헌신을 요청한다. 이것은 가치 있는 반응이다. [axios]

10:39. **잃다**(Lose, apolesei) - 이 단어의 미래 시제는 한 인생의 종말을 내다보는 것 같다. 자기 자신의 방식으로 삶을 보존하고 증진시키려는 개인적 의도는 파멸로 끝나는 자기 패배의 과정과 궁극적으로 연루되어 있다(7:26-27 참고). 다른 한편으로 예수님께서 정하신 길을 따라가는 사람들은 개인적인 희생과 파멸의 경로를 따라가는 것 같으나(38절) 궁극적으로는 관계와 번영에 있어서 상상할 수 있는 것 이상으로 더 많은 사실을 발견할 것이다(19:27, 29 참고). [apollymi]

10:40. **영접하다**(Receives, dechetai) - 제자들을 손님으로 환영하고 영접하는 것(BDAG, 221, 3, BADG, 177, 1)은 그들의 메시지의 수용을 나타낸다(14절 참고). 그들은 예수님의 메시지 선포를 위해 그분에 의하여 보냄 받았기 때문에(4:17, 10:7 참고), 제자들을 영접하는 사람들은 예수님, 곧 그분이 대신하는 하나님 아버지와 관계를 맺는 것이다(11:25-27 참고). [dechomai]

10:41. 보상(Reward, misthon) – 선지자의 상은 그를 영접하는 사람들도 얻게 될, 선지자에게 주어지는 보상을 가리킬 수 있다. 그러나 이것보다는 선지자가 그를 영접하는 사람들에게 베푸는 보상일 것이다(13절 참고). 선지자와 그의 메시지를 영접하는 사람들은 그 메시지와 연관된 축복을 받는다(3:2, 6, 즉 죄 사함과 하나님 나라에 참여함). 의인을 영접하는 사람들은 그가 제시하는 교훈을 따르고, 의의 실천이 가져오는 혜택들을 거둔다(6:1-18 참고). [misthos]

10:42. 작은 자들(Little ones, mikrōn) – 이것은 더 넓은 공동체의 눈으로 볼 때, 제자들의 축소된 사회적 신분을 반영하는 일반적인 묘사다(BDAG, 651, 2a, BAGD, 521, 1c, 11:25 참고). 선지자와 의로운 사람(41절)은 이와 같이 묘사된 자들 가운데 있으며, 그들의 영접(40절)은 물 한 잔의 작은 친절을 베푸는 것으로 나타난다(25:35 참고). [mikros]

11:1. 교훈하기를(Instructing, diatassōn) – '예수께서…을 마치셨다"는 문구는 주요 5대 교훈 단락의 각 부분의 끝마침을 표시한다(7:28, 13:53, 19:1, 26:1). 여기에서 수식하는 단어는 사명에 대한 초점을 지적하고, '무엇을 행해야 하는지에 대해 (상세한) 교훈을 주는 것'을 의미한다(BDAG, 237, 2, BDAG, 189). 예수님의 마지막 말씀(28:20)은 이러한 교훈들의 영구적인 의의를 강조한다. [diatassō]

11:3. 오실 자(Coming one, erchomenos) – 요한은 메시아가 의인들을 확증하고 악인들을 심판하실 것으로 예견했다(3:11-12 참고). 사악한 자들의 통치하에 고통을 당하는 의로운 사람으로서 요한은 자연스럽게 확증을 기대했다. 세례 요한은 확증을 확신시켜주지만, 또한 종말의 때까지 끈질긴 인내를 강조하시는 예수님의 말씀에 대한 주의 깊은 주목의 중요성을 보여준다(10:16-42, 13:24-30, 24:3-25:36). [erchomai]

11:6. 걸려 넘어지다(Offence, skanalisthē) – 이 단어는 '버리다' (NIV), '넘어지다' (NET) 또는 죄를 짓게 하는 것과 관련하여 '죄를 범하다' (NRSV)로 다양하게 번역된다(BDAG, 926). 여기에서 경고된 죄는 예수님의 사역과 메시지를 증거하는 그분의 말씀들과 행동들을 거역함으로 나타난 불신이다(5절). [skandalizō]

11:9. 선지자(Prophet, prophētēn) – 선시사는 "특별한 계시가 아니고는 일반적으로 알려질 수 없는 하나님의 일들이나 관심사들을 선포하는 자, 또는 주석가다"(BDAG, 890, BAGD, 723). 요한은 메시아를 소개함으로 그 자신이 친히 예언을 성취했기 때문에(10절) 다른 사람들보다 위대하다. 요한의 위대함(11절)은 이러한 역할과 이 일을 성취하는 과정에서 나타난 신실함에 기인한다. [prophētēs]

11:11. 가장 작은 자(Least, mikroteros) – 어떤 사람도 역사 속에서 메시아의 선두 주자로서 요한이 점유한 자리보다 더 고귀한 자리를 차지할 수 없다. 그럼에도 불구하고 인간적인 위대함은 하나님의 은혜의 축복들로 쉽게 가려진

다. 요한의 고귀한 지위는 천국에서 가장 중요하지 않은 구성원의 지위에 비교된다. 요한의 메시지에 주목하고(그가 친히 확실하게 했던 것과 같이, 3:14–15 참고) 예수님과 그분의 제자들을 환영하는(10:40) 모든 사람은, 비교 결과 인간의 모든 성취의 빛을 사라지게 하는 하나님과의 관계를 누린다. [mikros]

11:12. **폭력을 당하다**(Suffers violence, biazetai) – 이 말은 긍정적인 의미로(눅 16:16 참고) "힘 있게 전진하고 힘 있는 사람들이 그것을 잡는다"(NIV), 긍정적이고 부정적인 의미로 "힘 있게 전진하며 폭력을 쓰는 사람들이 그것을 공격한다"(NLT), 또는 부정적으로(NET, NASB, NRSV, NKJV) "폭력을 쓰는 사람들이 천국을 힘으로 차지하려고 노력하고 있다"(CEV)로 번역될 수 있다. 이 가운데 부정적인 번역을 지지하는 이유는 두 가지다. 첫째, 이 단어는 일반적으로 "공격이나 강제적인 억압이란 비호의적인 의미로 종종 사용된다"(BDAG, 175, BAGD, 140–41). 둘째, 이전 문맥은 인접한 문맥에서 칭찬받은 인물(7–19절), 곧 세례 요한의 죽음(14:1–12) 가운데 곧 생생하게 예증될 무시무시한 반대에 대하여 제자들에게 경고했다(예, 10:16–39). 문맥이 다르기 때문에 마태복음과 누가복음에서 이 용어가 동일한 방식으로 사용되었다는 보장이 없다. [biazō]

11:14. **엘리야**(Elijah, Ēlias) – 말라기의 마지막 말씀(4:5–6)은 주님의 날 이전에 엘리야가 올 것을 예언한다. 비록 요한은 자기 자신이 엘리야의 역할을 성취하는 것으로 보지 않았으나 (요 1:21), 예수님께서는 그렇게 생각하셨다(눅 1:17 참고). 예수님께서는 제자들에게 이 두 인물을 동일시하셨다(17:12 참고). [Ēlias]

11:16. **세대**(Generation, genean) – 요한 및 예수님과 동시대 사람들은 하나님의 사자들을 배척한 사람으로 일관되게 묘사된다(20–24절, 10:14–15 참고). 이 단어에는 부정적인 의미를 가진 형용사들이 사용된다. 이러한 예들은 '악하고 음란한 세대'(12:39, 16:4), '악한 세대'(12:45), '믿음이 없고 패역한 세대'(17:17) 등에서 잘 드러난다. 이러한 묘사는 광야 세대와 비교를 불러일으킨다(신 1:35, 32:5, 20). 마지막으로 '이 세대'는 노아의 시대 때 심판으로 제거된 사람들과 비교된다(24:34–44). [genea]

11:19. **친구**(Friend, philos) – 세리들과 죄인들은 사회의 '아웃사이더'이다(BDAG, 51, 여기에서 hamartōlos에 대한 언급을 보라). 이들은 예수님을 영접함으로써 그분과 함께 '인사이더'가 될 수 있는 자들이다(9:9–13). 이들은 예수님께 사랑받고 그분과 함께 관계를 누리는 백성이다. [philos]

지혜(Wisdom, sophia) – 지혜는 하나님의 계시에 일치해서 살아갈 때 나타난다. "지혜가 그 행한 일로 확증된다"는 것은 격언적 진리인데, 여기에서는 그리스도의 역사(2절)와 외인들이 예수님을 환영한 사실에 적용되었다. 이 모든 것은 하나님의 계획의 지혜를 보여준다. [sophia]

11:21. **화**(Woe, ouai) – 복의 선포(6절)의 정반대는 화의 선포다. 축복과 같이 화는 자신들의

현재적인 삶의 진로를 고집하는 사람들이 무서운 결국을 맞게 될 것을 경고하면서(24절), 이 경우 미래를 내다본다. 예수님께서는 주변 백성들의 완고한 마음으로 인한 실망을 이 경고로 표현하면서 선지자 역할을 하신다. [ouai]

11:23. **음부**(Hades, Hadou) – 그리스인들은 죽은 자들의 영역인 지하 세계의 신을 하데스(Hades)라고 불렀다(BDAG, 19, BAGD, 16). 이 단어는 그리스인들에게 중립적인 용어였다. 그렇지만 음부와 하늘의 대조는 음부를 하나님께로부터 분리된 사람들의 영역으로 밝혀주어 게헨나 또는 지옥의 동의어로서의 역할을 한다. [Hadēs]

11:25. **숨기고…드러냈다**(Hidden…revealed, ekrypass…apekalypsas) – 예수님께서는 사람들이 그분과 그분의 메시지('이러한 것들')에 대하여 보인 반응을 모든 창조의 권세를 가지신 하나님의 사역과 연결한다. 예수님께서는 나중에 베드로의 고백을 하나님의 계시와 연결할 것이다(16:17). 하나님의 주권에 대한 이러한 확증은, 예수님과 그분의 메시지를 배척하든(20–24절) 수용하든(28–30절) 인간의 책임을 확언하는 구절들 사이에 놓여 있다. 예수님께서는 믿고 진리의 빛에 살게 하시는 하나님의 필수적인 섭리뿐만 아니라, 믿고 진리의 빛에 살아야 하는 인간의 책임을 확증하신다(롬 9–10장, 빌 2:12–13). 그러나 이 둘 사이의 관계에 대하여 설명하지는 않으신다(하나님의 책임이나 인간의 책임을 약화시키는 설명들은 확실히 바르지 않다). [kryptō, apokalyptō]

지혜로운 자들…어린아이들(Wise…infants, sophōn…nēpiois) – 사회의 지혜에 대한 평가는 하나님의 평가와 다르다. 바울이 하나님의 은혜를 찬양하는 것(고전 1:20–21)과 같이, 시편은 이와 유사하게 약한 자들과 단순한 자들에게 베푸시는 하나님의 자비를 찬양한다(19:7, 119:130 참고). [sophos, nēpios]

11:27. **모든 것들**(All things, panta) – 이 문맥은 하나님의 계시와 관련되어 있다(25절). 예수님께서는 여기에서 계시의 대리자로 밝혀진다. 사람이 하나님과의 관계에 대하여 알기를 원하는 것은 무엇이든지 예수님에게서 배울 수 있다. 오직 예수님께서 말씀하고 행하시는 것에만 근거해서 하나님과 관계를 맺을 수 있다(요 14:6 참고). [pas]

11:28. **오라…모든 자들아**(Come…all, deute…pantes) – 예수님의 초대는 보편적이고, (만일 있다면) 개인적인 필요를 인정하는 것만을 조건으로 한다(25절의 '지혜로운 자들'이 자기 자신들을 '수고하고 무거운 짐 진 자들'로 생각할까?). 그와 같은 필요를 인식하는 것은 도와 달라는 반응, 곧 안식을 찾으라는 하나님의 초대에 대한 수용을 요구한다. 곤궁한 사람들의 불행은 예수님을 따라다니던 무리들을 상기시켜준다(9:36 참고). 그러나 예수님의 초대에 반응한 사람들만이 그분이 제공하는 안식을 경험한다. [deute, pas]

안식(Rest, anapausō) – 예수님께서 제공하는 안식은 그분과의 관계가 백성에게 가져다주는 안보다. 이것은 현재적인 필요를 보살펴주심에 대한 확신(6:8, 25-34, 7:11)과 오는 세상에서의 복에 대한 기대(5:2-12)를 가져다주는 하나님 가족의 일원이 되는 것이다. 제자들은 자신들과 자신들의 메시지를 수용하는 사람들에게 하나님의 평안을 선포할 권한을 부여받았다(10:13). 예수님께서 중재해주시는 것은 바로 하나님으로 말미암는 이러한 평안의 확신이다(27절). [anapauō]

11:30. 멍에(Yoke, zygos) – 멍에는 '일하는 짐승을 통제하기 위해 사용된 틀'이다(BDAG, 429, BAGD, 339). 이것은 예수님께서 말씀하시는 '안식'의 의미를 분명하게 해주는 것으로 보인다(28-29절). 안식은 노동이 부재한 것을 말하지 않고, 예수님을 따르는 의미 있는 의무(10:38-39 참고)와 이 의무를 위한 하나님의 임재와 공급하심의 확신을 말한다(10:19-20, 28:20 참고). [zygos]

12:2. 합법적이지 않다(Not lawful, ouk exestin) – 가난한 백성으로서 제자들은 적은 양의 곡식을 모으는 것을 허락받았으나(레 19:9-10), (엄격하게 율법을 읽을 때) 제자들은 제7일, 곧 안식일에 파종과 수확을 금지하는 출애굽기 34장 21절을 위반한 것이다. 안식일 위반의 목록은 미쉬나에 나온다(m Shab 7.2). [ou, exestin]

12:7. 무죄하다(Innocent, anaitious) – 예수님께서는 왜 제자들이 안식일의 신성함을 위반한 것이 아닌지에 대하여 몇 가지 이유를 설명하시는 것 같다. 어떤 일은 다른 일들보다 중요하다는 개념과 관련되어 있다. 율법을 지키는 것이 중요하지만, 자비를 베푸는 것은 형식적인 의식보다 선행한다. 굶주린 자들을 위한 공급은 다윗과 제자들을 위해 음식을 공급하는 수단을 합법화한다. 제사장들의 사역의 중요성은 안식일에 쉬는 것보다 우선한다. 제자들은 예수님을 따르는 일에 있어서 제사장들보다 더 중요한 임무에 참여하고 있다. 예수님의 권세는 안식일뿐만 아니라 모든 것들 위에 있다(28:19). [anaitios]

12:12. 더욱 가치가 있다(More valuable, diapherei) – 앞에 나오는 안식일 논쟁의 주제는 여기에서도 강조된다. 어떤 것은 다른 것들보다 더 중요하다. 자비를 나타냄으로 인간의 필요를 채우는 것은 형식적인 의식보다 앞선다(7절). [diapherō]

12:14. 멸하다(Destroy, apolesōsin) – 예수님의 반대자들은 그분을 죽이려고 음모함으로써 그들 자신에게 자비가 전적으로 결여되었음을 보여준다. 놀랍게도 그들은 율법을 위한 자기들의 열심이 한 가지 면, 즉 상호주의의 법칙을 성취한다는 사실을 발견하게 될 것이다. 그들은 예수님께 의도했던 것을 자기 자신들에게 실현하고 말 것이다(10:39 참고). [apollymi]

12:18. 종(Servant, pais) – 이 단어는 일반적으로 자신의 아이나 자녀들을 가리킬 수 있지만(BDAG, 750, BAGD, 604-05), '다른 사람에게 전폭적인 순종에 헌신하는'(BDAG, 750) 노예나 종에게도 사용된다(8:6, 8, 13). 이사야 42장 1절의 인용에서, 예수님께서는 정복하는 영

웅의 이미지와는 다르게(11:29 참고), 조용하고 (19절) 온유하게(20절) 자신의 역할을 성취하는 하나님의 종으로(그분의 세례 때[3:17] 있었던 인정을 불러일으키는 언어로) 밝혀진다. [pais]

12:21. **소망하다**(Hope, elpiousin) – 이 단어의 미래 시제는 이방인들에 대한 선교사역(18절, 28:19 참고)과 이 사역이 누리게 될 성공을 예견한다. 이방인들이 그 이름에 소망을 둘 것이란 말씀은 이스라엘의 많은 사람들과는 달리 (주변 구절들에서 실체가 파악된 반대를 참고하라), 이방인들은 복음을 수용할 것이고 예수님께서 가져올 구원을 내다볼 것이라는 의미다 (행 13:47 참고). 소망은 궁극적으로 하나님께서 죄의 폭정으로부터 구원하시겠다고 하신 하나님 자신의 약속을 성취하실 것이라는 신뢰의 표현이다(롬 8:23–25 참고). [elpizō]

12:28. **왔다**(Has come, ephthasen) – 이 동사의 과거 시제(부정과거)는 예수님의 기적들을 성령의 능력과 하나님의 통치의 임재와 연결한다. 8–9장에 나오는 자연적이고 초자연적인 능력들을 지배하는 예수님의 권세는 그분에 의하여 중개되는 하나님의 통치를 예증한다. 하나님 통치의 초기 나타남은 사탄(29절의 '강한 자')이 광범위하게 결박될 때(계 20:2–3 참고) 예수님께서 미래에 확증하실 나라의 종류를 보여준다(19:28, 25:31). [phthanō]

12:32. **용서받지 못할 것이다**(Will not be forgiven, ouk aphethēsetai) – '용서받지 못할 죄'는 성령께서 예수님을 그리스도로 증거하는 것을 거부하는 것이다(23절). 비록 이것은 예수님 당대 사람들만이 범할 수 있는 죄일 수 있지만, 마태는 이러한 거절을 불신의 죄와 동등한, 회개하기를 거부하는 것과 동일하게 보았다. 그렇다면 죄를 용서받지 못하는 것은 죄인이 용서의 유일한 수단을 배척하기 때문이다 (11:27–28, 26:28을 참고). [aphiēmi]

12:36. **심판 날**(Judgment day, hēmera kriseōs) – 하나님의 심판은 10–12장에서 반복되는 주제다(10:15, 11:22, 24, 12:41–42). 이 구절들 (33–37절)은 사람이 신앙(예를 들면, 3:6의 '죄를 고백하는 것') 또는 불신앙(예를 들면, 31절의 '성령을 훼방하는 죄')을 표현하는 수단으로서 말에 초점을 둔다. 입은 보이지 않는 마음의 상태를 드러낸다(34절, 롬 10:10 참고). 그래서 말은 악한 사람인지 선한 사람인지를 증거한다 (35절). 이것은 심판 날에 정의로운 사람과 불의한 사람들을 구분하는 증거의 일부다(33절). [hēmera, krisis]

12:39. **요나**(Jonah, Iōna) – 요나는 하나님의 간섭으로 죽음을 모면했고, 이방인들에게 성공적으로 하나님의 메시지를 선포했다(3:5). 예수님께서는 하나님으로 말미암아 무덤에서 건짐을 받을 것이고, 이방인들에게 더 크고 더 폭넓은 선교사역을 위해 제자들을 보내실 것이다 (롬 15:18 참고). 부활은 표적이 아니라, 유대인들이 자기들의 위태로움을 각오하고 무시한 예수님의 말씀과 사역의 확증이다(26:64 참고). '요나의 표적'은 이방인들에게 베풀어진 하나님의 자비다(롬 11:11 참고). [Iōnas]

12:45. **마지막 상태**(Last state, eschata) – 이 이야기를 말씀함으로 예수님께서는 이스라엘 백성에게 또 다른 경고를 주신다. 예수님의 사역은 질병, 귀신들림과 심지어 죽음으로부터 일시적인 구출을 가져온다(11:5). 그러나 백성이 그분의 메시지에 반응하지 않으면, 그분이 오지 않는 편이 훨씬 더 좋았을 것이다. 그분은 요나 또는 솔로몬보다 위대하시기 때문에, 그분을 배척하는 것은 더 무서운 결과를 초래한다(히 10:28-31 참고). 그러한 사람의 '마지막 상태' (NASB, NRSV)나 '최종 형편' 은 심판 때 당할 정죄다. [eschatos].

12:50. **자매**(Sister, adelphē) – 예수님과의 관계는 육체적 혈연의 문제가 아니다. 그분의 메시지에 따라 삶으로 그분의 말씀에 반응하는 자는 다른 모든 것들에 우선하는 관계인 하나님의 가족의 일원이다(10:37 참고). 이것은 예수님에게도 마찬가지다. [adelphē]

13:3. **비유들**(Parables, parabolais) – 비유는 '특별히 비교를 통해 진리를 예증하는 이야기나 말씀' 이다(BDAG, 759, BAGD, 612). 3-52절에 나오는 비유들은 마태복음에서 세 번째 주요 교훈 단락을 형성한다(5-7, 10, 13, 18, 24-25장). 이것은 특별히 무리들에게 주어진 유일한 교훈 단락이다. 일반적으로 예수님의 사역과 같이 비유들은 배척(13-15절)이나 추가적인 설명 요청(36절, 15:15 참고)이 뒤따른다. [parabolē]

13:11. **주어졌다**(Has been given, dedotai) – 이 단어의 형태(수동태)는 하나님을 비유들의 의미를 백성에게 계시하는 분으로 지적한다(11:25-26). 이 계시의 대리인은 비유의 의미를 제자들에게 설명하시는(예, 18-23, 36-43절, 15:15-20 참고) 예수님이시다(11:27 참고). 그들이 받는 것은 개별적인 비유의 요점을 파악하는 것을 넘어서 그 메시지를 포용하는 데까지 나아간다. [didōmi]

비밀들(Secrets, mystēria) – 하나님의 '숨겨진 것들' (NIV, NET, NLT), 또는 '비밀들' (NASB, NKJV)은 하나님께서 계시하실 때만 알려질 수 있는 하나님과 그분의 길들에 대한 진리를 가리킨다. [mystērion]

13:13. **이해하다**(Understand, syniousin) – 이 단어의 의미는 '사람의 생각이나 실천으로 도전하는 어떤 것을 지적으로 파악하는 것' 이다(BDAG, 972, BAGD, 790). 이 장에서 더욱 의미심장한 것은 백성을 정의하는 특성이다. 이해하지 못하는 자들은 진리에 반응하지 않는다(예, 15, 19절). 이해하는 자들은 진리에 반응하고 그것으로 인하여 변화된다(23절). [syniēmi]

13:15. **돌아오다**(Turn, epistrepsōsin) – 이 단어는 '사람의 생각이나 행동의 경로를 바꾸는 것' 을 의미한다(BDAG, 382, BAGD, 301). 이 구절에서 이것은 회개하는 것, 삶의 헛된 경로에서 떠나 하나님께로 돌아오는 것을 의미한다. [epistrephō]

13:19. **나라의 말씀**(The word of the kingdom, ton logon tēs basileias) – 나라의 말씀은 세

례 요한과 예수님과 제자들이 선포해온 메시지다. 이 말씀은 백성들에게 회개와 하나님에 대한 믿음을 촉구한다. 이 메시지를 받아들이는 사람들은 하나님과 관계를 맺고 그 안에서 순종하며(12:50 참고), 온 세상에 하나님의 통치를 확립하실 분으로 예수님을 본다(37-43절). [logos]

13:21. **잠시 동안**(Temporary, prokairos) – 이 단어는 예수님과 그분의 메시지에 대한 반응이 지속적인 반응이라는 개념을 전달하기 위해서 다양한 방식으로 번역된다. 부정적인 의미로는 '잠시 동안' (NASB), '단지 짧은 기간 동안만 지속한다' (NIV), '한동안만 견디다' (NRSV, ESV), '견디지 않는다' (NET), 그리고 이에 반대되는 긍정적인 의미로는 '견디다' (10:22, 24:13, 눅 8:15 참고)로 번역된다. 유다의 경우, 물질적인 부에 속임당한 사람과도 일치하지만 일시적인 제자의 예를 보여준다(22절, 26:14-16 참고). [prokairos]

13:23. **좋은 땅**(Good soil, kalēn gēn) – '좋은 나무' (7:17, 12:33)와 '좋은 사람' (12:35)같이 '좋은 땅' 은 예수님의 메시지를 이해하고(19절과 대조), 그것을 견고하게 붙잡으며(21절과 대조), 이에 의하여 자기들의 삶이 변화되는(22절과 대조) 사람들을 가리킨다. [kalos]

13:31. **겨자**(Mustard, sinapeōs) – 어떤 겨자나무는 3미터 높이까지 성장한다. 그렇지만 그 씨는 "일반적으로 모든 씨앗 가운데 가장 작은 것으로 간주된다"(BDAG, 924, BAGD, 751). 예수님께서는 겨자 식물의 크기와 그 작은 시작을, 자신의 사역으로 시작해서 전파된 좋은 소식과 온 세상에 만들어진 제자들로 끝날 사역에 비교하신다(38절 참고, 24:14). [sinapi]

13:33. **이스트**(Yeast, zymē) – 이 단어는 '누룩' 으로도 번역된다(NASB, NKJV). 준비 과정은 이스트와 같은 개별 물품을 밀가루와 섞는 현대의 빵 굽기와 같지 않다. 그 대신에 이전 밀가루 반죽에서 취한 발효된 반죽 덩어리의 일부가 사용된다(BDAG, 429, BAGD, 340). 그러나 핵심은 동일하다. 이것은 작은 부분이 점진적으로 전체에 영향을 끼친다는 것이다. 예수님 사역의 작은 시작은 궁극적으로 온 세상에 영향을 줄 것이다(37-43절). [zymē]

13:35. **감추어진**(Hidden, kekrymmena) – 예수님께서는 하나님의 진리를 계시하는 분이며(11:25-27 참고), 비유는 그 계시의 한 부분이다. 예수님 사역의 시작이 아무리 작고 중요하지 않게 보이더라도(31-33절) 그분은 마침내 세상을 심판하고 다스릴 것이다(41-43절). [kryptō]

13:38. **아들들**(Sons, huioi) – 이것은 일반적으로 남자를 묘사하지만 여자에게도 사용될 수 있는 단어의 예다. 인류는 두 그룹 가운데 하나로 나누어진다. 사람은 하나님('천국')에게 속하든가 사탄('악한 자')에게 속하든가 둘 가운데 하나다. '자녀들' (KJV, NCV) 또는 '백성' (NLT, NET)이란 번역은 이 문맥에서 단어의 의미를 분명하게 반영한다. [huios]

13:41. 율법의 위반자들(Lawbreakers, poiountas tēn anomian) – 이것은 또한 '행악자들'(NRSV) 또는 '악을 행하는 모든 사람들'(NIV, NLT)로 번역될 수 있다. 그러나 그보다는 좁은 의미로 불법을 행하는 사람들을 가리킨다(NASB, NKJV, NET). 불법자는 하나님의 뜻을 거슬러 산다(7:21-23 참고). 이와는 대조적으로 의인(43절)은 하나님의 뜻을 행한다(12:50 참고). 예수님께서 율법 가운데 가장 큰 계명에 대하여 질문을 받으셨을 때, 신명기 6장 5절과 레위기 19장 18절을 인용하여 하나님 사랑과 자기 이웃 사랑의 우선성을 말씀하셨다. 예수님께서는 다가올 시련과 핍박들에 대하여 경고하실 때(24:6-14), 불법의 증가와 사랑의 식어짐을 연결하신다(24:13). [anomia]

13:44. 모든 것을 팔다(Sell all, pōlei panta) – 어떤 사람에게는 보물로 보이지만(11, 16-17절), 다른 어떤 사람들에게는 감추어진(13-15절) 하나님나라에 참여하는 것은 하나님나라를 얻기 위해서 자신이 가지고 있는 모든 것을 팔 만한 가치가 있는 일이다(45절). 부귀는 그것을 섬기는 사람들의 목을 졸라 죽이는(22절, 19:21-24 참고) 잔인한 폭군이 될 수 있다(6:24 참고). 자신의 모든 소유를 파는 것은, 하나님나라에 참여하는 일의 비교될 수 없는 가치와 경쟁 상대가 있을 수 없는 우선순위를 증거한다(6:33, 19:27 참고). [pōleō]

13:49. 분리하다(Separate, aphoriousin) – 심판의 불가피성과 전 인류의 분리는 예수님의 가르침에서 반복되는 주제다(예, 12-17, 41-43절, 7:19, 23, 26-27, 8:12, 12:37, 24:40-41, 25:32). 이 단어는 '구분하거나 접촉을 제거하기 위해서 한 부류를 다른 부류들에게서 옮기는 것'을 의미한다(BDAG, 158, BAGD, 127). [aphorizō]

13:52. 훈련을 받은(Trained, mathēteutheis) – 이 단어는 '제자'의 동사형이다. 이것은 다양하게 '제자가 되다'(NASB, NLT), '교훈을 받다'(NRSV, NET), '가르침을 받다'(NCV) 또는 '훈련을 받다'(NRSV, NET) 등으로 번역된다. 예수님께 훈련을 받은 자들은 그분에 의해 보내심을 받으며(23:34), 다른 사람들을 훈련할 책임을 부여받았다(28:19-20). [mathēteuō]

13:57. 선지자(Prophet, prophētēs) – 예수님의 말씀은 그 자신과 세례 요한에게 적용된다. 그분 앞서 있었던 다른 선지자들과 같이 그들은 핍박을 받았고(5:12 참고), 악인들의 손에 불명예스럽게 죽었다. 마태는 이 말씀의 생생한 예증으로 요한의 처형과 함께 나사렛 사람들이 예수님을 배척한 기사를 배치했다. [prophētēs]

14:1. 분봉왕(Tetrarch, tetraarchēs) – 이 단어는 원래 한 지역의 '4분의 1 통치자'를 뜻했으나 점차적으로 '로마의 호의로 통치하는 종속적인 왕의 칭호'로 사용되었다(BDAG, 1000, BAGD, 814). 헤롯 안티파스(Herod Antipas)는 비록 자기 아버지(2:1)와 같이 왕이 되기를 열망했고, 때때로 일반적인 의미에서 왕으로 불리기도 했지만(14:9), 자신의 목적을 성취하지 못하고 망명중에 죽었다(요세푸스, 고대사,

18:240-56). 자기 아내와 이혼한 후에 헤롯은 그의 배다른 형제의 이혼당한 아내며 조카딸인 헤로디아와 결혼했다(BDAG, 440, BAGD, 348 참고). 그의 형제가 여전히 살아 있었기 때문에, 요한은 이것을 레위기 18장 16절의 위반으로 보고(20:21 참고) 정죄했다. 요한은 결국 이 일로 투옥되어 죽임을 당했다(3-12절). [tetraarchēs (또한 tetrarchēs)]

14:16. 너희가 주어라(You give, dote) – 예수님께서는 무리들에게 음식을 주라고 제자들에게 요구하시고, 그들이 그렇게 하는 것을 가능하게 하신다(19절). 이것은 하나님의 공급(6:25-34 참고), 곧 예수님의 기적을 행하는 권세의 생생한 본보기이며, 제자들은 예수님께서 자신들에게 명령하시는 것을 행할 수 있다는 예증이기도 한다(사역의 요약으로 요 21:15-17 참고). 이 식사는 예수님의 추종자들이 하나님나라에서 누리게(8:11, 26:29 참고) 될 미래적인 축제를 예시할 수도 있다. [didōmi]

14:27. 두려워하지 말라(Do not be afraid, mē phobeisthe) – 초자연적인 사건에 대한 인간의 반응은 흔히 두려움이다(17:6, 28:4, 27:54 참고). 이러한 반응은 확신의 말씀을 이끌어낸다(17:7, 28:5, 10). 또한 이 기사는 예수님께서 명령하시는 것을 행할 수 있는 제자들의 능력을 보여준다(16절 참고). 그러나 여기에서 두려움(30절)과 의심(31절)은 결과를 두절시킨다. [phobeō]

14:31. 의심하다(Doubt, edistasas) – "어떤 일에 대하여 확신을 갖지 않다, 두 번째 생각을 가지다"(BDAG, 252, BAGD, 200)를 의미하는 이 단어는 마태복음에만 나온다(28:17). 동의어(diakrinō)는 21장 21절과 야고보서 1장 6절에 나온다. 여기에서 이 단어는 베드로의 곤궁을 요약하는 역할을 한다. 믿음의 한 측면은 예수님께서 요청하시는 것을 할 수 있다는 한결같은 신뢰다. 다른 한편으로 '적은 믿음'(31절)은 나누어진 생각의 파트너다. [distazō]

14:36. 그의 옷의 <u>가장자리</u>(The <u>edge</u> of his cloak, kraspedou tou himatiou) – 예수님의 권세는 너무나 커서 그분의 옷 가장자리까지도 치유의 능력을 전달한다(9:20-22, 행 19:11-12 참고). 23장 5절에서 '가장자리'는 '이스라엘 백성들이 겉옷의 네 모퉁이에 달아야 하는 옷술'을 가리킨다(BDAG, 654, BAGD, 448). 민수기 15장 37-41절에 따르면 옷 술은 하나님의 백성이 계명에 순종해야 한다는 사실을 상기시킨다. 예수님께서는 자신의 섬김을 드러내기 위해서 이것을 늘리는 사람들을 비난하신다(23:5). [kraspedon]

15:2. 전통(Tradition, paradosin) – 이 단어는 '전해내려온 교훈의 내용'을 가리킨다(BDAG, 763, 2, BAGD, 615, 2). 이것은 우선적으로 율법이 어떻게 적용되고, 다음 세대로 구두로 어떻게 전달되며, 나중에 미쉬나(주후 170년)와 탈무드에 어떻게 포함되었는지에 관한 논의다. 비록 이것은 율법의 실천을 돕기 위한 의도를 가지고 있지만, 예수님께서는 이 교훈을 하나님의 계명을 성취하는 데 비생산적인 것으로

비난하신다(3, 6절). [paradosis]

15:3. 계명(Commandment, entolē) – 계명은 하나님이 주시든(4절) 사람이 주든(9절) 행동에 관한 구체적인 교훈이다. 예수님께서는 제자들에게 계명 가운데 가장 작은 것 하나를 위반하는 것에 대하여 경고하셨다(5:19). 여기에서 예수님께서는 매우 중요한 계명 가운데 하나인 제5계명을 서기관들과 바리새인들이 위반했다고 고소하신다(출 20:12, 신 5:16). 제5계명은 대인관계와 관련된 계명들의 서두에 위치하며(5–10계명), 이것을 위반하는 것은 사람으로 하여금 주요 죄를 범하게 한다(출 21:17, 레 20:9). [entolē]

15:11. 더럽히다(Defiles, koinoi) – 이 단어는 레위기의 정결법(예, 11:1–47)과 관련하여 '(의식적으로) 부정하게 하다' (BDAG, 552, BAGD, 438, NIV, NCV, CEV)로 번역될 수 있다. 이러한 정결법은 하나님의 거룩함과 관련되어 있어(레 11:44–45), 의식적인 부정은 하나님과의 관계를 무너뜨린다(레 15:31 참고). 그러나 예수님께서는 하나님과의 관계 두절의 주된 원인으로 의식적인 부정함(20절)보다는 도덕적인 부정함(19절)에 초점을 두신다. 또한 이 더럽혀짐을 사람 밖에 있는 것과 연결하지 않고, 인간 경험의 본질인 마음의 문제와 연결하신다(18절). 그분은 하나님과의 관계에 주된 방해물은 무시하면서 사소한 문제들에 대하여 신중해지는 어리석음을 정죄하신다(23:23 참고). [koinoō]

15:22. 가나안 사람(Canaanite, Kananaia) – 로마 백부장(8:5–13)이 단지 이방인뿐만 아니라 예수님 당시 유대 백성의 원수를 나타낸 것과 같이, 가나안 여인은 이방인뿐만 아니라 이스라엘 백성의 역사적인 원수를 대표한다. 여인은 백부장같이(8:12) 이스라엘의 불신과 현저한 대조를 이루는 신앙의 모델 역할을 한다. 예수님의 이웃(13:57)과 바리새인들(15:12)은 그분에게 넘어짐을 당하였으나, 여인은 자신의 길에 놓여진 장애물들에도 불구하고 그분을 뒤좇는다(23–26절). 그 결과 여인은 믿음의 보상을 받는다(28절). [Kananaios]

15:26. 개들(Dogs, kynariois) – 이 단어는 7장 6절에 나오는 '개' 의 '단축형' (BDAG, 575, BADG, 457)으로 때때로 '작은 개들' (NRSV)로 번역된다. 비록 예수님께서는 일반적으로 아람어(당시 유대인의 일반 언어)를 사용하셨지만, 여기에서와 같이 이방인들을 대할 때는 헬라어를 사용하셨을 가능성이 있다. 그분이 여기에서 말씀하시는 분명한 요점은 자녀들의 필요가 집에서 기르는 애완동물에 우선한다는 것이다. 다시 말해서 이스라엘 백성들을 상대로 한 그분의 사역은 이방인들에 대한 사역에 우선한다. 여인은 예수님의 주장을 인정하지만, 더 나아가 이차적인 지위를 가지고 있는 사람들도 약간의 주목을 받을 필요가 있다고 주장한다. 예수님께서는 이 주장을 인정하신다. [kynarion]

15:31. 이스라엘의 하나님을 찬양했다(Praised the God of Israel, edoxasan ton theon

Israēl)–어떤 사람을 '찬양하는 것'(NIV, NLT, NRSV) 또는 '영화롭게 하는 것'(KJV, NASB, NKJV)은 '다른 사람의 명성을 증진시키기 위해서 그에 관한 견해에 영향을 주는 것'을 의미한다(BDAG, 258, BAGD, 204). 예수님께서는 자신의 사역으로 말미암아 사람들에게 하나님을 찬양하고 존귀하게 여기도록 하셨다(5:16 참고). 안타깝게도 이러한 반응은 이스라엘 백성 가운데 규범이기보다는 예외였던 것으로 보인다. [doxazō, theos, Israēl]

15:32. **무리**(Crowd, ochlon)–무리는 기꺼이 예수님의 말씀을 경청하지만, 제자가 되기로 결정하는 것은 주저하는 사람들로 묘사된다. 예수님께서는 이러한 백성을 사랑하시며, 그들의 필요를 채우기 위해서 자신이 할 수 있는 일을 하신다. 그러나 결국 예수님의 죽음을 요구하는 사람들은 바로 이들 무리다(27:15–26). [ochlos]

16:3. **시대의 표적들**(Signs of the times, sēmeia tōn kairōn)–예수님께서는 앞서 세례 요한의 제자들에게 자신이 메시아로서 누구인가에 대한 증거로 기적들을 지적하셨다(11:5). 이러한 기적들에 추가하여 완전한 표적은 하나님께서 죄 사함을 위한 예수님의 죽음을 수용하셨다는 것을 보여주는(26:28, 롬 4:25, 고전 15:17 참고) 부활이 될 것이다(4절, 12:38–39 참고). [sēmeion, kairos]

16:12. **바리새인들과 사두개인들의 가르침**(Teaching of the Pharisees and Sadducees, didachēs tōn Pharisaiōn kai Saddoukaiōn)–이 문구가 기술된 방식, 곧 바리새인들과 서기관들의 가르침을 연결하는 것은 두 종파의 견해가 중요한 문제에 있어서 완전히 구별되기 때문에 호기심을 불러일으킨다. 사두개인들은 바리새인들과 비교해볼 때, 원래 믿지 않는 사람들로 규정되었다. 그들은 부활, 메시아, 그의 왕국, 천사들 또는 구두 전승의 타당성을 믿지 않았다. 예수님께서는 마지막 요점에 있어서 사두개인들과 의견이 일치한다(15:1–9 참고). 서로 대립되는 두 종파를 하나로 연합시킨 것은 예수님께 대한 배척이다. 예수님의 메시아 역할을 부인하는(27:65–66, 28:12–15 참고) 그들의 공통된 가르침은 이스라엘의 많은 사람들에게 파괴적인 것으로 입증되었다. [didachē, Pharisaios, Saddoukaios]

16:18. **이 반석**(This rock, tautē tē petra)–예수님께서 진술하신 이 문맥에서 가장 가까운 지시대상물(대명사 '이것')은 Petros, 즉 언어유희를 보여주는 이름 '베드로'다. 여기에서는 베드로가 예수님을 그리스도(16절)로 고백한 사실을 가리키는 것으로 볼 수 있다. 그러나 이것보다는 예수님께서 베드로와 다른 제자들의 미래사역을 미래 교회의 토대로 묘사하시는 것으로 보는 것이 더욱 개연성 있다(엡 2:20 참고). 베드로는 제자들을 대신하는 대표 연설자로서, 구원은 오직 예수님을 통해서만 받을 수 있다는 진리를 유대인(행 2장)과 이방인들(행 10장) 모두에게 설교한 첫 번째 제자였다(행 2:26, 10:36 참고). [petra, houtos]

교회(Church, ekklēsian)–마태복음만 교회

(18:17)를 언급한다. 교회는 예수님을 메시아로 고백하는 공통적인 신앙으로 서로 연결된 유대인들과 이방인들의 모임이다(엡 2:11-22 참고). 이 단어의 일상적인 사용은 회집을 의미한다(BDAG, 303, BAGD, 240). 예수님의 제자들은 교회의 개척 멤버들이 될 것이고, 다른 사람들을 교회의 일원으로 데리고 들어오는 일에 있어서 예수님의 대리자들이 될 것이다(28:19-20). [ekklēsia]

음부의 문들(Gates of Hades, pylai hadou) – 이것은 부분으로 전체를 표현하는 표현 기법이다. 여기에서 도시의 통로로서 '문들'은 도시의 견고함과 주민을 대표한다. 만일 음부가 죽은 자들의 영역을 가리킨다면(BDAG, 19, BAGD, 16-17), 이 진술은 사망의 권세가 교회와 교회의 백성을 이기지 못할 것이라는 선언이 된다(CEV, NCV, New Century Version). 만일 음부가 정죄의 영역으로 간주되면(11:23 참고), 이와 비슷하게 지옥의 악한 세력(KJV, NLT)이 교회를 이기지 못한다는 것을 묘사한다. 어떠한 견해를 취하든지 적대적 세력들을 이기는 교회의 궁극적인 승리가 확증된다. [pylē, hadēs]

16:19. **열쇠들**(Keys, kleidas) – 베드로에게 주어진 열쇠들은 복음을 증거하는 그와 다른 제자들에게 주어진 권세를 가리킨다(10:13 참고). 베드로가 지목된 것은 교회의 기초를 다지는 시기에 예수님의 죽으심과 부활 이후에 유대인(행 2장)과 이방인(행 10장)에게 복음을 선포하는 첫 제자로서 그의 대표적인 역할 때문이다. 예수님께서는 모두에게 죄 사함과 하나님과의 관계의 예상을 선포하신다. [kleis]

매다…풀다(Bind…loose, dēsēs…lysēs) – 죄 사함은 복음에 반응하는 자들에게 선포된다(행 2:38-42, 10:43 참고). 그러나 이 메시지를 배척하는 자들은 심판 때에 자기들 죄의 결과를 감당할 것이다(마 10:14-15, 행 10:42). 이 두 단어가 하나님에게 적용되어 번역될 때 더욱 문제가 된다. 두 동사의 현재완료/수동태를 '결박되어 있다…풀려져 있다' 라고 문자 그대로 번역을 해야 하는가(NASB, NET), 아니면 연관된 동사의 미래형(estai) '있을 것이다' 라고 주도적으로 번역해야 하는가('결박될 것이다…풀릴 것이다', KJV, NIV, NKJV, NRSV, NLT)? 첫 번째 예문에서 강조점은 하나님의 미리 작정된 뜻에 일치해 행동하는 제자들에게 있다. 두 번째 예문은 제자들의 결정에 따른 하나님의 행동을 강조한다. 비록 차이점은 주로 강조점의 문제이고 이것이냐 저것이냐의 제안이 아니지만, 마태복음에서 하나님의 주권에 대한 주제(예, 11:25-27, 13:11-17)는 첫 번역을 지지한다. [deō, lyō]

16:22. **하나님께서 금하시다**(God forbid, hileōs) – BDAG(474, 또한 BAGD, 376)는 이 단어를 '은혜롭다, 자비롭다' 로 정의한다. 이 진술에서 이 단어의 확장된 의미는 "하나님께서 당신을 이러한 것들로부터 구원하신다"(NCV), 또는 더욱 단순하게 "하나님께서 금하신다"(NASB, NET, 참고-NLT, '하늘이 금하신다')이다. 그러나 칠십인경의 번역에서 이 단어의 용례(예, 왕상 21:3, 대상 11:19)로 볼 때 "이런 일이 주, 당신에게 없기를 원합니다"(NKJV, KJV, 참고-

NIV, "주여!, 결코 그럴 수 없습니다")라는 의미도 적절한 것 같다. [hileōs]

16:23. 사탄(Satan, Satanas) – '대적자'(BDAG, 916, BAGD, 644-45)를 뜻한다. 사탄은 예수님께 십자가 없는(4:8-9) 왕국을 제안했다. 이때 예수님께서는 그에게 '떠나가라'고 답변하셨다(10절). 베드로는 (아마 다른 제자들을 위해서도 말하면서, 마 8:33 참고) 같은 생각을 지지하고 자기도 모르게 사탄의 협력자가 된다. 그러나 여기에서 '내 뒤로'(24절에서 '내 뒤를 따르라'는 말씀에서 다시 사용됨)란 말씀은 예수님의 반응에 포함된다. 베드로는 (아직도 배워야 할 것이 많이 있지만) 여전히 예수님을 따르는 자다. [Satan/Satanas]

걸려 넘어지게 하는 돌(Stumbling block, skandalon) – 이 단어는 '사람을 적절한 행동 경로에서 어긋나게 행동하도록 이끄는 행동이나 상황'을 묘사한다(BDAG, 926, BAGD, 753). 이것은 여기에서 다양한 방식으로 번역된다. "너는 걸려 넘어지게 하는 돌이다"(NASB, NIV, NRSV, NET), "너는 죄를 짓게 하는 자다"(KJV, NKJV), "너는 위험한 함정이다"(NLT), "너는 나에게 도움이 되지 않는다"(NCV), "너는 나의 길을 막고 있다"(CEV), "너는 나로 죄짓게 하려고 유혹하고 있다"(BDAG, 926, 2, BAGD, 753, 2). [skandalon]

17:2. 변형되다(Transfigured, metemorphōthē) –이 단어는 여기에서 '다른 사람들이 볼 수 있는 방식으로 변하는 것'을 의미한다(BDAG, 639, BAGD, 511). 그래서 이것은 종종 "예수님의 모습이 변하셨다"로 번역된다(NLT, NCV, CEV). 예수님께서 "자신의 하늘 영광의 모습을 취하셨다"(BDAG, 639, 1, BAGD, 511, 1). [metamorphoō]

17:3. 모세와 엘리야(Moses and Elijah, Mōysēs kai Ēlias) – 모세와 엘리야는 모두 신의 현현, 곧 하나님의 나타나심을 산에서 경험했다. 그들은 지금 예수님께서 하늘 영광 가운데 계신 것을 본다. 이것은 그분의 미래 모습(16:28 참고)과 의인들의 미래(13:43)를 예고한다. [Mōusēs, Ēlias]

17:4. 장막(Shelter, skēnas) – 이 단어는 '피난의 장소, 흔히 일시적인 구역, 텐트, 임시 막사'를 가리킨다(BDAG, 928, BAGD, 754). 이것은 '장막들'(KJV, NKJV, NASB), '오두막들'(NIV, CEV, NET), '텐트들'(NCV), '성소들'(NLT), '거처들'(NRSV) 등으로 다양하게 번역된다. 여기에 구약의 성막 또는 장막절(첫 번역에서 제시된 것과 같이)과의 연결이 의도되었는지 확실하지 않다. 베드로의 제안은 제자들이 예수님의 십자가의 길을 수용하는 데 실패함을 더욱 진전되게 예증하거나(16:22, 17:23 참고), 모세와 엘리야와 예수님을 동일한 비중으로 다루고 있음을 반영한다. 어떤 방식으로 이해하든 제자들은 아직도 배워야 할 것이 많다. [skēnē]

17:11. 회복할 것이다(Will restore, apokatastēsei) –세례 요한은 말라기 선지자가 엘리야에 대하여 예언한 사역을 시작했다(4:5-6). 과거 시제(12

절, '왔다')와 미래 시제(11절, '회복할 것이다')의 결합은 요한에 의해 시작된 현재적인 성취가 미래의 완성을 기다리고 있음을 제시한다(19:28, '세상이 새롭게 되어' 참고). 이 점에서 엘리야의 사역은 예수님의 사역과 유사하다(3:11-12 참고). [apokathistēmi/apokathistanō]

17:20. **적은 믿음**(Little faith, oligopistian) – 만일 겨자씨 한 알만한 크기의 믿음이 기적을 일으킬 수 있다면, 사람들은 제자들의 '적은 믿음'도 충분할 것이라고 생각할 수 있다. 그러나 여기 등장하는 제자들은 하나님에 대한 신뢰가 부족한 백성(17절)의 일부인 것 같다. 제자들의 묘사는 마가가 복음서 기자들 가운데서 가장 인색하지만, 이 단락은 마태 역시 그리 후하지 않음을 보여준다. 제자들의 '적은 믿음'은 겨자씨 한 알보다 더 작아서 실제로 존재하지 않는 것과 같다. 독자들에게 용기를 주는 교훈은 하나님께서 이와 같은 사람들을 사용하여 교회를 세우셨다면, 그분은 어떤 사람도 사용하실 수 있다는 것이다. [oligopistia]

17:23. **크게 근심하다**(Greatly distressed, elypēthēsan sphodra) – 제자들은 예수님께서 수난을 처음 언급했을 때(16:21-23 참고) 저항에서 깊은 고뇌를 느끼는 것으로 진전했다. 그들은 사람들이 예수님께 행할 수 있는 공포를 포착하고 있는 것 같다. 예수님을 일으키실 하나님의 입증에 대한 사상이 그들이 이해하기에 너무나 어렵거나, 예수님의 죽으심에 대한 그들의 슬픔이 너무 깊어서 어떠한 위로도 소용없는 것인지 불분명하다. [lypeō, sphodra].

17:24. **성전세**(Temple tax, didrachma) – '성전세'는 두 드라크마 동전을 가리키는 단어에 해석을 가미한 번역이다(NCV, CEV, NLT, NET, NRSV, NKJV, 참고-NASB, NIV, '두 드라크마 세'). 이것은 '유대인들에게 대략 반 세겔과 같고(이틀의 품삯), 각 사람에게 일 년에 한 번씩 요구되는 성전세의 액수'다(BDAG, 241, BAGD, 192). 이 관습은 출애굽기 30장 11-16절에 근거한다. 만일 그 당시에 성전을 위한 지원이 자발적인 것이 아니었다면, 예수님께서는 성전세를 냄으로써 지원을 계속하라는 권고의 본보기를 통해 자신의 추종자들에게 성전세를 자발적인 것으로 분명하게 하신다. [didrachmon]

17:26. **자유롭다**(Free, eleutheroi) – 성전 지원을 자발적으로 하게 하는 것은 제자들과 하나님과의 관계다. 이 구절에서 '아들들'과 '타인들' 사이의 구별은 제자들과 더 넓은 유대인 공동체 사이의 구별을 강화시킨다(8:11-12, 12:49-50 참고). 그렇지만 예수님께서 성전세를 내신 것은 유대인 공동체와 관계를 유지할 것을 권고한다. [eleutheros]

18:3. **돌이키다**(Turn, straphēte) – 이 단어는 사람이 (하나님을 떠난) 방향에서 떠나 (하나님을 향하여 그분이 정하신 생명의 길을 향하여) 반대의 방향으로 돌아서는 것을 묘사한다. 어떤 번역들은 최초의 돌이킴에 초점을 두어 '개종하다'로 번역한다(KJV, NASB, NKJV). 다른 곳에서는 이보다 더 일반적인 번역으로 '변화하다'(NIV, NRSV, NCV) 또는 '돌이키다'(NLT,

NET, ESV, English Standard Version)의 첫 단계뿐만 아니라, 제자도의 길에서 '경로 수정'에도 적용할 수 있게 한다. 예수님의 가장 친밀한 제자들 가운데 하나(유다)는 첫 단계를 취하지도 않았고, 다른 제자들은 겸손의 진전된 교훈을 필요로 했다(4절, 11:29 참고). [strephō]

아이들(Children, paidia) – 이 단어는 일반적으로 '사춘기의 연령에 도달하지 않는' 아이를 묘사한다(BDAG, 749, 덜 구체적으로 정의된 것은 BAGD, 604에 나온다). 이것은 '가르침에 개방적인 사람'을 가리키는 데 은유적으로 사용될 수 있다(BDAG, 749, 2). 마태복음에서 네 번째 주된 강화(5–7, 10, 13, 18장)에 대한 서론으로서 그러한 의미는 문맥에서도 잘 어울린다. 어린아이와 같이 된다는 생각은 사람이 자기 신뢰에서 돌이켜 하나님을 신뢰하고 의뢰하는 회개의 개념에도 적합하다. 그러나 하나님 나라에서 큰 자에 관한 제자들의 공개적인 질문(1절)과 겸손에 대한 예수님의 이어지는 언급(4절)은 어린아이와 관련한 지위의 문제가 이 단어 의미의 두드러진 부분임을 제시한다. 비록 아이들은 성인과 비교해볼 때 이차적으로 사회적인 지위를 부여받지만(19:13 참고), 예수님께서는 제자들이 다른 사람들과 관련하여 자기 자신을 어떻게 간주해야 하는지에 대한 모델로 아이들을 세우신다(롬 12:16, 빌 2:3 참고). [paidion]

18:4. 낮추다(Humble, tapeinōsei) – 이 단어는 '낮은 자리에 있게 하다' 또는 '사람으로 명예나 지위를 상실하게 하는 것'을 의미할 수 있다(BDAG, 990, 2, 덜 상세한 것은 BAGD, 804–05에 나온다). 여기에서 제자들은 보살핌의 행동으로 그 자체를 보여주는 존경과 배려의 태도를 취함으로써 자기 자신을 낮추어야 한다. 이러한 태도는 공동체 안의 방황하는 지체들을 회복시키는 일(12–15절)과 필요한 대로 용서를 확대하는 일(21–22절)을 추구하는 자기 희생 정신을 함양한다. 겸손은 하나 된 공동체를 위한 본질적인 성품이나, 제자들에게는 인정하는 데 더딘 덕성이었다(20:20–28 참고). [tapeinoō]

18:6. 죄를 짓게 하다(Cause to sin, skandalisē) – 이 단어의 일반적 의미는 '몰락하게 하는 것, 죄를 짓게 하는 것'이다(BDAG, 926, BAGD, 752). 문맥에 의존해서 볼 때 "죄는 도덕법의 위반, 불신 또는 그릇된 교훈의 수용으로 이루어질 수 있다"(BDAG, 926, 1). 예수님께서는 다른 사람들의 필요를 무시함으로 그들에게 영적인 상처를 가하는 일의 위험에 대하여 경고하신다. 때때로 사람들은 진리에 대하여 불쾌감을 가지기 때문에 자기들의 죄를 고집한다(13:57, 15:12 참고). 본문에서 잘못은 다른 사람으로 죄를 짓게 하는 자에게 있다. 문맥은 방황하는 지체를 회복시키는 일(12–14절)이나 용서를 제공하는 일(32–35절)에 자원함이 없는 것에 특별한 주목을 한다. [skandalizō]

작은 자들(Little ones, mikrōn) – 이 단어는 1절에 언급된 '가장 큰 자'와 대조를 이룬다. '나를 믿는 작은 자들'은 모든 제자들을 묘사한다. 그러나 이 구절의 의도에 맞추어 생각해볼 때, 이들은 특별히 사회가 일반적으로 신분이 낮은 사람으로 간주하는 사람들이다. 제자들의 공동체 안에서는 사회에서의 신분(또는 신분의 결여)에도 불구하고, 모든 지체들이 예수님과의

관계 때문에 존귀하게 대우받아야 하는 것은 중요하다(5절, 참고-롬 15:7). [mikros]

18:7. **걸려 넘어지게 하는 돌들**(Stumbling blocks, skandalōn) - 이 단어는 '죄를 짓게 하다'로 번역된 동사의 명사형이다(6절). 이것은 '걸려 넘어지게 하는 자들'(KJV, NKJV), '죄를 짓게 하는 것들'(NCV, NIV), '죄를 짓고 그릇 행하게 하는 유혹들'(ESV, NLT) 혹은 '걸려 넘어지게 하는 돌들'(NASB, NRSV, NET) 등으로 다양하게 번역된다. 이것은 '사람을 적절한 행동 경로에서 어긋나게 행동하도록 이끄는 행동이나 상황'을 가리킨다(BDAG, 926, BAGD, 753). 이러한 일들이 타락한 세상에서 불가피하게 일어날 것이란 사실은, 그 누구에게도 이러한 일들에 대하여 무관심해도 된다는 구실을 제공하지 않는다. 이것들은 생명을 위협한다(6, 8-9절). 제자들은 죄의 원인들에 대하여 깨어 있어야 할 책임이 있고, 이러한 원인들을 제거하는 일에 즉각적이어야 한다(8-9절). [skandalon]

18:10. **천사들**(Angels, angeloi) - 천사는 심부름꾼으로 '다양한 사명이나 임무를 수행하는 초자연적인 능력'이다(BDAG, 8, 2, BAGD, 7, 2). 이 본문은 개인적인 수호 천사의 임무를 묘사하는 것으로 이해될 수 있다. 대명사 '그들의'는 특정한 개인들을 상대로 한 천사들의 개인적인 사역을 암시하지만, 이것은 천사 가브리엘이 사가랴(눅 1:11-20)와 마리아(1:26-38)에게 제공한 사역과 유사한, 간단한 사역 이상이라는 암시가 전혀 없다. [angelos]

얼굴(Face, prosōpon) - 지속적으로 하나님의 얼굴을 보는 것은 이러한 천사들이 하나님의 임재에 가까이 있음을 묘사한다. 그들이 하나님께 가까이 있다는 사실은 그들의 높아진 지위(눅 1:19 참고)를 암시한다. 요점은 가장 위대한 천사들이 '작은 자들'과 관련된 임무를 수여받았다는 것인데, 이 사실은 이러한 사람들이 하나님께 중요하다는 사실과 그들을 경멸하는 처사가 얼마나 어리석은 것인지를 보여준다. [prosōpon]

18:12. **길을 잃다**(Go astray, planēthē) - 이 표현의 상징은 지체가 공동체를 특징 짓는 교제와 생명의 길을 떠나가는 것을 그려준다. 공동체(또는 적어도 공동체의 지도자)는 '떠나서 잘됐다'며 손을 흔들고 경멸하며 무시하는 것(10절)보다 길을 잃은 지체를 찾아 교제로 회복시키는 일을 위해 할 수 있는 일을 다해야 할 것이다. [planaō]

18:14. **멸망하다**(Perish, apolētai) - 이 단어는 사람의 지상적인 삶이 끝나는 것을 가리킬 수 있지만(8:25, 26:52), 또한 '영원한 멸망에 대한 언급'으로도 사용된다(BDAG, 115, BAGD, 95, 참고-10:6, 39). 여기에서 의미는 확실하지 않으나 공동체를 떠나는 것의 전망은 위험천만한 결과로 치달을 수 있는, 헌신이 결여된 일시적 연관(13:19-22)을 제시한다. 만일 그 사람이 돌이켜질 수 있다면, 사역의 기회는 남아 있는 것이다. 베드로후서 3장 9절의 유사한 진술과 같이 하나님께서는 어떤 사람도 멸망하는 것을 원하시지 않는 분으로 묘사된다.

[apollymi]

18:15. **너를 거슬러**(Against you, eis se) – 이 문구는 초기의 가치 있는 두 사본(01, 03)에 나타나지 않고 어떤 사람이 추가한 것으로 간주된다(예들 들면, NET). 그러나 대다수의 번역자들이 사용한 헬라어 본문은 이것을 포함하고 있어 대부분의 번역에 나타난다. 만일 이것이 원문에 없다면, 죄에 대하여 공동체의 지체('형제')를 대면하라는 권고는 일반적인 원리이고 잃어버린 양을 찾는 행동을 묘사하는 것과 유사하다(12-14절). 만일 더욱 구체적인 문구가 원문에 있는 것이라면, 이것은 베드로의 질문(21절)과 뒤따르는 비유(21-35절)에 대한 자연적인 귀결을 형성한다. [eis, sy]

잘못을 보여주다(Show a fault, elenchon) – 표준사전은 이 단어의 의미를 '어떤 사람의 행동에 대한 강한 거부를 표현하는 것'으로 정의한다(BDAG, 315, 3, 덜 상세한 것은 BAGD, 249에 나온다). 그러나 '잘못을 인정하는 시점으로 사람을 끌고 가는 것'(BDAG, 315, 2)이란 대체적인 정의가 이 문맥에 더 좋은 것 같고, '허물을 보여주고 지적하라' 등과 같은 번역에 반영된다(KJV, NASB, NIV, NLT, NKJV, NET). [elenchō]

듣다(Listens, akousē) – 이것은 듣고 이에 적절하게 반응한다는 의미를 가진 단어 '듣다(hear)'의 예다. 자신의 죄에 대하여 지적을 받은 지체는 잘못을 인정하고 죄용서와 관계의 회복을 구함으로 '듣는다'(13:13-15 참고). [akouō]

되찾다(Regained, ekerdēsas) – 건설적인 대면의 목적은 죄를 범하는 개인을 공동체의 교제로 회복시키는 것이다. 이러한 의미에서 '되찾다'(NRSV, NET) 또는 '다시 얻다'(CEV, NLT)는 번역은 단순히 '획득하다/얻다'(KJV, NASB, NIV, NKJV, ESV)는 번역들보다 이 점을 더욱 강조적으로 드러낸다. [kerdainō]

18:16. **증인들**(Witnesses, martyrōn) – 이 단어는 신명기 19장 15절의 인용문에 나온다. 이것은 구약의 문맥에서 문제되는 사건에 대한 직접적인 지식을 가진 사람들을 가리키는 것 같다. 단어가 이 문맥에서 이 의미에 국한되었는지는 분명하지 않다. 여기에서 증인들의 역할은 죄인으로서 자기 잘못을 인정하고, 죄 사함과 관계의 회복을 권고하는 호소를 지지하며 무게를 더해주는 것이다. [martys]

18:17. **교회**(Church, ekklēsias) – 그릇 행하는 형제에 대한 공동체의 다른 모든 지체의 일치된 호소는, 그가 잘못을 인정하고 교제를 회복하기를 마지막으로 소망하는 것이다. [ekklēsia]

그를 대우하다(Treat him, estō soi) – 문자적으로 이 문구는 "그로 하여금 너에게 되게 하라"로 번역되나(KJV, NASB, NKJV, NRSV, ESV), 이것은 기본적으로 교회가 잘못을 인정하기를 거부하는 지체에게 어떻게 반응해야 하는지를 묘사한다. '그를 대우하라'는 번역은 이 문구에 의하여 표현된 사상을 잘 반영한다(NIV, NLT, NCV, CEY, NET). [eimi, sy]

이방인…세리(Gentile…tax collector, ethnikos…telōnēs) – 유대 문화에서 이방인과 세리는 공동체와의 관계에서 '외인들'로 간주되었다. 이것이 여기에 나타난 사상이지만, 그것이 실제적으로 무엇을 의미하는지는 논란이 된다. 이것은 엄격하게 해석할 때 출교, 곧 죄 지은 지체를 공동체가 모든 관계를 단절시키고 공동체 안의 어떤 모임에도 받아주기를 거부하는 것을 가리킬 수 있다. 다른 한편으로는 공동체의 지체들이 이 지체와 관계를 맺어야 하는 방식을 묘사할 수 있다. 그는 모든 모임에 참여하는 것이 환영되나, 죄인으로서 자신의 신분을 인정하고 자신의 잘못을 회개하며 자신을 하나님의 은혜에 맡길 필요가 있는 사람으로 대우받는다. 후자의 경우가, 세리들과 어울리며(11:19 참고) 모든 백성에 대한 사역의 일환으로 이방인들에게도 다가갔던 예수님의 정신과 더욱 밀접하게 어울린다(8:5-13, 15:21-28). 이 견해에 근거해볼 때, 공동체는 범죄한 지체를 모임에는 환영하지만 말(그를 '형제'라고 부름)로 또는 행위(그를 주의 성만찬에서 제외함, 26:26-29, 고전 11:23-26 참고)로 공동체의 지체됨을 인정하지 않는다. [ethnikos, telōnēs]

매다…풀다(Blind…loose, dēsēte…lysēte) - 매고 푸는 것에 대한 이 언급(16:19 참고)은 죄를 짓는 형제의 회복을 구하는 문맥에서 등장한다(15-17절). 여기에서 죄를 인정하고 회복을 구하는 사람들에게 용서를 선포하거나 회개를 거부하는 사람들에게 심판의 위험/죄의 징계를 선포할 수 있는 권세는 하나님을 대표하는 공동체(각 제자와 모든 제자)에게 주어진 것으로 보인다. [deō, lyō]

18:19. **일치하다**(Agree, symphōnēsōsin) - 이 진술은 앞의 구절을 확증하고, 공동체 지체들 사이의 일치를 권고한다. 이 문맥에서 이 구절은 공동체 안에서 회복을 위한 수단으로, 죄를 범하는 형제가 잘못을 인정하고 회개를 표현하는 것을 예견한다(15-17절). 그와 대면할 때(15절) 자원해서 회개하는 형제는 죄 용서와 그것이 가져오는 회복을 확대할 권세를 부여받는다. 이 경우 두 사람은 죄의 실재와 이것을 다루는 해결책에 대하여 의견의 일치를 본다. 이것은 이 구절을 문맥에서 따로 떼어서 해석할 때 갖가지 이상한 해석이 발생하는 것에서도 볼 수 있듯이, 문맥 속에서 이 구절을 해석하는 것이 중요함을 잘 예증한다. [sympōneō]

18:20. **내가 거기에 있다**(I am there, ekei eimi) - 이 진술은 이 구절에서 예수님의 가르침이 주는 앞을 내다보는 방향 제시를 예증한다. 예수님께서는 죄를 범하는 형제의 회복을 추구하는 사람들을 위해서 앞으로 교회에 임할 자신의 영적인 임재를 확증하신다. 이것은 모든 민족에게 선교 사명을 감당하는 제자들에게 주신 일반적인 확증과 유사하고(28:20), 여기에서는 회복의 중요한 사역과 관련하여 구체적으로 표현된다. [ekei, eimi]

18:22. **칠십에 일곱 번**(Seventy-seven times, hebdomēkontakis hepta) - 이 문구가 '칠십에 칠'(NIV, NLT, NCV, CEV, NRSV, NET, 참고-BDAG, 269, BAGD, 213)로 번역되든 '칠십 번에 일곱 번'으로 번역되든 요점은 동일하다(창 4:24 참고). 용서에는 어떠한 제한도 있을 수 없다. 아무도 이렇게 높게 계산하지 않을 것이다. [hedomēkontakis, hepta]

18:23. 회계를 하다(Settle accounts, synarai logon) – 이 구절은 마태복음에만 나오나(25:19 참고), 심판 때 하나님 앞에서의 개인적인 책임에 관한 유사한 진술을 환기시킨다(롬 14:12 참고). 하나님께서는 은혜롭게 엄청난 빚을 탕감하신다(24-27절, 참고-6:12). 여기에서 그분은 이와 유사하게 자기 종들에게 기꺼이 용서의 마음을 기대하시는 왕으로 묘사된다(32-35, 6:14-15 참고). [synairō, logos]

18:27. 동정(compassion, splanchnistheis) – 이 비유의 문맥에서 첫 번째 주인은 종의 불행에 동정심을 가진다. 이러한 행동은 그 종이 후에 자신의 채무자들에게 행한 것과는 다르다. 이 비유가 책망하는 것은 용서에 대한 일관성의 부족과 위선이다. 하나님께서 용서하신다면, 사람들은 기꺼이 다른 사람들을 용서해야 한다(엡 4:32). [splanchnizomai]

18:33. 자비(mercy, eleēsai) – 18장 27절에 언급된 자비와 동정의 속성은 모두 하나님께서 인류를 다루시는 것을 묘사한다(예수님의 경우 9:27-29, 36 참고). 하나님께서는 동정과 자비로 용서를 베푸신다. 그러나 하나님께서는 이 용서와 자비를 경험한 사람들이 다른 사람들에게도 그것을 베풀기를 원하신다(15-22절). [eleeō]

너는 해야 한다(You should, edei) – 수사적인 질문인 "네가 해야 하지 않느냐?"라는 문맥에서 표현되었지만, 핵심 사상은 용서가 선택이 아니라 의무라는 것이다. 이 동사는 '마땅히 일어나야 할 어떤 것'과 관련하여 사용되었다(BDAG, 214, 2d, BAGD, 172, 6b). 이것이 윤리적인 의무라는 사실은 18장 34-35절에서 분명하게 나타난다. 이 구절은 듣는 자들에게, 자신이 하나님의 용서를 경험한 후에 다른 사람들을 용서하지 않는 행동의 결과에 대하여 심각한 경고를 한다. [dei]

18:34. 진노(Anger, orgistheis) – 이 동사의 명사형은 하나님의 미래적 심판을 묘사하는 데 사용된다(orgē, 참고-3:7, 롬 2:5). 이 구절에는 명목적(참으로가 아닌)으로 하나님의 용서를 받는 자들에게 임하는 엄중한 심판을 묘사하는, 유사한 방향 제시가 있다. 참으로 용서를 경험하는 자들은 이것을 다른 사람들에게 확대해야 한다. 다른 사람들을 무시하거나 그들을 향하여 용서하는 마음을 가지지 않는 것의 위험은 이 장 전반에 무시무시한 실타래처럼 흐르고 있다(6-9, 14, 18, 32-35절). [orgizō]

19:3. 원인(Cause, aitian) – 이 단어는 '어떤 조건에 책임이 있는 것'을 의미한다(BDAG, 31, 참고- BAGD, 26). 여기에서는 이혼의 근거들을 가리킨다. 이것은 형용사(pasan)와 함께 '어떤 그리고 모든 이유로'를 의미한다(Ibid). 이혼에 관한 논쟁의 초점은 신명기 24장 1절에 나오는 문구 '거슬리는 어떤 것'이라는 의미다. 형편없이 준비된 음식과 같이 사소한 문제(즉 '어떤 그리고 모든 이유로')도 허용하는, 인기 있는 해석은 유대인들의 구전 율법의 모음집인 미쉬나에서 중간 입장으로 제시된다(Gittin 9.10). 대체적인 두 가지 소수 견해는 첫째, 더 매력 있는 배우자와 결혼하려는 이유

('잘못이 없는' 이혼)로도 이혼이 성사될 수 있다는 견해와 둘째, 부도덕(필연적으로 유일한 이유는 아니지만, 출 21:10–11 참고)이 이혼의 주된 원인이라는 더욱 엄격한 견해다(m Gittin 9.10). [aitia]

19:5. **한 육체**(One flash, sapka mian) – 예수님께서는 이제 결혼 관계를 분리시키는 것에서 부부를 하나 되게 하는 것으로 논점을 옮기신다. 예수님께서 인용하시는 창세기 2장 24절의 진술은 남자와 여자가 결혼하여 이전에 속했던 가정적 결속에서 구별되어 새로운 일치를 이루는 것에 초점을 둔다. '한 육체'는 부부가 새로운 가족 관계를 형성함으로 하나님의 뜻을 성취하는 부부의 친밀함과 상호 연결을 강조한다(6절). [sarx, heis/hen]

19:6. **함께 짝을 짓다**(Joined together, synezeuxen) – 이 단어는 '짝을 이루다'라는 의미에서 '결합하다, 짝짓다'로 번역될 수 있다(BDAG, 954, 참고–BAGD, 755). 예수님께서는 여기에서 창세기 2장에 묘사된 결혼의 모델에 대하여 좀더 진전된 설명을 제공하신다. 하나님께서 아담과 이브를 짝지어주셨을 때 결혼 관계의 특징과 관련해서 지속적인 연합의 예증을 제공하셨다. [syzeugnymi]

19:7. **<u>이혼 증서</u> 두루마리**(a scroll of <u>certificate of divorce</u>, biblion apostasiou) – 신명기 24장 1–3절에 나오는 권고에 근거한 이혼 증서는 간단하게 기록된 통지서로 이루어졌다(예를 들면, m Gittin 9.1–3). 한 예를 살펴보자. "나 아무개는 내 자신의 자유의지에 따라서 오늘 이 시간 이전까지 내 아내였던 당신 아무개와 이혼하여 풀어준다. 당신은 자유롭게 떠날 수 있고, 당신이 원하는 어떠한 유대인 남자의 아내가 될 수 있다. 이것은 당신을 위한 자유와 이혼 증서 문서다…"(Discoveries I the Judean Desert, 2.19 in D. Instone-Brewer, "1 Corinthians 7 in the Light of Jewish Greek and Aramaic Marriage and Divorce Papyri," Tyndale Bulletin 52.29(2001):237). 이혼 문서가 재혼할 권리를 분명하게 언급하는 것을 주목하라. [apostasion]

19:8. **마음의 완고함**(Hardness of heart, sklērokardian-) – 이 단어는 '마음의 굴복하지 않는 상태'를 가리킨다(BDAG, 930, 참고–BAGD, 756). 이것은 하나님께 대한 완고함과 그분이 정한 삶의 경로를 따라가는 것을 완고하게 거부하는 것 그 자체를 나타낸다. 타락으로 인하여 죄가 들어와 모든 사람이 악을 행하는 경험을 지니게 되었으므로 이것은 인간의 기본적인 상태를 묘사한다(7:11, 막 10:5, 롬 3:9–18, 5:12). [sklērokardia]

19:9. **<u>부도덕의</u> 원인 이외에**(Except for <u>immorality</u>, mē epi porneia) – 이 예외 문구는 5장 32절에 나오는 병행된 진술과 그 의미가 유사하다. 부도덕에 해당되는 단어는 다양한 '불법적 성관계'에 적용되는 일반적인 단어다(BDAG, 854, 참고–BAGD, 693). 예수님께서 가정 단위의 보존(5–6절)과 용서의 중요성(18:21–35)에 대해 강조하신 것을 염두에 둘

때, 이 같은 이혼의 허용은 자동적으로 적용되게 의도된 것으로 보이지 않는다. 오히려 회개하지 않는 부도덕이 결혼의 결속을 파괴하고, '한 육체' 관계의 유지를 불가능하게 하는 것을 인정한다. 유대 문화와 이방 문화는 모두 재혼을 이혼 후의 일반적 규범으로 보았다(마 19:7에 나오는 이혼 문서를 보라). [porneia]

19:10. 결혼하지 않는 것이 더 좋다(Better not to marry, sympherei gamēsai)−이혼에 대한 예수님의 억제를 받고 어떤 제자(베드로와 같이 결혼한 사람들은 아님)는 독신이 결혼보다 더 좋지 않을까 생각했던 것 같다. 결혼이 유대인들에게 일반적으로 기대되는 것임을 감안해볼 때(창 1:28, 구약에서의 첫 계명 참고) 제자들이 이 말을 할 때 얼마나 심각했는지 질문이 제기될 수 있다. 그러나 예수님께서는 11절에 제시된 조건과 함께 독신이 일부에게만 해당되는 사실로 인정하신다. [sympherō, gameō]

19:11. <u>이것이 주어진</u> 자에게(To whom <u>it is given</u>, hois dedotai) − 이 동사의 수동태는 하나님께서 어떤 사람에게 독신으로 살아갈 수 있는 역량을 주시는, 이름이 밝혀지지 않은 분임을 암시한다. 이 이해에 근거해볼 때, 독신은 하나님의 결정과 일치하여 어떤 개인들에게 주어진 은사다(고전 7:7 참고). 이들은 결혼하려는 정상적인 경향에서 제외되는 사람들이다. [didōmi]

19:12. 내시들(Eunuchs, eunouchoi) − 이 단어는 이 문장에서 서로 다른 세 개인의 상황에 적용된다. 첫 번째는 수술로 고환을 제거하여 성적으로 기능을 전혀 못하게 된 사람, 곧 '거세된 사람'이다. 내시들은 종종 왕가에서, 에디오피아 여왕의 재무관과 같이 정부 고위직으로 섬기는 경우가 있다(행 8:27). 두 번째는 '물리적인 수술이 없이 천성적으로 아이를 낳을 수 없게 된 남자'다(BDAG, 409, 참고-BAGD, 323). 다시 말해서 선천적으로 성적으로 무기력한 사람이다. 세 번째는 '성적으로 무기력하지 않지만 결혼을 억제하는 남성, 독신자'다(Ibid.). 예수님께서는 하나님을 섬기는 일에 전적으로 헌신하기 위해서 어떤 사람이 독신으로 남아 있을 수 있는 능력을 수여받았다는 전망에 대하여 개방적이다(고전 7:32-35 참고). 예수님께서는 독신으로 살 수 있는 능력을 수여받은 자들이 이러한 삶의 스타일을 채택할 것을 권면하신다. [eunouchos]

하나님의 나라(Kingdom of heaven, basileian tōn ouranōn)−이 구절은 하나님 통치의 기본 개념과 관련하여 의미의 다양한 뉘앙스를 가진다. 여기에서 초점은 가족에 대한 책임의 압박 없이 현재 하나님을 섬기는 것에 있다. 순회선교 활동에 참여하고 있는 자들은 뒤에 남겨둔 가족들의 안녕에 대한 염려가 없어야 자기들의 책임을 더욱더 쉽게 수행할 수 있다는 사실을 누구나 쉽게 발견한다(10:5-25, 고전 7:32-35 참고). 이것은 다른 사람들 가운데 살았던 바울(고전 7:7)과 디모데(빌 2:19-21 참고)의 스타일이다(27:55 참고). [basileia, ouranos]

19:13. 안수하다(Lay hands on, cheiras epithē) −사람에게 안수하는 것은 하나님의 복을 간청

하는 기도에 전통적으로 수반되는 행동이다(예, 창 48:14-20). 예수님께서는 자기 자신을 아이들과 함께 동일시할 정도로 아이들의 중요성에 대하여 앞에서 말씀하셨다(18:2-5). 그러나 제자들은 예수님의 가르침을 이해하고 실천하는 것의 어려움을 예증한다. 예수님께서는 가정의 근본적인 요소인 결혼의 영구성을 앞에서 강조하셨다(4-6절). 그리고 여기에서는 그분의 축복을 아이들과 관련하여 가정 생활에 확대하신다. 독신(10-12절)과 결혼(자녀 가지는 것을 포함하는)이라는 각각 다른 삶의 스타일은 모두 하나님께 인정된 방식이다. [cheir, epititēmi]

19:16. **영생**(Eternal life, zōēn aiōnion) - 영생의 의미에서 기본적인 개념은 하나님과의 관계다. 하나님께서는 영원하시기 때문에, 그와의 관계는 끝이 없는 삶을 포함할 것이다. 비록 하나님과 함께하는 이 삶은 현재적인 차원을 가지고 있지만, 언급의 대부분은 미래를 예견한다. 이 구절에서 관련된 용어들의 다양함은 영생에 대한 첫 번째 언급(16절)과 마지막 언급(29절) 사이의 논의를 이끌어가는 데 사용된다. 관련된 언급들은 '생명'(17절), '하늘나라'(23절), '하나님의 나라'(24절), '구원받다'(25절) 등이다. [zōē, aiōnios]

19:21. **완전하다**(Perfect, teleios) - 5장 48절에서와 같이 이 단어가 가리키는 것은 죄 없는 행동이 아니라, 하나님께 대한 진정한, 또는 한결같은 헌신이다. 젊은 사람이 자기 자신을 하나님께 헌신된 사람으로 소개하지만, 그는 기껏해야 갈라진 충성심을 소유한 사람이다. 예수님께서는 두 주인을 섬기는 일의 불가능함에 대하여 경고하셨고(6:24), 이 진리는 이 사람의 삶 속에 예증된다. 그는 많은 것들을 소유하고 있었지만(22절) 사실은 그의 소유물들이 그를 소유했고, 예수님을 따름으로써 하나님을 섬길 수 있는 그분의 능력을 사실상 막아버렸다(13:22 참고). [teleios]

19:24. **하나님의 나라**(Kingdom of God, basileian tou theou) - '하늘나라'(23절)와 '하나님의 나라'가 동의어라는 것은 이 구절들에서 사용된 보완적인 진술에서 알 수 있다. 여기에서 이 표현들은 이 세상의 폭정(재물과 같이)에서 건짐을 받아 하나님의 통치와 지배 아래 있는 삶으로 옮겨진 '구원받은' 백성(25절)이 사는 영역을 가리킨다. 이러한 구원은 사람들이 자기 스스로 성취할 수 있는 어떤 것이 아니다(23-24절). 하나님만이 구원하신다(26절). [basileia, theos]

19:27. **버렸다**(Left, aphēkamen) - 베드로는 여기에서 제자들이 예수님의 부르심에 순종한 사실에 관심을 돌린다. 그와 안드레는 어부로서 자신들의 생계를 버렸다(4:20, 참고-9:9). 야고보와 요한은 동일하게 자기들의 사업과 가족을 버려두고 예수님을 따랐다(4:22). 예수님께서는 젊은이에게 천국의 보물을 확신시켜주셨다(21절). 베드로는 자신이 받을 보상에 대해서 궁금해한다. 제자들의 보상은 그들이 버렸던 것(29절)보다 100배나 더 크며, 젊은이가 가장 중요하게 추구했던 것을 얻게 될 것이다(16절). 이것은 다른 방법으로는 결코 얻을 수 없

는 것, 바로 하나님과의 영원한 삶이다(29절). [aphiēmi]

19:28. **갱신**(Renewal, palingenesia) – 이 단어는 신약에 두 번 나온다. 이것은 디도서 3장 5절에서 하나님과 관계를 가질 수 있는 능력인 중생의 개인적 경험을 가리킨다. 여기에서 이것은 '메시아의 시대에 세상을 새롭게 하는 것' 을 가리킨다(BDAG, 752, BAGD, 606). 예수님께서 보좌에 앉으셨다는 묘사는 그분이 메시아 왕국에서 통치하시는 모습을 그려준다. 제자들이 그분의 통치 권세에 참여하게 될 것이라는 예수님의 말씀(계 20:4 참고)은, 자기같이 모든 것을 버리고 예수님을 따른 자들에게 미래에 무엇이 있을 것이냐는 베드로의 질문에 대한 부분적인 답이 된다(27절, 계 3:21 참고). [palingenesia]

보좌(Throne, thronou) – 보좌는 '높은 신분을 가진 자를 위해 지정된 의자' 다(BDAG, 460, 참고- BAGD, 364). 여기에서 보좌는 '자기 조상 다윗의 보좌를 차지하는 그리스도' 에게 속한다(Ibid.). 제자들은 예수님의 경험의 다른 국면들, 여기에서는 곧 그분의 통치에 참여하는 것을 약속받는다(롬 8:29, 고전 15:20 참고). 예수님께서는 또한 자신의 개인적인 상황에서 신분의 극적인 반전을 예로 든 것이다. 중요하지 않은 하찮은 사람이자 '마지막' 으로 대우를 받은 그 사람은 사람들에 의하여(16:21, 17:2–23, 20:17–19) '첫 번째' (30절), 곧 모든 사람의 통치자로 높임을 받을 것이다(25:31, 26:64, 참고–빌 2:6–11). [thronos]

열둘(Twelve, dōdeka) – 보좌들과 지파들과 관련하여 이 숫자를 반복한 것은 일종의 강조다. 열두 지파들의 언급은 이스라엘의 온 백성을 상기시켜준다. 12의 상징은 2장 6절에서 표현된 소망의 성취를 묘사한다. [dōdeka]

심판하다(Judging, krinontes) – 이 단어는 마지막 심판에 공의를 시행하는 행동을 가리킬 수 있으나, 이스라엘 사사시대 때에 사사들이 수행했던 것과 같이 제자들이 통치, 또는 지배의 역할을 하는 것을 묘사하는 것 같다(삿 8:22–23). 마태복음에서 심판의 묘사는 심판자이신 예수님에게만 초점을 두지만(예, 7:21–23, 25:31–46), 통치에 대한 언급은 제자들이 이러한 역할을 할 수 있다는 기대를 열어준다(예, 20:20–28). [krinō]

20:1. **포도원**(Vineyard, ampelōna) – 포도원의 언급은 예수님의 여러 비유에 등장한다(21:28, 32). 구약에서 이스라엘은 종종 하나님의 포도원으로 묘사된다(사 5장, 렘 12장). 이 비유에서 포도원은 제자들이 하나님께로부터 파송받는 사역 현장을 묘사한다. [ampelōn]

20:2. **데나리온**(Denarius, dēnaiou) – 데나리온은 일반적으로 로마 제국에서 노동자들에게 지불하는 하루 품삯이다(BDAG, 223, 참고- BAGD, 179). 그래서 이 단어는 종종 '일반적인' (NLT), '일상적인' (NRSV) 혹은 '일일 표준 품삯' (NET)으로 번역된다. [dēnarion]

20:3. **제3시**(Third hour, tritēn hōran) – 낮은 해뜰 무렵부터 해질 무렵까지 12시간이다(오전 6시부터 오후 6시까지). 첫 번째 일꾼들은 해뜰

무렵에 포도원으로 보냄 받았고, 마지막 일꾼들은 제 11시경에 보냄 받았다(6절). 여러 번역들(NCV, CEV, NLT, NRSV, NET)은 이러한 시간에 대한 언급을 근접한 시간으로 대치하여, 제3시는 오전 9시(3절), 제6시는 정오(5절), 제9시는 오후 3시(5절) 그리고 제11시는 오후 5시(6절)로 각각 번역했다. [hōra]

20:4. **옳다**(Right, dikaion)－이 비유에서 일꾼들은 주인이 옳게 행하여 정당한, 혹은 공정한 품삯을 지불할 것이라고 신뢰할 수 있다. 주인은 첫 번째 일꾼들에게 지불하기로 약속한 것을 신실하게 행했다(10, 13절). 나중에 온 일꾼들은 그의 공정함을 신뢰했다. 그래서 그들은 그와 품삯에 대하여 흥정하지 않고 일하러 갔다. 그들은 공정한 품삯을 보장하는 것보다 주인의 관대함을 경험하는 것이 훨씬 더 좋다는 것을 발견하게 될 것이기 때문에 이렇게 한 것을 기뻐하게 될 것이다(8-9, 15절). [dikaios]

20:8. **마지막…먼저**(Last…first, eschatōn…prōtōn)－이 구절이 비유의 가운데 부분에 배치된 것 외에, 앞의 19장 30절과 뒤의 결론(20:16)에서도 나오는 것을 볼 때 이 말씀은 책 받침대와 같은 역할을 한다. 이러한 책 받침대의 효과는 이 비유의 메시지를 천국의 보화(19:21)에 대한 이전 논의(19:16-29)와 연결시킨다. 이 비유는 베드로(19:27) 또는 야고보와 요한(20:20-21)과 같은 제자들에게 경고와 같은 역할을 한다. 그들은 자기들의 개인적인 희생이나 사역 기간을 고려하여 자기들의 미래 보상(19:28-29)에 대하여 추정을 하거나 계산하려는 유혹을 받았을지도 모른다. [eschatos, prōtos]

품삯(Pay, misthon)－이 비유에서 이 단어는 일꾼들의 급료 또는 품삯을 가리킨다. 그러나 이것은 보상을 가리킬 때도 사용된다(예, 6:1, 2, 4). 천국에서 주어질 보화에 대한 베드로와 제자들 사이의 토론(19:27-29) 역시 보상에 관한 것이므로 이 비유를 이해하는 데 배경을 제공한다. [misthos]

20:14. **나는 원한다**(I want, thelō)－이 동사는 '어떤 것에 대하여 욕망을 가지는 것'을 의미하고(BDAG, 447, 참고-BAGD, 355), 사람이 자기 의지를 행사하는 것을 묘사한다. '자비심'이란 단어는 '선한 의지'를 의미하는 두 라틴어로 이루어졌으며, 이 경우 주인의 소원을 적절하게 기술한다(15절). 그는 관대한 성품을 가지고 있어 이에 따라 자유롭게 행할 수 있다. [thelō]

20:15. **관대하다**(Generous, agathos)－이 단어는 19장 17절에서 하나님을 가리키는 것과 같이 일반적으로 '선하다'로 번역된다. 이것은 앞장에서 이야기된 사건들과 이 비유 사이의 또 다른 접촉점을 보여준다(비록 연결은 여기에 사용된 단어를 '선하다'로 번역하는 역본들에서 가장 분명하지만, 예를 들면 KJV, NKJV). 이 문맥에서 '친절하다' 또는 '관대하다'(NASB, NIV, NRSV, NET)는 번역은 주인이 가진 성품의 이러한 측면을 잘 표현한다(BDAG, 4, 참고-BAGD, 3). [agathos]

시기하는(Envious, ophthalmos…ponēros)－

이것은 문자적으로 '악한 눈'으로 번역된다(KJV, NKJV). 곧 '시기나 질투심으로 다른 사람을 쳐다보는 자'를 의미한다(BDAG, 744, 참고-BAGD, 599). 이러한 이유 때문에 대다수 번역들은 이 문구를 '시기하는'(NIV, NRSV, NET), '질투하는'(NCV, CEV)으로 번역한다. [ophthalmos, ponēros]

20:18. **인자**(Son of Man, huios tou anthrōpou)-예수님께서는 자신의 죽음에 대한 세 번째 예언(16:21-23, 17:22-23, 참고-26:2)에서 선호하는 구절을 사용하여 자신을 가리킨다. 예수님께서는 인성의 충만함 가운데 유대인들(18절)과 이방인들(19절)에 의하여 무자비하게 대우받을 운명이었다. 인간에게 굴욕을 당하고 그들에 의해 사망의 정죄를 받은 후에, 그분은 하나님께 확증을 받아서 죽은 사람들 가운데서 일으킴을 받을 것이다. [huios, anthrōpos]

20:21. **당신의 나라**(Your kingdom, basileia sou)-제자들은 메시아가 고난을 받아야 한다는 것을 이해하지 못한 것 같지만, 예수님의 궁극적인 확증과 승리를 믿었던 것으로 보인다. 예수님께서 왕으로 통치하실 때 예수님 다음으로 중요한 자리를 차지하게 해달라는 이 요청은 두 가지 사실을 보여준다. 첫째, 그들은 제자들이 미래적인 통치에 참여할 것이라는 예수님의 약속을 심각하게 받아들였다(19:28). 둘째, 포도원 일꾼들에 대한 비유의 핵심은 전적으로 그들에게서 사라졌다. 그들은 하나님의 관대하심을 신뢰하는 대신에 자기 자신들을 위해 메시아 왕국에서의 소중한 자리를 흥정하려고 애쓰고 있다. [basileia]

20:23. **준비되었다**(Prepared, hētoimastai)-포도원의 주인과 같이 하나님께서는 자신에게 속한 것을 가지고 원하는 것을 행하실 것이다(15절). 이것은 사람을 메시아의 왕국에서 존귀한 자리들에 지정하는 일도 포함한다. 이 동사의 시제인 현재완료는 확실하고 정해진 일, 즉 하나님께서는 그 나라가 언제 임하며 누가 존귀한 자리들을 차지하게 될 것인지 이미 알고 계시다는 사실을 묘사한다. [etoimazō]

20:25. **통치자들…높은 자리에 있는 사람들**(Rulers…those in high position, archontes…megaloi)-첫째 단어는 '통치하는 자격으로 명성을 가진 자'를 가리키며 '통치자', '주님', 또는 '군주'로 번역될 수 있다(BDAG, 140, 참고-BAGD, 113). 둘째 단어는 '큰 자들', '높은 자리에 있는 자들'을 의미하는 단어로 통치자들을 일반적으로 지칭한다(BDAG, 624, 참고-BAGD, 498). 이 두 단어에 상응하는 동사들은 다른 사람들을 지배하는 권세나 능력을 가지는 것을 가리킨다. 통치에 대한 두 묘사는 섬김의 두 자세와 대조된다(26-27절). [archōn, megas]

20:26. **사환**(Servant, diakonos)-이 단어는 '상급자의 명령에 따라 어떤 것을 행하는 자'를 묘사한다(BDAG, 230, 참고-BAGD, 184). 표준 사전은 이와 동등한 용어로 '조력자'를 제안하나(KJV의 '사역자' 참고), 거의 모든 번역은 '사환'이란 단어를 사용한다. 종은 명령

을 내리는 권력과 권세의 자리에 있는 자들과 는 대조되는, 지위가 없는 사람으로서 상급자의 명령을 이행하는 자다. 비록 종의 역할은 세속 사회에서는 존영이 없지만, 교회에서는 지도자들에게 적용된 명예로운 용어가 되었다(빌 1:1 참고). [diakonos]

20:27. **종**(Slave, doulos) – 이 단어는 '다른 사람에게 전적으로 헌신한 자'를 묘사한다(BDAG, 260, 참고–BAGD, 205). 표준 사전은 대체적인 용어로 '백성'(subject)을 제안하나(KJV, '사환, servant' 참고), 거의 모든 번역은 이 구절에서 '종'(slave)을 사용한다. 사환과 같이(26절) 종은 자기 주인의 뜻을 행하기 위해서 존재하는 사회적으로 지위가 없는 사람이었다. 예수님께서는 제자들에게 자신을 사환과 종으로 생각하라고 권고하심으로써 현재 그들 자신의 사역의 성격을 분명하게 하신다. 통치와 지배의 때는 여전히 미래에 있다(19:28, 20:20–21). 현재 시대에 제자들은 하나님의 뜻을 성취하는 것을 자기들의 사명으로 삼는 겸손한 백성으로서 자기 자신을 보아야 한다. 예수님께서 이 역할에 대하여 긍정적으로 말씀하시고 이것을 그분의 삶에서 모델로 삼으셨다는 것(28절, 11:29 참고)은 후기 제자들로 하여금 자기 자신들을 '그리스도의 종'으로 간주하게 했다(빌 1:1 참고). [doulos]

20:28. **대속물**(Ransom, lytron) – 이 단어는 '석방의 대가'(BDAG, 605, 참고–BAGD, 482)를 의미하며, 종종 '종들의 해방을 위한 속량금'을 지칭하는 데 사용되었다(Ibid.). 자신의 죽음을 세 번 예고하신 다음(16:21, 17:22–23, 20:17–19), 예수님께서는 여기에서 그 목적을 설명하신다. 그분의 죽으심의 목적은 다른 사람들이 자유를 얻는 것이다. 예수님께서 나중에 하신 진술(26:28)은 이 자유의 의미를 명확하게 해준다. 독자들은 예수님의 죽음이 그들을 위한 죄로부터의 자유를 확보한다는 것을 이해한다. 바울과 같이 후기 저자들은 구원을 인간의 삶을 지배하는 죄의 파괴적인 능력에서의 해방으로 묘사함으로써 이 자유를 상세하게 설명한다(예, 롬 6:20–23). [lytron]

20:34. **동정**(Compassion, splangnistheis) – 이것은 저자 마태가 백성의 고통스러운 생활 환경에 대한 예수님의 측은한 마음이나 동정심을 묘사할 때 사용하는 호의적인 단어다(9:36, 14:14, 15:32, 18:27). 이 단어는 자비의 행동, 곧 이 복음서에서 구별되는 표징으로 칭송되는 행동과 연관된 감정의 나머지 한 부분을 묘사한다(5:7, 9:13, 12:7, 15:22, 17:15, 18:33, 23:23). [splanchnizomai]

21:1. **감람산**(Mount of Olives, oros tōn elaiōn) – 이 산은 서쪽에 있는 예루살렘 성보다 17미터밖에 더 높지 않기 때문에 언덕 또는 산등성이로도 불릴 수 있다(BDAG, 725, 참고–BAGD, 582). 이 산의 크기는 3.2킬로미터 정도이며, 여기에는 감람나무가 심겨져 있었다. 이 산의 정상(실제로는 세 정상이 연결된 것임)에서 예루살렘과 성전 언덕은 용이하게 볼 수 있고, 접근할 수 있다(슥 14:4 참고). [oros, elaia]

21:5. 왕(King, basileus) – 예수님께서는 참으로 유대인들의 왕이다(2:2, 27:37 참고). 그러나 그분은 자기 백성을 위해 죽을 운명을 지닌 겸손한 왕으로 오신다(20:28). 스가랴서 9장 9절의 인용은 예수님의 메시아 역할의 성취 유형에 적합하다. 예수님께서는 재림에서 완성하실 것을 초림에서 시작하신다(슥 9:9는 초림에서 성취되고, 9:10은 재림에서 성취될 것이다). [basileus]

21:7. 그가 그것들 위에 앉았다(He sat on them, epekathisen epanō autōn) – 마태는 제자들이 짐승들 위에 올려놓은, 방금 언급된 옷들을 독자들로 하여금 '그것들'의 선행사로 보도록 의도하는 것 같다. 그러나 대부분의 번역은 선행사가 나귀와 나귀새끼라고 생각한다. 히브리어 본문(슥 9:9)에 따르면 나귀새끼를 메시아가 탄 것으로 나온다. 예수님께서는 동행하고 있는 암나귀에 한 손을 얹고 아마도 나귀새끼를 타셨을 것이다. [epikathizō]

21:9. 호산나(Hosanna, hōsanna) – 이 표현은 하나님께 도움, 또는 구원을 호소하는 찬양의 시(시 113–118편)에 등장한다. 그러나 이 당시에 이것은 '이스라엘에 있는 모든 사람들에게 익숙한'(BDAG, 1106, 참고–BAGD, 899) 찬양 또는 환호의 말이 되었던 것같이 보인다(16절 참고, 눅 19:37–38). 시편 118편(여기에서는 16절이 인용됨)은 하나님의 신실함을 송축한다. 여기에서 무리는 예수님을 다윗의 자손으로 환호한다. 그러나 이것은 그들 가운데 소수만이 확고하게 받아들일 진리다(27:20 참고). [hōsanna]

21:13. 기도의 집(House of prayer, oikos proeuchēs) – 앞에서 예수님께서는 사람들에게 칭찬을 얻기 위한 수단으로 기도를 이용한 위선자들에 대하여 제자들에게 경계하셨다(6:5–6). 여기에서는 기도하는 장소를 장사의 수단으로 바꾸어버린 사람들을 책망하신다. 예수님께서는 제자들에게 하나님과 돈을 같이 섬길 수 없다고 경고하셨다(6:24). 성전 지도자들은 이러한 부패를 허용함으로 돈에 대한 그들의 충성심을 보여준다. 백성은 올바르게 예수님을 선지자로 환영했고(11절), 이러한 정결 사건은 예언적인 책망의 행동이다. [oikos, proseuchē]

21:16. 읽다(Read, anegnōte) – 예수님께서는 성경을 언급하심으로 반대자들에게 대응하신다. 예수님께서는 앞서 바리새인들을 대하실 때도 이와 같이 하셨고(12:5, 19:4), 나중에 사두개인들을 대할 때도 그와 같이 하실 것이다(22:31). 여기에서 반대자들은 대제사장들과 서기관들이다(21:42 참고). 이러한 언급들은 성경을 진리의 안내자로 보여준다. 이것들은 또한 성경에 대한 바른 반응은 하나님의 은혜에 대한 요구임을 보여준다. 이 구절은 예수님께서 이전에 말씀하신 것을 예증한다. 하나님의 진리는 종종 지혜롭고, 배운 자들에게는 감추어지며, 어린아이들에게는 계시된다(11:25). [anaginōskō]

21:19. 무화과나무(Fig tree, sykē) – 무화과나무가 마른 사건은 예수님의 권세를 불길하게 예

증한다. 세례 요한은 하나님께서 좋은 열매를 맺지 않는 나무를 잘라버리실 것이라고 말하며 다가오는 심판에 대하여 경고했다(3:10). 종교 지도자들은 요한과 그의 메시지를 배척했고 (25-26, 32절 참고), 예수님을 억압하려고 했다(45-46절). 그들은 이 일에 성공하여 자기 자신들에게 심판을 자초할 것이고(43절), 결과적으로 성전의 파괴를 가져올 것이다(23:37-38). 이 사건은 성전의 지도자들과 예수님의 대립 사이에 위치하고 있기 때문에 지도자들의 다가오는 멸망을 생생하게 예증한다. [sykē]

21:22. **기도**(Prayer, proseuchē) - 이 말씀을 무화과나무가 마른 사건과 연결하는 것은 말씀이 능력을 가진다는 개념이다. 이것은 예수님의 경우, 그분에게 하나님께서 수여하신 권세의 문제다. 이것은 제자들의 경우, 기도를 통해 하나님의 능력을 활용하는 문제다. 종교 지도자들은 기도의 집으로서의 성전의 역할을 좌절시킬 수는 있었으나(13절), 기도하는 백성을 통한 하나님의 일은 막을 수가 없었다. 하나님을 신뢰하는 사람들은 아무리 불가능해보일지라도 기도하는 자가 하나님의 뜻을 행할 수 있다는 것을 확신할 수 있다(17:19-20, 19:26 참고). [proseuchē]

21:27. **권세**(Authority, exousia) - 예수님께서 하나님을 위하여 말씀하고 행하실 수 있는 권한을 가졌다는 사실은 이 복음서에 반복적으로 주목되고 있다(7:29, 8:9, 9:6, 8). 예수님께서는 심지어 제자들에게 권세를 수여하신다(10:1). 하나님의 권세의 대리자로서 예수님의 신분은 11장 27절(진리의 계시자로)에 암시적으로, 그리고 28장 18절(만물의 통치자로)에 분명히 진술되어 있다. 예수님의 권세를 배척하는 사람은 요한의 사역도 배척했고(25, 32절, 참고-3:7-10), 그들은 심판의 위험에 놓여 있다(3:10). [exousia]

21:31. **안으로 가다**(Go into, proagousin) - 이 비유는 믿음과 포도원 일꾼들의 비유에 나오는 행동과의 연결을 보여준다. 세리들과 창녀들은 처음에 하나님의 메시지를 믿는 것을 거부했다. 그러나 그들은 요한의 선포에 회개하고, 하나님의 뜻에 순종으로 반응했다. 종교 지도자들은 하나님을 믿는다고 말했으나 일하기를 거부함으로 자신들의 불신을 보여주었다. 동사 '안으로 가다' 의 현재 시제가 지금 하나님나라에 들어가는 것을 가리키는지, 아니면 미래에 들어갈 것을 가리키는지 논란이 될 수 있다. 그렇지만 다음 비유는 이미 실재하는 하나님의 나라를 묘사한다(43절). [proagō]

21:33. **소작인들**(Tenants, geōrgois) - 이 단어는 '계약에 근거하여 농사일을 행하는 사람' 을 묘사한다(BDAG, 196, 참고-BAGD, 157). 비유에서 이것은 하나님의 백성 가운데 일을 해야 하는 이스라엘의 지도자들을 가리킨다(45절). 그들은 하나님의 뜻에 따라 살고, 백성에게 그렇게 살라고 권고하면서 하나님께 신실할 것이 기대된다. [geōrgos]

21:34. **열매**(Fruit, karpous) - 하나님께서 찾으신 열매는 소작인들이 마땅히 그래야 했던 것

과 같이 그분의 뜻에 따라 산 신실한 백성이다. 하나님 백성의 의는 예상된 열매다(5:20, 6:33, 참고-빌 1:11). [karpos]

21:35. 종들(Slaves, doulous) – 흔히 '사환들'(KJV, NKJV, NIV, NLT, NCV, CEV, ESV)로 번역되기는 하지만, 이 단어는 종들도 가리킨다(NASB, NET, NRSV, BDAG, 260). 이것은 여기에서 구약(렘 25:4, 암 3:7, 단 9:6)과 신약(계 10:7, 11:18) 선지자들에게 사용된다. 하나님의 구약 선지자들이 이스라엘의 지도자들에게 배척을 받았던 것과 같이, 순교자의 죽임을 당한 요한도 그러했다(14:10-12 참고). [doulos]

21:38. 상속자(Heir, klēronomos) – 상속자는 '어떤 것을 소유로 받는 자'다(BDAG, 548, 참고-BAGD, 435). 비유에서 상속자는 이스라엘이다. 예수님께서는 '유대인들의 왕'으로 태어났으나(2:2), 종교 지도자들은 그분을 배척하고 마침내 죽이라고 백성을 설득했다(27:20-23). 사실 그리스도는 궁극적으로 이스라엘(19:28)뿐만 아니라 온 창조 세계(28:18, 참고-고전 15:23-28)를 다스릴 것이다. 히브리서의 저자(1:2)는 그리스도를 '하나님께서 만물의 상속자로 세운' 자로 바르게 묘사한다. [klēronomos]

21:41. 악한 사람들(Evil men, kakous) – 이것은 '사회적으로 또는 도덕적으로 혐오스러운 것과 잘 어울리는' 형용사이며(BDAG, 501, 참고-BAGD, 397), '사악한 사람들'(KJV, NKJV, NLT), '가련한 사람들'(NASB, NIV, ESV) 또는 '악한 사람들'(NCV, NRSV, NET) 등으로 다양하게 번역된다. 여기에서 역설은 종교 지도자들이 자기 자신들을 옳게 묘사하고(45절), 관련된 부사(kakōs)를 사용하여 자기들의 종말을 '비참하게 멸망하다'(KJV, NKJV), '비참한 죽음'(NRSV, ESV, NET, BDAG, 116, CKARHFH BAGD, 95), '비참한 종말'(NASB, NIV), '무시무시한 죽음'(NLT, CEV) 등으로 정확하게 묘사한다는 것이다. 비록 이것이 주후 70년 로마에 의한 예루살렘 파괴를 예고할 수 있으나, 그것보다는 마지막 심판을 가리키는 것 같다(10:38 참고). [kakos]

21:42. 돌(Stone, lithon) – 돌은 그리스도를 가리킨다. 이스라엘의 지도자들에게 배척을 받았지만 예수님께서는 교회의 기초석이 되실 것이다(엡 2:20). 이스라엘의 지도자들은 예수님을 배척하기 때문에 결국 쓰러지고 넘어질 것이다(44절). [lithos]

21:43. 하나님의 나라(Kingdom of God, basileia tou theou) – 나라를 한 그룹(이스라엘)에서 제거하고 이를 다른 그룹(교회)에게 주는 것은, 교회가 현 시대에 하나님의 소작인으로서의 책임을 이양하는 것을 의미한다. 교회는 하나님의 진리를 선포하고, 복음을 듣고 순종하는 사람들 가운데 믿음과 의를 독려할 책임을 져야 한다. 이렇게 할 때 교회는 하나님께 그에 합당한 '열매'를 돌려드릴 수 있다(34절). [basileia, theos]

백성(People, ethnei) – 이 단어는 '혈연 관계, 문화, 공통의 전통으로 하나가 된 백성의 단체'

를 가리킨다(BDAG, 276, 참고-BAGD, 218). 이 경우 이 백성을 하나로 묶어주는 것은 예수님께 대한 그들의 충성심이다. 예수님의 말씀을 듣고 그분에게 순종하는 사람들은 민족 배경에도 불구하고 복음을 선포하고 그분을 위해 제자 삼아야 하는 소명을 받은 백성의 공동체 일원이 된다(28:19-20). 예수님을 따르는 사람들은 현 시대에 많은 민족 가운데 믿음과 의의 열매 맺기를 추구하는, 하나님나라의 소작인들이다(롬 1:13-15 참고). [ethnos]

22:2. **아들**(Son, huiō) - 소작인들의 비유에서와 같이(21:33-41), 여기에서 아들은 예수님이다. 예수님께서는 다른 본문에서 신랑에도 비교가 되었다(9:15, 25:1-13, 참고-엡 5:25-27, 계 19:7-9). 물론 이전 비유와 같이 (세례 요한[3:2]과 나중에 제자들[10:17]과 다른 동료들[23:34]을 포함하는) 하나님의 종들은 이스라엘 백성에게 수치를 당한다(6절). [huios]

22:3. **초대받았다**(Invited, keklēmenous) - 이 단어는 '사교 모임에 어떤 사람의 임재를 요청하는 것' 을 가리킨다(BDAG, 503, 참고-BAGD, 399). 비유의 문맥에서 초대받은 사람들은 이스라엘 백성이다. 세례 요한(3:2)과 예수님(4:17)께서는 하나님나라에 들어오라고 백성을 초대했으나 백성들은 대부분 거절했다(3, 5절, 11:16-19 참고). 소작인들의 비유(21:33-41)에서와 같이, 이스라엘 백성의 일원이 될 특권을 가진 사람들은 그의 대표자들을 죽이고 그렇게 함으로써 하나님을 배척하는 수치스러운 행동으로 하나님의 은혜로운 제안에 반응했다. [kaleō]

22:7. **그들의 도시를 불태웠다**(Burned their city, polin autōn eneprēsen) - 예루살렘의 멸망은 구약에서 정복되고 불에 탄 도성들을 묘사하는 것과 유사하게 기술되었다(수 6:24, 삿 1:8, 18:27, 20:48). 요세푸스(Josephus)는 주후 66-70년, 로마인들이 성전과 예루살렘을 불태운 것을 기술한다(전쟁사 6:353-5, 363, 406-8). 예수님을 배척한 것은 예루살렘과 성전의 종말의 시작이다(23:37-38). [empimprēmi, polis]

22:8. **가치가 없다**(Not worthy, ouk…axioi) - 무가치한 자들은 자기들에게 임하는 메시지를 배척함으로 자기 자신들을 계시한다(10:13, 계 16:6 참고). [axios]

22:9. **모든 사람**(Everyone, hosous ean) - 일반적으로 이 상호 관계 어구는 '~하는 대로'(BDAG, 729, 참고-BAGD, 586, KJV, NASB, NKJV, ESV)를 의미한다. 그러나 불변화사(ean)와 함께 이것은 '모든 사람' 을 의미한다(Ibid. NCV, CEV, NLT, NRSV, NET 참고). 이것은 반응하는 유대인들을 포함하여(21:31 참고) 모든 민족을 상대로 하는 선교를 예고한다(28:19-20). [hosos, ean]

22:10. **나쁜 자들과 선한 자들**(Bad and good, ponērous te kai agathous) - 이 비유는 모든 종류의 고기를 잡는, 바다에 던져진 어망의 비유와 같다(13:47). 결혼식 초대에 응답하는

사람들은 나쁜 사람들과 선한 사람들이다. 심지어 예수님의 제자들의 무리도 선한 자와 악한 자(유다)로 이루어졌듯이, 결혼식 초대에 반응하는 사람들도 혼합된 모임이다. 그물 안에 있는 고기들이 마침내 골라지듯이(13:48-49, 참고-13:24-30), 결혼식에 초대받은 손님들도 그와 같을 것이다(11-14절). [ponēros, agathos]

22:11. 결혼식 예복(Wedding garment, endyma gamou) - 결혼식 예복을 입지 않은 손님의 운명(13절)은 앞의 비유에서 묘사된 가라지의 운명과 같다(13:42 참고). 유사성은 결혼 예복이 그 비유에서도 '해와 같이 빛나는 것' 으로 묘사된 의인들의 영광스러운 운명과 비교될 수 있음을 제시한다(13:43, 계 3:5 참고). 그러나 이 복음서는 일상적으로 하나님의 뜻에 대한 순종을 참된 제자들의 구별된 특징으로 지적한다(예, 5:16, 20, 6:1, 33, 7:21, 12:50). 다른 곳에서는 윤리적인 행동을 옷의 이미지와 연결하기 때문에(예, 롬 13:12, 엡 4:24), 요한계시록 19장 8절과 같은 본문은 여기에서 적절한 비교가 될 수 있다. 의복은 손님들의 '의로운 행위들' 을 나타낸다. [endyma, gamos]

22:14. 선택받은 자들(Chosen, eklektoi) - 이 단어는 '인류의 전반에서 선택하여 자신에게로 이끌어낸 사람들' 을 가리킨다(BDAG, 306, 참고-BAGD, 242). 의복이 인간의 책임을 묘사한다면(13절 참고), 이것은 주권적인 분으로서 하나님의 역할을 상기시켜준다(11:25-27 참고). 이 복음서의 다른 곳에서와 같이 이것은 부르심에 응답하는 사람들이 다 하나님나라에 들어가는 것이 아님을 분명하게 해준다(예, 7:21-23, 참고-25:31-46). [eklektos]

21:15. 올무에 빠뜨리다(Entrap, pagideusōsin) - 사냥과 관련된 용어(전 9:12 참고)의 사용은 예수님의 반대자들의 의도를 적절하게 묘사한다. 그들은 예수님의 생활 방식에 흠을 찾을 수 없자, 그분의 말씀에서 정죄할 방도를 찾았다(26:63-66). 그들은 아마도 예수님과 그분의 추종자들이 세금을 낼 필요가 없다고(성전세와 관련해서 그랬던 것과 같이, 17:25-26) 스스로 선언하기를 기대했던 것 같다. 그 선언은 로마 당국에 대한 선동죄에 해당하므로 그들을 고소할 근거가 되기 때문이다. [pagideuō]

22:17. 가이사(Caesar, Kaisari) - 이 헬라어는 라틴어 Caesar를 음역한 것이다. 이것은 로마의 첫 황제, 율리우스(그의 완전한 이름은 Gaius Julius Caesar였다)의 성이었고, 나중에는 칭호로 사용되었다. 황제는 여기에서 로마 정부와 세계 제도의 대표자로 일컬어진다. 그래서 '가이사' 보다는 '황제' (CEV) 또는 '로마 정부' (NLT)와 같은 번역들이 정확하다. [Kaisar]

세금(Tax, kēnson) - 이 헬라어는 라틴어 census의 음역이다. 이것은 인구의 등록, 즉 세금을 위한 인구조사에 근거하여 로마당국이 해마다 징수하는 개인 재산세다(눅 2:1-5). [kēnsos]

22:19. 데나리온(Denarius, dēnarion) - 이 헬라어는 라틴어 denarious의 음역이다. 이것은 미국의 10센트 은화 다임(dime)의 크기로 품

꾼의 하루 품삯에 상응하는 은화다. 한 데나리온의 납부는 이 당시 대부분의 사람들에게 재산세로 충분했다. 황제의 얼굴과 머리의 윤곽은 동전의 전면에 나오고, 뒷면에는 일반적으로 이방 신들로 장식되어 있다. 그들이 은화를 가지고 있다는 사실은 국가의 상업에 이미 참여하고 있음을 의미했다. [dēnarion]

22:21. **바치다**(Give, apodote) – 이 단어는 때때로 예를 들면, 빚을 갚는 데 사용될 때와 같이(예, 5:26, 18:25, 34) '다시 주다', '돌려주다'의 의미를 가진다. 이 단어는 여기에서 '계약상 또는 다른 의무를 충족시키는 것'을 의미한다(BDAG, 109, 참고–BAGD, 90). 하나님과 관련해서 독자는 소작인들의 비유를 다시 생각해야 할 것이다(21:33–46). 이스라엘 백성은 하나님께 속하고, 그 종교 지도자들은 백성들을 인도하여 그들로 하여금 하나님을 예배하고 존경하게 해야 했다. 그들은 이와 같은 일을 하는 데 실패했기 때문에 하나님께 속한 것을 그분에게 돌려드려야 했다. 예수님의 말씀은 그들이 맡겨진 위임을 성취하는 데 실패했음을 고소하는 것이다. [apodidōmi]

22:23. **부활**(Resurrection, anastasin) – 구약의 첫 다섯 권(모세 오경)은 사두개인들의 신앙 체계의 권위 있는 자료다. 이들 책에는 부활에 대한 분명한 언급이 없기 때문에(단 12:2는 구약에서 부활에 관하여 논란이 없는 유일한 책이다), 부활은 사두개파 교리의 일부분이 아니었다. 그들은 헬라인들과 로마인들같이 죽은 자들은 지하세계(유대인은 스올, 다른 사람들에게는 하데스였음)에서 계속 존재하는 것으로 믿었던 것 같다. [anastasis]

22:24. **그의 형제를 위해**(For his brother, adelphō autou) – 이 문구는 신명기 25장 5절(법의 진술)과 창세기 38장 8절(예)을 합친 인용의 일부다. 동생(라틴어는 levir, '형사취수'[levirate]의 결혼)은 자기 죽은 형의 아내와 결혼하여 계통을 잇기 위하여 자녀를 낳아야 했다. 이것은 1세기에 토론될 수 있었지만(미쉬나, Yebamoth를 참고하라), 이것이 단지 이론적인 질문이었다는 증거는 없다. 그들의 익살맞은 예는 천국에서의 일곱 남편을 가지는 여인의 곤경을 제시하면서 부활 신앙을 참으로 조롱하려는 것이다. 그들의 주장이 가지는 함축적인 의미는 하나님께서 그와 같은 상황을 만드실 리 없으므로 부활이 있을 수 없다는 것이다. [adelphos]

22:30. **천사들**(Angels, angeloi) – 예수님의 논쟁은 결혼은 사람들로 하여금 자녀를 낳음으로 첫 번째 계명(창 1:28)을 성취할 수 있게 해준다는 확신(형사취수의 문제와 관련된 확신)에 근거한 것으로 보인다. 천사는 불멸의 존재로 지음을 받았기 때문에 그들의 숫자는 늘어날 필요가 없다. 결혼은 천사들에게 필요하지 않은 것같이, 부활 때 불멸의 몸을 가지는 사람들에게도 필요 없다(13:43, 고전 15:42–49, 빌 3:21 참고). [angelos]

22:32. **살아 있다**(Living, zōntōn) – 예수님께서는 사두개인들이 권위 있다고 생각하는 본문(출 3:6에서)을 택하여, 이에 근거해서 하나님

께서 모세에게 자신에 관해 묘사한 내용은 아브라함과 이삭과 야곱이 살아 있다는 사실을 검증하는 것으로 이해해야 한다고 주장하신다. 그들이 아직 부활한 것은 아니지만, 하나님과 함께 살아 있다는 것은 족장들이 현재 천사들과 다를 바 없는 관계를 하나님과 맺고 있다는 사실을 제시한다. 변화 산에서 모세의 나타남은 마태복음의 독자들에게 모세의 현존 사실 또한 지적한다. [zaō]

22:35. **변호사**(Lawyer, nomikos)–이스라엘에서 변호사는 구약의 첫 다섯 권인 모세의 율법을 해석하고 적용하는 일에 있어서 전문가였다. 바리새인들과 연관되었지만, 이 질문은 오경에 대한 초점을 그대로 두고 예수님의 이해와 관련하여 그분을 시험하고자 하는 것이다. [nomikos]

22:36. **가장 크다**(Greatest, megalē)–이 형용사의 형태는 일급으로 되어 있어(긍정적) '크다' 고 번역될 수 있다(KJV, NASB, NKJV). 그러나 이 기간중 형용사의 의미는 우선적으로 문맥의 문제이고, 여기에서 최상급 '가장 크다' (NIV, NRSV, NET) 혹은 '가장 중요하다' 라는 번역이 가장 적절해보인다. 문제는 단지 한 계명만 성취될 수 있다면, 그것은 무엇이겠는가다. [megas]

22:37. **사랑하다**(Love, agapēseis)–이 단어는 그 의미 속에 사람의 감정을 포함하고 있지만, 주로 행동을 묘사하는 동사다. 이것은 다른 사람들의 최상의 유익을 바라보고 행동하는 것을 의미한다. 하나님을 사랑하는 것은 그분에게 전적으로 헌신하고, 그분을 기쁘게 하며 존경할 수 있는 모든 일을 행하는 것을 의미한다. [agapaō]

22:39. **이웃**(Neighbor, plēsion)–이 단어는 '가까이 있는, 근처에, 가까이' 를 의미하는 형용사다(BDAG, 830, 참고-BAGD, 672). 그러나 이것은 명사로 더 많이 사용된다. 이 단어는 레위기 19장 18절 인용에서 등장하기 때문에, 이것은 일반적으로 '이웃' 으로 번역된다. 이것은 또한 단순하게 '동료 인간' 을 의미할 수도 있다(Ibid.). 예수님께서 원수를 사랑하는 것에 관하여 교훈하신 것을 감안할 때(5:43–45), "다른 사람들을 사랑하라" 는 CEV의 번역은 깔끔하고 명확하다. [plēsion]

22:42. **아들**(Son, huios)–예수님께서는 대적자들과의 연속적인 논쟁에서 그들에게 "그리스도는 누구의 후손이냐"(15–16절)는 마지막 질문을 하신다. 바리새인들은 "그가 다윗의 자손이라" 고 (부분적이지만) 옳게 답한다. 마태 역시 계보를 통해서 이것이 참됨을 보여주었다(1:1–16). 그러나 그분은 시편 110편 1절이 지적하듯이 다윗의 자손 이상이다. 예수님께서는 또한 독특하게 하나님의 아들(3:17)이시다. 그래서 다윗이 그를 '주님' 이라고 부르는 것이다(43절). [huios]

22:43. **성령으로**(Spirit, pneumati)–이것은 '하나님의 백성이나 선택된 대리인들의 성격 혹은 활동에 나타나는 하나님의 성령' 을 가리

킨다(BDAG, 835, 참고-BAGD, 677). 성경의 저자로서 다윗은 하나님의 대리인이며, 어떻게 '성령께서 어떤 사람들을 감동시키어 하나님의 계시를 선포하는 자가 되도록 하시는지' 를 보여주는 본보기다(Ibid). [pneuma]

22:44. **주님**(Lord, kyrios) - '주' 의 기본적인 의미는 다른 사람들에 대한 권세와 관련되어 있다. 이 구절에서 첫 번째로 언급된 '주님' 은 하나님이다. 두 번째로 언급된 '주님' 은 다윗이 자신과 자신의 권세 아래 있는 백성들보다 큰 자로 인정하는 다른 '주님' 이다. 만일 다윗이 아닌 어떤 다른 사람이 이 시편을 썼다면, 이 두 번째 언급은 그 당시 이스라엘을 통치하는 왕을 가리켰을 것이다. 그러나 왕 다윗에게는 하나님과 앞으로 올, 그의 권세 아래 있는 이 상속자 외에는 자신보다 높은 자가 없었다. 그러므로 여기에서 특이한 것은 다윗의 자손인 메시아가 그의 조상 다윗보다 높은 권세의 자리를 가진다는 것이다. 가부장적인 사회에서 이것은 매우 이례적이다. 이 주장의 핵심은, 다윗이 이와 같은 권세를 인정했다는 것은 메시아를 '주님' 으로 밝혀준다. 뿐만 아니라 놀라운 방법으로 독특한 상황을 가리킨다. [kyrios]

23:2. **모세의 자리**(Moses' seat, Mōuseōs kathedras) - 모세의 자리에 앉는 사람들은 모세의 해석자로서의 역할을 한다. 어떤 회당들에는 실제적으로 회당의 앞부분에 돌에 새겨진 별도의 자리가 있다(예를 들면, 고라신 회당). 이러한 발굴의 예는 모두 1세기 후의 것이다. 예수님께서는 모세의 율법이 해석될(서기관들과 다른 사람들에 의해) 때 종종 정확하게 해석되는 것을 부인하지 않으신다. 기본적인 문제는 비록 그들이 진리를 알고 있지만, 진리에 따라 행동하지 않는다는 것이다(3절, 참고-2:5). 진리대로 행하는 데 실패함으로 그들은 결과적으로 많은 사람들을 잘못 인도하고 말았다(15:14). [Mōusēs, kathedra]

23:5. **보이려고**(Seen, theathēnai) - 이것은 첫 번째 강화에서 묘사된 위선자들의 실패를 상기시킨다. 그들은 자기들의 행동으로 사람들에게 인정을 받으려고 한다. 자신을 섬기는 그들은 사람들의 더 큰 주목을 끌려고 자기의 일들을 과장한다. 첫 번째 강화의 반영은 이러한 말씀 역시 제자들의 교훈, 곧 그들이 하지 말아야 할 것을 교훈하기 위한 것이다. 그들은 또한 자기의 그릇된 길에서 돌이킬 것으로 묘사된 사람들에게 경고의 역할을 한다. [theaomai]

경문(Phylacteries, phylaktēria) - 경건한 유대인들은 특정한 성경 구절을 담은 두 개의 검은 가죽 상자를 매달고 다녔다. 하나는 왼팔 위쪽, 다른 하나는 출애굽기 13장 9, 16절과 신명기 6장 8절, 11장 18절의 문자적인 해석에 따라서 이마에 매달았다. 사람들은 더 잘 보이게 하려고 이 상자들을 고정하기 위한 끈들을 넓게 만들기도 했다. 일부 유대인들은 지금도 기도 기간중에 여전히 경문을 찬다. [phylaktērion]

옷 술(Tassels, kraspeda) - 청색과 흰색 실로 된 옷 술은 민수기 15장 38-39절과 신명기 22장 12절에 따라 겉옷의 네 귀퉁이에 매다는 것을 가리킨다. 이 성경 구절들은 옷 술의 크기나 길이에 대하여 상세하게 말하지 않는다. 예수님께서 개탄하시는 것은 그들이 아마도 자신의 경건에 주목하게 하려고 이러한 것들을 과장되게 길게 했다는 것이다. 다른 방법으로 예수님께서도 친히 옷 술들을 매고 다니신 것으로 보인다(9:20, 14:36 참고). [kraspedon]

23:7. **랍비**(Rabbi, rabbi) – 문자 그대로 '나의 주님, 주인'을 뜻하는 이 호칭은 '탁월한 율법 선생님들을 칭하는 명예로운 타이틀'이 되었다(BDAG, 902, 참고-BAGD, 733). 이러한 칭호들의 사용은 공동체의 구성원들을 하나로 묶어주기보다는 구별하고 분리시키는 역할을 한다. 아마도 이러한 이유 때문에 예수님께서는 제자들에게 각자 자신을 다른 역할과 섬김의 분야를 가진 가족의 동등한 구성원으로 간주할 것을 권고하셨다. 그들 가운데 누구도 자신을 다른 사람보다 더 중요하다고 생각해서는 안 된다(8절). [rabbi]

23:10. **선생**(Teacher, kathēgētai) – 이 단어는 '주인'(KJV, NLT, NCV), '지도자'(NASB), '교사'(NRSV) 또는 '선생'(NIV, CEV, NKJV, NET, BDAG, 490, 참고-BAGD, 389) 등으로 번역되었다. 더 많은 제자들을 만드는 것은 예수님을 따르는 자들의 정해진 임무이며, 이 목적을 위해서 필수적인 것은 가르침의 역할이다(28:20). 그렇지만 제자들이 가르칠 내용은 그리스도께서 친히 가르치신 것이다(28:20). 그들이 교사로서 어떠한 권한을 가지든지 그것은 예수님과의 관계에 뿌리를 내리고 있다. 이것은 그들을 분리시키기보다는 하나로 엮어준다. [kathēgētēs]

23:13. **화**(Woe, ouai) – 이 단어는 '고통이나 불쾌감을 암시하는 감탄사'다(BDAG, 734, 참고-BAGD, 591). 팔복(5:3-11)이 어떤 행위를 권장하고 축복의 약속을 한다면, 이와는 반대로 여기에서의 화는 어떤 행동과 그와 같은 행동을 하는 자들에게 기다리는 운명에 대하여 경고한다. 이 화는 잘못된 길에 대하여 교훈하는 방식이면서, 이러한 경고를 무시하는 자들에게만 해당되는 재앙 예언의 선언이다. [ouai]

들어가다(Enter, eiserchesthe) – 세례 요한과 예수님(바울과 그의 동료들의 경험들을 참고하라. 예, 행 13:45, 50, 14:20)을 대적함으로 종교 지도자들은 자기 자신들만이 아니라 그들을 추종하는 자들을 해하였다(15:14 참고). 이 단어와 따르는 분사의 시제('들어가려고 애쓰다')는 하나님의 심부름꾼들에게 반응함으로써 하나님과 관계를 맺을 현재적인 가능성을 지적한다. [eiserchomai]

23:15. **개종자**(Convert, prosēlyton) – 이 문맥에서 이 단어는 이교 신앙과 관습을 떠나서 유대교의 신앙과 삶을 받아들이는 이방인을 가리킨다. 일부 역본들은 여기에서 단어를 단순하게 문자 그대로 '개종자'(KJV, NASB, NKJV)라고 번역한다. 이스라엘 땅 밖의 회당들은 흔히 이방인들이 개종하거나 개종의 모든 규정들(할례와 같은 것)을 따르지 않고 단순하게 신앙만 수용하는 곳이다. 이러한 사람들은 '하나님을 경외하는 사람들'로 불린다(예, 행 13:50, 16:14, 18:7). [prosēlytos]

23:16. **맹세하다**(Swear, omosē) – 예수님께서

는 제자들에게 맹세의 행위를 전적으로 하지 말고 단순한 진리를 말하는 사람으로 알려진 자가 되라고 교훈하셨다(5:3-37). 여기에서 예수님께서는 그들이 이것을 구속력 있는 맹세와 구속력이 없는 맹세로 미묘하게 구분한 것을 주목하신다. 구속력이 없는 맹세는 사실상 맹세 자체가 '아무것도 아니다.' 이러한 별도의 범주는 위선자들의 말장난이 하나님께서 항상 계시는 증인이라는 사실에 대한 인식을 얼마나 실패하게 만드는지를 예증한다(12:33-37 참고). [omnuō]

23:17. **어리석은 자들**(Fools, mōroi)－이 표현의 사용으로 예수님께서는 제자들에게 하신 교훈과 대립되게 행동하는 것같이 보인다(5:22). 그러나 둘 사이에는 차이점이 있다. 산상수훈에서 예수님께서는 제자들에게, 다른 사람들에게 상처를 줄 의도로 분노 가운데 하는 말에 대하여 교훈하셨다. 여기에서 예수님께서는 선지자로서 특정한 삶의 방식은 하나님의 심판을 초래할 수밖에 없음을 날카롭게 경고하시는 것이다(7:26-27 참고). 여기에서 예수님의 의도는 사람들을 그릇된 길에서 돌이키게 하고, 적어도 사람들이 그들의 본보기를 따라가는 것을 막기 위한 것이다(3절). [mōros]

23:21. **거하다**(Dwells, katoikounti)－이 단어의 현재 시제는 하나님의 임재와 성전을 연결한다(시 135:21 참고). 이것은 이 장을 마감하는 성전 멸망의 예언을 염두에 둘 때 특히 예리한 확증이다(38절). [katoikeō]

23:23. **십일조를 내다**(Tithe, apodekatoute)－이 단어는 '10분의 1을 내는 것'을 의미하고 일반적으로 현대 역본들에서 이와 같이 번역된다(이와는 다르게 KJV, NASB, NKJV, NLT는 '십일조를 내다'를 사용한다). 작은 씨앗의 십일조는 미쉬나에서 다루어진다(Masseroth, 특히 4.5). 예수님께서 말씀하신 것은 이런 것들의 십일조가 성품의 표징들이 되는 삶의 더 중요한 국면들을 대치할 수 없다는 것이지 십일조가 무효하다는 것은 아니다. 그것들은 공의, 자비와 신실함이다. 십일조는 성품을 살 수 없다(의롭다 함을 받지 못하고 십일조를 사람과 관련하여, 눅 18:12를 참고하라). [apodekatoō]

23:28. **속에**(Inside, esōthen)－사람의 본질은 속에 있다. 그래서 가장 큰 계명은 마음과 영혼과 생각과 관계되어 있다(22:37). 마음의 정결함(5:8)과 생각의 한결같음(6:33)은 사람을 정의한다. 사람의 삶에 궁극적으로 영향을 끼치는 것은 마음에서 나오기 때문이다(15:18-20). 거짓 선지자들과 같이(7:15) 위선자들의 겉모습은 실제를 속인다. 그들은 참으로 마음의 위선자들인 것이다. [esōthen]

23:31. **아들들**(Sons, huioi)－관련된 두 의미는 위선자들의 묘사와 연결된다. 그들은 육체적으로 자기들의 조상의 후손들이고, 동일한 가문의 식구들이다. 더욱 중요하게 그들은 자기들의 조상들의 성향을 공유한다. 그들은 조상들과 같이 생각하고 행동하며, 하나님과 그분의 종들에 대한 적대감을 계속 지닌다(21:34-39, 22:6 참고). [huios]

23:32. 가득 채우다(Fill up, plērōsate) - 이 동사는 명령법으로 심판을 피할 수 없다는 예언적인 체념의 의미로 사용되었다(렘 7:21, 암 4:4 참고). 이것은 하나님의 진노에 불가피하게 선행하는(35절 참고) 범죄를 가득 채우거나 완성하는 것을 가리키는 구약 개념을 발전시킨다(단 8:23, 창 15:16 참고). [plēroō]

23:33. 독뱀들(Vipers, echidnōn) - 이것은 '뱀'을 지칭하는 일반적인 용어지만, 일반적으로 독이 있는 뱀으로 이해된다. 독뱀은 이 지역에서 흔히 발견할 수 있는 예다(BDAG, 419, 참고- BAGD, 331). 이 비난은 세례 요한의 비난을 반영하고(3:7, 참고-12:34), 하나님의 종들을 대항하는 종교 지도자들의 마음의 강퍅함이 변화되지 않고 있음을 시사한다. [echidna]

23:34. 보내는(Sending, apostellō) - 이 진술은 이스라엘에 대한 사명을 반영하고 재확증한다(10:16-23). 동사는 계속적인 행동을 암시하는 현재 시제로 되어 있다. 순교의 전망도 포함하는(10:28) 이전 경고(10:17)는 지금 분명하게 진술된다. 예수님께서 끝까지 신실하셨던 것과 같이 제자들도 그래야 한다(24:14 참고). [apostellō]

23:35. 사가랴(Zechariah, Zachariou) - 유대인의 정경에서의 마지막 책은 역대하다. 이 책은 제사장 사가랴가 성전에서 죽임당한 기사를 포함한다(대하 24:20-22). 이 기사는 그의 아버지를 여호야다로 밝힌다(20절). 베레갸는 할아버지(에 5:1, 슥 1:1 참고), 혹은 이스라엘의 우울한 전망에 소망의 메시지를 가져다주기 위해서 합본으로 언급된 선지자 스가랴가일 수 있다(슥 14:9 참고). [Zacharias]

23:36. 이 세대(This generation, genean tautēn) - 이 표현의 의미에는 시간적인 측면과 도덕적인 측면이 다 들어 있다. 예수님의 당대 사람들이 육체적으로, 그리고 많은 죄로 그들의 조상과 긴밀하게 연결되어 있는 것과 같이(31-32, 37절), 동일한 방식으로 시대의 종말에 그들의 후손들이 그와 같을 것이다(23:34). [genea, outos]

23:38. 황폐하다(Desolate, erēmos) - 이 형용사는 '사람들이 찾지 않는, 버려진, 텅 빈, 황폐한' 장소를 묘사한다(BDAG, 391, 참고-BAGD, 309). 이것은 주후 70년, 로마인들에 의하여 성전이 멸망된 후의 성전대지에 대한 요약적인 묘사다(24:1-2 참고). [erēmos]

23:39. 너희들이 말할 때까지(Until you say, heōs an eipēte) - 이스라엘에 의한 예수님 배척과 이로 인한 죄책은 이 구절들에서 매우 분명하기 때문에 이 말씀은 소망이 없는 마지막 인사로 이해될 수도 있다. 그러나 인용된 구절은 이스라엘에 대한 하나님의 신실함을 송축하는 시편 118편 26절이다. 비록 이스라엘이 하나님을 배척했지만, 하나님께서는 그들을 배척하지 않으셨다. NCV의 번역은 이 소망적인 뉘앙스를 '너희들이 말하게 될 그때까지' 로 표현한다. 예수님의 재림(24:3)의 때에 대한 제자들의 나중 질문은 예수님께서 이스라엘 백성에게 환

호를 받으며 영접을 받기 위해서 다시 오실 것이라는 사상과 일치한다. [eipon]

24:3. **앉아 있을 때**(Sitting, kathēmenou)－마지막 강화 단락(24:3-26:1)은 첫 번째 강화와 같이 산에서 시작하고(5:1) 유사한 말로 마무리한다(7:28, 26:1). 이 마지막 강화는 예루살렘의 멸망과 예수님의 재림에 대한 제자들의 질문을 다룬다. 그러나 이 마지막 말씀의 핵심 주제는 제자들에게 신실한 자로 남아 있으라는 권면의 메시지다. [kathēmai]

재림(Coming, parousias)－예루살렘에 대한 예수님의 이별 탄식에 비추어볼 때(23:37-39), 제자들은 그분의 재림 시기에 대하여 궁금해한다(사실 '도착'은 예수님께서 예루살렘에 다시 임재하시는 것을 말하므로 parousia의 의미를 더욱 정확하게 표현한다). 제자들은 예수님의 재림을 현 질서의 종말과 메시아 왕국의 확립과 연결한다(19:28 참고). [parousia]

24:4. **미혹하다**(Lead astray, planēsē)－이 단어는 '특정한 길에서 빗나가게 하는 것'을 의미한다(BDAG, 821, 참고-BAGD, 665). 예수님의 첫 번째 말씀은 자기 자신을 하나님의 종으로 거짓 소개하는 사람에 대하여 제자들에게 경고하신 것이다(5, 11, 24절). 하나님의 유익보다는 자신의 유익을 채워줄 사람들을 찾는 사기꾼들이 결코 부족하지 않을 것이다. 이것은 첫 번째 강화의 경고를 반영한다(7:15-23, 참고-18:12-14). [planaō]

24:6. **반드시 일어날 것이다**(<u>Must</u> happen, dei…genesthai)－세상은 혼돈의 장소다. 이것은 타락한 세계에서 삶의 (필연적인) 결과다. 제자들은 인재나 자연 재앙이 아무리 비극적이라도 세상의 종말을 뜻한다고 생각해서는 안 된다. 이러한 일들은 참으로 대재앙의 종국(21절)의 전주곡(8절)에 지나지 않는다. 제자들은 자신의 균형을 유지하고 신실하게 남아 있어야 한다. [dei]

24:9. **모든 민족**(All nations, pantōn tōn ethnōn)－제자들의 사명은 온 세상을 상대로 한다(14절, 참고-10:18, 28:19). 그러나 제자들은 이 사명이 쉽게 성취될 것으로 생각해서는 안 된다. 사명은 역경 가운데 진행될 것이다(10:16-20 참고). 제자들은 죽기도 할 것이다. 대적자들이 번창할 것이다(11절). 신앙은 희귀한 것같이 보일 것이다(12절, 참고-13:19-22). 그러나 모든 민족은 마침내 복음의 메시지를 들을 것이다(14절). [pas, ethnos]

24:12. **불법**(Lawlessness, anomian)－예수님께서는 전에 율법을 하나님 사랑과 이웃 사랑으로 요약하셨다(22:34-40). 불법은 본질적으로 하나님을 생각하지 않거나 이웃에 대한 관심이 없는 처신이다. 이것은 기본적으로 자기 자신을 섬기는 일에 초점을 두는 처신이다. [anomia]

24:13. **견디다**(Endures, hypomeinas)－제자들은 인내하고 견디는 것, '어려움 가운데 믿음이나 행동의 경로를 유지하는 것'을 요구받는다(BDAG, 1039, 참고-BAGD, 845). 예수님

의 재림 때까지 그분을 위한 신실한 섬김은 제자도의 본질이다. 다양한 방식으로 이 주제는 끝맺는 메시지에 반영된다. [hypomenō]

24:14. 선포될 것이다(Will be preached, kērychthēsetai) – 미래 시제로 사용된 동사에는 확실성에 대한 언급이 있다. 무시무시한 반대와 재앙에도 불구하고 복음의 메시지는 모든 민족에게 나아갈 것이다. 이것이 마침내 성취될 때, 예수님께서 재림하실 것이다. 한 가지 의미에서 이것은 시대의 종말(3절)에 관한 제자들의 질문에 대한 답변이다. 복음 사명이 완수될 때 세상의 종말이 올 것이다. [kēryssō]

24:15. 가증함(Abomination, bdelygma) – 이 단어는 '전적으로 더럽히는 것'을 가리키고, 이 문구는 '거룩한 장소를 더럽히고 그것을 황폐하게 하는 것'을 가리킨다(BDAG, 172, 참고–BAGD, 138). 이 단어는 다니엘서에 네 번 등장한다(8:13, 9:27, 11:31, 12:11). 이것은 더럽히는 형상이나 행동을 묘사할 수 있으나, 아마도 ('서 있는') 사람을 가리킨다. 이것은 로마 장군 티투스(Titus)를 지칭할 수 있지만, 데살로니가후서 2장 3–4절에 묘사된 사람은 가장 그럴듯한 후보다. [bdelygma]

읽는 자는 깨달으라(Let the reader understand, anaginōskōn noeitō) – 이것은 복음서 저자가 집어넣을 수 있는 삽입 진술이다. 그러나 예수님께서 독자들에게 다니엘서를 주의 깊게 읽기를 촉구하시는 것으로 생각하는 것도 비합리적이지는 않다("만일 너희들이 다니엘서를 읽었다면, 내가 말하고 있는 것을 알 것이다"라는 뜻 참고). 다니엘서 마지막 장들(7–12장)을 읽는 독자들은 3–30절에 묘사된 상황들과 많은 유사점을 발견할 것이다. [anaginōskō, noeō]

24:21. 환난(Tribulation, thlipsis) – 이 단어는 '고통'(NIV), '고난'(NCV), '곤고'(CEV, NRSV) 또는 '환난'(KJV, NASB, NKJV) 등으로 다양하게 번역될 수 있다. 형용사 '크다'는 다니엘 12장 1절을 상기시킨다(계 7:14 참고). 주후 70년에 있었던 예루살렘의 멸망은 가공할 만한 것이지만, 이 사건은 앞으로 있을 더 무시무시한 사건의 전조로 보인다. [thlipsis]

24:22. 단축하다(Cut short, kolobōthēsontai) – 하나님의 간섭을 위한 필요성은 이 날들의 파괴적인 결과를 강조한다. 만일 저지되지 않는다면 이러한 파괴적인 세력들은 끝이 나기 전에 모든 사람을 소멸하고 말 것이다. 다니엘 12장 1절은 하나님께서 자기 백성을 위해서도 간섭하실 것을 묘사한다. [koloboō]

24:27. 재림(Coming, parousia) – 여기에 종말의 징조에 관한 제자들의 질문에 대한 부분적인 답이 있다(3절). 예수님께서는 갑자기, 그리고 극적으로 오실 것이다. 하늘의 번개, 또는 들판에 시체들을 둘러싸고 포식하는 새들이 가시적인 것같이(28절), 그분의 오심에 대하여 오해가 있을 수 없고, 그것을 피할 길이 없다(29–30절). 다니엘의 이상(7:13–14)이 성취될 것이다. [parousia]

24:32. 무화과나무(Fig tree, sykēs) – 여기에 제

자들의 질문에 대한 추가적인 답이 나온다(3절). '너희가 볼 때'란 문구(33절)는 15절의 시작을 반영한다. 가증함의 나타남은 종말이 가까이 옴을 암시한다. 분명하지는 않으나 무화과나무는 이스라엘을 대표하고 복음에 대한 이스라엘의 반응을 예고한다(14절). [sykē]

24:34. **이 세대**(This generation, genea hautē) – 이 문구에는 다시 한 번(23:36 참고) 시간적인 차원과 도덕적인 차원이 다 들어 있다(예를 들면, 이 악한 세대). 예수님의 당대 사람들은 자기들이 예수님을 배척한 무시무시한 결과를 거둘 것이다. 그리고 시대의 종말에 그들의 자손들 가운데 일부는 심지어 더욱더 무시무시한 사건을 목격하게 될 것이다. 그래도 그들은 자기들의 조상들 이상으로 예수님을 메시아로 더 이상 받아들이지 않을 것이다. [genea, outos]

24:35. **내 말들**(My words, logoi mou) – 마태복음 5장 18절에서 예수님께서는 세상이 지나가기 전에 율법의 모든 것이 성취될 것이라고 말씀하셨다. 여기에서 예수님께서는 세상과 영원한 것같이 보이던 것이 사라질 때에도 그분의 말씀은 남아 있을 것이라고 언급하신다. 수사적인 설명은 예수님의 교훈이 가지는 영구적인 특성을 강조한다. 그러므로 지혜로운 자들은 듣고 순종해야 한다(45–46절, 참고–7:24–27). [logos]

24:36. **아버지**(Father, patēr) – 종말의 정확한 시기는 하나님만 아신다. 만일 '아들도 모른다'는 문구가 원본에 있다면(마태복음의 KJV, NKJV, NET에는 없으나 막 13:32에는 나온다), 예수님의 성육신의 한 국면(지식에 대한 자기 제한)을 드러낸다. 그러나 진술의 요점은 제자들을 위해 미래에 대한 사색에 사로잡히는 것보다는 현재의 신실함이 우선한다는 사실을 강조하기 위한 것이다(6:34 참고). 미래를 위한 최상의 준비는 현 시대의 순종이다. [patēr]

24:39. **그들은 몰랐다**(They did not know, ouk egnōsan) – 노아와 홍수의 기사에서 두 교훈이 주어진다(6:9–7:24). 이 두 교훈은 백성이 준비되지 않았다는 것과 심판은 최종적이라는 것이다. 강화의 남은 부분에서 반복될 이 두 주제는 신실함의 필요성과 심판의 확실성이다. [ginōskō]

24:40. **취하여지다**(Taken, paralambanetai) – 심판은 사람을 분리시킬 것이다. 여기에 동사가 긍정적인지(예를 들면, '구출되다', 참고– 31, 38절) 또는 부정적인지(예를 들면, '멸망받다', 참고– 39절) 분명하지 않다. 그러나 복음서에서 이것은 종종 긍정적 용어다(예를 들면, 1:20, 24, 2:13, 14, 20, 21, 17:1, 26:37, 그러나 참고–4:5, 8, 27:27은 부정적 의미를 가진다). [paralambanō]

24:42. **깨어 있다**(Alert, grēgoreite) – 이것은 다음 장들에서 반복되는 경고다(25:13, 26:38–41). 때때로 신실하지 않음의 예증인 조는 것과 대조된다(43절, 25:5, 26:40). 깨어 있는 자는 영적으로 준비되어 있고(43–44절), 부지런하게 섬긴다(45–51절). [grēgoreō]

24:44. 기대하다(Expect, dokeite) – 재림의 시기는 하나님께만 알려져 있기 때문에(36절), 예수님의 재림이 예상 밖의 갑작스런 사실이라는 것은 상징들의 배열과 연관되어 있다. 재림의 돌연적인 사실을 보여주는 상징들은 홍수(39절), 밤의 도적(43절), 돌아오는 주인(50절)과 밤에 온 신랑(25:5-6)이다. 신실한 견인은 최상의 행동 과정임이 입증될 것이다(13절 참고). [dokeō]

24:47. 맡기다(Put in charge, katastēsei) – 이 동사는 '어떤 사람에게 권세의 자리를 부여하는 것' 을 의미한다(BDAG, 492, 참고-BAGD, 390). 신실한 종들은 달란트의 비유에서 비슷하게 보상을 받는데(25:21, 23), 이것은 하나님께서 신실한 자들에게 보상하는 것을 그려준다. 그 자체로 이 기사는 신실하라는 격려다. [kathistēmi]

24:48. 오랫동안 멀리 떠나 있다(Is staying away a long time, chronizei) – 이 단어는 '예상했던 시간보다 상태나 활동을 연장하는 것' 을 의미한다(BDAG, 1092, 참고-BAGD, 887). 이 사상은 열 처녀의 비유(25:5)와 달란트의 비유(25:19)에도 반복된다. 이것은 예수님의 재림이 예상치 못한 성격을 가지고 있음을 보여준다. 그러나 이것은 또한 제자들에게 인내하며 견디는 것의 중요성을 상기시켜준다(13절). [chronizō]

24:51. 위선자들(Hypocrites, hypokritōn) – 악한 종(48절)은 자기 자신을 섬기는 방식에 의해 궁극적으로 드러난 역할을 잠정적으로 흉내냈다. 거짓 선지자들에 대한 경고를 받는다(7:15-23). '두 얼굴을 한' 종이 둘로 쪼개어진다는 말씀에는 어느 정도 역설이 있는 것 같다. 그러나 명백한 것은 이 상징이, 예수님의 추종자들 가운데 일부가 위선자들과 함께 정죄받게 된다는 것을 묘사한다는 것이며, 그 경고는 무시무시한 사실이다(23:15 참고). [hypokritēs]

25:2. 어리석은…자(Foolish, mōrai) – 여기에 첫 번째 강화에 나오는 주제를 반영하는 다른 것이 있다(7:24-27). 지혜로운 자들과 어리석은 자들은 한 사건에 의해 나뉜다. 첫 번째 강화에서 그것은 큰 폭풍이며(24:38-40 참고), 곧 신랑의 돌아옴이다(10절). 어리석은 자의 집이 폭풍을 견딜 수 없었던 것과 같이(7:26-27), 여기에서 어리석은 자들의 등불은 신랑의 지체를 견딜 수 없다(10절, 참고-13:20-21). [mōros]

25:4. 지혜로운 자(Wise, phronimoi) – 앞에 나오는 기사(24:45-51)에서 지혜로운 종은 역시 신실한 자로 묘사되었다(45절). 다음에 나오는 비유에서 칭찬을 받은 두 종도 역시 신실한 자로 묘사된다(21, 23절). 지혜는 그 자체를 행동으로 드러낸다(11:19 참고). 이 비유에서 지혜로운 처녀들을 특징 짓는 것은 그들의 신실한 인내다. 그들은 신랑의 지체에도 불구하고 확고했다(5절). 그러므로 그들은 신랑이 올 때 준비되었다(10절). [phronimos]

25:5. 지연했다(Delayed, chronizontos) – 이

것은 24장 49절에 사용된 동일한 단어이나, 다른 실패를 드러내는 역할을 한다. 거기에서 이 단어는 악한 종의 위선이 무엇인지 폭로했다. 여기에서는 어리석은 처녀들의 원인이 무엇인지를 폭로한다. 그들의 어리석음은 종말의 시간에 대한 추정에 있다. 하나님만이 신랑이 언제 올지 아시건만(24:36), 어리석은 자들은 이 말씀을 심각하게 받아들이지 않고 그 시간이 짧을 것으로 알고 행동한다. 그들은 위험천만하게도 이 말씀을 무시한다. 경고는 확증의 때가 올 텐데 아무리 오래 걸려도 신실하게 남아 있으라는 것이다. [chronizō]

25:8. **기름**(Oil, elaiou) – 비유에 나오는 기름은 감람나무에서 얻은 상품이다. 그러나 이것은 행동상의 특징을 나타낸다. 그것이 신실한 인내든 예수님의 메시지를 단순하게 수용하는 것이든 공유할 수 있는 어떤 것은 아니다. 이것은 개별적인 획득을 요구한다. [elaion]

25:12. **알다**(Know, oida) – 이 단어는 첫 번째 강화에서 나오는 다른 반영의 일부분이다(7:23). 첫 번째 강화에서 예수님께서는 심판자시다. 그러나 기본적인 실패는 두 장면에서 동일하게 행할 필요가 있는 행동을 행하는 데 실패한 것이다. 이것은 7장 23절에 나오는 동사와 다른 단어지만 그 의미는 같다. 그들이 그를 '주님' 이라고 부르지만(11절, 참고–7:21), 예수님께서는 그들이 그와 아무런 관계가 없다고 선언하신다. 예수님께서는 그들을 알지 못하신다. 이 심판에는 '두 번째 기회' 가 없다(11절). [oida]

25:14. **위탁했다**(Entrusted, paredōken) – 이 단어는 '사람이 상대적으로 개인적인 강한 관심을 가지고 있는 어떤 것을 양도하는 것' 을 의미한다(BDAG, 761, 참고–BAGD, 614). 여기에서 종의 관리 아래 놓인 것은 재산 형태의 소유다. 이 단어의 명사형은 '전통' 이다. [paradidōmi]

25:15. **달란트**(Talents, talanta) – 한 달란트는 약 6천 데나리온과 같다(BDAG, 988, 참고–BAGD, 803). 일일 노동자의 보통 품삯은 한 데나리온이었다. 그러므로 한 달란트는 노동자가 20년간 벌 수 있는 액수와 대략 맞먹는다. 차이점은 달란트들이 제자들에게 주어진 섬김을 위한 다른 책임, 또는 기회를 나타낸다는 것이다. [talanton]

25:19. **때**(Time, chronon) – 이 비유도 주인의 떠남(26절)과 그의 돌아옴 사이에 긴 시간이 경과했다는 것만 말하며, 종말의 시간에 대한 억측을 만류한다. 관심의 초점은 사람들이 그 사이에 자기들에게 제공된 기회를 어떻게 활용했는가에 있다. 그러므로 부르심은 그 기간 사이에 신실하라는 것이다. [chronos]

25:21. **작은 일…많은 것**(Little…much, oliga…pollōn) – 주인의 관대함은 천국에서 있을 보상과 관련하여 예수님께서 제자들에게 하신 말씀을 상기시킨다(19:29). 이 액수는 대다수의 사람들에게 엄청난 액수이기 때문에 '작은 일' 에 대한 종의 청지기직은 대부분의 독자들에게 안식을 줄 것이다. 세 노동자의 합쳐진 평생 품삯은 첫 번째 종이 받은 '작은' 액수(5달란트)

와 거의 맞먹는다. 그 종이 위탁 또는 차용으로 받은 것은 그에게 많은 배수로 되돌려진다(24:47 참고). [oligos, polys]

25:23. **기쁨**(Joy, charan) – 이 단어는 '즐거움의 경험'을 의미하며 '즐거움의 상태'를 묘사하는 표현법이다(BDAG, 1077, 참고-BAGD, 875). 이것은 아마도 문이 잠겨 천국에 들어가지 못하는 자들의 반대 경험을 전달하기 위해 의도된 것 같다. 그들의 경험은 분리의 고뇌('통곡과 이를 갊', 30절, 참고-24:51)다. 여기에 묘사된 기쁨은 신실한 섬김에 대한 하나님의 인정을 경험하는 것이다(6:1 참고). 이것은 천국에 들어가는 모든 사람이 공유할 것이다(21절, 참고-20:15). [chara]

25:25. **감추었다**(Hid, ekrypsa) – 달란트를 감춘 행위는 자기가 부여받은 것으로 아무것도 하기를 원치 않았다는 사실을 분명하게 했다. 그는 주인이 자기에게 제공한 기회를 거절하고 그것을 땅에 묻음으로써 정지기가 되는 것과 관련된 어떠한 책임도 회피했다(18절). 그러나 책임은 쉽게 회피할 수 없고, 사소하게 수행할 수 없다. 그는 자신이 원하든 원하지 않든 자신에게 주어진 것에 대하여 책임을 지게 될 것이다(10:26 참고). 본보기는 독자들이 회피해야 할 부정적인 것이다. [kryptō]

25:26. **게으르다**(Lazy, oknēre) – 이 단어는 일반적으로 '게으르다'(NASB, NIV, NKJV, NRSV, NET) 또는 '나태하다'(KJV, ESV)로 번역되나, 이 형용사의 동사형은 특정한 원인을 언급하지 않고 '어떤 일을 하는 것을 지연하다'를 의미한다(BDAG, 702, 참고-BAGD, 563). 사실 종이 고백한 두려움(25절)도 그 자체로 수용되어야 한다. '비겁하게'는 이 종의 나태함을 아마도 정확하게 묘사할 것이다. [oknēros]

25:28. **취하다**(Take, arate) – 종은 자기 주인을 두려워하는 합리적인 근거를 가지고 있었다(26-27절). 사실 두려움은 그로 하여금 뒤로 물러서게 하기보다는 심사숙고하는 행동을 하게 했어야 했다. 그는 지금 자신에게 주어진 것을 거절한 결과를 받는다. 이미 행동할 기회는 끝났다. 주인의 명령에 따라 그에게 주어졌던 것이 회수되었다. 그는 두려움으로 인해 쓸모없는 사람이 되었고(30절), 그 결과 친히 정죄받게 되었다(10:26-33 참고). 그는 주인과 진정한 관계가 없었던 것이다. [airō]

25:32. **분리하다**(Separate, aphorisei) – 이 단어는 문자적으로 '선이나 경계로 표시를 하거나 구별하는 것'을 의미한다(BDAG, 158, 참고-BAGD, 127). 세례 요한은 예수님을 밀과 겨를 나누실 분으로 선포했다(3:12). 요한이 예언한 인류의 구분이 지금 묘사된다. 예수님의 심판은 영원한 운명에 영향을 준다(46절). [aphorizō]

나라들(Nation, ethnē) – 이 단어는 (복수로) 유대인들보다는 이방인들을 일반적으로 가리키기 때문에, 이 광경은 나라들만의 심판을 묘사할 수 있다. 그러나 이것은 마태복음에서 유일하게 심판에 대해 확대된 묘사다. 이것은 종말 강화의 절정에 등장하기 때문에 어떠한 인종 그룹이 배제될 가능성은 없다. 형용사 '모두'(panta)는 유대인들과 이방인들의 포함을 표시하기 위해 의도된 것으로 보인다(24:14 참고, 비록 '모든 민족'이 이따금 '모든 이방인들'을 의미하기도 하지만, 예-롬 15:11). [ethnos]

25:34. 복 받았다(Blessed, eulogēmenoi) - 이 단어는 의인들을 묘사한다(37, 46절). 완료 수동형인 이 단어는 하나님께서 이러한 백성들에게 축복을 과거에 선언하셨음을 암시한다. 이것은 이 구절에서 인간의 책임에 대한 초점에 균형을 두는 역할을 하고, 하나님의 은혜와 자비의 우선성을 지적한다(11:25-30 참고). [eulogeō]

25:37. 의인들(Righteous, dikaioi) - 의는 첫 번째 강화에서 제자들의 구별된 표징으로 제시되었다(예, 5:20, 6:1, 6:33). '의인들'로 불린 사람들은 이 생명의 길을 따랐다. 그렇지만 이 구절들의 초점은 예수님의 대표자로서(10:40-42) 복음을 선포하는 사람들(24:14)에게 베푼 사랑과 환대의 단순한 행동과 관련되어 있다. 메신저들에 대한 그들의 반응으로 의인들은 자기들이 복음을 영접하고 수용했음을 보여준다(10:11-13). 그들에 대한 무관심으로 저주받은 사람들은 이 동일한 메시지를 그들이 배척했음을 보여준다(10:14-15 참고). [dikaios]

25:40. 가장 작은 자(Least, elachistōn) - 비록 많은 논쟁이 있었고(누구든지 곤궁한 사람이라고 종종 이해된다), 이 사람들의 정체를 밝히는 실마리는 선교 강화(10:5-42), 특별히 10장 42절로 돌아가는 데 있을 것이다. 종말 강화 안에 복음이 '모든 민족'에게 전파되기 전에는 종말이 도래하지 않을 것이란 진술은 10장 42절과 관련되어 있다. (예수님의 재림과 심판으로) 그 종말이 도래했다는 것은 선교가 완수된 것을 의미한다. 의인들을 구별되게 하는 것(37절)은 그들이 선교하는 제자들을 수용하고 보살피며 이들과 하나가 되었다는 것이다(10:11 참고). 선교를 하는 이 제자들은 세상에 의하여 '가장 작은 자'로 간주되나 믿은 자들에게는 예수님의 대사로 간주된다(10:40-42). [elachistos]

25:41. 불(Fire, pyr) - 저주받은 사람들의 운명은 '세상의 기초를 놓을 때부터 준비된' 영원한 불로 기술된다. 준비에 관한 동일한 문구는 의인들의 운명을 기술한다(34절). 언어는 아마도 두 영역의 확고하고 확실한 실존을 확증하는 역할을 하는 것 같다. 예수님께서는 이 심판에 관하여 정규적으로 경고하셨다(46절, 예-5:12, 13:50, 23:13). [pyr]

마귀와 그의 천사들(Devil and his angels, diabolō kai tois angelois autou) - 마귀와 그의 천사들(귀신들)의 심판은 확실한 실제다. 단어 diabolos는 '훼방에 종사하는 자'를 묘사한다(BDAG, 226, 참고-BAGD, 182). 하나님과 그분의 백성에 대하여 거짓말을 하는 사람은 마침내 침묵하게 될 것이다. 복음의 수용을 막고(13:19) 하나님나라의 거짓된 지체들을 내보내는(13:38-39, 참고-24:4-5, 11, 24) 그의 일은 끝이 날 것이다. 귀신들도 마침내 그들의 운명을 성취할 것이다(8:29 참고). 자신들을 위해 불이 준비된 사람들은 몰락당할 것이다. [diabolos, angelos]

26:2. 십자가에 못 박히다(Crucified, staurōthēnai) – 예수님께서는 네 번째로(16:21, 17:22–23, 20:17–19) 자신의 임박한 죽음에 대하여 말씀하시는데, 여기에서는 그 시기를 지적하신다. 이것은 그분의 대적자들의 계획(3–5절)이 알려진 것을 보여준다. 십자가 형벌은 로마인들이 사용하는 처형의 형태다. 그러므로 비록 예수님께서는 유대 법정에서 정죄받을 것이지만, 이방인들에게 죽임을 당할 것이다. [stauroō]

26:3. 대제사장(High priest, archiereōs) – 이 당시 대제사장의 직분은 기본적으로 정치적인 직분이었다. 이스라엘에서 최고 통치 기구인 공회의 의장으로서 대제사장은 로마 당국자들에게 유대 백성의 주된 대표자였다. 대제사장이 원한 것은 현 질서를 유지하는 것이었는데(요 11:47–49 참고), 이것은 그의 관심과 그와 함께한 자들을 최고로 만족시켰다. [archiereus]

26:7. 향기 나는 기름(Perfumed, myrou) – 향기 나는 기름으로 바르는 것은 부자들의 만찬에서 흔히 있는 일이다(시 23:5 참고). 그러나 제자들은 이것을 낭비적인 방종으로 간주했다(8절). 제자들은 이것을 가난한 사람들을 섬기는 일에 더 좋은 용도로 사용될 수 있다고 생각했다(9절). 그들은 아마도 예수님께서 부자에게 하신 말씀의 실천을 생각했을 것이다(19:21). [myron]

26:10. 좋은 섬김(Good service, ergon…kalon) – 여인의 행동은 문자 그대로 예수님에 대한 헌신으로 행해진 '선한 일'로 기술된다. 이 복음서의 마지막 단락의 첫 번째 말씀은 그분의 임박한 죽음에 관한 것이다(2절). 이것은 본장의 주제며, 이 여인의 행동은 이에 비추어 해석된다. 제자들의 반응은 예수님의 죽으심의 놀라운 의의를 파악하는 데 그들이 실패하고 있음을 보여준다. 이 여인의 헌신의 행동으로 예수님께서는 다시 한 번 자신의 죽음에 주목하기를 원하신다. [ergon, kalos]

26:13. 복음(Gospel, euangelion) – 복음의 내용은 계시의 점진으로 형성되고 틀을 가지게 된다. 예수님의 죽으심과 부활 후에 그분이 행하신 것은 마태복음이 제시하는 예수님의 생애 묘사의 절정을 형성하는 것과 같이 좋은 소식의 중심에 있을 것이다(15:1–4 참고). 여인의 행동이 기억될 것이라는 말씀(여기 마태의 기사에 있는 것과 같이)은 여인이 존귀하게 여기는 분 때문에 여인이 기념하는, 막 펼쳐질 사건들의 항구적인 의의를 지적한다. [euangelion]

26:16. 배반하다(Betray, paradō) – 장례를 위해서 예수님께 기름을 붓는 여인과는 대조적으로, 유다는 예수님을 배반하여 죽음에 넘겨준다. 두 사람은 전개되는 사건들에 있어서 각기 제 역할을 한다. 여인은 자신의 존귀를 위한, 유다는 자신의 수치를 위한 역할을 한다. 유다는 노예의 값에 예수님을 팔지만(출 21:32, 참고–빌 2:7의 '종의 형체를 가져'), 여인은 예수님을 위해 많은 값을 지불했다(9절). [paradidōmi]

26:19. 유월절(Passover, pascha) – 유월절은

이스라엘이 애굽의 종속에서 해방된 것을 기념하는 연례 절기다. 이 절기는 무교절(니산월 15-21일) 하루 전날에 기념된다(니산월 14일). 예수님께서 제자들과 마지막으로 가진 만찬이 유월절 만찬이었는지는 논쟁거리다(눅 22:8은 유월절 만찬으로 제시하지만, 요 13:1-4, 19:18은 그렇지 않은 것 같다). 그러나 적어도 의미에 있어서 연결점은 분명하다(고전 5:7 참고). 이것은 유월절 절기의 가까이 옴을 감안할 때 유월절과의 연상은 놓치기 어렵기 때문이다. [pascha]

26:24. **기록된 대로**(As it is written, gegraptai) - '기록하다' 라는 동사의 형태(현재완료 수동형)는 구약 성경과 관련하여 마태복음에서 이렇게 나타난다(9회). 이것은 예수님의 삶의 사건들이 그분의 죽음에 이르는 사건들을 포함하여 하나님의 계시된 계획의 일부임을 주장한다. [graphō]

26:25. **네가 말했도다**(You have said it yourself, sy eipas) - 이것은 간접적인 '긍정' 이다. 이것으로 예수님께서는 유다가 말한 것에 대한 그의 책임을 (대명사로) 강조하신다(24절 참고). 유다의 질문의 형태(다른 제자들과 같이 동일함, 22절)는 부정적인 반응을 예상한다. 그러나 그와 예수님 모두 진상을 알고 있다. 대제사장(64절)과 로마 총독(27:11)은 그들이 취하는 행동에 대한 책임을 강조하는 수단으로 그들의 질문에 대해 유사한 답변을 받을 것이다. 이들 셋은 모두 자기 자신을 섬기는 행동으로 죄에 빠질 것이다. [sy, eipon]

26:28. **언약**(Covenant, diathēkēs) - 예수님께서는 '언약의 피' 를 자기 자신의 피로 간주하신다. 이 말씀은 모세 언약의 제도를 반영한다(출 24:8). 백성에게 피를 뿌리는 것이 하나님과 이스라엘 사이의 언약을 보증했듯이(슥 9:11 참고), 여기에서 예수님의 피는 하나님과 예수님의 추종자들 사이의 관계를 보증할 것이다. 누가(22:20)와 바울(고전 11:25)과 히브리서의 저자(9:15-22)는 이것을 새 언약의 확립으로 간주한다(렘 31:31). [diathēkē]

용서(Forgiveness, aphesin) - 예수님에 관한 기록된 첫 번째 진술은 그분이 자기 백성을 죄에서 구원하실 것이란 말씀이다(1:21). 여기에서 예수님께서는 그것을 이룰 방법을 보여주신다. 예수님께서는 백성들이 죄를 용서받을 수 있도록 죽으실 것이다. 유월절이 애굽의 종속으로부터의 자유를 회상시키듯이, 마지막 만찬은 죄의 무서운 결과로부터의 자유를 회상시킬 것이다. 많은 사람을 위해 부어진 예수님의 피의 이미지는 이사야 53장 12절에서 여호와의 종에게 예언된 사역을 상기시킨다. [aphesis]

26:31. **내가 칠 것이다**(I will strike, pataxō) - 동사는 '죽이는 타격' 을 가하는 것을 가리킨다(BDAG, 786, 참고-BAGD, 634). 스가랴 13장 7절 인용의 핵심 요점은 제자들의 흩어짐이지만, 이 동사의 주체로 하나님을 언급한 것은 예수님의 죽으심과 관련하여 하나님의 주권적인 손길을 보여주는 역할도 한다. 이것은 여호와의 종을 '하나님께 맞아 징벌을 받은 것' 으로 묘사하는 이사야서의 다른 구절을 상기시킨다(사 53:4). 이것은 또한 예수님께서 이 운명

으로부터 살리심을 받기 위한 겟세마네 기도의 문맥을 제공한다. [patassō]

26:34. **부인하다**(Deny, aparnēsē) – 예수님께서는 제자들에게 사람들 앞에서 예수님 자신을 부인하는 것의 위험에 대하여 경고하셨다(10:33). 그러나 여기에서는 베드로가 이런 일을 한 번뿐이 아니라, 세 번씩이나 행할 것을 선포하신다. 이 말씀은 조건이 결여되어 있음에도 불구하고 회개하는 자에게는 은혜와 용서가 있을 것이라는 예수님의 이전 말씀을 기억나게 한다. '죄의 용서를 위한' 예수님의 죽음(28절)은 곧 베드로가 예수님을 부인한 죄도 덮어줄 것이다. [aparneomai]

26:36. **겟세마네**(Gethsemane, Gethsēmani)– 이 단어는 감람산 기슭에 있는 감람나무 정원과 연결된 이름인 '기름을 짜는 틀' 을 의미한다. 오늘날에는 만국교회 옆에 오래 된 감람나무들이 있는 작은 정원이 있지만, 겟세마네의 정확한 위치는 알 수 없다. 그럼에도 불구하고 이 장소는 예수님께 격리된 기도 장소를 제공했다(14:23 참고). 베드로와 야고보와 요한이 예수님의 영광을 보았듯이(17:1–2), 그들은 지금 여기에서 그분의 고뇌를 본다(37절). [Gethsēmani]

26:39. **당신 원하는 대로**(As you will, hōs sy)– 하나님의 아들로서 예수님의 중심에는 순종이 있다. 예수님의 겟세마네 기도는 그분의 성육신 특징을 이루는 지식과 관련한 자기 제한에 대한 추가적인 예다(24:36 참고). 예수님께서는 하나님께서 이삭을 위해서 행하셨던 것과 같이 자기를 위해서 제11시에 간섭하시어 십자가의 길 외에 다른 길을 제공하실지 알지 못했다(창 22:11–14). 예수님께서는 악한 사람들의 손에서 건짐을 받거나(6:13 참고) 그렇지 않으면 자신에게 닥칠 일을 감당할 수 있도록 힘을 얻기 위해서 기도했다(6:10 참고). 자기를 기다리고 있는 고난에도 불구하고, 예수님께서는 하나님의 뜻에 순복하는 자세를 유지했다. [hōs, sy]

26:40. **나와 함께**(With me, met emou) – 일상적인 상황과는 사뭇 다르게 예수님께서는 여기에서 제자들의 지원을 부탁하신다. 그분은 제자들의 기도를 원하며 필요로 하신다. 감정의 깊이는 그분을 엄습하려고 위협하고 있었고(38절), 이러한 상황에서 예수님께서는 가장 가까운 자들이 함께하며 격려해주기를 원하신다. 최근 예수님을 지지하겠다고 고백을 한 열정에도 불구하고(35절), 그들은 그 시간의 중대성을 포착하는 데 실패했다. 체질적인 연약함이 엄습하자 그들은 잠을 자고 말았다(40–43절). [meta, egō]

26:45. **다가오고 있다**(Approaching, ēngiken) – 이 단어는 서로 구별된 공간의 가까워옴과 시간의 가까워옴이 함께 만나는 예다. 다가오는 시간(45절)은 죄인들의 손에 고난을 당하신 시기의 시작을 표시한다. 이것은 그분의 십자가 처형으로 끝날 것이다. 또한 이것은 배반자의 접근으로 시작된다(46절). 사실 이 말씀이 예수님의 입술에서 떨어지는 그 순간에 유다가 도착했고, 이미 가까이 오고 있었다(47절). [engizō]

26:50. 네가 여기에서 하고자 하는 일을 하라(Do what you are here to do, eph ho parei) – 이 구어체의 문구는 냉소적인 질문("네가 왜 여기 왔느냐", KJV, CEV, NKJV 참고), 혹은 진술(NASB, NIV, NRSV, NLT, NCV, NET)이다. 예수님께서 유다에게 접근하는 데 주도권을 가지신 것으로 묘사하는 장면을 감안해볼 때(46절), 이 진술은 예수님께서 기다리는 것에서 뒤로 물러가지 않고 자신의 운명을 성취하기 위해 확고하게 나가는 광경에 적합하다(54, 56절). [epi, pareimi]

26:51-52. 검(Sword, machairan) – 이것은 치명적인 타격을 가하기에 충분하지만 비교적으로 짧은 검이다. 요한복음은 이 부정확한 일격을 가한 자가 베드로라고 말한다(요 18:10). 그런데 제자가 이와 같이 검을 지니고 다닌다는 것은 이상해보인다. 베드로는 예수님께 충성을 다하겠다는 헌신의 심각성을 보여주기 위해 아마도 최근에 검을 구입했을 것이다(35절). 베드로가 검을 사용하는 솜씨가 부족한 것을 염두에 둘 때 상황에 적합한 격언을 인용하는 것 같다(계 13:10 참고). 한층 더 나가서, 예수님의 반응은 제자들에게 앞서 주신, 보복을 거부한 사역에 대한 메시지와 일치한다(5:38-39). [machaira]

26:56. 도망갔다(Fled, ephygon) – 마태는 분명히 예수님의 수난을 시작하는 사건들의 진전이라는 의의를 가지고 있었다. 따라서 이 설명에서 마태는 두 번째로 일어나고 있는 사건이 선지자들의 글의 성취라고 선언했다(54, 56절). 저자는 스가랴 13장 7절의 인용을 상기시키고(31절), 그 성취를 확증하면서 제자들의 도피를 기록한 것이다. [pheugō]

26:59. 공회(Sanhedrin, synedrion) – 공회는 유대인들의 주요 통치 기구였다. 공회는 주요 종파들(바리새인들과 사두개인들)과 지도층 시민들로 구성되었다. 사법적이고 통치적인 문제들을 결정했을 뿐만 아니라, 종교적인 판결도 다뤘다. 공회는 사형 판결을 내릴 수 있었지만, 로마 당국자들의 허락이 있어야만 사형을 집행할 수 있었다. 이 단어는 때때로 '회의'(KJV, NASB, NKJV, CEV, NRSV), '최고 회의'(NLT)로 번역되거나 단순하게 '산헤드린'으로 음역된다. [synedrion]

거짓 증거(False testimony, pseudomartyrian) – 예수님께서는 사람들에게 제자들을 거슬러 거짓말할 것을 기대하라고 말씀하셨다(5:11). 이것은 역시 그들 앞서 가셔서 신실한 순종의 길을 보여주신 예수님의 경험이 되어야 했다(5:12, 10:16-25, 23:29-36 참고). [pseudomartyria]

26:61. 성전(Temple, naon) – 예수님께서는 예루살렘 성전의 멸망을 예언하셨다(24:2). 그러나 여기에서 3일에 대한 언급은 예수님 자신의 죽음과 부활에 대한 예언들을 반영한다(16:21, 7:22-23, 20:17-19, 참고-요 2:19). 거짓 증거는 역설적으로 예배의 새 중심의 기초로 예수님의 자발적인 죽음과 부활을 증거한다. 바울은 특히 예수님을 따르는 사람들로 구성된 새 성전의 기초로서 예수님을 연결시킨다(고전 3:16, 6:19, 엡 2:20-22). [naos]

26:64. 네가 볼 것이다(You will see, opsesthe) – 이 말씀(단 7:13 인용, 시 110:1 언급)은 24장 30절에 묘사된 예수님의 재림의 이미지를 기억나게 한다. 이 장면은 또한 마지막 강화에 묘사된 심판을 상기시킨다(25:31). 예수님께서는 지금 곧 자신에 대한 판결을 내릴 공회 앞에 서 계시다. 그러나 그분이 다시 오실 때 광경은 반전될 것이다. 이 재판자들은 그분이 모든 백성의 운명을 선포할 때 그 앞에 서 있을 것이다. [horaō]

26:65. 신성 모독(Blasphemy, blasphemian) – 훼방은 '모욕하거나 중상하는 말'이다(BDAG, 178, 참고- BAGD, 142). 대제사장은 자신이 신성 모독이라고 판단하는 예수님의 말씀을 구체적으로 밝히지 않으나, 이것은 예수님께서 주신 두 가지 말씀에 적용할 수 있다. 첫째는 예수님께서 하나님과 하나 됨과 하나님의 권세를 취하셨다는 것이다(단 7:14와 시 110:1을 자신에게 적용함). 둘째는 그들의 죄책을 암시하면서 그분이 장차 심판자로 올 때에 그들을 정죄할 것이라는 암시다(출 22:28 참고). [blasphēmia]

26:68. 예언하다(Prophesy, prophēteuson) – 예수님께서는 다가오는 심판의 무시무시한 사건을 방금 예언하셨다(64절). 고소자들은 지금 그분에게 예언을 구체적으로 밝히라고 도전함으로 굴욕을 주고 있다. 때가 되면 그분은 그렇게 할 것이다(25:31–32). 그러나 지금은 침묵을 지키신다(사 53:7, 50:6 참고). 이야기가 베드로에 대한 예수님의 예언으로 전환되면서(34, 75절), 그 예언은 성취되는 과정에 있다(69–75절). [prophēteuō]

26:70. 부인하다(Deny, ērnēsato) – 베드로의 변절을 강조라도 하듯이 그가 예수님을 부인한 강도는 첫 번째 부인에서 세 번째로 나갈 때 점점 증가한다. 그는 예수님과의 연관성에 대한 단순한 부인에서 시작하여(70절) 맹세하며 부인하는 단계로 나가고(72절), 마침내 저주와 맹세로 부인하게 된다(74절). 예수님께서는 제자들에게 하신 선교 강화에서 예수님 자신을 부인하는 것의 위험성에 대하여 경고하셨다(10:33). 이러한 말씀을 배경으로 생각해볼 때, 베드로의 고뇌는 더욱더 비참한 것임에 틀림없다. [arneomai]

26:75. 쓰라리게 울었다(Wept bitterly, eklausen pikrōs) – 베드로의 통회는 그가 예수님을 부인한 행동이 자신의 참된 믿음을 표현한 것이 아니라는 표시다(41절 참고). 10장 33절에 나오는 예수님의 말씀이 12장 32절 말씀에 의하여 강화된 것으로 볼 수 있지반, 베드로를 향한 소망은 예수님의 31–32절 예언과 밀접하게 연결된 것으로 보는 편이 더욱 타당해보인다. 제자들의 넘어짐(베드로의 넘어짐을 포함한)은 예수님과 함께 그들(베드로를 포함하여)이 갈릴리에서 다시 모일 것이라는 사실과 함께 예언되었다(32절, 참고–28:10). [klaiō, pikrōs]

27:2. 총독(Governor, hēgemoni) – 이 당시 유다에서 '제국의 최고 지방 행정관'(BDAG, 433, 참고–BAGD, 343)은 빌라도였다(주후 26–36/37년까지 통치함). 그의 로마 직함(그의 이름

을 언급하는 라틴어 비문에 따르면, BDAG, 813, 참고-BAGD, 657)은 prefect(장관)였으나, '총독' 이라는 더 일반적인 직함이 복음서 기록에 사용된다. 로마인들은 지방에서의 사형 처벌 적용을 통제했다(이것은 부분적으로 그들에게 동정적인 백성에게 사용되는 것을 막기 위해서였다). 만일 유대 통치자들이 예수님을 사형에 처하려는 계획을 실행하려면(1절) 로마 총독의 지원을 요청해야만 했다. [hēgemōn]

27:3. **후회했다**(Regretted, metamelētheis) - 이 단어는 '행위가 되돌려질 수 있기를 기대하는 의미에서 어떤 것에 대하여 후회하는 것' 을 의미한다(BDAG, 639, 참고-BAGD, 511). 대부분의 역본은 비록 이 단어가 '마음을 바꾸다' 를 의미할 수 있지만(예, 21:29, 32), KJV의 '회개하다' 란 번역을 피하면서(NSRV 참고) '자책' 으로 번역한다(NASB, NIV, NLT, CEV, NKJV). 그러나 진정한 회개(예를 들면, 3:2의 metaneō)는 하나님께 대한 순종에 이르는 삶의 변화를 수반한다. 그 대신 유다는 자살에 이르는 심한 고통을 경험한다(5절). 이것은 다른 제자들의 무리로 돌아와 예수님과 재결합을 한 베드로의 쓰라린 통곡의 회개(26:75)와 다르다(26:33, 28:10, 16-17 참고). [metamelomai]

27:6. **피**(Blood, haimatos) - 이 단어는 여기에서(4, 24절에서도) 상징적으로 '개인의 생명을 구성하는 피' 를 의미한다(BDAG, 26, 참고-BAGD, 23). 이 구문에서 이것은 '피의 거래로 지불된 돈' 을 가리키는 것으로(Ibid., 1005, 참고-BAGD, 817) 예수님의 임박한 죽음을 인정하는 것이다. 유다(4절)와 종교 지도자들(6절)과 빌라도(24절)는 자기 자신들을 예수님의 피에 대한 책임에서 거리를 두려고 시도한다. 그러나 그들 가운데 누구도 예언을 성취하기 위해서 행동하는 것과 같이 그분의 죽음에 관련된 공범을 피할 길이 없다(26:24, 54, 27:8-10). [haima]

27:11. **당신 자신이 그렇게 말하고 있다**(You say so yourself, sy legeis) - 예수님의 대답은 유다(26:25)와 대제사장(26:54)에게 한 답변을 상기시킨다. 그들의 질문에 세 가지 모두 긍정적인 답변을 하셨다(지시 대명사는 강조형임). 그들은 부인하기를 원하는 세 가지를 진술했다. 유다는 배반자였고(26:25), 예수님께서는 하나님의 아들 그리스도시며(26:63) 또한 유대인들의 왕이시다(11절). [sy, legō]

27:16. **바라바**(Barabbas, barabban) - '바라바' 란 이름은 '아바의 아들' 을 뜻한다. 추가적으로 '아바' 는 '아버지' 를 의미한다(롬 8:15 참고). 그러므로 그의 이름은 '아버지의 아들' 로 번역될 수 있다. 또한 주목할 만한 사실은 마태가 그의 이름 '예수' 를 제공한 것 같다는 점이다. 이 이름은 여러 사본들에 나오고 원래 마태복음에 있었는데, 후대 필사가들이 명료함이나 존중의 이유로 삭제했다는 사실 외에 다르게 설명할 길이 없다. 선택은 예수라 불리는 두 사람, 예수 바라바 또는 예수 그리스도 사이에 이루어졌다(CEV, NRSV, NET 참고). 악명 높은 범법자(16절)는 '아버지(father)의 아들' 로 불렸다. 다른 분, 곧 의로운 자(19절)는 참으로 아버지

(Father)의 아들이었다. [barabbas]

27:19. **무죄한**(Innocent, dikaiō) - 이 단어는 '정의롭다'(KJV), '의롭다'(NASB, NKJV) 또는 '무죄하다'(NIV, NLT, NCV, CEV)로 번역될 수 있다. 이 단어는 기본적으로 율법과 일치하는 상태를 가리키므로, '무죄하다'란 개념이 이러한 법정적인 문맥에 잘 어울린다. 흥미로운 사실은 이 선언이 꿈을 통하여 이러한 결론에 도달한 이방인 여인에게서 나온다는 것이다(2:12 참고). 예수님을 만난 다른 이방인 여인과 같이(15:21-28), 이 여인의 예수님에 대한 판단은 옳았다. [dikaios]

27:24. **무죄한**(Innocent, athōos) - 잘못된 일에 책임을 지지 않으려는 빌라도의 시도는 허사였다. 만일 그가 무죄하기를 원했다면, 예수님을 풀어주었어야 했다. 그러나 자신의 손을 씻음으로 예수님의 피에 대한 자신의 무죄를 선포한 것(신 21:6-9)은 무리의 반응을 촉발하는 역할을 한다(25절). [athōos]

27:25. **백성**(People, laos) - 빌라도가 예수님의 죽음에 대한 책임을 회피하기 원한 반면, 유대인 백성은 자기들이 책임을 지겠다고 주장한다. 헬라어 구약 성경에서 이 명사는 일반적으로 이스라엘 백성을 그 주변의 열방들로부터 구별시킨다(예-2:6, 참고-롬 15:10-11). 예루살렘에 대한 예수님의 탄식(23:37-39)은 이 장면의 배경에 추가적인 통렬함을 더해준다. [laos]

27:29. **면류관**(Crown, stephanon) - 이 단어는 예수님께서 왕으로 조롱받고 있었기 때문에 '면류관'으로 번역된다(2:1-12, 예수님을 왕으로 경배하는 이방인 동방박사들을 참고하라). 그러나 이 단어는 운동선수들과 시민들에게 '특별한 섬김이나 행위에 대한 상이나 상급으로 수여하는 화관'을 가리킬 수 있다(BDAG, 944, 참고-BAGD, 767). 그것은 종종 승리의 상징이었다(고전 9:25 참고). 군인들이 우선적으로 예수님의 머리에 이 면류관을 씌우는 행동에는 역설이 있는 듯하다. 비록 그분의 경주는 아직 끝나지 않았지만 결승점은 가까웠다. 예수님께서는 견뎌내고 면류관을 얻으실 것이다(계 14:14 참고). [stephanos]

27:34. **쓸개**(Gall, cholēs) - 이 단어는 '불쾌한 맛을 지닌 물체'를 묘사한다(BDAG, 1086, 참고-BAGD, 883). 이것은 구약에서 서로 다른 네 단어를 번역하는 데 사용되었다. 둘은 쓴맛을 가리키고, 둘은 독을 가리킨다(Ibid.). 군인들이 예수님의 목숨을 끊기 위해서 독을 탄 포도주를 제공했을 가능성도 있지만, 단순히 추가적인 굴욕으로 쓴 포도주를 제공했다고 보는 것이 그들의 행동과 더욱 일치한다. 이 시점까지 그들(과 빌라도)은 정죄받아야 마땅한 매정한 비인간성을 보여주었다. 그들에게는 유대인들 못지않은 죄가 있다. 예수님께서는 하나님의 손으로부터 진노의 잔을 마실 것이지만(20:22, 26:39 참고), 군인들의 손으로부터는 포도주를 받지 않을 것이다. [cholē]

27:37. **죄목**(Charge, aitian) - 로마인들이 붙인

예수님의 죄목("이는 유대인의 왕 예수라")은 선동으로 해석할 수 있으나, 그분과 유대인들을 조롱하는 것에 가까웠다. 예수님의 머리 위의 현판에 죄목을 써붙인 것은 예수님께서 소문자 't' 형태의 십자가에 못 박혔다는 전통적인 묘사가 옳음을 시사한다. [aitia]

27:38. **강도들**(Robbers, lēstai) – 예수님께서 양편의 강도들과 함께 십자가에 못 박힌 모습은 겟세마네에서 자신을 체포하던 사람들에게 한 질문(26:55)인 "너희가 강도처럼 나를 체포하려고 왔느냐"는 말씀을 상기시킨다. 사실 그들은 그랬고, 예수님께서는 범법자들과 함께 연관되어 죽는 수모를 한층 더 당하셨다. 이것 역시 야고보와 요한이 예수님과 함께 하나님의 진노의 잔을 나눌 수 있다고 한 그들의 증거를 상기시켜준다(20:22). 이 두 제자 대신 두 강도들이 그들의 자리를 대신했다. 이 두 사람은 예수님과 함께 고통을 나누는 대신, 자기들 자신의 모욕으로 그분의 고통을 강화시킨다(44절). [lēstēs]

27:42. **구원하다**(Save, sōsai) – 냉소적인 의도를 가진 백성의 조롱은 역설적으로 끝난다. 만일 예수님께서 여기에서 자기 자신만을 위해 구원을 가져온다면 결코 다른 사람들을 구원할 수 없다. 만일 필요하다면 하나님께서 구출하실 것이라는 사실에는 추호의 의심도 없다(26:53). 그러나 만일 예수님께서 메시아 구원자가 되시려면, 먼저 자기를 부인하고 자신의 십자가를 지셔야 했다(16:24, 참고-10:38-39). 예수님께서는 오직 자기 자신을 잃음으로써만 다른 사람들을 구원하실 수 있었다. [sōzō]

27:46. **버렸다**(Forsaken, enkatelipes) – 시편 22편의 인용은 이 복음서 가운데 예수님께서 십자가 위에서 하신 말씀의 유일한 기록이다. 이것은 죽어가는 예수님의 마지막 말씀들이다. 시편 기자의 말 속에는 죄 용서를 위한 예수님의 죽음의 실재가 표현되어 있다(26:28). 많은 사람들의 죄를 감당하기 때문에 그분은 하나님께 버림을 받으셨다. '버리다'는 말은 '어떤 사람과 관계를 끊는 것'을 의미한다(BDAG, 273, 참고-BAGD, 215). 예수님께서는 자신에게서 옮겨달라고 기도했던 진노의 잔을 마시셨다(26:39-44). 이 잔은 많은 사람들을 구속하는 죄에 대한 형벌이었다(20:28), 예수님께서는 이렇게 하심으로 하나님으로부터 분리됨을 견디셨다. 그분의 수난 가운데 어떠한 고난도 이것과 비교될 수 없다. [enkateleipō]

27:50. **영**(Spirit, pneuma) – 여기에서 '영'의 의미는 '몸에 생명을 살리거나 주는 것'이다(BDAG, 832, 참고-BAGD, 674). '주었다'는 마지막 호흡까지 확대되는 예수님의 죽임의 자발적인 성격을 나타낸다. 예수님께서는 죄를 대항한 하나님의 진노의 쓴잔을 마시고, 이제 자신의 생명을 포기하실 수 있었다. [pneuma]

27:51. **찢어졌다**(Torn, eschisthē) – 예수님의 죽음은 여러 가지 즉각적인 결과를 가져왔다. 마태는 먼저 성전의 휘장이 찢어진 사건을 기록한다. 이 휘장은 지성소 앞에 있는 휘장을 언급할 수도 있지만, 그보다는 성소를 이스라엘의

뜰에서 분리시켰던 대 휘장을 가리키는 것 같다. 요세푸스는 앞뜰에 있는 대 제단에 희생 제물들을 가지고 나오는 사람들이 이 휘장을 볼 수 있었다고 기술한다(전쟁사 5.212-4). 예수님께서는 성전의 멸망을 예언했다는 이유로 고소당하고(26:61) 모욕을 받으셨다(40절). 이 표적은 성전의 궁극적인 멸망을 예고하며, 예비적인 확증의 역할을 한다. [schizō]

27:52. **무덤들**(Tombs, mnēmeia) - 예수님의 죽음과 부활과 관련하여 성도들이 일으킴을 받았다는 기록은 마태복음에만 나온다. 51-53절에 나오는 진술은 반복된 접속사(kai, '그리고') 로 연결되어, 이야기된 사건들이 일어난 시간을 밝히는 데 어려움을 해석자들에게 제공했다. 무덤들이 열리고(지진과 관련하여) 성도들이 일으킴을 받았다(아마도 나사로와 같이 죽을 몸을 가지고)는 52절을 요약 진술로 보는 것이 가장 적절해보인다. 그리고 53절은 (예수님의 부활 후에) 그들이 일으킴을 받아 예루살렘 백성에게 나타난 시기를 설명한다. 53절의 기능을 분명하게 하기 위해서는 이것을 괄호 안에 넣어 구별할 수 있다(NET 참고). 또는 (절 구분을 무시하고) NLT처럼 51-53절에 구두점을 찍을 수 있다. "땅이 흔들렸고, 돌들이 쪼개졌으며, 무덤들이 열렸다. 죽었던 많은 경건한 남자들과 여자들의 몸들이 예수님의 부활 후에 죽은 자들로부터 일으킴을 받았다." [mnēmeion]

27:55. **지원했다**(Supported, diakonousai) - 이 단어는 마태복음 앞부분에서 음식, 옷 등과 같이 삶의 기본적인 필요를 공급하는 것을 가리킨다(25:44, 참고-4:11, 8:15). 이것은 다른 곳에서 금전적인 지원을 가리키기도 한다(롬 15:25, 참고-행 11:29). 누가는 여러 여인들이 예수님과 제자들을 따르면서 자기들의 재물을 사용하여 일상적인 지원을 제공한 사실을 언급한다(8:3). 마태의 이 기록은 아마도 제자들과는 달리 십자가뿐만 아니라, 무덤에까지 예수님을 따랐던 동일한 여인들에 대한 기록으로 보인다(61절). [diakoneō]

27:60. **무덤**(Tomb, mnēmeiō) - 가족 무덤은 시신들을 안치할 수 있는 여러 개의 장소를 갖춘 큰 동굴 안에 만들어진다. 일정한 시간(일반적으로 일 년) 후에 가족은 무덤으로 다시 돌아가 죽은 자의 뼈들을 모아 납골 상자에 넣는다. 이러한 방식으로 무덤은 대를 이어서 반복적으로 사용될 수 있었다. 요셉의 무덤은 새것이었고, 예수님의 시신은 그곳을 처음(잠시 동안) 사용하는 자였다. [mnēmeion]

27:63. **사기꾼**(Deceiver, planos) - 종교 지도자들은 예수님을, 백성을 잘못된 곳으로 인도하는 사기꾼 또는 협잡꾼이라고 불렀다. 여기에 마지막 역설이 있다. 마태는 부활을 설명하기 위해서 거짓말을 지어내는 사람들이 바로 그들임을 보여주기 때문이다(28:13-15). [planos]

27:66. **보초병**(Guard, koustōdias) - 이 단어는 '경계 근무를 서는 군인들의 한 그룹' 을 가리키는 라틴어 쿠스토디아(custodia)에서 유래되었다(BDAG, 563, 참고-BAGD, 447). "너희들

에게 보초병이 있다"는 번역(NASB, NKJV)은 무덤을 지키기 위해서 자기들의 성전 경찰을 사용할 수 있게 해달라는 종교 지도자들의 요청을 빌라도가 인정한다는 것을 뜻한다고 이해할 수 있다. CEV는 이 견해를 "괜찮소, 당신의 일부 군인들을 취하여 무덤을 지키게 하시오"라는 번역으로 표현한다. 그러나 이보다는 보초병들이 로마 군인이었을 가능성이 농후하다. 빌라도는 결국 로마 병사 사용을 허락해달라는 요청을 받은 것이다. 28장 12절에서 그들에게 사용된 용어(stratiōtēs)는 27장 27절에도 나타나는데, 이것은 분명히 빌라도의 관저에서 섬기는 로마 군인들을 가리킨다. [koustōdia]

28:3. **번개**(Lightning, astrapē) – 천사의 광채 나는 모습은 여인들(1절)과 보초병들(4절)에게 그분을 초자연적인 존재로 밝혀준다. 마태복음의 다른 곳에서 번개는 예수님께서 세상 끝날 하늘에서 오시는 것과 연관되어 있다(24:27). 예수님의 부활은 재림 사건의 전조이며 보증이다. 천사의 임재는 그와 같이 그리스도의 재림에 참여할 많은 자들의 본보기다(16:27, 25:31). 부활은 예수님의 대적들 앞에서 그분이 마침내 가시적인 통치로 나타나게 될 것을 한층 더 확증한다(19:28, 고전 15:23-28 참고). [astrapē]

28:6. **그가 말씀하신 것과 같이**(As he said, kathōs eipen) – 심지어 예수님의 제자들도 예수님의 죽음과 부활에 관한 그분의 말씀을 이해할 수 없었던 사실에도 불구하고(12:40, 16:21, 17:23, 20:19) 그분이 일어나리라고 말씀한 사실이 실제로 일어났다. '십자가에 못 박히신 분'(5절)이 '일으킴을 받았다'(6절). 변화산에서 하나님께서 제자들에게 하신 "그의 말을 들어라"는 말씀이 떠오른다(17:5). 이것은 또한 제자들이 그분을 버릴 것이라는 예언의 다른 한 쪽에도 적용된다(26:31). 그분은 일으키심을 받은 후에 그들보다 앞서 갈릴리로 갈 것이라고 말씀하셨다(26:32). 예수님께서는 지금 이것을 말씀하고 계신 것이다(7절). 따라서 제자들은 거기에서 그분을 만나야 한다(16절). [kathōs, eipon]

28:9. **경배했다**(Worshiped, prosekynēsan) – 여인들은 부활하신 예수님을 만난 첫 번째 사람이었고(요 20:11-18), 적절하게 그분에게 반응했다. 이 단어는 '태도나 자세로 매우 높은 인물에 대해 완전한 의존이나 순복을 표현하는 것'을 의미한다(BDAG, 882, 참고-BAGD, 717). 이것은 동사 '입 맞추다'(kyneō)와 전치사 '향하여'(pros)로 구성되어 있다. 이것은 무릎을 꿇고 어떤 사람의 발이나 옷자락에 입을 맞추는 관습을 반영한다. [proskyneō]

28:10. **내 형제들**(My brothers, adelphois mou) – 예수님께서는 (베드로를 포함한) 제자들이 자신의 형제라고 말씀하신다. 예수님께서 곤경에 처할 때에 아무리 그분을 지원하는 일에 비참하게 실패했다고 할지라도 그들은 여전히 그분의 형제들이다. 이것은 그분이 그들을 용서했음을 암시한다(18:17 참고). [adelphos]

28:13. **훔치다**(Stole, eklepsan) – 종교 지도자

들이 그렇게도 절박하게 피하기를 원했던 사건이 일어났다(27:63-64). 예수님의 시신이 더 이상 무덤에 없었던 것이다. 지도자들은 보초병들에게 일어난 일 모두를 보고받았으므로(11절) 제자들이 예수님의 시신을 훔쳐간 것이 아님을 잘 알았다(27:64). 그들은 예수님께서 십자가 위에 달려 계실 때 조롱했다. 그들은 만일 하나님께서 예수님을 건지신다면 그분을 자기들이 믿을 것이라고 말했다(27:42-43). 이제 하나님께서 그분을 건지셨으나, 이 사건은 그들의 불신을 더욱 완고하게 한 것 같다(23:31 참고). 그들은 처음에 예수님을 거슬러 음모를 꾸몄던 기만을 계속했다(26:4). 그들은 결국 거짓을 저지른다. 그리고도 그들은 예수님을 사기꾼이라고 부른다(27:63). 그러나 거짓말을 지어내는 자들은 바로 그들이었다. [kleptō]

28:15. **유대인들**(Jews, Ioudaiois) – 이 단어는 '유대 지역 사람들'을 의미하며 유대 백성을 묘사하기 위해서 이방인들(과 유대인들, 예–롬 2:17, 28)에게 일반적으로 사용된다. 로마의 유대 통치 이전에, 이스라엘의 마지막 독립 정부는 하스모니안 왕조의 유대 왕국이었다. 이것은 로마 장군 폼페이(Pompey)가 이스라엘을 정복하여 로마 지방으로 삼을 때까지 100년간 지속되었다(주전 164-62). '유대 지역 사람'이란 단어는 나중에 모든 유대인을 기술하는 용어가 되었다. 비록 CEV는 이 단어를 여기에서 '유대의 백성'으로 번역하고 표준 사전도 항상 이렇게 번역해야 한다고 제안하지만(BDAG, 478-79), 대부분의 사람들은 '유대인들'이란 번역을 수용할 만한 것으로 인정한다. [Ioudaios]

28:16. **산**(Mountain, oros) – 앞부분에는 제자들이 예수님을 갈릴리에 있는 어느 산에서 만나야 한다는 지적이 전혀 없었다. 그래도 첫 번째 강화(5:1-7:29)가 있었던 장소는 논리적으로 만남의 장소다. 거기에서 지금 보충될 기본적인 위임이 그들에게 주어졌다(5:14-16). [oros]

28:17. **의심했다**(Doubted, edistasan) – 여자들과는 달리(9절) 제자들 가운데 일부는 예수님을 경배할 때에도 의심에 사로잡혔다. 다른 곳에서 한 번 더 사용된 이 단어는 바다 위에서 예수님을 만날 때의 베드로를 묘사했다(14:31). 사실 이 장면에서 주저하면서 예수님께 접근할 것으로 기대되는 제자들은, 겟세마네에서 그분을 돕는 일이 실패한 점을 감안해볼 때(26:37-44) 베드로와 야고보와 요한일 것이다. 그들이 누구든지간에 이름이 언급되지 않는 것은, 보냄 받은 사람들은 공통적인 실패를 하는 인간이지만 예수님의 위임 명령을 성취하기 위해서 능력을 수여받는다는 사실을 보여주는 역할을 한다. [distazō]

28:18. **모든 권세**(All authority, pasa exousia) – 예수님께서는 진정으로 하늘과 땅의 주님이시다. 이것은 하나님께서 그분에게 수여한 권세다. 이 말씀 속에 다니엘 7장 14절의 반영은 7장 13절을 자신이 성취할 것이라는 예수님의 약속을 실증한다(26:64 참고). 인자는 곧바로 궁극적인 추수를 기대하면서 제자들을 세상에 보내신다(13:37-43). 그때가 오면 모든 사람들

은 제자들이 사실로 알고 있는 것을 인정하게 될 것이다. 모든 무릎이 무릎을 꿇고 모든 혀가 예수 그리스도는 주님이라고 고백하게 될 것이다(빌 2:9-11, 참고-7:22, 24:30, 25:44). [pas, exousia]

28:19. **제자를 삼으라**(Make disciples, mathēteusate) – 제자들의 임무는 자기 자신을 재생산하는 것이다. 다시 말해서 다른 사람들을 불러 그로 하여금 예수님의 추종자, 곧 그분의 말씀을 듣고 행하는 자가 되게 하는 것이다(7:24-25). 이 선교의 대상은 모든 민족, 곧 유대인들과 이방인들이다(10:16-20 참고). 요약해서 말하면, 제자들의 사명은 다른 민족을 불러 하나님과 관계를 맺게 하고, 자기들이 예수님에게서 보고 들은 모든 것을 그들에게 가르치는 일을 포함한다. 의심할 여지없이 마태는 이 임무를 완수하는 일을 돕기 위해 복음서를 기록했다. [mathēteuō]

세례를 베풀며(Baptizing, baptizontes) – 세례가 예수님의 공사역의 시작을 표시했듯이(3:15), 제자가 예수님을 공개적으로 따르기 시작한 것도 표시해야 한다. 세례는 하나님 아버지와 아들 하나님과 성령 하나님과의 관계를 시작함을 증언한다. 마태복음은 부분적으로 이 관계가 제자들에게 무엇을 의미하며, 그들이 이에 비추어 어떻게 살아야 하는지에 대한 주해의 역할을 한다. [baptizō]

28:20. **순종하다**(Obey, tērein) – 이 단어는 '순종을 지속하는 것'을 의미한다(BDAG, 1002, 참고-BAGD, 815). 예수님께서 백성들이 그분의 말씀을 들을 뿐만 아니라 실천에 옮기는 일에 관심을 가졌듯이(7:24-27), 그의 제자들도 말씀을 가르칠 때 이 교훈을 그들이 받는 것으로 끝나지 않도록 분명하게 해야 한다. 제자들은 듣고 순종해야 한다. [tēreō]

모든 것(Everthing, panta) – 예수님께서 첫 제자들(유대인들)에게 말씀하신 것은 후대의 제자들(유대인들과 이방인들)에게도 적절하게 적용된다. 새로운 제자들이 가르침을 받아 순종해야 할 예수님의 교훈 가운데 하나가, 또한 그분의 모든 교훈이다. 마태가 복음서를 기록한 것이 모든 백성을 위한 것이냐는 질문을 한다면 분명한 긍정으로 답해야 한다. 듣고 믿으며 순종하는 책이 바로 이 마태복음이다. [pas]

마가복음

조엘 F. 윌리엄스(Joel F. Williams)

1:1. **좋은 소식**(Good news, euangeliou) – 헬라어 euangelion은 종종 영어에서 '복음' 으로 번역되나, '좋은 소식' 이란 번역(NRSV, NLT)이 신약에서 예수님에 관한 좋은 소식을 선포하기 위해 사용된 사실을 더욱 분명하게 전달하는 것으로 보인다(BAGD, 317-18, BDAG, 402-3). 이 단어는 바울 서신에서 가장 자주 등장한다(신약의 76회 가운데 60회). 사도 바울에게 복음은 예수님의 생애와 죽음과 부활의 메시지요, 하나님의 능력을 믿는 자들에게 죄와 심판으로부터 구원을 가져오는 메시지다(롬 1:1-6, 16-17, 고전 15:1-11, 살전 1:5-10, 4:14). 바울은 좋은 소식의 이 메시지를 듣고자 하는 사람들에게 말했다(예, 롬 15:19, 고전 15:1, 갈 1:11, 2:2, 살전 2:9). 마가가 euangelion를 사용한 것은 바울이 이 단어를 사용한 의미와 유사하다. 마가에게 좋은 소식은 예수님에 관한 메시지(1:1), 곧 말로 선포된 메시지(1:14, 13:10, 14:9)다. 1장 1절에서 '복음' 이란 단어가 사용된 것은 좋은 소식의 구두 선포보다는 예수님의 사역에 대한 기록을 가리킨다는 점에서 다소 독특하다. 기록된 좋은 소식의 선포를 가리키기 위해서 '복음' 이란 단어를 사용한 것은, 명백하게 주후 2세기 신자들로 하여금 예수님의 생애에 관한 기록된 내용을 '복음서들' 로 언급하기 시작하게 했다(저스틴, 1 Apol. 66.3, 이레니우스, Haer. 3.11.8). 그러므로 '복음서' 라는 용어는 문학의 양식을 가리키는 데 사용되었고, 네 복음서는 신약 정경에 포함되었다. 그렇지만 마가에게는 한 복음, 예수님의 삶과 죽음과 부활에 관한 좋은 소식의 한 메시지, 회개하고 믿는 모든 자에게 생명과 하나님 나라에 들어감을 가져오는 메시지가 있을 뿐이다(1:14-15, 8:35). 물론 이 한 복음은 반복적으로 선포되고 많은 장소에서 선포되어 결국 온 세상에 도달할 때까지 선포되어야 한다(13:10, 14:9). 마가복음의 '좋은 소식' 에 대해서는 8장 35절도 보라. [euangelion]

그리스도(Christ, Christou) – 마가는 즉시 예수님을 '그리스도' 와 '하나님의 아들' 로 묘사한다. '의식적으로 직무를 위해 기름부음을 받은 어떤 사람' 을 의미하는 칭호 '그리스도' 는 히브리어 '메시아'에 상응하는 헬라어다(K. H. Rengstorf, NIDNTT 2:334, 참고-요 1:41, 4:25). 마가는 예수님을 메시아, 곧 이스라엘 백성 위에 왕으로 다스릴, 다윗의 계통에서 나올 약속된 구원자로 간주했다(12:35, 14:61, 15:32). 마가복음은 백성이 예수님의 정체를 어떻게 그리스도와 하나님의 아들로 인정하게 되는지에 대하여 이야기한다(Lane, 45 참고). 초반부 절정에서 베드로는 예수님을 그리스도라고 고백한다(8:29). 이에 예수님께서는 인자로서 반드시 고난을 받고, 죽으며 다시 일어날 것이라고 제자들에게 교훈하셨다(8:31). 예수님께서는 메시아지만, 십자가를 떠나서는 메시아가 아니다. 이야기의 후반부는 백부장이 예수님께서 십자가에 달려 돌아가시는 것을 보고 그분을 하나님의 아들이라고 고백할 때 절정에 도달한다(15:30). [Christos]

하나님의 아들(Son of God, huiou theou) – 칭호 '그리스도'와 같이 '하나님의 아들'도 메시아의 칭호다. 이것은 구약에 뿌리를 두고 있다. 구약에서 다윗의 자손인 왕은 하나님의 아들로 기술된다(삼하 7:8-16, 시 2:1-12, 89:19-29, 참고-쿰란 문서 4QFlor I, 10-13). 그러나 '하나님의 아들'은 '그리스도'의 단순한 동의어 이상이다. 이것은 기름부음을 받은 왕과 하나님 자신 사이의 밀접한 관계를 강조하는 명칭이기 때문이다(O. Michel, NIDNTT 3:607). 마가복음은 예수님과 하나님 아버지 사이의 독특한 관계를 기술하는데, 이것은 메시아에 관한 일반적인 기대를 넘어선다(12:35-37). 예수님께서는 하나님의 말씀을 하시고(1:14, 9:7), 아버지의 뜻을 항상 행하신다(14:36). 또한 하나님과 같이 죄를 용서할 권세를 가지시고(2:5-12), 그분의 독특한 권세는 하나님의 오른편, 곧 주 되심의 자리에 높아질 때 드러나실 것이다(12:36, 14:62). 마가복음에서 하나님의 아들로서 예수님의 정체는 하나님에 의하여 선포되고(1:11, 9:7), 영적인 존재들에 의하여 인정된다(3:11, 5:7, 참고-1:24). [huios + theos]

1:2. 그것은 기록되어 있다(It is written, gegraptai) – 마가복음에서 사용된 '그것이 기록되었다'(또는 '그것이 기록되어 있다')는 표현은 구약의 인용문이나 교훈을 소개하는 양식이다(1:2, 7:6, 9:12-13, 11:17, 14:21, 27). 마가 자신은 1장 2절에서 이 양식을 사용하나 나머지 경우는 예수님의 교훈에서 등장한다. 지속적인 결과를 갖는 완성된 행동을 표현하는 헬라어 현재 시제의 사용은 이러한 양식에서 특히 적절하다. 이것은 과거에 기록된 책이 현재적인 권세를 가지고 있음을 가르쳐주기 때문이다(H. Hubner, EDNT 1:261, Marcus, 147). [graphō]

1:4. 광야(Wilderness, erēmō) – 광야는 버려진, 또는 사람이 살지 않는 지역이다(BAGD, 309, BDAG, 391-392). 마가복음의 서론에서 명사 '광야'(erēmos)는 이야기를 시작하는 사건들, 곧 요한의 사역과 예수님의 세례와 시험의 배경을 묘사하는 기능을 한다(1:4, 1:12-13). 이 배경은 요한의 사역을 마가복음 1장 3절에 언급된 이사야 40장 3절의 약속, 곧 자기 백성을 구원하기 위해 오시는 주님을 위해 광야에서의 준비와 관련된 약속과 연결시킨다. 마가복음의 다른 곳에서 erēmos는 항상 '장

소' (topos, 1:35, 45, 6:31, 32, 35)를 수식하기 위해서 사용된 형용사다. 예수님께서는 사생활, 안식 그리고 하나님과 함께하는 시간을 위해서 버려진 장소들을 찾으시나, 무리는 예수님을 이러한 곳에서조차 찾았다. [erēmos]

회개(Repentance, metanoias) – 칠십인경, 특별히 구약 선지서에서 '회개하다, 자신의 생각을 바꾸다' (metanoeō)를 의미하는 동사는 '돌이키다' (anastrephō, epistrephō, 사 46:8, 렘 4:28, 18:8, 38:18–19 [31:18–19 영역본], 욜 2:13–14, 욘 3:9–10)는 의미를 가진 동사들과 함께 등장한다. 결과적으로 '회개하다' 와 '돌이키다' 라는 두 개념은 의미상 서로 관련되어 있다. 중간기 시대 유대 문서와 칠십인경 이후 구약의 후기 헬라어 번역에서 '회개하다' 와 '회개' 는 개종의 사상을 표현하고, 죄에서 돌이켜 하나님과 그분의 길로 향해 돌이키는 것을 표현하는 흔한 단어들이 되었다(J. Behm, TDNT 4:989–92). 그러므로 회개의 세례란 하나님과 그분의 계명을 거역한 반역으로부터 내적으로 돌이키고 항복하여 하나님께로 돌아오는 외적인 행동의 표현이다. 마가복음에서 세례 요한(1:4), 예수님(1:15)과 그분의 제자들(6:12)은 모두 회개의 메시지를 선포한다. 선포에 대하여는 1장 38절을 보라. [metanoia]

용서(Forgiveness, aphesin) – 용서(aphesin)를 위해서 여기에 사용된 단어는 신약 밖에서 일반적으로 '해방' 이란 의미를 가진다(LSJ, 288). 이것은 종종 직무, 결혼, 책임, 빚 혹은 징벌로부터 벗어났다는 법적인 의미로 사용된다(R. Bultmann, TDNT 1:509). 그러나 신약에서 이 단어는 일관되게 하나님께서 베푸시는 죄 용서, 죄책과 죄로 인한 형벌에서 풀려남을 가리키는 데 사용된다(예, 마 26:28, 막 3:29, 눅 1:77, 행 2:38, 엡 1:7, 히 9:22). '용서하다' 는 의미를 가진 관련된 동사 aphiēmi가 마가복음에 어떻게 사용되는지에 대하여는 2장 5, 7, 9–10절, 3장 28절, 4장 12절, 11장 25절을 보라. [aphesis]

1:6. 낙타의 털(Camel's hair, trichas kamēlou) – 마가는 아마도 낙타 털로 엮어 짠 거친 옷을 가리키는 것 같다(Taylor, 155–56). 스가랴 13장 4절은 이스라엘에 있는 선지자를 위한 적절한 옷으로 '털로 된 옷' (NIV)을 제시한다. 그러므로 이 상세한 내용은 요한을 선지자로 묘사하는 역할을 한다(Cranfield, 47). [thrix+kamēlos]

가죽 띠(Leather belt, zōnēn dermatinēn) – 요한의 가죽 띠에 대한 언급은 열왕기하 1장 8절에 나오는 엘리야의 묘사를 상기시킨다. 그러므로 요한의 옷에 대한 상세한 내용은 그를 선지자 엘리야와 일치시킨다(Hooker, 37). 이러한 일치는 마가복음 9장 11–13절에서 더욱 분명하게 나온다. 요한은 말라기가 예언했듯이 엘리야의 도래에 관한 예언을 성취한다. 요한은 주님께서 오시기 전에 '길을 예비할' 자다(말 3:1–2, 막 1:2). 그는 '모든 것들을 회복' 하기 위해서 '주님의 크고 두려운 날이 임하기 전' 에 하나님에게 보냄을 받은 '선지자 엘리야' 다(말 4:5–6, 막 9:12). [zōnē + dermatinos]

1:7. 합당하지 않다(Not worthy, ouk…hikanos) – 이 문맥에서 '합당하다' (hikanos)에 해당되는 단어는 어떤 사람이 특정한 임무를 수행하

기에 충분하며, 자격이 구비되고, 단지 좋다고 밝혀주는 기준에 도달한다는 생각을 전달한다 (마 8:8, 고전 15:9, BAGD 374, BDAG 472 참고). 요한은 자기 자신은 몸을 숙여 예수님의 샌들의 가죽 끈을 풀 자격이 충분히 있다고 생각하지 않았다. 랍비 문서에서 주인의 신을 푸는 것은 노예의 임무로 제자들의 품위를 손상시키는 행동이다. b. Ketub. 96a에서 랍비 여호수아 b. 레비(Levi)는 "학생은 신발을 푸는 것만 제외하고, 종이 주인에게 바쳐야 하는 모든 섬김을 선생님께 바쳐야 한다"고 진술한다(Marcus, 152 참고). 요한은 자기 자신을, 곧 오시게 될 더 강한 분이신 예수님과 비교할 때 종의 신분보다 더 낮은 수준으로 자신을 낮추었다. 누가복음 3장 16절의 '샌들'을 보라. [hi-kanos]

1:8. **성령**(Holy Spirit, pneumati hagiō) – 마가복음은 성령의 사역에 관하여 상대적으로 말하는 내용이 거의 없다. 이것은 특별히 성령께서 세례 때(1:10) 예수님께 임하여 시험받게 하기 위해서 그분을 광야로 인도하여 낸 이후에 그렇다(1:12). 마가는 다른 세 경우에만 성령을 언급한다. 성령께서는 과거에 성경의 저자들을 통하여 말씀하셨다(12:36). 성령께서는 예수님의 지상 사역 기간중에는 귀신들을 지배하는 권세를 예수님께 주시고(3:22, 29–30), 미래에는 신자들을 통하여 그분의 메시지를 전달하실 것이다(13:11). 그러므로 마가는 성령 세례의 의미에 대하여 안내해주는 것이 거의 없다 (1:8). 그러나 마가가 요한의 사역을 위해 중요하다고 생각하는 구약의 배경은, 예수님을 통한 성령 세례에 관한 요한의 약속이 가지는 의미에 대하여 빛을 던져준다. 구약 성경은 마지막 날들에 하나님의 백성 위에 성령을 부어주실 것을 기대했다(사 32:15, 44:3, 겔 11:19, 36:25–27, 34:14, 39:29, 욜 2:28–32). 요한은 성령의 이러한 선물을 가져올 분으로 예수님을 지적한다. [pneuma + hagios]

1:10. **즉시**(Immediately, euthys) – 이것은 마가가 선호하는 단어들 가운데 첫 번째 예다. 마가복음은 이 단어를 신약의 51회 가운데 41회 사용한다. 영어 번역은 이 단어의 의미를 표현하려고 다양한 시도를 했다. 예를 들면, NIV는 이 단어를 '즉시', '지체 없이', '바로 그때', '신속하게', '가능한 한 빨리', '즉각적으로', '그러자', '곧장', '이에', '곧', '바로 그' 등으로 다양하게 번역한다. 때때로 NIV는 번역 자체를 생략하기도 한다(1:10, 21, 30, 2:12, 5:2, 8:10). NASB는 '바로 그때'로 번역되는 1장 23절에서만 제외하고, 일관되게 '즉시'로 번역한다. 때때로 단어 euthys는 시간적인 기능이 있어, 하나의 행동이 다른 사건 후에 즉시 일어나는 것을 가리킨다. 때때로 이 단어는 단순하게 특정한 사건에 주의를 집중하는 문체의 기능을 한다. 그래서 이것은 '보라'와 유사한 의미를 가진다(Guelich, 30). [euthys]

찢어 나누다(Torn apart, schizomenous) – 동사 schizō는 '힘을 주어 어떤 것을 나누다, 찢다 또는 찢어 나누다'를 의미한다(BAGD, 797, BDAG, 981). 세례를 받은 후에 예수님께서는 하늘이 '찢어 나누이는 것'(NRSV)과 성령이 내려오는 것을 목격하셨다. 마가복음에서 이 동사는 15장 38절에서 한번 더 사용되었다. 이것은 그리스도께서 죽으시는 순간 일어난, 성전의 휘장이 위에서부터 아래까지 찢어진 사건을 가리키는 데 사용되었다. 하늘이 찢어진 후에 하늘의 음성은 예수님을 하나님의 아들로 밝히고(1:11), 성전의 휘장이 찢어진 후에는 백부장이 예수님을 하나님의 아들로 선포한다(15:39). 마가복음 10장 38-39절은 예수님의 세례와 십자가 사건 사이의 연결을 한층 더 강화시킨다. 이 구절에서 예수님께서는 자신의 죽음을 세례로 가리키고 있기 때문이다. [schizō]

1:11. **사랑을 받은**(Beloved, agapētos) - 이 형용사의 기본적인 용례는 대상을 향한 사랑과 애정을 표현하기 위한 것이지만, 이것이 '아들'을 수식할 때는 '유일한 또는 독특하게 특별한' 아들이란 사실을 암시할 수도 있다(BAGD, 6, BDAG, 7, Gluelich, 34, Gundry, 49). 예를 들면, 칠십인경은 이삭이 아브라함의 '유일한' 또는 '독특한' 아들이라는 사실을 전달해주기 위해서 '사랑을 받은'(agapētos)을 사용한다(창 22:2, 12, 16). NET는 '너는 내 유일하고 존귀한 아들'이라는 번역으로 두 가지 함축적인 의미를 전달하려고 애쓴다(1:11, 참고-9:7, 12:6). [agapētos]

1:12. **강요했다**(Compelled, ekballei) - 마가는 성령께서 예수님을 광야로 인도하는 행위를 묘사하기 위해 강력한 단어를 선택한다. 이 단어는 다른 곳에서 예수님께서 귀신들을 '축출하거나'(예, 1:34, 39) 성전에서 매매하는 사람들을 '몰아내는' 데 등장한다(11:15). 성령께서는 세례 때 예수님께 임하신 후(1:11) 예수님을 '강요하여'(NLT) 광야로 들어가게 하셨다(1:12). 용어의 강력함은 예수님께서 지상 사역 기간중 성령의 강력한 통제 아래 계실 것을 암시한다(F. Annen, EDNT 1:406). [ekballō]

1:13. **사탄**(Satan, Satana) - '사탄'이란 이름은 문자적으로 '대적'을 의미하는 아람어 단어의 헬라어 음역이다(BAGD, 744-45, BDAG, 916-17, MM, 570). 마가복음에서 사탄은 세상에서 하나님의 일을 대적하는(4:15) 귀신들 왕국의 초자연적인 통치자다(3:22-26). 마가복음 8장33절에서 예수님께서는 제자 베드로를 '사탄'이란 이름으로 불렀는데, 그것은 그가 하나님께서 정하신 고난과 죽음의 사명에서 예수님을 떠나게 하려고 시도했기 때문이다. 예수님께서는 자신을 고난의 길에서 빗나가게 함으로써 하나님의 계획을 반대하려고 했던 사탄의 유혹이 베드로의 말 배후에 있는 것을 보셨다. 마가는 시험의 성격을 상세하게 언급하지 않고 예수님의 사역 초기에 있었던 사탄의 시험에 대한 간단한 기사만 포함한다(1:12-13). 예수님과 베드로 사이에 나중에 있었던 이 대화는 그 빈틈을 메우는 데 도움을 준다. 사탄은 예수님을 그분의 사명, 곧 고난과 죽음과 많은 사람을 위해 자신의 생명을 내어주는 것을 포함하는 사명에서 이탈하게 하려고 애썼다. [Satan/Satanas]

1:15. **하나님의 나라**(The kingdom of God, ē basileia tou theou) - 마가복음에서 하나님의 나라는 하나님의 왕적인 통치, 곧 그분의 왕적인 권세나 통치이며(BAGD, 134-35, BDAG,

168-169), 사람이 궁극적으로 살 수 있거나 (14:25, 참고-마 8:11-12, 11:11) 들어갈 수 있는(9:47, 10:15, 25, U. Lux, EDNT 1:202) 장소란 의미에서 왕적인 통치 영역이기도 하다. 때때로 마가복음에서 하나님의 나라는 권능으로 임할 미래적인 실재다(9:1, 14:25, 15:43). 유사한 방식으로 예수님께서는 악한 자들을 심판하고 택한 자들을 모으기 위해서 큰 권능과 영광으로 인자가 볼 수 있게 임하는 것에 대하여 가르치신다(8:38, 13,26-27, 14:26). 그래도 예수님께서는 비밀, 곧 그 자신의 추종자들만이 이해할 수 있는 신비인 하나님나라의 양식에 대하여 은밀하게 가르치신다(4:10-12). 하나님나라의 이 숨겨진 양식은 씨와 같이 작게 시작하지만 사람의 노력이 아닌 하나님의 능력으로 성장한다(4:22, 26-29, 30-32). 백성들이 하나님의 말씀을 듣고 수용하며 열매를 맺을 때 (4:20) 하나님나라는 성장한다. 예수님께서 하나님나라가 가까이 임하였다고 공적으로 선포하실 때, 그분이 분명하게 뜻하신 것은 하나님의 나라가 능력 가운데 가시적으로 임할 때가 임박했다는 것이다(1:15). 하나님나라가 갑작스럽게 나타나는 것의 위험과 약속은 회개와 믿음을 요구한다. 회개에 대하여 1장 4절, 믿음에 대하여 2장 5절, 하나님나라에 들어가는 것에 대하여는 9장 47절을 각각 보라. [basileia]

가깝다(Is near, ēngiken) – engizō는 공간적 의미의 동사지만 시간적인 의미에서 '가까이 다가옴' 을 뜻할 수 있다(BAGD, 213, BDAG, 270). 나중에 하나님나라가 도래하는 것으로 묘사함으로써(9:1) 여기서는 분명하게 하나님나라의 도래 사건이 미래의 어느 시간에라도 일어날 수 있음을 의미한다. 동사 engizō가 신약에서 이러한 시간적 의미로 등장할 때, 사건이 이미 일어난 것을 가리키지 않고 앞의 어느 시간에 일어날 수 있을 정도로 임박한 것을 가리킨다(마 21:34, 26:45, 눅 21:20, 28, 22:1, 행 7:17, 롬 13:12, 히 10:25, 약 5:8, 벧전 4:7). 시간이 가까이 옴을 표현하는 진술에 등장하는 관련된 부사 engys도 마찬가지다(마 26:18, 막 13:28, 요 2:13, 7:2, 롬 13:11, 계 1:3, 22:10). 메시아의 도래는 하나님의 구속 계획에 있어서 결정적인 순간이다. 그 후에 하나님나라의 도래는 어느 시간에라도 일어날 수 있다. [engizō]

1:18. **버렸다**(Left, aphentes) – 마가복음에서 예수님께 부름을 받은 사람들은 그분을 따르기 위해서 불가피하게 어떤 것을 버린다. 마가복음 1장 18절에서 시몬과 안드레는 그물과 자신들의 옛 삶과 생계를 버린다. 예수님과 함께 가기 위해서 야고보와 요한(1:20)과 레위(2:14)는 자기들 직업에서 떠났다. 예수님께서는 부자에게 예수님 자신을 따르기 위해서는 그의 모든 소유를 팔아서 가난한 사람들에게 주라고 명령하신다(10:21). 부자의 실패에 비추어, 베드로는 제자들이 예수님과 함께하기 위해서 모든 것을 버렸다고 지적한다(10:28). 예수님을 따르는 것은 희생만이 아니라 보상도 수반한다. 예수님을 위해서 희생하는 자는 현 시대에 풍성하게 돌려받고 내세에 영생을 받기 때문이다 (10:29-30). [aphiēmi]

따랐다(Followed, ēkolouthēsan) – '따르다' 는 동사는 문자적으로 앞에서 이끄는 어떤 사람 뒤에서 걸어가는 것을 의미하는데(3:7, 5:24,

14:13), 이것은 종종 마가복음에서 제자로 예수님을 따른다는 개념을 가진다(예, 1:18, 2:14-15, 8:34, 10:21, 28, 15:41, 참고-Schneider, EDNT 1:49). 그러므로 예수님을 따르는 것은 그분과 함께 있는 것(3:13-14), 그분의 사역에 참여하는 것(1,17, 3:14-15), 그분이 생각하는 방식대로 생각하는 것을 배우는 것(8:31-33), 그리고 예수님의 삶의 모형을 자기 자신의 삶으로 수용하는 것(8:34)을 포함한다. 예수님께서는 예비적인 제자들에게 그분을 따르고 그분의 일에 동참하라고 명령하셨다는 점에서 당시 다른 유대인 랍비들과 달랐다. 당시의 관습은 제자들 자신이 랍비를 선택하여 그 수하에서 배우고 가르침을 전수받는 것이었다(Gluelich, 50-51). [akoloutheō]

1:21. **회당**(Synagogue, synagōgēn) - 마가복음에서 '회당'은 항상 건물, 유대인을 위한 모임의 장소를 가리킨다. 회당의 기본적인 목적은 모세 율법을 읽고 배우기 위한 장소의 역할이었으나 기도, 어린이 교육과 공동체 모임과 행사를 위한 장소로도 사용될 수 있었다(W. Schrage, TDNT 7:821-28, Schurer, History 2:424-27, 참고-행 15:21). 예수님 당시 갈릴리에 있는 모든 중요한 유대인 공동체는 회당이 있었고, 더 큰 도시들은 하나 이상의 회당을 소유했다(W. Schrage, TDNT 7:812). 안식일 예배 순서는 기도, 히브리어 성경의 아람어 번역과 함께 율법과 선지서 낭독, 설교와 제사장의 축복이나 축도로 이루어졌다(Schurer, History 2:447-54). 안식일 예배에서 가르침은 어떤 사람의 규칙적인 책임이 아니었다. 오히려 회당장은 그 임무를 다른 합당한 인물들에게 할당했다. 마가는 예수님께서 갈릴리 전 지역 회당에서 말씀을 가르치고 설교할 수 있는 기회를 가지신 것으로 제시한다(1:21-22, 39, 6:2). 안식일에 대하여는 2장 24절, 회당장에 대하여는 5장 22절을 각각 보라. [synagōgē]

1:22. **권세**(Authority, exousian) - 권세란 행할 수 있는 능력과 그 능력을 행사할 수 있는 권리를 모두 포함한다(W. Foerster, TDNT 2:562-63). 그러므로 '권세'(exousia)는 비록 그것이 필연적으로 권세 있는 지위나 명령과 연결된 것은 아니지만, 압도적인 힘을 강조하는 '능력'(dynamis)과 사뭇 다르다(O. Betz, NIDNTT 2:607). 마가복음에서 능력에 대하여는 5장 30절을 보라. 예수님의 가르침에는 권위가 있다. 다시 말해서 그분의 말씀은 능력이 있고, 하나님께서 주신 것이며, 분명히 참되어 메시지를 선포할 수 있는 그분의 고유한 권한을 보여준다. 마가복음에서 예수님의 권세에 대한 언급은 예수님께서 서기관들과 맞서는 문맥에서 항상 등장한다(1:21-27, 2:5-12, 11:27-33). 예수님께서는 서기관들이 행하지 않는 방식으로 가르치고 행할 권한을 가지셨으나, 서기관들은 그분의 권세를 받아들이려고 하지 않았다. [exousia]

서기관들(Scribes, grammateis) - 서기관들은 모세 율법의 임명받은 교사들이었다. 서기관이 되는 것은 유명한 스승의 문하에서 집중적인 공부와 랍비의 교훈을 암기하는 것을 포함했다. 공부 과정을 성공적으로 이수하면 서기관으로 임명을 받을 수 있었다. 서기관들은 세 가지 전문적인 활동에 초점을 두었다. (1)그들은 특별히 모세 율법을 일상생활에 적용하는 문제를 결정 짓기에 애쓰며, 모세 율법을 연구하고 해석했다. (2)그들은 제자들이 율법, 자기 자신들의 해석, 그리고 다른 중요한 서기관들의 전통을 이해하도록 가르쳤다. (3)그들은 자기들의 율법 연구에 근거하여 공의를 집행하면서 예심 재판관의 역할을 했다(G. Baumbach, EDNT 1:259-60, Schurer, History 2:322-36). 마가는 서기관들을 예수님의 대적으로 제시한다. 그들은 예수님께서 직접적인 신적인 권세로 가르치고 행할 때 반대했으며(2:5-11, 11:27-33), 자기들의 전통을 수용하지 않는다고 비난했다(2:16-17, 7:1-5). 이에 대하여 예수님께서는 그들의 위선을 정죄하신다. 그들은 하나님에게서 마음이 떠나 있으면서 자기들의 외적인 종교 활동에 근거하여 존경과 특권을 원하기 때문이다(7:6-7, 12:38-40). 그들은 종교적인 척하면서 하나님의 계명들을 무시하는 전통들을 현명하게 고안해냈다(7:8-13). 그럼에도 불구하고 마가는 예수님과 서기관들 사이의 적대감을 절대적인 것으로 만들지 않는다. 또한 서기관들이 하나님과 이웃 사랑의 우선성에 대하여 예수님과 의견의 일치를 보이기 때문에 하나님나라에서 멀지 않은 예외적인 대상으로 소개한다(12:28-34). [grammateus]

1:23. 더러운 영(Unclean spirit, pneumati akathartō) - '더러운'이란 말은 유대인들이 악하고 적대적인 영적 존재인 귀신들을 흔히 묘사하는 용어다(예, Jub. 10:1, T. Benj. 5:2, 1QM XIII, 5). 마가는 동등한 빈도인 11회로 단어 '더러운 영'(pneuma akatharton)과 '귀신들'(daimonion)을 사용한다. 추가로 동사 diamonizomai('귀신에게 사로잡히다')를 4회 사용한다. 의식적인 불결을 가리키는 용어인 형용사 '더러운'은 귀신들림이 사람을 더럽게 하여 예배나 하나님과 교제하는 데 부적합하게 만든다는 사실을 전달해준다(Taylor, 174). 마가복음에서 더러운 영들은 질병이나 자기 자신이 가한 상처를 통하여 궁극적으로 사람들을 멸망시킬 목적으로 사람들을 통제한다(5:2-13, 9:17-27). 귀신들은 예수님을 볼 때, 그분이 하나님의 아들이며 그들을 지배하는 권세를 가지신 분임을 알기 때문에 소리 질렀다(1:23-27, 34, 3:11-12, 5:6-8). [pneuma + akathartos]

1:26. 그를 난폭하게 흔들었다(Shook him violently, sparax-an auton) - 귀신들린 사람에게서 나오기 직전에 더러운 영은 그를 경련에 빠뜨렸다(NASB, NLT). 이것보다 더 좋은 번역은 그 사람을 난폭하게 흔들었다는 표현이다(NIV). 동사 sparassō는 신약에 3회밖에 나오지 않는데, 모두 귀신이 인간 희생자에게 해를 가하는 문맥에서 등장한다(1:26, 9:26, 눅 9:39). 고전 헬라어에서 이 동사는 개와 같은 짐승이 찢거나 잡아뜯는 행동을 묘사하는 데 사용되었다(LSJ, 1624). 이 구절에서 발견된 동사와 흡사한 의미를 가진 동사를 사용하여, 칠십인경 사무엘하 22장 8절은 하늘의 기초가 난폭하게 흔들리는 것을 언급한다. [sparassō]

1:31. 그녀는 그들을 시중들고 있었다(She was

waiting on them, diēkonei autois) – 마가복음 후반부에서 예수님께서는 이 동사(diakoneō)를 이용하여 자신의 사명의 성격과 이것이 제자도의 요구에 어떠한 의의를 갖는지 설명하신다(10:43, 45, 참고-9:35). 예수님께서는 섬기기(diakonēsai) 위해서, 즉 자기 자신의 필요가 아닌 다른 사람들의 필요를 돌보기 위해서 오셨으며, 이와 동일한 태도를 자신을 따르는 자들에게 기대하신다. 예수님께서 diakoneō를 사용하신 것은 이 동사가 더욱 일반적 의미를 가졌음을 보여준다. 그러나 이것은 또한 '사람들이 식사 시간에 식탁에 둘러앉아 있을 때 그들을 시중들다'는 더욱 기본적인 의미도 가진다(A Weiser, EDNT 1:302, 참고-눅 17:8, 요 12:2). 베드로의 장모가 손님들을 시중드는 것은 그녀가 예수님께 온전히 치유받았음을 증명한다. [diakoneō]

1:35. **그는 기도하고 있었다**(He was praying, prosēucheto) – 마가복음은 예수님의 기도하심, 즉 하나님과 함께 이야기하기 위해서 시간을 보내시는 것을 세 차례 언급한다. 그것은 바로 예수님의 지상 사역의 초기(1:35)와 중기(6:46)와 말기(14:35-39)다. 각 기도 시간에 예수님께서는 고독한 장소에서 밤에 홀로 계셨다. 예수님의 개인 기도의 습관은 사람들에게 주목을 받고 존경받기를 원하는 서기관들의 길고 공적인 기도와 대조를 이룬다(12:38-40). [proseuchomai]

1:38. **내가 선포하기 위해서**(I may preach, kēryxō) – 초대교회의 어휘에서 동사 '선포하다'(kēryssō)는 교회 교훈의 문맥에 적합하지 않으나 선교적인 선포의 상황에는 적합하다(Gluelich, 43). 선포하는 것은 메시지나 중요한 소식의 공적인 선언을 포함한다. 예수님께서 선포하신 메시지는 하나님의 복음, 곧 도래하는 하나님 나라의 좋은 소식이었다(1:14-15). 마가복음에서 세례 요한(1:4, 7), 예수님(1:14, 38-39)과 제자들(3:14, 6:12) 모두는 하나님께서 주신 메시지를 선포하는 선교적 사명을 감당한다. 마가복음 13장 10절과 14장 9절에 따르면 복음은 마침내 모든 민족에게 선포될 것이다(13:10, 14:9). 또한 예수님의 기적들을 주목하는 사람들은 아무에게도 말하지 말라는 예수님의 명령에도 불구하고 그분에 관한 소식을 선포한다(7:36-37, 참고-1:44-45, 5:19-20). [kēryssō]

1:40. **문둥병**(Leper, lepros) – 문둥병자는 심각한 피부병에 걸린 사람이다. '문둥병'이란 성경적인 용어는 고질적인 피부 질환을 가리키는데, 이것은 오늘날 문둥병 또는 한센병으로 알려진 병이다. 그런데 이 병은 여기에만 국한되지 않는다(BAGD, 471, BDAG, 592, R. K. Harrison, NIDNTT 2:463-64). 문둥병은 의식적인 불결을 가져왔기 때문에, 이 병에 걸린 개인은 육체적인 고통만이 아니라 사회적인 격리의 고통을 겪었다. 레위기에 따르면, "그러한 전염병에 걸린 사람은 찢어진 옷을 입고, 그의 머리카락을 손질하지 않고, 얼굴의 아랫부분을 가리고 '부정하다, 부정하다'고 외쳐야 했다. 그가 전염병을 가지고 있는 한 불결했다. 그는 진 밖에서 혼자 살아야 했다"(레 13:45-46 NIV). 예수님께서는 이 문둥병자의 고통에 동정심으로 반응

하셨다. 동정심을 느끼는 것에 관하여는 6장 34절을 보라. [lepros]

1:43. **예수님께서 엄하게 그를 경고하신 후에**(After he sternly warned him, embrimēsamenos autō) – 예수님께서 어떻게 치유된 문둥병자를 내보내셨는지를 묘사할 때, 마가는 감정적으로 강한 단어를 활용하여 노여움이나 불쾌감의 태도를 암시한다(MM, 206, 참고–칠십인경 단 11:30, 막 14:5). 예수님께서는 그 사람에 대한 동정심에서 엄격함으로 옮겨가신다. 그러나 1장 45절에서 치유받은 중풍병자는 예수님의 명령에 정면으로 불순종하여, 나가서 예수님의 기적적인 능력에 관하여 메시지를 퍼트린다. 분명히 예수님께서는 치유받은 문둥병자가 자신의 지시를 무시할 가능성을 예견하실 수 있었다. 따라서 예수님의 엄한 경계는 자신의 명령의 심각성을 그 사람에게 각인시키려는 시도였다(Lane, 87). [embrimaomai]

1:44. **그들에게 거슬리는 증거를 위해서**(For a testimony against them, eis martyrion autois) – 마가복음의 다른 곳에서 이 동일한 문구는 어떤 사람이 예수님에 관한 메시지를 배척하는 사람들에게 증거하는 문맥들에서 등장한다(6:11, 13:9). 이 구절에 언급된 이 증거는 부정적인 기능을 한다. 이것은 유죄 증거의 사상, 곧 다른 사람들의 죄책을 폭로하는 증거를 표현하는 역할을 한다(H. Strathmann, TDNT 4:502–3, Lane, 87–88, 참고–약 5:3). 따라서 이 증거는 아마 제사장들에게 거슬릴 것이다. 그들 가운데 하나는 치유를 인정하고 적절한 희생을 받는 것이 필요하다는 사실을 발견하게 될 것이기 때문이다. 만일 제사장이 나중에 이 치유를 행한 사람을 배척한다면, 그들의 공식적인 선포는 그들 자신의 불신을 정죄하는 증거로 유효할 것이다. [martyrion]

2:3. **중풍병자**(A paralyzed man, paralytikon) – '중풍병자'(NASB, NIV)는 영어에서 흔하지 않은 단어이기 때문에 '마비된 사람'이란 번역(NRSV, NLT)은 더욱 분명하게 이 사람의 무력한 성격을 전달해준다. 그 사람의 문제에 대한 마가의 일반적인 진술은 단지 그가 걸을 수 없었다는 사실 외에 의학적인 상태와 관련한 더욱 상세한 것을 알기 어렵게 한다(M. Rissi, EDNT 3:31, Lane, 93). [paralytikos]

2:4. **그들이 구멍을 낸 후에**(After they dug out an opening, exoryxantes) – 마비된 사람을 운반한 네 친구들은 구멍을 파냄으로 지붕을 제거했다(문자적으로, '지붕을 뜯어냈다'). 이스라엘에서는 보통 집을 지을 때 돌이나 흙벽돌로 된 벽 위에 나무를 걸쳐놓고 이것을 갈대와 가시나무와 점토로 덮어 지붕을 만든다. 그리고 전형적으로 외부에 있는 나무 사다리를 통해 지붕으로 올라갈 수 있었다(Marcus, 216). 이 같은 지붕의 제작 방식은 마비된 사람을 예수님께 달아내리기 위해서 지붕에 구멍을 내는 것이 왜 필요한지를 보여준다. [exoryssō]

매트(Mat, krabatton) – 마가는 그 사람이 가난한 사람의 침대인 '매트'(NIV, NLT) 또는 '임시 침대'(NASB, RSV)에 누워 있는 것으로 묘사한다(BAGD, 447, BDAG, 563, MM, 357).

침대를 가리키는 더 흔한 단어는 klinē다(4:21, 7:30 참고). [krabattos]

2:5. **믿음**(Faith, pistin) – 마가복음에서 명사 '믿음'(pistis)과 동사 '믿다'(pisteuō)는 상호 교환적으로 사용된다(5:34–36, 11:22–24). 그래서 이 두 단어는 마가가 믿음을 어떻게 이해하는지 표현한다. 마가에게 신앙은 믿음과 신뢰를 포함한다(Marshall, Faith 228–40 참고). 신앙은 믿음, 곧 복음의 진리에 관한 마음의 확신, 즉 예수님께서 선포하시는 하나님나라의 메시지를 수용하고 하나님의 나라 계획에서 자신의 위치를 인정하는 것에 뿌리를 둔다(1:15, 9:2). 예수님을 믿지 않는 사람은 구원받을 수 없다(15:31–32). 비록 믿음은 내적인 태도지만, 외적인 행동으로 그 자체를 나타낸다. 마가에 따르면 믿음은 내보일 수 있는 어떤 것이기 때문이다(2:5). 다른 말로 표현하면, 믿음은 충분하게 의지의 문제이므로 생각뿐만 아니라 행동도 변화시킨다. 믿음은 또한 신뢰, 곧 하나님께서 예수님을 통하여 무력한 자들의 필요를 채우실 것이라는 확신의 지속적인 감각을 포함한다(예, 5:34, 36, 10:52, 11:24). 마가는 믿음을 가진 사람들이 예수님의 능력을 통해 치유를 받기 위해서 장애물들을 극복하고 나오는 끈질긴 노력을 통하여 예수님에 대한 믿음을 예증한다. 예를 들면, 마비된 사람과 그의 친구들은 예수님을 찾아내고 그분에게 다가오기 위해 무리의 압박을 극복함으로 그들의 믿음을 증명했다(2:3–5). 신뢰는 또한 간청하는 기도로 그 자체를 표현한다. 하나님께서는 그분을 믿는 사람들의 기도에 응답하신다(9:29, 11:22–24). 마가복음에서 개인은 예수님에 대한 신뢰를 더 가질 수도 덜 가질 수도 있다. 제자들은 예수님을 따르지만 불충분한 믿음을 가질 수 있었고(4:40), 귀신들린 아이를 가진 아버지는 예수님을 믿지만 동시에 불신과 씨름한다(9:24). [pistis, pisteuō]

2:7. **그는 모독한다**(He is blaspheming, blasphēmei) – 동사 '모독하다'(blasphēmeō)와 관련된 명사 '모독'(blasphēmia)은 마가복음에서 하나님을 대항하는 거만하고 불경스러운 말, 곧 하나님을 모욕하거나 하나님의 독특성이나 위엄을 얕잡아보는 말을 묘사할 때 주로 사용된다(BAGD, 142–43, BDAG, 178 참고). '모독'은 레위기 24장 16절에 나와 있듯이 죄에 대해 규정된 형벌이 사형이기 때문에 심각한 고소였다. "여호와의 이름을 훼방하면 그를 반드시 죽일지니." 마가복음에는 서로 상대방을 향하여 모독의 죄를 범한다는 고소가 교차되는 유형이 나온다(Bock, Blasphemy 188–89). 이 구절에서 어떤 서기관들은 죄를 용서한다는 예수님의 주장을 신성 모독으로 간주한다(서기관들에 대하여는 1:22를 보라). 이후 곧바로 다른 서기관들이 마귀들을 지배하는 예수님의 능력은 사탄에게서 기원한다고 주장할 때, 예수님께서는 그들의 고소를 성령에 대한 모독으로 구분하셨다(3:29–30). 나중에 대제사장은 모독죄로 예수님을 고소하고, 그 죄목을 사형에 합당한 것으로 단죄한다(14:63–64). 백성들이 십자가 처형의 현장에서 예수님을 가리켜 자기 자신을 구원하지 못한다고 모욕할 때, 마가는 그들의 말을 예수님을 대항하는 모독으로 기술

한다(15:29-30). 이것은 마가복음에서 이 주제에 관한 마지막 진술이다. 모독하는 자는 예수님이 아니라, 그분을 구원자로 받아들이지 않고 배척하는 사람들이다. [blasphēmeō]

2:10. 인자(The Son of Man, ho huios tou anthrōpou) – 마가복음에서 예수님을 가리키는 가장 빈번하게 사용된 메시아 칭호는 '그리스도' (6회)도 '하나님의 아들' (7회)도 아니고 '인자' (14회)다. 예수님께서는 마가복음에서 자기 자신을 가리켜 '인자' 라고 말한다. 그리고 다른 사람들은 이 칭호를 결코 사용하지 않는다. 추가로 예수님께서 이 칭호를 선호하신 것 같이 보이는 것은 그분을 그리스도, 또는 하나님의 아들이라고 부르는 사람들에게 대답하는 과정에서 자신을 인자로 밝히고 있기 때문이다(8:29-31, 14:61-62, 참고-13:21-26). 왜 예수님께서 이 칭호를 선호하셨는지에 대한 이유는 마가복음에서 분명하게 밝혀지지 않는다. 그러나 '그리스도' 같이 더 분명한 메시아의 호칭을 규칙적으로 사용하는 것은 예수님 자신의 사역 이해와 일치하지 않는 기대를 조성했을 것이다. 예수님께서는 서로 다른 세 문맥에서 '인자' 란 칭호를 사용하신다. 첫째, 예수님께서는 지상에서 자신의 현재적인 권세를 강조하는 말씀을 할 때 사용하셨다(2:10, 28, 권세에 대하여는 1:22를 보라). 둘째, 예수님께서는 자신의 배척과 죽음과 부활을 예언하실 때 이 칭호를 사용하셨다(8:31, 9:9, 12, 31, 10:33, 45, 14:21, 41). 셋째, 미래에 능력과 영광 가운데 오시는 것에 초점을 두는 말씀을 할 때 사용하셨다(8:38, 13:26, 14:62). 이 마지막 범주에 있는 말씀은 다니엘 7장에 나오는 인물인 인자를 분명하게 언급한다. 그래서 이 칭호의 사용은 예수님을 모든 민족에 대한 영원한 통치권을 받기 위해서 하나님 앞에 나타나는 천상적인 인물로 그려준다(단 7:13-14). 그럼에도 다른 문맥에서 예수님께서 이 칭호를 사용하신 것은, 이러한 높아진 모습 역시 고난과 죽음과 부활과 연결되지 않으면 그분의 정체성에 대한 불완전한 표현으로 남기 때문이다. [huios + anthrōpos]

2:14. 세관(Tax booth, telōnion) – 주후 1세기의 세금 징수는 농산물에 대한 토지세 혹은 인구 조사와 관련하여 징수되는 인두세 같은 '직접세', 그리고 물품 운반에 징수되는 관세 혹은 여러 장소에서 징수되는 통행료 같은 '간접세' 를 모두 포함했다. 전자는 통치자들과 그들의 대표자들의 직접적인 통제 아래 있었으나 후자의 경우 정부가 개인에게 임대해주었다(Gluelich, 100-101). 해마다 간접세를 거두는 특권은 세리들을 고용하여 관세나 통행료를 두는 최고 입찰자에게 돌아간다. 이 제도는 세리들이 정부에 지불하는 필요한 금액 이상을 거두어들일 때만 이윤이 가능했기 때문에 남용될 여지가 있었다(O. Michel, TDNT 8:89, 99-101). 레위가 일하던 가버나움에서는 아마도 분봉왕 헤롯 안디바스의 영토를 통과하는 물품에 대한 관세를 징수했을 것이다(N. Hillyer, NIDNTT 3:757). [telōnion]

2:15. 세금 징수자들(Tax collectors, telōnai) – 세금 징수자들은 탐욕과 부정직 때문에 유대 사회에서 추방된 사람들이었다. 세리는 재판자의

직함을 얻을 자격이 없을 뿐만 아니라, 법정에서 증인으로도 자격이 없었다. 세리는 회당에서 추방되었으며, 공동체 안에서 당하는 치욕은 그들의 가정에까지 확대되었다(N. Hillyer, NIDNTT 3:756, Lane, 101-2). [telōnēs]

죄인들(Sinners, hamartōloi) - 이 문맥에서 '죄인들' 이란 용어는 부도덕한 삶을 산 자들과 모세 율법의 계명을 공개적으로 위반한 사람들을 지칭한다. 바리새인들은 물론 공동체에서 존경받는 다른 많은 사람들은 이러한 사람들과 거리를 두고 살았다(Cranfield, 103). 이러한 죄인들은 단순히 바리새인들의 많은 전통과 규정을 무시한 사람들이 아니었다. 예수님과 그분의 제자들도 이러한 것들을 무시했고(2:23-24, 7:1-5), 비슷한 사람들과 식사를 한다고 결코 책망받을 수 없었다(Gluelich, 101-2). [hamartōlos]

제자들(Disciples, mathētais) - 제자는 선생님이나 종교 지도자 밑에서 공부하는 학습자, 혹은 선생님의 사상이나 목적을 지지하는 추종자다(BAGD, 485-86, BDAG, 609-10 참고). 마가복음에서 '제자들' 이란 용어가 46회 사용되었는데, 이 구절이 그 가운데 첫 번째다. 제자들은 예수님을 따르라는 부름을 받아 그분에게 배우고 그분의 사역에 참여하는 자들이다. '따르는 것' 에 관하여는 1장 18절을 보라. 이 시점에서 예수님의 제자들의 정확한 숫자는 분명하지 않으나, 3장 13-19절에서 예수님께서는 자기와 함께하도록 열두 사람을 세운다. 그때부터 '제자들' 과 '열둘' 이라는 용어는 상호 교환적으로 기능한다. 마가복음에서 제자들의 이해부족은 두드러진다. 그들은 예수님의 정체성과 자신들을 보살피는 그분의 능력의 범위를 이해하려고 씨름한다(4:35-41, 6:45-52, 8:14-21). 그들은 예수님께서 메시아라는 것을 깨달은 후에도(8:29) 그분 사명과 그분을 따르는 일의 희생적인 성격을 제대로 파악하지 못한다(8:31-33, 9:30-34, 10:32-41). [mathētēs]

2:16. **바리새인들**(Pharisees, Pharisaiōn) - 바리새인들('분리된 사람들')은 사두개인들, 에센파 사람들과 함께 예수님 당시 유대인의 주요 종파 가운데 하나를 형성했다. 비록 공식적인 회원의 숫자는 비교적 적었지만(요세푸스, 고대사 17.2.4 §42에 따르면 6천 명 정도임), 그들은 유대인 공동체 안에서 일반 백성에게 상당한 영향력을 행사했다(요세푸스, 고대사 13.10.6 §298, 18.1.3 §15). 그들은 모세의 기록된 율법만이 아니라 구두 율법, 즉 전통들과 기록된 율법의 적절한 적용과 관련하여 중요한 선생들에 의하여 전해진 해석들에 주의 깊게 순종하여 살려고 애썼다(요세푸스, 고대사 13.10.6 §297, Schurer, History 2:388-403, Marcus, 519-23). 마가복음에서 바리새인들은 특히 예수님의 갈릴리 사역 기간중에 그분의 반대자들로 등장한다. 그들이 예수님과 논쟁을 벌이는 문제들은 예수님께서 죄인들과 어울리는 것(2:15-17), 금식(2:18-20), 안식일 준수(2:23-28), 전통(7:1-13), 이혼(10:2-9) 그리고 세금(12:13-17) 문제다. 서기관들에 대하여는 1장 22절을 보라. [Pharisaios]

2:18. **금식**(Fasting, nēsteuontes) - 성경에서 금식은 일정 기간 동안 슬픔의 표시나 기도를 위한 준비로 음식을 먹지 않는 종교적 헌신의

행위다(BAGD, 538, BDAG, 672). 바리새인들은 일주일에 두 번, 월요일과 목요일에 자발적으로 금식을 했다(눅 18:12, Did. 8:1). 요한의 제자들이 금식을 하는 방식에 대하여 마가복음은 상세한 내용을 제공하지 않는다. 마가복음 2장 18–19절에서 예수님께서는 자신의 임재 때문에 제자들은 기뻐할 수밖에 없으며, 그들에게 금식과 같은 슬픔의 행동은 적절하지 않다고 가르치신다. 근심의 때는 앞으로 도래할 것이다. [nēsteuō]

2:24. 안식일(Sabbath, sabbasin) – 한 주일의 일곱 번째 날, 또는 안식일은 노동으로부터 안식과 예배를 위해 구별된 날이었다(출 20:8–11, 레 23:1–3). 예수님 당시에 무엇이 노동으로 간주되는지의 문제는 종교 학자들 사이에 상당한 논란을 가져왔다. 결과적으로 랍비들은 안식일에 금지된 39가지 활동을 구체적으로 밝혔으나, 그들은 여전히 이들 각 활동의 정확한 의미와 범위에 대하여는 계속적으로 논쟁했다(m Sabb. 7.2, 참고–Schurer, History 467–75). 금지된 활동의 목록 가운데 세 번째 항목은 수확하는 것이었다. 굶주린 제자들이 허기를 면하기 위해 곡식의 이삭을 잘랐을 때, 바리새인들은 그 행동을 추수의 행동으로 간주하고 대적했다(2:23–24, 참고–Philo, Moses 24. §22). 다음 단락(3:1–6)에서는 예수님께서 안식일에 행한 치유 사역으로 인해 바리새인들의 적대감이 더욱더 자랐다. 적어도 예수님의 반대자들에 따르면, 그 사람의 생명이 위협적인 상태가 아니었으므로 치유를 위해서는 안식일이 끝날 때까지 기다려야 했다(눅 13:14, m Sabb. 14:3–4, m Yoma 8:6). [sabbaton]

2:26. 거룩한 빵(The sacred bread, tous artous tēs protheseōs) – 문자적으로 '드림의 빵'을 의미한다(BAGD, 706, BDAG, 869). 이것은 주님께 드리는 제물로, 성막의 성소에 있는 떡상 위에 놓는 빵 열두 개를 가리킨다. 매 안식일마다 신선한 빵 열두 개는 하나님께 드려졌고, 오래된 빵들은 제사장들에게 주어졌다(레 24:5–9, 참고–출 25:30, 민 4:7). [artos + prothesis]

3:1. 마른(Withered, exērammenēn) – 문자 그대로 '말라버린'을 뜻하지만, 이 문맥에서는 더욱 은유적인 의미를 수반하며 마비의 어떤 형태를 가리키는 동사를 사용한다(P. J. Bund, NIDNTT 1:515–16). 그러므로 마가복음 2장 1절에서 3장 6절까지 펼쳐지는 충돌 이야기 시리즈는 예수님께서 마비된 사람을 치유하는 것으로 시작하고 끝난다. 추가적으로 예수님께서는 두 상황에서 침묵으로 반대하는 종교 지도자들에게 질문으로 응대하신다. "중풍병자에게 '네 죄가 용서되었다'라고 말하는 것이 쉬우냐, 아니면 '일어나 네 침상을 들고 걸어가라'고 말하는 것이 더 쉬우냐?"(2:9). "안식일에 선을 행하는 것이 적법하냐, 아니면 악을 행하는 것이 더 적법하냐? 또는 생명을 구하는 것이 적법하냐, 아니면 죽이는 것이 더 적법하냐?"(3:4). 앞의 치유에서 예수님께서는 종교 지도자들의 속마음을 간파하고 직면하신다(2:6). 나중의 치유 과정에서 예수님께서는 그들 마음의 완고함 때문에 노여움과 근심으로 반응하신다(3:5). [xērainō]

3:5. 완고함(Hardness, pōrōsei) – 명사 pōrōsis는 어떤 것이 딱딱해진, 또는 둔해진 상태를 지적한다(BAGD, 732, BDAG, 900). 관련된 동사 pōroō는 '완고해지다, 무감각하게 되다, 감각이 없게 되다' 란 의미로 사용될 수 있다(LSJ, 1561). 마가복음에서 이 명사는 3장 5절에만 등장하나, 관련된 동사는 6장 52절과 8장 17절 두 곳에 나온다. 이 동사를 사용하는 두 구절에서 제자들은 이해력의 결여, 완고해진 마음에서 비롯된 몰이해를 보여준다. 다른 말로 표현하면, 마가복음에서 마음의 완고함은 동정심의 결여보다는 지적인 문제를 드러낸다. 예수님께서는 종교 지도자들의 마음이 닫혀서 진리를 이해하거나 받아들일 수 없음을 근심하신다. [pōrōsis]

3:6. 헤롯인들(Herodians, Hērōdianōn) – 헤롯인들은 헤롯 왕조와 결과적으로 그 배후에 있는 로마 당국의 지지자, 또는 영향력 있는 정치적인 후원자들이었다(H. W. Hoehner, DJG 325). 예수님 당시에 갈릴리는 예수님의 탄생 후 얼마 안 지나 죽은 헤롯 대왕의 아들, 헤롯 안디바스(Herod Antipas)의 통치하에 있었다(6:14–29, 8:15). 비록 바리새인들과 헤롯인들은 공통점이 없었지만, 그들은 예수님을 반대하기 위해서 기꺼이 서로 협력했다(3:6, 12:13–15). 이것은 예수님께서 소개하고 있는 하나님나라가 그들 모두에게 위협적이었기 때문이다. [Hērōdianoi]

3:11. 하나님의 아들(The Son of God, ho huios tou theou) – 마가복음 상반부에서 영적인 존재들에 의한 예수님의 정체성 인식(1:24, 34, 3:11–12, 5:7)은 예수님이 누구인가에 대하여 혼란한 표현을 한 것과 대조된다(1:27, 2:6–7, 4:41, 6:2–3, 14–16, 8:27–28). 하나님의 아들이신 예수님에 대하여 더 많은 내용을 위해서는 1장 1절, 더러운 영들에 대하여는 1장 23절을 보라. [huios + theos]

3:14. 열둘(Twelve, dōdeka) – 마가는 예수님께서 열둘을 지정하신 두 가지 목적을 언급한다. 그것은 그들이 그분과 함께하는 것과 그분이 그들을 내보내는 것이다. 마가는 특별히 제자들과 예수님 사이의 긴밀한 관계를 강조할 때 제자들을 가리키며 '열둘' 이란 단어를 사용한다. 그 열두 명은 예수님과 함께 무리에게서 떠나, 더 폭 넓은 대중에게는 가능하지 않은 교훈을 그분께로부터 받는다(4:10, 9:35, 10:32, 11:11, 14:17). 유다 사건의 비극은 배반자가 열둘 가운데 하나, 곧 예수님과 친밀한 사람들 가운데 하나였다는 것이다(14:10, 20, 30). 마가는 또한 예수님께서 제자들에게 회개를 선포하고 귀신들과 질병을 지배할 권세를 주시고, 그들을 사역 현장에 보내시는 것을 묘사할 때 '열둘' 을 사용한다(6:7–13). [dōdeka]

3:17. 보아너게(Boanerges, Boanērges) – 이 이름은 헬라어로 음역된 히브리어나 아람어를 합성한 것이다. 그러나 어떤 히브리어나 아람어가 보아너게 배후에 있는지에 대하여 만족스러운 답이 없다. 마가는 이 단어를 '우레의 아들들' , 곧 형제들이 쉽게 화를 내고, 분노를 분출하는 경향을 묘사하는 이름으로 번역한다

(Marcus, 269, Lane, 135, 참고–9:38, 눅 9:54). 열두 제자들 목록 가운데 첫 세 명(베드로와 야고보와 요한)은 예수님께로부터 특별한 이름을 받고, 나중에 그분의 사역에 독특한 자리를 차지한다(5:37, 9:2, 14:33, 참고–13:3). [Boanērges]

3:19. 배반했다(Betrayed, paredōken) – 동사 paradidōmi는 일반적으로, 어떤 사람을 심판과 죽음에 '인계하다' 또는 '넘겨주다' 는 의미로 복음서에 등장한다(H. Beck, NIDNTT 2:368, MM, 482–83). 몇 가지 경우에서 마가는, 예수님을 죽이려는 계획을 지닌 종교 당국자들에게 예수님을 넘겨주는 자로 유다를 지적한다(3:19, 14:10–11, 18, 21, 41–44, 참고–9:31, 10:33). 예수님의 친밀한 추종자에 의한 이러한 행위는 배반 그 자체였다(Spicq, 3:21–22). 그러나 유다의 행동을 '배반했다' 는 단어를 사용해 묘사하기 어려운데, 그럴 경우 마가복음 내의 다른 병행 구절을 애매하게 한다는 것이다. 그 이유는 동일한 동사가 세례 요한의 체포(1:14)와 신자들의 핍박(13:9, 11–12)과 같은 다른 사건들과 관련해서도 나오기 때문이다. 추가로, 예수님을 넘겨주는 일은 유다에게만 해당하는 일이 아니었다. 종교 당국자들은 예수님을 빌라도에게 넘겨주었고(15:1, 10), 빌라도는 예수님의 처형을 위해 군인들에게 넘겨주었다(15:15). [paradidōmi]

3:21. 그의 친척(His relatives, hoi par' autou) – '그 자신의 백성' (NASB), '그의 가족' (NIV, NRSV), '그의 친척' (Marcus, 269–70)과 같은 번역들은 모두 '그에게 나온 사람들' 이라는 의미를 표현하기 위한 시도다. 문맥의 가장 합리적인 가정은 이 문구가 예수님께서 가르치시던 집에 와서 그분을 찾았던, 3장 31절에 언급된 동일한 사람, 즉 예수님의 어머니와 그분의 동생들을 가리킨다는 것이다. 칠십인경과 헬라 시대의 다른 글들에서 이 문구는 어떤 사람의 가족 또는 친척을 가리킬 수 있다(예, 잠 31:21, Sus 33, 요세푸스, 고대사 1.10.5 §93, MM, 479, 참고–Taylor, 236–37). 예수님의 식구들은 그분이 이성을 잃었다고 걱정했다. 마가의 진술에서 마가복음 2장 1절–3장 6절의 논쟁들은 근심의 원인으로 보인다. [para]

3:22. 바알세불(Beelzebul, Beelzeboul) – '바알세불' 은 가나안 신 바알을 위한 이름에서 유래된 것으로 보인다. 그 뜻은 '가정의 주인' 이다(Marcus, 272). 이와 동일한 이름은 열왕기하 1장 2–6절에 언급된 에그론의 신 바알세븝에 대한 언급의 배후에 있는 것으로 보인다. 이는 바알세븝('파리들의 주')이란 이름은 이방 신을 조롱하기 위해서 진짜 이름을 고의적으로 왜곡한 것으로 보이기 때문이다. 마가복음에서 '바알세불' 은 귀신들의 통치자인 사탄의 다른 이름의 역할을 한다(3:22–23). 사탄에 대하여는 1장 13절을 보라. 또한 사탄에게는 다양한 이름이 있는데 그 가운데 일부는 '아스모데우스' (Asmodeus, 예–Tob 3:9), '벨리알' (Beliar) 또는 '벨리알' (Belial, 예–Jub 1:20, 고후 6:15)과 '마스테마' (Mastema, 예–Jub 10:8)다. 그리고 '바알세불' 은 분명하게 그의 다른 이름이다. [Beelzeboul]

3:23. 비유들(Parables, parabolais) – 마가는 이 문맥에서 격언적인 연설과 알레고리적인 비교를 위해 '비유들'이란 단어를 사용한다(Lane, 142). 비유들에 대한 더 많은 내용을 위해서는 4장 2절을 보라. [parabolē]

3:28. 참으로(Truly, amēn) – 이 구절은 관형적인 소개 문구 "내가 진실로 너희에게 이르노니"의 13회 사용 가운데 첫 번째로 등장한다. 마가복음은 예수님의 말씀에서만 단어 '참으로'(문자적으로 '아멘')를 포함시킨다. 예수님께서는 '아멘'으로 시작하시고, 미래에 대한 지식(예, 9:1, 14:9, 30), 혹은 최근 사건에 대한 자신의 초자연적인 통찰을 표현하신다(12:43). 일반적으로 '아멘'은 다른 사람의 진술이 참됨을 확증하기 위해서 사용된다(예, 신 27:15-26, 고전 16:36, 렘 11:5, 고전 14:16). 오늘날 일부 교회에서는 회중의 일부가 목사님의 메시지가 참됨을 인정하고 그것을 수용한다는 의미에서 '아멘'이라고 말할 때 이와 유사한 방식으로 이 단어를 사용한다. 이와는 대조적으로 예수님께서는 자신의 말씀을 '아멘'으로 소개하신다. 그분은 자신의 말씀을 인정하고, 그 말씀을 하기도 전에 그 신뢰성과 진리를 확증하신다(H. Schlier, TDNT 1:335-38, Lane, 144). [amēn]

3:29. 영원한 죄(Eternal sin, aiōniou hamartēmatos) – "결코 용서를 받지 못할 것이다"란 문구는 예수님께서 영원한 죄라고 말씀하신 것이 무엇인지 정의하는 데 도움을 준다. 이것은 하나님의 길을 배척하는 것이 너무나 심각하고 최종적이어서 영구적인 결과를 가져오는 죄다(Gundry, 177). 하나님께서 예수님 안에서 행하시는 일의 진리는 성령의 검증하는 능력을 통해 그 자체를 분명하게 계시하신다. 역사상 그 어떤 다른 시점에도, 하나님의 계시의 밝은 빛이 예수님 안에서 성령의 역사를 통해 백성을 대면하는 것 같은 때는 없었다. 이 빛을 보고 어둠이라 부르는 자는 누구든지 실제적으로 예수님의 역사들을 주목하고, 이것을 사탄의 역사들이라고 부르는 자는 누구든지 예수님 안에서 하나님께서 제공하는 구원을 최종적으로 완전히 배척할 위험에 있다. 마가는 서기관들이 정말로 이 영원한 죄를 범했다고 결코 직접적으로 진술하지 않는다. 그러나 예수님께서는 확정적으로 그들이 처해 있는 위험에 대하여 경고하신다(Taylor, 244). 마가복음 3장 29-30절은 이미 논의된 몇 가지 다른 말들, 즉 모독하다(2:7을 보라), 성령(1:8을 보라), 죄 용서(1:4를 보라)와 더러운 영(1:23을 보라)을 포함한다. [hamartēma + aiōnios]

3:35. 하나님의 뜻(The will of God, to thelēma tou theou) – 이 구절에서 '하나님의 뜻'은 단순하게 하나님께서 자신의 백성이 하기를 원하는 것이지만(BAGD, 354, BDAG, 447), 이 구절 자체는 하나님의 요구 내용을 분명하게 밝혀주지 않는다. 명사 thelēma는 마가복음에서 단 한번 이곳에 나온다. 관련된 동사 thelō는 마가복음에서 25회 나오나, 단 한 곳에서만 하나님의 뜻과 관련되어 나온다(14:36). 겟세마네에서 예수님께서는 고난의 시간과 관련하여 아버지의 계획에 굴복하실 때 하나님의 뜻의 성

격을 더욱 분명하게 드러내신다(14:35-36). 하나님의 뜻이 고난을 포함할 때, 예수님을 따르는 자는 하나님께 "내가 원하는 것이 아니라, 당신께서 원하시는 것이 이루어지기 원합니다"라고 고백한다. [thelēma + theos]

4:1. **배**(Boat, ploion) - 갈릴리 바다에서 사용되는 배는 아마도 돛을 사용하지만 노에 의하여 추진되는 상대적으로 작은 어선이었을 것이다(1:16-20, 6:48, BAGD, 673 참고). 4장 1절에서 시작하여 8장 22절까지에서 예수님께서는 갈릴리 바다를 왔다 갔다 여행하면서 수차례 배를 타고 내리셨다. 갈릴리 바다를 건너는 배를 이용한 예수님의 여행에 대한 언급은 4-8장을 전체 이야기 가운데 독특한 단원으로 구별시키는 일을 도와준다. 마가복음 4-8장에서 세 가지 두드러진 장면은 예수님께서 제자들과 함께 배를 타고 갈릴리 바다에 있을 때 일어난다. 그것은 풍랑을 잠잠하게 한 사건(4:35-41), 물 위를 걸으신 사건(6:45-52), 누룩에 관한 대화(8:14-21)다. 각각의 사건에서 예수님, 혹은 마가 자신은 제자들의 믿음과 이해 부족을 비판한다(4:40, 6:52, 8:17-18). [ploion]

4:2. **비유들**(Parables, parabolais) - 공관복음에서 '비유들'은 예수님께서 가르치실 때 비교나 직유 등으로 메시지를 표현하기 위해서 사용한, 다양한 길이의 예화들을 가리킨다(BAGD, 612, BDAG, 759). 예수님께서는 자연과 일반적인 사회 관계에 관한 관찰을 이용하여, 청중의 일상 세계에서 예화들을 이끌어내신다(F. Hauck, TDNT 5:752). 그분의 비유들은 소작료를 내는 대신 주인의 심부름꾼을 죽인 소작인들의 반란(12:1-12)과 같은 예외적인 상황들뿐만 아니라, 씨를 뿌리는 것(4:1-9)과 같은 전형적이고 일상적인 사건들도 제시한다. 마가복음에서 예수님께서는 비유를 가지고 대부분 공적인 상황 가운데 무리들이나 반대자들에게 가르치신다. 그리고 나중에 개인적으로 제자들과 그분을 따를 준비가 된 다른 사람들에게 비유들을 설명하신다(4:10-12, 33-34, 7:17-23). [parabolē]

4:10. **그 주위의 사람들**(Those around him, hoi peri auton) - 바로 앞에 나오는 문맥은 '그 주위의 사람들'로 언급된 그룹의 정체를 분명하게 해주는 역할을 한다(hoi peri auton). 마가복음 3장 31-35절은 예수님 주위에 앉아 있는 사람들을 주목한다(3:32, peri auton). 예수님께서는 그 주위에 있는 사람들을 보시고(3:34, peri auton), 하나님의 뜻을 행하기 때문에 그들이 자신의 가족이라고 말씀하신다. 비록 장면과 청중은 4장에서 바뀌지만 주제는 동일하다. 비유들에 관한 예수님의 개인적인 교훈을 듣는 백성의 그룹은 열두 제자들과 그 주위에 있는 사람들을 포함한다. 이 '다른 사람들'은 예수님의 공적인 교훈을 경청하고, 무리가 쉬러 간 후에도 더 배우기 위해서 남아 있다. 그들은 하나님의 뜻에 수용적이었다(Gluelich, 204). '열둘'에 관하여는 3장 14절을 보라. [peri]

4:11. **비밀**(Secret, mystērion) - 여기에 '비밀'(NIV, NRSV, NLT)이나 '신비'(KJV, NASB)

로 번역된 단어는 하나님의 계시된 생각과 뜻을 가리킨다. 이것들은 인간의 창의력에 너무 심오하다는 의미에서 신비스럽고, 한때는 감추어져 있다가 지금은 예수님에 의하여 계시되어 들을 귀가 있는 모든 사람들에게 유용하다는 의미에서 비밀스럽다(BAGD, 530, BDAG, 662, Cranfield, 152–53). mystērion은 마가복음 가운데 여기에서만 한 번 나온다. 이것은 인간의 이해를 넘어서는 하나님의 지혜(롬 11:25, 고전 2:6–9)와 이전에는 감춰졌지만 지금은 알려지고 있는 하나님의 생각(롬 16:25–26, 엡 3:4–5, 9–10, 골 1:26–27)을 묘사하는 바울 서신에 더욱 자주 나온다. '하나님나라'에 관하여는 1장 15절을 보라. [mystērion]

밖에 있는 사람들에게(To those who are outside, ekeinois…tois exō) – 4장 2–9절에서 큰 무리에게 말씀하신 후에, 예수님께서는 제자들과 더 배우려고 남아 있는 다른 사람들로 구성된 더 작은 그룹을 만나신다. 그러므로 '밖에 있는 사람들'로 언급된 그룹은 여기에서 제외되는 사람들, 곧 예수님의 말씀을 들었으나 그분의 말씀에 더 이상 관심을 보이지 않는 사람들을 포함한다. 추가로 '밖'에 대한 언급은 마가복음의 이전 구절을 상기시켜준다(Gluelich, 208, Marcus, 299). 마가는 예수님 주위에 있는 사람들(3:32, 34, peri auton)과는 대조적으로 그분의 정신 상태를 의심하는 예수님의 친척을 '밖에 있는 사람들'(3:31–32, exō)이라고 칭한다. 예수님의 친척에 관한 기록(3:20–21, 31–35) 안에 삽입된 기사는 그분이 사탄에게 능력을 부여받았다(3:22–30)는 서기관들의 고소에 대한 예수님의 반응이다. 예수님께서는 서기관들에게 비유들(3:23)로, 다시 말해서 밖에 있는 사람들(4:11)에게 적합한 가르침의 방식으로 말씀하신다. 그러므로 예수님을 미쳤거나 사탄의 통제 아래 계시다고 배척하는 사람들은, 무리 가운데 그분을 받아들이지 않은 사람들과 나란히 '밖에 있는 사람들' 가운데 자리를 차지한다. [exō]

4:12. ~하기 위하여(In order that, hina) – 접속사 hina는 일반적으로 목적절을 소개하고(Wallace, Greek Grammar, 676), 마가복음에서 이 구절과 같은 방식 가운데 반복적으로 기능한다(예, 1:38, 2:10, 3:14, 7:9, 10:13, 12:2, 14:10, 16:1). 비록 결과적인 의미가 '밖에 있는 사람들'에게 엄중한 심판을 지적한다고 해도, 이 구절에서 hina의 사용을 배척할 견고한 이유는 존재하지 않는다(Cranfield, 155–59, Gundry, 198, 202, Marcus, 299–300). 결국 하나님나라의 비밀이 어떤 사람들에게 주어졌다는 약속은 다른 사람들에게는 주어지지 않았다는 것을 암시한다(4:11). 예수님께서는 어떤 사람들은 눈먼 상태로 남아 있어, 죄 용서를 위해 하나님께 돌아오지 못하게 하기 위해서 비유들로 말씀하신다. 예수님께서는 이 심판을 밖에 있는 사람들, 곧 이미 그분과 그분의 메시지를 배척한 사람들에게 돌린다. 예수님의 의도는 그들을 영적으로 눈먼 상태에 남아 있게 하고, 그들 자신이 이미 시작한 과정을 승인하시기 위한 것이다. [hina]

들으면서(While hearing, akouontes) – 이 구절에서 동사 akouō의 사용은 메시지를 이해하지 못하고 육체적으로 듣는 것을 가리킨다. 여기에 이 단어가 사용된 것은 앞에 나오는 비유(4:3, 9)의 시작과 끝 부분에 나오는 같은 단어의 사용과 대조를 이룬다. 예수님께서는 '들으라'는 명령으로 토양의 비유를 시작하고 마친다. 그러나 이것은 비유의 의의를 경청하고 이해하라는 촉구다(BDAG, 38, Marcus, 300–301). 이 구절에 따르면 예수님을 배척하는 사람들은 육체적으로 그분의 사역을 볼 수 있고 그분의 가르침을 들을 수 있었으나, 그들의 인식은 그분의 정체성과 메시지에 대한 피상적인 통찰을 넘지 못했다. 예수님의 반대자들에 대한 이러한 묘사는 더 폭넓은 이야기에서 그들의 성격 묘사와 어울린다. 그들은 예수님을 보고 그분의 말을 들었지만, 그들의 반응은 그분을 정죄하고 죽이려는 것이었다(2:16, 3:2, 7:2–5, 11:18, 14:58, 64). 예수님께서 비유로 말씀하실 때, 그들은 얄팍한 이해 수준을 보여준다. 그들의 이러한 이해는 결국 예수님을 체포하기 원하는 데 이른다(12:1, 12). [akouō]

4:14. 그 말씀(The word, ton logon) – 마가는 자신의 복음서 다른 곳에서 예수님의 공적인 메시지를 가리킬 때 한정하는 단어로 아무것도 사용하지 않고 '그 말씀'을 언급한다(2:2, 4:33). 이와 같이 '그 말씀'은 마가가 예수님의 일반적인 선포를 묘사할 때 사용하는 다른 표현인 '하나님의 복음'과 유사하다(1:14). 신약의 다른 부분에서도 '그 말씀'은 아무런 수식어 없이 공적인 장소에서 선포된 기독교 메시지를 가리킬 때 사용된다(예, 행 8:4, 14:25, 17:11, 18:5, 골 4:3, 살전 1:6, 딤후 4:2, 벧전 3:1, 참고–BAGD, 478, BDAG, 599–600). [logos]

4:17. 일시적인(Temporary, proskairoi) – '잠시 동안만 지속하는' 또는 '일시적인'을 의미하는 proskairos의 반대어는 '영원한'이라는 의미의 aiōnios다(BAGD, 715, BDAG, 880–81). 예를 들면, 바울은 고린도후서 4장 18절에서 가시적이고 일시적인 것들을 불가시적이고 영원한 것들과 대조한다(마카비 4서. 15:2–3, Jos. Asen. 12:12 참고). 마가복음은 또한 '이 시대'와 예수님을 따르는 자들이 영생을 받게 되는 '오는 시대' 사이의 차이점을 주목한다(10:30). 토양의 비유 해석에서 예수님께서는 말씀을 듣고 이해하는 사람들과 참된 이해 없이 경청하는 사람들을 대조하신다. 어떤 사람은 피상적인 방법 이상으로 듣는 것 같으나 실상은 이해하지 못한다. 그래서 핍박이 올 때 그들은 넘어진다. 그들은 잠시 동안만 지속하기 때문에 영생도 받지 못할 것이고, 오는 시대에도 참여하지 못할 것이다. [proskairos]

넘어지다(Fall away, skandalizontai) – 동사 skandalizō는 칠십인경과 신약 성경에 영향을 받은 유대교와 기독교 문서에만 등장한다. 종종 이 동사는 순종하거나 믿는 데 실패하는 '죄를 짓게 하는 것'을 의미한다(BAGD, 752, BDAG, 926, 참고–9:42–43, 45, 47). 여기에서는 동사의 수동형이 나오는데, 이것은 어떤 사람이 핍박 가운데 죄나 불신에 빠져 예수님을 따르는 데서 떨어져나가는 것, 혹은 미혹받는 것을 스스로 허락하는 것을 의미한다. 즉 그들은 예수님을 따르는 데서 떨어져나간다(14:27, 29). 이 동사는 또한 6장 3절에서와 같이 예수님께서 자기 고향 백성을 당황하게 하고 기분 나쁘게 하는 것을 묘사하는 데도 사용될 수 있다.

[skandalizō]

4:19. 걱정들(Worries, merimnai) – 관련된 동사 promerimnaō는 13장 11절에 나오지만, 명사 merimna는 마가복음에서 여기에만 나온다. 다른 곳의 예수님의 가르침에서 사용된 '걱정'은 부적절하게 독점하는 마음의 관심, 즉 물질적인 필요에 대한 걱정스러운 두려움이다(J. Goetzmann, NIDNTT 1:276-77, D. Zeller, EDNT 2:408, 참고-6:25-34, 눅 12:22-31, 21:34). 그러므로 이 시대의 걱정들, 곧 말씀을 질식시킬 수 있는 염려들은 우리가 무엇을 먹고 마실까, 무엇을 입을까에 몰입하는 것을 포함한다. [merimna]

4:21. 말(Bushel, modion) – '말'이라는 단어와 같이 modios는 건량(이 경우 약 2갤런 정도)의 단위나 그 양을 담는 용기를 가리킨다(Gluelich, 226). 등잔은 빛을 비출 수 있는 장소에 속하지, 확실하게 용기 아래 속하지 않는다. [modios]

4:26. 하나님의 나라(The kingdom of God, hē basileia tou theou) – 마가복음 4장 1-34절에서 예수님께서는 하나님나라의 비밀을 묘사하는 비유들의 시리즈를 제시하신다(4:11, 26, 30 참고). 마가복음에만 발견되는 구절인 스스로 자라는 씨의 비유(4:26-29)는 하나님나라의 성장은 인간의 노력이나 천재성으로 설명될 수 없음을 가르쳐준다. '하나님나라'에 대한 더 많은 내용은 1장 15절을 보라. [basileia]

4:31. 겨자씨(Mustard seed, kokkō sinapeōs) – 정원 식물의 모든 씨 가운데 겨자씨의 작은 크기는 격언과 같다(마 17:20, 눅 17:6 참고). 예를 들면, 미쉬나에는 심지어 가장 작은 양의 부정함은 '그것이 겨자씨 한 알과 같다고 하더라도' 더럽힌다(m Nid 5:2)라는 말씀이 있다. 그 지역에서 이 식물은 3-3.6미터 크기로 자라기 때문에, 겨자씨의 크기와 완전히 성장한 겨자나무 사이의 대조는 극적이다(C. H. Hunzinger, TDNT7:288). 미래의 하나님나라의 크기는 예수님의 추종자들 가운데 이루어지는 예수님의 사역 안의 하나님나라의 미미한 시작과 날카로운 대조를 이룬다. [sinapi + kokkos]

4:39. 잠잠하라(Be still, pephimōso) – 동사 phimoō는 문자적으로 '입마개로 입을 막는 것'을 의미한다(예, 칠십인경 신 25:4, 딤전 5:18). 그러나 신약의 다른 곳에서와 같이 이 구절에서의 사용은 상징적인 것으로 '침묵하는 것'을 의미한다(BAGD 861-62, BDAG, 1060, 참고-22:12, 34, 눅 4:35, 벧전 2:15). 바다를 향해 내린 예수님의 명령은 마가복음 1장 25절에 나오는 귀신들린 사람에게 앞서 하신 책망을 상기시켜준다. 동사 시제의 변화만 예외하고, 동일한 동사가 두 명령에 나오기 때문이다. 여기에 나오는 완료 수동태 명령형("잠잠하고 그렇게 가만히 있어라")은 1장 25절에 나오는 부정과거 수동태 명령형보다 훨씬 드물고 강조적이다(Cranfield, 174, BDF, 177). [phimoō]

4:40. 겁이 많은(Timid, deiloi) – 형용사 deilos는 위험에 직면하여 용기가 결여된 겁쟁이, 또

는 두려워하는 사람을 묘사한다(Spicq, 1:300-302, 참고-신 20:8, 삿 7:3, 마카비 1서 3:56, 요세푸스, 전쟁사 3.8.5 § 365). 제자들의 두려워하는 태도는 예수님에 대한 신뢰, 곧 그분의 보살핌과 능력에 대한 신뢰의 부족으로 말미암는다. 두려움은 또한 예수님과 마가복음의 다른 곳에서 그분의 공급하심에 대한 믿음과 대조된다(5:15-17, 36, 6:49-52, 11:18). [deilos]

5:1. **거라사인들**(Gerasenes, Gerasēnōn) – 귀신들린 사람이 치유받은 정확한 장소와 관련하여 약간의 혼란이 있다. 마가복음의 가장 오래된 사본들은 '거라사인들' 로 읽으나, 다른 사본들은 '가다라인들' 이라고 읽는다(마 8:28도 보라). 아마도 마가복음은 그 사건이 거라사 주위의 장소에서 일어났다는 것을 지적하면서 '거라사인들' 의 지역을 가리킨 것으로 보인다. 마가는 케르사(Kersa)로 알려진 현 지역과 상응하는, 갈릴리 바다의 동편 해안에 위치한 잘 알려지지 않은 마을인 거라사를 염두에 두고 기록을 했을 수도 있다(Cranfield, 176, Lane, 181). 데가볼리의 주요 도시 가운데 하나이며, 거라사의 더 잘 알려진 도시는 갈릴리 바다로부터 48킬로미터 떨어져 있어 귀신들린 사람이 치유받은 장소일 가능성이 없다. 마태는 아마도 갈릴리 바다에서 남동쪽으로 9.6킬로미터 정도 떨어진 중요한 도시인 가다라 주위 지역을 언급함으로써 그 장소를 분명히 하기를 원했던 것 같다. 핵심은 예수님께서 바다의 다른 편으로 건너감으로써 이방인 영토로 들어가셨다는 것이다. [Gerasēnos]

5:3. **누구도…더 이상…아무도**(No one…not any longer, not even, oude…ouketi oudeis) – 헬라어에서는 강조를 위해서 여러 가지 부정어를 함께 사용하는 것이 가능하다(BDF, 223, Robertson, Grammar 1164-65). 마가는 문자적으로 "누구도 그를 더 이상 사슬로도 묶을 수가 없었다"라고 기록했다. 귀신들린 사람의 통제할 수 없는 능력에 관한 마가의 강한 언어는 영어로 분명하게 표현하기 힘들다. KJV의 "아무도 그를 결박할 수 없었다, 어느 누구도, 사슬로도 할 수 없었다"라는 번역은 마가의 강조점에 근접한다. [oude, ouketi, oudeis]

5:7. **지극히 높으신 하나님의 아들**(Son of the Most High God, huie tou theou tou hypsistou) – '지극히 높은 분' 이라는 칭호는 칠십인경에서 이스라엘 사람들이 아닌 이들이 이스라엘의 하나님을 가리키기 위해 사용한다. 그들은 이 칭호를 사용하여 하나님의 우월하심과 하늘과 땅에 대한 권세를 인정한다(창 14:18-20, 민 24:16, 사 14:14, 단 3:26, 4:2 [3:32 칠십인경], 참고-에스드라 1서 2:3, 6:31, 8:19, 21, 마카비 2서 3:31, 마카비 3서 7:9). 귀신들린 사람이 이 칭호를 사용한 것은 이방인으로서 예수님의 신분을 강조한다. '지극히 높은 분' 의 유사한 사용은 사도행전 16장 17절에서 귀신에게 사로잡힌 여종의 말 가운데 등장한다. '하나님의 아들 예수님' 에 대하여는 1장 1절을 보라. [hypsistos]

괴롭게 하지 말라(Do not torment, mē…basanisēs) – 이 동사는 때때로 좁은 의미에서 심문이나 심판을 위해서 죄수들을 고문하는 것을 묘사할 때 사용된다(BAGD, 134, BDAG, 168, MM, 104). 관련된 명사 basanistēs는 마태복음 18장 34절에서 이보다 더 좁은 의미를 가진다. 그러나 동사 basanizō는 특별히 신약에서 '괴롭히다, 극심한 고뇌나 강한 육체적인 고통을 가하다'는 일반적인 의미를 표현한다(마 8:6, 계 9:5, 12:2, 참고-BAGD, 134, BDAG, 168, W. Mundle, NIDNTT 3:856). 더러운 영들의 영향 아래 있는 사로잡힌 사람은 예수님께 그를 괴롭히지 말라고 간청한다. 이 요구의 역설은 그 사람이 이미 지속적인 괴로움 가운데 살고 있다는 것이다. 마가복음에서 귀신들이 개인들을 사로잡는 것은 그들을 악으로 유인하기 위해서가 아니라 고통과 고뇌를 주고, 궁극적으로는 희생자들을 멸망시키기 위해서다(1:26, 5:5, 9:17-18, 20-22, 26). [basanizō]

5:9. 군단(Legion, Legiōn)-귀신들린 사람이 대답한 이름은 로마 군대에서 가장 큰 단위의 군대를 지칭하는 군사적인 용어다. 주후 1세기에 레기온(또는 군단)의 온전한 규모는 대략 6천 명의 군인들로 이루어졌고, 25개 레기온은 로마 군대의 핵심을 형성했다(F. Annen, EDNT 2:345-46, BAGD, 468, BDAG, 588). '레기온'은 귀신들의 힘과 폭력을 지적함은 물론 그 사람 속에 거하는 귀신들의 많은 숫자를 표현한다. 2천여 마리나 되는 돼지들의 멸망은 또 다시 많은 수의 귀신들을 지배하는 예수님의 능력을 암시한다(5:13). 많은 귀신들을 두고 단일한 이름을 사용하는 것은 더러운 귀신들의 군대가 그 사람 속에 살았지만, 그들은 그를 괴롭히기 위해서 단합된 세력으로 함께 일했다는 것을 나타낸다. '더러운 영들'에 대하여는 1장 23절을 보라. [legiōn]

5:18. 그가 예수님과 함께 있기 위해서(In order that he might be with him, hina met' autou ē)-그 사람이 예수님과 함께하려고 간청한 표현은 열두 제자들과 관련하여 마가복음 3장 14절에 나오는 표현과 일치한다. 거기에서 예수님께서는 제자들로 하여금 그분과 함께하게 하기 위해서 열둘을 세우신다(hina ōsin met' autou). '그와 함께하는 사람들'(tous met' autou)이란 표현을 베드로와 야고보와 요한을 가리키는 마가복음 5장 40절과 비교하라. 그 사람의 요구에 담긴 함축적인 의미는 단순히 예수님과 '동행하기'를 원한다는 것이 아니다(NASB). 그가 원하는 것은 제자가 되어 열둘의 범위에 참여하는 것이다(Gluelich, 284-85). [meta]

5:19. 너희 가족에게(To your family, pros tous sous) - 예수님께서는 치료받은 사람에게 "네(sou) 집으로 떠나가라"고 명령을 하시고, 그때에 '너(sous)에게 속한 사람들에게'라는 문구를 추가하신다. 이 구절에서 소유형용사 sous가 소유대명사 sou와 가까이 있는 것은 그에게 속한 집과 그가 치유를 알려야 하는 백성 사이의 강한 관계를 지적한다. 예수님께서는 그가 자기의 가족, 곧 그의 집에서 사는 사람들에게 말하기를 원하신다. 그래서 NIV는 이 문구를 적절하게 '네 가족'으로 번역한다. 이것은 파피루스에서 sos('너의 것')가 사람의 가정, 대리인이나 친구를 지적하기 위해서 관사와 함께

일반적으로 사용되는 것과 일치한다(MM 581). 치유받은 그 사람은 메시지를 자신의 가족뿐만 이 아니라, 더욱 넓게 데가볼리의 지역 전체에 선포한다. [sos]

5:22. **회당장들 가운데 한 사람**(One of the synagogue rulers, heis tōn archisynagōgōn)-회당장은 선택된 관리로서 그의 주된 책임은 회당 건물의 감독과 회당 예배의 조직을 포함한다. 주후 1세기에 어느 누구도 성경을 읽고, 공중 기도를 하며, 설교를 함으로써 회당 예배를 드리지 않았다. 회당장은 회중들이 자기들의 임무를 분담하도록 준비를 했다(W. Schrage, TDNT 7:844-47, Schurer, History 2:433-36). 회당의 성격에 대해서는 1장 21절을 보라. 회당장들은 크게 존중되었다. 야이로도 아마 공동체 안에서 신분이 높은 사람이었을 것이다. 야이로 외의 회당장들에 대한 신약의 언급은 누가복음 13장 14절, 사도행전 13장 15절, 18장 8, 18절을 보라. [archisynagōgos]

5:25. **혈루병에 걸린**(With a hemorrhage, en rhyseis haimatos)-여인의 질병은 12년 동안 지속된 고질적인 자궁출혈 증상이었다. 여인에게 '피의 흘러내림'이 있었다는 마가의 표현은 여자를 의식적으로 불결하게 하는 상태를 묘사하는 칠십인경 레위기 15장 25절에 나오는 언어를 빌려온 것이다. 추가로 5장 29절에 나오는 '그녀의 피의 근원'이란 표현은 칠십인경 레위기 12장 7절의 용어에 의존한다. 이 구절은 여인들의 의식적인 불결을 묘사하는 구절이다. 여인은 이러한 상태로 신앙 공동체나 정상적인 사회 관계에 참여하는 것이 거의 불가능했다. 그녀와 육체적인 접촉을 하는 사람 누구에게나 그녀는 불결의 출처가 되기 때문이다(Marcus, 357-58, 366-68). 여인의 의식적인 부정함은 회당장인 야이로와 큰 대조를 이룬다. [rhysis + haima]

5:29. **고통**(Afflication, mastigos)-문자적으로 이 단어는 '채찍(질)'을 가리킨다(BAGD, 495, BDAG, 620, Spicq, 2:453-56). 이 의미는 바울이 채찍질 심문을 당하는 것을 묘사하는 사도행전 22장 24절, 그리고 채찍질 당하는 것을 믿음의 사람들이 겪은 시련들 가운데 하나로 보여주는 히브리서 11장 36절에서 발견된다. 마가는 예수님께서 당하신 매질(10:34)을 묘사할 때 관련된 동사 mastigoō를 사용한다. 이러한 문자적인 의미에 추가로, 심각하고 고통스러운 질병을 가리키는 구절들인 마가복음 3장 10절, 5장 29, 34절에서와 같이 은유적인 의미도 가진다(BAGD, 495, BDAG, 620-21, C. Schneider, TDNT 4:518-19). 영어 단어 scourge은 문자 그대로 채찍질과 은유적으로 극심한 고통을 묘사하는 데 모두 사용될 수 있다는 점에서 이 단어와 유사하다. [mastix]

5:30. **능력**(Power, dynamin)-이 단어는 마가복음에서 10회 사용되는데, 이 구절에서 처음 등장한다. 이 단어는 마가복음에서 다양한 의미로 사용된다(O. Betz, NIDNTT 2:603-4). 능력은 하나님의 속성이며(12:24), 모든 것이 하나님께는 가능하기 때문에(10:27, 14:36) 하나님의 이름에 대해 경외하는 마음의 대용어로

둘러 표현되기도 한다(14:62). 예수님께서는 종말 강화에서 초자연적 영역에 있는 '능력들' 또는 귀신적 존재들의 패배를 언급하신다(13:25, 참고-롬 8:38, 엡 1,21, 벧전 3:22). 시대의 종말에 인자의 오심은 능력으로, 즉 세력의 놀라운 나타남으로 임할 것이다(13:26, 참고-9:1). 마지막으로 마가는 강력한 기적적인 사건들(6:2, 5, 9:39)과 기적들을 행할 수 있는 능력(5:30, 6:14)을 묘사하기 위해 기적 기사의 문맥에서 dynamis를 사용한다. 이 구절의 능력에 대한 언급은 기적들을 행할 수 있는 능력으로만 아니라, 혈루병에 걸린 여인에게 치료를 가져오는 힘으로 예수님의 능력을 묘사한다는 점에서 다소 이례적이다. 치유는 분명하게 예수님 편의 선택과는 상관없이 일어났다. 그래도 마가복음의 문맥에서 이 치유는 하나님 뜻의 맥락 안에서 일어났다. 하나님께서는 이 여인을 알고 계시고, 예수님 안에 역사하는 능력을 통하여 그녀의 믿음을 존중하기를 선택하신다(Cranfield, 185). [dynamis]

5:34. **딸**(Daughter, thygatēr) - 구약과 후기 유대 문서들에서 '딸' 은 나이나 가족 관계와는 상관없이 여자를 부르는 고상하고 애정이 담긴 호칭 방식이다(예-룻 2:8, 3:10-11, 참고-Marcus, 360, H.-J. Ritz, EDNT 2:159). 예수님께서 '딸' 이란 단어를 사용하신 것은 이 문맥에서 추가적인 의의를 가진다. 이것은 이 호칭이 야이로의 딸의 이야기와 연결점을 제공하기 때문이다(5:23, 35). 자기 자신의 딸에 대한 야이로의 관심은 고통당하는 이 여인에 대한 예수님의 태도를 그려준다. [thygatēr]

너를 온전하게 했다(Has made you well, sesōken se) - sōzō는 육체적인 위험과 질병이나 영원한 심판으로부터 구원하는 것을 의미할 수도 있다(BAGD, 798, BDAG, 982-83). 영원한 구원의 사상은 마가복음 10장 26절에 나온다. 여기에서 '구원받는 것' 은 '영생을 상속하는 것' 과 '하나님의 나라에 들어가는 것' 과 병행한다(10:17, 30). 그러나 질병으로부터 구출의 의미는 이 구절에서 기본적이다. 여기에서 '구원받는 것' 은 '고통으로부터 치유를 받는 것' 과 병행한다(참고-5:23, 28, Gluelich, 299). 예수님의 옷을 만지는 일에 주도적인 행동으로 표현된 그녀의 믿음은 치유에 이른다. '믿음' 에 대하여는 2장 5절을 보라. [sōzō]

5:36. **엿듣고**(Overhearing, parakousas) - 영어 번역들은 예수님께서 야이로 딸의 죽음에 관한 보고를 '엿들은 것인지' (NASB, NRSV) 그것을 '무시한 것인지' 에 대하여 의견이 나뉜다(RSV, NIV, NLT, NET). 어떤 의견도 가능하지만(BAGD, 619, BDAG, 767), 같은 사건에 대한 누가의 설명은 예수님께서 엿들으셨다는 사상을 지지한다(눅 8:50). 누가의 이러한 안내를 따르는 것이 합리적으로 보인다(Cranfield, 187). [parakouō]

5:39. **자고 있다**(Sleeping, katheudei) - 예수님 말씀의 기본적 의미는 소녀가 돌이킬 수 없을 정도로 죽었다는 것이 아니다. 그분의 임재에 비추어볼 때 소녀의 상태는 자는 것과 같이 일시적일 뿐이라는 것이다(Gundry, 273-74). 신약은 잠에 대하여 다른 두 단어, 즉 katheudō

와 koimaō를 사용한다. 동사 katheudō는 신약에 22회 나오는데(이 가운데 8회가 마가복음에 나옴), 대부분은 자연적인 잠을 가리키고 데살로니가전서 5장 10절에서만 죽음의 은유로 사용된다. 이와는 대조로 동사 koimaō는 신약에 18회 등장하는데, 대부분은 죽음에 대한 완곡어법이고 아주 적게 자연적인 죽음을 가리킨다(마 28:13, 눅 22:45, 요 11:12, 행 12:6). 여기에서 예수님의 진술은 자연적인 죽음을 가리키기 위하여 더욱 일반적인 용어인 동사 katheudō를 사용한다. 성경에서 잠은 자연적인 죽음을 묘사하는 흔한 은유지만, 마가는 소녀가 문자적으로 잠을 자고 있다는 의미를 나타내는 것처럼 쉽게 오해될 수 있는 방식으로 예수님의 진술을 표현한다. 애곡하는 자들은 예수님의 말씀을 이러한 문자적인 의미로 받아들이고 그분을 조롱한다. [katheudō]

5:42. **열두 살**(Twelve years, etōn dōdeka) – 소녀의 나이에 대한 언급은 12년간 질병으로 고통 받은 혈루병에 걸린 여인의 이야기와 또 다른 접촉점을 제공한다(5:23, 참고–Gluelich, 303). 야이로의 상황은 자기 딸이 죽음에 직면하고 있으므로 매우 긴박했다(5:23). 여인의 상황은 소녀가 살아온 시간만큼 오랫동안 고통이 지속되어 왔다. 예수님께서는 이 두 상황에 모두 충족하셨다. [dōdeka + etos]

6:1. **고향**(Hometown, patrida) – 누가는 분명하게 예수님께서 자란 곳인 나사렛을 그분의 고향으로 밝힌다. 이 구절에서 마가는 앞서 예수님을 나사렛 출신이라고 진술했으나(1:9, 24), 여기에서는 단지 예수님의 고향이라고만 언급한다. '고향'(patris)을 가리키는 단어와 '아버지'(patēr)를 가리키는 단어 사이의 밀접한 관계는 고향이 자기의 아버지나 조상들의 장소라는 개념을 전해준다. 그래도 마을사람들은 예수님을 언급할 때, 그분의 아버지 대신 어머니를 언급하며 그분을 마리아의 아들로 밝힌다. 나사렛 사람은 예수님과의 친숙함으로 걸려 넘어졌으며, 아마도 마리아가 자신들에게 잘 알려졌기 때문에 마리아를 지적하는 것 같다(Gluelich, 309–10, Gundry, 290–91). 안식일에 회당에서 있었던 예수님의 가르침에 대하여는 1장 21과 2장 24절을 보라. 기적들에 대한 언급(6:2, 5)과 관련해서는 5장 30절에 나오는 능력에 대한 논의를 보라. [patris]

6:3. **목수**(Carpenter, tektōn) – tektōn은 건축가, 특별히 나무를 가지고 작업하는 사람, 곧 목수를 가리킨다(BAGD, 809, BDAG, 995, MM, 628–29). 마태복음 13장 55절에 따르면 예수님도 '목수의 아들'이었다. 아마도 예수님과 요셉은 둘 다 건축가 또는 목수였을 것이다. 유대 사회에서 아버지의 임무 가운데 하나는 자식에게 한 가지 직업을 가르치는 것이었다(t Qidd. 1:11). 예수님께서 마을사람으로 불쾌하게(skandalizō) 만드신 행동을 표현하기 위해 사용한 동사에 대해 더 알기 위해서는 4장 17절에 나오는 '넘어지다'에 대한 언급을 보라. [tektōn]

6:6. **불신**(Unbelief, apistian) – 부정적인 단어 '불신'은 긍정적인 단어 '믿음'에 크게 의존한

다. 믿음에 대하여는 2장 5절을 보라. 마가복음에서 믿음의 반대는 예수님의 권세를 배척하는 것과 그 안에 역사하는 하나님의 능력에 대한 신뢰의 결여다. 나사렛 사람의 불신은 예수님의 초자연적인 권세에 대한 인정을 거부하는 것으로 나타나고, 필요를 채우기 위해서 그분의 기적적인 능력을 구하려 하지 않는 결과를 가져온다(G. Bath, EDNT 1:121-23). 이와 유사하게 귀신들린 소년과 함께 있는 사람들의 일부는 흔들리는 믿음과 지속적인 불신으로 확신을 가지고 예수님의 도움을 구하는 것이 더 어려웠다(9:19, 22-24). [apistia]

6:7. **권세**(Authority, exousian) – 마가복음에서 예수님의 공사역이 더러운 영들에 대한 권위 있는 통제를 보여주는 것으로 시작하는 것과 같이(1:21-27), 열두 제자의 초기 사역도 이 같은 권세의 나타남을 포함한다(6:7, 12-13, 참고-Gluelich, 321). '권세'에 대하여는 1장 22절을 보라. 이미 설명된 6장 7-13절에 나오는 다른 핵심 단어들은 열둘(3:14), 더러운 영들(1:23), 증거(1:44), 선포하다(1:38)와 회개하다(1:4)를 포함한다. [exousia]

6:8. **돈**(Money, chalkon) – 예수님께서는 제자들에게 여행할 때 일반적으로 지참하는 기본적인 준비물들을 금하신다. 금지된 항목 가운데는 돈, 더 구체적으로는 흔히 허리띠에 차고 다니는 금화나 은화보다 덜 가치 있는 '구리 동전들'(chalkos)이 있었다(마 10:9 참고). 다른 말로 표현하면, 예수님께서는 심지어 '작은 거스름 돈' 지참조차 금하셨다는 것이다(BAGD, 875, BDAG, 1076). 제자들은 빵이나 필수품들, 그리고 돈을 위한 가방도 없이 단지 옷만 챙겨 등에 지고 사역의 현장으로 갔다. 제자들은 하나님께서 음식과 숙박 장소를 공급해주실 것을 전적으로 의존해야 한다(Lane, 207-8). [chalkos]

6:11. **털어버리다**(Shake off, ektinaxate) – 동사 ektinassō는 신약에 단지 4회만 나온다. 이것은 항상 그들의 메시지를 배척한 사람들의 면전에서 하나님의 사자들이 발이나 옷에서 먼지를 상징적으로 털어버리는 문맥에 나온다(마 10:14, 막 6:11, 행 13:51, 18:6, 참고-느 5:13). 이 행동은 어떤 사람과 모든 연관을 끊어버리려는 욕망을 상징한다(Marcus, 384). 이것은 믿기를 거절하는 사람들을 향하여 하나님의 다가오는 심판에 대하여 경고한다. 그들은 메시지를 들었으며, 자기들의 반응의 결과에 대하여 스스로 책임을 졌다(행 18:6 참고). [ektinassō]

6:14. **왕**(King, basileus) – '왕 헤롯'은 자기 아버지 헤롯 대왕이 죽은 후에 갈릴리와 요단강 동편에 있는 지역인 베레아를 다스린 헤롯 안디바스였다. 로마의 권한 아래서 헤롯 안디바스는 세례 요한과 예수님의 중심 사역지였던 이들 영토들을 통치했다. 그의 공식 직함은 더 낮은 지위인 '분봉왕'이었으나, 마가는 헤롯 안디바스에게 '왕'이란 호칭을 사용한다. 누가복음은 그의 칭호를 항상 '분봉왕'(눅 3:19, 9:7, 행 13:1, 참고-눅 3:1)으로 칭했으며, 마태복음은 '왕'과 '분봉왕' 모두 포함한다(마 14:1, 9). 마가는 헤롯을 '왕'이라고 부름으로

써 그 당시 유행하는 용어를 사용했을 것이다. 이것은 통치자가 만류했을지도 모를 관습이었다(Hoehner, Herod Antipas, 149-50). 이러한 왕적인 명칭과는 대조로, 헤롯은 마가복음 6장 14-29절에서 왕처럼 처신하지 않고 자기 욕망에 사로잡힌 종으로 처신했다. 주후 39년에 헤롯은 그의 아내 헤로디아의 간청에 따라 황제에게 '왕'의 칭호를 공식적으로 받으려고 로마에 갔다. 이 행동은 결국 그의 몰락과 추방을 가져왔다(H. W. Hoehner, DJG 322-25). [basileus]

6:17. 아내(Wife, gynaika) – 헤롯 안디바스의 가족 관계는 그의 아버지 헤롯 대왕이 열 명의 아내와 많은 자식들을 가졌고, 그들 가운데 많은 이들이 서로 근친결혼을 했기 때문에 특히 복잡했다. 헤롯 대왕의 손녀인 헤로디아는 처음에 헤롯 빌립에게 시집을 갔다(눅 3:1에 언급된 빌립과 다른 인물임). 헤롯 빌립은 헤롯 대왕의 아들들 가운데 하나였으므로 그녀의 삼촌이며, 헤롯 안디바스의 배다른 형제였다(H. W. Hoehner, DJG 323-24, 참고-요세푸스, 고대사 18.5.1 §109). 헤롯 안디바스는 그의 형제를 방문하는 동안 조카딸 헤로디아와 사랑에 빠졌다. 그녀는 만일 그가 첫 아내와 이혼을 한다면 그와 결혼하겠다고 약속을 했다(요세푸스, 고대사 18.5.1 §109-10). 세례 요한은 헤롯 안디바스가 그의 형제의 아내와 결혼한 것을 대담하게 비난했다. [gynē]

6:18. 합법적이지 않다(Not lawful, ouk exestin) – 부정어와 함께 동사 exestin은 신약의 다른 곳에서 모세의 율법 가운데 금지된 것을 지적하기 위해서 사용된다(예, 마 27:6, 막 2:24, 26, 요 5:10). 모세의 율법은 형이 자식 없이 죽었을 경우를 제외하고는(신 25:5-10, 막 12:19) 사람이 자기 형제의 아내를 취하는 것을 금한다(레 18:16, 20:21). 헤로디아의 첫 남편은 아직도 살아 있기 때문에 이러한 예외는 이 경우 분명하게 적용되지 않는다. 요세푸스는 아마도 일반 대중의 견해를 반영하여, 헤로디아가 특별히 딸을 낳은 후에 자신의 남편을 버림으로써 유대 백성의 길을 저버렸다고 경멸하는 어조로 논평을 했다(고대사 18.5.4 § 136). [exestin]

6:21. 정부의 중요한 관리들(Important government officials, megistasin) – 헤롯의 만찬에 참여한 손님들 가운데는 정부의 중요한 관리들, 문자적으로 말하면 '큰 자들'이 포함되었다(MM 393, Hoehner, Herod Antipas 102). 칭호 megistanes는 칠십인경 다니엘 5장 23절에서도 유사한 문맥에 등장한다. 여기에는 천 명의 귀인들이 벨사살 왕의 대 만찬에 초대되었다. [megistan]

군대의 사령관(Military commanders, chiliarchois) – 다음으로 마가는 chiliarchoi의 참석을 언급한다. 이 단어는 문자적으로 '군인 천 명을 통솔하는 사람'이다. 그러나 칭호는 이보다 더 높은 군대의 고위 사령관, 다시 말하면 거의 소령 또는 대령 급에 맞먹는 지휘관을 가리킬 때도 일반적으로 사용된다(BAGD, 881-82, BDAG, 1084). [chiliarchos]

갈릴리의 주요 인사(The leading men of Galilee, prōtois tēs Galilaias) – 마지막으로 헤롯의 만찬에 초대받은 손님들은 갈릴리의 지도층 인사들, 문자적으로 '갈릴리의 첫째 되는 사람들'을 포함했다. 그들은 갈릴리의 귀족들이었다(Hoehner, Herod Antipas 102, Marcus, 396). 명예욕에 대한 예수님의 교훈은 이와 같이 중요한 시민들에 대한 마가 자신의 태도에 두드러진 빛을 던져준다. 여기에서 관련된 예수님의 교훈은 먼저 된 자가 나중 될 것이며(10:31), 신실한 제자들은 참으로 첫째가 되려면 마지막, 곧 종이 되려고 힘써야 한다(9:35, 10:44)는 것이다. 헤롯의 만찬 다음에 나오는 기사는 예수님의 만찬, 곧 예수님께서 5천 명을 먹이신 사건이다(6:30–44). 대조적으로 이 만찬에 참여한 손님들의 명단에는 예수님의 교훈을 받기 원하는 사람들, 즉 목자 없는 양과 같기 때문에 예수님께서 불쌍히 여기는 사람들이 포함되어 있다(6:34). [prōtos]

6:22. 기쁘게 했다(Pleased, ēresen) – 동사 areskō는 기쁘게 하거나 만족하게 하는 행동을 묘사한다(LSJ, 238). 칠십인경에서 이 단어는 성적인 호기심을 일으키거나 만족시킨다는 함축적인 의미를 가진다(창 19:8, 에 2:4, 9, 욥 31:10, 참고–Jdt. 12:14). 이와 유사하게 헤롯의 만찬과 왕의 지나친 약속에 청중이 만족을 얻게 되었다. 이 구절과 에스더 2장 9절 사이의 유사성은 특별히 긴밀하다. 두 구절은 자신의 왕국의 절반이라도 주겠다고 약속하는 왕을 기쁘게 하는(ēresen) 젊은 여인(korasin)을 가리키기 때문이다(에 5:3, 막 6:23). [areskō]

6:27. 그의 보디가드 가운데 하나(One of his body guard, spekoulatora) – spekoulatōr는 공식적인 집행자보다는 처형을 포함하여 온갖 '더러운 임무'를 처리하는 일을 맡은 보디가드 그룹의 일원을 나타낸다(Marcus, 397, Spicq, 3:157–59, 참고–Tacitus, Hist. 1.24–25, 2.11, Seneca, Ben. 3:25, Seneca, Ira 1.18.4). [spekoulatōr]

6:34. 그는 동정심을 느꼈다(He felt compassion, esplanchnisthē) – 동사 splanchnizomai는 신약 공관복음에 나오는 용례를 포함하여 모두 12회 나온다. 관련된 동사 splanchnon는 공관복음에서 단 1회 사용된 것을 포함하여 모두 11회 등장한다(눅 1:78). 마가복음에서 이 동사는 예수님께서 궁핍한 사람들에게 가지신 동정의 깊은 느낌을 배타적으로 가리킨다. 이러한 느낌은 예수님으로 하여금 그들을 위해서 행동하게 하는 마음의 반응이다(1:41, 6:34, 8:2, 9:22). 예수님의 태도를 묘사할 때 사용된 splanchnizomai는 마태복음과 누가복음에서도 예수님의 묘사 부분에 등장한다(마 9:36, 14:14, 15:32, 20:34, 눅 7:13). 추가로, 동정의 느낌은 예수님의 세 비유에 나타난 중요한 전환점에서 등장 인물에게 영향을 끼친다(H.-H. Esser, NIDNTT 2:599). 동정 때문에 주인은 빚을 갚을 수 없는 종을 용서하고(마 18:27), 선한 사마리아인은 길가에 누워 있는 사람을 돕기 위해 가던 길을 멈추며(눅 10:33), 아버지는 탕자를 집으로 환영하기 위해 그에게로 달려간다(눅 15:20). [splanchnizomai]

6:37. 데나리온들(Denarii, dēnariōn) – 데나리온은 예수님 당시 표준 은화였으며, 마태복음 20장 2절에 따르면 노동자의 만족할 만한 하루 품삯이었다(B. Schwank, EDNT 1:296). 그러므로 제자들은 무리를 먹이기 위한 충분한 돈을 벌려면 보통 노동자가 반 년 이상 일해야 할 것이라고 계산했다. 나중에 마가복음에서 예수님께서는 가이사에게 세금을 바치고 더불어 하나님께 헌신하는 것의 필요성을 설명하기 위해서 데나리온을 사용하신다(12:15). 그리고 여인은 3백 데나리온, 다시 말해서 일 년 치 수입에 맞먹을 만한 비싼 향유를 예수님 머리에 부었다(14:5). [dēnarion]

6:39. 푸른 풀(The green grass, tō chlōrō chortō) – 앞의 6장 34절에서 마가는 백성의 큰 무리를 '목자 없는 양'으로 묘사한다. 이 묘사의 배경은 모세가 사역 말기에 이스라엘 백성 위에 다른 지도자를 세워 그들로 목자 없는 양같이 되지 않게 해달라고 하나님께 간청하는 민수기 27장 15-18절이다. 하나님께서는 모세에게 성령을 소유한 사람 곧 여호수아, 또는 칠십인경에 따르면 '여호수아'에 상응하는 헬라어인 Iēsoun(Jesus)이라고 불린 사람을 지시함으로써 그의 간청에 응답하신다(민 27:17 칠십인경). 이 구절에 언급된 '푸른 잔디'는 예수님을 하나님의 백성을 목양할 자로 밝혀주는 역할을 한다(Gluelich, 341, Marcus, 408). 예수님께서는 자기 양을 푸른 목장에 눕게 하시고 그들을 먹여 부족한 것이 없게 하시는 목자시다(시 23:1-3, 참고-겔 34:23). [chlōros + chortos]

6:43. 바구니(Baskets, kophinōn) – 크기가 다양한 바구니들은 특별히 유대인들과 연관되어 있다(LSJ, 988, MM , 357). 로마 작가 쥬베날(Juvenal)은 유대인들이 이러한 유형의 바구니를 지니고 여행하는 것을 두 차례 언급한다(Sat. 3.14, 6:542). 마가가 유대인들의 바구니를 언급한 것은 5천 명을 먹인 문맥과 일치한다. 이 기적이 일어난 갈릴리 바다의 이편에는 유대인의 인구가 지배적이기 때문이다(6:45). [kophinos]

6:48. 사경(Fourth watch, tetartēn phylakēn) – 마가는 로마인들의 관습을 따라서 시간을 계산한다. 저녁 6시부터 아침 6시까지의 시간을 균등하게 네 기간으로 나누고 그 각각을 '경'으로 불렀다. 이것은 안보에 책임을 진 사람들이 각 경마다 경계나 보초 서는 임무를 부여받기 때문이다(BAGD, 868, BDAG, 1067, 참고-13:35). 사경은 오전 3시부터 오전 6시였으므로, '밤이 끝나갈 때'(NET)란 번역은 예수님께서 물 위를 걸어서 제자들에게 오신 일반적인 시간을 알려준다. 늦은 오후나 저녁에 배에 남아 있던 제자들은 밤 대부분을 바람과 맞서 씨름했다. [phylakē + tetartos]

지나가다(To pass by, parelthein) – 하나님께서 자신의 영광을 모세에게 계시하신 것을 묘사하는 데 사용된 언어는 예수님께서 제자들을 스쳐 지나가시려고 했던 사건의 의미를 이해하는 데 배경을 제공한다(출 33:17-34:8, 참고-Marcus, 426). 하나님의 영광을 보여달라는 모세의 요청에 대한 응답으로 주님께서는 그를 바위 사이에 쪼개진 틈 사이에 넣고, 그분의 영광이 지나가는 동안 그의 생명을 보호하기 위해서 그를 손으로 덮으셨다(출 33:8-22). 같은 동사 parerchomai가 이 구절과 칠십인경 출애굽기에 나온다(출 33:19, 22, 34:6, 참고-칠십인경 왕상 19:11-13, 욥 9:8, 11). 그러므로 예수님께서 제자들 곁을 스쳐 지나가기를 원하셨다는 것은 그들을 지나서 다른 곳에 가기를 원하신 것이 아니라, 자신의 영광을 그들에게 계시하기를 원하셨다는 것을 의미한다. [parerchomai]

6:52. **굳어졌다**(Hardened, pepōrōmenē) - 마가는 제자들이 이해력 부족으로 가지게 된 어려움을 '굳어진 마음' 이란 은유로 표현한다. 마가는 앞에서 예수님의 대적들이 완고한 마음을 가졌다고 유사하게 묘사했다(3:5). 그러므로 제자들의 상태는 위험하게도 그분의 대적들의 상태와 가깝다. 3장 5절의 '완고함' 에 대한 논의를 보라. [pōroō]

6:56. **옷자락**(Fringe, kraspedou) - 이 단어는 칠십인경(민 15:38-39, 신 22:12)과 신약(마 23:5)에서 복수로 사용되며, 유대인들이 옷의 네 모서리에 다는 술을 가리킨다(J. Schneider, TDNT 3:904, Marcus, 437). 옷 술을 다는 목적은 유대인들에게 하나님의 계명에 순종하고, 자신을 하나님께 거룩하게 구별해야 한다는 것을 상기시켜주기 위함이다(민 15:40). 어떤 병자들은 만일 예수님의 옷에 부착된 옷 술들 가운데 하나를 만질 수만 있다면, 치료를 받을 것이라고 분명하게 믿었다. 하나님께서는 그들의 믿음을 보시고 예수님 안에서 역사하는 능력을 통하여 그들에게 구원을 허락하셨다(5:28-30 참고). [kraspedon]

7:2. **더럽혀진**(Defiled, koinais) - 신약에서 형용사 koinos는 때때로 개인적인 것과 반대로 '공통의, 함께 나누어진 것' 을 의미하기도 하고(예, 행 2:44, 4:32, 딛 1:4, 유 3절), 혹은 거룩하거나 하나님께 구별된 것에 반대되는 것으로 '의식적으로 부정한 것' 을 의미하기도 한다(예-행 10:14, 28, 11:8, 롬 14,14, 참고-F. G. Untergassmair, EDNT 2:302-3, Cranfield, 232). 이 둘 가운데 후자의 의미가 마가복음 7장 1-5절의 문맥에 적절하다. 그러므로 문제는 제자들이 더러운 손을 가지고 있다는 것이 아니라, 많은 다른 유대인들과 마찬가지로 식사 전에 의식적으로 손을 씻는 행위와 관련된 바리새인들의 가르침을 제자들이 따르지 않았다는 것이다. [koinos]

7:3. **적절한 방식으로**(In the proper way, pygmē) - pygmē의 문자적인 번역은 유대인들이 자신들의 손을 '주먹으로, 또는 주먹을 가지고' 씻었다는 것을 가리키나 그러한 표현이 무엇을 의미하는지는 이해하기 어렵다. RSV는 심지어 이 구절을 번역하려고 애를 쓰지도 않고 이 단어를 생략함으로써 문제점을 드러낸다. 이와 관련한 유대인의 관습은 손가락을 꽉 쥐지도, 넓게 펼치지도 않고 컵 모양으로 접은 양손에 소량의 물을 붓는 것이다. 물이 너무 귀한 당시에 이 방법은 물을 낭비하지 않고 가능한 최소한의 물로 손을 씻을 수 있게 했다(Gundry, 360). '적절한 방식으로' (CEV)라는 번역은 마가가 pygmē라는 단어를 사용할 때 기본적으로 밑에

깔려 있는 의의를 전달하려는 노력이다. 손을 씻는 행동은 관습의 유형에 따라 취했다(LN, 1:99 참고). [pygmē]

전통(Tradition, paradosin) – 명사 paradosis는 이전 세대로부터 권위 있는 것으로 전해 내려온 교훈이나 계명을 가리킨다(BAGD, 615–16, BDAG, 763). 더욱 구체적으로 '장로들의 전통' 이란 표현은 모세의 기록된 율법을 보충하는 데 도움이 되는 것으로, 바리새인들이 이전 세대로부터 구전으로 물려받은 전통적인 규정들을 가리킨다(갈 1:14, 요세푸스, 고대사 13.10.6 §408). 손을 의식적으로 씻는 것은 일반적으로 백성을 위한 기록된 율법의 요구가 아니고, 성막에서 섬기는 일을 담당하고 있는 제자들을 위한 것이다(출 30:18–21, 4:30–31, 참고–b Ber. 52b). 바리새인들의 구전은 모든 유대인은 제사장으로 살아야 하고, 모든 유대인 가정은 예배의 장소가 되어야 한다는 이론에 근거하여, 그 책임이 아마 모든 사람들에게 확대되었을 것이다(Marcus, 449). 마가복음 7장 1–23절에 따르면, 구전에 대한 예수님의 기본적인 반대 이유는 바리새인들과 서기관들이 종종 구전을 하나님의 계명들을 폐하기 위해서 사용했다는 것이다(7:8–9, 13). [paradosis]

7:5. **바리새인들과 서기관들**(The Pharisees and the scribes, hoi Pharisaios kai hoi grammateis) – 예수님과 종교 지도자들 사이에 있었던 논쟁은, 예수님의 제자들이 유대인 선생들의 전통을 수용하지 않기 때문에 분개하는 이 구절에서와 같이 종종 권세의 문제와 관련되어 있다. 바리새인들에 대한 더 많은 내용은 2장 16절을, 서기관들에 대하여는 1장 22절을 각각 보라. [Pharisaios, grammateus]

7:6. **위선자들**(Hypocrites, hypokritōn) – 명사 hypokritēs('위선자')는 신약에서 17회 나오는데, 그 가운데 대부분은 마태복음에 나온다(13회). 이 단어와 관련된 hypokrisis('위선')가 마가복음 12장 15절에 사용되지만, 마가복음에서 이 단어는 이 구절에서만 한 번 나온다. 고전 헬라어에서 hypokritēs는 무대 위에서 연기를 하는 연기자를 가리켰다(LSJ, 1886). 신약에서 명사 hypokritēs는 예수님의 말씀 가운데 은유적이고 부정적인 의미에서 겉으로 보이는 종교적 헌신을 가식적으로 행하는 사람, 의가 내적으로 결여된 것을 감추고 외적인 모양과 공적인 인상을 만들어내는 사람을 가리킬 때 나온다(예, 마 6:2, 5, 16). 이들의 종교 활동은 그들의 마음의 참된 반영이 아니라 '하나의 연기' 일 뿐이다. 이 구절에서 예수님께서는 이사야의 한 구절을 인용하여 자신의 요점을 예증하신다. 이 인용문은 '그것이 기록되어 있다' 로 소개된다(1:2에 나오는 논의를 보라). [hypokritēs]

7:11. **고르반**(Corban, Korban) – 히브리어에서 빌려온 차용어인 고르반은 하나님께 구별되어 더 이상 일반적인 용도로 사용될 수 없는 선물이나 제물을 가리키는 전문 용어다(레 1:2, 요세푸스, 고대사 4.4.4. § 73, Ag. Ap. 1.22 § 167, m Ned. 8.7 참고). 다시 말해서, 어떤 것을 고르반으로 선포하는 것은 그것을 하나님을 위하여 남겨두고 다른 사람의 사용을 금지하는

것을 의미한다(Cranfield, 237-38, Lane, 250-51). 예수님 당시의 서기관들은 그와 같은 헌납을 결속력 있는 맹세로 간주했다. 이 맹세는 그것이 자신의 부모에게 손해를 주는 한이 있더라도 취소될 수 없었다. [Korban]

7:15. **더럽히다**(Defile, koinōsai)-7장 2절에서 살펴본 형용사 koinos는 동사 koinoō('더럽게 하다')와 관련이 있다(행 10:15, 21:28 참고). 예수님께서는 하나님의 면전에서 받아들여질 수 없는 사람을 만드는 것을 설명하기 위해서 이 동사를 사용하신다. 씻지 않은 손은 음식도, 그것을 먹는 자도 더럽히지 않는다. 그 대신 하나님과의 관계를 불가능하게 하는 것은 마음에서 시작하는 도덕적인 오염이다. 마가복음 7장 17절에서 제자들은 이 가르침을 비유로 언급한다. 비유에 대하여는 4장 2절을 보라. [koinoō]

7:19. **그러므로 그는 정결하다고 선언했다**(Thus he declared clean, kartharizōn)-신약의 저자들은 세 가지 방식으로 동사 kartharizō를 사용한다(BAGD, 387, BDAG, 488-89). 첫째, 육체적인 건강과 문둥병자에게 의식적인 정결을 가져오는 것을 묘사할 때 사용한다(예, 마 11:5, 막 1:42, 눅 4:27, 17:14). 둘째, 모든 음식이 의식적으로 정결하다고 선언할 때 사용한다(예, 행 10:15, 11:9). 셋째, 믿는 자들을 죄에서 정결하게 하는 것을 묘사할 때 사용한다(예, 행 15:9, 고후 7:1, 요일 1:7). 이 구절의 끝 부분에 있는 마가의 삽입 진술의 문맥은 두 번째 용례와 일치된다. 예수님께서 구약 안식일 규정을 주관하시는 주님인 것처럼, 구약의 음식법과 관련해서도 권세가 있으므로 이것들을 종결시키실 수 있다. [kartharizō]

7:22. **시기**(Envy, ophthalmos ponēros)-대부분의 최근 번역(NASB, NIV, NRSV, NET, NLT)은 이 헬라어 문구를 '시기'라고 번역한다. 물론 더 문자적인 번역은 '악한 눈'일 것이다. '시기'로 번역하는 이유는 일반적으로 유대적인 표현에서 '악한 눈'이 관대함의 결여를 나타내는 은유로 사용되기 때문이다. 악한 눈을 가진 사람은 궁핍한 자들에게 주는 것을 거절하고(신 15:9, 참고-시락서 35:8, 10), 재물을 좇으며(잠 28:22), 다른 사람들이 가지고 있는 것을 원하고(시락서 14:8-10), 다른 사람들이 관대한 선물을 받을 때 시기로 반응한다(마 20:15). 이 표현은 인색함 때문에 자신의 소유에, 그리고 질투 어린 탐욕 때문에 다른 사람들의 소유에 관심을 집중하는 사람의 태도를 묘사하는 역할을 한다. [ophthalmos + ponēros]

7:26. **헬라인**(Greek, Hellēnis)-'헬라인'이란 용어는 단순하게 '이방인', 곧 유대인이 아닌 사람과 같은 단어다(예, 롬 1:16, 2:9-10, 3:9, 10:12, 고전 1:22-24, 12:13, 갈 3:28, 참고-NASB, NRSV). '헬라인'은 헬라 말을 사용하고, 그로 인해 교육을 받았으며, 부요한 여인이라는 사실을 의미할 수도 있다(Marcus, 462). 이 구절에 등장하는 여인은 자신의 인종적인 기원에 관한 한 헬라인이 아니다. 마가는 그녀를 수로보니게 사람이라고 밝힌다. 베니게는 이스라엘의 북쪽 지중해를 따라 위치한 수리아의 로마 지방의 해변 지역이었다. [Hellēnis]

7:27. **먼저**(First, prōton)-중성형 prōton은 '첫째로, 먼저'를 의미하는 부사, 주로 시간 부사로 기능한다(H. Langkammer, EDNT 3:187). 마가복음에서 이 부사는 하나님의 구속계획 가운데 사건들의 순서를 묘사하는 문맥에서 항상 등장한다. 예를 들면, 엘리야는 메시아보다 먼저 와야 하고(9:11-12), 복음은 인자가 능력으로 임하기 전에 모든 민족에게 가야 한다(13:10). 하나님의 계획에 따라서 이스라엘 백성을 상대하는 예수님의 사역은 하나님의 축복을 이방인들에게 전파하는 것에 선행하여 일어난다(롬 1:16 참고). [prōtos]

개들(Dogs, kynariois)-예수님께서는 외관상으로 수로보니게 여인 돕기를 거절할 때, 이방인들을 개들로 비유하여 언급한다. 자녀들(이스라엘 백성)에게서 떡(메시아 안에서 가능한 하나님의 복들)을 취하여 개들에게 주는 것은 좋지 않다. 예수님께서는 '작은 개들'로 번역될 수 있는 축소형을 사용하시지만, 이것이 용어의 의미를 약화시키는 것은 아니다. 단순하게 '개'라고 부르지 않고 '작은 개'라고 불렀다고 해서 이방인이 덜 불쾌감을 느끼리라고 생각하기는 어렵다(Hooker, 183). 예수님의 말씀은 여인의 믿음을 시험하는 것 같다. 물론 여인은 자신의 겸손과 예수님 안에서 하나님의 은혜의 풍성함을 신뢰하기 때문에 시험을 통과했다. 여자는 이스라엘의 우선순위를 인정하지만, 예수님에게서 남은 부스러기의 관심이 자신의 필요를 채워주기에 충분하다고 믿었다. 그 결과 예수님께서는 그녀의 딸을 귀신에게서 건지신다. '귀신'과 '더러운 영'에 대하여는 1장 23절을 보라. [kynarion]

7:32. **힘들게 말한 사람**(One who spoke with difficulty, mogilalon)-'힘들게 말한 사람'이란 표현은 신약에서 이곳과 칠십인경 이사야 35장 6절에서 각각 한 번씩만 나오는 희귀한 단어 mogilalos을 번역한 것이다. 마가에 따르면 듣지 못하는 사람은 좀처럼 말할 수 없었으나, 예수님께서 치유하실 때 그는 정확하게 말하기 시작했다(7:35). 칠십인경 이사야 35장 6절에서 mogilalos의 사용은 그 사람의 문제를 묘사할 때, 저자의 단어 선택에 영향을 준 것으로 보인다. 이사야서의 구절은 하나님께서 구원하시러 오실 때를 예언한다. 그때에 소경은 보게 될 것이고, 귀머거리가 들을 것이며, 걷지 못하는 자가 걸을 것이고, 말하기 힘든 자가 분명하게 말하게 될 것이다. [mogilalos]

7:34. **에바다**(Ephphatha, ephphatha)-명령어 ephphatha는 예수님 당시의 일상어인 아람어로 '열려라' 또는 '풀려라'를 의미한다(Cranfield, 252). 마가복음 여러 곳에서 나오는 아람어들은 보아너게(Boanerges, 3:17), 달리다 쿰(talitha kum, 5:41), 에바다(ephphatha, 7:34), 호산나(hossana, 11:9-10), 아바(abba, 14:36), 골고다(Golgotha, 15:22), 엘로이, 엘로이 라마 사박다니(Eloi Eloi lamasabachthani, 15:34) 등이다. 이 단어들은 각각 사건, 진술, 또는 특별한 기념 장소를 묘사하는 것 같다. 마가는 독자들을 위해서 '호산나'(hosanna)를 제외하고 이 모든 아람어 단어나 문구들을 번역한다. '호산나'에 대한 더 많은 내용을 위해서 11장 9절을 보라. [ephphatha]

7:35. 결박(Bond, desmos) – 마가는 이 표현을 사용하여 예수님께서 그 사람의 혀를 사로잡고 있었던 '결박' 또는 '속박'을 풀었다고 진술한다. 그래서 그가 정확하게 말할 수 있게 된 것이다. 최근 번역들은 이 은유를 영어로 표현하는 것이 어렵다는 사실을 발견하고, '결박'에 대한 언급을 누락시키고 단순하게 '그의 혀가 풀렸다'고 진술했다(NIV, NRSV, NET 참고). NASB는 더욱 문자적으로 '그의 혀의 장애'를 언급함으로 은유를 제거한다. 마가의 상징적 의미를 추구하는 가능한 번역들은 "그의 혀가 족쇄에서 풀렸다"(Marcus, 475) 또는 "그의 갇혔던 혀가 자유롭게 되었다"는 것을 포함한다. [desmos]

8:2. 나는 동정을 느낀다(I feel compassion, splanchnizomai) – 예수님의 반응은 오병이어 사건 이전에 무리를 향하여 가지셨던 동정심을 상기시킨다(6:2). 그러나 그분의 동정심의 근거는 변한다. 앞에서 예수님의 측은한 감정은 "무리들이 목자 없는 양 같다"는 그들의 영적인 필요에서 기인한다. 예수님께서는 여기에서 오랜 시간 동안 음식을 먹지 못한 그들의 육적인 필요를 감지하신다(Gluelich, 404). 예수님의 동정심에 대한 더 많은 내용을 위해서는 6장 34절을 보라. [splanchnizomai]

8:3. 먼 곳에서(From a distance, apo makrothen) – 이방인들의 상당수는 마가복음 8장 1–9절에서 예수님께서 먹이신 무리 가운데 속했다. 이 단락은 '그 날들에'라는 문구로 시작한다. 이것은 예수님께서 장소를 바꾸지 않고, 여전히 크게 이방인 영토인 데가볼리에서 사역하고 계신 것을 지적한다(7:31). 추가로 예수님께서는 무리들 가운데 어떤 사람들은 '먼 곳에서'(8:3) 왔다고 언급하신다. 이것은 무리가 어떤 사람들로 이루어졌는지를 알려주는 또 다른 실마리다. 칠십인경에서 '먼 땅에서' 온 사람들(수 9:6, 9의 ek gēs makrothen)은 이방인들이며, 신약의 다른 곳에서는 이방인들을 '멀리 떨어져' 있는 사람들로 묘사한다(mak-ran, 행 2:39, 22:21, 엡 2:13, 17, 사 57:19). [makroth-en]

8:8. 광주리들(Baskets, spyridas) – 남자 5천 명을 먹인 사건에서 언급된 바구니인 kophinoi와 다르다. 이런 광주리들은 유대인들과 어떤 특별한 연관도 갖지 않았다(Marcus, 489). 그렇지만 kophinoi와 같이 여기에 언급된 광주리들은 크기가 다양하여(MM, 357, Spicq, 3:320) 다메섹에서 도피할 때 사울을 충분히 담을 수 있을 정도로 크거나(행 9:25), 점심 도시락의 역할을 할 정도로 작기도 했다(Epictetus, Diatr. 4.10.2, Athenaeus, Deipn. 8:365a). 다시 말해서, 마가복음 6장 43절에 언급된 12바구니와 이 구절에 나오는 7광주리 가운데 어떤 것이 남은 음식을 더 많이 담았는지 결정하는 것은 어렵다. [spyris]

8:11. 표적(Sign, sēmeion) – 바리새인들이 표적을 요구한 것은 '신적인 권세에 대한 외적으로 강력한 증거'를 요구한 것이다(Cranfield, 257). 이 단어는 신약의 다른 복음서들보다 마가복음에 덜 나온다(8:11, 12, 13:4, 22). 이 용어는 마태복음에 13회, 누가복음에 11회, 요한

복음에 17회가 나온다. 마가복음에서 표적의 욕망은 믿는 것을 완강하게 거부하는 것(8:11-12, 참고-고전 1:21-22), 혹은 기만에 위험한 노출(13:4-5, 참고-살후 2:9-10)을 드러내기 때문에 부정적인 뜻을 가진다. '표적'에 대한 더 많은 내용은 13장 4절을 보라. 그리고 바리새인들에 대하여는 2장 16절, 시험에 대하여는 10장 2절을 보라. [sēmeion]

8:12. **세대**(Generation, genea) – '이 세대'에 대한 예수님의 언급의 기본적 배경은 광야의 방황 기간중에 반역하는 세대에 대한 구약의 묘사들에 있다(민 32:13, 신 2:14, 32:5, 20, 시 12:7, 78:8, 95:10). 예를 들어 시편 95편에 따르면, 하나님께서는 백성이 그분의 역사를 보았으면서도(95:8-11) 자기들의 마음을 완고하게 하고 그분을 시험했기 때문에 광야 세대를 싫어하셨다(시 95:8-11). 그러므로 '이 세대'는 마가복음에서 하나님의 심판을 받기로 작정된 죄악 되고 믿지 않는 백성의 부류를 가리키는 경멸적인 표현이다(R. Morgenthale, NIDNTT 2:36). 나중에 마가복음에서 이 세대는 '음란하고 죄악 된'(8:38), '믿음 없는'(9:19)으로 묘사된다. 종말 강화에서 예수님께서는 이 세대, 곧 하나님과 그분의 심부름꾼들을 반대하는 죄악 된 이 부류는 인자의 재림 때까지 존재할 것이라고 예언하신다(13:30). "내가 진실로 너희에게 말한다"란 관형적 소개 문구에 대한 더 많은 내용은 3장 28절에 있는 논의를 보라. [genea]

8:15. **누룩**(Leaven, zymēs) – 누룩을 가리키는 단어 zymē는 비록 일부 번역이 '이스트'로 번역을 하지만(NIV, NRSV, NLT), 이것과 동의어가 아니다. 이것은 빵에 누룩이 퍼지게 하기 위하여 밀가루의 새 반죽덩이에 철저하게 섞은 발효가 된 헌 반죽덩이를 가리킨다(G. T. D. Angel, NIDNTT 2:461, BDAG, 429). 누룩은 골고루 스며들고 종종 부정적이지만, 그 영향력을 전체에 확산시킬 능력을 가진 작은 것을 은유로 상징한다(고전 5:6, 갈 5:9, 참고-W. Popkes, EDNT 2:104). 마가복음은 바리새인들과 헤롯의 누룩에 대한 예수님의 언급을 제자들이 오해한, 설명되지 않는 수수께끼로 남겨둔다(8:15-16). 마태복음에서 누룩은 그릇된 가르침을 대표하지만(마 16:12), 누가복음에서는 위선을 지적한다(눅 12:1). 마가복음 8장 14-21절에 나오는 일부 중요한 단어들은 앞에서 검토되었는데, 이것들은 '배'(4:1을 보라), '바리새인들'(2:16을 보라), '완고하게 하다'(3:5, 6:52를 보라), '듣다'(4:12를 보라), 그리고 바구니(6:43, 8:8을 보라)다. [zymē]

8:24. **시력을 회복하고**(Having regained his sight, anablepsas) – 신약에서 동사 anablepō는 두 가지 다른 의미로 사용된다. 이것들은 첫째, 대상이나 사람을 쳐다보는 것, 둘째, 시력을 되찾거나 받는 것이다(BAGD, 50-51, BDAG, 59). 동사가 '쳐다보다'를 의미할 때, 문맥은 자신의 눈이 어떤 것을 향하게 하는 것을 포함한다. 이 경우 눈은 하늘을 향하거나(막 6:41, 7:34), 나무 위에 있는 삭개오를 향하거나(눅 19:5), 빈 무덤에서 굴려나간 돌을 향한다(막 16:4). 이 동사는 정상적으로 시각 장애인의 치

유를 묘사하는 단락들에서는 '시력을 되찾거나 받는 것'을 의미한다(예, 마 11:5, 막 10:51-52, 눅 18:41-43, 요 9:11, 행 9:17-18). 영어 번역은 종종 이 구절에서 anablepsas를 '그가 쳐다보았다'로 번역하지만(예, NASB, NIV, NRSV), 이 문맥에서 더욱 적절한 번역은 '그가 시력을 되찾았다'가 될 것이다(Gluelich, 433, Gundry, 417). 다시 말해서 마가복음 8장 23절에서 보여주는 예수님의 치유 행위는 24절에서 시각 장애인의 시력을 회복하지만, 눈에 보이는 것에 관한 그의 보고는 예수님의 치유가 불완전함을 보여준다. [anablepō]

8:25. 그는 회복되었다(He was restored, apekatestē) - 병자의 치유와 관련하여 사용되었을 때 동사 apokathistēmi는 '이전의 건강한 상태로 회복하는 것, 치유하는 것'을 의미한다(3:5, Let. Aris. 316, T. Sim. 2:13, 칠십인경, 출 4:7, 레 13:16, 욥 5:18, 참고-H.-G Link, NIDNTT 3:147). 예수님께서는 두 번째로 만져서 그 사람의 시력을 완전하게 회복시키신다. 그 결과 그는 더 이상 불완전하게 보지 않고, 모든 것을 분명하게 본다. 예수님께서는 시각 장애와 부적절한 시각을 모두 치유하실 수 있다. 이 사실은 예수님께서 방금 제자들의 영적인 시각 장애를 고발하고(8:18), 곧 이어 자신의 정체성에 대한 불충분한 인식을 가진 그들을 책망하실 것이기 때문에 각별히 중요한 요점이다(8:29-33). 시각 장애인이 두 단계로 회복된 사건은, 예수님께서는 육적인 것이든 영적인 것이든 시각 장애와 근시를 모두 치유하실 수 있다는 기대를 갖게 한다. [apokathistēmi]

8:27. 길(Way, hodō)-마가복음에서 명사 hodos는 문자적, 은유적으로 모두 기능한다. 예를 들면, 이 단어는 그 위에 뿌려진 씨가 생존하지 못하는 문자적인 길 또는 도로를 가리키나(4:4, 15), 또한 은유적인 의미에서 하나님의 길, 곧 하나님께서 요구하시는 삶의 방식도 가리킨다(12:14). 그러나 종종 문자적인 의미와 상징적인 의미는 중복될 수 있으므로 이 둘을 구분하는 것은 어렵다. 이것은 특별히 마가복음의 중심 부분인 8-10장에 모여 있는 hodos에 대한 언급의 경우에 그러하다(M. Volkel, EDNT 2:491-92 참고). 마가는 이 단락들에서 예수님께서 '노중에' 계신 것으로 기술한다. 여기에서 예수님께서는 제자들에게 예루살렘에서 고난을 받고 죽어야 할 자신의 운명의 성격에 대하여 설명하시거나, 관련 본문들에서는 이러한 생명 사역이 예수님 자신을 따르는 자들에게 끼치는 의의를 다룬다(8:27, 9:3-34, 10:17, 32, 45, 52). 예수님께서는 문자 그대로 노중에 계시면서, 한편으로는 은유적 의미에서 자신의 삶을 위한 하나님의 계획을 따라서 하나님의 길을 가고 계셨다. 이 길은 고난과 죽음과 부활을 포함한다. [hodos]

8:29. 그리스도(Christ, Christos) - 마가복음에 따르면, 예수님께서는 그리스도, 혹은 다른 말로 표현하여 메시아, 곧 이스라엘의 기름부음을 받은 왕 다윗의 계통에서 나온 약속된 구원자다(1:1, 12:35, 14:61, 15:32 참고). 베드로는 그리스도를, 당시 악한 외세 통치자들의 억압 아래 있던 이스라엘에 의와 자유와 번영을 가져다줄 지상적이고 정치적인 통치자로 간주했

을지도 모른다(솔로몬의 시편 17-18장 참고). 예수님께서는 자신이 인자로 고난을 받기 위해서 왔다고 설명함으로써 예수님 자신의 정체성에 대한 베드로의 이해를 적절하게 하셨다(8:31). 그러나 베드로는 메시아의 사역에 대한 더욱 제한된 견해를 가지고 있었으므로 예수님의 가르침을 수용하기 어려웠다(8:32). 단어 '그리스도'에 대한 더 많은 내용은 1장 1절을 보라. [Christos]

8:31. **해야 한다**(Must, dei) - 동사 dei는 신약(101회 사용됨), 특히 누가의 기록에서(누가와 사도행전에서 40회 사용됨) 흔한 단어다. 마가복음에서 dei는 어떤 사건들이 성경에 공포되어 있는 것과 같이 구속을 위한 하나님의 계획의 일부이기 때문에 반드시 일어나야 하는 것을 강조한다. 이러한 방식으로 '해야 한다'(dei)는 '그것이 기록되었다'(gegraptai, 참고-Lane, 294, W. Popkes, EDNT 1:279-80)와 상응한다. 이 구절에 따르면, 인자는 고난을 받고 배척 '되어야 한다.' 마가복음 후반부에 나오는 병행 구절에서 예수님께서는 인자는 자신과 관련하여 '기록된 대로' 가야 한다고 진술하신다(14:21, 참고-14:49). 엘리야는 와야 '한다'(9:11). 그리고 그의 옴은 그와 관련하여 '기록된 대로' 일어난다(9:13). 이에 추가하여, 마가복음은 종말 전에 일어나야 하는 묵시적인 사건들의 맥락에서 dei를 사용한다. 이러한 사건들은 전쟁들과 모든 민족을 향한 복음 전파와 같은 것들이다(13:7, 10). 인자에 관한 더 많은 내용을 위해서는 2장 10절을 보라. [dei]

배척되다(Be rejected, apodokimasthēnai) - 동사 apodokimazō는 시험 후에 어떤 사람이나 어떤 것이 시험을 하는 사람에 의하여 쓸모없고 가치가 없는 것으로 발견된 것을 보여준다(BAGD, 90-91, BDAG, 110, 참고-칠십인경, 렘 6:27-30). 예수님께서는 인자가 종교 지도자들에게 조사를 받아 배척될 것이라고 예언하신다. 장로들과 대제사장들에 대하여는 11장 27절, 서기관들에 대하여는 1장 22절을 보라. 동사 apodokimazō는 신약에서 가장 흔하게 시편 118편 22절과 관련하여 나온다(마 21:42, 막 12:10, 눅 9:22, 17:25, 20:17, 벧전 2:4, 7). 마가복음 12장 10절에 기록된 시편 118편 22절의 직접적인 인용은 이 구절에도 그 같은 구절에 대한 암시가 있다는 생각을 지지한다. 마가복음 12장 10절에서 예수님께서는 소작료를 지불하기를 거부하고 주인의 아들을 죽인 악한 농부들에 대한 비유의 마지막 부분에서 시편 118편 22절을 인용하셨다. 마가는 예수님께서 이 비유를 장로들과 대제사장들과 서기관들을 대적해서 말씀하셨다고 지적한다(11:27, 12:12). 예수님은 건축가들에 의하여 배척된 돌이지만 하나님께서 그분을 모퉁이 돌로 삼으셨다. [apodokimazō]

8:32. **책망하다**(To rebuke, epitiman) - 책망하는 것은 행동을 중지시키거나 이를 전적으로 방지하기 위한 목적으로 한 강한 불승인을 표현하는 것을 포함한다(BAGD, 303, BDAG, 384). 마가복음에서 예수님께서는 더러운 영들(1,25, 3:12, 9:25)과 위협하는 폭풍(4:39)과 제자들(8:30, 33)을 효과적으로 책망하신다. 예수님 이외의 어떤 다른 사람이 책망하는 임무를 맡

을 때마다 그것은 항상 적절한 행동을 막으려는 그릇된 시도다. 사람들이 막으려고 했던 행동들은 예수님의 고난 예언(8:32)과 예수님의 축복 요청(10:13)과 자기를 구하는 외침이다(10:48). 각 경우에 예수님께서는 책망이 일어나는 것을 허락하지 않는다. [epitimaō]

8:34. **그로 부인하게 하라**(Let him deny, aparnēsasthō) – 예수님을 따르기 위한 조건들 가운데 하나는 자기 자신을 부인하는 것이다. 다시 말해서, 자아의 요구들에 '아니오' 라고 말하는 것(Cranfield, 281-82), 개인적인 욕망과 자기 이익이 자신의 삶의 핵심적인 관심이 되는 것을 거부하는 것이다(Hooker, 208). 동일한 동사 aparneomai는 예수님과 자신의 관계를 부인하는 것을 오히려 택하면서, 자기 자신을 부인하기를 거절하는 베드로의 부정적인 본보기와 관련하여 나중에 나온다(14:30-31, 72 참고). [aparneomai]

십자가(Cross, stauron) – 십자가는 통치하는 당국자들을 반대하는 대가가 무엇인지를 일반 대중에게 단호하게 상기시켜주는 역할을 하는, 즉 공적으로 행해지는 특별히 잔인하고 야만적인 처형 형태다. 처벌의 일부로 정죄를 받은 사람은 가로대를 처형 장소로 운반해갔다. 거기에서 죄수의 펼쳐진 팔은 그 가로대에 매이거나 못 박힌다. 일반적으로 이 대는 죄수의 몸과 함께 일으켜세워져 이미 땅에 박혀 있는 똑바로 선 기둥에 고정된다(J. Schneider, TDNT 7:573-74, J. B. Green, DJG 147-48, 참고-Plutarch, Sera 9:554b). 예수님께서는 자기를 따르기를 원하는 사람은 십자가를 지라고, 다시 말해서 이미 사형의 정죄를 받은 사람의 입장을 받아들이고 언제든지 그를 위해서 자신의 생명을 내놓을 수 있는 준비가 되어 있어야 한다고 촉구하신다. [stauros]

따르다(Follow, akoloutheitō) – 예수님께서는 제자도의 세 가지 요구를 설명하신다. 이 셋은 자기 자신을 부인하는 것, 십자가를 지는 것, 그리고 그분을 따르는 것이다. 이 세 번째 요구는 예수님과 그분의 삶의 모범, 곧 고난과 희생을 포함하는 모범에 한결같은 충성을 포함한다. '따르라' 는 명령을 표현할 때 현재 시제로 전환한 것은 의도적인 것으로 예수님에 대한 지속적인 신실함의 중요성을 강조하기 위함이다(Taylor, 381). 예수님을 따르는 것에 대한 더 많은 내용은 1장 18절을, 제자들에 대한 더 많은 내용은 2장 15절을 보라. [akoloutheō]

8:35. **생명**(Life, psychēn) – psychē라는 단어는 마가복음 8장 35-37절에서 현시대의 육체적인 존재와 오는 시대의 영원한 존재를 표현하는 데 이중적인 의미로 사용된다. 만일 당신이 어떠한 희생을 치르더라도 현재적인 삶에 집착을 하면, 당신은 오는 시대의 더 가치 있는 삶을 상실하게 될 것이다. 만일 당신이 예수님과 그분의 메시지를 위해서 당신의 지상적인 생명을 기꺼이 포기하면, 당신은 하나님과 끝없는 영원한 삶을 보전한 것을 발견하게 될 것이다. 35절에서 '생명' 을 가리키는 단어는 종종 '영혼' 으로 번역되며, 36-37절에 다시 나온다(예, KJV, NASB, NIV, NLT). 8장 36-37절에서 이 단어는 영원한 존재를 가리키고, 이 영원한 생명은 온 세상보다 더 귀중하다. [psychē]

좋은 소식(Good news, euangeliou) – 마가는 신약의 다른 복음서 기자들과는 약간 다르게 '좋은 소식' 또는 '복음'을 사용한다. 마태는 '복음'이라는 용어를 마가보다 덜 사용한다(마가의 7회에 비해 마태는 4회 사용함). 마태는 항상 '이 복음'(마 24:14, 26:13)이나 '나라의 복음'(마 4:23, 9:35, 참고–24:14)을 가리킴으로써 이 단어를 한정한다. 반면 마가는 자신이 단순하게 '그 복음'이라고 말하는 것을 독자들이 무엇인지 이해하고 있다고 가정한다(1:15, 8:35, 10:29, 13:10, 14:9). 명사 euangelion('복음')은 누가복음이나 요한복음에 결코 나오지 않는다. 그렇지만 그와 관련된 동사 euangelizō('복음을 전파하다')는 누가복음에 10회, 사도행전에 15회 사용된다. 네 복음서 저자들 가운데서 마가만 좋은 소식을 위해서 고난의 사상을 포함한다(8:35, 10:29, 참고–마 16:25, 19:29, 눅 9:24, 18:29). '좋은 소식'에 대하여 1장 1절도 보라. [euangelion]

8:38. **부끄러워하다**(Is ashamed, epaischynthē) – 마태복음 10장 32–33절에서 예수님께서는 "누구든지 사람 앞에서 나를 시인하면 나도 하늘에 계신 내 아버지 앞에서 저를 시인할 것이요 누구든지 사람 앞에서 나를 부인하면 나도 하늘에 계신 내 아버지 앞에서 저를 부인하리라"고 말씀하신다(눅 12:8–9 참고). 이 구절에서 동사 epaischynomai('부끄러워하다')는 마태복음 10장 32–33절에 나오는 '시인'과 '부인'이라는 단어와 유사한 기능을 한다(A. Horstmann, EDNT 1:42). 예수님을 부끄러워하는 사람은 그분을 비난하거나 부인한다. 다시 말해서 이러한 사람들은 그분을 고백하거나 그분에 대한 충성을 공적으로 선언하는 것을 거절한다. 이때 예수님께서도 그들을 부인하실 것이다. 다시 말해서 예수님께서 아버지의 영광으로 오실 때 그들을 인정하기를 거절하실 것이다. 이와 비교해보면, 바울은 로마서 1장 16절의 신앙고백 공식의 부분에서 동사 epaischynomai를 사용한다. 여기에서 복음을 부끄러워하지 않는 것은 공개적으로 그 진리와 능력을 인정하는 것을 의미한다. 마가복음 8장 38절에 나오는 다른 중요한 단어인 '인자'에 대하여는 2장 10절, '세대'에 대하여는 8장 12절을 보라. [epaischynomai]

9:1. **맛보다**(Taste, geusōntai) – 동사 geuomai('맛보다')는 상징적으로 '어떤 것을 경험하는 것, 개인적인 노출을 통하여 알게 되는 것'을 뜻한다(BAGD, 157, BDAG, 195, J. Behm, TDNT 1:675–77). '죽음을 맛보는 것'과 '하나님의 나라를 보는 것'은 둘 다 체험적인 지식을 강조하기 때문에 예수님의 예언에서 평행적인 표현들이다. 예수님의 면전에 있는 어떤 사람이 죽음을 경험하기 전에, 그들은 하나님의 나라와 직접적인 만남을 경험할 것이다. '맛보다'와 '보다' 사이의 이러한 병행은 '죽음을 맛보다'(요 8:52, 히 2:9, 4 Erza 6:26)와 '죽음을 보다'(눅 2:26, 요 8:51, 히 11:5, 참고–시 34:8) 사이의 의미상 유사성에 의하여 강화된다. 마가는 어떻게 세 제자가 예수님의 변형에서 하나님의 나라와 그 능력을 '맛보았는지'를 서술함으로 예수님의 예언 성취를 제시한다(9:2–4, 참고–Cranfield, 285–88). 이 구절에 사용된

다른 핵심 단어들은 '진실로' (3:28을 보라)와 '하나님의 나라' (1:15를 보라)와 '능력' (5:30을 보라)을 포함한다. [geuomai]

9:2. 변형되었다(Was transfigured, metemorphōthē) - 이 변형은 예수님의 모습에 외적으로 가시적인 변화를 포함했다(J. Nutzel, EDNT 2:415). 예수님의 얼굴 모습에 있어서 변화를 주목하는 마태와 누가와는 대조적으로, 마가는 예수님 자신 속에 일어난 변형을 묘사하는 것을 자제하고, 그 대신 그분의 옷이 굉장히 밝은 사실에 대하여 말하는 것을 선택한다. 마가의 기록에서 예수님의 빛나는 옷은 묵시적인 이상에서 하늘 영광에 참여하는 사람들이 입는 흰 옷과 비교된다(단 7:9, 1En. 14:20, 62:15-16, Mart. Ascen. 사 9:6-12, 계 3:4-5, 18, 4:4, 6:11, 7:9, 13, 19:14, 참고-막 16:5). [metamorphoō]

9:3. 세탁하는 자(Launderer, gnapheus) - 신약에서 유일하게 여기에만 나오는 명사 gnapheus는 옷감을 준비하고 세탁하며 표백하는 일에 종사하는 개인을 가리킨다(Lane, 315). 이 단어를 번역할 때 한 가지 어려움은 우리의 문화에서 옷감을 희게 하기를 원하는 사람은 기술자에게 가지 않고 생산자에게 종종 간다는 것이다. 그러므로 마가의 생각을 전달하는 다른 방식은 예수님의 옷은 지상에서 어떠한 표백제나 세탁제로 시도할 수 있는 것보다 훨씬 더 희게, 다시 말해서 찬란하게 희게 되었다고 말하는 것이다. [gnapheus]

9:5. 장막들(Tabernacles, skēnas) - 칠십인경에서 명사 skēnē는 하나님께서 모세와 만나시는 장막인 성막(예-출 3:7-11, 40:34-38, 참고-KJV, NASB)과 초막절을 기념하기 위해 가지와 나뭇잎으로 만든 임시 거처(예-레 23:33-44, 느 8:14-18, 참고-RSV, NIV)를 가리킬 때 종종 사용된다. 이 축제 기간중에 백성은 일주일 동안 임시 막사에서 거주하면서 출애굽 사건을 기념했다. 왜 베드로는 세 장막을 언급했는가? 베드로가 암시하는 것은 성막인가, 아니면 초막절에 사용되는 임시 거처인가? 해석자들은 두 가지 가능성을 모두 제안하나, 어떤 것도 만족스럽지 못하다. 예를 들면, (만일 그가 어떤 명시되지 않는 방식으로 모세와 엘리야와 예수님을 동등하게 취급하는 것이 아니라면) 베드로가 왜 한 개가 아닌 세 개의 장막을 짓기를 원했는지 이해하기 어렵다. 또한 그가 왜 예수님과 모세와 엘리야를 위해서만 임시 거처를 만들고 초막절을 기념하여 세 제자를 위해서 만드는 것은 왜 생각하지 않았는지도 이해하기 어렵다. 그러나 해석자들은 베드로의 세 장막 언급에서 너무나 많은 의미를 끌어내려고 애쓰지 않는 것이 좋을 것이다. 왜냐하면 마가는 베드로가 무서워했고, 베드로 자신이 말하고 있는 것을 자신도 알지 못했다고 즉시 삽입하여 기록했기 때문이다. [skēnē]

9:7. 구름(Cloud, nephelē) - 마가가 언급한 덮는(episkiazousa) 구름(nephelē)의 기본적인 구약의 배경은 칠십인경 출애굽기 40장 35절에 있다. 여기에서 모세는 구름(nephelē)이 성막을 덮고 있었고(epekiazen), 주님의 영광이 그것을 가득 채웠기 때문에 그 안으로 들어갈 수

없었다. 그러므로 마가복음 9장 7절의 구름은 하나님의 임재와 영광을 표시하는 역할을 한다(BAGD, 536, BDAG, 670). 하나님의 사랑하는 아들로서 예수님에 대하여는 1장 1, 11절을 보라. [nephelē]

9:12. **회복하다**(Restores, apokathistanei) – 동사 apokathistanō의 의미는 '회복하거나 사물들을 그 원래 상태로 돌려놓는 것' 이다(P.-G. Muller, EDNT, 1:129). 예수님께서는 엘리야가 메시아보다 먼저 올 것이라는 서기관들의 말이 옳다고 인정하신다. 동사 '회복하다' 를 사용함으로 예수님께서는 칠십인경 말라기 4장 5–6절에 대한 암시로 자신의 요점을 지적하신다(시락서 48:10 참고). 엘리야는 주님의 크고 영화로운 날이 오기 전에 와서 아버지의 마음을 아들에게, 사람의 마음을 그의 이웃에게 회복시킬 것이다(칠십인경, 말 4:5–6). 이 문단에서 말라기는 선지서들에 표현된, 이스라엘 백성이 고국으로 돌아와서 온 마음으로 주님께 돌아오게 될 회복의 때에 대한 소망에 대하여 말한다(예, 렘 15:19, 16:15, 24:6–7, 50:9–20[칠십인경, 27:19–20], 겔 16:55, 호 11:8–11). 예수님과 관련하여 선구자 세례 요한의 회복 사역의 약속과 메시아의 고난은 서로 긴장 관계에 있으므로 더 깊은 성찰을 요한다. [apokathistanō/apokathistēmi]

경멸받을 것이다(Would be treated with contempt, exoudenēthē)–단어 가운데 ouden('아무것도 아니다')을 포함하는 동사 exoudeneō는 문자 그대로 "어떤 사람을 아무것도 아닌 것으로 만드는 것이다"(BDAG, 352, Lane, 322)라는 뜻이다. KJV는 인자가 "아무것도 아닌 것으로 무시당할 것이라"는 번역으로 이 개념을 표현하려고 애쓴다. 다른 번역 성경들은 '배척되었다' (NIV), '멸시를 받았다' (NET), '경멸을 받았다' (NASB, NRSV)를 사용한다. 성경에 따라서 사람들이 메시아를 멸시할 것이라고 예수님께서 주장을 하셨을 때, 시편 22편 6절과 이사야 53장 3절과 같은 구절들을 염두에 두었을 것이다(Lane 322 참고). [exoudeneō]

9:18. **뻣뻣하게 되다**(Becomes stiff, xērainetai) – 마가는 악령이 소년을 뻣뻣하거나 허약하게 하는 것을 포함하여, 귀신에게 사로잡힌 소년의 심각한 상태를 다양하게 묘사한다. 여기에 사용된 동사 xērainō은 문자적으로 '메마르다' 를 의미하나, 사람과 관련해서는 어떤 형태의 마비나 이동 불가능함을 가리킬 수 있다. 3장 1절에 나오는, 손이 마른 사람의 상태를 묘사하는 동일한 단어에 대한 논의를 보라. 예수님께서는 더러운 영들을 축출하고(9:17, 참고–1:25–26, 34, 5:8, 12–13, 7:29), 듣지 못하는 자로 듣게 하며 말하지 못하는 자로 말하게 하고(9:17, 25, 참고–7:35, 37), 마르거나 뻣뻣하게 된 부위를 회복하며(9:18, 참고–3:1–5), 심지어는 분명하게 죽은 자들을 살리실 수도 있다(9:26, 참고–5:35, 41–42). 9장 20, 26절에서 악령이 소년을 흔드는 행동에 관한 논의를 위해서는 1장 26절을 보라. [xērainō]

9:22. **불쌍히 여기다**(Have compassion, splanchnistheis) – 이 단어는 마가복음에서 어떤 사람이 예수님께 불쌍히 여겨달라고 부탁하는 유

일한 장면에 등장한다. 다른 곳에서 예수님께서 가지신 동정의 태도는 단순하게 기록되었다(1:41, 6:34, 8:2). 예를 들면, 문둥병자는 예수님께 "만일 당신이 자원하시면, 당신께서 나를 깨끗하게 하실 수 있습니다"라고 말한다. 이 말 후에 예수님께서 그 사람을 불쌍히 여기셨다고 마가는 기록한다(1:40-41). 이와는 대조로, 귀신들린 소년의 아버지는 예수님께 "만일 당신께서 하실 수 있으면, 우리를 도와주시고 우리를 불쌍히 여겨주소서"라고 말한다(9:22). 동정심에 대한 더 많은 내용을 위해서는 6장 34절을 보라. [splanchnizomai]

9:24. 나는 믿는다(I believe, pisteuō) – 마가복음에서 예수님을 믿는 것은 그분이 가련한 자들의 필요를 채워주실 수 있는 능력과 의지를 가지고 있다는 사실을 신뢰하는 것을 포함한다. 이 구절에서 아이의 아버지는 자신의 믿음을 고백하나 불신을 극복하게 해달라고 간청한다. 신뢰와 불신은 마가의 진술에서 상호 배타적인 범주가 아니다. 이는 개인이 이 둘을 동시에 경험할 수 있기 때문이다. 예수님을 믿는 자는 어려운 상황 가운데서 의심과 씨름할 수 있다. 그 사람은 칭찬받을 만하게, 적어도 자신의 문제를 의식하고 있었다. 그리고 자신들의 완고한 불신에 비추어볼 때 도움을 받지 않은 나사렛 사람과는 대조되게, 구원해달라고 간구할 정도로 충분히 회개하는 마음을 가졌다(6:1-6). 믿음에 대하여는 2장 5절, 불신에 대하여는 6장 6절을 각각 보라. [pisteuō]

9:29. 기도(Prayer, proseuchē) – 예수님께서 '기도'라는 단어로 뜻하신 것은 좀더 설명을 요한다. 결국 예수님 자신은 더러운 영을 축출하기 전에 어떠한 구체적인 도움을 주지 않았기 때문이다. 마가복음은 예수님께서 개인적으로 하나님과 만나기 위해서 이른 아침이나 늦은 저녁에 규칙적으로 기도의 시간을 가지시는 것을 묘사한다(1:35, 6:46, 14:32-39). 예수님께서 제공하시는 모범에 따르면, 강력한 더러운 영을 축출하는 권세는 충돌의 순간에 정해진 기도가 아니고, 기도와 믿음의 생활 습관을 통하여 온다. 기도에 대하여 1장 35절도 보라. [proseuchē]

9:31. 배반당하다(Is betrayed, paradidotai) – 마가복음의 중심 단락(8:22-10:52)은 자신의 죽으심과 부활에 관하여 예수님께서 말씀하신 유사한 세 예언을 담고 있다(8:31, 9:31, 10:32-34). 각 경우에 예수님께서는 '길 위에서' 인자가 죽임을 당하고, 3일 후에 일으킴을 받을 것이라고 예언하신다. 예수님께서는 추가로 제자들이 자신의 죽음이 가지는 함의를 파악하는 것에 실패했기 때문에, 예수님 자신을 따르는 희생에 대하여 반복적으로 제자들을 가르칠 필요를 느끼셨다(8:32-38, 9:32-37, 10:35-45). 그렇지만 각각의 연속적인 예언은 제자들이 예상하는 사건에 관한 새로운 정보도 포함한다. 예를 들면, 두 번째 예언은 예수님께서 배반당할 것이라는 생각을 추가한다. 이 배반의 행위는 미래적인 사건이지만, 그 사건이 일어날 확실성을 전달하기 위해서 현재 시제로 표현된다(Taylor, 403, 참고-Wallace, Greek Grammar 535-36). '배반당하다'에 대하여는 3장 19절을

보라. 또한 '인자' 에 대하여는 2장 10절, '길' 에 대하여는 8장 27절을 보라. [paradidōmi]

9:35. 마지막(Last, eschatos) – 공간과 관련하여 '마지막' 은 가장 먼 장소를 가리키나, 시간과 관련하여 시리즈 가운데 마지막 사건을 가리키고, 지위와 관련해서는 가장 낮은 지위를 말한다(H.-G. Link, NIDNTT 2:55). 이 구절에서 지위에 대하여 논할 때, 예수님께서는 추종자들이 자신들의 지위에 관심을 가진다면 가장 낮은 자리와 종의 자리를 찾아야 한다고 가르치신다. 그 당시 문화에서 '첫째' 는 권세와 영향력을 가진 백성을 의미했으므로 '마지막' 은 권능, 특권 또는 인정이 없는 사람을 가리킨다(Evan, 61). 마가복음 10장 31절에서 다시 한 번 첫째와 마지막에 대하여 가르치신다. 여기에서 가르침의 문맥은 현 시대와 오는 시대 사이의 비교다. 어떠한 지위나 명예를 생각하지 않고 다른 사람들을 기꺼이 섬기는 사람은 장차 오는 나라에서 크게 존귀하게 여김을 받을 것이다. '종' 에 관하여는 10장 43절을 보라. [eschatos]

9:42. 작은 자들(Little ones, mikrōn) – '작은 자들' 은 세상의 기준에 따라서 중요하지 않은 사람들, 곧 중요성, 영향력과 능력이 결여된 사람들이다(BAGD, 521, BDAG, 651). 때때로 예수님께서는 '작은 자들' 이란 용어를 분명하게 자신의 추종자들을 가리키기 위해 사용하시지만(예, 막 10:42), 마가복음 9장의 문맥에서 사용된 '작은 자들' 은 9장 37절에 언급된 아이들 가운데 하나를 더욱 자연스럽게 가리킨다 (Gundry, 512, 524, 참고–마 18:5–6). 제자들은 개인적인 지위가 부족한 사람들인 어린아이들을 환영하고 섬길 겸손을 가져야 한다. 그들을 섬기고 보살피는 일의 실패는 그들로 불순종이나 불신에 넘어지게 한다. '걸려 넘어지게 하다' 에 대한 더 많은 내용을 위해서는 4장 17절의 '넘어지다' 를 보라. [mikros]

무거운 맷돌(A heavy millstone, mylos onikos) – '무거운' 맷돌(NASB)과 '큰' 맷돌(NIV, NLT)은 모두 이 문구의 의의를 전달하려는 시도다. 이 문구는 문자적으로는 '나귀가 끄는' 맷돌로 번역될 수 있다(Evans, 70 참고). 곡식을 가루로 빻는 과정은 납작한 두 맷돌 사이로 곡식을 가는 것을 포함한다. 어떤 맷돌들은 손으로 움직일 수 있을 정도로 작지만, 다른 것들은 너무나 커서 이것들을 돌리는 데 나귀의 힘이 필요했다(BAGD, 529, BDAG, 661). [mylos + onikos]

9:43. 지옥(Hell, geennan) – 헬라어 게헨나(Gehenna)는 예루살렘 남쪽에 있는 협곡인 힌놈 골짜기를 가리키는 히브리어에서 유래되었다. 개혁적인 왕 요시야는 아하스와 므낫세 왕 때에 몰렉 신에게 어린아이를 희생 제물로 드리는 장소(왕하 16:3, 21:6, 렘 7:31, 32:35)였던 그곳을 속된 장소로 바꾸었다(왕하 23:10). 그 후에 이 골짜기는 쓰레기를 소각하는 장소가 되었다. 결과적으로 게헨나는 악인들에 대한 하나님의 마지막 심판의 장소인 영원한 불의 장소와 관련한 상징적인 이름으로 사용하게 되었다(O. Bocher, EDNT 1:239–40, Evans, 72, 참고–마 10:28, 18:8–9, 약 3:6, 1 En. 54:1–6, 4 Ezra

7:36, 2 바룩서 85:13, Sib. Or. 1:100-103, 2:290-92, 4:184-86). [geenna]

9:47. 하나님나라에 들어가다(To enter the kingdom of God, eiselthein eis tēn basileian tou theou) – 하나님나라가 능력으로 임할 때에 어떤 사람들은 그분의 통치의 복 아래서 살기 위해 하나님의 영토 안으로 들어가는 반면, 다른 사람들은 밖에 남아서 심판을 맞을 것이다. 그분의 가르침에서 예수님께서는 특별히 부유한 자(10:23-25)가 그 나라에 들어가는 것이 얼마나 어려운지를 강조하신다(10:24). 하나님 앞에서 어린아이와 같이 자신을 낮추는 사람들만이 그곳에 들어갈 수 있다(10:15). 그 나라에 들어가는 것은 너무나 어려워서 하나님의 간섭이 없이는 불가능할 것이다(10:27). [eiserchomai + basileia]

9:49. 소금에 절여질 것이다(Will be salted, halisthēsetai) – 모든 사람이 불로 소금 치듯 절여질 것이란 예수님의 말씀은 구약 희생 제도의 관점에서 가장 잘 이해된다(Cranfield, 315-16, Lane, 349). 하나님께 드리는 희생 제물은 소금에 절여져야 했다(레 2:13, 겔 43:24). 현 시대에 자기 자신을 하나님께 드리는 모든 사람도 더 이상 소금으로는 아니지만 불에 절여질 것이다. 단어 '불'은 아마도 여기에서 어려운 시련과 핍박의 의미를 내포하는 것 같다(벧전 1:7, 4:12 참고). 자기 자신을 하나님께 드림으로써 지옥의 불을 피한 사람이 편안한 삶을 살 것이라고 생각해서는 안 된다. 그 대신 그들은 불에 소금처럼 절여질 것이다. 다시 말해서, 그들은 시련과 핍박의 정결케 하는 과정을 통하여 하나님께 받으실 만한 제물로 만들어질 것이다. [halizō]

10:2. 시험하기 위해서(In order to test, peirazontes) – 뒤에 숨어 있는 의도에 따라서 시험의 행동은 긍정적으로 어떤 사람의 가치 혹은 신실함을 입증하기 위한 것이거나, 부정적으로 어떤 사람을 실패하도록 유혹하기 위한 것이다(W. Popkes, EDNT 3:65). 마가복음에서 동사 peirazō는 항상 부정적인 의미를 가진다. peirazō는 사탄이 예수님을 시험한 것에 관한 마가의 간단한 시험 기사의 맨 처음에 나온다(1:13). 나머지 예들은 모두 바리새인들이 예수님을 함정에 빠트리려는 시도 가운데 나온다(8:1, 10:2, 12:15, 참고-12:13). 바리새인들은 무리들에게 예수님의 신용에 치명적인 상처를 주거나, 정치 당국자들에게 위험에 처할 만한 그분의 행동이나 진술을 함으로써 그분을 잡으려고 애쓴다. 이혼에 관한 질문은 예수님께서 요단강을 건너 이혼한 헤롯 안디바스의 관할하에 있기 때문에 정치적으로 위험하다. 일찍이 세례 요한의 체포와 처형은 헤롯이 자기의 첫 아내를 버리고 헤로디아와 결혼한 그의 결정을 정죄한 결과였다. 바리새인들에 대하여는 2장 16절을 보라. [peirazō]

10:4. 허락했다(Permitted, epetrepsen) – 앞의 3절에서 예수님께서는 모세가 명령하는 것에 관하여 질문을 제기하시나, 바리새인들은 모세가 허용하는 것으로 답변한다. 어떤 면에서 모든 대화는 허용이 무엇을 의미하느냐에 달려 있다.

분명히 바리새인들은 하나님께서 이혼을 인정하고 심판하지 않는다는 의미의 전제 아래 이혼을 허용하신다는 것으로 이해했다(Cranfield, 319). 이혼은 그들의 합법적인 권리다. 그들은 신명기 24장 1-4절을 참고하여 자기들의 입장을 지지한다. 이 구절은 이혼의 관습을 인정하고 그것이 해를 끼치는 결과를 제한하려고 한다. 다음 구절에서 예수님께서는 대화를 다시 하나님께서 명령하시는 것으로 돌려놓으신다. 그분은 모세가 이혼을 허용했다는 것을 인정하신다. 그러나 이러한 허용은 하나님께서 이혼을 인정하기 때문이 아니고, 하나님께서 백성의 완고한 죄악 됨을 이해하시기 때문에 존재하는 것이다. 하나님께서 명령하고 바라시는 것은 남편과 아내가 한 육신이 되고, 그 상태로 남아 있는 것이다. [epitrepō]

10:5. **마음의 완고함**(Hardness of heart, sklērokardian) - 마음의 완고함은 하나님의 뜻에 대한 지속적인 수용이 부족한 것을 가리킨다(J. Behm, TDNT 3:614, Spicq, 3:261, 참고-신 10:16, 렘 4:4, 시락서 16:10). 칠십인경 신명기 10장 16절에서 헬라어 sklērokardia의 사용은 예수님께서 바리새인들과 벌인 논쟁에 대한 마가의 기록에 적합하다. 이 구절에서 모세는 백성에게 온 마음으로 주님을 사랑하고 섬기며 주님의 계명을 지키라고 요청한다(신 10:12-13). 백성은 자기들 마음의 완고함을 제거하고, 하나님을 거슬러 완고한 것을 중지해야 했다(신 10:16). 이혼에 대한 바리새인들의 태도는 그들 입장에서 온 마음으로 주님의 길로 가려는 자원함이 없는 것을 드러낸다. [sklērokardia]

10:9. **함께 짝을 지었다**(Joined together, synezeuxen)-동사 syzeugnymi는 문자적으로 '같이 멍에를 메는 것' 을 의미하나(예, Xenophon, Cyr. 2.2.26), 어떤 두 항목을 합치는 것을 묘사하는 데 더 일반적으로 사용된다(예, 겔 1:11). 이것은 때때로 남편과 아내가 결혼으로 연합하는 것을 묘사하는 데 사용되기도 한다(예, 요세푸스, 고대사 6.13.8 §309, 참고-LSJ, 1669, BAGD, 775, BDAG, 954). 하나님께서 결혼과 관련해서 남자와 여자를 연합시킨다는 관점은 이혼과 관련된 쟁점들을 이해하는 방식을 변화시킨다. [syzeugnymi]

10:15. **어린아이와 같이**(Like a child, hōs paidion) - 명사 paidion('아이')은 예수님께 치유와 구원을 받는 어린아이들을 가리키는 마가복음 앞부분에 나온다. 관련된 아이들은 야이로의 열두 살 된 딸(5:39-41), 수로보니게 여인의 딸(7:30), 그리고 믿음으로 씨름하는 사람의 귀신들린 아들(9:24)이다. 추가로 예수님께서는 마가복음 9장 36-37절에서 실물 교육으로 paidion을 사용하신다. 이때 예수님께서는 지위를 추구하는 제자들에게 겸손한 섬김의 중요성을 가르치기 위해서 어린아이를 예를 드셨다. 예수님을 따르는 사람들은 어린아이, 곧 능력, 지위와 부가 없는 사람들을 기꺼이 영접해야 한다. 하나님의 나라는 세상에서 높은 지위와 큰 영향력을 행사하는 사람들에게 속한 것이 아니고, 세상의 기준에 따라 어린아이들과 같이 중요하지 않게 보이는 사람들에게 속한다(10:14).

그러므로 하나님나라를 어린아이와 같이 영접하는 것은 세상에서 능력과 명성을 추구하는 것을 포기하고, 자기 자신의 무기력함을 인정하고 하나님께 나아오는 것을 의미한다(Cranfield, 323-24). 마가는 하나님의 나라에 들어가기 위해서 자신의 지위 포기를 거부한 부자에 관한 다음 기사를 통하여 동일한 요점을 강조한다(10:17-22). 마가복음 10장 13-16절에 나오는 다른 핵심 단어들은 '책망했다'(8:32를 보라), '하나님의 나라'(1:15, 9:47을 보라), '진실로'(3:28을 보라)를 포함한다. [paidion]

10:17. **선하다**(Good, agathe) – 부자와 예수님께서는 '선하다'라는 단어의 의미에 대하여 서로 다른 생각을 가졌다. 부자는 분명하게 인간의 성취를 통하여 얻어진 개인적 경건의 관점에서 선함을 정의한다(Lane, 365). 그는 어려서부터 하나님의 계명들을 성취했다고 느꼈기 때문에, 아마도 자기 자신이 선하다고 생각했을 것이다. 그래서 그는 이제 영생을 보장하기 위해서 자신이 해야 할 다른 일에 대하여 다른 선한 사람에게 묻고 있는 것이었다. 마가복음 10장 18절에서 예수님의 질문은 자신의 죄악성에 대한 고백이 아니라, 그 부자가 가진 선함의 개념에 도전을 주시는 것이다. 예수님께서는 그 사람에게 하나님의 선하심을 지적한다. 하나님께서는 성취에 의해서가 아니라, 영원하신 성품으로 말미암아 무한하고 완전한 방법으로 선하시다. 하나님의 의의 이러한 완전한 기준은 영생에 대한 부자의 요구를 복잡하게 만든다. 자신의 견해를 재고할 기회를 가지는 대신에 부자는 단순하게 그 불쾌한 말을 빼고 예수님을 '선한 선생님'(10:17)보다는 '선생님'이라고 부른다(10:20). [agathos]

상속하다(To inherit, klēronomēsō) – 신약은 하나님의 약속과 선물들을 받거나 얻는 것을 표현하는 데 동사 klēronomeō를 흔히 사용한다(W. Foerster, TDNT 3:781). 이와 관련된 단어들 '상속자'와 '상속'은 마가복음 12장 7절의 포도원 비유에 나오나, 마가복음에서 동사 '상속하다'가 유일하게 나오는 곳은 여기다. 마가복음의 문맥에서 '영생을 상속하다', '생명에 들어가다', '하나님의 나라에 들어가다'와 '구원을 받다'는 모두 동의어적인 표현이다(Hooker, 241, Lane, 370). 마가복음 9장 43, 45절과 47절 사이의 유사성과 10장 17, 23-25절과 26절 사이에 있는 유사성도 주목하라. [klēronomeō]

10:19. **속여 빼앗지 말라**(Do not defraud, mē aposterēsēs) – 속여 빼앗는 것은 피고용자들에게 급료를 덜 지급하는 것(말 3:5, 시락서 29:22, 약 5:4), 빌린 돈을 갚지 않는 것(시락서 29:6-7), 부당한 소송을 거는 것(고전 6:7-8, 참고-BAGD, 99, BDAG, 121)과 같이 합법적으로 다른 사람에게 속한 것을 부정한 방법으로 취하는 것을 포함한다. 예수님께서 십계명의 후반부를 간략하게 요약한 것은 다른 사람을 속여 빼앗지 말라는 명령을 포함한다. 예수님의 요약에서 두 가지 이례적인 특징은 "부모를 공경하라"는 제5명에서 시작하여 목록의 맨 마지막으로 나간다는 것과 "속여 빼앗지 말라"는 계명으로 대치하여 열째 계명을 분명히 누락한다는 것이다. 다른 사람들을 속이지 말라는 금지

명령은 "도적질하지 말라"는 제 8계명의 확장으로 보인다(Gundry, 553). 부자는 이러한 율법들을 모두 지켰다고 성실하게 주장을 하나, 그가 후에 자신의 재산을 포기하고 예수님 따르기를 거부한 행동은 십계명 가운데 첫째 되고 가장 중요한 것을 순종하는 데 실패했음을 폭로한다. 이 계명은 하나님께 헌신하는 자리에 다른 어떤 것을 두는 것을 금지한다. [apostereō]

10:21. 그분이 사랑했다(He loved, ēgapēsen) – 이것은 예수님께서 어떤 사람을 사랑하셨다고 마가가 직접적으로 진술하는 유일한 단어다. 물론 사랑이 예수님의 삶의 특징을 이루었다는 사상은, 하나님과 자신의 이웃을 향한 사랑이 하나님의 가장 중요한 계명들을 구성한다는 그분의 가르침에서 자연스럽게 흘러나온다(12:28–31). 다른 곳에서 마가는 예수님께서 다른 사람들을 향해 가지신 마음의 반응이 동정심을 포함하는 것으로 묘사한다(1:41, 6:34, 참고–8:2). 그는 여기에서도 유사한 어떤 것을 뜻하는 것 같다. 예수님께서는 동정심과 사랑으로 곤궁한 사람들을 향해 애정의 깊은 감정을 느끼신다. 이 느낌은 예수님으로 하여금 사람들을 보살피는 행동을 하게 하는 감정적인 반응이다(6:34를 보라). 부자를 볼 때 예수님께서는 그 가련한 죄인에게 회개가 결여되어 있다는 사실을 깨닫게 하시려고 그의 감정을 건드리셨다. 그렇게 함으로써 그를 돕고자 하셨다. 또한 예수님께서는 자신을 영생의 길로 제시하신다. 예수님을 따르는 것에 대하여는 1장 18절과 8장 34절을 보라. [agapaō]

10:22. 그는 충격을 받았다(He was shocked, stygnasas) – 때때로 '그의 얼굴이 침통해졌다' (NASB, 참고–RSV, NIV, NLT)로 번역되는, 상대적으로 희귀한 이 동사는 '그가 충격을 받았다' (NRSV)로 더 자주 번역된다. 이 단어는 이 구절에서 그 사람의 외적인 모습보다는 예수님의 요구에 대한 그의 강한 반응, 곧 실망과 슬픔과 충격의 감정을 가리키기 위해 사용된 것으로 보인다(BAGD, 771, BDAG, 949에서 첫째로 제안된 번역을 참고하라). 에스겔의 칠십인경 번역은 구경꾼들이 하나님의 심판을 받는 사람들의 운명에 놀라는 방식을 묘사하기 위해서 비슷한 뜻으로 이 동사를 사용한다(겔 27:35, 32:10). [stygnazō]

10:25. 바늘의 귀(The eye of a needle, tēs trymalias tēs rhaphidos) – 예수님께서는 옷을 꿰매는 바늘의 작은 구멍을 가리키신다(BAGD, 734, 828, BDAG, 904, 1018). 부자가 하나님의 나라에 들어가는 길을 찾는 것보다 큰 낙타가 바늘귀로 압착해서 들어갈 가능성이 더 높다. '바늘귀' 가 낙타가 기어서 들어갈 수 있는 도시 성벽의 작은 문을 가리키는 이름이라는 해석은 이 진술의 엄격함을 축소한다. 이러한 해석은 헬라 단어들의 의미를 왜곡하고, 더 중요하게는 예수님의 비교의 요점을 타당하게 받아들이지 못하게 한다. 부자가 하나님나라에 들어가기에 적합하기란 전적으로 불가능하다. 그의 유일한 소망은 불가능한 것을 가능하게 하시는 하나님께 있다(10:27). [trymalia + rhaphis]

10:30. 핍박들(Persecution, diōgmōn) – 신약에서 명사 diōgmos는 항상 종교적인 박해, 곧 신앙을 반대하는 사람들의 손에서 예수님에 대한 신앙을 고백하는 사람들에게 일어나는 억압과 고난을 가리킨다(예, 행 8:1, 13:50, 고후 12:10, 살후 1:4, 참고–BAGD, 201, BDAG, 253). 예수님을 따르는 것은 현 시대의 상급과 고난을 모두 포함하고, 오는 시대의 영생도 포함한다. 예수님께서는 마가복음 앞부분에서 복음의 메시지를 환영하는 어떤 사람들은 핍박 가운데 넘어질 것이라고 경고하셨다(4:16–17). [diōgmos]

10:33. 이방인들(Gentiles, ethnesin) – 마가복음 10장 32–34절에 나오는 예수님 자신의 죽음과 부활에 대한 예수님의 예언은 유사한 예언 시리즈 가운데 세 번째다(8:31, 9:31, 10:32–34). 이 예언은 이전에 드러나지 않았던 상세한 내용을 일부 포함한다. 예를 들면, 예수님께서는 처형당하기 전에 자신이 잔인한 이방인들에게 넘겨질 것이라고 예언하신다. 이 문맥에서 ethnesin은 비유대인, 곧 이스라엘 백성 밖에 있는 사람들을 가리킨다(N. Walter, EDNT 1:382). 마가복음에서 이방인들에 대한 묘사에는 긍정적인 측면과 부정적인 측면이 섞여 있다. 비록 예수님께서는 우선적으로 이스라엘 백성을 상대로 사역을 전개하시지만, 갈릴리 밖으로 나가 이방인들이 지배적으로 많은 지역을 여행하기도 하고, 도움을 받기 위해 나아오는 사람들에게 긍정적으로 반응하신다(5:1–20, 7:24–8:9, 22–26). 예수님께서는 복음이 모든 민족에게, 즉 이방인들에게까지 퍼져가는 미래 사역을 예고하신다(7:27, 13:10, 14:9, 참고–11:17). 예수님의 십자가 현장에서 이방인 백부장은 예수님의 정체를 인정하고 그분을 하나님의 아들로 선언한다(15:39). 그러나 예수님께서는 이방인 권력자들의 손에서 고난을 당하신다(10:33–34, 15:1–26). 이것은 그와 유사한 운명을 직면할 그분의 추종자들에게 본보기 역할을 한다(13:9–13). 추가로 이방인들의 통치자들은 자기들이 지배하는 백성에 대한 권력과 권세를 이기적으로 추구하기 때문에 부정적인 본보기 역할을 한다(10:42). [ethnos]

10:38. 세례(Baptism, baptisma) – 이 단어는 신약에서 사용되기 이전에 현존하는 어떤 헬라 문서에서도 나오지 않는다(A. Oepke, TDNT 1:545, G. R. Beasley-Murray, NIDNTT 1:149–50). 다른 말로 표현하면, baptisma는 신약에서 처음 등장한다. 이것은 주로 요한이 베푸는 회개의 세례(예, 마 3:7, 막 1:4, 11:20, 눅 7:29, 행 13:24, 19:4)와 초대교회가 행한 세례를 가리킨다(롬 6:4, 엡 4:5, 벧전 3:21). 마가복음 10장 38–39절에서 예수님께서는 baptisma를 다른 방식으로 사용하신다. 여기에서 세례는 그분의 고난과 죽음을 은유로 묘사하는 단어다(눅 12:50 참고). 예수님의 세례에 대한 묘사와 예수님의 죽음에 대한 마가의 설명 사이에 있는 유사성에 대하여는 1장 10절에 언급된 '찢기다'에 대한 논의를 보라. 칠십인경 이사야 21장 4절은 재앙의 놀라운 경험에 대해 비유할 만한 방식의 은유로 관련된 동사 baptizō를 사용한다. '잔'에 대하여는 14장 36절을 보라. [baptisma]

10:40. 내 오른편이나 내 왼편이나(At my right or at my left, ek dexiōn mou ē ex euōnymōn) - 그 당시의 관습에 따르면, 가장 존귀한 자리는 오른편이었고 그 다음이 왼편이었다(Lane, 379, 참고-삼하 16:6, 왕상 2:19, 시 45:9, 110:1, 에스드라1서 4:29, 시락서 12:12, 막 12:36, 14:62, 요세푸스, 고대사 6.11.9 §235). 나중에 나오는 기사에서 마가는 거의 동일한 문구를 예수님과 함께 그분의 우편과 좌편 십자가에 못 박힌 두 강도를 묘사하는 데 사용한다(15:27, hena ek dexiōn kai hena ex euōny mōn autou). 이 병행 구절의 극적인 반어법은 야고보와 요한은 진정으로 자신들이 구하는 것에 대해 알지 못했고, 예수님과 같이 동일한 운명을 수용할 준비에도 적합하지 않았음을 보여준다(10:39). [dexios, euōnymos]

10:43. 하인(Servant, diakonos) - 예수님 당시에 '종'의 일반적이고 구체적인 의미는 '식탁에서 시중드는 자, 다른 사람들에게 음식의 시중을 드는 자'다. 이보다 더 정확한 의미는 신약에서 명사 diakonos(요 2:5, 9, 참고-마 22:13)와 관련된 동사 diakoneō(막 1:31, 눅 10:40, 12:37, 17:8, 22:27, 요 12:2, 행 6:2)에 나타난다. diakonos를 이해하는 데 중요한 것은 이 기본적이고 구체적인 의미가 이 단어의 더 일반적이고 종합적인 의미에 여전히 반영된다는 것이다. 종은 식탁에서 시중을 드는 어떤 사람과 같이 다른 사람들의 필요를 채워주기 위해서 낮은 자리를 취한다(H. W. Beyer, TDNT 2:82-85, 88, 참고-눅 22:26-27). 마가복음 10장 42-45절의 문맥에서 종의 역할은, 다른 사람들 위에 이기적으로 권세를 휘두르기 원하는 이방인 통치자들의 부정적인 본보기와 자신의 생명을 내어줌으로 섬기는 예수님의 긍정적인 본보기를 통하여 좀더 분명하게 설명된다. [diakonos]

10:44. 노예(Slave, doulos) - 마가복음에서 종들에 대한 다른 언급은 주인의 소유물인 노동자들을 문자적으로 가리키는 단어 doulos(12:2, 4, 13:34, 14:47)다. 그러나 이 구절에 등장하는 '사환'(slave)은 더욱 일반적인 의미로 다른 사람에게 충성을 함으로써 '주인'에게 책임을 지는 어떤 사람을 묘사하는 데 나온다(BAGD, 205-6, BDAG, 260, 롬 6:17-20). 이러한 의무와 강요의 사상은 '노예'(slave)의 의미를 '하인'(servant)의 의미로부터 구별한다(K. H. Rengstorf, TDNT 2:261). 노예들은 자유인이 아니기 때문에 주인을 선택하여 섬기는 것이 아니다. 다른 어떤 사람들의 필요가 그들의 책임을 결정한다. 더욱이 노예들은 자기들의 활동에서 유익을 얻지 않는다. 그들의 노동은 주인에게 속하기 때문이다. 나무의 주인이 그 나무의 열매에 대하여 권리를 가지고 있듯이, 주인도 노예의 노동의 열매를 소유한다(Spicq, 1:381-83). 그러므로 신자들의 공동체 안에서 노예의 위치는 오로지 다른 사람들의 유익을 위해서 일할 책임을 수용하는 것을 포함한다. [doulos]

10:45. 속량금(Ransom, lytron) - 신약 밖에서 lytron은 일반적으로 속량금, 곧 전쟁의 포로들, 노예들과 채무자들을 포함하여 속박되어 있

는 사람들의 석방과 자유를 사기 위해서 지불된 금액을 가리키는 데 사용된다(MM, 382-83, H. M. Buchsel, TDNT 4:340, K. Kertelge, EDNT 2:365, Spicq, 425-28). 디모데전서 2장 6절에서 관련된 복합어 antilytron을 포함하고 있지만, 신약에서 lytron은 이 구절과 마태복음 20장 28절에 나오는 병행 구절에서만 나온다. 신약의 이러한 언급들은 예수님께서 자신의 생명을 속량금으로 주시는 것을 제시한다. 예수님께서는 속박과 종속에 매여 있는 사람들의 자유를 위해서 자신의 죽음으로 속량금을 지불하셨다. 인자에 대하여는 2장 10절을 보라. [lytron]

대신하여(For, anti) – 전치사 anti의 지배적인 의미는 대체 사상을 포함한다(M. J. Harris, NIDNTT 3:1179-80). 예를 들면, 아브라함은 자기 아들 이삭을 '대신하여' (anti) 숫양을 번제로 드린다(칠십인경, 창 22:13). 다윗은 그의 아들을 '대신하여' (anti) 죽었다면 차라리 낫겠다는 심정으로 압살롬을 위해서 애곡한다(칠십인경, 삼하 18:33). 예수님에 따르면, 아들이 생선을 구할 때 아버지는 생선 '대신에' (anti) 뱀을 줄 생각을 결코 하지 않는다(눅 11:11). 대체를 표현하기 위해서 anti를 사용하는 것은 이 구절의 문맥과 어울린다. 자신의 생명이나 자유를 상실한 사람들을 대신하여 대체물이 지불되었다는 의미를 가진 단어 '속량금' 은 유사한 사상을 수반하기 때문이다(요세푸스, 고대사 14.7.1 §107). 희생적인 죽음으로 넘겨진 예수님의 생명은 이 속량금을 통하여 자유를 찾는 많은 다른 사람들을 대신한다. [anti]

10:47. **다윗의 자손**(Son of David, huie Dauid) – '다윗의 자손' 이라는 이름은 하나님의 약속들을 상속하는 다윗의 후손으로서 지위를 강조하는 메시아의 칭호로 기능한다(E. Lohse, TDNT 8:480-82). 하나님께서는 다윗과 맺은 언약에서 다윗의 왕의 혈통을 확립하시어 그의 가정, 보좌와 왕국이 영원히 지속될 것이라고 약속하셨다(삼하 7:12-16). 그러므로 '다윗의 아들' 이란 칭호는 하나님께서 이스라엘에 왕국을 회복하고, 하나님의 백성을 의로 다스릴 다윗의 자손을 곧 일으키실 것이라는 소망을 표현한다(막 11:10 참고). 중간기 문서인 솔로몬의 시편은 유사하게 '다윗의 자손' 이란 칭호를 사용하여 이방인 나라들의 악한 통치를 전복시키고, 하나님의 거룩한 백성을 권능으로 다스리면서 이스라엘의 영광을 다시 확립할 왕을 묘사한다(솔로몬의 시편 17:21). 예수님께서는 소경을 치유하심으로써, 자신의 정체성에 대한 정확한 묘사로 '다윗의 자손' 이라는 명칭을 수용하심을 보여주신다. 그러나 나중에 예수님께서는 칭호 '다윗의 자손' 이 옳기는 하지만, 메시아는 다윗의 자손보다 더 크신 분이기 때문에 불충분한 칭호라고 가르치신다(12:35-37). 바디매오에 대한 무리들의 반응에 대한 더 많은 내용을 위해서는 8장 22절에 나오는 '책망하다' 를 보라. [huios + Dauid]

10:50. **겉옷**(Cloak, himation) – himation은 일반적인 옷을 가리킬 수 있지만, 좀더 구체적으로는 겉옷, 망토를 가리킨다. 이것은 어떤 활동을 위해서 벗는 옷으로 나온다(W. Radl, EDNT 2:187, 참고-요 13:4, 행 7:58). 걸인들

이 자선금을 받기 위해서 땅에 겉옷을 펼쳐놓는 것은 그 당시의 관습이었던 것으로 보인다(Taylor, 449, Hooker, 253). 마가복음 앞부분에서 예수님의 부르심에 응답하기 위해서 시몬과 안드레는 자기들의 그물을 뒤에 남겨두었고(1:18), 레위는 자기의 세금 징수 장소를 떠났다(2:14). 바디매오가 겉옷을 던져버리는 것은 예수님을 만나고 그분을 따르기 위해서 자기의 직업과 수입의 수단을 뒤에 남겨두는 것과 같다. [himation]

10:51. **선생**(Teacher, rhabbouni) – 칭호 rhabbouni는 예수님과 관련하여 한번은 바디매오(10:51)에 의하여, 다른 한번은 막달라 마리아(요 20:16)에 의하여 신약에서 두 번 사용되었다. 두 번째 예에서 복음서 저자 요한은 이 유대인 형식의 호칭을 헬라어 didaskale('선생')로 번역한다. 신약에서 강조형 rhabbouni는 더 흔한 명칭인 rhabbi('랍비')와 의미상으로 크게 다르지 않다. 이 칭호는 대부분 학생들이 자기들의 선생님을 부를 때 사용하는 존경의 칭호다(E. Lohse, TDNT 6:961–65). 마가복음의 다른 곳에 나오는 '랍비'는 항상 제자들이 예수님께 말할 때 등장한다(9:5, 11:21, 14:45). [rhabbouni]

10:52. **그는 따르고 있었다**(He was following, ēkolouthei) – 바디매오는 예수님께서 예루살렘을 향하여 가실 때, 문자적인 의미에서 예수님의 뒤를 따라가기로 선택했을 것이다. 그러나 동사 akoloutheō('따르다')는 예수님과 그분의 가르침에 대한 개인적인 충성을 가리키면서, 마가복음에서 은유적인 의미를 가진다. akoloutheō의 더 깊은 의미는 마가가 사람들이 예수님을 따르는 것을 가리킬 때마다 나온다(1:18, 2:14, 8:34, 10:21, 28, 14:54, 15:41). 제자들과 같이 바디매오는 부름에 응답하고(10:49–50), 예수님을 '선생님'이라고 부르며(10:51) 도중에 그분을 따른다(10:52). [akoloutheō]

11:2. **나귀새끼**(Colt, pōlon) – 비록 명사 pōlos가 말의 새끼를 종종 가리키지만, 나귀의 새끼를 포함하여 다른 종류의 어린 짐승을 가리킬 수도 있다(O. Michel, TDNT 6:959–61, MM, 561, 참고–저스틴, 1 Apol. 54.7). 어린 나귀를 가리키기 위해서 마가가 pōlos를 선택한 것은 칠십인경(창 32:15, 49:11, 삿 10:4, 12:14), 특별히 스가랴 9장 9절에 나오는 단어의 용례와 일치한다. 스가랴 9장 9절에서는 이스라엘 왕이 예루살렘에 나귀, 곧 어린 나귀(pōlon)를 타고 예루살렘에 입성한다. 마태와 요한은 그곳에 나오는 이 예언을 예수님께서 성취하신 것과 나귀새끼를 사용하신 것에 대하여 더욱 상세한 내용을 제공한다(마 21:1–7, 요 12:14–15). [pōlos]

11:9. **호산나**(Hosanna, hōsanna) – '호산나'는 신약에서 6회 나오는데, 항상 예수님께서 예루살렘에 승리의 입성을 하신 것과 관련되어 나온다(마 21:9, 15, 막 11:9, 10, 요 12:13). 헬라어 음역 hōsanna는 하나님께 "지금 구원하소서"라는 도움의 외침을 표현하는 시편 118편 25절의 시작 부분에 나오는 히브리어 문구에서 궁극적으로 유래된다(W. Rebell, EDNT

3:509). "호산나!"라고 외친 후, 예수님을 따라 예루살렘에 들어온 사람들은 시편 118편 26절 앞부분인 "복이 있도다, 주님의 이름으로 오시는 이여!"라는 선포를 계속한다. 마가복음 11장 10절에 나오는 '호산나'의 두 번째 사용은 '가장 높은 곳에서'란 문구 다음에 나온다. 이것은 하나님을 향한 간청("지금 구원 하소서, 가장 높은 곳에 계신 당신이여!")이거나 천사들을 향한 권면("호산나 외쳐라, 가장 높은 곳에 있는 그대들이여!")이다. [hōsanna]

11:13. **무화과나무**(Fig tree, sykēn) – 무화과나무는 가을에 그 잎을 떨어뜨리고 봄, 이르면 늦은 3월경에 다시 잎을 낸다. 유월절 시기(14:1)는 무화과 열매가 무르익는 시기도, 나무의 오래 된 가지에 붙어서 자라다가 6월에 무르익는 이른 열매가 맺는 시기도 아니고, 더더욱 8월 중순에서 10월까지 새로운 가지에서 익는 늦은 열매가 나오는 시기도 아니다. 예수님께서는 익은 열매의 발견은 기대할 수 없었으나, 무화과나무가 그 잎을 내기 직전에 형성되기 시작하는 새싹의 발견은 현실적으로 기대하실 수 있었다. 이러한 싹들은 간신히 먹을 수 있는 것이나, 사람들은 경우에 따라 이것들을 먹었다(Gundry, 635-36, 참고-m. Sheb. 4:7). 예수님께서는 아직 싹도 발견하지 못하셨다. 잎 외에는 아무것도 보지 못하셨다. 예수님께서 나중에 무화과나무를 저주하신 것은 성전을 강도들의 굴혈로 만들어버린 예루살렘의 종교 지도자들을 기다리고 있는 심판에 대한 상징적인 표현이다(11:15-18). 잎이 있으나 어떤 종류의 열매도 없는 무화과나무와 같이 종교 지도자들은 하나님을 존경한다는 외적인 모양은 있었으나 그들의 마음은 하나님으로부터 멀리 떨어졌다(7:6). [sykē]

11:15. **환전상인들**(Moneychanger, kollybistōn) – 환전상인들의 존재는 1년에 한 번씩 내는 성전세를 둘러싼 요구들 때문에 필요했다(출 30:13-16). 해마다 모든 성인 유대인 남자는 성전에 반 세겔씩 냈다(마 17:24-27, m Sheqal. 1:1-2:5). 이 세금은 출애굽기 30장 13절에 근거하여 '성전의' 유통 화폐로 내야 했다. 주후 1세기에 모든 성전세들은 두로의 화폐로 내야 했다. 두로의 세겔은 옛 히브리 세겔과 가장 근접한 유용한 화폐였기 때문이다. 성전에서 환전상인들은 더 흔한 로마 화폐를 두로의 동전으로 바꿔주는 대가로 수수료를 받을 수 있도록 허락을 받았다(Lane, 405). [kollybistēs]

11:17. **강도들의 굴**(Den of Robbers, spēlaion lēstōn) – 명사 spēlaion은 주로 '동굴'을 가리킨다(BAGD, 762, BDAG, 938). 이 장소는 위험에서 피할 수 있는 피난처 역할을 할 수 있는 곳이었다(예, 수 10:16, 삼상 13:6, 22:1, 왕상 18:4, 마카비 2서 6:11, 계 6:15). 이곳은 또한 강도들을 위한 은신처의 역할도 했다(렘 7:11, 요세푸스, 고대사 14.15.4. §415, 14.15.5 §421). '강도'(lēstēs)에 해당되는 단어는 '도적'(kleptēs)을 가리키는 단어와 대조된다. 강도들은 협박이나 폭력을 통하여 공개적으로 도적질을 하지만, 도적들은 교활하고 은밀하게 도적질을 하기 때문이다(N. Hillyer, NIDNTT 3:377-79, Spicq, 389-90). 돈 자루에서 기금

을 좀도둑질한 유다는 도적이었으나(요 12:6), 선한 사마리아인의 비유에서 여행자의 소유물을 탈취하고 반은 죽게 하여 그를 때려눕힌 사람들은 강도였다(눅 10:30). 처음에 희생 제물의 판매와 환전시 분명히 일어난 속임수의 결과 때문에 성전 지도자들을 무장 강도죄로 고소하는 것은 마치 과장법처럼 보이는 듯하다. 그러나 바로 다음 18절에서 대제사장들과 서기관들은 예수님의 멸망을 위한 계획을 꾸미기 시작함으로 고소의 정확성을 보여준다(12:3-8 참고). [spēlaion + lēstēs]

11:22. **믿음**(Faith, pistin) - 앞부분에 나오는 믿음에 대한 언급들은 예수님께 치유를 받기 위해서 나아오는 길의 장애물들을 극복하는 사람들에 관한 구절에서 주로 등장한다(2:5, 5:34, 36, 9:24, 10:52). 문맥의 분위기 전환은 마가복음 11장 22-24절에서 일어난다. 여기에서 예수님께서는 자신을 따르는 자들에게, 믿음을 하나님께로 향하고 간청하는 기도로 하나님에 대한 신뢰를 표현하라고 촉구하신다. 예수님의 치유 기적의 배경은 하나님께서 존귀하게 여기는 믿음의 유형을 분명하게 해준다. 치유를 위해서 예수님께 나아오는 사람들과 같이, 믿음으로 기도하는 사람들은 하나님의 능력과 자신들을 향한 긍휼을 지속적으로 신뢰하는 감정을 가져야만 한다. 믿음에 대한 더 많은 내용은 2장 5절을 보라. [pistis]

11:23. **산**(Mountain, orei) - 마가복음은 예수님께서 예루살렘 인근 지역에서 사역하시는 장면 가운데 수차례 감람산을 언급한다(11:1, 13:3, 14:26). 이 산은 마가복음에서 그 이름이 언급된 유일한 산이기도 하다. 예수님께서 언급하시는 '이 산'은 특정한 장소, 곧 예루살렘 동편에서 남북으로 펼쳐져 있는 감람산을 지적하는 것 같다(Lane, 394, 410). 예수님께서는 예루살렘 여행중 아침 동안, 믿음에 대한 실물 교훈으로 감람산을 활용하실 수 있었다. 하나님께 대한 믿음을 가진 사람은 이 산과 같이 큰 산을 옮길 수 있다. 예수님의 격언과 같은 말씀은, 분명히 불가능한 임무들을 믿음을 통하여 성취할 수 있다는 것을 보여준다(9:23). 이는 모든 것이 하나님께 가능하기 때문이다(10:27, 참고-BAGD, 582, BDAG, 725, 눅 17:20, 21:21, 고전 13:2). [oros]

11:27. **대제사장들**(Chief priests, archiereis) - 대제사장들은 가장 높은 제사장 직분으로서 현재 재직중인 대제사장은 물로 그의 전임자들을 포함한다. 대제사장은 정규적으로 제사장 가문의 선택된 수에서 나오기 때문에, 실제 대제사장 직분을 가져본 적이 한번도 없어도 이러한 특권을 입은 가문들에 속한 남자들은 대제사장 역할을 맡았다. 로마인들의 권세 하에서 대제사장들은 최고 유대회의인 공회에서 리더십을 통하여 국가의 내부적인 문제들을 지도했다(Schuler, History 2:227-35, 참고-행 4:5-6). 마가복음에서 대제사장들은 장로들과 서기관들과 협력하여 예수님을 죽일 음모를 꾸미고(11:18, 12:12, 14:1, 10-11), 그분을 법정으로 끌고 가며(10:33, 14:43, 53-65), 처벌을 위해 로마인들에게 넘겨준다(10:33, 15:1-3, 10-11). 그들은 예수님께서 십자가 위에서 고난당

하실 때 그분을 조롱하면서 마가복음에서 마지막으로 등장한다. 그들은 이때 예수님께서 잔인한 운명에서 자기 자신을 구할 수만 있다면 믿겠노라고 조롱했다(15:31-32). [archiereus]

장로들(Elders, presbyteroi) - 예수님 당시에 공회는 대제사장들과 서기관들과 장로들로 구성되었다(8:31, 14:43, 53, 15:1 참고). 마가복음 11장 27-28절에 따르면, 각 그룹의 대표자들은 예수님의 권세에 이의를 제기했다. 장로들은 제사장 가문에 속하지 않는다는 점에서 대제사장들과 구별되고, 임명받은 종교적인 선생이 아니라는 점에서 서기관들과 구별된 공회의 평신도 회원이었다(G. Bornkamm, TDNT 6:658-59, Schurer, History 2:212-13). 이러한 장로들을 묘사하기 위해 사용된 동의어는 '백성의 지도자' (눅 19:47, 참고-요세푸스, Life 194), '저명인사들' (요세푸스, 전쟁사 2.15.3 §318, 2.17.2 §410), '권력 있는 사람들' (요세푸스, 전쟁사 2.15.2 §316, 2.17.3 §411) 등이다. 서기관들에 대하여 더 많은 내용을 위해서는 1장 22절을 보라. [presbyteros]

11:28. **권세**(Authority, exousia) - 대제사장들과 서기관들과 장로들은 예수님의 권세의 출처, 다시 말해서 성전에서 능력을 행한 그 권세의 기원에 대하여 질의한다. 그들의 질문은 예수님의 권세의 합법성에 의심을 던져주는 의도를 가지나, 그들이 나중에 예수님과 나눈 대화는 오히려 이를 지지하는 역할을 한다. 예수님께서는 "내게 답변하라"는 명령성 질문에 대한 정보를 요구하며 그들의 요청에 반응했다(11:30). 종교 지도자들은 말할 것이 아무것도 없어도 그분에게 순종해야 하는 의무를 느끼지만, 예수님께서는 그들의 요청을 무시할 수 있는 자유를 느낀다. 예수님께서는 자신의 권세가 공격받을 때에도 권세 있게 행동하신다(Evans, 205 참고). 권세에 대한 더 많은 내용을 위해서는 1장 22절을 보라. [exousia]

11:32. **선지자**(Prophet, prophētēs) - 하나님께서는 메시지를 계시하기 위하여 선지자를 통하여 말씀하신다(1:2-3, 참고-BAGD, 723, BDAG, 890). 요한을 선지자로 일반적으로 밝힌 것은, 수백 년 동안 많은 유대인들이 참된 선지자를 말하지 않았기 때문에 놀라운 일이다(마카비 1서 4:46, 9:27). 마카비 반란 말기에 이스라엘 백성의 합법적인 회의는 '신실한 선지자가 일어날 때까지' 시몬이 그들의 총독과 대제사장과 군사령관이 될 것을 주전 140년에 합의했다(마카비 1서 14:41-42). 이 결정은 동판에 기록되어 성전의 중요한 장소에 전시되었다(마카비 1서 14:48). 참 선지자의 임재는 권세에 대한 그들 주장의 적법성을 훼손시킬 것이기 때문에 종교 지도자들의 두려움은 정당화되었다. [prophētēs]

12:1. **소작인 농부들**(Tenant farmers, geōrgois) - '소작인 농부' (NET, NLT)라는 번역은 이러한 농업 노동자들이 자기들의 토지가 아니라 임대한 토지에서 농사를 짓는 사실을 전해준다. 예수님의 비유는 실제적으로 토지를 경작하는 소작 농부들이 아니라, 그들에게 토지를 임대해준 소유주들에게 큰 부동산들이 속한 시대의 사회적 배경을 반영한다. 임대차 계약은 수확물의

일부를 소유주에게 소작료로 돌아가도록 일반적으로 규정하곤 했다(Lane, 416-17). 비유들에 대하여는 4장 2절을 보라. [geōrgos]

12:4. 그들은 그의 머리를 때렸다(They struck him on the head, ekepaliōsan) – 이 단어는 철자(더 흔한 kephalioō 대신에 kephalaioō)와 의미에 있어서 예외적이다. 예상되는 의미는 '요약하다' 일 것이나, 문맥으로 볼 때 '머리를 때리다' 라고 번역하는 것이 적절하다(BAGD, 430, BDAG, 541-42, MM, 342, LSJ, 945). 이렇게 유추해볼 때 헬라어 동사 gnathoō는 명사 gnathos, 즉 '뺨' 과의 관계에 근거해서 볼 때 '뺨을 때리다' 를 의미한다(LSJ, 353). 이와 마찬가지로 kephalioō는 kephalē, 즉 '머리' 또는 kephalion(머리)의 의미에 근거하여 볼 때 어떤 사람의 머리를 때린다는 개념을 수반할 수 있다(Gundry, 685, 참고-Howard, Accidence 395). [kephalioō]

12:6. 사랑을 받은(Beloved, agapēton) – 형용사 agapētos는 모두 예수님과 관련하여 마가복음의 다른 두 곳에서만 나온다. 예수님의 세례 때와 변형 사건 때 천상의 음성은 예수님을 가리켜 사랑을 받은 아들이라고 선언한다(1:11, 9:7). 포도원의 비유는 하나님께서 보내신 사자들 가운데 예수님의 독특한 지위를 강조한다. 예수님께서는 종으로 온 것이 아니고, 유일한 아들로 왔기 때문이다. '사랑을 받은' 에 대하여는 더 많은 내용을 위해 1장 11절을 보라. [agapētos]

12:10. 모퉁이 돌(Cornerstone, kephalēn gōnias) – 문자적으로 '모퉁이의 머리' (KJV, RSV)를 의미하는 이 문구는 신약에 5회 나온다(마 21:42, 막 12:10, 눅 20:17, 행 4:11, 벧전 2:7). 이것은 항상 시편 118편 22절의 인용과 관련하여 등장한다. 그리고 머리, 곧 가장 먼 끝에 있는 모퉁이를 지적함으로써 가장 중요한 기초석, 가장 먼저 놓인 정방형으로 된 모퉁이 돌을 가리킨다. 이것은 건물의 전반적인 규모를 확고하게 정하고 건물의 나머지 부분의 방향을 결정했다(H. Kramer, EDNT 1,267-69, W. Mundle, NIDNTT 3:388-90, 참고-NET, NLT). 비록 종교 지도자들에게 버림을 받았지만, 예수님께서는 하나님의 건축 계획에 있어서 기초의 본질적이고 결정적인 부분이 되었다. '배척당하다' 에 대하여는 8장 31절을 보라. '모퉁이의 머리' 란 문구가 종종 정문이나 입구에 놓는 갓돌, 곧 건물의 마지막 돌을 가리키는 것 같지는 않다(NIV, J. Jeremias, TDNT 1:792-93). 결국 누가복음 20장 17-18절과 베드로전서 2장 7-8절에서의 가정은 어떤 사람이 이 돌에 걸려 넘어질 수 있을 것이란 사실이다. 이것은 갓돌에게는 불가능할 것이다. [kephalē + gōnia]

12:13. 올무를 놓다(To trap, agreusōsin) – 동사 agreuō는 문자적으로 '짐승을 잡다, 또는 올무에 걸리게 하는 것, 사냥하는 것' 이나(Xenophon, Cyn 12.6, 칠십인경 욥 10:16, MM, 6 참고), 상징적으로 '해를 끼칠 목적으로 방심한 순간에 사람을 잡거나 올무에 걸리게 하는 것' 을 의미한다(예-칠십인경 잠 5:22, 6:26, 참고-LSJ,

14, BAGD, 13, BDAG, 15). 바리새인들과 헤롯인들은 곤란한 질문으로 올무를 놓아 예수님을 잡기를 원했다. 만일 예수님께서 세금 내는 것을 반대하면, 그들은 예수님을 로마인들에게 정치적인 선동가로 고발할 수 있다. 또한 반대로 예수님께서 로마 정부 편에 서면 예수님 자신이 백성의 지지를 잃어버릴 수 있다. 바리새인들과 헤롯인들에 대하여는 2장 16절과 3장 6절을 보라. [agreuō]

12:14. 당신은 편견을 보이지 않는다(You do not show partiality, ou…blepeis eis prosōpon authrōpōn) – 관용적인 표현을 사용하여 바리새인들과 헤롯인들은 예수님께서 사람을 외모로 보지 않는다고 묘사함으로써 그분의 공정성을 인정한다. 신약에서 blepein eis prosōpon (‘얼굴을 봐주다’, 마 22:16, 막 12:14)에 해당되는 병행된 표현은 thaumazein prosōpon(‘얼굴을 좋게 봐주다’, 유 16절)과 lambanein prosōpon (‘얼굴을 받아주다’, 눅 20:21, 갈 2:6, 참고–행 10:34, 롬 2:11, 엡 6:9, 골 3:25, 약 2:1, 9, 벧전 1:17, E. Lohse, TDNT 6:779–80)이다. 신약에서 편파성은 항상 부정적인 용어로 간주된다. 경제적인 차원(약 2:1–9)이나 인종적인 배경(행 10:34–35, 롬 2:11–12)에 근거하여 편견을 보이는 것은 하나님의 성품과 맞지 않는다. [blepō + prosōpon]

세금들(Taxes, kēnson) – 단어 kēnsos는 (1) 인구조사, 다시 말해서 세금 부과를 목적으로 사람들의 이름을 등록하고 재산을 평가하는 것, (2) 이러한 인구조사의 결과로 낸 세금들을 가리킨다. 이러한 세금들은 인두세, 즉 등록된 각 개인에게 부과되는 고정된 액수의 세금 그리고 재산세, 즉 평가에 따라서 다양한 액수의 세금 형식을 취했다(K. Weiss, TDNT 9:81, LSJ, 947). 두 번째 의미는 이 구절의 문맥과 어울린다. 이러한 인두세는 로마 제국의 직접적인 통치 아래 있는 모든 지방에 부과된 의무였다. 요세푸스는 유대 지역을 포함한 그러한 인구조사가 주후 6년에 있었다고 상세하게 기록한다. 로마의 이 인구조사는 갈릴리 사람 유다의 반란(행 5:37, 요세푸스, 전쟁사 2.8.1 §118, 고대사 20.5.2. §102)을 촉발했다. 그는 백성을 향해 세금을 거부하고 이방인 독재자들을 거슬러 반역할 것을 촉구했으나, 반란은 실패했다. 로마의 세금 징수에 대한 적개심은 예수님의 사역 전 기간 동안 유대 백성 가운데 지속되었다(H. Balz, EDNT 2:287, Evans, 246). [kēnsos]

12:17. 바치다(Render, apodote) – NIV에 따르면 바리새인들과 헤롯인들은 마가복음 12장 14절에서 가이사에게 세금을 ‘지불하는 것’이 옳은지 옳지 않은지를 예수님께 묻고, 이 구절에서 예수님께서는 가이사에게 ‘주라’고 답하신다(NRSV, NET, NLT). 이 경우 KJV는 14절의 dounai를 ‘주다’로, 17절의 apodote를 ‘바치다’로 번역함으로써 헬라어 본문에 더 가까워졌다. 예수님의 답변에 나오는 동사 apodidōmi는 일반적으로 빚을 갚는 것을 암시한다(롬 13:7 참고). 신약의 다른 곳에서 이것은 채무(마 5:26, 18:25–26, 28–30, 34, 눅 7:42, 12:59), 품삯(마 20:8), 소작료(마 21:41, 눅 10:35)와 주님께 맹세 갚는 것(마 5:33)을 묘사하는 데 나온다. 그러므로 예수님의 답변은 청중들에게

가이사뿐만 아니라, 더욱 중요하게는 하나님께 의무가 있다는 것을 깨우치신 것이다(A. Sand, EDNT 1:128, Cranfield, 372). [apodidōmi]

12:18. **사두개인들**(Sadducees, Saddoukaioi) - 사두개인들은 마가복음 12장 18-28절에서 처음으로 유일하게 나타난다. 그들은 예루살렘에서 가장 부유하고 영향력 있는 가문에서 나온 귀족들로 구성된 종교적인 당파였다(요세푸스, 고대사 13.10.6 §298, 18.1.4 §17). 대제사장들과 사두개인들 사이에는 긴밀한 관계가 있었다. 두 그룹은 모두 유사한 견해, 특권을 가진 지위와 정치적인 연결을 공유했다(행 4:1-4, 5:17-18, 요세푸스, 고대사 20.9.1 §199). 사두개인들이 배척한 바리새인들의 다른 가르침은 몸의 미래적인 부활이다(행 23:8, 요세푸스, 전쟁사 2.8.14 §165, 고대사 18.1.4 §16, 참고-Schurer, History 2:404-14). 마가복음에서 사두개인들은 하나님의 능력을 고려하는 데 실패했기 때문에, 성경을 이해할 수 없는 사람들의 본보기 역할을 한다. 권능에 대하여는 5장 30절을 보라. [Saddoukaios]

12:24. **너희들이 오해했다**(You are mistaken, planasthe) - 동사 planaō는 마가복음 13장 5-6절에서와 같이 '미혹하다' 를 뜻할 수 있다. 이 구절에서 예수님께서는 추종자들을 미혹시키려고 애쓰는 거짓 선생들에 대해 그들에게 경계해주신다(딤후 3:13, 요일 2:26 참고). 또한 이 동사는 '잘못된 길로 가다' 를 뜻할 수 있다. planaō은 주로 방황하며 길을 잃어버리고 잘못된 길로 간 양을 묘사할 때 등장한다(신 22:1, 시 119:176[칠십인경 118:176], 사 53:6, 겔 34:4, 16, 마 18:12-13, 벧전 2:25). 진리에서 떠나 방황하므로 자신의 판단이 잘못되는 것 또한 가능하다(BAGD, 665, BDAG, 822-23, 참고-약 5:19). 예수님께서는 사두개인들이 잘못된 길로 갔다고 생각했고, 27절의 마지막 부분에서 부사를 추가하여 자신의 비판을 강화시키셨다. 그들은 '심하게 오해했다' (NIV). [planaō]

12:28. **서기관들**(Scribes, grammateōn) - 모세율법의 임명받은 교사인 서기관들은 마가복음 12장 28-40절에서 두드러지게 등장한다. 첫째, 예수님께서는 하나님과 자신의 이웃을 향한 사랑의 중요성을 인정하는 한 서기관의 지혜를 인정하신다(12:28-34). 이 구절은 진리를 찾는 정직한 구도자로 서기관을 긍정적으로 제시한다는 점에서 마가복음에서 유일하다. 다음으로 예수님께서는 서기관들의 위선적인 행동은 물론(12:38-40) 그들의 가르침을 문제 삼는다(12:35-37). 서기관들에 대한 더 많은 내용은 1장 22절을 보라. [grammateus]

12:30. **생각**(Mind, dianoias) - 신명기 6장 5절의 히브리어 본문에는 '마음…영혼…힘' 이라는 표현이 나온다. 이것은 칠십인경 사본 전통 안에 다양한 차이점들이 존재하지만, 칠십인경에서 'kardia…psychē…dynamis' 로 번역되었다. 이 구절에서 신명기 6장 5절의 인용은 '너의 전 마음' 이란 문구를 추가한다는 점에서 칠십인경의 표준 번역과 다르다. 분명하게 kardia와 dianoia는 둘 다 마음을 가리키는 히브리어

단어를 나타낸다. 어떤 칠십인경 사본들은 신명기 6장 5절의 번역에서 kardia 대신 dianoia를 사용하기 때문이다(Cranfield, 377, Evans, 264 참고). 이것의 암시된 뜻은 너의 마음으로 하나님을 사랑하는 것은 너의 생각, 다시 말해서 너의 이해와 반성 중심으로 그분을 사랑하는 것을 포함한다는 것이다(Behm, TDNT 4:963-67, BAGD, 187, BDAG, 234). 이 구절에서 생각의 중요성을 강조하는 다른 단어들은 32절의 synesis('이해')와 34절의 nounechōs('지식 있게')다. [dianoia]

12:34. **멀지 않다**(Not far, ou makran) - 하나님의 나라로부터 '멀지 않다'는 것은 긍정적인 진술로, 서기관의 사려 깊은 반응에 비추어 예수님께서 하신 칭찬이다. 이것이 서기관 안에 있는 어떤 지속적인 결핍을 지적하는 미묘한 비판으로 간주되어서는 안 된다. 그 사람은 예수님의 가르침을 받아들이고, 예수님께서는 그를 확증하신다. '멀지 않다'는 것은 '가깝다'는 말과 같으나(칠십인경 신 30:11-14, 행 17:27-28), 하나님의 나라에 가깝다는 것의 의미는 예수님께서 사용하신 '하나님의 나라'란 말이 무엇을 의미하는지에 달려 있다. 1장 15절의 논의를 보라. 만일 하나님의 나라가 미래에 능력으로 임하는 것을 가리키는 것이라면, 그 나라에 가깝다는 것은 서기관이 그것에 열려 있어 그 나라가 도착할 때 들어갈 준비가 되어 있다는 것을 의미한다. 만일 예수님께서 하나님의 나라가 현재 숨겨진 형태로 임한 것을 가리킨다면, 그것에 가깝다는 것은 서기관이 그 나라의 메시지를 받아서 열매 맺을 준비가 되어 있는 옥토와 같다는 것을 뜻한다. [makran]

12:35. **다윗의 자손**(Son of David, huios Dauid) - 마가복음 12장 35-37절에서 예수님께서는 메시아가 다윗의 자손인 것을 부인하시지는 않는다. 그러나 이 칭호가 옳기는 하지만 메시아의 참된 정체성을 이해하는 데 충분하지 않다는 것을 보여주신다. 선지서들은 메시아가 다윗의 계통에서 나올 것을 확증한다(사 9:2-7, 11:1-10, 렘 23:5-6, 30:8-9, 렘 30:14-22, 겔 34:23-24, 37:24-25, 호 3:5, 암 9:11). 앞에서 예수님께서는 바디매오를 치유하실 때 '다윗의 자손'이란 호칭을 수용하신다(10:47-49). 메시아는 다윗의 주님도 되시기 때문에 다윗의 자손 이상이시다. '다윗의 자손'에 대한 더 많은 내용은 10장 47절을 보라. '그리스도'에 대하여는 1장 1절을 보라. [huios Dauid]

12:38. **긴 옷**(Long robes, stolais) - stolai는 종종 제사장들이 입는 긴 옷을 가리킨다(예, 출 29:21, 29, 31:10, 필로, Embasssy 296, 요세푸스, 고대사 3.7.1. §151, 11.4.2 §80). 이 옷은 아마도 제사장들을 모방하여 다른 종교 지도자들이 착용했던 것 같다. 서기관들은 대부분 자기들을 유명한 성전 지도자들과 연관시키고, 그렇게 함으로써 사람들의 이목을 집중시키려고 긴 옷을 입고 다니는 것을 좋아했다(Evans, 278). 신약은 또한 동일한 단어를 사용하여 천사들(막 16:5, 참고-마카비 2서. 5:2)과 영화롭게 된 신자들(계 6:11, 7:9-14, 22:14)의 흰옷을 가리킨다. [stolē]

12:39. 가장 중요한 자리들(Most important seats, prōtokathedrias) – 회당의 존귀한 자리들은 존경받은 손님들과 유식한 학자들을 위해서 지정되어 있었다. 그들은 성경을 담는 상자 앞에서 회중을 마주보고 긴 의자에 앉았다(Cranfield, 384, Evans, 278). "회의중에 장로들은 어떻게 앉았는가? 그들의 등은 성소를 향하고 백성을 마주보고 있었다"(t Meg. 3:21). 서기관들은 이러한 존귀한 자리들이 제공하는 위엄과 그들 자신이 사람들에게 드러나는 것을 즐겼다. 회당에 대하여는 1장 21절을 보라. [prōtokathedria]

12:42. 두 개의 작은 구리 동전(Two small copper coins, lepta duo) – 작은 구리 동전인 렙돈(lepton)은 유통되고 있는 화폐 가운데 가장 값이 싼 것이었다(MM, 374). 마가가 지적하는 것과 같이, 두 렙돈(lepta)은 가장 작은 로마 동전인 한 코드란트와 동등했다. 이것은 한 데나리온의 64분의 1에 해당하는 가치였다(B. Schwank, EDNT 2:350). 그러므로 각 렙돈의 가치는 당시 막노동을 하는 노동자의 평균 하루 품삯인 한 데나리온에 비하면 너무나 적은 것이었다(마 20:2 참고). 가난한 과부는 동전 두 개를 가지고 있었으므로 하나는 쉽게 바치고, 다른 하나는 간수할 수 있었을 것이다(Lane, 443). 그러나 그 과부는 그렇게 하는 대신, 예수님께서 말씀하시는 것과 같이 그녀 자신의 '전 생명'을 바친 것이다(holon ton bion, 12:44). 자신의 전 마음과 전 영혼과 전 생각과 전 힘으로 하나님을 사랑하는 것의 우선성을 강조하신 다음에 즉시, 예수님께서는 이러한 여인의 전폭적인 헌신의 삶을 주목하고 칭찬하신 것이다. 자신의 소유를 버리기를 거부했던 부자(10:21-22)와는 대조적으로 가난한 과부는 자신이 가진 모든 것을 포기했다(12:44). [lepton]

13:4. 표적(Sign, sēmeion) – 이 문맥에서 제자들은 예수님의 가르침의 타당성에 대한 저항할 수 없는 증거라는 의미에서 표적을 요구하고 있는 것이 아니다. 그 대신 그들은 미래 사건의 도래, 즉 예수님께서 방금 예언하신 성전의 멸망을 인정할 수 있는 경고 신호를 요청하고 있었다(Evans, 304-5, 참고-눅 21:25, 행 2:19). 마가복음에서 '표적'에 대한 더 많은 내용은 8장 11절을 보라. 이 강화의 복잡성과 이것이 지시하는 대상에 관한 논의를 위해서는 누가복음 21장 7절에 언급된 '표적'에 대한 논의를 보라. 마가복음은 일관성 있게 표적들에 대한 욕망을 부정적인 시각에서 본다. 예수님께서는 바리새인들에게 표적 주기를 거부하시고(8:11-12), 마가복음 13장에서도 제자들에게 표적을 제시하시지 않는다. 그 대신 예수님께서는 표적을 구하는 자들이 쉽게 부딪힐 수 있는 기만에 대해 경고하시는 것을 택하신다(13:4-5, 22). 다른 말로 표현하면, 제자들이 표적을 요구하는 것은 그릇된 것이다. 마가복음 13장에서 예수님의 가르침은 분별력 있는 질문에 대한 단도직입적인 답변이 아니다. 그 대신 미래에 대하여 알아야 할 것을 말씀하심으로써 제자들을 교정하신다. 예수님께서 그들에게 가르치신 내용은 재앙과 박해들이 시대의 종말을 말하지 않는다는 것과 종말을 둘러싸고 있는 사건들의 복합체는 너무나 급박하게 일어나서 여유를 갖고 준비할 시간을 허용하지 않는다는 것이다. 그

렇기 때문에 예수님을 따르는 사람들은 항상 경계를 하고 주님의 오심을 준비하고 있어야 한다. [sēmeion]

13:5. 조심하라(Watch out, blepete)-신약에서 자주 사용된 단어(133회 사용됨)인 동사 blepō는 '보다, 눈으로 식별하다'를 종종 의미한다. 그러나 이 동사는 어떤 문맥에서는 '경계하다, 주의하다, 위험스러운 어떤 것을 조심하다'의 의미를 가질 수 있다(BAGD, 143, BDAG, 178-79, 참고-4:24, 8:15, 12:38). 예수님께서는 제자들을 향한 메시지에서 네 차례에 걸쳐서 조심하라고 반복하신다(13:5, 9, 23, 33). 때때로 이러한 반복은 애매한 번역을 낳는다. 예를 들면, NASB는 blepete를 '조심하라'(13:5), '경계하라'(13:9), '주의하라'(13:23, 33)로 번역한다. 마가복음은 예수님께서 주신 긴 교훈 단락을 두 가지 포함하는데, 이것들은 비유 강화(4:1-34)와 종말 강화(13:1-37)다. 첫째 강화에서 예수님께서는 '들으라'는 명령으로 메시지를 강조하고(4:3, 9, 23, 24, 참고-4:33), 둘째 강화에서는 '조심하라'는 명령으로 교훈을 강조하신다(13:5, 9, 23, 참고-13:14, 29). 이 구절에서 예수님께서는 어떤 사람들에게 미혹받지(planēsē) 않도록 제자들에게 조심하라고 경고하신다. 동사 planaō에 대하여는 12장 24절을 보라. [blepō]

13:8. 해산의 고통(Birth pains, ōdinōn)-해산과 연관된 고통은 극심한 고난이나 고통의 시대를 표현하기 위한 은유로 사용된다(R. K. Harrison, NIDNTT 3:858). 해산하는 여인의 이미지는 구약에서 이스라엘의 고난, 곧 새로운 시작의 소망을 수반하는 산고의 그림으로 등장한다(사 26:17-19, 66:7-9, 호 13:12-14, 미 4:9-10, 참고-Hooker, 308). 해산의 고통에 대한 예수님의 언급은 오는 시대가 큰 고난의 시대 후에 도래할 것을 알려준다. 이 구절에서 예수님께서는 전쟁, 지진, 기근들을 단지 근심의 시작으로만 밝히신다. 8절의 '산고의 시작'이란 문구는 9절의 '아직은 끝이 아니다'라는 말과 병행을 이룬다. 다시 말해서, 이러한 재앙의 사건들은 종말이 가까웠다는 표적들이 아니다. 오히려 이것들은 인자가 오시기 전에 마지막 환난이 어떠할 것인지에 대한 맛보기에 지나지 않는다(Lane, 459). [ōdin]

13:9. 공회들(Councils, synedria) - 신약에서 synedrion에 대한 언급들은 유대의 최고 법정인 예루살렘에 있는 대 공회를 일반적으로 가리킨다(예, 14,55, 15:1). 그러나 예루살렘 밖에 이스라엘 땅과 디아스포라에도 다른 지역공회들이 존재했다. 적어도 유대인 남자 120명이 속한 공동체라 할지라도 회원 23명으로 구성된 회의를 구성해야 했다(m Sahn, 1:6). 로마인들은 이러한 회의들이 유대인들의 지역적인 문제들에 대하여 어느 정도 권한을 행사하는 것을 허용했다(E. Lohse, TDNT 7:866-67). 신자들은 이러한 법정들에 넘겨질 것이고, 이러한 방식으로 역시 공회 앞에서 재판을 위해 넘겨진 주님의 모본을 따르게 될 것임을 경고하신다. 넘겨지거나 배반을 받는 것에 대하여는 3장 19절을 보라. 공회에 대하여는 14장 55절을 보라. 회당들에 대하여는 1장 21절을 보라.

[synedrion]

총독들(Governors, hēgemonōn) – 총독은 로마 제국에서 한 지방의 최고 행정관으로 섬기는 로마 통치자였다(BAGD, 343, BDAG, 433, MM, 277). 예수님 자신도 재판을 받으시고 총독 빌라도 앞에서 증언을 하셨다(마 27:2, 요세푸스, 고대사 18.3.1 §55, 참고-행 23:24, 26:30-32). 이 구절에서 예수님께서는 총독과 왕 사이의 합리적인 구분을 하셨다. 총독은 지방에 직접적인 로마 통치를 유지하는 책임을 맡은 반면, 왕은 로마의 권세와 호의 아래 있는 나라를 대리 통치자로 섬기는 지역 통치자였다(BDAG, 169). 증거에 대하여는 1장 44절을 보라. [hēgemōn]

13:10. **나라들**(Nations, ethnē)–ethnē는 이스라엘 백성 밖에 있는 사람들인 이방인들을 종종 가리키는 반면, '나라들이나 백성'을 의미할 수도 있다(BAGD, 218, BDAG, 276-77). 요한계시록 5장 9절에 따르면 하나님의 구속을 받은 사람들은 모든 족속과 언어와 백성과 나라에서 나올 것이다(계 7:9, 11:9, 14:6 참고). 이들 구절에서 병행된 용어들에서 ethnos의 배치는 국가를 같은 자손, 공통의 언어 또는 역사와 문화에 근거하여 공감된 일치감을 가진 백성의 그룹으로 정의하는 역할을 한다(K. L. Schmidt, TDNT 2:369). 이 구절에서 '모든 나라들 가운데' 복음을 선포하는 것은 앞선 구절이 유대 법정들과 회당들 안에서 신자들이 증거하는 것을 묘사하기 때문에, 유대 백성 가운데 메시지를 나누는 것을 포함한다. 추가로, 마가복음 13장 9-13절의 문맥은 모든 나라들에게 좋은 소식을 전달하는 것은 핍박과 고난 가운데 일어날 것이라는 사실을 보여준다. 13장 11절에 언급된 성령에 관하여는 1장 8절을 보라. [ethnos]

13:13. **구원받을 것이다**(Will be saved, sōthēsetai) –신약에서 구원에 대한 언급은 죄와 영원한 정죄로부터의 구출뿐만 아니라 다른 방식의 구원, 예를 들면 육체적인 죽음(3:5, 13:20)이나 질병(5:23, 28, 34, 6:56)으로부터의 구원도 가리킨다. 이 구절에서 구원은 확증의 뉘앙스, 곧 고소와 수치로부터의 구원을 수반하는 것 같다(Lane, 460, 464). 박해와 부당한 정죄 가운데서 예수님께 신실하게 남아 있는 사람들은 확증을 받을 것이다. 인간 법정의 결정들이 복음의 진리와 어떠한 희생을 낳는다 하더라도, 그것은 예수님을 따르는 일의 지혜를 확증하실 하나님에 의해서 역전될 것이다. 관련된 명사 sōtēria는 유사하게 칠십인경 욥기 13장 16절과 빌립보서 1장 19절에서 사용된다. 이 두 구절에서 하나님께 순종하는 사람들은 거짓된 고소와 부당한 반대로부터 구원받을 것을 기대한다. [sōzō]

13:14. **멸망의 가증한 것**(The abomination of desolation, to bdelygma tēs erēmōseōs) – '가증한 것'이라는 단어는 구약에서 빈번하게, 무엇보다 우상을 포함하여 하나님께 대해 불쾌하거나 혐오스러운 것을 가리키는 데 사용된다(예, 신 7:25-26, 왕상 14:24, 왕하 23:13, 대하 15:8, 사 44:19, 렘 16:18, 겔 5:11, 참고-W. Foester, TDNT 1:598-600). '멸망의 가증한

것' 이라는 문구는 성소에 우상숭배의 대상을 세우는 일을 예언하는 것으로 보이는 다니엘서에서 유래했다(마 24:15 참고). 이러한 신성 모독 행위는 성전을 황폐하게 만들 것이다. 즉 참된 예배를 쓸모없게 만들고, 결국 신실한 자들에게 버림 받을 것이다(단 9:27, 11:31, 12:11). 예수님께서는 멸망의 가증한 것에 관한 다니엘의 예언이 주전 167년, 안티오커스 에피파네스(Antiochus Epiphanes)가 성전을 훼손한 사건으로 완전하게 성취되었다고 믿지 않으셨다(마카비 1서 1:54, 59, 6:7). 그분은 또한 시대의 종말 직전에 미래적인 성취, 다시 말해서 하나님의 백성으로 하여금 그들의 예배 장소를 버리게 하는 더럽힘의 사건을 예견하셨다(Evans 318-20 참고). 이 구절에서 멸망의 가증한 것은 '있어서는 안 될 곳에 서 있는 자' 로 좀더 분명하게 밝힌다. 남성 분사 estēkota('서 있는') 는 중성 명사인 bdelygma('가증한 것')와 문법적으로 일치하지 않는다. 다른 말로 표현하자면, 서 있는 것은 가증한 것이 아니다. 오히려 가증한 것은 있어서는 안 될 곳에 서 있는 사람이다. 사도 바울은 데살로니가후서 2장 3-4절에서 비슷한 예언을 한다. 여기에서 바울은 자신을 하나님으로 나타내며 하나님의 성전에서 자기의 자리를 차지할 '불법의 사람' 을 가리킨다. [bdelygma + erēmōsis]

13:17. **화**(Woe, ouai) - 예수님께서는 탄식의 외침이나 멸망의 가증한 것 후에 즉시 일어날 큰 환난중에 임신한 여인과 양육하는 어머니들을 위한 측은함의 표현으로 단어 '화' 를 사용하신다. 그들은 피하기 어렵다는 사실을 발견하게 될 것이다. 멸망의 가증한 것은 세심한 준비와 도피 전에 필수품을 모을 수 있는 시간 여유도 주지 않고, 아무런 경고 없이 불현듯 임할 것이다. 유대에 있는 사람들은 즉시 피할 것이다. 마가복음에서 이 구절 이외에 유일하게 14장 21절에서 사용된 ouai에 대한 논의도 보라. [ouai]

13:19. **환난**(Tribulation, thlipsis) - 일반적으로 명사 thlipsis는 고통, 억압이나 환난을 가져오는 괴로움을 가리킨다(BAGD, 362, BDAG, 457). thlipsis와 관련하여 신약에 나오는 관련된 단어들은 핍박(diōgmos, 막 4,17, 살후 1:4), 근심(lypē, 요 16:21), 고통(stenochōria, 롬 2:9, 8:35, 고후 6:4), 고뇌(synochē, 고후 2:4), 어려움(anankē, 고후 6:4, 살전 3:7), 고난(pathēma, 골 1:24), 비난(oneidismos, 히 10:33), 빈곤(ptōcheia, 계 2:9)을 포함한다. 여기에서 thlipsis는 인자가 능력으로 오시기 전, 마지막 날들에 있을 큰 환난의 때를 특별히 가리킨다(단 12:1, 습 1:14-15, 계 7:14). [thlipsis]

13:20. **택자들**(The elect, tous eklektous) - 여기에서 예수님께서는 즉시 '택자들' 을 주님께서 택하신 사람들, 다시 말해서 하나님께서 인류 가운데서 선택하여 자신에게로 이끈 사람들로 명확하게 밝힌다(BAGD, 242, BDAG, 306). 신약에서 eklektos는 예수님(눅 23:35, 벧전 2:4, 6), 하나님의 천사들(딤전 5:21), 그리고 가장 흔하게는 예수님을 믿는 사람들에게 적용된다(예, 눅 18:7, 롬 8:33, 골 3:12, 딤후 2:10, 벧전 1:1-2, 계 17:4). 신약의 이러한 용

례에 근거할 때, 마가복음 13장에서 '택자들'은 기독교 공동체의 일원, 곧 예수님을 따르는 사람들로 밝혀져야 한다(Taylor, 514). 하나님께서는 택하신 사람들을 위하여 대환난의 시간을 단축할 것이며, 그들을 마지막 날들에 많은 사기꾼들에게서 보호하실 것이다(13:20, 22). 인자가 능력으로 임할 때, 그분은 천사들을 보내어 땅 전체에서 그들을 함께 모으실 것이다. [eklektos]

13:26. **인자**(The Son of Man, ton huion tou anthrōpou) – 예수님께서는 다니엘 7장을 지적하는 언어를 사용하신다. 그곳에서 인자 같은 사람이 하늘의 구름들과 함께 와서 모든 나라들을 다스리는 권세를 받기 위해 옛적부터 계신 이 앞에 나타난다(7:13–14). 그리고 땅을 지배할 연속적인 네 왕국을 대표하는 네 짐승의 이상을 제시한다. 이들은 하나님께서 개입하시고, 그들 대신 천상 인물인 인자 같은 이에게 모든 권세를 주어 그들을 심판하실 때까지 다스릴 것이다. 그때 그분의 나라는 온 땅에 확대되고 영원히 지속될 것이다. 마가복음에서 인자에 대한 더 많은 내용은 2장 10절을 보라. 권능에 대하여는 5장 30절을 보라. [huios + anthrōpos]

13:28. **무화과나무**(Fig tree, sykēs) – 한편 이스라엘 땅에서 대부분의 나무들은 늘 푸른 나무지만, 무화과나무는 겨울에 잎을 떨어뜨리고 일러야 늦은 봄에 다시 싹을 낸다. 무화과나무가 그 잎사귀들을 낼 때 겨울은 지나고 여름이 임박한다. 예수님께서는 이 비유를 유월절 직전에 가르치고 계셨으므로, 그 지역에 있는 무화과나무들은 그분이 묘사하시는 상태에 있었을 것이다(14:1). 즉 연한 가지와 돋아나는 잎들을 가지고 있었다.(Lane, 479). 무화과나무가 여름 직전에 잎사귀를 내는 것같이 마가복음 13장 14–23절에 묘사된 사건들도 그러할 것이다. 멸망의 가증한 것이 있은 후 가혹한 환난이 뒤따를 것이고, 거짓 선지자들이 백성을 미혹하려고 노력할 것이다. 이러한 사건들은 인자의 오심 직전에 일어날 것이다(13:29, 참고–Gundry, 746). 무화과나무에 대하여 더 많은 내용을 위해서는 11장 13절을 보라. 비유들에 대하여 4장 2절을 보라. [sykē]

13:30. **확실하게 사라지지 않을 것이다**(Will certainly not pass away, ou mē parelthē) – 동사 parerchomai는 '사라지다, 끝나다 혹은 멸하다' 라는 의미를 뜻한다(J. Schneider, TDNT 2:681–82). 이 죄악 되고 믿지 않는 세대는 마가복음 13장에 예언된 모든 사건들이 일어나기 전에 끝나지 않을 것이다. 마가복음에서 '세대' 라는 단어에 대하여 더 많은 내용을 위해서는 8장 12절을 보라. '진실로' 에 대하여는 3장 28절을 보라. 다음 31절에서 동일한 동사는 피조물의 사라짐과 그분 말씀의 영구적인 진리에 관한 예수님의 진술에 두 번 나온다. 동사 parerchomai는 신약의 다른 곳에서 하늘과 땅의 멸망(마 5:18, 눅 16:17, 벧후 3:10, 참고–T. Job 33:4)은 물론, 신자의 옛 삶의 사라짐(고후 5:17)과 부자의 덧없는 삶(약 1:10, 참고–지혜서 2:4, 5:9), 자신의 말씀의 영구성에 대한 예수님의 언급은 말씀들이 그 세력을 결코 잃거나 무효화하지 않을 것을 지적한다

(BAGD, 626, BDAG, 775, 참고-시 148:6). [parerchomai]

13:33. 주의하고 있다(Keep alert, agrypneite) -문자적으로 동사 agrypneō는 '밤에 깨어 있는 것'을 의미한다(LJS, 16, 참고-NET의 '깨어 있다'). 관련된 명사 agrypnia는 신약에 두 번 나오는데, 모두 다 바울이 교회를 위해 다른 어려움 가운데 견딘 '잠을 자지 못하는 밤들'을 가리킨다(고후 6,5, 11:27). agrypneō는 여전히 '경계하고 있다, 깨어 있다, 주의하다'란 더욱 일반적인 의미도 가진다(BAGD, 14, BDAG, 16, 참고-NRSV의 '경계를 유지하다'). 밤의 가장 어두운 시간에 위협하는 상황들을 경계하기 위해서 경계를 서는 파수꾼과 같이 예수님의 제자들은 깨어 있어야 한다(시 127:1 [칠십인경 126:1], 에스드라 1서 8:59, 눅 21:36). 깨어 있는 데 실패하는 것은 주인이 돌아올 때 잠자는 것으로 발견될 수 있다(13:36). 불행하게도 제자들은 예수님의 경고를 마음에 두지 않았다. 그래서 그들은 예수님께서 깨어 함께 겟세마네에서 기도할 것을 당부하셨을 때 곧장 잠들고 만다(14:32-41). 그들은 결국 닥치는 사건들을 제대로 준비하지 못하고 만다. [agrypneō]

14:1. 유월절(Passover, pascha) - 유월절은 하나님께서 이스라엘 백성을 애굽의 종살이에서 구원해내신 사건을 해마다 기념하는 절기다(출 12:1-14, 21-51, 레 23:4-5, 민 9:1-14, 28,16, 신 16:1-7). 유월절은 니산월(3/4월) 15-21일에 지내는 무교절과 관련하여 니산월 14-15일에 기념한다(출 12:15-20, 13:6-10, 34:18, 레 23:6-8, 민 28:16-25, 신 16:3-4, 8). 유월절은 연중에 있는 세 차례의 순례 절기 가운데 하나였기 때문에, 예수님과 제자들은 이 절기를 기념하러 예루살렘에 올라오는 많은 다른 순례자들 가운데 있었을 것이다(출 23:14-17, 신 16:1-17, 눅 2:41). pascha는 유월절 절기(막 14:1), 유월절 양(14:12) 또는 유월절 만찬(14,12, 14, 16, 참고-BAGD, 633, BDAG, 784)으로 번역되었다. 대제사장들에 대하여는 11장 27절, 서기관들에 대하여는 1장 22절을 보라. [pascha]

14:2. 소요(Riot, thorybos) - 명사 thorybos는 분노하는 무리의 통제되지 않은 시끄러움과 혼란, 곧 폭동으로 발전할 잠재력을 가진 혼돈의 유형을 기술한다(BAGD, 363, BDAG, 784). 예를 들면, 분노하는 대중, 큰 소동, 일반적인 무질서와 폭력의 협박을 가지고 에베소에서 바울의 영향력을 항거하기 위해서 은장색 데메드리오에 의하여 선동된 소란은 thorybos로 불린다(행 20:1, Jdt. 6:1, 3 Macc. 5:48, 마 27:24, 행 21:34, 요세푸스, 전쟁사 2.21.5 §611). 유월절 축제 기간에 예루살렘의 인구는 하나님께서 자기 백성을 속박에서 구속하신 사건을 기념하러 올라오는 무리로 크게 증가했다. 잠재적인 소요에 대한 대제사장들과 서기관들의 염려는 주후 1세기에 있었던 모임의 크기와 유월절 관련 소란의 역사를 감안해볼 때 확실하게 적절한 것이었다(Evans, 355, 참고-요세푸스, 전쟁사 2.12.1 §§224-27, 고대사 17.9.3 §§213-18, 20.5.3 §§105-12). [thorybos]

14:3. 나드(Nard, nardou) – 여기에 언급된 향유는 인도가 원산지인 나드 식물의 뿌리에서 축출된 향기 있는 기름인 나드에서 얻어진다(Lane, 492). 마가복음에 따르면, 나드는 '정품, 진품이었고' (pistikēs, 참고–Spicq, 3:108–9), 향유는 '희귀하고 매우 비쌌다'(polytelous, 참고–Spicq, 3:134–35). 옥합으로 된 병에서 발견할 수 있는 유형의 향유다. 그러한 용기들은 최상품이고, 일반적으로 가장 비싼 향유들을 담는 데 사용된다(Pliny the Elder, Nat. 13.3. 19). 마가복음 14장 15절에서 향유의 값은 일년 치의 품삯에 근접하는 300데나리온 이상이었다. 데나리온에 대하여는 6장 37절을 보라. [nardos]

그녀가 깨뜨린 후에(After she broke, syntripsasa) – 동사 syntribō의 한 용례는 물체를 깨뜨리고 파괴하는 행동을 나타낸다(5:4, 계 2:27, 참고–G. Bertram, TDNT 7:920). 마가복음은 그 여자가 옥합의 목을 따서 향유의 전부를 예수님의 머리에 붓는 그림을 제시한다. 이러한 행동의 의의는 옥합의 향유 전체를 예수님께 드리려는 여인의 결정을 극적으로 보여준다는 것이다. 여인은 향유를 조금도 남기지 않았고, 또한 그 병을 다시 사용할 수도 없었다(Gundry, 802, 813, Evans, 360). [syntribō]

14:8. 기름붓다(To anoint, myrisai) – 기름붓다(myrizō)에 해당하는 동사는 신약에서 여기에만 한 번 나온다. 신약에서 기름붓는 것과 관련되어 더 자주 사용된 단어는 aleipō다. 이것은 다양한 상황에서 기름이나 향유를 바르는 것을 가리킨다. 개인적인 외모를 유지하는 일(마 6:17), 병자를 치료하는 일(막 6:13, 약 5:14), 손님을 존귀하게 하는 일(눅 7:46)과 장례를 위해 시신을 준비하는 일(막 16:1) 등에 사용된다. 신약에는 또한 이와 관련한 다른 단어들이 나온다. 단어 chriō는 하나님을 섬기기 위해 개인적으로 따로 하나님께서 기름붓는 사건을 상징적으로 묘사할 때 항상 사용된다(눅 4:18, 행 4:27, 10:38, 고후 1:21, 히 1:9). epichriō와 enchriō는 모두 소경의 눈에 바르는 것을 묘사할 때 사용된다(요 9:6, 11, 계 3:18, 참고–MM, 180, 251). 동사 myrizō는 마가복음 14장 3절에서 '향유'를 가리키는 단어인 명사 myron과의 관계를 통하여 그 자체를 구별 짓는다. 당시에 유대인의 일반적인 관습은 장례 전에 몸을 씻고 기름을 바르는 것이었다(m Shabb. 23:5). 예수님께서는 이러한 관습에 비추어 여인의 선물을 해석하신다. 향품들을 가지고 무덤에 나오는 여인들이 의도했던 기름부음을 제외하면, 이것은 마가복음에서 장례를 위해 예수님의 몸에 기름을 바른 사건에 대한 유일한 언급이다(16:1). 물론 여인들의 의도는 예수님의 부활 때문에 좌절되었다. [myrizō]

14:9. 그녀를 기념하여(In memory of her, eis mnēmosynon autēs) – 여인의 선한 행위는 복음 메시지가 가는 곳마다 전 세계에서 기억될 것이다. 이것은 이 여인이 예수님에 관한 좋은 소식을 듣고 영접하는 사람들에 의하여 존귀하게 여겨질 것을 암시한다. 칠십인경에 사용된 mnēmosynon은 자신들의 선한 일들로 인하여 중요한 사람으로 존귀하게 된 사람들(시락서 39:9–11, 46:11–12)과 악함 때문에 그

기억이 지워지고 중요하지 않은 대상으로 잊혀지는 사람(신 32:26, 욥 18:17, 시 34:16[칠십인경 33:16], 109:15[칠십인경 108:150, 시락서 10:17, 44:9, 참고-T. Jos. 7:5)을 묘사할 때 사용된다. 그 여인은 예수님을 위해서 잃는 것 때문에 '온 세상에서' 명예의 자리를 얻는다(14:9). 그러므로 여인은 '온 세상'을 얻으려고 하다가 자기들의 영혼을 잃는 사람들과 대조를 이룬다(8:26). 좋은 소식을 전파는 것에 관하여는 1장 1, 38절, 8장 35절을 보라. '진실로'에 대하여는 3장 28절을 보라. [mnēmosynon]

14:10. **그를 배반하기 위하여**(In order to betray him, hina auton paradoi) – 이 문맥에서 동사 paradidōmi는 유다의 배신 행동에 비추어볼 때 배반의 함축적인 의미를 가진다. 그는 열두 제자 가운데 한 사람이라는 지위를 이용하여 종교 지도자들의 예수님 체포 음모를 돕는다. '배반당하다'에 대하여 더 많은 내용을 위해서는 3장 19절을 보라. 유다의 배반 행동은 무리와 떨어져 있을 때 대제사장들에게 예수님을 은밀하게 체포할 기회를 제공하는 것을 포함한다(14:43–50). 유다는 그들이 예수님을 심문할 때 그들을 도울 수 있는 죄를 덮어씌우는 정보도 제공했을 것이다. 공회 앞에서 제기된 쟁점들, 성전의 멸망과 메시아의 자기 이해와 관련한 예수님의 가르침(14:57–58, 61)은 내부인, 곧 예수님께서 제자들에게 하신 말씀의 내용을 알고 있는 사람의 도움을 그들이 받았음을 시사한다(8:27–30, 13:1–2, 참고-Evans, 365). 열둘에 관하여는 3장 14절을 보라. [paradidōmi]

14:14. **객실**(Guest room, katalyma) – 관련된 동사 katalyō는 때때로 '숙박지를 찾기 위해서 여행을 멈추는 것'을 의미한다(눅 9:12, 19:7, 참고-BAGD, 414, BDAG, 522). 이와 유사하게 명사 katalyma는 객실, 곧 여행자들이 안식과 숙박을 위한 장소를 가리킨다(왕상 1:18, 렘 14:8, Let. Aris. 181). 객실에 대한 제자들의 질문에 대한 반응에서 집주인은 유월절 만찬을 준비할 수 있는 큰 다락방을 그들에게 보여준다(14:15–16). [katalyma]

14:19. **내가 그 사람이 아니죠, 그렇죠?**(I am not the one, am I?, mēti egō) – 헬라에서 mēti는 말하는 사람이 자신의 질문에 대해 '아니오'라는 부정적인 답을 기대하는 것을 가리키는 기능을 한다(BDF, 220–21, 226). 영어로 이 관용어를 이해하는 한 가지 방법은 청자들에게 부정적인 진술을 확증하도록 권고하는 질문을 한 다음에 부정적인 의미의 답변을 기대하는 것이다. 예를 들면, NLT는 제자들의 질문을 "내가 그 사람이 아니죠, 그렇죠?"로 번역한다. 또한 마가복음에 나오는 예수님의 비유 강화(4:21)에 나오는 다른 질문이 mēti로 시작한다. 거기서 예수님의 질문은 "등불을 가져다가 말이나 침대 밑에 안 둔다, 그렇지 않은가?"이며, 이에 대한 답은 부정적인 의미에서 분명하게 "아니오"다. 14장 19절에서 각 제자는 아마도 유다를 포함하여 예수님께서 "그래, 너는 그 배반자가 아니다"라고 대답해주시기를 기대하는 방식으로 질문을 한다. [mēti]

14:21. **화**(Woe, ouai) – 단어 ouai가 전달할 수

있는 의미는 (1) 강도 있는 고난의 때를 내다보는 애곡, 측은함의 표현, (2) 하나님의 미래적인 심판을 지적하는 위협, 불쾌감의 표현이다(H. Balz, EDNT 540). 마태복음 18장 7절은 세상의 많은 문제들과 이것들을 야기한 사람들을 향한 정죄에 비추어 세상에 대한 염려를 전달하기 위해서 '화'란 단어를 사용함으로 두 가지 의미의 예를 보여준다. 유다에 관한 예수님의 선언은 미래적인 비참함을 직면하는 어떤 사람을 향한 측은함의 표현보다는 하나님께 불순종한 어떤 사람에 대한 심판의 진술이다. 그러므로 이 화는 회개하지 않는 사람들(마 11:21, 눅 10:13), 위선자들(마 23:13-32, 눅 11:42-52), 부자들(눅 6:24-26)을 예수님께서 비난하신 것과 병행된다. '화'는 더 이상 흔한 영어 단어가 아니기 때문에, 최근 ouai는 "그것이 얼마나 비참할 것이냐"(Louw & Nida, 1:243)와 "그것이 얼마나 무시무시할 것이냐"(NLT) 등으로 번역된다. [ouai]

14:24. 언약(Covenant, diathēkēs) – 신약에 사용된 diathēkē는 대부분 하나님의 언약들에 대한 구약의 가르침에서 그 의미를 가져온다. 신약에서 diathēkē가 33회 사용된 것 가운데 절대 다수는 구약의 직접적인 인용이나 이에 대한 분명한 암시와 관련되어 있다. 하나님과 그분의 백성 사이의 관계의 맥락에서 언약은 두 동등한 당사자들이 상호 합의한 계약이 아니다. 그 대신 언약은 하나님의 주도에 근거하여 그분의 뜻과 목적의 선포로 생긴다. 언약은 하나님께서 자기 자신을 결속시키는 약속과 함께, 때로는 그분이 자기 백성에게 부과하는 책임들도 포함한다(BAGD, 183, BDAG, 228, J. Behm, TDNT 2:124-34). '내 언약의 피'라는 문구를 이해하기 위한 기본적인 배경은 이스라엘과 맺은 하나님의 언약이 공식적으로 비준되는 것을 보여주는 출애굽기 24장 6-7절이다. 언약 비준의식에서 모세는 "주님께서 너희와 함께 맺는 언약의 피를 보라"고 선포하면서 피를 제단과 백성 자신들에게도 뿌린다. 유사한 방식으로 예수님의 흘린 피는 하나님과 그분의 백성 사이의 언약을 확립하고 확증한다. 이 언약은 하나님께서 모세를 통하여 이스라엘과 맺은 협약을 능가한다(렘 31:31-34 참고). [diathēkē]

14:26. 그들이 찬양을 부른 후에(After they sang a song of praise, hymnēsantes) – 신약에서 동사 hymneō는 노래를 통해서 하나님께 찬양을 표현하는 것을 가리킨다(예, 행 16:25, 히 2:12, 참고-M. Rutenfranz, EDNT 3:392). 유월절 기념은 시편 113-118편을 노래하는 것을 포함한다. 이 시편의 상반부를 유월절 만찬에 부르고, 후반부는 식사가 끝난 후에 부른다(m Pesah 10:5-7, 참고-Lane, 501-2, 509). 예수님의 유월절 식사는 아마도 시편 118편을 노래하는 것으로 끝났을 것이다. 이 시편은 하나님께서 어떻게 의인들을 압박 한가운데와 사망의 예상을 통과하여 인도하실 수 있는지를 묘사한다. 추가로 시편 118편 22절은 건축자들이 배척한 돌이 모퉁이 돌이 된 것을 가르친다. 예수님께서는 자신의 죽음을 묘사하기 위해서 앞서 이 구절을 인용하셨다(12:10, 참고-8:31). [hymneō]

14:27. 너희들은 넘어질 것이다(You will fall away, skandalisthēsthe) – 마가복음에서 동사 skandalizō는 7회 더 사용되었는데, 이 가운데 4장 17절의 용례는 이 구절과 가장 가까운 평행을 이룬다. 다시 말해서 예수님께서는 제자들을 돌밭, 곧 기쁨으로 복음의 메시지를 받으나 핍박 가운데 불순종과 불신으로 넘어지고 마는 사람들에 비교하신다. 예수님께서는 제자들에 관한 자신의 예언을 목자가 죽을 때 양의 흩어짐에 관하여 말하는 스가랴 13장 7절의 인용으로 확증하신다. 또한 부활하신 후에 그들을 갈릴리에서 만날 것이라고 여전히 약속하신다. 예수님께서는 아마도 이때 흩어진 자신의 양들을 함께 모으고, 그들이 소명을 성취할 수 있도록 그들을 회복시키실 것이다(Evans, 400 참고). skandalizō에 대하여 더 많은 내용을 위해서는 4장 17절을 보라. '그것이 기록되었다'에 대하여는 1장 2절을 보라. [skandalizō]

14:30. 네가 부인할 것이다(You will deny, aparnēsē) – 예수님을 부인하는 것은 그분과의 관계 인정하기를 거부하는 것, 그분과의 어떠한 연관성도 거절하는 것을 의미한다(BAGD, 81, 107-8, BDAG, 97, 132, 참고-지혜서 12:27, 16:16). 동사 aparneomai의 반대는 homologeō, '고백하는 것, 공적으로 자신의 충성을 고백하는 것'이다. 예를 들어, 누가복음 12장 8-9절에서 예수님께서는 예수님 자신을 사람들 앞에서 고백하는 사람들은 하나님의 천사들 앞에서 고백하지만, 반대로 예수님 자신을 부인하는 사람들은 예수님을 부인할 것이라고 말씀하신다. 또한 마가복음의 앞부분에 등장하는 동일한 동사 aparneomai는 예수님 자신을 따르기를 원하는 사람들에게 주시는 요구들의 목록에 등장한다(8:34). 예수님을 따르는 자들은 자기 자신을 부인해야만 한다. 베드로는 자신의 이기적인 관심을 제쳐놓는 대신에 예수님을 조금이라도 아는 사실을 부정할 것이기 때문에 다른 방향으로 향해 갈 것이다(14:66-72). [aparneomai]

14:33. 깊이 고민하다(To be deeply distressed, ekthambeisthai) – 신약에서 마가복음에만 유일하게 나오는 동사 ekthambeō(9:15, 14:33, 16:5, 6)는 역시 마가복음에만 나오는 이와 관련된 동사 thambeō(1:27, 10:24, 32)를 강화시키는 역할을 한다. 두 동사는 방금 일어났거나 곧 닥칠 어떤 어려움이 예상되는 이례적인 사건에 대한 반응으로 놀라움이나 고민의 감정을 표시할 수 있다(BAGD, 241, 350, BDAG, 303, 442). 마가복음은 예수님께서 괴로워하고(14:33, adēmonein) 심히 근심하여(perilypos) 죽을 지경에 이를 정도로 슬퍼하셨다고, 다시 말해서 너무나 근심에 사로잡혀서 생명을 유지하는 것이 거의 불가능하게 되었다고 보여줌으로(14:34) 겟세마네에서의 고뇌의 감정을 더욱 분명하게 해준다. [ekthambeō]

14:36. 아바(Abba, abba) – 아람어 abba는 아버지를 부르는 용어로서 가족의 일상적인 언어에서 발전했다. 아이들만이 아니라 성인 아들과 딸들도 자기들의 아버지에게 말할 때 abba를 사용했다(O. Hofius, NIDNTT 1:614). 마가는 예수님께서 겟세마네에서 하나님께 기도하실 때 이러한 가족 용어를 사용하신 것으로 기록

하고, 독자들을 위해서 그것을 아버지(patēr)에 해당되는 헬라어로 번역한다. 단어 abba는 신약에서 두 번 더 나오는데, 모두 기도의 문맥에서 나온다. 로마서 8장 15절과 갈라디아서 4장 6절에서 바울은, 하나님의 성령께서 신자들이 하나님의 자녀인 것을 분명하게 했기 때문에 그들이 "아바, 아버지!"라는 단어를 사용하여 하나님께 부르짖을 수 있다고 지적한다. 그러므로 기도의 문맥에서 abba는 아버지와 친밀하고도, 개인적인 관계를 표현하는 가족 언어다. [abba]

잔(Cup, potērion) – 하나님께로부터 온 잔을 마신다는 은유는 단순하게 고난과 죽음의 운명을 수용하는 것을 가리킬 수 있다(10:38–39, 참고–Mart. Ascen. Isa. 5:13, Mart. Pol. 14:2). 그러나 겟세마네(14:33–35)에서 예수님의 감정의 강도와 하나님께 버림 받았을 때 십자가 위에서의 큰 외침(15:34)은 이 구절에 언급된 '잔 은유' 에 더 깊은 의의가 있음을 시사한다. 구약에서 잔의 지배적인 상징적인 용례는 하나님의 심판과 진노를 대변하기 위한 것이다(시 11:6[칠십인경 10:7], 75:8[칠십인경 74:8], 사 51:17, 22, 렘 25:15–17[칠십인경 32:15–17], 49:12[칠십인경 29:12], 애 4:21, 겔 23:31–35, 합 2:16, 참고–Pss Sol 8:13–14, 1QpHab XI, 14–15, 계 14:10, 16:9). 예수님께서는 자신의 죽음을 육체적인 고뇌의 때만이 아니라, 다른 많은 사람들을 위해서 하나님의 심판을 감당하는 구속적인 고난으로 보신다(10:45, 14:24, L. Goppelt, TDNT 6:152–53, Taylor, 553–54 참고). 그분은 비록 이러한 가능성을 두려워하지만, 결국 아버지의 뜻을 수용하실 것이다. 하나님의 뜻에 관하여는 3장 35절을 보라. 예수님과 기도에 대하여는 1장 35절을 보라. [potērion]

14:41. **그것이 멀리 있느냐**(Is it far away, apechei) – 여기에 나오는 apechei의 번역은 이 단어가 상당히 넓은 범위의 의미를 가지고 있고, 그 가운데 어느 것도 문맥에 쉽게 맞지 않기 때문에 어렵다. 비록 많은 영어 번역들은 여기에 나오는 apechei를 '그것이 충분하다' (예, RSV, NASB, NET) 또는 '충분하다' (예, NIV, NRSV, NLT)로 번역하지만, apechei가 이러한 의미를 지닌다는 증거는 빈약하다. 동사 apechō의 더 흔한 용례는 특히 칠십인경에서 '멀리 떨어져 있는 것' 이란 의미를 전달한다(예, 창 44:4, 신 12:21, 시 103:12[칠십인경 102:12], 잠 15:29, 사 55:9, 겔 22:5, 참고–MM, 57–58). 동사 apechō는 이와 같은 용례로 마가복음(7:6, "그들의 마음이 내게서 멀리 떨어져 있다")에서 다시 한 번 나온다. 만일 apechei가 예수님께서 제자들에게 계속하시는 질문으로 번역된다면, '멀리 떨어져 있다' 는 의미는 이 구절의 문맥에 맞을 수 있다(Evans, 416–17). 그러면 apechei 바로 다음에 나오는 단어들은 이 질문에 답을 제공할 것이다. 결과적으로 예수님께서 하신 말씀의 뜻은 다음과 같다. "너희들이 아직도 자고 있느냐? 그리고 너희들이 쉬고 있느냐? 그것이 멀리 있느냐? 아니다. 그 시간이 왔다." [apechō]

14:44. **철통 같은 감시 하에**(Under tight security, asphalōs)–마가복음 14장 41절에서 부사

asphalōs는 종종 '감시 하에' (예, NASB, NIV, NRSV)로 번역되는데, 이것은 죄수의 어떠한 탈출이나 구출을 막기 위해서 죄수를 확고하게 또는 조심스럽게 감시한다는 의미에서 '확고하게' 를 뜻한다(C. Brown, NIDNTT 1:663). 이와 동일한 단어가, 바울과 실라를 확고하게 지키라는 명령을 받은 빌립보의 간수가 그들을 깊은 감옥에 집어넣고 그들의 발을 차꼬에 단단히 매는 것(asphalizō를 사용하여)을 묘사하는 사도행전 16장 23절에 나온다(행 16:24). [asphalōs]

14:48. **강도**(Robber, lēstēn) – '강도' (NASB), '산적' (NRSV), '위험한 범법자' (NLT)와 같은 번역들은 명사 lēstēs가 협박이나 폭력의 행동으로 도적질을 한다는 의미를 전달하는 데 도움을 준다. lēstēs에 관한 더 많은 내용을 위해서는 11장 17절을 보라. 앞부분에서 예수님께서는 대제사장들을 강도들로 묘사하셨고(11:17), 반대로 그들은 예수님을 밤에 체포하기 위해서 검과 곤봉으로 무장한 무리를 보냄으로써 그분을 위험한 강도로 취급한다(14:43, 48). 이 문맥에서 lēstēs를 '혁명 분자' 또는 '폭동자' (예, NIV)로 번역하는 것은, 11장 17절에서 예수님께서 성전 지도자들을 고소하신 일과 이 구절에서 그들이 예수님을 처리한 일 사이에 있는 역설적인 병행을 놓친다. 추가로, 마가가 만일 어떤 사람을 혁명 분자로 밝히기를 원한다면 다른 단어 stasiastēs를 사용할 것이다(15:7). [lēstēs]

14:51. **베옷**(Linen garment, sindona) – 마가복음만 제자들이 도망간 후에 예수님을 계속해서 따랐던, 베옷을 두른 젊은이에 관한 사건을 포함한다. sindōn은 정교한 베 옷감을 가리킬 때 사용되었다(MM, 757). 아리마대 요셉은 예수님의 시신을 무덤에 넣기 전에 시신을 감싸기 위해서 이 옷감을 가져왔다(15:46). 추가로, sindōn은 옷을 포함하여 그러한 자질로 만들어진 어떠한 물품도 가리킬 수 있었다(LSJ, 1600). 마가복음은 옷의 성격을 묘사하는 데 충분한 세부 내용을 제공하지 않는다. [sindōn]

14:52. **벌거벗고**(Naked, gymnos) – 형용사 gymnos는 문맥에 따라서 옷을 완전히 벗었든, 입지 않았든 어떤 사람이 옷을 입지 않은 것을 나타낸다(A. Oepke, TDNT 1:773-74, Cranfield, 438, 참고-요 21:7). 벗은 채로 도망갔다는 것은 당시 상황이 거의 도망갈 정신조차 없을 정도였음을 말한다. 이것은 완전하고 굴욕적인 패배의 예증 역할을 한다. 유사한 그림을 사용하여, 선지자 아모스는 심지어 전사들 가운네 가장 용감한 자들도 벗은 재로 도망하게 될 압도적인 패배의 때를 예언했다(암 2:16, 참고-마카비 2서 11:12, 행 19:16). 마가의 진술에서 젊은이의 도망은 위기의 순간에 예수님을 버리고 수치와 극한 굴욕 가운데 도망가는 제자들의 비겁한 행동을 상징적으로 보여준다. 예수님을 따르기 위해서 모든 것을 버리는 대신에 젊은이는 도망가기 위해서 모든 것을 버린다. 이와 유사하게, 자기들의 주인(10:28) 예수님을 따르기 위해 모든 것을 버렸다고 주장하던 제자들은 이제 그분을 버리고 떠나 자기들의 목숨을 살리기 위해서 도망간다(14:50). [gymnos]

14:53. 대제사장(High priest, archierea) – archiereus가 복수로 사용되었을 때 주요 제사장들을 가리키는 것과는 대조적으로, 단수로 사용되었을 때는 대제사장을 가리킨다. 예수님 당시에 대제사장은 백성의 종교 지도자였을 뿐만 아니라, 비록 정치적인 권력은 로마 통치하에 크게 제한되었지만 국가의 정치적인 대표자였다(Schurer, History 2:227–32). 로마 총독은 항상 영향력 있는 제사장 가문들의 선택된 자들 가운데서 대제사장을 세웠고, 새로운 대제사장을 세우기 위해 대제사장을 해임할 수 있었다. 대제사장의 권세의 대부분은 공회의 지도자로서의 지위에서 파생되며, 마가복음에서 대제사장은 바로 이러한 역할로 그 모습을 드러낸다(14:53–65). 이 구절에서 대제사장은 공회의 회원들을 소집한다. 공회원들은 대제사장들(11:27을 보라)과 장로들(11:27을 보라)과 서기관들(1:22를 보라)이다. [archiereus]

14:55. 공회(Sanhedrin, synedrion) – 예루살렘에 자리를 잡고 있는 공회는 법적이고 행정적인 문제와 관련하여 유대인 백성, 특별히 유대에 살고 있는 백성들에 대하여 권세를 가졌던 최고 통치회의였다(Schurer, History 2:200–26). 산헤드린 공회의 71명의 의원은 의장의 역할을 하는 현직 대제사장, 그리고 제사장 지도자들의 손에 놓인 가장 큰 권력을 가진 주요 제사장들과 장로들과 서기관들의 대표자들을 포함한다. 공회는 종교적인 관습, 성전 감독, 시민 정부와 형법상의 정의와 관련하여 율법의 해석과 적용에 관한 결정들을 내렸다. 공회는 체포하고 질서를 유지하기 위해서 자체의 경찰군대를 가졌다. 비록 큰 영향력이 있었지만, 공회는 자신들의 이익을 지탱하기 위해서 어느 때든지 공회의 권한을 제한할 수 있는 로마 통치자들의 권세 아래 존재했다. 마가복음에서 공회는 예수님을 대항하여 불리한 증언을 하고(14:55), 사형에 합당한 자로 정죄하며(14:65), 빌라도에게 넘겨주어 재판을 받게 하기 위해서 증인들을 찾았다(15:1). [synedrion]

14:61. 송축받으신 분의(Of the Blessed One, tou eulogētou) – 신약에서 하나님과 관련해서만 사용된(눅 1:68, 롬 1:25, 9:5, 고후 1:3, 11:31, 엡 1:3, 벧전 1:3) 형용사 eulogētos ('복되다')는 하나님을 찬양받기에 합당하신 분으로 묘사한다(BAGD, 322, BDAG, 408). 이 구절에서 대제사장은 하나님을 공경한 나머지 그 분의 이름을 언급하는 것을 피하기 위해서 형용사를 사용한다(1 En 77:1–2, m Ber 7:3). 대제사장의 이러한 언어 사용은 하나님의 이름에 대한 존경스러운 관심을 보여주면서도 여전히 하나님의 아들을 정죄함에 이르게 하는 것을 볼 수 있다. 이것은 비록 입술로는 하나님을 경외하지만, 그의 마음은 하나님에게서 멀다는 것을 증거한다(7:6 참고). 그리스도와 하나님의 아들 되신 예수님에 관하여는 1장 1절을 보라. [eulogētos]

14:62. 오른편에 앉아서(Sitting at the right hand, ek dexiōn kathēmenon) – 베드로가 예수님을 메시아로 밝힌 후, 예수님께서는 인자로서 자신이 미래에 받을 고난에 대하여 말씀하시기 시작했다(8:29–31). 대제사장 앞에

서 메시아의 칭호를 인정한 후, 예수님께서는 즉시 인자로서 자신의 미래적인 영광을 기술하신다. 종교 지도자들에게는 예수님 자신이 '오른편에 앉아 있는 것' 을 보게 될 것이라고 선언하심으로써 메시아로서의 지위를 더욱 분명하게 밝히신다. 이 구절은 시편 110편 1절에서 나온 구절이다. 시편 110편 전체 내용에 비추어 볼 때, 예수님께서 하나님의 오른편에 앉는다는 것은, 나라들을 심판하고 원수들을 통치하기 위해서 하나님께서 그분을 가장 존귀한 자리로 높이실 것을 의미한다(막 12:36 참고). 예수님께서는 지금 예수님 자신을 재판하는 사람들을 심판하실 것이다. 인자 되신 예수님에 관한 더 많은 내용을 위해서는 2장 10절과 13장 26절을 보라. [dexios + kathēmai]

14:63. 그의 옷을 찢으며(Tearing his clothes, diarrēxas tous chitōnas) – 자기의 옷을 찢는 몸짓은 강렬한 근심이나 고뇌를 표현하는 감정적인 반응이었다. 예를 들면, 야곱은 아들 요셉이 죽었다는 생각을 했을 때 슬픔 가운데 그의 옷을 찢었고(창 37:34, 참고-수 7:6, 삼하 1:11, 욥 1:20), 히스기야 왕은 하나님을 모독하는 랍사게의 협박 때문에 고뇌 가운데 같은 행동을 했다(왕하 19:1, 참고-에 4:1, T Jos 5:2, 행 14:14, 요세푸스, 전쟁사 2.15.2 §316). 궁극적으로 자기의 옷을 찢는 것은 형식적으로 법적인 행동이 되었다. 미쉬나에 따르면, 재판관들은 신성 모독의 말을 들을 때 그들은 '자리에서 벌떡 일어나 자기들의 옷을 찢고 다시는 그 옷을 수선할 수 없게' 해야 한다(m Sahn 7:5). 대제사장은 자기의 옷을 찢음으로 예수님의 주장, 즉 자기가 메시아이며 모든 사람을 심판하게 될 높임 받은 심판자라는 주장을 하나님을 훼방하는 모욕으로 간주하고 있음을 보여준다. 신성 모독에 관한 더 많은 내용을 위해서는 2장 7절을 보라. [diarēssō + chitōn]

14:65. 예언하다(Prophesy, prophēteuson) – 예언하라는 명령을 받기 전에 예수님의 눈이 가려졌기에 그분은 아마도 자신을 때린 자들을 알아맞히라는 요구를 받은 것으로 보인다. 그러므로 이 구절에서 동사 prophēteō은 감추어진 어떤 것, 곧 인간 지식의 정상적인 영역 밖에 있는 어떤 것을 예언적인 언사로 드러내는 것을 의미한다(G. Friedrich, TDNT 6:829). 종교 지도자들은 예수님께서 자신의 미래적인 높아짐을 예언하셨기 때문에 그를 선지자로 모욕하기로 결정한 것 같다(14:62). 추가로, 많은 사람들은 예수님을 옛날의 선지자들 가운데 하나로 간주했다(6:15, 8:28). 종교 지도자들은 이러한 평가를 의식하고 있었을 것이다. 그늘은 또한 세례 요한이 흔히 선시자로 알려져 있는 사실에 익숙했기 때문이다(11:32). 종교 지도자들이 말로는 예수님께 예언하라고 요청하면서 그분을 선지자로 대하나, 행동으로는 반대로 사기꾼으로 믿었음을 드러낸다. 예수님께서는 대제사장들과 장로들과 서기관들이 예수님 자신을 배척하고, 사형 선고를 내릴 것이며, 또한 자신이 모욕을 받고 침 뱉음을 받을 것이라고 예언하셨기 때문에, 여기에서 발견할 수 있는 역설은 바로 그 순간에 예수님의 예언이 성취되고 있다는 것이다(8:31, 10:33-34). 또한 베드로에 관한 예수님의 예언의 정

확성은 곧 분명해질 것이다(14:26-31, 66-72). [prophēteuō]

14:66. **소녀 노예들 가운데 하나**(One of the slave girls, mia tōn paidiskōn) - 명사 paidiskē는 '젊은 여자'라는 의미에서 '여자 노예'를 가리키는 용어로 바뀌었다(예, 출 21:20-21, 신 15:17, 전 2:7, Jos Asen 6:8, 눅 12:45, 행 16:16, 참고-MM, 474). 그러므로 자유가 결여된 것을 시사하는 '소녀 노예들 가운데 하나'란 번역(NET)은 '소녀 종들 가운데 하나'(예, NASB)보다 더 적절하다. 이 문단에서 노예 소녀의 존재는 예수님과 베드로 사이의 대조를 강조하는 역할을 한다. 예수님께서는 자신의 답변이 정죄와 사망에 이르는 것이라 할지라도 대제사장의 질문에 진리로 답변하신다. 그러나 베드로는 자신의 생명을 구하기 위해서 대제사장의 소녀 노예의 고소에 거짓말로 반응한다. 베드로의 부인 행위에 대하여는 14장 30절을 보라. [paidiskē]

14:71. **저주하다**(To curse, anathematizein) - 베드로는 만일 자기가 거짓말을 하면 자기 자신에게 저주가 내릴 것이라고 외침으로써 자신의 말이 참되다는 사실을 확증하기 원한다는 의미로 저주를 선언한다(Taylor, 575, 참고-NIV). 동사 anathematizō의 유사한 사용은 사도행전 23장 12, 14, 21절에도 나온다. 여기에서 바울의 원수들 가운데 일부는 자기들이 다시 먹거나 마시기 전에 바울을 죽이는 일에 실패한다면 저주를 받겠다고 맹세한다. 그들은 자기들의 맹세의 참됨을 강조하기 위해서 저주를 호소한 것이다(삼상 20:13, 삼하 3:9, 왕하 19:2 참고). [anathematizō]

15:1. **넘겨주었다**(Handed over, paredōkan) - 마가는 동사 paradidōmi를 예수님께서 넘겨지시는 여러 단계의 행동을 묘사할 때 사용한다. 유다에게서 종교 당국자들에게(14:10-11, 18, 21, 41-44), 종교 당국자들에게서 빌라도에게(15:1, 10) 그리고 빌라도에게서 처형을 집행한 군인들에게(15:15-16) 넘겨지는 일련의 행동이 모두 이 동사로 표현되었다. paradidōmi에 대하여 더 많은 내용을 위해서는 3장 19절을 보라. 공회나 '회의'와 공회를 구성한 종교 지도자들의 다른 그룹들에 대하여는 1장 22절, 11장 27절, 14장 55절을 보라. [paradidōmi]

15:2. **유대인들의 왕**(King of the Jews, ho basileus tōn Ioudaiōn) - 다른 복음서들과 비교해볼 때, 마가복음에서 '왕'이라는 칭호를 예수님께 사용한 것은 다소 독특하다. 마가복음에서 이 칭호는 예수님의 처형을 가져오는 데 적극적인 사람들, 빌라도, 적대적인 무리, 군인들, 대제사장들과 서기관들에 의하여 배타적으로 예수님에게 붙여졌다(15:2, 9, 12, 18, 26, 32). 그러나 다른 복음서들에서 예수님을 향해 동정적인 입장을 취하고 있는 사람들도 그와 관련하여 '왕'이란 칭호를 사용하고, 심지어 예수님도 자신에게 이 칭호를 사용하신다(마 2:2, 25:34-40, 눅 19:37-38, 요 1:9, 12:12-13, 참고-행 17:7). 마태복음과 요한복음은 예수님께서 오시는 메시아적인 왕에 관한 스가랴의 예언의 성취라고 진술한다(마 21:4-5, 요 12:14-15). 마가

는 통치자가 되는 것이 무엇을 의미하는지에 대한 예수님의 관점이 그분의 반대자들의 관점과 현저하게 거리가 있다는 것을 자신의 제시 방식을 통하여 보여주려고 애쓰는 것 같다(10:42-45 참고). 빌라도에게 '유대인들의 왕'이란 칭호는 지상의 왕국과 정치적인 권력과 군사적인 힘을 가진 어떤 사람에게만 속한다. 예수님께서는 섬기고 자신의 생명을 내어주기 위해서 오신 통치자이기 때문에 그러한 종류의 왕은 아니다. [basileus + Ioudaios]

당신이 그렇게 말하고 있다(You say so, sy legeis) – 예수님께서는 유대인들의 왕으로서의 정체성에 관한 빌라도의 질의에 "당신이 그렇게 말하고 있다"고 대답하신다. 이 헬라어 문구는 긍정적이나 간접적인 답변의 기능을 한다. 이 답변은 그러한 질문이 없었다면 그러한 진술은 할 필요가 없는 것임을 암시한다(BDF, 227, 참고-마 26:25, 64, 27:11, 눅 22:70, 23:3, 요 18:37). 즉 예수님께서는 자신이 유대인들의 왕인 것을 동의하시나, 왕에 관한 자신의 관점은 빌라도의 그것과 다르다는 것을 알고 있었기 때문에 조심스럽게 대답하신다(Lane, 551). [legō]

15:7. **민중 봉기자들**(Insurrectionists, stasiastōn) – 명사 stasiastēs는 '봉기를 음모하다, 반란을 일으키다'라는 의미의 동사 stasiazō에서 파생된다(Jdt. 7:15, 마카비 2서 4:30, 14:6). 그래서 명사는 현존하는 권세를 전복시키기 위해서 반역, 또는 봉기에 참여하는 사람을 가리킨다(Spicq, 3:286, 요세푸스, 전쟁사 6.2.8 §157). 대제사장들은 예수님을 풀어주겠다는 빌라도의 제안 대신 바나바의 석방을 요구하기 위해서 무리를 선동할 수 있었다. 바나바는 과격한 반란에 참여했기 때문에 투옥된 사람이었다. [stasiastēs]

15:11. **선동했다**(Stirred up, aneseisan) – 동사 anaseiō는 예들 들면, 지진을 일으키는 진동에서와 같이 문자적으로 '흔들다'를 의미할 수 있는 seiō의 동의어다(마 27:51, 히 12:26). 혹은 이 단어는 상징적으로 무리들의 소동이나 흥분을 자극하는 것에서와 같이 '선동하다'를 의미할 수도 있다(마 21:10, BAGD, 60, 746, BDAG, 71, 918). 신약에서 anaseiō의 2회 사용은 상징적인 용례, 즉 백성을 선동하는 것과 일치한다(15:11, 눅 23:5). 마가복음에서 사건들의 순서는, 심지어 예수님께서 죄수라는 것을 그들이 알기도 전에 무리 가운데 있는 많은 사람들은 바라바가 석방되기를 원하는 시점에 이미 도달했다는 것을 전달해준다. 그러므로 대제사장들은 백성으로 하여금 바라바 석방을 계속해서 외치게 하고, 그들의 요구가 빌라도의 예수님 석방 제안에 의하여 꺾이지 않도록 무리를 선동했다(Cranfield, 450). [anaseiō]

15:13. **십자가에 못 박다**(Crucify, staurōson) – 백성은 "십자가에 못 박으라"고 외친다. 그들은 빌라도에게 예수님을 처형하라고 요구한다. 십자가 처형은 그 당시 처형의 유일한 수단은 아니었으나, 가장 잔인하고 고통스러운 것이었다. 고난은 채찍으로 시작한다. 그 후에 희생자는 십자가의 가로대를 운반하고, 종종 무리가 가득 찬 길을 따라서 처형장으로 간다. 처형장에는 이미 수직 기둥이 땅에 박혀 있다. 거기에

서 군인들은 죄수의 펼쳐진 팔을 가로대에 묶거나 못을 박는다. 그리고는 가로대를 세워 기둥에 단단하게 고정시킨다. 기둥의 중간에 있는 작은 나무 받침대는 매달린 몸이 약간 의지할 수 있는 공간을 제공했다. 십자가 처형은 중추적인 기관들을 손상시키거나 단시간에 과도한 출혈을 가져오지 않으므로 죽음은 느리게 다가온다. 희생자가 충격이나 피곤함으로 말미암아 숨을 쉬는 데 필요한 근육들이 너무나 지쳐서 기능을 할 수 없게 되었을 때 마침내 죽음에 도달하게 된다(J. Schneider, TDNT 7:57–74, J. B. Green, DJG 147–48). 마가복음은 예수님의 처형의 실제적인 성격에 대하여 전혀 상세한 내용을 제공하지 않는다. 그는 단지 "그들이 그를 십자가에 못 박았다"고 진술할 뿐이다(15:24–25). [stauroō]

15:15. **빌라도가 그분을 채찍질하게 한 후에**(After he had him flogged, phragelōsas) – 마가는 단죄된 죄수를 기둥에 매달고 십자가 처형의 전주곡으로 채찍으로 때리는 흔한 로마 관습을 언급한다(요세푸스, 전쟁사 2.14.9 §306, 5.11.1 §449). 채찍은 뼈와 쇠 조각들을 사이사이에 넣어 엮어 만든 가죽 띠로 만들어졌다. 매질하는 로마 관습은 단지 39회의 매질만 허용하는 유대인의 관습과는 대조되게 제한이 없었다. 매질은 살점이 가죽 띠에 매달려 붙고, 때때로 너무나 참혹하여 뼈를 드러내게 할 수도 있었다(요세푸스, 전쟁사 6.5.3 §304). 많은 경우에 매질 자체는 치명적이었다(C. Schneider, TDNT 4:515–19). [phragelloō]

15:16. **관저**(Palace, aulēs) – 명사 aulē는 종종 뜰, 건물과 벽으로 둘러싸인 열린 공간을 가리킨다. 마가는 이러한 의미로 앞부분에서 이 단어를 사용했다(14:54, 66). 그러나 aulē는 뜰뿐만 아니라, 특별히 왕의 소유지의 경우 둘러싸는 건물들을 포함한 전 공관을 때때로 가리킨다. 그러므로 aulē는 '관저'도 뜻하기 시작했다(마카비 1서 11:46, 3 Macc. 5:46, 요세푸스, Life 12 §66, 57 §295, 참고–BAGD, 121, BDAG, 150). '관저'의 의미는 이 문맥에 적합하다. aulē는 로마 총독의 관저나 본부인 '프래토리움'(Praetorium)으로 더욱 분명하게 밝혀지기 때문이다(Cranfield, 452). 빌라도는 평상시에는 지중해 해변에 위치한 가이사랴에 머물렀지만, 유월절 절기 때와 같이 잠재적으로 불안한 시기에는 예루살렘으로 올라왔다. 여기에도 그의 관저가 있었다. [aulē]

군인들의 중대(Company of soldiers, speiran) – speira는 전형적으로 로마군단의 10분의 1, 또는 600명 가량의 군인들의 중대인 로마 보병대에 상응하는 헬라어다. 군인의 숫자는 상황에 따라 다를 수 있다(BAGD, 761, BDAG, 936, 요세푸스, 전쟁사 3.4.2 §67). 마가가 이 단어를 정확한 군사적인 용어로 사용하기를 원했는지, 아니면 폭넓게 총독의 본부에 있는 동원 가능한 모든 군인들을 가리키기 위해서 사용했는지 알기는 어렵다. 그렇지만 마가의 단어 선택('모든 보병대')은 모든 군인들이 참여한 가운데 상당수의 군인들이 예수님을 모욕하는 일에 가담했다는 인상을 남긴다. [speira]

15:17. **자색 옷**(A purple robe, porphyran) –

자색 옷은 비싼 사치품이었으므로, 이것은 종종 큰 부자(예, 마카비 1서 4:23, 눅 16:19, 계 18:11-12)와 왕족(예, 마카비 1서 10:62, 14:43, Virgil, Georg. 2.495, 요세푸스, 고대사 11.6.10 §§256-57, 17.8.3 §§196-97)과 연결되었다. 군인들은 예수님을 자색 옷, 즉 왕에게 적합한 옷을 입혔다. 가시로 만든 면류관을 만든 잔인한 농담에 비추어볼 때, 마가의 설명으로부터 군인들이 왕복을 위해서 어떤 유형의 천이나 자료를 사용했는지 아는 것은 불가능하다. 마태복음은 분명하게 그것을 군인의 진분홍 예복으로 밝힌다(마 27:28). [porphyra]

15:20. 그들이 모욕했다(They had mocked, enepaixan) – 동사 empaizō는 두 번의 경우만 제외하고(마 2:16, 눅 14:29) 예수님의 죽음 이전에 그분을 모욕한 것과 관련하여 모두 신약에서 13회 나온다. 모욕은 조롱하는 것, 경멸과 냉소를 담은 말 또는 행동으로 어떤 사람을 대하는 것을 의미한다(BAGD, 255, BDAG, 323). 하나님 백성의 역사는 의인들이 악한 사람들의 손에서 그러한 고난의 가능성을 직면하는 것을 보여준다(대하 36:16, 마카비 1서 9:26, 마카비 2서 7:10, 히 11:36에 나오는 관련된 명사 empaigmos의 용례 참고). 마가복음에서 예수님께서는 자신이 모욕을 받을 것이라고 예언하신다(10:34). 이 예언은 분리된 세 장면에서 성취된다. 이 세 장면은 각각 예수님께서 거짓 선지자로 모욕받는 공회 앞에서 재판이 끝날 무렵(14:65), 거짓된 양으로 조롱받는 빌라도 앞에서 심문이 끝날 무렵(15:16-20), 그리고 거짓된 메시아로 배척을 받은 그분의 십자가 처형 장면이다(15:31-32). [empaizō]

15:21. 그의 십자가를 지다(To take up his cross, arē ton stauron autou) – 마가는 예수님께서 자신을 따르기 원하는 자에게 요구하신 '자기 십자가를 져야 한다'는 말씀을 상기시키는 문구로 구레네 시몬의 행동을 표현한다(8:34-aratō ton stauron autou, 참고-Cranfield, 455, Hooker, 372). 두 문구는 동일하나, 인칭 대명사 '그의'의 지시대상물이 바뀌었다. 이제 십자가는 예수님 자신의 것이기 때문이다. 이 구절은 예수님을 따르기로 결심했던 제자들 같은 사람들의 실패를 강조하는 역할을 한다. 그들은 주님을 위해서 목숨을 바칠 준비를 하기 위해서 자기들의 십자가를 져야 하는 책임을 저버릴 뿐만 아니라, 예수님께서 더 이상 십자가를 지실 수 없을 때 그 십자가를 대신해서 지는 일로도 그분을 전적으로 도울 수가 없었다. 이 임무는 그 순간에 우연히 지나가고 있던 어떤 사람에게 돌아간다. 십자가를 지는 것에 관하여 더 많은 내용은 8장 34절을 보라. [airō + stauros]

15:23. 몰약을 섞은(Flavored with myrrh, esmyrnismenon) – 몰약을 섞은 포도주는 진미였으므로(W. Michaelis, TDNT 7:458-59, 참고-Pliny the Elder, Nat. 14.15), 군인들은 사실상 예수님께 비싼 포도주 한 잔을 제공하고 있었던 것이다. 이러한 행동의 목적은 예수님의 고통을 완화시키기 위한 것이 아니라, 아마도 좋은 포도주를 왕에게 제공하면서 계속적으로 조롱하기 위함이었을 것이다(Evans, 500-501). 예수님께서는 조롱과 불의 가운데 잠잠

하심으로 앞서 참여하기를 거절하신 것과 같이 포도주를 마심으로 조롱에 참여하는 것 역시 거절하신다. [smyrnizō]

15:29. **그들의 머리를 흔들며**(Shaking their heads, kinountes tas kephalas autōn) – 사람들이 자기의 머리를 흔든 것은 어떤 사람을 향하여, 특별히 재앙중에 고통을 당하는 개인을 향하여 냉소와 멸시를 표현하기 위해서였다(왕하 19:21, 욥 16:4, 시 22:7[칠십인경 21:7], 렘 18:18, 애 2:15, 시락서 12:18, 13:7, 참고–시 109:25[칠십인경 108:25]). 이러한 몸짓에 관한 마가의 단어 선택은 시편 22편 7절에 의존한다. 이 시편은 고난 받는 의인을 모욕하는 사람들, 그러한 사람을 냉소하고 "너 자신을 주님께 맡기라, 그로 구원하게 하라"고 말하며 자기들의 머리를 흔드는 백성을 묘사한다(애 2:15 참고). 제비를 뽑아 예수님의 옷을 나누는 것(15:24, 참고–시 22:18)과 버림에 관한 예수님의 외침(15:34, 참고–시 22:1)은 물론 십자가 현장에 있었던 다른 사건들을 말하기 위해서 시편 22편의 언어를 사용한다. 이 구절에서 마가는 비록 이러한 모독의 행동을, '욕설을 퍼부었다'(NIV) 또는 '모욕을 외쳐댔다'(NLT)와 같은 번역으로 분명하지는 않지만 지나가던 사람들이 예수님을 대적하여 모독한 것으로 묘사한다. 모독에 대하여 더 많은 내용을 위해서는 2장 7절을 보라. [kineō + kephalē]

15:32. **우리가 보도록**(That we may see, hina idōmen) – 종교 지도자들은 예수님의 죽음이 임박한 순간에 그분이 자신을 구원하는 것을 보면 믿겠다고 주장한다(지혜서 2:17–18 참고). 그러나 예수님께서는 인자가 하나님의 오른편에 앉을 것과 하늘의 구름을 타고 오는 것을 보게 될 심판의 날에 진리를 보고 인식하게 될 것이라고 이미 그들에게 말씀하셨다(14:62). 그때가 될 때까지 그들은 믿음 밖에 머물러 있기 때문에 보기는 보지만 참으로 보지 못할 것이고, 용서를 받지 못할 것이다(4:11–12). 또한 1장 1절의 '그리스도', 15장 2절의 '왕', 2장 5절의 '믿음'에 대한 논의를 주목하라. [eidon/horaō]

15:34. **외쳤다**(Cried out, eboēsen) – 동사 boaō는 일반적으로 강한 감정이 들어 있는 외침, 고뇌나 고통 가운데 있는 어떤 사람 편에서 도움을 호소하는 외침을 종종 가리킨다. 이러한 용례는 특히 칠십인경에 흔하다(예, 민 12:13, 삼상 12:10, 삼하 22:7, 왕하 4:1, 느 9:4, 사 58:9, 합 1:2, 마카비 1서 3:50, 참고–BAGD, 144, BDAG, 180, MM, 113). 예를 들면, boaō는 공의를 위해서 밤과 낮으로 택함받은 자들이 하나님께 지속적으로 간청을 외치는 것을 묘사하는 적절한 단어다(눅 18:7, 참고–눅 9:38, 18:38). 이와 유사하게 15장 34절에서 동사 boaō는 자신의 무기력함과 고뇌를 감지하면서 예수님께서 고통중에 하나님께 부르짖으시는 것을 제시한다. [boaō]

당신이 버렸다(Have you forsaken, enkatelipes) – 예수님께서는 시편 22편 1절의 "나의 하나님, 나의 하나님, 어찌하여 당신께서 나를 버리셨습니까?"에서 인용한 말씀으로 하나님께 외치신다. 예수님께서 버림을 받는 것은 하나님께로부터 분리와 격리를 경험하셨다는 것을 의미한다. 이것은 '아버지에 의하여 참으로 버림을 받는 것의 측량할 수 없는 고통'을 말한다(Lane, 573). 동사 enkataleipō('버리다')는 유기, 또는 버림의 결과로 일어나는 관계의 단절을 나타낼 수 있다(예, 수 24:20, 시 27:9-10[칠십인경 26:10], 딤후 4:10, 히 13:5). 겟세마네에서 아버지의 뜻을 따르겠다는 힘든 결정은 십자가 위에서 심판의 고통, 곧 하나님께 버림받음에 이르게 했다. 예수님께서는 다른 많은 사람들을 대신해서 자신의 생명을 내어주심으로 속량금을 지불하신다(10:45). 이 많은 사람들은 예수님께서 대신 버림당함을 겪으셨기 때문에 하나님께로부터 배척받는 일을 결코 직면하지 않을 것이다. [enkataleipō]

15:36. 신 포도주(Sour wine, oxous) – 신약에서 6회 등장하는 명사 oxos는 항상 십자가 처형 장면과 관련하여 나온다(마 27:48, 막 15:36, 눅 23:36, 요 19:29-30, 참고-시 69:21[칠십인경 68:21]). 시큼한 포도주(oxos)는 일반적인 포도주(oinos)와 동일한 원료로 만들어지지 않았으나, 덜 비싸서 갈증을 해소하기 위한 유용한 음료수로 보통 수준의 사람들에게 흔했다. 결과적으로 예수님께 시큼한 포도주를 주는 행동 자체는 적대적인 행동도 잔인한 희롱도 아니다(H. W. Heidland, TDNT 5:288-89, 참고-룻 2:14, Plutarch, Cat. Maj. 1 §336-37). 그러나 그들이 음료를 주는 목적은 더 오랫동안 조롱할 수 있도록 조금이나마 더 살아 있게 하기 위한 것이었다. 십자가 곁에 서 있는 백성은 엘리야가 와서 구해주나 보자며, 예수님께서 소망을 가지시는 것이 얼마나 어리석은 일인가를 보여주기 원한다. [oxos]

15:38. 찢어졌다(Was torn, eschisthē) – 마가는 동사 schizō를 두 번 사용한다. 한 번은 예수님께서 세례를 받으실 때 하늘이 찢어져 열린 사건(1:10)에서, 다른 한 번은 예수님께서 죽으실 때 성전의 휘장이 찢어진 사건(15:38)에서다. 두 경우 예수님께서는 하나님의 아들로 선포된다(1,11, 15:39). schizō에 대하여 더 많은 내용을 위해서는 1장 10절을 보라. 성전의 휘장이 위에서 아래로 찢어진 사건은 한 가지 이유 이상의 의미가 있다. 종교 지도자들에게 이것은 징조, 곧 성전이 곧 파괴될 것이라는 표적이다. 성전의 운명에 대한 예수님의 예언은 곧 실현될 것이다(13:1-2). 십자가 현장에 있던 백부장과 같이 예수님께서 하나님의 아들이라고 믿은 이방인들에게는 성전이 모든 민족을 위한 기도의 집이라는 메시지를 반복한다(11:17). 하나님께서는 스스로 제한되기를 거절하면서 이방인들 가운데 믿음의 사람을 찾아내실 것이다. 이것은 예수님을 참 메시아로 바라보는 사람들에게 십자가 현장에서 조롱하는 자들이 눈이 멀었다는 것을 보여준다. 성전에서 일어난 하나님의 역사는 예수님께서 하나님의 아들로서 그분의 사명을 성취하셨고, 그분이 자기 자신을 구원할 수 없었기 때문에 다른 사람들을 구원하실 수 있다는 것을 확증한다(15:31, 39). [schizō]

15:39. 백부장(Centurion, kentyriōn) – 신약의 다른 곳에서는 '백부장'에 해당되는 헬라어 단어로 hekatonarchēs, 혹은 hekatontarchos(예, 마 8:5, 27:54, 눅 7:2, 23:47, 행 10:1, 21:32,

27:1)를 사용한다. 따라서 신약에서 라틴어 차용어 kentyriōn을 사용하는 유일한 저자는 바로 마가다. 백부장은 100명 가량의 분대를 지휘하는 로마 장교였다(F. W. Untergassmair, EDNT 1:405). 마가복음에서 백부장은 예수님 자신 이외에 그분이 하나님의 아들이라는 것을 인정하는 첫 번째 사람이다. 백부장은 예수님께서 죽으신 방식을 고찰한 것에 근거하여 이같이 밝힌다. 하나님의 아들로서 예수님에 대하여는 1장 1절을 보라. 백부장은 예수님께서 이미 진정으로 십자가 위에서 돌아가신 사실을 빌라도에게 확증하기 위해서 나중의 이야기에서 다시 등장한다(15:44–45). [kentyriōn]

15:42. **예비일**(The day of preparation, paraskeuē) – 명사 paraskeuē는 일반적으로 '준비'를 의미하나 신약에서 항상 안식일이나 축제일 전 준비의 날을 묘사하는 데 사용된다(W. Stott, NIDNTT 3:408). 마가는 해질 무렵에 시작하는 안식일 전날이라고 정의함으로써 독자들을 위해 단어의 의미를 밝힌다. 안식일에는 어떤 일도 허용되지 않으므로, 금요일은 안식일에 필요한 모든 것을 준비하는 시간이었다(요세푸스, 고대사 16.6.2 §163). 신명기 21장 22–23절에 따르면, 나무에 달린 처형된 범법자의 시신은 내려서 매장해야 했다. 시신을 나무 위에 밤새도록 남겨두는 것은 땅을 더럽히는 것이었다(요세푸스, 전쟁사 4.5.2. §317). 예수님께서는 제9시, 즉 오후 3시에 죽으셨다(15:34). 그러므로 아리마대 요셉은 빌라도에게 예수님의 시신을 요구하여 해가 지기 전에 매장하려 했는데, 그에게는 이 법에 따르기 위한 시간이 조금밖에 없었다. [paraskeuē]

15:43. **공회의 회원**(A member of the council, bouleutēs) – 마가는 아리마대 요셉을 공회의 회원을 가리키는 bouleutēs라는 칭호로 소개한다. 이 경우 공회의 회원을 가리키는 것으로 보인다(Gundry, 984–85, 참고–요세푸스, 전쟁사 2.17.1 §405). 마가는 예수님의 죽음을 둘러싼 사건들에서 공회의 두드러짐과 아리마대 요셉이 빌라도에게 접근할 수 있는 능력에 비추어볼 때, 그를 유대인의 최고 회의에 속한 것으로 제시하는 것 같다. 예수님의 가르침이 참되다는 것을 인정한 지혜로운 서기관이 예외적인 사람이었고(12:28–34), 예수님의 정체성을 인정한 백부장이 예외적인 군인(15:39)이었던 것과 같이, 예수님의 생명이 없는 시신을 보살피는 아리마대 요셉은 분명히 공회의 예외적인 회원이다. 지혜로운 서기관과 같이 아리마대 요셉은 하나님의 나라에 열려 있는 사람이다. 하나님의 나라에 대하여는 1장 15절을, 공회에 대하여는 14장 55절을 보라. [bouleutēs]

15:45. **죽은 몸**(Dead body, ptōma) – 마가는 15장 43절에 나오는 단어 sōma('몸')에서 이 구절의 ptōma('죽은 몸')로 전환한다. 신약에서 ptōma는 짐승이든 사람이든 관계없이 항상 죽은 몸이나 시체를 가리킨다(예, 마 14:12, 24:28, 계 11:8–9, 참고–칠십인경 삿 14:8, W. Michaelis, TDNT 6:166–67). 이 단어는 6장 26절에서 단 한번 더 나온다. 거기에서 세례 요한의 제자들은 와서 요한의 시신을 가져다 '무덤에 놓았다'(ethēkan auto en mnēmeiō).

이와 유사하게 아리마대 요셉은 예수님의 시신을 십자가 위에서 내려 '그분을 무덤에 두었기'(15:46, ethēken auton en mnēmeiō) 때문에 분명히 제자의 역할을 감당한 것이다. 그의 행동은 예수님의 제자들의 부재를 더욱 분명하게 드러냈다. [ptōma]

16:1. 향품(Spices, arōmata) – 예수님의 몸에 바르기 위해서 여인들은 arōmata를 가지고 왔다. 이 단어는 향 때문에 귀중한 것으로 간주되는 다양한 향품들을 가리키는 단어다(왕하 20:13, 대하 9:1, 9, 32:27, 아 4:10, 시락서 24:15, 참고-LSJ, 254). arōma는 항상 예수님의 장례 기사와 관련해서만 신약에서 4회 나온다(16:1, 눅 23:56, 24:1, 요 19:40, 참고-대하 16:14). 장례 과정에서 시신을 향품이나 향유들로 바르는 것은 죽은 자를 존중하고 부패의 악취를 방지하기 위해 의도된 경건의 행위였다(Lane, 585 참고). 장례를 위해서 예수님께 기름 붓는 것에 대해서는 14장 8절도 보라. [arōma]

16:5. 젊은 사람(Young man, neaniskon) – 마가는 무덤에 있는 메신저를 '젊은 사람'으로 소개한다. 이것은 아마도 천사의 임재를 가리키기 위해서 사용하는 것 같다(Evans, 535-36). 무덤에 온 여인들의 관점에서 볼 때, 그 메신저는 다른 곳에 나오는 천사의 모습과 동일하게 젊은이로 나타났다(예-마카비 2서 3:26, 33, 요세푸스, 고대사 5.8.2. §277, 참고-행 1:10, 10:30, 2 En 1:3-7). 그 젊은이는 흰옷을 입고 있었다. 그래서 그의 모습은 예수님의 변화 사건시 예수님께서 자신의 하늘 영광을 보여주셨을 때의 모습과 유사하다(9:3). 그는 또한 초자연적인 지식을 소유하고 있다. 여자들에게 부활을 알리고, 예언된 대로 갈릴리에서 그들의 모임과 관련하여 예수님의 메시지를 제자들에게 반복한다. [neaniskos]

16:8. 도망갔다(Fled, ephygon) – 동사 pheugō는 이 구절에서와 같이 문자적으로 사용되었을 때, 임박한 위험이나 감지된 위협으로부터, 때로는 신중한 경계로 피하여 달아나는 것을 의미한다(마 2:13, 10:23, 막 13:14, 요 10:5, 계 12:6). 그러나 다른 때에는 두려워하며 겁을 먹은 나머지 자신의 직무를 버리고 도망하는 것도 의미한다(마 26:56, 막 14:50, 52, 요 10:12, 참고-D. A. Carson, NIDNTT 1:558-59). 제자들은 예수님의 체포 시(14:50) 그분을 저버리고 달아날 때(ephygen), 그분을 따라야 하는 자기들의 책임을 무시했다. 다른 제자들은 달아났지만 예수님을 계속적으로 따랐던 한 젊은이 역시 너무 황급한 나머지 걸쳤던 옷을 벗어버린 채 도망가고 말았다(14:51-52). 마가는 무덤에 온 여인들의 두려워하며 도망치는 행동을 묘사하기 위해 동일한 동사(ephygon)를 사용함으로써 그들을 부정적으로 그리고 있음을 알 수 있다. 마가는 무덤에서 일어난 초자연적인 사건들에 대한 여인들의 초기 반응, 즉 불순종적인 침묵과 두려움 가운데 도망간 것을 그들 편에서 실패로 묘사한다. 그래도 초기에 여인들의 그릇된 행동은 하나님의 계획들을 좌절시키지 못한다. 예수님의 부활은 인간의 실패와 불순종 가운데서도 그분의 뜻을 성취하실 수 있다는 사실을 계시하기 때문이다. [pheugō]

16:9-20. 이 부분은 마가복음의 가장 오래된 사본(알렙과 B사본)에 없다. 이 단락은 아마도 후기에 추가된 것 같다. 마가가 복음서 쓰는 일을 마친 후, 어떤 시점에 추가되었을 것이다. 사본상의 증거 외에 이러한 결론은 8절과 9절 사이의 어색한 전환, 16장 9-20절에 나오는 독특한 어휘와 단어 용례, 제롬(Jerome)이 더 길게 끝나는 사본을 단지 몇 개만 알았던 것 같다는 사실들에서 지지를 받는다. 또한 이 복음서에 존재하는 다양한 맺음말은 이러한 나중의 구절들이 후기에 추가되었음을 시사한다. 적어도 9-20절의 진정성은 의심되기 때문에 이 연구는 단어의 빈도나 의의를 포함하여 마가의 단어 사용에 관하여 진술할 때, 소위 긴 맺음말에서 사전적인 증거를 포함시키지 않았다. 그럼에도 불구하고 긴 맺음말에 나오는 중요한 용어들 가운데 일부를 여기에 취급했다.

16:14. 책망했다(Rebuked, ōneidisen) - 동사 oneidizō는 사람들을 무시하거나 모욕할 의도가 담긴 방식으로 어떤 사람을 책망하는 것을 의미할 수 있다(예, 마 5:11, 롬 15:3, 벧전 4:14). 예를 들면, 예수님과 함께 십자가에 처형된 강도들은 예수님을 모욕하고 창피(ōneidizon) 주는 일에 가담했다(15:32). 그러나 이 단어는 정당한 이유로 어떤 사람을 질책하는 것을 포함하므로 '책망하는 것 또는 야단치는 것'을 의미할 수 있다(예, 지혜서 2:12, 시락서 8:5, 마 11:20, BAGD, 570, BDAG, 710). 이 둘째 의미는 이 문맥에 맞는다. 예수님께서는 부활에 관한 증거들에도 불구하고 제자들이 계속 불신하자 긍정적인 측면에서 그들을 책망하고 계신 것이다. [oneidizō]

16:15. 모든 피조물에게(To all creation, pasē tē ktisei) - 명사 ktisis의 시간적인 측면은 마가복음 10장 6절과 13장 9절에 사용된 문구 '창조의 시작부터'에 두드러진다. 이것은 시간의 시작점에 있었던 창조의 사건을 가리킨다(롬 1:20, 벧후 3:4, G. Petzke, EDNT 2:326 참고). 이 구절에서 ktisis는 상징적인 의미로 사용되는데, 여기에서 창조 전체는 창조의 한 부분, 곧 인간을 대변한다(골 1:23, W. Foerster, TDNT 3:1028-29). 다른 말로 바꾸면, 예수님께서는 자신을 따르는 자들을 향해 '모든 곳에 있는 모든 사람에게' 복음을 전하라고 명령하고 계신다. 신자들은 이 명령을 성취하기 위해서, 즉 예수님에 관한 좋은 소식을 사람들에게 전하기 위해서 지금 있는 장소에서 메시지를 듣지 못한 사람들이 사는 곳으로 이동해야 한다. [ktisis]

16:17. 동반할 것이다(Will accompany, parakolouthēsei) - 마가복음에서 18회나 사용된 동사 akoloutheō는 문자적으로 예수님 뒤에서 걸어간다는 의미든(예, 3:7, 5:24) 제자로 그를 따른다는 개념이든(예, 1:18, 8:34, 10:21) 일반적으로 예수님을 따르는 것을 가리킨다. 관련된 복합형 synakoloutheō는 마가복음에서 두 번 나오는데, 이것 역시 예수님을 따르는 것을 표현한다(5:37, 14:51). 그렇지만 이 구절의 예수님의 진술에 나오는 복합형 parakoloutheō의 경우는 의미가 다르다. 여기에서 이것은 '옆에서 나란히 가다, 동반하다'를 의미한다(G.

Schneider, EDNT 1:52, 참고-마카비 2서. 8:11). 여전히 16장 20절에 사용된 다른 복합형 epakoloutheō는 여기에 사용된 parakoloutheō와 의미가 유사하다. 두 구절은 모두 믿고 복음을 전파하는 사람들을 따르는 기적적인 표적들을 언급한다. 표적들에 관한 예수님의 진술은 항상 일어날 것을 약속하는 것이라기보다는 어떤 시점에 일어날 것을 예언하는 것이다. 결과적으로 20절은 17절에 나오는 예수님의 말씀들이 그분의 백성이 좋은 소식을 선포하며 나갈 때 성취된다는 보고다. 다른 초기 기독교 문서들과 신약의 다른 부분들은 귀신 축출(행 8:7, 16:18, 19:12), 새로운 방언들로 말하는 것(행 2:4, 10:46, 19:6, 고전 12:10, 28, 14:2-28), 뱀들(행 28:3-6)과 치명적인 독에게 해를 받지 않는 것(유세비우스, 교회사 3.39, 외경 요한의 행전 20장)과 손을 얹어 병자를 치유하는 것(행 28:8)을 포함하여 16장 17-18절에 언급된 기적들에 대한 추가적인 확증을 제공한다. [parakoloutheō]

누가복음

대럴 L. 보크(Darrell L. Bock)

1:1. **집필하려고 시도했다**(Undertaken to compile, epecheirēsan) – 이 문맥에서 이 용어는 '어떤 일에 손을 대는 것'을 의미한다(에 9:25, BAGD, 304, BDAG, 386, MM, 250-51). 이것은 기록된 출처 자료의 어떤 형태를 제시한다. 누가는 초대 기독교 공동체에 순회되고 있는 예수님에 관한 이야기를 언급한다. 이러한 자료들은 필연적으로 온전한 복음서들이 아니지만, 설교 적용의 요소들을 가질 수 있도록 예수님의 삶의 일면들을 담고 있을 것이다. [epicheireō]

우리들 가운데 성취된 사건들(Things which have been acomplished among us, peplērophorēmenōn) – 이러한 기사들은 예수님께서 성취하신 사건들을 추적한다. 이것은 '우리들 가운데 성취된 사건들'로 잘 번역될 수 있다. 성취된 사건들은 하나님의 계획의 일부분인 예정의 국면들이다(이 용어가 나오는 1:20, 9:31, 21:24, 22:16을 보라). [plērophoreō]

1:2. **전해주었다**(Delivered, paredosan) – 이 용어는 전통을 전달해주는 것을 가리킨다(고전 11:2, 23, 15:3, 막 7:13). 이 경우 예수님께서 행하고 말씀하신 것을 목격한 사람들의 증거에 뿌리를 두고 있는 전통으로 그 신뢰성을 보장하는 내용이다. 누가는 그러한 목격자를 단순하게 '증인들'이라고 부를 것이다(눅 24:44-48, 행 1:8). [paradidōmi]

1:3. **모든 것들을 추적하고 나서**(Having followed all things, parēkolouthēkoti) – 이 문구는 어떤 운동의 이야기를 따르는 것과 같이 '어떤 것을 뒤떨어지지 않고 파악하는 것' 혹은 '조사하는 것'을 의미한다(이와 같이 NASB, NIV, BAGD, 618-19, BDAG, 767, 4). '조사하다'라는 의미의 번역이 제시할 수 있는 것과 같은 학술적인 수준의 연구를 의미하는지에 대하여는 논쟁이 있다. 아무튼 이 용어는 복음서를 준비하는 데 누가가 취한 친밀함과 신중한 주의를 가리킨다(Bock, 59-60). [parakoloutheō]

정돈된 기술(An orderly account, kathexēs) – 이 용어에 관한 질문은 어떤 유형의 질서를 의미하느냐에 관한 것이다. 복음서들을 비교해보면, 복음서 기자들이 때때로 시간적인 순서보다는 주제적인 순서를 선호하는 것을 보여주는 것과 같이, 이것 역시 연대기적인 순서는 아니다. 오히려 누가는 이야기의 질서 정연함과 하나님께서 역사하신 설득력 있는 특성에 대한 언급을 의도하는 것으로 보인다(Bock, 62-63, Green, 43). [kathexēs]

1:4. **당신이 <u>확실성을</u>…알기 위해서**(That you may know…<u>assurance</u>, epignōs…tēn asphaleian) – 많은 번역들은 누가의 목적을 이 구절에서 '진리'로 번역한다("당신이 가르침 받은 사건들에 관한 진리를 알게 하기 위함이다"). 그러나 누가는 실제적으로 심리적인 확신을 더 가리키는 용어를 사용한다('당신을 확신시켜주기 위해서' –NLT, '확신을 가지다' –NET, 이것은 진실함을 가정하나 그것을 초월한다, 행 2:36, 21:34, 22:30, 25:26, 마카비 2서 3:22, 여기에서는 안전하고 확고한 어떤 것을 가리킨다). [asphaleia]

<u>당신이 가르침 받은</u> 것에 관한(About which <u>you were instructed</u>, katēchēthēs) – 우리는 이 동사에서 catechism(교리 교육)이란 영어 단어를 얻지만, 여기에서 공식적인 교육이 의도된 것 같지는 않다. 그러한 공식화된 교육이 누가에게는 너무나 이르다(갈 6:6, 롬 2:18, 고전 14:19). 그럼에도 불구하고 데오빌로는 기독교 신앙에 대한 어떤 교육을 받은 것이 분명하다. 이것은 누가복음이 주는 확신이, 복음을 배척하고 그리스도인들에게 도전을 가하는 적대적인 세상 가운데서 그리스도인이 되는 것의 압박을 직면하는 신자에게 주어진 재확신임을 나타낸다. [katēcheō]

1:5. **반차**(Division, ephēmerias) – 이것은 요세푸스(Josephus)에 따르면 제사장의 24반차 가운데 하나다(생애 1 §2, 고대사 7 §363-67). 역대상 23장 6절은 다윗이 이러한 구분들로 조직을 한 것을 보여준다. 역대상 24장 10절에서 아비야는 제사장의 순서 목록 가운데 여덟째다. 이러한 순번들은 세부 순번으로 다시 나누어졌고, 일 년에 일주일씩 두 차례만 성전에서 사역을 했다. 이 용어는 신약 가운데 이곳과 1장 8절에서만 나온다. [ephēmeria]

1:6. **<u>허물없이</u>…행하여**(Walking…<u>blameless</u>, poreuomenoi…amemptoi) – 계명들 가운데 행하며, 허물이 없다는 두 표현은 하나님 앞에서 신실하게 행하는 의로운 사람을 묘사한다. 이것은 구약적이고 유대적인 좋은 문구들이다(욥에 관하여는 욥 1:1, 또한 지혜서 10:5, 15, 18:21을 보라). 누가의 표현은 일반적으로 따로 나오는 개념들을 합친 것이다. 그러므로 누가는 부부가 매우 의로운 사람이라고 선언하는 것이다. 하나님께서 아브라함에게 명령하신 것이 바로 허물 없음이었다(창 17:1). 계명들이나 의 가운데 따른다는 말은 이사야 33장 15절, 잠언 28장 18절, 다니엘 9장 10절과 가경 희년서 7장 26절에서 경건한 자들을 묘사한다. '허물이 없다'라는 단어는 신약에서 빌립보서 2장 15절, 3장 6절, 데살로니가전서 3장 13절과 히브리서 8장 7절에만 나온다. [amemptos]

1:7. **나이가 든**(Advanced, probebēkotes) – 누가는 그들에게 자녀를 낳을 수 있는 자연적인 기회는 지나갔다고 분명하게 밝힌다. 그들은 문자 그대로 '나이가 지극히 들었기' 때문이다(1:18, 2:26을 보라). [probainō]

1:9. **분향하기 위해서…제비로 선택되었다**(Chosen by lot…to offer incense, elache) – 제비를 뽑는 이러한 관습은 성전에서 아침과 저녁 번제를 위해 하루에 두 번씩 있었다(출 30:7–8, m Tamid 1.2, 3.1, 5.2–4. 이러한 본문들은 "그들은 제비를 뽑았고, 누구든지 이긴 자는 이긴다"라고 되어 있는 것과 같다). '향을 준비하기 위해서 새롭게' 선정된 사람들만이 제비를 뽑는 데 참여할 수 있는 것과 같이, 제사장만 일생에 단 한번 이러한 기회를 가졌다(m Yoma 2.2–4는 이전에 결정 방식인 도보 경주로 인하여 발이 부러지는 일이 있은 후에, 제사장들이 대표자들을 선택하기 위한 제비뽑기를 혁신할 것으로 호소했다고 설명한다). 제사장이 하나님 앞에서 국가를 대표할 때 그것은 제사장직의 가장 큰 명예로 간주되었다. [lanchanō]

1:10. **분향의 시간**(The hour of incense, tē hōra tou thymiamatos) – 이 기도 시간은 전 국가를 위한 공동체적인 희생이었기 때문에 백성에 의하여 공유되었다. 희생 제물은 하루의 시작과 마감하는 시간에 백성의 헌신을 보여주었다. 후기 유대인의 전통은 기도의 정신을 "하나님의 자비여, 성소로 들어오시어 자기 백성의 제물을 은혜로 받아주소서"라고 기록한다(아가서 탈굼 4.16). [thymiama]

1:13. **너의 기도**(Your prayer, hē deēsis sou) – '기도'라는 용어는 단수다. 희생 제물을 드리는 동안 사가랴가 하고 있었던 기도는 민족의 출산일 것이다. 누가복음 1장 18절은 그가 아버지 되는 것을 포기했음을 보여준다. 천사의 선포는 1장 25절에서 엘리사벳의 반응을 보여주는 것과 같이, 하나님께서 오래 된 소원을 채워주고 오래 된 상처를 치유하면서 민족적인 요구를 존중하시는 것을 보여준다. 기도를 가리키는 이 용어는 누가복음에서 드물게 나온다(2:37, 5:33). 기도는 누가가 동사 proseuchomai(19회 사용됨)를 사용하여 자주 드러내는 주제다. 누가가 여기에서 사용하는 용어는 일반적인 간청과는 대조되게 '특별한' 간청을 가리키는 데 일반적으로 사용된다(EDNT 1:287, BAGD, 171–72, BDAG, 213). 그리고 신약에서 항상 하나님께 드리는 기도를 가리킬 때 사용된다. [deēsis]

1:14. **즐거움**(Gladness, agalliasis) – 이것은 14절에서 기쁨을 가리키는 두 용어 가운데 하나다(다른 단어 chara는 앞부분에 나온다). 이것은 전 인격에서 나오는 포괄적인 기쁨을 가리킨다(사 51:11, EDNT 1:8). 또한 성경과 교회의 언어에 국한되어 있다. 누가복음 1장 44절에서 태아 세례 요한을 예수님의 임재 앞에 가진 기쁨에서 나온다. 이것은 복음서에서 이 명사가 또 다른 곳에서 유일하게 사용된 경우다. 동사는 1장 47절과 10장 21절에서 사용된다. [agalliasis]

1:15. **크다**(Great, megas) – 이 용어는 여기와 1장 32절에서 예수님과 관련하여 나온다. 여기

에서는 요한의 신분이 하나님 앞에서 큰 것을 가리키는 문구의 일부다. 예수님을 묘사할 때는 수식어 없이 단지 '크다' 로 나온다. 이것은 예수님의 신분이 요한보다 우월함을 가리킨다. 이것은 예수님께서 비교할 수 없을 정도로 위대하다는 사실을 표현하는 방식이다. [megas]

독주(Strong drink, sikera) – 신약에서 유일하게 여기에서만 사용된 이 용어는 아카드어에 뿌리를 둔 아람어를 실제로 음역한 것이다(BAGD, 750, BDAG, 923). 이것은 '보리 맥주' 같은 포도주와는 다른 주류를 일반적으로 가리킨다(레 10:9, 민 6:3, 사 29:9). 이 주류가 포도주보다 더 강한지 아닌지 분명하지는 않다. 이 규제는 요한이 극히 경건한 사람인 것을 보여준다. [sikera]

1:16. **돌이킬 것이다**(Will turn, epistrepsei) – 이 용어는 회개를 가리킬 때 누가가 사용하는 두 단어 가운데 하나다(다른 단어는 metanoeō다). 신약에서 모두 36회 사용되는 이 단어는 누가복음과 사도행전에만 18회 나온다. 이것은 회개가 제시하는 '방향의 변화' 를 그려주고, 이 단어의 뿌리는 회개를 반영하는 '돌이키다' 의 히브리 개념에 있다(신 30:2, 눅 24:47). 그러므로 요한의 역할은 이스라엘을 하나님 앞에서 회개하도록 인도하는 것이다. 유대교에서 이 동사는 시락서 48장 10절에서 종말 시대의 엘리야의 사역을 묘사하기 위해 사용된다. 엘리야는 다음 구절에서 요한과 비교된 인물이다. [epistrephō]

1:17. **돌이키기 위해서**(To turn, epistrepsai) – 이것은 앞 구절에서 사용된 동사의 부정사형이다. 이것은 요한의 사역의 두 번째 목적을 소개한다. 이 목적은 예수님을 통한 하나님의 오심을 위해 하나님의 백성을 준비시키기 위한 방편으로 그들에게 화해와 지혜를 가져다주는 것이다. 성경에서 종종 그렇듯이 하나님과의 적절한 관계는 다른 사람들과의 적절한 관계를 낳는다. [epistrephō]

준비된 백성(A people prepared, laon kateskeusasmenon) – 요한의 목적은 하나님의 구원 사역을 위해서 이스라엘 백성을 내적으로 준비시키는 일이다. '준비된 백성' 의 이미지는 이사야 43장 7절과 사무엘하 7장 24절을 상기시킨다(눅 1:17의 NASB, NIV). 이것은 하나님께서 특별한 일을 위해서 자기 자신에게로 이끌어 내신 백성을 가리킨다. 일반적으로는 하나님과 그분의 오심을 위해서 백성이 준비해야 할 것을 요구받지만, 여기에서는 하나님께서 그분의 오심과 특별한 사역을 위해서 준비시키는 백성을 가리킨다. 세속적인 용례에서 이것은 어떤 사람의 도착, 심지어는 신의 도착을 위해서 길을 준비하는 것을 의미했다(BAGD, 418, BDAG, 527–27, 1). [kataskeuazō]

1:18. **알다**(Know, gnōsomai) – 사가랴는 자신과 자기의 아내가 너무 늙어서 부모가 될 것이라는 말을 믿을 수 없었기 때문에, 그 일이 일어날 표시나 증거를 실제로 요청하는 것이다. 그는 이것이 어떤 다른 지시에 의하여 이루어질 것으로 알기를 원한다(BAGD, 160, 1a, BDAG, 199, 1a). [ginōskō]

1:19. 좋은 소식(Good news, euangelisasthai) – 이것은 선포에 대하여 일상적으로 사용되는 용어로 이 단어에서 우리는 단어 '복음(gospel)'을 얻는다(사 52:7, 61:1 비교). 신약에서 54회 사용되는 이 동사는 누가복음과 사도행전에서도 25회 나온다. 더욱 신학적인 의미로 사용된 용례는 누가복음 4장 18, 43절, 7장 22절, 8장 1절, 9장 6절, 16장 16절에 나온다. 복음이란 명사는 누가복음에는 나오지 않으나 사도행전에 두 번 나온다(15:7, 20:24). [euangelizō]

1:20. 침묵하다(Silent, siōpōn) – 사가랴가 자신의 불신 때문에 얻은 '표적'은 '침묵'이다. 이것은 그가 듣지 못하고 말하지 못하게 됨을 가리킨다(1:62를 보라). 이러한 침묵은 아기 탄생의 약속이 실현될 때까지 지속되었다. 그 결과 그는 하나님께서 주시는 말씀 가운데 무엇이든지 자신이 할 것을 곰곰이 생각하고 믿게 될 것이다. 이 용어는 유일하게 한번 더 마태복음 26장 63절에서 사용된다. [siōpaō]

1:21. 궁금해했다(Wondered, ethaumazon) – 이 동사는 누가복음에서 자주 사건에 대한 반응을 표현한다. 신약에 43회 등장하는데, 이 가운데 누가복음과 사도행전에 18회 나온다. 이것은 믿음을 뜻하지 않고 사람의 주의를 끄는 감정적인 놀라움을 뜻한다(BAGD, 352, 1ab, BDAG, 444, 1ab). 사가랴의 지체는 그들의 주목을 끌었다. 종종 놀라는 사람들은 무리들(1:63, 11:14)이지만, 제자들도 놀란 채로 남아 있었다(8:25, 24:41). [thaumazō]

1:22. 이상(Vision, optasian) – 일반적으로 볼 수 없게 숨겨져 있는 어떤 것을 사가랴가 보는 것을 허락받았다는 것과, 이상의 경험이 그를 다른 상태에 놓이게 했다는 것을 사람들이 인정한다(단 10:1, 7, BAGD, 576, BDAG, 717). 이 이상은 '꿈'이 아니나, 하나님께서 영적인 실제나 영적인 세계를 계시해주시는 것이다. 이 용어는 누가복음 24장 23절, 사도행전 26장 19절, 고린도후서 12장 1절에 나오며, 신약 전체에서 드물게 나온다. [optasia]

1:25. 치욕(Reproach, oneidos) – 엘리사벳의 말은 야곱이 태어났을 때 라헬이 한 말을 인용한 것이다(창 30:23, 또한 34:14). 강한 의미를 가지는 이 단어는 사람의 공적인 평판을 일반적으로 반영하는 치욕이나 수치를 가리킨다. 이 단어는 칠십인경에서 52회 나온다(요엘 2:17, 사 25:8). 치욕을 표현하는 관련된 동사(oneidizō)는 예수님께서 십자가에 못 박히실 때 사람들이 그분에게 퍼부은 모욕에 나타난다(마 27:44, 막 14:32). 엘리사벳의 불임은 그녀에게 그와 같은 표시였다. 은혜롭게도 하나님께서는 지금 그것을 제거하셨다. 그녀는 자신에게 일어난 일이 하나님에 의하여 되어진 것을 안다. 이 단어는 여기에서 유일하게 사용되었다. [oneidos]

1:27. 처녀(Virgin, parthenos) – 마태복음과는 다르게, 누가는 처녀를 통한 메시아의 탄생에서 성경의 성취를 가리키기 위해 이사야 7장 14절을 인용하지 않는다. 그는 단지 탄생 이야기만을 할 뿐이다. [parthenos]

다윗의 집에서(Out of the house of David, ex oikou Dauid)–누가에게 마리아가 처녀인 것만큼이나 중요한 것은 다윗의 집과 요셉의 연결이다. 이것은 아이를 법적으로 왕가의 자손이 되게 한다. 헬라어의 어순으로 볼 때, 다윗과 연결된 것은 요셉이라는 점을 시사한다. [Dauid]

1:28. **오, 은혜를 입은 자**(O favored one, kecharitōmenē)–천사가 마리아에게 한 말은 그녀z를 하나님의 특별한 은혜를 받은 자로 구별 짓는다(BAGD, 879, BDAG, 1081). 누가에게 그녀는 하나님의 은혜를 받는 자의 모델이다(1:48). 이 동사는 유일하게 에베소서 1장 6절에 다시 한 번 나온다. [charitoō]

1:29. **당황했다**(Perplexed, dietarachthē)–이 용어는 신약에서 여기에만 사용되며, 어떤 것에 의하여 혼란에 빠지고(BAGD, 189, BDAG, 237), 그것으로 인해 '괴로움을 당하거나'(NIV) '당황해하는'(NASB) 어떤 사람을 가리킨다. 마리아는 일어나고 있는 일을 궁금해하고 있었다. [diatarassō]

1:31. **잉태할 것이고…그의 이름을 부를 것이다**(Will conceive…call his name, syllēmpsē…kaleseis)–이 표현은 거의 하나님께서 들어 쓰실 아이의 탄생 선언을 위해 사용되는 공식이다. 이것은 구약의 세 본문에 나온다(창 16:11, 삿 13:5, 사 7:14). [syllambanō]

1:32. **지극히 높으신 이의 아들**(Son of the Most high, huios hypsistou)– '지극히 높으신 이'란 표현은 하나님을 돌려서 표현하는 방식이다. 그러므로 이 말은 예수님께서 '하나님의 아들'로 불릴 것을 말한다. '하나님의 아들'이란 칭호는 1장 35절에 분명하게 나온다. 이 표현은 신약에서 13회 나오는데, 그 가운데 누가복음과 사도행전에서 9회 등장한다. 1장 35절에서 예수님의 탄생을 책임지시는 분은 성령의 사역에 뿌리를 내리고 있는 지극히 높으신 분의 능력이다. 1장 76절에서 세례 요한은 지극히 높으신 분의 선지자가 될 것이다. [hypsistos]

다윗의 보좌(Throne of David, ton thronon Dauid)–천사는 다윗의 약속된 자손 메시아로서 예수님의 왕적인 역할을 가리킨다. 예수님께서는 다윗의 권세를 받으실 것이다. 이 정확한 표현은 신약에서 유일하게 이곳에만 나온다. 누가는 예수님과 다윗 사이의 연결을 포함한 다른 표현들을 사용하여 예수님과 다윗에게 주어진 약속을 연결하는 것을 좋아한다(눅 1:27, 69, 2:4, 11, 3:31, 18:38–39). [Dauid]

1:33. **야곱의 집**(The house of Jacob, ton oikon Iakōb)–이 표현은 야곱이 이스라엘 국가의 족장이기 때문에 이스라엘을 하나님의 백성으로 언급한다. 그러므로 이 약속은 예수님께서 이스라엘을 다스리실 것을 표현하는 방식이다. 이것은 그분을 메시아로 부르는 다른 방식이다. 이 문구는 여기와 사도행전 7장 46절에만 나온다. [Iakōb]

그의 나라(His kingdom, tēs basileias autou)–이 약속은 예수님의 메시아적인 통치가 영원히 지속될 것이라는 것이다. 그러므로 일단 확립이 되면, 메시아적인 권세의 행사는 영원할 것이다. 베드로는 사도행전 2장 30-36절에 기록된 그의 연설에서 이와 같은 행사를 언급한다. 누가복음에서 나라에 대한 대부분의 본문은 하나님의 나라를 가리키나(신약의 64회 가운데 31회), 이 문단은 예수님께서 가져오시며 사람들에게 주어지는 나라에 대하여 논한다. 그러나 나라와 하나님의 나라는 동의어다. 이 표현의 다른 변형도 나온다(눅 22:29-30, 23:42). 나라란 용어는 개념들의 복합적인 연관을 포함한다. 때때로 강조되는 것은 통치 역할의 현재성의 개념이다(눅 11:20, 17:20-21). 다른 본문들에서 염두에 둔 것은 구체적인 영토나 영역이다(눅 22:30). 이 구절에서는 그러한 모든 요소들을 함께 묘사하면서 나라에 대하여 종합적으로 말한다. [basileia]

1:34. **어떻게 이런 일이 있을 수 있습니까**(How shall this be?, pōs estai touto) - 이 질문은 1장 18절에 나오는 사가랴의 질문과 약간 다르다. 제사장은 선포된 것을 증명하기 위한 표적을 요구했다(내가 어떻게…을 알겠습니까). 마리아는 탄생 선언을 인정하고 즉각적인 탄생이 기대되는 것으로 이해하나, 자신에게 성관계의 경험이 없는데 이 일이 어떻게 가능한지 궁금해한다. 이 사실은 그녀가 남자를 '알지 못한다'(ginōskō)는 사실에 의해 강조된 요점이다. 사가랴는 침묵의 단기 심판을 받았으나, 마리아는 설명을 들을 수 있었다. [pōs]

1:35. **하나님의 아들**(Son of God, huios theou) - 이 표현은 국가의 왕에 대한 언급으로 유대교에 뿌리를 가지나 예수님과 하나님 사이의 독특한 관계를 강조한다. 구약에서 하나님께서는 왕에게 자신을 아버지로 묘사하신다(삼하 7:8-16). 누가는 또한 여기 1장 32-35절에서 예수님의 '왕적인' 인격을 강조한다. 그러나 예수님의 하나님의 아들 되심의 독특한 요소가 누가복음의 예수님의 탄생과 관련해서는 성령의 역할에 근거한다. 성령의 역할은 예수님을 '거룩한 자'(hagion)로 구별시킨다. 하나님의 아들이란 칭호는 신약에서 45회 나오는데, 누가는 그의 복음서에서 6회, 사도행전에서 1회 사용한다(눅 4:3, 9, 41, 8:28, 22:70, 행 9:20). [huios]

1:36. **친족**(Kinsman, syngenis) - 하나님께서는 은혜롭게 자신의 약속이 실현될 것을 보여주기 위해서 마리아에게 표적을 주신다. 그것은 바로 노인 엘리사벳 속에 이례적으로 일어난 세례 요한의 잉태다. 그녀는 마리아의 친척이다. 비록 그들은 사촌간이라는 전통이 존재하지만, 여기에 사용된 용어가 그렇게 구체적이지는 않다(BAGD, 772, BDAG, 950). 이 용어는 신약에서 여기에만 유일하게 나온다. [syngenis]

1:37-38. **아무것도/말씀**(Nothing/word, rhēma) - 일종의 언어유희가 이 두 구절에 나온다. 그것은 다양한 의미를 가질 수 있는 용어 rhēma의 이중적인 사용과 관련된다(BAGD, 735, BDAG, 905). 1장 37절에 나오는 이 용어는 '일' 또는 '사건'이란 가장 포괄적인 의미를 가진다. 그러므로 천사는 하나님께는 어떤 것도, 심지어는 그가 방금 선포한 특별한 탄생까지도 결코 불

가능하지 않음을 확증한다. 이 사상은 누가복음 1-2장의 주제와 통한다. 즉 하나님께서는 친히 약속한 것을 행하실 수 있으며, 반드시 행하실 것이라는 점이다. 1장 38절에서 마리아는 하나님의 뜻에 전적으로 순복하여 '당신의 말씀대로' 자기에게 이루어지게 해달라고 모범적인 종으로 대답한다(NASB, NET, 예를 들면, 예언이나 말씀). 이것은 아기가 사생아라고 고소당하는 일을 수반할 수도 있다(요 8:41). 그러나 그녀는 하나님께서 이 아이를 낳으라고 부르셨기 때문에 이러한 거짓된 고소에도 기꺼이 직면할 것이다. [rhēma]

1:41. 껑충 뛰었다(Leaped, eskirtēsen) – 여기에서 요한은 심지어 모태에서도 그리스도를 가리키는 자신의 역할을 시작한다(1:15). 이 동사는 구약에서 하나님의 구원을 경험하는 것과 관련되어 있다(말 4:2, Green, 95). 이것은 종종 기쁨과도 연결되어 있다(렘 50:11). 칠십인경에서 이것은 모태에서 일어난 야곱과 에서 사이의 다툼을 묘사하는 데 사용된다(창 25:22). [skirtaō]

성령으로 충만했다(Was filled with the Holy Spirit, eplēsthē pneumatos hagiou) – 누가복음과 사도행전에서 성령 충만에 대한 언급은 흔하다(눅 1:67, 행 2:4, 4:8, 31, 9:17, 13:9). 이것은 때로 하나님께서 하시는 일을 증거하는 것을 표현하는 데까지 이른다. 1장 44절에서 성령으로 충만한 엘리사벳은 태아 요한이 껑충 뛰는 행동을 설명한다. 어떤 사람이 무엇인가로 '충만할' 때, 채워진다라고 말하는 부정적인 표현이 보여주는 것처럼 그 사람은 그것에 의하여 통제된다. 분노, 진노, 질투나 두려움으로 가득 차는 것은 그것에 의하여 통제를 받는 것이다(눅 4:28, 5:26, 6:11, 행 5:17, 13:45). [pimplēmi]

1:42. 복되다(Blessed, eulogēmenē) – 환영하는 이 말은 마리아와 아기를 하나님의 은혜로운 임재와 능력의 수혜자로 인정한다(BAGD, 322, 2a, BDAG, 408, 2a). 이것은 1장 45절에 나오는 축복을 가리키는 단어(makarios)와 다른 단어다. 그것은 그러한 축복을 받은 결과로 소유한 기쁨을 가리킨다. [eulogeō]

1:43. 주님(Lord, kyriou) – 지위를 가리키는 이 호칭은 예수님께서 이러한 존경의 호칭에 합당한 중요한 신분을 지니실 것이란 사실에 대한 엘리사벳의 통찰을 보여준다. 이 용어는 누가복음에서 104회 등장한다. 이것은 단순한 존칭의 용어일 수 있으며, 하나님이나 예수님을 가리킬 수 있다. 이 문맥에서 엘리사벳은 유아기 기사의 나머지 부분에서 가족이 예수님께 어울리는 범주였다고 가리키는 것과 같이, 예수님의 메시아적인 신분을 그녀가 인정했다는 표시로 이 용어를 사용하는 것 같다(눅 1:69, 78-79). [kyrios]

1:44. 기쁨(Joy, agalliasei) – 누가복음 1장 14절에 나오는 설명을 보라. [agalliasis]

1:45. 성취(Fulfillment, teleiōsis) – 이것은 신약에서 두 번 사용되었는데, 그 가운데 하나다(히 7:11). 이 문맥에서 이것은 유아기 기사의 주제들 가운데 하나를 부각시킨다(눅 1-2장).

이 주제는 여기에 표현된 '성취'의 사상을 중심으로 전개된다. 마리아는 하나님의 말씀이 '성취될 것'(NIV)을 믿기 때문에 모범적인 신자로 보인다. 유아기 기사의 부담은 하나님께서 자신의 약속들을 지키신다는 것을 증명하는 것이다. 마리아는 그와 같은 신뢰를 가지고 있기 때문에 복되다(makaria). [teleiōsis]

1:46. **찬미한다**(Magnifies, megalynei) – 이 용어는 신약에서 5회 나온다. 이 가운데 4회가 누가복음과 사도행전에 나온다(눅 1:46, 행 5:13, 10:46, 19:17). 이 동사는 칠십인경 시편에 두드러지게 17회 나온다(시 69:30[칠십인경 68:31]). 여기에서는 마리아의 찬양을 소개한다. 반면 1장 46–55절은 그녀가 찬양하는 이유, 즉 개인적이고(46–49) 이스라엘의 국가적인(50–55) 이유를 제시한다. 그녀는 주님을 '높이거나'(NASB) '영화롭게 하거나'(NIV) '찬미한다'(NET). [megalynō]

1:47. **구원자**(Savior, sōtēri) – 하나님께서는 구원자 또는 구출자로 묘사된다. 이 찬미에서 구원은 마리아와 이스라엘을 위한 하나님의 보살핌과 관심 속에 표현된다. 2장 11절에서 예수님께서는 구출자로 불린다. 이것은 누가복음에서 단지 두 번 사용되었다. 예수님을 가리키는 다른 두 용례들은 사도행전 5장 31절과 13장 23절에 나온다. 신약에서 '구원자'란 용어는 모두 24회 나온다. 구원자로서의 하나님과 예수님을 이와 같이 교차하여 표현하는 것은 신약에서 흔한 일이다(요 4:42, 엡 5:23, 딤전 1:1, 2:3, 4:10). 헬라 사상에서 이 칭호는 흔히 신들(예를 들면, 치유의 신 아스클레피우스)에게 붙여지나 일종의 신적인 존재로서 가이사에게도 사용된다. 반면 칠십인경은 신약이 여기에서 묘사하는 것과 같이 하나님을 묘사하는 용어로 사용하기를 선호한다(시 25:5 [칠십인경 24:5], 27:9 [칠십인경 26:9], 미 7:7, BAGD, 800, BDAG, 985). 이 용어는 인류의 선을 위해서 세계의 사건들에 참여하는 어떤 사람을 가리킨다. [sōtēr]

1:49. **능하신 이**(The one who is mighty, ho dynatos) – 이것은 하나님을 그분의 능력과 권세의 관점에서 묘사하는 다른 칭호다(NASB와 NIV의 '능하신 자'). 이것은 칠십인경에서도 하나님을 가리킨다(시 24:8 [칠십인경 23:8]). 또한 칠십인경에서 사용되는 왕의 권능에 대한 묘사나 칭호다(시 44:4, 6, 헬라어 역에서는 6절에만 칭호가 나옴). 이 칭호는 여기에서와 같이 하나님께 사용될 수도 있고, 사도행전 25장 5절이나 고린도전서 1장 26절에서와 같이 유명한 사람에게도 사용될 수 있다. [dynatos]

이제부터(From now on, apo tou nyn) – 이 문구는 누가복음에서 매우 자주 사용되는 것으로, 일반적으로 어떤 사건으로 말미암은 그 시점 이후부터 달라질 것을 시사한다(5:10, 12:52, 22:18, 69). [nyn]

1:50. **자비**(Mercy, eleos) – 이 용어는 헬라어 단어가 하나님의 충성되거나 언약적인 사랑, 곧 그분의 자비와 은혜의 표현인 신실한 사랑을 가리키는 히브리어 헤세드(hesed)를 종종 번역한 것과 같이 구약의 뿌리들을 가진다(창

24:12, 14, 출 20:6, 시 103:17[칠십인경 102:17], TDNT, 2,479-85). 하나님의 행동은 종종 '자비를 베푸는 것'으로 표현된다. 이 용어는 이 요점을 강조하기 위해 1장에도 4회 더 나온다(눅 1:54, 58, 72, 78). 마리아는 하나님을 경외하는 사람들이 현세대에서 다음 세대로 확대되는 것을 주목하면서 그분의 신실하심이 한결같음을 칭송한다. 바로 이 점에서 마리아의 고백은 자신의 개인적인 상황을 떠나 더욱 더 일반화된다. 자비는 하나님께서 그분의 백성을 대하시는 방식이다. [eleos]

1:51. **힘**(Strength, kratos) – 이 단어는 누가복음에서 여기에만 나온다. 이 표현이 하나님의 팔의 이미지와 결합될 때, 이 문구는 시편 118편 15절(칠십인경 117:15)을 가리키는 것과 같이 하나님께서 그분의 자녀를 위하여 행하시는 능하신 역사들을 가리킨다. 다양한 번역들이 이 문구의 의미를 드러낸다(NIV-"그의 팔로 능하신 역사들을 행하셨다", NET-"그의 팔로 능력을 행사하셨다"). 힘을 가리키는 이 용어는 일상적인 헬라어에서 위대한 왕들이나 신들의 능력을 묘사하기 위해 사용된다(BAGD, 449, BDAG, 565, 2). 이 의인화는 하나님의 강한 팔을 통하여 임하는 능력 있는 행동들을 가리킨다. 능한 자들이 낮아지고 비천한 자들이 높아지기 때문에 이에 대한 상세한 내용이 곧 이어서 나온다. [kratos]

흩었다(Scattered, dieskorpisen) – 일상적인 말에서 이 단어는 양떼나 전쟁터에서 군대를 흩는 것을 묘사하는 데 사용되었다(BAGD, 188, BDAG, 236). 하나님의 원수들의 흩어짐은 누가가 약간 변형하여 이용하는 구약의 주제다(민 10:35, 시 68:1[칠십인경 67:2], 89:10[칠십인경 88:11]-여기는 하나님의 팔에 관한 언급도 있다). [diaskorpizō]

상상(Imagination, dianoia) – 이 용어는 마음의 '충동들'을 묘사한다(NASB-'그들 마음의 생각들', NIV-'내적인 생각들'). 이것은 종종 칠십인경에서 히브리인들의 이해력의 좌소인 마음을 가리킨다(잠언 2:10). 여기에서는 결정적으로 부정적인 뉘앙스를 가지고 있다(BAGD, 187, BDAG, 234, 2). [dianoia]

1:52. **비천한 자들**(Humble, tapeinous) – 이것은 누가복음에서 마리아와 같이 사회적으로 신분이 낮은 백성에 대한 하나님의 관심을 가리키는 여러 언급들 가운데 첫 번째다(눅 4:18-19, 6:20, 7:22, 14:13, 이들 본문들은 가난한 자들을 언급한다). 이 찬미에서 이 용어는 하나님께서 끌어내리는 권세자들과 대조를 이루고 있으므로 분명하게 사회학적인 함의를 가진다. 이것은 1장 53절에 언급된 배고픈 자들과 병행이 된다. 이 명사는 누가가 유일하게 사용했다. 동사는 누가복음 14장 11절과 18장 14절에서 비사회학적인 의미로 등장한다. [tapeinos]

1:53. **텅 빈**(Empty, kenous) – 부자의 낮아짐을 표시하는 이 용어는 하나님께서 심판으로 가져올 궁극적인 반전을 지시한다. 이 반전은 하나님을 의지했던 겸손한 사람들의 확증을 나타낸다. 이 반전을 묘사하는 비유는 누가복음 16장 19-31절에 기록된 부자와 나사로의 이야기다. [kenos]

1:54. 이스라엘(Israel, Israēl) – 하나님의 약속들은 신실함과 관련되어 있기 때문에 하나님께서는 자신의 약속들에 대하여 관심을 가지신다. 이것은 이 구절이 하나님께서 이스라엘에게 그분의 자비를 기억하신다는 사상을 반복하는 이유다. 누가는 본서에서 12회 그리고 사도행전에서 15회에 걸쳐서 이스라엘을 가리킨다(신약에서 68회 사용됨). 누가복음과 사도행전의 각 경우에 이 용어는 국가적인 이스라엘이나 인종적인 이스라엘에 속한 백성을 가리킨다. 예수님의 사역은 일찍이 창세기 12장 1–3절에서 이스라엘에게 하신 하나님의 약속들 때문에 각별히 이스라엘을 대상으로 전개된다. 이것은 1장 55절에서 아브라함을 언급하면서 가리키는 요점이다. 누가복음에서 다른 본문들은 이것을 분명하게 한다(2:32, 22:30, 24:21). 하나님께서 세상을 위해서 무슨 일을 하고 계시든지, 그분은 궁극적으로 이스라엘 나라에 하신 그분 자신의 약속들을 지키기 위해서 일하신다. [Israēl]

1:55. 후손(Posterity, spermati) – '씨' ('자손들', NIV, NASB, NET)라는 용어의 사용은 이스라엘을 가리키는 다른 방식으로서 아브라함의 후손들에 대한 단체적인 언급이다(또한 행 7:5–6). 사도행전의 다른 본문들은 예수님께서 특별히 그 씨에서 나오신 것을 교차로 언급한다(행 3:25–26, 13:23). 이것은 바울의 설명과 갈라디아서 3장 16–17절(단수), 29절(복수)의 단수–복수의 교차 사용의 방향도 움직인다. 또한 누가는 이 용어를 자손의 비신학적인 배경에서 사용한다(눅 20:28). 누가복음과 사도행전에서 이 용어는 6회 등장한다. 이 찬양의 요점은 하나님께서 하나님 자신의 말씀을 지키는 일에 신실함을 따라서 행하고 계신다는 사실을 재확인하기 위한 것이다. [sperma]

1:59. 할례를 베푸는 것(To circumcise, peritemein)–이 관습은 자신이 언약의 자손이라는 것을 보여주기 위한 하나님의 명령이었다(창 17장, 출 4:24–25). 이 문단은 요한의 부모가 율법을 준수하는 유대인임을 보여준다. [peritemeō]

1:63. 글을 쓰는 판(Writing tablet, pinakidion) – 이것은 왁스로 덮여진 나무판이었을 것이다(Bock, 168). 요한이라는 이름을 선택한 것은 사가랴가 단순하게 전통을 따르지 않고 천사의 지시를 따르고 있음을 보여준다. 이것은 무리를 놀라게 한다. [pinakidion]

1:66. 주님의 손(Hand of the Lord, cheir kyriou) – 이 문구는 하나님의 능력의 임재를 표현한다(BAGD, 880, 2, BDAG, 2bb). 이것은 칠십인경에서 24회 사용된다. 이것은 때때로 부정적인 의미로 하나님의 심판을 가리킨다(출 9:3, 삿 2:15, 룻 1:13, 삼상 5:6, 9). 또한 종종 긍정적인 의미로, 하나님으로부터 말미암는 능력을 가리킨다(왕상 18:46, 왕하 3:15, 대하 30:12, 에 7:6, 겔 1:3, 3:14). [cheir]

1:67. 예언했다(Prophesied, eprophēteusen) – 이 단어는 누가복음의 경우 여기에서만 긍정적으로 사용되었다(눅 22:64는 예수님께 예언하라고 촉구하면서 그분을 조롱하는 자들이 사용한 것을 보여준다). 이 용어는 또한 사도행전에

도 나오는데(2:17-18, 19:6, 21:9), 여기에서와 같이 종종 성령의 임재와 연관된다. 이 문맥에서 예언은 찬양시의 양식을 취한다. 사도행전 2장에서는 복음을 전파하는 데 표현된다(11절). 이 용어가 가장 두드러지게 사용된 곳은 고린도전서 14장이다(1, 3, 4, 5, 24, 31절). [prophēteuō]

1:68. **복되다**(Blessed, eulogētos) – 이 용어에 대하여 누가복음 1장 42절을 보라. 여기에 나오는 것은 동사가 아니라 형용사다("복되소서"–NASB, NET, "찬양이 있으라"–NIV). 이 용어는 신약에 8회 나오나 누가복음에는 여기에만 나온다. 이 가운데 7회는 하나님과 관련하여 사용되었고, 1회는 그리스도와 관련되었다(롬 9:5). 이 문맥에서 '복'은 두 번째 찬양시를 시작한다. 여기에서 사가랴는 선구자 요한을 두고 예수님으로 말미암은 하나님의 구속 사역을 인하여 하나님을 찬양한다. 이 정확한 문구는 칠십인경에서 열왕기상 1장 48절, 역대하 2장 11절(영역본 2:12), 6장 4절, 시편 71편 18절(영역본 72:18)에 나온다. [eulogētos]

방문했다(Visited, epeskepsato) – 이 용어는 종종 하나님께서 구원하시러 자기의 백성에게 오시는 것을 묘사하기 위해 사용된다(BAGD, 293, 3, BDAG, 378, 3, 히 2:6). 이것은 어떤 사람을 돕거나 보살피기 위해서 나타난다는 뉘앙스를 가질 수 있다. 이것은 나중에 새벽별로 묘사된 메시아의 나타남을 묘사하는 이 찬양(1:78)과 7장 16절에 다시 나온다. 또 다른 핵심적인 용례는 구원이 이방인들에게 확대되는 것을 보여주는 사도행전 15장 14절에 나온다. 누가복음과 사도행전은 신약의 11회 가운데 7회를 사용한다. NIV는 이 단어를 단순하게 '왔다'로 번역하나, 이것은 핵심적인 상징을 지나치게 부드럽게 만든다. [episkeptomai]

구속(Redemption, lytrōsin) – 이 명사는 신약에서 드물게 사용된다. 신약에서 모두 3회 나오는데, 그 가운데 누가복음에서 2회 나온다(2:38, 히 9:12. NIV는 이 구절에서 동사구 '구속했다'로 번역한다). 이것은 구원을 가져오는 것을 가리킨다(BAGD, 483, BDAG, 606). 일상적인 용도에서는 법적 또는 상업적인 용어로 속량금을 지불함으로써 어떤 사람의 석방을 일반적으로 확보하는 것을 묘사했다. 그렇지만 여기에서는 구원하는 행동만 염두에 두고 있기 때문에 속량금의 지불 사상은 누가복음 1장 또는 2장에서 아무런 역할을 하지 않는다(칠십인경 시 110:9[영역본 111:9], EDNT, 2:366). [lytrōsis]

1:69. **뿔**(Horn, keras) – 이 문맥에서 이 용어는 짐승이 자신의 뿔로 원수를 치는 것과 같은 힘이나 능력의 은유적 표현이다(BAGD, 429, BDAG, 540, 3). 이것은 구약에서 종종 하나님과 관련하여 사용된다(시 17:3[영역본 18:2], 삼하 22:3). 여기에서 구원을 낳는 그와 같은 승리의 힘을 소유하는 분은 다윗의 집에서 나오는 메시아다. 사가랴는 메시아를 강력한 구원자로 생각하고 있다. 그러한 사상은 유대교에서 흔하다(가경 솔로몬의 시편 17-18편). 그 승리가 예수님의 고난을 통하여 정확하게 어떻게 오느냐는 심지어 제자들에게조차 놀라운 것으로 입증될 것이다. [keras]

1:70. 심지어 그가 통하여 말씀한 것과 같이(Even as he spoke through, kathōs elalēsen dia) – 사가랴는 하나님께서 하시는 일이 어떻게 선지자들을 통하여 선포되었는지 강조한다. 그러므로 하나님께서 하나님 자신이 계시한 약속들을 지키고 완성하신다는 주제가 여기에서도 다시 등장한다. 이 동사를 사용하여 하나님께서 어떤 사람을 통해서 말씀하신다는 것을 표현하는 경우는 단지 세 번밖에 나오지 않는다(히 2:2–천사들을 통하여, 히 2:3–주님을 통하여). [laleō, dia]

1:71. 구원(Salvation, sōterian) – 누가복음에서 구원은 죄 용서와 관련하여 영적인 준비를 통하여 제공된 구원은 물론(눅 1:77), 여기와 누가복음 1장 69절(시 106:10)에서 지적하듯이 원수들로부터의 구출로 보인다. 구원은 물질적이고 영적일 수 있는데, 메시아의 구원은 두 가지 모두 포함한다. 이것은 구출이나 구출의 결과로 나오는 행복을 기본적으로 가리킨다. 구출이 치명적인 위험으로부터 구출받는 것을 가리키지 않을 때는 어떤 유형의 치유를 종종 가리킬 수 있다(BAGD, 801, BDAG, 986, 2, EDNT 3:327, Spicq 344–50). 누가복음에서 이 용어의 세 가지 용례는 이 찬양에서 발견된다. 이 셋은 모두 다 위험으로부터의 구출을 가리킨다. 이 용어는 누가복음 19장 9절에서만 삭개오의 구원과 관련하여 다시 등장한다. 사도행전은 이 용어를 6회 사용한다(4:12, 7:25, 13:26, 47, 16,17, 27:34). 특별히 의미가 있는 것은 4장 12절과 13장 47절이다. 사도행전의 두 번째 구절은 이사야 49장 6절에 그 뿌리를 두고 있다. 이 명사는 복음서에 드물게 나오는데, 오직 요한복음 4장 22절과 마가복음 16장 9절의 변형인 짧게 끝나는 본문으로 알려진, 원문상으로 의심되는 끝 부분의 한 곳에만 나온다. 이 용어는 서신서들에 훨씬 더 자주 나온다. [sōteria]

1:72. 자비(Mercy, eleos) – 누가복음 1장 50절을 보라. [eleos]

언약(Covenant, diathēkēs) – 이 단어는 단수다. 누가복음 1장 73절은, 창세기 12장 1–3절에서 아브라함에게 말씀하신 후 그에게 반복된 근본적인 약속을 염두에 둔 것임을 분명히 한다(54절도 보라). 이 언약은 하나님께서 일방적으로 아브라함과 그의 씨인 이스라엘 국가, 궁극적으로는 아브라함의 약속된 자손과 맺은 협정이다(갈 3:16). 73절에서 맹세(horkon)에 대한 언급은 하나님의 주도권을 보여준다. 누가복음의 언약에 대한 또 다른 언급은 마지막 만찬에서 새 언약의 언급이다(22:20). 사도행전 3장 25절은 유대인들이 언약의 자손들인 것을 지적한다. 그리고 사도행전 7장 8절은 하나님께서 아브라함에게 할례의 언약을 주신 것을 선언한다. [diathēkē]

1:73. 맹세(Oath, horkon) – 하나님의 맹세는 하나님께서 자신의 약속에 얼마나 헌신적인지를 보여준다. 누가복음과 사도행전에 언급된 또 다른 맹세는 하나님께서 다윗의 보좌에 앉을 상속자에 대하여 하신 맹세다(삼하 7:8–16, 시 132:11). [horkos]

1:74. 원수들(Enemies, echthrōn) – 이것은 누

가복음에 나오는 유일한 단어다. 이 단어는 하나님께서 자기 백성을 그들의 원수들로부터 구속하시겠다는 언약적 헌신 가운데 하나를 요약한다. 경건한 유대인으로서 사가랴는 로마와 같이 지상적이고 세상적인 원수들로부터의 구원을 생각하고 있는 것 같다. 그렇지만 분명한 것은 누가복음의 전개에서 이들 원수들이 사탄에 의하여 대표되는 것과 같이 영적인 세력들과의 대립을 포함한다. [echthros]

섬기기 위해(To serve, latreuein) – 이 용어는 구원의 목적을 요약한다. 하나님의 백성을 해방시키는 목적은 그들로 평생 의와 거룩함 가운데 하나님을 섬기게 하는 것이다. 칠십인경에서 이 용어는 하나님에 대한 종교적인 섬김, 특별히 경배의 행위를 묘사하기 위해서 일관되게 사용되었다(TDNT, 4:60, 출 4:23, 8:16, 신 6:13). 사가랴는 구원의 의도는 개인들을 해방시켜 그들로 하여금 자기들의 삶의 섬김으로 하나님을 경배하게 하는 것이라는 점을 말하고 있다. [latreuō]

1:75. **거룩함**(Holiness, hosiotēti) – 이 용어는 신약에서 단지 두 번만 나오는데, 모두 의와 연관되어 있다. 이들 두 곳에서 이것은 개인적인 경건의 거룩함에서 나오는 실천된 의(dikaiosynē)를 가리킨다(TDNT, 5:493, 엡 4:24). 구약에서 이것은 마음과 관련된다(신 9:5). 하나님께서는 자기 백성을 구별하셨으므로 의로운 성품으로 하나님 자신을 섬기게 하려고 그들을 해방시키신다. 이것이 약속된 구원의 도래가 사가랴에게 의미하는 것이다. [hosiotēs]

1:76. **지극히 높으신 이의 선지자**(Prophet of the Most High, prophētēs hypsistou) – 요한은 지극히 높으신 분의 아들이신 예수님과는 대조적으로(1:32) 지극히 높으신 분의 선지자다. 하나님의 지위의 묘사로서 이 용어에 대하여는 1장 32절을 보라. [hypsistos]

주님(Lord, kyrios) – 이 문맥에서 주님은 예수님을 가리키는 것이 아니라, 구원에 책임을 지고 계신 하나님 아버지를 가리킨다. 주님에 대하여 1장 43절도 보라. [kyrios]

그의 길들을 준비하기 위해서(To prepare his ways, etoimasai hodous autou) – 이 관용어는 이사야 40장 3절에서 유래한다. 이사야서에서 길은 존귀하신 인물, 곧 자기 백성에게 구원을 가져오시는 하나님의 강력한 오심을 위해서 피조물 가운데 깨끗이 닦인다(눅 3:4, 마 3:3, 막 1:3). [etoimazō]

1:77. **그들의 죄 용서 가운데**(In the forgiveness of their sins, en aphesei hamartiōn autōn) – 이 용어는 문맥에 따라서 어떤 종류의 해방을 그려준다(EDNT, 1:181). 구약에서 이 명사는 희년이나 해방의 문맥에서 등장한다(레 25:10-12, 27:18, 신 15:1-2, 31:10). 여기에서 사가랴는 여전히 요한의 사역을 묘사한다. 그는 이스라엘 백성에게 죄 용서를 알려주는 것과 관련하여 구원의 지식을 그들에게 제공할 것이다('용서로' -NASB, NET, '용서를 통하여' -NIV). 그러므로 죄의 빚으로부터 풀려남이 여기에 고려되었다. 이것은 누가복음 3장이 분명하게 해주는 것과 같이 요한이 베푸는 세례에 그려질 것이다. 용서란 말은 누가복음에

4회 등장한다(3:3, 4:18, 24:47). 각 경우에 이것은 누가의 주요 신학적인 본문에서, 세례 요한과 함께, 예수님의 선포에서, 그리고 제자들이 세상에 선포한 메시지를 요약하는 용어로 예수님의 마지막 위임 명령에서 표면에 등장한다. 이것은 사도행전에서 5회 더 나온다(2:38, 5:31, 10:43, 13:38, 26:18). 이들 용례들의 각 경우는 역시 전략적이다. 오순절 날에 베드로에게 보인 반응, 다른 유대인 청중에게 베푼 베드로의 메시지, 고넬료 앞에서의 베드로, 회당과 바울 자신의 변호 연설에서 이 용어를 사용하여 하나님께서 예수님을 통하여 백성에게 유용하게 하시는 것을 요약한다. 이 명사는 신약에서 17회 사용되었는데, 이 가운데 9회가 누가복음과 사도행전에 나온다. [aphesis]

1:78. **측은한 자비**(Tender mercy, splanchna eleous) – 사가랴는 하나님의 자비를 하나님의 마음 중심에서 우러나오는 동정심의 표현으로 묘사한다(BAGD, 763, 1b, BDAG, 938, 2). 이 용어는 사람의 감정의 좌소를 '내장'으로 묘사한다. 내장에 상응하는 단어는 마음이다. 이 단어는 이 복음서 가운데 여기에서 유일하게 사용된다. [splanchnon]

방문했다(Visited, episkepsetai) – 이 동사는 1장 68절에서 반복된다. 거기에 있는 토의를 참고하라. [episkeptomai]

떠오르는 별(Rising Star, anatolē) – 이 단어는 뜨는 아침 해로서 메시아를 가리킨다. 그분은 어두움 가운데 빛의 역할을 한다. 이 부분은 이사야 9장 1-2절의 인용이다(EDNT, 1:93). 이 단어는 단순하게 '일어나는 것'을 의미하나, 이 문맥에서 묘사된 것은 어두움 가운데서 떠오르는 아침 빛이다('떠오르는 해' –NIV, '해돋이' –NASB, '새벽' –NET). [anatolē]

1:79. **죽음**(Death, thanatov) – 누가복음에서 일반적으로 이 단어는 육체적인 죽음을 가리키나, 이 찬송에서는 영적인 어둠 속에서 삶으로써 사망의 그늘에 사는 것으로 불리는, 심판으로 영적인 죽음에 속박된 사람들을 가리킨다. 이것은 마태복음 4장 16절에서 사용된 것과 유사하고, 이사야 9장 2절을 암시한다(EDNT, 2,132). [thanatos]

평화의 길(Way of peace, hodon eirēnēs) – 메시아 속에 있는 하나님의 빛은 평화에 이르는 '첩경'으로 그려진다(NIV, NLT). 샬롬(shallom)의 히브리 개념은 그것과 함께 안녕의 개념을 수반한다(BAGD, 227, BDAG, 287, 1b, 칠십인경 시 13:3, 사 59:8, 모두 부정적으로 사용됨). 누가가 이 단어를 신약에서의 92회 가운데 복음서에서 14회, 사도행전에서 7회 사용하는 것과 같이 그는 평화의 개념을 좋아한다. 여기에서 관심은 하나님과 백성 사이에 개인적인 관계의 조화에 있다. 제자들에게 반응하는 사람들은 '평화의 아들들'로 불린다(눅 10:6). 메시아의 탄생은 '땅에 평화'를 의미한다(2:14). 사도행전 10장 36절에서 예수님의 메시지는 평화의 메시지로 요약된다. 구원은 하나님과의 평화를 의미한다. [eirēnē]

1:80. **이스라엘**(Israel, Israēl) – 요한은 예수님과 같이 자신의 사역의 초점을 이스라엘에 둔다. 오직 예수님의 부활 후에 그 사역은 더욱

다양한 방향으로 이동한다. 물론 이것의 암시는 예수님의 사역 가운데 있다(눅 4:24-30, 7:1-10). [Israēl]

2:1. **등록을 했다**(Enrolled, apographesthai)-칙령은 세금 목적으로 실시된 인구조사('세금을 위해서 온 제국을 등록하는 것', NET)를 포함했다. 이것은 로마의 이스라엘 통제를 강조했기 때문에 인기가 없었다. 요셉은 신실한 시민이라 등록을 한다. 그런데 이 인구조사의 역사적인 정확성은 논란거리다. 고대 유대인 역사가 요세푸스는 구레뇨의 통치하에 실시된 첫 번째 인구조사가 주후 6년에 있었던 것으로 기록하고 있어 예수님의 탄생 시기가 너무 늦기 때문이다(고대사, 17.342-44, 355, 18.1-10). 누가는 그 이전 인구조사나 인구조사를 시작하여 완성하는 데 상당한 시간이 걸린, 구레뇨 때의 인구조사를 가리킨다(Bock 1:903-09). 자신의 고향으로의 여행은 인구조사에 유대적인 정취를 제공한다. 이것은 고대사에 기초한다(삼하 24장). [apographō]

2:4. **다윗의 도성…베들레헴**(City of David…Bethlehem, polin Dauid…Bēthleem)-다윗과 연결된 베들레헴의 이러한 묘사는 흥미롭다. 일반적으로 그러한 연결을 가질 수 있는 곳은 시온이나 예루살렘일 것이다(삼하 5:7, 9, 6:10, 12, 16, Marshall, 105). 그러나 이따금 베들레헴은 이러한 묘사를 수반했다(삼상 20:6은 베들레헴을 '그의' 도성이라고 부른다. 삼상 17:12, 58의 경우는 히브리어 마소렛 본문에서만 그렇다). 미래에 나타날 강력한 왕과 베들레헴의 연관은 구약에 뿌리를 내리고 있다(미 5:1-2[마소렛 본문 4:14-15], 마 2:5-6). 이러한 설명은 요셉을 통해서 예수님의 법적이고 왕적인 연결을 제공한다. 다윗은 신약에서 59회 언급된다. 그 가운데 24회가 누가복음과 사도행전에 나온다. 그의 이름이 누가복음에는 13회 나오나, 그 가운데 6회가 누가복음 1-2장에 나온다(1:27, 32, 69, 2:4[2회], 11). 누가는 예수님의 이러한 왕적인 다윗의 뿌리를, 하나님의 약속된 자로서 그분의 정체성에 대해 근본적인 것으로 간주한다. [Dauid, Bēthleem]

2:5. **정혼한**(Betrothed, emnēsteumenē)-마리아에 대한 이 묘사는 부부가 아직 결혼하지 않았음을 분명하게 해준다(Green, 127-28, 마 1:21, 25). 유대교에서 정혼은 약 1년의 과정으로 결합이 이루어지기 전까지는 법적으로 완성되지 않는다(m Ketub 5.2, m Ned 10:5). 이 단어는 신약에서 두 번 사용된 것 가운데 하나다(눅 1:27). 그러므로 우리는 마리아에 대한 다양한 번역을 얻는다('그와 약혼한'-NASB, '그와 결혼하기로 서약한'-NIV, '그와 결혼을 약속한'-NET). [mnēsteuō]

2:7. **여물통**(Manger, phatnē)-이 단어는 짐승의 먹이통을 묘사한다(TDNT, 9:53-54, MM, 665). 이것은 예수님께서 어떤 유형의 짐승 마구간에서 태어난 것을 의미한다. [phatnē]

여관(Inn, katalymati)-작은 베들레헴 안에서는 이미 숙박 장소나 객실 형태의 공공의 숙소를 구할 수 없었다. 따라서 이 용어는 형식적인 의미의 여관을 뜻한다. 즉 이것은 일시적인 휴식 장소를 가리킨다(칠십인경 렘 14:8, 상징적으로 열방들을 위한 숙소로서의 이스라엘, 마카비 1서 3:45, BAGD, 414, BDAG, 521). [katalyma]

2:9. 주님의 영광(Glory of the Lord, doxa kyriou) – 이것은 주님의 광채, 곧 신적인 위엄과 연관된 임재를 가리킨다(겔 10:4, EDNT, 1:345). 하나님께서는 자신의 계획에 따라 일어나는 일을 자신의 메신저가 계시할 때 함께 하신다. 이 용어는 신약에서 166회 등장하는데, 누가는 그 가운데 13회 사용한다. 일반적으로 이 용어는 누가복음 2장 14, 32절에서와 같이 다른 사람에게 존경을 표하는 것을 가리킨다. 이 정확한 문구는 고린도후서 3장 18절, 8장 19절, 데살로니가후서 2장 14절과 야고보서 2장 1절에 나온다. [doxa]

2:10. 나는 좋은 소식을 선포한다(I declare good news, euangelizomai) – 여기에 동사 '좋은 소식을 선포하다' 의 용례에 관한 좋은 본보기가 나온다(왕상 1:42). 우리는 이 동사에서 명사 '복음' 을 얻는다. 이것은 천사가 예수님의 탄생을 공포할 때 주는 '좋은 소식' 의 선포다. 이 동사는 신약에서 54회 나오는데, 그 가운데 누가복음에는 10회 등장한다. 종종 누가복음에서 선포되고 있는 것은 하나님의 나라다(4:43, 8:1, 16:16). [euangelizō]

2:11. 오늘날(Today, sēmeron) – 이 용어는 일어나는 일의 즉시성을 강조하며, 누가에게 중요하다. 누가복음과 사도행전은 신약에 사용되는 41회 가운데 20회를 사용한다. 그러므로 목자들에게 한 선포는 예수님께서 탄생하신 바로 그날 있었다. 이와는 대조로, 마태복음 2장에 나오는 동방박사들은 시간이 얼마 지난 후에 예수님을 방문한다. [sēmeron]

구원자(Savior, sōtēr) – 누가복음에서 예수님을 구원자로 부르는 곳은 이 구절이 유일하다. 사도행전은 5장 31절과 13장 23절에서 이 묘사를 사용한다. 신약에는 이 표현이 24회 나온다. 이 구절에서 이것은 '그리스도' 와 '주님' 과 같이 예수님을 가리키기 위해 사용된 세 칭호 가운데 하나다. 그리스도는 앞장들에서 집중한 기본 칭호이고, 주님은 예수님의 마지막 주간과 사도행전의 앞장들에서 주요 칭호가 될 것이다. 구약에서 주님이라는 단어는 하나님(신 32:15)과 이스라엘의 사사들 같은 사람들에게 사용된다(삿 3:9, 15). 이것은 구출하는 자를 묘사한다. [sōtēr]

2:14. 영광(Glory, doxa) – 2장 9절의 이 용어에 대한 설명에서 지적된 것과 같이 영광은 합당한 자에게 찬양이나 존귀를 드리는 것을 가리킨다. [doxa]

그가 기뻐하시는 사람들 가운데(Among man with whom He is pleased, anthropois eudokias) – 이것은 모든 사람에 대한 언급이 아니고, 하나님께서 자신의 은혜의 수혜자로 선택한 사람들을 가리킨다('그분이 기뻐하는 사람' – NASB, NET, '그분의 은혜가 머무는 사람' – NIV). 이러한 사람들은 '그분의 선하신 기쁨이나 뜻에 따라 선택을 받은 사람' 이다(EDNT, 2:75–76). 이 문구는 쿰란 문서에 나오는데(1QH 단 4:32–33, 단 11:9), 거기에서 이것은

'그분의 선하신 기쁨을 입는 아들들' 혹은 '그분의 인정을 받는 아들들'을 묘사한다. 누가복음 10장 21절은 하나님께서 구원을 위해서 어린아이들과 지혜롭지 않은 사람들을 선택하시면서 '그분의 선하신 기쁨'을 다시 언급하는 유일한 구절이다. [eudokia]

2:20. **말씀한 것과 같이**(As it had been told, kathōs elalēthē) – 하나님께서 말씀하신 것이 그대로 일어나고 있는 것들에 대한 이 언급은 누가복음 1–2장의 주요 주제다. 하나님께서는 자신이 약속한 것을 행하실 것이다. 그분은 계획을 가지고 계신다. [laleō]

2:21. **할례를 베풀기 위해**(To circumcise, peritemein) – 이 관습은 구약에서 명령되었고, 태어난 지 제8일에 시행되어야 했다(창 17:10–14, 눅 1:59). 이에 대한 상세한 내용은 예수님의 부모가 율법을 준수하는 유대인인 것을 보여준다. 이 동사는 누가복음에 단지 두 번 사용된다. [peritemnō]

2:22. **결례**(Purification, katharismou) – '그들의' 결례에 대한 언급은 유대인의 의식적인 정결에 연결된 여러 항목들을 결합시킨다. 여자는 해산한 지 40일 후에 정결하다고 선언을 받았다(레 12:2–6). 거기에는 또한 예수님의 장자됨과 관련된 의식(출 13:2, 12, 15, 34:19)과 아기를 바치는 의식도 있다(삼상 1–2장). 요셉이 해산을 도왔을 가능성이 있으므로 출산 때 피의 접촉은 그를 부정하게 만들었을 것이다. 따라서 정결을 위한 희생 제사가 필요했을 것이다(m Nid 5.1, 2.5, 1.3–5). [katharismos]

2:23. **거룩한**(Holy, hagion) – 이 용어의 사용은 장남을 하나님께 드리는 의식에 뿌리를 둔다(출 13:2, 12, 15). 이것은 아이가 주님과 그분을 섬기기 위해 구별되는 것을 의미한다(BAGD, 9, BDAG, 11, 1ab, '바치다'–NIV). 다시 한 번 예수님께서는 유대인의 관습에 신실한 방법으로 키워졌다. [hagios]

2:24. **산비둘기 한 쌍이나 어린 비둘기 두 마리**(A pair of turtledoves or two young pigeons, zeugos trygonōn ē duo nossous perisoterōn) – 새를 드리는 희생 제사에 대한 이 언급은 예수님의 부모의 경제적인 정도를 암시한다. 이것은 가난한 사람들의 희생 제물이었기 때문이다. 비둘기들에 대한 언급은 특별히 이러한 배경을 가리킨다(BAGD, 828, BDAG, 1018). 이러한 희생 제물들은 레위기 5장 11절과 12장 8절에 묘사되어 있다. [trugōn, peristera]

2:25. **독실한**(Devout, eulabēs) – 이 용어는 하나님을 신실하게 경외하는 사람을 가리킨다. 이 배경에서는 율법에 충실한 사람을 말한다. 칠십인경에서도 하나님을 경외하는 사람으로 번역했다(신 2:4, 사 57:11, TDNT 2:752). 이것은 하나님과 함께 동행하는 일에 신중한 어떤 사람을 시사한다. [eulabēs]

이스라엘의 위로(Consolation of Israel, paraklēsin tou Israēl) – 이 문구는 2장 38절에 나오는 '예루살렘의 구속'과 같이 이스라엘에게 약속된 국가적인 구원을 기다리는 사람을 묘사한다. 이것은 메시아의 구원을 내다보는 표현이다(사 40:1, 61:2, BAGD, 618, 3, BDAG, 766, 3). 후기 유대교에서 메시아는 위로를 가져오기 때문에 이 기대에 대한 변형인 위로자로 불렸다(TDNT, 5:792-93). [paraklēsis]

2:26. **이것은 계시되었다**(It had been revealed, kechrēmatismenon) – 계시를 뜻하는 이 동사는 종종 신탁이나 신적인 선언을 가리킨다(칠십인경 렘 33:2, BAGD, 885, BDAG, 1089, 1ba). 그러므로 이것은 여기에서 예언을 가리킨다. 이 말은 안나가 나이 많은 여인이었던 것과 같이, 시몬이 나이 많은 남자였음을 시사한다. 이 계시가 성령으로 말미암았다는 것 외에 어떻게 그에게 주어졌는지는 지적되지 않는다. [chrēmatizō]

2:27. **그는 성령으로 말미암아 왔다**(He came in the Spirit, ēlthen en tō pneumati)–이 관용어는 성령께 지시를 받는 것을 가리킨다('성령에 감동되어'-NIV, '성령에 지시를 받아'-NET, '성령에 영감을 받아'-RSV, BAGD, 677, 5db, BDAG, 835, 5da). [pneuma]

2:29. **주님**(Lord, despota)–이 용어는 신약에 10회 나오지만, 주님(kyrios)을 가리키는 일반적인 용어는 아니다. 이것이 사용되는 세 가지 방식은 하나님(행 4:24) 혹은 예수님(유 1:4, 계 6:10)을 묘사하거나, 가정에서 종이 섬기는 주인을 묘사하는 것이다(딤전 6:1-2, 딛 2:9, 벧전 2:18). 이 술어는 소유권으로 말미암은 어떤 사람에 대한 권리를 시사한다. 하나님의 경우는 창조자이시기 때문이다. 예수님의 경우는 십자가 위에서의 사역, 심판할 권리나 아버지로부터 받은 권세 때문이다(행 2:30-36). [despotēs]

2:30. **구원**(Salvation, sōtērion)–시므온은 자신이 안고 있는 아기와 구원을 완전하게 연결된 것으로 밝힌다. 예수님을 보는 것은 하나님의 구원을 보는 것이다. 누가복음 2장 31-32절은 그 이유를 설명한다. 하나님께서는 이 아이를 열방과 이스라엘 모두에게 유익을 주는 방식으로 빛이 되게 준비하셨다. [sōtēria]

2:31. **백성들**(People, laōn)–이것은 누가복음과 사도행전에서 매우 중요한 용어다. 신약에서 142회 사용된 이 단어는 누가복음에서 36회, 사도행전에서 48회 사용되었다. 종종 이것은 단순하게 백성의 그룹을 가리킨다(눅 7:1, 29, 20:1). 그러나 어떤 문맥에서는 그들이 이스라엘이든(눅 1:68, 77, 24:19, 행 4:10, 13:17, 24, 26:17-18, 23) 혹은 모든 나라로 이루어졌든(행 15:14, Spicq, 371-74) 하나님의 특별한 백성을 말하는 방식이다. 복수 용어가 32절에서 이스라엘과 열방에 대한 언급을 분명하게 하는 것과 같이, 이것은 여기에서 하나님의 특별한 백성을 가리킨다. 그러므로 시므온은 예수님께서 모든 인류를 위해서 오셨음을 시사한다. 2장 32절에서 이 용어는 단수로 사용되어 이스라엘을 가리킨다. 비록 하나님의 약속은 이스라엘에 뿌리를 두고 있지만, 하나님께서는 모든 나라에서 자기 자신을 위해 백성을 삼으실 것이다. 이 단어가 이스라엘을 가리키는 용어로 사용된 것은 칠십인경에 그 뿌리를 가지

고 있다. 칠십인경에서 이 단어는 이러한 의미로 2천 번 정도 사용되었다(신 7:6-8, EDNT, 2:340-41). 그러므로 열방으로부터 백성을 포함시키는 것은 비록 전례가 없는 일은 아니지만 신선한 강조다. [laos]

2:32. **빛**(Light, phōs) – 예수님을 위한 이 은유는 누가복음 1장 78-79절에 언급된 떠오르는 태양의 이미지에서 이미 지적되었다. 여기에서 메시아는 열방과 이스라엘에게 빛이다. 이 이미지는 사도행전에서, 즉 바울이 돌이켜 이방으로 갈 때 또한 중요하다(13:47). 이것은 하나님께 나가는 첩경과 사람이 마땅히 가야 할 길을 계시하는 분으로서 예수님을 가리킨다. 반응하는 사람들은 '빛의 자녀'라 불린다(눅 16:8). 이 단어는 누가복음에 7회 나오나 단지 2회만 이러한 의미를 수반한다. 사도행전에서도 이러한 전문적인 용례는 드물게 나온다. 이 의미는 사도행전 13장 47절과 26장 18, 23절에 기록된 바울 자신의 변호 연설에 나온다. 요한(요 8:12), 바울(고후 4:6), 베드로(벧전 2:9)가 이 이미지를 좋아하는 것과 같이 마태 역시 이것을 좋아한다(마 4:16). [phōs]

계시(Revelation, apokalypsin) – 이 문맥에서 계시는 구원에 관하여 열방에 주어진 계시를 가리킨다(BAGD, 92, BDAG, 112). 사도행전 13장 47절과 26장 18, 23절이 분명하게 하는 것과 같이, 시므온이 여기에서 가리키는 것은 구원에 관한 진리와 열방의 포함이다. [apokalypsis]

영광(Glory, doxa) – 이 용어는 2장 9절에서 다루어졌다. 여기에서 단어의 용례는 존귀를 받거나 존중히 여김을 받는 어떤 사람을 가리킨다(출 28:2, 시 8:5, 눅 14:10, Spicq, 1:364, 367, 각주 33). 메시아의 오심과 그분의 사명 수행은 이스라엘이 존귀한 원인이다. 열방을 위한 축복으로 인도하는 분은 메시아다. [doxa]

2:33. **놀랐다**(Marveled, thaumazontes) – 이것은 그들이 일어나고 있는 사건을 곰곰이 생각하는 것을 가리킨다. 이 단어는 누가복음 1장 21절에서 논의되었다. [thaumazō]

2:34. **넘어짐과 일어남**(Falling and rising, eis ptōsin kai anastasin) – 이 문구는 누가복음에서 예수님에 대한 반대가 있을 것을 암시하는 첫 구절이다. 이 구절이 두드러지게 강조하는 것은 메시아가, 개인이 어떻게 반응하느냐에 따라서(2:35) 어떤 사람은 일으켜 세우고 다른 사람들은 쓰러지게 하며, 이스라엘에 분열을 가져올 것이라는 사실이다. '넘어지다'라는 용어는 신약에서 ptōsis가 다시 한 번 나오는 마태복음 7장 27절에서와 같이 붕괴를 의미할 수도 있다. 그러나 여기에서 이 단어는 일어남과 대조를 이루고 있는 것과 같이 넘어짐을 가리킨다. '일어섬'을 가리키는 용어는 신약에서 여기에서만 '높이 들다' 또는 '올리다'의 의미로 사용된다. [ptōsis, anastasis]

표적(Sign, sēmeion) – 일상 헬라어에서 이 용어는 깃발, 서명 또는 정체를 밝혀주는 어떤 판화와 같이 다양한 것들을 묘사했다(Spicq, 3:249-53). 이것은 어떤 다른 것을 '표시한' 것을 묘사했다. 종교적으로, 구약에서의 개념은 하나님께서 보낸 어떤 종류의 '지시물'을 묘사한다(출 3:12, 4:9, 사 38:7-8). 그러므로 시므온은 예수님께서 하나님을 대항하는 반대의 지표가 되실 것을 예언한다. 예수님의 임재는 누가 하나님의 길을 반대하거나 배척하는(antilegomenon)지를 표면에 드러나게 할 것이다. 신약의 77회 사용 가운데 22회가 누가복음과 사도행전에 나온다. 요한복음도 이 용어를 자주 사용하고(17회), 예수님의 정체를 지시하는 개별적인 기적들에 대하여 구체적으로 말한다(요 2:18, 3:2, 20:30). [sēmeion]

2:35. **검**(Sword, rhomphaia) – 이 용어는 야만인들이나 원수들이 사용하는 크고 넓은 검을 묘사한다(BAGD, 737, BDAG, 907, 출 5:21, 겔 29:8). 시므온은 마리아에게 큰 고통을 가하며 마리아의 영혼을 찢어놓을 사건을 그리기 위해서 이 단어를 사용한다. 이것은 아기 예수님께서 사역중에 배척과 죽임을 당하는 것을 볼 때 겪을 그녀의 고통을 묘사한다(해석적인 대안에 대하여 Bock, 248-50을 보라). [rhomphaia]

2:36. **여선지자**(Prophetess, prophētis) – 이 용어는 신약에서 두 번 나오는데, 한 번은 이 구절에서 긍정적으로 사용되고, 다른 한 번은 부정적으로 요한계시록 2장 20절에서 이세벨과 관련하여 사용된다. 사도행전 21장 9절은 이 단어의 동사형을 사용하여 예언하는 빌립의 네 딸을 언급한다. 안나는 37절이 보여주는 것과 같이 예수님을 증거하는, 또 다른 경건하고 나이 많은 인물이다. [prophētis]

2:38. **예루살렘의 구속을 기다리는 사람들**(Those looking for the <u>redemption</u> of Jerusalem, tois prosdechomenois lytrōsin Ierousalēm) – 안나는 이 구절에서 매우 유대적인 용어로 이스라엘의 구속의 소망에 대하여 말하고 있다. 이 구속은 예루살렘의 구원으로 묘사되어 있다. 이 표현은 2장 25절에 언급된 대로 시므온이 '이스라엘의 위로를 기다리는 것'과 병행을 이루며, 이사야 40-66장의 소망에 뿌리를 내리고 있다. 사실 '기다리다'는 동일한 동사가 두 곳에 모두 사용되었다. 1장 68절에 나오는 구속에 대한 앞선 논의를 보라. [lytrōsis]

2:41. **매년**(Every <u>year</u>, kat etos) – 해마다 지키는 관습의 배경은 예수님의 뿌리에 관한 그림을 그려준다. 예수님의 부모는 신실한 유대인이었으므로 해마다 예루살렘에서 유월절을 지키는 관습을 지켰다(출 23:14-17, 신 16:16). 구약에서 세 절기는 준수되어야 했다. 이 세 절기는 유월절을 포함하는 무교절, 첫 열매를 드리는 오순절과 수장절이다. 그러나 신약 시대의 많은 순례자들은 일 년에 한 번만 예루살렘에 올라왔다. 이것은 절기들을 위해서 여행을 해야 했던 장거리를 감안할 때 이해가 된다. [etos]

2:42. **열두 살**(Twelve years old, etōn dōdeka) – 예수님의 나이는, 후기 유대교에서 유대인 소년들이 성인들과 같이 종교적인 의무들에 책임이 있는 것으로 간주되는 나이보다 한 살이 부족하다(m Nid 5.6, m Meg 4.6, m 'Abot 5.21). 교육은 유대인 남자에게 12살 때 시작한다. [dōdeka]

2:43. **그것을 알지 못했다**(Did not know it, ouk

egnōsan) – 이 용어는 예수님께서 뒤에 남아 있는 사실에 대하여 부모가 알지 못한 것을 묘사한다("그것을 의식하지 못했다"–NASB, NIV, "그것을 알지 못했다"–NET). 본문은 부모가 예수님 없이 어떻게 출발할 수 있었는지 설명하지 않는다. 남자와 여자는 따로 여행을 했으므로 예수님께서 다른 부모와 있었을지도 모른다는 제안은 이 시대의 사실로 입증될 수 없다. 사실 44절의 '동행중에 있는 줄로 생각하고' 라는 언급은 부모가 예수님이 여행하는 무리 어디엔가 있을 것으로 가정했음을 시사한다(synodia, BAGD, 791, BDAG, 973). 즉 예수님이 다른 부모가 아니라, 다른 여행자들과 함께 있었다고 생각했다는 것이다. [ginōskō]

2:47. **깜작 놀랐다**(Amazed, existanto) – 이 용어는 일련의 놀라운 사건들에 의하여 조성된 두려움이나 불확실함이 섞인 놀라움을 가리킨다(BAGD, 276, 2b, BDAG, 350, 2b). 이 단어는 신약에 17회 나오고, 누가복음과 사도행전에는 11회 사용된다. 이들 가운데 많은 경우 이러한 의미를 가진다(눅 8:56, 24:22, 행 2:7, 12, 9:21). [existēmi]

2:48. **놀랐다**(Astonished, exeplagēsan) – 이것은 여전히 놀라움이나 경악을 가리키는 다른 용어로 거의 압도될 정도의 감정 강도를 암시하는 강한 용어다(창 43:33, 출 23:27, 마카비1서 15:32, BAGD, 244, BDAG, 308, EDNT, 1:420). 신약에서 이 단어는 예수님의 가르침에 대한 반응과 관련하여 종종 사용된다(눅 4:32, 9:43). 그러나 여기에서는 성전에 올라가신 예수님의 행동에 대하여 놀란 것을 표현한다. [ekplēssō]

2:49. **이것은 필요하다**(It is necessary, dei) – 이 핵심 용어는 하나님의 의도나 목적을 강조한다(칠십인경 단 2:28). 이것은 누가복음에 18회 등장한다. 이루어져야 할 필요가 있는 일들은 복음을 전파하는 것(눅 4:43), 인자가 고난을 받는 것(9:22, 17:25, 24:26), 성경에 그리스도에 관하여 기록된 모든 것이 성취되는 것(24:44)이다. 여기에서 예수님께서는 문자적으로 '아버지의…에' 있어야 했다. 절이 생략되었기 때문에 여기에는 명사가 나오지 않는다. 그러므로 '아버지의 사업에 관하여' 란 번역은 문맥적으로 적절하다. 그러나 문맥에서 의도된 것은 특별히 하나님의 임재를 지적하는 장소에서 하나님의 가르침에 관한 토론 가운데 있었다는 것이다. 예수님의 대답은 왜 자신이 성전에 있었는지를 설명하기 위한 것이다(Bock 1:269–71). 예수님께서는 하나님의 집에서 그분에 관하여 가르치고 계셔야 했다. [dei]

2:51. **그는 순종적이었다**(Was obedient, hypotassomenos) – 이 용어는 아내들이 남편들에게 순복하고 신자가 어떻게 서로 서로 관계를 맺어야 하는지를 묘사할 때 사용된 동일한 단어다(엡 5:21–22, 24). 예수님께서는 부모에게 신실하고 순종하는 자식으로 기술된다. 동사의 중간태는 이것이 예수님께서 선택하신 일임을 지적한다. 누가는 52절과 마찬가지로 예수님의 인성을 강조한다. [hypotassō]

지켰다(Kept, dietērei) – 이것은 2장 19절에 나

오는 마리아의 반응을 떠올린다. 마리아의 마음에 대한 언급과 함께 동사의 강조형은 이 사건들이 깊은 인상을 남겼다는 사실을 더해준다. 누가복음 2장에 나오는 유아기 자료는 마리아가 예수님께 일어나는 모든 일들을 이해하려고(50절을 보라) 노력하는 그녀의 관점에서 이야기되었다. 이 동사는 누가복음에서 여기에만 사용되었다. 이 단어의 또 다른 유일한 사용은 사도행전 15장 29절에 나온다. 구약에서는 창세기 37장 11절을 보라(BAGD, 189, BDAG, 238, 이것은 정신적으로 어떤 것을 지키는 것과 관련되어 있다). [diatēreō]

3:1. **분봉왕**(Tetrarch, tetraarchountos) – 이 용어는 신약에서 이 구절에서만 단지 세 번 나오는데, 헤롯(Herod), 빌립(Philip), 루사니아(Lysanius)를 묘사하기 위해 나온다. 그들은 로마인들이 지정한 의존적인 왕으로, 그들의 등급과 직위는 가이사(Caesar)와 그의 지역 총독 빌라도(Pilate)에 의하여 확립되고 지지되었다. 헤롯(안디바스)과 빌립은 헤롯 대왕의 자손들이었다. 헤롯 대왕은 주전 40년에 전 지역을 다스리는 대리적인 왕으로 세움을 받았으나, 주전 37년까지 권력을 갖지 못했다. 그러므로 예수님께서 태어나셨을 때, 헤롯 대제는 여기에 언급된 그의 두 아들보다 더 높은 지위를 가졌다. 세례 요한과 예수님께서 사역을 시작할 때 헤롯 안디바스는 이 구절이 지적하는 것과 같이 두 사람이 전도한 지역을 다스리는 로마의 종속적인 왕이었다. 우리는 헤롯 가문과 아무런 연관도 없는 루사니아에 대하여는 아는 것이 거의 없다. 그가 주전 5–4년에 죽었을 때 그의 통치권이 나뉘었다. [tetraarcheō]

3:3. **죄 용서를 위한 <u>회개</u>의 <u>세례</u>**(Baptism of <u>repentance</u> for the <u>forgiveness</u> of sins, baptisma metanoias eis aphesin hamartiōn) – 사실 이 문구의 각 부분은 용어들의 조합과 같이 모두 중요하다. 유대교에서 세례는 결례의 행위였다. 쿰란 공동체에는 예배를 위한 준비로 결례와 정결 운동의 상징인 많은 씻음이 있었다(CD 10:10–13, 1QS 3:2–11, 5:13–14, 이 본문에는 의식보다는 마음이 강조되었다. 요세푸스, 고대사 18.19, 에센파의 씻음 의식에 대하여). 이방인들이 완전하게 개종할 때 그들은 정결케 됨을 표시하기 위해서 개종자 세례를 받을 것을 요청받았다(Sibylline Oracles 4.162–69, TDNT, 1:537). 유대인의 이러한 씻김 의식 가운데 어떤 것도, 비록 정결의 이미지는 유사하지만 요한의 세례가 의미한 것을 묘사하지 않는다. 요한의 세례는 하나님의 약속의 도래와 함께 임하게 될 정결함과 용서의 필요를 표현하는 종말론적인 준비를 하는 씻김이었다. 그러므로 예배나 입교를 위한 준비의 행동이기보다 이 세례는 준비와 하나님께서 가져오실 것과 하나 됨을 보여주는 세례였다.

회개와 관련된 세례는, 이스라엘의 구원받지 않은 상태는 국가 가운데 죄의 실재와 연결되었다는 인정이 있음을 의미했다. 하나님께서는 나라가 신실하지 않았기 때문에 오셔야 할 필요가 있었다. 그러므로 국가는 주님을 영접할 준비를 할 필요가 있었다. 이것은 다음 구절들에서 저자가 이사야 40장을 호소하는 이유를 설명한다. 이사야의 구절은 자신의 약속을 받을 준비가 된 국가에 임하는 하나님의 위로를 상세하게 설명한다. 구약과 히브리 개념으로서 회개는 돌이키는 것, 방향의 변화를 수용하는 것을 의미했다. 구약의 선지자들과 같은 선지자로서 요한은 돌아올 것을 호소하며, 그와 같은 구체적인 요구를 한다(눅 3:10–14, 롬 6:1–4). 회개가 낳는 것은 죄의 용서다. 이것은 하나님의 다가오는 은혜를 받도록 마음을 연다. 이것은 용서를 낳는 반응이다. 위의 설명이 분명히 하듯이, 즉 요한이 제시하는 것과 같이 이 세례에는 국가적인 함의가 있다. 비록 용서는 개별적으로 받지만, 구원의 약속을 가져오는 메시아의 오심을 위해 이스라엘에게 준비하라고 외치는 것은 그의 사역의 일부다. 그러므로 요한의 세례는 신자의 세례와 같지 않다. 요한의 세례는 단지 신자의 세례를 위한 무대를 놓는 것에 지나지 않는다(눅 3:15–16). [baptisma, metanoia, aphesis]

3:4. **만들다**(Make, poieite) – 이사야 40장 3절에 나오는 이 이미지는 하나님의 다가오는 구원에 관한 선지자의 선언을 소개한다. 이 이미지는 하나님의 들어오심을 위한 '빨간 카펫' 스타일의 환영으로 피조물을 고르게 하는 것과 관련된다. 이러한 준비는 요한이 자신의 세례에서 외치는 회개를 포함한다(사 57:14–15). 이미지의 본질을 드러내는 동사 '만들다'(poieō)에는 언어유희가 있다. 요한의 외침에 대한 반응으로 무엇을 해야 하는지에 관한 질문("우리가 무엇을 해야 합니까"[poiēsōmen], NET, NIV)을 제기하는 데 동일한 동사가 3장 8, 10, 12–14절에 나오기 때문이다. 대답은 하나님께 적절한 반응을 하는 것으로, 다른 사람들을 어떻게 취급해야 하는지에 관한 것으로 주어진다. 이것은 이미 누가가 누가복음 1장 16–17절에서 언급한 요점이다. [poieō]

3:6. **구원**(Salvation, sōtērion) – 여기에서 단어의 형태는 명사가 아니고 형용사지만(BAGD, 801–02, BDAG, 986), 이 핵심 단어는 누가복음 1장 71절에서 다루어졌다. 이것은 구원하는 행동을 표시한다. 구약에서 이것은 때때로 '화목제' 를 묘사하기 위해서 사용되었다(출 24:5, 레 6:5). 누가는 앞의 배경에 없었던 요점을 여기에 더한다. 다시 말해서 구원은 단지 이스라엘만을 위한 어떤 것과는 대조적으로 '모든 육체' 에 의해 보여질 것이라는 것이다. 누가가 이사야 40장을 인용할 때 그가 4–5절을 포함시키는 것은 복음은 보편적으로 모든 나라의 백성을 위한 것이라는 요점을 주장하기 위한 것이다. 이것은 마태복음 3장 16절과 마가복음 1장 2–6절에 나오는 것과 같이 이사야 40장의 인용에 대한 확장이다. [sōtērios]

3:7. **독뱀들**(Vipers, echidnōn) – 이것은 일반적으로 독이 있는 뱀을 가리킨다(BAGD, 331, BDAG, 419, 행 28:3). 여기에서 요한은 불을 피하려고 땅굴에서 나오는 독뱀에 청중을 비교함으로써 그들에게 충격을 주고 책망을 하기 위해 이 단어를 사용한다. 마태는 이 표현을 선호하여 자신의 복음서에서 3회 사용한다(3:7, 12:34, 23:33). 누가복음에서는 여기에만 나온다. [echidna]

진노(Wrath, orgēs) – 이것은 복음서에서 5회

사용된 것 가운데 하나다. 그러나 이들 가운데 셋은 이 말씀의 병행 기사에 나온다(마 3:7, 막 3:5, 눅 21:23, 요 3:36). 이 강한 용어는 구약의 뿌리를 가진다(시편 59:13). 요한은 만일 자신의 메시지와 선포되는 구원에 반응하지 않으면, 그에게 유일하게 남은 것은 하나님의 진노를 기다리는 일뿐이라고 말한다. 요한과 그의 메시지를 찾는 것은 하나님의 진노로부터 도피처를 찾는 것을 의미한다. 그러므로 요한의 말은 경고이며 역설적인 도전이다. [orgē]

3:8. **아브라함**(Abraham, Abraam)–창세기 12-21장의 대 족장에 대한 언급은 자신이 족보상의 계통 때문에 구원을 받는다고 생각하지 말라는 것을 나타낸다. 누가는 아브라함을 약속의 인물로 자주 언급한다(1:55, 73). [Abraam]

3:9. **좋은 열매**(Good fruit, karpon kalon)–구체적으로 표출된 의를 위한 표현으로서 좋은 열매의 개념은 요한과 예수님께 모두 중요하다(눅 6:43-44, 8:8, 13:6, 7, 9, 20:10, 호 10:12). 이 용어가 신약의 66회 사용 가운데 누가복음에서는 12회 나온다. 요한은 회개의 산물인 좋은 열매를 사람으로 하여금 심판과 불 가운데서 벗어나게 하는 어떤 것과 동일시한다. 하나님께서는 우리에게 이것을 소유하라고 요구하신다. 이것의 실제적인 성격은 누가복음에만 나오는 3장 10-14절 기사에 상술된다. [karpos]

불(Fire, pyr)–이 용어는 하나님의 심판을 가리키는 상징이다. 이것은 구약에서 많이 사용되었다(TDNT, 6:936-37, 941-43, 창 19:24, 출 9:24, 왕하 1:10, 욜 2:30, 사 66:15-16, 24, 말 3:1, BAGD, 730, BDAG, 898, b). 메시아가 할 일들 가운데 하나는 이러한 분리를 하는 것이다(눅 3:16-17). 문맥적으로 다가오는 진노를 피하는 것에 관한 내용임을 고려할 때, 요한이 여기에서 묘사하는 것은 하나님의 마지막 심판이다. [pyr]

3:10. **대중**(Multitudes, ochloi)–저자는 요한이나 예수님께 말씀을 들으러 나온 일반 청중을 가리키기 위해 이 용어를 사용한다('무리'–NASB, NIV, NET, '대중'–RSV). 누가는 이 단어를 41회 사용하는데, 그 절반 이상이 누가복음 4-9장에 나온다. [ochlos]

3:11. **속옷들**(Tunics, chitōnas)–이 용어는 정확하게 양털이나 세마포로 만들어진 속옷을 가리킨다. 이 옷은 발목이나 무릎까지 내려왔고, 소매가 길 수도 짧을 수도 있었다. 이것은 맨살이나 다른 옷 위에 입을 수도 있었다(창 3:21, 37:3, 레 16:4, EDNT, 3:468). 요한의 핵심은 가지고 있는 사람들은 가지지 못한 사람들과 나누어야 한다는 것이다. 그러한 관심은 진정한 회개를 증거한다. [chitōn]

3:12. **세리들**(Tax collectors, telōnai)–이 사람들은 공식적인 세금, 통행세와 부과금을 거둘 수 있는 권한을 위해 해마다 입찰을 했고, 또는 그 돈을 징수했다(EDNT, 3:349). 그들은 로마 권력을 대표했기 때문에 유대 백성에게 인기가 없었다(m Ned 3.4와 m. B. Qam 10.2는 살인자들과 강도들과 함께 그들을 묘사한다). 이 세리는 과다하게 징수된 액수를 가지

고 있었고, 과다 징수를 통하여 일반적으로 매우 부유했다. 회개가 무엇을 포함하는지에 대한 세리의 질문은 문화적으로 신랄한 일이었을 것이다. 이 용어는 마태복음(8회), 마가복음(3회) 그리고 누가복음(10회)에만 나온다. 누가는 메시지에 자원하여 반응하는 자로 세리들을 긍정적으로 묘사하는 경향이 있다(5:32, 7:29-30, 15:1-2). [telōnēs]

3:14. **누구도 폭력으로 강탈하지 말라**(Rob no one by violence, diaseisēte) – 이 용어는 문자적으로 '과격하게 어떤 사람을 흔드는 것'을 뜻한다("폭력으로 누구에게서도 돈을 취하지 말라"-NET, "돈을 착취하지 말라"-NIV[여기에는 이 용어가 가지는 폭력적인 함축적 의미가 결여된다.] "무력으로 누구에게서도 돈을 취하지 말라"-NASB). 이것은 영어의 속어 '흔들어 떨어트리다'는 의미와 매우 동등하다(BAGD, 188, BDAG, 236). 이 단어는 신약에서 여기에만 나온다. 군인들은 그들의 권세를 부당하게 악용해서는 안 된다. 다시 말해서, 그들은 폭력으로 착취하지 말아야 한다(3 Macc. 7:21). 다시 한 번 회개는 관계적인 결과를 가진다. [diaseiō]

3:15. **그리스도**(The Christ, ho christos) – 요한이 그리스도일 수 있다는 가능성에 대한 언급은 이상해 보인다. 그러나 유대교는 그리스도가 어떤 분이어야 하는지에 대하여 고정되고 단일한 견해를 가지지 않았다. 전문적인 용어는 구약에 드물며, 다니엘 9장 25-26절에만 미래적인 인물과 관련하여 나온다. 이것은 다른 경우에 하나님에 의해 '지정된' 어떤 사람을 지칭하기 위해서 왕적인 인물들(시 2:2)과 제사장들(대제사장의 경우는 레 4:3-5, 16, 6:15)과 관련하여 사용되었다. 성경 밖에 있는 가장 유명한 유대 메시아 문서인 솔로몬의 시편 17-18편은 약속된 다윗 자손에 의해 다스려지는 황금시대에 대한 구약의 기대와 보조를 맞추어 메시아를 구원하는 위대한 왕으로 본다(렘 23:5-6, 겔 17:3-4, 37:24-25). 그러나 요한 자신이 거부를 했지만, 그가 잠재적인 후보자가 될 수 있다는 선택의 여지를 열어놓은 다른 기대들도 있었다(John J. Collins, The Scepter and The Star: The Messiahs of the Dead Sea Scrolls and Other Ancient Literature를 보라). [christos]

3:16. **샌들**(Sandals, hypodēmatōn) – 샌들에 대한 이 상세한 내용은 중요한 문화적인 배경을 가진다. 일부 후기 유대 문서를 볼 때, 유대 노예들은 주인의 샌들을 풀어줄 정도로 자기 자신을 낮추어서는 안 된다고 설명한다(출 21:2에 대한 Mekilta, Nezekin 1). 요한은 성령과 불로 세례를 베풀 메시아와 비교하여 자신은 이러한 천한 임무조차 감당할 자격이 없다고 말하는 것이다. [hypodēma]

성령(Holy Spirit, pneumati hagiō) – 성령 세례에 대한 언급은 요한이 물로 예비 의식을 베푸는 것을, 예수님께서 행하실 그리스도와 구원의 약속된 시대의 임재를 표시하는 일과 비교한다. 실제로 요한은 무리에게 메시아의 임재를 아는 길은 그분이 가져오실 성령 세례라고 말한다. 이것은 정확하게 베드로가 사도행전 2장 14-41절, 특별히 29-36절에서 성취되었다고 선언한다. 불에 대한 추가적 언급은 이 세례가 인류 가운데 만드는 구별에 대한 묘사다. 여기에서 불은 17절이 제시하는 것과 같이 정결케 하는 도구로 보인다(사 4:4-5, Bock 322-23). [pneuma]

3:17. **키질하는 갈퀴**(Winnowing fork, ptuon) - 키질하는 갈퀴는 오시는 그리스도께서 밀과 껍질을 분리하는 것과 같이 사람을 분리하실 때 소유할 심판 권세를 그려준다. 이 도구는 그러한 곡식을 분리하기 위한 목적으로 사용되는 갈퀴와 같이 생긴 삽이다(BAGD, 727, BDAG, 895, 이 단어는 마 3:12에 유일하게 다시 나온다). [ptuon]

꺼지지 않는 불(Unquenchable, pyri asbestō) - 메시아가 행하는 심판은 '꺼지지 않는 불'에 던져지는 것에 비교된다(NASB, NIV, '꺼질 수 없는 불' -NET). 이것은 끝이 없는 심판이다. 이 용어는 심판의 묘사에 사용되며, 신약의 세 본문에만 나온다(BAGD, 114, 마 3:12, 막 9:43). 요한의 경고는 사람들의 선택의 심각성에 대하여 경각심을 가지게 할 의도로 주어졌다. [asbestos]

3:19. **헤로디아**(Herodias, Hērōdiados) - 헤롯 안디바스의 아내에 대한 언급은, 그녀가 또한 헤롯으로 알려진 배다른 형제의 아내였으므로 그녀와 그의 결혼이 가지는 부도덕한 뿌리를 표면에 드러나게 한다(BAGD, 348, BDAG, 440, 요세푸스, 고대사 18.110-11). 헤롯의 첫 아내는 이혼을 당하여 그녀의 아버지인 나바티아(Nabatea) 왕인 아레타 4세(Aretas Ⅳ)를 노엽게 했다. 그 때문에 그의 재혼은 전쟁을 가져왔다(나바티아는 요단의 동쪽에 위치하고 있는데, 아라비아로도 불린다). 두 사람은 이 결합에 이르기 위해서 이전 결혼을 저버렸다. 그러므로 요한은 혈족 배우자와의 결혼은 물론, 그들의 이혼과 재혼에 대하여 불평했을 것이다(레 18:15, 20:21). 헤롯은 좋은 본보기를 보고 성장하지 못했다. 그의 아버지 헤롯 대왕은 열 아내를 거느렸다. 이러한 불평과 도덕적인 비난으로 인하여 요한은 투옥되었다. [Hērōdias]

3:21. **열렸다**(Opened, aneōchthēnai) - 이 동사는 종종 신약에서 하나님께서 자신의 능력으로 무엇인가를 여시는 것을 묘사하기 위해 사용된다. 이것이 단순하게 일상 언어로 사용될 때는 입이나 눈이나 문과 같이 열려 있는 어떤 것을 묘사한다(EDNT, 1:105, 마 9:30, 마 5:2, 눅 1:64, 12:36, 13:25). 하나님께서는 기회의 문을 여신다(고전 16:9, 행 14:27). 여기에서 이 은유적인 표현은 하나님께서 어떤 것을 계시하실 수 있도록 하늘이 열리는 것을 묘사한다. 이것은 구약에서 흔한 용례다(겔 1:1, 사 24:18, 64:1, 창 7:11, 말 3:10). 이것은 에스겔서에서와 같이 환상을 포함하는 사건에도 종종 사용된다. 신약의 77회 사용 가운데 누가는 6회를 사용한다. [anoigō]

3:22. **사랑을 받은 아들**(Beloved Son, ho huios mov ho agapētos) - 세례 때 들려온 음성에서 아들에 대한 언급은 시편 2편 7절을 암시하고, 하나님께서 예수님을 기뻐하신다는 것은 이사야 42장 1절을 암시한다('내가 사랑하는

아들'-NIV, '사랑을 받은 아들'-NASB, '귀한 아들'-NET). '사랑을 받은' 이란 단어의 언급 배경에 대하여는 더 많은 논의가 있다. 그 가운데 두 가지를 들면, 하나는 창세기 22장 12, 16절의 암시다. 만일 이것이 사실이라면, 이것은 예수님을 '유일한' 아들로 언급한다. 약간 더 가능성이 있는 두 번째 구절은 이사야 41장 8절이다. 그 곳의 중점은 특별하게 사랑을 받으며 택함을 받은 자로서의 아들-종에 관한 것이다. [agapētos]

3:23. **가정되는 것과 같이**(As was supposed, hōs enomizeto)–이 표현은 요셉이 비록 예수님의 법적인 아버지이지만, 혈연적인 아버지는 아니라는 사실을 분명하게 해준다("이것은 그렇게 생각되었다", NIV). 누가복음과 사도행전에서 이 동사는 항상 그릇되거나 잘못된 가정과 관련하여 사용된다(눅 2:44, 행 7:25, 8:20, 14:19, 16:27, 17:19, 21:29, EDNT, 2:470). 신약의 15회 사용 가운데 누가복음에 9회 나온다. [nomizō]

3:31. **나단의**(Of Nathan, tou Natham)–이것은 마태복음과 누가복음 사이의 차이점을 보여준다. 마태는 자신의 족보 가운데 이 시점에서 솔로몬을 언급한다. 왜 차이점들이 존재하는지는 오랫동안 논의되어 왔다. 아직까지 분명한 설명은 나오지 않았다. 가능한 설명 가운데 하나는, 마태는 요셉의 족보를 제시하고, 누가는 마리아의 족보를 제시한다는 것이다. 그러나 마리아는 이 단락에 전혀 언급되지 않는다. 또 다른 설명은, 하나는 자연적인 자손을 제시하고, 다른 하나는 여고냐(렘 22:30)의 저주와 함께 법적인 자손을 제시하기 때문에 차이점이 존재한다는 것이다. 이러한 접근들에서 어떤 설명이 법적이고 어떤 것이 자연적인 것인지는 논란이 된다. 형사취수법에 따른 결혼 또한 목록들에 영향을 줄 수 있다(이 견해들에 대한 상세한 내용을 위해서는 Bock 1:918-23을 참고하라). [Natham]

다윗의(Of David, tou Dauid)–이것은 누가의 족보에 등장하는 핵심 이름들 가운데 하나다. 마지막 이름만 제외하고 모든 이름에서와 같이 소유격 tou로 나오는 정관사는 자손을 의미하는 관사다. 목록에서 이 이름의 존재는, 다윗의 가문에 속했음을 의미하는 것으로서 예수님께 메시아로서의 자격을 가지게 한다. [Dauid]

3:34. **아브라함의**(Of Abraham, tou Abraam)–이것은 족보에서 세 번째 핵심 이름이다. 그의 존재는 하나님께서 아브라함의 씨를 통하여 세상을 축복할 것이라는 아브라함의 약속을 암시한다(창 12:1-3). 이것은 이삭과 야곱과 유다를 언급하게 한다. 마태의 족보는 여기까지 거슬러올라간다. 동시에 모든 인류에 대한 자신의 관심을 보여주면서 하나님에 의하여 창조된 자 아담까지 나아간다. [Abraam]

3:38. **아담의**(Of Adam, tou Adam)–아담에 대한 언급은 모든 인류에 대한 누가의 관심을 보여주기 때문만이 아니라, 족보의 순서상 거꾸로 아담에 대한 언급을 끝부분, 즉 다음의 시험 기사 전에 두기 때문에 중요하다. 아담의 아들로서 하나님의 아들 예수님께서는 아담이 하나님

의 아들로 실패한 시험들을 성공적으로 감당하신다. 이것은 예수님을 인류를 대표할 수 있는 자격을 가진 둘째 아담으로 만든다. [Adam]

4:1. 성령으로 충만하여(Full of the Holy Spirit, plērēs pneumatos hagiou) – 이 용어는 신약에서 16회 사용되며, 이 가운데 10회가 누가복음과 사도행전에 나온다. 이것은 종종 성령과 연관하여 사용된다. 즉 하나님의 성령 안에서 활동하고 지도를 받는 사람을 가리킨다(행 6:3, 5, 7:55, 11:24). 이와 대조적인 용례는 어떤 사람이 '분노로 충만하다'는 묘사다(행 19:28). 그러므로 유혹은 예수님께서 성령에 의해 인도를 받으신 후에 일어난다. 이것은 이 구절에서 나중에 개념을 반복할 때 강조된 요점이다. 예수님께서 광야에서 금식을 했다는 것은 우연이 아니다. [plērēs]

4:2. 시험을 받으며(Being tempted, peirazomenos) – 이 현재분사는 사탄의 시험이 40일 동안 진행되었음을 지적한다("사탄에 의한 시험을 견디었다", NET). 누가는 이 시련의 끝부분에 우리를 위해 요약한다. 시련 또는 시험을 가리키는 이 용어는 누가복음과 사도행전에서 신약의 38회 가운데 7회가 사용되었다. 이것은 '시험하다', 또는 '유혹하다'를 의미할 수 있다('시험했다'–눅 11:16, '유혹했다'–행 5:9). 이것은 일반적으로 부정적인 함축적 의미를 가진다. [peirazō]

4:3. 마귀(Devil, diabolos) – 복음서에서 누가의 6회 사용 가운데 5회가 이 장면에 나온다(눅 8:12, 행 10:38, 13:10은 그의 두 권의 책에서 누가의 용례를 완성한다). 이 용어는 '비방자'를 의미하고 히브리어 단어 하사탄(hasatan)의 칠십인경 번역이다. 이 히브리어에서 우리는 사탄이란 단어를 얻는다(욥 2:1, BAGD, 182, BDAG, 226, 2). 진리를 왜곡하는 사람은 성령으로 가득 찬 사람을 덫에 빠지게 하는 데 실패할 것이다. [diabolos]

4:4. 이것은 기록되었다(It is written, gegraptai) – 시험 장면에서 세 번 사용된 문구 가운데 하나다. 두 번은 예수님께서, 한 번은 사탄이 이 문구를 사용했다. 완료 시제는 "이것이 기록되어 남아 있다"란 의미를 가진다. 성경은 종종 이 형식으로 인용된다(누가복음과 사도행전에서 14회). 성경을 인용한 예수님의 답변은 모두 신명기에서 나오며, 이 모두 하나님께 대한 충성을 확증한다. 또한 신명기 8장 3절의 인용은 존재에는 물질적 번영보다 더 중요한 것이 있다는 사실을 상기시켜준다. 여기에서 하나님께서 광야 가운데 제공하신 만나(출 16장)를 언급한 것은, 비록 백성은 물질적 환경에서 많은 것이 없어도 살아가지만, 하나님께서 그들을 위해 필요한 것을 공급하시고 그들을 보살피신다는 상징이다. [graphō]

4:5. 순간(Moment, stigmē) – 이것은 신약에서 유일하게 나오는 단어로 '첫째 요점'을 의미할 때 중요하지 않은 어떤 것을 가리킨다(BAGD, 768, BDAG, 945). 그러므로 이것이 시간에 적용될 때 순간을 묘사한다('순간'[moment]-NASB, '순간'[flash]-NET, '순간'[instant]-

NIV). 이 유혹은 왕국들이 예수님 앞에서 섬광처럼 번쩍일 때 '환상과 같은' 순간 후에 일어났다는 것을 우리에게 알려준다. [stigmē]

4:6. **권세**(Authority, exousian) – 이것은 복음서들에서 중요한 용어다. 예수님의 삶과 사역에 있어서 많은 충돌은 권세에 관한 논쟁들이나 예수님께서 비교될 수 없는 권세로 가르치셨다는 사상과 결부되어 있다(마 7:29, 8:9, 9:6, 8, 21:23–27, 28:18, 막 1:22, 27, 2:10, 3:15, 11:28–33, 눅 4:32, 36, 5:24, 7:8, 20:2–8). 여기에서 마귀는 땅에 대한 권세를 가지고 있다고 주장한다. 이 주장은 궁극적으로 거짓이다('영역'–NASB, '권세'–NIV, '온 영토'–NET). 그는 예수님께서 가질 권한이 없는 어떤 것을 줄 수 있다고 주장함으로 예수님을 속이려고 시도한다. [exousia]

4:7. **경배하다**(Worship, proskynēsēs) – 이 단어는 종교적 헌신이나 존경하는 사람에게 하는 경의를 가리킨다(창 18:2–아브라함이 세 방문자에게, 24:26–하나님에게, 37:9–요셉에게, EDNT, 3:173–75). 이것은 경배를 받는 사람 앞에서 엎드리는 것과 종종 연관된 용어다. 그렇다고 이것이 항상 이 의미만 수반하는 것은 아니다. 사람은 그러한 절로 어떤 사람에게 경의를 표할 수 있기 때문이다. 누가복음에서 이 용어는 세 번 사용되는데, 이 장면에서 두 번 나온다. 여기에서 마귀가 제안한 것은 부적절한 경배다. 예수님께서는 8절에서 오직 하나님만이 그러한 경배를 받으실 분임을 상기시키셨다. 의미 심장하게, 예수님께서는 부활하신 후에 친히 그러한 경배를 받고(눅 24:52), 사도행전 10장 25절에서 베드로가 고넬료에게 한 반응과는 달리 이를 수용하신다. 부적절한 경배의 다른 예는 사도행전 7장 43절에 나온다. 여기에서 우상들이 숭배되며, 이스라엘은 죄를 범하고 추방당함으로 형벌을 받는다. [proskyneō]

4:8. **섬기다**(Serve, latreuseis) – 이것은 신약에서 종교적인 섬김을 의미하는 두 번째 용어다. 이 용어는 구약에서 그런 의미로 사용된다(출 3:12, 신 6:13–예수님께서 여기에서 사용하시는 본문임, 명사형–수 22:27, 마카비 1서 2:19). 이것은 참된 경배와 숭배를 묘사한다. 누가복음 1장 74절과 2장 37절에서의 용례도 주목하라. 이 두 곳에는 더욱더 의례적인 의미가 분명하다(EDNT, 2:344–45). [latreuō]

4:10. **지키다**(Guard, diaphylaxai) – 이 용어는 종종 주술적인 문서에서 부적들과 관련된 초자연적인 종류의 보호를 가리키기 위해 사용된다. 반면 이것은 여기에서 인용되고 있는 시편 91편 11절에서와 같이 칠십인경에서 하나님의 보호를 가리키는 데 사용된다('지키기 위해' – NIV, NASB, RSV, '너를 보호하기 위해' –NET, BAGD, 191, BDAG, 240, MM, 158). 마태의 병행 기사에는 이 구절이 없으므로 이것은 신약의 유일한 용례다. 마귀는 예수님께서 하나님의 특별한 보호를 의지하시길 원한다. [diaphylassō]

4:12. **시험하다**(Tempt, ekpeiraseis) – 예수님께서는 하나님을 시험하여 그분에게 행동하도록 강요하는 처지에 놓이게 되는 것을 거부하

신다('시험하다' –NASB, NIV, NET, '유혹하다' –RSV). 이것은 신명기 6장 16절을 인용한 것이다. 신명기에서 그러한 시험은 불순종으로 간주되었다. [ekpeirazō]

4:14. **보고**(Report, phēmē) – 이 용어는 신약에 단지 두 번 나온다(마 9:26). 비록 보고에 대한 어떠한 이유도 주어지지 않았지만('소식', NASB, NIV), 누가복음 4장에 기록되어 있는 것과 같은 사건들은 주목의 원인인 것으로 보인다. [phēmē]

4:15. **영광을 돌리며**(Glorifying, doxazomenos) – 이 용어는 어떤 사람을 존경하거나 그들에게 찬양 돌리는 것을 의미한다('칭송했다' –NIV, NASB, NET, '영화롭게 했다' –RSV). 일반적으로 이것은 누가복음 2장 14절에 사용된 명사의 경우와 같이 하나님께 존귀를 돌리는 것을 가리킨다. 그렇지만 어떤 때는 사람이 찬양의 대상이다(마 6:2, 고전 12:26). 대개는 존귀를 돌리는 사람은 백성이기 때문에 여기에서 의도된 것은 후자의 의미다. 동사는 누가복음에서 9회 사용되고, 사도행전에는 4회 등장한다. 신약 전체에는 모두 60회 나온다. [doxazō]

4:16. **안식일**(Sabbath, sabbatōn) – 이것은 누가복음에서 안식일과 관련된 6개 주요 사건 가운데 첫 번째다(4:31, 6:1–2, 7–9, 13:10–16, 14:1–5). 누가복음과 사도행전은 신약의 68회 가운데 29회를 사용한다. 한 주의 일곱째 날은 유대인들에게 일주일에 한 번 있는 안식과 예배의 날이었다. 이것은 할례와 함께 유대교의 주요 특징적인 표징 가운데 대표적인 것이다(정결하고 부정한 음식은 세 번째 주요 표징이고, 성전에서의 예배는 네 번째다, EDNT 1:220). 이 날을 구별하는 것은 구약까지 거슬러올라간다(출 23:12, 신 5:13–14). 안식일은 후기 유대교에서도 매우 귀하게 간주되어 이 날은 지옥에서도 지켜질 것이며(b Sanh 65b), 이스라엘이 두 안식일을 완전하게 지켰다면 메시아가 올 것이라고 이야기되었다(b Shab 188b). [sabbaton]

4:18. **기름을 부었다**(Anointed, echrisen) – 이 용어는 예수님께서 인용하신 이사야 61장 1절에 나온다. '성령으로 기름부음'에 관한 언급은 이 복음서에서 세례 때 일어난 일을 되돌아보게 한다. 사도행전도 이 행동을 설명한다(4:27, 10:38). 예수님께서는 이사야가 묘사하는 역할을 자신이 성취하고 있다고 선언하신다. [chriō]

가난한 자(Poor, ptōchois) – 예수님의 설교를 듣는 강조된 청중, 즉 가난한 사람들이 등장한다. 이 용어는 누가복음 6장 23절도 보여주는 것과 같이 핍박을 받는 사람들과 가난한 사람들을 가리키는데, 구약의 풍성한 뿌리를 가지고 있다(출 22,25–27[마소렛 본문 22:24–26], 시 14:6[칠십인경 13:6], 22:24[칠십인경 21:25], 69:29[칠십인경 68:30], 사 3:14–15). 이 용어는 경건과 믿음이 사회적인 지위와 함께 놓여 있는 것과 같이 종교적이고 사회적인 의미를 모두 가진다. 복음에 가장 개방적인 사람들은 믿음으로 인하여 세상 가운데서 변두리로 밀려난 사람들이다. 고난은 그들에게 소망

의 눈을 뜨게 했다. 누가복음은 신약의 34회 가운데 10회를 사용한다. [ptōchos]

선포하다(To proclaim, kēryxai) – 이 동사는 좋은 소식을 전파하는 것을 말하는 다른 동사(euangelisasthai)와 함께 나란히 이 인용문에서 2회 사용된다. 누가는 본서에서 이 용어를 9회 사용한다. 예수님의 역할의 상당 부분은 그분이 해방을 선포하고, 눈먼 사람들을 보게 하는 것을 포함한다. 이러한 묘사들은 구원이 가져오는 것에 관한 그림들이다. 이 구절의 끝에 나오는 이사야 58장 6절의 마지막 부분에서 예수님께서는 자유를 실제로 가져올 것이라고 선포하신다('해방'–NIV, '해방시키다'–NASB, NET, '자유를 주다'–RSV). 예수님의 선포와 사역에서는 모두 동일한 용어 aphesis를 사용하여 해방을 나타낸다. [kēryssō]

4:19. **주님의 받으시는 해**(Acceptable year of the Lord, eniauton kyriou dekton) – 이 표현은 희년을 가리키는 관용어다('주님의 은혜의 해'–NET, NIV, '주님께서 받아주시는 해'–RSV, '주님의 호의적인 해'–NASB). 이것은 50년마다 한 번씩 오는 해로서 모든 채무가 탕감되는 때로 율법에 묘사되어 있다(레 25:10). 이것은 이사야 49장 9절과 58장 5-8절에서 영적인 것, 곧 하나님의 용서의 상징이 되었다. 예수님께서는 이 마지막 장면에서 자신의 사역을 하나님의 용서를 가져오도록 고안된 노동으로 그려주기 위해서 이것을 사용하신다. [dektos +eniautos]

4:20. **고정되었다**(Were fixed, atenizontes) – 이 동사는 어떤 사람이나 어떤 것을 열심히 쳐다보는 것을 의미한다('주의를 집중했다', NIV). 이것은 이 문맥에서 예수님의 인용이 사람들의 주목과 약간의 감정을 불러일으켰음을 암시하는 용어다. 이 용어는 신약에서 14회 사용되고 있는데, 그 가운데 12회가 누가복음과 사도행전에 나온다. 본서에서 다른 용례는 베드로가 예수님을 모른다고 부인할 때, 하녀가 그의 정체를 확인하기 위해서 베드로를 응시하는 것을 묘사하는 곳에 나온다. [atenizō]

4:21. **오늘날**(Today, sēmeron) – 이 용어는 누가복음 2장 11절에서 충분히 다루어졌다. 이 장면에서 예수님께서는 자신이 이사야 61장 1절에 묘사된 인물이라고 선포하신다. 다시 말해서, 구원의 약속된 새 시대가 온 것이다. [sēmeron]

4:22. **이 사람이…아니냐**(Is this not…?, ouchi) – 질문을 표현하는 이 불변화사는 긍정적인 답을 예상한다. 그러므로 무리는 예수님의 말씀에 깊은 인상을 받고 당황하여 놀랐음에도 불구하고 이 사람이 목수의 아들이라는 인식으로 상황을 해결한다. 다시 말해서, 이와 같은 평범한 배경을 가진 사람이 자기가 주장하는 사람일 수 없다는 것이다. [ouchi]

4:23. **가버나움**(Capernaum, Kapharnaoum) – 갈릴리 바다의 북서쪽에 위치한 이 갈릴리 마을은 예수님의 본거지가 되었다(BDAG, 537). 여기에서 이 언급은 누가가 연대기적으로 회당 장면을 앞으로 이동시켰음을 시사한다(마태복음에서 이것은 13:53-58에 나온다). 누

가복음에서 예수님께서는 아직 가버나움에 계신 적이 없다. 사실 이것은 누가가 4장 31-41절에서 묘사하는 사역이다. 이 회당 장면에서 발견할 수 있는 문학적 이동의 중요성은, 이 기간에 예수님의 사역과 그에 대한 사람들의 반응을 전형적으로 보여주는 것을 누가가 지적한다는 것이다. 이것은 또한 일반적으로 예수님께서 회당에서 어떻게 설교하셨는지를 반영할 수 있다. 누가는 이 장소를 4장 31절, 7장 1절과 10장 15절에서 언급한다. 신약은 모두 16회를 언급한다. [Kapharnaoum]

4:24. 받을 만한(Acceptable, dektos) – 19절과 다시 연결하는 장면 속에는 역설적인 언어유희가 있다. 예수님께서는 거기에서 그들에게 주님의 해로 받아들여질 것을 선언하시나, 그들은 그분을 주님의 선지자로 받아들이지 않는다. 이것은 백성이 중요한 기회를 놓치고 있는 것을 보여준다('받을 만한' –NET, RSV, '받아들여진' –NIV, '환영을 받은' –NASB). 예수님께서는 이어지는 구절들에서 여기에서 하신 말씀에 대한 역사적인 근거를 설명하신다. [dektos]

4:25. 엘리야(Elijah, Ēlias) – 여기에 암시된 사건은 열왕기상 17-18장에 있으나, 엘리야를 택할 때 예수님께서는 자기 자신을 그 선지자와 비교하고 백성은 옛 나라와 비교하신다. 이때는 이스라엘 역사에 있어서 국가가 하나님의 길을 배척하는 일에 가장 완고했던 기간이다. 신약에는 엘리야가 29회 언급되었는데, 그 가운데 누가는 7회 언급한다(1:17, 4:26, 9:8, 19, 30, 33). [Ēlias]

4:26. 사렙다(Zarephath, Sarepta) – 시돈의 이 과부는 이방인이며, 그녀의 아들은 열왕기상 17장 8-24절에서 죽은 자들 가운데서 다시 살아났다. 예수님의 요점은 이스라엘 나라가 너무나 완고하여 이방인들만 사역의 축복을 받았다는 것이다. 이 여인에 대한 언급은 신약에서 유일하게 여기에만 나온다. [Sarepta]

4:27. 수리아 사람 나아만(Naaman the Syrian, Naiman ho Syros) – 열왕기하 5장 8-19절에 나오는 사건에 대한 언급은 이방인들을 상대로 한 사역의 두 번째 예다. 신약에서 엘리사에 대한 언급은 유일하게 여기에만 나온다. [Naiman]

4:28. 진노(Wrath, thymou) – 이 장면에서 백성으로 화를 나게 한 것은 예수님 자신에 대한 그분의 주장이 아니다. 오히려 이것은 자기들보다는 이방인들이 오히려 하나님의 도우심을 받을 것이라는 암시와 함께 이스라엘 역사의 최악의 기간 가운데 일부처럼 만들었다는 제시였다. 이 용어는 저자가 누가복음에서 진노를 표현할 때 이곳에서 유일하게 사용한다. 이 용어의 뿌리는 끓어오르거나 분출하는 어떤 것을 가리킨다(TDNT 3:167). 이방인들의 언급에 대한 유대인들의 유사한 반응은 사도행전에 나온다(22:21-22, 26:23-24). [thymos]

4:32. 권세(Authority, exousia) – 여기에 예수님의 가르침의 구별된 특징들 가운데 하나인 권세가 있다. 다른 복음서들도 이 특징을 주목한다(막 1:22, 27, 마 7:29). 누가복음 4장 36절은

가르침의 권세와 귀신 축출의 능력을 짝 짓는다. 누가는 이 용어를 16회 사용한다. 주요 용례들 가운데는 죄 용서를 하실 수 있는 예수님의 권세(5:24)와 예수님의 마지막 주간에 벌어졌던 누가 예수님께 그와 같은 권세를 주었는지에 대한 주요 대결이 있다(20:2-8). [exousia]

4:33. **더러운 귀신의 영**(Spirit of an unclean demon, pneuma daimoniou akathartou) - 비록 누가는 이 복음서에서 귀신들을 23회 언급하지만, 용어들을 이같이 조합해서 사용하는 것은 이 구절이 유일하다. 예수님의 첫 번째 사역은 어둠의 영적인 세력들과의 대결로 보인다. 이것은 그분이 인류를 구출하고자 할 때 근본적인 전투가 어디에서 일어나는지에 대한 요점을 제시한다. 이 사람을 통제한 영은 '더러운' 귀신이었다. 이것은 그가 귀신들림으로 말미암아 악하게 행동하게 된 것을 가리킨다. 마가복음 5장 1-10절에 기록된 것과 같은 개인적인 습관은 어디에도 묘사되지 않기 때문이다(BAGD, 29, 2, BDAG, 34, 2). [pneuma + daimonion + akathartos]

4:34. **당신이 우리와 무슨 상관이 있습니까**(What have you to do with us?, ti hēmin kai soi) - 이 질문은 셈족어의 관용어다. 이것은 "왜 당신이 부당하게 나를 괴롭힙니까?"(삿 11:12, 대하 35:21, 왕상 17:18)라는 의미지만, "우리를 그냥 내버려두십시오"(NET, NASB, "당신은 우리에게 무엇을 원합니까?"-NIV, "당신이 우리와 무슨 상관이 있습니까?"-RSV)를 의미할 수도 있다. 이 장면은 적대감이 이 표현 속에 포함된 것을 지적한다. 이것은 또한 "이 일은 당신이 상관할 바가 아니다"라는 의미를 나타낼 수 있다(왕하 3:13, 호 14:8, 요 2:4). 첫 장면은 여기에 의도되었다. 귀신들은 예수님을 지연시키려고 시도한다. [tis]

나는 안다(I know, oida) - 귀신이 예수님을 거룩한 자로 부르는 것은 상황을 통제하려는 시도다. 귀신 축출에 관한 내용을 담고 있는 고대 문서에서 귀신과의 대면에서 권세를 보여주는 방식으로 귀신의 이름을 부르는 것은 흔한 일이다. 여기에서의 움직임은 예수님의 지위와 능력에 대하여 신경질적인 반응에서 나오는 방어적인 운동이다. [oida]

하나님의 거룩한 자(Holy One of God, ho hagios tou theou) - 이 칭호는 귀신이 예수님의 특별한 지위를 하나님에 의하여 구별된 분으로 인정한 것을 나타낸다. 이 칭호와 그리스도 되신 예수님 사이의 연결은 4장 41절에 나온다. 누가복음에서 이것은 1장 31-35절과 하나님과 예수님 사이의 독특한 관계를 상기시킨다. 이것은 성령 하나님의 잉태의 열매로서의 예수님을 암시한다(TDNT 1:101-02). [hagios]

4:35. **잠잠하라**(Be silent, phimōthēti) - 이 동사는 멍에를 씌우는 것을 의미하므로 침묵하게 하는 것을 의미한다('종용하라' -NASB, NIV, '잠잠하라' - NET, RSV, BAGD, 861). 예수님께서는 종종 귀신들에게 예수님 자신이 누구인지 고백하지 말라고 명령하신다(예, 막 1:24-25). 나중에 유대인들이 예수님께서 일하시는 것은 마귀의 능력을 통해서라고 제시(눅 11:14-20)

하는 것과 같이, 이러한 종류의 인정은 예수님께서 누구신가에 대한 혼란을 야기할 수 있는 것으로 보인다. 예수님께서는 또한 분노하는 피조물을 말씀으로 잠잠하게 하신다(막 4:39). [phimoō]

4:36. **놀랐다**(Amazed, thambos) – 이 용어는 드물게 나온다. 이것은 신약에서 세 번 나오는데 모두 누가복음과 사도행전에 나온다(눅 5:9, 행 3:10). 놀람은 이러한 종류의 기적들이 흔한 것이 아님을 보여준다. 이것은 어떤 사람이 기적과 관련하여 고대 세계를 묘사하는 것과 같지 않다. 사람을 놀라게 하는 것은 예수님의 말씀 안에 역사하는 능력과 권세다. [thambos]

4:39. **책망했다**(Rebuked, epetimēsen) – 이 동사는 일반적으로 사람들 사이의 만남을 묘사하는 데 사용된다(눅 4:41, 9:42, 55). 그러므로 여기에서 질병은 거의 중단될 필요가 있으며, 그것은 예수님의 권세 아래 있는 능력과 같이 취급된다. 피조물은 누가복음 8장 24절에서 유사한 방식으로 취급될 것이다. [epitimaō]

4:40. **그들에게 안수했다**(Laid hands on them, tas cheiras epitheis) – 이 표현은 신약에서 21회 등장한다. 그 가운데 누가복음과 사도행전에 10회 나온다(눅 13:13, 행 6:6, 8:17, 19, 9:12, 17, 13:3, 19:6, 28:8). 안수는 치유(마 9:18), 위임(행 13:3) 또는 사도들을 통하여 성령이 주어지는 것(행 8:17, 19)과 관련되어 있다. 치유 과정인 이 장면에서 예수님의 개인적인 접촉이 강조된다. [epitithēmi + cheir]

4:41. **하나님의 아들**(The Son of God, ho huios tou theou) – 귀신들은 예수님께서 축사 사역을 하실 때 이 고백을 한다. 4장 34-35절에서와 같이 예수님께서는 귀신들의 노력을 침묵시킨다. 누가는 이 칭호를 두 번 더 사용한다. 하나는 8장 22절에서 풍랑이 잠잠하게 될 때, 다른 하나는 22장 70절에서 예수님께서 대제사장에게 심문을 받을 때다. 대제사장은 메시아와 인자 됨이 논쟁의 초점이 되는 문맥에서 예수님께 하나님의 아들인지를 묻는다. [huios]

그리스도(The Christ, ton Christon) – 예수님께서는 기름부음을 받으신 분이다. 하나님의 아들과 동일한 분이라고 설명하는 이 장면은 누가복음에만 나온다. 누가복음 1장 31-35절에서와 같이 강조점은 예수님께서 독특한 메시아적인 아들이라는 사실에 있다. [Christos]

4:43. **하나님의 나라**(The kingdom of God, tēn basileian tou theou) – 이 중요한 문구는 신약에서 64회 나오며, 누가복음에 31회, 사도행전에 7회 등장한다. 이 표현은 하나님의 약속된 통치를 가리킨다. 예수님께서는 이 나라를 선포하며 가져오신다. 하나님의 나라는 세례 요한에 의하여 준비되어 있고(눅 7:28, 11:20, 16:16, 17:21), 예수님과 함께 임재하며, 미래에 온전하게 임할 것이다(눅 19:11). 미래에 온전하게 임할 하나님의 나라는 의인들이 확증되고 악인들이 심판받는, 지상에서 이루어지는 하나님의 약속된 통치다. 현재 하나님나라는 죄 용서의 도래와 성령의 임재를 가져온다. 하나님나라의 도래는 악의 영적인 세력들을 패배시킬 수 있는 예수님의 권세에 근거한다(11:20에 나

오는 핵심적인 설명 다음에 이어지는 11:21-23에 기록된 비유를 보라). 이 구절이 분명하게 밝히는 것과 같이, 하나님의 나라는 예수님께서 좋은 소식을 전파하는 활동의 주제다. 예수님께서는 하나님의 나라를 선포하도록 위임을 받았기 때문에 그것을 반드시 선포하셔야(dei) 한다(dei와 관련하여 눅 2:49를 보라). [basileia]

4:44. **유대**(Judea, Ioudaias) – 일부 비평가들은 예수님께서 북쪽에 계신데 누가가 유대를 말할 때에 지리적인 실수를 했다고 비난했다. 그러나 누가는 이 용어를 넓은 의미로 사용하여 이스라엘 전체를 가리키는 것이기 때문에 실수한 것이 아니다. 이 용례(이것은 로마의 통치자 베스파시안 동전의 Iudea capta 안에 나타나는 것과 같이, EDNT 2:191-92)가 누가에게 독특하게 사용되는 것은 아니다. 누가는 이 단어를 이 같은 방식으로 종종 사용하고(1:5, 6:17, 7:17, 23:5, 행 10:7, 12:19), 다른 곳에서는 더욱 좁은 의미로 남쪽 지역을 가리키는 데 사용한다(눅 1:39, 65, 2:4, 3:1, 5:17, 21:21). [Ioudaia]

5:1. **게네사렛**(Gennesaret, Gennēsaret) – 이것은 단순하게 갈릴리 바다를 가리키는 다른 이름이다. 이 호수의 넓이는 8-14마일이었으며, 고기잡이로 인기가 있었다(BDAG, 194). 신약은 이 용어를 두 번 더 사용한다(막 14:34, 마 6:53). [Gennēsaret]

5:2. **그물들**(Nets, diktua) – 이것들은 아마포로 만들어진 '3중으로 된 그물' 로 낮에는 고기들을 볼 수 있었다. 그래서 이러한 그물들로는 밤에 고기를 잡는 것이 더 나았다. 이 사실은 4절에서 왜 예수님의 요구가 이례적이며, 일반적으로 생산적인 고기잡이에 이르지 못할 것인지를 보여준다. 이것은 또한 5상반절에 기록된 베드로의 첫 반응을 설명한다. 그물을 치는 데는 둘에서 네 사람이 필요하고, 아침에는 그것을 씻어야 한다(Green, 232, 마 4:20-21, 막 1:18-19, 요 21:6, 7, 11). [diktoun]

5:5. **말씀**(Word, rhēmati) – 이 단어는 말을 가리킨다('당신께서 말씀하는 것과 같이' -NASB, '당신께서 그렇게 말씀하시기 때문에' -NIV, '당신의 말씀에 따라' -RSV, NET). 이 용어는 신약의 68회 사용 가운데 누가복음과 사도행전에 32회가 나온다. 누가복음에서 18회 등장하는 이 단어는 그 절반이 1-2장에 나온다. 많은 본문에서 이 단어는 거의 선포하는 행동의 어감을 가진다. 베드로는 자신의 고기잡이 경험상 하면 안 된다고 하는 일을 준수함으로써 자기의 믿음을 보여준다. [rhēma]

5:7. **배**(Boat, ploiō) – 만일 이것이 전형적인 갈릴리 어선이었다고 하면, 이 배의 길이는 약 6-9미터이며 여러 사람이 탈 수 있었을 것이다. 누가복음에서 두 구절은 그러한 배를 묘사한다(5:2-7, 8:22, 37). [ploion]

5:8. **죄 있는 사람**(A sinful man, anēr hamartōlos) – 예수님께서는 의식적으로 죄인들을 찾고, 베드로가 행하는 것과 같이 자신들의 상태를 이해하는 사람들에게 반응을 보이시기 때문에 죄인이란 용어는 누가복음에서 중요하다.

이 용어는 신약에 47회 나오는데, 그 가운데 17회가 누가복음에 나온다. 이 단어는 누가복음에서 처음 나온다. 몇 구절들은 죄인들에 대한 예수님의 다른 접근에 초점을 둔다(5:30-32, 7:34-50, 15:1-10, 18:13). 이것은 누가복음 6장 33-34절과 24장 7절에서만 부정적인 의미로 사용되었다. 베드로는 죄인으로서 자신의 상태가 예수님과 같이 신적인 능력을 가지신 거룩한 분의 임재 가운데 있는 것을 부적절하게 한다고 생각한다. 반면 예수님께서는 베드로가 자신이 죄인인 것을 이해하고 거룩함의 임재를 존중하기 때문에 사람들을 낚는 어부가 될 수 있다고 생각하신다. [hamartōlos]

5:10. **사람을 잡는 사람**(Catching men, anthrōpous esē zōgrōn) - 동사 '잡다' 는 체포하는 것, 죽음에서 살리는 것, 또는 헬라어 구약 성경에서 구원하는 것을 종종 의미한다(민 31:18, 수 2:13, 6:25-라합이 죽음에서 살림을 받음, 대하 25:15). 그러므로 때때로 이 용어는 구원하는 것과 같이, 여기에서 본문이 보여주는 대로 '체포하다' 의 뉘앙스를 가진다('백성을 잡다' -NET, NASB, '사람을 잡는' -RSV, '사람을 잡다' -NIV). [zōgreō]

5:12. **문둥병**(Leprosy, lepras) - 이 질병은 레위기 13-14장이 진단과 격리, 그리고 더 이상 이 질병을 가지지 않는 사람을 회복시키는 과정을 묘사하는 것과 같이 사람을 유대교 문화에서 격리시켰다. 이 과정이 얼마나 심각하게 취급되어야 하는지는 신명기 24장 8절에 나온다. 그러므로 이 질병은 병자를 백성의 공동체와 예배에서 차단시키기 때문에 사회적으로 문둥병에 걸린 사람을 황폐하게 만든다. 이 병을 묘사하는데 사용된 이 용어는 누가복음 5장 12-13절, 마태복음 8장 3절, 마가복음 1장 42절에만 나온다. 문둥병자들은 누가복음에 3회(4:27, 7:22, 17:12), 신약에 9회 언급된다. [lepra]

5:14. **그들에게 증거하라**(Testimony to them, martyrion autois) - 제사장에게 가서 희생 제사를 드리는 것은 문둥병자가 깨끗하다는 선언을 받고 사회에 회복할 때 일반적인으로 요구되는 구약 관습이다. 여기에 예수님께서는 전적인 제물은 그들에게 증거의 역할을 하는 것이라는 설명을 추가하신다. 치유는 하나님께서 예수 그리스도를 통하여 하시는 것에 대한 '증거' 였다. '그들' 은 누구인가? RSV와 같이 어떤 역본들은 이것이 '백성을 위해서' 라고 제안한다. 이러한 제안은 아마도 예수님께서 제사장들 외에는 아무에게도 어떤 것도 말하지 말라고 문둥병자에게 말씀하셨음에도 불구하고 소문이 퍼졌다는 언급에 근거한다. 예수님께서는 종종 무리에게 그와 같은 증거를 금지하고 잠잠하게 하려고 노력하셨다. 여기에서 쟁점은 그분의 기적적인 역사 자체가 아니라, 그 기적이 그려주는 내용이었다. 제사장이 하나님께서 하시는 일을 아는 것은 적절하기 때문에 청중은 오히려 제사장들로 간주되는 것이 더 좋다. 이 사건 이후에 유대 지도자들은 예수님을 살펴보기 위해 등장한다(눅 5:17). 누가복음은 이 용어를 두 번 더 사용한다(9:5, 21:13). [martyrion]

5:17. **바리새인들**(Pharisees, Pharisaioi) - 이

그룹은 율법을 온전히 따르기로 헌신한 평신도로 이루어졌다. 요세푸스는 핵심 본문들에서 그들의 관습을 기술한다(고대사 17.41, 전쟁사 2.162-63). 누가복음은 신약의 99회 사용 가운데 27회에 걸쳐서 바리새인들을 언급한다. 이러한 바리새인들이 다양한 지역들(갈릴리, 유대와 예루살렘)에서 왔다는 사실은 나라 전체에서 일어나는 움직임이 예수님에 관한 것이었음을 보여준다. [Pharisaios]

5:19. **지붕**(Roof, dōma) – 이 시기에 대부분의 집들은 2층으로 되었는데, 지붕이 2층의 역할을 했다. 지붕으로 올라가는 계단은 종종 개방되어 있다. 지붕은 평평했고, 지상으로부터 1.8미터 정도의 높이에 있었다. 대부분 지붕의 구조는 진흙, 갈대와 가시나무로 이루어졌다. 누가는 이 지붕에 기와가 있다고 묘사한다. 누가복음은 이 단어를 두 번 사용한다(12:3, 17:31). [dōma]

5:20. **용서받았다**(Forgiven, apheōntai) – '죄를 용서하다' 라는 용어는 신약에 20회 나오며, 그 가운데 누가복음에 8회 등장한다(5:20, 21, 23, 24, 7:47, 48, 49, 11:4). 둘 다 논쟁을 불러일으킨 두 핵심 사건들은 예문의 대부분을 형성한다. 이 치유 사건과 여자 죄인에 의해 기름부음을 받은 사건은 하나님만이 소유하고 계신 것으로 간주된 권세를 예수님께서도 가지고 계심을 보여주는 장면들이다. [aphiēmi]

5:21. **신성 모독**(Blasphemies, blasphēmias) –신성 모독이란 이 단어의 기본적인 개념이 '훼방하다' 또는 '비방하다' 인 것에서 알 수 있듯이, 하나님을 욕되게 하는 방식으로 말하거나 행동하는 것을 의미한다(EDNT, 1:220-21). 유대교에서 이것은 일반적으로 말과 관련되어 있었으나 어떤 행위라도 포함할 수 있다. 이 단어는 마태복음 26장 65절과 마가복음 14장 64절에 기록된 예수님의 심문 장면에 나오지만, 누가복음에는 여기에서만 나온다. 죄를 용서한다는 주장은 유대인들의 눈에, 예수님께서 하나님만이 소유하실 수 있는 권한을 취하신 것으로 보이기 때문에 그들 편에서 본다면 하나님을 '욕되게 한 것이다.' 다시 논쟁의 주제는 예수님의 권세다. [blasphēmia]

5:23. **더 쉽다**(Easier, eukopōteron) – 누가복음에 세 차례 사용된 비교급 용어(16:17, 18:25)는 생각을 촉구하는 질문을 소개한다. 예수님께서는 한편으로 죄를 용서하는 것은 보이지 않는 일이기 때문에 더 쉬운 일이라고 말씀하신다. 다른 한편으로는 참으로 죄를 용서하기 위해서는 그와 같은 권세를 가져야 하므로 사람에게 "일어나 걸어가라" 고 말하는 것은 더 쉬운 일이라고 말씀하신다. 다음 구절에서 예수님께서는 이 둘을 연결하여 그 사람의 치유 사건이 인자, 곧 심판 권한을 수여받은 자로서 자신의 권세를 증거하신다(단 7:9-14). [eukopos]

5:24. **인자**(Son of Man, ho huios tou anthrōpou) – 이 칭호는 예수님께서 자기 자신을 가리킬 때 애호하는 용어다. 이 칭호는 신약에 82회 등장하며, 누가에는 24회 나온다. 아람어로 이 문구는 단순하게 '인간' 또는 '어떤 사

람'을 말하는 표현이다. 그러므로 예수님께서 처음에 이것을 사용하셨을 때, 그것의 온전한 의의는 분명하지 않았을 것이다. 사역 후반에 예수님께서는 이 용어를 다니엘 7장의 이미지와 연결하신다. 다니엘 7장은 하나님같이 구름을 타시며, 하나님을 가리키는 언급인 '옛적부터 항상 계신 분'으로부터 심판의 권세를 받는 사람을 묘사한다. 이 본문에서 인자는 칭호가 아니고 묘사다. 그러므로 이 문구는 예수님께서 누구시며 무엇을 행하시는지 묘사하는 데 완전한 선택이 되며, 하나님께 부여받은 권세를 강조하면서 독특하게 인간적이며 신적인 특성을 연결한다. [huios + anthrōpos]

5:26. **이상한 일들**(Strange things, paradoxa) – 예수님께서 행하신 치유와 죄 용서의 선언에 대한 무리의 반응은 이례적이고 흔하지 않은 사건들이 일어나고 있다는 것이다('믿을 수 없을 정도의 엄청난 일들' –NET, '놀라운 일들' – NASB, NIV, '이상한 일들' –RSV). 그러한 활동이 만일 오늘날에 일어났다면 마찬가지였을 것이다. 그만큼 고대 유대인 무리에게는 충격이었다. 그렇기 때문에 이 사건이 그들을 놀라게 한 것이다. 이 단어는 신약에서 유일하게 여기에만 나온다. 이것은 비슷한 의미로 일부 중간기 시대 문서에 나온다(Judith 13:13, 마카비 2서 9:24, 지혜서 16:16). [paradoxos]

5:27. **세무서**(Tax office, telōnion) – 이것은 세리들이 세금들을 징수하는 세무서를 가리킨다. 세리들은 일반적으로 세금들을 징수할 계약을 실제적으로 체결한 세리에 의하여 고용된 지역 사람들이다. 세리에 대하여는 누가복음 3장 12절을 보라(BAGD, 812, BDAG, 999). [telēnion]

5:28. **따랐다**(Followed, ēkolouthei) – 이 동사는 제자가 되는 것을 요약하는 신약의 흔한 용어다. 이것은 신약에 90회 나오며, 이 가운데 11회만 제외하고 모두 복음서에 나온다. 누가복음에는 17회 등장한다. 무리가 예수님을 따르거나 어떤 사람이 어떤 장소로 다른 사람을 따라가는 것과 같이 그 일부 용례는 세속적인 의미로 따르는 것을 의미한다(7:9, 9:11, 22:10). 그러나 대부분의 언급은 예수님의 길에 참여하면서 그분을 따르는 것을 가리킨다. [akoloutheō]

5:30. **불평했다**(Murmured, egongyzon) – 이 의성어는 종종 부적절하게 투덜대는 것을 묘사할 때 사용된다('불평했다' –NET, NIV, '불평' –NASB, '투덜댔다' –RSV). 이것은 이스라엘 백성이 광야에서 불평하는 것을 묘사할 때 사용되었나(출 17:3, 민 14:27). 따라서 이 단어는 강한 불만을 보여준다(BAGD, 164, BDAG, 204). 신약에 8회 사용되며, 누가복음에는 여기에만 나온다(명사는 행 6:1에 나옴). [gongyzō]

5:31. **의사**(Physician, iatrou) – 이 용어는 신약에 7회 나오는 드문 단어다. 이것은 누가복음에 두 번 나오는데, 모두 격언적인 용례의 유형으로 예수님을 가리키는 은유적 용어다(눅 4:23, 구약에는 대하 16:12, 렘 8:22). 이 단어는 또한 영혼의 의사로서 플라톤(Plato)을 가리킬 때 이 같은 방식으로 사용되었다(BAGD, 368–69,

BDAG, 465-66). [iatros]

5:32. 부르다(To call, kalesai) - 이 용어는 일반적으로 어떤 사람을 부르거나 초대하는 것을 뜻한다(EDNT 2:240-41). '초대하다'의 뉘앙스는 이 용례와 관계가 있는 것 같다(눅 14:15-24). 예수님께서는 세리들과 죄인들을, 회개를 통한 영적인 건강 가운데 의사로서 보살펴 초대할 소망으로 그들과 교제를 나눈다. [kaleō]

5:33. 금식하다(Fast, nēsteuousin) - 바리새인들은 주요 절기에 있는 특별한 금식을 넘어서 일주일에 두 번 금식을 하는 관습이 있었다(눅 18:12). 그러므로 이 언급은 예수님의 제자들 속에 경건이 결여된 것을 시사한다. 이 동사는 누가복음에 4회 나오는데, 그 가운데 3회가 5장 32-34절에 등장한다. 신약에는 모두 15회가 복음서들과 사도행전에 등장한다. 금식을 가리키는 명사는 누가복음과 사도행전에 3회 더 나온다(눅 2:37, 행 14:23, 27:9). [nēsteuō]

5:34. 신랑(Bridegroom, ho nymphios) - 이 용어는 신부를 대하는 신랑으로 예수님을 그려주고, 약속이 현재 성취되고 있으므로 예수님의 사역의 때를 축제의 때로 묘사한다(요 3:29). 이스라엘이든 교회든 신부나 아내로서의 하나님 백성의 이미지는 흔하다(사 62:5, 렘 2:2, 호, 엡 5:25-27). 누가만 이 단어를 두 번 다 이 구절에서 사용한다. [nymphios]

5:35. 제거되다(Is taken away, aparthē) - 이것은 예수님의 죽음을 가리킨다. 예수님께서는 자신이 제거될 때 금식이 적절할 것이라고 제안하신다. 신약에서 이 용어가 유일하게 사용된 곳은 이 본문과 병행된 구절이다(마 9:15, 막 2:20). [apairō]

5:36. 비유(Parable, parabolēn) - 비유의 사용은 지혜로운 말씀이나 격언, 마샬(mashal)에 대한 폭넓은 유대적인 배경을 반영한다. 그러므로 예수님께서는 옛것과 새것이 혼합될 수 없다는 사실을 강조하기 위해서 비유를 사용하신다. 즉 자신의 사역을, 줄어들게 될 새 옷을 줄어들지 않는 낡은 옷에 붙여서 옷 전부가 찢어지게 하는 것에 비교하신다. 예수님께서는 이러한 종류의 혼합을 허용하시지 않을 것이다. [parabolē]

5:37. 포도주 부대(Wineskins, askous) - 이러한 포도주 부대는 가죽으로 만들어져서 새 포도주가 발효됨에 따라 팽창할 수 있다. 그러나 만일 부대가 낡은 것이면, 포도주가 발효될 때 팽창이 되지 않아서 터지고 말 것이다. 이와 같은 결과를 방지하기 위해서 예수님께서는 낡은 것과 새것을 섞는 것을 원하지 않으신다. 신약에서 4회 사용되는 이 단어는 본문과 병행된 본문에 나온다(마 9:17, 막 2:22). [askos]

5:39. 좋은(Good, chrēstos) - 이 형용사는 일반적으로 친절한 것을 의미하나, 이 문맥에서는 어떤 사람이 좋은 무언가를 선호하는 것을 뜻한다('아주 좋은'-NASB, NET, '좋은'-RSV, '더 좋은'-NIV). 이것은 종교 지도자들이 새 방식보다는 옛 방식을 선호하는 것을 가리

킨다. 그러므로 그들은 예수님의 새 방식을 심사 숙고하지 않을 것이다. [chrēstos]

6:1. 안식일(Sabbath, sabbatō) – 규정된 안식의 날인 안식일에 대한 기본적인 정보를 위해서는 4장 16절을 보라. 6장 1절에 나오는 제자들의 행동은 39가지 항목의 위반이 수록되어 있는 '사십에서 하나가 모자라는' 유대인의 전통에 따르면 다중적인 위반으로 보인다(m Shabbat 7.2). 이삭을 따는 것, 음식을 준비하는 것과 타작을 하는 것은 모두 안식일의 규정 위반으로 간주되었다. 이것은 어떤 바리새인들이 왜 안식일 위반에 대하여 이야기하는지 설명해준다. 이 예는 지도자들 가운데 어떤 사람들이 어떻게 '낡은' 포도주와 결속되었는지를 설명한다. 이러한 규정들이 얼마나 구체적이었는지 한 예를 들면, 안식일에 알파벳 두 자를 쓰거나 지우는 것도 금지되었다. 안식일에 나무를 모으다가 처형된 사건이 민수기 15장 32-36절에 나온다. 이 사건은 이러한 세부적인 주목에 자극을 주었다. [sabbaton]

6:4. 임재의 빵(Bread of the Presence, artous tēs protheseōs) – 문자적으로는 '헌물의 빵'이다('임재의 빵'–RSV, NET, '거룩하게 바쳐진 빵'–NASB, NIV). 이 빵은 성전의 성소에 놓였으며 제사장들만이 먹을 수 있다(출 25:30, 35:13, 39:36, 레 21:22, 민 4:7). 본문에 언급된 사건은 사무엘상 21장 6절에 기록되어 있다. 예수님께서는 일어난 일이 '합법적이지 않았다'고 명시하신다. 이러한 예수님의 제시는 다윗과 관련된 경우처럼 예외적인 상황은 율법의 위반을 가져오지 않는다는 것이다(마 12:7). 적어도 하나님께서는 왕을 그 행동으로 심판하지 않으셨다. 이 빵을 언급하는 것은 누가복음에서 유일한 구절이다. [artos + prothesis]

6:5. 주님(Lord, kyrios) – 예수님께서는 권세를 표현하는 이 핵심 용어를 다윗의 예를 든 다음에 두 번째 논쟁 주제로 사용하신다. 이것은 다음과 같은 효과를 가진다. 만일 여러분이 내 예를 좋아하지 않는다면, 나는 그대로 안식일에 대한 권세를 가지고 있다는 것과 마찬가지다. 하나님께서는 안식일을 휴식의 날로 정하셨기 때문에 이것은 유대적인 맥락에서 극단적인 주장이 되었을 것이다(출 20:8, 신 5:12). [kyrios]

6:7. 지켜보았다(Watched, paretērounto) – 이 용어는 불길한 느낌을 가진다. 이것은 '염탐하는 것' 또는 '곁눈질로 지켜보다'를 뜻한다(시 37:12, [칠십인경 36:12], 단 6:12, BAGD, 622, 1ab, BDAG, 771, 1ab). 그들은 그분을 잡으려고 기회를 노리고 있었다. 이것은 누가복음의 다른 두 용례에서 유사한 의미를 가진다(14:1, 20:20). [paratēreō]

6:9. 악을 행하는 것(To do evil, kakopoiēsai) – 이것은 누가복음에서 여기에만 나온다(복음서에는 막 3:4에 한 번 더 등장한다). 이 용어는 예수님께서 지도부의 위선과 의도를 폭로하고 계시는 것을 보여준다('해를 주는 것'–RSV, NET, NASB, '악을 행하는 것'–NIV). 왜냐하면 그들은 안식일을 수호한다고 주장하면서, 실제로는 다음 질문이 보여주듯이 예수님을 '멸망시키

려고' 노력하고 있기 때문이다. [kakopoieō]

6:11. **분노**(Fury, anoias)－이 용어는 신약에서 단지 2회만 사용된다(딤후 3:9). 이것은 다른 문맥에서의 어리석음을 암시한다. 여기에서는 무감각한, 심지어는 병적인 격노를 묘사한다(TDNT 4:963). [anoia]

6:13. **사도들**(Apostles, apostolous)－이 용어는 위임을 받은 메신저를 의미하는 곳에서는 일상적으로 사용된다. 유대교에서 보냄을 받고, 보내는 자의 권세를 가지고 행할 때 그는 '보냄 받은 자'로 불린다(m Berakot 5.5, m Yoma 1.5). 유사한 사상은 헬라 문화에도 존재했다(요세푸스, 고대사 17.300, MM 70). 그러므로 12제자들의 임명은 그들이 특별한 권세를 가졌음을 보여준다. 누가는 이 단어를 6회 사용한다(9:10, 11:49, 17:5, 22:14, 24:10). [apostolos]

6:20. **가난한 자**(Poor, ptōchoi)－누가복음의 이 핵심 단어는 4장 18절에서 논의되었다. 여기에서 경건한 빈자들은 이미 하나님나라를 소유한 것으로 일컬어진다. 이러한 복은 세상이 배척한 사람들을 하나님께서 환영하심을 표현한다. 이 주제는 누가가 언급하기 좋아하는 것이다(7:22, 14:13). [ptōchos]

6:22. **너희 이름을 던져버리다**(Cast your name out, ekbalōsin to onoma hymōn)－이 문구는 부분적으로는 회당에서 추방당하는 것에 대한 언급이다. 이것은 실제로 박해 가운데의 배척을 묘사한다("너희 이름을 악한 것으로 배척하다"–NET, NIV, "악하다고 너희 이름을 던져버리다"–RSV, "악하다고 너희 이름을 조롱하다"–NASB). 이것은 예수님의 말씀이 경건한 사람들과 관련됨을 보여준다. 복을 받은 사람들은 인자 예수님과 함께 하나가 되기 위해서 자신의 입장을 밝히고, 그 결과로 유대인 공동체에서 자신의 자리를 상실한다. 그럼에도 불구하고 그들은 하나님께서 받아주시는 복된 자들이다. [ekballō + onoma]

6:24. **화**(Woe, ouai)－배척의 이 외침은 심판의 불행을 직면하는 사람들을 위한 고통과 동정을 표현하는 용어다(민 21:29, 암 5:18, BAGD, 591, BDAG, 734). 이것은 예언적인 선언과 경고의 일부다. 여기에 선정된, 종종 무감각한 사람은 부자들이다. 야고보는 이와 유사한 설명을 한다(약 2:6–7, 5:1–6). 부자가 받게 될 모든 위로는 이생에서 가지고 있다. 신약의 31회 가운데 15회를 사용하는 것을 보면 누가는 이 단어를 좋아하는 것 같다. [ouai]

6:26. **거짓 선지자들**(False prophets, pseudoprophētais)－이 단어는 누가복음에서 여기에만 나온다. 이것은 예수님의 경고 대상인 부자들과 안락을 추구하고 자기 섬기는 것만을 선포하려 했던 옛날의 거짓 선지자들을 비교한다. 이러한 비교는 예수님께서 영적인 관심을 염두에 두고 있다는 또 다른 암시다. 이 단어는 신약에 11회 등장하는데, 복음서와 사도행전에 6회 나온다(마 7:15, 24:11, 24, 막 13:22, 행 13:6). [pseudoprophētēs]

6:27. 사랑하다(Love, apapate) – 이 단어는 누가복음에 13회 등장하는 용례 가운데 첫 번째다. 이들 가운데 6회는 6장 27-35절에, 2회는 7장 42-47절에 나온다. 원수에 대한 사랑은 제자들의 특징이다. 제자들의 사랑은 세상이 사랑하는 방식과 다르다. 누가복음에서 다른 주요 신학적 용례는 하나님을 온전히 사랑하라는 요구(10:27)와, 사람은 하나님과 재물을 같이 사랑할 수 없다는 경고를 포함한다(16:13). [agapaō]

6:28. 능욕하다(Abuse, epēreazontōn) – 이 용어는 학대받는 것을 가리킨다('학대하다'-NET, NASB, NIV, '능욕하다'-RSV). 이 문맥에서 이것은 특별히 종교적인 박해를 묘사한다. 이것은 신약에서 단지 두 번 사용된다(벧전 3:16). 일상적인 용례에서 이것은 짓궂거나 악의를 품은 대우를 가리킬 수 있다(MM, 232). [epēreazō]

6:29. 속옷(Shirt, chitōna) – 이것은 겉옷 안에 입는 내복이나 속옷을 가리킨다('셔츠'-RSV, NASB, '속옷'-NET). 이것은 아마포나 양털로 만들어졌으며, 발목 또는 무릎까지 내려오고, 소매는 길거나 짧다(EDNT, 3:468). 본문은 죄인들에게 다가가기 위해서, 둘러싼 사람들에게 연약하게 노출되어 있는 한 가지 예를 제시한다. [chitōn]

6:32-34. 신용(Credit, charis) – 각 구절에서 예수님의 질문은 문자적으로 "그것이 너희에게 무슨 은혜냐?"다. 이 사상은 하나님의 자녀같이 행동하지 않는 사람의 삶 속에 하나님의 역사에 대한 무슨 증거가 있느냐는 것이다. 예수님께서 여기에서 묘사하시는 것과 같은 은혜로운 방식으로 살지 않고는 하나님께 뿌리를 내린 어떤 이익이나 유익의 증거는 없다(벧전 2:19-20이 이 본문과 유사함). '신용' 이란 번역은 여기에서 적절하다(BAGD, 877, 2b, BDAG, 1079, 2b). [charis]

6:35. 보상(Reward, misthos) – 이 용어는 종종 품삯을 가리킨다(눅 10:7). 여기에서는 종말론적인 의미를 더 가진다. 이것은 앞에서 박해 가운데 우리의 신실함을 하나님께서 갚아주시는 것을 가리키는 것과 같이, 우리가 원수를 사랑하여 그분의 성품을 보여주는 것에 대하여 하나님께서 어떻게 반응하실 것인지를 가리킨다(눅 6:23). 누가만 이 단어를 세 번 사용한다. [misthos]

친절한(Kind, chrēstos) – 이 용어는 '감사할 줄 모르고 이기적인' 사람들과 하나님 사이의 관계에서 나타나는 하나님의 은혜로운 성품을 묘사한다. 이것은 다른 사람에게 친절하고 선한 어떤 사람을 묘사한다. 이 단어는 신약에서 7회 사용되었는데, 그 가운데 몇 구절만 하나님의 성품을 묘사한다(롬 2:4, 시 34:8을 인용하는 벧전 2:3). [chrēstos]

6:36. 자비로운(Merciful, oiktirmones) – 이 핵심 용어는 구약에서 하나님의 성품을 논의하는 중요한 반복구의 일부다(출 34:6, 시 86:15, 103:8, 욜 2:13). 유대교 역시 하나님의 이러한 속성을 강조했다(시락서 2:11-죄를 용서하는 분으로). 이 용어는 때때로 노하기를 더디하는 데 나타나는 하나님의 자비와 긍휼을 묘사한다

(시 78:38). 신약에서 이 단어는 여기와 야고보서 5장 11절에만 사용된다. [oiktirmōn]

6:37. **용서하다**(Forgive, apolyete) – 이것은 용서에 대한 정상적인 용어는 아니다. 이것은 일반적으로 어떤 사람을 의무 또는 장소나 상황에서 해방시켜주는 것을 의미한다(눅 2:29, 8:38–귀신축출과 관련하여, 9:12, 13:12–질병으로부터 해방과 관련하여, 23:16, 18, 20, 22, 25). 그러므로 이 개념은 어떤 사람을 우리의 용서를 요구하는 빚에서 풀어주는 것과 관련되어 있다('용서하다' –NET, RSV, NIV, '사죄하다' –NASB). 누가는 신약의 66회 사용 가운데 12회를 사용한다. 이 단어는 누가복음 가운데 여기에서만 '용서하다' 는 의미를 나타낸다. [apolyō]

6:38. **척량**(Measure, metron) – 이 언급은 사람이 시장에서 곡식을 사서 정확한 양을 얻기 위해서 곡식을 부을 때 흔들어서 재는 장면을 그려준다. 우리의 은혜로운 것에 대하여 하나님께서 반응하시는 호의적인 방식의 이미지를 나타낸다. 이 두 가지는 유일하게 누가만 사용했다. [metron]

6:39. **할 수 있냐/하겠느냐**(Can/Will, mēti/ouchi) – 질문과 관련하여 사용되는 독특한 불변화사는 이 구절에서 각 질문을 시작한다('할 수 있냐/하겠느냐' –RSV, NIV, NASB, '할 수 있냐/하지 않겠느냐' –NET). 헬라어에서 선택된 불변화사는 질문에 대한 답을 암시한다. 그러므로 첫 번째 질문은 부정적으로, 두 번째 답은 긍정적으로 답을 해야 한다. 소경은 다른 사람을 인도할 수 없다. 그는 다른 사람을 함정에 빠지게 할 것이다. 예수님의 말씀하시는 요점은 당신이 누구를 따르고 있는지 조심하라는 것이다. [mēti, ouchi]

6:40. **온전히 가르침 받은**(Fully taught, katērtismenos) – 이 용어는 일반적으로 어떤 것을 준비하거나 수리하는 것을 의미한다(마 4:21, 막 1:19, 롬 9:22). 누가복음 6장에서 이것은 선생이 삶과 생애를 위해서 제자들을 어떻게 준비시키는지를 언급한다('온전히 훈련받다' –NASB, NIV, NET, '온전히 가르침을 받다' –RSV). 예수님의 요점은 같은 것이 같은 것을 낳는다는 것이다. 그러므로 당신의 선생이 누구인지 조심하라. 신약에서 13회 나오는 이 단어는 누가복음에서 여기에만 나온다. [katartizō]

6:41. **나무토막**(Log, dokon) – 이것은 큰 나무토막에 대한 언급으로 눈 속에 있는 나무토막에 대한 익살스러운 이미지를 나타낸다. 이것은 바로 보는 것을 불가능하게 한다. 누가는 이 단어를 41–42절에서 세 번 사용한다('나무토막' –NASB, RSV, '들보' –NET, '널빤지' –NIV). 신약의 다른 세 용례는 마태복음 7장 3–5절에 나온다. [dokos]

6:43. **나쁜 열매**(Bad fruit, sapron) – 이 용어는 썩거나 상한 열매를 가리킨다(마 12:33). 이것이 다른 본문에서는 죽은 생선을 가리킨다(마 13:48). 이것은 은유적 표현으로서, 상한 열매가 무엇인지는 마태복음 7장 17–18절과 누가

복음 6장 45절에 나온다. 그것은 곧 악을 행하는 것이다. 예수님께서는 참된 성품은 자신의 언어와 가르침을 포함하여 열매 속에 그 자신을 드러낸다고 말씀하신다. 이 문맥에서 예수님께서는 가르침을 염두에 두고 있다. [sapros]

6:46. **행하지 않는다**(Not do, ou poieite) – 강화의 마지막 단락은 듣고 행하는 것을 다룬다(47, 49절을 보라, 눅 8:21). 여기에서 예수님께서는 한편으로 예수님의 지위와 권세를 인정하나, 다른 한편으로는 순종하지 않으면서 주님이라고 부르는 행동은 위선임을 강조하신다. 다음 구절에서 예수님께서는 견고한 집에서 사는 순종하는 사람을 그분의 가르침을 행동으로 무시하는 사람과 비교함으로써 요점을 설명하신다. 그러한 사람은 결국 비극적으로 비에 씻겨나갈 집에서 사는 것과 다름없다. [poieō]

7:2. **백부장**(Centurion, ekatontarchou) – 백부장은 로마 군대의 이방인 군인으로 100명을 지휘한다. 종종 이러한 군인들은 지역 공동체와 하나가 되는 방편의 일환으로 지역사회를 지원하는 일을 하기도 했다(5절을 보라). 그가 유대인들에게 칭찬을 받은 이방인이라는 사실은 유대인과 이방인 사이에 있었던 적대감을 감안해볼 때 의미 있는 일이다. 이것은 이 치유 사건에 대한 누가의 기록에 독특하게 나오는 상세한 내용이다. [ekatonarchēs]

귀하게 여김 받는(Honored, entimos) – 이 단어는 귀하게 여김을 받거나 매우 존중히 여김을 받는, 혹은 귀중하다는 것을 의미할 수 있다('높이 평가된'–NIV, '높게 여겨진'–NASB, '귀한'–RSV, '존중히 여김 받은'–NET). 여기에서는 그의 종이 단지 소유물이라는 것이 아니라, 종에 대한 존경의 의미를 가진다. 누가는 이 단어를 14장 8절에서 다시 한 번 사용하는데, 여기에서는 더 존귀하게 여김 받는 지위를 가진 사람을 가리킨다. [entimos]

7:6. **자격이 없는**(Not worthy, ou…hikanos) – 백부장은 자신의 유대인 친구들과는 대조적으로 예수님을 자기 집안으로 모실 자격이 없다고 주장한다. 이 단어는 어떤 일에 '자격이 있거나' '적합한 것'에 대하여 말한다(BAGD, 374, 2). 그는 아마도 유대인인 예수님께서 이방인의 집에 오시면 종교적으로 부정하게 될 수 있다는 생각을 가지고 있을 정도로 그는 겸손하며 민감했다. 9절에서 예수님께서는 예수님 자신의 권세가 말씀만으로도 거리가 떨어진 곳까지 미친다는 것을 인정하는 그러한 겸손한 신앙을 칭찬하신다. [hikanos]

7:9. **놀랐다**(Marveled, ethaumasen) – 누가복음에서 이 단어는 13회 나온다. 그런데 유일하게 여기에서만 예수님께서 어떤 사람의 행동에 놀랐다고 일컬어진다('놀랐다'–NASB, RSV, '깜짝 놀랐다'–NIV, NLT, NET, 마 8:10도 마찬가지다). 예수님께서는 이러한 믿음이 이스라엘에 전례가 없고, 비교가 되지 않는 것을 발견하셨다. 이 설명은 이방인이 유대인보다는 예수님께 더 긍정적이었다는 단서가 된다. 마가복음 6장 6절에서 예수님께서는 무리의 불신에 놀라신다. [thamauzō]

7:13. **불쌍히 여겼다**(Had compassion, esplanchnisthē) – 이 구절은 누가복음 가운데 예수님께서 어떤 사람을 불쌍히 여기셨다는 기사가 나온 유일한 곳이다("불쌍히 여겼다"–RSV, NET, "측은함을 느꼈다"–NASB, "그의 마음은 그녀에게로 갔다"–NIV, "그의 마음은 동정심을 흘러넘쳤다"–NLT). 이러한 의미는 다른 복음서에 더 자주 나온다(마 9:36, 14:14, 15:32, 18:27, 20:34, 막 1:41, 8:2). 마가복음에서는 어떤 사람이 예수님께 불쌍히 여겨 달라고 요청한다(막 9:22). 누가복음의 다른 용례는 선한 사마리아 사람의 동정심(10:33)과 돌아오는 탕자에 대한 아버지의 동정심(15:20)을 가리킨다. 이것이 신약에 12회 나오는 동사의 예다. 명사는 감정의 좌소로 사람의 '내면'을 이야기한다. 이것은 우리가 '마음'이란 용어를 사용하는 것과 마찬가지다(BAGD, 762–63, BDAG, 938). [splanchnizomai]

7:14. **관 받침대**(Bier, sorou) – 이것은 신약에서 유일하게 여기에만 나온다. 이것은 시신을 운반하는 나무판을 가리킨다('관'–NASB, NIV, NLT, '관 받침대'–NET, RSV). 이것은 유대교에서 드문 광경이다(창 50:26, Testament of Reuben 7:2). 닫혀 있지 않고 열려 있었던 이 관은 현대적인 의미의 관이 아니다. 유대교에서는 죽은 사람을 당일에 장례하는 것이 관습이었다(m Shabbat 23.4–5). 예수님께서 관 받침대를 만지시는 것은 일반적으로 부정한 것을 접촉하는 것을 의미했다. 그러나 여기에서 예수님의 능력은 죽음을 극복한다. 예수님께서는 죽은 자를 정결하게 하신다. [soros]

7:16. **선지자**(Prophet, prophētēs) – 이것은 백성이 종종 예수님에 대하여 가졌던 정체성의 범주다(눅 7:39, 9:8, 18). 누가는 나중에 이러한 범주가 예수님께 적절하지 않다는 것을 보여준다(눅 9:18–20). 이러한 제안은 예수님께서 엘리야가 행한 것과 같은 기적을 행하셨기 때문에 이루어진 것으로 보인다(왕상 7:17–24). [prophētēs]

방문했다(Visited, epeskepsato) – 이 핵심 동사는 누가복음 1장 68절에서 취급되었다. 이 언급은 하나님께서 예수님을 통하여 특별하고 이례적인 일을 하고 계신다는 것을 무리가 감지하고 있다는 사실을 보여준다. 이 동사는 모두 세 번 사용되었는데, 이 구절에 마지막으로 등장한다. [episkeptomai]

7:19. **오실 자**(The one who is come, ho erchomenos) – 이 단어는 오기로 약속된 자를 언급하는 칭호다('기대되는 자', NASB). 또한 세례 요한이 누가복음 3장 16절에서 선포한, 요한 자신보다 더 강한 분에 대한 재언급이다. 이 언급은 요한의 제자들이 한 질문이 메시아에 관한 것이라는 사실을 의도한다. 요한은 지금 예수님께서 그러한 인물인지에 대한 확신을 원한다. 그 이유는 예수님의 사역 스타일과 그분에 대한 반대가 예수님의 정체성에 대한 의문을 일으켰기 때문이다. [erchomai]

7:22. **너희가 본 것**(What you have seen, ha eidete) – 예수님의 답변은 하나님의 구원을 선포한 이사야의 일부분에서 약속된 다양한 구속적인 활동을 포함한다(사 29:18, 35:5–6,

42:18, 26:19, 61:1). 그러므로 예수님께서는 자신의 정체에 관한 질문에 대하여 '예' 나 '아니오' 로 답하지 않고, 자신이 행하는 일과 그것이 지시하는 시기가 현재라는 것을 지적함으로써 긍정적인 답을 하신다. 예수님께서 하시는 일들은, 하나님께서 약속의 성취의 시대를 도래시키고 있다는 증거를 보여줄 수 있다. 또한 예수님께서는 복음이 '경건하고 가난한 사람들' 에게 전파된다는 사상을 반복하신다(눅 4:18을 보라). [horaō]

7:23. **실족하지 않음**(No offence, mē skandalisthē) – 예수님께서는 '걸려 넘어지거나' 그분에 의하여 배척되지 않은 사람에게 하나님의 복을 확증하는 복의 선언으로 말씀을 마치신다('넘어지지 않는다' –NIV, '실족하지 않는다' –NET, NIV, RSV, BAGD, 752, 1b, 926, 1b). 이 용어는 예수님의 주장에 대하여 주저하거나 불쾌감을 가지지 않는 사람을 가리킨다(막 14:29에서 베드로가 역설적인 과신으로 사용함). 이 용례는 구약의 뿌리를 가진다(사 8:14). [skandalizō]

7:27. **내 <u>메신저</u>**(My <u>messenger</u>, ton angelon mou) – 예수님께서는 말라기 3장 1절의 구절을 인용하여 세례 요한을 하나님의 메신저로 묘사하신다. 이 구약 본문은 구원에 이르는 하나님의 길을 선포하는 선구자를 가리킨다. 요한은 새 시대의 도래를 선포하기 때문에 선지자보다 위대하다. 메신저라는 용어는 신약의 대부분의 다른 본문에서 천사를 묘사하기 위해 사용된 단어와 동일하다. 이 단어는 '특사' 를 뜻한다(BAGD, 7, BDAG, 8, 1b). [angelos]

7:28. **나라**(Kingdom, basileia) – 이 용어는 예수님께서 가져오시는 하나님의 약속된 통치를 가리킨다. 이 구절에서 요한은 옛 시대의 마지막 위대한 자로 간주된다. 그렇지만 새 시대는 너무나 위대해서 이 나라에 참여하는 자는 누구든지 옛 시대의 가장 위대한 사람보다 더 위대하다. 이 용어에 대하여 더 많은 내용을 위해서는 1장 33절을 보라. [basileia]

7:29. **정당화했다**(Justified, edikaiōsan) – 이 문맥에서 이 단어는 하나님께서 옳다는 것을 보여준다('인정했다' –NET, NASB, NIV, '하나님께서 의롭다고 하셨다' –RSV). 누가의 요점은, 요한과 그가 요구하는 세례에 대한 죄인들과 세리들의 반응이 하나님의 계획이 이루어지는 방식 속에서 하나님의 지혜를 드러낸다는 것이다(35절). 물론 바리새인들은 이 길을 배척했다(30절). 누가는 종종 자기 자신을 정당화하려고 애쓰는 사람을 지적하기 위해서 이 동사를 5회 사용한다(눅 10:29, 16:15). [dikaioō]

7:32. **피리를 불었다…애가를 불렀다**(Piped…wailed, ēulēsamen…ethrēnēsamen) – 이 대조적인 조합은 아이들이 시장에서 하는 놀이를 가리킨다. 아이들은 장단에 맞추어 연주하고, 다른 아이들은 이것이 축하의 장단이든 애가의 장단이든 이에 맞추어 춤을 추어야 한다('플루트를 불었다/애가를 불렀다' –NET, '플루트를 불었다/애가를 노래했다' –NASB, NIV, '피리를 불었다/애가를 불렀다' –RSV, '축가를

불렀다/장송가를 불렀다'-NLT). 예수님께서는 놀이를 사용하여 자신과 요한이 그들의 장단에 춤을 추지 않는다고 이 세대가 어떻게 불평하는지를 예를 들어 설명하신다. 예수님과 요한은 우리의 기대를 따르지 않는다. 두 용어는 자주 사용되지 않는다. '피리를 불다'는 동사는 누가복음에는 여기에만 나오고 신약에 3회 등장하며, '애가를 부르다'는 누가복음 23장 27절과 신약에 단지 4회 나온다. [auleō + thrēneō]

7:33. **귀신**(Demon, daimonion) – 요한이 귀신에 들렸다는 고소와 나중에 등장하는 누가복음 11장 15절의 예수님에 대한 왜곡이 어떻게 유사한지 주목하라. [daimonion]

7:34. **술주정뱅이**(Drunkard, oinopotēs) – 이 용어는 예수님께서 어떻게 죄인들과 어울리는지를 묘사하고, 그분을 경건하지도 하나님을 두려워하지도 않는 자라고 고소한다(잠언 23:20). 이 단어는 신약에서 여기와 병행 기사에만 나온다(마 11:19). 요한복음 2장 1-11절을 보라. [oinopotēs]

7:35. **지혜**(Wisdom, sophia) – 이 문맥에서 이 용어는 하나님의 지혜와 계획에 대한 의인화된 언급이다(눅 11:49도 마찬가지다). 그러므로 누가의 요점은 하나님의 길이 이러한 아이들의 반응에 의하여 옳은 것으로 보인다는 것이다. 그들은 하나님의 지혜와 길과 연합된 자기 자신을 보여준다. 그것은 요한과 예수님에 대한 반응과 연결된 것이다. 또한 이것은 누가가 사용한 6회 가운데 하나이고, 누가의 용례에서는 일반적으로 사람의 지혜를 가리킨다. [sophia]

7:36. **바리새인**(Pharisee, Pharisaiou) – 이 사건은 그 내용을 살펴볼 때, 나중에 문둥병자 시몬의 집에서 있었던 기름부음 사건과 동일한 것이 아님을 우리에게 알려준다(마 26:6-13, 막 14:3-9, 요 12:1-8). 그곳에서는 바리새인이 그 장소에 있지 않을 것이기 때문이다. [Pharisaios]

7:37. **죄인**(Sinner, hamartōlos) – 이 용어는 누가복음 5장 8절에서 다루었다. 여기에서 주목할 중요한 사실은 이것이 누가복음 7장 34절에 지적된 요점을 예증한다는 것과, 여인의 예는 누가복음 5장 30, 32절에 기록되어 있는 남성 세리가 모여 있는 레위의 장면과 쌍벽을 이룬다는 것이다. [hamartōlos]

향유(Perfume, myrou) – 이 용어는 셈족의 차용어다. 이 향유가 옥합에 간수된 사실이 지적하듯이 이것은 비쌌고, 시신을 방부 처리하거나 특별한 장소에 기름 붓는 데 종종 사용되었다(출 30:25, 대하 16:14, 눅 23:56). [myron]

7:39. **만일**(If, ei) – 헬라어에는 "만일…하다면…하다"는 구문에 세 종류가 있다. 여기에 있는 것과 같이 2급 조건절은 말하는 사람이 이 전제가 배척된 것으로 제시한다. 그러므로 바리새인이 말하고 있는 것은 "만일 이 사람이 선지자인 것이 사실이라면(그가 그렇지 않지만), 그는…했을 것이다"이다. 바리새인이 예수님을 배척하는 이유는, 예수님께서 죄인이 그분 자신에게 그렇게 가까이 오는 것을 허락하기

때문이다. 이 바리새인은 경건한 사람이라면 이와 같은 일을 결코 허락하지 않을 것이라고 믿었다. [ei]

7:41. **데나리온**(Denarii, denaria) – 데나리온은 일반적으로 노동자의 하루 품삯의 가치가 있는 로마 은화다(BAGD, 179, BDAG, 223). 그러므로 여기에서의 차이는 50일의 노동과 500일의 노동의 차이다. [dēnarion]

7:47. **용서받았다**(Are forgiven, apheōntai) – 용서에 대한 이 말씀을 깨닫는 데 이 예는 중요하다. 예수님께서는 여인의 행동을 그녀에게 이미 확립된 예수님에 대한 사랑의 증거로 묘사한다. 그러므로 여기에서 예수님께서 주신 용서의 말씀은 그녀의 행동에 대한 보상으로 용서를 새롭게 베풀어주는 것이 아니다. 이것은 이미 주어진 용서의 은혜가 그녀로 하여금 현재 예수님을 사랑하게 하고, 그녀의 이러한 행동은 그녀가 이미 받은 용서를 확증한다는 것이다. 물론 용서에 관한 예수님의 말씀은 지도부를 불쾌하게 만든다. 이는 예수님께서 죄를 용서할 권세를 가지고 있다고 주장하기 때문이다(눅 7:48-49). 이 용어에 대한 더 많은 내용을 위해서는 누가복음 5장 20절을 보라. [aphiēmi]

7:50. **믿음**(Faith, pistis) – 여기에서 예수님께서는 여인을 구원한 것은 여인의 마음 자세, 곧 사랑에 뿌리를 내린 신뢰라고 확언하신다. 그녀의 기름부음은 이러한 신뢰에 의하여 동기부여를 받았다. 누가는 이 용어를 이미 두 번 사용했다(눅 5:20–중풍에 걸린 사람과 함께 있었던 사람들의 믿음, 7:9–백부장의 믿음). 누가는 이 단어를 8회 더 사용할 것이다. 그 가운데 3회는 구원하는 믿음에 대하여 이와 같은 선언을 하는 데 나온다(눅 8:48–혈루병에 걸린 여인, 17:19–문둥병자 사마리아인, 18:42–소경). 각 경우에 믿음으로 인하여 칭찬을 받은 사람들은 사회의 변두리에 있는 사람이다. [pistis]

8:3. **청지기**(Steward, epitropou) – 구사(Chuza)는 분봉왕 헤롯의 '관리인' 이었다(NIV, NLT–'사업 관리자', NET, '청지기' –NASB, RSV). 이것은 예수님의 메시지가 정부의 관청에도 도달한 것을 의미한다. 이 단어는 여기와 마태복음 20장 8절과 갈라디아서 4장 2절에만 나온다(마카비 2서 11:1, 13:2, 14:2, BAGD, 303, BDAG, 385). [epitropos]

그들을 위해 공급했다(Who provided for them, diēkonoun) – 이 여인들은 자기들의 재정적인 지원을 통하여 예수님과 제자들을 '섬겼다' ("그들을 지원하는 일에 기여하는 자들"–NASB, "자기들의 개인 소유로 그들을 지원하는 일을 돕고 있었다"–NIV, "자신들의 자원 가운데서 지원에 기여하고 있었다", NLT, "자기들의 소유로 그들을 위해 공급한 자들"–RSV, NET). 그들의 행동을 묘사하는 동사는 섬김을 가리키는 일반적인 용어다(눅 10:40, 17:8, 22:26-27). 누가는 신약의 37회 사용 가운데 7회를 사용한다. [diakoneō]

8:5. **씨**(Seed, sporon) – 농사의 이미지는 농업이 흔한 일 가운데 하나인 갈릴리에 적합하다. 일반적으로 파종은 10월에서 12월 사이에 하

고, 싹은 4월 또는 5월에 나온다. 파종은 유대교와 구약에서 하나님께서 생명을 뿌리거나 수여하시는 것을 표현하는 데 자주 사용되는 상징적인 어법이다(에녹 1서 62:8, 호 2:23, 렘 31:27, 겔 36:9, 사 55:10-11). 누가는 이 문단에서 이 단어를 두 번 사용한다(8:11). 신약의 다른 곳에서는 마가복음 4장 26-27절과 고린도후서 9장 10절에도 나온다. [sporos]

8:7. **가시**(Thorns, akanthōn)-이 용어는 이 구절에 두 번 나오고, 14절에 다시 등장한다. 이것은 1.8미터까지 자랄 수 있고, 토지의 양분을 다 흡수해버리는 잡초를 가리킨다. 그래서 이것이 씨를 질식시키는 것이다. 이 구절에서와 같이 가시는 신약에서 나쁜 열매나 파괴적인 어떤 것을 표현하는 데 자주 사용되는 부정적인 어법이다(마 7:16, 13:7, 22, 막 4:7, 눅 6:44, 히 6:8). [akantha]

8:8. **백 배**(Hundredfold, hekatontaplasiona)-대부분의 고대 작물이 7에서 10배 정도 수확을 내는 것을 감안할 때, 백 배('백 배'-NET, NIV, NASB, '일백 배'-NLT, '백 곱'-RSV)는 높은 수확을 나타낸다. [hekatontaplasiōn]

8:10. **신비**(Mysteries, mystēria)-이것은 다니엘서의 라즈(raz)에 뿌리를 가진다(단 2:18, 19, 27-30, 47, 4:6). 그러므로 이것은 하나님께서 은혜의 행동으로 계시하지 않으면 결코 알려지지 않는 어떤 것을 가리킨다('비밀'-NET, NIV, NLT, RSV, '신비'-NASB). 신비의 내용은 하나님의 생각이나 계획을 알 수 있게 한다. 예수님께서는 여기에서 자신이 하나님의 나라에 대하여 말씀하는 것이 제자들만 위한 것임을 지적하신다. 다른 모든 사람에게 하나님나라의 신비적인 특성은 심판의 암시다. 예수님께서 묘사하시는 것과 같이 하나님나라의 신비는 그 나라가 성장하는 비가시적인 방식과 관계되어 있다. 왜냐하면 토양의 비유에서 많은 씨가 뿌려졌으나 그 가운데 일부만 열매를 맺기 때문이다. 하나님나라가 도래하는 비가시적인 방식은 이 나라가 분명한 영광 가운데 즉시 임할 것이라는 기대와 마찬가지로 놀랍다. 복음서는 하나님의 나라 비유들과 관련해서만 이 용어를 사용한다(마 13:11, 막 4:11). [mystērion]

8:11. **하나님의 말씀**(Word of God, ho logos tou theou)-이 문맥에서 하나님의 말씀('하나님의 메시지', NLT)은 복음을 포함하여 그것을 받아들일 때 생명에 이르는 열매를 맺을 수 있는(눅 8:15) 하나님나라의 말씀이다(8:10, 9:2, 6). 이 문구는 누가복음에 4회 나온다(눅 5:1, 8:21, 11:28). 이 단어는 이 네 경우에서 모두 같은 의미를 가지는 것으로 보인다. [logos]

8:13. **넘어진다**(Fall away, aphistantai)-이 동사의 일반적인 의미는 단순하게 '떠나다', 또는 '가버리다'이다(눅 2:37, 4:13, 13:27-누가복음의 모든 다른 용례도 마찬가지다. NLT는 상징어법을 유지하여 이것을 "그것들이 시들었다"로 번역하나 이것은 동사의 의미를 애매하게 한다). 그러나 이것은 때때로 디모데전서 4장 3절과 히브리서 3장 12절에서와 같이 어떤 것으로부터 떠나는 것을 의미한다. 이러한 의

미가 여기 본문에 나온다. 여기에 묘사된 믿음은 일시적이며, 열매를 맺을 수 있는 뿌리가 없다. [aphistēmi]

8:15. **인내로**(With patience, en hypomonē) – 이 용어는 견인 또는 견디는 것('견인을 가지고'–NASB, '견인으로'–NIV, '그것에 달라붙다'–NLT, '견고한 인내로'–NET, '인내로'–RSV)을 의미한다. 이것은 바로 여기에 나오는 사상을 포함한다. 이전 토양들이 보여주는 것과 같이 앞에는 고난과 핍박, 생활의 염려, 부요 또는 결실치 못하게 하는 쾌락과 같은 장애물들이 있다. 그러나 이 땅은 견디는 신실함을 가지고 거기에 매달려 있기 때문에 열매를 맺는다. 누가복음 21장 19절은 이와 같이 매달려 있는 어떤 사람을 묘사하고, 이로 인해 임하는 보상이 생명이라고 말한다. 그곳은 누가가 유일하게 이 용어를 다시 한 번 사용한 곳이다. [hypomonē]

8:16. **등불**(Lamp, lychnon) – 이것은 금속 또는 흙으로 만들어지고, 기름으로 채우는 등불을 가리킨다(출 25:37–38, 27:20, BAGD, 483, BDAG, 606). 이것은 눈을 가리키는 상징어법(눅 11:34)이나 준비 됨을 표현하기 위한 방식(눅 12:35)으로도 때때로 사용된다. 여기에서 등불은 사람으로 하여금 보게 하고, 인생을 항해하게 하는 조명의 수단이다. 등불은 숨겨지지 않고 공개적으로 전시되어 있는 하나님의 말씀의 기능과 동일시된다. 그러므로 이것에 주의를 기울여야 한다(18절). [lychnos]

8:17. **알려지지 않을 것이다**(Shall not be made known, ou mē gnōsthē) – 여기에서 수동태 동사는 말씀이 모든 것을 폭로하고 빛에 드러나게 하는 것과 같이 하나님께서 미래에 알리실 것을 제시한다("계시되지 않을 것이다"–NET, "빛에 드러날 것이다"–NLT, "알려지지 않을 것이다"[will]–NASB, NIV, "알려지지 않을 것이다"[shall]–RSV). 이중 부정은 그와 같은 계시가 반드시 알려지게 될 것을 암시한다. 알린다는 것의 용례는 누가복음 12장 2절과 같다. 이 단어는 누가복음에서 28회 나오는데, 그 가운데 이러한 뜻으로는 단지 2회 사용된다. [ginōskō]

8:18. **자신이 가지고 있다고 생각하는 것**(What he thinks he has, ho dokei echein) – 이 동사는 오해를 암시한다. 그러한 사람은 자기들이 하나님의 인정을 받기에 합당한 어떤 것을 가지고 있다고 생각하지만, 실상은 그것까지도 상실할 것이다. 이것은 그것이 착각이었음을 보여준다. 이 구절의 요점은 하나님나라의 말씀에 주목하지 않는 사람은 그들이 비록 어떤 것을 가졌다고 착각을 한다고 할지라도 아무것도 아닌 것으로 끝이 난다는 것이다. 이 동사는 누가복음에 10회 나오는데, 여기에서만 이러한 뉘앙스를 가진다. [dokeō]

8:21. **(하나님의 말씀을) 행하다**(Do the Word of God], poiountes) – 이 동사의 목적어는 하나님의 말씀으로 이해된다. 이것은 말씀을 듣고 행하는('이것을 실천하는'–NIV, '그것에 순종하는'–NLT, 눅 6:47, 12:43, 17:10) 사람의 지혜를 강조하는 또 다른 본문이다. 이 동사의 부

정적인 용례에 대하여는 누가복음 6장 46, 49절을 보라. [poieō]

8:23. **호수**(The lake, limnēn) – 여기에 언급된 것은 갈릴리 바다다. 이 바다는 해수면보다 약 210미터 낮은 땅으로 둘러싸여 있는 지역에 있다. 찬 공기가 산을 통해서 몰아치고 호수 위에 있는 더운 공기를 강타할 때 일어나는 결과는 즉각적인 폭풍이다. 이 용어를 사용하여 호수를 가리키는 것은 복음서에서 5회 나오는데, 모두 누가복음에만 나온다(5:1, 2, 8:22, 23, 33). 또 다른 5회의 용례는 요한계시록에 나오는데, 모두 불못을 가리킨다(계 19:20, 20:10, 14[2회], 15, 21:8). [lymnē]

8:25. **바람과 물에게 명령한다**(Commands the winds and water, epitassei kai tō hydati) – 피조물에 대한 예수님의 명령("심지어 바람과 파도도 그에게 순종한다", NLT)은 제자들에게 예수님의 참된 정체성에 대한 질문을 야기한다. 또한 제자들이 예수님이 누구신지 이해하려고 얼마나 애쓰고 있었는지 보여준다. 비록 엘리야와 같은 선지자가 그와 같은 능력을 행사했으나(왕상 17:1), 정상적으로 그러한 권세는 시편 107편 23–27절이 주장하는 것과 같이 하나님께로 돌려진다. 아마도 다윗의 자손을 염두에 두고 있는 시편 89편 25절이 여기에 암시된 것 같다. 이 본문은 메시아적인 의의를 가진 본문이다. 예수님의 권세에 대한 쟁점이 질문을 야기한 것은 이번이 두 번째다(눅 4:36). [epitassō]

8:27. **집에서 살지 않고 무덤들 가운데서 살았다**(Did not live at home but among the tombs, en oikia ouk emenen all en tois mnēmasin) – 여기에서 동사 '거하다'는 일상적인 헬라어에서 사람이 사는 곳을 가리킬 때 종종 사용된다. 귀신에 들린 이 사람이 무덤들 가운데서 살았다는 사실은 유대인에게 불결함의 표시였다. 유대인 탈무드에 나오는 후기 본문은 공동묘지에서 밤을 새는 사람은 부정하고, 더러운 영들에게 사로잡혀 참으로 위험한 상태에 놓여 있다고 진술한다(b Niddah 17a). [menō]

8:28. **나를 괴롭히지 말라**(Do not torment me, mē me basanisēs) – 이것은 누가복음에서 이 동사가 유일하게 사용되는 장소다("나를 괴롭히지 말라"–NASB, NET, RSV, "나를 고문하지 말라"–NIV, NLT). 이 문맥에서 이 말은 귀신들이 자기들을 지배하는 예수님의 능력을 인정하는 것을 보여준다. 예수님의 이름을 부르려는 그들의 노력은 상황을 통제하려는 노력이다(눅 4:34를 보라). [basanizō]

8:30. **군단**(Legion, legiōn) – 이 용어는 일반적으로 예비 부대를 제외하고 군인 6명으로 이루어진 그룹을 가리킨다(BAGD, 467–68, BDAG, 587–88). 그러므로 이 사람은 분명하게 많은 귀신들에게 사로잡힌 사람이다. [legiōn]

8:31. **심연**(Abyss, abysson) – 이것은 죽은 사람들의 거처이며, 또한 귀신들을 가두는 감옥을 소유하고 있는 지하 세계를 가리킨다('무저

갱', NLT, 시 106:26, 에녹 1서 10:4-6, 18:11-16, 계 9:1, 20:3, BAGD, 2 BDAG, 2, 2, EDNT, 1:4). 요한계시록 본문이 보여주듯이, 하나님께서는 이 장소에 대한 권세를 가지고 계신다. 귀신들은 예수님께서 '자신들을 가두어' 둘 수 있다는 사실을 두려워한다. [abyssos]

8:32. 돼지 떼(Swine, choirōn) – 이러한 짐승은 부정하다(레 11:7, 신 14:8). 세부적인 내용들은 유대인들이 돼지를 사육하지 않기 때문에 예수님께서 이방 지역을 방문한 것으로 암시한다('돼지들' –NIV, NLT, NET, '돼지 떼' – NASB, RSV). 귀신들의 요구는 그들이 정결의 문제에 관하여 상관하지 않고 있음을 보여준다. 그들은 갇히는 것을 피하려고 애를 쓰고 있었던 것이다. 돼지들은 누가복음에서 4회 언급되는데, 모두 나쁜 상황을 암시한다(8:32-33, 15:15-16). [choiros]

8:35. 앉아서(Sitting, kathēmenon) – 제자가 선생님의 발에 앉아 있는 것과 같이, 귀신들렸넌 사람이 예수님의 발에 앉아 있는 것과 그가 전에 무덤에서 살았던 것 사이의 대조는 예수님께서 행하신 치유의 능력을 보여준다. 그러나 하나님의 능력의 임재는 이 무리를 두려워하게 했다. 그들은 하나님께서 자기들 가운데 계시다는 것을 직접적인 임재로 보여주는 사람과 아무런 관계를 맺기를 원하지 않았다. [kathēmai]

8:39. 예수(Jesus, ho Iēsous) – 예수님께서는 이 사람에게 하나님께서 그를 위해 하신 일을 말하라고 지시하신다. 그러나 그는 하나님 대신 예수님의 이름을 전했다. 이것은 그가 하나님과 예수님께서 하신 일을 구분하지 못함을 보여준다. 그와 관련한 한, 두 분이 합력하여 그를 치유하셨다. [Iēsous]

8:41. 회당의 지도자(Ruler of the synagogue, archōn tēs synagōgēs) – 이 사람은 유대인의 주요 지도자인 회당의 수석 장로다('관리' – NASB, '통치자' –NIV, RSV, NET, '지도자' – NLT). 그는 회당 예배와 그 진행을 맡고 있었다(TDNT 7:847). [archōn]

8:43. 피가 흐름(Flow of blood, en rhysei haimatos) – 지속적인 '출혈'(NASB, NLT, '출혈들' –NET, '유출' –NIV, '피가 흐름' –RSV)은 여인을 부정하게 했고, 공공 장소에 나오는 것을 더욱 어렵게 했다. 그러므로 그녀는 격리된 삶을 살았을 것이다. '흐르다'는 단어는 누가복음 8장 43-44절에 두 번 나오고, 병행 기사인 마가복음 5장 25절에 한 번 더 나온다. 피를 가리키는 단어는 누가복음에 7회 나오는데, 일반적인 죽임을 당한 사람의 피를 가리킨다(11:50-51, 13:1, 특별히 22:20-새 언약을 개시하는 예수님의 죽음). [rhysis + haima]

8:45. 당신에게 몰려오다(Press upon you, apothlimbousin) – 이 용어는 짓눌리는 것을 가리킨다('당신에게 몰려드는', NASB, NIV, NLT, NET– '~에게 밀려드는', RSV– '밀려들다'). 이것은 포도 짜는 것을 묘사할 때 사용된다(요세푸스, 고대사 2:64, BAGD, 91, BDAG, 111). [apothlibō]

8:49. **죽었다**(Is dead, tethnēken) - 이 동사는 완료 시제로 되어 있어, 종이 보기에 소녀가 이미 죽은 상태로 있는 것을 강조한다. 이 동사는 누가복음에만 단지 두 번 사용된다(눅 7:12). [thēnskō]

8:52. **잠을 자고 있다**(Sleeping, katheudei) - 궁극적으로 영구적이지 않는 죽음을 가리켜 '잠자다' 는 용어를 사용하는 것은 일부 신약 본문에 나온다(마 9:24, 막 5:39, 살전 5:10). [katheudō]

9:1. **능력과 권세**(Power and authority, dynamin kai exousian) - 용어들의 이러한 연결은 신약에 9회 등장한다. 이들 가운데 3회는 누가복음에 등장하는데, 예수님께서 소유하시거나 사역을 위해 제자들에게 수여하시는 권세를 묘사한다(4:36-10:19). 이 연결은 때때로 예수님께서 좌정하여 계신 천상의 권세들을 가리킨다(엡 1:21, 벧전 3:22). 이 권세의 수여는 예수님께서 선포하는 하나님나라의 메시지 안에 하나님의 임재가 침투한다는 사실을 가리키기 위해서, 제자들을 통하여 예수님 자신의 사역을 어떻게 시작하셨는지를 보여준다. [dynamis + exousia]

9:2. **치유하는 것**(To heal, iasthai) - 이러한 차원의 제자들의 증거는 말씀과 함께 행위를 같이 배열하여, 제자들의 메시지가 하나님의 임재를 강조하는 행동과 짝을 이루게 되었다. 이 동사는 누가복음에서 11회 나오나, 그 가운데 8회가 누가복음 초반부인 5-9장에 집중적으로 나오는 것을 볼 수 있다. 누가복음 9장 2, 11절만 제자들의 치유 능력을 가리키고, 나머지는 예수님의 치유 능력을 말한다. [iaomai]

9:3. **아무것도 가지고 가지 말라**(Take nothing, mēden airete) - 별도로 아무것도 가지고 가지 말라는 이 명령은 임무의 긴박성을 강조한다. 제자들은 몸을 가볍게 하고 여행해야 하며, 필요한 것은 하나님을 의존해야 한다. 이 명령은 누가복음 22장 36절에서 수정될 것이다. [airō]

9:5. **먼지**(Dust, konoirton) - "너희 발에서 먼지를 떨어버리다"는 표현은 신약에 4회 나온다(마 10:14, 눅 10:11, 행 13:51). 이것은 도시를 방문한 흔적을 전혀 남기지 않고 그곳을 떠나는 메신저의 온전한 경고였으나, 도시가 이에 반응하지 아니함으로 하나님께 책임을 지고 그 앞에서 죄를 감당해야 한다는 것을 보여주는 상징적 행동이다. 제자들은 자기들 위에 더러움을 떨어버리고 "잘 떼어버려 시원하다"고 말하는 것이다(동사 '흔들다' [ektinassō]와 함께 사용, BAGD, 433, BDAG, 558, BAGD, 246, BDAG, 310). [konoirtos]

9:6. **복음을 전파한다**(Preaching the Gospel, euangelizomenoi) - 누가복음 9장 2절의 '하나님의 나라를 전파하는 것' 이 어떻게 이 문구와 병행을 이루는지 주목하라. 복음을 전파하는 것은 하나님의 나라를 전파하는 것이다("좋은 소식을 선포하다"-NET, "좋은 소식을 전파하다"-NLT, "복음을 전파하다"-NASB, NIV, RSV). 다른 말로 표현하자면, 좋은 소식

의 문맥은 하나님의 나라다. 예수님께서는 동일한 하나님의 나라 사역과 하나님의 구원하시는 능력을 그려주는 치유 사역을 하고 계신다. [euangelizō]

9:7. **당황했다**(Perplexed, diēporei) – 이 용어는 신약에서 4회 나오는데, 1회가 여기에서 나오고, 나머지는 사도행전에서 나온다(행 2:12, 5:24, 10:17). 각 경우에 이것은 사람이 당황하여 그 상황에 대하여 곰곰이 생각하는 것을 그려준다("걱정하고 의아해했다", NLT). 그러므로 여기에서 헤롯은 예수님께서 누구시며, 그분의 능력의 출처는 어디인가를 곰곰이 생각하는 것으로 보인다. 선택 사항은 모두 예언적인 성격을 가진다. 이 구절과 병행되는 마태복음 14장 1절과 마가복음 6장 14–16절은 헤롯이 예수님을 요한이 죽은 자 가운데서 일어난 것으로 생각했음을 보여준다. 이것은 그가 요한을 죽인 것으로 인하여 마음에 불편함이 있었음을 보여주는 것 같다. [diaporeō]

9:16. **그것들을 <u>축복했다</u>**(<u>Blessed</u> them, eulogēsen autous) – 이것은 하나님을 송축하고, 음식으로 인하여 감사드리는 것을 축약해서 표현하는 것일 수 있다("감사했다"–NIV, "음식에 하나님의 복을 구했다"–NLT). 그러한 축복은 유대교에서 흔한 일이었다. 축복은 어떤 것을 구별하여 드리기 위해서 할 수 있고, 예수님께서 하신 행동도 그러한 의미를 가질 수 있다(출 23:25, 삼상 9:13 BAGD, 322, 2b, BDAG, 408, 2b). 흔한 축복문은 "송축을 받으소서! 주 하나님, 땅에 빵을 내시는 우주의 왕이여! 송축을 받으소서.…우리에게 포도의 열매를 주시는 분이시여!"다. 이 장면은 예수님께서 필요한 것을 제공하는 분이심을 보여준다. 이것은 부활 사건 외에 사복음서에 나오는 유일한 기적이다. [eulogeō]

9:19. **엘리야**(Elijah, Ēlias) – 이 선지자는 마지막 때에 나타날 것으로 기대되었다(말 3:1, 4:5, 시락서 48:10). 무리는 예수님을 선지자로 보는 경향이 있었다(눅 7:39, 9:7–9). 누가는 이 선지자를 7회 언급하는데, 그 가운데 4회가 누가복음 9장에 나온다(8, 19, 30, 33절, 또한 1:17, 4:25–26). [Ēlias]

9:20. **하나님의 <u>그리스도</u>**(The <u>Christ</u> of God, ton christon tou theou) – 베드로의 대답은 무리가 예수님을 선지자로 평가하는 것과는 대조되게 예수님을 하나님께 기름부음 받은 약속된 자로 부각시킨다. 누가는 이 칭호를 비교적 빈번하게(12회) 사용한다. 이 용례의 절대 다수는 누가복음 20–24장에 나온다(7회–20:41, 22:67, 23:2, 35, 39, 24:26, 46). 누가복음 4장 41절과 20장 41절 사이에 이 칭호가 사용된 곳이 본문이다(다른 용례는 2:11, 26, 3:15에 나온다). 베드로는 아직 예수님께서 누구신지에 대한 온전한 깨달음을 확증하는 단계에 이르지 못했다. 그래도 예수님께서는 메시아 되심의 인식과 함께 남은 사역 가운데 자신의 상세한 모습을 채워가실 수 있다. [christos]

9:21. **어느 누구에게 <u>말하는 것</u>**(<u>To tell</u> no one, mēdeni legein) – 이것은 예수님께서 자신의

정체에 관하여 사람들에게 침묵하라는 명령이 나오는 여러 본문 가운데 하나다(눅 4:35를 보라). 제자들이 사람들에게 예수님을 약속된 분으로 소개하기 전에 그들이 배울 필요가 있는 것이 있었다. 그것은 예수님께서 어떤 종류의 메시아신가 하는 것이다. 그렇기 때문에 예수님께서는 제자들에게 침묵하라고 말씀하신 것이다. 예수님의 고난은 교훈을 필요로 하는 주요 주제다. [legō]

9:22. **반드시…고난 받아야 한다**(Must…suffer, dei…pathein) – 이것은 누가복음에 나오는 여섯 개의 수난 예언 가운데 첫 번째다(9:44, 12:50, 13:31–33, 17:25, 18:31–33). 하나님의 필요성을 가리키는 용어는 여기에도 나온다(dei). 누가는 종종 예수님께서 고난을 받으실 것이라고, 혹은 많은 고난을 받으셨다고 언급한다(17:25, 24:46, 46). 누가가 이 동사를 첫째로 사용한 것을 포함하여 이 예언은 일반적이다. 나중에 나오는 예언들 가운데 일부는 좀 더 구체적인 내용을 포함한다. 예수님께서 제자들에게 지금 주시는 교훈 가운데 상당 부분은 자신의 죽음과 떠남을 제자들에게 준비시키시는 것이다. 이 동사는 누가복음에 6회 나온다(눅 13:2, 22:15는 아직 언급되지 않은 용례다). 유월절을 가리키는 관련된 용어는 7회 나오고, 이것은 유월절이나 그날에 희생되는 어린양을 항상 가리킨다. 이 가운데 6회의 용례가 예수님의 사역과 병행을 이루는 상징을 제시하는 누가복음 22장에 나온다. [paschō]

9:23. **자기의 십자가**(His cross, ton strauron) – 이것은 예수님의 죽으심의 이미지를 제자의 행함으로 전환하는 첫 번째 언급이다. 십자가를 지는 것은 십자가에 처형되는 범죄자와 같이 수치와 배척을 경험하는 것이다("자기 십자가를 어깨에 메다"–NLT, 대부분의 번역은 "자기의 십자가를 지고"라고 말한다). 그러므로 예수님을 따르는 것은 그분이 대면했던 세상에게 배척받는 일에 참여할 준비를 하는 것이다. 이러한 준비와 실제는 날마다 직면해야 할 어떤 것인데, 누가만이 이 말씀에 대하여 세부적인 내용을 언급한다. 즉 누가만이 십자가를 3회 언급한다(14:27–이 구절과 비슷한 말씀, 23:26–시몬이 예수님을 대신하여 십자가를 지는 것으로 나온다). [stauros]

9:24. **자신의 생명을 구하고…잃는다**(Save…loses his life, sōsai…apolesē tēn psychēn autou) – 이 상징적인 대조는 인정받는 것을 추구하고 배척받는 것을 피함으로써 자신의 생명을 보존하려고 하는 사람은 결국 자기들의 영혼, 곧 영적인 생명을 상실하고 말 것이지만, 심지어 배척과 죽음까지도 직면할 각오를 하는 사람은 결국 살아남을 것이라고 경고한다. [sōzō, apollymi]

9:25. **상실하다**(Forfeit, zēmiōtheis) – 이 구절은 앞절을 설명하며, 세상을 얻으려고 하는 과정에서 자기 자신을 잃고 상실하는 것에 대하여 말한다. 만일 지불하는 대가가 하나님과 함께한 자신의 생명을 상실하는 것이라면, 세상을 얻는 것이 과연 무슨 가치가 있는가? 이 단어는 신약에 6회 나오는데, 누가복음에는 오직

여기에 1회 사용되었다(마 16:26, 막 8:36, 고전 3:15, 고후 7:9, 빌 3:8). [zēmioō]

9:26. **부끄러워하다**(Ashamed, epaischynthē)—이 동사는 이 구절의 대조에서 두 번 등장한다. 사람들은 자기들이 각자 세우고 행한 기준에 의하여 측정된다. 그분 인정하기를 거절함으로 예수님(인자)을 부끄러워하는 것은 예수님께서 영광중에 오실 심판 때 그분 역시 그들에게 동일하게 반응할 것을 의미한다. 이 동사는 누가복음에서 여기에만 두 번 나온다. [epaischynomai]

9:27. **그들이 하나님의 나라를 볼 때까지**(Until they see the kingdom of God, heōs an idōsin tēn basileian tou theou)—이 문구는 열둘 가운데 일부가 예수님의 영광을 얼핏 보기 전에 죽음을 경험하지 않을 것을 예언한다. 이것은 일부 제자들이 예수님의 변형을 보게 될 때, 하나님나라의 영광을 예비적으로 볼 것을 가리키는 것으로 이해하는 것이 가장 적절하다. [basileia]

9:29. **흰**(White, leukos)—예수님의 변화된 얼굴과 함께 그분의 옷('빛나게'-NIV, '눈부시게 희게'-NET, RSV)을 이와 같이 묘사하는 것은 그분이 제자들 앞에서 영화롭게 된 상태(32절을 보라)로 나타나신 것을 암시한다(마 28:3, 요 20:12, 행 1:10, 계 3:4). 흰색은 순결과 영광을 그려준다(EDNT, 2:350-51). 이 용례는 속죄일에 제사장이 입는 옷의 이미지에 뿌리를 두고 있다(레 16:4). [leukos]

9:31. **떠남**(Departure, exodon)—이 단어는 이 사건에 대한 누가의 기록에만 등장하며, 모세와 엘리야와 예수님 사이에 있었던 대화의 주제를 상술한다. 그 사건은 예수님의 다가오는 '출애굽'이었다. 이스라엘의 구원 경험을 떠올리게 하는 이 단어는 예루살렘에서 일어날 사건들의 결과로 예수님께 임할 죽음과 그분이 하나님의 우편으로 올라가실 것을 내다본다. 이때 제자들은 영광으로 인도할 예수님의 다가오는 고난에 대하여 이야기를 듣고 있었다. 이 용어는 신약에 세 번 사용되며, 누가복음에서는 여기에 한 번 나온다(히 11:22, 벧후 1:15). [exodos]

9:33. **세 장막**(Three booths, skēnas treis)—세 장막('피난처'-NIV, NET, '장막'-NASB, '성소'-NLT, '막사'-RSV)을 세우는 것은 광야를 지날 동안 하나님께서 이스라엘 백성을 보호하시고 필요를 채워주신 것을 기념하는 초막절의 절기를 본뜬 것이다(출 23:16, 34:22, 레 23:34, 신 16:13). 이것은 하나님의 궁극적인 구원을 기대하는 것으로 보인다. 세 장막을 부탁함으로 베드로는 세 사람 모두를 존경하기를 애쓰며, 모세와 엘리야와 예수님을 동등하게 생각하고 있었다. 하늘에서 들린 음성은 베드로의 이러한 이해를 교정할 것이다. [skēnē]

9:34. **구름**(Cloud, nephalē)—구름은 신적인 쉐키나(shekinah)의 임재를 암시한다(레 23:43, BAGD, 536, BDAG, 670). 구름의 임재는 하늘에서 말하는 음성의 정체를 밝히는 데 도움을 준다. [nephalē]

9:35. 내가 택한 자(My Chosen, ho eklelegomenos) – 이 말씀은 예수님의 세례 때 들려왔던 천상의 음성과 매우 흡사하다(눅 3:22). 예수님을 아들로 부르는 것은 시편 2편 7절을 호소하고, 선택된 자 또는 선정된 자로 언급하는 것은 소명을 주시고 임무를 맡기기 위해 그분을 지정하심에 있어서 하나님께서 주도권을 가지고 계심을 지적한다. 동사가 현재완료 분사로 사용된 것은 선택된 상태로 남아 있는 자를 의미한다. 이것은 여전히 예수님을 약속된 자로 부각시키는 또 다른 방식이다. 이 사건에 대한 누가의 기록만이 이 칭호를 사용한다. 이 칭호는 이사야 42장 1절을 되돌아보게 한다. [eklegomai]

9:39. 영(Spirit, pneuma) – 이어서 나오는 설명은 분명하게 악한 영과 파괴적인 귀신들림을 가리킨다. 귀신들림과 연관된 파괴성의 특징들은 사람과 관련하여 귀신들의 기본적인 임무와 목적을 강조하는 역할을 한다. [pneuma]

9:41. 믿음이 없는(Faithless, apistos) – '어그러졌다' 는 표현과 함께 이 책망은 이 장면에서 독특하게 나온다(마 17:17, '믿지 않는'–NIV, NASB, '완고한'–NLT, '믿음이 없는'–RSV). 예수님께서는 현세대의 믿음의 결여를 질타하신다. 이 표현은 구약의 뿌리를 가진다(민 14:27, 신 32:5, 20, 잠 6:14, 사 59:8). 신명기 본문은 이 말씀과 가장 가깝다. 예수님께서는 어그러진 세대를 회복하려고 하신다. '믿음이 없다' 는 말은 누가복음에 한 번 더 나온다(12:46). [apistos]

9:43. 위엄(Majesty, megaleiotēti) – 이 용어는 누가복음에서 여기에만 나온다(신약에서는 행 19:27–아데미와 관련하여, 벧후 1:16–변화산에서 있었던 예수님을 가리킨다. '위대함' – NASB, NIV, '강한 능력'–NET, '위엄'–RSV, '하나님의 능력을 드러냄' –NLT). 이것은 사람과 종종 신의 장엄함을 가리킨다. [megaleiotēs]

9:44. 넘겨지는 것(To be delivered, paradidosthai) – 예수님의 두 번째 수난 예언은 배반의 사상을 강조한다("배반당할 것이다"–NET, NIV, NLT, "넘겨질 것이다"[going to be delivered]-NASB, "넘겨질 것이다"[is to be delivered]-RSV). 예수님께서는 다른 사람들 손에 넘겨질 것이다(눅 18:32, 20:20, 22:4, 6, 21–22, 48, 24:7, 20). [paradidōmi]

9:45. 깨닫지 못하다(Not perceive, mē aisthōntai) – 이 설명 문구는 비록 제자들이 예수님께서 하신 말씀을 파악했지만, 그분이 어떻게 이와 같이 넘겨질 수 있을지를 이해하지는 못했음을 암시한다("이해하지 않았다"–NASB, NIV, NET, RSV, "이해할 수 없었다"–NLT, 이것은 알려 주는 것이 거의 없다). 이 시점에서 제자들의 관점으로 볼 때 메시아는 고난을 받으실 분이 아니었다. 제자들이 그분에게 묻기를 두려워했다는 것은 비록 그것이 어떻게 하나님의 계획의 일부인지는 이해하지 못했지만, 불길한 어떤 것을 감지한 것을 의미한다. 이것은 신약 가운데 여기에서 유일하게 나온다. [aisthanomai]

9:46–47. 논쟁/생각(Argument/thoughts, dialogismos/dialogismon) – 이 단어의 첫 사용(9:16)은 이 용어의 더 드문 용례로 '논쟁'을 의미한다. 이 용어는 이것보다는 의심이나 생각을 더 자주 가리킨다(눅 24:38, BAGD, 186, BDAG, 232, 2). 다른 두 곳에서만 9장 46절에서와 같이 다툼이나 논쟁을 의미한다(빌 2:14, 딤전 2:8). 예수님께서 논쟁중에 있는 그들의 생각(dialogismon)을 인식하시는 것과 같이, 사실 다음 구절에서 이 용어의 다른 의미가 나온다. [dialogismos]

9:48. 아이(Child, paidion) – 아이에 대한 언급은 서구 문화와는 다른 문화적인 세부적인 내용을 포함한다. 고대 문화에서 아이들은 거의 잊혀지며, 종종 주목할 가치가 없는 대상으로 간주되었다. 예수님께서는 하나님나라에서 환영받는 자가 누구인지에 대한 본보기로 아이들을 예로 듦으로써 그들의 지위를 높이신다. 만일 아이가 가장 작은 자로 환영을 받을 수 있다면 누구나 환영받을 수 있다. 지극히 가장 작은 자들도 하나님나라에서는 위대하다. [paidion]

9:51. 그의 얼굴을 정했다(Set his <u>face</u>, to prosōpon estērisen) – 이 관용어는 임무를 성취하기로 굳게 결심하는 것을 의미한다("단호하게 시작했다"–NET, "가기로 결정했다"–NASB, 문자적으로, "그의 얼굴을 정했다"–RSV). 이 관용어의 뿌리는 구약에 있다(창 31:21, 사 50:7, 렘 21:10, 44:12, 겔 6:2, 13:17, 14:8, 15:7, 단 11:17–18). 여기에서의 이 언급은 예수님께서 예루살렘에서 당할 자신의 죽음을 미리 준비하는 것이다. [prosōpon]

9:54. 불(Fire, pyr) – 심판을 불로 내린다는 언급은 열왕기하 1장 10, 12, 14절에서 엘리야의 기도로 각각 50명으로 구성된 두 무리에게 불을 내린 사건을 상기시킨다. 이것은 또한 창세기 19장 24–28절에 기록된 소돔과 고모라에 임한 심판의 이미지를 암시한다(BAGD, 729–30, 1b, BDAG, 898, 1b). 예수님께서는 설명을 하지 않고 이 제안을 거절하신다. [pyr]

9:58. 어디에도 없다(Nowhere, ouk echei) – 인자에게 거처가 없다는 이 묘사는 여우와 새와 대조된다. 이것은 예수님께서 세상에게 배척받을 것이며, 그분을 따를 자들도 그렇게 될 것이라는 말씀으로 제자가 되고자 하는 자들에게 주시는 경고다. 그러므로 이것을 준비하라. 이 구절이 말하는 것은 예수님께서 '머물 장소'가 없다는 것이다. [echō]

9:59. 내 아버지를 <u>장사지내다</u>(<u>Bury</u> my father, thapsai ton patera mou) – 이 관습은 부모를 공경함에 있어서 부모에 대한 자식의 근본적인 문화적 의무다(레 21:1–3, Tobit 4:3–4, 12:12). 예수님께서는 그의 요구를 거절하실 때, 하나님나라에 대한 부르심은 심지어 문화적 기대에서 가장 중요한 것보다 우선순위라는 것을 강조하신다. [thaptō]

9:61. 작별 인사하다(Say farewell, apotaxasthai) – "작별 인사를 하게 해달라"(NASB, NIV, NLT)는 이 요구는 열왕기상 19장 19–21절과 병행을 이룬다('작별 인사하다', NET, RSV). 이 요구를 거절하심으로 예수님께서는 현시대

와 사명은 선지자 엘리야의 시대보다 더 긴급하다는 신호를 수사적으로 보내시는 것이다. 과거에 허용된 것은 이제 더 이상 허락되지 않는다. [apostassō]

9:62. **합당하다**(Is fit, euthetos) – 이 용어의 사용은 경고를 준다. 이 용어는 어떤 일에 적합하거나 유용한 것을 의미한다(신약에 3회 나옴, 눅 14:35–이용할 가치가 있는 소금, 히 6:7–태우기에 적합한 것, BAGD, 320, BDAG, 405). 효율적인 제자들은 두 마음을 품을 수 없다. 그러한 자들은 임무에 적합하지 않다. 뒤를 돌아본다는 언급은 창세기 19장에 기록된 롯의 아내를 가리킨다. 그녀는 자신의 옛 삶의 방식을 버리기 원하지 않았기 때문에 뒤를 돌아보았다. [euthetos]

10:2. **추수**(Harvest, ho therismos) – 추수의 그림은 종종 마지막 심판과 연결되어 추종자들을 모으는 선교 사역을 묘사하기 위해서 사용되었다(마 13:36–43). 약속의 성취 시대가 도래했기 때문에 이것은 막 일어난, 곧 긴급한 어떤 것과 연결되어 있다(눅 10:10–16, 요 4:31–38, 롬 11:16–24, 고전 3:6–7). 추수할 것은 많으나 일꾼들이 더 필요하다. 이것은 기도의 제목이다. 이 상징에는 구약의 뿌리가 있다(욜 3:13, 호 6:11, 사 27:11–12). 누가는 추수의 상징을 세 번 사용했는데, 모두 이 구절에 나온다. [therismos]

10:3. **양들**(Lambs, arnas) – 누가복음에서 단 한번 사용된 이 용어는 사역이 반대로 말미암아 얼마나 위험한지를 암시한다. 유대인의 문헌에서 일반적으로 이스라엘은 양, 이방인들은 이리를 가리킨다(사 40:11, 겔 34:11–31, 솔로몬의 시편 8:23, 30). [arēn]

10:5. **평안**(Peace, eirēnē) – 이 용어는 히브리어의 안녕(shalom)개념을 가리킨다. 이것은 "하나님께서 당신과 함께하시기를 바랍니다"란 인사말이다. 집을 축복하는 것은 그 안에 사는 사람들에게 하나님의 축복을 간구하는 것이다. [eirēnē]

10:7. **삯**(Wages, tou misthou) – 제자들은 하나님께서 그들의 선교 사역을 후원하는 사람들을 통하여 제공하시는 물품들을 가지고 살아야 한다. 그러한 '지불'(pay, NET, NLT)은 마땅하다('삯', NASB, NIV, RSV). 이 말씀은 서신서에는 드물게 나오는 말씀 가운데 하나다(딤전 5:18). 바울은 이러한 요점을 지적하는 것을 좋아한다(고전 9:12–14). 이 용어는 누가복음의 다른 두 용례에서와 같이 종종 하늘의 보상을 묘사하는 데 사용된다(6:23–35). [misthos]

10:9, 11. **가까이 왔다**(Has come near, ēngiken) – 이것은 복음서에 등장하는 하나님나라에 대한 더욱 중요한 진술들 가운데 하나다. 선교사들은 하나님나라의 도래가 가까이 온 사실을 선포해야 한다. 말씀을 듣는 사람들이 반응하면 그들은 하나님나라의 도래를 경험할 수 있다. 이 단어가 '접근하고 있다' 또는 '도착할 정도로 가까이 와 있다'를 의미하는지 논란이 된다. 여기에 사용된 전치사 에피(epi)는 종종

'위에' (upon)를 암시하며, 도착의 언급을 암시한다('~에 임하였다' –NET, '가까이 왔다' – NASB, RSV, '가깝다' –NIV, NLT). 누가복음 11장 20절에서 예수님께서는 '도착하다' 를 의미하는 다른 동사(phthanō)를 하나님나라에 대하여 사용하신다. 이 동사를 어떤 식으로 이해하든, 요점은 하나님나라는 적어도 너무 가까이 와서 거의 도착했다는 것이다. 하나님나라 선포를 매우 중요하게 하는 것은 하나님나라의 가까운 도래와 그 중요성이다. [engizō]

10:11. **먼지**(Dust, koniorton) – 이 이미지가 유일하게 다시 한 번 나오는 9장 5절을 보라. [koniortos]

10:12,14. **더욱 참을 만하다**(More tolerable, anektoteron) – 이 용어는 누가복음에만 두 번 나온다. 예수님께서는 이스라엘의 역사 속에서 더 악명 높은 일부 도시(소돔, 두로, 시돈)를 예로 들어 심판이 그들에게 더 쉬울 것이라고 말씀하신다("더욱 견딜 만하다" – NET, NIV, "훨씬 더 나을 것이다" –NLT, "더욱 참을 만하다" – NASB, RSV). 이것은 고라신과 벳새다 및 이스라엘의 다른 도시들이 지금 수준과 같이 하나님나라를 배척하지 않았기 때문이다. 이 언급은 반대와 배척이 이스라엘에서 일어나고 있는 것을 보여주지만, 그러한 반대는 큰 대가를 지불하게 될 것을 비극적으로 암시한다. 신약의 다른 용례들은 마태복음 10장 15절과 11장 22, 24절에 나온다. [anektos]

10:15. **음부**(Hades, hadou) – 가버나움의 심판에 대한 이 언급은 공동체 전체의 반응이 결여된 데 대한 하나님의 설명임을 보여준다. 이것은 단지 개인적인 심판이 아니라, 단체적인 심판이다. 큰 심연인 음부는 심판을 받은 죽은 자들이 남겨지는 곳이다. 이것은 천국의 반대이며(EDNT. 1:30, 칠십인경 창 37:35, 종종 스올(sheol)을 번역한다), 신약에서 죽음의 장소다(계 1:18, 20:13–14). [hadēs]

10:17. **사탄**(Satan, Satanas) – 누가복음에서 이 인물은 다섯 번 나오는데, 그 가운데 첫 번째다 (11:18, 13:16, 22:3, 31). 구약에서 이 단어는 고소하는 자를 가리킨다(욥 1:6–12, 2:1–7, EDNT, 3:234). 이 구절에서 제자들의 사역은 예수님의 오심과 사역의 결과로 말미암은 사탄의 패배를 반영한다. [Satan/Satanas]

10:20. **이름들이 하늘에 기록되어 있다**(Names are Written in heaven, ta onomata hymōn engegraptai en tois ouranois) – 이 문구는 생명의 책에 대한 언급이다(출 32:32, 시 69:28, 사 4:3, 단 7:10, 12:1, "하늘에 기록된 상태로 있다" –NET, "하늘에 등록되어 있다" – NASB, "하늘에 시민으로 등록되어 있다" – NLT). 예수님의 요점은 구원의 선물과 하나님과 영구적인 관계를 가지는 것은 사탄을 지배하는 능력보다 더 중요하다는 것이다. [onoma + graphō]

10:21. **아기들**(Babes, nēpiois) – 아기들의 상징적인 사용은 지혜로운 자들과 반대 의미의 '단순한' 자들에 대한 언급이다. 하나님께서는

축복을 위해서 아기들, 곧 단순한 자들을 선택하셨다('유아들' -NASB, '어린아이들' -NIV, '아기들' -NET). 이 용례의 뿌리는 구약에서 하나님의 보호를 받는 사람들을 묘사하기 위해 사용되는 것과 같은 맥락에서 발견된다(시 19:7, 116:6, 119:130). 이 주제는 누가복음 앞부분에 제기되었다(1:51-54). [nēpios]

10:22. **아들**(Son, ho huios) - 이 칭호가 단독으로 공관복음에서 사용된 것은 드문 일이다(3회-이 구절과 막 13:32). 이에 비해 요한복음에서는 자주 사용된다(10:15, 17:2, 3:35, 6:65, 13:3, 14:7, 9-11, 17:25). 이 표현은 예수님과 하나님 아버지 사이의 밀접하고 독특한 관계를 강조한다. [huios]

10:25. **영생을 상속하다**(To inherit eternal life, zōēn aiōnion kleronomēsō) - 이것은 오는 세상에서 생명을 얻음으로 구원을 받는 것에 대하여 유대인이 질문하는 방식이다('영원한 생명을 받는 것' -NLT, '영원한 생명을 상속받는 것' -NASB, NIV, NET, RSV, 단 12:2, 마카비 2서 7:9). [zōē + klēronomeō]

10:27. **사랑하다**(Love, agapēseis) - 하나님 사랑과 이웃 사랑의 결합은 신명기 6장 5절과 레위기 19장 18절의 결합인 '큰 계명' 으로 알려졌다. 유대교에서 이 권고는 잇사갈의 유언서 5장 1-2절과 단의 유언서 5장 3절에 표현되었다. 사실상 예수님께서 주시는 답변은 관계적으로 생기는 믿음의 구체적인 표현으로서 그것과 동등하게 보일 수 있는 헌신을 내다본다. [agapaō]

10:29. **이웃**(Neighbor, plēsion) - 누가복음에서 이 단어는 이 문단에만 나온다(10:27, 29, 36). 서기관의 질문은 사랑의 의무가 일부 백성에게만 제한될 수 있는지를 보기 위한 시도다. 어떤 사람들은 '이웃이 아니다.' 예수님의 대답은 쟁점이 다른 사람들이 이웃인가의 여부가 아니라, 사마리아 사람과 같이 이웃이 될 수 있느냐 하는 것이다. [plēsion]

10:33. **사마리아인**(Samaritan, Samaritēs) - 사마리아 사람들은 이스라엘의 북왕국에 있던 많은 유대인들이 국제결혼을 했을 때 생긴 인종으로서 반은 유대인이고 반은 이방인이었다(왕상 16:21-24, 30-31). 그들은 예루살렘 북쪽에 있는 구별된 장소에서 하나님을 경배했다(게르심 산, Green, 404-05쪽). 남쪽에 사는 유대인들은 그들을 무시하면서 그들과 아무런 상관도 맺지 않기를 원했다. 일부 문서들은 사마리아인과 식사하는 것을 돼지와 함께 식사하는 것과 동등하게 여겼다고 기록한다(m Shab 8.10, TDNT 7:88-92). 예수님께서 그러한 사람을 예로 들어 설명하는 것은 모든 사람이 이웃이라는 것을 지적하시는 것이었고, 이것은 많은 유대인들에게 충격이었을 것이다. [Samaritēs]

10:34. **기름과 포도주**(Oil and wine, elaion kai oinon) - 기름은 상처를 완화시키고, 포도주는 소독제의 역할을 했다(사 1:6, m Shab 14:4, 19:2, Fitzmyer, 887-88쪽). [elaion + oinos]

10:37. **자비**(Mercy, eleos) - 율법사는 사마리아 사람을 본보기로 이름을 부를 수 없었다. 그

래서 그는 그 사마리아 사람이 보여준 특성을 부각시키는 것이다. 예수님께서는 그의 질문을, 이웃이 되어주며 자비의 성품을 지니라는 권고로 전환시키신다. [eleos]

10:39. **앉아서**(Sitting, parakathestheisa)–이 동사는 신약에서 이 곳에만 나온다. 이것은 마리아를 예수님의 발에 앉아서 배우는 제자로 묘사한다(눅 8:35, m Abot 1.4). 동사의 재귀형은 여인 자신이 예수님의 발에 앉는 데 주도권을 가졌음을 의미한다. 예수님께서는 그녀의 행동을 수용하셨다. 당시 여인은 일반적으로 식탁에서 섬기기 위해 부름을 받고, 교육을 받을 가치가 없는 자로 간주되었기 때문에 이것은 문화적으로 놀라운 일이었을 것이다(TDNT, 8:328, 각주95번). [parakathezomai]

10:40. **당신은 상관하지 않습니까**(Do you not care, ou melei)–자신의 문화적 역할을 수행하던 마르다는 주님의 간섭을 요구하는 질문을 한다. 그것은 마리아에게 자기를 도우라는 것을 포함한다. 헬라어에서 이 질문은 긍정적인 답변을 기대한다. '예'의 답을 기대하는 의문사 '우'(ou)를 사용하기 때문이다. 예수님의 답변은 마르다를 놀라게 한다. 이 단어는 누가가 한 번만 사용한다. [melei]

10:42. **좋은 몫**(Good portion, agathēn merida)–예수님께서는 마리아의 선택이 좋은 몫이라고 칭찬하신다('좋은 부분'–NASB, '더 좋은 것'–NIV, '좋은 몫'–비록 일부는 여기에서 비교급이 최상급으로 사용된다고 주장하지만, RSV의 번역이 가장 정확하다). 예수님께서는 마르다가 하는 일로 인하여 그녀를 책망하지 않으나, 그 일을 할 때 마리아에 대하여 가진 그녀의 태도를 책망하신다. '좋은 몫'에 대한 언급은 마리아의 선택을 좋은 식사, 곧 주님의 말씀을 들을 때 음식의 좋은 몫을 선택하는 것과 같이 본다(시편 119:57–64). 이 단어는 누가복음에서 이 곳에만 사용된다. [meris]

11:2. **아버지**(Father, Patēr)–하나님을 부르는 이 친근한 방식은 유대교에 종종 나타나긴 했지만 흔한 일이 아니었다(시락서 23:1, 4, 51:10). 이 용어는 때때로 주장되는 것과 같이 '아빠'(Daddy)를 의미하지 않고, 가족적인 친밀감의 감각을 불러일으킨다. 예수님께서는 제자들이 하나님을 그와 같이 친밀한 용어로 부를 수 있다고 말씀하신다. [patēr]

거룩하게 되다(Hallowed, hagiasthētō)–거룩하게 하는 것은 구별하는 것, 신성하게 하는 것이다("당신의 이름이 거룩하게 간주되게 하소서"–NET, "당신의 이름이 존귀하게 여김을 받게 하소서"–NLT, "거룩하게 되다"–NASB, NIV). 그러므로 비록 하나님께서 아버지로 불리나, 그분은 또한 그 인격(이름)이 구별된다는 사실을 의식하고 그렇게 불려야 한다. 이것은 하나님께서 독특하시다는 선언이다. 그와 같은 분은 아무도 없다. [hagiazō]

나라(Kingdom, basileia)–이 간청은 하나님의 온전한 통치와 정의가 미래에 도래하는 것을 내다본다. 제자는 하나님께서 자신의 약속을 성취하시고, 반대가 없는 통치를 표현하실 날을 사모한다. [basileia]

11:4. 빚을 진 자(One who is indebted, opheilonti) - 죄는 갚아야 할 빚으로 묘사된다('우리에게 빚을 진 모든 사람' -NASB, RSV, '우리에게 죄를 짓는 모든 사람' -NIV, NET, 마 18:23-25, 눅 7:41-43, 13:4). 여기에서 간청하는 사람은 하나님께 용서를 간구하려면 용서하는 자가 되어야 한다는 사실을 깨닫는다. [opheilō]

시험(Temptation, peirasmon) - 이 간청은 하나님께서는 어느 누구도 시험에 빠지도록 이끄시는 분이 아니므로 제자를 보호해달라는 것이다. 유대교는 b Ber 60b에서 유사한 간청인 "죄의 능력으로도, 죄책의 능력으로도, 시험의 능력으로도 나를 끌어들이지 마소서"라는 간구를 갖는다. 이 기도의 모든 간청은 2인칭 복수로 표현된다. 이것은 기도가 제자들이 자기 자신만이 아니라, 서로 서로를 위해서 함께하는 그 어떤 것임을 의미한다. 이것은 주님께 받은 대로의 제자들의 기도다. [peirasmos]

11:7. 아이들(Children, paidia) - 고대 세계 대부분의 가정에서 온 가족은 함께 잠을 잤다. 그러므로 잠자리에서 일어나는 것은 이이들을 소란하게 하는 것을 의미했다. [paidion]

11:8. 대담하게 뻔뻔스러움(Bold shamelessness, anaideian) - 이 단어는 번역하기 어렵고, 이 문맥에서 단어의 뜻은 논란이 된다('대담하게 끈질김' -NET, '끈질김' -NASB, '대담함' -NIV, '그의 명성이 손상되지 않게' -NLT). 이 용어가 수치와 연관된 일반적인 의미를 가진다고 주장하는 사람은, 그 당시 문화에서 좋은 주인이 되는 것은 존중되어야 할 문화적인 가치였던 것을 감안해볼 때, 이웃이 수치를 모면하기 위해서 대답하는 것이라고 주장한다. 이러한 해석의 문제점은, 만약 그렇다면 하나님께서 일종의 잠재적인 당황함에서 비롯된 나머지 응답하는 것으로 보인다는 것이다. 그러나 제자들에게 기도하라고 권고하는 문맥이므로, 이 문구는 도움을 간청할 때 일종의 수치를 모르는 대담함과 뻔뻔함을 표현하는 것으로 이해하는 것이 더 좋다(EDNT, 1:81, 시락서 25:22, 40:30). 기도는 그와 같이 해야 한다. 이것은 신약에서 여기에 유일하게 사용된다. [anaideia]

11:13. 얼마나 더(How much more, posō mallon) - 이 관용어는 신약에 9회 나온다(마 7:11, 10:25, 12:24, 28, 롬 11:12, 24, 몬 1:16, 히 9:14). 이것은 유대인들이 흔히 사용하는 비교의 논법으로 만일 하나의 경우가 그렇다고 하면 다른 경우는 얼마나 더 그러하겠느냐는 것을 보여준다. 그러므로 예수님께서는 여기에서 그분에게 구하는 자에게 성령을 주시는 일에 있어서 하나님의 선하심을 확증하신다. 성령은 아마도 인도하심을 위해서 주어진 것으로 보인다. [posos]

11:15. 바알세불(Beelzeboul, 다른 철자-바알세불[Beelzebul], 바알세붑[Beelzebub]) (Beelzeboul) - 누구나 알 수 있듯이 사탄을 가리키는 이 이름은 헬라어를 음역한 것이다. 공관복음서에 이 단어는 7회 나오는데, 그 가운데 누가복음에 사용된 3회가 이 장면에 나온

다(마 10:25, 12:24, 27, 막 3:22, 눅 11:18-19). 이 이름의 뿌리는 구약과 열왕기하 1장 2-6절에 묘사된 신 바알세붑까지 거슬러올라간다. 이 신은 또한 블레셋 신 에그론으로 알려졌다(EDNT, 1:211). 유대인들은 신들이 귀신이라고 믿었다. 그래서 귀신들의 왕과 연관성 문제가 발생했다. 어떤 사람은 예수님께서 그와 같은 능력으로 귀신을 축출한다고 고소했다. 예수님의 능력이 초자연적이라는 사실은 인정했으나, 유대인들은 그것을 마귀적인 능력으로 받아들였다. [Beelzeboul]

11:19. 너희 아들들(Your sons, hoi huioi hymōn) - 아들들에 대한 언급의 의의를 놓고 논쟁이 벌어진다. 예수님의 요점은 과연 무엇인가? 예수님께서는 귀신을 쫓아내는 유대인들을 가리키며 이렇게 질문하신다. 만일 그들이 하나님의 능력으로 일을 한다면 왜 예수님 자신의 권세를 인정하지 않느냐('너희의 추종자들'이라는 번역에 분명히 나타남, NIV, NLT)? 또한 이렇세 주장하신나. 유대인인 사신의 세자들도 하나님의 능력으로 이 일을 행하는 것과 같이 그분만 홀로 이 일을 행하는 것이 아니므로 증거는 자기 자신을 넘어서 확장된다(역시 문자적으로 해석할 때 얻는 문구인 '너희 아들들'로 가장 애매하게 번역할 때 가능함). 대부분의 해석자들은 첫 번째 질문의 의미를 선호한다. 그러나 두 번째 견해가 적절해보이는 내용이 더 많다. 왜냐하면 결론은 귀신을 쫓아내는 이들이 언젠가 유대인의 심판자들이 될 것으로 예견하기 때문이다. [huios]

11:20. 임했다(Has come upon, ephthasen) - 이것은 사탄의 능력이 반전되고 있는 것을 보여주고 있으므로, 이러한 기적들은 하나님의 약속된 통치가 침투한다는 것을 증거하는 예수님의 선언이다('임했다' -NET, '~에게 임했다' - NASB, RSV, '~에게 왔다', 너무 애매하다-NIV, '~가운데 임했다' -NLT). 예수님께서 사탄의 대행자라는 고소는 더 그릇되지 않을 수 없다. 기적들은 사탄을 패배시키고 하나님의 구원하시는 임재를 확립시킬 수 있는 예수님의 능력을 증거한다. 이 동사는 일반적으로 '도착하다'를 의미하나, 전치사 에피(epi)와 함께 사용될 때 어떤 것에 도달하는 것을 의미한다(단 4:24, 28[Theodotion], 동사의 다른 용례는 롬 9:31, 빌 3:16, 살전 2:16이다). [phthanō]

11:22. 더 강한 자(One stronger, ischyroteros) - 예수님께서는 자신을 강한 자(사탄)와 전쟁을 벌이고 있는 더 강한 자로 묘사하신다. 이 이미지는 기적과 이에 대한 논의 후에 등장함으로써 예수님의 사역의 주요 특징 가운데 하나가 사탄을 패배시키는 것임을 보여준다(눅 1:71-75). 예수님의 임재는 사탄의 패배를 의미한다. [ischyros]

11:24. 더러운 영(Unclean spirit, to akatharton pneuma) - 거할 장소를 찾는 '더러운' 영(NET, NASB, RSV)의 그림은 유대적인 이미지다(Tobit 8:3, 바룩서 uch 4:35). 어떤 사람은 그러한 탐색을 귀신들이 버려진 장소를 좋아한다는 사상과 연결한다(사 13:21, 34:14). 이 구절은 집으로 묘사된 사람에게서 영이 쫓겨나는 기본적 이미

지를 중심으로 형성된다. 그 사람이 빈 공간(자기 자신)을 하나님으로 채우지 않으면, 그 집은 텅 빈 채로 있어 재점령당하기 쉽다. 11장 24-26절에서 예수님의 요점은 만일 하나님의 은혜를 받아들이지 않으면, 악령이 돌아와 심지어 더 최악의 상태를 만들어버릴 것이라는 점이다. 이것은 누가복음에 나오는 악령에 대한 마지막 언급이다('악한 영', NIV, NLT, 눅 4:33, 36, 6:18, 8:29, 9:42). [pneuma + akathartos]

11:28. 지키다(Keep, phylassontes) – 예수님께서는 하나님의 말씀을 순종하는 사람들의 특별한 위치를 다시 강조하신다('순종하다' –NIV, NET, '실천하다' –NLT, '준수하다' –NASB, '지키다' –RSV). 이러한 자들은 복되다. 순종하는 것을 가리키는 이 단어는 어떤 것을 고수하거나(눅 18:21, 부자 지도자가 잘못 주장한 것과 같이), 어떤 것으로부터 지키는 것을 의미한다(눅 12:15, 탐심과 관련하여). [phylassō]

11:29. 표적(Sign, sēmeion) – 이 용어는 주장의 진정성을 강조하는 확정적인 표적을 가리킨다(EDNT, 3:239, Spicq 3:249–54, 하나님으로부터–출 3:12, 4:9, 삿6:17, 삼상10:1, 7, 사 38:7–8, 기적에 대하여–요세푸스, 고대사 2.274–280). 여기에서 요구되는 것은 누가복음 11장 16절에서 요구된 것과 같은 '하늘로부터의 표적'이다. 예수님께서 주실 유일한 표적은 '요나'의 표적이다. 이것은 누가복음의 맥락에서 요나의 전도나 회개를 가리키고(11:32), 또한 솔로몬의 지혜와 같다(11:31). 이것은 예수님의 전도와 물고기 속에서 지낸 3일간의 낮과 밤이, 비교의 요점인 마태복음 12장 40절에 기록된 병행구절보다 더 초점이 되었다. [sēmeion]

11:33–34, 36. 등불(Lamp, lychnos) – 이 용어에 대하여는 누가복음 8장 16절을 보라. 여기에서 이 용어는 두 가지 용도를 가진다. 11장 33절에서는 예수님의 교훈의 안내성과 공적이고 전시적인 성격을 가리키는 반면, 11장 34절에서는 하나님의 말씀과 관계하여 사람의 상태를 가리킨다. 빛의 몸을 가지는 것은 하나님의 진리를 반영하는 의로 가득 차는 것이다. 이 문맥에서 그러한 빛의 출처는 예수님의 가르침이다. 11장 34절에서 눈은 빛으로 나가는 통로인 핵심 렌즈로 보이는 반면, 11장 36절에서는 사람이 그러한 진리로 가득 찰 때 빛과 같이 빛나는 것으로 보인다. [lychnos]

11:38. 씻다(Wash, ebaptisthē) – 식사 전에 씻는 이러한 관습은 구약에 묘사되어 있으나 명령은 아니다(창 18:4, 삿 19:21, 요세푸스, 전쟁사 2.129, m Yad 1, 막 7:1–5). 여기에서의 관심은 씻는 행동으로 감염을 방지하는 것과 관련된 의식적인 불결이다. 예수님께서는 여기에서 그러한 접근을 거절하셨다. 이 단어는 누가복음에서 9회에 걸쳐서 실제적인 세례나 세례에 대한 상징적인 언급을 가리킨다(눅 3:7, 12, 16[2회], 21, 7:29–30, 12:50). 이 단어가 이러한 의미와는 대조되게 씻음을 가리키는 것은 여기에만 나온다. [baptizō]

11:39. 착취와 부도덕(Extortion and immorality, harpagēs kai ponērias) – 예수님께서 바리

새인에게 세 가지 화와 서기관에게 세 가지 화인 여섯 가지 화를 말씀하시기 전에, 이 구절에서 강한 일반적인 고소를 하신다. 착취를 가리키는 이 단어는 복음서에서는 여기와 마태복음 23장 25절에 기록된 유사한 장면에만 나온다(히 10:34는 신약에 나오는 또 다른 유일한 용례다). 이것은 지도자들이 백성을 이용하는 것을 책망한다. 둘째 용어는 부도덕, 즉 일반적으로 성적인 부도덕을 가리키는 폭넓은 용어지만, 여기에서는 영적인 불성실함과 관련하여 사용되었다. 이것은 선지자들이 종종 이스라엘을 향해 불렀던 것과 같이 영적으로 음녀라고 부르는 것과 같다(사 1:10-17, 58:4-8, 암 5:21-24, 미 6:6-8). 그러한 공개적인 책망과 관련하여 선지서에 좋은 유대적 전례가 있다. [harpagē + ponēria]

11:41. **구제하다**(Give alms, dote eleēmosynēn) – 예수님께서는 이 말을 유대교에서 높이 평가된, 가난한 자들을 위한 구제의 행동에 대해 어떻게 반응하고 영적인 건강에 집중해야 하는지를 설명하기 위한 상징어법으로 사용하신다(호 6:6). "내적, 곧 마음으로부터 구제하라"는 이 구절은 39절에 언급된 착취 고소와는 대조되게, 문자적으로 가난한 자에게 구제하는 것을 예수님께서 권고하시는 것으로 종종 해석된다. 이러한 의미는 이 구절에서 가능하다(NIV-"그릇 안에 있는 것을 가난한 자에게 주어라"와 NLT-"너희가 탐욕으로 소유하고 있는 것을 궁핍한 자들에게 주어라"). 그러나 이것보다 더 가능한 해석은 '안에 있는 것들과 관련하여' 구제하라는 권고로 보는 것이다. 구제하는 것이 의도를 가지는 것과 같이, 사람들은 주의를 하고 초점을 둔 주목을 하면서 자신들의 내적인 삶과 관련하여 행동해야 한다. 누가만 이 용어를 여기와 12장 33절에서 사용한다. [eleēmosynē]

11:42. **십일조를 내다**(Tithe, apodekatoute) – 모든 것의 십일조를 내는 이 관습의 상세한 내용이 어떻게 바리새인들의 관습을 다루고 있는지를 보여준다. 사실 바리새인들은 심지어 이 구절에 등장하는 작은 식물의 십분의 일도 십일조로 드렸다(레 27:30, m Shab 9.1, m Ma' as 4.5, m Dem 2.1). 이와는 대조로 예수님께서는 바리새인들이 공의와 하나님을 향한 사랑을 무시했다고 고소하신다. 이러한 두 가지 무시는 39절에 언급된 착취 및 불신실함의 고소와 대립적인 용어로 짝을 이룬다. 예수님께서는 십일조도 내고 그러한 관계적인 관심도 보여야 한다고 말씀하신다. 이 동사는 누가복음에서 이곳과 18장 12절에만 사용된다(신약에서는 마 23:23과 히 7:5에만 사용된다). [apodekatoō]

11:44. **무덤**(Graves, ta mnēmeia) – 바리새인들에게 주어진 세 번째 화는 신랄하다. 이것은 이러한 지도자들이 부정함을 다른 사람들에게 감염시키고, 실제적으로 은밀한 사망의 유형을 퍼트리는 일을 대표한다고 고발하기 때문이다. 사람들은 알지 못한 채로 무덤 위를 걸어다닌다('무덤' [graves]-NIV, NET, NLT, RSV, '무덤' [tombs]-NASB). 구약에서 죽음은 일주일 동안 부정함을 가져왔다(민 19:16, 레 21:1-4). 이 결과는 바리새인들이 자기 자신을 어떻게 보는가와 정반대다-자기들의 생각에 그들은 생명과 지혜를 가져오도록 가르쳤다. 이 곳은 누가복

음에서 '무덤'이란 단어가 유일하게 상징적인 의미로 사용된 곳이다. 나머지 7회의 용례는 선지자들(11:47)이나 예수님(23:55, 24:2, 9, 12, 22, 24)의 무덤을 가리킨다. [mnēmeion]

11:45. 모욕하다(Insult, hybrizeis)–이 용어는 '모욕하다' 또는 '부끄럽게 하다'를 의미한다('비난하다', RSV, BAGD, 831, BDAG, 1022). 이 단어의 개념은 모욕을 주는 것이다. 서기관은 바리새인들과 하나가 되었기 때문에 바리새인들에 관하여 말하는 것은 무엇이든지 서기관들에게도 그대로 적용된다. 그러므로 예수님께서는 다음에서 그들에게 말씀하신다. 누가복음 18장 32절은 누가복음에서 이 단어가 유일하게 다시 나오는 곳이다(행 14:5). [hybrizō]

11:46. 너희들은 사람들에게 짐을 지운다(You load men, phrotizete)–이 용어는 어떤 사람에게 짐을 올려놓거나 지우는 것을 의미한다('짐을 지우다'–NET, NIV, RSV, '짐으로 사람을 무겁게 하다'–NASB, '사람을 누르다'–NLT, BAGD, 865, BDAG, 1064). 이 구절에서 사용된 명사 역시 배에 실은 화물과 관련하여 사용된다. 예수님의 지적은 이러한 서기관들이 법적인 부담을 사람들 위에 올려놓고, 정작 그들은 짐을 감당하는 데 전혀 도움을 주지 않는다는 것이다. [phortizō]

11:47-48. 건축하다(Build, oikodomeite)–예수님께서는 건축하다는 용어를 냉소적으로 사용하신다. 지도자들은 선지자들을 존경하는 나머지 무덤을 건축하고 보살핀다. 그러나 예수님께서는 이러한 행동이 선지자들을 배척한 것을 인정하는 것이라고 고소하신다. 그들이 참으로 선지자들의 메시지를 존경한 것이 아니라고 주장하는 것이다. [oikodomeō]

11:49. 하나님의 지혜(Wisdom of God, hē sophia tou theou)–이 표현은 신약에 7회 나온다(롬 11:33, 고전 1:21, 24, 30, 2:7, 엡 3:10). 이것은 하나님의 뜻과 계획을 표현하거나 예수님을 가리키기 위한 방식으로 사용된다. 여기에서 계시된 것은 하나님의 계획이다. 예수님께서 말씀하시는 요점은 하나님께서는 더 많은 선지자와 위임을 맡은 메신저들(사도들)을 보낼 것이나, 그들은 또한 이들을 죽임으로써 옛 선지자들의 무덤을 더럽힌 것을 증명할 것이라는 점이다. [sophia]

11:50. 피가…요구된다(Blood…required, ekzētēthē to haima)–이 문구는 하나님의 공의와 심판을 포함한다("책임을 졌다"–NET, "요구된다"–RSV, "고소받을 것이다"–NASB, "책임을 질 것이다"–NIV, "확실히 너희가 고소를 받을 것이다"–NLT). 살해당한 아벨의 피로 인해 하나님께서 공의를 외치시는 것과 같이, 이 시대에 죽임을 당한 사람들의 피의 경우도 마찬가지일 것이다. 그들의 살인이 자기들의 다른 살인을 지지하는 것을 보여주는 것과 같이 그들은 모든 죽음에 대하여 책임을 질 것이다. 그들의 불의한 죽음은 보복될 것이다(BAGD, 22, 2a, 240, BDAG, 26, 2a, 302, 4). 이 사상은 구약의 뿌리를 둔다(창 9:5, 42:22, 삼하 4:11, 겔 3:18). [haima + ekzēteō]

11:52. **지식의 열쇠**(Key of knowledge, tēn kleida tēs gnōseōs) – 이것은 열쇠라는 단어의 상징적인 용례다(BAGD, 433-34, BDAG, 546, 2). 또한 지도자들이 자기 자신을 지식의 '문지기'로 생각한다는 사상을 가리킨다. 예수님께서는 사실상 그들이 몸소 들어가지 않을 뿐만 아니라, 백성이 그 문을 통과하여 들어가는 것을 막는다고 주장하신다. 다시 말해서 그들은 자기들의 임무를 성취하는 데 실패할 뿐만 아니라, 그 정반대의 일을 하고 있는 것이다! [kleis]

11:54. **매복하여 기다리다**(To lie in wait, enedreuontes) – 이 단어는 절박한 공격 방법인 매복을 묘사하는 말이다(행 23:21). 이 구절에서 이것은 다양하게 번역된다('음모를 꾸미며' – NET, NASB, '잡으려고 기다리며' –NIV, '올무로 잡으려고 애쓰며' –NLT, '매복하여 기다리며' –RSV). [endreuō]

잡으려고(To catch, thēreusai) – 이 용어는 신약에서 여기에만 나오며, 사냥을 묘사하기 위해서 사용되었다(BAGD, 360). 예수님은 그들에게 사냥감과 같다. [thēreuō]

12:1. **위선**(Hypocrisy, hypokrisis) – 신약에 6회 사용된 이 단어는 누가복음에서 여기에만 나온다(Spicq, 3:409-10, 마 23:28, 막 12:15, 갈 2:13, 딤전 4:2, 벧전 2:1). 이 경고는 외관상 인기와 인정을 거짓되게 받으려는 바리새인들처럼 위선자가 되지 말라는 것이다. [hypokrisis]

12:4-5. **무서워하다/두려워하다**(Afraid/Fear, phobēthēte) – 이 용어의 반복적인 사용은 몸을 죽일 수 있는 사람과 영원히 심판하시는 하나님 사이의 대조를 이룬다. 예수님의 요청은 하나님께 반응하고, 그분의 인정을 추구하라는 것이다. 하나님의 권세와 그분이 가할 수 있는 손상은 사람이 할 수 있는 것을 훨씬 능가한다. 그러므로 하나님을 두려워하라. 이 동사는 신약에서 수동형으로만 나온다(phoeomai). [phobeō]

12:6. **앗사리아**(Assraria, assariōn) – 종종 페니(penny)로 번역되는 이 용어는 당시 구리 동전 가운데 가장 작은 화폐 단위를 가리킨다. 한 데나리온의 16분의 1일, 혹은 30분 정도의 기본 임금의 가치가 있다(마 10:29, BAGD, 117, BDAG, 144-45). 예수님의 요점은 사람이 값싼 참새 한 마리보다 훨씬 더 가치가 있다는 것이다. 하나님께서 참새들을 보살피신다면, 당연히 제자들도 보살피실 것이다. [assarion]

12:10. **성령을 훼방하다**(Blasphemes against the Holy Spirit, to hagion pneuma blasphēmēsanti) – 훼방하는 것은 어떤 사람을 중상 모략하는 것을 의미한다(왕하 19:4, 6, 22, BAGD, 142-43, BDAG, 178, bd). 예수님께서는 자신을 하나님께서 보내시고 성령이 증거하시는 분으로 고백하는 것에 대한 실패는 심판에 이를 것이라고 여기에서 강조하신다. 인자를 거슬러 말하는 것은 어떤 사람이 한 가지 점에서 예수님을 거슬러 말하는 것을 수사학적으로 말하는 것이나, 성령을 훼방하는 것은 예수님께서는 하나님께로부터 보내심을 받은 분

이 아니라 다른 기원을 가진 분이라고 영구적인 판단을 내리는 것이다. 이것은 성령의 증거를 배척하고 하나님의 이러한 증거를 거스르는 훼방이다. 마가복음 3장 28-30절은, 성령을 거스르는 훼방을 예수님께서 더러운 영에 사로잡혔으며 그 영으로 치유한다는 주장으로 설명하는 것과 같이 이 구분을 가장 분명하게 한다. [blasphēmeō]

12:13. **선생**(Teacher, didaskale) – 여기에서는 예수님을 랍비로 불렀다. 랍비의 문화적인 역할은 개인적인 분쟁을 해결하는 일도 포함할 수 있었다. 그러나 예수님께서는 이런 일에 연루되는 것을 거절하신다. 누가는 예수님께 이 호칭 사용하는 것을 선호한다(눅 6:40, 8:49, 9:38, 10:25, 11:45, 18:18, 19:39, 20:21, 28, 39, 21:7, 22:11). 이것은 존경을 전달하는 의도를 가진다. [didaskalos]

12:15. **탐심**(Covetousness, pleonexias) – 이 단어는 신약에 10회 나오는데, 누가복음에는 유일하게 여기에만 나온다. 예수님께서는 간청하는 자와 무리에게 다른 사람들의 소유를 가지려고 갈망하는 것을 삼가라고 경고하신다. 누가가 앞으로 재물에 대하여 말할 많은 내용은 사람을 탐심으로부터 보호할 것이다(12:13-21, 33-34, 16:1-13, 19-31, 18:9-14, 18-30, 19:1-10). 마가복음 7장 22절에서도 예수님께서는 이 용어를 사용해서 말씀하신다(막 7:22). 대부분의 다른 용례는 바울이 말한 것이다(롬 1:29, 고후 6:5, 엡 4:19, 5:3, 골 3:5, 살전 2:5, 벧후 2:3, 14). [pleonexia]

12:17-19. **나의**(My, mou) – 소유격 1인칭 대명사와 1인칭 대명사는 본문에서 11회 나온다. 이것은 소유를 남용하게 만드는 것으로, 예수님께서 여기에서 정죄하는 것은 강한 자기 중심임을 보여준다. 흥미롭게도 영어 단어 ego는 '나'를 가리키는 헬라어에서 나왔다. [egō]

12:20. **어리석은 자**(Fool, aphrōn) – 이 용어의 사용은 지혜가 부족함을 인하여 강한 책망을 받고 있음을 나타낸다. 이 단어는 누가복음(11:40)에서와 같이 이곳과 다른 복음서의 한 곳에만 나온다. [aphrōn]

12:22. **생명**(Life, psychē) – 헬라어 '영혼'은 신약에서 환유법(부분으로 전체를 가리키는 용법)으로 종종 사용되어, 속사람을 가리킴으로써 사람의 생명을 언급한다. 이 문맥이 먹는 것과 입는 것을 언급함으로 보여주는 것과 같이, 이 사람의 생명은 먹고 입는 것이 전부다. [psychē]

12:25. **큐빗**(Cubit, hēlikian) – 이것이 길이의 단위인 것과 같이 이 용어는 일반적으로 높이나 신장의 성장을 가리킨다(눅 2:52, 19:3도 이와 같이 사용됨). 그러나 이것은 '나이 듦', 즉 성숙을 가리킬 수 있다(요 9:21, 23). 이러한 차이점은 걱정이 사람의 신장에 더함을 가져오지 않는다는 예수님의 말씀이, 걱정이 얼마나 무가치한가를 유머 있게 말씀하는 것인지, 아니면 생명의 길이 즉 수명을 더하는 것을 가리키는 것인지('시간' –NASB, NIV, NET, '한 순간' –NLT, '큐빗' –RSV) 논쟁하게 만든다. 이것

은 시간을 가리키는 것 같지만, 둘 가운데 어떤 의미도 가능하다. 어떤 의미를 선택하든지 걱정은 아무것도 성취하지 못한다는 핵심 요점을 변경시키지는 않는다. [hēlikia]

12:28. **얼마나 더**(How much more, posō mallon) – 누가복음 11장 13절과 12장 24절을 보라. 다시 한 번 예수님께서는 유대인들이 흔히 사용하는 '얼마나 더' 논법을 사용하신다. 만일 하나님께서 그것들을 보살피신다면, 얼마나 더 그분이 너희를 보살피겠는가. [posos]

12:31. **구하라**(Seek, zēteite) – 이 문맥에서 예수님께서는 강력한 비교를 하신다. 세상은 큰 걱정을 하며 음식과 옷과 다른 필요를 추구한다. 제자들은 그러한 에너지를 하나님나라를 추구하는 데, 곧 하나님의 통치와 뜻과 축복을 추구하는 데 바쳐야 한다('추구하다',NET). [zēteō]

12:32. **양무리**(Flock, poimnion) – 신약에서 5회 사용되는 이 단어는 모두 은유법으로, 하나님이나 통치자(장로나 목사)의 보호를 받고 있는 양과 비교되는 신앙 공동체의 회원을 가리킨다(행 20:28–29, 벧전 5:2–3). 양은 유약하다. 시편 23편도 밝혀주고 있는 것과 같이, 그들은 안내와 공급과 보호를 받아야 한다. 이 이미지에 대하여는 에스겔 34장을 보라. [poimnion]

12:33. **너희 모든 소유를 팔아라**(Sell all your possession, pōlēsate ta hyparchonta) – 여기 나오는 예수님의 권고는 하나님에 대한 신뢰와 관련하여 젊은 부자 관원에게 예수님께서 내린 시험과 유사하다(눅 18:22). 또한 누가는 공동체가 어떻게 서로에게 관대한지 사도행전 4장 34, 37절과 5장 1절에서 설명한다. 이러한 것들은 모든 것을 팔라는 사상이 나오는 이야기로 서술된 유일한 본문이다. 유사한 사상이 하나님나라의 추구는 모든 것을 팔 만한 가치가 있다고 주장하는 한 비유에도 나온다(마 13:44). 사도행전 4장에서 바나바가 본보기가 되는 것같이, 누가복음 19장 1–10절에 등장하는 삭개오는 부유한 사람이 어떻게 살아야 하는지를 보여주는 칭찬받는 본보기다. [pōleō]

12:35. **너희 허리띠를 동여매라**(Let your loins be girded, estōsan hymōn hai osphues periezōsmenai) – 에베소서 6장 14절에도 나오는 이 관용어는 즉시 행동할 준비를 갖추라는 것을 표현하는 상징어법이다("섬김을 위해서 옷을 입어라"–NET, "준비하여 옷을 입고 있어라"–NASB, "섬김을 위해 옷을 입고 준비하라"–NIV, "섬김을 위해 옷을 입고 있어라"–NLT, 문자적으로는 "너희 허리띠를 동여매라"–RSV). 이것은 신속하게 움직일 수 있도록 작업복을 허리에 둘러매는 것을 그려준다. 그러므로 예수님께서는 사람들에게 하나님과 그분이 세우신 예수님께 기꺼이 책임질 준비를 하고 있을 것을 요구하신다. 이것은 누가복음에서 발견할 수 있는 허리에 대한 유일한 언급이다(그러나 행 2:30과 히 7:5에는 이 용어의 또 다른 용례인 어떤 사람의 자손을 가리키는 것이 나온다). [osphys]

12:36. **결혼잔치**(Marriage feast, gamōn) – 고

대 세계에서 결혼잔치는 일주일까지 지속되기도 했다. 그래서 손님이 언제 집으로 돌아올지는 확실하지 않다. 누가는 여기와 14장 8절에서 이러한 장면을 언급한다. 신약의 용례의 대부분은 마태복음 22장에 나온다. 여기에는 이 단어의 16회 사용 가운데 8회가 나온다(22:2, 3, 4, 8, 9, 10, 11, 12, 25:10, 요 2:1, 2, 히 13:4, 계 19:7, 9 – 자기와 함께한 자들과 가지는 어린양의 결혼잔치). [gamos]

12:38. 경점(Watch, phylakē) – 밤 시간은 로마 계산법을 따르느냐 유대인 계산법을 따르느냐에 따라서 3 또는 4경점으로 나누인다. 그러므로 두 번째나 세 번째 경점은 밤늦은 시간이 될 것이다. 이 시간대에 사람이 준비하고 있을 것 같지는 않다. 12장 40절에서 예수님께서는 자신이 다시 올 시간을 밤에 도적이 오는 것에 비교하며 알 수 없다고 말씀하신다. 우리는 그 날이 언제일지 알 길이 없다. 그렇기 때문에 우리는 항상 준비하고 있어야 한다. [phylakē]

12:42. 지혜로운(Wise, phronimos) – '신실하다'와 '지혜롭다'는 말의 조합은 주님이 떠나 계신 동안에 순종하는 청지기(제자)를 가리킨다('지혜로운' –NET, NIV, RSV, '감각이 있는' –NASB, NLT). 이것은 다른 사람을 보살피는 일에 신실한 사람을 그려준다. 그래서 베드로는 이 비유가 열두 제자에 관한 것인지, 아니면 모든 사람에 관한 것인지 궁금해했다. 예수님께서는 그의 질문에 결코 답하지 않으신다. 그분은 단지 신실함을 요구하신다. 이것은 누가가 이 단어를 두 번 사용하는 것 가운데 하나다(16:8). [phronimos]

12:43, 45, 47. 저 종(<u>That</u> servant, ho doulos ekeinos) – 이 비유는 '저' 종에 대한 네 가지 가능성을 통과한다. 이 네 종류는 신실한 종, 전적으로 불신실한 종, 알지만 불순종하는 종, 모르면서 불순종하는 종이다. 주인이 돌아올 때 주어질 상급이나 벌은 '저' 종이 어떤 범주에 해당되느냐에 달려 있다. [ekeinos]

12:46. 벌하다/그를 토막 내다(Punish/cut him to pieces, dichotomēsei) – RSV는 이 구절을 '벌하다'로 번역하나, NIV와 NASB는 이 단어가 정확하게 의미하는 것과 같이 '토막 내다'로 번역한다("그를 둘로 토막 내다"–NET, "그 종을 찢다"–NLT). 이 단어의 이미지는 사람을 '불신자들'과 함께 취급하는 혹독한 심판에 관한 것이다. 이것은 이 범주의 사람들을 '제거될 이상한 사람'으로 만든다. 예수님께서는 온전한 불신실함은 심판받을 것이라고 주장하신다. 그러한 심판은 믿음이 전혀 없다는 것에 대한 증거다. [dichotomeō]

12:47–48. 매질당할 것이다(Shall receive a beating, darēsetai) – 47–48절에서 혹독한 매질(NET, '많은 매질' –NIV, '많은 채찍질' –NASB)과 가벼운 매질 사이의 차이는 주인의 뜻을 행하는 데 실패하는 것을 자신이 아느냐에 있다. 심판은 또한 46절과 전적으로 불순종하는 자가 받은 '토막을 냄' 사이의 대조를 이룬다. 그러므로 세 가지 다른 범주가 이 구절들에서 다루어진다. 이 용어는 모두 3회 사용되는

데, 모두 누가복음에 나온다(20:10-11, 22:63). [derō]

12:49. **불**(Fire, pyr) - 이 용어는 심판(눅 3:9, 17, 9:54, 17:29) 또는 성령의 역사(눅 3:16은 정결케 함을 암시한다)를 가리킬 수 있다. 예수님께서는 여기에서 자신의 정결하게 하는 심판에 대하여 말씀하시는 것 같다. 그러나 이것은 자신의 죽음의 세례 이전에는 일어날 수 없다. 정결하게 하는 것이 의도되었다는 것은 심지어 가족들 사이에서조차 분열이 일어나는데, 그것은 예수님의 사역의 결과로 일어나는 것을 보여주는 51-53절에 나타난다. [pyr]

12:56. **해석하다**(Interpret, dokimazein) - 이 용어는 분별, 또는 판단하는 것을 의미한다('분석하다'-NASB, NET, '해석하다'-NIV, NLT, RSV). 54-55절에서 예수님께서는 이스라엘의 기상 일기의 예를 들어서 말씀하신다. 구름이 서쪽 지중해에서 오는 것은 비를 의미하고, 바람이 남쪽 사막에서 불어오는 것은 더위를 뜻한다. 예수님께서는 일기를 분별할 줄 아는 청중이 예수님 자신이 현재 행하시는 일은 분별하지 못함을 인하여 책망하고 계신다. [dokimazō]

12:58. **치안관**(Magistrate, archonta) - 이 용어는 통치자, 또는 관리를 가리키는 일반적인 용어다(BAGD, 113-14, BDAG, 140, 2a). 이 경우 법적인 배경을 고려하면 이것은 채무자의 법정에 있는 치안 판사를 나타낸다. 예수님께서는 이것을 죄로 말미암은 채무에 비교하신다. 예수님의 권고는 결정적인 심판이 있기 전에 하나님의 대리자와 하나님과의 채무를 정리하라는 것이다. 본문은 대인 관계를 내다보는 마태복음 5장 25-26절의 이미지와 동일한 방법으로 사용되지 않는다. [archōn]

12:59. **마지막 구리동전**(Last copper, lepton) - 이것은 페니와 흡사한 작은 구리동전을 가리킨다('페니'-NIV, NLT, NET, '센트'-NASB, 문자적으로 '구리'-RSV). 이 용어는 누가복음 21장 2절과 마가복음 12장 42절에서 과부의 작은 헌금을 묘사할 때 나온다. 이 말씀의 요점은 심판이 임하고, 그때 용서를 구하지 않는다면 사람이 하나님께 빚진 모든 것을 다 지불해야 한다는 것이다. [lepton]

13:1. **섞었다**(Mingled, emixen) - 갈릴리 사람들의 피를 희생 제물과 함께 섞은 것(NASB, NIV, NET)은 어떤 사람들이 죽었을 때 빌라도가 성전에서 취한, 특별히 지시하지 않은 치안 행동을 가리킨다('혼합했다', RSV). 질문은 이 사건이 하나님께서 내리신 심판인가 하는 것이다. 이에 대하여 예수님께서는 결론을 내리시지 않는다. [mignymi]

13:3, 5. **멸망하다**(Perish, apoleisthe) - 갈릴리 사람들의 사건과 13장 4절에 기록된 실로암에서 일어난 자연적인 재앙 사건에서 예수님의 요점은 죽음의 실재 때문에 모든 사람이 하나님 앞에서 가지는 책임을 가리킨다. 죽음의 시기보다 더 중요한 문제는 죽음과 회개하는 데 실패한 결과로 우리가 하나님 앞에서 '멸망'할 것인가의 여부다. [apollymi]

13:6. **무화과나무**(Fig tree, sykēn) - 포도원에 대한 언급은 이사야 5장 1-6절을 상기시키며, 이스라엘을 묘사하는 상징적인 방식이다. 그러므로 13장 1-5절은 개인적인 회개를 내다보지만, 13장 6-9절은 이스라엘이 필요로 하는 국가적인 회개를 다룬다. [sykē]

13:7. **삼 년**(Three years, tria etē) - 이 비유의 배경에는 무화과나무의 열매를 구하기 전에 이 나무가 3년간 성장한다는 사실이 포함된다(Bock, 1208-09). 따라서 3년간 열매를 맺지 못했다는 언급은 6년간의 투자가 이미 있었다는 사실을 포함한다. [etos]

13:9. **만일 그렇지 않으면**(If not, ei de mē) - 이 구절에는 작지만 중요한 문법적인 언급이 있다. 9절에 언급된 첫 번째 '만약'은 열매를 맺을 가능성을 내다보는 헬라어 3급 조건절이다. 그래서 이 '만약'에는 기대할 것이 아무것도 없다. 그러나 어떤 열매도 내다보지 않는 여기의 '만약'은 1급 조건절로 열매를 맺을 가능성을 가리킨다. 그러므로 성공할 기회는 좋지 않지만, 여전히 노력이 요구된다. [ei]

13:14. **안식일**(Sabbath, sabbatō) - 누가복음 13-14장에서 안식일 치유 사건의 반복은, 회개에 대한 모든 단언과 무화과나무의 응답을 기다린다는 예수님의 제안에도 불구하고 어떤 일도 일어나지 않았음을 보여준다. 지도자들은 여전히 안식일에 있었던 자비의 행동에 대하여 불평을 하고 있다. [sabbaton]

13:15. **풀어주다**(Unite, ou luei) - 예수님께서는 짐승이 짐을 지지 않고 있다면 그 짐승을 물로 이끌고 가는 것과 같은, 안식일에 기본적으로 짐승을 보살피는 일을 포함한 유대인의 안식일 관습을 여기에서 언급하신다(m Shab 5, 15,2, m 'Erub 2.1-4). 쿰란 공동체에서는 안식일에 짐승에게 2천 큐빗을 여행하는 것이 허락된다(900미터, CD 11.5-6). [luō]

13:16. **풀리다**(Be loosed, lythēnai) - 예수님께서는 앞절에서 짐승과 관련하여 사용된 것과 같이 동일한 동사를 사용하여 언어유희와 더불어 비교를 하신다. 예수님의 견해는 하나님을 존중히 여기는 이 날에 그 여인을 자유롭게 하는 것이 가장 적절하다는 것이다('자유롭게 되다'-NIV, '해방되었다'-NASB, NET, '자유롭게 하는 것'-NLT). [luō]

13:19. **둥지를 만들었다**(Made nests, kateskēnōsen) - 이 동사는 '거하다', 또는 새들의 경우에는 '둥지를 틀다'를 의미한다("그 가지에 자리를 잡았다"-NIV, "둥지를 만들었다"-NET, RSV, BAGD, 418, 2). 이 이미지는 구약의 뿌리를 가진다(느부갓네살의 왕국을 묘사하는 단 4:10-15, 앞으로 재건된 다윗 왕조가 제공할 것을 묘사하는 겔 17:22-24). 에스겔서의 구절이 아마도 여기에서 배경이 되는 것으로 보인다. 예수님의 하나님나라 활동은 언젠가 많은 사람을 위한 쉼터를 제공할 것이다. 여기에는 심지어 이방인들의 참여에 대한 암시가 있다. [kataskēnoō]

13:21. 세 말(Three measures, sata tria)-한 말은 13.13리터, 혹은 4.75갤런이다. 그러므로 세 말은 거의 밀가루 50파운드의 양이다(BDAG, 917, '세 팩'[한 팩은 8.18리터임]-NASB, '세 말'-NET, RSV). 단지 적은 양의 누룩도 궁극적으로는, 세계를 상징하는 밀가루 온 덩이를 부풀리게 한다. 하나님의 나라는 언젠가 온 땅을 가득 채울 누룩이다. [saton]

13:24. 좁은 문(Narrow door, stenēs thyras)-예수님께서는 문이 좁다고 말씀하시면서 구원받는 사람의 숫자에 관한 질문에 답을 하신다. '좁다'라는 단어는 고레스 대왕의 무덤으로 들어가는 입구나 산에 있는 좁은 통로로 가는 입구와 같은 것들을 묘사하기 위해서 일상 헬라어에서 사용되었다(MM, **588**, 산 통로에 대하여는 Arrian, Ananbasis 6.29.5, BAGD, 766, BDAG, 942). 예수님께서 말씀하시는 것은 구원에 이르는 길은 매우 한정되어 있으며 구체적이라는 것이다. 누가복음 13장 25-27절은 주님을 아는 것이 쟁점이라는 것을 분명하게 한다. [stenos]

13:28. 통곡하며 이를 간다(Weep and gnash teeth, ho klauthmos kai ho brygmos tōn odontōn)-이 관용어는 하나님께 배척받을 때 경험하는 슬픔과 좌절을 표현한다(마 8:12, 13:42, 50, 22:13, 24:51, 25:30). 누가는 이 관용어를 여기에서만 사용한다. 예수님께서는 쟁점이 얼마나 많은 사람이 구원을 받을 것인가가 아니라, 확실히 자신이 밖으로 추방되지 않는 것이라고 청중에게 경고하신다. [klauthmos + brygmos]

13:29. 기대어 앉다(Recline, anaklithēsontai)-이 용어가 의미하는 '식사 때 기대어 앉는 것'은 고대 세계에서 흔한 일이었다('자기의 자리를 잡다', NIV, BAGD, 56, BDAG, 65, 2). 이것은 지구의 모든 방향에서 온 백성을 위해 베풀어질 하나님나라의 식탁 교제와 받아주심의 이미지다(마 8:11, 14:19, 막 6:39도 마찬가지다). [anaklinō]

13:32. 저 여우(That fox, alōpeki tautē)-은유적으로 사용된 이 용어는 (1) 하찮은 사람(느 4:3), (2) 사기꾼(솔로몬의 아가 2:15에 대한 Midrash Rabbah 2.15.1) 또는 (3) 파괴자(겔 13:4, 애 5:18) 등의 의미를 지닌다. 헬라인들은 종종 두 번째 의미로 사용하였으나, 특별히 헤롯이 세례 요한을 어떻게 대했는지를 감안하면 나머지 두 가지 의미 가운데 어느 것도 가능하다. [alōpēx]

13:34. 아이들(Children, tekna)-이 구절은 부드러운 이미지로 가득 차 있다. 하나님께서는 종종 예루살렘의 사람들을 자녀라고 부르셨다(슥 9:13, 유대교에서-바룩서 4:19, 21, 25, 마카비1서 1:38, 또한 마 23:37, 눅 19:44, TDNT 5:639). [teknon]

암탉(Hen, ornis)-이것은 두 번째 부드러운 이미지다. 이 용어는 여기와 마태복음 23장 37절의 병행된 본문에만 나온다. 이것은 암탉이 보호하는 행동을 그려준다(BAGD, 582, BDAG, 724). [ornis]

13:35. 버림받다(Forsaken, aphietai) – 이것은 심판과 추방의 예언적인 언어다('황폐하다' –NASB, NIV, '텅 빈' –NLT, '버림받은' –RSV, NET, 렘 12:7, 22:5). 그들이 하나님의 길과 보호를 배척하였기에 이것은 그들이 직면할 운명이다. 황폐한 집은 버려지고 텅 빈 집이다. 그들은 노출된 상태로 버려진다. [aphiēmi]

오시는 자(The one who comes, ho erchomenos) – 이 칭호는 시편 118편 26절에서 유래한다. 이 시편에서 왕은 주님의 이름으로 성전에 임하여 환영을 받는다. 그러므로 예수님께서는 그들이 하나님께서 선택한 왕을 인정하기까지는 그들의 집이 황폐한 상태로 남아 있을 것이라고 말씀하신다. 예수님께서는 현재 그들의 '추방' 에도 불구하고 이스라엘의 미래에 대하여 약간의 소망을 가지고 계신다. [erchomai]

14:1. 지켜보며(Watching, paratēroumenoi) – 이 용어는 '은밀하게 감시하는 것' 을 의미한다('조심스럽게 지켜보고 있는 것' –NIV, '그를 주의 깊게 지켜보며' –NASB, NLT, NET, '감시하며' –RSV, TDNT, 8:147). 그들은 어떠한 실수라도 포착하기를 원하고 있다. 이것은 다른 문맥에서 긍정적으로 문을 지키는 것을 묘사하는 데도 사용된다(BAGD, 622, BDAG, 771). [paratēreō]

14:2. 수종증(Dropsy, hydrōpikos) – 이것은 사람이 과도한 유액 때문에 부어오른 수족으로 고생하는 상태다('수종증' –RSV, NASB, NIV, NET, "그의 팔과 다리가 부었다" –NLT). 이것은 모든 종류의 상태에 의하여 유발될 수 있다. 그러한 질병은 후기 유대교에서 하나님의 심판의 결과로 종종 간주되었다(b Shab 33a, b Ber 25a). 이 단어는 신약에서 여기에만 나온다. [hydrōpikos]

14:5. 소(Ox, bous) – 예수님께서는 안식일 관습에 관하여 누가복음 13장 15절 언급의 요점을 반복하신다. 소는 이 요점을 예증하는 흔한 짐승이다. [bous]

14:8. 명예의 자리(Seat of honor, prōtoklisian) – 이 용어는 문자적으로 '식사에서 첫 좌석' 을 의미한다. 이것은 집 주인 옆 자리일 것이다(BAGD, 725, BDAG, 892). [prōtoklisia]

14:11. 자기 자신을 낮추는 자(The one who humbles himself, ho tapeinōn) – 예수님께서는 이 요점을 누가복음(18:14)에서 두 번 말씀하신다. 대조는 또한 신약에서 전형적이다(눅 1:51–53, 약 4:10). [tapeinoō]

14:12. 저녁 또는 만찬(Dinner or banquet, ariston ē deipnon) – 이 용어들은 다른 식사를 가리킨다. 첫 번째는 늦은 아침 식사를 가리키나(BAGD, 106, BDAG, 131), 두 번째는 늦은 오후에 있는 주요 식사를 가리킨다(BAGD, 173, BDAG, 215). 그러므로 예수님께서는 점심이나 저녁 식사에 대하여 말씀하시는 것이다('점심이나 저녁' –NASB, NIV, '저녁이나 만찬' –RSV, NET). 다음 구절에 나오는 세 번째 용어는 환대에 대한 예수님의 전반적인 요점을

더욱 강조한다. 저녁을 가리키는 용어는 또다시 14장 16-17절에 나온다. [ariston, deipnon]

14:13. 축연(Feast, dochēn) – 이 구절에서 식사를 가리키는 세 번째 용어는 12절에 언급된 두 식사보다 규모가 더 큰 만찬을 가리킨다('리셉션' –NASB, '만찬' –NIV, '축연' –RSV, '정교한 식사' –NET, BAGD, 206, BDAG, 260, 창 21:8, 26:30, 에 1:3, 단 5장). 예수님께서는 의지할 곳 없는 이들이 보답할 수 없으며, 하나님께서 이것을 보고 기뻐하시기 때문에 그들이 주요 행사에 포함되어야 한다고 주장하신다. 사회의 변두리에 있는 사람들의 명단이 누가복음 14장 21절에 나오는 사람과 유사한 것을 주목하라. [dochē]

14:16. 초대했다(Invited, ekalesen) – 고대 세계에서 식사에 초대하는 과정은 이 비유를 이해하는 데 중요하다. 초대는 사전에 하며, 초청자가 식사의 규모와 배열을 계획할 수 있도록 일차적인 참식 여부 확인을 요구했나. 이것은 'R.S.V.P'(참석 여부를 알려주십시오)와 같은 작용을 한다. 만찬을 시작할 정확한 시간이 다가올 때, 좋은 손님들을 모으기 위해서 보냄을 받는다. 그러므로 오기를 거절한 사람들은 앞서서 만찬에 참석하겠다고 말한 사람들이다. 식사는 이미 그들을 위해 준비되어 있었다. [kaleō]

14:18. 똑같이(Alike, apo mias) – 이 문구는 실제로 '한 마음으로' 라는 의미를 가진 관용어다. 예수님께서는 초대를 사양한 사람들의 반응이 무의식적으로 일치한 점을 묘사하신다(BAGD, 88, VI, BDAG, 107, 6). 대다수의 거절은 만찬에 잠재적으로 파괴적인 영향을 미친다. 다른 한편으로는, 이스라엘이 예수님께 반응하지 않는 이유가 얼마나 다양한지 그려준다. 그렇지만 거절한 모든 사람들은 한 가지 결과를 가지는데, 그것은 제공된 축복에 참여하기를 대대적으로 거절했다는 것이다. 세 가지 예 모두는 다른 지상적인 일들에 대한 헌신이 얼마나 더 많이 중요한지를 강조한다. [apo + heis]

14:21. 가난한 자들(Poor, ptōchous) – 가난한 자들에 대한 관심은 예수님께서 누가복음 4장 18절과 14장 13절에서 하신 말씀과 일치한다. 목록은 또한 누가복음 6장 20-23절과 7장 24절을 상기시킨다. 예수님의 제자들은 세상이 하찮게 생각하는 사람들 가운데 많은 사람들을 포함할 것이다. [ptōchos]

14:23. 강요하다(Compel, anakason) – 이 문맥에서 동사는 어떤 사람을 오라고 강요하는 것이 아니라, 설득하는 것을 의미한다(BAGD, 52, BDAG, 60, 2). 울타리가 도시 밖에 있는 포도원을 가리키는 것과 같이, 도시 밖으로 나감으로써 이 이미지는 이방인들의 포함을 암시할 수 있다. [anagkazō]

14:26. 미워하다(Hate, ou misei) – 이것은 동사 '미워하다' 의 수사학적인 용례다("보다 더 사랑하다", NLT). 이것은 덜 사랑하는 것을 의미한다(창 29:30-31, 신 21:15-17, 삿 14:16). 이러한 의미는 "만일 그들이 자기들의 아름다움을 미워했다면, 그들은 더욱 확식이 있었을

것이다"란 유대인의 말씀에서 발견된다(b Ta'an 7b). 1세기 배경에서 예수님의 요점은 만일 사람이 하나님의 길보다 가족에게 인정받는 것을 더 사랑하면, 그는 가족에게 잠정적으로 배척받는 것을 원하지 않기 때문에 제자가 되기를 원치 않을 것이라는 말이다. 이것은 예수님보다 가족을 더 사랑하는 것이다. [miseō]

14:27. **지다**(Bear, bastazei)–날마다 십자가 지는 것을 언급하는 누가복음 9장 23절과는 대조적으로 여기에서 사람은 십자가를 지거나, 그것을 지고 좇는다('운반하다'–NET, NASB, NIV, NLT, '지다'–RSV). 누가복음 9장은 십자가를 지는 것에 대한 이해로 매일을 시작하는 것을 내다본다면, 14장은 그 과정 자체를 내다본다. 십자가를 걸머지려는 결정을 넘어서 그것을 실제로 운반하여 그 짐을 감당하는 행동이 여기에서 강조된다(TDNT 1:596, 눅 7:14). [bastazō]

14:28. **망대**(Tower, pyrgon) – 이것은 포도원을 감시하거나 가정이나 도시를 보호하는 감시탑이다(BAGD, 730, BDAG, 899). [pyrgos]

계산하다(Count, psēphizei) – 이 용어는 수를 세는 과정을 강조하는 방식으로 '조약돌을 가지고 세는 것'을 종종 의미하기 때문에 매우 생생하다('셈하다'–NASB, '평가하다'–NIV, '산정하다'–NET, '계산하다'–RSV, MM, 698). [psēphizō]

14:29. **조롱하다**(Mock, empaizein) – 이것은 누가복음의 수난 기사에서 3회 등장하는 것과 같이 강한 용어다('희롱하다'–NASB, NIV, '비웃다'–NLT, '놀리다'–NET, '조롱하다'–RSV, 눅 22:63, 23:11, 36). [empaizō]

14:32. **평화의 조건을 요청하다**(Ask terms for peace, ta pros eirēnēn) – 이것은 평화라는 단어의 세속적인 용례로서, 어떤 사람이 더 강한 자를 대면하고 전쟁을 하지 않기로 결정하는 이미지를 그려준다. 또한 형편없는 예견으로 말미암아 시작한 임무를 마치는 데 실패하는 것을 보여주는 첫 번째 예와 다른 이미지를 제공한다. 여기에서 더 강한 원수는 아마도 하나님으로 보인다. 전투에서 그분과 대면하는 것보다 평화의 협상을 하는 것이 훨씬 좋다. [eirēnē]

14:33. **버리다**(Renounce, apotassetai)–이 구절은 누가복음 14장 26절의 부정적 진술을 긍정적으로 진술한다. 제자의 첫 번째 애착은 하나님과 그분의 길에 있는 것이다. 포기해야 할 것 가운데 우선순위는 세상에 대한 모든 애착이다('포기하지 않는다'–NASB, NIV, '버리다'–NET, RSV, TDNT, 8:33, BAGD, 100, 2, BDAG, 123, 2). [apotassō]

14:34. **소금**(Salt, halas) – 고대 소금이 사용된 세 가지 용도는 조미료와 비료와 방부제다. 땅과 퇴비에 대한 언급은 소금이 방부제로 사용된 것을 보여준다. 그러나 소금이 그 기능을 상실하면, 아무런 소용이 없어 던져버리게 된다. 다른 말로 표현하면, 하나님께서 주신 역할을 효과적으로 감당하지 않으면 더 이상 하나님께 사용될 수 없어서 버림받을 위험이 있다는 것이다. [halas]

15:4. **백 마리 양**(One hundred sheep, ekaton probata) – 고대 기준에 의하면 300마리의 양 떼는 큰 것으로 간주되었으므로 이 규모는 적절한 양떼다(창 32:14). 이 용어는 또다시 15장 6절에 등장한다. 이와 대조적으로 마태복음은 이 단어를 11회 사용한다. [probaton]

15:7. **회개하는 죄인 하나**(One sinner who repents, epi heni hamartōlō metanoounti) – 예수님의 우선순위는 잃어버린바 된 사람들에게 다가가는 것이었다. 그러면 그들이 회개할 수 있다. 누가복음 5장 27-32절에서도 주장된 것같이, 여기에서 염두에 둔 관점은 예수님께서 심지어 주도권을 가질 정도까지 잃어버린바 된 사람들을 찾는다는 것이다. 그들의 잃어버림 받은 상태는 예수님의 주도권 취하심을 요구한다. 이와 같은 사상이 15장 10절에 다시 나온다. [metanoeō]

15:8. **드라크마**(Drachma, drachmas) – 이것은 중간 정도의 액수다. 이것은 한 데나리온 또는 일반적인 시장 노동자의 하루 품삯과 동등하다('은화', NIV, NET, NASB, NLT, RSV). [drachmē]

15:12. **그의 재산**(His living, ton bion) – 이 표현은 유산을 넘겨주는 것을 묘사한다('부동산의 몫' -NASB, NET, NIV, '재산의 몫' -RSV). 아들에게 자신의 유산을 일찍 주는 선택은 유대인의 자료에서는 권고되는 것이 아니다(시락서 33:19-23). 여기에서는 그것이 파괴적이라 할지라도 사람으로 자기 자신의 독립적인 길을 가도록 하나님께서 허락하신 것을 그려준다. [bios]

15:15. **돼지 떼**(Swine, choirous) – 돼지는 부정한 짐승이다('돼지' -NET, NIV, NLT, '돼지 떼' -NASB, RSV, 레 11:7, 신 14:8). 그러므로 그 아들은 내려갈 수 있는 가장 밑바닥으로 내려간 것이다. [choiros]

15:20. **포옹했다**(Embraced, epepesen epi ton trachēlon) – 여기에 사용된 표현은 '목에 떨어지다' 이다('껴안았다' -NET, '포옹했다' -NASB, NLT, RSV, '그에게 팔을 펼쳤다' -NIV). 그 아들의 행위를 생각하면, 아버지의 반응은 결정적으로 관대하고 은혜로운 것이다. [trachēlos]

15:22. **반지**(Ring, daktylion) – 반지에 대한 언급은 아마도 가족의 인이 새겨진 반지를 가리키는 것 같다. 이것은 적어도 그가 여전히 아버지의 아들인 것을 보여준다. [daktylios]

15:27. **살찐 송아지**(Fattened calf, ton moschon ton siteuton) – 이 종류의 짐승은 속죄일과 같이 큰 축제를 위하여 준비되었다(TDNT 4:760-61). 일반적으로 이것은 특별한 행사만을 위해서 준비되었을 것이다. 이스라엘에서 고기를 먹는 것은 흔한 일이 아니었다. [moschos]

15:30. **당신의 아들**(Your son, ho huios sou) – 큰 아들이 동생을 가족으로 받아주지 않는 것을 주목하라('당신의 이 아들', NET, NASB,

NIV, NLT, RSV). 그는 그를 자기의 동생이라고 부르려고 하지 않는다. 아버지는 32절에서 그의 형제를 찾았다고 설명함으로써 이것을 교정한다. [huios]

16:1. **낭비하는**(Wasting, diaskorpizōn) – 이 용어는 양떼(마 26:31)든지 거만한 사람들(눅 1:51) 또는 씨(겔 5:2)든지 흩는 것을 의미한다. 이것은 여기에서 재산을 흩어 낭비하는 것을 의미한다('탕진하는' –NASB, '낭비하는' –NIV, NET, RSV, '완전히 부정직한' –NLT:부정직함을 취하는 이 사람의 위력은 첫 계산에 있다. BAGD, 188, BDAG, 236, 2). 청지기는 무능하거나 심지어는 부정직하다고 고소를 받았다(이것은 5절과 8절을 어떻게 해석하느냐에 달렸다. 아래 내용을 보라). [diaskorpizō]

16:2. **너희 청지기 직무**(Your stewardship, tēs oikonomias sou) – 청지기는 가정에서 성장하여 집을 관리하는 역할을 감당하기 위해 훈련을 받은 종이다('관리' –NASB, NIV, '청지기 직무' –RSV, '경영' –NET, BAGD, 560, 1a, BDAG, 697, 1a). 주인은 종종 청지기가 관리하는 부동산에 살지 않았다. [oikonomia]

16:6. **바트**(Bath, batous) – 1바트는 8.75갤런, 혹은 33.1리터다('말' –NASB, NET, RSV, '갤런' –IV, NLT, BAGD, 137, BDAG, 171, II). [batos]

오십(Fifty, pentēkonta) – 여기에서 채무액을 반으로 줄이는 것이 무엇을 의미했는지에 대하여는 논란이 있다('사백' – 갤런으로 번역할 경우, NIV, NLT, '오십' – 바트로 번역할 경우, NASB, NET, RSV). 청지기는 주인을 속였다. 게다가 빚진 자들이 주인에게 감사하도록 은밀하게 값을 줄여주었다. 왜 그런 일을 했는가? 전통적인 견해로 볼 때는 청지기를 부정직하게 본다. 그는 나중에 그들에게 은혜를 얻기 위해서 자신의 중재로 채무 액수를 줄여주며 깎아준 것인가? 그렇다면 앞서 부과된 과도한 액수 이전에 불법성이 대두된다. 이것은 다른 조건이다. 둘 가운데 어떤 점이 의도되었는지 확인하기는 어렵다. 어떤 방식으로든 그가 앞서서 미래를 대비하여 생각했다는 것이 비유의 요점이다. [pentēkonta]

16:7. **코르**(Cor, korous) – 1코르는 10에바, 30세아, 20~24말, 또는 거의 곡식 400리터다. 여기에서도 앞절에서와 같이 채무의 축소에서 논의가 적용된다('말' –NASB, NET, RSV, '부셸' –NIV, NLT). [koros]

16:8. **불의한**(Unrighteous, adikias) – 청지기는 '불의하다'(NASB), 또는 '부정직하다'(NIV, NLT, NET, RSV)고 불린다. 이것은 그가 자신의 직무를 잃어버리거나 다른 사람들에게 자기 자신을 좋게 보이려고 행했기 때문이다. 이 비유가 궁극적으로 보여주고자 하는 것은 그의 현명함이다. 이 단어는 또한 9절에 언급된 '불의한 재물'로 관대함에 관한 요점에 연결어를 제공한다. [adikia]

16:9, 11, 13. **재물**(Mammon, mamōna) – 이 용어는 아람어에서 파생되며 단지 돈뿐만 아니라,

소유물이나 어떤 형태의 부를 가리킨다('부'-NASB, NIV, NET, '재원'-NLT, '재물'-RSV, BAGD, 490, BDAG, 614). [mamōnas]

16:11. **참된**(True, alēthinon) – '참된' 재물과의 대조는 '불의한 재물'을 되돌아본다. 참된 재물에 대한 언급으로 영적인 책임을 의미하는 것이다. 작은 일들에 대한 신실함은 더 큰 일들을 위해 준비되어 있음을 가리킨다. [alēthinos]

16:15. **가증함**(Abomination, bdelygma) – 가증함은 사람들에게 혐오감을 주는 어떤 것이다('혐오감을 주는'-NASB, NET, NIV, '가증함'-NLT, RSV, BAGD, 137, BDAG, 172, 1). 이것은 하나님께 불쾌감을 끼치는 어떤 것이다. 이 강한 단어는 누가복음에서 여기에만 나온다. [bdelygma]

16:16. **~까지**(Until, mechri) – 어떻게 세례 요한의 나타남이 시대의 단절을 가져오는지 주목하라. 이 전치사는 이 복음서에서 여기에만 나온다. [mechri]

격렬하게(Violently, biazetai) – 이 용어는 마태복음 11장 12절에 나오는 병행 구절 때문에 종종 '격렬하게'로 번역된다("자기 길을 밀고 나가다"-NASB, NIV, "격렬하게 들어가다"-RSV). 만일 본문이 이러한 의미를 가진다면, 하나님나라의 도래와 사람이 그곳에 들어가는 것과 관련하여 많은 충돌이 있다는 것이다. 여기에 언급된 '모든 사람'은 막연하게 모든 사람이 아니라, 그곳에 들어가는 모든 사람일 것이다. 그러나 이 용어는 수동태로 '권고를 받다'도 의미할 수 있다("들어가도록 권고하다", NET, 창 33:11, 삿 13:15-16, 19:7, MM 109-110). 이 번역도 여기에서 매우 적절하다. 예수님께서는 하나님의 나라에 대한 반응을 사람들에게 권고해오셨다. 예수님께서는 하나님의 나라에 들어가도록 모든 사람이 권고를 받는다고 주장하신 것일 수 있다. [biazō]

16:17. **획**(Dot, keraian) – 이것은 실제로 일부 고대 편지를 장식하는 세리프(serif, 역주–활자의 상하의 가는 선)다('한 획'-NASB, NIV, '가장 작은 점'-NLT, '작은 획'-NET, '점'-RSV, BAGD, 428, BDAG, 540). 예수님의 요점은 율법에는 사소한 변경이 단 하나라도 없을 것이라는 것이다. 이것이 정확하게 무엇을 의미하는지에 대하여는 논란이 있었다. 분명히 예수님께서 확증하시는 것은, 율법은 행하기로 의도된 모든 것을 성취할 것이나 하나님나라의 도래에 비추어서만 그렇다는 것이다. [keraia]

16:18. **간음을 하다**(Commits adultery, moicheuei) – 예수님께서는 결혼과 이혼의 예를 사용함으로 하나님의 나라는 율법과 같이 동일한 윤리를 가져온다는 사실을 지적하신다. 이혼과 재혼으로 깨어진 맹세는 원래 맹세가 존중되지 않았기 때문에 간음에 이른다. 예수님의 요점은 결혼과 이혼에 대한 상세한 설명이 아니라, 단지 결혼 서약의 성실성을 강조하고 시대의 변화도 하나님나라의 도래도 그와 같은 헌신을 변경시키지 않는다는 것이다. [moicheuō]

16:19. 자색(Purple, porphyran) – 이것은 아마도 겉옷을 가리키고, 부자들의 정교하게 염색된 옷을 반영한다('화려하게 옷을 입고', NLT, BAGD, 694, BDAG, 855). [porphyra]

16:20. 종기로 덮였다(Covered with sores, eilkōmenos) – 이것은 표면에 나온 종기와 농양을 가리킨다('종기로 가득 찬', RSV, BAGD, 251, BDAG, 318). 후기 유대교는 다른 사람에게 음식을 의존하는 것, 아내에게 지배를 받는 것 또는 몸이 종기로 가득 차는 자에게는 내세가 없다고 가르쳤다(b Besa 32b). [elkoō]

16:21. 개들(Dogs, kynes) – 이 용어는 부정한 짐승인 길들여지지 않은 야생 개를 가리킨다(BAGD, 461, BDAG, 579). [kuōn]

16:22. 아브라함의 품(Abraham's bosom, eis ton kolpon Abraam) – 이것은 족장이 의인을 환영하는 것을 가리킨다('아브라함의 편' –NET, NIV, '아브라함의 품' –RSV, NASB, '아브라함과 함께' –NLT, 마카비 4서 13:17, TDNT 3:825–26). [Abraam + kolpos]

16:23. 음부(Hades, hadē) – 음부는 구약의 스올(Sheol)과 동등한, 죽은 사람들의 거처다('음부' –NASB, RSV, '지옥' –NIV, NET, '죽은 사람들의 장소' –NLT, 시편 16:10, 86:13). 신약 시대의 이곳은 불의한 사람들을 위해 지정된 장소다. [hadēs]

16:26. 간격(Chasm, chasma) – 이 용어는 의인들과 심판받은 사람들 사이의 건너갈 수 없는 간격을 지적한다. 그러므로 복을 받은 사람들의 장소에서 심판을 받은 사람들의 장소로 옮겨가는 길은 없다. 마지막 심판은 영구적이다. 이 단어는 신약에서 여기에만 나온다. [chasma]

16:29. 모세와 선지자들(Moses and the prophets, Mōusea kai tous prophētas) – 성경에 대한 이 언급은 심판을 피할 수 있는 방법에 대해 알아야 할 모든 것은 옛 성경에 있다는 사실을 표현하는 방식이다. 분명히 부자가 고통을 당하는 것은 자신이 도울 수 있었던 궁핍한 사람들에 대한 동정이 자기에게 없었기 때문일 것이다. 그는 자신의 궁핍한 이웃을 사랑하지 않았다. 그러한 동정은 구약 전반에서 권고된다(신 14:28–29, 사 3:14–15, 암 2:6–8, 미 2:1–2, 슥 7:9–10, Bock, 1375). [Mōusēs + prophētēs]

17:1. 불신의 유혹(Enticement to unbelief, skandala) – 넘어지게 하다는 뜻으로 바울이 종종 이용하는 이 단어는 누가복음에서 여기에만 나온다('죄의 유혹' –RSV, NIV, NLT:이것은 너무 폭이 넓어 보인다, '걸려 넘어지게 하는 돌' –NASB:단지 이미지만을 번역한다, '배도를 범할 유혹' –NET:더욱 정확한 번역이다, 롬 9:33, 11:9, 고전 1:23, 갈 5:11, EDNT 3:249). 이것은 누가의 문맥에서 제자들을 믿음에서 떠나도록 이끄는 불가피한 유혹을 가리킨다. 이것은 예수님의 반대자들의 운명을 경고한다. [skandalon]

17:2. **연자맷돌**(Millstone, mylikos) – 이 단어는 신약에서 여기에만 나온다. 이것은 곡식을 빻는 맷돌의 일부인 무거운 돌을 가리킨다. 이것을 목에 걸게 하고 그 사람을 바다에 던지는 것은 확실한 죽음을 의미했다. 그러므로 이것은 심판을 나타낸다. [mylikos]

17:4. **일곱 번**(Seven times, heptakis) – 이 숫자는 용서가 요구될 때마다 베풀어야 한다는 것을 표현하기 위한 것이다. 본문과 병행이 되는 마태복음 18장 22절에서는 70번에 7번, 즉 사람이 셀 수 없는 횟수로 표현된다. [heptakis]

17:6. **뽕나무**(Sycamine tree, tē sykaminō) – 이 뽕나무과 나무(RSV), 아마도 검은 뽕나무(NET, '뽕나무', NASB, NLT, NIV)는 이 지역에 있는 어떤 나무보다 광범위하게 뿌리 체계를 가진 나무 가운데 하나다(BAGD, 776, BDAG, 955). 예수님의 요점은, 사람이 필요한 것은 믿음의 일정한 양이 아니라, 믿음이 있는 것만으로도 놀라운 일을 성취할 수 있다는 사실이다. [sykaminos]

17:10. **무가치한**(Unworthy, achreioi) – 이 용어는 '쓸모없는'(마 25:30) 또는 '무가치한'을 뜻한다('합당하지 않은' –NET, '무가치한' – NASB, NIV, RSV, 삼하 6:22, BAGD, 128, BDAG, 160, 2). '쓸모없다'란 의미는 이 문맥에 섬김이 존재하기 때문에 개연성이 없다. 여기에서 말하는 요점은 의무가 반드시 신실함을 낳아야 하는 것과 같이, 그들의 역할은 칭찬을 요구하지 않는 성격의 역할이라는 것이다. [achreios]

17:14. **제사장들**(Priests, tois hiereusin) – 예수님의 교훈은 제사장들이 점검하고 문둥병이 사라진 것을 보는 것과 같이 그들이 치유받을 것임을 의미한다(레 13:19, 14:1–11). '가라'는 지시에 순종함으로 문둥병자들은 그들의 믿음을 보여줄 것이다. [hiereus]

17:18. **외국인**(Foreigner, allogenēs) – 이 단어는 신약에서 유일하게 여기에만 나온다. 이것은 열 명 가운데 한 사람으로서, 자신의 치유받음을 인하여 예수님께 감사한 사마리아 사람을 가리킨다. 이 언급은 이스라엘 밖에 있는 사람들이 이스라엘 안에 있는 사람들보다 예수님에 대해 얼마나 더 영적으로 민감했는지를 또다시 시사한다(눅 7:9). [allogenēs]

17:20. **표적들**(Signs, paratērēseōs) – 이 단어도 역시 신약에서 여기에만 사용된 단어다('표적들' –NASB, NIV, NET, RSV, '세심한 관찰로' –NIV: 이것은 빈약한 번역으로 표적의 묵시적인 의의를 완전히 놓치고, 강조를 지시물이 아니라 관찰자에게 둔다). 이것은 아마도 우주적이거나 천상적인 어떤 징조를 가리키는 것 같다. 그러한 지시물이 하나님나라의 도래에 수반될 것이라고 믿었다. 예수님께서는 하나님나라의 도래를 보기 위해서 탐구할 필요가 있다는 것을 부인하신다. 그 주요 이유가 다음 구절에 나온다. 하나님나라는 이미 그분과 함께 현존한다. 다른 이유는 강화의 마지막 부분에서 주어진다. 인자가 능력으로 임할 때, 그것은

분명히 확증될 것이다. 하나님나라가 온전한 능력으로 임하는 것을 따로 탐구할 필요는 없다. [paratērēsis]

17:21. 너희 가운데(In your midst, entos hymōn) – 이것은 누가복음에서 하나님의 나라에 관한 가장 중요한 표현들 가운데 하나다. 그 의미는 논란을 일으켰다. 어떤 사람은 이 문구가 이와 같은 방식으로 번역될 수 있는 것과 같이(NIV, 시 39:4[칠십인경 38:4]) '너희 속에'를 의미할 수 있다고 주장한다. 이 번역의 문제점은 우선, 예수님께서 바리새인들에게 말씀하시고 있다는 점이다. 그들은 좀처럼 그러한 말씀을 받을 수 있는 사람으로 보이지 않는다. 둘째, 다른 어느 곳에서도 하나님의 나라가 어떤 사람 속에 있다고 가르치지 않는다. 다른 가능한 번역들은 '너희가 포착할 수 있는 곳에', '너희의 임재 가운데', '너희 중에' 혹은 '너희 중심에'(NET, NASB, '너희 가운데'-RSV) 등이다. 이러한 다른 번역들의 전부는 동일한 사상을 제공한다. 이것은 예수님께서 하나님의 나라를 가져오시며, 이 나라를 지금 그들 앞에 제시한다는 것이다. '너희가 포착할 수 있는 곳에'란 말씀의 요점은 사람이 하나님의 나라를 찾아헤맬 필요가 없고, 단지 이를 받아들이기만 하면 된다는 것이다(BAGD, 269, BDAG, 340, 1). '너희의 임재 가운데'란 말씀의 요점은 예수님께서 친히 하나님나라의 임재를 대표한다는 것이다. 어떤 방식으로 보든지, 예수님께서는 자신과 자신의 메시지를 통한 하나님나라의 현재적인 유용성을 강조하고 있기 때문에, 이것을 발견하기 위해 표적들을 찾는 것은 요구되지 않는다(Bock, 2:1415-18). '너희들이 포착할 수 있는 곳에', 또는 '너희 가운데' 등의 의미도 여기에서 가능하다. 또 하나 다른 요점은 동사 '있다'의 현재 시제 에스틴(estin)이 사용된 것을 감안하면, 하나님의 나라는 미래적인 것이 아니라 여기 지금 현존하는 것으로 이야기되고 있다는 것이다. 22-37절에서는 하나님의 나라가 미래에 온전한 능력으로 임하는 것이 다루어진다. 나중에 나오는 이러한 구절들은 하나님나라의 미래적인 완성을 내다보며 시간의 틀을 현재에서 미래로 전환시킨다. [entos]

17:24. 번개(Lightning, hē astrapē) – 예수님께서는 하늘에서 번개가 번쩍이는 것과 같이 인자의 미래적 도래가 어떻게 가시적이고 갑작스러울 것인지를 지적하신다(BAGD, 118, BDAG, 146). [astrapē]

17:25. 고난을 받아야 한다(Must stuffer, dei⋯pathein) – 예수님께서는 인자가 재림하기 전에 고난이 반드시 있을 것이라고 언급하신다. 따라서 하나님나라는 이러한 고난이 일어나기까지 온전하게 임할 수 없다. '해야 한다'(dei)가 사용된 것을 주목하라. 이것은 하나님의 계획을 말할 때 누가가 선호하는 단어다(눅 2:49를 보라). 누가는 자신의 복음서에서 고난을 가리키는 동사 paschō를 6회 사용한다(9:22, 13:2, 22:15, 24:26). [dei, paschō]

17:26-29. 노아, 롯(Noah, lot, Nōe, Lōt) – 이 두 인물은 구약에서 가장 비극적인 심판 가운

데 두 가지를 묘사한다(창 6-7, 18-19장). 예수님께서는 자신의 재림이, 사람들이 살고 있으며 심판이 전적으로 임했던 때의 그날들과 같을 것이라고 말씀하신다. [Nōe, Lōt]

17:31. **내려오지 말라**(Not come down, mē katabatō) – 이 심판은 너무나 파괴적이어서 어떤 것도 챙길 시간이 없을 것이다('내려가다'–NIV, NASB, '안으로 들어가다'–NLT, '내려오다'–NET. RSV). 도망갈 시간만 있을 뿐이다. 예수님께서는 여기에서 심판이 얼마나 파괴적인지를 그려줄 뿐이다. [katabainō]

17:33. **생명**(Life, psychēn) – 생명의 상징인 영혼을 가리키는 용어를 사용하는 이 구절은 이 이미지가 등장하는 누가복음 9장 24절과 매우 흡사하다('생명', NET, RSV, NASB, NIV, NLT). 자신의 이익을 찾는 것은 죽음에 이르게 할 것이다. 그러나 하나님과 하나 됨으로써 자신의 생명을 잃는 것은 생명을 가져올 것이다. [psychē]

17:34-35. **취해질 것이다**(Will be taken, paralēmphthēsetai) – 함께 자는 두 사람과 맷돌을 가는 두 여자의 예에 사용된 이 동사는 인자가 가지고 오는 심판의 때에 임하는 분리를 가리킨다. 강조점이 심판에 있다는 사실은 여기에서 휴거를 염두에 둔 것이 아니라는 점을 의미한다. 노아와 롯과의 비교는 37절에 언급된 독수리에 대한 언급과 같이 심판에 대한 강조점을 보여준다. 비록 취하여진 자가 심판을 받은 것인지, 아니면 구원을 받은 것인지에 대한 논쟁이 있지만, 취하여진 자들은 노아와 롯이 심판의 장면을 떠난 것과 같이 구원을 위해서 취하여진 사람들을 그려준다. 독수리가 모이는 곳에 있는 자들은 뒤에 남겨진 자들이다(다른 견해로 보면, 취하여진 자들을 독수리들이 모이는 곳으로 데려갔다). [paralambanō]

17:37. **어디에**(Where, pou) – 이 질문의 의미도 논란이 된다. 어떤 학자들은 제자들이 취하여진 사람들이 어디에 있느냐고 묻는 것으로 본다. 이 경우 독수리는 심판을 위해 데려감을 당한 죽음의 장소를 그려준다. 혹 다른 학자들은 이러한 일들이 어디에서 일어나느냐고 묻는 것으로 본다. 이 경우 예수님의 답은 너희들이 독수리를 보는 장소, 바로 거기가 이 사건이 일어나는 곳임을 가리킨다. 이 가운데 개연성이 있는 후자에서, 예수님의 대답의 요점은 장소의 문제가 이 심판의 확실성과 최종성만큼 중요하지 않다는 것이다. [pou]

18:1. **낙심하지 말라**(Do not lose heart, egkakein) – 이 용어는 '지치는 것'을 의미하나, 포기하거나 낙심하지 않는 활동을 가리키는 것으로 이해하는 것이 좋은 번역이다('낙심하지 않는다'–NASB, RSV, NIV, '포기하지 않는다'–NIV, NLT, BAGD, 215, BDAG, 272, 고후 4:1, 16, 엡 3:13). 여기에 등장하는 비유는 누가복음 17장 22-37절의 주제인, 하나님의 정의와 다가올 확증을 위해 기도하는 일을 포기하지 말아야 한다는 것을 예증한다. 누가는 이 동사를 여기에서만 사용한다. [egkakeō]

18:3. 과부(Widow, chēra) – 고대 세계에서 대부분의 사람들이 30대 정도밖에 살지 못했기 때문에 과부의 나이 역시 많지는 않았을 것이다. 누가는 과부에 대하여 논의하는 것을 좋아하며, 신약의 26회 가운데 12회나 언급하면서 그들이 어떻게 보살핌을 받고 있는지 보여준다. 과부들은 항상 동정적으로 묘사된다. 여기에서 과부는 법적인 문제와 관련해서 자신을 변호해줄 것을 재판장에게 요청한다. 당시 문화적인 배경을 가정할 때, 이 여인이 공의를 얻을 수 있는 유일한 방법은 법적인 보호를 통해서만 가능하다. [chēra]

18:5. 나를 지치게 하다(Wear me out, hypōpiazē) – 이 용어는 문자적으로 얼굴을 때리는 것, '시퍼렇게 멍들게 사람을 때리는 것' 을 의미한다(TDNT, 9:450, 각주 88, EDNT 3:409). 여기에서 사용된 용도와 같이 이것은 은유적으로 어떤 사람을 지치게 만드는 것을 의미한다. 여인의 끈질김은 재판장의 반응을 가져온다. 우리는 그와 같이 하나님의 정의를 구해야 한다. [hypōpiazō]

18:7. 확증하다(Vindicate, ekdikēsin) – 이 용어는 비유의 주제를 보여준다. 만일 불의한 재판장이 반응한다면, 의로우신 하나님께서는 얼마나 더 택한 성도들을 불의로부터 확증하시겠는가('공의를 베풀다' –NET, NLT, '공의를 가져오다' –NASB, '공의를 얻다' –NIV, '확증하다' –RSV). 이 용어는 불의한 자를 심판하시는 하나님을 기대한다(칠십인경 시 149:7, 미 5:15, 마카비 1서 3:15, 7:9, 24, 38). 다음 구절은 하나님의 확증이 속히 임할 것을 성도들에게 확신시킨다. [ekdikēsis]

18:8. 믿음을 찾다(Find faith, heurēsei tēn pistin) – 이 구절에는 긴장이 있다. 하나님의 확증이 속히 임할 것이나, 상당히 지연되어 어떤 사람들은 믿음을 가지지 못할 것을 보여주기 때문이다. 따라서 예수님께서는 인자가 재림할 때 과연 믿음을 발견할 것이냐는 문제를 제기하시는 것이다. 믿음을 견고하게 잡는 일은 인내를 요구할 것이다(눅 8:15). [heuriskō + pistis]

18:11. 나는 당신에게 감사합니다(I thank you, heucharistō) – 바리새인은 자기를 위해서 하나님께서 행하신 어떤 일을 인하여 하나님께 감사드리는 찬양 시편으로 간청을 시작한다. 그러나 그는 다른 사람과 비교하여 자신이 얼마나 위대한지에 대하여 기도할 때 이 시편의 형식을 왜곡한다. 예수님께서는 그의 거만함을 따라서는 안 될 본보기로 말씀하신 것이다. [heucharisteō]

18:13. 자비를 베푸소서(Be merciful, hilasthēti) – 자비를 위한 간청은 참으로 하나님께 죄를 사해달라는 것과 의로운 진노를 자비로 가라앉혀 달라는 간구다(EDNT, 2:185). 이 동사는 히브리서 2장 17절에서 죄를 사하시는 예수님의 대제사장적인 사역을 묘사하는 곳에서 나온다. 하나님 앞에서 죄 용서의 필요성을 인정하는 이러한 겸손은 이 사람을 의롭게 하는 것으로, 예수님께서는 14절에서 이것을 칭찬하신다. 그

러므로 이 비유에서 세리의 겸손한 기도는 응답되었다. 그는 우리에게 어떻게 기도해야 하며, 하나님 앞에서 자기 자신을 어떻게 봐야 하는지를 보여주는 본보기다. [hilaskomai]

18:15. **유아**(Infant, brephē) – 아장아장 걷는 아이나 더 작은 아기를 가리킨다('작은 자들' –NET, '애기들' –NASB, NIV, '작은 아이들' –NLT, '유아들' –RSV). 부모는 그들에게 성경을 읽어줄 수 있다(딤후 3:15). 이것은 또한 갓난아이나 심지어 태중에 있는 아기를 가리킬 수 있다(눅 1:41, 44, 2:12). 여기에서 의미하는 것은 어린아이들이다. [brephos]

18:16-17. **아이들/아이**(Children/child, paidia/paidion) – 여기에 아이를 가리키는 일반적인 다른 용어가 사용되었다. 여기에서의 비교는 아마도 아이의 의존성에 중심을 둔 것 같다(시 131:2, 눅 9:47-48). [paidion]

18:18. **영생을 상속받는 것**(To inherit eternal life, zōēn aiōnion klēronomēsō) – 이 정확한 문구는 선한 사마라아인의 비유를 들기 위해서 누가복음 10장 25절에서 나왔다. 이 표현이 오는 세상에서 구원받은 것을 의미한다는 논의는 그곳을 보라. [zōē + klēronomeō]

18:19. **선한**(Good, agathon/agathos) – 하나님만이 선하시다고 하는 예수님의 답변은 많은 논란을 낳았다. 그 관원은 예수님을 칭찬하고, 아마도 아첨하기 위해 이 표현을 사용한 것 같다. 예수님께서는 그에게 반응하실 기회를 삼아서 그의 질문이 심각한 것임을 분명하게 하신다. 그 사람은 말만 해서는, 곧 문제를 지나치게 가볍게 다루거나 너무 많은 것을 가정해서는 안 된다. 그 사람이 선생에 대하여 가져야 할 어떠한 존경보다 더 중요한 것은 하나님의 독특하심에 관한 인식이다. [agathos]

18:22. **모든 것을 팔아라**(Sell all, panta…pōlēson) – 이 요구는 이 장면에 독특하게 나온다. 이것으로 예수님께서는 이 부자에게 부에 대한 헌신의 부족과 가난한 자들을 돕는 일에 대한 관심이 결여된 것을 드러내려고 하신다. 누가복음 19장에서 삭개오는 모든 것을 팔지 않고 구원을 받은 다른 부자다. 그는 단지 선한 행위로 관대한 사람이 된 것을 보여준다. 모든 것을 파는 사람에게 예수님께서 주신 약속은 하늘에서 보화를 가지게 될 것이라는 것이다. 그러므로 이 말씀은 그 부자가 어떠한 부를 선호하는지 입증한다. [pōleō]

18:24. **어렵다**(Hard, dyskolōs) – 이 부사적인 용어는 어떤 일이 얼마나 어려울 수 있는지에 대하여 말한다(BAGD, 209, BDAG, 265). 예를 들면, 교부들은 계명들을 지키는 것이 얼마나 어려운지를 말하는 데 이와 관계된 형용사를 사용했다(Hermes, Mandates 12, 4, 6). [dyskolōs]

18:25. **눈**(Eye, trēmatos) – 이 단어는 신약에서 여기에만 나온다(마 19:24의 병행 기사에도 나옴). 이것은 어떤 것에 있는 열린 부분이나 구멍을 가리킨다(BAGD, 826, BDAG, 1015).

마태복음의 한 다른 사본은 '구멍이 뚫린 어떤 것'을 의미하는 용어(trypēma)를 사용한다. 이것은 바늘이 나무로 되었음을 시사한다. 바늘은 이스라엘에서 규칙적으로 사용하는 매우 작은 물건 가운데 하나였다. 예수님께서는 부자가 스스로 구원받는 일이 불가능하다는 것을 진정으로 말씀하고 계신다. [trēma]

18:27. **가능한**(Possible, dynata) – 하나님께는 불가능한 일이 없으시다는 예수님의 답변은, 부자에게 자기 스스로 천국에 갈 수 없다는 충격적인 반응을 의도했다. 당시 부는 축복의 표시라는 믿음이 있었다. 사실 "그러면 누가 구원을 받을 수 있습니까"라는 질문에도 이런 의미가 담겨 있다. 부자가 구원을 받지 못한다면, 누가 구원을 받는가? 예수님께서는 하나님께서 구원하시기 때문에 사람이 구원을 받는 것이라고 답하신다. [dynatos]

18:28–29. **버렸다**(Left, aphentes/aphēken) – 베드로가 집과 가족을 떠났다고 말하는 것은 그 자신이 옳은 것을 행했고, 예수님께서 부자에게 요구하신 것을 행했다는 재확신이다. 예수님께서는 하나님의 나라를 위해 그러한 희생을 하는 사람들은 현재 복을 받으며, 오는 시대에 영생을 받을 것이라고 베드로에게 다시 확신시킨다. 그러므로 18장 18절에 나오는 부자의 질문에 대한 예수님의 답은 궁극적으로는 여기 18장 29–30절에 해당된다. 거기에서 부자가 질문했던 영생은 여기에 축복으로 존재하기 때문이다. [aphiēmi]

18:30. **영생**(Eternal life, zōēn aiōnion) – 이와 동일한 문구는 18장 18절에 나온다. 18장 28–29절에 있는 논의를 참고하라. [zōē + aiōnios]

18:32. **수치스럽게 대접을 받았다**(Shamefully treated, hybristhēsetai) – 이 상세한 내용은 예루살렘에서 일어날 것으로 예수님께서 예언하신 다가오는 사건 가운데 일부이며(32–33절에 언급된 7가지 가운데 하나임), 누가의 기록에만 독특하게 나온다. 이 세부적인 내용은 수난기사 전체가 그 실제를 반영하기 때문에 그 기사 자체가 이야기될 때 말 그대로 언급되지는 않는다('학대하다'–NASB, '그를 모욕하다'–NIV, '수치스럽게 대접을 받았다'–NLT, '모욕적으로 학대받다'–NET, '수치스럽게 학대받다'–RSV, BAGD, 831). 이것은 조롱하는 사람이 죄 없는 의인에게 행하는 것을 묘사하는 구약과 유대인의 언어다(습 3:11–12, 개념적으로는 시 94:2–7[칠십인경은 93:207]과 시락서 10:6–18). 이 구절은 예루살렘에서 예수님을 기다리고 있는 가장 상세한 예언 가운데 하나다. [hybrizō]

18:34. **파악하지 못했다**(Did not grasp, ouk eginōskon) – 제자들의 이해 또는 지식의 부족에 대한 이 마지막 언급은 다른 공관복음도 분명하게 제시한다. 제자들은 예수님께서 예언하시는 고난이 어떻게 가능할까를 파악하지 못하거나 그들이 예수님의 정체에 대하여 믿은 것을 비추어볼 때, 그것이 어떻게 하나님의 계획에 들어맞을 수 있는지를 파악하지 못한 것이다("파악하지 못했다"–RSV, NET, "이해하

지 못했다"–NASB, "그가 무엇에 대하여 말씀하는지 알지 못했다"–NASB, "그가 무엇에 대하여 말씀하는지 파악하는 것을 실패했다"–NLT). 앞에 나오는 마가복음 8장 32절과 마태복음 16장 22절에 병행된 기록 가운데 하나는 예수님께서 말씀하신 것이 이해는 되었으나, 그것이 그분에게는 적용될 수 없는 것으로 배척되었음을 보여준다. 그러므로 이 시점에도 제자들은 예수님께서 말씀하신 것이 그분의 메시아 신분과 어떻게 조화될 수 있는지를 알지 못한 것이다. 그들은 이 일이 어떻게 일어날지 알지 못했다. [ginōskō]

18:38. 다윗의 자손(Son of David, huie Dauid) –이 칭호는 소경이 얼마나 통찰이 있었는지 보여준다. 그는 다윗의 왕적인 자손으로서 예수님께서 소경을 치유할 수 있는 능력을 가지셨다고 이해했다. 소경의 치유는 약속 성취의 시대가 도래했다는 표징이다(눅 7:22–23). 이 기적은 예수님께서 소망했던 왕으로서 예루살렘에 입성하시는 무대를 준비한다. 이것은 또한 세상이 줄 수 있는 모든 것을 가졌으나 아무것도 보지 못했던 부자와 대조된다. [huios + Dauid]

18:42. 네 시력을 받으라(Receive your sight, anablepson)–누가복음에서 사용된 7회 가운데 3회가 이 장면에서 등장한다. 예수님께서는 성경에서 소경에게 시력을 회복시키시는 유일한 인물이다. 이것은 하나님께만 돌려지는 역사이며, 구약에서 약속된 새 시대와 관련되어 있다(출 4:11, 시 146:8, 사 29:18, 35:5, 42:7). 예수님께서는 세상의 소경들에게 빛을 가져오신다(요 9장). [anablepō]

19:2. 주요 세리(Chief tax collector, architelōnēs)–삭개오는 세금을 거두어들일 수 있는 권한을 얻기 위해서 입찰하고, 세금을 관리하는 세금 징수자들의 그룹을 책임 맡고 있었다. 이것은 그가 자기 밑에 있는 모든 세리들의 중개료를 삭감할 수 있고, 이로써 매우 부유해졌으며 인기가 없는 사람이 된 것을 뜻했다. 이 단어는 신약에서 여기에만 나온다. 세리들에 대하여 누가복음 3장 12절을 보라. [architelōnēs]

19:4. 무화과나무(Sycamore, sykomorean) – 이것은 무화과나무 계통의 뽕나무를 가리킨다(BAGD, 776, BDAG, 955). 짤막한 몸통과 작은 참나무와 같이 길고 넓은 옆가지를 가진다. 이 용어는 신약에서 여기에만 나온다. [sykomorea]

19:7. 죄인(Sinner, hamartōlō) – 예수님께서 죄인들과 어울리는 것에 대하여 또다시 불평이 나왔다(눅 5:27–32, 7:30–35, 15:1, 18:10–14). 그들은 불평했고, 예수님께서는 죄인들을 찾는 자신의 행동을 변호하셨다. [hamartōlos]

19:8. 네 배(Fourfold, tetraploun)–횡령과 착취에 따른 이 네 배의 배상(RSV)은 구약에서 소도둑에게 가하는 갑절의 벌칙을 수용한다('네 배', NABS, NIV, NLT, NET, 출 22:1, 삼하 12:6). 자신의 행동으로 인한 처벌을 수용하는 것을 포함하여 그에 대한 온전한 책임을 지는 것이다. 추가로 후대 유대인들의 기준으로

볼 때, 자신의 재산 절반을 나누어주는 것은 관대한 것으로 널리 알려진 20퍼센트를 상회하는 것이다(b Ketub 50a). 이것은 신약에서 여기에만 나온다. [tetraplous]

19:9. **아브라함의 자손**(Son of Abraham, huios Abraam) – 삭개오의 마음과 반응은 예수님께로부터 칭찬을 받는다. 예수님의 축복 선포는 그를 참되고 본이 되는 아브라함의 자손으로 만든다. 그는 족장의 최고 후손을 대표했다. [huios + Abraam]

19:10. **찾는 것**(To seek, zētēsai) – 여기에서 강조하는 것은 잃어버린바 된 사람을 구원하는 데 예수님께서 가지신 주도권이다. 예수님께서 삭개오에게 주도권을 가지셨던 것처럼, 일반적으로 죄인들에 대해서도 주도권을 가지신다. 이러한 종류의 말씀은 예수님의 사역을 요약하는 사명 진술서다. 이것은 또한 누가가 자신의 독자들에게 기대하는 행위의 본보기다. 10절에 따르면, 3절에서 삭개오가 예수님을 찾은 행위는 그를 찾아 구원하실 예수님과의 만남을 가져왔다. [zēteō]

19:11. **즉시**(Immediately, parachrēma) – 하나님의 나라를 묘사하기 위해서 이 용어를 사용한 것(RSV, NASB, NET)은 하나님나라의 약속이 온전히 도래하는 것을 말하는 것이다('단번에' –NIV, '당장에' –NLT). 제자들은 예수님께서 예루살렘에 당도하자마자 승리하고 통치하는 나라를 가져오실 것이라고 생각했다. 이 비유는 이러한 오해를 교정하기 위해 의도되었다. 신약에서 사용된 18회 가운데 16회가 누가복음과 사도행전에 나오는 것을 보면, 누가는 이 용어를 좋아하는 것 같다. [parachrēma]

19:12. **받는 것**(To receive, labein) – 떠나서 나라를 받는다는 이미지(NASB, NET, RSV)는 어떻게 하나님나라의 결정적인 권세가 예수님의 죽음 이후에 작용할 것인지를 그려준다(NIV의 '자기 자신이 왕으로 세움 받기 위해서' 란 번역은 수동적인 사상을 제거하며 왕 자신의 일에 너무나 많은 강조를 둔다. NLT의 '왕으로 즉위되기 위해' 는 더 좋은 요약적 번역이다). 이 사상은 15절에 반복된다. [lambanō]

19:13. **열 므나**(Ten minas, mnas) – 이 비유는 균등한 자금을 받은 열 명의 종에 대하여 이야기한다('열 므나' –NET, NASB, NIV, '열 파운드' –RSV, NLT). 1므나는 100드라크마, 또는 보통 노동자의 4개월 치의 품삯에 상응한다(BAGD, 524, BDAG, 654). 이것은 고대의 관점에서 볼 때 적절한 액수였다. 비록 열 종이 여기에 나오지만, 예수님께서는 나중에 그들 가운데 단지 세 사람의 반응을 언급함으로 비유를 단순하게 하신다. 이 단어는 신약에서 9회 사용되는데 모두 여기에 나온다. [mna]

19:14. **미워했다**(Hated, emisoun) – 왕을 미워한 시민들에 대한 묘사는 예수님을 처음부터 배척한 유대인들을 상기시켜준다. 여기에 사용된 미완료 시제는 진행중인 미움에 대하여 말한다. 상세한 내용은 유대인들이 주전 6년에 아켈라오(Archelaus)가 그들을 다스리기를 원치 않았

던 사건과 병행을 이룬다. 이것은 청중이 이전 역사와 비교할 수 있는 이야기에 핵심을 더해준다(요세푸스, 고대사 17.213-18). [miseō]

19:17. 권세(Authority, exousian) – 권세의 보상(NASB, NET, RSV)은 앞으로 도래할 하나님나라에서의 책임을 그려주는 것 같다('책임을 맡다' -NIV, '총독이 되다' -NLT). 이 이미지는 오는 시대에도 여전히 신자들의 역할이 있으며, 신실함은 보상된다는 사실을 암시한다. [exousia]

19:21, 22. 엄한(Severe, austēros) – 이 용어는 엄격하고, 가혹하거나(NASB) 무정하며(NIV, NLT), 심지어는 모진 어떤 사람을 가리킨다. 이것은 신약에 단지 두 번 등장하는데, 모두 이 비유에 나온다(마카비 2서 14:30, MM, 93). 이 언급은 비록 종이 책임을 부여받았지만, 그에게는 주인과 긍정적인 관계가 결여되었다. [austēros]

19:26. 빼앗길 것이다(Will be taken away, arthēsetai) – 이 설명은 '쫓겨날 이상한 사람' 인 세 번째 종에게 해당된다. 비유에 따르면 그는 결국 절대적으로 아무것도 가지지 않는 자로 끝난다. 이 말씀의 의미는 논란을 낳았다. 어떤 사람은 보상이 므나 이미지의 요점이기 때문에, 그에게는 오는 시대에 보상이 없다고 주장한다. 그러나 이 설명은 그 사람이 아무것도 없는 것으로 끝나며, 주인과 참된 관계를 가지지 못했다고 지적한다. 그러므로 마태복음 25장 30절에 나오는 유사한 비유와 같이 그는 심판을 받는다. 여기에서 심판을 받는 사람은 바깥 어둠 속으로 던져져 거기서 통곡하며 이를 간다. 이것은 전적인 배척을 받을 때 겪게 될 전적인 절망을 묘사하는 은유적 어법이다. [airō]

19:27. 죽이다(Slay, katasphaxate) – 통치자를 원하지 않았던 시민들의 처형 사건은 예수님을 배척하는 사람들의 심판을 그려준다('죽이다' [slay]-RSV, NASB, '학살하다' -NET, '죽이다' [kill]-NIV, '처형하다' -NLT). 이것은 어떠한 사람을 학살하는 것을 의미하는 생생한 용어다(BAGD, 419, BDAG, 528). 이것은 신약에서 여기에만 나온다. [katasphazō]

19:31, 34. 필요(Need, chreian) – 이것은 주요 인물이 필요에 따라 짐승이나 숙박 시설을 이용하는 징용권의 관습을 가리킨다('필요로 하다' -RSV, NASB, '필요' -NET, NLT, NIV). 그러한 권한은 종종 랍비와 같은 인물에게도 확대되었다(Bock, 1549-1550). [chreia]

19:36. 겉옷들(Garments, ta himatia) – 이러한 존경의 행동은 성경의 다른 본문인 열왕기하 9장 13절에서만 언급된다('외투들' -NET, NIV, '의복들' -RSV, NLT, '코트들' -NASB). 다른 복음서들은 예수님께서 짐승을 타신 사건을 스가랴 9장 9절과 연결시킨다(마 21:5, 요 12:15). [himation]

19:38. 왕(The King, ho basileus) – 이것은 찬양의 상반부에서 언급된 시편 118편 26절의 인용문에 추가된 유일한 용어다. 예수님께서는

제자들에게 소망해오던 메시아로 소개된다. 이것은 누가복음에서 예수님께서 왕으로 언급되거나 고소를 받는 5회의 언급 가운데 하나다(눅 23:2, 3, 37, 38). [basileus]

19:40. **돌들이 외칠 것이다**(Stones would cry out, hoi lithoi kraxousin) – 이 외침은 다른 모든 사람이 침묵하면 피조물이 말할 것이라는 사실을 말하는 방식이다. 그러므로 아벨의 피는 창세기 4장 10절에서 외친다. 예루살렘의 돌들은 하박국 2장 11절에서 외친다. 이 말씀은 일부 바리새인들이 요구하는 것, 즉 제자들을 책망하는 것을 절대적으로 거부하는 말씀이다. 예수님께서는 찬양을 받으신다. [lithos + krazō]

19:41. **그가 울었다**(He wept, eklausen) – 공관복음에서 예수님께서 우신 장면은 이곳이 유일하다('울기 시작했다', NLT). 예수님께서는 요한복음 11장 33절에서 나사로를 위해서도 우신다. [klaiō]

19:43. **너희 원수들**(your enemies, hoi echthroi) – 원수들과 포위에 대한 이 언급은 메시아를 배척한 언약적인 불신실함에 대한 심판으로, 주후 70년에 로마인들이 예루살렘에 행할 일을 예언한다. 이 구절에 사용된 언어는 고난과 패배의 묘사는 물론(렘 7:32-34, 시 137:9, 렘 6:6-21, 8:18-22, 사 29:1-4, 나 3:10), '오는 날들'의 사상이 제안하는 것과 같이 구약 선지자들의 추방 선언을 개념적으로 상기시킨다. 이 묘사는 44절에 언급된 것과 같이 성전 멸망의 예언을 포함한다. [echthros]

19:44. **방문**(Visitation, episkopēs) – 이 용어(RSV, NET, NASB)는 심판의 이유를 제시한다. 유대인들은 약속된 메시아를 통한 하나님의 방문을 놓쳤다("하나님이 오시는 때"-NIV, "하나님께서 제공한 기회를 배척했다"-NLT). '방문'이라는 단어는 누가복음 1장 68, 78절과 7장 16절에서 관련된 동사의 사용과 함께 누가복음에서 중요하다. [episkopē]

19:46. **기도의 집**(House of prayer, oikos proseuchēs) – 예수님께서는 하나님의 집인 성전의 바른 정체성을 설명하기 위해서 이사야 56장 7절과 예레미야 7장 11절을 사용하신다. 성전은 기도의 장소가 되어야 했다(이사야). 그러나 강도들의 소굴이 되었다(예레미야). 이것은 환전상들이 성전의 거룩한 장소에 들어와 이곳을 속되게 한 것을 가리킨다. 사실 그들은 성전세를 위해서 화폐를 교환해주는 편의를 제공하고, 성전 순례자들을 위해서 정결한 희생 짐승을 공급했다. 환전상들은 터무니없는 값으로 바가지 씌우지 않았으나, 성전 구역으로 들어와서 이러한 물품들을 팔았다. 그들은 전에 성전의 경계선 밖에서 장사했다. 예수님께서는 이러한 이동을 지적하고, 성전이 어떻게 돌아가는지에 대하여 성전 지도부에 도전을 주기 위해서 자신의 권세의 쟁점을 제기하신다. 예수님께서는 선지자적인 권세를 가지신 왕으로 도성을 죄에서 깨끗하게 하신다. 이 행동은 종말에 새 성전에서 일어날 것이라고 기대되던 것이다(고대사 18.85-87, 전쟁사 6.283-85, 에녹 1서 24-25). [oikos]

19:47. 멸망시키다(Destroy, apolesai) – 성전청결 사건은 국가의 예배를 감독하는 지도부의 방식에 대한 직접적인 도전이었다. 지도자들은 이제 예수님을 저지해야 한다고 생각했으며, 그분을 제거하려고 애썼다('멸망시키다' – NASB, RSV, '암살하다' – NET, '죽이다' – NIV, NLT). 예수님을 제거하려는 지도자들의 욕망을 언급하는 누가복음에서 이 동사가 사용된 것은 처음이다. [apollymi]

19:48. 매달렸다(Hung on/upon, exekremato) – 이 단어는 신약에서 여기에만 나온다. 이것은 사람들을 끌어들이는 예수님의 가르침의 능력에 대한 생생한 묘사다. 그들은 그분의 가르침에 매달렸다. 지도자들은 예수님을 공개적으로 체포할 수 없다는 것을 알았다. 예수님의 인기는 그러한 행동을 너무 위태롭게 했다. [ekkremannymi]

20:2. 권세(Authority, exousia) – 성전 사건은 종교 지도자들로 하여금 예수님께 성전을 청결하게 할 수 있는 신임장을 요구하게 했다. 예수님께서 가지신 권세의 출처에 관한 질문은 이 시점부터 예수님께서 십자가에 못 박히실 때까지 일어나는 모든 사건들과 관련하여 중요하다. [exousia]

20:4. 하늘로부터 말미암는가, 사람으로부터인가 (From heaven was or from men, ex ouranou ēn ex anthrōpōn) – 이 질문은 '하늘로부터' 바로 다음에 나오는 동사와 함께 사용된 헬라어의 어순을 보여주기 위해서 문자적으로 번역되었다. 예수님의 질문은 요한의 사역의 출처가 하나님께로부터인가 아니면 사람으로부터인가에 관한 것이다. 예수님께서 하시는 행동들의 출처는 그분의 생애 마지막 주간에 있었던 그분에 대한 논쟁의 열쇠다. 이제 이 질문이 놓인 어순은 그 항목이 동사에 선행하기 때문에 그분의 권세가 하늘로부터 왔다는 사상을 선호한다. 이 질문은 지도자들을 곤경에 빠지게 한다. 그들은 이 사실을 충분히 인식하고(5-6절), 이 질문에 대답을 하지 않기로 결정한다. 누가복음을 읽는 사람은 누구든지 특별히 누가복음 3장을 회상해보면 이 질문의 답을 안다. 종교 지도자들은 진정으로 훈련받지 않는 선생으로서 그분이 성전과 같은 장소에서 행할 권리가 있는지를 지적하며 도전하고 있었다. 사실 성전에서 권한을 가지고 있는 자들은 바로 그들이었다. 그렇지만 예수님의 권세는 사람이 그분을 세운 데 뿌리가 있지 않았다. 그러므로 '요한'은 완전한 반대 답변이다. [ex]

20:9. 포도원(Vineyard, ampelōna) – 이 용어는 구약에서 하나님 백성의 가정으로 이스라엘의 역할을 묘사하기 위해서 사용되었다(사 5장, 눅 13:6). 이 용어는 이 비유에서 6회 사용된다. 누가가 사용한 7회 가운데 6회가 여기에 나오는 것이다. 예수님의 비유는 포도원 이미지에 세워지고, 그것을 더욱 복잡하게 한다. 소작인들은 포도나무로 열매를 맺게 하기 위해서 포도원을 돌보는 일에 책임 맡은 사람들을 대표한다. 그러므로 소작인들은 지도자들이다(20:19). 그들이 이전 질문에 답을 하는 데 실패하자, 예수님께서는 하나님께서 자기 백성의 청지기인 그들

을 다른 사람으로 대치하실 것이라는 의미로 이 이야기를 하신 것이다. [ampelōn]

20:13. **내 사랑하는 아들**(My beloved Son, ton huion mou ton agapēton) – 예수님의 이러한 묘사는 요한에게 세례를 받을 때 하늘이 그분에게 말한 내용을 반영한다. 이것은 세례 요한에 대한 이전 논쟁과 또 다른 연결점을 제공한다 ('내 자신의 귀한 아들'–NET, '내 사랑하는 아들'–RSV, NASB, '내가 사랑하는 아들'–NIV, '내 소중한 아들'–NLT). [huios + agapētos]

20:14. **소작인들**(The tenants, hoi geōrgoi) – 상속자 없이 주인이 죽을 때 소작인들은 종종 소작지를 상속받았다. 이 소작인들은 주인의 아들을 제거함으로써 이러한 결과를 기대한다. 세부적인 내용을 볼 때, 불행하게도 그들이 죄로 인하여 마음이 완고해진 것을 예증한다. 누가 자기의 아들을 죽인 살인자들을 상속자로 삼겠는가? 누가복음 20장 16절은 이 같은 일이 살인한 자들에게 있을 것을 지적한다. [geōrgos]

20:16. **다른 사람들**(Others, allois) – 하나님의 백성을 맡은 청지기직은 다른 사람들, 곧 더 효과적인 사람들의 손에 맡겨질 것이다. 예수님 자신의 제자들이 여기에 일차적으로 포함된다. 그러나 궁극적으로 이것은 하나님의 백성을 이끌고 목양하는 사람들 가운데 이방인들의 포함도 내다본다. [allos]

20:17, 18. **돌**(Stone, lithon) – 여기에 언급된 돌은 시편 118편 22절을 가리킨다. 이것은 많은 사람에게 배척을 받으나 그럼에도 불구하고 하나님께 들림을 받고 승리 가운데 높여지는 왕을 그려준다. 예수님께서는 성경의 성취로 자기 자신을 이 인물로 묘사한다. 누가복음에서 종종 볼 수 있듯이, 성경의 성취가 이야기에 등장하는 참여자들에 의해 언급되고 주목된다. 누가복음 20장 18절에서 격언의 핵심은 돌이 그릇 위에 떨어지든 그릇이 돌 위에 떨어지든 그릇에게 안 좋은 소식이다. 돌을 배척하는 것은 심판을 직면하는 것이다. [lithos]

20:20. **가장한 사람들**(Who pretended, hypokrinomenous) – 가장했다는 말에 해당되는 용어는 우리가 사용하는 단어 '위선자'의 동사형이다. '가장하다'는 번역은 한쪽 방향에 나타날 때는 좋은 것이나 실상은 다른 동기를 지닌다. 신약에서 이 동사는 여기에만 나온다. [hypokrinomai]

총독(Governor, hēgemonos) – 유대인들은 어떤 사람을 처형할 법적인 권세를 가지지 못했다. 오직 로마인들만 그 권세를 지니고 있었다. 그러므로 예수님을 제거하기 위해서 유대인들은 궁극적으로 빌라도의 승인을 받아야 했다. 정치적인 고소는 그분에게 문제를 제기할 수 있는 유일한 소망이었다. [hēgemōn]

20:22. **조세**(Tribute, phoron) – 질문은 로마에게 바치는 세금('조세', NET, RSV)과 관련되었다(NIV, NLT, NASB). 그들이 바랐던 것은 어떤 대답을 하든지 예수님을 곤경에 빠트리는 것이었다. 예수님께서는 여기에서 두 가지 경우 모두 난처한 선택 상황에 직면하셨다. (1) 로

마의 통치하에 있기를 원하지 않은 이스라엘 백성들을 분노하게 하면서 세금 문제를 확증할 수 있다. 이것은 또한 이스라엘을 향한 하나님의 통치와 은혜에 대한 예수님의 충성심 결여를 표현할 것이다. 그 결과 예수님께서는 이스라엘에서 인기를 잃게 될 것이다. (2) 예수님께서는 세금 바치는 것을 거부하고 로마에 정치적인 도전을 할 수 있다. 이렇게 하면 그분은 빌라도 앞에서 고소를 받을 수 있는 위험에 자신을 노출시키는 것이다. 그들은 예수님께서 두 번째 답을 해주기를 기대했던 것으로 보인다. 지도자들은 누가복음 23장 2절, 곧 빌라도 앞에서 예수님의 질문에 대하여 거짓말을 하게 될 것이다. 이 용어는 본문과 누가복음 23장 2절에만 나온다. [phoros]

20:23. **간교함**(Craftiness, panourgian) – 이 용어는 다른 용례가 보여주듯이 기만의 요소를 표현한다('속임수' –NASB, NLT, '이중성' – NIV, '사기' –NET, '간교함' –RSV, 고후 4:2, 11:3–에덴동산에서 뱀의 행동과 관련하여, 엡 4:14). [panourgia]

20:24. **동전**(Coin, dēnarion) – 이것은 실제적으로 가이사의 초상이 새겨져 있는 로마의 데나리온(NASB, NIV, NET)을 가리킨다('동전' –RSV, '로마 동전' –NLT). 이것은 보통 노동자가 하루 품삯으로 얻을 수 있는 액수다. 그들이 이미 동전을 가지고 있었다는 사실은 지도자들이 그 당시의 화폐로 생활하며 그들의 삶의 일부로 이를 수용하고 있음을 보여준다. 예수님의 답변은 단순하게 가이사는 정부로 존중해야 하며, 하나님도 적절한 마음의 반응으로 존중해야 한다는 것이다. 예수님께서는 그들의 양자 택일의 난처한 질문을 받으셨지만, 오히려 두 가지 경우 모두 질문을 만드신다. [dēnarion]

20:27. **사두개인**(Sadducees, Sadduoukaiōn) – 이들은 예수님 당시에 대체적으로 부유한 제사장들과 함께 유대교 안에서 유력한 주요 그룹을 구성했다. 그들은 핵심 공회에서 대부분의 요직을 차지했다. 그들은 부활을 부인했을 뿐만 아니라, 오경만을 성경을 이해하는 열쇠로 간주했다. 그들은 또한 천사들과 내세도 믿지 않았다(요세푸스, 고대사 18.16–17). 결과적으로 부활에 관한 그들의 질문은 부활 신앙의 냉소적인 성격을 보여주기 위한 것으로 보인다. 그들은 자기들이 어떻게 협력할 수 있는지에 대하여 이해하고 있었기 때문에 로마에 대해 편안함을 느꼈다. 누가복음에서 그들의 이름이 언급된 것은 여기가 처음이다. 그들은 사도행전에 5회(4:1, 5:17, 23:6, 7, 8), 마가복음에 1회(12:18), 마태복음에 7회(3:7, 16:1, 6, 11, 12, 22:23, 34) 등장하지만, 요한복음에는 등장하지 않는다. [Saddoukaios]

20:28. **아내로 취해야 한다**(Must take the wife, labē ho adelphos autou tēn gynaika) – 이 구절은 형사 취수의 결혼 관습을 가리킨다. 이 관습에서 결혼하여 자식이 없을 경우에 동생이 결혼을 계승하여 죽은 형을 위한 후손을 제공해야 한다("아내로 취해야 한다"–RSV, "아내와 결혼해야 한다"–NASB, "그 과부와 결혼

해야 한다"–NIV, NLT, NET, 신 25:5, 룻 4:1–12). 이 질문의 위력은 여인이 죽을 때 일곱 남편을 가지게 될 것이란 사실에서 등장한다. 즉 이생에서는 여인에게 한 남편만 허락되는데, 어떻게 내세에서 일곱 남편을 가질 수 있느냐에 있다. 그 여자가 어떻게 그들 모두를 한꺼번에 보살필 수 있는가! [lambanō + gynē]

20:35. **결혼도 안하고 시집도 가지 않는다** (Neither marry or are given in marriage, oute gamousin oute gamizontai) – 예수님의 답변으로서 확증하는 내세는 사회적인 관계에 있어서 이 땅에서의 삶과 같지 않다는 것이다. 내세에는 장가드는 것도 시집가는 것도 없다. 그러므로 그들의 질문은 위력을 상실하고, 실제적으로는 그들이 내세의 삶에 대하여 얼마나 무지한지를 보여준다. [gameō, gamizō]

20:36. **천사들과 같다**(Like angels, isangeloi) – 예수님께서는 부활하는 사람들은 천사들과 같이 영화롭게 된 몸을 가지고(NASB, NIV, NLT) 영원히 살 것이라고 설명한다("천사들과 동등하다", NET, RSV – 몸의 형태에 있어서 동일하다는 것이 요점이다). 이와 같이 존재의 새로운 형태는 결혼을 불필요하게 만든다. 이 단어는 신약에서 여기에만 나온다. [isangelos]

20:37. **모세**(Moses, Mōusēs) – 모세에 대한 호소는 모세 오경만 권위 있는 것으로 받아들이는 사두개인들을 위한 것이다. 예수님께서는 출애굽기 3장을 이용하여, 만일 하나님께서 살아 있는 자들의 하나님이시고(38절), 오랜 후에 산 모세의 시대에 아브라함과 이삭과 야곱의 하나님이시면, 이 족장들은 반드시 부활해야 한다고 주장하신다. 예수님의 답변은 어떤 사람들, 즉 부활을 믿는 바리새인들 가운데 일부 사람들의 인정을 받는다. [Mōusēs]

20:42. **주님**(Lord, kyrios/kyriō) – 예수님의 질문은 시편 110편 1절과 주님의 신적인 칭호를 둘러싼 언어유희에 근거한다. 원문 히브리어에서 하나님과 다윗의 주님에 대한 언급은 구분될 수 있다. 그렇지만 히브리어(구약 성경의 언어)와 아람어(예수님 당시 사용된 언어)는 여기 헬라어에서 나타나는 것과 같이 둘 다 유사한 음을 가진 단어를 활용하여 유사한 언어유희를 만들어낼 수 있었다. 주님이라는 칭호는 신적인 존재(창 2:8, 사 40:5)나 어떤 중요한 권세 있는 인물에 대한 존경의 용어로 사용된다(남편에게–창 18:12, 아버지에게–창 31:35, 주인에게–출 21:29, 왕에게–삼상 26:23, 삼하 1:14, 16, BAGD, 458–60, BDAG, 576–579, II, Spicq, 2:341–52, 그는 이와 관련하여 많은 예문으로 헬라어 용례를 상세하게 제시한다). 이것은 헬라어 구약 성경에서 하나님을 가리키는 일반적인 방식이다(EDNT, 2:328–311, 특별히 330쪽에 있는 항목 7번을 보라). 신약에서 이것은 어떤 것의 소유자(마 20:8), 남편(벧전 3:6), 하나님(롬 10:9) 또는 통치자(행 25:26)를 가리킬 수 있다.

예수님께서는 여기에서 딜레마를 제기하신다. 부권이 존중되는 사회에서 조상으로서의 다윗이 어떻게 자기 후손의 권세를 인정하면서 후손을 '주님' 이라고 부를 수 있는가? 이러한 질문이 제기되었지만, 이에 대한 답변은 나오지 않는다. 이 질문의 취지는 메시아의 더 중요한 칭호는 다윗의 자손(44절)이 아니라, 주님이라는 것이다. 이 요점의 함축적 의미는 여기에 분명하게 나오지 않으나, 누가복음 22장 69절과 사도행전 2장 30-36절에 등장한다. 이 두 본문에 언급된 주님은 직접적으로 하나님의 임재 가운데로 가셔서 자신의 중보적인 권세를 행사하며 하나님의 우편에 좌정하신 분이다. 그 자체로 이 구절은 메시아가 누구인지와 그 결과로 예수님이 누구인지를 이해하는 데 중요하다. [kyrios]

오른손(Right Hand, dexiōn) – 하나님의 오른손에 대한 이 언급은 보호, 능력과 권세를 표현하는 방식이다(렘 22:24, 30). 이것은 사람이 하나님의 능력과 축복의 장소에 있는 것을 의미한다(시 16:8, 11, 17:7, 45:9 [히브리어 본문 45:10]). 이 구절은 하나님과 그분이 약속하신 왕적인 대표자 사이에 존재하는 긴밀한 관계를 확증한다. [dexios]

20:46. **긴 겉옷**(Robes, stolais) – 이 용어는 서기관들이 착용하는 길고 늘어지며 멋있는 겉옷을 묘사한다. 이것은 종종 바닥까지 닿으며 주목을 끄는 옷 술로 장식되었다(고대사 3.151, 11.80–여기에서는 제사장들의 옷을 묘사한다). 누가복음 15장 22절은 이 용어를 사용하여 돌아온 탕자에게 아버지가 준 옷을 묘사한다. 예수님께서는 사람들의 주목을 끌려는 서기관들의 노력에 반영된 허식주의를 책망하신다. [stolē]

20:47. **긴 기도**(Long prayers, makra proseuchontai) – 예수님께서는 공중 기도는 뚜렷하고 핵심이 있어야 한다고 종종 가르치셨다(마 6:1-13, 눅 11:2-4). 기도로 사람을 자기 자신에게 주목하게 해서는 안 된다. [proseuchomai]

21:1. **연보함**(Treasury, gazophylakion) – 이것은 성전 주위에 놓여 있는 13개 연보함 가운데 하나다('모금함' –NLT, '헌금함' –NET, m Shek 2.1, 6.1, 5). 이것들은 나팔 모양이다(BAGD, 149, BDAG, 186). [gazophylakion]

21:2. **동전들**(Coins, lepta) – 이러한 구리 동전은 통용되고 있는 가장 작은 화폐의 단위다. 각 동전은 한 데나리온의 100분의 1, 또는 일반 노동자의 하루 품삯의 100분의 1로 약 7분간에 해당하는 노동의 가치가 있다. 다른 말로 표현하면, 이것은 페니 몇 개 정도와 같이 얼마 되지 않는 돈이다(NLT는 이 용어를 페니로 번역한다). [lepton]

가난한(Poor, penichran) – 이것은 가난한 사람을 가리키는 일반적인 용어가 아니다. 이 용어는 신약에서 여기에만 나온다. 또한 이것은 궁핍한 어떤 사람을 가리킨다(BAGD, 642, BDAG, 795, 출 22:25 [칠십인경 22:24], 잠 28:15, 29:7). 역설적인 것은 비례적으로 볼 때 가장 많이 헌금하는 사람은 궁핍한 사람이라는 것이다. [penichros]

21:4. **생활비**(Living, bion) – 강력한 은유법으로 예수님께서는 자신의 빈궁함 가운데 동전 두 개를 던져 넣음으로써 그 여인이 자신의 모

든 생활비를 바쳤다고 말씀하신다('그녀가 의존하고 살아야 했던 모든 것' -NASB, NIV, '그녀가 가진 모든 것' -NLT, '그 모든 생활비' -RSV, '그녀가 가졌던 모든 것' -NET). 그녀의 예물은 자기 희생을 수반했기 때문에 하나님을 기쁘시게 한다. [bios]

21:5. **장식된**(Adorned, kekosmētai) - 제2성전은 국가 재건 프로그램의 일환으로 헤롯에 의하여 수리중에 있었다. 이것은 완성하는 데 80년이 걸렸고, 예수님의 지상생애 기간 동안 진행중에 있었다. 많은 나라가 장식을 돕기 위해서 선물들을 보냈다. 로마 역사가 타키타스(Tacitas)는 성전이 '극히 풍부했다' 고 평가했다(History 5.8). 이것은 제자들이 예수님께 말씀 드릴 때 놀랐던 것이다. [kosmeō]

21:6. **돌 위에 돌 하나**(One <u>stone</u> upon another, lithos epi lithō) - 예수님께서는 이 위대한 성전이 어느 날 심판의 대상이 되어 돌더미가 될 것을 예언하신다. 그는 이미 19장 41-44절에서 예루살렘과 관련해 이것을 말씀하셨다. 예수님께서는 이제 성전에 돌 위에 돌 하나 남지 않을 것이라고 분명하게 말씀하신다. 도성은 완전히 전복될 것이다. 이것은 주후 70년에 일어났다. [lithos]

21:7. **표징**(Sign, sēmeion) - 누가복음에서 제자들이 예수님께 묻는 두 가지 질문은 이 대격변의 사건이 일어날 시기와, 그것이 곧 일어날 것이라는 어떤 경고나 하늘의 표징이 있을 것인가였다. 마태복음 기사에 분명하게 설명되어 있는 질문 속에 암시되어 있는 것은 그와 같은 대격변의 사건이 심판 가운데 하나님의 결정적인 오심과 예수님의 오심에 대하여 신호를 보내야 한다는 것이다. 물론 제자들은 아직 이것을 예수님에 의한 재림으로 인식하지는 못했다(그들은 아직 다가올 부활을 이해하지 못했다. 그래서 그들은 마태복음에서 이 오심은 이생에서 예수님을 포함하다고 가정한다 - 심판이 언제 그리고 어떻게 있든지간에 마지막 때 결정적인 심판 가운데 오심). 제자들이 그러한 성전 심판이 하나님의 핵심 행동을 가리킨다고 생각하는 것은 옳았다. 그러므로 한 사건이 다른 사건의 거울이 되는 것과 같이, 예수님의 답변은 주후 70년에 일어난 성전의 멸망과 마지막 심판 때에 일어날 하나님의 강력하고 최종적인 재림을 다룬다. 이 두 사건의 이러한 거울과 같은 기능 - 때때로 역사의 예표론적인 예언 해석, 또는 모형 예언 해석으로 불림 - 은 예수님께서 이 말씀을 하실 때 제자들에게 분명하게 전달되지 않았다. 주후 70년, 마지막 재림이 일어나지 않았을 때 비로소 그때의 사건은 종말이 어떠할지를 거울처럼 보여주기(또는 모형을 제공하기) 위해 의도된 것으로 분명히 드러났다. [sēmeion]

21:8. **미혹을 받지 말라**(Not led astray, me planēthēte) - 예수님께서는 많은 거짓된 메시아들이 등장할 때 제자들이 그들에게 주목하지 말아야 한다고 경고하신다. 그들을 따르는 것은 그릇된 길을 추구하며 미혹을 받는 것이다("미혹되지 않다"-NASB, "속임을 받지 않다"-NIV, "누구도 너희를 미혹하지 않게 하라"-

NLT, "미혹을 받지 말라"-RSV, NET, BAGD, 665, BDAG, 822, 2Bd). 제자들은 그러한 주장을 하는 사람들을 추종해서는 안 된다. [planaō]

21:9. **종말은 즉시 있지 않을 것이다**(The end will not be at once, ouk eutheōs to telos)-여기에서 종말은 인자가 재림하시어 심판을 하고 성도들을 확증하는 때를 가리킨다. 이 강화에 대한 누가의 기록은 다른 기록보다 시간 표시를 가장 많이 가진다. 여기에서 예수님께서는 제자들에게 메시아라고 주장하는 자들이 많아지고 전쟁들과 소문들이 일어날 때, 놀라거나 종말이 왔다고 생각하지 말라고 말씀하신다. 종말은 그때에 즉시 임하지 않을 것이기 때문이다("종말은 즉시 따르지 않을 것이다"-NASB, "종말은 당장 오지 않을 것이다"-NIV, "종말은 즉시 따르지 않을 것이다", "종말은 당장 있지 않을 것이다"-RSV, "종말은 즉시 오지 않을 것이다"-NET). 누가복음에서 이 단어가 이러한 의미를 가지는 것은 오직 이곳뿐이다. 이와는 대조로 누가복음 1장 33절은 예수님을 통한 하나님의 통치는 끝이 없을 것이라고 언급했다. [telos]

21:11. **공포**(Terrors, phobētra)-이 용어는 신약에서 여기에만 나온다. 구약에서 이것은 보기에 무시무시한 어떤 것을 묘사한다('공포'-NASB, RSV, '무서운 사건들'-NIV, '겁나게 하는 일들'-NET, 사 19:17, BAGD, 863, BDAG, 1062). 이것은 나라가 나라를 대적하여 맞서고, 기근과 전염병이 임하며, 큰 표징이 이러한 공포들을 동반하는 것과 같은, 종말 전에 임할 우주적인 혼란에 대한 묘사의 일부다. 예수님께서는 재림 전에 재림의 필요성을 신호하며 피조물이 얼마나 불안정하게 되는지를 묘사하신다. 이 구절의 분위기는 구약과 구약의 심판과 추방에 대한 묘사를 상기시킨다(렘 4:13-22, 14:12, 21:6-7, 겔 14:21). [phobētron]

21:12. **이 모든 일이 있기 전에**(Before all of this, pro de toutōn)-이제 예수님께서는 12-24절에서 묘사할 일들이 어떻게 종말에 선행하는 사건들이 있기 전에 일어날 것인지를 언급하신다. 그러므로 핍박과 예루살렘의 멸망은 종말에 앞서 일어나며, '이방인들의 때'로 알려진 시대로 이어진다. 그 후에 인자가 재림한다. 그러므로 예수님께서는 그 시점에서 현 시대로 거꾸로 이야기를 하고 계신다. [pro]

너희를 넘겨주며(Delivering you over, paradidontes)-예수님께서는 제자들에게 다가오는 핍박이 회당에서부터 시작될 것이라는 사실을 묘사하신다("너희를…에게 넘겨주며"-RSV, "너희를…에게 넘겨주며"-NASB, NIV, "회당으로 끌려들어가다"-NLT, "너희를…에게 인계하며"-NET). 이 같은 동사는 어떻게 유대인 지도자들이 예수님을 넘겨주었는지를 묘사하는 데 사용된다(눅 9:44). [paradidōmi]

21:13. **증거**(Testimony, martyrion)-이것은 핍박의 목적이 예수님을 증거하는 것이라고 설명한다('증거'-NASB, RSB, '증인이 되며'-NIV, '그들에게 나에 대하여 말하기 위하여'-NLT, '증인으로 역할하다'-NET). 이것이 어떻게 작용했는지는 사도행전 4장에 기록된 베드로의

체포나 사도행전 22-26장에 기록된 바울의 변호 연설과 같이 사도행전의 앞장에서 볼 수 있다. [martyrion]

21:14. 답을 하는 것(To answer, apologēthēnai) - 이 용어는 변호나 상황에 대한 반응으로 대답하는 것을 의미한다('너희의 변호를 하는 방법' -NET, '너희 자신을 변호하는 것' -NASB, '너희가 어떻게 자신을 변호할지' -NIV, '답변을 하는 방법' -NLT, RSV, 행 19:33, 24:10, 25:8, 26:1, 2, 24). [apologeomai]

21:15. 지혜(Wisdom, sophian) - 예수님께서는 필요한 대답들을 제공할 것이라고 약속하신다. 이것은 성령의 역사를 간접적으로 말하는 방식이다(마 10:19-20, 막 13:11). [sophia]

21:18. 너희 머리카락(Hair of your head, thrix ek tēs kephalēs) - 16절에서 예수님께서는 제자들 가운데 일부가 죽임을 당할 것이라고 말씀하셨다. 그러므로 이것은 상징적인 표현이다. 이것은 그들에게 육체적으로 무슨 일이 일어나든지간에 절대적으로 어떤 것도 그들에게 영적으로 일어날 수 없다는 것을 의미한다. 하나님께서는 그들을 보호하고 확증하실 것이다. [thrix]

21:19. 인내(Endurance, hypomonē) - 누가복음에서 이 단어의 또 다른 사용은 좋은 토양에서 씨가 열매를 맺는 것을 묘사하는 누가복음 8장 15절에 나온다. 여기에서 인내는 영혼의 보전에 이른다('인내' -NASB, NET, RSV, '견고하게 섬으로' -NLT, NIV). 예수님께서는 핍박 가운데 잘 견디는 제자들의 유익을 설명하신다. [hypomonē]

21:20. 도시의 멸망(Her desolation, hē erēmōsis autēs) - 이 묘사 장면은 마태복음 24장 15절과 마가복음 13장 14절에 기록된 병행 기사와 약간 다르다. 이 두 복음서는 성전의 더럽혀짐을 언급하는 '멸망의 가증한 것'을 말한다. 여기에서 예수님께서는 주후 70년에 일어난 멸망의 한 부분인 예루살렘 도성의 멸망을 기술하신다('그녀의 멸망' -NET, NASB, '그것의 멸망' -NIV, RSV, '그것의 파괴' -NLT). 그렇지만 이 사건 자체는 다니엘 9장 27절이 묘사하고 있는 방식으로 성전이 더럽혀질 때 종말이 어떠할지를 그려주며, 종말의 한 유형이다. 공관복음의 세 본문은 이 단어가 신약에서 유일하게 나오는 곳이다. [erēmōsis]

21:22. 복수(Vengeance, ekdikēseōs) - '복수의 날들' 이란 표현(RSV, NLT, NASB, NET, '심판의 때' -NIV)은 예루살렘이 이 시기에 하나님의 심판 대상임과 도성이 포위중에 있을 때 그 안에 있지 않는 것이 좋다고 보여준다. 이것은 언약적인 불신실함으로 인하여 성경이 있을 것이라고 예언한 것과 예수님께서 누가복음 19장 41-44절에서 예언하신 것을 성취한다(24절을 보라). 이것은 또한 인자가 오시는 종말에 하나님께서 하실 일과 같다. 23절이 제시하는 것과 같이 이것은 고통의 무시무시한 때가 될 것이다. [ekdikēsis]

21:24. 이방인들의 때(Times of the Gentiles, kairoi ethnōn) – 이 표현은 이스라엘이 심판으로 붕괴될 때, 그 다음 시기는 이방인들이 세계를 주도하는 때가 될 것임을 나타낸다('이방인들의 때'–RSV, NIV, NASB, NET, '이방인들의 시대'–NLT). 이 말씀은 이러한 상황이 영원히 지속되지 않을 것이란 사실과 예수님께서 곧 이어서 묘사하시는 인자의 재림이 이것을 반전시킬 것이라는 사실을 암시한다. 이것은 누가복음 13장 35절에도 제시되어 있는 것과 같이 이스라엘의 운명이 그때에 변화될 것임을 제시한다. [kairos + ethnos]

21:25. 고통(Distress, synochē) – 이 용어는 일반적으로 사슬에 매이는 것을 가리키나 심리적인 고통을 가리킬 수 있다(욥 30:3, BAGD, 791, 2, BDAG, 974, 2). 그러므로 일어나는 모든 우주적인 징조에는 고통이 있다('고통'–NET, RSV, '당황'–NASB, '고뇌'–NIV, '소란'–NLT, 사 13:9–10, 24:18–20, 34:4, 겔 32:7–8, 욜 2:10은 징조를 언급하는 본문들이다). [synochē]

21:26. 흔들릴 것이다(Shaken, saleuthēsontai) – 이 용어는 갈대가 바람에 흔들리거나(눅 7:24) 지진에 의하여 땅이 흔들리는 것(시 82:5, BAGD, 740, BDAG, 911)을 묘사할 때 사용된다. 여기에 나타나는 이미지는 천체가 소리 내며 움직이는 것을 그려준다. 이 이미지는 그것을 목격하는 사람들에게 두려움을 가져다줄 것이다('흔들릴 것이다'–RSV, NIV, NET, NASB, '깨어질 것이다'–NLT). [saleuō]

21:27. 구름(Cloud, nephelē) – 이 용어는 다니엘 7장 13절의 인용문의 일부다. 이 본문에서 인자는 구름을 타고 와서 옛적부터 계신 분께로부터 심판 권세를 받는다. 구약에서 하나님이나 신들만이 구름을 타고 다니신다(출 14:20, 민 10:34, 시 104:3, 사 19:1). 그러므로 이 이미지에는 천상적인 권세에 대한 암시적인 주장이 들어 있다. [nephelē]

21:28. 구속(Redemption, hē apolytrōsis) – 그와 같은 하늘의 징조들과 인자의 재림은 구원의 완성이 다가오고 있음을 의미한다(에녹 1서 51:2). 이 명사는 누가복음에서 여기에만 나온다('구속'–NASB, NIV, RSV, NET, '구원'–NLT). 구속은 속량금이나 지불을 통하여 사람이 자유를 얻는 것을 묘사하는 방식이다(EDNT 1:138). [apolytrōsis]

21:31. 이 일들(These things, tauta) – 이것은 인자의 재림 이전에 임하는 다양한 징조들에 대한 재차 언급이다('내가 묘사한 사건들', NLT). 인자의 재림은 이 강화의 관점에서 볼 때 그 '종말'이다. 그러므로 예수님께서는 자신이 메시아라고 거짓된 주장을 하는 사람들로부터 핍박과 예루살렘의 멸망에 이르기까지 일어나는 모든 사건은 그 종말의 도래가 가까이 옴을 가리킨다고 말씀하신다. [outos]

21:32. 이 세대(This generation, hē genea) – 이 구절에서 이 용어의 의미는 많은 논란을 일으킨다. 인자는 그들이 살아 있을 때 재림하지 않으셨기 때문에 이것이 예수님 당시의 세대를

가리키지 않는 것이 분명해보인다. 이것이 긍정적 또는 부정적으로 의도되었든지, 다른 견해 가운데는 이 의로운 또는 악한 세대를 가리키며 윤리적 의미를 가진다는 견해가 있다. 이 경우에 의인들이 살아남을 것, 혹은 악인들이 심판받을 것이라는 사실을 재확인하는 것이다. 또 다른 입장은 이 용어는 시간적 의미를 가지며 일단 종말의 사건들이 일어나기 시작하면, 이 모든 것이 한 세대 안에 일어날 것이라는 사실을 가리킨다는 것이다(이러한 견해들과 다른 견해들에 대하여 좀더 알려면, Bock 2:1688-1692를 보라). 여기에서 이 단어가 어떤 의미로 사용되었는지 아는 것은 어렵다. 이 가운데 가장 가능성이 있는 견해는 부정적 윤리적인 입장(악한 세대)이거나 일단 종말이 시작되면 이 것이 한 세대 안에 완성될 것이라는 사상이다. [genea]

21:34. **갑자기 <u>가까이 오다</u>**(<u>Approach</u> suddenly, epistē eph hymas aiphnidios) – 여기에 사용된 동사는 종말의 '갑작스런' 다가옴에 대하여 말한다('너희에게 들이닥치다' –NET, '모르게 너희를 잡다'–NLT, '너희에게 다가오다'–NIV, '너희에게 오다'–NASB, '너희 위에 임하다'–RSV). 이 동사는 종종 불행이 접근한다는 부정적인 함의를 수반한다(BAGD, 330, BDAG, 418, 2, 지혜서 6:8, 19:1, 살전 5:3). 그러므로 여기에서 예수님의 경고는, 깨어 있지 않는 사람은 재림시 준비가 되어 있지 않음으로써 불행을 당할 수도 있다는 것이다. [ephistēmi]

21:35. **올무**(Trap, pagis) – 올무는 덫이다('올무' –NET, NLT, NIV, NASB, '덫'–RSV, BAGD, 602, BDAG, 747, 1, 헬라어 구문은 영어 번역에서 때때로 이 단어가 35절에서 나오게 한다). 예수님의 요점은 종말을 위해 준비되어 있지 않는 것은 걷다가 갑자기 올무에 빠지는 것과 같다는 것이다. 이것은 예상 밖의 일이며, 바람직한 것도 아니다. [pagis]

22:1. **유월절**(Passover, pascha) – 이 절기는 출애굽기(12-13장)에서 민족의 구출을 기념한다. 이것은 일주일 동안 진행되는 무교절로 곧바로 이어진다. 그래서 이 둘은 동일한 이름을 공유했다(고대사 3.294). 이것은 유대인의 달력에서 순례절기 가운데 하나다. 이 때 예루살렘의 인구는 이 절기를 지키기 위해서 성전으로 여행 온 순례자들로 급증했다. [pascha]

22:3. **사탄**(Satan, Satanas) – 이것은 누가복음 4장 1-13절에 기록된 예수님의 시험 사건에서 등장한 이후 사탄이 분명하게 처음으로 재출현한 것을 보여준다. [Satan/Satanas]

22:6. **기회**(Opportunity, eukairian) – 이 단어는 간단하게 '좋은' 또는 '적절한'을 뜻하는 단어와 '때'를 의미하는 단어로 이루어졌다. 신약에서 이 단어의 두 번 사용은 이 장면에 나온다(마 26:16). [eukairia]

22:7. **유월절 양**(Passover, pascha) – 누가복음과 다른 공관복음은 이것이 유월절 식사라고 확신한다. 유월절 식사에는 출애굽 사건을 기념하기 위해서 포도주 네 잔과 일치하여 네 과

정의 식사가 있다(m Pesah 10). 그러므로 공관복음에 나오는 나중 장면은 분명하게 상당 기간 동안 지속되었던 유월절 만찬의 주요 특징들에 대한 요약이다. [pascha]

22:11. **객실**(Guest room, katalyma) – 병행 기사를 기록하는 마가복음 14장 14절에 나오는 것 외에 이 용어가 다시 나오는 곳은 누가복음 2장 7절이다. 이 본문은 예수님의 탄생 시점에 요셉과 마리아에게 방이 없는 것을 묘사한다. 예루살렘의 인구는 유월절 축제 기간 가운데 순례자들로 세 배 정도 늘어날 수 있었다(Bock, 1952). [katalyma]

22:16. **이것**(It, auto) – 이 구절에서 이 인칭 대명사의 첫 번째 사용은 유월절 만찬을 다시 언급한다. 예수님께서는 제자들에게 이것은, 모든 일들이 하나님나라에서 성취될 때까지 그가 참여할 마지막 식사라고 말씀하신다. 이 말씀은 미래에 이와 같은 식사가 있을 것을 예상하는 말씀이다. 예수님께서는 22장 18절에서도 잔에 대하여 같은 말씀을 하신다. [autos]

22:19. **너희를 위해서**(For you, hyper hymōn) – 이것은 누가복음에서 예수님의 죽음이 분명하게 대속적인 사역으로 설명되는 유일한 장소다. 특별히 그 배경이 유월절 희생인 문맥에서 전치사 hyper는 이 사실을 지적한다. 사도행전 20장 28절은 예수님의 죽음과 그분의 피로 말미암아 교회를 '샀다' 고 설명한다. 누가복음22장 19하–20절은 일부 사본에 나오지 않기 때문에 종종 의심을 받는다. 그러나 이것을 누가복음의 일부분으로 보는 것이 타당하다(Bock, 1721–21). [hyper]

기념(Remembrance, anamnēsin) – 이 용어는 예수님의 만찬을 규칙적으로 기념되어야 할 어떤 것으로 바꾼다. 이 용어는 신약에서 드물게 나온다. 이것은 주님의 식탁을 논의하는 고린도전서 11장 24–25절에 두 번, 히브리서 10장 3절에 한 번씩 각각 나온다(TDNT 4:678, 682). 식사는 예수님의 희생과 제공의 행동을 상기시키기 위한 것이다. 고린도전서 10장 16절은 이 식사를 '참여', 곧 그리스도의 피에 참여하는 것(koinōnia)이라고 부른다. 바울의 이 구절은, 이 식사가 예수님께서 세우신 언약에 참여하는 것에 대한 단체적 확증을 표시한다는 개념을 표현한다. [anamnēsis]

22:20. **새 언약**(New Covenant, hē kainē diathēkē) – 잔을 사용하여 표현한 것과 같이 예수님의 죽음은 그분이 흘리실 피와 죄 용서의 약속을 가진 새 언약의 개시를 가리킨다. 이것은 또한 마음속으로부터 성령을 통한 하나님의 역사를 가리킨다(렘 31:31–33, 겔 34:23–26). 이것은 구약에 펼쳐진 소망의 약속이 십자가 위에서 예수님의 사역을 통하여 실현된 것을 예수님께서 말씀하시는 방식이다. [kainē + diathēkē]

22:22. **작정된**(Determined, hōrismenon) – 인자 되신 예수님에 대한 배반은 그 자체가 실현될 하나님의 계획의 일부다('결정되었다' – NET, NASB, RSV, '작정되어 있다' – NIV, '이것이 하나님의 계획의 일부이므로' – NLT). 누가는 이 용어를 사도행전에서 빈번하게 사용한

다(2:23, 10:42, 11:29, 17:26, 31). 이것은 또 한 사도행전에서 일어나는 사건들이 계획의 '결정된' 부분임을 역설한다. [hōrizō]

22:24. **가장 큰**(Greatest, meizōn) - 제자들은 여전히 일어나고 있는 일을 깨닫지 못하고 있었다. 그들은 하나님나라에서 차지할 자리를 놓고 서로 다투었다. 또한 여전히 예수님께서 행하시고 있었던 일의 결과로 하나님의 나라가 온전히 도래할 것이라고 생각했다. 사실 식사 자리에서 이 문제에 대하여 약간의 다툼이 있었다(philoneikoi, BAGD, 860, BDAG, 1058, 2). 예수님께서는 제자들에게 세상과 같아서는 안 된다는 것을 상기시키신다. 제자들은 지위에 대하여 걱정해서는 안 된다. 그들은 섬김에서 위대함을 볼 수 있어야 한다. [megas]

22:25. **은인들**(Benefactors, euergetai) - 이 용어는 신약에서 여기에만 나온다('은인들' - NIV, NASB, RSV, NET, '친구들' -NLT:이것은 실제로 이 특별한 헬라어 명칭의 뜻을 제대로 포함하지 못한다. '사려 깊은 후원자' 가 더 좋을 것이다). 이것은 통치자들과 왕들이 자신의 지위와 권세를 표시하기 위해서 즐겨 사용했던 칭호를 묘사한다(마카비 2서 4:2, 마카비 3서 3:19, 요세푸스, 전쟁사 3.459). 예수님께서는 그러한 칭호를 얻으려는 욕망과 제자의 섬김을 대조하신다. [euergetēs]

22:27. **섬기는 자**(One who serves, ho diakonōn) - 제자들은 예수님께서 보여주신 섬김의 본보기를 따라야 한다. 누가복음 22장 26-27절에서 예수님께서 두 번 사용하시는 이 용어는 섬기는 자를 의미하는 '집사'란 헬라어 단어의 동사형이다. [diakoneō]

22:29. **나라**(Kingdom, basileian) - 예수님께서는 방금 열두 제자들의 지위 다툼을 인하여 그들을 책망하셨으나, 하나님께서 아들 되신 예수님 자신에게 주신 하나님의 나라에 참여할 수 있도록 은혜롭게 그들을 세우신다. 이 언급은 28절이 제자들이 시련 가운데 그분과 함께 계속 지냈다고 지적하는 것과 같이, 그분에게 충실했던 제자들에게 예수님께서 주시는 혜택을 가리킨다. 하나님나라에서의 자리는 제자들이 앞으로 도래하는 만찬에서 축하하게 될 것을 의미한다. 언젠가 그들은 또한 열두 보좌 위에 앉아서 이스라엘을 심판할 권세를 가질 것이다. [basileia]

22:30. **식탁**(Table, trapezēs) - 식탁에 대한 언급은, 제자들이 메시아의 승리를 축하하는 종말에 예수님과 함께하는 교제를 대표하는 예수님의 축하 만찬에서 자리를 차지하는 것을 그려준다. 이 만찬 이미지는 누가복음에서 매우 흔하게 나온다(12:35-37, 13:29, 14:15-24). 그러나 누가복음에서 식탁 교제를 통해 이 이미지를 상기시키는 본문은 이곳이 유일하다. [trapeza]

22:31. **체질로 가려내다**(Sift, siniasai) - 이 단어는 신약에서 이곳에만 사용된다. 이것은 체질을 하여 곡식을 가려내는 것과 같이(암 9:9) '어떤 사람을 가려내는 것' 을 그려주는 은유적

표현이다. 사탄은 베드로를 멸하기를 원하지만, 예수님의 중보 기도는 예수님을 세 번 부인함으로써 실패한 베드로의 멸망을 막을 것이다(22:34). [siniazō]

22:32. 다시 돌이키고 나서(Turned again, epistrepsas) – 예수님의 말씀은 베드로 편에서의 실패는 돌이킴이 요구되는 단기적인 것임을 가정한다('다시 돌이키고 나서'–NLT, NASB, RSV, '뒤로 돌아와서'–NET, NIV). 그러나 예수님께서는 베드로에게 그 돌이킴과 회복이 일어날 때 그의 형제들을 강하게 하라는 임무를 수여하신다. 여기에서 볼 수 있는 '돌이킴'의 본보기는 사도행전에서 자주 언급되는(행 3:19, 9:35, 11:21, 14:15, 15:19, 26:18, 20) 것과 같은 개종이 아니라, 그 사람 안에 있는 믿음 혹은 행위의 회복이다. [epistrephō]

22:37. 범법자들(Transgressors, anomōn) – 이 용어는 '불법자'들을 가리키며, 예수님께서 인용하신 이사야 53장 12절의 일부다. 예수님께서는 이사야의 본문이 자신의 죽음에서 성취되는 것을 보신다('범법자들'–RSV, NIV, NASB, NET, '반역자들'–NLT). 앞절에서 지갑과 자루와 검을 취하라고 말씀하신 예수님의 요점은 제자들에 대한 반대가 고조되어 그들이 자기 자신들을 돌봐야 할 필요가 있다는 사실을 말하는 것이다. 예수님에 대한 세상의 배척은 그분을 범법자로 취급하는 지경에까지 이르며, 그것은 제자들에게도 닥쳐올 것이다. [anomos]

22:38. 검들(Swords, machairai) – 이 용어는 검이나 단검을 가리킨다(BAGD, 496, BDAG, 622). 검 두 개가 준비되었다는 제자들의 재고 목록은 그들이 예수님을 위해서 싸울 준비가 되었다는 암시다. 예수님께서는 단순하게 그들의 말을 무시하신다. 예수님께서 체포될 때 제자들이 검을 사용하자 그분은 그들을 막으신다(22:49–50). 그들은 아직도 배워야 할 것이 많았다. [machaira]

22:40, 46. 시험(Temptation, peirasmon) – 이 문맥에서 시험은 예수님의 체포 및 죽음과 연결된 사건들에 부적절하게 반응하는 것이 될 것이다. 그렇지만 제자들은 너무나 지쳐서 기도하는 일에 깨어 있지 못했다. 그들은 예수님의 체포에 형편없이 반응한다. [peirasmos]

22:42. 잔(Cup, to potērion) – 아마도 진노의 잔을 언급하는 것 같다(시편 75:8–9, 사 51:17, 19, 22, 렘 25:15–16, EDNT, 3:142). 이것은 예수님께서 자신의 죽음의 일부로서 경험할 사건의 일부다. 예수님께서는 처음에 이를 피해갈 다른 길이 있는가를 물으신다. 그러나 자신의 진정한 소원은 단순하게 하나님의 뜻을 행하는 것이라고 궁극적으로 표현한다. [potērion]

22:44. 고뇌(Agony, agōnia) – 누가복음 22장 43하–44절은 본문상의 문제가 있으나(이 내용이 원래 누가복음에 있었는지에 관한 약간의 의문), 이 구절들은 누가복음에 속하는 것으로 보인다(Bock, 1763–64). 만일 이것이 사실이라면, 본문은 예수님께서 기도하면서 죽음을 준비하실 때 겪은 고뇌와 고통을 가리킨다

(BAGD, 15, BDAG, 17, 마카비 2서 3:14, 16, '고민 가운데'-NIV, NET, '고뇌'-NLT, NASB, RSV, 난외주). 이 단어는 신약에서 여기에만 나온다. [agōnia]

더욱 간절하게(More earnestly, ektenesteron) – 이 용어는 신약의 다른 두 곳에도 나온다(행 12:5, 벧전 1:22). 여기에서와 마찬가지로 사도행전에서도 기도의 강도를 표현한다. 반면 베드로전서에서는 강렬한 사랑을 표현한다 (BDAG, 310, BAGD, 245). [ektenoōs]

피(Blood, haimatos) – 본문은 예수님께서 피를 흘렸다고 표현하지 않으나, 땀이 핏방울과 같았다고 기록한다. 이러한 세부적인 묘사는 기도의 강도를 나타낸다. [haima]

22:48. **인자**(Son of Man, ton huion tou anthrōpou) – 이 시점에 예수님께서 이 칭호를 사용하신 것은 중요한 의미를 지닌다. 누가복음 21장 27절에서 다니엘 7장 9-14절 인용을 지적하듯이 인자는 다니엘 본문을 상기시키신다. 그러므로 유다는 하나님께서 심판의 권세를 위임하신 분을 배반하고 있는 것이다. [huios + anthrōpos]

22:52. **강도**(Robber, lēstēn) – 이것은 예수님의 비유에서 사마리아인에게 상처를 준 강도떼를 묘사하기 위해 사용된 용어다(눅 10:30, 36, '노상 강도들', NET). 이 용어는 또한 요세푸스의 글에서 혁명 운동가들을 묘사하는 데 사용된다(전쟁사 2.253-54, "내가 폭동을 이끄는가?", NIV). 이것은 폭력을 자유롭게 사용하는 어떤 사람들을 묘사한다('강도'-NASB, RSV, '범법자'-NLT, BAGD, 473, BDAG, 594, 1). 여기에서 이 단어의 의미는 넓고 일반적이다. 그래서 강도나 범법자의 의미도 옳다. 헬라어 문장에서 이것은 강조를 위해서 맨 앞에 나온다. [lēstēs]

22:53. **어둠의 능력**(The power of darkness, hē exousia tou skotous) – 예수님께서는 자신을 체포하는 사람들의 행동을 어둠으로 묘사된 악의 세력과 연결하신다('어둠의 능력'-NET, NASB, RSV, NLT, '어둠이 지배할 때'-NIV). 그러므로 사탄의 임재가 보인다. 어둠의 상징적인 용례는 누가복음 1장 79절에 나온다. 여기에서 사람들은 어둠 가운데 사는 것으로 언급된다. 이것은 11장 35절에도 나온다. 여기에서는 사람의 성품 속에 도덕적인 정직성이 결여됨을 가리킨다. [skotos]

22:55. **안뜰**(Courtyard, aulēs) – 로마식의 많은 집들이 집 중앙의 안뜰 둘레에 지어졌다. 이 집은 가야바와 안나에게 속한 것 같다. [aulē]

22:56. **여종 소녀**(Servant girl, paidiskē) – 이 용어는 가정에서 시중을 드는 어린 여종을 가리킨다(RSV, '사환 소녀'-NET, '여종 소녀'-NASB, NIV, NLT). 그녀는 베드로를 바라본 후 그의 정체를 밝힌다. 그녀는 가정에서 섬기는 신분이 매우 낮은 종 가운데 하나였을 것이다. 이 단어는 여기와 누가복음 12장 45절에서만 사용된다. [paidiskē]

22:59. **갈릴리 사람**(Galilean, Galilaios) – 이

사건의 병행 기사는 베드로가 예수님과 같은 지역 출신으로 드러난 것은 그의 악센트 때문이었다고 설명한다(마 26:73). [Galilaios]

22:62. **통곡했다**(Wept, eklausen) – 이 용어는 종종 사람이 죽었을 때 애도의 통곡을 묘사하는 데도 사용된다(눅 8:52, 요 11:31, 33, '통곡했다'–RSV, NIV, NASB, NET, '울며'–NLT). 이것은 여기에서 예수님께서 예언하신 것과 같이 주님을 부인한 일로 인한 베드로의 고통과 관련하여 사용된다. [klaiō]

22:65. **모욕하며**(Reviling, blasphēmountes) – 이 용어는 강한 의미를 가진다. 또한 이것은 훼방하는 것을 가리킨다. 군인들은 소경처럼 예수님의 눈을 가리고 모독하고 있었다. 누가는 '모독하는 것'을 그들의 행동으로 기술하는 용어를 사용한다('모욕하다'–NASB, '모독하는 것들'–NIV, '끔찍한 모독'–NLT, '그를 모욕하며'–RSV, NET). 이 단어는 또한 십자가에 달린 한 강도가 예수님을 어떻게 불렀는지 묘사하는 데 사용된다(23:29). 누가는 예수님께서 말씀하신 것을 묘사하는 데 이 용어를 결코 사용하지 않는다. 병행 기사인 마태복음 26장 65절(이 동사를 사용함)과 마가복음 14장 64절(명사를 사용함)에 따르면, 이것은 대제사장이 예수님의 증거가 하나님을 모독하는 말이었다고 주장하는 것과는 다르다. [blasphēmeō]

22:66. **날**(Day, hēmera) – 예수님의 심문은 밤을 보내고 이른 아침까지 이어졌다('새벽녘'–NIV, NLT, '날이 새었다'–RSV, NET, '낮이 되었을 때'–NASB). [hēmera]

공회(Council, synedrion) – 이 단어는 누가복음에서 여기에만 나온다. 이것은 종종 산헤드린이라 불렸다. 산헤드린은 유대인의 핵심 지도자 71명으로 구성된 그룹으로서(m Sanh 1.6이 민 11:16을 가리킴) 이스라엘 최고의 상소 법정이다. [synedrion]

22:67. **그리스도**(Christ, Christos) – 범법자를 처형하는 권한은 로마인들에게 있었기 때문에, 종교 지도자들은 사형 허가를 얻기 위해서 로마 법정에 상정할 정치적인 고소가 필요했다. 이 질문은 예수님께서 자기 자신을 왕으로 보고 있는지를 확인하기 위한 것이다('그리스도'–NASB, NIV, NET, RSV, '메시아'–NLT). 로마인들은 메시아란 주장에 대하여 민감하게 반응했다. [Christos]

22:68. **대답하지 않을 것이다**(Not answer, mē apokrithēte) – 예수님께서는 자신의 권세와 요한의 권세에 대한 논쟁을 재차 암시한다(눅 20:1–8). 그분은 그들이 자신을 믿지도, 그때 대답하지도 않았음을 상기시키신다. [apokrinomai]

22:69. **인자**(Son of man, ho huios tou anthrōpou) – 이 중요한 칭호는 다니엘 7장에서 나오며, 하나님과 같이 구름을 타는 사람을 묘사한다. 인자는 옛적부터 계신 분에게 나와서 심판의 권세를 받는다(눅 5:24를 보라). 그러므로 예수님께서는 하나님의 임재 앞에 직접 나아갈 수 있으며, 궁극적으로 심판의 권세를 받아 그

분 곁에 앉게 될 것이라고 주장하고 계신다. 사실상 예수님께서는 공회가 재판을 받고 있다고 말씀하시는 것이다. 이 장면과 병행된 기사에서 대제사장이 자기 옷을 찢은 것이 보여주듯이, 하나님 곁에 좌정할 수 있다는 그분의 주장은 공회에 모독적인 말로 보였다(마 26:65, 막 14:63). 그들에게 하나님의 영광은 너무나 독특해서, 누구도 하나님과 함께 좌정할 수 없다. 이 주장은 지도부가 이해하지만 배척한 예수님의 인격에 대한 함축적인 의미를 가진다. 사실상 예수님께서는 자기 자신을 십자가로 보내는 증거를 하시는 것이다(눅 22:71). [huios + anthrōpos]

22:70. **하나님의 아들**(Son of God, ho huios tou theos) – 이것은 예수님의 말씀을 확증하는 것을 추구하고, 왕적인 의미(삼하 7:14)와 그 이상의 의미를 가진다. [huios + theos]

너희들이 말하고 있다(You say, legete) – 예수님의 대답은 긍정적이지만 간접적이다. 이것은 예수님께서 메시아에 대하여 질문하는 그들의 방식으로 이 칭호를 보시지 않는다는 것을 제시한다. 아마도 그들이 예수님을 로마 당국자에게로 데리고 갈 때, 메시아라는 칭호에서 끌어내기를 원했던 위협적인 정치적 함의를 그분이 배척하시는 것으로 보인다(눅 23:2). [legō]

23:1. **빌라도**(Pilate, Pilaton) – 빌라도는 주후 26-36년 기간 동안의 유대 로마 총독이었다. 그는 각종 세금을 징수하며 평화를 유지하고, 유대에서 로마의 이익에 도전하는 세력이 일어나는 것을 막는 일에 책임을 지고 있었다. [Pilatos]

23:2. **나쁜 길로 이끌며**(Perverting, diastrephonta) – 이것은 종교 지도자들이 빌라도 앞에서 제출한 세 가지 고소 가운데 첫 번째다. 그것은 예수님께서 유대 민족을 나쁜 길로 이끌거나 미혹시킨다는 가장 일반적인 고소다('우리 민족을 미혹시키며'–NASB, NET, '우리 민족을 전복시키며'–NIV, '우리 백성을 멸망으로 이끌며'–NLT, '우리 민족을 나쁜 길로 이끌며'–BAGD, 189, 2, BDAG, 237, 3). 이것은 로마 통치자에게 최소한의 설득력을 가진 고소다. 그들은 뒤따르는 두 가지 주장에서 이 고소를 구체적으로 밝힐 것이다. [diastrephō]

금하며(Forbidding, kōluonta) – 이것은 로마에 세금 내는 것을 금지시켰다는 두 번째 고소다. 세금 징수는 빌라도의 책임이었다('금하며'–NASB, NET, RSV, '세금 내는 것을 반대하다'–NIV, '그들에게 자기들의 세금을 내지 말라고 말하며'–NLT). 예수님께서 누가복음 20장 20-26절에서 세금을 내라고 말씀하신 것을 감안해볼 때 이것은 거짓말이다. [kōluō]

말하며(Saying, legonta) – 세 번째 고소는 예수님께서 가이사의 경쟁자 왕, 그리스도라고 주장을 한다는 것이다('말하며'–NASB, RSV, '~이라고 주장하다'–NIV, '주장하며'–NLT, NET). 종교 지도자들은 누가복음 22장 69절의 주장을 정치적인 고소로 바꾸었다. [legō]

23:3. **당신이 그렇게 말했다**(You have said so, sy legeis) – 이 관용어는 "그렇다, 그러나 당신이 의미하는 뜻으로는 아니다"란 것을 의미한

다. NASB와 NIV의 번역 "당신이 말하는 대로다"와 NLT의 번역 "당신이 내가 그러한 사람이라고 말하는 것은 옳다"라는 답변 속에는 적절한 모호성이 결여되어 있다. NET와 같이 "당신이 그렇게 말하고 있다"와 "당신이 그렇게 말했다"는 둘 다 예수님께서 약하게 이의를 제기하는 것을 정확하게 보여준다. [legō]

23:4. **어떠한 범죄**(No crime, ouden…aition) – 빌라도는 누가복음 23장에서 여러 차례 나오는 예수님의 무죄 선언 가운데 첫 번째 선언을 한다('어떠한 범죄'–RSV, '고소의 어떠한 이유'–NET, '어떠한 죄'–NASB, '고소의 어떠한 근거'–NIV, '아무런 그릇된 것'–NLT, 14–15, 22절). [aitios]

23:5. **선동하다**(Incites, anaseiei) – 이 용어는 혼란을 선동하는 것을 가리킨다('소란을 일으키다' –NASB, NIV, RSV, '소요를 일어나게 하며' –NLT, '선동하다' –NET). 이 단어는 여기와 마가복음 15장 11절에만 나온다(BAGD, 60, BDAG, 71). [anaseiō]

23:7. **헤롯**(Herod, Hērōdou/Hērōdēn) – 이두메인과 이스라엘 조상을 둔 이 통치자는 갈릴리와 베레아 지역에 로마인들이 세운 분봉왕이었다(BAGD, 348, BDAG, 439, 2). 빌라도는 책임을 전가하고 헤롯의 권세를 확증하려는 기회를 이용하고 있었다. 이 행동은 한동안 사이가 안 좋았던 그들을 오히려 더 가까워지게 한 행동이었다(23:12를 보라). [Hērōdēs]

23:8. **표적**(Sign, sēmeion) – 헤롯은 누가가 표적이라고 부르는(RSV, NASB, NET) 기적을 보기 원했다(NIV, NLT). [sēmeion]

23:11. **빛나는 의복**(Shining apparel, esthēta lampran) – 이 광채 나는 (흰) 복장은 권력을 지닌 부자를 그려주는 역할을 하고, 그것은 곧 예수님을 조롱하는 행동의 일부다('찬란한 의복' –NASB, '우아한 의복' –NIV, '왕복' –NLT, '우아한 옷' –NET, '찬란한 복장' –RSV, 행 12:21, EDNT 2:58). [esthēs]

23:12. **적대감**(Enmity, echthra) – 적대감(RSV)은 빌라도가 처음에 총독이 되었을 때 유대인들에게 행한 어리석은 행동의 결과였다. 예를 들면, 빌라도는 유대인들이 로마의 통치 아래 있는 것을 그들에게 상기시켜주기 위한 일환으로 형상이 새겨진 깃발들을 예루살렘에 가지고 들어왔다(필로, Embasy to Gaius 38.299–305, 요세푸스, 고대사 18.55–59). 가이사는 이 행동으로 인하여 빌라도를 질책했다. 그와 같은 행동은 빌라도와 헤롯을 서로 '원수'가 되게 했다(NIV, NASB, NET, NLT). [echthra]

23:15. **사형에 합당한 아무것도**(Nothing deserving death, ouden axion thanatou) – 여기에서 빌라도는 헤롯도 예수님의 무죄함을 발견했다고 보고한다('사형에 합당한 아무것도' –RSV, NET, NASB, '사형에 마땅한 아무것도' –NIV, '아무것도…사형선고를 호소하지 않는다' –NLT). 무죄성에 대한 예수님의 이 모든 언급은 예수님을 '무죄하게 고난 받는 자' 또는

'의로운 고난을 받는 자' 로 바꾼다. 이것은 종종 시편에 묘사된 역할이다. [oudeis]

23:16. **채찍질하다**(Chastise, paideusas) – 빌라도는 예수님을 만류시키기 위해서 채찍으로 때리겠다고 제안하나, 지도자들은 이 제안을 거절한다. 여기에 사용된 용어는 부정적인 함의를 가졌을 때 징책하거나 벌하는 것을 의미하나, 사법적인 맥락에서 매질하는 것을 가리킨다('매질했다' –NET, NLT, '벌하다' –NIV, NASB, '채찍질하다' –RSV). 복음서에서 이 용어는 두 번 사용되었는데, 모두 이 구절에 나온다(눅 23:22). [paideuō]

23:18. **그들이 외쳤다**(They cried out, anekragon) – '그들' 은 13절에 언급된 대제사장들과 지도자들과 백성을 가리킨다. 바나바의 석방을 위해서 외친 자들이 바로 '그들' 이다('외쳤다' –NIV, NASB, RSV, '소리쳤다' –NET, '큰 고함이 일어났다' –NLT). 누가복음에서 이 동사의 또 다른 두 번 사용은 귀신들의 외침을 포함한다(4:33, 8:28). [anakrazō]

23:19. **반란**(Insurrection, stasin) – 누가복음에서 이 단어는 두 번 모두 바라바를 묘사한다(눅 23:25). 이 용어가 표현하는 충돌의 쟁점은 사도행전에서 수차례 언급된다. 이것은 때때로 논쟁을 포함하고, 또 어떤 때는 폭력을 수반했다(행 15:2, 23:7– 논쟁[다툼, 잠 17:14], 행 19:40, 23:10–소요). [stasis]

23:21. **십자가에 못 박다**(Crucify, staurou) – 무리는 빌라도에게 처형할 권세를 행사하라고 요청한다. 반복된 이중 명령법의 표현은 강조를 위한 것이다. [stauroō]

23:27. **통곡했다**(Bewailed, ekoptonto) – 이 용어는 생생한 느낌을 준다. 이것은 '슬픔 가운데 자기들의 가슴을 치는 것' 을 가리킨다(눅 8:52, 슥 7:5, BAGD, 444, 2). 이 여인들은 현재 일어나고 있는 일을 참으로 후회하고 있는 것으로 보인다('애곡하며' –NET, NASB, '애통했다' –NIV, '슬픔에 잠겨' –NLT, '통곡했다' –RSV). 죽음의 장면에서 그와 같은 애통은 유대적 맥락에서 이례적인 것은 아니다. [koptō]

23:29. **애를 못 낳는**(Barren, hai steirai) – 이 구절은 각각 다른 세 표현(애를 낳지 못하는, 열리지 않은 태, 젖을 먹이지 못하는 유방)으로 애를 낳지 못하는 복된 자에 대한 언급을 표현한다(NIV, NASB, NET, RSV, '애가 없는' –NLT). 이 묘사는 국가가 일어나는 일로 인하여 심판을 받고 있다는 사실을 상기시킨다. 일반적으로 심판의 표징으로 간주되는 자녀를 낳지 못하는 것은 앞으로 임할 어려운 때를 염두에 둘 때, 자녀를 낳는 것과 같은 복됨의 일반적 표징보다 더 좋다. [steira]

23:30. **떨어지다**(Fall, pesete) – 이것은 인용 구절인 호세아 10장 8절에 나오는 두 가지 상징물 가운데 첫 번째다. 산사태가 자기들 위로 덮치기를 원하는 소원은 심판이 얼마나 무시무시할지를 보여준다. 그들은 오직 죽기를 바랄 뿐이다. 산들에게 덮치라고 외치는 것은 동의

적이고 병행된 한 구절 안에서 동일한 관점을 제시한다. [piptō]

23:31. **푸른**(Green, hygrō) – 예수님께서는 살아 있는('푸른') 숲으로서 자신을 가리킨다. 이 용어는 '촉촉한', 그래서 살아 있는 푸른 숲을 가리킨다(삿 17:7–8, BAGD, 832, BDAG, 1023). 예수님께서는 만일 살아 있는 숲이 이렇게 취급된다면, 죽은('마른') 숲이 심판을 받을 때는 어떤 일이 일어날 것이냐고 언급하신다. 그렇기 때문에 여인들은 자기 자신들을 위해서 애통해야 한다. 예수님의 죽음은 그분을 배척한 사람들에 의하여 '죽은' 숲의 임재를 지적한다. [hygros]

23:34. **그들이 알지 못한다**(They do not know, ou…oidasin) – 백성의 무지를 감안한 용서를 위한 이 기도는 그들의 책임을 위한 변명이 아니다. 이것은 그들이 예수님의 주장들이 무엇인지 이해하지 못했다는 것도 의미하지 않는다. 예수님께서 의미하시는 것은 그들이 참으로 행하고 있는 것을 이해하지 못했다는 것이다. 백성은 자기들이 생각해볼 때 모독의 말을 한 어떤 사람을 처형하려는 욕망으로 행동하고 있었으나, 실상 예수님께서는 자신이 바로 주장하신 그분이었다. 예수님의 죽으심이 그분을 처형한 사람들을 위해 잠재적인 기회를 제공했고, 미래에 이스라엘의 반응에 소망이 있다는 사실은 이 기도가 응답된 것을 의미한다. 이 구절이 본문상 누가복음 원문에 있었는지에 대해서는 약간의 논란이 있다(그러므로 어떤 번역은 이것을 여백에 놓고 있다). 그러나 사도행전 7장에서 스데반의 말과 병행구를 형성하는 것을 감안해볼 때, 원문에 포함되어 있던 것으로 보는 것이 좀더 개연성이 있다(Bock, 2:1867–68). [oida]

의복(Garments, himatia) – 예수님의 옷을 두고 제비를 뽑는 것은 시편 22편 18절을 반영하는 묘사다. 이 시편에서 등장하는 의인은 비슷한 유형의 운명으로 고난을 받는다. 예수님께서는 그 본문을 성취하신다('의복'–RSV, NASB, '옷[clothing]'–NET, '옷[clothes]'–NIV, NLT). [himation]

23:35. **그리스도**(Christ, christos) – 23장 39절과 함께 이 구절은 반대자들의 관심의 초점이 왕과 메시아로서의 예수님께 있음을 보여준다('그리스도'–NIV, NET, RSV, NASB, '메시아'–NLT). 이 구절의 역설은 예수님께서 다른 사람들을 구원하신 것과 같이, 하나님께서 부활을 통해 예수님을 십자가에서 구원하실 것이란 사실이다. 헬라어는 '만약'이 포함된 제1급 조건절을 사용하여 이 역설을 암시한다. 이것은 그리스도에 관한 언급과 관련하여 "만일 네가 그리스도인 것이 사실이면(그리고 우리는 그렇게 제시한다), 너 자신을 구원하라"는 조롱자들의 냉소에도 불구하고 예수님께서 그리스도이심을 보여준다. 또한 저자의 견해가 조롱하는 자들의 말 속에 들어 있는 문학적인 터치다. 원래 배경에서 사용된 언어는 헬라어가 아니라 아람어였을 것이다. 이에 대한 논의는 이미 번역을 통해 제시된다. 헬라어는 아람어에는 없는 조건절의 제1급 구문을 가진다. 1급 구문과 같은 유형은 23장 37절에 나오는 모욕에

도 다시 나온다. 그리스도로서의 예수님에 대한 조롱은 23장 39절에서 범법자 가운데 한 사람에 의하여 반복된다. [christos]

23:36. 식초(Vinegar, oxos) - 이것은 물로 희석된 포도주 식초로 군인들과 들판 노동자들이 흔히 마시는 음료수다('식초' -RSV, NIV, '신 포도주' -NET, NLT, NASB, EDNT 2:523, 막 15:36, 마 27:48, 요 19:29-30). [oxos]

23:37-38. 왕(King, basileus) - 터툴루스(titulus)로 알려진 글귀는 예수님께서 처형을 받게 된 죄목의 요약을 담았다. 이것은 로마인들이 결정적인 고소의 증거로 삼은 것은 왕이라는 메시아적인 주장이다. 누가는 예수님의 이러한 묘사를 누가복음 19장 38절, 23장 2-3, 37절에서 사용했다. 이것은 항상 다른 사람들의 입술에서 나온다. [basileus]

23:39. 욕설을 퍼부었다(Railed, eblasphēmei) - 조롱하는 범법자의 말을 묘사하는 데 사용된 용어는 훼방하는 것, 또는 심지어 신성 모독하는 것을 의미한다('욕을 퍼부었다' -NET, RSV, '비난을 퍼부었다' -NASB, '모욕을 퍼부었다' -NIV '조롱했다' -NLT). 그러므로 누가는 22장 65절에서와 같이 이 모욕이 사실이 아니며 무례한 것임을 시사한다. [blasphēmeō]

23:41. <u>그릇된</u> 아무것도(Nothing <u>wrong</u>, ouden atopon) - 다른 강도는 예수님을 변호하여 그분의 무죄함을 선언한다. 이 용어는 도덕적으로 그릇된 어떤 것을 행하는 것을 뜻한다 (BAGD, 120, 2, BDAG, 149, 2). 두 번째 강도는 예수님께서 이와 같은 행동을 하셨다는 것을 부인한다. 누가는 예수님의 무죄함을 묘사하기 위해서 여기에서만 이 단어를 사용한다. [atopos]

23:42. 나라(Kingdom, basileian) - 예수님께 반응하는 강도는 그분의 십자가 처형에도 불구하고 그분을 왕으로 보고 그의 나라에 들어가게 해달라고 부탁한다. 이것은 십자가에 매달려 죽어갈 때 보여준 참된 믿음의 한 단계다. 이 강도는 예수님의 미래적인 통치에 참석하기를 소원한다. 이것은 언젠가 부활할 것으로 가정해야 한다. 예수님께서는 다른 시기를 언급하심으로 그가 요구하는 것 이상으로 그에게 주실 것이다. [basileia]

23:43. 오늘(Today, sēmeron) - 예수님께서는 그 강도에게 하나님나라에 들어가는 것을 기다릴 필요 없이 바로 오늘 그곳에 들어갈 것이라고 말씀하신다. 누가는 그분의 요점을 강조하기 위해서 자기가 애호하는 용어 가운데 하나인 '오늘'을 사용한다. 이 단어는 누가복음에 11회 사용된 것 가운데 마지막이다. [sēmeron]
천국(Paradise, paradeisō) - 이 용어는 신약에서 단지 세 번 나온다(고후 12:4, 계 2:7). 이것은 하늘과 하나님의 임재를 언급하는 다른 방식이다(사 51:3, 겔 28:13, 31:8, 에녹 1서 17-19장). [paradeisos]

23:44. 시간(Hour, hōra/hōras) - 시간은 해뜰 때부터 계산된다. 따라서 제6시부터 제9시까

지는 대략 정오부터 오후 3시까지다(NET, NLT는 이 시간을 후자의 방식으로 언급한다). 이례적인 어둠의 우주적인 징조는 심판을 암시한다. [hōra]

23:45. **휘장**(Curtain, katapetasma) – 성전의 어떤 휘장을 의미하는 것인지에 대하여 논의가 있다('휘장'-NET, NIV, RSV, '베일'-NASB, NLT). 이 용어는 지성소를 분리하는 휘장(레 21:23)과 성전과 바깥뜰을 분리하는 휘장을 묘사할 때 모두 사용된다(출 26:37). 바깥 휘장의 찢어짐은 더욱 공개적인 사건일 것이나, 어떤 휘장을 가리키는지는 확신하기 어렵다. 어떤 견해를 취하든 요점은 하나님께 나아가는 길이 열렸다는 것이다. 하나님께서는 그분의 성전에서 나오신다(행 7:45-50). [katapetasma]

23:46. **영**(Spirit, pneuma) – 예수님께서는 하나님의 선하심에 대한 신뢰를 표현하는 시편 31편 5절을 인용하면서 죽으신다. 그분은 자신의 보살핌을 아버지께 위탁하신다. [pneuma]

23:47. **무죄한/의로운**(Innocent/Righteous, dikaios) – 이 용어에 대한 두 번역은 여기에서 모두 가능하다('무죄한'-NASB, RSV, NLT, NET, '의로운'-NIV). '무죄함'은 누가복음 23장 전반에 있었던 주제를 부각시키며 좀더 개연성을 지닌다. '의로운'이란 말도 예수님께서 아무 잘못을 하지 않았다는 것을 의미하므로 예수님께서 무죄하시다는 말이 여기에 암시되어 있다. 그러므로 이 용어는 어떤 방식으로 보든 예수님의 무죄함을 나타낸다. [dikaios]

23:49. **보았다**(Saw, horōsai) – 이 언급은 묘사된 사건들이 목격자들을 가지고 있음을 보여준다('보았다'-RSV, NET, '지켜보며'-NIV, NLT, '보며'-NASB). 여인들이 증인들로 묘사된다는 사실은 이 마지막 장면의 상세한 내용이 조작된 것이 아님을 의미한다. 당시 여인의 증거는 일반적으로 잘 받아들여지지 않았기 때문이다. 그와 같은 기사를 만들어내는 자는 이것을 문화적으로 여인들의 말에 맡기지 않을 것이다. 그러므로 이 기사는 갈릴리 여인들이 이 사건을 목격했다는 요점을 지적하기 위하여 이례적으로 문화적인 각도를 취한다. [horaō]

23:51. **동의하지 않았다**(Had not consented, ouk…sygkatatetheimenos) – 경건하고 의로운 요셉은 예수님께 사형을 언도하는 일에 공회와 '동의하지 않았다'(NLT). 누가복음의 시작 부분에서 나오듯이 하나님의 뜻에 빈응한 사람들은 경건한 백성이다. 이 용어는 문자적으로 '~와 같은 투표를 하다'를 의미한다(BAGD, 773, BDAG, 951). 이 단어는 신약에서 여기에만 나온다. 만일 현재완료 분사가 사용되었고 이것이 좀더 개연성이 있다면, 의견을 달리하기로 한 그의 결론은 매우 견고한 것으로 제시된다. [sygkatatithēmi]

23:53. **자른**(Hewn, laxeutō) – 이 무덤은 바위의 앞면을 '잘라' 파들어간 것으로 보인다(NET, NASB, NIV). 그리고 무덤 입구의 높이는 91센티미터 정도다('자른'-RSV, '파낸'-NLT). 그 장소는 아마도 예루살렘의 북편에 있었을 것이다. 이 단어 역시 신약에서 한 번 사용된 용어

다. [laxeutos]

23:54. **준비일**(Preparation, paraskeuēs) – 이것은 모든 사람이 안식의 날을 위해서 준비하는 안식일 바로 전날이다. 그러므로 이날은 금요일이다(요 19:42, BAGD, 622, BDAG, 771). [paraskeuē]

23:56. **향품과 기름**(Spices and ointments, arōmata kai myra) – 유대인들은 죽을 때 시신을 방부처리하지 않았다. 그러므로 '향품과 기름' 은 시신의 냄새를 덮는 역할을 한다('향품과 향유' –NASB, NIV, '향유와 향품' – NET, TDNT 4:801, 7:458). 여인들의 모든 활동은 예수님을 돌보는 일과 그에 대한 헌신을 반영한다. [arōma, myron]

24:2. **굴려냈다**(Rolled away, apokekylismenon) – 무덤을 막는 돌은 종종 무덤 입구에 파낸 수로에 놓인다. 그러나 어떤 때는 무덤에 수로가 없다. 본문의 경우는 어떠했는지 알 수 없다. 그러나 여인들이 무덤에 도착했을 때 입구는 열려 있었다. [apokyliō]

24:4. **당황했다**(Perplexed, aporeisthai) – 여인들이 부활을 기대하지 않은 것은 분명하다. 그들은 현재 눈앞에 보이는 빈 무덤을 보고 무슨 일이 일어나고 있었는지를 곰곰이 생각했다('당황했다' –RSV, NET, '궁금해하며' –NIV, '의아스럽게 생각했다' –NLT). 여기에 사용된 용어는 매우 생생하다. 이것은 헤롯이 요한을 처형한 후 예수님에 대한 소식을 들었을 때 그의 생각 상태를 묘사할 때 사용되었다(막 6:20). 이것은 또한 예수님께서 제자들 가운데 하나가 자신을 배반할 것이라고 선언할 때 제자들이 보인 반응(요 13:22), 그리고 바울에 대하여 어떻게 처리할지에 대한 베스도의 불확실함을 묘사하는 데 사용되었다(행 25:20). [aporeō]

24:5. **살아 있는**(Living, zōnta) – 예수님께서 살아 계시다는 첫 번째 선언이 여기에 나온다. 그는 살아있는 자들 가운데 계신다(RSV, NIV, NET, NASB, '살아 있는 사람' –NLT). 그분은 죽은 자들과 함께 무덤에 계시지 않는다. 이 용어는 종종 죽은 자들 가운데서 다시 살아난 사람을 묘사하기 위해 사용된다(왕하 17:23, 마 9:18, 행 9:41, 행 1:3, BAGD, 336, 1b, BDAG, 425, 1b). [zaō]

24:7. **해야 한다**(Must, dei) – 누가는 여기에서 하나님의 계획과 관련하여 자신이 선호하는 용어를 사용하고, 누가복음 9장 22절까지 거슬러 올라가는 말씀을 상기시킨다. 이 용어에 대하여는 누가복음 2장 49절을 보라. [dei]

24:11. **헛된 말**(Idle tale, lēros) – 이것은 강한 용어이며, 신약에서 유일하게 한번 여기에 나온다. 이것은 무의미한, 또는 텅 빈 말을 가리킨다('순전한 난센스', NASB, NIV, NLT, 전쟁사 3.405, BAGD, 473, BDAG, 594). 여인들은 일반적으로 고대 세계에서 증인으로 신뢰를 받지 못했다. 여기에서도 무리는 이 여자들이 히스테리에 걸렸고, 근심으로 인하여 정신이 나갔다고 생각한다. 무덤으로 달려간 베드

로만 그들의 보고를 확인하기 원했다. 부활 기사가 처음에는 여인들의 보고에 기초했다는 사실은 이 사건이 조작된 것이 아님을 보여준다. 고대 세계에서 누구도 여인들의 증거를 호소함으로 그렇게 중요한 설명을 만들어내지 않을 것이기 때문이다. [lēros]

24:12. **궁금해하며**(Wondering, thaumazōn) – 이 구절이 누가복음의 일부인지에 대하여 약간의 논쟁이 있으나 사본상 증거는 이것이 누가복음에 포함되어 있는 것을 지지한다(RSV는 이것을 여백에 가지고 있다). 여기에서 베드로는 무덤으로 달려가 일어난 일에 대하여 '궁금해하며' (NIV, NET, NLT, RSV) 떠난다(NASB에는 매우 강하고 긍정적인 번역인 '놀라며' 라고 되어 있다). 여기에 사용된 용어는 항상 일어난 사건에 대한 놀라움의 요소를 암시한다(눅 1:21, 63, 4:22, 11:38). 그러므로 이 용어는 믿음으로 인한 놀라움보다는 무덤이 빈 사실에 대한 놀라움을 표현한다. 그럼에도 불구하고 사실을 확인하기 위해 베드로가 무덤으로 달려간 사실과 예수님의 예언에 대한 그의 과거 경험은, 그가 아직 온전하게 현재 일어난 사건들을 파악하고 있지는 않지만 이해하기 시작했다는 것을 의미한다. 누가복음 24장 34절은 베드로가 그날 이후에 더 온전한 이해에 도달했다고 보여준다. [thaumazō]

24:16. **식별하지 못하게**(From recognizing, mē epignōnai) – 누가는 그들이 어떻게 예수님을 알아볼 수 없었는지에 대하여 설명하지 않는다. 비록 예수님께서는 육체적으로 부활하셨지만, 그분의 몸은 정상적인 육신과 다른 특성을 가지고 있는 것이 분명하다. 이 두 사람은 나중까지 자기들이 만난 사람이 누구인지 알아차리지 못했다(24:31). 이 시기는 부분적으로 하나님의 역사로 보인다. 그들의 눈은 지금 그분을 식별하지 못하도록 닫혀 있지만, 그들이 나중에 그분을 식별할 때 열리게 될 것이다. [epiginōskō]

24:18. **방문자**(Visitor, paroikeis) – 이것은 생생한 용어로서 나그네로 어떤 장소에 거주하는 것을 의미한다(BAGD, 628, 1a, BDAG, 779, 1). 그러므로 사실상 그들이 질문하고 있는 것은 "당신은 예루살렘에 사는 나그네로 거기에서 일어난 일을 알지 못하는 유일한 사람이냐?"는 것이다. 이 질문은 역설적이다. 대부분의 번역은 여기에서 예수님을 '방문자' 로 묘사하는 것을 택한다(NET, RSV, NIV, NASB). 그러나 이 번역은 너무 부드럽다(NLT에는 '예루살렘에서 유일한 사람' 이라고 나온다). 예수님께서는 그들이 제시하는 것과 같이 정보의 고리에서 가까운 자가 아니었다. [paroikeō]

24:19. **선지자**(Prophet, prophētēs) – 선지자의 기능은 예수님을 이해하는 출발점이다. 그분은 가르쳤고, 하나님의 일들을 행하셨다. 그러므로 두 제자들은 예수님을 둘러싼 자기들의 소망, 곧 이제는 깨진 것으로 보이는 소망을 여기에서 설명하기 시작한다. [prophētēs]

24:21. **구속할 줄**(To redeem, lytrousthai) – 이것은 예수님을 자신이 소망했던 메시아로 묘

사하는 방식이다('구속하다'-NASB, NET, RSV, NIV, '구출하다'-NLT). 그들의 소망은 누가복음 1장 46-55, 69-79절에 나오는 찬양이 선언한 것과 같이 예수님께서 이스라엘을 구원하시는 것이었다. 이 동사는 한 상황에서 건져내어 다른 상황으로 옮기는 것을 그려준다. 신약에서 단지 3회 사용된다(딛 2:14, 벧전 1:18). [lytroō]

24:23. **이상**(Vision, optasian) – 여인들의 보고에 대한 이 요약은, 예수님의 부활을 여인들에게 선포한 자들이 천사들이라고 우리에게 일러주는 것의 일부다. 이것은 또한 무덤에서 다른 어떤 사람도 여인들이 본 것을 볼 수 없었다고 암시한다. '이상'을 가리키는 이 단어는 신약에 네 번만 나온다(눅 1:22, 행 26:19, 고후 12:1). [optasia]

24:24. **보지 않았다**(Did not see, ouk eidon) – 그들의 보고는 불확실한 언급으로 끝난다(NLT는 이 요점을 생략한다). 예수님을 보고자 하는 그들의 소원은, 예수님께서 친히 나타나심으로 살아 계신다는 증거가 제공될 때까지 일어난 사건을 확증하기를 원하지 않았다는 것을 의미한다. [horaō eidon]

24:25. **느린**(Slow, bradeis) – 두 제자는 믿기를 주저했기 때문에 예수님께 책망을 받는다. 예수님께서는 선지자들이 말한 모든 것을 그들이 믿는 데 '마음이 느리다'(또는 마음이 둔하다)고 말씀하신다(RSV, NET, NIV, NASB, NLT에는 "너희는 믿는 것을 그렇게 어려운 것으로 발견한다"고 되어 있다. 이것은 은유법의 의의를 제공한다). 일어난 사건은 성경에 예언된 사건의 성취다. [bradys]

24:26. **영광**(Glory, doxan) – 예수님께서는 자신의 고난, 그리고 자신이 높임을 받고 하나님 자신에게 환영을 받을 때 영광에 들어가는 것이 항상 그리스도를 위해서 언급된 계획의 일부였다고 선언하신다. 누가는 자기가 선호하는 용어들 가운데 하나(dei)를 사용하여 일어난 사건의 필요성을 지적한다. 이것은 '반드시 있어야' 하는 것이다. [doxa]

24:27. **해석했다**(Interpreted, diermēneusen) – 이것은 이 복음서에서 유일하게 사용된 동사다. 예수님께서는 성경의 전부를 이 계획에 비추어 설명하신다('해석했다'-RSV, NET, '설명했다'-NASB, NIV, '구절들을 인용했다'-NLT: 이것은 약간 애매해서 여기에서 의도된 설명에 대한 언급이 부족하다). 예수님의 인격과 사역을 설명하기 위해서 누가복음과 사도행전에서 사용된 구약의 많은 본문은 이때 계시되었을 것이다. 여기에는 특별히 사도행전에서 처음으로 사용한 본문들도 포함되었을 것이다. [diermēneuō]

24:31. **사라졌다**(Vanished, aphantos) – 이 용어는 문자적으로 "그가 그들로부터 보이지 않게 되었다"라고 해석되는 관용어의 일부다('사라졌다'-RSV, NET, NASB, '없어졌다'-NIV, NLT, BAGD, 124, BDAG, 155). 이 '보이지 않게 되는 것'은 그분이 사라졌다는 것을 의미

한다. 이 요소가 제시하는 것은 부활 이후에 예수님의 존재는 이생에서 가지지 않았던 새로운 특성을 취하셨다는 것이다. [aphantos]

24:32. **타다**(Burn, kaiomenē) – 이 용어는 일반적으로 타면서 불빛을 내는 등잔에 불을 붙이는 것을 가리킨다. 이것은 신약에서 이러한 은유적인 의미로 유일하게 여기에서 사용된다('타다' –NET, RSV, '타며' –NASB, NIV, '이상하게 온기를 느끼다' –NLT). 마음이 타오른다고 말하는 것은 어떤 것에 감동되는 것을 말한다. [kaiō]

24:37. **영**(Spirit, pneuma) – 예수님께서 많은 사람에게 나타나신 후에도 제자들은 그분을 볼 것을 기대하지 않고 있었다. 그래서 그분이 나타나셨을 때, 그들은 놀라서 단지 어떤 형태의 영이라고 생각했다('영' –NASB, RSV, NET, '유령' –NIV, NLT). [pneuma]

24:38. **두려워했다**(Troubled, tetaragmenoi) – 이 용어는 어떤 것에 의하여 방해를 받거나 당황하는 사람을 묘사한다('두려웠다' –RSV, NASB, '무서워했다' –NET, NIV, '무시무시하게 무서워했다' –NLT, BAGD, 805, BDAG, 990, 2). 예수님의 나타나심은 제자들에게 두려움을 주었고, 그들의 마음 반응이 그러했기 때문에 이 분이 부활하신 예수님이었다는 사실을 처음에는 수용할 수 없었다. 예수님의 제자들이 그분의 부활을 받아들이는 데 느렸다고 저자들이 솔직하게 묘사하는 것은 그들의 진실성을 말해준다. 그들은 약간의 논의 후에도 기쁨을 가지고 있으나 여전히 믿지 않는 것과 같이 그들의 반응은 섞여 있다(24:41). 예수님께서 구운 생선의 식사를 하실 때, 그들은 비로소 부활하신 예수님께서 말씀하고 계시다는 사실을 받아들인다(24:42). [tarassō]

24:39. **살과 뼈**(Flesh and bones, sarka kai ostea) – 예수님의 요점은 자신이 비록 부활했고 그 특성이 전에 살아 있을 때와 다르지만, 그는 여전히 몸의 구조를 가지고 있다는 것이다('살과 뼈' –NASB, RSV, NIV, NET, '신체들' –NLT). 예수님 말씀의 핵심은 몸에 남아 있는 십자가형의 표시가 그분이 단순히 영이 아님을 보여준다는 것이다. 누가는 뼈를 가리키는 용어를 여기에서만 사용한다. [sarx, osteon]

24:44. **해야 한다**(Must, dei) – 누가복음 24장 7절에서와 같이 이 용어는 하나님 계획의 실현을 강조한다. 이러한 사건들은 '일어나야' 했다. 지금 이러한 사건들을 이해하는 참고점은 예수님의 말씀이 아니라, 모세와 선지자와 시편으로 언급된 성경 자체다. 이것은 성경에 대한 언급으로 사해 사본 두루마리에 나온 명칭이다(4QMMT의 결말, 10번째 줄). [dei]

24:46. **고난을 받는 것**(To suffer, panthein) – 이것은 예수님의 사역과 관련하여 46–47절에서 하나님의 계획을 요약하는 세 부정사 가운데 첫 번째다. 첫째, 예수님께서 항상 제자들 앞에서 그가 가실 길로 제시한 고난이 있다(눅 9:22, 17:25, 22:15, 24:26). 사도행전은 이 주제를 다시 다룬다(행 1:3, 3:18, 17:3). [paschō]

부활하는 것(Rise, anastēnai) – 하나님의 계획의 두 번째 요소는 하나님께서 예수님을 죽은 자들 가운데서 살리시는 것을 포함한다. 이 부정사의 수동형은 하나님께서 예수님을 일으키신 것을 암시한다. 아버지의 능력의 역사는 예수님을 위한 확증의 행동이다. 이 소망은 사도행전 2장 25-31절과 13장 32-35절에서 성경으로부터 변호된다. [anistēmi]

24:47. **전파될 것이다**(Will be preached, kērychthēnai) – 죄 용서를 위해서 '회개하라'는 부름으로 하나님의 계획을 민족들에게 전파하는 것 역시 성경의 소망에서 나오는 어떤 것이다. 여기에서 초대 교회의 사역 활동은 이 계획 안에 들어 있는 것으로 보인다. 물론 예수님의 이름으로 행해지는 이 전파에 대한 호소는 사도행전이 앞으로 다룰 주제다(행 2:38, 3:6, 4:7, 10, 12, 5:28, 9:14-16, 22:16, 26:9). 이것은 누가복음과 사도행전을 단일한 진술로 연결시키는 여러 주제들 가운데 하나다. [kēryssō]

24:48. **증인들**(Witnesses, martyres) – 이 용어 역시 사도행전에서 중요하게 취급될 것이다(행 1:8, 22, 2:32, 3:15, 5:32, 10:39, 41, 13:31, 22:15, 20, 26:16). 주님과 그분의 사역을 목격한 사람들은 하나님께서 하신 일들의 증인으로서 이제 예수님을 증거할 수 있다. [martys]

24:49. **약속**(Promise, epangelian) – 아버지의 '약속'(RSV, NASB)에 대한 언급은 세례 요한이 누가복음 3장 15-17절에서 처음으로 언급했고, 예수님께서 사도행전 1장 4-5절에서 언급하신 약속된 성령을 되돌아보게 한다('약속했던'-NET, NIV, '약속한'-NLT). 이 구절에서 이 용어는 명사이며, 하나님께서 하신 구체적인 약속을 내다본다. 성령은 역시 하나님의 능력에 근거를 둔 증거를 위한 능력 부여다. 이것은 예레미야 31장 31-33절과 에스겔 36장 23-27절에 언급된 것과 같이, 그들을 씻고 그들 속에 내주할 것이라는 그분의 약속도 포함한다. [epangelia]

능력(Power, dynamin) – 예수님께서 제자들에게 보내실 것은 '위로부터 임하는 능력'이다. 이것은 새 언약의 함축적 의미를 상기시키는 성령에 대한 언급이다(보혜사에 대하여 요 6:45와 예수님의 다락방 강화를 보라). 이것은 성령께서 공급하시는 능력과 그 능력의 부여다(행 1:5, 8, 2:17-21, 30-36). 성령께서 사도행전 2장에서 임하실 때, 제자들은 증거를 시작할 수 있도록 능력을 부여받았다. 그러므로 이 말씀은 24장 47절에 언급된 대로 나라들에게 복음을 전파하는 사명과 다시 연결된다. [dynamis]

24:51. **위로 취해졌다**(Was taken up, anephereto) – 이 말은 예수님께서 '위로 취해졌다'고 말한다(NET, NIV, NLT, '위로 옮겨졌다'-RSV, NASB, BAGD, 63, 1, BDAG, 75, 1). 이 구절은 하늘로 취해진 것을 언급하는 유일한 장소다. 예수님께서 그들을 축복하시는 것을 보여주는 본문은 그분이 누가복음에서 제사장과 같은 역할을 하는 것을 보여주는 몇 개의 본문 가운데 하나다. [anapherō]

24:52. **기쁨**(Joy, charas) – 이 분위기는 누가복

음 1-2장에서 누가복음을 시작하고, 또한 이 복음서 전반에 흐르는 기쁨의 분위기와 일치한다(눅 1:14, 2:10, 8:13, 10:17, 15:7, 10, 24:41). 그들은 하나님께서 하고 계셨던 일과 자기들이 그 일에 참여할 수 있는 존귀를 가지게 된 것으로 말미암아 감격했다. [chara]

24:53. **성전**(Temple, hierō)-누가복음에서 복음의 이야기는 그것이 시작된 장소인 성전과 예루살렘에서 끝난다. 제자들은 순종하고 기뻐하면서 사도행전 2장에서 임하실 성령을 기다린다. 사도행전은 예수님의 사역에 대한 누가의 이야기 마지막 부분을 전해준다(행 1:1). [hieron]

요한복음

W. 홀 해리스(W. Hall Harris)

1:1. **태초에**(In the <u>beginning</u>, archē) – 요한복음의 헬라어 독자는 이 용어가 헬라 철학에 나오는 기본 개념을 가리킨다고 가정할 수 있다. 아리스토텔레스(Aristotle)의 술어학적 질문은 " '시작' 은 무엇이며(여기에 사용된 동일한 헬라어), 만들어진 사물들의 기원은 무엇인가?" 였다(BAGD, 112, '제1원인' 을 참고하라). 그러나 요한에게 이 단어들은 기본적으로 헬라 철학을 언급하는 것이 아니고, 창세기 1장 1절의 "태초에 하나님이 천지를 창조하시니라"는 말씀을 의식적으로 언급하는 것이다. 이러한 방식으로 자신의 복음서를 열면서 저자는 예수님께서 막 새로운 창조를 개시하셨다는 신호를 보낸다. [archē]

말씀(The <u>Word</u>, logos) – 창조 전에 '말씀' 은 이미 존재했다. 이것은 성육신 이전에 그리스도를 가리키는 요한의 용어다. 요한복음 1장 14절 이후에 말씀은 나사렛 예수로 밝혀진다(LN 33.100, TDNT 4:129). 비록 필로(Philo)는 그의 현존 문서에서 용어 로고스를 1,400회 이상 사용했지만, 요한의 로고스 사용이 필로의 로고스 사용과 연결되거나 그에게 의존할 가능성은 없다. 심지어 요한복음에서도 이 용어는 1장 14절 이후에 다양한 의미로 사용된다. 그러나 요한의 신학은 일관성 있게 성육신하신 말씀이신 예수님께서 아버지 하나님과 같이 하나님이시라는 결론을 향해 돌진한다. 요한복음 1장 1하반절에 나오는 문장 구조는 말씀과 하나님 아버지의 인격을 동일시하지 않는다. 이것은 오히려 말씀의 본질과 아버지의 본질을 동일시한다. "하나님이신 분이 말씀이시다"(REB). [logos]

1:2. **하나님과 함께**(<u>With</u> God, pros) – 전치사 pros는 단지 가까움이나 방향뿐 아니라, 상호관계를 암시한다(LN 89.112). 여기에서 이것은 '~와 어울려' 라는 의미를 가질 수 있다(BDAG 875). [pros]

1:3. **모든 것이 창조되었다**(All things <u>were created</u>, egeneto) – 헬라어 동사 ginomai는 여기에서 '존재하게 되다' 를 뜻한다(BDAG

197). 이것은 1절에 사용된 문구 '태초에'와 연결되어 우주의 창조를 언급한다(창 1:1 참고). [ginomai]

1:4. **생명**(Life, zōē) – 이것은 요한복음에서 매우 중요한 개념이다. 요한은 이 단어를 37회 사용한다. 이 가운데 17회는 형용사 '영원한'(aiōnios)과 함께 사용된다. 이 단어는 요한복음의 서문(1:1–18) 밖의 문맥에서 비추어볼 때 '영생'을 의미하는 것이 분명하다. 만일 4절에 두 번 사용된 이 단어가 '영생'을 가리키지 않는다면, 이것은 본서에서 유일한 예외다. 17장 2절에 나오는 '영생'에 대한 논의도 보라. [zōē]

빛(The light, phōs) – 빛/어둠의 이미지는 요한의 인기 있는 주제다. 사해 사본의 발견 이전에 요한의 이러한 대조가 2세기 영지주의의 영향이라고 때때로 제시되었다(그래서 요한복음은 2세기 중반 이전에 기록될 수 없다는 것도 주장되었다). 그러나 쿰란에서 전쟁 사본(1QM)이 발견된 이후에 빛/어둠의 이미지는 주전 2세기 쿰란에 있었던 사람들과 같이 유대인의 분리주의적인 사교 집단 가운데 만연했다는 것이 분명해졌다. 그러므로 이 개념은 고대 요세푸스의 표현에도 뿌리를 가진다. [phōs]

1:5. **어두움**(The darkness, skotia) – 요한복음에서 '어둠'은 백성이나 백성의 그룹을 일반적으로 가리키지 않고, 백성이 처해 있는 악한 환경을 가리킨다(3:19, 8:12, 12:35). 요한에게 어둠은 빛을 '이해'하려고 애쓰는 어떤 것이 아니라, '극복하기' 위해 애쓰는 악의 세력들을 대표한다. 이것은 지상적이든 마귀적이든 하나님과 적대 관계에 있는 모든 것을 포함한다(BDAG 932). [skotia]

극복하지 못했다(Has not overcome, katelaben) – 이 동사는 번역하기 쉽지 않다. 많은 영어 번역은 상징적으로 '마음으로 파악하는 것'을 가리키기 위해서 '잡는 것' 또는 '파악하는 것'을 의미할 수 있는 용어로 보고 '이해하지 못했다'(NIV) 또는 '깨닫지 못했다'(NASB) 등으로 번역한다. 다른 역본들은 빛과 어둠 사이의 충돌에 초점을 두고 '극복하지 못했다'라고 번역한다. 여기에서 용어는 아마도 저자에게 고의적인 이중 의미를 수반하는 것 같다. '어둠'은 요한복음에서 사람과 관련하여 일반적으로 사용되지 않으나 다음 구절에서 사람이 소개되기 때문이다. 이러한 이중 의미는 영어 번역으로 전달되기 어렵다(그러나 NET, "어둠이 그것을 정복하지 못했다" – 영어 단어 '정복하다, to master'는 "그가 그의 교훈/그의 대적을 정복했다"와 같이 두 문맥에서 사용된다). [katalambanō]

1:6. **보냄 받은**(Sent, apestalmenos) – 헬라어 apostellō는 '보내는 것'을 의미한다. 요한의 용례에서 이 단어는 하나님께 보냄을 받은 예수님 자신을 빈번하게 가리킨다(1:6에서는 세례 요한을 가리킨다). 이것은 "전권을 가지고 보냄을 받았다"는 암시를 수반하며, 명사 apostolos('사도')와 연관된다. 예수님께서 유대인 종교 지도자들과 제자들과 함께 대화중에 자기 자신을 가리키기 위해서 이 용어를 사용하실 때, 이것은 그분이 말씀하고 행하시는 일 배후에 있는 하나님의 온전한 권세를 의미한다

(TDNT 1:404). 예수님께서는 자신을 '보내신' 하나님을 대표하면서 그분을 위해 말씀하신다. 다른 한편으로 예수님께서 (자기 자신보다는) 하나님 아버지에 대하여 말씀하실 때, 헬라어의 다른 동사 pempō('보내다')를 사용하여 '나를 보내신 분'(ho pempsas me)을 가리킨다(이 문구는 세례 요한이 한 번 사용한 것만 제외하고 예수님께서 독점적으로 사용하셨다). 두 동사 apostellō와 pempō 사이의 용례상 차이점은 중요하다. 일반적으로 예수님께서는 자신을 보내어 자기의 말씀과 행동에 책임을 지며, 이것들이 참되다고 보장하시는 하나님께 자신의 권세를 돌리기 원할 때 apostellō를 사용하신다. 또한 하나님 아버지께서 예수님 자신의 일에 참여하시는 것(예수님을 세상에 보내시는 일을 통해서)을 확증하기를 원할 때 pempō를 사용하신다. 확대해서 말하면, apostellō는 예수님의 전권을 가지고 보냄을 받은 제자들에게 두 번 사용되었다(4:38, 17:18). [apostellō + pempō]

1:7. **증인으로**(As a <u>witness</u>, martyrian) – '증인'(NASB, NIV) 또는 '증거'(RSV)는 요한복음의 주요 주제들 가운데 하나다. 동사 martyreō는 네 번째 복음서에 33회 등장하고(마태와 누가복음에 1회, 마가복음에는 나오지 않음), 명사 martyria는 14회 나온다(마태복음에는 나오지 않고, 누가복음에 1회, 마가복음에 3회 나온다). 이것은 우리가 법정에서 '증인'에 대하여 생각하는 것과 마찬가지로, 개인적인 지식이나 신념에 근거한 확인이나 확증을 기본적으로 가리킨다. 이 증인은 자신이 직접적으로 알고 있는 사람이나 사건에 대하여 정보를 제공한다(LN 33.262). [martyria]

<u>증거하기</u> 위하여(To <u>testify</u>, martyrēsē) – 이 동사의 의미는 이에 상응하는 명사(marturia)와 유사하다. 이러한 관계는 영어 단어에서 짝을 이루는 '증인'과 '증거하는 것' 또는 '증거'와 '증언하는 것'에 나타난다. [martyreō]

1:9. **세상**(The <u>world</u>, kosmom) – 여기에 처음으로 언급된 '세상'은 요한의 중요한 개념이다. 일반적으로 요한복음에서 이 단어는 11장 9절, 17장 5, 24절, 21장 25절에서 예외가 있지만 피조물(우주) 전체를 가리키지 않는다. 그 대신 이것은 인간과 인간의 사건들의 세계를 가리킨다. 심지어 다음 구절에서 로고스를 통하여 창조된 '세상'은 창조자를 알 수 (또는 모를 수) 있다. 이 용어는 때때로 요한복음에서 천국 세상, 위의 세상(8:23, 18:36 참고)과 대조되는 '이 세상'으로 더욱 한정된다(8:23, 9:39, 11:9, 12:25, 31, 13:1, 16:11, 18:36). 랍비들의 사상에서 '현재 세상'은 '오는 세상'과 대조된다. 요한에게는 이미 현존하는 '이 세상'과는 다른 세상과 대조된다 – '이 세상'은 '위에 있는 세상'과 상응하는 '아래 있는 세상'이다(8:23, 18:36 참고). 요한복음에서 예수님께서는 종말론적인 미래를 기대하시는 메시아뿐만 아니라(공관복음에서와 같이), 하늘 세상에서 이 세상에 보냄을 받은 특사로 나타난다(6:14, 9:39, 11:27, 16:28). 이 사상은 넷째 복음서에 반복적으로 등장하는 '내려옴/올라감' 소재와 연결된다(1:51 참고). '내려옴'은 3장 13절에 언급되는데, 그것의 가장 낮은 지점은

예수님께서 자기 백성에게 배척을 받으시는 12장 37절이다. 이것을 뒤따르는 것은 십자가에 못 박힘(12:32 참고)과 부활/승귀(20:17)로 이루어진 올라감이다. 그러므로 '세상'은 예수님을 반대하고 그분에게 적대감을 품는 사람들과 권세도 구체적으로 가리킬 수 있다(그리고 확대해서 그분의 제자들을 배척하는 것도 포함된다). [kosmos]

1:10. **알지 못했다**(Did not know, egnō) – 여기에서 헬라어 동사는 '자신이 무엇이라고 주장하는 어떤 사람을 인정하는 것'을 의미한다(BAGD 161). 요한복음에서 역설의 대부분은, 세상을 창조한 '참된 빛'(즉, 말씀)이 세상에 왔을 때 인정받지 못했다는 것이다. [ginōskō]

1:11. **그 자신의 것**(What was his own, idia) – 헬라어로 이 표현은 다음에 나오는 문구 '그 자신의 백성'과 대조가 되는 중성('그 자신의 것들')을 가리킨다. 여기에서 이것은 '가정'(RSV) 또는 '소유물'(가정–'이스라엘', 또는 소유물–'메시아직', BDAG 467, '그 자신의 것', NRSV 참고)을 나타낼 수 있다. [idios]

그 자신의 백성(His own people, hoi idioi) – 요한복음에서 이 표현은 '그(예수님) 자신의 백성'인 유대 백성을 가리킨다. 그들은 예수님을 영접해야 했으나 영접하지 않았다. 예수님을 인정하는 데 실패했다는 사실은 요한복음에 편만하게 퍼진 역설의 일부다. [idios]

영접하지 않았다(Did not receive, parelabon) – 이 용어는 인식적인 의미에서 단순한 인정만 내다보는 것이 아니고, 수용과 환영의 사상을 포함한다(LN 34.53). 이것은 일치 또는 찬성을 암시한다(BDAG 768). [paralambanō]

1:12. **권세**(Authority, exousian) – 이 단어는 여기에서 '어떤 것을 행할 수 있는 능력이나 자격을 행사하는 것'이란 의미에서 '능력'을 의미한다(BAGD 278). 예수님을 믿는 자는 하나님의 자녀가 되는 '능력'을 받는다(RSV, NRSV에 이렇게 나온다). 이 문맥에서 '능력'은 예수님 자신에게서 나온다. [exousia]

하나님의 자녀(Children of God, tekna) – 이것은 요한이 하나님의 '자녀'로 신자를 묘사할 때 사용하는 용어다(11:52, 요일 3:1, 2, 10, 5:2 참고). 이것은 '위로부터'(3:3, 참고–요일 2:29, 3:9), 곧 영적으로 태어나는 데서 비롯되는 관계를 나타낸다. 요한은 '자녀'(teknia)로서의 신자들과 독특한 의미에서 하나님의 '아들'(huios)로서의 예수님 사이를 일관성 있게 구분한다. 요한은 바울이 한 것처럼 신자들을 가리킬 때 huios를 결코 사용하지 않는다(TDNT 5:653). [teknon]

믿는 사람들에게(To those who believe in, pisteuousin) – 동사 pisteuō는 요한복음에 98회 나온다(이것은 마태복음에 11회, 마가복음에 14회, 누가복음에 9회 사용되는 것과 비교된다). 이에 상응하는 명사형 pistis는 요한복음에 전혀 사용되지 않는다. 어떤 사람은 이 명사가 영지주의 이전의 일부 사교들 가운데 사용되고 있어서 저자가 이 단어를 의도적으로 피했다고 제안했다. 동사 '믿다'는 요한복음에서 주로 네 가지 방식으로 사용된다. (1) 사실들, 보고들과 같은 것들을 믿는 것이 19회 등장한다. (2) 사람(또는 성경)을 믿는 것이 19회 나온다. (3) 예수님을 믿는 것은 36회 나온다. (4) 목적어 사람이나 대상이 없이 절대적으로 30회 등장한다. 한 가지 예를 들면, 2장 24절에서 예수님께서는 어떤 사람들에게 자기 자신을 '위탁하는 것'을 거절하셨다. 이러한 범주들 가운데서 가장 중요한 것은 세 번째다. 여기에서 동사는 전치사 eis와 목적격과 함께 사용된다. 이 구조는 단순한 지적인 인정과는 반대로 그리스도를 신뢰하는 것을 가리키며, 바울의 공식 '그리스도 안에서'(en Christō)와 비슷하다. 일부 해석자들은 거짓된 고백(동사 pisteuō가 단순한 여격과 함께 사용되는 경우)과는 반대되는 진정한 신앙을 가리키기 원할 때 이 공식을 사용했다고 주장했다. 그러나 이것보다는 요한이 진정한 신앙을 거짓된 고백과 구분하는 것이 아니라, 문맥이 지적하는 것과 같이 예수님에 대하여 믿어지는 내용과 구분하는 것으로 보는 것이 더 개연성이 있다(예, 1:49- '하나님의 아들', '이스라엘의 왕', 9:35- '인자', 11:27- '세상에 임하는 하나님의 아들 그리스도'). 네 번째 복음서 전반에서 다수의 사람들은 예수님을 메시아로 믿는 것같이 보이나(2:23, 8:31), 그들은 자기들의 전제에 따라 '메시아'를 정의한다(정치적인 구원자, 군사적인 지도자, 왕, 참고-6:15). [pisteuō]

1:13. 태어난(Born, egennēthēsan) - 육체적인 탄생의 이미지는 '하나님의 자녀'의 기원을 묘사하기 위해서 사용된다. 다음 구절들은 이 탄생이 육체적인 탄생이 아니라, 초자연적인 과정의 결과인 영적인 탄생임을 설명한다. 헬라어 동사 gennaō는 생식의 과정에 남성 부모의 참여를 묘사할 때 흔히 사용되기 때문에 이 은유는 대담하다(BAGD 155). 이 단어가 고전 문서에서는 산모가 아이를 낳는 것을 묘사할 때 극히 드물게 사용된다(LS 162). 남성 역할에 대한 언급은 전치사 ek('~부터, ~의', BDAG 193 참고)의 포함으로 더욱 암시된다. [gennaō]

피에서 나지 않고(Not of <u>blood</u>, haimatōn) - 단어 '피'는 헬라어 본문에서 복수로 사용된다. 그래서 많은 해석자들은 이것을 문제로 간주한다. 적어도 고대의 일부 자료들은 태아가 모태에 있을 때 피를 태아의 발달에 중요한 것으로 생각했다는 사실을 암시한다("나는 남자의 씨와 결혼의 즐거움으로 말미암아 피에 싸인 채 10개월의 기간 동안 모태에서 육신으로 형성되었다"고 말하는 지혜서 7:1을 참고하라). 이 구절에서 복수형은 양부모의 활동을 암시할 수 있다. 이것은 또한 (비전문적인 용어로) 양부모의 '유전적인' 기여를 가리킬 수 있으므로 '인간의 혈통'과 동등하다(BAGD 22). [haima]

1:14. 육신(Flesh, sarx) - 이 용어는 (종종 바울서신에서 의미하는 것과 같이) 여기에서 죄악성의 의미를 수반하지 않는다. 요한에게 sarx는 연약함과 비천함 상태에 있는 육체적인 성격을 가리킨다. "말씀이 육신이 되었다"는 복음서 기자의 진술은 신약에서 성육신에 대한 가장 간략한 공식을 이룬다. 요한복음 1장 1절은 말씀이 온전하게 하나님이신 사실을 분명히 하나, 이 구절은 이 말씀이 또한 온전하게 인간인 사실을 분명히 한다(CEV- '사람이 되었다',

NLT-'인간이 되었다' 참고). 가현설적인 해석(즉, 예수님께서는 단지 사람으로 보였을 뿐이다)은 여기에서 완전히 배제된다. [sarx]

살았다(Lived, eskēnōsen) - '살았다'로 번역된 동사(문자적으로 '거처를 정하다', BDAG 929)는 하나님의 임재의 가시적인 영광인 세키나(Shekinah)가 머물었던 구약 성막을 가리킨다(출 33:7-10 참고). 이와 같은 신적인 영광이 이제 예수님 안에 보일 수 있게 되었다. 요한복음 2장 19-21절도 보라. [skēnoō]

영광(Glory, doxan)-이것은 요한복음에서 또 다른 중요한 용어다. 이 용어가 그 기본적 의미 가운데 하나인 '광채' 또는 '빛남'을 의미한다고 가정할 수도 있다. 그러나 이 의미는 네 번째 복음서에서 이 용어의 의미를 다 드러내지 못한다(TDNT 2:249). 요한에게 예수님의 '영광'은 십자가를 통해서 성취된 그분의 높아지심과 연결된다(12:23-24 참고). 그러므로 예수님께서 자신의 수난을 이해하실 때, "하나님께서 자기 안에서 영화롭게 되신다"고 말씀하실 수 있었다. 마찬가지로 예수님께서는 자신의 '영화'를 위해서 반복적으로 기도하실 수 있었다(12:28, 13:31-32, 17:1, 4-5). 여기에서 이것은 일반적인 진술(1:14)이 아니고, 저자가 일인칭으로 서술한 것이다(21:24에 나오는 증거를 참고하라). 궁극적으로 예수님의 '영광'은 믿음을 통해서만 보인다('영광'은 2:11에서 믿음과 연결 된다. 또한 11:40을 보라). [doxa]

하나이며 독특한 자(The one and only, monogenous)-이 헬라어 용어는 '독특한 자'로 번역될 수도 있다. 비록 더 오래된 영어 번역들은 이것을 '유일하게 태어난'으로 번역했으나(KJV, NASB), 이러한 번역은 형이상학적인 관계를 표현하는 것으로 보이므로 오해의 여지가 있다. 헬라어에서 이 단어는 아들(눅 7:12, 9:38)이든 딸(눅 8:42)이든 하나밖에 없는 자식을 가리키는 데도 사용되었다. 이 용어는 또한 신화적인 봉황새(클리멘트 1서 25:2)와 같이 독특한 어떤 것(그것의 유일한 종류)을 묘사하는 데도 역시 사용되었다. 이것은 아브라함의 유일한 자식은 아니었지만 약속의 자식으로 유일했던 이삭을 묘사하는 데도 사용되었다(히 11:17과 요세푸스, 고대사 1.13.1[1.222]). 이 단어는 이러한 의미에서 요한의 글 가운데 예수님에게만 사용된다. 비록 요한에게 모든 그리스도인은 '하나님의 자녀'(tekna theou)이지만, 유일하고 하나밖에 없는 종류란 의미에서 하나님의 아들이시다('하나이며 독특한 자', NIV, NET). 요한복음에서 이것은 항상 이런 의미를 가진다(1:14, 18, 3,16, 18). 아버지와 아들 사이의 독특한 관계는 요한복음의 중요하고 반복된 주제들 가운데 하나다. [monogenēs]

진리(Truth, alētheias)-말씀의 성육신을 하나님께서 모세에게 시내 산에서 계시하신 것과 비교하는 17-18절의 적절한 구약 배경은 출애굽기 34장 6절이다. 출애굽기 34장 6절의 헬라어 역과 여기에 사용된 요한의 표현 사이에 있는 어휘상의 차이점들은 요한의 용례가 관련된 용어들의 의미를 결정해야 함을 보여준다. 다른 항목들 가운데 이것은 '진리'(alētheia)를 가리키는 헬라어 단어를 '신실함'(ʾemet)의 구약 개념과 동일시하려는 노력이 왜 네 번째 복음서에서 작용하지 않는지 설명한다. 이 구절과 출애굽기 34장 6절 사이의 접촉점은 시내 산에서 율법을 주실 때 하나님께서 모세에게 자신을 계시하신 사건과 요한복음에 나오는 말씀의 성육신이다. 헬라의 철학적인 사상들과는 반대로 요한복음에서 '진리'는 지적인 것이 아니고 인격적인 것이며 하나님의 계시를 통하여 획득된다. 이것은 또한 추상적인 것이 아니고 개인적으로 역사 속에 계시된다. 요한에게 예수님은 하나님의 최종 계시다(1:18). 그래서 예수님께서 '진리' 자체로도 묘사된 것은 놀랄 일이 아니다(14:6). 예수님께서 심문당할 때, 빌라도가 (아마도 냉소적으로) "진리가 무엇이냐?"고 질문한 것은 매우 역설적이다. 왜냐하면 이 시점에서 요한복음의 독자들은 '진리'란 인격적이고 관계적이며 성육신하신 분, 곧 예수님 자신임을 알고 있을 것이기 때문이다. 하나님 역시 '참되신'(3:33) 분이며, '진리'의 출처시다(8:40). 성령께서 예수님의 제자들을 '진리'로 인도하시는 것을 보여주는 문맥에서(16:13) 그 역시 '진리의 성령'으로 언급된다(15:26). 예수님의 제자들에게서 '진리를 실천하는 것'이 기대된다(3:21). 물론 이것은 '진리를 삶 속에서 실천하고' '영과 진리로' 하나님을 경배하는 것을 의미한다(4:23-24). [alētheia]

1:15. **그는 나보다 먼저 계셨다**(He was <u>before</u> me, prōtos) - 대부분의 주석가들은 이 문구를 시간적인 의미, 곧 "그가 나보다 먼저 존재했다"로 이해해야 한다고 일치된 의견을 제시한다. 그러나 말씀은 단지 세례 요한보다 '먼저' 일 뿐만 아니라, 절대적인 의미에서 '첫 번째'다(1:1 참고). 네 번째 복음서에서 세례 요한은 항상 예수님에 대한 놀라운 존경을 보여준다. [prōtos]

1:16. **그의 <u>충만함</u>으로부터**(From his <u>fullness</u>, plērōmatos) - 헬라어 명사 plērōma는 14절에 사용된 형용사 'plērēs'(충만한)를 상기시킨다. 이 명사는 바울이 선호하는 단어다. 요한복음에서는 여기에만 나온다. 문맥으로 볼 때 이것은 성육신하신 말씀을 가리키는데, 그 안에는 하나님의 '은혜'의 '충만함'이 있으며 그분은 신자들에게 은혜의 축적을 공급한다(TDNT 6:302). [plērōma]

<u>은혜</u> 위에 <u>은혜</u>(<u>Grace</u> upon <u>grace</u>, charin… charitos) - 이 문구의 의미는 파악하기 어렵다. 이것은 (1) 시내 산 언약의 사랑(즉, 은혜)을 대신한 새 언약의 사랑(즉, 은혜), 그러므로 대치, (2) 은혜에 상응하는 은혜, 그러므로 상응성, (3) 은혜 '위에' 은혜, 그러므로 축적일 수 있다. 가장 흔하게 주장되는 견해는 한 의미로든 다른 의미로든 세 번째다. 축적은 본문의 사상이다. 이 진술의 배경은 출애굽기 33장 13절의 "만일 내가 당신 앞에서 은혜를 얻었으면, 내가 당신 앞에서 은혜를 발견하도록 내가 당신을 알도록 나로 당신의 길을 알게 하소서"란 말씀이다. 출애굽기 33장의 헬라어 구약 성경은 요한이 사용한 동일한 단어인 '은혜'를 가리키는 단어 charis를 사용한다. 이 의미 역시 필로의 Posterity 43(145)에 나오는 용례에서 지지를 받는다. [charis]

1:17. **율법**(The <u>law</u>, nomos) - 이것은 시내 산에서 주어진 옛 언약인 모세 율법을 가리킨다. 유대의 문헌에서 율법은 하나님의 선물로 간주

되었다(요세푸스, 고대사 3.8.10[3.223], Pirqe Abot 1.1, Sifre 신명기 31:4 §305). [nomos]

진리(Truth, alētheia) – '은혜'와 '진리'는 1장 14절에서처럼 관련되어 있다. [alētheia]

1:18. **유일한 자**(The only one, monogenēs) – 1장 14절의 논의를 보라. [monogenēs]

그를 알렸다(Has made him known, exēgēsato) – 동사는 '설명하는 것, 계시하는 것' 또는 심지어 '상세하게 설명하는 것, 해설하는 것'을 의미한다(BDAG 349). 이 헬라어 용어에서 영어의 '주해'(exegesis, 본문의 설명이나 해석)란 말이 유래되었다. 비록 어떤 사람들은 헬라어 본문에 직접 목적어가 부재한 사실에 근거하여 '설명하다'란 의미로 해석하는 것을 반대하나(TDNT 2:908), 직접 목적어는 문맥에서 분명할 때 코이네 헬라어에서 빈번하게 생략되었다. 여기에서 요한의 요점은 성육신한 말씀이신(1:14) 예수님께서 하나님이 어떤 분인지 충분하게 '설명하셨다'(또는 계시하셨다)는 것이다(NASB 참고). 그분은 요한복음 14장 9절에서 빌립에게 말씀하신 것처럼 말씀하셨다. "나를 본 자는 아버지를 보았다." [exēgeomai]

1:19. **증거**(Testimony, martyria) – 예수님에 대한 세례 요한의 '증거'는 3일 이상 있었던 것으로 보인다. 첫째 날에 있었던 자신의 역할에 대한 요한의 증거는 크게 부정적이다(1:19-28). 둘째 날에는 예수님께서 누구신지에 대하여 긍정적인 증거를 한다(1:29-34). 셋째 날에는 자기 자신의 제자들을 보내 예수님을 따르게 한다(1:35-40). 1장 7절에 나오는 논의를 보라. [martyria]

유대인들(The Jews, Ioudaioi) – 요한복음에서 이 용어가 가리킬 수 있는 네 가지는 (1) 유대인의 전 백성, (2) 예루살렘과 주변 지역의 거주하는 사람들, (3) 예루살렘에 있는 유대인 종교 지도자들, 또는 (4) 예수님께 적대적인 모든 사람들이다. 여기에서는 예루살렘에 있는 유대인 지도자들을 가리킨다. 일부 최근 번역들은 문맥의 뉘앙스를 살리는 번역을 제시하려고 노력했다('예루살렘에 있는 지도자들'–CEV, '예루살렘에 있는 유대인 당국자들'–TEV, '유대인 지도자들'–NLT, NET). TDNT 3:377을 참고하라. [Ioudaios]

1:20. **고백했다**(Confessed, hōmologēsin) – 이 동사는 일반적으로 공적인 배경에서 '어떤 것을 고백하거나 인정하는 것'을 의미한다(BDAG 708). 이것은 메시아로서 예수님의 정체와 관련된 요한복음의 문맥에서 특별히 중요하다(9:22 참고). 이 용어의 반대가 다음 구절에 등장한다(부인하다, ērnēsato). [homologeō + arneomai]

그리스도(The Christ, Christos) – 이 헬라어는 원래 형용사('기름부음 받은')인데 헬라어 구약 성경(칠십인경)에서 실질 명사('기름부음 받은 자')로 발전했고, 후에 전문적인 총칭('기름부음 받은 자')이 되었다. 중간기 시대에 이것은 더욱 발전하여 소망했던 기름 부음을 받은 자, 곧 특정한 개인을 가리키는 전문적인 용어가 되었다. 그러나 주전 1세기의 유대인들에게는 단일한 종말적 인물을 기대하는 획일적인 기대가 없었다. 유대 백성의 대다수는 메시아를 기대했다. 그러나 일부 가정들은 다윗 계통의 기름부음을 받은 왕에 대한 언급을 하지 않고 하나님의 간섭을 묘사한다(즉, 에녹 1서의 일부에서 메시아가 아닌 인자란 인물이 저자의 기대를 담고 있다). 쿰란에 있는 유대인 에센파에 소속된 사람들은 선지자 메시아, 제사장 메시아, 왕적인 메시아와 같은 세 인물을 기대했던 것으로 보인다. 세례 요한은 사해 해변 쿰란에 있는 에센파 중심지로부터 멀리 떨어져 있지 않았기 때문에, 예루살렘에 있는 당국자들이 그가 누구인지에 대하여 호기심을 가지는 것은 놀라운 일이 아니다. [Christos]

1:21. **엘리야**(Elijah, Ēlias) – 말라기 4장 5절에서 엘리야는 메시아의 선두 주자가 될 것이라고 나온다. 그렇지만 여기에서 세례 요한의 부인은 마태복음 11장 14절에 나오는 세례 요한이 엘리야였다는 예수님 자신의 진술(막 9:13, 마 17:12 참고)과 모순되는 것같이 보인다. 그러나 그레고리(Gregory) 대제에 따르면, 요한은 엘리야가 아니었으나 예수님의 길을 준비함으로 그분을 향하여 엘리야의 기능을 행사했다. 그러나 그러한 설명은 요한복음에서 유대인 당국자들의 질문이 정확하게 그의 기능에 관한 것이기 때문에 난점을 피했다. 분명히 요한은 개인적으로 (환생한) 엘리야가 아니었다. 그러므로 성경을 연구하는 사람들은 예수님께서 이 말씀으로 밝히신 것이 무엇인지 씨름해야 한다. 마가복음 6장 14-16절과 8장 28절은 이 문제에 대하여 세례자 자신의 관점을 반영하면서, 백성과 헤롯은 모두 세례 요한과 엘리야 사이를 구분했다는 것을 보여준다. [Ēlias]

그 <u>선지자</u>(The <u>prophet</u>, prophētēs) – 이것은 신명기 18장 15절에 언급된 '모세와 같은 선지자'에 대한 언급이다. 이 시기에 그 선지자는 백성의 신앙 가운데 종말론적인 인물이었다. 사도행전 3장 22절은 예수님을 이 선지자로 밝힌다. [prophētēs]

1:23. **곧바르게 하다**(Make straight, euthynate) – 이사야 40장 3절의 일부인 이 동사는 '곧바르게 하는 것' 또는 '어떤 것을 똑바르거나 직선이 되게 하는 것'을 뜻한다. 여기에서는 회개를 통하여 주님께서 현장에 당도하실 것을 준비하라는 외침이다. 그러므로 이것은 상징적으로 이해되어야 한다(시므온의 유언서[T. Sim] 5:2 참고). 이 용어는 일부 고전 문맥에서 직선 코스로 배를 운항하는 것을 가리킨다(LN 54.21, 약 3:4). [euthynō]

1:24. **<u>보내졌다</u>**(Had been <u>sent</u>, apestalmenoi) – 1장 6절을 보라. 이 용어는 여기에서 세례 요한과 인터뷰하고, 그가 누구인지를 결정하기 위해서 예루살렘에 있는 유대인 종교 지도자들에 의하여 '보냄 받은' 제사장들과 레위인들의 대표단을 묘사한다. 동사 apostellō는 이들 대표자들이 자기들을 보낸 유대인 당국자들(여기에서 '바리새인들'로 밝혀짐)의 전권을 가지고 있음을 암시한다. [apostellō]

<u>바리새인들</u>로부터(From the <u>Pharisees</u>, Pharisaiōn) – 바리새인들은 예수님 당시 종교적, 정치적으로 영향력이 있는 유대교의 핵심 당파 가운데 하나에 소속된 자들이다. 바리새인들은 사두개인들보다 훨씬 더 많았다. 요세푸스에

따르면 이 당시 바리새인들의 수는 6천 명 이상이었다(고대사 17.2.4 [17.42]). 물론 사두개인들은 권력의 핵심 요직들을 가졌다. 바리새인들은 일부 교리들과 행동의 유형에 있어서 사두개인들과 의견을 달리했다. 바리새인들은 구약의 모세 율법, 천사들, 육체적인 부활과 같은 많은 추가적인 전통들을 엄격하고 열정적으로 신봉하는 자들이었다(TDNT 9:11-46, LN 11.49). [Pharisaios]

1:25. **세례를 베풀다**(Baptizing, baptizeis) – 이 동사는 요세푸스가 배가 침몰하는 것을 묘사할 때 사용되었다(전쟁사 3.8.5 [3.368]). 공관복음은 요한의 세례를 회개를 위한 것으로 제시하나 네 번째 복음서는 이것을 회개를 위한 세례로 제시하지 않는다(마 3:11, 눅 3:3, 막 1:4 참고). 그 대신 요한복음에서 유일한 강조는 예수님을 메시아로 밝히는 데 있다. 세례자는 "그가 이스라엘에 계시되기 위해서 내가 물로 세례를 베푼다"고 말한다(31절). [baptizō]

1:26. **물로**(With water, hydati) – 요한은 마태와 누가와 같이 세례 요한이 '물로' 세례를 베풀었다고 말한다. 그러나 공관복음의 기록과는 달리 그 뒤에 '오시는 자'(27절)가 성령(마 3:11, 막 1:8, 눅 3:16)과 물(마 3:11, 눅 3:16)로 세례를 베풀 것이라고 언급하지 않는다. [hydōr]

너희가 알지 못하는 이(Whom you not know, oidate)-(또한 31, 33절에도 나옴) – 비록 1장 10절에 사용된 헬라어 동사는 ginōskō이지만, 여기에서의 의미는 이 단어의 의미와 흡사하게 '~에 관하여 알다'(BAGD 555) 또는 '인정하다'(NET)이다. 유사한 용어의 교환적인 사용은 요한에게 전형적으로 나타나며, 문체의 이유이기도 하다. [oida]

1:27. **합당한**(Worthy, axios) – 세례 요한은 자기 자신을 메시아의 샌들 끈을 풀기에도 '합당치' 않은 자로 보았다. 원래 이 용어는 '저울대를 균형 맞추는 것'을 가리키는 것으로서 '동등한' 또는 '동등한 가치가 있는'이란 의미를 가진다(TDNT 1:379). 네 번째 복음서에서 세례 요한은 일관성 있게 메시아로 예수님께 경의를 표했다. [axios]

그의 샌들의 띠(The strap of his sandal, himanta) – 1세기 헬라와 유대인들은 일반적으로 맨발로 다니거나 샌들을 착용했다. 용어 himantos는 가죽 '띠'(NET) 또는 '끈'(NASB, NRSV)을 나타내는 것으로서 샌들을 발에 묶을 때 사용된다(LN 6.20 참고). 샌들을 푸는 것은 1세기 유대 문화에서 종의 가치가 가장 적은 임무 가운데 하나로 간주되었다(TDNT 5:310, 막 1:7, 눅 3:16, 행 13:25를 참고하라). 그런데 세례 요한은 자기 자신이 선지자란 사실에도 불구하고 예수님께 그와 같은 행동을 할 자격이 있다고 생각하지 않았다. [himas]

1:28. **베다니**(Bethany, Bēthania) – 세례 요한이 세례를 베풀고 있는 장소로 일컬어진 요단강의 동편 장소를 가리킨다(BDAG 174). 일반적인 지역은 헤롯 안디바스(Herod Antipas)에 의하여 통치된 영토인 베레아(Perea)였을 것이다. 이곳을 마리아, 마르다와 나사로의 집이 있는 예루살렘 인근 마을과 혼돈해서는 안

된다(11:1, 18, 12:1 참고). [Bēthania]

1:29. 하나님의 어린양(The Lamb of God, amnos) – '하나님의 어린양' 으로서 예수님의 이미지에 대한 배경은 큰논쟁거리다. (1) 유대 묵시문서에는 세상에 있는 악을 멸망시킬 정복하는 어린양의 인물이 있다(요셉의 유언서 19:8, 에녹 1서 90:38). 이 상징적인 표현은 요한계시록 7장 17절과 17장 14절에서 반복된다. 이것은 공관복음에서 세례 요한의 선포와 잘 어울린다(마 3:12, 눅 3:17). 그러나 요한복음과 요한계시록에서 사용된 '어린양' 을 가리키는 단어와 다르다. 요한복음 1장 29절은 amnos을 사용하나 요한계시록 7장 17절과 17장 14절은 arnion을 사용한다. 더욱이 '세상의 죄를 제거하는 자' 란 서술적인 문구는 묵시적인 그림과 어울리지 않고 희생과 구속의 개념들과 더 잘 어울리는 것으로 보인다.

(2) 다른 사람들은 어린양이란 상징적인 표현이 '고난 받는 종' 에서 유래한 것으로 보았다(사 53:7). 이사야 53장 7절의 말씀은 다음과 같다. "그가 곤욕을 당하여 괴로울 때에도 그 입을 열지 아니하였음이여 마치 도수장으로 끌려가는 어린 양과 털 깎는 자 앞에 잠잠한 양같이 그 입을 열지 아니하였도다." 이 본문은 사도행전 8장 32절에서 예수님께 적용되며 '종의 노래' 전체가 나오는 이사야서의 두 번째 단락(40-55장)은 신약에서 세례 요한과 연관된다(요 1:23과 사 40:3 참고). 더욱이 예수님께서는 네 번째 복음서의 다른 곳에서 '고난 받는 종' 과 관계된다(12:38, 참고-사 53:1). 그렇지만 차이점들도 있다. 요한복음 1장 29절에서 어린양은 '세상의 죄를 제거하는 것' 으로 언급되고 있으나, 이사야 53장 11절에서 고난 받는 종은 많은 사람들의 죄들을 '감당한다' 또는 '운반한다.' 초기 신자들은 예수님께서 자신의 죽음으로 죄를 제거한 것인지 자신이 죄를 지신 것인지에 대하여 예리한 구분을 하지 않았다.

(3) 마지막으로 다른 사람들은 '하나님의 어린양' 은 유월절 어린양에 대한 언급으로 간주했다. 어린양이 단지 격리되어 부차적인 요소로 등장하는 이사야서의 '종의 노래' 에 등장하는 어린양의 언급과는 다르게 유월절 양은 참으로 어린양이다. 유월절 상징물은 특별히 예수님의 죽음과 관련하여 요한복음에 나온다. 예수님의 정죄는 유월절 전날 정오에 일어난다(19:14). 바로 이 시간에 제사장들은 성전에서 유월절 어린양들을 잡기 시작했다. 예수님께서 십자가 위에 달려 계실 때 포도주에 적신 스펀지를 올리기 위해 '우슬초' 가 사용되었다(19:29). 우슬초는 또한 출애굽기 12장 22절에서 유월절 어린양의 피를 문기둥에 바르는 데 사용되었다. 더욱이 요한복음 19장 36절은 예수님의 뼈가 하나도 꺾이지 아니한 사실에서 성경의 성취를 보여준다. 출애굽기 12장 46절에 따르면 유월절 어린양의 뼈는 하나도 꺾여서는 안 된다. 어떤 사람들은 유월절 어린양은 그 자체가 희생이 아니었다고 주장했다. 그러나 예수님의 시대에 희생적인 맥락은 아마도 유월절 어린양이 대표했던 구속의 상징과 합쳐지기 시작했을 것이다(고전 5:7 참고). 성전 뜰에서 유월절 어린양들을 잡는 것은 아마도 이것을 진전시켰을 것이다. 헬라어 구약 성경은 유월절 어린양을 가리킬 때 다른 헬라어(probaton)를 사용하는 것이 사실이나

용어상의 차이점은 결정적이지 않다. 결론적으로 말해서, 비록 고난 받는 종의 주제가 완전히 배제된다고 볼 수는 없지만, 유월절 어린양의 상징이 요한복음 1장 29절에 나오는 말씀 배후에 있는 것으로 보인다. [amnos]

제거하다(Takes away, airōn) – 여기에서 동사는 '옮겨가는 것' 또는 '제거하는 것'을 뜻한다(BDAG 29). 동일한 동사는 헬라어 구약 성경에서 죄를 용서하다, 또는 죄책을 제거한다는 의미로 사용된다(삼상 15:25, 25:28). 여기에서 그리스도는 '죄를 옮겨 가신다.' 이것은 "그것을 자기 자신이 지고 간다"는 사상과 멀지 않다. 어린양 이미지는 여기에서 또한 유대인의 희생 제도에서 취한 구속의 그림에 기여한다. [airō]

죄(Sin, hamartian) – 요한일서에 나오는 두 구절에서 '죄'의 정확한 정의는 요한복음에 나오는 개념과도 어울린다. 요한일서 3장 4절은 "죄를 범하는 자는 또는 불법을 행하며 죄는 불법이라"고 진술한다. 요한일서 5장 17절은 '모든 불의는 죄'라고 확증한다. 요한에게 죄는 옳은 것(즉, 이것은 불의다)을 반박하고 하나님의 뜻을 위반하는 것이므로 불법이다. 죄는 하나님에 대한 반대로 말미암는다(그리고 확대하여 네 번째 복음서에는 예수님과 그분의 가르침을 반대하는 데서 비롯된다). 이것은 자신의 이웃이나 형제에 대한 죄로 표현된다(요일 3:12에서 자기 형제 아벨을 살해한 가인은 그 원형이다). 요한에게 죄는 죄책을 포함하여(9:41) 하나님으로부터의 분리를 가져온다(9:31). 예수님의 정체성('나는…이다'라는 표현에 요약됨)을 인정하기를 거부하는 사람은 자기의 죄 가운데 머물러 있으며, 결국 자기의 죄 가운데 죽는다(8:24). 요한일서 3장 5절에서 '죄들'이란 복수가 사용되었다. 이것은 죄악 된 행동들에 초점을 더 둔다. 반면 여기에 사용된 단수 '죄'는 죄악 된 상태를 내다본다. [hamartia]

세상(World, kosmos) – 여기에서 '세상'은 사람의 세상, 곧 '인류' 또는 인종이다. 요한일서 2장 2절은 구속의 범위에 대한 유사한 진술을 한다. 1장 9절에 나오는 논의를 보라. [kosmos]

1:30. 나보다 먼저 계셨다(Was before me, prōtos) – 1장 15절을 보라. [prōtos]

1:31. 계시되기 위하여(Revealed, phanerōthē) – 네 번째 복음서에서 세례 요한이 세례를 베푸는 목적은 이스라엘에 자기 뒤에 오실 분, 곧 메시아를 계시하는 것이다. 1장 25절을 보라. [phaneroō]

1:32. 내려오는(Descending, katabainon)-(33절에도 나옴)-이 동사는 '내려오는 것' 또는 '하강하는 것'을 의미한다(BAGD 408). 이것은 지리적으로 예루살렘을 떠나는 것이나(이곳은 가장 높은 곳으로 생각되었기 때문에) 갈릴리 바다, 요단 계곡과 사해 주위의 낮은 지역으로 내려가는 것을 묘사하는 데 사용된다. 이 용어의 대부분의 용례는 예수님께서 세례를 받을 때 성령께서 그 위에 내려오시는 것(이 구절과 33절), 천사들이 인자 위에 오르락내리락하는 것(1:51), 인자 자신이 하늘에서 내려오는 것(3:13, 6:33)을 가리킨다. 예수님도 자기 자신을 하늘에서 '내려온 빵'으로 부르신다(6:41). [katabainō]

머물렀다(Remained, emeinen)-(33절에도 나

옴)–헬라어 동사 menō는 저자가 선호하는 용어다. 이것은 요한복음에서 40회, 요한서신에서 27회 나온다. 신약에서는 모두 118회 나온다. 요한에게 동사 menō의 일반적인 의의는 아버지와 아들, 아들과 신자간 관계의 영구적인 성격을 표현하는 것이다(내적이고 지속적인 개인적인 교통, BAGD 504). 요한에게 이 용어 자체는 '그리스도 안에서'(en Christō, TDNT 4:576 참고)란 바울의 개념과 유사하다. 여기에서 이 단어의 사용은 예수님께서 영구적으로 성령을 소유하셨음을 암시한다. 이것은 특정한 활동을 성취하기 위한 능력 부여를 위해서 성령께서 잠정적으로 구약의 왕들과 사사들에게 임한 것과는 다르다. 성령께서는 예수님 위에 머물기 때문에 그분은 다른 사람들에게 나누어 주실 수 있다. 또한 "나의 종 내 마음에 기뻐하는 나의 택한 사람을 보라 내가 나의 신을 그에게 주었은즉…"이라는 이사야 42장 1절에 대한 언급을 주목하라. [menō]

1:33. 나를 보낸 이(The one who <u>sent</u> me, pempsas)–1장 6절을 보라. 동사 pempō는 요한복음에서 일반적으로 예수님의 입에서 나오는 단어다. 그런데 이 경우는 예외다. 여기에서 이 말을 하는 사람은 세례 요한이다. 요한의 이 언급은 예수님께서 이 단어를 사용하시는 용례와 일치하여 요한 자신의 세례 베푸는 사역에 하나님께서 참여하고 계심을 가리킨다. [pempō]

<u>세례를 주는</u> 이(The one who baptizes, baptizōn)–공관복음에서와 같이, 예수님께서는 성령과 함께(마 3:11, 막 1:8, 눅 3:16) 세례를 주실 수 있는 분으로 요한 앞에 계셨다. 1장 25절도 보라. [baptizō]

1:34. 증거했다(Have testified, memartyrēka)–여기에서 용어는 '증거했다'를 의미한다(RSV, NASB). 1장 7절에 나오는 논의를 보라. [martyreō]

하나님의 <u>아들</u>(The <u>Son</u> of God, huios)–요한복음은 이 개념을 기독론의 핵심에 둔다. '하나님의 아들'이란 표현(종종 '아들'로 단축됨)은 29회 나온다. 이 문구는 요한복음의 목적을 진술하는 바로 그 부분에 등장한다(20:31). 요한복음에서 '하나님의 아들'이란 개념은 1장 1, 14, 18절로 시작해서 나중에는 8장 56–58절, 17장 5, 24절에서 언급되어 그분의 선재성을 포함한다. 하나님의 아들은 아버지에 의해 세상에 '보냄 받으며'(3:17, 10:36, 17:18), 아들은 또한 아버지 '로부터' 왔다(3:31, 6:33, 38, 41, 42). 그분은 또한 아버지께로 다시 간다(13:1, 3, 14:28, 16:28, 20:17). 이와 같은 분으로서 아들은 아버지의 '영광'을 반영한다(1:14, 14:7, 9–11). 하나님의 아들로서 예수님께서는 아버지에 대한 완전한 순종을 보여주고(4:34, 5:30, 6:38, 7:28, 8:29), 아버지의 '일'에 동참하며(5:17, 19, 9:4, 10:32, 37), 아버지와 관계를 맺고 있고(14:13, 16, 16:15), 아버지께 사랑을 받으며(3:35, 5:20, 10:17, 17:23), 그 또한 아버지를 사랑하신다(14:31). 이 모든 것은 예수님께서 '하나님의 아들'로서 완전히 독특하심을 보여준다(1:14, 18과 3:16에서 용어 monogenēs의 사용을 주목하라). 이것은 더욱이 요한이 용어 huios(아들)를 예수님께만 제한하여 사용하는 사실에 의하여 지적된다. 신자들은 하나님의 '자녀' 로 불리지만 결코 그분의 '아들들' 이라고 불리지 않는다(바울이 종종 그렇게 하는 것과 같이). 마지막으로 예수님을 하나님의 아들로 믿는 신앙은 사람들이 요청받는 것이고, 그분에 대한 사람들의 반응은 그들 각자의 영원한 운명을 결정할 것이다(3:17-21, 36, 5:24, 11:26-27). [huios]

1:36. 하나님의 어린양(The Lamb of God, amnos) -1장 29절에 나오는 논의를 보라. [amnos]

1:38. 머물고 있다(Staying, meneis) - (39절에 두 번 나옴) 여기에서 동사 menō는 요한의 전형적인 의미를 갖지 않고(1:32를 보라), 단순하게 일정 기간 동안 동일한 장소에 머무는 것을 의미한다(LN 85.55). 그러한 용례는 요한에게 이 용어가 완전하게 '전문적인 용어' 로 바뀌지 않았다는 것을 입증한다(문맥을 고려하지 않으면 모든 용례는 같다). 각 용례는 문맥에 따라서 결정되어야 한다. [menō]

1:39. 제10시쯤에(About the tenth hour, dekatē) - '제10시' 를 밤중부터 계산해야 하는지, 아니면 오전 6시부터 계산해야 하는지에 대하여 약간 해석상의 논쟁이 있었다. 로마식 계산은 밤중부터 시작되므로 이것은 오전 10시를 가리키는 것이라고 때때로 주장되었다. 그러나 시간 계산이 밤중부터 시작된다는 증거는 미약하다. 당국자들만 법적인 시간을 측정하기 위해서 그러한 계산법을 사용했다(계약서들, 공식적인 문서 등을 위해서). 그 이외의 대부분의 로마인들은 오전 6시부터 계산했다(로마의 해시계는 정오를 XII가 아니라 VI로 표기했다). 요한복음에 나오는 유월절 기사에서 '제6시' 는 유월절 전일이므로(19:42), 이것은 오전 6시가 아닌 정오만 가리킬 수 있다. 그러므로 여기에서 시간은 오후 4시일 것이다. 안드레와 이름이 밝혀지지 않는 제자는 예수님께서 머물고 계시던 집에서 밤을 보냈을 가능성이 있다. 중동의 환대는 대개 그렇게 하도록 요청되었을 것이다. [dekatos]

1:41. 그가 발견했다…우리가 발견했다(He found …we have found, heuriskei…heurēkamen) - 헬라어 동사는 목적 있는 탐구를 통하여 발견된 어떤 것이나 예상 밖에 발견된 어떤 것을 가리킬 수 있다(43, 45절에서도, BDAG 411). 이 두 가지 의미는 여기에 예시된다. 안드레가 그의 형제를 찾은 것은 의도적이나 그들이 메시아를 발견한 것은 우연이었다. 안드레가 그의 형제를 발견했을 때 그는 예수님께서 메시아임을 확신했다. 그는 분명하게 그 사실을 예수님과 짧은 만남을 통하여 배웠을 것이다(1:39). [heuriskō]

메시아(The Messiah, Messian) - 헬라어 Christos와 Messias로 각각 음역된 히브리어와 아람어 단어는 '기름부음을 받은 자' 를 의미한다(LN 53:82). 만일 요한이 주로 유대인들을 위해 복음서를 쓰고 있는 것이라면(일부 학자들이 주장하는 것과 같이), 그들은 헬라파 유대인들이었을 것이다. 그는 아람어와 또는 히브리어 용어들을 헬라어로 일관성 있게 번역하기 때문이다(팔레스타인 밖에 살고 있는 대부분의 유대

인들은 헬라어를 사용했다). [Messias]

그리스도(Christ, Christos) – 1장 20절에 나오는 논의를 보라. [Christos]

1:42. **게바**(Cephas, Kēphas) – 네 복음서 기자 가운데 요한만이 시몬의 새 이름의 갈릴리 아람어 형태인 Qepha(이에 상응하는 헬라어는 Petros이다)를 헬라어 음역으로 제시한다. 아람어와 헬라어 형태는 '반석'을 의미한다(LN 93.211). 헬라어 Petros와 아람어 Qepha 모두 일반적인 고유명사는 아니다. 이것은 별명과 같다. 이름이 '시몬'에서 '게바'로 바뀐 것은 그가 감당하게 될 주요 역할을 가리킨다. [Kēphas]

1:43. **그는 <u>떠나기를</u> 원했다**(He wanted to <u>depart</u>, exelthein) – 예수님께서 이 시점에 왜 갈릴리로 떠나기를 원하셨는지에 대한 설명은 없다. 아마도 예수님께서는 가나에 있는 결혼식에 참석하기를 원하셨던 것으로 보인다(이틀 정도의 여행길). [exerchomai]

1:44. **벳새다**(Bethsaida, Bēthsaida) – 비록 복음서 기자는 이 마을이 갈릴리에 있는 것으로 생각했으나(12:21 참고), 전문적으로 말하면 벳새다는 헤롯이 통치하는 갈릴리 건너편에 있는, 분봉왕 빌립(Philip)의 영토인 가울라니티스에 있었다. 벳새다라 불리는 이 마을이 가울라니티스와 갈릴리에 각각 하나씩 있었다고 보는 것도 가능하다. 그러나 복음서 기자가 사용한 용례는 단지 일반적인 부정확한 표현을 반영할 수 있다. 벳새다는 요단강 동편에 있었으나 지역적으로 갈릴리의 일부로 간주되었다. 이 영토는 크게 이방인 지역이었다(이것은 벳새다 출신의 안드레와 빌립이 왜 헬라어 이름을 가졌는지를 설명할 수 있다). 어업은 그곳에서 성행했다. [Bēthsaida]

1:45. **나다나엘**(Nathanael, Nathanaēl) – 전통적으로 바돌로매로 밝혀진(요한은 그를 그렇게 묘사하지는 않는다) 그는 사도행전 1장 13절만 제외한 모든 열두 제자 이름의 목록에서처럼 빌립 다음에 등장한다(BAGD 532). 또한 별명인 아람어 바룩서-tolmai는 '톨마이의 아들'을 뜻한다. 그러므로 그는 거의 확실하게 다른 이름을 가졌을 것이다. [Nathanaēl]

<u>율법</u>에(In the <u>law</u>, nomō) – 전문적으로 '율법'은 모세의 다섯 책으로도 알려진 구약의 첫 다섯 권, 오경을 가리켰다. '모세'는 '율법에서' 메시아에 대하여 기록한 것으로 언급된다. 이것이 그 의미다. '율법과 선지자들'이란 표현은 구약 전체를 가리키는 흔한 방식이 되었으나, '선지자들'(hoi prophētai)은 분리되어 언급되었다. 이것은 구체적으로 구약의 선지서들을 가리킨다. 여기에 언급된 메시아의 예언은 신명기 18장 15-18절로 보인다. [nomos + prophētēs]

나사렛(Nazareth, Nazaret) – 나사렛은 티베리아(Tiberia, 6:23 참고)와 경쟁했던 세포리스(Sepphoris)의 큰 도시로부터 6.4킬로미터 정도밖에 떨어지지 않는 곳에 위치한, 비교적 알려지지 않은 작은 마을이었다. 이들 큰 도시들은 중요한 헬라 영향력을 가졌다. 이러한 헬라 문화가 예수님께 얼마나 영향을 주었는지는 분명하지 않다. [Nazaret]

1:46. **선한**(Good, agathon) – 사람과 관련해서 사용된 이 용어는 가치와 공적의 최고 수준을 만족시키는 자를 의미한다(BDAG 3). [agathos]

1:47. **속임수**(Deceit, dolos) – 구약에서 이스라엘(즉, 야곱)은 그의 '속임수'로 알려졌기 때문에(창 27:35, 31:26), 예수님께서는 아마도 단어 '이스라엘 사람'과 '속임수'에 대한 언어유희를 사용하고 계신 듯하다. [dolos]

1:48. **알다**(Know, ginōskeis) – 한 가지 차원에서 나다나엘의 질문은 "당신께서 나를 어떻게 익숙하게 잘 압니까?"를 의미했다(1:10 참고). 그러나 예수님께서는 나다나엘이 '무화과나무 아래' 있는 것을 보았다고 대답하셨을 때 초자연적인 지식을 보여주고 계셨다. 그분은 나다나엘이 어떤 나무 밑에 앉아 있었는지 정확하게 알고 계셨기 때문이다. [ginōskō]

1:49. **하나님의 아들**(The Son of God, huios) – 여기에서 나다나엘의 고백("당신은 하나님의 아들이시며 당신은 이스라엘의 왕입니다.")은 예수님의 정체성을 메시아로 밝히는 것으로 가장 잘 이해된다. 이것은 잘 알려진 메시아의 시편인 시편 2편 6–7절에 대한 강력한 언급을 가진다. 이 시점에 나다나엘의 정확한 이해가 어떠했는지는 결정하기 어려우나 '하나님의 아들'이란 표현은 구약에서 다윗 계통의 왕을 표현하는 칭호였으며, 나다나엘은 이것을 '이스라엘의 왕'과 병행하여 배열한다. 1장 34절에 있는 '하나님의 아들'이란 칭호에 대한 논의를 보라. [huios]

1:50. **믿다**(Believe, pisteueis) – 나다나엘이 방금 '믿은 것'으로 추정되는 내용은 예수님께서 메시아라는 것이다. 이는 그가 메시아의 두 칭호인 '하나님의 아들'과 '이스라엘의 왕'을 사용했기 때문이다. pisteuō('믿다')의 논의를 위해서 1장 12절을 보라. [pisteuō]

1:51. **천사들이…올라가며…내려가며**(Angels…ascending…descending, angelous…anabainontas…katabainontas) – 초자연적인 존재로서 '천사들'은 종종 성경에서 하나님의 메신저로 등장하며, 현재 지상에서 메시아의 임재는 하늘과 땅 사이에 새로운 오심과 가심의 시작을 표시한다. 천사들에게 수종을 받는 인자는 하나님과의 연합을 의미한다(TDNT 1:84 참고). 천상적인 것들의 계시자로서 예수님은 요한복음의 중요한 또 다른 주제다(3:12–13 참고). 여기에서 예수님의 말씀은 창세기 28장 12절('야곱의 사닥다리')에 대한 의도적인 언급이다. 그곳에서 천사들은 오르락내리락한다. '참' 이스라엘 사람인 나다나엘은 예수님께서 가져오시는 이 새로운 계시의 수혜자가 될 것이다. 1장 32절에 있는 '내려감'에 대한 언급을 보라. [angelos + anabainō + katabainō]

사람의 아들(The Son of Man, huion…anthrōpou) – '인자'란 칭호는 요한복음에서 13회 등장한다. 이것은 특별히 십자가 처형(3:14, 8:28), 계시(6:27, 53), 종말론적인 권세(5:27, 9:39)의 주제들과 연관된다. 요한복음에서 사용된 이 칭호는 다니엘 7장 13–14절에서 '옛적부터 계신 분' 앞에 나와서 우주적인 통치의 권세를 수여받는 인자란 인물을 배경으로 한다.

그러므로 복음서 기자에게 이 칭호를 사용하는 강조점은 예수님의 인성(흔히 가정되는 것과 같이)에 있는 것이 아니고, 그분이 천상적인 기원과 하나님께서 수여하신 통치의 권세를 가진 사실에 있다. [huios + anthrōpos]

2:1. **제 삼일**(The third day, tritē) - 이것은 마지막으로 기록된 사건들인 빌립과 나다나엘의 부르심으로부터 '제 삼일째 되는 날'에 대한 언급이다(1:43-51). [tritos]

결혼식(A wedding, gamos) - 1세기에 유대인의 결혼식은 7일 동안 지속되었고, 많은 사람들이 초대를 받았다. 이 기간은 즐거운 시기요, 음식과 마실 것과 축제는 주인의 재정적인 자원에 상당한 부담을 안겨주었을 것이다. [gamos]

가나(Cana, Kana) - 갈릴리에 있는 가나는 잘 알려진 지역이 아니었다. 이곳은 신약에서 이 구절과 4장 46절과 21장 2절에만 나온다. 요세푸스(Life 16 [86])는 과거에 자신의 담당 구역이 그곳에 있었다고 진술했다. 아마도 이 마을의 위치는 나사렛에서 북쪽으로 12.8킬로미터 정도 떨어진 키르벳 가나(Khirbet Cana)이거나 나사렛에서 북동쪽으로 6.4킬로미터 정도 떨어진 키르벳 켄나(Khirbet Kenna)일 것이다. [Kana]

2:2. **초대받았다**(Invited, eklēthē) - 헬라어 동사 kaleō는 신약의 다른 곳에서도 결혼식에 사람들을 초청하는 것을 묘사할 때 사용된다(마 22:3, 눅 14:8, 계 19:9). 이것은 세속 문서에서도 마찬가지다(Diodorus Siculus 4.70.3). 이뿐만 아니라 이것은 또한 희생 만찬과 같이 다른 사교적인 모임에 초대하는 것을 묘사할 때도 사용된다(고전 10:27, BDAG 503 참고). 예수님의 어머니와 예수님과 그분의 제자들이 초대를 받은 것으로 보아 신부나 신랑, 또는 둘 다 친구들이거나 예수님의 친척이었을 것이다. 포도주가 다 떨어졌을 때 마리아가 예수님께 무엇인가를 요구하는 태도는 어느 정도 가족의 의무가 포함되어 있는 것을 나타낸다. [kaleō]

2:3. **예수님의 어머니**(The mother of Jesus, mētēr) - (1절에서도 나옴) 예수님의 어머니 이름 마리아는 요한복음에 언급되지 않는다. 그러나 마리아와 십자가 밑에 있었던 사랑하는 제자 사이의 연결은, 그 '사랑받은 제자'가 요한복음의 저자인 세베대의 아들 요한이라면, 이러한 침묵을 잘 설명할 것이다(19:26-27). 요한복음에서는 그분의 직계 가족 가운데 누구의 이름도 언급되지 않았다. [mētēr]

2:4. **여자**(Women, gynai) - 이것은 예수님께서 일반적으로 여인을 부르는 정중한 방식이다(마 15:28, 눅 13:12, 요 4:21, 8:10, 19:26, 20:15). 그렇지만 아들이 자기의 어머니를 이렇게 부르는 것은 이례적이다. 아들이 수식하는 형용사나 칭호를 사용하는 것은 히브리어(또는 아람어)와 헬라어에서 관습이다. 예수님의 용례에 어떤 의의가 있는가? 이것은 예수님께서 일단 그의 공사역을 시작하신 후에 그분과 어머니 사이에 새로운 관계가 존재하게 되었다는 것을 보여주는 것 같다. 예수님께서는 더 이상, 또는 기본적으로 단지 그녀의 아들이 아니라 '인자'였다. 이것은 또한 예수님께서 십자가 위에서

어머니를 자신의 사랑하는 제자에게 맡길 때, 19장 26절에서 동일한 단어를 사용한 사실에서 제시된다. [gynē]

내 시간(My hour, hōra) – 헬라어 hōra(문자적으로 '시간', 참고–NIV, NLT, NET: '때')는 요한복음에서 특별한 의의를 가진다(2:4, 4:21, 23, 5:25, 28, 29, 7:30, 8:20, 12:23, 27, 13:1, 16:25, 17:1). 이것은 흔히 예수님의 생애 가운데 이 세상을 떠나 아버지께로 가는 특정한 시점을 가리킨다(13:1). 이것은 인자가 영광을 받는 '시간'이다(17:1). 이 시간은 그분의 고난, 죽음과 부활(그리고 승천, 이 요소는 요한복음에서 강조되지 않았다)을 통하여 성취된다. 요한복음 7장 30절과 8장 20절은 예수님의 체포와 죽음이 그 '시간'에 포함되어 있음을 암시한다. 요한복음 12장 23절과 17장 1절은 아들의 영화를 언급하고, 그의 부활과 승천이 포함된 것을 암시한다. 여기 요한복음 2장 4절에서 예수님께서 어머니에게 하신 말씀은 이러한 자기 계시의 시간이 아직 도래하지 않은 것을 지적한다. 메시아로서 그분의 정체는 아직 공적으로 알려질 때가 되지 않은 것이다. [hōra]

2:6. **돌로 만들어진 물항아리**(Stone <u>water jars</u>, hydriai) – hydria는 물을 담는 그릇을 묘사한다(LN 6:127, BDAG 1023, KJV, NASB, NLT, '물항아리'). 이러한 항아리들은 유대인의 결례 의식을 위해 사용되는 물을 담았다. 돌로 만들어진 항아리들은 토기와 같은 자료로 만들어진 항아리들과 같이 의식적인 불결함에 쉽게 감염되지 않는다. [hydria]

의식적인 씻음(Ceremonial washing, katharismon) – 구약의 레위기 제도에서 의식적인 결례의 가장 흔한 행동은 손을 씻는 것이다. 식사 때 감사의 기도를 하기 전에 손을 씻는다(TDNT 3:421). 정결의 개념은 요한복음에서 중요한 주제다(3:25, 13:10–11, 15:2–3). 그분의 제자들은 예수님과의 연결 때문에 정결하다(15:3). [katharismos]

둘 또는 세 통(Two or three <u>measures</u>, metrētas) – KJV는 '둘 또는 세 통'(firken)으로 번역한다. 대부분의 현대 번역은 갤런으로 바꾼다. 한 '통'(metrētēs)은 대략 9갤런 정도 된다. 그러므로 각 항아리는 18–27갤런의 물을 담는다. 이러한 항아리 6개가 담는 액체의 총량은 108–162갤런이었을 것이다. [metrētēs]

2:7. **꼭대기까지**(To the <u>top</u>, anō) – 용기를 채울 때 이 용어는 꼭대기, 또는 언저리까지 채우는 것을 의미한다(BDAG92). [anō]

2:8. **긷다**(Draw, antlēsate) – 이 헬라어 동사는 용기나 우물에서 물을 길어내는 것을 묘사할 때 사용된다(LN 47.1). 일부 고전 용례들은 뱃바닥에 괸 더러운 물을 퍼내거나 배에서 물을 퍼내는 것을 가리킨다(LS 82). 이 용어의 용례에 근거하여 어떤 해석자들은 길러낸 물이 6절에 언급된 물항아리보다는 우물에서 길어낸 것이라고 주장했다. 그러나 이것이 우물물이라고 암시하는 것은 헬라어 동사에 전혀 없다. 오히려 문맥은 그 물이 물항아리에서 길어낸 것임을 강하게 암시한다. [antleō]

청지기의 수장(The chief steward, tō architriklinō) – (다음 구절에 2회 나옴) 이 사람은 전

통적으로 만찬이나 축제를 시중드는 모든 종들을 감독하는 종의 수장, 또는 '청지기의 수장'(NRSV)으로 간주되었다(LN 46.7, BAGD 113). 어떤 사람들은 이것을 결혼식을 맡고 있는 '축제의 수장'(NLT)으로 이해한다(현대의 연회 사회자). [architriklinos]

2:9. **되어진 것**(That had become, gegenēmenon)–기적에 대한 상세한 묘사는 없으나 항아리 안에 있던 물이 포도주가 '되었다'는 단순한 보고는 있다. 요한은 전형적으로 기적들 자체에 초점을 두지 않고 이것들을 주목하는 사람들을 위한 기적들의 의의에 초점을 둔다. [ginomai]

2:10. **좋은 포도주**(The good wine, kalon)–이 단어는 예수님께서 결혼 잔치에서 제공한 포도주의 품질을 가리킨다. 이 포도주는 '좋고, 훌륭하며, 소중했다.' 여기에 언급된 질이 떨어지는 포도주와는 대조로 이것은 '최고'라는 최상급의 뉘앙스를 가질 수 있었다. 일반적으로 질이 떨어지는 포도주는 결혼식 잔치 후반부에 제공된다. [kalos]

2:11. **표적들**(Signs, sēmeiōn) – 요한복음에서 17회 나오는 이 핵심 단어(KJV-'기적들', NIV, NET-'기적적인 표적들' 참고)는 예수님께서 행하신 기적적인 사건들이 이보다 더 큰 어떤 의미를 가리키는 것을 묘사하는 데 사용된다(LN 33.477). 특별한 언급을 위해서 복음서 기자가 선정한 이 '표적들'은 궁극적으로 예수님의 정체성을 나타낸다. 이 용어만 요한복음에서 예수님께 적용된다(10:41에서 세례 요한은 심지어 어떤 '표적'도 행하지 않았다고 구체적으로 지적된다). 추가로 이 용어는 어떤 구체적인 '표적의 의미를 가진 기적들'을 묘사한다(표적의 숫자는 종종 일곱으로 주장되나, 어떤 사건이 여기에 포함되는지에 대하여는 목록이 다르다). 이 용어는 또한 예수님께서 행하신, 일반적인 의미를 가진 '표적들'도 가리킨다(2:23, 3:2, 6:2, 26, 9:16). 때때로 일어난 '표적들'의 많은 숫자를 요약적으로 언급하는 경우도 있다(11:47, 12:37, 20:30). 일반적으로 요한복음에서 표적의 의미를 가진 기적들은 메시아 시대의 도래와 함께 기대되는 기적들의 종류들이다(사 35:5, 마 11:5, 눅 7:22 참고).

요한복음에서 '표적들'로 일컬어진 구체적인 기적들은 갈릴리 가나의 결혼 잔치에서 물이 포도주가 된 사건(여기 2:11), 귀족의 아들의 치유 사건(역시 가나에서 일어났음, 4:54), 5천 명을 먹이신 사건(6:14)과 나사로를 일으킨 사건(12:18) 등이다. 일반적인 의미로 9장 16절에서 언급된 '표적들'은 9장 1-7절에 기록된, 날 때부터 소경 된 사람의 치유 사건과도 연결되어 있다. 5장 2-9절에 기록된 베데스다에서 있었던 중풍병자의 치유는 아마도 '병든 자들에게 행하신 표적들'의 본보기에 포함될 수 있다(6:2). 요한복음에서 구체적으로 논의된 '표적의 의미를 가진 기적들'의 전체 숫자를 일곱으로 계산하려는 다양한 제안들이 있었다. 이들 가운데 두드러진 표적들은 예수님께서 바다 위를 걸으심(6:16-21), 또는 성전의 청결이다(2:14-22). 이 모든 '표적들'은 예수님의 정체성을 드러내나(3:2 참고), 마지막 표적(11:1-44에 기록된 나사로를 살린 사건)은 수난 기사를 준비하며, 예수님 자신의 부활을 예고한다(또한 그의 부활과 비교를 요청한다). 비록 요한이 '표적의 의미를 가진 기적들'로 묘사하고 있지는 않으나, 예수님의 부활은 이 사건의 의미를 이해하는 사람들을 믿도록 인도한다는 점에서 이전 표적들과 유사하게 기능한다(20:8). [sēmeion]

영광(Glory, doxan) – 물을 포도주로 변화시킨 표적 기적은 여기에서 제자들의 믿음과 연결된, 예수님의 '영광'을 계시했다고 언급된다. 이 용어를 위해 1장 14절을 보라. [doxa]

믿었다(Believed, episteusan) – 예수님의 제자들이 그분을 '믿었다'고 언급된 것은 이번이 처음이다. 예수님의 제자들이 이 시점에서 그분의 어떤 것을 믿었는지에 대하여는 어떤 구체적인 언급도 없다. 그러나 안드레의 진술(1:41)과 나다나엘의 진술(1:49)에 근거하여 추정해볼 때, 제자들은 예수님을 메시아로 믿은 것으로 보인다. pisteuō에 대한 논의를 위해서는 1장 12절을 보라. [pisteuō]

2:12. **가버나움**(Capernaum, Kapharnaoum) –이곳은 갈릴리 바다의 해변에 위치한 도시지만 그 정확한 위치는 아직도 논쟁이 되고 있다(BDAG 537). 비록 요한복음은 예수님께서 여기에서 말씀하거나 행하신 것에 대하여 어떤 세부 상황을 제공하지 않으나, 가버나움은 예수님의 갈릴리 사역의 중심지였으며, 공관복음에서는 '그 자신의 마을'로 분명히 불렸다(마 9:1). 예수님께서 치유한 왕의 관리의 아들은 가버나움에서 왔다(요 4:46-54). 그는 예수님께서 그곳에서 말씀하신 것을 듣거나 제자들 가운데 하나로부터 예수님에 대하여 들었을 것이다. [Kapharnaoum]

형제들(His <u>brother</u>, adelphoi) – 전통적으로 예수님의 '형제'들을 이해하는 방식은 세 가지다. (1) 그분의 형제들은 요셉이 이전 결혼을 통해서 난 자녀들이라는 에피파니우스(Epiphanius)의 견해다. (2) 그들은 사촌이라는 제롬(Jerome)의 견해다. (3) 이들이 예수님께서 태어나신 후에 요셉과 마리아 사이에서 난 자녀들이라는 헬비디우스(Helvidius)의 견해다. 이 가운데 이 문구를 이해하는 가장 자연스러운 방식인 마지막 견해가 선호된다. [adelphos]

2:13. **<u>유월절</u>**(The <u>passover</u>, pascha)–유월절은 니산월 14일에 기념되는 유대인의 주요 절기다. 이것은 제15일에도 계속되어 니산월 제15일에서 제21일까지 계속되는 무교절의 절기로 곧바로 이어진다(BAGD 633). 이 절기는 요한복음에서 세 번 (혹은 네 번) 언급된 것 가운데 하나다. 만일 유월절이 네 번째 복음서에서 연대기적인 순서로 기록되었다면, 이것은 예수님의 공적인 사역의 첫 번째다. 6장 4절에 나오는 또 다른 유월절은 11장 55절, 12장 1절, 13장 1절, 18장 28, 39절, 19장 14절에 언급된다(이 모든 구절들은 같은 유월절을 가리킨다). 어떤 해석자들은 요한복음 5장 1절도 유월절을 가리킨다고 생각하는데, 이 경우 이것은 두 번째 유월절이 될 것이고, 6장 4절은 예수님의 공사역의 세 번째 유월절이 될 것이다. [pascha]

2:14. **<u>성전</u>**(The <u>temple</u>, hierō) – 신약에서 이 용어는 (행 19:7만 제외하고) 예루살렘에 있는

성전을 가리키는 것으로, 성전의 부속 건물들과 뜰과 창고들과 함께 성전의 전 구역을 포함한다(LN 7.16). 상인들은 성전 본관 건물 안보다는 이방인들의 뜰에 있었을 것이다. 그러므로 많은 최근 번역들은 '성전 뜰'(NIV, NET) 또는 '성전 구역'(NAB, NLT)과 같은 표현을 사용한다. [hieron]

환전상들(The money changers, kermatistas) – 상응하는 동사 kermatizō는 '돈을 바꾸다'는 의미로 세속 파피루스에서 흔히 발견된다(BDAG 541). 로마의 데나리온과 아테네의 드라크마에는 유대인들이 우상으로 간주하는 로마 황제들의 초상화가 있었기 때문에, 이러한 동전은 한 세겔의 성전 세를 내는 데 사용될 수 없었다. '환전상들'은 약간의 이익을 챙기고 이러한 동전들을 합법적인 두로의 동전으로 교환해주었다. [kermatistēs]

2:15. **끈으로 만든 회초리**(A whip of cords, phragellion) – 이 용어는 차용 라틴어(flagellum)다. 이것은 그 끝에 무게가 나가는 돌이나 금속 조각이 있든 없든, 한 가닥이나 여러 가닥으로 만들어질 수 있는 '회초리'나 '매'(KJV, NASB, '채찍')를 가리킨다(LN 6.26, BAGD 865). 로마 당국이 태형이나 채찍을 집행하는 데 사용하는 매는 고문의 도구였으나, 여기에서 예수님께서 만드신 것은 복잡하거나 위험할 가능성이 거의 없었다. 요한은 이것이 '끈들'로 만들어졌으며, 벌을 가하기 위함보다는 가축 몰이를 위해 찌르는 막대기같이 사용될 의도를 가진 것으로 보인다. [phragellion]

돈 바꾸는 자들(The money changers, kollybistōn) – 이것은 앞절에서 '환전상들'을 가리키는 데 사용된 헬라어 단어와 다르다. 그러나 이 두 단어 사이에 의미상의 차이점은 없다. 이것은 복음서 기자가 스타일의 변화를 좋아한다는 것을 보여준다. [kollybistēs]

2:16. **치우다**(Take…away, arate) – 여기에서 동사는 문자적인 의미에서 '제거하는 것, 가지고 가는 것, 치우는 것'을 의미한다(LN 15. 203). 물론 여기에서 해당되는 대상은 희생물로 팔리고 있는 살아 있는 비둘기들이다. [airō]

시장(A marketplace, oikon emproriou) – 이것은 문자적으로 '상인들의 집'(BAGD 257, '시장–집', KJV–'상품의 집', RSV–'무역의 집')이다. 표면적인 차원에서 이것은 성전 구역에서의 상인들과 환전상들의 활동을 가리킨다. 이것은 요한복음에서 스가랴 14장 21절의 예언을 언급한다. 이 본문에서 종종 '가나안 사람'으로 번역된 히브리어는 역시 '상인' 또는 '무역인'으로 번역될 수 있다. 이것에 비추어 이해할 때, 스가랴 14장 21절은 '그 날'(메시아의 왕국을 확립하는 주님의 날을 가리킴)에 주님의 집에 '상인'이 없을 것이라고 진술한다. 이것은 예수님께서 성전에서 상인들을 제거하실 때, 메시아의 기대를 성취하고 있었다는 것을 제시하시는 그분의 말씀과 행동이 일치한다. 그분의 제자들은 방금 메시아적 함의를 가진 가나의 혼인 잔치에서 물이 포도주가 되는 기적을 목격했기 때문에 이 의의를 인식할 수 있었을 것이다. [emporion]

2:17. **기억했다**(Remembered, emnēsthēsan)

– 예수님께서 부활하신 후에 제자들이 그분이 말씀하신 것을 기억했다고 구체적으로 말하는 22절과는 달리, 시편 69편 10절의 인용문을 기억하게 된 것이 그때인지 부활 후인지 분명하지 않다. [mimnēskomai]

열심(Zeal, zēlos) – 이 단어는 나쁜 뜻으로 질투나 투기를 가리킬 수 있으나 여기에서는 좋은 의미로 '깊은 헌신' 또는 '진지한 관심'을 가리킨다(BAGD 37, LN 25.46, 참고–NLT, NET, '열정'). 이것은 자기의 아버지 집인 성전의 신성함을 위한 예수님의 헌신을 가리킨다. [zēlos]

삼킬 것이다(Will consume, kataphagetai) – 여기에 언어유희가 등장한다. 한 차원에서 이 동사는 '먹어치우다'(KJV, "나를 먹어치웠다") 또는 '삼키다'(NET, 참고–LN 23.11)를 의미할 수 있다. 그리고 심지어 오늘날 영어에서 우리는 어떤 사람이 목표, 목적 또는 사상에 '삼켜진 것'을 말할 수 있다(NIV, NRSV '삼킬 것이다'). 이 차원에서 예수님께서는 자기의 아버지 집을 위한 열심에 전적으로 '삼켜졌다.' 다른 차원에서 이 동사는 '전적으로 파괴되었다'는 의미로 '삼켜졌다'를 의미할 수 있다(LN 20.45, 참고–계 11:5). 그리고 이러한 의미에서 예수님께서는 성전을 위한 열심에 의하여 '삼켜졌다.' 왜냐하면 이 열정으로 말미암아 결과적으로 유대인 종교 당국자들의 음모에 의해 로마인들의 손에 십자가 처형을 당하게 되기 때문이다. 19절에 나오는 성전을 '멸하는 것'에 관한 말씀에 비추어볼 때 이것은 이 문구의 궁극적인 의미다. [katesthiō]

2:18. **유대인들**(The Jews, Ioudaioi) – 1장 19절을 보라. 여기와 20절에서 이 용어는 당국자들, 곧 예루살렘에 있는 유대인 지도자들을 가리킨다. [Ioudaios]

표적(Sign, sēmeion) – 2장 11절을 보라. 이것은 요한이 일반적으로 사용하는 용어의 의미를 필연적으로 가지지는 않는다. 여기에서 예수님의 반대자들은 성전에서 상인들을 몰아내실 때의 예수님의 행동으로 미루어보아 가능한 신적 입증으로서의 '표적'을 요구했기 때문이다. 당국자들의 견해에 이 요구가 기적을 간청하는 것인지는 전적으로 분명하지 않다. 예수님께서는 그러한 요구에 대답할 의무가 결코 없었다. 그러나 (역설적으로) 예루살렘에 있는 유대인 지도부가 얻게 될 유일한 '표적'은 예수님께서 2장 19절에서 예언한 그분의 십자가 못 박힘, 죽음, 장례, 그리고 부활이다. 공관복음에 나오는 '요나의 표적'을 참고하라(마 12:39–40, 눅 11:29–32). [sēmeion]

2:19. **파괴하다**(Destroy, lysate) – 이 동사는 '어떤 것에 힘을 가하여 그 구성 요소로 환원하는 것', 다시 말해서 '파괴하는 것'을 의미한다(BDAG 607). 이것은 명령법이나 단순한 조건적인 명령법 이상이다('만일 너희들이 파괴하면'). 이것의 의의는 구약 선지서들에서 발견되는 역설적인 도전과 흡사하다(암 4:4, 사 8:9). "가서 이와 같이 하라. 그리고 일어나는 것을 보라!" [lyō]

성전(Temple, naon) – (20–21절에도 나옴) 여기에도 이중적인 지시 대상물에 근거한 언어유희가 등장한다. 한 차원에서 이것은 예수님께서 지금 대화하고 계신 예루살렘에 있는 건물을 가리킨다. 성전 자체를 가리키는 용어 naos와 성전 전 구역을 가리키는 더 일반적인 용어인 hieron 사이에 구분이 있다고 종종 주장되기도 한다. 이러한 구분은 두 가지 이유에서 개연성이 없다. (1) 두 용어는 신약에서 진정한 구분 없이 중복되어 사용된다(TDNT 4:882). (2) 요한이 스타일 변화, 곧 본질적인 동의어를 교환적으로 사용하는 것은 이러한 구분을 의심하게 만든다. 이 문맥의 두 번째 차원에서 '성전'은 자신의 죽음에 의하여 '파괴되고' 자신의 부활로 '재건될' 예수님 자신의 육체적인 몸을 가리킨다(21절). 복음서 기자는 이 설명에서 진정한 지시 대상물은 예수님의 몸이라고 지적하는 반면(21-22절), 유대인 종교 당국자들은 이 말씀이 실제적인 성전 건물을 가리키는 것으로 이해하였으므로(20절), '성전'을 가리키는 두 지시 대상물은 요한복음에서 '오해된 말씀'의 또 다른 예가 될 수 있다. [naos]

2:20. **사십륙 년**(Forty-six <u>years</u>, etesin) – 요세푸스에 따르면(고대사 15.11.1 [15.380]), 이 성전 공사를 시작하라는 헤롯의 명령은 헤롯 대왕의 즉위 18년째 내려졌다. 이것은 주전 19년경이 될 것이다(비록 논란이 되기는 하지만, 고대사에 주어진 날짜는 전쟁사 1.21.1 [1.401]에 주어진 날짜보다 더 정확하다). [etos]

2:22. **기억했다**(Remembered, emnēsthēsan) – 이것은 예수님의 부활 후에 제자들이 '기억한' 어떤 것들을 가리킨다. 복음서 기자는 부활 후의 관점에서 이것을 기록하고 있음을 주목하라. 또한 17절을 보라. [mimnēskomai]

믿었다(Believed, episteusan) – 여기에서 제자들이 믿은 내용이 구체적으로 밝혀진다. 그들이 믿은 것은 성경(아마도 요 2:17에 인용된 시 69:9에 대한 언급일 것이다)과 예수님께서 하신 말씀, 곧 21절에서 저자가 예수님 자신의 몸(즉, 그분의 죽음과 부활)에 대한 언급으로 설명하는, 성전을 멸하고 다시 짓는 것에 관한 예수님의 말씀을 가리킨다. pisteuō('믿다')의 논의에 대하여는 1장 12절을 보라. [pisteuō]

2:23. **믿었다**(Believed, episteusan) – 여기에서 '많은 사람'의 믿음은 그들이 예수님께서 행하신 기적적인 표적들을 본 것에 근거한다. 표적들과의 이러한 연결은 그들이 예수님을 메시아로 믿은 것을 시사한다. 이 믿음은 부정확한 것은 아니지만, 요한복음은 예수님께서 하나님이시라는 확증으로 시작하고(1,1, 18) 끝나기(20:28) 때문에 복음서 기자가 볼 때 부적절하다. [pisteuō]

2:24. **<u>신뢰하지</u> 않았다**(Would not <u>entrust</u>, episteuen) – 여기에 '신뢰하지 않았다'(NIV, NRSV, NET, 헬라어 pisteuō)고 번역된 헬라어 동사는 앞절에서 '믿었다'로 번역된 단어와 동일하다. 또다시 이것은 복음서 기자가 추가한 반성에 근거한 통찰이다(22절 참고). 이것은 니고데모와 면담으로의 전환과, 이때 예수님의 사역에 대하여 일반적으로 공적인 반응의 설명으로서의 역할을 한다. 이 사람들은 믿은 자들일 수 있으나, 그들은 예수님의 메시지와 사역을 불완전하게 이해했다. 여기에서 진정한 쟁

점은 이들 개인이 가진 신앙의 진성성이 아니라(종종 이 질문이 제기된 것과 같이), 믿음의 대상과 그 범위다. 저자는 상세하게 밝히지 않으나, 이 사람들이 표적들을 보았고 (정확하게) 그것들의 메시아적인 의의를 해석한 것으로 보인다. 그러나 그들이 내다본 계획은 메시아의 죽음과 부활을 포함한 하나님의 계획이 아니었다. 아마도 이 요소 때문에 예수님께서 그들에게 의뢰하기를 원하지 않았던 것으로 보인다. 무리들은 흥분한 나머지 기꺼이 예수님을 왕으로 삼으려고 했으나(6:15 참고), 그분의 진정한 운명에 관한 고통스러운 계시는 결코 수용할 수 없었다. 사실 예수님께서는 이 시점에서 자신의 제자들에게도 온전하고 공개적으로 자기 자신을 위탁할 수 없었다. 그래서 14장 9절에서 예수님께서는 여전히 빌립에게 "너희들이 얼마나 나와 함께 있었는데 나를 알지 못했느냐?"고 말씀하실 수 있었다. 그러므로 여기에 묘사된 개인들은 예수님을 메시아로 믿었으나, 그들이 믿은 메시아의 개념은 자기 자신들의 것이지 예수님의 개념은 아니었다. [pisteuō]

3:1. **유대인들의 한 지도자**(A ruler of the Jews, archōn) – 이 단어는 주후 1세기에 유대인들 가운데 최고로 법적이고 입법적이며 형법적인 기구인 공회의 회원을 뜻한다(BAGD 113, NRSV–'유대인들의 한 지도자', NIV, NET–'유대인의 통치 회의의 회원'). [archōn]

3:2. **밤에**(At night, nyktos) – 이 단어는 일몰과 일출 사이의 어둠의 기간을 가리킨다(BDAG 682). 아마도 니고데모는 예수님과 공적인 연관 맺는 것을 두려워하거나 사람들의 방해를 받지 않고 긴 토론을 원했기 때문에 '밤에' 예수님을 만나러 왔던 것 같다. 복음서 기자는 이 시점에 대하여 설명을 하지 않는다. 그러나 여기에서 주목된 시간은 빛–어둠의 주제에 비추어볼 때 의미가 있다(요 9:4, 11:10, 13:30, 19:39, 21:3 참고). 니고데모는 자신의 삶과 종교 생활의 어둠에서 세상의 빛에게로 나온 것이다. 요한은 이러한 표현을 자주 사용하는 것과 같이 여기에서도 다중 의미를 염두에 둔 것으로 보인다. [nyx]

선생(A teacher, didaskalos) – didaskalos는 종교적인 교사를 묘사하며, 많은 문맥에서 '랍비'라는 칭호에 맞먹는다. 이것은 니고데모가 예수님을 부를 때 사용한 칭호다(BAGD 191). [didaskalos]

표적들(Signs, sēmeia) – 2장 11절을 보라. '표적들'의 언급은 요한복음 2장 23–25절과의 연결을 형성한다. 예루살렘에 있는 사람들은 아마도 예수님께서 행한 표적들 때문에 그분을 메시아로 믿은 것 같다. 니고데모도 역시 그 표적들을 보았을 것이다. 그러나 니고데모에게 모든 표적들은 예수님께서 하나님으로부터 보냄을 받은 선생이라는 것을 의미했다. 그러므로 그가 예수님께 접근한 것은 바른 의도를 가졌지만 신학적으로는 부적절한 것이었다. 일반 백성(예수님께 대한 그들의 충성심은 그분이 자기들의 메시아적인 기대를 성취하는 것을 실패하실 때 나중에 변덕스러운 것으로 증명된다)과는 달리, 니고데모는 기적적인 표적들이 가지는 메시아적인 의의를 파악하는 데 실패했다. [sēmeion]

3:3. **태어난**(Born, gennēthē) – (4–8절에도 나옴). 비록 니고데모가 오해하여 제2의 육체적인 탄생으로 생각했으나, 이 동사는 영적인 탄생을 가리킨다. 1장 13절에 나오는 논의를 보라. [gennaō]

위로부터(From above, anōthen) – 헬라어 anōthen은 이중의 의미를 가진다. 이 단어는 '다시'(LN 67.55, KJV, NASB, NIV, NLT) 또는 '위로부터'(BAGD 77, LN 84.13, NRSV, NET)를 뜻할 수 있다. 대부분의 영어 번역에서는 상실되지만 그러한 이중적인 의미는 네 번째 복음서에서 흔하다. 요한은 이 용어를 모두 5회 사용한다(3:3, 7, 31, 8:23, 19:11). 마지막 세 경우에서 문맥은 분명하게 이 단어가 '위로부터'를 의미하는 것을 보여준다. 여기에서 예수님께서 의도한 기본적인 의미도, 비록 니고데모가 분명하게 '다시'라는 다른 의미로 이해했지만 동일하다. 니고데모의 이러한 이해는 그가 한 질문인 "사람이 늙었을 때 그가 어찌 날 수 있습니까? 그는 두 번째 모태로 들어가 다시 태어날 수 없지 않습니까?"란 진술을 잘 설명한다. 요한복음은 자주 '오해된 진술'을 사용하여 구체적으로 중요한 요점을 부각시킨다. 예수님께서는 제자들이나 (여기에서와 같이) 다른 어떤 사람이 오해한 말씀을 가지고 기회를 잡아서 자신이 진정으로 뜻한 것을 더욱 충분하게 설명하신다. [anōthen]

하나님의 나라(The kingdom of God, basileian) – (5절에도 나옴) 요한은 '나라'란 말을 단지 5회만 사용한다(3:3, 5, 18:36 [3회]). 여기에서만(3, 5절) 이것은 '하나님의'라는 말의 수식을 받는다. 그러나 요한이 '하나님의 나라'의 개념을 강조하지 않는다는 사실은 이것이 그의 신학에서 부재한 것을 뜻하지 않는다. 니고데모에게 '하나님의 나라'라는 말은 메시아가 가져오기로 예상된 메시아의 나라를 확실하게 생각나게 했을 것이다. 그러나 니고데모가 파악하지 못한 요점은 메시아인 예수님께서 현재 자기와 함께 이야기하고 계시다는 사실이다(4:26 참고). [basileia]

3:5. **물과 성령**(Water and Spirit, hydatos…pneumatos) – 요한복음에서 종종 있는 것과 같이 이 용어들의 문제점은 이것들이 무엇을 가리키는지를 결정하는 일이다. 예를 들어, '물'은 종종 물세례에 대한 언급으로 이해된다. 헬라어 pneuma('영')는 '인간의 영/하나님의 영' 또는 '바람'으로 이해될 수 있다. 문맥에서 이 요소들은 모두 '위로부터 태어나는 것'에 대한 예수님의 진술과 연결되어 있다. 이사야 44장 3–5절과 에스겔 37장 9–10절은 생명을 주기 위해서 하나님의 백성 가운데 역사하시는 하나님의 성령의 상징으로서 물과 바람을 연결시키는 근본적인 구약 구절들이다. 두 단어는 나라를 세우기 전에 국가로서 이스라엘의 미래적인 회복을 다루는 문맥들에 나온다. 그러므로 예수님께서 하나님의 나라에 들어가는 것에 관한 대화 가운데 이것들을 사용한 것은 잘하신 일이다. 다시 말해서 물과 바람은 백성의 생명 가운데 성령의 중생시키는 역사를 나타내는 (교사로서 니고데모가 알아야 했던 구약 구절에 근거한) 어법이다. [hydōr + pneuma]

3:6. **육…영**(Flesh…spirit, sarx…pneuma) –

요한에게 이 용어는 단지 피조물의 연약함과 죽을 운명을 강조한다. 이것은 바울 서신들에서와 같이 필연적으로 죄악시되지 않는 중립적인 용어다(BAGD 744). 여기에서 요점은 육적인 유산에서 태어나는 것은 무엇이든지 육적이라는 것이다(4:23-24 참고). 이와 같이 성령의 역사의 결과로 태어나는 것(다른 말로 표현해서, '위로부터 태어나는 것')은 무엇이든지 영적이다. [sarx + pneuma]

3:8. **바람**(The <u>wind</u>, pneuma) - 다시 물질적인 영역은 영적인 영역을 예증한다. 물론 그 힘은 여기에서 바람/영에 대한 언어유희에 의하여 강화되었다(3:5를 보라). 그렇지만 이 구절의 끝부분에서 마지막에 나오는 pneumatos가 가리키는 것은 성령이다. [pneuma]

3:10. **이스라엘의 선생**(The <u>teacher</u> of Israel, didaskalos) - 3장 2절을 보라. 예수님께서 니고데모를 '이스라엘의 선생'으로 묘사하신 것은 역설로 가득 차 있다. 예수님께서 하신 질문은 구약 성경으로부터 이해할 수 있는 충분한 정보를 가지고 성령의 중생시키는 역사로 말미암은, 위로부터 태어나는 것의 필요성에 대한 강조를 암시한다. 이사야 44장 3-5절과 에스겔 37장 7-10절은 니고데모가 알아야 했던 구절들이다. 구약의 다른 중요한 구절은 잠언 30장 4-6절이다. [didaskalos]

3:11. **우리는 안다**(We know, oidamen) - 여기에 1차적인 지식이 지적된다(요일 1:2에 나오는 목격자 증거를 참고하라). [oida]

우리는 증거한다(We testify, martyroumen) - 1장 7절에 나오는 논의를 보라. [martyreō]

증거(Testimony, martyrian) - 앞서 세례 요한은 자신의 증거를 했다. 여기에서 그의 증거(KJV, NASB '증언')는 예수님의 증거와 유사하다. 이것은 놀랍게도 요한일서 1장 2절의 말씀과 유사하다. "이 생명이 나타내신바 된지라 이 영원한 생명을 우리가 보았고 증거하여 너희에게 전하노니 이는 아버지와 함께 계시다가 우리에게 나타내신바 된 자니라." 1장 7절에 나오는 명사와 동사에 대한 논의를 보라. [martyria]

3:12. **땅의 것들…하늘의 것들**(Earthly things…heavenly things, epigeia…epourania) - 이 문맥에서 분명하게 '땅의 것들'은 '하늘의 것들'과 대조된다(BAGD 290 참고). 이 '땅의 것들'은 무엇인가? 이것은 예수님께서 방금 말씀하신 것들(그리고 13-15절에서 말씀하시려고 하는 것들)을 가리키는 것으로 이해하는 것이 가장 타당하다. 만일 그렇다면 '땅의 것들'은 필연적으로 엄격하게 말해서 물질적인 것들이 아니지만, 16절과 같이 하늘에 일어나는 것들과는 대조로 땅에서 일어나기 때문에 '지상적인 것'으로 불리는 것이다. 어떤 사람은 이것들을 묘사하는 데 또한 물질적인 비유들(탄생, 바람, 물)이 사용되었기 때문에 '지상적인 것'으로 불렸다고 추가로 지적하기도 한다. 그럴 가능성도 있으나, 이것들이 땅에서 일어나기 때문에 '지상적'이라고 예수님께서 부르신다고 보는 것이 더 개연성이 있다. 니고데모는 이러한 것들에 대하여 들었을 때 '믿지' 않았다. 그래서 그는 먼저 (위로부터 성령의 중생시키는

역사의 필요성을 포함하는) '지상적인 것들'을 믿지 않는 한 '하늘의 것들'에 대하여 들은 후에도 믿으려고 하지 않았던 것이다. 니고데모는 분명하게 예수님에 관한 어떤 것을 '믿었다'("당신은 하나님께로서 오신 선생인 줄 아나이다", 2절). 만일 그렇지 않았다면 그는 더 이상 질문을 하지 않았을 것이다. 그렇지만 예수님께서는 이 믿음이 부적절하다고 판단하셨다. [epigeios + epouranios]

3:13. **올라갔다…내려왔다**(Has ascended…descended, anabebēken…katabas) – 헬라어에서 완료시제 동사는 과거에 완성된 사건을 내다보는 것 같다. 만일 이것이 복음서 기자의 말이라면, 복음서를 기록하는 관점에서 예수님의 승천을 저자가 회고하는 것이기 때문에 문제가 되지 않는다. 만일 예수님께서 이 말씀들을 하신 것이라면, 이것들은 다소 이해하기 어렵다. 비록 여기에서 올라감과 내려감이 천사들이 아니라 인자 자신에 의하여 성취된 것이지만, 이 구절과 1장 51절 사이의 유사성을 주목하는 것은 중요하다. 창세기 28장에 기록된 야곱의 이야기는 요한복음 1장 51절의 배경이 되는 것으로 보인다. 야곱의 이상은 역시 요한복음의 주요 주제인, 하나님과 인간 사이의 의사소통과 관계의 자유를 부각시킨다. 창세기 28장과 요한복음 1장 51절에서 의사소통은 천사들을 통하여 매개되나, 여기 3장 13절에서는 인자를 통하여 매개된다. 그 자체만으로도 이것은 땅으로부터 어느 누구도 하늘에 '올라갔다'가 다시 '내려오지 않았다'는 사실을 보여준다. 하늘에서 내려오신 아들은 거기에 계셨던 유일한 분이다. 이것은 예수님의 천상적인 기원을 강조하며, 또한 '하늘의' 것들에 대하여 말씀하실 수 있는 그분의 권세를 입증한다. [anabainō + katabainō]

사람의 아들(The Son of Man, huios…anthrōpou) – 여기에서 또다시 '인자'라는 칭호는 예수님께서 왕적인 권세를 수여받으신 분임을 나타낸다. [huios + anthrōpos]

3:14. **들어올렸다…들리워질 것이다**(Lifted up…Lifted up, hypsōsen…hypsōsthēnai) – 동사는 '공간적으로 어떤 것을 들거나 일으키는 것'을 의미한다(BDAG 1045). 모세가 광야에서 장대 위에 '들어올린' 놋뱀(민 21:5–9)과 궁극적으로 예수님의 십자가 못 박힘에 대한 예언인, 인자가 '들리는 것' 사이에 유사점이 존재한다(요 12:32 참고). 지혜서 16장 6–7절(민 21:9 이하에 대한 미드라쉬에서)은 "그들은…자기들에게 당신의 율법의 규정을 상기시켜주기 위한 구원의 상징물을 가졌습니다. 그것을 쳐다본 사람은 자신이 본 것으로 구원받은 것이 아니고, 그들 모두가 구원자인 당신에 의하여 구원을 받았기 때문입니다"라고 기록하고 있다. 요한복음에서 예수님께서 '들리다'는 개념은 그분의 십자가로 시작하여 아버지의 오른편에서 예수님께서 높임을 받는 것으로 끝나는, 올라감의 지속적인 행동을 가리킨다. [hypsoō]

뱀(The serpent, opsin) – 이 헬라어는 '뱀'의 어떤 종류도 가리킬 수 있는 일반적인 용어다(LN 4.52, NIV, NLT). 이것은 여기에서 민수기 21장 9절에서 모세가 들어올린 놋뱀을 가리킨다. 놋뱀을 쳐다봄으로써 이스라엘 백성이 치유받았듯이, 십자가에 못 박혔다 높임을 받으신 그리스도를 쳐다봄으로써 신자가 구원받을 수 있다(요 6:40 참고). TDNT 5:581을 참고하라. [ophis]

3:15. **믿는 자마다**(Everyone who <u>believes</u>, pisteuōn)–(16절에도 나옴) 여기 두 곳에서 동사 '믿다'는 '믿음을 행사하다, 신뢰하다'의 의미로 사용된다. 광야에서 뱀에게 물린 이스라엘 백성(민 21:9)은 치유를 받기 위해서 놋뱀을 쳐다보아야 했다. 이러한 '쳐다봄'은 예수님을 '믿는 행동'과 같이 믿음의 행동을 구성했다. [pisteuō]

영원한 <u>생명</u>(Eternal <u>life</u>, zōēn)–(16절에도 나옴) 이것은 요한복음에서 문구 '영원한 생명'의 첫 등장이다. 1장 4절에 나오는 '생명'은 형용사 '영원하다'에 의하여 수식을 받지는 않았으나 동일한 방식으로 이해된다. 1장 4절과 17장 2절에 나오는 용어에 대한 논의를 보라. [zōē]

3:16. **하나님께서 <u>이와 같이</u> 사랑하셨다**(For God <u>so</u> loved, houtōs)–헬라어 부사 houtōs는 어떤 일이 행해지는 정도 또는 범위나 (좀더 빈번하게는) 어떤 일이 행해지는 방식을 가리킬 수 있다(BAGD 597–98). 비록 이 말씀은 하나님께서 얼마나 세상을 사랑하셨는지에 대하여 자주 진술하는 것으로 이해되었지만, 문맥에서는 하나님께서 세상을 사랑하는 방식도 포함된 것으로 보인다(NET의 "이것이 하나님께서 세상을 사랑하신 방법이다"를 참고하라). 이것은 여기에서 하나님의 사랑의 정도나 범위가 배제된다고 말하는 것이 아니다. 이중적인 의미를 활용하는 저자의 경향에 비추어볼 때, 여기에서 하나님의 사랑의 범위와 그 사랑이 표현되는 방식을 모두 언급하는 것으로 보는 것이 타당하다. [houtōs]

세상(the world, ton kosmon)–(17절에 두 번, 19절에 한 번 나옴) 여기에서 '세상'은 백성의 세상, 곧 '인류' 또는 인종이다. 1장 29절에서와 같이 문맥 어디에도 '세상'의 지시 대상물이 택자들과 같은 어떤 개인들에게만 제한되어야 한다는 지시가 전혀 없다(요일 2:2 참고). [kosmos]

그의 <u>하나이며 독특한</u> 아들(His <u>one and only</u> Son, monogenē)–1장 14절에 있는 '하나이며 독특한'에 대한 논의와 1장 34절에 있는 논의를 보라. [monogenēs + huios]

멸망하다(Perish, apolētai)–중간태 동사 apollymi는 '멸망하다, 죽다' 또는 '잃어버리다'를 의미할 수 있다(BAGD 95). 이 의미는 둘 다 요한복음에 나온다. 그 첫째는 3장 16절에 나오고(10:28, 17:12에도 나옴), 둘째는 6장 12절에 나온다. 여기에서와 같이 두 가지 대안만 표현하는 것은 요한에게 전형적이다(그는 '이것 또는 저것'의 틀로 사물들을 빈번하게 표현한다). 여기에서 대안은 '멸망하다' 또는 '영생을 얻다'이다. [apollymi]

3:17. **<u>보내지</u> 않았다**(Did not <u>send</u>, apesteilen)–1장 6절을 보라. 예수님께서는 사명을 띠고 아버지께로부터 보냄을 받았다. 그분의 사명은 세상의 구원이었다. 여기에서 동사 apostellō는 예수님께서 이 사명을 완수하기 위해서 하나님의 전권을 가지고 보냄 받았다는 것을 암

시한다. [apostellō]

정죄하기 위해서(To condemn, krinē) – 헬라어 동사 krinō는 일반적으로 형을 선고하고는 것, 즉 '심판하는 것'을 가리킨다. 요한복음에서 이 전권은 하나님께 속하나 아들에게 넘겨졌다(5:22, 30). 여기에서 초점은 심판의 부정적인 결과인 '정죄하는 것'에 있다(다음 구절에서도 마찬가지다). [krinō]

구원받을 것이다(Should be saved, sōthē) – 여기에서 동사는 하나님의 구원을 가리킨다(LN 21.27). 요한은 이 동사를 단지 6회만 사용한다(여기와 5:34, 10:9, 11:12, 12:27, 12:47). 이 가운데 2회(11:12, 12:27)는 신학적으로 말하는 구원과 아무런 관계가 없다. 나머지 4회의 경우에 '구원하는 것'의 대상은 '세상'이고(여기와 12:47에서), 5장 34절에서는 '유대인들'이고, 10장 9절에서는 '어느 누구나'이다(비록 말씀들은 9:40에서 바리새인들 가운데 일부에게 주어졌고, 이 대화는 이것의 연속이지만). 이 두 문맥(여기와 12:47)에서 '심판받는 것'(곧 '정죄받는 것')의 개념은 '구원받는 것'에 대안으로 연결된다. 요한에게 '구원받는 것'의 개념은 '구원 얻는 것' 또는 요한이 선호하는 용어로 말하면 '영생을 얻는 것'을 의미한다. [sōzō]

3:18. 정죄를 받지 않는다(Is not condemned, krinetai) – (이 구절에 두 번 나옴) 신자는 '정죄'를 피하지만 믿기를 거절하는 사람은 "이미 정죄를 받았다"(NET, NIV, "이미 정죄되어 있다"). 요한에게 심판(즉, 부정적인 결과를 염두에 둘 때 '정죄')은 먼 미래에 국한된 어떤 것이 아니라, 사람이 현재 예수님을 믿기를 거절할 때 일어나는 것이다. "이미–아직 아니다"의 저울에서 요한은 거의 모든 강조를 '이미'에 둔다. 또한 앞절도 보라. [krinō]

3:19. 심판(The judgment, krisis) – 명사 '심판'(KJV–'정죄', NIV–'선고', NET–'심판의 근거', 헬라어 krisis)은 17–18절에 사용된 동사 '심판하다'와 관련되어 있다. 여기에서 '심판'은 (공관복음에서와 같이) 미래에 있을 종말론적인 심판을 묘사하는 것이 아니고, 현재 일어나는 어떤 것이다. 예수님께서 빛으로(1:9, 8:12 참고) 세상에 오심은 이 '심판'을 촉발한다. 사람들은 각각 그분의 편에 설지 그를 대항할지를 '선택'할 것을 강요받기 때문이다. 이것은 20–21절에서 '빛을 미워하는 것'과 '빛에 나오기를 거절하는 것'(그래서 정죄에 이르는 것)으로 표현되거나 '참된 것을 행하는 것'과 '빛으로 나오는 것'으로 묘사된다. 이 경우 이 사람은 '심판'을 받지 않는다(다시 말해서, 18절의 '정죄'). 사람의 영원한 운명은 예수 그리스도에 대한 반응으로 결정된다. 요한에게 어떤 것이든지 결코 중간 지대는 없다. [krisis + krinō]

악한(Evil, ponēra) – 헬라어 용어는 도덕적으로 부패하고 악하거나 '사악한' 것을 가리킬 수 있다(LN 88.110). 그러나 이 문맥에서 '악한 것'은 '빛'과 '어둠'에 대한 반응에 의하여 정의된다. 사람들은 '빛'(곧, 예수님 자신)을 배척했기 때문에 '악한' 행위들을 한다. 이러한 의미에서 '악한' 것은 세상을 '구원하기' 위해서 '세상'에 오시는 아들(3:17)의 사명을 거스르는 것은 무엇이나 해당된다(TDNT 6:557). [ponēros]

3:20. 악한(Evil, phaula) – 다른 헬라어 용어는 여기에서 '악한'으로 번역되었다. 이것은 도덕적인 부패, '나쁜, 악한' 또는 심지어 '가치가 없는' 것과 관련된다(BAGD 854). 그러나 요한의 전형적인 입장에서 볼 때 이것은 문맥에서 앞절에 나오는 용어 ponēros와 본질적으로 동등한 의미를 가진다. [phaulos]

그것을 나타내기 위함이다(So that it may be manifested, phanerōthē) – 동사는 '어떤 것을 보이게 하는 것', 곧 '계시하는 것이나 공적으로 폭로하는 것'을 의미한다(BAGD 1048, NRSV "그것이 분명하게 보이기 위해서다"). 악을 행하는 자는 자신의 악한 행위가 공개적인 조사에 노출되는 것을 원하지 않기 때문에 빛을 미워한다. [phaneroō]

3:21. 진리(The truth, alētheian) – 문자적으로 '진리를 실천하는' 사람(NASB, NET, NIV, '진리로 사는 자')은 빛으로 나온다. [alētheia]

3:22. 유대 영토(Judean territory, gēn) – 이야기에 나와 있는 대로 예수님께서는 이미 '유대 영토', 즉 예루살렘에 계셨다(NET). 비록 이 구절에서 '이 일들 후에'란 문구가 불확정적인 시간을 밝히는 것이어서 그 사이에 다른 사건들이 끼어들 수 있지만, 유대의 시골 지역(NIV, NRSV '유대의 지방')을 염두에 둘 가능성이 있다. [gē]

3:23. 살렘 가까운 애논(Aenon…Salim, Ainōn…Saleim) – 이 두 장소의 정확한 위치는 알려지지 않았다. 세 가지 가능성이 제시되었다. (1) 요단강 건너편에 있는 베레아(Perea)에 있다(요 1:28 참고). 베레아는 유대에서 바로 요단강 건너편에 있다. (2) 스키토폴리스(Scythopolis)에서 남쪽으로 12.8킬로미터 떨어진 강 서편에 있는 북부 요단 계곡에 있다. 그러나 이 지역들은 요단강이 매우 가까이에 있기 때문에 풍부한 물에 대한 언급(요 3:23)은 불필요해보인다. (3) 사마리아도 제안되었다. 세겜의 동쪽으로 6.4킬로미터 정도 떨어진 곳에 살림이라 불리는 마을이 있다. 살림에서 북동쪽으로 12.8킬로미터 정도 떨어진 곳에 아이눈(Ainun)이란 현대 마을이 있다. 그 인근에 많은 샘물이 있다. 어쨌든 복음서 기자는 정확한 위치가 확실하지 않아도 거의 확실하게 실제적인 장소를 염두에 두었을 것이다. [Ainōn + Saleim]

3:25. 다툼(A disagreement, zētēsis) – 여기에서 용어는 '논쟁'(NET)이나 '논란'(BDAG 429, NIV, CEV, NLT)을 가리킨다. 이 다툼의 성격은 묘사되지 않아서 확실하게 그 성격을 결정하는 것이 불가능하다. (확실한 것은 아니지만) 이것은 결례에 관한 유대인의 의식적인 율법들을 무너뜨릴 예수님의 권세와 관련된 것으로 보는 것이 가능하다. '다툼'의 주제가 '의식적인 씻음'으로 상술되고 있기 때문이다(2:6 참고). [zētēsis]

3:28. 나는 보냄 받았다(I have been sent, apestalmenos) – 세례 요한을 빛(곧 예수 그리스도)에 대하여 증거(증언)하기 위하여 하나님으로부터 '보냄'을 받은 사람으로 묘사하는 1장 6절을 보라. 이것은 정확하게 세례 요한이 여기에서 하고 있는 일이다. 하나님의 온전한 권

세는 메시아의 선두주자인 요한의 배후에 있다. [apostellō]

3:29. **신랑의 친구**(The friend of the bridegroom, philos) – 많은 면에서 '신랑의 친구'는 결혼식의 최고의 사람과 유사했다. 유대인 결혼식은 7일 동안 지속되었다(삿 14:12, Tob 8:20 참고). 결혼은 첫째 날 저녁에 공식적인 만찬을 통하여 이루어진다. 이후에 새롭게 결혼한 부부는 결혼을 완수하기 위해서 신랑의 친구가 감시하는 신부의 방으로 간다. 이 구절에서 '신랑의 음성'에 대한 언급은 신부의 순결의 표징인 피 묻은 세마포를 거두어가라고 '신랑의 친구'를 부르는 소리를 가리키는 것으로 보인다. 이것은 신명기 22장 13–21절에 근거한 관습이다. 그러므로 이 구절은 당시에 흔한 일상적인 삶에서 취한 은유다. 요한의 상징이 이것을 넘어서 예수님을 그리스도의 신부인 교회의 천상적인 '신랑'으로 간주할 수 있는지에 대하여는 더욱 논란이 된다(고후 11:2, 엡 5:25 참고). [philos]

3:31. **위로부터**(From above, anōthen) – 3장 3절을 보라. 이 표현은 위로부터 태어나는 것(즉, 영적인 탄생)의 필요성에 대하여 예수님께서 니고데모에게 하신 말씀들과 어휘상 연결을 이룬다. 여기에서 세례 요한은 영적인 탄생의 필요에 대하여 예수님께서 니고데모에게 말씀하신 것과 본질적으로 동일한 내용을 말한다. '땅'과 '하늘' 사이의 대조(다시 '위에'와 '아래'의 이미지) 역시 여기에 나온다. [anōthen]

3:32. **증거**(Testimony, martyrian) – (33절에도 나옴) 1장 7절에 있는 논의를 보라. [martyria]

3:33. **확증했다**(Has certified, esphragisen) – 문자적으로 '인을 치는 것'을 의미하는 헬라어 동사는 진정한 증거를 제시함으로 어떤 것의 진실성, 또는 타당성을 보여주는 것을 의미한다(LN 28.53, NIV, NRSV – '확증했다', NET – '분명하게 확증했다'). 확증된 것은 하나님께서 '참되다'는 것이다. 여기에서 형용사는 사람을 가리킬 때 '진실한, 의로운, 정직한' 것을 의미한다(BAGD 36). 형용사는 명사 alētheia와 관련되어 있다(1:14의 논의를 보라). [sphragizō + alēthēs]

3:34. **보냈다**(Has sent, apesteilen) – 1장 6절을 보라. 여기에서 말하는 이는 세례 요한이거나 복음서 기자이지만(이것이 요약적인 진술임을 감안할 때 후자일 가능성이 더 많다), 그 가운데 언급된 보냄 받은 분은 예수님이시다. 예수님께서는 자기 배후에 계신 아버지의 온전한 권세를 가지고 보냄을 받으셨다. [apostellō]

말씀들(The words, rhēmata) – 여기에서 용어는 예수님의 가르침의 내용을 가리킨다(BAGD 735). 4장 41절에서 헬라어 logos는 본질적으로 같은 것을 의미한다. '이야기된 말씀'(rhēma)과 '기록된 말씀'(logos) 사이에 구분을 하려는 노력이 빈번하게 있었으나, 요한복음에서 이 두 용어가 종종 중복되기 때문에 강요될 수 없다(LN 33.98). [rhēma + logos]

측량으로가 아니라(Not by measure, metrou) – 이 표현은 '측량할 수 없이'를 의미한다(BAGD

515). 예수님께서는 구약 선지자들과 대조된다. 후기의 유대인 미드라쉬, 레위기 랍바 15장 2절은 "성령은 측량할 수 있을 정도로 선지자들 위에 머물렀다"고 진술한다. [metron]

3:35. **그의 손에**(In his hand, cheiri)—아버지께서 아들의 '손'(곧 능력, BAGD 880)에 모든 것을 맡긴다는 것은 아들에게 우주적인 주권을 수여하는 것을 의미한다(단 7:13–14 참고). [cheir]

3:36. **배척하는 자**(The one who rejects, apeithōn) — 이 동사는 '불순종하다'를 의미할 수 있으나(NRSV), 이 문맥에서는 아들을 믿기를 거부하는 것을 가리킨다. 이것은 유대인들에게도 이방인들에게도 사용될 수 있으므로 사실상 apistia, 곧 '믿음이 없는, 믿지 않는' 것과 동의어다(TDNT 6:11). [apeitheō]

보지 않을 것이다(Will not see, opsetai)—아들을 배척하는 사람은 영원한 생명을 '보지'(곧 경험, BDAG 719) 않을 것이다. [horaō]

진노(Wrath, orgē) — 이것은 네 번째 복음서에 나오는 흔한 주제는 아니나, 여기에서는 분명히 그렇다(TDNT 5:422). 이 용어는 하나님의 (의로운) 진노가 죄인들을 향했다는 바울의 용례와 병행을 이룬다. 아들에 대한 순종을 고의적으로 거절하는 것(이 문맥에서는 아들을 '믿는 것')은 그 사람으로 하여금 하나님의 진노에 놓이게 한다. [orgē]

4:1. **알았다**(Knew, egnō) — 예수님께서 이것을 어떻게 '아셨는지' 여기에서는 분명하지 않다. 다른 문맥들에서는 2장 25절, 5장 6절, 6장 15절에서와 같이, 예수님 편에서의 초자연적인 지식이 종종 관련된다. 그러나 누군가가 바리새인들이 예수님의 성공에 대하여 들었다고 그분에게 알려줄 수 있었을 것이다. [ginōskō]

제자들(Disiples, mathētas) — '제자'는 학생이면서 따르는 자다. 이 명사는 '배우다'는 헬라어 동사 manthanō와 관련되어 있다. 1세기 유대교에서 랍비들은 전형적으로 학생으로서의 추종자들을 모집했다. 네 번째 복음서에서 우리는 세례 요한이 이와 같은 일을 하는 것을 보고(1:35), 비록 개인적인 관계가 포함된 것은 아니지만 예수님의 반대자들이 '모세의 제자들'로 묘사되었다(9:28). 전승의 고리는 '선생'으로 간주된 자에게까지 추적될 수 있다(TDNT 4:443). 요한복음 4장 1절과 6장 60절은 예수님께서 열두 제자들보다 더 많은 수의 추종자들을 가지셨음을 암시한다. 특징은 이 사람들이 예수님을 주위에서 따랐음을 보여주는 것 같다(6:66). 마지막으로 요한은 그의 복음서에서 열두 제자들을 '사도들'이 아닌 '제자들'로 간주한다. 그 동기는 그가 예수님과 아버지로부터 받은 사명을 묘사하는 데 관련된 동사 apostellō('보내다') 사용을 선호하기 때문일 것이다. 예수님의 제자들은 그분이 아버지께로 돌아가신 후에 그분의 사명을 상속받는다(17:18). 이러한 용어의 선택 효과는 열두 제자들과 일반적으로 모두가 예수님의 '제자들'인 신자들과 구분을 최소화하기 위한 것이다. [mathētēs]

4:2. **세례를 베풀지 않았다**(Was not baptizing, ebaptizen) — 복음서 기자는 그의 길에서 빗나

가 예수님께서 친히 세례 요한의 방식으로 사람들에게 물로 세례를 주고 있는 것은 아니라고 지적한다. 1장 25, 33절을 보라. [baptizō]

4:4. 필요했다(It was necessary, edei) – 비인칭 동사 dei를 직접 화법과 간접 화법에서 미완료 형태로 사용할 경우 유일하게 논리적인 필연성이 있을 수 있다(LN 71.34). 동사 dierchomai는 지역이나 영토를 '통과하여 여행하는 것'을 의미한다(BDAG 244). 그러나 여기에서 사마리아를 통과하는 여행은 지리적으로(또는 관습적으로) 필요하지 않다. 유대인 여행객들은 일반적으로 '부정한' 사마리아 영토에 발을 들여놓는 것을 피하기 위하여 사마리아 동편에 있는 요단 계곡으로 다녔다. 요한복음에서 이 비인칭 동사는 전형적으로 신적인 필요성, 다시 말해서 하나님의 뜻이나 계획의 필요성을 가리킨다(3:7, 14, 30, 4:4, 20, 24, 9:4, 10:16, 12:34, 20:9). [dei + dierchomai]

4:5. 수가(Sychar, Sychar) – 이 마을은 세겜의 인근에 위치한다. 최근 이 마을은 에발 산 남동쪽 기슭에 위치한 야곱의 우물 북동쪽 방향으로 1.6킬로미터 정도 떨어진 곳에 있는 아스카르(Askar) 마을로 밝혀졌다. 그러나 제롬(Quaest. in Gen 66.6)은 이 이름을 사이켐(Sychem), 곧 세겜의 훼손된 형태로 간주했고(BAGD 795), 이 발굴은 제롬이 옳았다는 것을 보여주는 것 같다(BDAG 979). 근처에는 야곱이 자기 아들 요셉에게 준 '땅의 일부'(chōrion)가 있다(BDAG 1095). [Sychar + chōrion]

4:6. 야곱의 우물(Jacob' s <u>well</u>, pēgē) – 이 헬라어 용어는 스스로 흘렀던 샘물(계 8:10 참고)이나 우과 같은 물의 자연적인 원천을 묘사하는 데 사용될 수 있었다. 그러나 여기에서 이것은 지속적으로 흐르는 우물(일 년 내내 사용할 수 있는 우물)을 묘사하는 데 사용되었다. 그러한 우물의 밑바닥에는 연못이 있었고, 우물 구멍 가장자리의 둘레에는 낮은 돌담이 종종 있었다(LN 7.57). 이 단락에 '우물' 또는 '물 저장소'를 가리키는 다른 용어(11-12절, phrear)가 사용되고 있기에, 복음서 기자가 이 두 용어를 구별하고 있다고 종종 제시되었다. 그러므로 그는 예수님께서 여인에게 약속하신 '생수'의 원천을 무한한 공급을 제공한 '스스로 흐르는 우물'에 비교하는 것이다. 이 우물과 비교해 볼 때 야곱의 우물은 단지 '물 저장소'가 되고 만다. 이러한 가능성도 있으나 복음서 기자는 스타일의 변화를 선호하기 때문에 두 단어 사이에 의미상의 변화는 없다고 보는 것이 낫다. [pēgē + phrear]

피곤해져서(Having become weary, kekopiaskōs) – 이 언급은 예수님의 신성(1:1 참고)을 그렇게 자주 강조하는 요한복음에서 예수님의 인성을 반영하기 때문에 신학적으로 중요하다(NRSV–"그의 여행으로 지쳤다", NET –"그가 여행으로 지쳤으므로"). [kopiaō]

제6시(The sixth <u>hour</u>, hōra) – 이것은 아마도 정오일 것이다. 네 번째 복음서에서 시간의 논의에 대하여는 1장 39절을 보라. [hōra]

4:9. 관계를 맺지 않는다(have no dealings with, synchrōntai) – 동사 synchraomai는 공간적

인 가까움, 또는 연합 활동을 암시하는 것으로서 일반적으로 '~와 연관을 가지다'를 의미한다(BAGD 775, LN 34.1, NIV "연관을 맺지 않는다"). 일부 학자들은 여기에서 일반적인 접시들, 마시는 그릇들 또는 기구들의 사용에 대한 언급을 발견한다(NRSV-"사마리아인들과 물건들을 공유하지 않는다", NET-"사마리아인들과 아무것도 공동으로 사용하지 않는다"). 많은 유대인은 사마리아인들이 의식적으로 부정하다고 가정하고 있었기 때문에 사마리아인 다음으로 마시는 그릇을 사용하는 것은 이러한 부정을 타게 할 수 있었다. [synchraomai]

사마리아인들(Samaritans, Samaritais) – 사마리아인들은 두 그룹의 자손들이다. (1) 주전 722년 북왕국 멸망 후에 이주되지 않은 원주민 이스라엘 자손들의 남은 자들이다. (2) 앗수르에게 충성을 바칠 거민들로 정착시키려고 앗수르 정복자들에 의하여 바벨론과 메대로부터 옮겨진 외국인 식민백성들이다. 사마리아인들이 구약 성경의 첫 다섯 권(오경)만 인정하고 예루살렘 성전에서 경배하는 것을 거부하였으므로 그들과 유대인들 사이에 신학적인 분쟁이 있었다. 바벨론에 포로로 잡혀간 후에 사마리아인들은 유대인들의 예루살렘 재건을 방해했다. 주전 2세기에 사마리아인들은 유대인들을 치는 전쟁에 시리아인들을 도왔다. 주전 128년에 유대인 대제사장은 게르심 산에 있는 사마리아 성소를 불태움으로 보복을 가했다. [Samaritēs]

4:10. **하나님의 선물**(The gift of God, dōrean) – 이 용어는 한 사람이 다른 사람에게 주거나 공짜로 전달한 어떤 것, 곧 '선물'을 가리킨다(BDAG 266). 예수님께서는 상징적으로 성령을 가리키는 '생수'를 여인에게 제공한다(7:38-39 참고). 그러므로 여기에서 '선물'은 또한 성령으로 이해된다. [dōrea]

생수(Living water, hydōr zōn) – (11절에도 나옴) '살아 있는'(zōn)으로 번역된 단어는 헬라어 구약 성경에서 물 저장소에 있는 물과는 대조적으로 샘물에서 나오는 흐르는 물을 묘사하는 데 사용된다(창 26:19, 레 14:5, 슥 14:8). 이와는 대조적으로 고여 있는 물은 '죽은 물'로 불리곤 했다(hydōr nekron, BAGD 337). 그러나 예수님께서는 전적으로 다른 종류의 물을 가리키고 계신다. 요한복음에서 '물'은 성령의 상징적인 이미지로 빈번하게 사용되었다(7:38-39 참고). 이러한 이중적인 의미는 여인으로 하여금 다음 구절에서 오해하게 한다. 그녀는 예수님께서 출처를 알지 못하는 마실 물을 가리키는 것으로 여기고, 그 물을 마시면 자신이 야곱의 우물에 자주 나올 필요가 없을 것이라고 생각했다. [hydōr + zaō]

4:11. **선생님**(Sir, kyrie) – 헬라어 kyrios는 문맥에 따라서 '선생'(공손한 호칭의 형식)과 '주님'을 모두 의미한다. 이 구절에서 예수님을 향한 여인의 존경이 증가함에 따라 한 의미에서 다른 의미로의 점진적 전환이 가능하다(4:15, 19 참고). [kyrios]

우물(phrear) – (12절에도 나옴) 4장 6절에 있는 논의를 보라. [phrear]

4:14. **솟아오르는**(Springing up, halloumenou) – 동사 hallomai는 살아 있는 존재 편에서 (점

프하는 것이나 도약하는 것과 같이) 신속한 활동, 그리고 확대하여 무생물의 신속한 활동을 묘사하는 데 사용된다(BAGD 39). 이것이 물의 활동에 적용된 것은 이번이 처음이다(RSV, NIV-'분출하는', NRSV-'용솟음쳐 나오는'). 그러나 헬라어 구약 성경에서 이 동사는 성령이 삼손과 사울에게 임할 때 '하나님의 성령'을 묘사하는 데 사용된다(삿 14:6, 19, 15:14, 삼상 10:6, 10, 사 35:6). 요한복음에서 물은 성령을 가리키는 빈번한 상징이다(7:38-39 참고). 마지막으로 성령을 부어주심은 메시아 시대의 표징이었다(욜 2:28-29, 사 44:3-5, 겔 39:29). [hallomai]

4:17. **네가 잘 말했다**(Well have you said, kalōs)-이 헬라어 부사는 '옳게' 또는 '정확하게'를 뜻한다(LN 72.12). 언급된 내용이 칭찬받을 만한 것이라는 암시가 가능하다. 그 경우에 예수님께서는 여인에게 그녀의 시인이 칭찬받을 일이라고 말씀하신다. [kalōs]

4:18. **참으로**(Truly, alēthes)-이 문맥에서 이 용어는 사실 또는 진술과 관계하여 '참되다'를 의미한다. 예수님께서는 여인이 말한 것이 참되다고 확증하셨다(BAGD 36). [alēthēs]

4:19. **나는 인식한다**(I perceive, theōrō)-이 헬라어 동사는 '주목하다, 인식하다, 관찰하다' 등과 같이 어떤 것에 대한 이해에 도달하는 것을 의미한다(BDAG 454). 이것은 현대 영어로 "내가 알겠습니다"(I see)로 표현된다(NRSV, NET). 예수님께서 선지자라는 여인의 관찰은 자기가 다섯 남편을 가지고 있었고, 지금은 남편이 아닌 어떤 사람과 살고 있다는 예수님의 설명에 근거한다(17-18절). 여인은 자신의 과거와 현 상황에 대한 예수님의 지식을 초자연적인 것으로 보았다. 유대인 나그네이신 예수님께서 정상적인 방법으로는 자신에 관한 것을 알 수 없었기 때문이다. [theōreō + prophētēs]

4:20. **이 산**(This mountain, orei)-(21절에도 나옴) 이것은 사마리아인의 성소가 위치한 게르심 산을 가리킨다. 주전 4세기에 사마리아인들이 거기에 세운 성전은 요한 힐카누스(John Hyrcanus)가 주전 128년에 세겜과 주변 마을을 점령할 때 파괴되었으나 희생 제사는 계속되었다. 사마리아인의 전승에 따르면 게르심 산(예루살렘에 있는 성전 산이 아니라)은 모리아 산이었고(창 22:2), 하나님께서 자신의 이름을 두시려고 택하신 장소였다(신 12:5). 이 논쟁은 이러한 질문을 야기했다. [oros]

4:21. **나를 믿으라**(Believe me, pisteue)-여기에서 이 동사는 유사하게 "내가 너에게 진리를 말하고 있다는 것을 믿어라" 또는 "내가 말하는 것이 참되다고 믿어라"는 것을 의미한다. [pisteuō]

여자(Woman, gynai)-이것은 여자에 대한 정중한 호칭이다(BAGD 168). 2장 4절도 보라. [gynē]

4:22. **구원**(Salvation, sōtēria)-이 용어는 여기에서 신학적인 의미로 사용되었고, 이 명사는 네 번째 복음서에서 유일하게 여기에만 나

온다. "구원이 유대인들로부터 말미암는다"는 말씀은 사마리아인들과 대조하여 주어진 말씀이다(TDNT 3:377). 이것은 구원이 이 시점까지 하나님의 언약 공동체였던 사람들에게서 시작하고, 거기서 밖으로 나가 사마리아인들(4:42)과 마침내 세상에 도달한다는 것을 의미한다(3:17 참고). [sōtēria]

4:23. **시간**(An hour, hōra) – 이것은 문맥에서 구체적으로 예수님의 '시간'을 가리키지 않으나(2:4) 그와 관련된다. 이것은 지역에 국한된 성전 없이 아버지를 경배하는 것이 가능하게 되는 그 '시간'(즉, 시대-NIV, NLT, NET)을 가리킨다. 이것은 예수님께서 가져오실 '새' 언약 아래서 가능한 예배의 종류다. [hōra]

참된 예배자들(True worshipers, alēthinoi) – 예수님께서는 어떤 종류의 사람('참된 경배자들')이 예배해야 하며 누구('아버지')를 예배해야 하는지에 대하여 초점을 두고 계신다. 그런데 여인이 예배의 장소에 대해 관심을 가지고 있는 사실에 주목하라. [alēthinos]

영(Spirit, pneumati) – (24절에도 나옴) 이 용어는 직접적으로 성령을 가리키지 않고 더욱 일반적으로 물질적인 영역과 반대 되는 '영적인 영역'을 가리킨다. 다음 구절에서 동일한 용어는 육체적인 감각에 의하여 인식될 수 있는 존재와 반대되는 영적인 존재로 하나님을 가리킨다(BAGD 675). 그럼에도 불구하고 하나님께서는 영적인 존재이시기 때문에 인간이 그분을 참으로 예배하려면 성령을 소유해야 하며 성령께서 제공하시는 능력으로 경배해야 한다. '영과 진리'로 예배하는 것(24절)은 성령이 공급하시는 능력으로 경배하는 것을 의미한다. 그러므로 그 말은 친히 영이신 하나님을 이러한 능력으로 참되게 경배하는 것을 표현하기 위한 환유법(하나로 다른 것을 표현하는 어법)이다. [pneuma]

4:25. **그리스도**(Christ, Christos) – (29절에도 나옴) 여기에서 '메시아'(Messias)는 요한의 독자들의 유익을 위해서 '그리스도'로 번역된다. 1장 20절에 나오는 논의를 보라. [Christos]

4:26. **내가 그다**(I am, egō eimi) – 여기에서 이해되는 서술부는 '나는 (그)다'이다. 예수님께서는 여인에게 자신을 방금 언급한 메시아로 밝히고 계신다. 그렇지만 어떤 해석자들은 이 표현에서 더 많은 것을 보고, 복음서 기자가 여호와께서 모세에게 자기의 이름을 '나는…이다'(I am)로 소개하신 구약 본문인 출애굽기 3장 14절에 대한 언급을 의도하는 것으로 믿는다. 요한은 자신의 복음서에서 빈번하게 '나는…이다'를 사용한다. 그러나 주목해야 할 중요한 사실은 "나는 문이다"(10:7), "나는 선한 목자다"(10:11), "나는 길이요, 진리요, 생명이다"(14:6) 등에서와 같이 서술부가 있느냐 없느냐다. 8장 전체에서 적어도 세 문구의 경우, 출애굽기 3장 14절에 대한 언급이 존재하는 것으로 보이며(8:24, 28, 58), 이 마지막 언급 역시 문맥 가운데 분명하다("아브라함이 있기 전에 내가 있었다"). [egō + eimi]

4:27. **그들은 놀랐다**(They marveled, ethaumazon) – BAGD 352는 '사실에 놀랐다'고 번역

한다(간접 화법이 따름). 그러나 문맥은 약간 더 강한 어법을 요구한다(NET의 "그가 여자와 함께 말하고 있었기 때문에 그들이 충격을 받았다"란 번역을 참고하라). 고대 유대 문화에서 남자는 공적으로 여자와 종종 대화를 나누지 않았다. [thaumazō]

4:28. 물동이(Water jar, hydrian) – 2장 6절을 보라. 여자의 '물동이'의 크기는 구체적으로 밝혀지지 않고(BDAG 1023), 그 재질도 언급되지 않았다(그렇지만 흙으로 만들어졌을 것이다). 여인은 메시아라고 주장하는 낯선 사람이 야곱의 우물에 나타났다는 것을 자기 동네 사람들에게 알려주려고 흥분한 나머지 물동이를 뒤에 두고 떠났다. 복음서 기자에게 이것 또한 상징적인 의미를 가진다. 예수님께서 제공한 '생수'를 담는 데는 어떤 그릇도 필요하지 않다. [hydria]

4:29. 아마도(Perhaps, mēti) – (RSV, NLT–"이 사람일 수 있느냐?", NIV–"이 사람일 수 있겠느냐?", NET–"확실히 그일 수 없다") 의문문의 불변화사인 이 단어는 부정적인 답변이 기대되는 질문에서 일반적으로 사용된다(BAGD 520, LN 69.16). 그렇지만 이것이 여인이 믿지 않았다는 지적으로 해석될 수 없다. 예수님께서 메시아라는 자신의 주장에 대한 강한 반대를 받을 것을 예상하면서 여인은 이 질문의 형식을 사용한 것이다. [mēti]

4:32. 음식(Food, brōsin) – 이 용어는 우상들에게 드려진 고기(고전 8:4), 빵(고후 9:10), 혹은 심지어 성경 밖의 파피루스 문서에서 양을 위한 '음식'인 풀과 같이 다양한 음식을 가리킬 수 있다(BAGD 148). [brōsis]

4:34. 음식(Food, brōma) – 이 용어는 비록 제자들이 마을로 들어가 사려고 한 '음식물'(trophē, 8절)과 예수님께서 방금 언급한 '음식'(brōsis, 32절)을 묘사하는 용어와 다르지만 문자 그대로 음식을 가리킬 수 있다(BDAG 184). 여기에서 예수님께서는 하나님의 뜻과 이것을 행하고 완수함으로 유래되는 영적인 음식물을 가리키고 계신다. 복음서 기자는 여기에서 음식을 가리키는 서로 다른 세 단어를 사용하는데, 이것은 그가 스타일의 변화를 얼마나 선호하는지 보여준다. 이들 용어들 사이에 중요한 차이는 없다. [brōma + trophē + brōsis]

나를 <u>보낸</u> 이(The one who <u>sent</u> me, pempsantos) – 예수님께서 사용하신 이 동사의 뉘앙스에 대하여는 1장 6절을 보라. 아버지의 '일'은 다음 구절에 언급되었으므로 어떻게 예수님 자신이 이 일에 참여하고 있는지를 보는 것은 쉽다. 사실 예수님께서는 자신의 제자들도 이 일에 참여하도록 초청하실 것이다. 제자들은 예수님께서 누구신지를 발견하기 위해서 수가란 마을에서 나온 사마리아인들에게 증거할 기회를 가지게 될 것이기 때문이다. [pempō]

마치다(To finish, teleiōsō) – 아버지께서 아들을 보내어 '완수하거나'(NRSV, NET) '마치게 할' '일'은 세상의 구원이고(3:17), 이것은 십자가 위에서 '마쳐졌다'(19:28, 30). [teleioō]

4:35. 너희들의 눈을 <u>들어올리라</u>(<u>Lift up</u> your

eyes, eparate) – 이 관용어는 구약의 뿌리를 가지며(창 13:10, 대상 21:16 참고, BAGD 281), 눈을 '들어서' 어떤 것을 반성하는 것을 은유적으로 가리킨다. [epairō]

4:36. **품삯**(Wages, misthon) – 이 용어는 노동자가 당연히 받는 '급료'(NET)나 '임금'(NIV, NRSV)을 가리킬 수 있다(LN 57.173). '상'의 의미로 개인이 행한 선행이나 악행에 대한 보상도 가리킬 수 있다(LN 38.14). 여기에서 이 용어는 사람들, 즉 사마리아인들을 자기에게 데리고 오는 일에 애를 쓴 사람들을 묘사하기 위해서 예수님께서 은유적으로 사용하셨다(TDNT 4:699). [misthos]

열매(Fruit, karpon) – 문자적인 의미로 볼 때 이것은 식물이나 나무의 열매(LN 3.33), 또는 여기에서 맺어지는 '추수'(CEV)나 '작물'(NIV)을 가리킨다. 여기에서 이 용어는 수확된 영적인 '작물'을 가리키는 데 은유적으로 사용되었다. 이것은 다른 문맥에서 제자의 삶 속의 도덕적인 덕성이나 성품의 특징을 포함할 수 있으나(15:2 참고), 여기에서는 다가오고 있는 사마리아인들 가운데 잠재적인 개종자들을 가리킨다. 15장 16절도 보라. [karpos]

4:39. **믿었다**(Believed, episteusan) – (41, 42절에도 나옴) 여기에서 이 표현의 의미는 3장 15, 16, 18절에서와 같이 '믿음을 행사하다, ~에게 믿음을 두다'와 동일하다. 그러나 사마리아인들의 믿음의 구체적인 내용은 42절에 상술된다. 그 내용은 그들이 예수님을 '세상의 구원자'로 믿었다는 것이다. 이것은 확실히 니고데모("선생님은 하나님으로부터 오셨다", 3:2)보다 일보 진전된 고백을 보여주며, 이 시점에서 예수님을 유대인의 메시아로 생각한 제자들 자신의 믿음도 능가한다. 예수님께서 누구신가에 대한 사마리아인들의 개념은 유대교를 넘어서 '세상'에 확대된다(3:17 참고). [pisteuō]

4:41. **그의 말씀**(His <u>word</u>, logon) – 요점은 사마리아인들이 기적적인 표적들의 필요 없이도 예수님께서 하신 말씀에 근거하여 그분을 믿었다는 것이다('그분의 말씀', 즉 '메시지', NLT). 이 점에서 그들은 예수님의 백성인 유대인들보다 그분의 메시지와 사명에 더 수용적이었다(1:11 참고). [logos]

4:42. **너의 말**(Your <u>word</u>, lalian) – 이것은 예수님의 '메시지'가 아닌, 여인이 마을 사람들에게 한 말을 가리킨다(41절). [lalia]

세상의 구원자(The <u>Savior</u> of the world, sōtēr) – 용어 '구원자'는 '구출자, 보존자, 구조자'란 일반적인 의미를 가진다(BAGD 800, LN 21.22). 그래도 예수님을 가리켜 참으로 '세상의 구원자'라는 사마리아인들의 선언에는 역설이 있다. 이것은 요한복음의 서언과 비교해볼 때 그렇다(1:11, "그분이 자기 자신의 백성에게 왔으나 자기 백성은 그분을 영접하지 않았다"). 유대인들이 이방인으로 간주한 사마리아인들은 그를 '세상의 구원자'로 선포했다(TDNT 7:1016). 그들은 정확하게 예수님을 유대인의 메시아 이상으로 보았다. [sōtēr]

4:44. **자기 자신의 고향**(His own <u>country</u>, patridi)

– 요한복음은 분명하게 예수님과 갈릴리를 연결하고 있으나 유대 지역은 그분의 탄생을 언급도 하지 않는다. [patris]

4:45. 환영했다(Welcomed, edexanto) – 이 동사는 사람이 손님을 '환영하는 것' 과 같이(LN 34.53, NIV, NRSV), 특별히 우정이나 열린 마음으로 어떤 사람을 '영접하는 것' 을 의미한다(NASB). 갈릴리 사람들의 이러한 영접은 유대(예루살렘)에서 있었던 예수님의 영접과 대조된다. [dechomai]

4:46. 가나(Cana, Kana) – 2장 1절을 보라. 첫 번째 표적인 물이 포도주가 된 사건의 언급은 위치뿐만 아니라, 예수님의 갈릴리 사역이 온전한 주기에 도달했으며 이제 우리가 새로운 단계로 이동할 준비가 되었음을 독자들에게 알려준다. [Kana]

귀족(Nobleman, basilikos) – (49절에도 나옴) 비록 이 용어는 헤롯 가문의 친족을 묘사할 수 있지만, '왕의 관리' 를 가리킬 가능성이 더 있다(BAGD 136, NIV, NRSV, NET). 그는 (널리 왕으로도 불린) 갈릴리의 분봉왕 헤롯의 신하였을 것이다(마 14:9, 막 6:14–29 참고). 가버나움은 많은 행정 관리들이 살았던 국경 마을이었다. [basilikos]

4:47. 치유하다(Heal, iasētai) – 이 동사는 '육체적인 병이나 질병 후에 어떤 사람을 건강에 회복시키는 것' 을 의미한다(BDAG 465). 귀족의 아들은 '막 죽어가고' 있었다. 소년은 죽음의 경지에 있었고, 그의 아버지는 절박한 나머지 그를 위해 도움을 얻고자 32킬로미터나 떨어진 거리에서 왔다. 소년의 상태는 여기에 언급되지 않았으나, 52절에서 '열' 이 떠났다고 말한다. [iaomai]

4:48. 표적들(Signs, sēmeia) – 이 용어는 기적들을 가리킨다. 2장 11절의 논의를 보라. [sēmeion]

기사들(Wonders, terata) – 요세푸스는 이 용어를 이용하여 하나님의 궁극적인 주권을 지적하는 다양한 사건들인 폭풍들(전쟁사, 4.4.5 [4.287]), 하늘의 현상들(전쟁사, 6.5.3 [6.288])을 묘사한다. 그리고 성전에서 일어나는 이상한 사건들(전쟁사, 6.5.3 [6.292])은 모두 이 단어를 사용하여 묘사된다. '표적들과 기사들' 이란 표현은 사도행전에 자주 나온다(4:30, 5:12, 14:3, 15:12). [teras]

믿지 않으려고 한다(Will not <u>believe</u>, pisteusēte) – 여기에서 예수님에 대한 믿음은 기적적인 표적들과 연결되어 있다. 예수님께서는 그 귀족뿐만 아니라 무리에게 말씀하신다. 이것은 '보다' 와 '믿다' 는 동사가 모두 2인칭 복수로 사용된 사실에 나타난다. [pisteuō]

4:49. 아이(Child, paidion) – 이것은 '아이' 를 가리키는 다른 용어로, 일반적으로 사춘기의 나이에 도달하지 않는 나이 든 아이는 물론 갓 태어난 아기에도 사용될 수 있다(BAGD 604, LN 9.42). 귀족의 '아들' 은 앞에서 언급되었다(47절). [paidion]

4:50. 믿었다(Believed, episteusen) – 여기에

서 귀족이 믿은 내용은 '예수님께서 그에게 하신 말씀으로 인한' 자기 아들의 회복을 가리킨다. 예수님께서 그 귀족에게 아들이 회복될 것이라 말씀하셨을 때 그는 믿었다. [pisteuō]

4:51. **내려가면서**(Going down, katabainontos) – '내려가면서' (LN 15.107, TDNT 1:522)를 의미하는 이 분사는 귀족이 가나에서 가버나움으로 돌아갈 때 따라갔던 길을 정확하게 묘사한다. 이 길은 갈릴리 산들을 넘어서 동쪽으로 나간 다음 갈릴리 바다를 향하여 내려간다. 물론 이 길은 약 32킬로미터 거리로서 하루가 걸린다. 한편으로는 요한이 팔레스타인의 지리에 익숙함을 보여준다. [katabainō]

4:52. **<u>호전되기</u> 시작했다**(Began to <u>improve</u>, kompsoteron) – 이 표현은 '회전되기 시작했다' (BAGD 443, NET), '나아졌다' (LN 23.135, NIV, CEV)로 번역될 수 있다. [kompsoteron]
열(The fever, pyretos) – 이 용어는 단순하게는 열, 좀더 세심하게 추정하기로는 고열을 가리킨다. 문맥에는 소년의 질병의 정확한 성격에 대한 어떠한 지적도 없다(TDNT 6:958). [pyretos]

4:53. **그가 믿었다**(He believed, episteusen) – 이 표현은 1장 12절, 3장 15, 16, 18절에서와 같이 '믿음을 행사하다, ~에게 믿음을 두다' 를 의미한다. [pisteuō]
그의 온 <u>가정</u>(His whole <u>household</u>, oikia) – 여기에서 헬라어 oikia는 건물이 아니라, 같은 가정에서 사는 종들과 노예들은 물론 출생과 결혼으로 연결된 친척의 가족을 가리킨다(LN 10.8, BAGD 557, BDAG 695.2). 이것은 확대된 가족의 개념이다. [oikia]

4:54. **표적**(Sign, sēmeion) – 2장 11절에 나오는 논의를 보라. [sēmeion]

5:1. **축제**(A feast, heortē) – 다른 사본의 본문은 '축제' 로 읽는다. 상이한 사본은 거의 확실하게 유월절을 가리키는 것 같으나, 선호되는 음역('축제')은 다른 축제를 가리킨다. 병자들이 연못의 행각들에 누워 있었다는 5장 3절의 추가적인 언급은, 유월절이 끝나가는 겨울 무렵에 해당되고 날씨는 따뜻하지 않았을 것이므로 유월절 외의 다른 절기를 지지한다. 그리고 장막절이 요한복음 7장(이 절기가 이 곳의 배경이라는 많은 문맥적인 지적들이 있다)의 중심적인 배경을 이루고 있으므로 장막절도 아닌 것 같다. 이 같은 사실은 여기에 언급된 절기가 오순절일 가능성을 남겨준다. 이보다 약간 전에 유대 전승(유대인의 중간기 시대 문서와 후기 기독교 이후 랍비들의 글에 반영된)에서 오순절은 시내 산에서 모세에게 율법을 주신 사건과 일치한다. 이러한 연관은 예수님께서 요한복음 5장 45–46절에서 모세를 언급한 사실을 설명할 수 있다. 그러나 복음서 기자에게 진정으로 중요한 사실은, 치유는 안식일에 있었다는 것이다. 바로 이 사실은 유대인 종교 지도자들과의 논쟁(요 5:16–47)을 촉발했다. [heortē]

5:2. **양문**(The Sheep Gate, probatikē) – 예루살렘 성의 북쪽 성벽에 위치한 성전 근처의 양

문을 언급한 것에 대한 전통적인 이해는 정확한 것으로 보인다(BAGD 865). [probatikos]

연못(A pool, kolymbēthra) – 이 '연못'은 일반적으로 현재, 성전 산 근처에 있는 성 앤(St. Anne)의 연못이라 불리는 이중 연못으로 가정된다. 두 연못은 사다리꼴 모양이며 한 쪽 끝의 넓이가 49.5미터이고 다른 끝은 66미터로 도합 115.5미터의 길이이며 중앙이 분리되어 있다. 네 면과 중앙 분리대에 기둥들이 있어 여기에 언급된 대로 '다섯 개'의 행각을 구성했다. 모퉁이에 있는 계단들은 연못으로 내려갈 수 있도록 했다. [kolymbēthra]

히브리어(Hebrew, Hebraisti) – 요한은 여기와 19장 13, 17, 20절과 20장 16절에서 이 용어를 5회 사용한다. 이것은 문자적으로 '히브리어로'를 뜻하나, 네 번째 복음서에서 이 단어가 묘사하는 것은 아람어다. 요세푸스는 이 단어와 관련된 용어 Hebraios를 사용할 때 히브리어와 아람어를 항상 구분하지 않았고(TDNT 3:374), 요한도 그렇게 하지 않는 것 같다. 그러므로 일부 현대 번역들은 이 문구를 '아람어로'라고 번역한다(NIV, NET). [Hebraisti]

베데스다/베짜다(Bethesda/Bethzatha, Bēthesda/Bēthzatha) – 본문상의 다른 사본들은 연못의 이름에 다른 형태를 제공한다. 둘 다 동일한 위치를 가리킬 수 있다. Bēthesda는 동일한 단어의 헬라어 번역이고(KJV, NIV. NLT, NET), Bēthzatha는 아람어 강조형 복수의 번역이다(RSV, NRSV, CEV). 만일 그렇다면 이것은 본문의 두 전통이 옳은 드문 예일 것이다. [Bēthesda, Bēthzatha]

행각들(Porticoes, stoas) – 이것들은 '덮여진 기둥들'(NIV)이나 '덮여진 보행로'(NET) 한 편으로 열려 있었다(연못을 바라보는 면을 향해서). 사람은 일기나 더위를 피해서 여기에 서거나 앉거나 기둥들을 따라서 걸을 수 있었다(LN 7.40). [stoa]

5:3. **마비되어**(Paralyzed, xērōn) – 이것은 문자적으로 '마른, 말라빠진'을 뜻하는 단어의 은유적인 사용이다. 이것이 사람을 가리킬 때 팔이나 다리가 '오그라들고, 마르거나 피폐하게 되어' '마비가 된' 것을 묘사한다(LN 23.173). [xēros]

5:6. **아시고**(Knowing, gnous) – 비록 이 진술이 요구하지는 않지만, 예수님 편에서의 초자연적인 지식이 여기에 암시된다. 예수님께서는 제자들이나 서 있는 사람들에게서 이 정보를 얻을 수도 있었다. [ginōskō]

건강한(Well, hygiēs) – (9, 11, 14-15절에도 나옴) 이 용어는 질병과는 대조로 건강한 상태를 가리킨다(LN 23.129). 예수님께서는 마비된 사람(7절의 '병든 사람')에게 육체적인 불구에서 해방되어 건강한 상태로 회복될 기회를 제공하시는 것이다. [hygiēs]

5:7. **선생님**(Sir, kyrie) – 4장 11절을 보라. 이 용례는 정중한 호칭과 관련된다. 예수님께로부터 치유받은 중풍병자는 예수님을 주님으로 인정하지 않았다. 그는 그 대신 예수님을 당국자들에게 보고했다. [kyrios]

요동했다(Troubled, tarachthē) – 여기에서 동사는 문자적인 의미로 연못에 있는 물의 요동함을 가리킨다(BDAG 990, NRSV, NLT, NET). 요한은 또한 이 단어를 은유적으로 사용하여 내적인 소요나 동요를 묘사한다(11:33 참고). [tarassō]

5:8. **침상**(Pallet, krabatton)–(9–11절에도 나옴) 이 용어는 상대적으로 가볍고 작은 '깔판'(NIV, NRSV, NET)이나 사람이 누울 수 있는 '침상'(RSV, NASB)을 가리킨다(LN 6.107, BAGD 447). 어떤 경우에 이러한 깔판들은 매우 견고하여 들것용으로 병자를 운반할 수도 있었을 것이다(막 2:4). 그렇지만 여기에서는 그렇지 않다. 그것은 아마도 쉽게 말아서 운반할 수 있는 갈대나 천으로 만든 깔판이었을 것이다. [krabattos]

5:9. **안식일**(The sabbath, sabbaton)–"이 날이 안식일이었다"는 시간적 언급은 그 시점이 논란을 불러일으켰기 때문에 중요하다. [sabbaton]

5:10. **유대인들**(The Jews, Ioudaiou)–1장 19절을 보라. 여기에서 이 용어는 그들이 안식일 규정을 준수하는 일에 관심이 있는 것으로 보아 유대 종교 당국자들을 가리킨다. [Ioudaios]

5:13. **물러갔다**(Had withdrawn, exeneusen)–이 동사는 눈치 채지 않고 장소를 떠난다는 의미로 '조용히 물러가는 것, 빠져나가는 것'을 의미한다(LN 15.60). 이것은 현재의 경우 무리가 있기 때문에 더 수월했다. [ekneuō]

5:14. **더 나쁜**(Worse, cheiron)–이 헬라어 용어는 이전 것보다 덜 만족스러운 어떤 것을 가리킨다(LN 65.29). 따라서 이것은 그 사람이 전보다 더욱 심각한 질병에 걸릴 것을 의미하는 것 같지는 않다. 그것보다는 예수님께서 어떠한 육체적인 불구보다 '더 나쁠' 수 있는 그 사람의 심판 때(29절 참고)의 상황을 가리키는 것으로 보인다. [cheirōn]

5:16. **핍박하고 있었다**(Were persecuting, ediōkon)–이 동사는 '추구하는 것'을 의미할 수 있으나, 이 문맥에서는 어떤 사람을 억압하거나 '괴롭히는' 행동을 가리킨다(NLT). 여기에는 이러한 행동이 조직적이고 의도적이라는 암시가 있다(LN 39.45). 18절에서 복음서 기자는 유대 종교 지도자들이 예수님을 과격하게 반대하여 '죽이려고' 애쓰고 있었다고 말한다. [diōkō]

5:17. **일하고 있는**(Working, ergazetai)–이 동사는 '일을 수행하는 것, 노력을 펼침으로 노동하는 것'을 의미한다(LN 42.41). 하나님과 관련하여 사용될 때, 이것은 그분이 살아계시며 활동적이고 창조적인 하나님이심을 암시한다. 하나님의 다양한 '일들'은 구약에서 인간 역사에 간섭하신 사건들로 묘사되어 있다(TDNT 2:640). 사람이 안식일에 태어나고 죽으므로 예수님 당시 유대인 당국자들은 하나님께서 안식일에 일하시는 것으로 이해했다. 하나님만이 생명을 주실 수 있고, 그분만이 심판으로 사람을 다루실 수 있기 때문이다. 안식일의 이러한 특권은 하나님에게만 가능하다. 안식일에 치유할 수 있는 권한을 가지고 있다고 주장하실 때, 예수님께서는 '자신을 하나님과 동등한 존재로

간주하면서'(5:18) 하나님의 특권에 자신이 참여한다고 주장하신 것이다. 이것은 "내 아버지께서 지금까지 일하고 계시니 나도 일한다"는 예수님의 진술에 대한 과격한 반응을 설명한다. [ergazomai]

5:18. **동등한**(Equal, ison)–이 용어는 수, 규모, 질 또는 특징들에 있어서 '동등한' 어떤 것을 가리킨다(BAGD 381, LN 58.33). 하나님과의 동등성은 아버지께서 '일하고' 계신 것과 같이 예수님 자신도 안식일에 일한다는 주장이 주는 암시였다. 이러한 노동은 안식일 휴식 규정이 준수되지 않은 것이므로 안식일을 '어기는 것'이나 마찬가지였다. 예루살렘에 있는 유대인 당국자들은 이 주장에 과격하게 반응하여 예수님을 죽이려고 애썼다. 5장 17절도 보라. [isos]

5:19. **이러한 것들**(These things, tauta)–이 용어의 문제점은 이것들이 무엇을 가리키는가와 관련되어 있다. 아들이 아버지께서 하시는 것들을 보고 따라 행하는 '것늘'은 무엇인가? 아마도 이것은 안식일에 행할 수 있는 하나님의 합당한 일들로서 랍비들이 간주한 것과 동일한 활동들을 가리키는 것 같다(5:17을 보라). 아버지께서는 안식일에 생명을 주신다, 그러므로 예수님께서도 그렇게 하신다. 그러나 아버지께서 안식일에 육체적인 생명을 주시는 것과 같이, 아들도 영적인 생명을 수여하신다(5:21 참고). 아버지께서 안식일에 죽는 자들을 심판하시는 것과 같이, 예수님께서도 안식일에 사람의 운명을 결정하신다(5:22-23 참고). 이 능력은 현재 예수님께 주어졌을 뿐만 아니라, 미래에도 그분의 권세가 될 것이다. 5장 28절은 영적으로 죽은 사람들뿐만 아니라 육체적으로 죽은 사람들도 염두에 둔 말씀이다. [houtos]

5:20. **사랑한다**(Loves, philei)–이 동사는 아버지께서 아들을 향해 가지고 계신 사랑을 묘사한다. 이것은 요한에게 이 동사가 agapaō보다 수준이 떨어지는 사랑을 묘사하지 않는 것을 보여준다. 주목할 만한 것이 있다면, 여기에 묘사된 사랑은 상호 인격 관계에 근거한 사랑이라는 것이다(LN 25.33). 요한이 동의어들을 상호 교환적으로 사용하는 경향에 비추어볼 때, 동사의 선택에 너무나 많은 의미를 부여하지 않는 것이 아마도 최상의 방책일 것이다. 11장 5절에 나오는 논의도 보라. [phileō]

5:21. **그들을 살아나게 만들다**(Makes them alive, zōopoiei)–이 동사는 고전적인 헬라어에서 동물들의 탄생이나 식물들의 성장을 묘사하는 데 사용될 수 있었다(TDNT 2:874). 여기에서 이 동사는 사람에게 영적인 생명을 수여하는 아들과 아버지와 관계하여 사용되었다. 이것은 아버지의 경우에 죽은 자들의 부활과 연결되어 있는 동사 egeirō('일으키다')와 유사하다. 아들이 원하는 자는 누구든지 '살린다'고 말할 때, 이것은 현재에 그들에게 '영생'을 수여한다는 의미다(24절 참고). [zōopoieō]

5:23. **존경하게 하려고**(May honor, timōsi)–여기에서 예수님께서는 아버지께서 자기에게 주신 '심판할 수 있는' 권세에 근거하여(22절), 아버지께 드려지는 동일한 '존경'을 자신이 아

들로서 받기에 합당하다고 주장하신다. 그러므로 사람은 아버지에게 의무가 있는 것과 같이 아들에도 동일한 의무를 가진다. 이것 또한 아버지와 아들의 동등성을 보여준다. [timaō]

보내신 분(Who sent, pempsanta) – (24절에도 나옴) 여기에서 이 단어가 두 번 사용된 것은 아버지께서 아들의 사역에 참여하고 계심을 암시한다. 그러므로 아들을 존경하는 데 실패하는 것은 그를 '보내신' 아버지를 존경하는 데 실패하는 것이다. [pempō]

5:24. **믿은 자**(Who believes, pisteuōn) – 여기에서 이 표현의 의미는 비록 전치사 eis('안에')가 이 동사와 함께 사용되지는 않았지만, 3장 15, 16, 18절에서와 같이 '믿음을 행사하다, ~에게 믿음을 두다'와 같은 의미를 가진다. 여기에서 상술된 대상은 '나를 보내신 분'인 아버지를 가리키나(23절), '아버지께서 나에 관하여 증거하시는 것'이 여기에 암시된다. [pisteuō]

심판(Judgment, krisin) – 여기에서 '심판'(NRSV)은 부정적인 결과라는 의미에서 '정죄'(KJV)를 염두에 둔다. 아들에게 믿음으로 반응하는 자('나의 말을 듣고 나를 보내신 이를 믿는 자')는 '영생'을 얻고, 정죄를 피하며("결코 정죄를 받지 않는다", CEV, NLT), 사망에서 생명으로 '넘어왔다'(다른 논의를 보라). [krisis]

넘어왔다(Has passed over, metabebēken) – 이 동사는 '한 장소에서 다른 장소로 옮겨가거나 넘어가는 것'을 의미한다(13:1 참고). 이것은 거주지를 바꾸는 것을 가리킬 수 있다(눅 10:7). 이것은 산과 같은 물체들에게도 사용될 수 있다(마 17:20). 요한은 여기에서 이 용어를 상태나 조건의 변화를 가리키기 위해서 사용한다(BDAG 638, "죽음에서 생명으로 건너왔다", NIV, NET). 예수님을 '믿는' 사람은 영적인 '죽음'의 상태에서 영적인(즉, 영원한) 생명으로 '옮겨왔다.' 현재완료는 편지를 쓸 시점에 존재하는 결과를 가지고 있는 과거 행동을 내다본다. 이것은 내세에서 시작하는 것이 아니라 현재 믿을 때(즉, 개종) 시작하는 '영생'에 대한 요한의 개념과 일치한다. [metabainō + zōē]

5:25. **시간**(An hour, hōra) – 이 용어는 여기에서 '죽은 자들'이 '마지막 날'(11:24 참고)에 있을 일반적인 부활에 일으킴을 받을 불확정적인 미래의 '때'를 가리킨다(NIV, NET). 비록 일부 해석자들은 이 진술이 나사로와 함께(11:44) 성취되었다고 주장하나 '들을 것이다'란 동사는 이 구절에서 복수로 나오며, 28절은 무덤들에 있는 '모든 자'가 나올 것이라고 말한다. 비록 요한복음에서 종말론의 상당 부분이 '실현된 것'(이미 현재에 성취된 것)으로 묘사될 수 있지만, 25절과 28-29절은 분명하게 현시대의 상황을 가리킬 수 없다. [hōra]

살아날 것이다(Will live, zēsousin) – 이 동사는 육체적으로, 또는 영적으로 살아나는 것을 가리킬 수 있다. 만일 25절과 28절에 나오는 '시간'을 같은 '시간'으로 이해한다면, 28절이 분명하게 일반적인 부활을 가리키므로 이것도 같은 부활을 가리킨다. 만일 25절과 28절에 나오는 시간을 서로 다른 '시간'으로 이해한다면, 25절은 아들의 음성을 '듣고' 믿음으로 반응하여 영생을 받는('살아날 것이다') 영적으로 '죽은' 사람들을 가리킬 수 있다. [zaō]

5:26. **생명을 가지고 있다**(Has life, zōēn) – 여기에서 '생명'은 아버지와 아들이 소유하고 있으며, 신자들에게 주어질 수 있는 영원한 생명을 가리킨다. [zōē]

5:27. **권세**(Authority, exousian) – 그룹이나 개인에게 권세나 허락을 수여하며 왕이나 정부에 의하여 주어진 행동의 가능성이나 자유를 묘사하는 데 사용된다(TDNT 2:562). 여기에서 이것은 아버지가 아들에게 수여한 '권세'를 가리키는데, 이것은 '인자'의 개념에 연결된다. 네 번째 복음서에서 이 개념은 하나님의 나라와 관련하여 심판의 '권세'가 인자에게 주어진 것을 묘사하는 다니엘 7장 13-14절의 이미지에서 유래되었다. [exousia]

심판(Judgment, krisin) – (29절에도 나옴) 여기에서 '심판'은 인자로서 예수님의 정체와 죽은 자들의 일반적인 부활 때 일어나는 미래적인 '심판'과 모두 연결되어 있다(28-29절). 29절에 나오는 '심판의 부활'은 정죄에 이르는 부활을 가리킨다. [krisis]

5:28. **무덤들**(The tombs, mnēmeiois) – 비록 이 용어는 죽은 사람들을 위한 기념물들을 가리킬 수 있다. 혹은 이런 것들 가운데 일부는 무덤 역할을 하기도 했으므로(LN 7.76) 단순하게 '무덤들'을 가리킬 수 있다(LN 7.75). 이 용어는 11장 17, 31절에서 나사로의 '무덤'을 가리킬 때 사용되었다. 그의 무덤은 11장 38절에서 그 입구에 무덤을 봉하는 돌을 가진 동굴로 묘사된다. [mnēmeion]

5:29. **악한**(Evil, phaula) – 3장 20절을 보라. 이 전체 단락은 3장 17-21절과 많은 연관을 가진다. [phaulos]

5:30. **심판한다…심판**(Judge…Judgment, krinō…krisis) – 3장 19절에 나오는 논의를 보라. 비록 아버지께서는 아들에게 '모든 심판을 맡겼고'(22절), '심판을 수행할 권세를 그에게 주셨지만'(27절), 예수님께서는 여전히 자신이 자기 자신의 권세로 아무것도 할 수 없고, 자기를 보내신 아버지의 뜻을 추구한다고 여기에서 지적하셨다. 아버지와 아들의 일치가 여기에서 강조된다. [krinō + krisis]

5:32. **다른 사람**(Another, allos) – 이 용어의 문제점은 이것이 누구를 가리키느냐다. 세례 요한인가, 아니면 하나님 아버지인가? 더 가까운 문맥에서(33절) 세례자일 수 있다. 그러나 34절은 예수님께서 사람에게서 증거를 취하시지 않음을 지적하는 것으로 볼 수 있다. 32절이 37절에 의하여 설명된다고 볼 때, 여기에서 언급된 이는 하나님 아버지로 보는 것이 더 낫다. 이것은 33-36절에 나오는 세례 요한에 관한 설명을 삽입적인 여담이 되게 한다. [allos]

5:34. **구원을 받게 하려고**(May be saved, sōthēte) – 여기에서 '구원' 받는 대상은 '유대인들'이다(18-19절 참고). 요한에게 '구원을 받는 것'의 개념은 본질적으로 '구원을 얻는 것' 또는 요한이 선호하는 용어로 '영생을 소유하는 것'을 의미한다. 3장 17절에 나오는 논의를 보라. [sōzō]

5:35. 등불(A lamp, lychnos) – 시락서 48장 1절은 엘리야의 말은 '횃불과 같은 불꽃'이었다고 진술한다. 세례 요한과 엘리야 사이의 연관성(1:21을 보라)을 볼 때, 예수님께서 이러한 묘사를 요한에게 적용하는 것은 자연스러웠다. [lychnos]

5:36. 그 일들(The works, erga) – 여기에서 복수 '일들'(NET '행위들')은 예수님께서 행하시는 그분의 정체를 가리키는 표적적인 기적들을 가리킨다. 그러나 여기에서 동사 teleioō(이것은 일반적으로 '성취하다', '완수하다' 또는 '마치다'로 번역된다)의 사용은 아버지께서 아들에게 하라고 맡기신 '하나의 일', 곧 세상을 위해 구원을 제공하는 사명(3:17)과 연결을 제시한다. 물론 이 사명은 예수님께서 십자가로 가시는 일을 궁극적으로 필요하게 만들 것이다(17:4 참고). [ergon + teleioō]

5:37. 보낸 이(Who sent, pempsas) – (다음 구절에도 나옴) 1장 6절에 나오는 논의를 보라. 여기에서 '보내는 것'을 묘사하는 데는 apostellō가 아닌 다른 동사가 사용되었다. 이 동사는 일반적으로 아버지께서 '보냄 받은' 자인 예수님의 일들에 참여함을 암시한다. 예수님께서는 '그분(즉, 하나님)의 음성을 듣지도 못하고 그분의 모양을 보지도 못한' 사람들에게 하나님을 알려주신다. 네 번째 복음서의 독자는 예수님께서 바로 하나님의 온전하고 충만한 계시임을 기억할 것이다(1:18, 또한 14:9도 참고). [pempō]

그의 모양(His form, eidos) – "너희는 그의 음성도 듣지 못했고 그의 '모양'도 보지 못했다"는 진술은 민수기 12장 8절을 상기시킨다(요한복음의 헬라어 본문은 민 12장의 헬라어 번역과 실제로 동일하다). 이것은 하나님의 '모양' 또는 외적인 모습을 가리킨다("얼굴을 맞대고 그분을 보았다", CEV, NLT). 이 진술은 예수님께서 아버지의 외적이고 가시적인 계시라는 요한복음의 일반적인 요점과 어울린다(1:18, 14:9). [eidos]

5:38. 거하는(Residing, menonta) – 예수님께서 자신의 반대자들에게 하나님의 말씀이 그들 속에 '거하지' 않는다('머무는', NASB, NRSV, NIV–"그의 말씀이 너희 속에 거주하지 않는다") 고 말씀하시는 것은, 곧 그들이 전적으로 하나님과 성경 속에 있는 그분의 계시와 아버지께서 '보내신' 예수님 자신 속에 있는 그분의 계시를 궁극적으로 배척한다고 말씀하시는 것이다(36절). [menō]

믿지 않는다(Do not believe, pisteuete) – 여기에서 동사 '믿다'의 대상은 '그분(즉, 아버지)께서 보내신 자'로 상술된다. 물론 이 분은 예수님 자신을 가리킨다. 문맥에서 쟁점은 듣는 자들이 그에게로 '올 것'이냐 오지 않을 것이냐다(40절). [pisteuō]

5:39. 탐구하다(Search, eraunate) – 이 동사는 조심스러운 탐구로 정보를 찾아내려고 하는 조사 또는 탐구의 근면성을 강조한다(LN 27.34). TDNT 2:655–57도 보라. [eraunaō]

영원한 생명(Eternal life, zōēn) – (다음 구절에도 나옴) 랍비의 소책자 「Pirqe Abot(조상들의

말씀)」에 나오는 다음 예들을 주목하라. Pirqe Abot 2장 8절의 "율법의 말씀들을 획득한 자는 자신을 위해 내세의 생명을 획득했다"와 6장 7절의 "율법이 위대한 것은 그것을 실천하는 사람들에게 이 세상과 오는 세상에서 생명을 주기 때문이다"라는 말을 주목하라. 물론 요한복음의 독자들은 당시 유대 당국자들이 예수님의 말씀을 인정하지 않는 사실을 인정한다. 이것은 예수님 자신이 (율법이 아니라) 영원한 생명의 참된 출처라는 것이다(3:1-15에 기록된 니고데모와 대화, 4:7-26에 기록된 사마리아 여인과 대화를 참고하라). [zōē]

5:41. **영광**(Glory, doxan) – 여기와 44절에서 '영광'은 사람에게서 받는 '찬양'이나 '존영'이란 의미에서 사용되었다. 이것은 네 번째 복음서에서 일반적으로 사용되는 이 단어의 의미와 다르다(TDNT 2:248). 이 용어의 의미의 요약을 위해서는 1장 14절을 보라. [doxa]

5:43. **받다**(Receive, lambanete) – (44절에도 나옴) 여기에서 이 말씀은 요한복음의 서문에서 진술된 말씀의 성취다. 이와 관련된 말씀은 "그가 자기 땅에 왔으나 자기 자신의 사람들이 그를 '영접하지' 않았다"이다(1:11). 두 동사는 동일하지 않다. 1장 11절에 사용된 동사는 paralambanō이고, 여기에는 lambanō가 나온다. 이 둘은 관련되며, lambanō가 1장 12절에 사용된다. 예수님을 '영접하는 것'과 그를 '믿는 것'은 1장 12절에서와 같이 여기에서도 서로 연관된다. [lambanō]

5:44. **믿다**(Believe, pisteusai) – 여기에서 이 표현의 의미는 3장 15-16, 18절에 나오는 '믿음을 행사하다, ~에게 믿음을 두다'와 동일하다. 44절에 나오는 '믿다'와 43절에 나오는 '영접하다'는 1장 12절에서와 같이 병행을 이룬다. 이 둘은 예수님에 대한 반응을 가리킨다. [pisteuō]

구하다(Seek, zēteite) – 여기에서 예수님께서는 자신의 반대자들이 하나님께로부터 나오는 '영광'을 '구하지' 않는다고 책망하신다. '영광'에 대한 언급은 1장 14절의 "그리고 우리가 그 영광을 보니 아버지의 독생자의 영광이요 은혜와 진리가 충만하였다"라는 말씀을 상기시킨다. 요한복음에서 이 동사가 가지는 의미의 범위는 다음과 같다. "잃어버린 어떤 사람이나 어떤 물건의 행방을 발견하기 위해서 찾다"(6:24, 26, 7:34, 36), '(어떤 사실에 대하여) 조사하다, 검토하다, 숙고하다'(16:19), '조사하다'(아마도 8:50b와 11:56에서 법적인 용어로), 소원하다 또는 얻으려고 애쓰다는 의미(5:44, 7:18, 8:50a), 혹은 질문 가운데 의문 대명사를 사용한(1:38, 4:27) '찾다' 등이다. 이것이 부정사와 함께 사용되는 것은 5장 18절과 7장 1절에 나온다. 다른 사람들이 예수님을 '찾는 것'을 포함하는 용례는 특히 의미 심장하다. 그분의 반대자의 경우(여기에서와 같이) 그들이 예수님을 찾기를 원하지만 찾지 못할 때가 올 것이기 때문이다(7:34). [zēteō]

5:45. **정죄하다**(Condemn, katēgorēsō) – 모세는 유대인 당국자들이 신뢰했던(소망했던) 자임에도 불구하고, 역설적으로 마지막 정죄는

그로 말미암을 것이다. 1세기 유대인들은 모세를 자기들의 중보자로 바라보았다는 폭넓은 증거가 있다(필로, Life of Moses [모세의 생애] 2.166, 모세의 유언서 11.17). 요세푸스에서 모세는 자신과 하나님을 반역하는 백성에 의하여 '비방받았다' 고 말한다. 그러나 모세와 하나님 모두 이스라엘 백성을 위한 노력을 중지하지 않을 것이라고 말한다(고대사 3.13 [3.298]). 다소 후기에 나온 Memar Marqah 4.10과 같은 사마리아 본문들도 모세의 중보적인 역할에 대하여 말한다. 그러므로 예수님께서는 모세가 유대 백성을 위해서 더 이상 중보하지 않을 것이라고 말씀하신다. 그들이 하나님의 메시아 예수님을 배척했기 때문에 모세는 그들을 '정죄할 것이다.' [katēgoreō]

소망했다(Hoped, ēlpikate) – 이 동사는 '어떤 사람이나 어떤 것에 자신의 소망을 두는 것' 을 의미한다(BAGD 252). 여기에서 유대인 종교 지도자들은 모세에게 '자기들의 소망을 두었다.' 이것은 예수 그리스도를 '신뢰한다' (pisteuō)는 요한의 개념과 유사하며, 한편으로는 대조를 이룬다. [elpizō]

5:46. 믿었다…믿었을 것이다(Believed…would believe, episteuete…episteuete) – (다음 구절에도 두 번 나옴) 여기에서 믿어진 내용은 모세로 상세하게 설명된다. 이것은 '모세가 메시아에 대하여 말한 것' 을 의미한다(1:45 참고. 또한 다음 구절의 '그의 글들' 도 보라). 모세를 진심으로 믿은 자들은 예수님께서 하신 말씀('나를 믿으라')도 믿을 것이다. 다음 구절에서 믿어지지 않는 것은 예수님의 '말씀들' 이다. [pisteuō]

5:47. 그의 글들(Writings, grammasin) – 구약성경의 첫 다섯 권은 전통적으로 모세의 글들로 간주된다. 모세가 쓴 것은 예수님께서 말씀하신 것('나의 말들')과 대조를 이루었다. [gramma]

6:1. 디베랴(Tiberias, Tiberiados) – 이것은 갈릴리 바다(또는 호수)를 가리키는 다른 이름이다(BAGD 815, LN 95.597). 신약에서 요한만이 이름을 사용하여 갈릴리 바다를 가리키는데 (21:1 참고), 이것은 정확한 지역 용례다. 주후 20년대에 헤롯 안디바스(Herod Antipas)는 호수의 남서쪽 해안에 위치한 디베랴의 도시를 확장하여 황제 티베리우스(Tiberias)를 존경하는 뜻으로 디베랴라고 이름 지었다. 이때 이후로 이 이름은 호수 자체를 가리키는 데 사용되었다. [Tiberias]

6:2. <u>표적들</u>(The <u>signs</u>, sēmeia) – 이것은 요한이 다른 곳에서도 언급하지 않은 다른 '표적들' 이다(21:25 참고). 2장 11절에 나오는 이 용어에 대한 논의를 보라. [sēmeion]

6:3. <u>산</u>(The <u>mountain</u>, oros) – 이것은 '산' 과 비교해볼 때 상대적으로 땅의 높은 지역을 가리킬 수 있다(LN 1.46). 이것은 또한 '산 지방', 또는 더 높고 거친 땅을 가리킬 수 있다(TDNT 5:484, "그 산들로 올라갔다", NLT). 이 경우 이것은 갈릴리 바다의 동편 산 지방을 가리킬 수 있다(일반적으로 오늘날에 골란 고원으로 알려졌다). [oros]

6:6. 시험하여(Testing, peirazōn) – 여기에서 동사는 그 성격이나 특징을 발견하기 위해서 어떤 것을 '시험하는 것'을 묘사하는 데 사용된다(BDAG 792). 하나님이나 예수님께서 사람을 '시험하는 것'을 묘사하는 데 사용될 때 이것은 일반적으로 긍정적인 의미를 가진다. 이 경우 백성은 시험을 통하여 자기 자신을 신실한 자로 입증할 수 있는 기회를 제공받는다. 종종 사용되는 예증은 자동차 제조사가 자기들이 만든 자동차를 '시험하는 것'이다. 포드가 포드 자동차를 시험할 때, 포드의 소망은 자동차들이 그 시험을 성공적으로 통과하는 것이다. [peirazō]

6:7. 이백 데나리온(Two hundred denarii, dēnariōn) – '데나리온'은 노동자의 하루 품삯 가치가 있는 로마 은화였으므로(BAGD 179, LN 6.75), '이백' 데나리온은 8개월의 품삯 정도에 해당되는 액수가 될 것이다. [dēnarion]

6:9. 보리빵들(Barley loaves, krinthinous) – 이것은 보리 가루로 만들어진 빵이다. 이것은 엘리사가 보리빵을 배가시킨 기적을 기록하는 열왕기하 4장 42-44절을 상기시킨다. 두 마리 작은 고기와 함께 이것들은 당시 보통 사람의 기본적인 주식이었다. [krinthinos]

고기(Fish, opsaria) – 이 단어의 일반적 의미는 빵과 함께 먹은 음식의 작은 조각이지만, 어떤 문맥에서는 이 단어가 '고기'를 의미하는 것이 분명하다(LN 5.16). 남자 5천 명을 먹인 기사에서 이 단어를 사용하여 '두 마리 고기'를 묘사한다. 마태와 마가와 누가는 모두 ichthys라는 단어를 사용한다. [opsarion]

6:10. 앉다(Sit down, anapesein) – 이 동사는 '먹을 때 기대는 자세로 있는 것'을 의미한다(LN 17.23). 공식적인 식사와 탁자가 없는 이러한 고대 맥락에서 이 용어는 땅에 앉는 것을 가리킨다. [anapiptō]

풀(Grass, chortos) – 그렇게 많은 '풀'이 있다는 것은 목격자의 회상을 잘 반영할 수 있다. 이 용어는 밭이나 목초지의 초록색 풀을 가리킨다(BAGD 884). [chortos]

오천 명(Five thousand, pentakischilioi) – 이 숫자는 거기에 있었던 여인들과 아이들을 포함하지 않고 성인 남자만 포함한 것으로 보인다. 마태복음 14장 21절에 나오는 병행 기사를 보라. [pentakischilioi]

6:11. 감사 기도하고 나서(Having given thanks, eucharistēsas) – 이것은 식사 전에 하는 유대인의 전형적인 축복기도를 반영한다(BAGD 328). [eucharisteō]

그가 나누어주었다(He distributed, diedōken) – 이 동사는 '나누어주려고 여러 가지 부분으로 나누는 것'을 의미한다(BDAG 227). 이것은 다른 곳에서 왕궁을 공격한 후에 전리품을 '나누는 것'을 묘사하는 데 사용된다(눅 11:22). [diadidōmi]

6:12. 버려지다(Be lost, apolētai) – 여기에서 동사 apollymi는 '버려지는 것'을 의미한다(BAGD 95). 이것은 백성이 '배불리 먹은'(eneplēsthēsan) 후에 열두 제자들이 모은 보리빵의 '부스러기

들'을 가리킨다. 요한은 '고기'에 대하여는 더 이상 언급하지 않는다. 이것은 추정하건대 이어지는 '생명의 빵' 강화가 이 구절에 나오는 '빵' 이미지에 근거하고 있기 때문이다. [apollymi]

6:14. **그 선지자**(The <u>prophet</u>, prophētēs) – 여기에 언급된 사람은 신명기 18장 15절에 언급된 '모세와 같은 선지자'다. 이 시기의 일반인들 신앙에 그는 종말론적인 인물이었다(1:21을 보라). 사도행전 3장 22절은 예수님을 이 선지자로 밝힌다. [prophētēs]

6:15. **알고**(Knowing, gnous) – 다시 한 번 이 동사는 초자연적인 지식의 암시로 사용되었다. [ginōskō]

잡다(Seize, harpazein) – 이 동사는 어떤 사람이나 어떤 것을 완력으로 잡아채거나 잡는다는 사상을 가진다(LN 18.4). 5,000명을 먹인 오병이어 기적 후에 무리는 예수님을 메시아라고 확신하고 왕으로 삼기 위해 '완력으로 그분을 잡을'(NLT) 준비를 했다. 요한의 관점에서 볼 때 이 노력은 오도된 것으로 메시아에 대한 기대를 반영하나 예수님의 사명의 참된 성격을 인식하는 데 실패하고 있음을 보여준다(3:17, 18:36 참고). [harpazō]

왕(King, basileia) – 예수님의 왕권의 성격은 요한복음의 수난 기사에서 다시 쟁점이 될 것이다(18:33 이하). [basileus]

떠났다(Withdrew, anechōrēsen) – 이 동사는 상당한 거리를 암시하며 '한 지역에서 이동하는 것'을 의미한다(LN 15.53). 예수님께서는 자신의 '시간'이 아직 오지 않은 것을 아시고 "다시 산으로 혼자 피신하셨다." 요한의 기록에 따르면 이 기적은 예수님께서 갈릴리에서 공적으로 행하신 마지막 기적이다. 갈릴리에서의 기적 사역은 무리들의 인기를 모았고, 그만큼 소요를 일으킬 위험이 있었다. 이것은 당국자들에게 예수님을 체포할 구실을 제공할 수 있었다. 그러나 예수님께서는 체포의 때(예수님의 '시간')가 아직 도래하지 않았기에 이를 방지하기 위해서 무리에게서 떠나신 것이다. 더욱이 표적들에 대한 갈릴리 사람들의 폭발 직전의 반응은 예수님의 설명에 대한 오해를 포함하여 기적 자체에 대한 오해를 준비하고 예고한다(요 6:22–71). [anachōreō]

6:17. **배에 탔다**(Got aboard, embantes) – 그들은 배에 '올라탔다'(LN 15.95). 제자들이 이용한 '배'는 아마도 고기잡이하는 배였을 것이다(눅 5:7을 보라). [embainō]

어둡다(Dark, skotia) – 요한은 제자들이 배를 타고 호수를 건너 가버나움으로 가려고 할 때 '이미 어두웠고', 예수님께서는 아직 그들에게 오지 않으셨다고 진술한다. 어둠의 요소는 의심과 폭풍의 사악한 성격을 더해주지만, 복음서 기자에게 더 많은 것을 나타낼 수 있다. 요한복음이 빛/어둠의 이미지를 빈번하게 사용하는 사실에 비추어볼 때, 여기에서의 상황은 제자들이 예수님 없이 '어두움에 있는 것'을 보여준다. [skotia]

6:18. **일어났다**(Rose up, diegeireto) – 이 동사의 문자적인 의미는 잠자는 어떤 사람을 '깨우는 것'을 의미하나(BAGD 193), 상징적으로

확대하여 물이 '소용돌이치거나'(NASB) 바람과 파도로 거칠어지는 것을 가리킬 수 있다(NLT, "바다가 매우 거칠어졌다"). 요한은 "강한 바람이 불고 있었다"고 추가 언급을 하여 호수의 상황이 급속하게 악화되고 있었음을 보여준다. [diegeirō]

6:19. **노를 젓고 나서**(Having rowed, elēlakotes)-이 동사는 '몰려가는 것'이나 '힘으로 움직여지는 것'을 의미하고(LN 15.161), 배가 바람에 '밀려가는 것'을 가리킬 수 있다(BAGD 248). 그러나 여기와 같이 어떤 문맥에서는 '노를 사용하여 돛단배나 어선을 노 젓는 것'을 뜻한다. [elaunō]

5-6킬로미터(Three or four <u>miles</u>, stadious)-문자적으로 이것은 15 또는 30스타데(stade)다. 1스타데는 선의 측량 단위로 약 182미터다(BAGD 764). 그러므로 제자들이 노를 저어 이동한 거리는 대략 4.8 또는 5.6킬로미터 정도되었다. 갈릴리 바다의 가장 넓은 곳이 약 11킬로미터에서 19킬로미터였으므로 그들은 대략 호수 가운데 있었다. [stadion]

6:20. **나다**(It is I, egō eimi)-이 진술은 한 가지 차원에서 단순하게 자기 자신을 밝히는 것으로 읽힐 수 있으나, 다른 차원에서 볼 때 예수님께서는 신적인 이름을 지기고 계신 분이라는 사실을 말한다(출 3:14 참고). 복음서 기자가 기록한 예수님께서 바다 위를 걸으신 사건은 공관복음서에 기록된 변형의 사건과 다르지 않게 현현의 성격을 취한다(막 9:1-8과 병행 기사들). 예수님께서는 무리에게가 아니라 배에 탄 제자들(아마도 열두 제자들, 6:67 참고)에게 자신이 정치적인 메시아 이상인 것을 계시하셨다. 그분이 누구신지는 '나는…이다' 라는 계시 문구로 요약될 수 있다. [egō + eimi]

6:22. **배**(Boat, ploiarion)-이 단어는 작은 배, 어선 또는 소형 보트를 묘사한다(BAGD 673). 형식은 축소형이나 어떤 문맥에서는 특별히 작은 배를 반드시 암시하지는 않는다(LN 6.42). [ploiarion]

6:24. **찾으며**(Seeking, zētountes)-(26절에도 나옴) 사람이 예수님을 '찾는 것'은 요한복음에 나오는 또 다른 주제다. 5장 44절에서 이 용어에 대한 논의를 보라. [zēteō]

6:26. **배불렀다**(Were filled, echortasthēte)-이 동사는 완전히 만족할 때까지 먹는 것을 의미한다(LN 23.15, NRSV, "너희들은 빵으로 너희들의 배를 채웠다"). 여기에 언급된 사건은 6장 12절에 기록되어 있으나, 거기에는 다른 용어가 사용되었다. 다시 한 번 이것은 복음서 기자가 스타일상의 변경을 선호하는 것을 예증한다. [chortazō]

6:27. **멸망하는 것**(Which <u>perishes</u>, apollymenēn)-물건들과 관련하여 이 동사는 '잃어버리다, 사라지다, 망하다'를 의미할 수 있다(BAGD 95). 이것은 허마스의 목자서 명령장 5.1.5에서 못쓰게 된 꿀을 묘사하는 데 사용된다. 여기에서도 '썩는 음식'(NIV)을 가리킬 수 있으나, 문맥으로 봐서는 이러한 종류의 음식이 가지는

일시적인 성격에 초점이 있다('사라지는 음식', NET). [apollymi]

사람의 아들(The Son of Man, huios…anthrōpou)－여기에서 '인자'라는 칭호는 왕적인 권세를 수여받은 분으로서 예수님을 내다본다. 이 권세는 다니엘 7장 13절에 나오는 '인자 같은 자'에게 주어진 권세와 연관된다. 이것은 단순하게 지상적인 왕의 권세와 대조되는 것으로 간주되어야 한다. 바로 앞에 나오는 문맥에서 무리는 예수님께 이와 같은 권세를 수여하기 원하고 있었다(6:15). 1장 51절에 있는 논의를 보라. [huios＋anthrōpos]

인을 쳤다(Has sealed, esphragisen)－문자적으로 헬라어 동사 '인치다'는 진정한 증거를 제시함으로 어떤 것의 진리나 합당성을 예시하는 것을 의미한다(LN 28.53). 여기에서 언급된 분은 예수님이시다. 아버지께서는 그분에게 인정하는 자기의 인을 치셨다(NIV, NET). 이것은 예수님께서 행하셨던 '표적의 의미를 가진 기적들'을 포함하나 이것에 제한되지는 않는다(26절). [sphragizō]

6:28. **하나님의 일들**(The works of God, erga)－여기에서 무리가 말한 '일들'이라는 단어는 27절에 기록된 "썩는 양식을 위하지 말고 영생에 이르기까지 지속되는 양식을 위해서 일하라"고 하신 예수님의 설명에 대한 반응이다. 비록 무리의 질문은 예수님께서 행해오신 표적의 의미를 가진 기적들에 대한 간접적인 언급일 수 있으나, 무리의 생각은 이것보다는 예수님께서 자신들에게 하라고 하신 말씀들이었을 것이다. 다음 구절에서 예수님께서 하신 진술이 이것을 확증한다. 다음 구절에서 예수님께서는 하나님의 '일'(여기에서는 단수임)을 '그가 보내신 자를 믿은 것'으로 정의하신다. [ergon]

6:29. **보냈다**(Sent, apesteilen)－여기에서 이 용어는 예수님의 말씀과 사역 배후에 있는 하나님의 온전한 권세를 암시한다. 예수님께서 행하시는 '사역들'이 하나님에 의하여 검증된다는 사실에 비추어볼 때, 그분에게 듣는 자들이 해야 할 한 가지 '일'은 그분, 곧 '하나님이 보내신 자'를 '믿는 것'이다. 1장 6절에 나오는 논의를 보라. [apostellō]

6:30. **표적**(Sign, sēmeion)－무리는 하나님께서 보내신 자를 믿으라는 예수님의 말씀에 '표적', 특별히 광야에서 하나님께서 이스라엘 백성을 위해 제공하신 만나와 같은 것을 요구하는 반응을 보였다. 2장 11절에 나오는 이 용어에 대한 논의를 하라. [sēmeion]

믿다(Believe, pisteusōmen)－여기에서 동사는 전치사 eis('안에') 없이 목적어 '당신'(예수님을 가리킴)을 가진다. 믿음의 암시된 대상은 '당신께서 당신 자신에 대하여 말씀하는 것', 다시 말해서 '당신이 누구라고 주장하는 것'이다. [pisteuō]

6:31. **만나**(The manna, to manna)－이 헬라어는 히포크라테스(Hippocrates) 때부터(주전 5세기) 고전 문서에 발견되는데, 특별히 향유의 '조각, 미량, 부스러기'를 가리킨다(TDNT 4:462). 아마도 발음이 히브리어와 유사하기 때문에 헬라어 구약 성경이 민수기 11장 6, 9절

과 신명기 8장 3, 16절같이 이 단어로 번역한 것 같다. 이와 같이 구약의 만나라는 표현은 필로(Philo)와 요세푸스(Josephus)와 같은 유대 작가들에 의해 이 단어로 사용되어, 마침내 히브리어 대신 흔히 사용하게 되었다. [manna]

하늘에서부터 온 빵(Bread from heaven, arton) – (32절에도 나옴) '빵'이라는 단어는 구체적으로 빵 또는 일반적인 '양식'을 가리킬 수 있다. 빵이 가장 중요한 양식이었기 때문이다(BAGD 110). 이것은 광야에서 만나를 주신 것을 언급하는 시편 78편 24절에서 인용한 것이다(출 16:35 참고). 만나는 '빵'(음식, 곧 양식의 자원)으로 언급되며, 이것은 '하늘로부터'(하나님께로부터) 내려왔다. 이것은 기적적으로(즉, 영적으로) 공급된 육적 음식이었다. [artos]

6:32. 하늘에서 내려온 참된 빵(The true bread from heaven, alētheinon) – 여기에서 이것은 '진정한'이란 의미를 가진다. 그러나 성육신하신 진리와 하나님 자신의 계시자로서 예수님이 문맥에서 배제되지 않는다. 독자가 다음 구절을 읽을 때 '하나님의 빵'이 '세상에 생명'을 주시는 예수님임을 알게 된다. [alēthinos]

6:33. 내려온다(Comes down, katabainōn) – 이 동사의 대다수 용례는 모두 예수님과 관련되어 있다. 이것이 가리키는 것은 세례 때 성령께서 예수님 위에 내려오시는 것(1:32–33), 천사들이 인자 위에 오르락내리락하는 것(1:51)과 인자가 친히 하늘로부터 내려오는 것(3:13, 6:33)이다. 여기에서 예수님께서는 자신을 '하늘에서 내려오는' '빵'이라고 말씀하신다. [katabainō]

생명(Life, zōēn) – 여기에서 이 용어는 '영원한 생명'을 가리킨다. 광야에서 하나님의 백성을 위해 육체적인 자양분을 제공한 구약의 만나와 다르게, 예수님께서 여기에서 말씀하시는 '하늘에서 내려오는' '하나님의 빵'은 영원한 생명을 수여할 수 있는 능력이 있다. [zōē]

6:34. 이 빵(This bread, arton) – 6장 31–32절을 보라. 예수님의 말씀을 경청하는 무리는 광야에서 제공된 만나와 같은 어떤 종류의 '하늘의 빵'을 그분이 약속하고 계신 것으로 이해했다. 또다시 예수님께서는 영적인 차원에서 자기 자신을 '하늘에서 내려온 빵'으로 말씀하시나 듣는 자들은 이를 오해했다. [artos]

6:35. 나는…이다(I am, egō eimi) – 이것은 보어를 수반한 '나는…이다' 진술의 하나다. 여기에서 예수님께서는 자기 자신을 '생명의 빵'으로 밝히신다. 이것은 지탱의 개념("결코 굶주리지 않을 것이다")과 출애굽 후에 광야에서 만나를 제공하신 것과 연관된 이미지다. 4장 26절도 보라. [egō + eimi + artos]

나에게 오는 자(The one who comes to me, erchomenos) – '나에게 오다'는 표현은 믿음으로 예수님께 반응하는 것을 표현하는 것으로 요한복음에서 빈번하게 등장하는 표현이다(6:37, 44, 45). [erchomai]

나를 믿는 자(The one who believes in me, pisteuōn) – 이 문구와 앞에 나온 '나에게 오다' 사이의 병행 구절 형성은 요한에게 이 문구들이 실제적으로 동등한 것임을 보여준다. 둘

다 예수님에 대한 긍정적인 반응을 가리킨다(요 3:17-21 참고). 믿기를 거부하는 것을 보여주는 부정적 진술은 다음 구절에 발견된다. [pisteuō]

결코 목마르지 아니하리라(Shall never thirst, dipsēsei) - 이 표현은 예수님께서 사마리아 여인에게 약속하신 '생수'의 약속을 상기시킨다(4:13-14). '굶주리다'와 '목마르다'의 이미지는 둘 다 예수님만이 채워주실 수 있는 영적인 굶주림과 갈증을 가리키기 위해서 생명의 빵에 관한 말씀과 연결되었다. [dipsaō]

언제나(Ever, pōpote) - 이 부사는 일반적으로 부정적인 진술에 강도를 더해준다(BDAG 900). 이것은 '언제나, 어느 때나'를 의미한다. 여기에는 이 일이 결코 일어나지 않을 것이라는 암시가 들어 있다. [pōpote]

6:37. **내가 쫓아내지 않을 것이다**(I will not cast out, ekbalō) - '나에게 오는 자'는 믿음으로 예수님께 '나오는' 사람을 가리키기 때문에 예수님께서는 여기에서 그러한 개인을 결코 배척하지('쫓아내지'-RSV, NASB, '결코 몰아내지'-NIV, NRSV, '결코 배척하지'-NLT,) 않을 것이라고 약속하신다. [ekballō]

6:38. **나는 내려왔다**(I have come down, katabebēka) - 여기에서 예수님께서는 자기 자신이 '하늘로부터 내려왔다'고 분명하게 말씀하신다. 33절에 나오는 요약을 보라. [katabainō]

6:39. **잃다**(Lose, apolesō) - 여기에서 동사 apollymi는 '멸망하다, 죽다' 또는 '잃어버리다'를 뜻할 수 있다(BAGD 95). 이러한 의미들은 모두 요한복음에 나온다. 그 첫 번째 의미는 3장 16절, 10장 28절, 17장 2절에 나오고, 두 번째 의미는 6장 12절에 나온다. 문맥이 종말론적인 사건인 '마지막 날에 일으킴을 받는 것'을 다루기 때문에 여기에서는 '멸망하다, 죽다'의 의미를 가진다. [apollymi]

일으키다(Raise⋯up, anastēsō) - 이 동사는 죽은 어떤 사람을 다시 살게 하는 것을 의미한다(LN 23.94). 이 말씀의 배경에는 죽은 자들의 일반적인 부활에 대한 유대인들의 1세기 신앙이 있다. 이 부활은 '마지막 날에' 있을 것이며, 이어서 사람의 영원한 운명을 결정짓는 심판이 있을 것이다(단 12:2). 부활을 부인한 사두개인들만 제외하고 바리새인들과 대부분의 다른 그룹들은 이와 같은 신앙을 신봉했다. 이 신앙은 동일한 동사를 사용하는 11장 24절에 나오는 마르다의 진술에 반영된다. [anistēmi]

마지막 날(The last day, eschatē) - 이것은 하나님께서 심판을 위해서 죽은 자들을 일으키며, 현재 세상을 변형시키고 그분의 영원한 나라를 시작하실 '주님의 날'을 가리킨다(TDNT 2:697 참고). [eschatos]

6:40. **주목하다**(Beholds, theōrōn) - 이 동사는 '구경하는 자가 되는 것, 보는 것, 관찰하는 것, 인식하는 것'을 의미한다(BAGD 360). 여기에서 분사는 육체적으로뿐만 아니라, 영적인 통찰을 가지고 그분의 정체와 사명을 분별하며(NIV, '아들을 주목하는 사람마다') '아들을 주목하는'(NASB) 사람을 가리킨다. 여기에서의 결과('영생'을 가지며 '마지막 날에' 일으킴

을 받는 것)는 아들을 '주목하고' 그분을 '믿는 것' 으로 말미암는다는 것을 주목하라. 예수님의 '살' 을 먹고 그분의 '피' 를 마심으로써 동일한 결과가 일어나는 것을 보여주는 6장 54절을 참고하라. 6장 54절에 나오는 문구("나의 살을 먹고 나의 피를 마신다")는 앞에서 사용된 문구("아들을 주목하고 그분을 믿는다")에 비추어 이해되어야 함을 제시한다. [theōreō]

6:41. **유대인들**(The Jews, Ioudaioi) – 1장 19절을 보라. 6장 22-24절에 언급된 '무리' 가 거의 모두 유대인들이었기 때문에(6:25에서 이들이 예수님을 '랍비' 라고 부르는 것을 주목하라), 아마도 여기에서 지시된 자는 예수님에 대해 적대적인 유대인들에게 제한된 것으로 보인다. [Ioudaios]

나는…이다(I am, egō eimi)–6장 35절과 4장 25절에 나오는 논의를 보라. [egō + eimi]

6:42. **나는 내려왔다**(I have come down, katabebēka) – 여기에서 예수님의 반대자들은 '하늘에서 내려왔다' 는 그분의 주장을 반복한다. 33절에 나오는 이 동사의 논의를 보라. [katabainō]

6:44. **내게로 오는 것**(To come to me, elthein) – 이 표현은 믿음으로 예수님께 반응하는 것을 의미한다. 실제로 상호 교환적으로 사용된 '내게로 오다' 와 '나를 믿다' 가 나오는 6장 35절을 보라. [erchomai]

보낸 이(Who sent, pempsas) – 1장 6절에 나오는 논의를 보라. 여기에서 이 용어의 사용은 정확하게 논의되는 주제인 아버지의 참여하심을 암시한다. [pempō]

이끌다(Draws, eklysē) – 이 동사의 기본적인 의미는 '당기는 것' 또는 '이끄는 것' (상술된 물체와 함께 나옴, 18:10, 21:6, 11 참고)이다. 이 단어는 자석이 물체를 끌어당기는 것을 묘사하는 데 한 번 사용되었다(TDNT 2:503, BAGD 251). 이것은 이 문맥에서 어떤 종류의 초자연적인 끌어당김에 대하여 말하고 있으나, 이것이 구속력이 있는지 아니면 불가항력적인지는 말하지 않는다(CEV, "그들을 내게로 오게 하다" 참고). 이 말씀과 병행을 이루는 구절은 아버지께서 허락하시지 않으면 누구도 그분에게로 올 수 없다고 예수님께서 말씀하는 6장 65절이다. 이것은 복음서 기자가 유대인 지도자들의 영적인 소경 상태를 반영하기 위해서 이사야서에서 인용한 말씀과 병행을 이룬다(9:41, 12:39-40 참고). [elkyō]

6:45. **선지자들**(The prophets, prophētais) – 이 문구는 '선시자들' 로 일러진 구약의 부분을 가리킨다. 실제로 이사야 53장 13절에서 나온 인용문이다. [prophētēs]

내게로 온다(Comes to me, erchetai) – 예수님께 '온다' 는 표현은 그분을 믿는 개인적인 반응을 가리킨다. 6장 35, 44절을 보라. [erchomai]

6:46. **보았다**(Has seen, heōraken) – 누구도 "아버지를 본 적이 없다"는 진술은 요한복음 서문에 나오는 1장 18절을 상기시킨다. [horaō]

6:47. **믿는 자**(The one who believes, pisteuōn) – 여기에서 이 표현의 의미는 3장 15, 16, 18절에서와 같이 '믿음을 행사하다, ~에게 믿음을 두다' 와 동일하다. 3장 16절에서와 같이 '믿는 자' 는 '영생' 을 가진다. [pisteuō + zōē]

6:48. **생명의 빵**(The bread of life, artos) – 예수님께서 자신을 '하나님의 빵, 곧 하늘에서 내려와 세상에 생명을 주시는 자' 로 묘사하시는 6장 32–33절을 보라. 이 문구는 앞에 나오는 내용을 압축한 것이다. 요점은 예수님께서 영적인 지탱의 자원이며, 개인적으로 그분을 믿음으로 수용하는 자는 영원한 생명에 이른다는 것이다. [artos]

6:51. **<u>세상의</u>**(Of the <u>world</u>, kosmou) – 여기에서 '세상' 은 백성, 곧 '인류' 혹은 인종을 가리킨다. 이것은 하나님께서 자기의 아들을 주시는 일에 나타나는 '세상' 을 향한 그분의 '사랑' 과 일치한다(3:16). 요한일서 2장 2절에 나오는 속죄의 범위에 관한 유사한 진술을 보라. 1장 9절도 보라. [kosmos]

나의 살(My <u>flesh</u>, sarx) – 요한복음에서 sarx는 성육신과 연관되어 있으므로(1:14), 예수님께서 여기에서 뜻하시는 것은 예수님 자신의 생명을 내어놓을 것이라는 것이다(즉, 그분의 육체적인 몸이 십자가에 못 박힐 것이다). 이것은 '살아 있는 빵' 이며, '영원한 생명을 경험하는 것' 과 같은 의미인 '영원히 살기 위해서' 믿음으로 먹어야 하는 것이다. [sarx]

6:52. **그의 살**(His <u>flesh</u>, sarka) – (51, 53절에도 나옴) 또다시 예수님의 반대자들은 그분의 말씀을 문자적으로 (영적인 차원에서가 아니고 육적인 차원에서) 이해했다. 유대인들은 예수님께서 자기의 '살' 을 주어서 '먹게' 하는 것에 대하여 말씀하심으로 자신들에게 특별히 혐오감을 일으킬 수 있는 어떤 종류의 식인주의를 말씀하는 것으로 생각했다. 그들은 '먹는 것' 이 육적인 음식을 소화시키는 것보다는 믿음으로 그분을 개인적으로 받아들이는 것이란 사실을 인식하는 데 실패했다. [sarx]

6:53. **피를…마시다**(Drink…blood, piēte…haima) – 이제 '피' 를 '마시다' 는 이미지가 추가되었다. 이것은 특별히 유대인에게 혐오감을 불러일으킬 또 다른 행동이었다. 구약에서 짐승 희생물의 피를 마시는 것은 금지되었다(레 17:10, 14, 신 12:23, 창 9:4). 예수님께서는 자신의 희생적인 죽음에 대한 언급을 포함하여 예수님 자신을 믿으라고 개인적인 반응을 촉구하실 때, 특히 유대인 종교 지도자들의 비위에 거슬릴 이러한 용어들을 사용하셨다(52절 참고). [pinō + haima]

6:54. **<u>먹는</u> 자**(The one who <u>eats</u>, trōgōn) – 여기에 '먹다' (LN 23.3)로 번역된 헬라어는 짐승과 관련하여 사용될 때 '물어서 먹다, 갉아먹다, 깨물어 먹다, (소리 나게) 먹다' 를 의미할 수 있다(BAGD 829). 이 헬라어는 6장 52, 53절에 나오는 '먹다' (esthiō)라는 단어와 다르다. 이것은 저자가 약간 더 생생한 의미를 표현하기 위한 것이라기보다는 단어의 다른 형태보다 한 형태를 선호하는 것을 단순하게 반영하는 것일 수 있다(요한은 스타일상의 변화를 좋아하며,

원래 예수님의 교훈은 헬라어보다는 아람어로 되어 있으므로 복음서 기자는 예수님께서 말씀하신 것을 풀어서 말하는 것일 수 있다). 만일 의미에 있어서 차이가 있다면, 그것은 여기에 사용된 단어(trōgō)가 두 단어('물어서 먹다' 또는 '씹다') 가운데서 더 사실적이고 생생한 단어라는 점이다. 또한 TDNT 8:236도 참고하라. [trōgō]

영원한 생명(Eternal <u>life</u>, zōēn) – 여기에서 예수님의 '살'을 먹고 '피'를 마시는 것의 결과는 두 가지다. 하나는 이렇게 하는 사람은 지금 실현되는('이미') "영원한 생명을 소유한다"는 것이고, 다른 하나는 예수님께서 미래('아직') "마지막 날에 그를 살리실 것이다"는 것이다. '이미'와 '아직'으로 표현되는 이 결과는 6장 40절에서 동일하게 표현되나, 그 결과를 가져오는 반응은 여기에 '아들을 주목하고 그분을 믿는 자마다'로 진술된다. 이것은 "아들을 주목하고 그분을 믿는 것"을 여기에 사용된 문구인 "내 살을 먹고 내 피를 마시다"와 같은 위치에 놓는다. 이 두 구절은 동일한 결과를 표현하므로 요한은 단순하게 "아들을 주목하고 그분을 믿다"(이것은 믿음으로 그분을 개인적으로 받아들이는 것을 말한다)를 "예수님의 살을 먹고 그분의 피를 마시는 것"으로 대체하여 표현한다. 이 이미지 역시 믿음으로 그분을 개인적으로 받아들이는 것을 말한다. 요한에게 이 용어는 본질적으로 상호 교환적이다. 1장 4절과 17장 2절에 나오는 용어 '생명'에 관한 논의들도 보라. [zōē]

6:56. **거한다**(Resides, menei) – 여기에서도 저자는 또다시 상징물을 상호 교환적으로 사용한다. 6장 54절에서 예수님의 '살'을 먹고 '피'를 마시는 것은 그 두 가지 결과로 '영생'을 소유하는 것과 '마지막 날에 일으킴을 받을 것'이라는 약속을 가져온다. 여기에서 예수님의 '살'을 먹고 '피'를 마시는 동일한 과정은 상호 내주 관계로 인도한다("그분이 내 안에 거하고 나는 그분 안에 거한다", CEV-"너희는 나와 하나이고, 나는 너희와 하나다"). 개인적인 믿음으로 수용하는 것을 묘사하는 구절들('살을 먹고 피를 마시는 것')은 동일하게 남아 있으나 그 결과들은 변했다. 이것은 요한이 상호 교환적인 상징물을 사용하는 것을 보여주는 다른 예다. 요한(그리고 예수님)에게 '영생을 얻는 것'과 '예수님 안에 거하는 것'의 개념은 실질적으로 상호 교환적이다. 그러나 주목해야 할 것은 '마지막 날에 일으킴을 받을 것'과 관련된 '아직'의 부분은 더 이상 여기에 언급되지 않는다는 점이다. 이것은 결과인 "그분이 내 안에 거하고 나는 그분 안에 거한다"가 '이미'와 '아직'을 모두 포함하고 있기 때문이다. 이것은 예수님께서 11장 26절에서 마르다에게 하신 "살아서(영생을 소유하는) 나를 믿는 자는 결코 죽지 아니하리라(지금이나 미래에)"는 말씀과 유사하다. 1장 32절에 나오는 동사 '거하다'에 관한 논의를 보라. [menō]

6:57. **먹는 자**(The one who <u>eats</u>, trōgōn) – 여기에서는 '소화하다'라는 번역이 단순하게 '먹다'보다 더 적절하다(NET, NIV, '나를 먹다'). 이 말씀이 염두에 둔 것은 개인에 의한 예수님의 내면화이기 때문이다. [trōgō]

6:58. 영원히 살리라(Will <u>live</u> forever, zēsei) – 이 표현은 '영생을 경험할 것'을 의미한다(11:26 참고). 이 표현은 또한 6장 51, 57절에도 나온다. [zaō]

6:59. 회당(Synagogue, synagōgē) – 이 단어는 유대인들이 인정된 지도자와 함께 기도하고 예배 드리기 위한 장소를 뜻한다(눅 8:41 참고). 예루살렘에 성전이 유일하게 하나 있지만, 많은 회당들이 여러 지역에 있었다(LN 7.20). 회당의 기원은 분명하지 않으나 중간기 시대에 포로 후기 공동체에서 발생했던 것으로 보인다. 최소한 남자 10명만 있으면 마을은 회당을 세울 수 있었다. 신약 시대의 정상적인 유대교에서 회장에 참석한 사람들은 구약 성경을 읽고 토론했다(그 과정은 미쉬나 m. Megilla 3-4, m. Berakot 2에 묘사되어 있다). [synagōgē]

6:60. 어려운(Hard, sklēros) – 이 헬라 용어는 문자적으로 '어려운'을 뜻하나, 은유적인 용례로는 '어렵다, 혹독하다, 불쾌하다, 난해하다'를 의미한다(BAGD 756). 이것은 '이해하기 어렵다'(CEV, NET) 또는 '받아들이기 어렵다'(NIV, NRSV, NLT)를 뜻한다. [sklēros]

그것을 들을 수 있는(Able to <u>hear</u> it, akouein) – 헬라어 동사 akouō는 순종하는 마음으로 듣는 것을 암시할 수 있다(LN 36.14). 이것은 또한 예수님께서 방금 하신 말씀을 수용하는 것을 강조할 수도 있다(즉 "그가 말한 것을 누가 수용할 수 있느냐?", NIV, NRSV, NLT). 그렇지만 문맥은 무리 가운데 있는 사람들이 예수님께서 말씀하신 것에 대한 불확실함이나 혼란을 제시하는 여러 가지 답변을 포함하고 있으므로, '이해하다'는 의미가 아마도 여기에서 선호되어야 할 것이다(CEV, NET). [akouō]

6:61. 알면서(Knowing, eidos) – 2장 25절, 5장 6절, 6장 15절에서와 같이 여기에서도 예수님의 초자연적인 지식이 암시되나, 헬라어는 다르다(이것은 다시 복음서 기자가 취한 스타일상의 변화를 보여준다). [oida]

걸려 넘어지게 하다(Cause…to stumble, skandalizei) – 이 문맥에서 이 동사는 '불쾌함을 당하는 것'(NET) 또는 '어떤 행동에 노여워하는 것'을 의미한다(RSV, LN 25.180). 이것은 제자들의 신앙에 위기의 신호일 수 있었다(TDNT 7:357). 예수님의 제자들 가운데 일부는 그분의 가르침(아마도 '그의 살을 먹고 그의 피를 마신다'는 생생한 상징물)에 화를 냈다. 예수님께서는 이제 걸려 넘어질 더 심한 원인, 곧 십자가에 못 박히게 될 사건이 다가올 것이라고 그들에게 경고하신다(61-62절). [skandalizō]

6:62. 올라가는(Ascending, anabainonta) – 요한복음에서 예수님의 올라가심은 아버지께로 돌아가시는 과정의 첫 단계인 십자가를 통하여 성취되어야 한다. 요한은 예수님께서 이 세상을 떠나서 아버지께로 돌아가시는 사건을 하나의 연속적인 사건으로 묘사한다. 이것은 십자가와 부활을 거쳐서 승천하시어 그분이 '전에' 계셨던 곳에서 종결된다(1:1 참고). 1장 32, 51절, 3장 13절에 나오는 논의들을 보라. [anabainō]

6:63. 생명을 주다(Gives ilfe, zōopoioun) –

여기에서 이 동사는 사람들에게 영적인 생명을 수여하는 것을 묘사하는 데 사용된다. 아버지와 아들이 5장 21절에서 생명을 주시지만 이 역사는 여기에서 '성령'의 역사로 돌려진다. [zōopoieō]

육신(The flesh, sarx) – 이 용어는 또한 6장 51–55절에 나온다. 여기에서 이것은 세상의 생명을 위해서 주어진 예수님의 '살'을 가리키지 않고, 그 모든 나약함과 연약함 가운데 있는 인류를 가리킨다(1:14 참고). 인간적인 노력과 성품은 영적인(즉, 영원한) 생명을 얻는 데 절대적으로 전혀 유익을 주지 못한다. 그 대신 이 생명은 예수님의 '말씀들'(즉, 그분의 가르침)을 듣고 순종함으로만 얻어질 수 있다. [sarx]

6:64. **알았다**(Knew, ēdei) – 6장 61절에서 이 동사를 사용하여 예수님의 초자연적인 지식을 암시하고 있다. 여기에서 지식은 미래적인 행동을 포함하기 때문에 분명히 초자연적이다. [oida]

누가 배반할지(Who would betray, paradōsōn) – 이 동사는 어떤 사람이 범죄를 저질러 처벌을 받아야 하기 때문이든, 자기들을 희생시킬 원수들에게 넘겨지는 무죄한 그룹이기 때문이든 그 사람을 어떤 다른 사람의 통제권으로 넘겨주는 것을 의미한다(LN 37.111). 이것은 요한복음에서 15회 등장하는 가운데 첫 번째다. 대부분의 경우는 여기에서와 같이 예수님의 배반자 가룟 유다를 가리킨다. [paradidōmi]

6:65. **내게로 오는 것**(To come to me, elthein) – 이 문구는 다시 개인적으로 예수님께 믿음으로 반응하는 것을 가리킨다(NIV–"그를 능하게 했다", NLT–"그들을 내게로 데려온다", NET–"그가 내게 오는 것을 허락했다"). 6장 35절에 나오는 이 문구에 대한 논의를 보라. 이것은 또한 44–45절에도 나온다. [erchomai]

수여되었다(Has been granted, dedomenon) – 하나님께서는 어떻게든지 각각 개인적인 신앙으로 예수님께 반응하게 하신다. 요한복음은 이것이 어떻게 작용하는지는 결코 설명하지 않는다. 그 방식은 배후에 있으나 결코 상술되지 않았다(6:44 참고). [didōmi]

6:67. **열둘**(The twelve, dōdeka) – (70절에도 나옴) 이 표현은 마태복음에서 예수님의 가장 친밀한 추종자들을 가리킬 때 자주 사용된다(마 10:1, 5, 11:1, 20:17, 26:14). 요한은 이 단어를 단지 여기와 6장 70–71절과 20장 24절에서 사용하여 예수님의 제자들을 가리킨다. 마태복음과 요한복음 모두에서 이 용어는 예수님과 친밀한 관계를 강조할 때 사용된다(TDNT 2:327). [dōdeka]

6:68. **영원한 생명**(Eternal life, zōēs) – 여기에서 예수님의 '말씀'은 '영원한 생명'의 열매를 맺는다. 이것은 본질적으로, 예수님의 가르침이 영원한 생명으로 이끈다는 의미다(요한복음이 반복적으로 강조하는 부분이다). 1장 4절과 17장 2절에 나오는 '생명'에 대한 논쟁을 보라. [zōē]

6:69. **믿었다**(Have believed, pepisteukamen) – 여기에서 제자들의 믿음의 대상이나 내용이

구체적으로 밝혀진다. 그들은 예수님께서 '하나님의 거룩한 자' 이심을 '믿었다.' [pisteuō]

하나님의 거룩한 자(The Holy One of God, hagios) – 이것은 예수님께서 제자들에게 자신에 대한 그들의 충성심에 대하여 물으셨을 때, 12제자를 대표한 베드로가 보인 반응이다. 여기에서 이 고백은 공관복음의 기록과 상당히 다르며(마 16:16, 막 8:29, 눅 9:20), 예수님을 방금 저버린 다른 제자들과는 대조로 예수님에 대한 제자들의 개인적인 충성과 관련된다(6:66). 그렇지만 이 고백은 단지 예수님께서 메시아라는 인정보다 더 큰 고백이다. 아버지 하나님께서는 17장 11절에서 '거룩하신 아버지' 로 불리므로, 이 칭호가 예수님과 연관된 것은 그분을 하나님의 편에 서게 한다(TDNT 1:102). [hagios]

6:70. **선택하다**(Choose, exelexamēn) – 예수님께서는 여기에서 '열둘' 을 '택하셨다' 고 말씀하시나, 그들 가운데 하나인 유다가 예수님 자신을 배반할 것이라고 구체적으로 밝히신다(71절). 13장 18절에서와 같이 배반자를 포함하여 예수님께서 12제자들을 모두 택하신 것은 의도적이며 앞으로 일어날 사건을 온전히 알고 이루어진 일이다. [eklegomai]

마귀(Devil, diabolos) – 이것은 전형적으로 영어에서 부정 명사로 번역되지만('어떤 마귀', NASB, NIV, NRSV, NLT), diabolos는 신약에서 단일한 존재(즉, 하나의 종류, 벧전 5:8, 계 20:2 참고)로 '그 마귀' 란 의미를 가진다(D. B. Wallace, Greek Grammar Beyond the Basics, 249, NET 참고). 신약에서 Satanas와 diabolos 사이에 중대한 차이점은 없다(TDNT 2:79). 예수님께서 유다에게 '그 마귀' 라고 말씀하실 때, 종종 그렇게 하셨던 것과 같이 자연스럽게 상징적으로 말씀하신 것이다. [diabolos]

6:71. **이스카리오트**(Iscariot, Iskariōtou) – '시몬 가룟의 아들 유다' 가 네 번째 복음서에서 언급된 것은 처음이다. 이름 '가룟' 에 대한 설명이 적어도 여섯 가지가 제시되었으나 이 단어는 아마도 '케리오쓰의 사람' 이란 의미를 가진 히브리어를 음역한 것이다. 이 단어는 그의 기원의 장소를 가리킨다(LN 93.181). [Iskariōtēs]

그를 배반하는 것(To betray him, paradidonai) – 유다는 (마 10:4, 막 3:19와 눅 6:16에서와 같이) 즉시 예수님을 배반할 자로 밝혀진다. [paradidōmi]

7:1. **유대인들**(The Jews, Ioudaioi) – 1장 19절을 보라. 여기에서 이 언급은 예수님의 주요 반대자들이던 유대인 종교 당국자들이나 지도자들에게 제한되었다. [Ioudaios]

찾고 있었다(Were seeking, ezētoun) – 다른 경우에 요한은 사람들이 예수님을 '찾는' 사람들을 묘사할 때 이 동사를 사용한다(6:24). 그러나 여기에서 유대인 지도자들은 그분을 죽이려고 '찾고' (즉, 애쓰고) 있다. [zēteō]

7:2. **장막절**(The feast of tabernacles, skēnopēgia) – 이 헬라 용어(신약에서 오직 여기에만 사용됨)는 '텐트 또는 오두막을 세우는 것' 을 뜻한다(TDNT 7:390). 이 절기는 티시리(대략 10월) 15일에 시작되는 가을 행사로 기념하는 추수 축제이며, 이스라엘 백성이 애굽을 떠난

이후에 장막에서 산 것을 기념하는 절기였다. 이 절기를 기념하기 위해서 오두막을 나뭇잎으로 만들어 집의 평평한 지붕 위나 앞뜰에 세웠다. 이 단어는 헬라어 구약 성경에서 9회 등장하지만 신약에는 여기에만 나온다. 이것은 유대 문서에서 장막절을 가리키는 전문적인 용어다. 고전문서에서 '텐트' 외에 다른 의미를 가지는 유일한 예는 아리스토텔레스(Aristotle)가 Hist. Animalium 9.7에서 언급한, 제비들이 둥지를 만드는 것에 대한 기록이다. [skēnopēgia]

7:3. **여기에서 떠나라**(Depart from here, metabēthi) – 이 동사는 '한 장소에서 다른 장소로 전환하거나 넘어가는 것'을 뜻한다(BDAG 638, NIV, NRSV, NET '여기를 떠나다, leave'). 여기에서는 문자적으로 예수님께서 갈릴리를 떠나 유다 지역으로 가시는 것을 가리킨다. 이것은 요한복음의 다른 곳에서 예수님께서 '이 세상'을 떠나서 아버지께로 돌아가시는 것(13:1)과 사람이 예수님을 믿을 때 영적인 죽음에서 영적인(즉, 영원한) 생명으로 옮겨가는 것을 가리킨다. [metabainō]

당신의 일들(Your works, erga) – 이 용어는 sēmeion('표적')과 같이 기적적인 행위들을 가리키나, 여기에 언급된 일들은 표적들이 아니라 단순한 기적들이다. 이것을 제안한 예수님의 형제들은 아직도 그분을 믿지 않았다(7:5). 이 말씀은 예수님께서 자기를 저버린 제자들을 다시 얻으려고 말씀하시는 것으로 이해하는 것도 가능하다(6:66 참고). 그러나 이러한 입장보다는 다음 구절에 비추어볼 때, 이 말은 예수님께서 메시아라는 증거를 제시하려고 한다면 (즉, 기적들을 행함으로), 예루살렘에서 그렇게 해야 할 것이라는 충고로 보는 것이 더욱 개연성이 있다. [ergon]

7:4. **비밀리에**(In secret, kryptō) – 이 용어는 여기에서 '비밀로' 또는 '숨겨진'을 뜻한다(BAGD 454). 이것은 다음에 나오는 용어 '공개적으로'와 대조를 이룬다. [kryptos]

공개적으로(Openly, parrēsia) – 4절의 첫 부분의 기본적인 의미는 "만일 당신이 메시아로 자신을 입증하기를 원하면, 그것을 예루살렘에서 해야 합니다"라는 것이다. 유대인의 주류 묵시적인 전통은 메시아가 예루살렘에서 나타날 것이라고 주장했다. [parrēsia]

네 자신을 드러내라(Reveal yourself, phanerōson) – 이 동사는 분명하고 약간 상세하게 '알리는 것, 드러내는 것'을 의미한다(LN 28.36, NRSV, NIV, NET, "너 자신을 세상에 보여주라"). 예수님의 형제들은 자신의 정체를 메시아로 분명하게 드러내라고 그분에게 요구하고 있었다. 그들은 이 시점에 예수님을 믿지는 않았지만 그분과 관련된 메시아의 주장들을 분명하게 알고 있었다(5절). [phaneroō]

세상에(To the world, kosmō) – 이 용어의 사용은 사마리아인들이 예수님을 '세상'의 구주로 선포한 것을 보여주는 4장 42절과 같다. 물론 여기에서 세상은 사람, 또는 인류의 세상을 가리킨다. [kosmos]

7:5. **그를 믿지 않았다**(Did not believe in him, episteuon) – 예수님의 형제들은 결국 그분을 분명히 믿게 된다(행 1:14 참고). 여기에서의 진

술은 예수님의 형제들이 그분을 메시아로 믿지 않았다는 의미로 이해할 수 있다. 그들이 '그분에 대한 믿음을 행사하기'를 아직도 거부한다는 말이다(3:15, 16, 18). [pisteuō]

7:6. **내 때**(My <u>time</u>, kairos) - 여기에서 헬라어 kairos는 요한복음의 다른 곳(2:4 참고)에서 사용된 단어 hōra('시간')과 동일한 의미를 가진다(LN 67.1). 예수님께서는 다시 자신의 죽음, 부활과 승귀(요한은 이것을 '영화'라고 부른다)로 특징 지워지는 사건인 아버지께로 돌아가는 때를 가리켰다. 동의어의 사용은 스타일상의 변화를 보여주는 다른 예다. 이와는 대조로 예수님의 형제의 '때'는 '항상 준비되어' 있다(hetiomos, BDAG 401). [kairos]

7:7. **이 <u>세상</u>**(The <u>world</u>, kosmos) - 여기에서 '세상'은 인류의 전부가 아니라, 예수님을 반대하고 그분을 대적하는 사람들과 권력을 구체적으로 가리킨다. 세상이 예수님과 그분의 제자들을 미워하는 것은 요한복음에서 자주 등장하는 주제다(15:18-25 참고). [kosmos]

7:8. **올라가다**(Go up, anabēte) - 이것은 사람이 어느 방향에서 오든지 상관하지 않는 유대인의 관용어로 예루살렘으로 '올라가는 것'을 항상 말한다(NASB, NET). 이것은 유대인들이 예루살렘을 구약 성경에 나오는 시온 산과 동일시하기 때문에 방향보다는 고도가 쟁점이다. [anabainō]

내 때(My <u>time</u>, kairos) - 7장 6절을 보라. 여기에 사용된 헬라어는 kairos이나, 예수님의 죽음, 부활과 영화, 간략하게 말하면 아버지께서 예수님을 위해 정하신 아버지께로 돌아가는 때를 가리키는 요한의 다른 용어 hōra('시간')와 병행을 이룬다. [kairos]

7:10. **<u>비밀리에</u>**(In <u>secret</u>, kryptō) - 이 용어는 일반적으로 '비밀리' 또는 '숨겨진'을 의미하나(7:4 참고), 여기에서는 '개인적으로'를 의미한다(BAGD 454, RSV, '개인으로'). 예수님께서는 예루살렘에 올라가실 때(14절) 숨어 있으려 하지 않으셨다(사실상, 그분은 자신을 두드러지게 나타내신다). 이것은 '비밀리에'가 '은밀하게'라는 것을 의미하지 않는 것을 보여준다. 오히려 이것은 예수님께서 절기를 위해서(8절 참고) 예루살렘에 올라가는 순례자들의 무리와 동행하지 않으시는 것을 의미한다. 아마도 때가 되기 전의 '승리의 입성' 장면을 회피하시기 위함인 듯하다. [kryptos]

7:11. **<u>유대인들</u>**(The <u>Jews</u>, Ioudaioi) - 1장 19절을 보라. 7장 1절에서와 같이 여기에 언급된 사람들은 예수님의 주요 반대자들인 유대인 당국자들에게 국한된다. [Ioudaios]

찾고 있었다(Were seeking, ezētoun) - 5장 44절을 보라. 이 용어가 다른 문맥에서 긍정적인 의미로 예수님을 '찾는 것'을 가리키는 데 사용되는 사실에 비추어볼 때, 여기에서 부정적인 의미로 사용된 것은 역설적이다. [zēteō]

저 사람(He, ekeinos) - 문자적으로 '저 사람'은 예수님을 가리킨다. 요한일서에서 이 대명사는 하나님 아버지와 구별된 예수님을 가리키는 것으로 일관되게 사용되었으나 요한복음에서는

그렇지 않다(9:12). [ekeinos]

7:12. **백성**(The people, ochlois) – (두 번 사용됨) 앞절과 다음 구절에서 언급된 유대인 종교 당국자들과 반대되는 사람들로 이 용어는 '일반 백성'을 가리킨다(NET). [ochlos]

7:15. **놀라고 있었다**(were marveling, ethaumazon) – 이 단어는 '어떤 사건이나 물체에 경탄하거나 놀라는 것'을 의미한다(LN 25.213, NIV- '깜짝 놀랐다, were amazed', RSV, NET- '놀랐다, were astonished', NLT- '놀랐다, were surprised'). 이 반응이 긍정적인지 부정적인지는 문맥에 달려 있다. 여기에서 용어는 성전에서 행해지는 예수님의 공적인 가르침에 대한 유대 종교 지도자들의 반응을 기술한다. 이 반응은 아마도 불신에 가까웠을 것이다. [thaumazō]

문자들을 안다(Know letters, grammata) – '문자들'이란 표현은 여기에서 읽기와 쓰기와 같은 기본적인 지식을 가리킨다(BAGD 165). 예수님께서는 어렸을 때 지역 회당학교를 다녔기 때문에 이 비난은 엄격하게 말해서 참되지 않다. [gramma]

가르침을 받지 않았으므로(Not having been taught, memathēkōs) – 이 용어는 종종 공식적인 교육을 통하여 '지식이나 기술을 터득하는 것'(BDAG 615)을 의미한다(NET, "결코 공식적인 교육을 받지 않았다"). 이것은 유대인 종교 지도자들과 벌인 논쟁의 맥락에서 예수님께서 어느 특정한 랍비의 제자가 아니었으며, 인정받는 랍비 아래서 모세 율법에 대한 고등 교육을 받지 않으셨다는 사실을 가리킨다. 역설적으로 유대인 지도자들이 성육신하신 말씀–선재하는 로고스, 우주의 창조자와 인격화된 신적인 지혜–을 대면할 때, 그들은 예수님을 선생이 될 공식적인 자격이 없는, 가르침 받지 못하고 배우지 못한 사람으로 취급했다. [manthanō]

7:18. **영광**(Glory, doxan) – 5장 41, 44절에서와 같이 '영광'은 사람으로부터 받는 '칭송' 또는 '존귀'의 의미로 사용된다. 이것은 네 번째 복음서에서 나타나는 일반적인 의미와 다르다(TDNT 2:248). 이 용어의 의미의 요약을 위해서는 1장 14절을 보라. [doxa]

7:19. **율법**(The law, nomon) – 이 용어는 구약에서 발견되는 유대인의 신앙의 핵심인 모세 율법을 가리킨다(1:17). [nomos]

7:20. **무리**(The crowd, ochlos) – 7장 12절을 보라. 무리 가운데 많은 사람이 방금 절기를 위해서 주변 지역에서 도착했다면, 그들은 아마도 예수님에 대한 음모를 의식하지 못했을 것이다. 음모는 '유대인들' 편에 있었다. 이들 유대인들은 문맥에서 비추어볼 때 유대인 종교 지도자들을 가리킨다(7:1, 11, 13, 15 참고). 요한은 예수님에 대한 반응에 있어서 지도부와 백성을 구별한다. [ochlos]

당신은 귀신이 들렸다(You have a demon, daimonion) – 예수님께서 귀신에 들렸다는 고소는 요한복음에서 여기에 처음 나온다. 귀신에 들린 사람은 미친 사람으로 행동하는 것으로 생각되었기 때문에 여기에서 이 표현은 실제적으로 귀신에 들렸다는 고소로 보지 않는 것이 가능하다(예수님께서는 이 고소에 대하여 전혀 설명을 하지 않고 다음 구절에서 고소인들의 분노만 언급하신다). 아마도 무리는 그들이 자신을 죽이려고 한다는 예수님의 말을 미친 행동으로 간주하고 이와 같은 고소를 한 것으로 보인다. 무리의 설명 배후에는 예수님께서 거짓 선지자라는 암시가 들어 있을 가능성이 있다(이런 선지자는 귀신의 영들과 연결되어 있다고 생각했다). [daimonion]

7:21. **한 가지 일**(One <u>work</u>, ergon)－이 '한 가지 일'('한 가지 행위', RSV, NASB)은 요한이 앞서 5장 1-9절에서 기록한 사건, 즉 예루살렘에서의 마지막 공적 기적인 베데스다에서 마비된 사람을 안식일에 치유한 사건을 가리킨다(NIV, NET, '한 가지 기적'). 이 기적 후에 유대인 지도자들은 예수님을 죽이기 위한 시도를 시작했다(5:18 참고). 물론 그것은 조직화된 음모와는 반대로 계획되지 않은 감정적인 반응이었다. [ergon]

7:22. **할례**(Circumcision, peritomēn)－(다음 구절에도 나옴) 이것은 성인 남성 개종자의 할례를 가리킬 수도 있지만, 이것은 주로 난 지 팔 일째 되는 날에 남자 유아에게 할례를 행하는 유대인의 관습을 가리킨다(빌 3:5 참고). [peritomē]

7:23. **<u>위반되지</u> 않는다**(Is not <u>broken</u>, lythē)－랍비들은 사람의 몸에 248개의 지체가 있다고 생각했다. 탈무드(b. Yoma 85b)에서 랍비 엘리에이저 벤 아자리아(R. Eleazar ben Azariah, 주후 100년경)는 "인간의 248개의 지체 가운데 하나와 연관된 할례가 안식일을 중지시키면, 온몸의 구원은 얼마나 더 안식일을 중지시키겠는가?"라고 진술했다. 그러므로 랍비적인 유대교는 제8일에 할례를 베풀라는 레위기 12장 3절의 명령을 절대적 구속력이 있는 것으로 간주했다. 그래서 미쉬나에서 m. Shabbatt 18.3, 19.1,2 와 m. Nedarim 3.11은 모두 할례를 베풀라는 명령은 안식일을 준수하라는 명령을 무효화한다고 주장한다. [lyō]

온전한(Well, hygiē)－이 용어는 질병과 대조되는 건강한 상태를 가리킨다(LN 23.129). 예수님께서는 베데스다 연못에서 치유한 중풍병자를 가리키고 있었다(5:6을 보라). [hygiēs]

7:24. **<u>외모</u>에 따라서**(According to <u>appearance</u>, opsin)－외적인 형식 또는 '외부적인 모습'에 근거한 '판단'(NET)은 정확하지 않을 것이다(LN 30.14). [opsis]

7:25. **찾으며**(Seeking, zētousin)－여기에서 다시 동사는 예수님을 죽이려고 '애쓰는 것' 또는 '시도하는 것'을 묘사하는 데 사용된다(7:1을 보라). 이 시점에서 예루살렘의 주민들은 요한복음에서 유대의 주요 반대자들로 간주된 유대인 종교 지도자들과 분명하게 구별된다. 그들은 또한 절기를 지키기 위해서 예루살렘으로 올라온 순례자들과도 구별된다(20절). [zēteō]

7:26. **<u>통치자들</u>**(The <u>rulers</u>, archontes)－유대

지도자들은 7장 1, 11, 13, 15절에서는 단순하게 '유대인들'로 불렸으나 여기에서는 '통치자들'로 언급된다(7:25 참고). 예수님의 말씀을 들은 어떤 사람은 그분의 인상적인 가르침을 받고 적대적인 활동을 하지 않는데, 이러한 사실에 근거하여 그들의 경우 예수님의 메시아 주장에 대해 암묵적인 인정을 한 것이라고 추론한다. 다시 한 번 복음서 기자는 유대인 지도부와 백성을 조심스럽게 구분한다. [archōn]

7:27. **어디로부터 왔느냐**(Where…from, pothen) –(이 구절과 7:28에서 두 번 사용됨) 이 헬라어는 기원의 장소를 가리킨다(BAGD 680). 공사역에서 예수님께서는 나사렛 출신의 갈릴리 사람으로 알려졌으므로, 아마도 무리가 이 사실을 가리키는 것으로 보인다. 그렇지만 요한은 자신의 독자들이 예수님께서 참으로 어디서 오셨는지를 알고 있다고 가정한다. 저자는 1장 1절에서 "말씀이 하나님과 함께하셨다", 1장 14절에서 "그 말씀이 육신이 되었다"고 말하기 때문이다. 그러므로 요한은 이 시점에서 무리의 반대에 대답할 생각을 하지 않는다. [pothen]

7:29. **그로부터**(From him, par') – 헬라어 소유격을 수반하는 전치사 para('~로부터')는 여기에서 지역의 의미를 보존하여 한 사람이 다른 사람을 보내는 것을 묘사하는 데 사용될 수 있다(BAGD 609, 요 6:46, 9:16, 33, 17:7 참고). 그러나 이것은 본질이나 영원한 나심에 있어서 형이상학적인 기원을 필연적으로 암시하지 않는다. 이것은 기원에 대한 일반적인 언급이다. [para]

나를 보냈다(Sent me, apesteilan) – 여기에 사용된 동사는 28절에 사용된 것과 다르며, "전권을 가지고 보내셨다"를 의미한다. [apostellō]

7:30. **찾으며**(Seeking, ezētoun) – 여기에서 예수님을 잡으려고 애쓰는 사람들은 무리다(25절 참고). 이것은 32절에서 언급된 유대인 지도자들이 시도한 체포와 분명하게 다르다. [zēteō]

그의 시간(His hour, hōra) – 예수님의 '시간'('때', NIV, NLT, NET)은 아직 도래하지 않았다. 이것은 다시 예수님의 반대자 가운데 누구도 왜 그를 '잡을 수'(즉, 체포) 없었는지를 설명한다. [hōra]

7:31. **무리**(The crowd, ochlou) –(다음 구절에도 발견됨) 또다시 '무리'(예루살렘의 시민과 절기 순례자 모두)는 예수님을 반대한 유대 종교 지도자들과 구별된다. [ochlos]

표적들(Signs, sēmeia) – 2장 11절에 나오는 논의를 보라. 여기에서 무리가 언급한 '표적들'(NASB, NRSV, '기적적인 표적들'–NIV, NLT, NET)은 요한이 언급하지 않은 다른 기적들도 분명하게 포함한다. 비록 이 사람들 가운데 많은 사람이 표적들 때문에 '그를 믿었지만', 그들의 믿음이 진정한 믿음이 아니었다는 지적은 문맥에 없다. 요한에게는 전혀 믿지 않는 것보다 기적들에 근거하여 믿는 것이 더 낫다(10:37–38, 20:29 참고). 그렇지만 '표적들'과의 연결이 제시하는 것은 이들 백성이 '믿은' 것은 예수님께서 메시아였다는 것이다. 메시아의 기대들은 달랐으므로 이것이 필연적으로 적절한 고백은 아니다. 요한복음은 예수 그리스도께서 하나님이시라는 확증(2:23 참고)으로 시작하고(1:1, 18) 끝난다(20:28). [sēmeion]

7:32. **보냈다**(Sent, apesteilan) – 여기 나오는 관리들은 예수님을 '잡을'(즉, 체포하거나 구속할) 권세를 대제사장들과 바리새인들에게서 받고 파견된 자들이다. [apostellō]

대제사장들과 바리새인들(The chief priests and Pharisees, archiereis…Pharisaioi) – 이 문구는 통치 회의인 공회의 대표 그룹들을 묘사하는 종합적인 용어다(요 7:45, 11:47, 18:3, 행 5:21, 27). 1장 24절에 나오는 '바리새인들'의 논의도 보라. [archiereus + Pharisaios]

관리들(Officers, hypēretas) – 이들은 문자적으로 '종들'이다. 공회의 '관리들'(NASB, NET)은 성전경찰의 역할을 하는 레위인들(아마도 7:30, 44에 언급된 것으로 보임)과 구별되어야 한다. 비록 여기에서와 같이 '경찰' 임무를 행할 때에도 공회의 관리들은 그들의 일반적인 임무들 가운데 한 부분으로 행한다(TDNT 8:540). 여기에서와 같이 '성전 경비자들'(NIV, NLT) 또는 '성전 경찰'로 빈번하게 번역되지만, 여기에 언급된 그룹은 대제사장들과 바리새인들의 대표자들로 그들의 활동은 성전 지역에 국한되지 않는다. [hypēretēs]

7:33. **나를 보낸 이**(The one who sent me, pempsanta) – 예수님께서는 여기에서 자신이 아버지께로 돌아가는 것('나는 간다')에 대하여 말씀하신다. 이 일은 조금 있으면 곧 일어날 것이다('조금만 더 있으면'). [pempō]

7:35. **유대인들**(The Jews, Ioudaioi) – 1장 19절을 보라. 이 용어는 지도자들이 이 문맥에서 분리되어 언급된 것으로 보아 예수님께 적대적인 유대인들을 일반적으로 가리키는 것으로 보인다(7:32, 45). [Ioudaios]

흩어진 자(The dispersion, diasporan) – 헬라어 diaspora('흩어진 자'–NASB, NRSV, "유대 백성은 헬라인들 가운데 흩어졌다"–NET)는 헬라어 구약 성경에서 팔레스타인에 살지 않고 이방인들 가운데 '흩어지거나' 퍼져 사는 유대인들을 가리키는 전문적인 용어다(TDNT 2:98, BAGD 188). 그들은 여기에서 '헬라인들'로 언급된다. [diaspora]

7:37 **큰 (날)**(The great [day], megalē) – 신명기 16장 13절에 근거해볼 때 초막절은 7일 동안 진행된 것으로 보인다. 그렇지만 레위기 23장 36절은 제7일과 구별되어 언급된 제8일을 가리킨다. 여기에서 '절기의 마지막 날, 그 큰 날'로 불린 초막절의 절정이 제7일인지 제8일인지 전혀 분명하지 않다. 미쉬나에 따르면(m. Sukka 4.1) 물과 빛의 의식은 제7일 후에는 지속되지 않았으므로 절기의 일곱째 날을 뜻하는 것으로 보는 편이 더욱 적절하다. [megas]

목말라하다(Thirsts, dipsa) – '목말라하다'가 '굶주리다'와 관련되어 6장 35절에 나오는 논의를 보라. 이 두 용어는 모두 (육체적인 욕구보다는) 영적인 굶주림과 갈증을 가리키는 은유다. 여기에서 예수님의 말씀은 그분이 사마리아 여인에게 '생수'를 제공하겠다고 한 약속을 상기시킨다(4:13–14). 예수님께서는 영적인 '갈증'을 가진 자들에게 나와서 만족함을 받으라고

초대하고 계신다. [dipsaō]

그로 내게 오게 하라(Let him come to me, erchesthō) – 이 문구가 6장 34, 44–45, 65절에 반복적으로 사용된 것을 보라. 6장 35절에서 '내게 오라'는 (여기에서와 같이) '나를 믿는다'와 병행을 이루며, 실제로 동일한 것을 의미한다. [erchomai]

그로 마시게 하라(Let him drink, pinetō) – 야곱의 우물에서 예수님께서 여인에게 제공하겠다고 하신 말씀이 여기에서 다시 상기된다(4:13–14). 성령을 '마시는 것'으로 표현하는 개념이 요한복음에만 독특하게 나오는 것은 아니다. 이것은 고린도전서 12장 13절에서도 발견된다. [pinō]

7:38. **그의 배**(His belly, koilias) – 용어 koilia는 문자적으로 완전한 소화 기관(배와 내장), 모태 또는 더욱 일반적으로 인체의 숨겨진 내부 깊숙한 곳을 가리킨다(BAGD 437). 이 문맥에서 이것은 종종 개인 신자의 가장 내면적인 존재(NRSV–'신자의 마음으로부터', NIV–'그 안으로부터')를 상징적으로 가리키는 것으로 이해된다. 바로 여기에서부터 '생수의 강'(이것은 다음 구절에서 성령으로 설명됨)이 다른 사람에게 흘러간다. 그렇지만 신자를 다른 사람들을 위한 생수의 원천으로 삼는 요한의 병행 구절을 찾기는 어렵다(4:14도 14:12도 병행 구절이 아니다). 요한복음은 반복적으로 예수님을, 성령을 가리키는 방식인 생수의 원천(4:10)으로 삼는다(14:16, 20:22). 요한복음 19장 34절의 상징은 여기에 예언된 것에 대한 의도적인 암시다. [koilia]

살아 있는 물(Living water, hydatos) – 여기에서 이 표현은 예수님께서 사마리아 여인에게 제공하겠다고 약속하신 것을 상기시킨다(4:10). 예수님께서 그곳과 이 구절에서 제공하신 '생수'는 다음 구절에서 성령을 가리키는 은유로 설명된다. [hydōr]

7:39. **성령**(The Spirit, pneumatos) – 요한복음에서 생수의 이미지는 이 구절이 분명하게 하는 것과 같이 성령을 가리킨다. [pneuma]

아직 아니다(Not yet, oudepō) – 전체 문구의 의미는 문자적으로 "예수님께서 아직 영광을 받지 않았기 때문에 성령께서 아직 계시지 않았다"이다. 이 부사는 성령께서 아직 존재하지 않는다는 것을 의미하지는 않는다. 대부분의 번역들은 이러한 오해를 방지하기 위해서 동사 '주어지다'를 제공한다(KJV, NASB, NIV, NLT, NET). 요한의 문구는 인간의 관점에서 표현된 시간을 반영하고, 하나님 본체인 제 삼위의 선재성과 아무런 관련이 없다. 이 진술의 의미는 예수님께서 말씀하시는 시점에 성령의 시대가 아직 오지 않았다는 것이다. 이것은 예수님께서 아직 아버지께로 돌아가지 않으셨기 때문에 성령께서 제자들의 삶 속에 아직 역사하고 계시지 않음(나중에는 역사하실 것이다)을 보여준다(행 19:2 참고). [oudepō]

영화롭게 되다(Glorified, edoxasthē) – 여기에서 예수님의 '영화'는 예수님께서 아버지께로 돌아가실 때 십자가를 통하여 성취할 승귀를 가리킨다. [doxazō]

7:40. **무리**(The crowd, ochlou) – 여기에서 '무

리' 가운데 일부가 다시 말한다. 그들은 31절에서 마지막으로 언급되었다. [ochlos]

선지자(The prophet, prophētēs) – 여기에 언급된 자는 신명기 18장 15절의 '모세와 같은 선지자'다. 이 시기에 이 선지자는 일반 백성의 신앙 가운데 종말론적인 인물이었다. 사도행전 3장 22절은 예수님을 모세와 같은 선지자로 밝힌다. [prophētēs]

7:42. **다윗의 씨로부터**(From the seed of David, spermatos) – 이 구절은 예수님에 대해 적절한 말이기 때문에 특히 역설적이다. 그는 '다윗의 자손'이었으며(NET, NIV "다윗의 가문에서 나올 것이다"), 베들레헴에서 탄생하셨다(이 두 사실은 요한복음에 언급되지 않았다). 복음서 기자는 예수님의 탄생 기사를 적어도 일반적 지식으로 인식하고 있었으므로, 네 번째 복음서의 독자는 무리가 한 이 말이 참으로 역설적임을 보게 될 것이다. [sperma]

7:44. **그를 잡으려고**(To seize him, piasai) – 예수님을 '잡기'('체포하기', NRSV) 원했던 사람들은 대제사장들과 바리새인들로부터 보냄을 받은 관리들이기보다는 무리 가운데 어떤 사람이었다. 이 동사는 무력으로 어떤 사람이나 어떤 것을 잡아채거나 잡는다는 의미를 가진다 (LN 18.4). [piazō]

7:46. **한번도 어떤 사람이**(No one ever, oudepote) – 이 부사는 시간의 부정기적인 기간을 부정한다(BDAG 735). 대제사장들과 바리새인들의 관리들은 분명하게 예수님께서 하신 말씀에 깊은 감명을 받았다. [oudepote]

7:48. **그분을 믿었다**(Believed in him, episteusen) – 여기에서 이 표현의 의미는 비록 그 대상이 밝혀지지 않았고 전치사 eis('~안에')가 동사와 함께 사용되었지만, '그분을 메시아로 믿은 것'으로 이해하는 것이 최상이다. 유대인 종교 지도자들에게 쟁점은 예수님께서 참으로 메시아인가 아닌가였다(1:19–20 참고). [pisteuō]

7:49. **이 무리**(This crowd, ochlos) – 여기에서 유대 종교 지도자들은 예수님께서 메시아라는 무리의 견해를 매우 경멸하는 입장을 취한다(무리가 예수님을 '그 선지자'로 밝히는 것을 보여주는 7:40을 참고하라). [ochlos]

저주를 받았다(Accursed, eparatoi) – 여기에 사용된 용어는 유대 종교 지도자들이 무리에게 저주를 내리는 것을 의미하지 않고, 지도자들에 관한 한 무리는 이미 저주를 받은 상태에 있다는 것을 의미한다(CEV, "율법을 알지 못하는 이 백성은 어쨌든 하나님의 저주 아래 있다"). 그들은 이미 정죄를 받아 하나님의 심판 아래 있거나 적어도 이 심판의 즉각적인 위협 아래 있다(LN 33.475). 일반 백성과 그들의 신학적인 통찰에 대한 조롱은 배우지 못한 자들에 대한 서기관들의 태도를 반영했다(TDNT 1:451). [eparatos]

7:51. **우리의 율법**(Our law, nomon) – 이것은 7장 23절에 마지막으로 언급된 모세 율법에 대한 언급이다. [nomos]

재판하다(Judge, krinei) – 문맥에서 이 용어의 의미는 '심판'의 과정중 부정적인 결과가 기대되는 것으로 보아 '정죄하다'(NIV, NET)이다. [krinō]

7:52. **조사하다**(Search, eraunēson) – 이 동사는 부지런한 탐구를 통하여 어떤 것을 배우기 위한 조심스럽고 철저한 노력을 가리킨다(BDAG 389, NIV–"그것을 들여다보라", NET–"조심스럽게 조사하라"). 여기에서 유대 종교 지도자들이 니고데모에게 조사하라고 요청한 것은 구약 성경이다. [eraunaō]

8:1. **감람산**(The Mount of Olives, oros) – 이것은 기드론 골짜기 건너편 예루살렘의 동편에 위치한 길이 3.2킬로미터 미만의 남북으로 이어진 산이다. 이 산의 이름은 여기에 자라는 많은 감람나무에서 유래했다(LN 3.9). [oros]

8:3. **서기관들**(The scribes, grammateis) – 신약에서 이 용어는 종종 '대제사장들'이나 바리새인들과 함께 어울리는 모세 율법의 전문가들을 가리킨다(BDAG 206, NLT, '종교적인 율법의 선생들'). [grammateus]

바리새인들(The Pharisees, Pharisaioi) – 서기관들과 바리새인들이 이와 같이 행동한 동기는 아마도 모세 율법에 대한 진정한 관심이 아니었을 것이다. 이것은 6절에서 그들이 예수님을 '시험하고 있다'고 말하는 사실에 나타난다. 오히려 그들은 예수님을 고소할 기회를 찾고 있었다. [Pharisaios]

8:4. **현행범으로 잡힌**(Caught in the act, autophōrō) – 이 용어는 강도들, 악행자들과 특별히 현행범으로 잡힌 간음죄인들을 가리킨다(BAGD 124). [autophōros]

8:5. **율법에**(In the law, nomō) – 고소인들은 간음죄의 경우 남자와 여자 모두 사형에 처해야 한다고 진술하는 모세 율법을 잘못 대변했다(레 20:10, 신 22:22). 여기에서 예수님의 반대자들은 여자만 언급한다(헬라어 본문에서 대명사 '그와 같은'(toiautas)은 여성성으로 여자만 가리킨다). [nomos]

8:6. **시험하며**(Testing, peirazontes) – 여기에 사용된 동사는 질문으로 어떤 사람을 올무에 빠트리려고 계획된 과정을 가리킨다(BDAG 793, NIV, "그들은 함정으로 이 질문을 사용하고 있었다"). 이 용례는 공관복음에서 상당히 흔한데, 예수님의 반대자들이 불리하게 사용될 어떤 진술로 그분을 올무에 걸리게 하려고 한 시도들을 가리킨다. 성경 번역들이 주목하는 것과 같이 고대 사본상의 증거에 근거해 볼 때, 요한복음의 이 단락(7:53–8:11)이 원래 요한복음에 있었는지에 대하여 논란이 된다. [peirazō]

썼다(Wrote, kategraphen) – 헬라어 동사 katagraphō는 예수님께서 땅에 기록하는 행동만 지적할 수 있다. 그러나 여인의 고소에 대한 예수님의 반응의 전반적인 문맥에서 예수님께서 기록하신 것은 고소인들에 대한 맞고소를 암시하는 것으로 해석될 수도 있다(LN 33.63). 문맥은 예수님께서 기록하신 내용에 대하여 어떠한 실마리도 제공하지 않는다. 그렇다면 저자는 왜 이야기 속에서 예수님께서 기록하셨다고 언급하는 수고를 했을까? 기록하는 행동 자체는 상징적인 행동으로 간주되었다. 출애굽기 31장 18절에서 첫 번째 돌비는 하나님의 '손가락'으로 기록되었으며, 여기에서 특별하게 언급된 것은 예수님께서 "그분의 손가락으로 기록하셨다"는 것이다. 예수님께서는 하나님께서 원래 기록하셨던 것과 동일한 권세로 기록하신 것이다. [katagraphō]

8:7. **죄가 없는 사람**(The one … <u>without</u> sin, anamartētos) – 요한에게 '죄'는 하나님의 뜻을 위반하는 것을 포함하고 불법이므로, 여기에서 '죄가 없는' 것은 듣는 자들이 하나님의 율법을 완전하게 순종하고 그분의 뜻을 결코 어기지 않는 것을 의미한다. 그러나 이것은 불가능했으며, 듣는 자들도 이 사실을 알았다. 그들 모두 자기들이 고소했던 여인과 같이 죄인들이었기 때문이다. [anamartētos]

8:10. **정죄하다**(Condemn, katekrinen) – (다음 구절에도 나옴) 이것은 요한복음에서 '정죄하다'를 가리키는 데 사용된 일반적인 동사는 아니다. 일반적인 용어는 단순하게 krinō이다(3:19 참고). 여기에서 동사의 의미는 다소 강화되어 '어떤 사람이 확정적으로 죄가 있어 심판에 종속된다고 정죄하는 것'을 의미한다(LN 56.31). [katakrinō]

8:12. **나는…이다**(I am, egō eimi) – 4장 26절에 나오는 논의를 보라. 이 표현은 이 단락에 두 번 나온다(여기와 18절). 이 두 경우 이것은 단순하게 주장을 확증하는 강조의 방식이다. 그러나 이 두 용례는 8장 24, 54절의 동일한 문구의 용례를 예시한다. 거기에서는 절대적인 의미로 사용되며, 신성에 대한 주장을 나타낸다(59절 참고). [egō + eimi]

8:14. **어디로부터**(From where, pothen) – (이 구절에 두 번 나옴) 7장 27절을 보라. 예수님의 기원에 대한 종교 당국자들의 무지는 두 단계에서 동시에 작용한다. 첫째, 사실 예수님의 출신지는 유대 베들레헴인데, 그들은 갈릴리 출신이라고 생각했다. 둘째, 그들은 예수님께서 하늘, 곧 아버지께로부터 오셨고, 그곳으로 돌아가실 것을 알지 못했다. [pothen]

나는 간다(I am going, hypagō) – (이 구절에 두 번 나옴) 예수님께서는 하늘로, 곧 예수님 자신을 보내신 아버지께로 돌아가실 것이다. 그분은 십자가를 통해서 그곳에 이를 것이다. [hypagō]

8:15. **판단하다**(Judge, krinete) – (이 구절에 두 번, 다음 구절에 한 번 나옴) 예수님께서 판단을 하신 것은 (심지어 다음 구절에도) 분명하다. 그러나 바리새인들이 사람을 정죄할 때와 동일한 종류의 판단을 하지 않으셨다. 예수님께서는 세상을 심판하러 오신 것이 아니고, 구원하기 위해 오셨다(요 3:17). 그럼에도 불구하고 예수님의 오심은 사람에게 선택하도록 만들었기 때문에 심판을 가져왔다. 그렇다고 이것이 모순되는 것은 아니다. 그들이 예수님을 영접할 것인가, 아니면 배척할 것인가? 그들이 빛으로 나올 것인가, 아니면 어둠 속으로 다시 물러설 것

인가? 그들이 예수님께 반응을 했을 때, 그들은 심판을 받았다(3:19-21도 마찬가지다). 예수님에 대한 반응은 자기의 영원한 운명을 결정한다. [krinō]

육신을 따라서(According to the flesh, sarka) – 여기에서 이 말의 의미는 "너희들은 외형적인 것들에 따라서, 외적인 것들로 판단을 한다" (BAGD 744, NIV, NRSV–'인간의 기준들을 가지고', NET–'외적인 모양들로')이다. [sarx]

8:16. **나의 판단**(My judgement, krisis) – 예수님의 '판단'은 외적인 것들에 근거하지 않으며 참되다. 예수님과 아버지께서 판단에 함께 참여하시기 때문이다. [krisis]

나를 보내신 아버지(The father who sent me, pempsas) – 1장 6절을 보라. 여기에서 예수님과 그분을 '보내신' 아버지께서는 판단에 함께 참여하신다. [pempō]

8:17. **너희의 율법**(Your law, nomō) – 이것은 모세의 율법을 가리킨다. 예수님께서 언급하신 구절은 신명기 17장 6절이다. [nomos]

8:19. **만일 너희들이 나를 알았다면**(If you knew me, ēdeite) – 예수님의 반응은 그분과 아버지와의 하나 됨에 근거한다(요 1:18, 14:9 참고). 요한복음에서 오해를 낳은 진술의 또 다른 예가 이 말씀이다. 바리새인들은 예수님께서 천부에 관하여 참으로 말씀하고 계신데, 이것을 그분의 지상적인 아버지에 대한 언급으로 이해했다. 요한에게 아들은 아버지를 아는 유일한 길이다(1:18, 14:8 참고). [oida]

8:20. **연보함**(The treasury, gazophylakiō) – 이 헬라어는 '금고'(NASB, NRSV), 또는 이 문맥에서는 '보물창고'로 번역될 수 있다. 이것은 저장을 위해서 사용되는 예루살렘 성전 뜰에 있는 창고들을 가리킨다(LN 7.33). 그러나 여기에서는 여인의 뜰 근처에 놓여 있는 모금함들, 또는 그릇 자체를 가리키는 것으로 보는 것이 더 적절하다(BAGD 149, NIV, '헌금을 넣은 장소 가까이에'). 이러한 것들은 자원하여 드리는 헌물을 모으는 데 사용되었으며 요세푸스(전쟁사 5.5.2[5.200], 6.5.2 [6.282], 고대사 19.6.1 [19.294])와 마카비 1서 14:49와 마카비 2서 3:6, 24, 28, 40(막 12:41, 눅 21:1)에서 언급되었다. [gazophylakion]

그의 시간(His hour, hōra) – 다시 한 번 예수님의 원수들은 그분을 '잡는 데'(즉, 체포하는 데) 무기력했다. 그분의 '시간'(NIV, NLT, NET–'때')이 아직 오지 않았기 때문이다. [hōra]

8:21. **나는 간다**(I am going, hypagō) – (이 구절에 두 번 나옴) 예수님께서는 아버지께로 돌아 '가신다.' 7장 34절을 보라. [hypagō]

너희들은 너희들의 죄 가운데서 죽을 것이다(You will die in your sins, apothaneisthe…hamartiais) – "너희들의 죄 가운데 죽는다"는 표현은 헬라어 구약 성경의 에스겔 3장 18, 20절과 잠언 24장 11절에 발견되는 표현과 유사하다. 자신의 죄를 회개하지 않은 채 속죄함을 받지 않고 죽는 것은 사람에게 닥치는 궁극적인 재앙이다. 여기에서 예수님의 경고는 엄숙하면서 핵심을 찌른다. [apothnēskō + hamartia]

8:22. 유대인들(The Jews, Ioudaioi)-1장 19절을 보라. 여기에서는 예루살렘에 있는 유대 종교 지도자들을 가리킨다. 바리새인들은 8장 13절에서 이런 식으로 질문을 시작했고, 그때 이후에도 예수님의 반대자들의 정체에 어떠한 분명한 변화가 없었다. [Ioudaios]

8:23. 아래로부터…위로부터(From below…from above, katō…anō) - 예수님께서는 사람이 '위로부터'(3:3 참고) 태어나고 영원한 생명을 얻는 것을 가능하게 하려고 '위로' 하늘에서부터 내려오신 분이다. 여기에서의 대조는 예수님께서 오신 하늘과 그분의 반대자들이 속한 지상의 '아래'다(BDAG 535). [katō + anō]

이 세상(This world, kosmou) - 여기에서 이 용어는 '위의' 세상인 하늘 세상과 대조되는 '이 세상'으로 좀더 설명된다. [kosmos]

8:24. 너희의 죄들(Your sins, hamartiais)-(이 구절에 두 번 나옴) 8장 21절과 1장 29절에 나오는 논의를 보라. 24-30절은 그분이 떠나가실 때, 그들을 죄로부터 구원할 다른 가능성이 없을 것이라고 하신 예수님의 주장의 긴박함을 설명한다. 예수님께서 십자가의 못 박힘, 부활과 승귀로 '들려질' 때(8:28), 그분은 모든 사람을 자신에게로 이끌 것이다(12:32 참고). 바로 이 순간에 예수님께서는 자신의 능력, 즉 참으로 신적인 이름과 육체적, 영적으로 죽은 자들 가운데서 사람을 일으킬 능력을 가지고 계시다는 사실을 볼 수 있는 눈을 가진 이들에게 분명하게 나타나실 것이다. 그러나 그분에게 듣는 자들이 믿기를 거절하면, 위에 계신 아버지께로 가는 길은 다른 길은 없으며(14:6 참고), 그러한 사람은 영생의 선물과 선물 수여자로부터 영구적으로 분리되어 자기들의 무덤으로 갈 것이다. [hamartia]

믿다(Believe, pisteusēte)-한 차원에서 이 표현의 의미는 3장 15-16, 18절에서와 같이 '믿음을 행사하다, ~에게 믿음을 두다'이며, 다른 차원에서는 '내가 (메시아)라는 사실을 믿는 것'을 의미하는 것으로 이해될 수 있다. 이 문맥에서 죄 용서는 주요 주제이므로, 여기에서 믿음의 대상은 죄를 용서할 수 있는 권세를 가진 어떤 사람, 곧 예수님이 될 것이다. 또 다른 차원에서는 네 번째 복음서의 독자들이 이 시점에서는 인식할 수 있듯이, 예수님께서는 '단지' 유대인만의 메시아가 아니라 성육신하신 하나님이시다(1:1, 18 참고). 예수님께서 '나는…이다'란 문구를 사용하여 자기 자신을 밝힌 것을 절대적 의미로 해석하는 것이 여기에서 가능하다(다음 항목을 보라). [pisteuō]

나는…이다(I am, egō eimi)-4장 26절에 나오는 논의를 보라. 여기에는 '나는…이다'라는 진술을 수반하는 서술부 주격이 포함된다('그리스도'-RSV, '내가 주장하는 자'-NIV). 예수님의 말씀을 듣는 자들은 그분이 메시아라는 사실을 인정해야 했다(20:31 참고). 그렇지만 어떤 해석자들은 이 문구가 (아무런 서술부 없이) 헬라어로 쓰여졌으며, 서술부 없는(즉, 절대적인 진술) 가운데 8장 28절과 뜻이 유사하다고 생각한다. 만일 그렇다면 이것은 출애굽기 3장 14절('나는…이다')에 나오는 하나님의 이름을 가리킨다. 그러므로 예수님께서는 자기 자신을 하나님으로 밝히고 계셨던 것이다. [egō + eimi]

8:25. 처음(The beginning, archēn)−이 표현은 아마도 예수님의 공사역의 '시작'을 가리키는 것 같다. 그러나 어떤 사람은 이 표현을 '적어도'를 의미하는 관용어로 이해한다. 그래서 예수님의 전적인 반응은 "내가 심지어 너희들에게 말을 하느냐?"란 수사학적인 질문이다(BAGD 112, NRSV). [archē]

8:26. 심판하는 것(To judge, krinein)−여기에서 이 동사의 의미는 예수님께서 단지 '심판을 내리는 것'을 말할 수 있지만 '정죄하는 것'이 될 수 있다. [krinō]

8:27. 그들은 이해하지 못했다(They did not understand, egnōsan)−독자의 유익을 위해서 의도된 복음서 기자의 설명은 또다시 부활 이후의 인식들을 드러낸다. 제자들은 예수님의 부활 이후가 될 때까지, 그분을 특사로 세상에 보내셨고, 그분이 죽은 후에 자기를 다시 영접할 아버지와의 특별한 관계에 대하여 말씀하시는 것을 이해하지 못했다. 이것은 요한복음에 나오는 이와 같은 여러 언급 가운데 하나다(요 2:22를 보라). [ginōskō]

8:28. 들어올렸다(Have lifted up, hypsōsēte)−여기에서 예수님께서는 십자가를 가리키는 '들어올렸다'는 동사로 자신의 십자가 처형을 언급하신다. 3장 14절에 나오는 논의를 보라. [hypsoō]

너희들이 알 것이다(You will know, gnōsesthe)−24절과는 대조로 여기에서 '믿음'은 '지식'으로 대치되었다. 인자가 '들려질 때'(곧, 십자가 위에서), 그분의 정체는 모든 사람들에게 분명해질 것이다. [ginōskō]

나는…이다(I am, egō eimi)−4장 26절과 특히 8장 24절에 나오는 논의를 보라. [egō + eimi]

8:29. 기쁘게 하는 일들(The things that are pleasing, aresta)−이 용어는 여기에서 하나님께 기쁨이 되거나 만족이 되는 것들을 가리킨다(BDAG 130). 세속 파피루스에서 이 용어는 상품의 질을 묘사하는 데 사용된다('수용할 만하다', TDNT 1:456). [arestos]

8:30. 그를 믿었다(Believe in him, episteusan)−이 사람들이 믿은 내용이 상세하게 밝혀지지 않는다. 그러나 문맥으로 미루어 볼 때, 그들은 예수님을 메시아로 믿은 것 같다. [pisteuō]

8:31. 유대인들(The Jews, Ioudaious)−1장 19절을 보라. 이들은 성전에서 예수님의 가르침에 경청을 하고, 메시아라는 그분의 주장을 믿는 예루살렘에 사는 유대인들을 가리킨다. 비록 직접적인 문맥에서는 그룹의 정확한 구성을 상술하는 내용이 아무것도 없으나, 유대인의 종교 지도자들 가운데 몇 명은 확실하게 포함되어 있었을 것이다. 이 백성은 어떤 의미에서 예수님을 믿었는가? 그들은 예수님께서 그들에게 처음부터 말해오신 메시아 주장을 믿었다(25절). 그러나 그들은 예수님께서 자기들이 기대했던 유형의 메시아, 즉 주로 정치적 메시아로 믿기를 고집했다. 이것은 로마인들의 점령에도 불구하고(바벨론 포로 생활은 말할 것도 없고) 그들을 노예로 삼은 적이 있다는 사실에

대한 부인에서 제시된다. [Ioudaios]

그를 믿은 사람들(Who had <u>believed</u> in him, pepisteukotas) – 앞절에서와 같이 이 백성이 '믿은' 내용은 여전히 밝혀지지 않는다. 그러나 이것은 이 유대인 청중들이 예수님을 메시아로 믿은 것을 의미할 것이다. 예수님께서 자신의 제자가 되기 위해서는 자신의 말씀에 '계속 있어야'(또는 '머물러') 할 필요가 있고, 죄의 종속에서 '자유'를 얻어야 할 필요성이 있다고 말씀하기 시작할 때, 그들은 그분에게 등을 돌렸다. 결과적으로 그들은 그분을 죽이려고 했다(59절). [pisteuō]

8:32. **<u>진리</u>**(The <u>truth</u>, alētheian) – (이 구절에 두 번 나옴) "진리를 알지니 진리가 너희를 자유케 하리라"는 진술은 철학적인(또는 절대적인) 의미, 지적인 의미, 혹은 심지어 (여기에서 이 말씀을 들은 유대인 백성이 분명하게 이해한 것과 같이) 정치적으로 해방시킨다는 의미에서 진리를 가리키는 것으로 종종 이해된다. 요한복음의 문맥에서(특별히 서문에 비추어) 이것은 예수님의 인격과 사역에 대한 진리를 가리키는 것이 틀림없다. 그분은 진리이며, 진리가 구원하는 것과 관계된다. [alētheia]

너희를 자유롭게 <u>만들 것이다</u>(<u>Will make</u> you free, eleutherōsei) – 듣는 자들은 자유롭게 될 필요가 있는 종속 상태에 현재 놓여 있다(33절, "우리는 누구에게도 종속된 적이 없다"). 비록 그들은 이것을 인정하려고 하지 않았지만, 죄에 종속되었다. [eleutheroō]

8:33. **아브라함의 <u>자손</u>**(<u>Descendants</u> of Abraham, sperma) – 예수님의 반대자들은 자기들의 특권을 부여받은 지위의 근거로 아브라함과 혈족 관계를 주장했다(눅 3:8 참고). 그들이 아브라함의 참된 씨인 예수님께 말하는 것을 생각해 볼 때 이것은 크게 역설적이다. [sperma]

8:34. **<u>죄</u>를 범하는 자**(The one who practices <u>sin</u>, hamartian) – 8장 21, 24절과 1장 29절에 나오는 논의를 보라. 헬라어 문장 구조는 단순하게 '죄를 짓는 모든 사람'보다 더욱 강조적이다(NET, '죄를 범하는 모든 자'). 자신의 삶이 반복되고 계속적인 죄로 특징 지워지는 사람은 죄에 종속된 자다. 이 종속에서 자유롭게 풀려나기 위해서는 하나님의 간섭이 필요하다. 비록 이 진술이 일반적인 차원에서는 참되지만, 특별히 네 번째 복음서에서 반복적으로 강조된 유대인의 종교 당국자들의 죄는 계속적인 불신의 죄다. 여기에서 헬라어 현재 시제는 점점 쌓이는 증거에도 불구하고, 유대 지도자들이 예수님의 정체성 인정하기를 지속적으로 거부하는 것을 함축한다. [hamartia]

8:35. **<u>거하지</u> 않는다**(Does not <u>remain</u>, menei) – (이 구절에 두 번 나옴) '종'의 신분을 지닌 사람은 어떠한 가족 관계도 갖지 아니함으로 가정에서 영구적인 자리가 없다(NIV–"가족에서 영구적인 자리를 갖지 않는다", NRSV–"가정에서 영구적인 자리를 갖지 않는다"). [menō]

영원히(Forever, aiōna) – (두 번 사용됨) 예수님의 요점은 노예와는 대조적으로, 아들은 자손이나 혈족으로 가족에서 항상 장소를 보장받게 될 것이라는 말씀이다("영원히 머물러 있다"). [aiōn]

8:36. **아들**(The son, huios) – 여기에 언급된 아들은 앞절에서 시작된 일반적 예를 계속하는 것으로 '어떤 아들'로도 이해될 수 있다(NET 참고). 그러나 어떤 해석자들(그리고 번역들, RSV, NASB, NIV 참고)은 예수님 자신에 대한 직접적인 언급으로 이해했다('아들'). 만일 이 예가 일반적인 것이라면, 요점은 가정의 '아들'은 가정에 있는 종인 어떤 사람을 '자유롭게' 할 수 있는 권세를 가진다는 것이다. 만일 예수님께서 여기에 언급되었다면, 하나님의 아들로서 그분은 죄에 종속된 가정 안에 있는 사람들(즉, 이 문맥에서는 그분의 청중들)을 자유롭게 할 권세를 가지고 계신다. [huios]

8:37. **자리가 없다**(Has no place, chōrei) – 헬라어 용어의 기본적인 의미는 저항이 포함된 곳에 진전을 이루는 어떤 것이다(BAGD 889, NET, "나의 가르침은 너희 가운데 어떠한 진전을 이루지 못한다"). 이것은 예수님의 말씀이 그들 가운데 어떠한 진전도 이루지 못하고 거부되는 것을 의미한다. [chōreō]

8:39. **아브라함의 자손**(Children of Abraham, tekna) – 여기에서 이 용어는 예수님의 반대자들을 아브라함의 육적인 자손이 아니라(그들은 아브라함의 자손이라고 주장한다, 33, 37절 참고), 아브라함의 영적인 자손으로 언급한다(그들은 그렇지 않다). 쟁점은 이 사람들에게 결여된 아브라함과 유사한 성품이다(BAGD 808). '아브라함의 행위들'은 궁극적으로 하나님께 대한 그의 믿음을 가리킨다. 이것 역시 예수님의 현재 청중들에게는 없는 그 어떤 것이다. [teknon]

8:41. **너희 아버지의 행위들**(The deeds of your father, erga) – 이 진술을 상세하게 밝히는 44절을 보라. 예수님의 반대자들의 '아버지'는 마귀이므로, 그 '행위들'은 마귀가 '처음부터' 행해온 '살인'을 가리킨다. [ergon]

우리는 태어나지 않았다(We were not born, gegennēmetha) – 1장 12절을 보라. "우리는 사생아로 태어난 것이 아니다"란 진술은 여기에서 역설적이다. 예수님의 반대자들이 암시하는 것은 부정한 관계로 난 사람은 자기들이 아니라, 예수님이라는 것이다(NIV–"우리는 사생아가 아니다", NLT–"우리는 서자로 태어나지 않았다"). 이것은 그들이 예수님의 참 기원과 그분의 탄생과 관련된 초자연적인 사건들을 알지 못했다는 것을 지적하지만, 예수님의 출생 시기가 이례적이었다는 것을 지적할 수 있다. 복음서 기자는 애써 반대자들의 제안을 배격하지 않고, 그의 독자들이 참 이야기를 알게 될 것을 가정하면서 그대로 내버려둔다. [gennaō]

8:42. **~로부터 왔다**(Have gone out, exēlthon) – (NIV, NRSV, "하나님께로부터 왔다") "나는 아버지께로부터 왔다"(여기와 16:27, 17:8, 13:3은 예수님께서 말씀하신 것은 아니지만 유사하다)는 요한복음에서 여러 차례 언급되는 자신의 정체성과 사명에 대한 예수님의 확증이다. 여기에서 이것은 아버지께서 예수님 자신을 '보내셨다'는 주장과 연결되어 있다. [exerchomai]

8:43. **나의 말**(My speech, lalian) – 여기에 역

설적인 언어유희가 있다. 이것은 예수님의 반대자들이 그분의 '말씀'(RSV)을 '들을'(즉, 수용하고 반응할) 수 없기 때문에 그 '말'('내가 말하고 있는 것', NASB, NLT, NET)을 이해할 수 없다. 여기에서 용어 '말'은 예수님의 특징 있는 메시지(BDAG 583)를 가리킨다. 이것은 요한복음 8장에서 오해의 긴 시리즈(19, 22, 25, 33절) 가운데 한 가지를 더 추가한다. [lalia]

듣다(Hear, akouein) – 부정이 포함된 이 용어는 여기에서 문자적으로 귀 먹은 것이 아니라, 어떤 것을 듣고 수용할 수 있는 능력이 없는 것을 가리킨다(LN 31.56). [akouō]

8:44. 너희들은 너희 아버지에게서 나왔다(You are from your father, ek) – 이 문맥에서 헬라어 전치사 ek는 출처나 기원의 의미를 강조한다(LN 89.3, BAGD 234). 예수님께서는 자신의 반대자들이 바로 마귀의 자손이라고 말씀하셨다(이 말씀은 확실하게 그들을 노엽게 했을 것이다). [ek]

마귀(The devil, diabolou) – 여기에서 이 용어가 가리키는 자는 분명히 사탄이다(BAGD 182 참고). [diabolos]

살인자(A murderer, anthrōpoktonos) – 이 드문 용어는 '살인자'를 가리킨다. '처음부터'라는 말은 여기에서 아벨을 살해한 가인을 가리키지 않고, 아담을 속임으로 세상에 죽음을 가져온 자로서 마귀를 가리킨다(DBAG 81). 마귀는 하나님께서 창조하신 생명의 파괴자다. 요한일서 3장 15절에서 이 용어는 상징적으로 자신의 동료 그리스도인을 미워하는 어떤 자를 묘사하는 데 사용된다. [anthrōpoktonos]

거짓말(The lie, pseudos) – 또한 마귀는 하나님께서 계시하시는 진리를 부인한다. 특히 헬라어 관사를 수반하는 이 표현은 '그' 거짓말, 곧 그리스도 자신의 인격과 사역을 거부하는 것에 대한 구체적인 언급일 수 있다. 이러한 부인은 궁극적으로 적그리스도에 의하여 선전될 것이다(요일 2:21–23). [pseudos]

8:45. 나를 믿지 않는다(Do not believe me, pisteuete) – (다음 구절에도 사용됨) 여기에서 '나를 믿다'는 '내가 너희들에게 하는 말을 믿는 것'을 의미한다(4:21 참고). 이것은 40절에서 '내가 하나님께 들은 진리'로 진술된다. 이 문맥은 특별히 그들이 죄에 종속된 사실과 관련된 예수님의 말씀들을 믿는 것과 더욱 관련되어 있다(34절). [pisteuō]

8:46. 나를 책잡다(Convicts me, elenchei) – 여기에서 문맥은 대결을 포함하고, 법정적인 의미로 "내게 죄가 있다고 입증하다"는 것을 제안한다(NIV, NET). 16장 8절에 나오는 논의도 보라. [elenchō]

죄(Sin, hamartias) – 요한에게 '죄'는 하나님의 뜻을 위반하는 것으로 하나님께로부터 분리의 원인이 된다. 그러므로 아버지와 하나이신(17:22) 예수님께서는 결코 '죄'에 대하여 '책잡힐' 수 없다. [hamartia]

8:48. 귀신들렸다(Have a demon, daimonion) – (다음 구절에도 나옴, NIV–'귀신들렸다', NIV, NET–'귀신에게 사로잡힌') 이 고소가 무엇을 의미하는지는 분명하지 않다. '사마리아 사람'

은 이단자를 가리키는 것으로 볼 수 있다. 이 경우 "너는 이단자요 귀신에게 사로잡혔다"는 의미다. 이러한 이중 고소에는 한 가지 답변만 있기 때문에(8:49), 이 두 문구는 상호 교환적일 것이다. 이 구절과 종종 연관되는 두 사마리아인은 마술사 시몬(행 8:14-24)과 후기 전승들에 등장하는 도시쑤스(Dositheus, 저스틴, 변증서 26:1, 4-5에 언급됨)다. 그들은 자기가 하나님의 아들들이라고 주장했으나, 그들은 미친 사람, 곧 귀신들에게 사로잡힌 자들로 간주되었다. 귀신들림과 정신병의 개념이 연결된 것을 보여주는 요한복음 10장 20절도 보라. [diamonion]

8:49. **공경하다**(Honor, timō) – '귀신들렸다'는 고소에 대한 답변으로 예수님께서는 자신이 아버지를 '공경했다'고 말씀하셨다. 이것은 아버지의 뜻을 실현하기 위한 그분의 순종으로 성취된다(42, 55절). [timaō]

8:50. **구하다…판단하다**(Seeks…judges, zētō…krinōn) – (이 구절에 두 번 나옴) 어떤 사람은 이 구절에 두 번째 나오는 '구하다'를 법적인 탐구와 조사를 실행한다는 의미로 '조사하다'는 뜻하는 것으로 해석하나, 이 구절에 두 번 사용된 '구하다'와 같은 의미로 사용된 것으로 보는 것이 더욱 타당하다. 예수님께서는 자기 자신의 '영광'을 '구하시지' 않는다(그 대신 아버지의 영광을 구하신다). 다른 한편으로 아버지께서는 예수님의 '영광'을 '구하시고', 예수님의 메시지와 사명을 배척하는 사람들을 심판하심으로 이것을 유지하실 것이다(TDNT 2:892 참고). [zēteō + krinō]

8:51. **지키다**(Keep, tērēsē) – (다음 구절에도 나옴) 이 동사는 '지키다, 준수하다, 성취하다, 주목하다' (이것은 특별히 헬라어 구약 성경에서는 율법이나 가르침과 관련된 문맥들에 나온다, 삼상 15:11) 등으로 번역된다. 여기에서 목적어는 모세의 율법이 아니라 예수님의 '말씀'이다(BAGD 815, LN 36.19, NLT, NET, "나의 가르침에 순종하다"). [tēreō]

보다(See, theōrēsē) – 이 동사는 어떤 사건을 경험하는 것을 의미한다(LN 90.79). 예수님의 말씀을 '지키는' 자는 '영원히' 죽음을 경험하지 않을 것이다. 그들은 죽음에서 자신의 생명을 옮겨왔다(5:24 참고). 요한에게 영생은 현재에 시작하고 내세까지 확대된다. [theōreō]

8:52. **선지자들**(The prophets, prophētai) – (다음 구절에도 나옴) 이것은 이미 죽은 구약의 모든 선지자들을 가리킨다. [prophētēs]

맛보다(Taste, geusētai) – 여기에서 상징적인 의미는 '경험하는 것'을 뜻한다(LN 90.78). [geuomai]

8:54. **영화롭게 하다**(Glorify, doxasō) – (이 구절에 두 번 나옴) 여기에서 동사 '영화롭게 하다'와 명사 '영광'은 모두 첫 번째 경우 '존귀' 또는 '찬양'을 가리킨다(5:41, 44, 7:18 참고). 두 번째 경우("나를 영화롭게 하시는 분은 나의 아버지이시다")에는 예수님의 십자가를 통하여 일어나는 사건인, 하나님께서 예수님을 '높이시는 것'을 가리키는 것으로 이해된다. [doxasō + doxa]

8:55. 나는 지킨다(I keep, tērō) – 여기에서 하나님의 '말씀'이 준수된다(BAGD 815, LN 36.19). 8장 51절도 보라. [tēreō]

8:56. 내 날(My day, hēmeran) – 용어 hēmera('날')는 예수님의 영광이 결정적으로 계시되는 날을 가리킨다(TDNT 2:951). 요한에게 예수님의 영화는 십자가 위에서 일어나므로, 메시아의 다가오는 희생적인 죽음이 포함될 것이다. 그렇지만 이것은 아브라함과 연결을 짓는데 여전히 어렵다. 어떤 의미로 아브라함이 예수님의 '날'을 '보았는가?' 과거 시제('즐거워했다', '보았다')들이 족장의 생애 동안에 일어난 어떤 사건을 가리키는 것 같기 때문이다. 창세기 랍비 44:25 이하(59:6 참고), 즉 랍비 아키바(Akiba)와 랍비 요하난 벤 작카이(Johanan ben Zakkai)와의 논쟁에서 랍비 아키바는 아브라함이 이 세상뿐만 아니라 오는 세상(이것은 메시아의 날들을 포함한다)을 보여주었다고 주장한다. 더욱이 예수님의 말씀 배후에는 창세기 22장 13–15절이 있는 것으로 보인다. 유대인 랍비들에게 아케다(Akedah, '결박함')로 알려진 이 구절은 희생 제단에서 자기 아들 이삭을 대신할 숫양을 발견하고 기뻐하는 것에 대하여 말한다. 하나님께서 이삭을 대신하여 죽을 숫양을 제공하신 사건 속에서 아브라함은 온 세상을 위하여 죽으실 하나님의 아들의 희생을 '보았다'(요 3:16, 요일 2:1–2). [hēmera]

8:58. 나는…이다(I am, egō eimi) – 여기에서 '나는…이다'는 출애굽기 3장 14절을 언급하는 것이므로 예수님의 신성을 주장한다. 다음 구절에서 유대인 종교 당국자들이 보여주듯이 이것은 이러한 의미로 이해되었다. 그들이 신성모독이라고 생각한 것, 곧 하나님의 특권을 주장함으로써 하나님을 훼방하는 것으로 인하여 "그분에게 던지려고 돌들을 집어들었다"(8:59). [egō + eimi]

8:59. 자신을 숨겼다(Hid himself, ekrybē) – 이 동사는 비록 '숨는 것'의 정확한 성격이 분명하지 않지만, 이와 같은 문맥에서는 '숨는 것'을 의미한다. 58절에 '나는…이다'라는 진술이 나오고 이 구절에서 예수님을 돌로 치려는 시도가 있었음을 보여주며, 복음서 기자는 예수님께서 어떻게 숨으셨는지 묘사하지 않고 그분이 '자신을 숨기셨다'고 우리에게 말한다. 예수님께서 자신을 원수들에게서 숨기기 위해서 초자연적인 방법들을 사용하셨든 안 하셨든, 그분은 자신이 원할 때는 언제든지 그들에게서 도피할 수 있었다는 것은 분명하다. 궁극적으로 이것은 상황을 지배하는 예수님의 주권을 가리킨다. [kryptō]

9:1. 나면서부터(From birth, genetēs) – 비록 이 특별한 문구는 신약 성경 어디에도 나오지 않지만, '출생의 때로부터'를 잘 표현하는 헬라어다. 이야기에서 이 설명이 차지하는 위치에 비추어볼 때, 복음서 기자는 이 사람이 모든 인류를 대표한다는 사실을 분명하게 제시한다. 이 사람은 본성적으로 빛을 수용하지 않고(1:5, 10) 나면서부터 영적으로 눈이 멀었다. 세상에 와서 모든 사람을 비추는 것은 빛 되신 예수님의 역할이다(1:9 참고). [genetē]

9:2. **누가 죄를 지었습니까**(Who sinned, hēmarten) – 예수님의 제자들이 제기한 이 질문은 (누가 죄를 지었든 상관하지 않고) 그 사람이 소경이 된 원인이 죄라고 가정했다. 이것은 유대교에서 흔한 믿음이었다. 랍비들은 에스겔 18장 20절을 사용하여 죄가 없이는 죽음이 없다고 증명했고, 시편 89편 22절을 이용하여 죄책이 없이는 심판이 없다고 증명했다(탈무드, b. Shab. 55a). 그 사람은 소경으로 태어났으므로, 제자들은 그의 부모나 그가 태중에 있을 때 죄를 지은 것이 분명하다고 가정했다. 아가서 랍바 1:41(후기 랍비들의 작품)에 따르면, 임신 중에 있는 여인이 이교사원에서 경배할 때 아직 태어나지 않은 아기도 우상숭배를 범한 것이 된다. 이것은 랍비들의 유대 사상에서 태어나지 않는 아기가 어떻게 죄를 범할 수 있는지 보여주는 한 가지 예다. 그렇지만 예수님께서는 다음 구절에서 그러한 개별적인 죄는 그 사람이 소경이 된 원인이 아니라고 지적하셨다. [hamartia]

9:3. **하나님의 일들**(The works of God, erga) – 하나님의 '일들'을 예수님께서 누구신지를 증거하는 표적의 의미를 가진 기적들로 보여주는 5장 36절을 보라. 여기에서도 그 의미는 동일하다. 복수로 사용된 '일들'은 지금까지 예수님께서 잘 알려지시게 된 기적들을 가리킨다. [ergon]

계시되기 위하여(May be revealed, phanerōthe) – 이 동사는 분명하고 약간 상세하게 '알리는 것, 계시하는 것'을 의미한다(LN 28.36, RSV–'나타내다', NIV–'전시되다'). 요점은 하나님의 '일들'(과 이것들을 통하여 이들을 행하시는 아들)이 '계시되어야' 한다는 것이다(9:16, 31 참고). [phaneroō]

9:4. **그것은 필요하다**(It is necessary, dei) – 요한복음에서 이 비인칭 동사는 전형적으로 신적인 필요성, 다시 말해서 하나님의 뜻이나 계획을 가리킨다(3:7, 14, 30, 4:4, 20, 24, 9:4, 10:16, 12:34, 20:9). [dei]

밤(Night, nyx) – 여기에 '낮'과 '밤' 사이의 대조가 있다. 이것은 (상징적으로) '빛'의 조건들과 '어둠'의 조건들 사이의 대조다(BDAG 682). 예수님을 세상의 빛으로 간주하는 요한에게(8:12, 9:5) '밤'은 예수님께서 세상을 떠나시는 것을 포함한다. 이 떠나심은 다가오고 있으며(7:34, 8:21–23 참고), 빛은 곧 철수되고 영원히는 아니나 잠시 동안 어둠이 다스릴 것이다(1:5, 10 참고). 3장 2절에 있는 논의도 보라. [nyx]

9:5. **세상**(The world, kosmō) – (이 구절에 두 번 나옴) 여기에서 세상은 상소보다는 '인류'가 있는 곳을 의미한다(4절). 1장 9절에 나오는 논의를 보라. [kosmos]

빛(The light, phōs) – "나는 세상의 빛이다"라는 예수님의 진술은 8장 12절과 연결된다. 여기에서 (8:12에서보다 더욱 분명하게) 복음서 기자는 예수님의 진술을 그분의 인격에 대한 형이상학적인 정의로 보지 않고 세상에 끼치는 그분의 영향에 대한 묘사로 본다. 예수님께서는 모든 사람에게 '빛으로 나올지' 아니면 어둠 가운데 머물러 있을지를 결정하도록 강요하신다(요 3:19–21 참고). 1장 4절에 나오는 논의

를 보라. [phōs]

9:6. 점토(Clay, pēlon) – 여기에서 이 용어는 점토와 같은 농도를 가진 습기 있는 흙을 가리킨다(LN 2.18, NIV, NRSV, NLT, NET, '진흙'). 다른 문맥들(예, 롬 9:21)에서 동일한 용어는 토기장이의 점토를 가리킬 수 있다. 이것은 또한 주술적인 문구와 의학적인 처방에도 발견되었다(TDNT 6:118). 이것은 예수님께서 주술이나 의술보다 우월하심을 제시한다. 예수님께서 진흙을 만드는 것은 노동이었으므로 당국자들에게 이러한 행동은 안식일의 위반이었다(9:14 참고, 또한 미쉬나에서 m. Shabbat 7:2는 안식일에 뜨개질하는 것을 금한다). [pēlos]

침(Spittie, ptysmatos) – 타액(NIV, NRSV, NLT, NET)은 이교 문화에서 치유의 역할을 하는 것으로 이따금 간주된다(BAGD 727). 그러므로 일반적인 차원에서 이러한 방식으로 간주될 수 있다. 헬라어 단어는 묘사되는 것과 같이 발음된다는 것을 주목하라. [ptysma]

발랐다(Anointed, epechrisen) – 이 동사는 연고나 기름과 같은 물체를 문지르거나 스며들게 하는 것을 의미한다(LN 47.15, NIV- "그것을 입었다", NRSV-"진흙을 펼치다", NET-"진흙을 스며들게 하다"). 그러므로 진흙을 그 사람의 눈에 바르는 것에 대한 묘사 방식은 적절하다. [epichriō]

9:7. 실로암의 연못(The pool of Siloam, kolymbēthran) – 이것은 예수님 당시에 분명하게 잘 알려진 연못을 설명한다. 요세푸스는 실로암이라 불린 '분수'를 설명한다(전쟁사 5.4.2 [5.145]). 그러나 그가 아래 (또는 오래 된) 연못을 가리키는지 아니면 실로암의 현대 연못인, 가까이에 있는 위의 연못을 가리키는지는 확실하지 않다. [kolymbēthra + Silōam]

보냈다(Sent, apestalmenos) – 연못의 히브리어 이름은 히브리어 동사 '보내다'에서 유래한 shiloah다. 창세기 49장 10절에 나오는 다소 애매한 표현인 실로는 후기 유대인 전승에 의하여 메시아에 대한 언급으로 해석되었고(창세기 랍바 98.13, 99.10), 어떤 사람은 이 두 이름 사이의 어휘적인 연결을 주장했다(비록 이것은 의심되지만). 그렇지만 초막절 기간중에 제단에 붓는 물은 실로암 연못에서 길어왔다. 요한이 복음서 기자로 연못의 이름에 대하여 설명하는 이유는 무엇인가? 요한복음에서 '보내는 것'의 개념은 중요하다. 아버지께서는 아들을 '보내셨고', 아들은 소경으로 태어난 사람을 연못으로 '보내셨다.' 연못의 이름은 그 사람의 상황뿐만 아니라, 하늘로부터 '보냄을 받은' 예수님 자신에게도 적용된다. 1장 6절을 보라. [apostellō]

9:9. 나는 그 사람이다(I am he, egō eimi) – 여기에서 이 진술은 자신이 전에 구걸했던 자와 동일한 사람이라는 사실을 단순하게 인정하는 것이다. 이것은 요한이 이 문구를 항상 예수님의 신성을 가리키는 전문적인 용어로 삼지 않았다는 사실을 지적한다. [egō + eimi]

9:11. 저 사람(That one, ekeinos) – 7장 11절을 보라. 9장 전체에서 이 지시대명사는 소경으로 태어난 사람을 가리키는 데 사용되었으므로, 네 번째 복음서에서 예수님을 가리키는 전문적

인 용어가 아닌 것이 분명하다. [ekeinos]

시력을 얻었다(Received sight, aneblepsa) – 이 동사는 고전 헬라어에서도 여기에서와 같이 동일하게 '시력을 얻다' 또는 '시력을 회복하다'는 의미를 가진다(BAGD 50, NIV-"그리고 그때 내가 볼 수 있게 되었다", NET-"그리고 나는 볼 수 있었다"). 그 사람의 시력이 회복된 것인지, 처음으로 얻은 것인지는 문맥을 통해 알 수 있다. 여기에서 그 사람은 날 때부터 보지 못했다고 분명하게 진술되었다(1절). [anablepō]

9:14. **안식일**(Sabbath, sabbaton) – (16절에도 나옴) 그 날이 안식일이라는 사실을 독자에게 주목시키는 유사한 언급이 나오는 5장 9절을 보라. 여기에서 다시 예수님께서는 안식일에 일을 하심으로 논쟁을 불러일으키셨다. [sabbaton]

9:16. **지키다**(Keep, tērei) – 여기에서 동사는 안식일을 '준수하는 것'을 가리킨다(NRSV, NET). 유대 종교 지도자들은 진흙을 만드는 일을 안식일 규례의 위반으로 간주했다. 8장 51절도 보라. [tēreō]

죄인(A sinner, hamartōlos) – 비록 이 용어의 의미는 '죄를 범하는 사람'이지만, 요한은 일반적으로 사람이나 개별적으로 개인을 언급하는 데 이 용어를 결코 사용하지 않는다. 이것은 예수님에 대한 반대자들의 고소로 그분에게만 사용되었다. [hamartōlos]

분열(A division, schisma) – 비록 유대인 종교 지도자들 가운데 어떤 사람은 예수님께서 안식일을 어겼기 때문에 그분이 하나님에게서 왔다고 할 수 없다고 자동적으로 가정했으나, 다른 사람들은 분명한 사실들로 인하여 어려움을 당했다. '죄인'이 어떻게 그와 같은 기적적인 표적들을 행할 수 있는가? 이러한 사실은 그들 가운데 '분열'을 가져왔으나, 이야기는 첫째 그룹의 전제대로 진행되어 안식일을 어긴 사람은 하나님께로부터 올 수 없다는 것이다. [schisma]

9:17. **선지자**(A prophet, prophētēs) – 1장 21절을 보라. 여기에서 prophētēs는 헬라어 관사의 수식을 받지 않았다. 그리고 9장 11-12절에 기록된 치유받은 사람의 대답에서 예수님의 참된 정체성에 대한 구체적인 통찰을 보여주지 않았다. 그러므로 이 용어는 아마도 신명기 18장 15절의 그 선지자보다는 하나님께서 기적의 능력을 부어주신 사람을 단순하게 가리키는 것 같다. 바리새인들은 그 사람을 그 자리에 세워놓고 답변을 요구했다. 그러자 그는 예수님에 대하여 무엇인가를 말해야만 할 강압을 느꼈다. 그렇지만 그는 아직도 예수님께서 누구신지에 대한 분명한 개념을 갖지 못했다. 그래서 그는 그분을 '선지자'라고 부른 것이다(4:19 참고). [prophētēs]

9:18. **<u>유대인들</u>**(The <u>Jews</u>, Ioudaioi) – 1장 19절을 보라. 여기에서 이 문구는 유대 종교 지도자들, 즉 9장 13, 15-16절에 언급된 주목할 만한 바리새인들을 가리킨다. [Ioudaios]

<u>믿지</u> 않았다(Did not <u>believe</u>, episteusan) – 여기에서 '믿어지지' 않은 것의 내용은 '그가 소경이었다는 사실'의 문맥에서 밝혀진다. 이 시점에서 유대 종교 지도자들은 공개적인 반대로

향하지 않았다. 그 대신 16절에 제시된 곤경은 실제적이었다. 충분히 그러한 기적을 행할 수 있을 정도로 선한 사람이 안식일에 그런 일을 행하기 원하지 않을 것이라고 여겼다. 그러므로 유대 종교 지도자들은 아마도 그 사람의 이야기에 오해가 있었을 것이라고 가정했다. 그가 어쩌면 소경으로 태어난 것이 아닐 수도 있다는 생각에 그들은 이어서 그 사람의 부모를 불러 조사했다. [pisteuō]

불렀다(Called, ephōnēsan) – 여기에서 이 동사는 조사를 위해서 그의 부모들을 부른다는 의미에서 '소환했다' (NLT–'불러들였다', NIV–'부르러 사람을 보냈다')라는 뜻을 지닌다(LN 33.307). [phōneō]

9:21. **그는 나이가 들었다**(He is of age, hēlikian) – (23절에도 나옴) 관용어로 이것은 법적으로 성숙한 연령을 가리킨다(NET, "그는 성숙한 어른이다"). 이 단어는 세속적인 헬라어 파피루스에서 빈번하게 이러한 의미를 가진다(BDAG 436). [ēlikia]

9:22. **회당에서 추방하다**(Put out of the synagogue, aposynagōgos) – 신약에서 요한만이 단어를 사용한다. 이것은 유대인의 회당에서 추방되는 것을 가리킨다(LN 11.46, BAGD 100, NLT, "회당에서 추방되었다"). 요한은 예수님을 메시아라고 믿는 자들에게 유대인들이 취한 조치를 묘사하기 위해서 이 단어를 사용한다. 그래서 어떤 사람들은 이것이 시대 착오적이라고 말하고, 또 다른 사람들은 비역사적이라고 말한다. 후기 유대인의 관습에는 적어도 두 가지 형태의 출교가 있었다. 이것들은 30일간의 잠정적인 추방과 영구적인 추방이다. 그러나 이러한 출교가 신약 당시에 적용되었는지는 결코 확실하지 않다(TDNT 7:848). 요한복음이 기록된 시대까지 그리스도인에게 형식적인 추방 선고가 있었다는 실질적인 증거는 없다. 그러므로 이것은 예수님을 메시아라고 선포하고 있던 사람들을 다루기 위하여 채택된 일시적인 조치로서 어떤 형태의 추방을 가리킬 수 있다. 요한복음에 나오는 세 번의 언급(9:22, 12:42, 16:2) 외에는 이러한 절차에 대한 다른 기록이 없다. 이것은 예루살렘 주변 지역에 제한된 지역적인 추방일 수 있다. [aposynagōgos]

9:24. **그들이 불렀다**(They called, ephōnēsan) – 9장 18절을 보라. 그 사람의 부모에 대한 조사가 결실이 없다는 것을 결정하고, 바리새인들은 좀더 강하게 심문하기 위해서 그 사람을 다시 불렀다(NIV, NET, '소환했다'). [phōneō]

영광(Glory, doxan) – "하나님께 영광을 돌리라"는 표현은 "진리를 인정하라"는 것을 의미하는 관용어다(수 7:19 참고). [doxa]

9:28. **그들은 욕했다**(They reviled, eloidorēsan) – 더욱 압박받았을 때 그 사람은 자기의 이야기를 고집했고, 유대 종교 지도자들은 그를 조롱하게 되었다(NIV–"그에게 욕을 퍼부었다", NET–"그에게 욕을 쌓아올렸다"). 34절에 가서는 논쟁이 완전하게 인신 공격적이 되었다. [loidoreō]

9:29. **그가 어디에서 왔는지**(Where he is from,

pothen) - 헬라어 용어는 기원의 장소를 가리킨다(BAGD 680). 다시 한 번 논쟁은 예수님의 기원 장소에 집중된다. 7장 27절에 나오는 논의도 보라. [pothen]

9:30. **놀라운 일**(A marvel, thaumaston) - 이 용어는 '경이, 놀라운 일, 주목할 만한 어떤 것'을 의미한다(BAGD 352). 시력을 얻은 그 사람은 여기에서 이 표현을 감탄사 이상으로 사용했다. "얼마나 놀라운 일인가"(NIV-"그것은 주목할 만한 일인데", NET-"이것은 주목할 만한 일이다")! 그 사람의 눈이 기적적으로 치료받았기에, 참으로 '놀라운 일'에는 언어유희를 포함하려는 요한의 경향이 다시 한 번 나타난다. 그래도 그 사람 자신은 이 용어를 역설적으로 사용하여 예수님을 반대한 유대 종교 지도자들의 지식의 결여를 묘사한다. 비록 그들은 예수님께서 참으로 하나님께로부터 오신 사실을 인정하기를 주저했지만(그렇지만 3:2에 나오는 니고데모를 참고하라), 자신의 시력을 회복한 그 사람은 예수님께서 '하나님께로부터' 오신 것을 확신했다(33절). [thaumastos]

9:31. **죄인들**(Sinners, hamartōlōn) - 암시적으로 이것은 예수님에 대한 고소다. 9장 16절에 나오는 이 용어에 대한 논의를 보라. [hamartōlos]

하나님을 경배하는 자(A worshiper of God, theosebēs) - 이 단어는 문자적으로 '하나님을 두려워하는 자'를 의미한다. 이 의미를 확대하면, '두려워함'과 '경외'는 종종 관련되어 있으므로 '하나님을 경배하는 자'가 된다(NIV-'경건한 사람', NET-'누군가 경건하다면'). 하나님을 향한 이 구체적인 태도는 다음 구절에서 '그의 뜻을 행하는'(즉, '그에게 순종하는') 사람에 의하여 증거되는 것으로 설명된다. 이것은 하나님께서 들으시는 데, 다시 말해서 자신의 기도를 응답받는 데 선결 조건이다(TDNT 3:126 참고). [theosebēs]

9:32. **영원부터 과거까지**(From eternity past, aiōnos) - 비록 장소와 관련하여 이 표현은 단순하게 '옛날부터, 고대로부터'를 의미할 수 있으나 이것이 '시작', 즉 세상의 시작을 가리키는 경우들도 있다(요세푸스, 전쟁사 5.10.5 [5.442]). 바로 이것이 여기 문맥에서의 의미다(NRSV-"세상이 시작된 이래 결코 없었다", NET-"전에 결코 없었다"). 사람들은 그러한 기적을 전에 결코 들은 적이 없다. [aiōn]

9:33. **하나님으로부터**(From God, para) - 헬라어 소유격의 수식을 받는 전치사 para(~로부터)는 지역의 의미를 수반하고, 한 사람이 다른 사람을 찾는 것을 묘사하는 데도 사용될 수 있다(BAGD 609). [para]

9:34. **너는 완전히 죄 가운데 태어났다**(You were born completely in sin, hamartiais…holos) - 헬라어 용어 holos는 여기에서 그 사람의 죄악성의 완전함을 내다본다(LN 78.44, NIV, "태어날 때 죄에 깊이 빠졌다"). 요한복음의 다른 곳에도 나오는 것으로 볼 때, 이것은 요한의 관용어인 것 같다(요 13:10, katharos holos). 이 모욕의 핵심은 시력을 회복받은 사람이, 바리새인들이 해석한 대로 구약 율법의 모든 관

습적인 요구들을 전에 엄격하게 준수하지 않았다는 것이다(LN 88.118). 그러므로 그들의 견해에 따르면, 그는 예수님에 관하여 가르칠 권한이 없었다. 그래서 그들이 "그를 쫓아낸 것이다." [holos + hamartia]

9:35. 그를 <u>찾고</u>(<u>Finding</u> him, heurōn) – 예수님께서는 자신이 치료한 그 사람을 '찾는 데' 주도권을 취하셨다. 이는 그 사람이 아직 예수님께서 누구신지 알지 못했기 때문이다. [heuriskō]

너는 <u>믿느냐</u>(Do you <u>believe</u> in, pisteueis) – 여기와 다음 구절에서 이 표현의 의미는 3장 15–16, 18절에서와 같이 동일하게 '믿음을 행사하다, ~에게 믿음을 두다' 이다. 믿어야 할 내용은 '인자' 로 상술된다. 이것은 다니엘 7장 13절에 대한 언급으로, 거기에서 인자는 우주적인 주권을 수여받는다. [pisteuō + huios + anthrōpos]

9:38. 그는 그에게 <u>경배했다</u>(He <u>worshiped</u> him, prosekynēsen) – 동사 proskyneō는 4장 20–25절에서 하나님을 경배하는 것을 묘사하는 데 사용되며, 다시 동일한 의미로 12장 20절에도 나온다. 9장 38–39상반절의 진정성을 가정할 때(가장 이르며, 가장 중요한 신약 사본 가운데 일부에는 이 구절들이 없다), 이 동사를 사용하여 사람이 예수님을 경배했다고 말하는 것은 요한복음에서 이곳이 유일하다. 그 자체로 이 단어들은 이 이야기의 절정을 이루나, 이것은 후대 필사가가 추가한 것을 나타낼 수 있다. [proskyneō]

9:39. 심판(Judgment, krima) – 이 용어는 기본적으로 요한복음에서 '심판' 을 가리키는 다른 명사 krisis와 기본적으로 동의어다(LN 56.30). 여기에서 예수님의 진술은 3장 17절에서 하신 사명의 진술과 모순되는 것 같으나 이것은 피상적인 모순에 지나지 않는다. 거기에서 예수님의 사명은 세상을 구하는 것이다. 그분은 세상을 정죄하는 사명을 가지고 세상에 오시지 않았다. 그러나 (여기에 있는 본보기와 함께 3:19–21이 설명하는 것과 같이) 빛이 세상에 오셨다는 바로 그 사실 자체로 '심판' 이 촉발된다. 예수님께 반응할 때, 사람들은 심판을 받는다. 빛은 선택(빛으로 나오거나 어둠에 머물러 있는 선택)을 불가피하게 하며, 이 선택은 자신에 대한 심판이다. [krima]

이 <u>세상</u>(This <u>world</u>, kosmon) – 여기에서 이 용어는 이미 현존하는 이 세상과는 다른 세상, 즉 위에 있는 세상, 하늘 세상과 대조되는 '이 세상' 으로 한정된다. [kosmos]

9:41. <u>죄가</u> 있다(Have <u>sin</u>, hamartian) – 이러한 구문은 요한복음 15장 22, 24절, 19장 11절과 요한일서 1장 8절에도 나온다. 요한의 용례에서 '죄' 는 조건, 또는 특징적인 성격을 가진다(BAGD 43). 그릇된 행동을 저지르거나 그릇된 태도로 '죄' 의 상태에 도달하게 된다(NIV, NET, "죄의 책임이 있다"). [hamartia]

남아 있다(Remains, menei) – 1장 32절을 보라. 그 소경은 육적인 시각을 받았고, 이것은 그를 영적인 시각에도 이르게 했다. 정작 영적인 시각을 소유하고 있다고 주장하던 바리새인들이 사실 영적인 소경이었다(40절). 독자는 예수님께서 니고데모에게 물으셨던 "네가 이스라엘의 선생인데 이러한 것들을 이해하지 못하느냐?"는 질문을 떠올릴 수 있다(3:10). 다르게 말해서, 예수님을 영접하는 것은 세상의 빛을 영접하는 것이나, 그분을 배척하는 것은 빛을 배척하고 자신의 눈을 감으며 "소경이 되는 것이다"(39절). 이것은 예수님께서 앞서 경고하신 심각한 죄다. 그들은 유일한 치유책을 스스로 거부했기 때문에 그러한 소경된 상태는 치유받을 수 없다(12:39-41 참고). [menō]

10:1. **문**(The <u>door</u>, thyras) – (2절에도 나옴) 여기에서 용어는 문자 그대로 양 우리에 있는 '문'이다(BDAG 462). 예수님께서는 나중에 이 용어를 상징적으로 사용하여 '그의 양'인 추종자들의 통과를 허용하는 통로로 자신을 가리킬 것이다(7, 9절). [thyra]

양의 <u>우리</u>(The <u>fold</u> of the sheep, aulēn) – 헬라어 용어 aulē는 담으로 둘러싸인 경내, 즉 가옥의 뜰이나 여기와 같이 '양' 등의 가축을 위한 울타리를 가리킨다(LN 7.56, BAGD 121, NIV, '양 우리'). 예수님 당시 팔레스타인에 사용된 양 우리의 형태는 여러 가지였다. 이 양 우리는 돌담으로 둘러싸인(종종 그 위에는 보호를 위해서 찔레 덤불이 놓여 있다), 집 앞에 있는 뜰인 것 같다. 양은 특히 추운 겨울 동안 밤에는 안에서 보호를 받았고, 낮에는 목초지로 인도를 받는다. [aulē]

도적(A thief, kleptēs) – 호머(Homer)까지 거슬러올라가는 이 용어는 '도적질하거나 은밀하고 교활하게 횡령하는 사람'을 의미한다(TDNT 3:754). 헬라어 구약 성경에서 이와 관련된 동사는 살인, 간음과 거짓 증거를 하는 것과 함께 (렘 7:9) 주요 죄 가운데 하나를 묘사했다. 여기에서 예수님께서는 헤롯인들과 바리새인들과 같이 공동체의 통치자들이나 지도자들이라고 주장하는 '그 앞에 온 모든 사람들'(8절)을 묘사하신다. 그들이 이 이미지를 놓칠 수는 없었을 것이다. [kleptēs]

강도(A robber, lēstēs) – '도적'은 주로 은밀하게 도적질하지만, '강도'는 주로 폭력적인 공격으로 도적질을 한다. 여기에서 용어는 '강도, 노상강도, 도적 떼'를 의미한다(BAGD 473). [lēstēs]

10:3. **<u>문지기</u>**(The <u>doorkeeper</u>, thyrōros) – 이 용어는 집이나 건물의 출입문을 지키는 사람을 묘사한다(LN 46.8, KJV-'문지기', NIV-'경비원', NRSV, NLT-'대문지기'). 여기에 남성 명사가 사용되었으나 남자 또는 여자를 가리킬 수 있다(BAGD 366). 비유에서 '문지기'가 누구를 나타내는지에 대하여 많은 제안이 있었으나 아무것도 설득력이 없다. 전체적인 그림의 한 부분으로서는 필요하나 상징적인 의미가 전혀 없는 세부 상황들이 비유에 포함될 가능성이 많다. [thyrōros]

그들을 <u>인도해내다</u>(<u>Leads</u> them <u>out</u>, exagei) – 이 동사는 어떤 사람이나 생명이 있는 어떤 것을 '이끌어내거나' '인도해내는 것'을 의미한다(BAGD 271). 우리 안에는 한 종류의 가축 떼가 있었다고 제시되어 왔다(이것은 규모가 큰 양 우리들은 감시자를 필요로 할 것이므로 '문지기'가 있다는 사실은 이것을 지적한다). 양을 목축할 때, 각 목자는 자기의 양떼를 부르고 양들을 분리했다. 그러나 그러한 해석과는 반대로 요한복음은 우리 안에 있는 양 사이의 구별을 언급하지 않는다. 비록 데리고 와야 할 다른 양이 있지만(10:16), 그들은 '한 목자'를 모신 '한 양떼'여야 한다. [exagō]

10:4. **그가 내어놓다**(He puts forth, ekbalē) – 여기에서 동사는 다른 곳에서 흔히 가지는 것과 같이('쫓아내다'), 강압의 함축적 의미를 가지지 않고 단순하게 어떤 사람이나 어떤 것(여기에서 양)을 한 장소에서 다른 장소로 가게 하는 것을 가리킨다(BDAG 299, NIV, NRSV–'데리고 나왔다', CEV–'인도해냈다'). [ekballō]

10:5. **도망갈 것이다**(Will flee, pheuxontai) – '이상한 사람'이 양을 우리에서 꺼내려고 할 때, 그들은 그의 음성을 알지 못하므로 따르지 않을 것이다. 사실 양은 그로부터 '도망갈' 것이다. 이 동사는 '~로부터 달아나는 것'을 뜻한다(LN 15.61, NIV, NET). [pheugō]

10:6. **이 <u>비유적인 표현</u>**(This <u>figure of speech</u>, paroimian) – 헬라어 단어 paroimia(16:25, 29에도 다시 사용된다)는 상징적인 의미를 가진 상당히 짧은 이야기를 가리킨다(NIV, NRSV–'비유적인 표현', NLT–'예화', NET–'비유'). 이 용어는 공관복음에는 나오지 않는다. 그 대신 공관복음에는 parabolē(비유)가 사용된다. 이 두 용어의 의미는 유사하다(LN 33.15, TDNT 5:856). [paroimia]

10:7. **양의 문**(The <u>door</u> of the sheep, thyra) – 이 진술은 이례적이다. 예수님께서 말할 것으로 독자가 예상할 수 있는 말씀은 이것이다. "나는 양의 목자다." 9절이 이 의미를 밝힌다. 예수님께서는 양들이 우리로 들어가고 나갈 때 통과하는 '문'(NIV, NRSV, '대문')이시다 (BDAG 462). [thyra]

10:8. **나보다 먼저 온 <u>모든 자</u>**(<u>All</u>…before me, pantes) – 이 문구가 누구를 가리키는지 파악하는 것은 다소 어렵다. 가장 분명한 후보는 예수님의 선임자인 선지자들과 구약의 성도들이 될 것이기 때문이다. 그러나 예수님께서는 그들에 대하여 이러한 부정적인 말씀을 좀처럼 하실 리 없다. 그러한 백성에 대한 그분의 태도는 5장 46절과 8장 56절에 분명하게 나타난다. 현재 시제의 사용("나보다 먼저 온 모든 자들은 도적들이며 강도들이다")은 문맥적인 실마리를 제공한다. '나보다 먼저 온 모든 자들'은 예수님 당시의 유대 종교 지도자들을 가리킨다. 이들은 '빛'이 오기 전 '어둠' 가운데서 온 자들이다. [pas]

10:9. **그는 구원을 받을 것이다**(He will be saved, sōthēsetai) – 이 동사는 여기에서 '누구나'를 가리킨다(비록 이 단어는 9:40에 나오는 '바리새인들의 일부'를 겨냥한 것이고, 이 대화는 이전 대화의 연속이지만). 요한이 선호한 용어들로 말하면, '구원을 받는 것'은 본질적으로 '영생을 얻는 것'을 의미한다. [sōzō]

<u>들어가고</u> <u>나갈 것이다</u>(<u>Will go in</u> and <u>go out</u>, eiseleusetai…exeleusetai) – 다른 문맥에서 이 문구는 어떤 공동체와 관계해서 살거나 처신하는 것을 가리키는 관용어다(행 1:21 참고,

또한 민 27:17, 대하 1:10). 여기에서 예수님의 말씀은 신자들의 새 언약 공동체를 내다보는 것일 수 있다. 누가복음 9장 4절에서 이 두 동사는 제자들을 위해서 주어진 가정이 제공한 안전과 안보의 문맥에서 등장한다(BAGD 233 참고). [eiserchomai + exerchomai]

목초지를 발견할 것이다(Will find pasture, nomēn) – 이 용어는 성경 밖의 본문들에서 '목축하는 땅의 장소' 와 그러한 땅이 제공하는 꼴을 찾기 위한 기회를 가리킨다(BDAG 675). 에스겔 34장 13-14절에서 '목초지' 는 나라가 회복되고 하나님의 나라가 확립된 후의 이스라엘 산 정상을 가리킨다. [nomē]

10:10. **멸망시킨다**(Destroy, apolesē) – 여기에서 이 동사는 '망하게 하는 것, 멸망시키는 것 또는 어떤 것이나 어떤 사람의 멸망을 가져오는 것' 을 의미한다(LN 20.31 참고). 궁극적으로 예수님의 사명(3:16-17 참고)은 그 앞에 왔던 사람들의 목적들, 그리고 활동들과 강한 대조를 이룬다. [apollymi]

풍성하게(Abundantly, perisson) – 이 단어는 '양이 굉장하다, 풍성하다, 풍부하다' 를 의미한다(BDAG 805, NIV-"그것을 충분하게 가지다", NLT-"그 모든 충만함 가운데"). 여기에서 강조된 것은 예수님께서 오셔서 주시는 영원한 생명의 넘쳐흐르는 특성이다(롬 5:20 참고). [perissos]

10:11. **선한 목자**(The good shepherd, poimēn) –(이 구절에 두 번 나옴) 여기에서 은유법이 바뀐다. 7-10절에서 문이신 예수님께서는 이제 목자가 되신다. 여호와(Yahweh) 자신을 국가의 부적합한 목자들을 대치하는 목자로 보여주는 에스겔 34장 11-12절과 이 말씀을 비교하라. 가장 약하게는, 자신을 목자로 보시는 예수님의 은유는 메시아의 주장을 이룰 것이다. 가장 강하게는, 하나님 자신과 일치, 곧 신성에 대한 주장에 해당된다. [poimēn]

내려놓는다(Lays down, tithēsin) –(15, 17-18절에도 나옴) 요한의 글들에서 이 동사는 빈번하게 예수님 자신의 '생명을 내려놓는' 행동을 가리킨다(BAGD 816). 이것은 십자가 위에서 일어난다. 이 의미는 요한복음 10장 11, 15, 17-18절, 13장 37절, 15장 13절과 요한일서 3장 16절에도 나온다. 이것은 요한복음 13장 4절에서 예수님께서 자신의 겉옷을 '벗는 것' 을 묘사하는 데도 사용되었다. 예수님께서 제자들 발을 씻긴 것의 궁극적인 의미는 제자들을 위한 희생적인 죽음이므로 이 말씀은 같은 의미를 나타낼 수 있다. [tithēmi]

위해서(For, hyper) –(15절에도 나옴) 소유격의 수식을 받는 헬라어 전치사 hyper는 '~의 유익을 위해서' 를 의미할 수 있으나, 이것은 그리스도의 죽음과 관계되는 어떤 문맥에서 이 의미를 넘어서 구속(TDNT 8:510), 심지어는 대속을 암시한다. 예수님께서는 이 단락에서 두 번에 걸쳐 다른 사람들을 위한 자신의 죽음을 공개적으로 말씀하신다(11, 15절). 선한 목자는 양을 위해서 생명을 내려놓는다고 말함으로써 그분은 매우 구체적으로 말했다. 예수님께서는 자신의 십자가 죽음을 염두에 두고 계신다. 진짜 양떼와 함께하는 목자는 문자 그대로 그의 죽음이 양에게 재앙을 가져오나, 여기에서는

양을 위한 생명을 가져온다. [hyper]

10:12. **고용된 일꾼**(The hired worker, misthōtos) –(다음 구절에도 나옴) 이 용어는 '일일 노동자'를 가리키는 플라톤의 정치학 290a에 나온다(TDNT 4:695). 초점은 급료를 위해서 행해진 일에 있다(LN 57.164, NIV, NRSV, NLT, NET, '고용된 손'). 직무를 위해서 단순하게 급료를 받는 노동자는 양에게 관심을 갖지 않고, 그들을 위해서 자신의 생명을 위험에 빠뜨리지 않을 것이다. 그들은 위협을 받을 때 달아난다. [misthōtos]

약탈하다(Snatches, harpazei) – 이 헬라어 동사는 어떤 것을 무력으로 잡고 그것을 끌어당긴다는 의미를 가진다(BAGD 109). 이 문맥에서 '늑대'는 결과적으로 양떼를 흩으므로 '공격하다'는 의미가 더 적절하다(LN 39.49, NIV. CEV, NLT, NET). [harpazō]

10:13. **보살피지 않는다**(Does not care, melei) –동사는 '어떤 것에 대하여 특별히 관심을 가지는 것'을 의미한다. 여기에는 어느 정도의 염려가 암시된다(LN 25.233). 고용된 일꾼에게는 양을 위해서 그러한 관심이 결여된다. [melō]

10:14. **알다**(Know, ginōskō) –(이 구절과 다음 구절에 각각 두 번씩 나옴) 여기에서 동사는 그리스도(선한 목자)와 신자('내 자신의 양') 사이의 개인적인 성격 관계를 강조한다. 이 관계는 아버지와 아들 사이의 관계를 모델로 한다(15절). 이 용어는 여기에서 개인적인 교제를 암시한다(TDNT 1:711). [ginōskō]

10:15. **나는 내려놓는다**(I lay down, tithēmi) – 동일한 문구 "양을 위해서 생명을 내려놓는다"가 나오는 10장 11절에 대한 논의를 보라. 11절에서 자기의 생명을 내려놓는 자는 '선한 목자'다. 반면 여기에서 예수님께서는 일인칭을 사용하신다("나는 양을 위해서 내 생명을 내려놓는다"). [tithēmi]

10:16. **다른 양**(Other sheep, probata) – 이것은 분명하게 은유적이다. 예수님께서는 자신이 다른 가축을 소유하고 있다는 말씀이 아니고, 나라로 데리고 가야 할 다른 백성이 있다는 말씀이다. 여기에서 '다른 양'은 거의 확실하게 이방인들이다–사마리아인들에 대한 예수님의 사명은 이미 요한복음 4장 4–42절에 강조되었다. 그러한 강조는 또한 단지 이스라엘만이 아니라 세상을 구원하셔야 했던 아들의 사명을 상기시킨다(요 3:16–17). 만일 복음서 기자가 비팔레스타인 사람과 특별히 비유대인 청중에게 글을 쓰고 있다면 그러한 강조는 특별히 적절했을 것이다. [probaton]

이 우리(This fold, aulēs) – 10장 1절을 보라. 여기에서 이것은 문자적인 양 우리가 아니다. 예수님께서는 이 우리에 속하지 않는 다른 '양'(백성)을 데리고 들어오는 것에 대하여 말씀하신다. 이 우리는 하나님의 나라다. 하나님의 나라는 처음에는 유대인 백성으로 이루어져야 했으나, 다른 사람들(이방인들)도 '한 양떼' 안으로 데려와야 한다. 이것은 교회의 유대인과 이방인이 일치하는 것을 예고한다(엡 2:14–18 참고). [aulē]

이것은 필요하다(It is necessary, dei) – 요한복

음에서 이 비인칭 동사는 전형적으로 신적인 필요성, 곧 하나님의 뜻이나 계획을 가리킨다(3:7, 14, 30, 4:4, 20, 24, 9:4, 10:16, 12:34, 20:9). [dei]

한 양떼(One flock, poimnē) – 이것은 유대인 신자들과 이방인 신자들로 구성된 교회에 대한 은유적인 언급이다('이 우리'). 요한에게 양떼의 일치는 주어지는 것이 아니라, 즉 자연적으로 존재하는 것이 아니라 예수님께서 창조하신 일치로서 그분 사역의 최종 결과다(엡 2:15 참고). [poimnē]

한 목자(One shepherd, poimēn) – '한 목자'는 예수님 자신을 가리킨다. [poimēn]

10:18. **누구도 이것을 빼앗아가지 못한다**(No one takes it away, airei) – 여기에서 예수님께서는 자신의 죽음이 자발적이라고 설명하신다. 만일 허락되지 않았다면 그분은 해를 받지 않을 수도 있다(19:11 참고). [airō]

권세(Authority, exousian) – (이 구절에 두 번 나옴) 여기에서 예수님께서는 자기의 생명을 '내려놓을'(즉, 포기하다, 내어주다) '권세'는 아버지께서 주신 것이라고 말씀하신다. 여기에서 '권세'는 이것을 행할 '권한'(즉, 예수님께서는 아버지의 허락을 받았다)과 같은 어떤 것을 의미할 수 있지만, 용어 exousia는 여기에서 '고유의 권세' 또는 '고유의 능력'과 같은 어떤 것을 의미한다. 그래서 이것은 궁극적으로 이 일과 관련하여 예수님의 '행할 권리'를 가리킨다(KJV, NRSV, '능력'). BAGD 277은 여기에 있는 문구를 "이것을 내려놓을 권리를 가진다"로 번역한다(NLT도 그렇다). 이것은 "누구도 이것을 내게서 빼앗아가지 못하나, 나는 스스로 이것을 내려놓는다"는 앞절과 어울린다. [exousia]

이 계명(This commandment, entolēn) – 이것은 그분의 생명을 '내려놓는' 것과 다시 '취하는' 것과 관련된 아버지의 '계명'이다. 나중에 예수님께서는 아버지께서 성취하라고 주신 '일'에 대하여 말씀하실 것이다. 이것도 동일한 것을 가리킨다(17:4). [entolē]

10:19. **분쟁**(A division, schisma) – 9장 16절을 보라. 10장 6절에서 청중의 반응은 이해의 부족에서 나온 것이다. 이번에는 이것이 '분쟁'으로 불렸다. 이 구절들은 예수님에 대하여 분열이 있었던 이전 장면들을 상기시켜준다(7:12, 25–27, 30, 40–41, 9:16). [schisma]

10:20. **미쳤다**(Is insane, mainetai) – 8장 48절도 보라. 여기에서 헬라어는 분노가 아니고 미친 상태를 가리키므로, 예수님께서 완전히 비이성적인 방식으로 행동을 한다는 것이다(LN 30:24, NIV–'아주 미친', NLT–'미친', NET–'정신을 잃다'). 그러한 사람은 자신에 대한 통제를 상실했다(BAGD 486). 지도자들은 예수님에 대하여 이렇게 주장한 것이다(TDNT 4:361을 참고하라). [mainomai]

10:22. **헌당의 절기**(The feast of the dedication, enkainia) – 이것은 하누카(Hanukkah)에 대한 언급이다. 이 절기를 가리키는 헬라어 이름 enkainia는 문자적으로 '갱신'을 의미하고, '헌당'을 의미하는 '하누카'를 번역하는 데 사

용되었다(BAGD 215 참고). 헬라어 구약 성경에서 이 명사(와 이와 관련된 동사)는 성막의 제단(민 7:10-11), 솔로몬 성전의 제단(왕상 8:63, 대하 7:5)과 제2 성전의 제단(스 6:16)을 헌당하는 것을 가리킨다. 하누카의 절기 자체는 주전 165-164년에 있었던 승리들을 기념했다. 이때 유다 마카비우스(Judas Maccabeus)는 시리아인들을 추방하고, 제단을 재건하였으며, 기슬래월 25일에 예루살렘에 있는 성전을 재헌당했다(마카비 1서 4:41-61). 요세푸스, 고대사 12.7.6 (12.325)도 보라. [enkainia]

겨울(Winter, cheimōn) - 헌당의 절기(하누카)는 현대 그레고리의 월력에 따르면 11-12월에 해당되는 기슬래월 25일에 시작했다. [cheimōn]

10:23. **솔로몬의 행각**(The portico of Solomon, stoa) - 5장 2절을 보라. '행각'은 지붕을 지탱하는 돌기둥들의 줄로 형성되었고, 보도 위에 지붕이 덮여 있었다(LN 7.40). 이것은 일반적으로 한 쪽으로 개방되었다. '솔로몬의 행각'(NRSV, NET, NIV, NLT, '솔로몬의 열주')은 성전 단지 안에 위치했으며, 그 개방된 면은 성전 자체를 향하고 있었다(BAGD 759). [stoa]

10:24. **유대인들**(The Jews, Ioudaioi) - 유대 지도자들이 예수님께 물은 질문("네가 그리스도냐?")은 그들의 대표자들이 앞서 세례 요한에게 물었던 질문과 동일하다(1:19-34). [Ioudaios]

우리를 의심 가운데 있게 한다(Keep us in suspense, tēn psychēn hēmōn aireis) - 이것은 문자적으로 "네가 우리의 생명을 얼마나 오랫동안 빼앗아갈 것이냐?"를 의미한다. 또한 '어떤 사람을 의심 가운데 있게 하는 것', 그래서 그들이 어떤 것에 대하여 결론에 도달하지 못하는 것을 의미하는 관용어다(LN 30.36, BAGD 24, NIV, NRSV, NLT, NET). 유대 종교 지도자들이 묻고 있었던 기본적인 질문은 예수님께서 참으로 메시아냐는 것이었다. [airō]

분명하게(Plainly, parrēsia) - 이것도 관용어 가운데 하나다. 이 용어는 '대담하게'를 의미하나, 분명하거나 공적으로 명백하게 행해진 어떤 것을 가리킨다(LN 28.29). 유대 종교 지도자들은 예수님께 자신이 메시아인지를 공적으로 선언하라고 압박을 가하고 있었다. [parrēsia]

10:25. **믿지 않는다**(Do not believe, pisteuete) - 여기 문맥에서 '믿지' 않는 내용은 예수님께서 메시아라는 것이다(앞절에서 예수님께서 받으신 질문을 주목하라). [pisteuō]

일들(The works, erga) - 요한복음 5장 36절과 같이 복수 '일들'은 예수님께서 행해오신 기적적인 역사들을 묘사하는 데 사용된다. 이 기적들은 그분의 정체성을 증거하는 역할을 한다. [ergon]

10:27. **그리고 나는 그들을 안다**(And I know them, ginōskō) - 여기에서 목자이신 예수님과 '양'인 그분의 추종자들 사이의 관계가 10장 14절에서와 같이 개인적인 성격을 가지고 있다는 사실이 지적된다. [ginōskō]

10:28. **결코 멸망하지 않을 것이다**(Will never perish, apolōntai) - 여기에서 동사 apollymi는 '멸망하다, 죽다'를 의미한다(BAGD 95).

'멸망하다'와 '영생을 얻다'와 대조되는 것을 보여주는 3장 16절을 보라. [apollymi]

누구도 그들을 빼앗아가지 못할 것이다(No one will snatch them, harpasei) – (다음 구절에도 나옴) 복음서 기자는 예수님께 속하는 사람들을 누가 '빼앗으려고' 하는지 밝히지 않으나, 그 함축된 의미는 악의 세력들이 적극적으로 역사한다는 것이다. 동사 harpazō는 '잡거나' '과격하게 잡아채는 것'을 묘사하는 데 사용된다(BDAG 134). 예수님께서는 이 시도가 성공하지 못할 것이라고 신자들에게 확신시켜 주신다. [harpazō]

10:29. **모든 것보다 더 큰**(Greater than all, meizon) – 이 진술은 신자에게 추가적인 확신을 준다. 아버지께서는 여전히 '더 크시기' 때문에, 양 무리 가운데 있는 사람들은 완전히 안전하고 아버지의 능력으로 보호를 받는다. [megas]

10:30. **하나이니라**(Are one, hen) – 헬라어 hen('하나')은 중성이지 남성이 아니다. 그러므로 여기에서의 주장은 예수님과 아버지가 한 인격이라는 것이 아니고, 한 가지 '일'이라는 것이다. 즉 두 인격의 일치가 아니고, 본질적인 일치(본질의 일치)라는 것이다. 아버지와 예수님께서 하나가 되심은 수전절에 예수님께서 하신 자기 계시의 다음 단계, 즉 하나님의 아들이라는 자신의 정체성을 밝히는 전환을 제공한다(32–39절). [heis]

10:32. **많은 선한 일들**(Many good works, erga) – 5장 36절과 10장 25절도 보라. 여기에서 예수님께서는 자신이 아버지께로부터 행하신 기적들을 가리킨다. 이 기적들은 하나님의 아들로서 그분의 정체성을 가리킨다(NIV– '많은 큰 기적들', NLT– '백성을 돕기 위한 많은 일들', NET– '많은 선한 행위들'). [ergon]

10:33. **신성 모독**(Blasphemy, blasphēmias) – 일반적으로 이 용어는 명예를 훼손하거나 다른 사람을 욕하는 것, 평판을 떨어뜨릴 목적으로 다른 사람들을 대적하여 말하는 것을 의미한다(LN 33.400). 하나님과 관련하여 이 같은 일이 행해질 수 있는 한 가지 방법은 하나님과의 동등성을 주장하는 것이다. 1세기 유대인들은 그러한 주장이 하나님의 명예를 더럽혔기 때문에 신성 모독으로 간주했을 것이다. 본문이 바로 이러한 경우다. 네 번째 복음서에서 예수님께서 '신성 모독' 죄를 범한 자로 공식적인 고소를 받은 것은 비록 8장 59절에서 암시되었으나 직접적으로는 이번이 처음이다. [blasphēmia]

네 자신이 하나님이라고 주장한다(Make yourself God, theon) – 유사한 의미를 표현하는 5장 18절을 보라. 예수님의 반대자들은 그분이 단지 사람인데 하나님이라고 주장했다고 고소했다. [theos]

10:34. **너희의 율법**(Your law, nomō) – 이것은 시편 82편 6절의 인용이다. 전문적으로 볼 때 시편은 구약 '율법'(일반적으로 모세의 오경에 적용되는 용어임)의 한 부분이 아니나, 경우에 따라 (여기에서와 같이) '율법'이라는 용어는 구약 전체에 적용되었다. [nomos]

너희는 신들이다(You are gods, theoi) – 시편

82편 6절은 유대교에서 부정한 재판장들에 대한 랍비들의 공격으로 이해되었다. 이들은 재판을 베풀기(하나님에 버금가는 기능) 때문에 '신들' 이란 칭호를 수여받았지만, 언젠가는 죽을 수밖에 없고 다른 사람들처럼 죽었다. 여기에서 논쟁은 다음과 같다. 만일 재판장들과 같은 사람을 '신들' 이라고 부르는 것이 구약의 관습이었고 이것이 신성 모독이 아니었다면, 이 용어가 예수님께 적용될 때 왜 반대를 하느냐는 것이다. 이것은 참으로 문맥에 맞지 않는다. 이 해석에 따르면 예수님께서는 신성에 대한 어떠한 주장도 하지 않으므로(자신을 구약 재판장과 비교하면서) 신성 모독의 고소를 받을 수 없다. 그 대신 여기에서 실제로 일어나는 일은 더 작은 것에서 더 큰 것으로 논증하는 랍비 논쟁의 흔한 형식이다. 구약 재판장들이 '신들' 로 불릴 수 있었던 이유는 그들이 하나님의 말씀의 도구들이었기 때문이다(요 10:35 참고). 그러나 그러한 전제를 인정할 때 예수님께서는 성육신하신 말씀이며(요 1:14), 아버지께서 거룩하게 하고 세상을 구하기 위하여 세상에 보내신 분(3:17, 10:36)이기 때문에 그들보다 훨씬 더 하나님이라 불릴 자격이 있으시다. 이 복음서의 서문은 이러한 해석을 가리킨다. [theos]

10:35. <u>폐하여질 수</u> 없다(Cannot <u>be broken</u>, lythēnai) – 여기에서 예수님께서는 '폐하여진다' 는 것이 무엇을 의미하는지 설명하지 않으셨으나, 이 의미는 문맥에서 분명하다. 예수님의 논쟁은 시편 82편 6절에 사용된 똑같은 단어에 의존한다. 만일 '신들' 이 아닌 어떤 다른 단어가 이 시편에서 사용되었다면, 예수님의 논쟁은 무의미했을 것이다. 구약 성경은 시편 82편 6절에서 이 단어를 사용했고, 오류가 있는 것으로 보여진다는 의미에서 성경은 '폐하여질 수' 없기 때문에 이 논쟁은 구속력이 있다 (NIV-'폐기될 수 없다', NLT-'변경될 수 없다'). [lyō]

10:36. 거룩하게 했다(Sanctified, hēgiasen) – 이 동사는 '거룩하게 구별하다, 헌신하다, 거룩하게 하다' 는 의미로 어떤 사람을 '거룩한 것의 내부에 포함시키는 것' 을 의미한다(BDAG 10). 이것은 여기에서 아버지께서 세상을 구원하기 위해서 예수님을 세상에 '보내시는 것' 과 관련되어 있다(3:17 참고). 아들은 이 임무를 위하여 '헌신되었거나' '구별되었다' (NIV, NET). [hagiazō]

10:37. <u>일들</u>(The <u>works</u>, erga) – 5장 36절과 10장 25, 32절을 보라. 예수님께서는 자신이 행하신 '일들' (NET, '행위들')은 자신이 참으로 아버지로부터 왔는지 그렇지 않은지를 지적한다고 말씀하셨다. 만일 유대 종교 당국자들이 그분을 믿을 수 없다면, 전혀 믿지 않는 것보다 그분이 행하신 일들을 믿는 것이 더 좋을 것이다. [ergon]

나를 <u>믿지</u> 않는다(Do not <u>believe</u> me, pisteuete) – (다음 구절에도 두 번 나옴) 여기에서 유대 종교 지도자들이 예수님에 대하여 '믿은 것' 으로 추정되는 내용은 다음 구절에서 '아버지께서 내 안에 계시고 내가 아버지 안에 있는 것' 으로 밝혀진다. 여기에 예수님과 아버지 사이의 친밀한 일치가 주장됨으로, 예수님의 주장은 단순하게 예수님 자신이 메시아라는 사실을 넘어서는 더욱 진전된 단계를 취하고 있다. 예수님께서 주장하고 계신 것은 앞서 진전시킨 주장인 하나님과의 동등성에 근접했다(5:18 참고). 그렇지만 이것은 네 번째 복음서의 독자들에게 놀랄 일이 결코 아니다(1:1, 18, 5:18, 8:58 참고). [pisteuō]

10:38. **알고 이해하다**(Know and understand, gnōte…ginōskēte) – 여기에서 동사는 '인식하다' 또는 '인정하다'를 의미하며, 강조를 위해 두 번 사용된다. 여기에서 '알려진' 것은 아버지와 예수님의 일치다(TDNT 1:711). [ginōskō]

10:39. **그를 잡으려고**(To seize him, piasai) – 헬라어 동사는 '체포하는 것'(LN 37.110) 또는 '잡는 것, 포획하는 것, 붙잡는 것'(LN 18.3)을 의미한다. 당국자들이 예수님을 체포하려고 단순하게 시도하고 있었는지(NRSV, NLT), 또는 잡아(NIV, NET) 돌로 치려고 그분을 데리고 나가 죽이려는 새로운 시도를 하고 있었는지 문맥에서는 분명하지 않다(10:31 참고). [piazō]

그는 떠나셨다(He departed, exēlthen) – 당국자들의 의도와는 상관없이 예수님께서는 그들의 손아귀를 벗어나셨다. 그렇지만 예수님의 도피가 기적으로 이해될 수 있는지는 분명하지 않다. 본문은 어떤 단서도 제공하지 않고 심지어 묘사도 하지 않는다. '그의 시간'이 올 때까지 예수님께서는 사람의 손으로부터 온전히 안전하셨다고 말하는 것으로 충분하다. 8장 59절도 보라. [exerchomai]

10:40. **요단 건너편에**(Beyond the Jordan, Iordanou) – 이것은 요단 강 동편에 있는 한 지역을 가리킨다. 1장 28절에서 세례 요한이 세례를 베푼 장소는 '요단 건너편에 있는 베다니'로 불렸다. 아마도 복음서 기자는 11장 1절에 언급된 마리아, 마르다와 나사로의 고향, 예루살렘 인근 마을인 다른 베다니와 혼란을 피하기 위해서 여기에서 그 장소의 이름을 밝히지 않은 것 같다. 그렇지만 이것은 주의 깊은 독자에게 흥미 있는 결과를 가져온다. 예수님께서는 나사로가 베다니(예루살렘 근처 마을)에서 병이 들었다고 들으셨을 때 베다니(요단 건너편에 있는 지역)에 계셨다. [Iordanēs]

11:1. **병든**(Sick, asthenōn) – (다음 구절에서 나옴) 이 동사는 구체적으로 밝혀지지 않은 유형의 신체적인 연약함을 가리킨다(BAGD 115). 요한은 4장 46절에서 이 동사를 사용하여 죽음을 직면하고 있는 귀족의 아들의 상태를 묘사한다. 이 동사에서 파생된 분사는 베데스다 연못에 있는 중풍병자를 묘사한다(5:7). [astheneō]

11:2. **기름을 부은 자**(Who anointed, aleipsasa) – 이 사건은 12장 3절 이전에 기록되지 않았는데, 복음서 기자가 마리아를 '주님께 기름을 붓고 그분의 발을 자기의 머리털로 닦은 자'로 밝히는 것은 이상하다. 어떤 사람은 이것을 자료가 잘못 배치된 증거 또는 네 번째 복음서에 선재하는 자료들의 증거로 보았으나, 많은 사람들은 요한이 마리아가 예수님께 기름을 부은 사건을 독자들이 이미 잘 알고 있는 것으로 기대했다고 지적한다. [aleiphō]

기름으로(With ointment, myrō)-이 용어는 '기름'(RSV, NASB) 또는 '향유가 들어간 기름'(NET, LN 6.205, TDNT 4:800)을 뜻한다. 이 기름은 종종 몰약으로 만들어졌다(영어 단어는 헬라 단어 myron에서 유래한다). [myron]

11:3. **보냈다**(Sent, apesteilan) - 여기에서 이 용어는 나사로의 상태에 대한 메시지를 전달해 주는 것을 가리키며, 예수님을 가리키는 동일한 동사의 용례와 직접적으로 연관되지는 않는다(1:6에 나오는 논의를 보라). 저자는 마르다와 마리아가 예수님께 방문을 구체적으로 요청했다고 말하지 않는다. 이것은 아마도 그들이 예수님께서 예루살렘에 가까이 오시는 것의 위험을 인식했기 때문일 것이다(8절 참고). 그러나 비록 요청의 성격이 분명하게 밝혀지지는 않지만, 약간의 도움을 요청한 것은 분명하다. [apostellō]

11:4. **병**(Sickness, astheneia)- '병'의 정확한 성격은 밝혀지지 않았다. 그러나 여기에서 요한은 이중적인 의미를 나타낸다. '죽음'은 일의 종국이 될 수 없으나 나사로는 죽어가고 있다. 궁극적으로 그의 죽음과 부활은 하나님의 아들의 죽음과 부활에 이를 것이다(11:45-53). 요한복음에서 예수님의 체포와 심문과 십자가 처형으로 치닫게 하는 '촉발 사건'은 나사로를 일으키신 사건이다. [astheneia]

영광을 받기 위함이다(May be glorified, doxasthē)-여기에는 '영광'(하나님의 영광, 곧 나사로를 살리는 기적으로 인하여 그에게 임하는 '찬양'을 가리킨다)이라는 용어와, 이 기적으로 인하여 찬양이 아니라 오히려 예수님 자신의 십자가 처형과 부활과 아버지께로 돌아감을 가리키는 사건인 하나님의 아들이 '영광을 받음' 사이에는 언어유희가 있다. 11장 47-53절에 나오는 유대인 당국자들의 반응을 주목하라. 요한복음에서 예수님의 '영화'는 일관성 있게 그분이 아버지께로 돌아가는 것으로 묘사된다. 물론 이것은 그분의 체포, 심판, 장례와 부활을 통해 성취된다(1:14를 보라). [doxa + doxazō]

11:5. **사랑했다**(Loved, ēgapa)-요한복음은 사랑에 대하여 서로 다른 두 단어 apapaō와 phileō를 사용한다. 전자는 하나님의 사랑을, 후자는 인간적인 사랑을 가리킨다고 한다. 그러나 두 동사 모두 문맥에 따라서 사람들 사이, 백성과 하나님 사이, 하나님과 예수님 사이의 사랑 관계를 폭넓게 표현할 수 있으므로 이러한 주장은 잘못된 것이다(LN 25.43). '예수님께서 사랑하신 제자'는 agapaō(13:23)와 phileō(20:2)를 모두 사용하여 묘사된다. phileō가 아버지와 아들 사이의 사랑을 가리키는 예는 5장 20절에서 발견되므로 이것이 인간적인 사랑만을 가리킬 수는 없다. 때때로 이들 동사 사이의 변경은 단순하게 반복을 피하기 위한 문체와 관련된 것이다(21:15-17). 이들 용어들 사이에 구분이 있는 문맥에서 phileō는 개인적으로 친근한 관계에 근거한 사랑이나 애정을 표현하나, agapaō는 깊은 인정과 또는 높은 존경에 근거한 사랑이나 애정에 더 초점을 둔다. 이 문맥에서 만일 구분을 한다면, 예수님께서는 '마르다와 그의 자매와 나사로를 크게 존중하셨음'을 의미할 것이다(5절). [agapaō]

11:6. 그는 머물렀다(He remained, emeinen) - 여기에서 동사는 단순하게 '주어진 지역에 머무는 것'을 의미한다(NIV, NLT, "그분이 계신 곳에 머무셨다"). 예수님께서 나사로가 '병들었다'는 소식을 들은 후, 베다니로 떠나기 전에 왜 2일을 더 기다리기로 택하셨는지 기사 안에는 어떠한 지적도 없다. 일부 해석자들은 예수님께서 나사로가 죽기를 의도적으로 기다리셨거나, 그 소식이 그분에게 도달했을 때에 나사로가 이미 잠들었으나 그의 부활이 더욱 기적적인 것이 되게 하려고 지연하기로 선택하셨다고 추정했다. 그렇지만 예수님의 시간 조정은 항상 의도적이며, 하나님의 뜻 가운데 있다는 사실을 지적하는 것으로 단순하게 이해하는 것이 최상일 것이다. [menō]

11:8. 유대인들(The Jews, Ioudaioi) - 여기에서 이 단어는 신성 모독으로 예수님을 돌로 치려고 애써 왔던 유대 종교 당국자들을 가리킨다(1:19, 10:31). [Ioudaios]

11:9. 빛(The light, phōs) - (다음 구절에도 나옴) 표면적으로 '이 세상의 빛'은 태양을 가리키나, 요한복음의 독자는 8장 12절에 나오는 "나는 세상의 빛이다"라는 예수님의 진술을 상기할 것이고, 상징적으로 예수님 자신을 가리키는 것으로 이해할 것이다. 빛이 철수될 때까지(즉, 예수님께서 그 자신을 보내신 아버지께로 돌아가기 위해서 떠날 때까지) 단지 제한된 시간만 남아 있다("낮에 열두 시간이 있지 않으냐?"). 어둠 가운데 돌아다니는 사람은 '걸려 넘어질 것이다'(즉, '헛디뎌 넘어지다', 13:30에서 유다의 떠남을 참고하라). [phōs]

이 세상(This world, kosmou) - 여기에서 이 용어는 한 차원에서는 물리적인 세계를 가리키고, 다른 차원에서는 빛(즉, 예수님 자신)에게로 나오거나 어둠 가운데 머물러 있으라고 도전을 받고 있는 인간의 세계를 가리킨다(3:19-21 참고). [kosmos]

11:11. 잠들었다(Has fallen asleep, kekoimētai) - 헬라어 동사 koimaō는 문자적으로 '자다'를 의미하나(LN 23.66, BAGD 437) 세속 헬라어 문서에서와 성경에서는 모두 신자들을 가리킬 때 죽음을 표현하는 완곡어법으로 등장한다(창 47:30, 신 31:16, 사 14:8, 43:17, 행 7:60, 13:36, 고전 7:39, 11:30, 15:6, 51, 살전 4:14, 벧후 3:4). 이러한 은유적인 용례는 그 성격상 부활의 소망을 강조한다. 신자들은 어느 날 죽음에서 '깨어'날 것이다. 여기에서는 나사로의 육체적인 죽음을 가리킨다. 물론 제자들은 이 말씀을 오해하여 실제적인 잠(13절 참고)에 대하여 언급하신 것으로 생각하고, 예수님께서 그를 잠에서 깨우실 것이라고 보았다. [koimaō]

11:12. 그는 회복할 것이다(He will recover, sōthēsetai) - 여기에서 동사 sōzō는 신학적인 구원과는 아무런 관계가 없고, 질병으로부터의 육체적인 회복과만 관련된다(NIV-"더 나아질 것이다", NRSV-"전적으로 괜찮을 것이다"). 3장 17절에 나오는 논의를 보라. [sōzō]

11:14. 분명하게(Plainly, parrēsia) - 예수님께서 제자들에게 말씀하신, 나사로가 죽었다는

분명하고 공개적인 진술은 그분의 초자연적인 지식의 또 다른 예로 가장 잘 이해된다(2:25, 4:18 참고). 그분에게 전해진 소식은 나사로가 병들었다는 것만을 포함했기 때문이다. 10장 24절도 보라. [parrēsia]

11:15. **너희가 믿도록 하기 위해서**(That you may <u>believe</u>, pisteusēte) – 여기에서 제자들의 믿음을 발전적인 의미로 이해하는 것이 필요하다. 요한복음은 제자들의 믿음에 대하여 많은 언급을 앞에서 했기 때문이다. 이 가운데 주목할 만한 것은 2장 11절이다. 예수님께서 참으로 누구신지에 대한 제자들의 개념은 계속적으로 확장되며 도전되고 있었다. 그들은 영적인 성장 과정에 있었다. 절정은 20장 28절에 기록된, 예수님께서 주님이시며 하나님이시라는 도마의 고백이다. [pisteuō]

11:16. **디두모**(Didymus, Didymos) – 도마와 연관된 다른 이름은 문자적으로 '쌍둥이'를 의미한다(BDAG 242). 이것은 아마도 그에게 쌍둥이 형제가 있었던 것을 지적한다(혹은 이름이 밝혀지지 않음). 사람들은 여기 도마의 진술에서 그가 자신의 운명에 체념한 일종의 염세주의자라는 인상을 받는다. 그래도 예수님에 대한 그의 헌신된 충성과 어떤 희생을 무릅쓰고라도 그분을 따르겠다는 결정은 칭찬할 만하다. 추가로 독자는 이 진술과 요한복음의 절정을 형성하는 20장 28절에 기록된 도마의 진술 사이의 대조를 간과해서는 안 된다. 확실하게 예수님께서 누구신지에 대한 도마의 개념은 이 구절과 20장 28절 사이에 극적으로 변했다. [Didymos]

11:17. **<u>나흘</u>**(Four days, tessaras) – 여행 자체에 대한 언급은 없다. 예수님께서 도착하셨을 때, 나사로가 무덤에 있은 지 이미 '나흘'이나 되었다. 그는 바로 나흘 전에 죽었던 것이다. 일반적인 관습은 사람이 죽자마자 장례하는 것이었다(행 5:6, 10에 나오는 아나니아와 삽비라를 참고하라). 랍비들의 경우, 영혼이 몸으로 돌아가기를 소원하면서 삼 일 동안 죽은 사람의 시신 위에 맴돈다는 말을 믿었다는 3세기 초기의 증거가 있다. 나흘째 되는 날에 영혼이 시신의 부패를 보고 마침내 떠나는 것으로 알려졌다(레위기 랍바 18.1). 1세기까지 거슬러올라가 이 전승을 감안한다면, 나흘의 의의를 제시할 수 있다. 이 시간 후 나사로의 부활은 일급 기적으로 하나님의 능력에 대한 분명한 예증이 될 것이다. 그렇지만 이 전승은 이렇게 초기까지 거슬러올라가지 않을 수 있고, 복음서 기자는 문맥에서 나흘과 관련하여 어떠한 상징적인 의의도 언급하지 않는다. [tessares]

11:18. **2.8킬로미터**(One and three-guarter <u>miles</u>, stadiōn) – 문자적으로 '15스타디온'이다. 1스타디온은 직선의 측량으로 약 182미터 정도 된다. 여기에서 거리는 대략 2.8킬로미터 정도 될 것이다(BAGD 764). [stadion]

11:19. **<u>유대인들</u>**(The <u>Jews</u>, Ioudaiōn) – 1장 19절을 보라. 유대 종교 당국자들이 11장 45–46절에서 구체적으로 언급되고 있으므로, 이 단어는 일반적으로 예루살렘 거민을 가리키는 것

으로 보인다. 여기에서 백성은 그들을 '위로하기 위해서', 즉 애도하기 위해서 온 나사로의 친구들이나 친척들이었을 것이다. [Ioudaios]

11:20. **그녀가 그를 만났다**(She met him, hypēntēsen) – 누가복음 10장 38-42절에 있는 유사한 사건에서와 같이 우리는 마르다가 접대의 책임에 전념하고 있는 것을 발견한다. 마리아는 집에 머물렀으나, 예수님을 '만나러' 나간 자가 바로 그녀다. [hypantaō]

11:23. **다시 일어날 것이다**(Will rise again, anastēsetai) – (다음 구절에도 나옴) 나사로가 다시 일어날 것이라는 예수님의 말씀은 네 번째 복음서에서 오해받은 또 다른 진술이다. 마르다는 이 말씀을 시대의 종말에 있을 일반적인 부활을 가리키는 것으로 분명하게 이해했다. 그렇지만 예수님께서 11장 25-26절에서 계속해서 지적하시는 것과 같이, 죽음을 정복하는 생명의 선물은 예수님 안에서의 현재적인 실제이기 때문에 마르다가 시대의 종말에 있을 부활로 이해한 것은 현재 상황에 부적절하다. 이것은 영생에 대한 요한의 관점과 일치한다. 영생은 미래적인 실제일 뿐만 아니라(공관복음에서와 같이) 현재에도 경험할 수 있는 어떤 것이다(신약의 '이미-아직'에서 '이미'). [anistēmi]

11:25. **부활**(the resurrection, anastasis) – "나는 부활이요 생명이다"라는 예수님의 말씀은 24절에 나오는 마르다의 고백에 대한 예수님의 직접적인 답변이다. 마지막(미래적인) 부활을 배제하지는 않으나 마르다가 마지막 날에 보기를 기대한 사건이 현재 실현됨을 보여준다. [anastasis]

생명(The life, zōē) – 예수님께서는 단순하게 부활과 생명을 주신다고 말씀하시지 않고, 자신이 친히 부활이요 생명이라고 말씀하신다. 부활 이후에 다가오는 시대의 생명은 이미 현재적이며 유용하다. 이것이 '영생'이다. 1장 4절과 17장 2절에 나오는 이 용어에 대한 논의를 보라. [zōē]

살 것이다(Will live, zēsetai) – 비록 어떤 사람들은 이것을 (부활한) 육체적인 생명에 대한 언급으로 이해하나, 이를 영원한 생명에 대한 언급으로 보는 것이 요한의 다른 용례와 더욱 일치된다. 예수님을 믿는 사람들은 비록 육체적으로 죽는다고 할지라도 영적으로 영원히 살 것이다. [zaō]

11:26. **살아 있는 자마다**(Everyone who lives, zōn) – 이것은 신자가 이미 소유하고 있는 영생에 대한 언급으로 가장 잘 이해된다. [zaō]

결코 죽지 않을 것이다(Will never die, apothanē) – 신자들은 육체적인 죽음을 계속해서 경험할 것이므로, 이것은 영적인 죽음에 대한 언급일 가능성이 더 많다. ('결코 아니다'로 번역된) 부정어는 문자적으로 "아마도 영원하지 않을 것이다"의 의미를 가지며, 코이네 헬라어에서 가장 강한 부정이다. [apothnēskō]

이것을 믿다(Believes this, pisteueis) – 여기에서 믿음의 내용은 '이것'으로 상술되는데, 이것은 25-26절에 언급된 예수님의 진술을 가리킨다. 예수님께서는 마르다에게 방금 자신이 말한 것을 믿는지를 물으신다. [pisteuō]

11:27. 나는 믿었다(I have believe, pepisteuka) – 여기에서 마르다가 믿은 내용은 "당신은 세상에 오시는 그리스도이며, 하나님의 아들이십니다"이다. 이 고백은 요한복음의 진술의 목적과 본질적으로 유사하다(20:31). 그러면 어떤 면에서 마르다의 '고백'과 저자가 기대하는 독자들의 믿음에 대한 고백이 다른가? 두 '고백'(여기와 20:31) 사이에는 도마가 고백한 "나의 주님이여 나의 하나님이여"란 진술이 있다(20:28). 이 고백은 헬라어 구약 성경에서 여호와와 엘로힘을 번역하는 데 사용된 용어들을 활용하여 그리스도의 신성을 확증한다. 그러므로 마지막 확증(20:31)은 예수님께서는 성육신하신 하나님이시라는 이해를 포함한다고 생각하는 것이 합당하다(이것은 요한복음의 서문을 감안해볼 때 요한의 독자들에게 놀랄 내용은 아니다[1:1, 14, 18]). [pisteuō]

11:28. 선생(The <u>teacher</u>, didaskalos) – 이것은 흔히 예수님께 사용된 호칭이다. 3장 2절을 보라. [didaskalos]

11:31. 곡하기 위하여(To weep, klausē) – 이 동사는 '곡하는 것, 통곡하는 것'을 의미하며, 그 강조점은 곡하는 데 수반되는 소리에 있다(LN 25.138, NIV, '애곡하다'). 어떤 경우에 이것은 의례적인 애곡과 심지어는 전문적인 애곡꾼을 수반할 수 있다. 여기에서 관찰자들은 마리아가 나사로의 무덤에 가서 공적인 애곡을 할 것으로 생각했다. [klaiō]

11:33. 그의 영이 <u>깊이 움직였다</u>(He was <u>deeply moved</u> in spirit, enebrimēsato) – 이 헬라어 동사는 종종 분노를 암시하며 감정의 강한 반응을 지적한다(LN 25.56, NLT, '분노로 움직였다'). 헬라어 구약 성경에서 이 동사와 동족어들은 분노를 묘사하는 데 사용된다(단 11:30, 막 14:5 참고). 예수님께서는 이러한 반응을 마태복음 9장 30절과 마가복음 1장 43절에서 고통당하는 자들에게 나타내셨다. 그분은 고통당하는 자들에게 화를 내신 것이 아니라, 사탄의 악한 영적 세력과 정면으로 맞선 것이다. 이것은 여기에서의 개념과 유사하다. 사탄의 영역은 육체적인 죽음으로 대변되었다. [embrimaomai]

고민했다(Troubled, etaraxen) – 동사 tarassō는 '통렬한 감정적인 고통이나 소란을 일어나게 하는 것'(LN 25.244, NET, '크게 고민하다') 또는 '소란을 일으키는 것, 불안하게 하는 것, 어지럽히는 것, 혼란에 빠트리는 것'을 의미한다(BAGD 805). 이것은 enebrimēsato이 등장하는 문맥과 유사한 문맥에서 등장한다. 요한은 이 동사를 사용하여 14장 1, 27절에서는 예수님께서 임박한 자신의 죽음을 선언하신 것에 대한 제자들의 반응을 묘사하며, 13장 21절에서는 유다의 배반에 대한 예수님의 반응을 묘사한다. [tarassō]

11:35. 울었다(Wept, edarkrysen) – 여기 예수님과 관련하여 나오는 헬라어 동사(dakryō)는 33절에서 마리아와 유대인들의 울음을 묘사하는 데 사용된 동사(klaiō)와 다르다. 후자는 공적으로 큰 통곡과 애곡을 가리키나, darkryō는 '눈물을 흘리는 것'(LN 25.137)을 의미하는 단어로서 조용하게 슬퍼하는 것을 가리킨

다. [darkryō]

11:36. **사랑했다**(Loved, ephilei) – 현재 문맥에서 예수님께서 눈물을 흘리시는 것을 목격한 백성은 그것이 나사로에 대한 개인적인 애정 때문이었다고 가정했다. [phileō]

11:38. **무덤으로**(To the tomb, mnēmeion) – 나사로의 '무덤'은 여기에서 그 위에 '돌'이 놓인 '동굴'로 묘사된다. 매장을 위해 사용된 그와 같은 동굴은 인공적으로 확장될 수 있었다. 이러한 많은 무덤들이 예루살렘 지역에서 발굴되었다. [mnēmeion]

11:39. **제거하다**(Take away, arate) – (41절에도 나옴) 동사는 '옮기는 것, 제거하는 것' 또는 어떤 문맥에서는 '들어올리는 것'을 의미하다(계 10:5). 그러나 여기에서 이 동사의 의미를 나사로의 무덤을 봉인한 돌을 '들어올리고 운반하는 것'으로 보는 것은 개연성이 없다. 무덤의 돌은 전형적으로 궤도나 홈을 따라서 굴려진다. [airō]

그가 냄새를 풍긴다(He smells, ozei) – 이 동사는 '고약한 냄새를 내는 것'을 의미한다(LN 79.47). '나흘' 후의 몸은 부패되었으며, 장례용 향품과 기름도 그 냄새를 막지 못한다. [ozō]

나흘(Four days, tetartaios) – 비록 다른 헬라어를 사용하지만 11장 17절을 보라. 기적 자체의 모든 세부적인 내용이 주어지지 않았지만, 언급된 상세한 내용들은 중요하다. '나흘'이란 기간과 부패가 이미 시작되었다는 사실을 감안해볼 때, 본 단락은 나사로가 참으로 죽었다는 사실에 어떠한 의심도 남기지 않는다. [tetartaios]

11:40. **만일 네가 믿으면**(If you believe, pisteusēs) – 여기에서 이 표현의 의미는 어떠한 구체적인 내용도 밝혀지지 않기 때문에 정확하게 파악하기 어렵다. 27절에 나오는 마르다의 고백을 감안하면, 그가 이미 이러한 의미로 예수님을 '믿은 것'으로 추정되나, 여기에서의 의미는 3장 15-16, 18절에서와 같이 '믿음을 행사하다, ~에게 믿음을 두다'이다. 다른 가능성은 예수님께서 뜻하신 것은 '나는…(그)이다', 곧 성육신하신 하나님이라는 사실을 믿으라는 것이다(8:24, 28, 58 참고). [pisteuō]

하나님의 영광(The glory of God, doxan) – 하나님의 '영광'의 계시는 기적의 주된 목적이다. 이 진술은 예수님께서 나사로의 질병에 대하여 들으셨을 때 그분이 하신 말씀을 상기시킨다(4절). [doxa]

11:41. **눈을 들어올렸다**(Lifted up his eyes, ēren…anō) – '올려보다'를 의미하는 이 관용어는 구약의 뿌리를 가진다(창 13:10, 대상 21:16, BAGD 281 참고). 이것은 기도의 일반적인 자세다. 17장 1절에서 기도하실 때 예수님께서는 이러한 행동을 취하셨다. 누가복음 18장 13절에서 세리는 이러한 행동을 할 자격이 없는 것으로 생각했다. [airō + anō]

11:42. **그들이 믿기 위해서**(That they may believe, pisteusōsin) – 여기에서 '믿어야' 할 내용은 '당신(즉, 하나님)께서 나를 보내신 것'으로 상술된다. [pisteuō]

당신이 나를 보냈다(You sent me, apesteilas) – 이 문맥에서 무리들의 쟁점은 예수님께서 하나님의 권세와 능력으로 행하셨느냐는 것이다. [apostellō]

11:43. **그는 외쳤다**(He shouted, ekraugasen) – 이 헬라어 동사는 큰 소리나 고함을 가리킨다(LN 33.83). 여기에서는 이것을 강화시키기 위해서 '큰 소리로' 란 문구와 합쳐졌다(TDNT 3:901). 예수님의 목적은 아마도 모든 사람으로 자신의 말을 들을 수 있게 하기 위함이었을 것이다(11:41–42 참고). [kraugazō]

11:44. **보자기로**(With wrappings, keiriais) – 이 용어는 장례를 준비하기 위해서 시신 둘레에 감싸는 '묶는 재료' (침대를 엮어 짜기 위해서 묶어 매는 재료와 같은 어떤 것, NRSV, NET–'천의 끈들' , NIV–'아마포의 끈들')를 가리킨다(BDAG 538). [keiria]

수건으로(With a facecloth, soudariō) – 헬라어 soudarion(NLT, '두건')은 라틴어에서 빌려온 단어다(sudarium). 이것은 현대의 손수건과 유사하게 땀을 닦기 위해 사용하는 작은 천을 가리킨다(BAGD 759). 이 용어는 예수님의 장례와 관련하여 언급되지는 않았으나(19:40), 그분의 무덤에 있는 것으로 등장한다(20:7). 본문에서도 언급된 것으로 보아 이것을 사용하는 것은 아마도 관습이었을 것이다. 어떤 사람은 시신의 입이 열려져 아래로 처지는 것을 막기 위해서 이것이 턱 아래를 감싸고 머리 위로 묶는 것이라고 추정하나(Brown 2:986) 확실하지 않다. [soudarion]

그를 풀어주다(Unbind him, lysate) – 여기에는 잠재적인 이중 의미가 있다. 한 차원에서 이 동사는 '풀어주는 것' 을 의미한다(LN 18.18, NLT, NET, '포장을 풀다'). 이것은 장례를 위해서 나사로의 시신을 감싸던 천으로 된 실제적인 끈을 가리킨다. 그렇지만 이 동일한 동사는 누가복음 13장 16절에서 18년 동안 불구로 지낸 여인의 치유를 묘사하는 데 나온다(BAGD 483). 그러므로 복음서 기자가 나사로가 죽음 자체로부터 '풀려나는 것' 을 생각했다고 보는 것이 가능하다. 본문은 나사로가 무덤에서 어떻게 나왔는지에 대하여 묘사하지 않는다. 그가 천으로 된 끈으로 감싸였는가? 복음서 기자는 그러한 세부적인 내용에 대하여 관심이 없다. 예수님 자신의 부활과 비교하여 가장 중요한 사실은, 나사로는 이 천이 나중에 다시 필요하기 때문에 무덤에서 이것을 가지고 나왔으나 예수님께서는 이 천을 무덤에 두고 나오셨다는 것이다(20:6–7). [lyō]

11:45. **그를 믿었다**(believed in him, episteusan) – 나사로가 살아난 사건에 대한 반응은 뒤섞였다. 예루살렘에서 와서 이 사건을 목격한 많은 유대인들은 '그분을 믿었다.' 이것은 비록 분명하게 진술되지는 않았지만 '예수님을 메시아로 믿은 것' 을 의미하는 것으로 보인다. 그렇지만 다른 사람들은 직접 바리새인들에게 가서 예수님께서 행하신 일들을 보고했다. 문맥으로 볼 때, 그들이 예수님에 대한 적대감에서 그렇게 행했다는 것은 너무도 분명하다. 다시 한 번 예수님의 활동은 백성에게 '자기편을 선택하도록' 촉구했다(3:19–21 참고). [pisteuō]

11:47. **공회**(The Sanhedrin, synedrion) – 이 단어는 1세기 유대인들 가운데 법적이고, 입법적이며 형법적인 최고 상위 기구를 가리킨다(NRSV, NET–'회의', NLT–'최고 회의', NIV–'산헤드린'). 미쉬나에 따르면(m. Sahn. 1:6) 이것은 71명, 곧 70명의 회원과 의장인 대제사장으로 구성되었다(TDNT 7:863). 로마가 팔레스타인을 점령하고 있을 때 사형 선고는 로마 총독만이 내릴 수 있었다(요 18:31). 요한복음 가운데 이 구절에서만 이 용어가 등장하며, 신약 전체에서는 헬라어 관사 없이 단수로 나온다. 이것은 아마도 공식적인 공회보다는 비공식적인 모임을 가리키는 것 같다. 공식적으로 소집된 공회에서 대제사장 가야바는 공회의 의장으로 사회를 보았겠지만, 11장 49절에서 가야바는 '그들 가운데 하나'로 언급되기 때문이다. 그들은 비공식적으로 예수님과 그분의 활동에 대하여 어떻게 처리할 것인가에 대하여 논의했다. [synedrion]

11:48. **그를 믿을 것이다**(Will believe in him, pisteusousin) – 유대 종교 지도자들은 예수님께서 누구신가에 대하여 논의할 때마다 그 쟁점은 전형적으로 그분이 메시아인가 아닌가였다. [pisteuō]

우리의 장소(Our place, topon) – 문맥에서 이것은 예루살렘 성전을 가리킨다. [topos]

11:49. **대제사장**(High priest, archiereus) – (51절에도 나옴) 구약 시대에서 대제사장직은 일년직보다는 평생직이므로 요한복음의 대제사장 묘사가 부정확하다고 때때로 비난받는다. 그러나 로마 총독들은 대제사장을 해임할 권세를 가졌다(비록 그러한 해임이 그들에게 필연적으로 영향을 주지는 않았지만). 이 진술은 복음서 기자가 말한 '그 해'에 가야바가 대제사장이라는 사실을 의미하는 것으로도 이해될 수 있다. [archiereus]

11:50. **이것이 너희에게 유익하다**(It is expedient for you, sympherei) – 동사는 '이익이 되는 것, 또는 유익을 주는 것'을 의미하고, 대조적으로 진술되거나 암시되는 곳에서는 '더 좋다'를 뜻할 수 있다(BDAG 960, NIV, NRSV–"너희에게 더 좋다", NET–"너희의 이익에 더 좋다"). 가야바는 의심할 것 없이 정치적인 편의에 대한 상식적인 진술을 한다. 그렇지만 그는 동시에 무의식적으로 예수님 자신의 말씀을 반영하고 있었다(막 10:45). 가야바는 옳았다 – 예수님의 죽음은 국가를 파멸로부터 구할 것이다. 그래도 가야바는 예수님께서 이스라엘의 정치적인 실체를 위해서가 아니라 하나님의 참 백성을 위해서 죽으실 것이며, 그들을 육체적인 멸망에서가 아니라 영원한 멸망에서 구원할 것이라고 의심을 품지 않을 수 있었을 것이다(3:16-17 참고). 가야바가 말을 했던 시점에 그가 상상할 수 없었던 의미로 그의 말을 이해하는 것은 중요한 요점을 직면하게 한다. 이것은 요한이 회고적으로, 그 당시 사람들이 의도하거나 이해하지 않았던 말들과 행동의 의미를 어떻게 새롭게 이해했는지를 보여준다. [sympherō]

백성을 위해서(For the people, hyper) – 10장 11절의 논의를 보라. 가야바에게 이 말의 의미는 '~의 유익을 위해서'이나, 10장 11절에 나오는 이전 용례를 감안해볼 때 독자는 '대체'(대신하여)가 역설적으로 의도된 것을 보게 될 것이다. [hyper]

망하지 않게(Should not perish, apolētai) – 동일한 동사가 사용된 3장 16절을 보라. 여기에서는 고차원적인 역설이 있다. 가야바는 전 유대 백성이 멸망하는 것을 막기 위해서 예수님을 기꺼이 죽이려고 했으나, 하나님께서는 자기 아들을 믿는 자마다 '멸망하지' 않고 영생을 얻게 하기 위하여 그를 '주셨기' 때문에 그렇게 하셨다. [apollymi]

11:51. **그는 예언했다**(He prophesied, eprophēteusen) – 이것은 가야바 편에서 '무의식적인' 예언을 나타내지만, 그래도 복음서 기자의 관점에서 볼 때는 예언이다. [prophēteuō]

11:52. **외국에 흩어진**(Scattered abroad, dieskorpismena) – 요한은 이 진술로 예수님의 사명이 유대 국가보다 범위가 더 넓은 것을 확증한다(4:42, 10:16 참고). 세상에 보냄을 받은 예수님의 사명은 궁극적으로 '세상'을 구원하는 것이다(3:17). [diaskorpiazō]

하나로 모았다(Gathered into one, synagagē) – 믿는 유대인들과 이방인들의 하나 됨에 대한 강조에서 바울의 사상이 반사되는 것을 본다(엡 2:14–22 참고). 또한 17장 21절에 기록된 예수님의 기도를 보라. [synagō]

11:53. **그들이 상의했다**(They took counsel, ebouleusanto) – 이 시점에 예수님을 '죽이려'는 공식적인 음모가 시작된다. 동사 '상의하다'는 어떠한 행동 과정을 취하기 위해서 필요한 계획을 짜는 것을 내다보고(LN 30.56), '모의했다'(NIV) 또는 '함께 계획했다'(NET)로 번역될 수 있다. [bouleuō]

11:54. **공개적으로**(Openly, parrēsia) – 예수님께서는 유대 종교 지도자들의 증가된 반대로 인하여 더 이상 공개적으로 가르치고 말씀하며 돌아다니시지 않았다. [parrēsia]

에브라임(Ephraim, Ephraim) – 이 마을의 정확한 위치는 알려지지 않았으나 많은 사람들은 고대 오브라(Ophrah, 수 18:23) 또는 에브론(Ephron, 수 15:9)으로 밝혀진 현대 마을 에트타이이베(Et-Taiyibeh)를 가리킨다고 한다. 만일 이것이 정확하다면, 이곳은 예루살렘에서 북동쪽 방향으로 19–24킬로미터 정도 떨어져 있을 것이다. [Ephraim]

11:55. **유대인의 유월절**(The Jewish Passover, pascha) – 이것은 예수님의 공사역 기간 가운데 마지막 유월절이다. [pascha]

자기 자신들을 정결케 하려고(To purify themselves, hagnisōsin) – 순례자들이 유월절을 준수하기 위해 의식적으로 정결하기 위해서는 '의식적으로 자기 자신을 정결하게 하는 것'(NET)이 필요했다(LN 53.50). [hagnizō]

11:57. **대제사장들과 바리새인들**(The chief priests and the Pharisees, archiereis…Pharisaioi) – 유대 종교 지도자들은 예수님의 행방에 관한 정보가 필요했다. 그래서 그들은 필사적으로 그분이 어디에 있는지 아는 사람들에게

누구든지 정보를 '알려주어' 자기들로 예수님을 '잡을 수 있게'(즉, 체포하게) 하라고 명령을 내린다. [archiereus + Pharisaios]

12:2. **저녁**(A dinner, deipnon) – 이 용어는 낮의 주요 식사를 가리킨다(KJV, RSV, NASB, '정찬'). 이것은 매일 하는 식사, 손님들과 함께하는 공식적인 식사(축제, 공식적인 만찬) 또는 심지어 유월절과 같은 의례적인 식사도 가리킬 수 있다(BDAG 215). [deipnon]

식탁에 기대어 눕는 사람들 가운데 하나(One of those reclining at table, anakeimenōn) – 신약에서 동사 anakeimai는 '식탁에 기대어 눕다'는 의미로만 등장한다(마 9:10, 22:10, 11, 26:7, 20, 막 14:18, 16:14, 눅 22:27, 요 6:11, 12:2, 13:23, 28). 1세기 중동과 지중해 문화에서 사람들은 전형적으로 식탁 의자에 둘러앉아서 식사를 하지 않았다. 그 대신 그들은 머리를 식탁에 가장 가까이 대고 발은 멀리 뻗은 상태로 쿠션에 기대어(음식 먹기를 위해서 오른손은 자유롭게 하기 위해서) 왼편으로 누웠다. 그렇지만 여인들과 아이들과 종들은 서거나 다른 방식으로 식사를 했다(TDNT 3:654). 동사 anakeimai와 katakeimai는 그 의미가 일반화되어, 먹는 사람들의 누워 있는 자세를 밝히지 않고 단지 식사를 하는 것을 뜻하기도 했다(LN 23.21, 참고–BAGD 55). 그렇지만 기대어 누워 있는 자세는 출애굽 이후 종들이 아닌 자유인들로서 이스라엘 백성의 지위를 표시했으므로, 유월절 식사를 기대어 누워서 하는 것은 기본적인 것으로 간주되었다. [anakeimai]

12:3. **일 파운드**(A pound, litran) – 이 용어는 12온스의 무게가 나가는 로마의 '파운드'를 가리킨다(LN 86.4). BAGD 475는 이에 상응하는 수치로 327.45그램을 언급하며 비교적 정확하다. 고대 자료들은 325–340그램 사이의 무게를 제시한다. [litra]

순전한 나드(Pure nard, nardou) – '나드'(KJV, '감송향')는 북부 인도에서 자라는 나드 식물(Valerianna 종)의 뿌리와 머리(또는 '이삭')로 만든 극히 향내 나는 기름이었다. 이 기름은 수입되었기 때문에 매우 비쌌다. 형용사 pistikes('순수한')의 정확한 의미는 알기 어렵다. 이것은 빈번하게 pistis('믿음')에서 유래하며, 나드 기름의 순수성을 가리키는 것으로 이해된다(LN 79.97, NIV, NRSV, NET, '순전한 나드'). 그렇지만 이것보다는 상품 이름 '피스틱 나드'와 같은 것이다. 이 상품명의 의의는 알려지지 않았다. [nardos]

유향(The fragrance, osmēs) – 복음서 기자가 한 이 설명은 목격자의 회상을 제시한다. 그렇지만 이 진술에는 그 이상의 뜻이 있을 수 있다. 후기 랍비 문서에서 전도서 랍바 7.1.1은 "좋은 기름의 유향은 침실로부터 식당으로 퍼지나, 좋은 이름은 세상의 한 끝에서 다른 끝으로 퍼진다"고 말한다. 만일 이 말씀이 1세기까지 거슬러올라간다면, 예수님께 행한 마리아의 헌신은 온 세상에 이야기될 것이라는 점을 저자가 지적하는 기술 방식이 될 수 있다(막 14:9 참고). [osmē]

12:4. **배반할**(To betray, paradidonai) – 6장 71절을 보라. 다시 복음서 기자는 부활 이후의 관

점에서 기록하면서 목격자가 알 수 없었던 정보를 제공한다. [paradidōmi]

12:5. 삼백 데나리온(Three hundred denarii, dēnariōn) – 6장 7절을 보라. 여기에서 '삼백'이라는 액수는 일을 하지 않는 안식일과 절기들을 감안하면, 일반 노동자가 일 년 동안 벌 수 있는 액수를 넘어선다. [dēnarion]

12:6. 도적(A thief, kleptēs) – 복음서 기자가 삽입한 언급은 유다가 예수님을 배반하기 전에도 나쁜 인물이었다는 것을 보여주는 복음서의 지적들 가운데 하나다. 그렇지만 이 설명은 유다의 좌절된 탐욕과 돈을 위해 예수님을 넘겨주기로 한 그의 나중 결정 사이의 진술 연결을 의도한 것으로 간주될 수도 있다. 10장 1절에 나오는 이 용어 대한 논의를 보라. [kleptēs]

돈 상자(The money box, glōssokomon) – 이 용어는 원래 플루트의 입으로 부는 부분을 위한 갑이나 상자를 가리켰으나, 나중에는 어떤 물건이든 담는 갑이나 용기를 가리키게 되었다(BAGD 162). 이 용어는 헬라어 구약 성경에서 돈을 위한 모금 상자를 가리키는데, 역대하 24장 8, 10절에서 사용된다. LN 6.143은 헬라어 표현이 관용어로 이해될 수 있다고 지적하며, 일부 현대 번역들은 이것을 풀어서 '공금'(NJB) 또는 '공통 지갑'(REB, NRSV)으로 번역한다. [glōssokomon]

12:7. 그녀로 이것을 간직하게 하라(Let her keep it, tērēsē) – 여기에서 동사 tēreō는 특정한 목적을 위해서나 적절한 시간 동안 어떤 것을 '보유하거나 간직하는 것'을 의미한다(BAGD 814). [tēreō]

내 장례의 날(The day of my burial, entaphiasmou) – 이 용어는 장례에 필요한 준비들이나 장례 자체를 가리킬 수 있다(BDAG 339). 문맥에서 유다에 대한 언급과 함께 이 사건은 요한복음 18–19장의 수난 기사를 예고한다. 예수님께서는 예수님의 발에 기름을 붓는 마리아의 행동을 자신의 '장례'를 위한 준비로 해석하셨다. 상식적으로 사람들은 살아 있는 사람의 발이 아니라, 머리에 기름을 붓거나(막 14:3 참고) 장례를 준비하기 위해서 시신의 발에 기름을 부을 수 있다. 그러므로 마리아는 (무의식적으로) 예언적인 또는 상징적인 행동을 예수님께 행한 것이다. 예수님께서는 그 의미를 이해하셨으나 제자들은 그 당시 그것을 확실하게 깨닫지 못했다. [entaphiasmos]

12:9. 유대인들(The Jews, Ioudaiōn) – 1장 19절을 보라. 예루살렘의 주민들은 이제 예수님께서 나사로를 살리신 사건에 대해 들었고, 이 두 사람 모두에 대해 궁금해했다. [Ioudaios]

12:10. 죽이려고(To kill, apokteinōsin) – 복음서 기자가 더 이상 언급하지 않는 것으로 보아, 분명하게 나사로를 죽이려는 음모는 계획 단계를 결코 넘어가지 않았다. [apokteinō]

12:11. 유대인들(The Jews, Ioudaiōn) – 1장 19절을 보라. 여기에서 이 문구는 나사로의 부활에 대한 소식을 듣고(9절 참고), 그 결과로 예수님을 메시아로 믿은 예루살렘 주민들을 우선

적으로 가리킨다. [Ioudaios]

12:13. **<u>종려나무</u> 가지**(<u>Branches</u> of <u>palm tree</u>, baia…phoinikōn) – baion 자체는 종려나무 가지를 가리키는 전문적인 용어이므로 소유격으로 사용된 문구 tōn phoinikōn('종려나무의')은 다소 중복적이다. 이것은 용어 baion에 익숙하지 않은 요한복음의 독자들을 위해 추가로 설명될 수 있었다(LN 3.53). 대추 야자는 그 당시 팔레스타인에 흔했고, 종종 주화에 새겨졌다(BAGD 864). 모세 율법은 장막절을 기념하기 위해서 '종려나무 가지'가 사용되었다고 진술한다(레 23:40). [baion + phoinix]

그를 <u>만나려고</u>(To <u>meet</u> him, hypantēsin) – 유월절을 위해서 예루살렘에 올라오는 순례자들의 무리(11:55 참고)는 예수님도 예루살렘에 올라오신다는 말을 들었을 때 '그분을 만나려고' 서둘렀다. 이 시기에 예수님의 명성은 익히 잘 알려졌다. [hypantēsis]

외치고 있었다(Were shouting, ekraugazon) – 미완료 시제의 개시적인 의의('외치기 시작했다', NASB, NET)는 문맥에서 나타난다(11:43을 보라). [kraugazō]

호산나(Hosanna, hōsanna) – 이 표현은 문자적으로 히브리어와 아람어로 모두 "오! 주여, (우리를) 구원하소서"를 의미한다(시 118:25-26 참고). 이것은 1세기에 '왕에게 만세'를 돌리라는 명령에 익숙한 의식적인 찬양의 표현이었다(TDNT 9:684, NLT, "하나님을 찬양하라"). 여기에서 이것은 예루살렘에 입성하시는 메시아 왕을 가리킨다. 유대적인 배경을 모르는 이방인 개종자들에게 이 용어는 아마도 현재 영어에서와 같이 동일한 의미를 가졌을 것이다(LN 33.364). 1세기에 모든 유대인들에게 친숙한 단어로 저자는 이 시점에 메시아적인 기대가 이제 실현의 시점에 있다고 지적하고 있다. [hōsanna]

이스라엘의 왕(The <u>king</u> of Israel, basileus) – 수식하는 문구 '이스라엘의 왕'(이것은 시 118:25-26의 인용문의 일부가 아니다)은 복음서 기자가 더한 것으로 '주님의 이름으로 오시는 분'이 누구인지를 독자에게 설명하기 위한 것이다. 또한 동일한 문구가 '하나님의 아들'과 병행하여 나오는 1장 49절을 보라. [basileus]

12:14. **어린 나귀**(A young donkey, onarion) – 요한은 공관복음서의 기록처럼 나귀를 찾는 것에 대한 상세한 설명을 포함하지 않는다. 그러나 그는 여기에서 스가랴 9장 9절을 인용함으로 이 사건을 성경의 성취로 본다. [onarion]

12:15. **<u>시온</u>의 딸**(Daughter of <u>Zion</u>, Siōn) – 이 문구는 스가랴 9장 9절에서 취한 것으로 예루살렘의 거민을 가리키는 관용적인 방식이다(LN 11.66, 마 21:5 참고, CEV-'예루살렘의 백성'). 이 개념은 구약 예레미야애가 2장 1절에서도 발견되며 부분적으로는 예루살렘 자체를, 또 다른 부분적으로는 그 안에 사는 사람들을 가리킨다(TDNT 7:308). [Siōn]

12:16. **<u>처음</u>에**(At <u>first</u>, prōton) – 이것은 제자들이 처음에는 스가랴 9장 9절의 예언과 일어난 사건들을 연관시키지 못했음을 독자에게 알려주려고 복음서 기자가 한 다른 설명이다. 이

러한 연관은 예수님께서 아버지께로 돌아가신 후에, 그분의 제자들에게 성령께서 주신 부활 이후의 통찰력으로 가능했다. 스가랴(14:21)의 예언에 대한 언급 다음에 나오는 2장 22절과의 유사성을 주목하라. [prōtos]

영화롭게 되었다(Was glorified, edoxasthē) – 예수님의 영화는 여기에서 아버지께로 돌아갈 때 십자가를 통하여 성취할 승귀를 가리킨다. 1장 14절을 보라. [doxazō]

12:19. **세상**(The world, kosmos) – 여기에서 유대 종교 지도자들의 반응은 회의주의 가운데 하나다. 그들의 진술은 과장되었으나, 예수님의 승리의 입성을 환영하는 무리에 합류한 다양한 그룹의 사람들에 의하여 보증되었다(12, 17–18절 참고). 1장 9절을 보라. [kosmos]

12:20. **일부 헬라인들**(Some Greeks, Hellēnes) – 이 용어는 넓은 의미에서 헬라 문화의 영향 아래에 사는 사람들을 가리키나, 유대교에 호의적인 경향을 가진 '하나님을 경외하는 사람들' 도 묘사할 수 있다(BAGD 252). 개종자들은 온전히 엄밀한 의미에서 더 이상 '헬라인들' 이라 불릴 수 없었다. 하나님을 경외하는 많은 이방인들은 온전한 개종자가 아니지만 유대인의 주요 절기에 경배하러 올라왔다. 문맥적으로 볼 때 앞의 자료(15절)에서 스가랴 9장 9절을 요한이 인용하는 것은 이 사건과 예수님께서 이에 반응한 방식으로 인하여 더욱더 중요한 의의를 가진다. 스가랴 9장 10절에 따르면 메시아는 이방인들에게 평화를 선포하실 것이고, 그들은 예루살렘에 올라올 것이다(물론 대표자로서). 예수님께서는 다른 우리에 속한 다른 양을 가지고 있으며(10:16), 그들을 위해 자신의 생명을 내려놓겠다고 이미 말씀하셨다(10:17). 이 이방인들이 예수님을 보려고 등장한 것은 이제 그분이 생명을 내려놓을 때가 된 것을 가리킨다. 그분이 영화롭게 될 시간(죽음과 부활과 승귀를 통하여 아버지께로 가심)이 마침내 다가왔다(23, 27–28절). 그리고 예수님께서는 자신의 죽음에 대하여 말씀하셨다(24, 32–33절). 예수님의 '시간' 의 도착은 매우 중요하므로 요한은 헬라인들이 예수님을 보게 되었는지 실제적으로 결코 언급하지 않는다. [Hellēn]

12:21. **빌립**(philip, Philippō) – (다음 구절에도 두 번 나옴) 빌립은 요한복음 1장 43절에서 처음 언급된다. 예수님을 보기 원했던 헬라인들은 빌립의 헬라 이름 때문에 그분에게 접근했을 가능성이 있다. 물론 이 시기에 국경 지역에 사는 유대인들이 헬라 이름을 가지는 것이 이례적인 것은 아니다. 그 이름은 '말 애호가' 를 의미한다(LN 862). [Philippos]

12:23. **시간이 왔다**(The hour has come, hōra) – 여기에서 이 문구는 요한복음에서 앞에서 언급된 예수님의 '시간' 을 모두 상기시킨다(NLT, NET "때"). 2장 4절에 나오는 이 용어의 논의를 보라. [hōra]

사람의 아들(The Son of Man, huios…anthrōpou) – '사람의 아들' 은 예수님을 다니엘 7장 13절의 이미지에 따라서 왕적인 권세를 수여받은 자로 본다. 1장 51절을 보라. [huios + anthrōpos]

영화롭게 되다(Be glorified, doxasthē) – 영화에 이르는 예수님의 길은 바로 앞에 놓여 있는 십자가다. 다음 구절에 비추어볼 때 여기에서 예수님의 죽음을 가리키는 것을 의심할 여지가 없다. 1장 14절을 보라. [doxazō]

12:24. **남아 있다**(Remains, menei) – 여기에서 동사는 그것이 발견된 상태나 조건에 그대로 남아 있는 어떤 것(밀알)을 단순하게 묘사한다(BAGD 504). 1장 32절을 보라. [menō]

열매(Fruit, karpon) – 여기에서 이 말씀은 격언적인 성격을 가진다. 땅에 심겨진 씨는 '열매'를 맺을 것이다. 그렇지만 이 문맥에서 이 진술은 궁극적으로 죽으셨다가 다시 살아나실 예수님 자신을 가리키며, '열매'는 하나님나라를 위한 개종자들을 가리킨다(NLT, '새 생명의 풍성한 추수'). 4장 36절과 특별히 15장 16절을 보라. [karpos]

12:25. **그것을 잃는다**(Loses it, apollyei) – 여기에서 동사 apollymi는 '잃다'를 의미한다(BAGD 95). 역설적으로 자기의 생명을 보존하려고 애쓰는 사람은 잃을 것이나, 현재 세상에서 '자기의 생명을 미워하는' 사람은 보존할 것이다. [apollymi]

이 세상(This world, kosmō) – 여기에서 이 용어는 하늘 세상, 혹은 '위의' 세상과 대조되는 '이 세상'으로 규정된다. 이 대조에서 현재 세상으로서 '이 세상'과, 사람들이 '영원한 생명'을 받는 '오는 세상' 사이의 랍비들의 전형적인 구분을 보는 것이 가능하다. 그래서 구분은 연속적이다. 그렇지만 이것은 네 번째 복음서에서 일반적인 구분이 아니다. '영원한 생명'은 신자가 현재 소유하는 어떤 것이기 때문이다(5:24). 1장 9절을 보라. [kosmos]

12:26. **나를 섬긴다**(Serves me, diakonē) – (이 구절에 두 번 나옴) 예수님을 '섬기는' 사람은 예수님에 대한 사랑과 충성을 가진 나머지 현재 세상에서 생명에 대한 자기의 주장을 포기하는 자다. 예수님을 '섬기는 것'은 실제적으로 자기 자신의 생명을 '미워하는 것'이다. 26절의 마지막 부분에서 예수님께서는 그러한 사람이 그분의 영광에 참여하고, 그분이 있는 '곳'에 있게 될 것이며, 아버지께로부터 '존중'을 받을 것이라고 분명하게 하신다. 이것은 예수님을 섬기는 자들이 그분을 따름으로써 받게 될 것이다. [diakoneō]

귀하게 여길 것이다(Will honor, timēsei) – 예수님을 섬기는 사람들은 아버지에게 '귀하게 여김'을 받을 것이다. "그는 나를 따라야 한다"는 진술은 심지어 십자가, 곧 생명 자체가 희생될 때까지 예수님을 따르는 것이란 함축적인 의미를 수반한다. 그러한 사람은 '그분(예수님)이 계신 곳에 있을 것'이고 예수님의 영광에 참여할 것이다. 5장 23절을 보라. [timaō]

12:27. **괴로워하다**(Is trouble, tetaraktai) – 이 동사는 통렬한 감정이거나 정신적인 고민을 가리킨다(LN 25.244, CEV, NLT, '깊이 괴로워하다'). 예수님께서는 자신의 고난과 죽음의 '시간'에 대하여 묵상할 때, 자신의 내적인 고민을 묘사하셨다. 그렇지만 이 고민이 (아무리 혹독하다고 해도) 아버지의 일을 완수하는 것

을 막지 않았다. [tarassō]

나를 구원하소서(Save me, sōson) – 문맥에서 이 용어는 자신의 고통과 죽음의 시간으로부터 예수님의 '구출'을 가리킨다(BAGD 798, NET, "나를 건지소서."). 예수님께서는 곧 이어서 자신이 '바로 이 시간'을 위해서 왔다고 진술했기 때문에 이것은 가정적인 질문이다. 그분의 희생적인 죽음은 항상 그분 사명의 기본적인 목적이었다(3:16-17 참고). 이제 이 임무의 완성에 직면하여 그분은 아버지께 자신을 그것으로부터 아껴달라고 구할 것인가? 물론 예상된 답은 '아니오'다. [sōzō]

이 시간(This hour, hōras) – (이 구절에 두 번 나옴) 예수님께서 현재 도달하신 '시간'은 그분이 떠나(곧 죽으심) 아버지께로 돌아가는 '시간'이다(CEV-"나를 이 고난의 시간으로부터 나를 지켜주소서", NLT-"나를 앞에 놓여 있는 일로부터 구원하소서"). 2장 4절을 보라. [hōra]

12:28. **영화롭게 하다**(Glorify, doxason) – (이 구절에 세 번 나옴) 이 동사에 언어유희가 포함되어 있다. 하나님의 이름이 '영화롭게'(즉, '찬양을 받도록' 또는 '존귀하게', 5:41, 44, 718) 되기 원하는 예수님의 기도는 아버지께로 돌아갈 때 십자가를 통하여 그분이 성취할 승귀(즉, '영화') 가운데 궁극적으로 응답될 것이다. 유사한 언어유희는 11장 4절에도 나온다. [doxazō]

12:29. **천사**(An angel, angelos) – 1장 51절을 보라. 일반적인 신앙에서 이것은 하나님께서 친히 말씀하신 표현의 완곡어법을 나타낼 수 있다. [angelos]

12:31. **심판**(The judgment, krisis) – 백성에게 빛(예수님, 8:12 참고)과 어둠 사이의 선택을 강요하는 빛이 세상에 옴으로써 심판이 촉발된다. 이것을 보여주는 3장 19절을 보라. [krisis]

이 세상의 통치자(The ruler of this world, archōn) – 여기에 언급된 자는 '이 세상의 통치자'로 묘사된 사탄이다(KJV, NIV, NLT, '이 세상의 왕'). '이 세상'에 대하여는 1장 9절을 보라. [archōn + kosmos]

추방될 것이다(Will be cast out, ekblēthēsetai) – 이 헬라어 동사는 다소간 무력으로 '몰아내는 것, 쫓아내는 것, 던져버리는 것'을 의미한다(BAGD 237). 이 진술은 이 시점에 사실적보다는 원리적으로 사탄이 세상에 대한 권세를 상실하는 것을 가리킨다. 요한일서 5장 19절은 온 세상이 (여전히) 악한 자의 능력 아래 있다고 말하기 때문이다. 예수님의 '시간'의 도래가 사탄의 통치의 종식을 표시하고, 비록 이것이 역사 속에 아직 궁극적으로 실현되지는 않았으나 그분의 패배는 시대의 완성을 기다리고 있으므로 이 선언은 절대적인 의미에서 예비적이다. [ekballō]

12:32. **이끌 것이다**(Will draw, elkysō) – 이 '끌어당김'의 구체적인 성격은 묘사되지 않는다. 6장 44절을 보라. [elkyō]

12:33. **나타내며**(Signifying, sēmainōn) – 이것은 복음서 기자가 붙인 설명이다(RSV, NIV-'보여주는 것', NASB, NRSV, NLT-'지적하는 것'). 32절에 나오는 '땅으로부터 높이 들린다는 것'은 예수님의 십자가 처형에 대한 언급

으로 설명된다. [sēmainō]

12:34. **율법**(The law, nomou) – 이것은 모세 율법을 가리킨다. 언급된 구절은 시편 89편 35–37절이다. 물론 제시된 다른 구절들은 시편 110편 4절, 이사야 9장 7절, 에스겔 37장 25절과 다니엘 7장 14절이다. 이들 가운데 어떤 구절도 모세 오경에 나오지 않으나, 일반적인 용례에서 '율법'은 구약 전체를 가리킬 수 있다(LN 33.56, 요 10:34에 나오는 예수님의 용례를 참고하라). 시편 89편 36–37절은 다윗의 씨가 영원히 남아 있는 것을 가리키며, 같은 시편 51절은 '기름부음을 받은 자'(메시아)에 대하여 말한다. 이 시편은 신약(행 13:22, 계 1:5, 3:14)과 랍비 문서(창세기 랍바 97)에서 메시아적으로 해석되었다. [nomos]

남아 있다(Remains, menei) – 무리의 진술은 메시아는 한 번 오시면 영원히 머물 것이라는 일반적인 신앙을 반영한다. 1장 32절에 나오는 논의를 보라. [menō]

이것은 필요하다(It is necessary, dei) – 요한복음에서 이 비인칭적인 동사는 전형적으로 신적인 필요성, 다시 말하면 하나님의 뜻이나 계획을 지적한다(3:7, 14, 30, 4:4, 20, 24, 24, 9:4, 10:16, 12:34, 20:9). [dei]

사람의 아들(The Son of Man, huion…anthrōpou) – (이 구절에 두 번 나옴) "이 인자는 누구냐?"는 질문은 무리의 곤경을 나타낸다. 만일 (승리의 예루살렘 입성이 보여주듯이, 그들 가운데 많은 사람이 메시아라고 믿는) 예수님께서 자기 자신을 '위로 취하여지거나' '제거될' 인자로 밝힌다면, 메시아가 오시면 영원히 머무를 것이라는 그들의 믿음과 이것이 어떻게 조화될 것인가? 이제 인자의 이미지는 여기에서 다니엘 7장 13–14절에 언급된 인자와 밀접하게 상응한다. 이 구절에서 인자는 구름으로 들려져서 옛적부터 계신 분 앞에 서서(이것은 분명한 승귀와 즉위 요소다) 나라를 수여받는다. 예수님께서는 십자가를 통한 영화–승귀로 이것을 막 성취하려고 하신다. [huios + anthrōpos]

높이 들리는 것(To be lifted up, hypsōthēnai) – 무리는 십자가 처형에 대한 언급으로 '높이 들리는 것'(32절)의 의미를 이해하지 못했다. 그러나 요한의 독자들은 확실하게 33절에 비추어 이것을 이해했을 것이다. [hypsoō]

12:35. **빛**(The light, phōs) – 명사 phōs는 35–36절에 5회 나온다. '조금 있으면'이라는 말은 7장 33절을 상기시키고, 예수님께서는 세상에서 자신의 육체적 임재에 대하여 말하고 계시므로(거기에서 그렇게 말씀했던 것과 같이) 개념도 유사하다. '빛'에 대한 언급은 예수님께서 자기 자신을 세상의 빛으로 밝히는 8장 12절과 특별히 3장 19–21절을 상기시킨다. 3장 19–21절에서 심판은 세상에 오시는 빛(즉, 예수님)과 사람들이 빛으로 나오든지 어둠 속으로 물러가든지 반응을 촉구하는 것으로 이루어진다. 여기에서 동일한 이미지는 보충 설명된다. 우리는 빛이 세상에 제한된 기간 동안만(다시 말해서, 빛에 대하여 반응하는 데는 제한된 시간이 있거나 여기에서와 같이 그 빛 가운데 행함으로써) 있을 것이라는 말씀을 상기하게 된다. 거부하거나 지연하는 사람들은 빛이 제거된 후에 임하는 어둠에 의해 '사로잡힐' 것

이다. 그때는 어둠 가운데 행하려고 애쓰는 사람은 볼 수 없고 "자신이 어디로 가는지 알지 못한다." [phōs]

너희를 사로잡다(Overtake you, katalabē) – 1장 5절을 보라. 여기에서 이 용어는 '사로잡다, 임하다, 적대적인 의도로 잡다'를 의미한다(BAGD 413). 이 경고는 두 차원에서 작용한다. 이 경고는 주님의 말씀을 받는 예루살렘에 있는 백성에게 예수님을 메시아로 영접할 시간이 조금밖에 남지 않았음을 상기시켰다. 요한의 독자들에게 예수님의 말씀은 각 개인이 빛(예수님)에 반응할 기회는 한정되고, 제한된 시간밖에 없다는 것을 상기시켜준다. 이후에는 '어둠'이 온다. 예수님에 대한 반응은 사람의 운명을 영원히 결정할 것이다. [katalambanō]

12:36. **빛을 믿으라**(Believe in light, pisteuete… phōs) – 예수님께서 자신에 대해 '빛'의 이미지를 사용하여 말씀하시는 것이 여기에서 분명해진다. 그의 말씀을 듣는 자들은 "빛을 믿으라"는 권면을 받는다. 이것은 그분을 믿는 것을 가리킨다. 그러므로 그 의미는 요한복음 3장 15-16, 18절의 '믿음을 행사하다, ~에게 믿음을 두다'와 일치한다. 다음 구절에서 예수님 '믿기'를 거부하는 것은 동일한 뜻을 의미할 것이다. [pisteuō + phōs]

빛의 아들들(Sons of light, huioi phōtos) – '아무개의 아들들'이란 표현은 이어지는 소유격 단어나 문구에 의해서 어떤 방식으로 특징지워지는 계층이나 그 부류의 사람들을 가리키는 히브리어 관용어다(LN 9.4, BAGD 834). '빛의 아들들'은 하나님의 진리를 계시로 받고, 이 진리에 따라 살아가고 있는 남자와 여자를 가리킨다(KJV, NRSV-'빛의 자녀', CEV, NLT-'그 빛의 자녀'). 그러므로 이들은 '하나님의 백성'이다(눅 16:8, 엡 5:8, 살전 5:5 참고). [huios + phōs]

그는 숨었다(He hid himself, ekrybē) – 예수님께서는 다시 한 번 자신의 뜻에 따라 원수들로부터 '자신을 숨길' 능력을 보여주셨다. [kryptō]

12:38. **성취되기 위하여**(Might be fulfilled, plērōthē) – 유대 종교 지도자들과 백성 가운데 많은 사람의 불신은 이사야의 예언을 성취한다(6:10, 53:1). 예수님을 배척하는 결과를 가져오는 불신의 반응은 요한복음 1장 11절에 예고되어 반복적으로 등장하는 주제다. [plēroō]

누가 믿었나(Who has believed, episteusen) – 구약 인용의 문맥에서 '믿은' 내용은 '우리의 보고'로 설명된다. [pisteuō]

주님의 팔(The arm of Lord, brachiōn) – '아무개의 팔'(비유적인 표현 '아무개의 손'의 확장)이라는 표현은 '아무개의 능력'을 가리킨다(LN 76.3). 그러므로 여기에서 지시된 대상은 예수님께서 행하신(37절 참고) 표적의 의미를 가진 기적들에 계시된 하나님의 활동과 능력이다(NLT 참고). [brachiōn]

12:39. **그들은 믿을 수가 없었다**(They were not able to believe, pisteuein) – 예수님의 반대자들이 믿지 않는 것은 여기에서 하나님의 심판으로 간주된다. 이사야 6장 10절의 인용은 이 사실을 지지한다. 이 동일한 구약 구절은 유대인의 불신을 설명하기 위해서 신약의 다른 곳

에서 사용된다(행 28:26-27에서 바울이 마지막으로 한 말, 사 29:10을 이용하는 롬 11:8도 그렇다). [pisteuō]

12:40. **그가 눈을 멀게 했다**(He has blinded, tetyphlōken) – 복음서 기자는 이사야 6장 10절에서 인용된 모든 진술을 예수님의 반대자들에 대한 하나님의 심판 내용으로 간주한다. 그들은 영적으로 '눈이 멀었고' 마음은 '완고하게 되었으며', '그들이 돌아올까봐'(즉, 회개) '보는 것'과 영적으로 '이해하는 것'을 불가능하게 했다. [typhloō]

돌이키다(Turn, straphōsin) – 이 동사는 '돌이키는 것, 내적으로 변하는 것, 개종하는 것'을 의미한다(BAGD 771). 여기에 포함된 사상은 하나님께로 돌아오는 것 가운데 하나다(예수님께 대한 그들의 반응에 의하여 지적된 것과 같이, KJV, NASB, '그리고 개종하여'). [strephō]

12:41. **그분의 영광**(His glory, doxan) – 이사야가 6장 3절에서 본 '영광'은 여호와(이것은 구약의 대부분 영어 번역에서 일반적으로 '주님'으로 번역된다)의 영광이다. 여기에서 요한은 선지자 이사야가 그리스도의 영광을 보는 것에 대하여 말한다(다음에 나오는 "그리고 그분에 대하여 말했다"는 말이 여호와보다는 그리스도를 가리키는 것이 분명하기 때문이다). 요한복음의 서문 가운데 1장 1절과 14절에 나오는 진술들을 감안해볼 때, 복음서 기자는 아마도 이 구약 본문을 그리스도에게 적용하는 데 전혀 어려움을 가지지 않는 것 같다. [doxa]

12:42. **그를 믿었다**(Believed in him, episteusan) – 유대 종교 지도자들이 자기들의 불신을 고집한다고 말했으므로, 이제 요한은 사실 그들 가운데 일부가 '그분을 믿었다'는 보충 설명을 추가한다. 헬라어 homōs mentoi는 강한 대립('그럼에도 불구하고')의 기능을 한다. 이들을 나타내는 용어는 공회의 회원을 가리키는 '지도자들'이다(3:1과 7:50에 나오는 니고데모, 막 15:43의 아리마대 요셉, 눅 18:18의 다른 사람). '바리새인들' 때문에 이들은 예수님께 대한 자기들의 신앙을 공적으로 인정하는 것을 원하지 않았다. 이들 지도자들이 믿은 내용은 상술되지 않았으나, 아마도 '예수님을 메시아로 믿은 것'으로 이해하는 것이 가장 적절해보인다. 여기에 언급된 '그를 믿은 것'에 대한 동일한 처벌인 '회당에서 추방되는 것'은 '예수님을 메시아(그리스도)로 시인'하는 9장 22절의 고백과 연결되어 있다. [pisteuō]

12:43. **영광**(The glory, doxan) – (이 구절에 두 번 나옴) 여기에서 '영광'은 '칭송'의 의미를 가진다(5:41, 44, 7:18 참고). 공회의 이들 의원들은 하나님보다는 다른 사람들로부터 칭송을 받는 데 더 관심을 가지고 있었다. 문맥에서는 또한 예수님 자신의 '영광'(41절)과, 이것이 하나님의 영광과 연결된 것에 대한 언급이 있다. 그들의 그릇된 우선순위는 그들로 잘못된 영광을 추구하게 만들었다. [doxa]

12:44. **외쳤다**(Cried out, ekraxen) – 이 동사는 절규 또는 비명을 가리킬 수 있으나, 여기에서는 어떤 의사를 전달하기 위해서 '큰 음성으로

부르는 것'을 의미한다(BDAG 563, NET, '소리쳤다'). [krazō]

12:45. **나를 보는 사람**(The one beholding me, theōrōn) – (이 구절에 두 번 나옴) 6장 40절을 보라. 아들을 '보는 것'은 그분을 보내신 아버지를 '보는 것'이다(1:18과 14:9에서 빌립에게 한 예수님의 답변을 참고하라). [theōreō]

12:46. **빛**(A light, phōs) – 또다시 '빛'과 '어둠'의 대조적인 이미지가 나온다. 예수님께서 자신을 '세상의 빛'으로 밝히신 것에 대하여는 8장 12절과 9장 5절을 보라. 사람이 예수님께 반응하는 방식이 그 사람의 운명을 결정하기 때문에, 이것은 '빛' 되신 예수님께서 심판을 촉발하는 것을 보여주는 3장 16–21절과도 연결된다. 그러나 여기에서와 같이 예수님께서 빛으로 세상에 오신 목적은 세상을 정죄하기 위함이 아니고, 세상을 구원하시기 위함이다. [phōs]

12:47. **내 말들**(My words, rhēmtōn) – 이 헬라어 용어는 예수님의 '가르침들'(RSV, NASB)을 가리킨다. 이 교훈은 네 번째 복음서에서 "나는 빵이다"(6:41), "나는 세상의 빛이다"(8:12), "나는 문이다"(10:7, 9), "나는 선한 목자다"(10:11), "나는 부활이요 생명이다"(11:25), "나는 길이요, 진리요 생명이다"(14:6)라는 말씀과 같은 '나는…이다' 진술을 포함한다. [rhēma]

지키지 않는다(Does not keep, phylaxē) – 여기에서 이 의미는 '순종하다'이다(LN 36.19, CEV, NLT, NET). 이 문구는 동사가 다른 것(8:51에는 tēreō가 나온다)만 제외하고 8장 51절과 유사하다. [phylassō]

그러나 구원하기 위해서(But to save, sōsō) – '구원하는 것'의 대상은 '세상'이다(3:17에서와 같이 여기에서도). 이들 문맥 모두(여기와 3:17)에서 '심판받는 것'(즉 '정죄받는 것')의 개념은 '구원받는 것', 즉 '영생을 얻는 것'에 대한 대안으로 연결된다. [sōsō]

12:48. **나를 배척하는 사람**(The one who rejects me, athetōn) – 3장 36절을 보라. 이 문구는 강한 사람, 즉 예수님을 고의적으로 배척하는 사람을 가리킨다. 네 번째 복음서의 중요한 특징인 양극화는 여기에도 다시 나온다. 사람은 예수님께 믿음을 두면서 그분을 영접하든가, 아니면 전적으로 배척하여 영원한 멸망에 도달할 것이다. [atheteō]

자기를 심판하는 자를 가지고 있다(Has one who judges him, krinonta) – (이 구절에 두 번 나옴) 여기에서 예수님께서는 자신을 배척한 사람을 그 '말씀'으로 '심판할' 것이라고 말씀하신다. 3장 19절을 보라. [krinō]

마지막 날에(At the last day, eschatē) – 이것은 하나님께서 심판을 위해서 죽은 자들을 일으키고, 현재 세상을 변형시키며 그분의 영원한 나라(TDNT 2:697 참고)를 시작하실 때인 '주님의 날'을 가리킨다(NLT, '심판의 날'). [eschatos]

12:50. **영원한 생명**(Eternal life, zōē) – 의미심장하게 예수님께서는 여기에서 아버지의 계명을 '지키는 것' 또는 이에 '순종하는 것'이 영원한 생명에 이르게 한다고 하지 않고, 그 '계

명' 자체가 영원한 생명이라고 말씀하신다. 아버지께서 주신 것은 예수님께서 말씀하셔야 했던 것에 관한 계명이다(49절). 아버지의 계명에서 기인하는 예수님의 말씀들과 사역들은 세상에서 영생의 출처다. 예수님의 공적인 사역은 이러한 진술로 종결된다. 요한복음은 예수님께서 백성에게 하신 말씀을 더 이상 기록하지 않는다. 요한복음의 나머지 자료들은 그분의 떠남과 아버지께로 돌아가심을 준비하며 다락방에서 제자들에게 하신 예수님의 말씀, 그리고 그분이 당한 심문과 십자가 처형과 부활의 기사와 주로 관련되어 있다. [entolē + zōē]

13:1. **알고**(Knowing, eidōs) – (3절에도 나옴) 상황과 사명과 운명에 대한 예수님의 지식은 다시 분명하게 표현된다. 예수님께 이러한 사건들 가운데 어느 하나도 우연히 일어나지 않았으며, 그 어떤 것도 예수님을 놀라게 하지 않았다. 이 동사는 또한 6장 61, 64절에서 예수님께서 지니신 초자연적인 지식을 표현하는 데 사용된다. [oida]

그의 <u>시간</u>(His <u>hour</u>, hōra) – 이것은 예수님께서 아버지께로 돌아가시는 '시간'(NIV, CEV, NET, '때')이다. 2장 4절을 보라. [hōra]

그가 <u>떠날</u> 것(That he should <u>depart</u>, metabē) – 이 동사는 '한 장소에서 다른 장소로 옮겨가거나 넘어가는 것'을 의미한다(BDAG 638). 여기에서 이것은 예수님께서 '이 세상'에서 떠나심과 아버지께로 돌아가심을 가리킨다. 5장 24절을 참고하라. [metabainō]

사랑하였으므로(Having loved, agapēsas) – 여기에서 동사 agapaō의 사용은 독자들에게 3장 16-17절과의 연결을 제시하기 위해 의도된 것일 수 있다. 하나님께서는 세상을 '사랑하셔서' 그 아들을 '보내셨다.' 이제 아들은 자기 자신의 사람들인 그분이 택한 제자들을 '사랑하신다.' [agapaō]

끝까지(To the <u>end</u>, telos) – 이 용어는 요한복음 19장 30절과 문자적인 연결을 형성한다(일부 번역본에는 이것이 분명하지 않다, NIV, NLT-"그의 사랑의 온전한 범위를 보여주었다"). 요한복음 19장 30절의 말씀은 예수님께서 십자가 위에서 "이것이 끝났다"라고 마지막으로 하신 말씀이다(명사와 동사는 동족어다. 다시 말해서, 동일한 뿌리 형태를 공유한다). 제자들을 향한 예수님의 사랑의 온전한 범위('끝')는 그들의 발을 씻는 그분의 겸손한 섬김에 단순하게 보이는 것이 아니다(이것은 이 구절의 가장 흔한 해석이다). 세족 사건은 그들을 위해 그분 자신의 죽음을 미리 예고하는 예언적인 행동이다. 제자들을 위한 메시지는 예수님께서 그들을 사랑하신 것같이 그들이 서로 사랑해야 한다는 것이다. 그들은 단지 겸손하며 자기 소멸적인 섬김으로만이 아니라, 서로 서로를 위해 기꺼이 죽겠다는 마음으로 사랑해야 한다(요일 3:16 참고). [telos]

13:2. **저녁**(Dinner, deipnou) – (4절에도 나옴) 12장 2절을 보라. 그리고 NASB, NRSV, NLT의 '만찬'과 NIV, CEV, NET의 '저녁 식사'를 참고하라. 이 식사는 요한복음에 따르면 유월절 전야에 있었다(목요일 해질 무렵 오후 6시경에 시작된다). 유월절은 금요일 해질 무렵에 시작된다. 공관복음은 이 마지막 만찬을 유월절 식

사로 그리는 것 같다(비록 요한은 그렇게 하지 않지만). 비록 이 문제에 대한 분명한 해결책은 없으나, 예수님께서는 다른 월력에 따라서 유월절을 기념하셨을 가능성이 있다. [deipnon]

마음속에 넣었다(Put aside, beblēkotos)–NIV의 '촉구했다'와 NLT의 '유혹했다'를 참고하라. 이 행동은 13장 27절에 비추어 이해되어야 하며, 예비적인 사상이나 계획을 가리키는 것 같다. [ballō]

13:4. **벗어놓았다**(Laid aside, tithēsin)–(NIV, NRSV, NLT–'벗었다', NET–'제거했다'). 요한이 빈번하게 사용한(10:11, 15, 17–18, 13:37, 15:13) 이 동사는 예수님께서 십자가 위에서 목숨을 '버리는 것'을 가리켰다. 예수님께서 '벗어 놓은' 겉옷은 여기에서 그분 자신의 생명을 버리는 것을 상징한다고 제시되었다. 이것은 요한이 발전시킨 세족 사건의 의의와 일치한다. [tithēmi]

수건(A towel, lention)–(다음 구절에도 나옴) 헬라어 단어 lention은 말리기 위해서 사용하는 천의 조각을 가리킨다(LN 6.161). 이 용어는 또한 랍비 문서에서 나온다(BDAG 471). 이것은 예수님께서 허리에 찰 수 있을 정도로 길고 제자들의 발을 씻기에 충분한 아마포 천의 조각이었을 것이다. [lention]

그는 허리에 둘렀다(He girded himself, diezōsen)–(다음 구절에도 나옴). 이 동사는 벨트나 천 조각을 허리에 두름으로써 옷을 '걷어올리는 것'이나, 그러한 벨트나 천의 조각을 허리에 매는 것을 의미한다(LN 49.14, NIV, NLT–'허리에 둘렀다', NRSV, NET–'둘러맸다'). [diezōnnymi]

13:5. **씻기 시작했다**(Bagan to wash, niptein)–이 동사는 손이나 발과 같은 신체의 부분을 일반적으로 씻는 것을 묘사하는 데 사용된다(BAGD 540). 1세기 중동에서 주인은 여행중인 손님들의 발에 먼지가 묻기 때문에 일반적으로 발을 씻는 물을 제공하곤 했다(그러나 예루살렘 거리들은 일반적으로 아주 깨끗하게 관리되었다). 다른 사람의 발을 씻는 일은 천한 종의 임무였으며, 주인은 손님을 위해 그러한 행동을 결코 하지 않을 것이다. [niptō]

13:6. **당신이 씻어줍니까**(Do you wash, su… nipteis)–앞절을 보라. 베드로는 예수님께서 자기를 위해 천한 임무를 행하시는 것을 허락하지 않으려고 했다. 그래서 그는 저항한 것이다(8절). [niptō]

13:7. **이러한 일들 후에**(After these thing, meta)–예수님께서는 자신이 하는 일을 베드로가 그 당시에는 이해하지 못했으나 나중에는 이해할 것이라고 분명하게 말씀하셨다(헬라어 표현 meta tauta는 시간의 막연한 기간을 가리킨다. BDAG 638, NIV, NRSV–'나중에', NLT–'언젠가'). 베드로는 예수님께서 하신 일의 의의를 이해하게 될 것이다(12:16 참고). 또한 이것은 예수님께서 죽음으로부터 일으키심을 받은 후에 모든 제자들이 받게 될 부활 이후의 통찰을 반영한다. [meta]

13:8. **나와 함께 아무런 몫이 없다**(Have no share

with me, meros) – 이 용어는 사람(여기에서와 같이)이나 사물(생명의 나무–계 22:19, 불 못–계 21:8, 또는 부활–계 20:6)에 대한 '몫'을 지적할 수 있다(KJV, NASB, NIV, '부분'). 만일 베드로가 예수님께 자신의 발을 씻는 것을 허락하지 않았다면, 그분에게 참여하는 관심을 가지지 않을 것이다. 다시 말해서 베드로는 외부인이 될 것이다. [meros]

13:10. 목욕을 한 사람(The one who has bathed, leloumenos) – 이 구체적인 문맥에서 목욕은 식사를 하기 전에 예수님과 제자들이 행한 것으로 보이는 의식적인 씻음을 가리킨다. 예수님께서는 이 '목욕'을 상징적으로 제자들의 영적인 씻음을 가리키는 데 적용하셨다. [louō]

씻는 것(To wash, nipsasthai) – 문맥에서 이 동사는 문자적으로 제자들의 발을 씻는 행위가 지적할 수 있는 것보다 더 깊은 의의를 가진다. 10절에는 죄로부터의 씻음이 암시되어 있다. [niptō]

깨끗한(Clean, katharos) – (이 구절에 두 번과 다음 구절에 한 번 나옴) 이 구절의 흔한 이해는 '목욕'을 죄에서 처음으로 깨끗게 한 사건으로 본다. 이 씻음은 개종 후 죄로부터 더 적게 하고 부분적으로 깨끗게 하는 것만 남게 한다. 그렇지만 이러한 이해는 의심된다. 예수님께서는 제자들에게 유다만 제외하고 '완전하게 깨끗하다'고 말씀하셨기 때문이다(10–11절). 그들에게 필요한 것은 그들의 발을 예수님께 씻김 받는 것이다. 요한복음의 문맥에서 세족은 겸손한 섬김의 본보기뿐만 아니라, 십자가 위에서의 예수님의 희생적인 죽음을 나타낸다. 제자들이 수용할 필요가 있었던 것(예수님께서 그들의 발을 씻는 행위를 허락하는 것으로 나타난 것과 같이)은 그들의 주인 편에 있는 이러한 자기 희생의 행동이다. 이것은 베드로가 주님의 겸허한 행동을 처음에 배척한 것을 더욱더 의미 있게 한다. 이것은 또한 베드로에게 하신 예수님의 엄격한 대답을 설명한다(8절, 마 16:21–23 참고). [katharos]

13:11. 그는 알았다(He knew, ēdei) – 이 진술은 배반자를 동일하게 언급하는 6장 64절과 매우 유사하다. 여기에서 지식은 미래의 행동을 포함하기 때문에 분명히 초자연적이다. [oida]

13:12. 자기 자리로 돌아갔다(Resumed his place, anepesen) – 한 측면에서 이 동사는 예수님께서 발을 씻긴 후에 자신의 식사 자리로 돌아가시는 것을 가리킨다. 세족 사건은 십자가로 나가는 그분의 겸허함을 나타내므로, 다른 측면에서 빌립보서 2장 6–11절의 소위 케노시스(kenosis, 혹은 자기 비움) 구절에 나오는 행동인 '자기 자리로 돌아가는 것'을 빌립보서 2장 9–11절의 승귀와 동등한 것으로 만든다. [anapiptō]

내가 너희를 위해서 행한 것(What I have <u>done</u> for you, pepoiēka) – 예수님께서는 제자들에게 그들의 발을 씻은 자신의 행동의 의미를 이해했는지 물으셨다. 궁극적으로 예수님께서는 그들에게 겸손한 섬김의 본보기뿐만 아니라, 죽음에 이르기까지 희생적인 사랑의 본보기도 보이셨다. 그들은 그 당시 이것을 이해하지 못했으나, 나중에 그분의 부활 후에 깨닫게 될 것

이다(7절, 요일 3:16 참고). [poieō]

13:14. **만일 내가 씻겼다면**(If I…have washed, enipsa) – (이 구절에 두 번 나옴). 13장 5절의 논의를 보라. [niptō]

너희는 해야 한다(You ought, opheilete) – 예수님을 따르는 자들은 서로를 위해서 자기들의 생명을 '버려야 한다' (여기와 동일한 동사)고 말하는 요한일서 3장 16절과 비교하라. [opheilō]

13:15. **본보기**(An example, hypodeigma) – 이 용어는 '본보기' 또는 '모델', '확정적인 원형'을 가리킨다(TDNT 2:33, LN 58.59). 예수님께서 보여주신 본보기는 죽음의 지점까지 나가는 자기 희생의 본보기다(15:13 참고, 또한 위의 10절을 보라). [hypodeigma]

13:16. **종**(The slave, doulos) – 8장 34절을 보라. 예수님께서는 다시 일상생활에서 취한 '종'과 '주인'의 예를 사용하셨다. 제자들은 예수님 자신보다 크지 않다. 그러므로 예수님께서 그들에게 본보기를 보이셨다면, 그들은 기꺼이 서로를 위해서 죽어야 한다(요일 3:16 참고). [doulos]

13:18. **내가 택했다**(I have chosen, exelexamēn) – 구체적으로 예수님께서는 배반자 유다를 포함하여 열두 제자에 관하여 말씀하고 계신다. 예수님께서 유다를 제자들 가운데 하나로 '택하심'은 고의적이며, 유다가 자기를 배반하리라는 온전한 지식을 가지고 이루어진 것으로 여기에 그려진다. [eklegomai]

성취되기 위하여(May be fulfilled, plērōthē) – 12장 38절에서와 같이 여기에서 다시 성경의 말씀인 시편 41편 9절은 유다의 예수님 배반으로 '성취된' 것으로 보인다. [plēroō]

그의 발꿈치를 들었다(Has lifted up his feel, epēren) – 이 표현은 시편 41편 9절의 인용문에 나온다. 이것의 정확한 의미는 다소 논란된다(BAGD 727–"악의에 찬 반항을 위해서 어떤 사람에게 자기의 발꿈치를 들다", LN 8.52–"대적과 반대를 표시하며"). 어떤 경우든 이 문구는 친한 동료의 배반을 가리킨다(CEV, NLT, NET, "나를 대적했다"). [epairō]

13:19. **너희가 믿도록**(That you may believe, pisteuēte) – 예수님께서 그의 배반에 대하여 '이것이 일어나기 전에' 제자들에게 말씀하시는 것은 이 사건이 일어날 때 그들로 '믿게 하기' 위한 것이다. 여기에서 제자들이 '믿어야' 했던 내용은 '내가 (그)이다'는 것으로 밝혀진다. 어떤 사람은 여기에서 헬라어 egō eimi는 서술부가 없는 용례로 사용되었다고 주장한다(Brown 2:555). 이 경우 제자들이 믿은 내용은 예수님께서 출애굽기 3장 14절의 '나는…이다'라고 말씀하신 분과 하나가 된 성육신하신 하나님이셨다는 것이다. 현재 상황에서는 이 견해가 더 개연성이 있다(14:9 참고). [pisteuō]

13:20. **영접하는 자**(The one who receives, lambanōn) – (이 구절에 네 번 나옴) 이 동사는 어떤 것을 믿고 그에 따라 행한다는 의미로 '수용하는 것, 영접하는 것, 믿게 되는 것'을 의미한다(LN 31.50, NIV, NET– '수용하다', CEV,

NLT-'환영하다'). 이것은 서문에 나오는 1장 12절을 상기시킨다. [lambanō]

13:21. **그는 심령에 민망했다**(He was troubled in spirit, etarachthē)-이 동사는 그분의 '시간'의 도래와 관련하여 예수님의 반응을 묘사하기 위해 12장 27절에서 사용되었다. 예수님께서는 상황을 완전하게 통제하셨으나(13:3), 감정적으로는 자신에게 닥치는 일을 망각하지 않으셨다. 11장 33절을 보라. [tarassō]

13:22. **불확실한**(Uncertain, aporoumenoi)-이 헬라어 동사는 '심각한 걱정의 암시를 가지고 당황하는 것'을 의미한다(LN 32.9, NASB, NIV-'어찌할 바를 몰랐다', NET-'걱정했고 당황해 했다'). 여기에서 제자들은 예수님께서 뜻하신 것을 어떻게 이해해야 할지 몰랐다. [aporeō]

13:23. **품에 기대어 누워 있었다**(Was reclining in the bosom, anakeimenos)-12장 2절을 보라. 이러한 식사에 참여하는 사람은 왼쪽 팔로는 몸을 받치고, 오른손과 팔은 먹는 데 사용하며 왼편으로 기대어 누워 있었을 것이다. 예수님의 오른편에 있는 제자는 자기의 머리를 직접적으로 예수님 앞에 두었을 것이며, 이것은 그 옆에 '기대어 누워 있는 것'으로 묘사될 수 있다(NIV, NRSV). [anakeimai]

예수님께서 사랑하신 자(Whom Jesus loved, ēgapa)-이 사람은 '사랑을 받은 제자'다. 이 제자는 또한 19장 26절, 20장 2절, 21장 7, 20절에 언급된다. 나중의 언급들은 이 제자가 예수님과 매우 친밀한 관계를 가졌다고 지적한다. 네 번째 복음서에 세베대의 아들 요한에 대한 모든 언급이 생략된 것을 감안해볼 때, 이 '사랑을 받은 제자'는 그 자신을 가리키는 것으로 이해하는 것이 가장 개연성이 있다. 11장 5절에 나오는 동사 '사랑했다'의 논의를 보라. [agapaō]

13:24. **몸짓했다**(Gestured, neuei)-이 동사는 몸의 일부, 특별히 머리나 손을 이용하여 어떤 사람이 신호를 보내는 것을 의미한다(LN 33.485, RSV-'신호를 보냈다', NASB, NET-'제스처를 했다', NIV, NRSV, NLT-'손짓했다'). 베드로가 예수님과의 관계에서 어디에 위치했는지 분명하지 않으나 다소 떨어진 곳에 있어서 모종의 제스처가 필요했다. [neuō]

13:26. **조각**(The morsel, psōmion)-(이 구절에 두 번, 다음 구절과 30절에 한 번씩 나옴). 이것은 빵덩이에서 떼어낸 작은 빵조각이었다(BAGD 894, LN 5.4, NIV, NRSV, NET, '빵의 이 조각'). [psōmion]

13:27. **사탄**(Satan, Satanas)-사탄의 이름이 언급된 것은 요한복음에서 이것이 유일하다. 유다는 이미 만찬 이전에 사탄의 영향권 아래 들어갔다(2절, 또한 눅 22:3을 보라). 아마도 이 진술은 여기에서 앞서 시작된 과정의 종결을 표시하는 것 같다. [Satan/Satanas]

13:30. **이때는 밤이었다**(It was night, nyx)-3장 2절을 보라. 이것은 여기에서 단지 시간을 가리키는 것 그 이상이다. 이것은 네 번째 복음서의 빛/어둠의 모든 이미지를 상기시킨다. 이 이미

지는 서문에서 시작했다(1:5). 예수님의 배반, 체포, 재판, 십자가 처형과 죽음을 작동시키는 유다의 떠남으로 낮 시간은 끝났고 '밤'이 왔다(요 9:5, 11:9-10, 12:35-36). 유다는 자기 속에 빛이 없었기 때문에, 밤에 행하여 넘어진 사람들 가운데 하나가 되었다(11:10). [nyx]

13:31. **영화롭게 되다**(Is…glorified, edoxasthē) -(이 구절에 두 번과 다음 절에 세 번 나옴) 이것은 예수님께서 12장 23절에서 하신 진술의 반복이지만, 이 둘 사이에는 모순이 없다. 헬라인들의 돌아옴은 예수님의 '영화'의 시작을 표시했다. 여기에서 예수님을 배반하기 위한 유다의 떠나감은 실제적으로 예수님의 아버지께로 돌아가시는 과정의 시작이다. [doxazō]

13:32. **즉시**(Immediately, euthys) - 예수님의 '영화', 즉 십자가를 통해 그분이 아버지께로 돌아가심은 이 시점에 임박했다. [euthys]

13:33. **어린 아이들**(Little children, teknia) - 이것은 유사한 의미를 가진 단어 teknon의 축소형이다. 그렇지만 이 단어에는 귀하다는 추가적인 뉘앙스가 담겨 있다(NLT, '귀한 아이들', 요일 2:1, 12, 28, 3:7, 18, 4:4, 5:21). [teknion]

유대인들(The Jews, Ioudaiois) - 1장 19절을 보라. 예수님의 진술은 8장 21절에서 하신 자신의 설명에 대한 언급이다. 여기에서와 같이 거기에서(8:22 참고) 언급된 자는 주로 유대 종교 당국자들이었다. [Ioudaios]

13:34. **새 계명**(A new commandment, entolēn) - 예수님께서는 이것을 '새 계명'이라고 명명함으로써 언약의 배경인 시내 산에서 하나님께서 이스라엘에게 주신 십계명과 연결하신다. 예수님을 따르는 자들이 서로 사랑하는 것은 새 언약의 특징이다. [entolē]

너희가 서로를 사랑해야 한다는 것(That you love one another, agapate) - (이 구절에 두 번 나옴) 예수님께서 제자들을 위해서 보여준 '사랑'은 그들의 구원을 가져왔다. 그분이 그들을 위해서 자신의 목숨을 내려놓았기 때문이다. 제자들은 이것을 되풀이할 수 없으나, 필요하다면 심지어 죽음에 이르기까지 서로에 대한 희생적인 섬김에 대한 그분의 본보기를 따를 수 있다. [agapaō]

13:35. **제자들**(Disciples, mathētai) - 예수님의 제자들이 세상에 의해 인정을 받게 될 표징은 서로를 위한 희생적인 사랑이다. 이 사랑은 예수님께서 그들을 위해 '자신의 목숨을 내려놓으셨을' 때 제자들을 위해 본으로 세우신 것이다. 예수님의 기대는 그분의 모든 제자들이 서로를 향하여 이와 같이 행하는 것이다(요일 3:16 참고). [mathētēs]

13:36. **따르다**(Follow, akolouthēsai) - (여기에 두 번과 다음 절에 한 번 나옴). 이 동사는 문자적으로 '뒤를 따르는 것'을 의미하고, 다른 어떤 사람을 동반하는 사람이나 심지어 예수님을 따르는 사람을 가리킬 수 있다(BAGD 31). 예수님께서는 십자가로 나가는 길에 대하여 말씀하시며, 주님인 자신이 죽을 때, 지금은 베드로가 예수님 자신을 따라올 수 없으나 나중에는 따르

것이라고 말씀하신다(21:18-19). [akoloutheō]

13:37. **나는 내려놓을 것입니다**(I will lay down, thēsō) – (다음 구절에도 나옴) 예수님께서 동일한 표현 "자기의 생명을 내려놓다"를 사용하여 십자가 위에서 자신의 희생적인 죽음을 언급하는 10장 11절을 보라. 베드로는 아직 주님을 위해서 이 길을 따라갈 준비가 되지 않았으나, 언젠가는 그렇게 할 수 있을 것이다('나중에', 36절, 21:18 참고). 그 대신 이 일이 일어나기 전에 베드로는 예수님을 세 번 부인할 것이다(이 예언의 성취를 위해서는 18:27을 보라). 요한복음의 독자가 잘 아는 것과 같이, 역설적으로 예수님을 위해서 곧 죽을 자는 베드로가 아니고, 베드로를 위해 곧 죽을 자는 예수님이었다. [tithēmi]

13:38. **나를 부인한다**(Deny me, arnēsē) – 여기에 베드로의 세 번 부인에 대한 예수님의 예언이 담겨 있다. 이것은 예수님을 위해서 "자신의 생명을 내려놓겠다"는 베드로의 성급한 약속에 비추어볼 때 역설적이다. [arneomai]

14:1. **근심하게 말라**(Do not let…be troubled, tarassesthō) – 11장 33절을 보라. 예수님의 운명을 묘사하기 위해서 동일한 헬라어 동사가 11장 33절, 12장 27절, 13장 21절에 사용된다. 여기에서 예수님께서는 저녁과 그 다음 날에 있을 사건들인 자신의 체포, 심문, 십자가 처형과 죽음을 예견하신다. 이 사건들은 제자들을 극한 감정적인 고민에 빠지게 할 것이다(NET, '고민하다'). [tarassō]

믿다(Believe in, pisteuete) – (여기에 두 번 나옴) 여기에 두 번 사용된 동사 pisteuō가 이 구절에서 직설법('너희는 믿는다')인지 아니면 명령법('믿어라')인지 아는 것은 어렵다. 형식에 따르면 두 가지 모두 가능하다. 첫 번째는 직설법("너희는 하나님을 믿는다")이고, 두 번째는 명령법("또한 나를 믿어라")으로 보는 것이 아마도 가장 적절할 것이다. 제자들이 예수님을 메시아와 주님으로 믿는 신앙은 다가오는 사건들에 의하여 의심에 빠질 수 있다. 그래서 예수님께서는 하나님에 대한 그들의 신앙을 확증하는 것에서 자신을 믿으라고 권고하는 것으로 옮기셨다. [pisteuō]

14:2. **내 아버지의 집**(My father's house, oikia) – 이 단어는 빈번하게 천국에 대한 언급으로 이해되지만, 요한복음에서 '내 아버지의 집'이란 문구가 등장하는 유일한 다른 한 곳은 2장 16절이다. 그곳에서는 성전을 가리킨다. 그때 2장 19-22절에서 복음서 기자는 성전을 죽음으로 '파괴되고', 삼일 후의 부활로 '재건될' 예수님의 몸으로 재해석했다. 다음 항목을 보라. [oikia]

많은 거처(Many dwelling places, monai) – monē는 '거처' 또는 '거주지'를 의미한다(LN 85.76, NIV, NLT, '많은 방들'). 이것은 신약에서 여기와 23절에서 단지 두 번 등장한다. BAGD(527)와 TDNT (4:579)는 둘 다 이 용어가 '천상적인' 거처를 가리킨다고 해석한다. 이것은 가장 흔한 해석이다. 동족어 동사 menō는 요한 신학에서 중요한 용어다(1:32에 나오는 논의를 보라). 이것은 흔히 아버지와 아들이 신자 속에 상호 내주하심을 가리킨다. 이러한 이해에서 예수님께서 '준비하러 가신' '거처'는 예수님 자신을 가리키고, 그분의 '돌아오심'은 재림이 아니라 그분의 죽음 이후의 부활로 돌아오심을 가리킨다. 이것은 영원한 생명의 현재적인 실재와 '성령과 진리로' 아버지를 경배하는 것의 가능성에 대한 요한의 강조와 일치한다. [monē]

14:3. **내가 있는 곳**(Where I am, hopou) – "나는 다시 올 것이다"는 예수님의 진술은 한 가지 차원 이상에서 참되다. 이것이 비록 일반적으로는 신자들을 위한 예수님의 다시 오심을 가리키는 것으로 이해되나, 이것보다는 그분의 부활 후 제자들에게 돌아오심과 그 '안'에 거하는 것의 가능성을 가리키는 것으로 보는 것이 더 개연성이 있다(14:2 참고). 그때 예수님께서는 아버지와 함께 계실 것이다. [hopou]

14:4. **길**(The way, hodon) – (다음 구절에도 나옴) 이 용어는 문자적인 의미로 길 또는 도로를 가리키나 여기에서의 용례는 상징적이다(BAGD 553 참고). 예수님께서는 아버지께로 돌아가고 계셨고, 그분이 가시는 '길'은 십자가를 경유한다(예수님께서는 전에 이것을 말씀하셨다–12:32, 제자들은 그때 이 말씀을 이해하지 못했다). 아버지께로 돌아가는 '길'은 예수님을 통해서 가능하지만, 제자들에 한해서 그들은 아직 십자가를 인정하지 못했다. 이제 예수님께서는 이러한 오해를 교정하고 계신다. [hodos]

14:6. **나는…이다**(I am, egō eimi) – 4장 26절에 나오는 논의를 보라. 문맥은 여기에 나오는 세 서술어('길'과 '진리'와 '생명')가 모두 병행을 이루는 것이 아님을 시사한다. 이어지는 진술 "누구도 나로 말미암지 않고는 아버지께로 올 수 없다"는 말씀은 주로 첫 번째 서술부 "나는 길이다"와 관련되어 있는 것으로 보인다. 두 번째와 세 번째는 첫 번째를 설명한다. 다시 말해서 "나는 길이다. 곧 진리와 생명이다"는 것이다. [egō + eimi]

길(The way, hodos) – 14장 4절을 보라. 여기에서 용어는 하나님께로 가는 '길'을 가리키며, 예수님께서 10장 7, 9절에서 "나는 문이다"라고 하신 말씀과 유사하다. 예수님께서는 아버지께로 나가는 수단이다. [hodos]

진리(The truth, alētheia) – 이것은 예수님께서 8장 31–32절에서 하신 "너희가 진리를 알지니 진리가 너희를 자유케 하리라"는 진술과 관련되어 있다. 죄로부터의 자유는 8장 34–36절의 문맥에서 주요 요점이다. [alētheia]

생명(The life, zōē) – 이것은 예수님께서 "나는 부활이요 생명이다"라고 11장 25절에서 말씀하신 것과 같다. 예수님께서는 풍성하게 영생을 주시기 위해서 오셨다(10:10, 3:5–8 참고). [zōē]

14:7. **만일 너희가 나를 알았다고 하면**(If you had known me, egnōkate) – 비록 여기에 다른 원문이 있으나, 최상의 본문은 헬라어에서 1급 조건절 문장이 된다. 다시 말해서 제자들이 예수님을 알았다고 가정하면, 그들은 아버지를 알 것이다. 이것은 "이제부터는 너희가 그분을 알

고 그분을 보았다"라는 바로 이어지는 말씀과 더 잘 어울린다(1:18 참고). [ginōskō]

14:8. **우리에게 보이소서**(Show us, deixon) – (다음 구절에도 나옴) 빌립의 요구에서 분명한 것은 (모든 제자들이 그런 것은 아니나) 그가 7절에서 예수님께서 하신 말씀을 오해했다는 것이다. 그들이 아버지를 볼 수 있다는 것은 무슨 의미일까? [deiknymi]

14:9. **너희는 나를 알지 못한다**(You do not know me, egnōkas) – 7절을 보라. 요한복음에서 오해된 진술의 다른 예에서 빌립의 요구는 다시 한 번 예수님과 아버지 사이의 관계를 설명할 수 있는 기회를 예수님께 제공했다. 예수님과 아버지는 하나이므로(10:30 참고), 예수님께서는 "나를 본 자는 아버지를 보았다"고 말씀하실 수 있었다(1:18 참고). [ginōskō]

14:10. **너희는 믿지 않느냐**(Do you not believe that, pisteueis) – 여기에서 믿음의 내용은 "내가 아버지 안에 있고 아버지께서 내 안에 있다"는 것으로 상술된다. 헬라어에서 질문의 형식은 '그렇다'는 답을 기대한다. 예수님께서는 심지어 자신의 반대자들도 아버지와 아들 사이의 상호 관계를 인정하기를 기대했던 것이다(10:38 참고). 여기와 다음 구절에 표현된 아버지와 아들 사이의 상호 관계는 예수님의 신성을 가리킨다(1:1, 18 참고). [pisteuō]

내 안에 계시며(Residing in me, menōn) – 이 동사는 아버지와 아들 사이의 상호 관계에 대하여 말한다. 1장 32절을 보라. [menō]

그의 일들(His works, erga) – 5장 36절을 보라. 여기에서 이 '일들'(NET, '기적적인 행위들')은 예수님께서 행해 오셨던 표적적인 기적들을 가리킨다(12절). 이것들은 믿지 않는 자들로 그를 믿도록 인도하고, 이미 그분의 추종자가 된 자들의 믿음을 뒷받침하기 위해서 의도되었다. [ergon]

14:11. **나를 믿으라**(Believe me that, pisteuete) – 11절의 첫째 부분에서 예수님께서는 자신의 '말씀들'에 근거하여 자신이 아버지와 영구적인 관계를 가지고 있는 것을 믿으라고 제자들에게 호소하셨다. 이 구절의 두 번째 부분에서는 제자들에게 자신이 하는 '일들'을 보고 믿으라고 요청하신다. [pisteuō]

그 일들 자체로 인하여 믿으라(Believe because of the works themselves, erga…pisteuete) – 10절을 보라. 예수님께서 행하여 오신 표적의 의미를 가진 기적들은 믿음의 근거 역할을 하기 위한 것이었다(2:11 참고). [pisteuō + ergon]

14:12. **이것들보다 더 큰**(Greater than these, meizona) – 여기에서 예수님께서 말씀하고 계신 '일들'은 그분이 친히 행하신 것들보다 '더 강력한 기적들'을 가리킨다고 종종 가정된다. 그렇지만 사도행전에서 사도들이 행한 기적들을 검토해보면, 그 범위나 숫자에 있어서 예수님의 기적들을 능가한 것으로 보이지 않는다. 예수님의 일들을 능가한 '일들'은 사도행전 2장에 기록된 대로 베드로의 사역 가운데서 일어난 개종 사건을 가리킨다고 보는 것이 더 개연성이 있다. 예수님의 지상 사역의 전 기간에 예수님

을 따르게 된 사람들보다 더 많은 백성이 오순절 날에 교회에 더해졌다. 그 후 복음의 메시지는 유대, 사마리아와 갈릴리뿐만 아니라 알려진 세계의 먼 지역까지 퍼졌다. [megas + ergon]

14:13. **영광을 받게 하기 위해서**(May be glorified, doxasthē) – 동사 doxazō('영화롭게 하는 것')는 '찬양을 받다' 또는 '존귀하게 되다'는 의미로 사용된다. 이것은 네 번째 복음서에서 십자가를 통한 예수님 자신의 '영화'를 가리키기 위해서 일반적으로 사용된 것 같은 다른 용례다(TDNT 2:248). 여기에서 아버지는 아들이 하시는 일 안에서 '영광을 받으실' 것이다. [doxazō]

14:15. **내 계명들**(My commandment, entolas) – 이 말씀과 가까운 병행 구절은 "하나님을 사랑하는 것은 이것이니 우리가 그의 계명들을 지키는 것이라"는 요한일서 5장 3절에서 발견된다. 여기에서 이 구절은 예수님께서 제자들에게 13–14절에서 하신 응답된 기도의 약속들과 16절에서 소개된 성령의 약속 사이의 전환을 제공한다. 순종은 진정한 사랑의 증거다. [entolē]

14:16. **다른 변호인**(Another Advocate, paraklēton) – allon('다른')은 '변호인'(KJV–'보혜사', RSV, NIV, NLT–'상담자', NASB–'조력자')이 제자들과 함께 있었음을 암시한다. '다른 변호인'은 예수님께서 떠나실 때 오시므로 이분은 바로 예수님 자신을 가리키는 것으로 이해하는 것이 최상이다. 요한일서 2장 1절은 하늘에서 중보자 역할하시는 예수님을 paraklētos(동일한 헬라어 단어)로 제시한다. 여기에서 암시된 것은 예수님께서는 자신의 지상 사역 기간중 제자들에게 일종의 paraklētos이셨다는 것이다. 헬라어 단어 allos의 의미에 대하여 종종 많이 논의가 되었으나, 이것은 '유사한 종류의 다른 것'을 의미한다. 모든 주석가들이 문맥에서 단어 allos와 heteros 사이의 그와 같이 예리한 구분에 동의하는 것은 아니다. 그러나 비록 예수님께서 네 번째 복음서에서 직접적으로 paraklētos로 불리지는 않지만, 그분은 일반적으로 제자들을 위해서 paraklētos로서의 행동들을 하신 것으로 보인다.

헬라어 단어 paraklētos(종종 '파라클레이트'로 음역된다)는 번역하기 어렵다. 영어의 단일한 어떤 단어도 이 헬라어 용어의 의미의 범위와 일치하지 않는다. '보혜사', '상담자', '조력자', '권고자', '중보자', '변호인' 등으로 다양하게 번역된다(LN 12.19). '변호인'(NRSV, NET)이라는 용어는 더욱 법정적인 함의들을 가지나, 16장 5–11절에 법정적인 문맥이 확실하게 존재한다(LS 597 참고). 더욱이 주전 4세기부터 세속적인 헬라어 용어는 '법정의 조력자'에서와 같이 주로 법적인 변호로 이루어진다(TDNT 5:800). 동일한 용례는 일반적으로 필로(Philo)에게 발견된다(TDNT 5:802). 요한복음 밖의 신약 가운데 유일하게 한 번 나오는 구절인 요한일서 2장 1절에서 그 의미는 분명하게 '변호인'이다. 요한복음 14장 16절에서 얼마나 엄격하게 법정적인 용례가 준수되는지의 문제가 남아 있으나, 여기에서는 '변호인'이 확실하게 그 의미의 범위 안에 있다. [paraklētos]

14:17. **진리의 영**(The Spirit of truth, pneuma …alētheias) – 여기에서 예수님께서는 '변호인' 을 '진리의 영' 으로 묘사하신다. 16장 13절에 따르면 예수님께서 떠나신 후에 제자들에게 진리를 계시할 분은 성령이다. 그러므로 여기에서 소유격 구조는 아마도 특징을 묘사한다. 다시 말해서 제자들에게 진리를 전달해주는 분은 진리로 특징 지워지는 성령이시다. [pneuma + alētheia]

세상(The world, kosmos) – 제자들은 성령을 받을 것이나 '세상' 은 성령을 받을 수 없다. 이것은 예수님의 제자들이 더 이상 '세상' 에 속하지 않음을 지적한다(17:6, 9 참고). [kosmos]

너희와 함께 거한다(Resides with you, menei) – 성령('진리의 영')께서 제자들과 이미 '함께' 있었다는 의미도 있으나, 예수님께서 아버지께로 가신 다음에는 성령께서 그들 '안' 에 계실 것이라는 의미다. 이것은 제자들이 성령과 맺게 될 관계에 변화가 있을 것을 가리킨다. 이 변화는 예수님의 떠나심에 의하여 시작된 변화다(16:7 참고). 1장 32절을 보라. [menō]

14:18. **너희를 황폐하게 내버려두다**(Leave you desolate, orphanous) – 이 용어는 어떤 관계를 상실한 사람을 가리키며, '고아' 를 가리킬 수도 있다. 여기에서는 관련된 사람과 친구의 도움과 위로가 없는 상태를 가리킨다(BDAG 725, NASB, NIV, NLT, NET, '고아들로'). 예수님께서는 이미 14장 3절에서 자신의 '떠나가심' 과 '다시 오심' 에 대하여 제자들에게 말씀하셨다. 이것은 그분의 재림뿐만 아니라, 부활 후 제자들에게 돌아오심을 가리킨다. 예수님께서는 다음 구절에서 세상이 더 이상 그분을 '볼' 수 없게 된 후에 제자들이 그분을 '보는 것' 에 대하여 말씀하시므로, 본문의 경우 예수님께서 부활 후에 제자들에게 나타나심을 주로 염두에 두신 것으로 보는 것이 더 개연성이 있다. 그렇지만 다수의 주석가들은 이것이 앞에 나오는 구절들의 주제였으므로 이 구절을 성령의 오심을 언급하는 것으로 이해한다. 이러한 사실에도 불구하고 19-20절은 그분의 부활 후에 예수님께서 제자들에게 나타나시는 것에 대한 언급도 포함하는 것으로 보인다('조금 있으면', '그날에'). 이것은 요한의 이중적인 의미를 보여주는 또 다른 예다. 한 가지 의미는 부활 후 제자들에게 나타나실 때, 예수님께서 그들에게 '돌아오시는 것' 이고, 다른 의미는 '다른 변호인' 의 내주하는 임재로 그들에게 다시 오시는 것이다(16-17절 참고). [orphanos]

14:19. **세상**(The world, kosmos) – 여기에서 다시 이 '세상' 은 백성의 세상이나, 특별히 예수님과 제자들에게 적대적인 세상이다. 백성은 예수님의 죽음과 부활 후에 그분을 '보지' 못할 것이나, 제자들은 그분을 '볼' 것이다(이것은 부활 이후에 예수님의 나타나심에 대한 언급이다. 행 10:41 참고). [kosmos]

14:20. **그날에**(In that day, hēmera) – 이것이 무엇을 가리키는 것인지가 다시 문제가 된다. '그날' 은 재림에 대한 언급일 수 있다. 그러나 세상이 예수님을 '보지' 못할 것이라는 19절의 진술은 재림 사건에 맞지 않는다. 부활 이후에 예수님께서 제자들에게 나타나심을 언급하는

것으로 보는 것이 더 낫다(이 입장은 19절의 '조금 있으면'을 문자적으로 이해하게 한다. NLT, "내가 생명으로 다시 일으킴을 받을 때"). 사도행전 10장 40-41절의 "하나님께서 모든 백성이 아니라, 증인으로 선택된 우리에게 그분을 나타나게 하셨다"는 진술과 비교하라. [hēmera]

나는 내 아버지 안에 있다(I am in my Father, en) – 예수님과 아버지 사이의 상호 관계는 이제 제자들에게 확대된다. '그리고 너희가 내 안에, 내가 너희 안에 있는 것'이란 말씀은 이 사실을 보여준다. 14장 10절을 보라. [en]

14:21. 그것들을 지킨다(Keeps them, tērōn) – 여기에서 '지키다'는 '순종하다'를 의미한다(LN 36.19, NIV, NLT, NET). '그것들'은 예수님의 '계명들'을 가리킨다. 이 문맥의 주제는 제자도인 것을 주목하라. 순종은 예수님에 대한 사랑의 증거가 된다. [tēreō]

나는 나를 분명히 나타낼 것이다(I will manifest myself, emphhanisō) – (다음 구절에도 나옴) 그분의 '계명들'을 지키는 사람들에게 예수님께서 자기 자신을 계시하심은 23절에서 신자 안의 아버지와 아들의 상호 내주로 설명된다. [emphanizō]

14:22. 세상에(To the world, kosmō) – 제자들은 이 시점에 예수님께서 메시아로서 자신의 정체를 세상에 계시하실 것으로 여전히 기대했다. 예수님의 십자가 처형 전날 밤에도 제자들은 그분 앞에 놓여 있는 일을 이해하지 못했다. [kosmos]

14:23. 그는 지킬 것이다(He will keep, tērēsei) – (다음 구절에도 나옴) 여기에서 동사는 '지키는 것, 준수하는 것, 성취하는 것, 주목하는 것'을 의미한다(특별히 헬라어 구약 성경에서 율법이나 가르침과 관련된다, NIV, NET, '순종하다'). 여기에서 대상은 예수님의 '말씀'이고 (BAGD 815, LN 36.19), 21절에서는 예수님의 '계명들'이다. 이 둘은 아마도 상호 교환적으로 사용된다. [tēreō]

그에게로 우리가 올 것이다(We will come to him, eleusometha) – 이것은 예수님과 아버지를 모두 가리킨다. 이 약속은 예수님께서 부활 후에 제자들에게 나타나심으로 완전하게 성취되지 않았다. 특히 부활 이후의 나타나심과 관련하여 내주("거주를 정하다" 또는 "우리의 가정을 만들다", NLT-"그리고 그들과 함께 살 것이다")에 대한 어떤 암시도 없는 것은 이러한 이해를 지지한다. 이 약속은 성령의 오심으로 성취된다. [erchomai]

14:25. 너희와 함께 있을 때(While remaining with you, menōn) – 여기에서 분사는 예수님께서 제자들과 함께 '머물러 있는 것'을 가리킨다. 이것은 그분의 지상 사역 기간중 제자들과 함께한 시간을 가리킨다. [menō]

14:26. 변호인(The Advocate, paraklētos) – 예수님께서 앞서 말씀하신 '변호인'은 여기에서 상세하게 '성령'으로 밝혀진다. [paraklētos]

보낼 것이다(Will send, pempsei) – 예수님께서는 자주 이 동사를 사용하여 아버지께서 자기를 '보내신' 것을 말씀하셨다. 이제 여기에서 예수님께서는 이 단어를 사용하여 아버지께서 그분의 이름으로 성령을 '보내시는 것'에 대하여 말씀하신다. 1장 6절을 보라. [pempō]

너희에게 모든 것을 가르치고 너희로 모든 것을 기억나게 할 것이다(Will teach you all things and bring to your remembrance all things, didaxei…hupomnēsei) – 성령/파라클레이트의 사역은 두 가지로, 가르치는 것과 기억나게 하는 것이다. '모든 것들'은 '우주에 있는 모든 지식'을 의미하지 않는다. 어떤 사람은 이것이 '너희가 알아야 할 필요가 있는 모든 것'을 의미한다고 이해한다. 그러나 이러한 견해보다는 이어지는 문구 '내가 너희에게 말한 모든 것들'과 연결해볼 때 성령의 가르침 사역은 방대한 진리를 계시하기 위한 것이 아니고, 예수님께서 제자들과 함께 계실 때 행하시고 말씀하신 것의 온전한 의의를 계시하기 위함이다. 이러한 의미에서 이 문장의 두 번째 절("내가 너희에게 말한 모든 것들을 기억나게 할 것이다", BDAG 1039, NIV, NRSV, NLT)은 첫째 절("너희에게 모든 것을 가르칠 것이다")을 설명하고 그 의미를 규정한다. [didaskō + hypomimnēskō]

14:27. **평화**(Peace, eirēnēn) – (이 구절에 두 번 나옴) 예수님께서는 자신의 부활 후에 제자들에게 인사할 때 이 용어를 사용하신다(20:19, 21, 26). 이 용어는 고별 인사로 히브리어 샬롬(shalom)을 반영한다(BAGD 227). 예수님께서는 궁극적으로 성령/파라클레이트의 내주를 가리키신다. 예수님께서 떠나시고 아버지께로 돌아가신 후에 성령의 임재는 제자들과 함께할 것이고 그들을 위로할 것이다. [eirēnē]

세상(The world, kosmos) – 세상의 '평화'는 예수님께서 제공한 '평화'와 다르다. 그래서 여기에 적대감의 요소가 있다. 이것은 30절에서 '이 세상의 통치자'(곧 사탄)에 대한 언급으로 가중된다. [kosmos]

고민하다(Be troubled, tarassethō) – 동사 tarassō는 '예리한 감정적인 고민이나 격동을 유발하는 것', 혹은 '소동을 일으키는 것, 번거롭게 하는 것, 불안하게 하는 것, 혼란에 빠트리는 것'을 의미한다(BAGD 805). 여기에서는 예수님께서 십자가에 처형되실 때 곧 일어날 그분의 '떠남'(28절)에 대해 제자들이 가질 감정적인 소동을 가리킨다. [tarassō]

14:28. **너희는 기뻐했을 것이다**(You would have rejoiced, echarēte) – 이 용어는 '기뻐하는 것, 즐거워하는 것, 행복과 안녕의 상태를 누리는 것'을 의미한다(LN 25.125). 그러나 왜 제자들이 이러한 방식으로 반응해야 했는가? 예수님께서 자기를 영화롭게 하실 아버지께 돌아가시는 중에 있기 때문에 기뻐해야 한다(17:4–5). 예수님의 떠나심은 아버지의 일이 완성된 것을 나타낸다(19:30 참고). 이제 예수님께서는 창조 전에 아버지와 함께 자신이 가졌던 영광으로 영화롭게 될 것이다(17:5). 예수님께서는 자신이 영화롭게 될 때 제자들을 영화롭게 할 것이라고 약속하셨으므로, 이것은 제자들에게 기쁨을 가져와야 했다(17:22). [chairō]

나보다 더 큰(Greater than I, meizōn) – 이 진술은 기독론과 삼위 일체와 관련한 많은 논쟁을 일으켰다. 예수님께서 자기 자신을 아버지와 비교하신다는 사실에 그분의 신성은 당연한 것으로 간주된다. 이 문구에 대한 두 가지 전통적인 해석이 있다. 하나는 아들이 영원히 아버지에게서 나셨지만, 아버지는 그렇지 않다는 견해다(오리겐, 터툴리안, 아타나시우스, 힐라리와 다른 사람들). 다른 하나는 인간으로 성육신하신 아들은 아버지만 못하다는 것이다(알렉산드리아의 시릴, 암브로스, 어거스틴). 요한에게는 두 번째 설명이 더 개연성이 있다. [megas]

14:29. **너희가 믿도록 하기 위해서**(You may believe, pisteusēte) – 여기에서 이 진술은 제자들이 이 시점 이전에 '믿지' 않았다는 것을 의미하지 않는다. 복음서 기자는 반복적으로 그들이 믿었다고 확증했다(2:11 참고). 이것보다는 제자들이 이러한 사건들이 일어나는 것을 볼 때 예수님에 대한 믿음의 차원이 점증되고 확장될 것을 의미한다. 20장 28절에서 도마의 고백은 예수님께서 누구신지에 대한 점증된 이해를 대표한다(13:19 참고). [pisteuō]

14:30. **이 세상의 통치자**(The ruler of this world, archōn) – 사탄을 가리키는 유사한 용례인 12장 31절을 보라. 예수님을 체포하러 오고 있던 군인들, 관리들과 (특히) 유다는 악한 자의 오는 것을 대표한다. 사탄이 가룟 유다 안에 '들어갔다'는 13장 27절의 진술에 비추어, 복음서 기자는 유다의 오는 것은 사탄의 오는 것을 나타낸다고 말할 수 있다. [archōn + kosmos]

14:31. **세상**(The world, kosmos) – 여기에서 '세상'은 더욱 중립적인 의미로 사용되었다. 이것은 앞서 사탄의 언급에도 불구하고 아버지를 향한 예수님의 사랑을 인식할 수 있는 사람(비록 그들이 '세상'에 남아 있다고 할지라도)을 가리킨다. [kosmos]

15:1. **나는…이다**(I am, egō eimi) – 이것은 서술부와 함께 나오는 '나는…이다' 진술 가운데 하나다(6:35, 48, 8:12, 10:7, 9, 10:11, 14, 11:25, 14:6). 여기와 5절에서만 '내 아버지는 농부'이고(1절), '너희는 가지'(5절)라는 추가 서술로 이 확증을 좀더 발전시키는 표현이 나온다. 그러므로 이 두 진술은 예수님의 정체와만 관련된 것이 아니고, 아버지와 그분의 제자들과의 관계와도 관련된다. [egō + eimi]

참 포도나무(The true vine, ampelos) – 1세기 팔레스타인의 배경에서 이 용어는 '포도나무'를 가리킨다(BDAG 54). 구약의 많은 구절들은 포도나무로 이스라엘을 비유한다(시 80:8-16, 사 5:1-7, 렘 2:21, 겔 15:1-8, 17:5-10, 19:10-14, 호 10:1). 포도나무는 이스라엘의 상징으로 마카비의 자손들이 발행한 주화에 사용되었다. 이러한 상징을 사용하는 구약 구절들은 전형적으로 이스라엘을 여호와께 신실하지 않거나, 혹은 혹독한 심판의 대상으로 간주한다. 에스겔 15장 1-8절은 포도나무에서 취한 나무의 무가치함에 대하여 이야기한다. 포도나무에서 잘라낸 가지는 땔감 외에는 아무런 소용이 없다. 예수님께서 자기 자신을 '참 포도나무'로 묘사하신 것은 구약을 배경으로 이해되어야 하지만, 좀더 의미깊게 살펴보면 구약과 다르다. 이것은 분명히 예수님께로부터 기원하는 새로운 이미지다. 요한복음 15장 1-8절에서 포도나무 이미지는 그리스도인의 삶에서 풍성한 열매를 강조한다. 그러한 풍성한 열매는 인간적인 성취에서 비롯되지 않고, 그리스도 안의 자신의 자리에서 비롯된다. 예수님께서는 제자들에게 위로가 되는 충고를 주고 계실 뿐만 아니라, 어렵고도 충성된 섬김을 촉구하신다. [ampelos]

포도원 농부(The vinedresser, geōrgos) – 비록 이 용어는 일반적인 용어로 '농부'를 의미할 수 있으나(BDAG 196), '소작인 농부'나 '포도원 농부'(RSV, NASB, NRSV–'포도나무 경작인', NIV, NLT, NET–'정원사')와 같이 계약에 근거하여 농사의 일을 부가하는 어떤 사람을 가리킬 수 있다. 물론 여기에서는 하나님('나의 아버지')을 가리킨다. [geōrgos]

15:2. **그가 그것을 제거한다**(He takes it away, airei) – 헬라어 동사는 '들어올리다, 집어올리다, 줍다'(요 5:8–12, 8:59) 또는 '제거하다, 없애다'(요 11:39, 16:22, 17:5, BAGD 24 참고) 또는 심지어 '파괴하다'(LN 20.43, 요 11:48 참고)를 의미한다. 가치 없는 가지들이 '던져버림을 받는 것'을 묘사하는 6절에 특별히 비추어볼 때, 이 문맥에서는 '제거하다, 없애다'라는 의미가 더 적절하다. 이것은 회복과 양립할 수 없는 이미지다. 따라서 어떤 사람은 제거되어(2절) 버려지는(6절) 가지들을, 열매 맺지 못함으로써 구원을 상실하는 신자들로 이해해야 할 것이다. 그렇지만 많은 사람들은 이러한 해석이 신자의 안전에 관한 예수님의 가르침, 특별히 요한복음 10장 28–29절과 충돌을 야기하는 것으로 간주한다.

이것은 자기들의 제거에 대한 예수님의 말씀을 이해하는 두 가지 기본적인 방식을 남긴다. (1) 이러한 진술들은 '불을 통과하여' 그리스도의 심판 자리에서 심판을 받는 신실하지 않은(불순종적인) 신자를 가리킬 수 있다(고전 3:11–15 참고). 이 경우 15장 2절의 '제거'는 (극단적인 경우에) 그 신자의 육체적인 죽음을 가리킬 수 있다. (2) 이러한 진술들은 처음부터 결코 진정한 신자가 아닌 어떤 사람(즉, 6:66의 유다와 물러가는 유대인들)을 가리킬 수 있다. 이 경우 15장 6절은 영원한 심판을 가리킨다(시 80:16과 겔 15:1–8에 나오는 구약 이미지를 참고하라).

그러나 첫 번째 견해는 이 문구를 그리스도의 심판 자리에서, 그리고 신자들의 심판의 관점에서 이해해야 할 것을 요구한다. 신자는 요한복음에서 심판에 이르지 않기 때문에 이 개념은 요한에게 존재하지 않는다. 특별히 이와 관련하여 3장 18절과 5장 29절을 주목하라. 이 가운데 첫 번째 언급(3:18)은 이것은 3장 16–21절의 문맥에 나오기 때문에 특히 중요하다. 이 부분은 요한이 반복적으로 언급하는 핵심 단락이다. 이것과 유사한 이미지는 세례 요한이 마태복음 3장 10절에서 사용한 "도끼가 이미 나무의 뿌리에 놓여 있으므로, 좋은 열매를 맺지 않는 나무마다 잘려 불에 던져진다"는 말씀이다. 이 말씀은 세례를 받으러 요한에게 나오고 있던 바리새인들과 사두개인들에게 주어진 말씀이므로, 거의 확실하게 최초 회개로의 부름을 대표한다. 그렇지만 이것보다 더 중요하게, '불에 던져진다'는 것의 이미지는 영원한 심판에 대한 언급을 상기시킨다. 마태복음의 이미지는 위에서 언급된 바울이 말한 그리스도의 심판 자리(신자들의 심판)의 개념보다는 15장 6절에 나오는 요한의 이미지와 더욱 가깝다.

15장 6절에 나오는 헬라어 동사 menō의 사용은 또한 두 번째 견해를 지지한다. 예수님과 제자들 사이 또는 예수님과 아버지 사이의 관계와 관련하여 사용될 때, '거하다는 것'은 관계의 영구성을 강조한다(요 6:56, 8:31, 14:10). 끝까지 남아 있지 않은 원형적인 가지는 바로 13장 30절에서 떠난 유다이다. 그는 열매를 맺지 않았고, 이제는 어둠의 영역에 속한 사탄의 단순한 도구다. 영원한 심판의 불에 던져지는 그의 영원한 운명은 아직 오지 않았다. 열매를 맺지 않아서 제거되어 태워지는 가지들은 거짓된 신자들이다. 이들은 예수님께 속한다고 고백하지만, 참으로 그분에게 속하지 않는 자들이다. 요한복음에서 이러한 기본적인 본보기는 유다이다. [airō]

열매를 맺는(Bearing fruit, karpon) – (이 구절에 두 번 나옴) 많은 사람은 이 말씀을 마태복음 3장 8절, 7장 20절, 로마서 6장 22절, 갈라디아서 5장 22절과 같은 구절들과 연결하여, 여기와 15장 4–5절에 나오는 '열매'의 이미지를 선한 행위들 또는 성품의 특징으로 해석한다. 요한은 영생을 소유하는 것은 열매를 맺는 것인 반면, 열매를 맺지 않는 사람은 생명을 소유하지 않는다는 것을 보여준다(혹은 요 8:41에서와 같이 그 사람의 행위는 어떤 아버지에게 속하는지 보여주는 열쇠다. 또한 요일 4:20을 보라). [karpos]

그가 그것을 가지치기를 한다(He prunes it, kathairei) – 여기에는 언어유희가 있다. 동사 kathairō는 '씻다, 깨끗하게 하다'(LN 79.49)와 '가지치기하다, 제거하다, 잘라버리다'(LN 43.12)를 모두 의미할 수 있다. (영어 번역에는 반영되지 않지만) 이 구절에 나오는 airō와 kathairō 사이에도 언어유희가 있다. 전적으로 비생산적인 가지들은 '잘려버린다.' 반면 생산적인 가지들은 더 많은 열매를 맺기 위해서 '가지치기를 받는다.' 자기 백성을 정결하게 하는 그분의 목적은 분명하지만, 아버지께서 사용하시는 정확한 수단은 비록 다음 구절이 이에 대하여 약간의 빛을 던져주나 분명하지 않다. [kathairō]

15:3. 깨끗한(Clean, katharoi) – 요한복음에서 유일하게 "너희는 이미 깨끗하다"는 구절을 사용하는 13장 10절을 보라. 거기에서 예수님께서는 제자들이 죄로부터 깨끗함을 받는 것을 묘사할 때 이 용어를 사용하셨다. 이것은 더욱이 15장 2, 6절의 의미를 확증한다. 유다가 구체적으로 13장 10절의 정결함("그러나 너희 모두가 그런 것은 아니다")에서 제외되었기 때문이다. [katharos]

15:4. 거하라(Reside, meinate) – (이 구절에 세 번 나옴) 일부 해석자들은 이 진술을 명령법으로 해석했다("내 안에 거하고 내가 너희 안에 거하는 것을 알라"). 그러나 복음서 기자는 앞에서 조건적인 명령법을 사용했으므로(2:19) 여기에서도 조건적인 명령법으로 사용할 가능성이 농후하다. 그 해석은 "만일 너희가 내 안에 거하면, 그때에 나도 너희 안에 거할 것이다"라는 것이다. 예수님과 제자들 사이의 관계는 상호적이다. [menō]

열매를 맺는 것(To bear fruit, karpon) – 15장 2절을 보라. 제자들이 예수님과의 관계 속에 머물러 있지 않으면, 그들은 그들 자체로 어떠한

'열매' 도 맺을 수 없다. 열매로 이끄는 영생은 예수님께로부터 기원하기 때문이다. 예수님께서는 제자들의 생산성의 원천이시다. [karpos]

15:6. **그들은 태워진다**(They are burned, kaietai) – 예수님 안에 '거하지' 아니하는 사람은 '가지' 처럼 '던져져' '마르게 된다.' 1–8절에 나오는 기본적인 농사의 은유는 중요한 이미지를 제공한다. 포도나무에서 잘려진 가지는 양분과 지탱의 원천이 잘려졌기 때문에 '마를 것이다.' 포도나무에 '거하지' 않은 '가지' 의 기본적인 본보기는 다시 한 번 언급하건대, 13장 30절에 등장하는 떠난 가룟 유다이다. 수동태로 나오는 동사 kaietai는 '태워지는 것, 불에 타버리는 것' 을 의미한다(BAGD 396). 복음서 기자는 잘린 가지를 모아서 불에 던지는 자가 누구인지 밝히지 않는다. 실현된 종말론이 네 번째 복음서에 너무나 만연하여 이 복음서에는 마지막 종말론에 대한 언급이 전혀 나오지 않는다고 종종 주장되었으나, 이러한 가지들의 운명은 그 반대를 가리키는 것으로 보인다. 이것은 종말론적인 심판의 상징물이며, 불순종하는 이스라엘에 대한 하나님의 배척과 심판을 포함한 구약의 상징물을 일부 상기시킨다(겔 15:4–6, 19:12). [kaiō]

15:7. **만일 너희가 <u>거하면</u>**(If you <u>reside</u>, meinēte) –(이 구절에 두 번 나옴) 이것은 14장 13–14절을 상기시킨다. 거기서 예수님께서는 제자들이 무엇이든지 그분의 이름으로 구하면 그들에게 응답할 것이라고 약속하셨다. 그때 하신 말씀의 의미와 이 말씀은 매우 흡사하다. 여기에서 주어진 조건은 제자들이 예수님 안에 '거하고' 그분의 말씀들이 그들 안에 '거하는 것' 이다. 첫 번째 문구는 예수님과 제자들의 관계의 진정성을 가리킨다. 두 번째 문구는 그들의 순종을 가리킨다. 이 두 조건이 충족될 때, 제자들은 예수님의 이름으로 기도를 하고 그분의 뜻에 따라 구하게 될 것이다. [menō]

15:8. **영화롭게 된다**(Is glorified, edoxasthē) – 여기에서 제자들이 풍성한 열매를 맺을 때 아버지께서는 '영화롭게 되신다.' 예수님께서 아버지께서 행하신 일들을 본 대로 행하신 것과 같이(5:19–29), 그분의 제자들도 이와 같이 행할 것이다. [doxazō]

나의 <u>제자들</u>(My <u>disciples</u>, mathētai) – 서로 서로를 위한 희생적인 사랑이 예수님의 제자의 표징이라면, '열매를 맺는 것' 은 그 증거다. 여기에서 예수님의 기대는 분명하다. 예수님의 모든 제자들은 '포도나무' 에 붙어 있는 한 '많은 열매' 를 맺을 것이다. [mathētēs]

15:9. **거하라**(Reside, meinate) –(다음 구절에도 두 번 나옴) 제자들은 예수님의 '사랑' 안에 '거해야' 한다. 이것은 예수님께서 자기 아버지의 계명들을 '지키신' 것과 같이 그들이 그분의 계명들을 지키는 것으로 예증될 것이다(다음 구절을 보라). [menō]

15:10. **계명들**(Commandment, entolas) –(이 구절에 두 번 나옴) 복수 '계명들' 이 '서로 사랑하라' 는 단수 '계명' 으로 축소되는 15장 12절을 보라. 이것은 '사랑' 을 예수님의 제자들을

구별 짓는 특징으로 보여주는 13장 34-35절을 반영한다. [entolē]

15:11. **기쁨**(Joy, chara) – '기쁨'의 주제는 매우 상세하게 16장 20-24절에서 다시 다루어질 것이다. 여기에서 이것은 '충만하게 된다'고 이야기한다(NASB에는 이렇게 나온다. NIV, NRSV, NET-'온전하기 위하여', 3:29 참고). [chara]

15:12. **나의 계명**(My commandment, entolē) –여기에서 15장 10절에 나오는 복수 '계명들'은 단수 '계명'으로 축소되었다. 이것은 13장 34절에 나오는 '새' 계명을 가리키고, 아래 15장 17절에서 반복된다. 제자들에게 기대되는 서로를 향한 사랑은 그들에 대한 예수님의 사랑과 비교된다. 이 사랑은 13장 1절에서 예수님께서는 자신의 죽음이 보여줄 것과 같이 그들을 '끝까지' 사랑하셨다는 진술로 소개되어, 제자들의 발을 씻기는 사건으로 13장 1-20절에서 예시되었다. 서로를 향한 제자들의 사랑은 필요하다면 서로를 위해서 자기 희생적으로 기꺼이 죽을 지점에 이를 때까지 확대되어야 한다. 예수님께서는 다음 구절에서 자신의 희생적인 죽음의 주제를 소개하신다. 10장 18절과 14장 31절에서 예수님께서는 십자가 위에서의 자신의 죽음을 아버지께로부터 받은 '계명'으로 말씀하셨다. 이 '계명'과 '사랑'은 여기에서 양식으로 서로 연결된다. [entolē]

15:13. **버리다**(Lay down, thē) – 이 문맥에서는 일반적으로 예수님을 따르는 자들을 위한 그분의 십자가 위에서의 죽음이 가장 강조되어야 하는 것으로 종종 이해된다. 그분은 다음 구절에서 '친구들'로 묘사되는 그들에게 계속 말씀하신다. 예수님께서는 이와 같은 방식의 표현을 10장 11, 15, 17-18절에서 사용하셨다. 어떤 사람은 원수를 위한 사랑이 친구를 위한 사랑보다 크지 않느냐고 질문했으나, 이것은 여기에서 요점이 아니다. 예수님께서 이 말씀을 하고 계실 때 그분의 '친구들'만 거기에 있었기 때문이다(유다는 이미 그 장소를 떠났다. 13:30 참고). [tithēmi]

15:14. **너희는 내 친구들이다**(You are my friends, philoi) – 어떤 사람들은 여기에서 '친구들'이라는 용어가 기독교 전체 안의 작은 그룹, 즉 예수님께서 이 말씀을 하실 때 그곳에 있었던 제자들만을 가리킨다고 이해했다. 또한 이것은 '황제의 친구들'로 알려진, 로마 황제와 연관된 자들과 고문들의 작은 그룹으로 때때로 지지되기도 했다. 다른 사람들은 제자로서 예수님께 순종하는 신자들만 가리키는 것으로 받아들이기도 했다. 어떤 식으로 보든, 결과는 단지 '믿는 자들' 또는 평범한 그리스도인들보다 더 특권을 가지고 구성된 그리스도인들의 일종의 '내부 조직'을 가리킨다. 그렇지만 예수님의 말씀은 참된 그리스도인 모두에게 주어진 것이 분명하다. 이것은 단지 더 수준 높게 헌신한, 다소 협소한 범주의 소수 신자들에게 제한적으로 주어진 말씀이 아니다. 자기의 '친구들'(13절)을 향한 사랑의 구체적인 행동인 예수님의 희생적인 죽음은 모든 그리스도인들에게 동등하게 적용되기 때문이다(13:1 참고). [philos]

내가 너희에게 명령하는 것(What I command you, entellomai) – 예수님께서 제자들에게 '명령하신' 것은 그분이 그들을 '사랑했던' 방식으로 "서로를 사랑하라"는 것이었다. 예수님의 사랑은 13장 1-20절에서 그들의 발을 씻기는 행동으로 구체적으로 표현되었고, 그들을 위한 십자가 위에서 죽음으로 증거되었다. [entellomai]

15:16. **내가 너희를 택했다**(I chose you, exelexamēn) – (이 구절에 두 번 나옴) 그리스도인들이 하나님께 '택함을 받았다'는 주장은 신약에 자주 등장하는 주제다(롬 8:33, 엡 1:4-6, 골 3:12, 벧전 2:4). 예수님께서는 요한복음 6장 70절과 13장 18절에서 열두 제자들에게 자신이 그들을 택했다고 말씀하셨고, 15장 27절은 직접적인 문맥에서 예수님께서 처음부터 자신과 함께 있었던 자들에게 말씀하셨음을 분명히 밝힌다. 요한복음에서 예수님의 가장 친밀하고 헌신적인 추종자들인 열두 명은 그들의 선택과 사명에 있어서 모든 그리스도인들의 모델로 제시된다. [eklegomai]

너희를 세웠다(Appointed you, ethēka) – 이 용어는 '어떤 사람에게 특정한 임무를 지정하는 것, 또는 임무를 할당하는 것'을 의미한다(BDAG 1004). 예수님께서는 제자들에게 '가서 열매를 맺는 일'의 임무를 '맡기셨다.' [tithēmi]

열매를 맺다(Bear fruit, karpon) – (이 구절에 두 번 나옴) 15장 2절도 보라. 여기에서 제자들이 '세움 받은' 목적이 설명된다. 그들은 "가서 열매, 곧 지속적으로 남아 있는 열매를 맺어야 한다." 이 시점에서 '가는 것'이라는 개념의 소개는 본문의 '열매'가 제자들 자신의 삶 속에서 성품의 특성들을 가지는 것을 넘어서 다른 사람들의 삶 속에서 '열매', 곧 기독교로 개종시키는 것을 암시한다. 즉 그 말은 이러한 사명을 포함하는 것이다(4:36 참고). 열매가 영구적이라는 사상은 예수님의 이름으로 아버지께 간구하는 것에 대한 언급과 마찬가지로 7-8절을 다시 가리킨다. 포도나무와 가지의 상징의 의미가 15장에서 발전하는 것과 같이, 가지들이 맺는 '열매'의 강조점이 제자들 자신의 삶 속에서 맺는 성품의 특성들에서(2, 4-5절) 다른 사람들의 삶에 영향을 끼치는 사명으로 전환된다(16절에서). 전환의 요점은 8절의 '열매'에 대한 언급이다. [karpos]

남아 있다(Remain, menē) – '열매'는 '남아 있을 것'이다(NIV, NRSV, NLT, '지속될 것이다'). 이것은 열매의 잠정적인 성격보다는 영구적인 성격을 암시한다. [menō]

15:18. **미워하다**(Hates, misei) – (이 구절에 두 번, 다음 구절에 한 번 나옴) 요한에게 '미워하다'는 제자를 구별 짓는 특징이어야 하는 '사랑하다'의 반대다(13:34-35). 유사한 주제는 요한복음 7장 7절에서 예시되었다. 여기에서 세상은 예수님을 향해 미움을 가진다(제자들은 그와 유사하기 때문에 세상은 제자들을 향해서도 미움을 가진다). [miseō]

15:19. **사랑할 것이다**(Would love, ephilei) – 여기에서 이 말은 "세상이 자기 자신의 사람들에게 우정을 베풀 것이다"라는 것을 뜻한다. 11장 5절에 나오는 논의를 보라. [phileō]

내가 너희를 택했다(I chose you, exelexamēn) – 여기에서 두 가지 주제가 합쳐졌다. (1) 반대자들과 달리 예수님께서는 '이 세상에 속하지' 않으신다(8:23). (2) 예수님께서는 제자들을 '택하시고' '세우셨다'(15:16). 예수님께서는 이제 그들을 '세상 밖으로' '택했다'고 제자들에게 말씀하심으로 이 두 사상을 연결하신다. 제자들은 예수님께서 이 세상을 떠나신 후에 여전히 세상 '가운데' 있을 것이나, 그들은 그곳에 속하지 않을 것이다(17:15–16 참고). 동일한 주제가 요한일서 4장 5–6절에 나온다. 13장 18절도 보라. [eklegomai]

15:20. **종**(A slave, doulos) – 예수님께서는 방금 13장 16절에서 제자들에게 말씀하신 이전 진술을 상기시키셨다. 주인이 받은 취급을 종들도 동일하게 받을 것이다(KJV, RSV, NIV, NLT, '사환'). 만일 세상이 예수님을 '핍박'했다면, 분명히 그분의 제자들도 핍박할 것이다. 만일 세상이 예수님의 말씀에 '순종'했다면, 분명히 제자들의 말씀에도 순종할 것이다. 이러한 진술들은 제자들이 예수님께서 떠나 아버지께로 가신 후에 그분의 사역을 계속해야 할 것임을 암시한다. 그들은 예수님께서 친히 가르치셨던 메시지를 계속해서 퍼트릴 것이다. 그들은 또한 그분이 받은 반응을 경험하게 될 것이다. [doulos]

15:21. **나를 보낸 이**(The one who sent me, pempsanta) – 요한복음에서 일반적으로 등장하는 이 표현은 예수님의 말씀과 사역에 참여하시는 것과 특별히 관련해 하나님 아버지를 가리킨다. 이 마지막 분석에서 그들이 지금 하는 것과 같이 예수님과 그분의 제자들에게 반응하는 것은 하나님에 대한 세상의 무지다. 1장 6절에 나오는 논의를 보라. [pempō]

15:22. **그들은 죄를 가지지 않았을 것이다**(They would not have sin, hamartian) – 예수님께서는 세상의 죄책(NIV, NET, '죄를 범했다')을 묘사하신다. 그분은 말씀(22절)과 표적적인 기적들(24절)을 가지고 이 백성에게 오셨으나, 그들은 불신 가운데 완고하게 머물러 있었다. 이 불신은 변명의 여지가 없는 죄다. 예수님께서는 여기에서 만일 그분이 오셔서 백성에게 말씀하시지 않았다면, 그들이 무죄할 것이라고 말씀하시는 것이 아니다. 오히려 그분이 말씀하고 계신 것은 그분이 오셔서 그들에게 말씀하시지 않았다면, 그들이 그분과 아버지를 배척하는 죄를 범하지는 않았을 것이라는 것이다. 요한에게 예수님을 배척하는 것은 결코 용서받을 수 없는 근본적인 죄다. 이 죄를 범한 사람은 동시에 이 세상에 유일한 치유를 배척했기 때문이다. 9장 41절을 보라. [hamartia]

15:24. **일들**(The works, erga) – 구체적으로 요한에게 이 '일들'은 예수님께서 행하셨던 표적의 의미를 담은 기적들을 가리킨다. 이러한 기적들은 그분이 누구인가에 대하여 증거했다(NLT–'기적적인 표적들', NET–'기적적인 행위들'). 5장 36절에 나오는 논의를 보라. [ergon]

15:25. **그들의 율법**(Their law, nomō) – 10장

34절과 12장 34절에서와 같이, 인용된 성경은 시편 35편 19절 또는 69편 4절이므로 여기에서 '율법'은 폭넓게 구약 전체를 가리킨다. 시편 69편은 요한복음의 다른 곳에서 언급되므로(2:17, 19:29), 이 시편이 인용된 것으로 보인다. 이 두 가지 예에서 문맥은 예수님의 고난과 죽음을 포함한다. [nomos]

15:26. <u>변호인</u>(The <u>Advocate</u>, paraklētos) – 14장 16절을 보라. 세상은 예수님의 말씀을 듣고 그분의 일들을 보았지만, 예수님(그리고 그분을 보내신 아버지)을 배척했다. 그러나 예수님께서는 이 세상을 떠날 때 지속적인 증인 없이 세상을 남겨두시지 않을 것이다. 사실 한 사람 이상의 증인이 있을 것이다. 예수님께서 보내실 성령/파라클레이트는 계속해서 그분에 대하여 증거할 것이고, 그분의 제자들도 계속해서 세상에 증거할 것이다(27절). [paraklētos]

나는 <u>보낼</u> 것이다(I will <u>send</u>, pempsō) – 14장 16절과 26절을 보라. 이 구절에서 예수님께서는 아버지께서 성령/파라클레이트를 '보내실' 것이라고 말씀하셨다. 여기에서 예수님께서는 친히 성령/파라클레이트를 보내시는 것에 대하여 말씀하셨다. 이것은 아버지와 아들 사이의 긴밀한 일치를 지적한다. 이 두 분은 너무나 친밀하게 하나가 되어 이러한 정도의 교환이 가능하다. [pempō]

<u>진리</u>의 <u>영</u>(The <u>Spirit</u> of <u>truth</u>, pneuma…alētheias) – 이것은 성령을 가리킨다. 14장 17절을 보라. [pneuma + alētheia]

나오다(Proceeds, ekporeuetai) – (NIV, NET–'~로부터 나오다', NRSV, CEV–'~로부터 오다'). 이 진술은 성령의 영원한 나오심에 대하여 많은 것을 말하지 않는다. 문맥은 삼위일체 하나님의 세 위격 사이의 영원한 상호 관계에 관심이 없고, 예수님께서 세상을 떠나신 다음 아들이 행한 사역의 계속성에 대하여 관심을 가지고 있기 때문이다. 헬라어 전치사 para(여기에서 '~부터'로 번역됨)는 출처보다는 관계를 지적한다. 동일한 전치사가 아들의 사명을 묘사하기 위해서 1장 1절("말씀이 하나님과 함께 계셨다"), 16장 27절, 17장 8절에서 사용된다. [ekporeuomai]

15:27. <u>처음부터</u>(From the <u>beginning</u>, archēs) – 이것은 예수님의 공사역의 '시작'을 가리킨다. [archē]

16:1. 너희로 <u>걸려 넘어지지</u> 않게 하기 위해서(So that you may not <u>be caused to stumble</u>, skandalisthēte) – 6장 61절을 보라. 여기와 4절에서 예수님께서는 다가오는 핍박에 대하여 제자들에게 말씀하신 목적이 이 사건이 일어날 때 그들이 '넘어지지'(RSV, NLT, NET에 이렇게 나온다, NIV–'미혹되다', BAGD 752를 참고하라) 않게 하기 위함이라고 말씀하신다. 이 문맥에서 '넘어지는 것'은 그와 같은 핍박이 시작될 때 제자들이 경험하게 될 혼란과 의심을 가리킨다. 예수님께서는 아버지께로 가기 위해서 제자들을 떠나간 후에, 그들이 세상에서 그분의 사명을 계속 수행하고자 할 때 핍박과 심지어는 순교를 직면하게 될 것이라고 경고하셨다. 이 자료는 감람산 강화와 병행 구절을 가진다(마 24:3–25:46). [skandalizō]

16:2. 너희를 죽이는 사람(Who kills you, apokteinas) – 제자들에 대한 그러한 반대는 나중에 구체적으로 나타날 것이다. 스데반이 돌에 맞아죽은 것(행 7:58–60)과 헤롯 아그립바 1세에 의해 요한의 형제 야고보가 죽은 것(행 12:2–3)은 주목할 만한 본보기다. 예수님의 제자들의 핍박과 죽임당함은 마태복음 24장 9절, 마가복음 13장 12절, 누가복음 21장 12–17절에도 예언되었다. [apokteinō]

섬김(Service, latreian) – 여기에서 이 단어는 실제적으로 희생(NRSV, '경배')을 가리킨다. 이것은 동사 prospherō('가져오다, 드리다', TDNT 4:65)와 연결되어 사용되기 때문이다. 예수님의 제자들에 대한 세상의 미움은 너무나 커서 제자들을 죽이는 사람들은 자기들이 희생 제물에 버금가는 희생을 하나님께 드리고 있다고 생각할 것이다. [latreia + prospherō]

16:3. 그들은 알지 못한다(They do not know, egnōsan) – 예수님에 대한 무지와 아버지에 대한 무지는 8장 19절에서 연결된다. 아버지에 대한 세상의 무지는 8장 55절, 15장 21절, 17장 25절에 나온다. [ginōskō]

16:4. 그들의 시간(Their hour, hōra) – 이것은 예수님의 '시간'을 가리키지 않고 예수님의 제자들을 미워하는 세상에 있는 모든 사람들의 '시간'을 가리킨다. 예수님께서는 제자들이 자신에 대한 증거 때문에 핍박을 받을 때, 즉 그분이 떠나신 후의 '때'를 가리키고 계신다. 2장 4절을 보라. [hōra]

너희가 기억하도록(You may remember, mnēmoneuēte) – 예수님께서는 핍박의 때가 도래할 때 제자들이 놀라는 것을 원하지 않으셨다. [mnēmoneuō]

처음부터(From the beginning, archēs) – 여기에서 이 표현은 '처음에', 곧 예수님께서 제자들과 함께한 시간의 '시작' 부터를 의미한다. 15장 27절도 보라. [archē]

16:5. 나를 보낸 이에게(To the one who sent me, pempsanta) – 예수님의 임박한 떠나심과 그분을 '보내신' 아버지께로 돌아가심의 주제가 다시 등장한다. 이 주제는 10, 17, 28절에도 나온다. [pempō]

16:6. 근심(Grief, lypē) – 여기에서 이 용어는 '비애'(NET), '슬픔'(NASB, NRSV), '근심'(NIV, LN 25.273 참고)과 같이 정신적인 고통이나 걱정의 상태를 가리킨다. 예수님께서는 제자들이 경험하게 될 핍박들에 대하여 방금 말씀했기 때문에 그들에게 근심이 임했다고 말씀하셨다(15:18–25, 16:1–4). [lypē]

16:7. 진리(The truth, alētheian) – 여기에서 이 관용어는 "내가 너희에게 확실하게 말한다"를 의미하나, 요한이 전형적으로 사용하는 언어유희를 감안하면 이것은 문자적인 의미로도 이해될 수 있다. "내가 너희에게 진리를 말한다"고 말씀하실 때, 예수님께서는 참으로 진리를 말씀하신 다. 1장 14절을 보라. [alētheia]

이것이 너희에게 유익하다(It is profitable for you, sympherei) – 제자들은 예수님께서 자신의 떠나심에 대하여 말씀하신 것(5절)을 그들 자신의 재앙으로 보았을 것이 분명하고, 핍박의 언급(6절)은 그들의 근심을 더했을 것이다. 이 구절은 예수님께서 아버지께로 가시기 때문에 제자들이 기뻐해야 한다는 이전 진술을 가정한다(14:28). 예수님께서는 자신이 영화롭게 되실 때에 그들을 영화롭게 할 것이라고 나중에 말씀하신다(17:22). 여기에서 예수님께서는 자신이 가지 않으면 성령/파라클레이트가 그들에게 오지 않을 것이기 때문에, 자신이 가는 것이 그들에게 '유익'(NRSV, NET)이라고 제자들에게 말씀하신다. [sympherō]

내가 그를 보낼 것이다(I will <u>send</u> him, pempsō) – 아버지께서 아들을 '보내신' 것과 같이, 아들은 성령/파라클레이트를 '보낼 것'을 약속하신다. 1장 6절을 보라. [pempō]

16:8. 그는 죄를 깨닫게 할 것이다(He will convict, elenxei) – 3장 20절과 8장 46절을 보라. 동사 elenchō는 '드러내다, 폭로하다', '보여주다, 입증하다', '죄를 깨우치다, 확신시키다', '책망하다, 바로잡다', '벌하다'(BAGD 249)와 같은 의미의 범주를 가진다. '벌하다'와 같은 일부 의미는 이 문맥에서 배제될 수 있으나, 다른 가능한 의미들 가운데 한 가지를 결정하는 것은 매우 어렵다. 여기에서 동사는 성령/파라클레이트가 '확신시키'거나(RSV, NLT), 또는 예수님에 관하여 세상의 죄를 '깨우쳐'(NASB, NIV) 적어도 어떤 사람이 회개하게 된다는 의미에서 '확신시키다'를 의미하는 것으로 종종 이해된다. 이러한 의미는 '세상'이 파라클레이트를 받을 수 없다고 언급하는 14장 17절과 자신의 악행이 '폭로될까' 봐 악을 행하는 사람이 빛으로 나오는 것을 언급하는 3장 20절에도 나타난다. 비록 여기에서 '유죄를 입증하다'는 의미는 문맥에 어울리나, 10절과 11절의 두 번째와 세 번째 주장에서는 문맥에 맞지 않는다. 이러한 사실을 염두에 두고 브라운(Brown, 2:705)은 여기에서 elenchō의 더욱 일반적인 의미인 '잘못을 입증하다'를 제안한다. 그러나 이것보다 더욱 개연성이 있는 입장은 이 단어의 의미에 발전적인 측면이 있다는 것이다. 8절의 첫 진술에는 '유죄를 입증하다'(NRSV, NET)라는 의미를 가지고, 10–11절의 반복된 진술에서는 '잘못을 입증하다'는 의미를 가진다는 것이다. [elenchō]

죄에 관하여(Concerning <u>sin</u>, hamartias) – (다음 구절에도 나옴) 1장 29절을 보라. [hamartia]

의에 관하여(Concerning <u>righteousness</u>, dikaiosynēs) – (10절에도 나옴) 바울의 글들에는 흔하게 나오지만 요한복음에서 이 용어는 여기와 10절에만 나온다. 이 단어는 바울 서신에서 흔히 의미하는 것과 같이 여기에서도 일반적으로 '법정적인 의'를 의미하는 것으로 가정된다. 이 경우 의는 '세상', 곧 성령/파라클레이트에 의하여 죄를 회개하도록 깨우침을 받고 의롭다 함을 받은 사람들과 관계될 것이다. 그러나 여기에서 이어지는 구절은 이 용어의 문맥적인 의미를 결정하는 데 중요하다. 여기에서 '의'는 예수님께서 아버지께로 돌아가심과 그분의 부재하심과 관련되어 있다. 여기에서 이 용어는 예수님 자신의 '의'를('확증'의 의미로) 가리키는 것이 더욱 개연성이 있다. 이것은 그분이 아버지께로 돌아가실 때의 영화에 예증된다(10절). 예수님을 사기꾼, 죄인 그리고 훼방자(5:18,

7:12, 9:24, 10:33)라고 지목한 반대자들이 반복적으로 배척한, 아버지와 하나라는 예수님의 주장은 그분의 부활과 아버지께로 돌아가심으로 '확증된다.' 예수님의 확증에서 그분을 따르는 사람들도 확증되나, 그들의 확증은 그분의 확증으로 말미암는다. [dikaiosynē]

심판에 관하여(Concerning judgment, kriseōs) –(11절에도 나옴) 3장 19절을 보라. [krisis]

16:11. **이 세상의 통치자**(The ruler of this world, archōn) – 여기에 언급된 자는 사탄이다. 12장 31절과 14장 30절을 보라. [archōn]

심판받는다(Is judged, kekritai) – 예수님의 영화, 즉 그분의 확증은 사탄에 대한 '심판'을 가져온다(NRSV, NET–'정죄되었다', NIV–'정죄받은 상태에 있다'). 이것은 심판이 즉각적으로 집행되지 않기 때문에 사탄이 세상에서 계속적으로 활동하지 않거나 세상에 대한 권세를 행사하지 않는다는 것을 뜻하지 않는다. 사탄의 심판은 확실하다. 3장 19절을 보라. [krinō]

16:13. **그는 너희를 인도할 것이다**(He will guide you, hodēgēsei) – 이 동사는 여기에서 성령께서 어떤 사람이 소원하는 정보나 지식을 얻도록 도와준다는 개념을 가지고 있으나, 어떤 사람을 목적지로 인도하는 것을 가리킬 수 있다(BDAG 690). [hodēgeō]

모든 진리(All the truth, alētheia) – 예수님이 말씀하신 8장 31–32절("너희가 진리를 알지니 진리가 너희를 자유하게 하리라")은 그분이 아버지께로 돌아가신 후에 제자들에 대한 성령의 지속적인 사역 가운데 궁극적으로 실현될 것이다. [alētheia]

그가 너희에게 선포할 것이다(He will declare to you, anangelei) – 이 동사는 상세한 세부적인 내용으로 정보를 제공하는 것을 의미한다(LN 33.197, NASB–'드러낼 것이다', NIV, NET–'말할 것이다'). 성령께서 제자들에게 계시할 것들은 그분에게서 기인하지 않고("그는 스스로 말하지 않을 것이다"), 그분이 '들은' 것으로 이루어진다. 요점은 성령께서 제자들에게 계시할 내용의 출처에 관한 것이며, 구체적으로는 내용의 독창성을 배제하지 않는다. [anangellō]

오는 일들(Things to come, erchomena) – 성령께서 제자들에게 계시하실 내용의 일부는 적어도 '오는 일들'과 관계될 것이다(예수님의 이전 말씀에 대한 더 충만한 함축적 의미들뿐만 아니라). 이것은 그 내용과 관련하여 약간의 새로운 계시가 포함되는 것을 지적하는 것 같다. 그렇지만 그 출처는 성령이 아니고 예수님 자신이며(14절), 그분은 성령을 통하여 자신의 추종자들에게 계속적으로 말씀하실 것이다. 이 본문은 이 말씀들이 (1) 모든 시대의 모든 그리스도인들에게 적용되는지, (2) 사도들에게만 적용되는지 (3) 마지막 사도의 죽음 이전에만 모든 그리스도인들에게 적용되는지를 다루지 않는다. 고별 강화(요 13:31–17:26)의 문맥에서 예수님께서는 자신이 떠난 후에도 자신의 사역이 이어지기를 원하는 마음으로 남은 열한 제자들을 준비시키고 계셨으므로, 이러한 진술들은 특별히 그들과만 관계된다는 견해가 더욱 개연성이 있다. 예를 들면, 요한계시록을 주실 때의 성령께서는 사도를 통해 여전히 다가오는 일들에 대하여 오늘도 교회에 말씀하신다. 이것의 한 가지 함축적 의미는 그것이 진정한 교리가 되기 위해 친히 예수님에게까지 거슬러올라갈 필요가 없다는 것이다. 요구된 모든 것은 사도의 권위다. [erchomai]

16:14. **영화롭게 할 것이다**(Will glorify, doxasei) – 주목할 중요한 사실은 성령의 사역이 성령 자신에게 주목을 끌지 않고 예수님을 '영화롭게' 할 것이라는 점이다. 동사 doxazō('영화롭게 하는 것')는 여기에서 '칭송하는 것' 또는 '존귀하게 하는 것'의 의미로 사용된다(14:13을 보라). [doxazō]

16:16. **조금 있으면**(A little while, mikron) – (다음 구절에 두 번, 18절에 한 번, 19절에 두 번 나옴) 이것은 제자들이 '(그분을)더 이상 보지 못하게 될' 때인 예수님의 죽으심과 장례와 그분을 다시 보게 될 부활 사이의 짧은 기간을 가리킨다. [mikros]

16:19. **예수님께서 <u>아셨다</u>**(Jesus <u>knew</u>, egnō) – 예수님 편에서 제자들이 생각하고 있었던 내용에 대한 초자연적 지식이 가능하지만 여기에서는 그것이 필요하지는 않다. 앞 구절들에 기록된 제자들의 혼란된 진술들을 감안하면, 그들은 예수님께서 하신 말씀이 무엇을 의미하는지 그분에게 묻기를 원한 것이 분명했다. 예수님 편에서 이 동사의 유사한 사용을 통하여 초자연적 지식이 암시된 것을 보여주는 2장 25절, 5장 6절, 6장 15절을 보라. [ginōskō]

16:20. **너희는 울 것이다**(You will weep, klausete) – 여기에서 예수님께서는 십자가 사건에 대한 제자들의 반응과 믿지 않는 세상의 반응을 대조하셨다. [klaiō]

<u>세상</u>(The <u>world</u>, kosmos) – 제자들과 '세상' 편에서 예수님의 죽음과 부활에 대한 대립된 반응들에 의해 지적되는 것과 같이, '인류'의 '세상'은 제자들과 대립되고 그들에게 적대적이다. [kosmos]

기쁨(Joy, charan) – '기쁨'이 '성취된' 것으로 묘사하고 있는 15장 11절을 보라. 예수님께서 부활 후에 제자들에게 일단 돌아오시면, 그들의 '근심'은 '기쁨'이 될 것이다. [chara]

16:21. **해산중에 있다**(Is in labor, tiktē) – 예수님께서는 지금 제자들의 상황을 해산중에 있는 여인의 '근심'과 비교하신다. 여인이 진정한 고통과 고뇌를 경험하는 것과 같이, 제자들도 예수님의 십자가 처형 사건에 진정한 고뇌를 경험할 것이다. 그러나 일단 자녀가 태어나면, 산모의 고뇌는 '기쁨으로 변하고' 과거의 '고난'은 사라진다. 예수님의 부활과 다시 나타나심 후에는 제자들에게도 마찬가지다. 그들은 예수님께서 죽으셨을 때 겪은 고뇌를 잊을 것이다. [tiktō]

16:22. **빼앗아갈 것이다**(Will take away, airei) – 제자들의 '기쁨'에 첨부된 영구성의 개념은 예수님께서 죽음을 극복하셨다는 사실을 인정할 때 그들이 가지는 기쁨 그 이상을 시사한다(20:20). 그들은 예수님께서 떠나신 결과로 파라클레이트의 영구적인 임재도 경험하게 될 것

이다(14:17 참고). [airō]

16:25. **비유적인 표현으로**(In figures of speech, paroimiais)-(이 구절에 두 번 나옴) 이 말의 의미는 본질적으로 10장 6절에서와 같다. 고별 강화의 앞선 문맥에서 예수님께서는 애매한 언어와 상징을 확실하게 사용하셨다(13:8-11, 16, 15:1-17, 16:22가 모든 예다). 부활 이후에 나타나실 때 예수님께서는 제자들에게 아버지에 대하여 '공개적으로' 말씀하실 것이다. [paroimia]

16:26. **내 이름으로**(In my name, onomati)-제자들이 아버지께 직접적으로 간구한다는 주제는 23-24절에서 취한 것이다. 이에 대한 이유는 27절에 주어진다. [onoma]

16:27. **사랑하다**(Loves, philei)-(이 구절에 두 번 나옴) 하나님이 여기에서 주어이므로, 사랑을 표현하는 데 agapaō와 대구되는 위치에 사용한 동사 phileō는 서로 차이가 전혀 없다. 11장 5절을 보라. [phileō]

~라는 것을 믿었다(Have believed that, pepisteukate)-여기에서 제자들이 '믿은' 내용은 예수님께서 '하나님께로부터 오셨다'는 것이다. 이 진술은 30절에 반복된다. 예수님께서는 남아 있는 제자들(유다는 13:30에서 떠났다)이 예수님의 천상적인 기원을 믿었다고 확증하셨다. '하나님께로부터'란 표현은 예수님께서 오신 '장소'뿐만 아니라, 자신이 하나님의 전권을 가진 하나님의 특사로서 하나님을 위해서 행동하고 계셨음을 암시한다. [pisteuō]

16:28. **아버지께로 간다**(Am going to the Father, poreuomai)-이 문구(14:12, 28 참고)는 요한복음 전체의 요약이다. 이것은 육신이 되신 말씀인 나사렛 예수님의 지상적인 생애를 요약한다. 세상의 구주가 되는 예수님의 사명은 이 세상에서 떠나가심과 아버지께로 돌아가심(십자가를 경유하여)으로 절정에 이르는 아버지께부터 보냄 받음을 포함했다. [poreuomai]

16:29. **비유적인 표현**(Figures of speech, paroimian)-예수님의 제자들은 이제 예수님께서 '공개적으로' 말씀하시고 '애매한 비유적인 표현'(NET, NLT, '비유들')으로 말씀하시지 않는다고 확언했다. 그러나 그들은 심지어 이 시점에도, 예수님께서 지적하시는 것과 같이 십자가 사건과 부활에 대하여 이해하지 못했다. [paroimia]

16:31. **너희가 이제는 믿느냐**(Do you now believe, pisteuete)-예수님께서 체포되고 심문을 받으며 십자가에 못 박힐 때, 제자들이 자신을 버릴 것이라고 예언하심으로써 이제 예수님께서는(그가 '하나님께로부터' 오셨다는, 30절) 제자들의 신앙을 의문시했다. 예수님에 대한 그들의 믿음은 그분의 부활 후에 새롭게 될 것이다(20:19-23 참고). [pisteuō]

16:33. **나는 이겼다**(I have overcome, nenikēka)-이 동사는 '승리하는 것, 정복하는 것, 승리를 얻는 것'을 의미한다(LN 39.57). 여기에서 '정복된' 것(NRSV, NET)은 이 문맥에서 하나님을 대적하는 모든 것의 총 요약을 가리키

는 '세상'이다(BAGD 539). 여기에서 승리의 언급은 1장 5절의 "빛이 어둠에 비춰나 어둠이 그것을 이기지 못했다"는 말씀을 상기시킨다(물론 1:5에 사용된 동사는 katalambanō로서 이 구절과 다르다). [nikaō]

17:1. **시간**(The <u>hour</u>, hōra) – 예수님께서는 전에 자신의 '시간'이 왔다고 두 번 말씀하셨다. 그것은 12장 23절에서 어떤 헬라인들이 그분에게 말하려고 할 때와 13장 1절에서 그분이 제자들의 발을 씻기 직전이다. 이 '시간'은 '때'(NIV, NLT, NET)의 한 기간으로 예수님의 공사역의 마감에서 시작하여 수난 주간을 거쳐서 죽음과 부활과 승귀를 통해서 아버지께로 떠나가심으로 끝나는 것으로 가장 잘 이해된다. 그 '시간'은 예수님의 죽음에 이르는 첫 번째 사건들의 발생으로 시작된다. [hōra]

영화롭게 하소서(Glorify, doxason) – (이 구절에 두 번 나옴) 또다시 이 동사에는 언어유희가 있다. '영화롭게 해달라'는 예수님의 기도는 그분이 아버지께로 돌아가실 때, 십자가를 통하여 성취할 그분의 승귀로 응답될 것이다(요한은 이것을 그분의 '영화'로 묘사한다). 다른 한편으로 아들은 하나님께 찬양 또는 존귀를 가져다드린다는 의미로 아버지를 '영화롭게'할 것이다(5:41, 44, 7:18). 유사한 언어유희는 11장 4절과 12장 28절에 나온다. [doxazō]

17:2. **권세**(Authority, exousian) – 여기에서 이 용어는 심판할 '권세'를 가리킨다(5:27 참고). 다음 문구는 예수님께서 모든 사람에게가 아니고, 아버지께서 그분에게 '주신' 사람들에게만 영생을 주신다는 것을 분명히 하기 때문이다. 이것이 아버지께서 아들에게 위임한 '권세'다(BDAG 353 참고). [exousia]

영원한 생명(Etrtnal life, zōēn) – (다음 구절에도 나옴) 여기에서 예수님께서는 '영원한 생명'을 정의하신다. 물론 이 정의가 기도 속에 포함되어 있어서 많은 해석자들은 이 설명을 복음서 기자가 삽입했다고 간주한다. 이것은 지속된 기간이란 의미에서 끝이 없는 삶을 단순하게 가리키지 않는다. 오히려 이것은 하나님과의 관계에서 파생되는 삶의 질을 가리킨다. 여기에서 '영원한 생명'을 얻는 것은 유일하신 참 하나님이신 아버지와 그분이 보내신 예수 그리스도와 관계를 맺고 있는 것으로 정의된다. 이 생명을 받는 유일한 길은 아들을 통해서다(14:6). 비록 어떤 사람은 여기에서 동사 ginōskō가 요한복음 당시 영지주의의 영향의 증거라고 주장했으나, 여기에는 근본적인 차이점이 있다. 요한에게 이 지식은 지적인 것이 아니라 관계적이다. 이것은 관계 속에 있는 것을 포함한다. [zōē]

17:4. **나는 당신을 <u>영화롭게</u> 했다**(I have <u>glorified</u> you, edoxasa) – 예수님께서는 지상에 계실 때 아버지에게 순종을 하고 그분의 '일'(아래를 보라)을 완수함으로 아버지를 '영화롭게' 하셨다. 그분의 순종과 임무의 완수는 하나님께 찬양 또는 존귀를 돌렸다(5:41, 44, 7:18, 17:1 참고). [doxazō]

완수함으로(By completing, teleiōsas) – 예수님께서 사명을 가지고 세상에 보냄을 받으셨다는 사상은 요한복음의 앞부분 가운데 주목할 만하게 3장 17절에서 언급되었다. 아버지께서 아들을 보내어 성취하라고 한 '일'의 완수에 대하여는 예수님께서 친히 4장 34절과 5장 36절에서 언급하셨다. [teleioō]

일(The <u>work</u>, ergon) – 아버지께서 아들을 보내어 완수하라고 하신 '일'은 세상의 구주로서의 예수님의 사명을 포함했다(3:17, 4:42). 그렇지만 이것은 특별히 십자가 위에서 그분의 희생적인 죽음을 통하여 성취되어야 했다(이것은 3:16에서 아버지께서 아들을 '주셨다'는 언급에 의해 암시된다). 19장 30절에 기록된 십자가 위에서 하신 예수님의 마지막 말씀은 '이것이 마쳐졌다'(즉 '완수되었다')이다. [ergon]

17:5. **나를 <u>영화롭게 하소서</u>**(<u>Glorify</u> me, doxason) – 여기에서의 의미는 17장 1절과 병행을 이룬다. '당신의 면전에서'란 문구의 추가는 십자가를 통한 예수님의 승귀가 암시되었음을 분명하게 한다. [doxazō]

세상이 있기 <u>전에</u>(<u>Before</u> the world was, pro) – 이 진술은 강하게 그리스도의 선재하심을 주장하면서 1장 1, 14절을 언급한다. [pro]

17:6. **당신의 <u>이름</u>**(Your <u>name</u>, onoma) – 아버지의 '이름'은 11, 12절과 26절에도 언급될 것이나, 요한복음의 다른 곳에서는 종종 나오지 않는다(5:43, 10:25, 12:28에 한 번씩 나온다). 어떤 의미에서 이름은 그 사람을 대표한다(1:12 참고). 그러므로 그분이 아버지의 이름을 '알렸다'고 말씀할 때, 예수님께서는 하나님이 누구시며 어떠한 분이신지를 충분히 계시했다고 말씀하시는 것이다(1:18과 14:9 참고). 그러나 요한복음에서 예수님 자신은 하나님과 하나인 것으로 자주 밝혀지며(10:30, 14:11), 예수님께서 egō eimi를 서술부 없이 절대적으로 사용한 사실보다 더 분명하게 나타나는 곳은 없다(8:24, 8:28, 8:58과 아마도 13:19). 그러므로 예수님께서 알리신 아버지의 이름은 모세에게 계시된 하나님의 이름이다(출 3:14). [onoma]

그들은 지켰다(They have kept, tetērēkan) – 8장 55절에서 예수님께서는 자신이 아버지의 말씀을 '지켰다'고 말씀하셨으나, 제자들이 아버지의 말씀을 '지켰다'고 언급된 곳은 요한복음에서 이곳이 유일하다(NIV, CEV, NET, '순종했다'). [tēreō]

17:8. **그들이 <u>받아들였다</u>**(They <u>received</u>, elabon) – 이 동사는 어떤 것을 믿고 이에 따라 행동한다는 의미에서 '수용하는 것, 받는 것, 믿게 되는 것'을 의미한다(LN 31.50, NIV, NLT, NET, '수용했다'). 이것은 서문에 있는 1장 12절을 상기시킨다. [lambanō]

나는 당신<u>에게서</u> 왔다(I came <u>from</u> you, para) – 요한복음에서 여러 차례 걸쳐서 예수님께서는 자신의 정체와 사명을 "나는 하나님으로부터 왔다"는 말씀으로 확증하셨다(8:42, 16:27과 본문, 13:3은 예수님께서 말씀하신 것은 아니나 유사하다). [para]

그들이 믿었다(They have believed, episteusan) – 16장 27절에서와 같이 여기에서 제자들은 하나님께서 예수님을 '보내신' 것을 믿었다고 언급된다('보냈다, apesteilas'에 대하여 1:6을 보라). [pisteuō + apostellō]

17:9. 세상과 관련해서가 아니라(Not concerning the world, kosmou) – 예수님께서는 자신의 기도가 제자들을 위한 것이지 '세상'에 있는 사람들을 위한 것이 아니라고 지금 밝히셨다. 여기에서 세상은 더 이상 '세상에 속하지' 않는 예수님의 추종자들과 구별되는 '인류'다(15:19). [kosmos]

17:10. 나는 영화롭게 된다(I am glorified, dedoxasmai) – 여기에서 예수님께서는 이미 7–8절에서 말씀하신 것에 비추어 제자들 안에서 '영화롭게' 되는 것에 대하여 말씀하실 수 있었다. 제자들은 예수님께서 아버지께로부터 오시고, 그분에게 보냄을 받은 것을 이제 이해했다. 물론 예수님께서는 세상을 떠나 아버지께로 돌아가신 후에 제자들이 그분의 사역을 계속할 때, 그분의 부활 후에 그들에 의하여 더욱 '영화롭게' 될 것이다. [doxazō]

17:11. 세상에(In the world, kosmō) – (이 구절에 두 번 나옴) 이 시섬에 이 세상에서 예수님의 떠남은 너무나 가까워서 그분은 자신이 더 이상 '세상에' 있지 않다고 말씀하실 수 있었다. 그렇게 말씀하심으로 예수님께서는 자기 자신의 상황과 여전히 '세상에' 있는 제자들의 상황과 비교하실 수 있었다. [kosmos]

그들을 지켜주소서(Keep them, tērēson) – 여기에서 동사는 해를 받지 않게, 또는 요동되지 않게 제자들을 지킨다는 의미에서 '지키는 것'을 의미한다(BAGD 815, NIV–"그들을 보호하소서", NET–"그들을 안전하게 지키소서"). 이것은 그분이 이 세상을 떠나 아버지께로 갈 때 아버지께 제자들을 지켜주실 것을 당부하는 예수님의 기도다(13절). [tēreō]

우리가 하나인 것같이 그들이 하나가 되게(They may be one just as we are, hen) – 예수님께서 자신과 아버지는 하나라고 말씀하신 것을 언급하는 10장 30절을 보라. 떠나시기 전날 밤에 드린 제자들을 위한 기도에서 예수님께서는 이 하나 됨이 제자들에게도 확대되기 바라는 마음으로 기도하셨다. [heis]

17:12. 내가 보호했다(I have guarded, ephylaxa) – 이 동사는 어떤 사람, 혹은 어떤 것을 지키거나 보호하기 위한 조심스런 조치를 취하는 것을 의미한다(BDAG 1068, NIV–"그들은 안전하게 지켰습니다", NET–"그들을 돌봐주었습니다"). 이것은 10장 14절과 특별히 10장 27–30절의 선한 목자 이미지를 상기시킨다. [phylassō]

버려지다(Is lost, apōleto) – 여기에서 동사 apollymi는 '멸망하다, 죽다' 또는 '버려지다'를 의미한다(BAGD 95). 이 두 의미는 요한복음에 모두 나온다. 첫째 의미는 여기에 나오고 (또는 3,16, 10:28에도 나온다), 둘째 의미는 6장 12절에 나온다. 여기에서 한 의미('버려지다')는 다른 의미('멸망하다')에 이른다. 이미지는 10장 7–18절의 선한 목자를 상기시킨다. [apollymi]

멸망의 자식(The son of perdition, apōleias) – 12장 36절을 보라. 여기에서 관용어는 '멸망을 위해 지정된 자'(NIV–'멸망을 당할 운명을 가진', NET–'멸망을 위해서 정해진')를 의미하며, 가룟 유다를 가리킨다. 이와 동일한 문구는 데살로니가후서 2장 3절에서 마지막 날에 사탄이 하나님을 반역하기 위해서 사용하는 사람을 가리킨다. 요한복음에서 유다는 분명하게 사탄의 도구다. 그는 6장 70절에서 '마귀'로 묘사된다. 13장 2절에서 사탄은 유다의 마음속에 예수님을 배반하는 생각을 넣어주었고, 13장 27절에서 사탄 자신이 유다 속에 들어갔다. 이후에 즉시 유다는 어둠의 영역으로 들어가기 위해서 예수님과 제자들의 그룹을 떠났다(13:30). [apōleia]

성취되었다(Fulfilled, plērōthē) – 이 진술은 여기에서 구약 성경이 유다의 배반과 변절에 대해 예언했음을 지적하고 있다. 예수님께서는 정확한 구절을 밝히지는 않으나 배반자와 관련하여 13장 18절에서 시편 41편 9절을 인용하셨다. 그러므로 여기에 언급된 구절은 시편 41편 9절일 가능성이 매우 많다. [plēroō]

17:14. **나는 <u>세상</u>에 속하지 않는다**(I am not of the <u>world</u>, kosmou) – (16절에도 나옴) 11절에서 예수님께서는 자신이 더 이상 '세상에' 계시지 않는다고 말씀하셨다. 이 진술은 기원과 충성을 모두 가리킨다. 예수님께서는 아버지께로부터 임무를 띠고 하늘에서 오셨으므로 그분은 '세상에 속하지' 않으신다(3:17). 제자들은 그들의 충성심이 예수님께 속해 있기 때문에 '세상에 속하지' 않는다(18:36 참고). [kosmos]

17:15. **당신이 그들을 <u>지키는</u> 것**(That you <u>keep</u> them, tērēsēs) – 11절을 보라. 예수님께서는 아버지께 제자들을 '세상에서' '데려가 달라'고 기도하지 않고, 그들이 세상에 있는 동안 아버지께서 '악한 자'로부터 '그들을 지켜주시기'를 위해서 기도했다(NIV, CEV, NLT, NET, "그들을 안전하게 지켜 달라"). [tēreō]

악한 자(The evil one, ponērou) – 이것은 마귀를 가리킨다(BDAG 851). 헬라어 명사는 단수 소유격으로 중성('악한 것') 또는 남성('악한 자')이 될 수 있으나, 요한일서 2장 13-14절, 3장 12절, 5장 18-19절에서 남성의 빈번한 사용은 여기에서 남성이 사용된 것을 암시한다. 예수님께서는 제자들이 사탄으로부터 보호받기를 위해서 기도하고 계신다. [ponēros]

17:17. **그들을 <u>거룩하게 하소서</u>**(<u>Sanctify</u> them, hagiason) – 헬라어 동사 hagiazō는 여기에서 정상적인 의미로 사용된다. 제자들은 거룩하게 되거나 하나님께 구별된다(LN 53.44, BAGD 8, TDNT 1:111, NET, "그들을 구별하소서"). [hagiazō]

진리(Truth, alētheia) – (이 구절에 두 번, 19절에 한 번 나옴) 제자들은 '진리'의 영역에서 활동한다. 진리를 '실천하다'는 사상은 3장 21절에서 소개되었다. 8장 32절에서 예수님께서는 청중의 일부에게 만일 자신의 말씀 가운데 계속해서 거하면 그들이 '참으로' 자신의 제자가 될 것이고, 그들은 '진리'를 알게 될 것이며, 진리는 그들을 자유롭게 할 것이라고 말씀하셨다. 예수님의 고별 강화 가운데 그곳에 함께 있는 제자들(유다만 제외하고)은 그분의 말씀 가운데 계속해서 머물렀고, 그들은 예수님께서 누구시며 그분이 왜 세상에 오셨는지에 대한 '진리를 알았다'(17:8). 그러므로 예수님께서는 친히 구별된 것과 같이 아버지께 그들을 구별시켜 달라고 기도하셨다. 이것은 그분이 떠나신 후에 제자들이 그분의 사명을 계속 감당하기 위한 것이다. 또한 1장 14절에 나오는 논의를 보라. [alētheia]

17:18. **세상 속으로**(Into the world, kosmon) – (이 구절에 두 번 나옴) 예수님께서는 제자들에게 부여한 임무를, '세상에서' 의 자기 자신의 임무, 곧 아버지께서 보내실 때 자신에게 부여한 임무와 방금 비교하셨다. 제자들을 위한 성별의 기도로서 17장에 나오는 기도의 성격이 이제 보인다. 예수님께서는 제자들을 불러서 시킬 일을 위해서 그들을 구별하고 계셨다. 어떤 의미에서 제자들은 자기들의 임무를 위임받고 있었던 것이다. [kosmos]

17:19. **나는 내 자신을 거룩하게 한다**(I sanctify myself, hagiazō) – 17절을 보라. 여기에서 예수님께서는 '자기 자신을 거룩하게 하는 것' 을 가리킨다. 이 주제는 예수님께서 자신을 '아버지께서 거룩하게 하여 세상에 보내신 자' 로 언급하는 10장 36절에서 이미 소개되었다. 이것은 이미 성취된 어떤 것으로 언급된다. 그러나 여기에서는 예수님께서 제자들을 위해서 하시는 어떤 일이다. 이것은 십자가 위에서 맞게 될 예수님의 임박한 죽음에 대한 언급을 암시한다. 여기에서는 사실상 헬라어 동사 hagiazō('헌신하다, 거룩하게 하다, 구별하다', 17절 참고)와 관련하여 약간 다른 의미들에 근거한 언어유희를 발견할 수 있다. 10장 36절(예수님과 관련하여), 17장 17, 19절(제자들에게)에서 이 동사는, 구약 선지자들(렘 1:5 참고)과 제사장들(출 40:13, 레 8:30, 대하 5:11)이 하나님께서 지정하신 자신들의 임무들을 수행하기 위해 '거룩하게' 되거나 '구별되었다' 는 의미에서 임무를 위해 '구별하는 것' 을 의미한다. 그러나 예수님께서 여기 있는 제자들을 위해서 '자기 자신을 구별하는 것' (NET, NLT, "내 자신을 당신에게 전적으로 드립니다" 참고)에 대하여 말씀하실 때, 그 의미는 희생 짐승을 거룩하게 하는 것에 더 가깝다(단 15:19). 예수님께서는 아버지의 뜻을 행하기 위해서, 곧 제자들(그리고 모든 신자들)을 위해서 십자가로 나가기 위해서 '자기 자신을 구별하고' 계셨다. [hagiazō]

17:20. **나를 믿는 사람들**(Those who believe in me, pisteuontōn) – 비록 여기에서 이 헬라어 분사는 현재 시제이지만, 문맥에서는 미래적인 의미를 수반하는 것이 확실하다. 예수님께서 남겨두시는 제자들은 그분의 사역을 계속할 것이다. 그렇게 행할 때 다른 사람들이 그분을 믿게 될 것이다. 이것은 유대인 신자들뿐만 아니라, '이 양 우리에 속하지 아니한' 다른 이방인 신자들도 포함할 것이다(10:16). 그러므로 일치를 위한 예수님의 기도는 요한의 독자들 대다수가 이방인들이라는 개연성에 비추어볼 때 가장 적절하다(이것은 바울이 엡 2:14-22에서 유대인 신자와 이방인 신자 사이의 일치를 강조하는 것과 흡사하다). [pisteuō]

17:21. **모두가 하나 되게**(All may be one, hen) – 신자들 가운데 일치를 위한 모델은 아버지와 아들 사이의 일치다. 이 일치는 위격의 다양성을 허용하는 본질의 일치다. [heis]

믿기 위해서(May believe, pisteuē)－여기에서 '세상'(kosmos의 논의를 위해서는 1:9를 참고하라)이 믿어야 할 내용은 "당신(아버지)께서 나(예수님)를 보내셨다"는 것이다. 아버지께서는 예수님의 말씀들과 일들을 검증하시며 그분의 '영광'(22, 24절)을 계시하신다. [pisteuō]

17:22. 영광(The glory, doxan)－(24절에도 나옴) 예수님께서는 자신에게 속하는 '영광'을 이제 그것을 공유할 제자들에게 넘겨주신다. 예수님께서는 제자들 안에서 '영화롭게' 될 것이고, 그들은 예수님의 '영광'을 볼 것이다(24절). 바울은 고린도후서 3장 18절에서 매우 유사한 사상을 표현한다(TDNT 2:251). [doxa]

17:23. 하나로 완성되게(May be completed into one, teteleiōmenoi)－예수님께서 신자들(22a절)에게 주시는 '영광'의 선물은 그들의 일치를 가져오고(22b, 23a절), 이것의 궁극적인 결과는 예수님의 주장으로 '세상'을 대면하는 것이다(23b절). [teleioō]

17:24. 내가 있는 곳에(Where I am, hopou)－예수님과 아버지는 '하나'이므로(21절), 예수님께서는 '아버지와 함께' 계신 것으로 묘사될 수 있다. [hopou]

세상의 기초를 놓기 전에(Before the foundation of the world, katabolēs)－이것은 세상의 '창조'(NIV, NET)를 가리킨다. 이 창조 이전(1:1-3 참고)과 그분의 성육신 전(1:14)에 예수님께서는 아버지와 함께 '영광'을 소유하셨다. [katabolē]

17:25. 세상(The world, kosmos)－'세상'은 1장 10절과 유사하게 부정적인 의미로 사용된 백성의 세상이다. 이 구절의 의미는 "그분이 세상에 계셨으며, 세상이 그분을 통하여 만들어졌으나 세상이 그분을 알지 못했다"이다. [kosmos]

18:1. 기드론 골짜기(The Kidron Vally, cheimarrou)－헬라어 단어 cheimarros는 와디(wadi)를 가리킨다. 이것은 평상시에는 물이 없는 골짜기지만, 우기(겨울철)나 높은 고도에서 녹아내리는 눈으로부터 물이 흐른다(LN 1.77). 여기에서 이 용어는 골짜기 바닥에 있는 냇물보다는 예루살렘 밖에 있는 좁은 계곡 자체를 가리킨다(LN 1.52). 오늘날 와디 엔나르(Wadi enNar)로 알려진 이 협곡은 예루살렘의 북쪽에서 시작하여 성전산과 감람산을 통과하여 유대 광야를 거쳐서 사해 바다에서 끝난다. 이 골짜기는 대부분 기간에 건조하며, 우기 기간에만 물로 채워져 있다. [cheimarros]

정원(A garden, kēpos)－요한복음에서는 언급되지 않았으나 이 '정원'(NIV-'감람나무 숲', NET-'과수원')의 이름은 겟세마네다(마 26:36, 막 14:32). [kēpos]

18:3. 보병대(The cohort, speiran)－헬라어 speira는 명목적으로는 강한 군인 600명으로 구성된 부대를 가리키는 전문 용어다. 이 규모는 로마 군단의 10분의 일이다(BAGD 761). 이것은 라틴어 cohors의 표준적인 헬라어 번역이며, 일반적으로는 '보병대'로 번역된다. 보병대는 일반적으로 '천부장'('지휘관', 12절)의 지휘 아래 있다. 보병대 전체가 한 사람을 체포하기

위해서 파견될 가능성이 없으므로, 어떤 사람은 여기에 사용된 용어가 200명 규모의 군대인 '보병중대'(NIV, NRSV, '분견대')로 알려진 더 작은 단위를 가리킨다고 주장했다. 그러나 여기에서 이 용어는 보병대 전체가 파견되었다는 것을 반드시 의미하지 않고, 단지 보병대가 체포를 하는 임무를 맡았다는 것을 뜻한다(LN 55.9 참고, 소방서가 불을 끈다고 말하는 것은 모든 소방수가 화재 진화 현장에 있는 것을 필연적으로 의미하지 않는 것과 마찬가지다). 여기에 언급된 로마 군인들은 대제사장들과 바리새인들을 수행하라는 빌라도의 명령에 반응하고 있음이 분명하다. 그들은 총독의 직접적인 명령을 받고 있을 것이기 때문이다. 왜 빌라도가 유대인 당국자들을 돕기를 원했는지 이해하기는 어렵지 않다. 로마인들은 유월절을 위해서 예루살렘에 올라온 많은 순례자들과 관련하여 일어날 수 있는 소요에 특별히 신경을 썼을 것이다. 의심할 여지없이 대제사장들과 바리새인들은 이 예수가 메시아라고, 또는 빌라도가 이해할 수 있는 용어로 이스라엘의 왕이라고 주장한다고 그에게 말했다. [speira]

관리들(The officers, hypēretas) – 이 '관리들'은 이미 예수님을 체포하려는 시도에 실패한 적이 있으며(7:32-44), 그들은 이 실패로 인하여 호되게 비판을 받았다(7:45-49). 이것은 왜 유대인 지도자들이 이번 경우 로마 군인들로 하여금 이들 관리를 확실하게 수행하도록 했는지를 설명한다. 더 이상 실수는 허용될 수 없었다. [hypēretēs]

랜턴(Lanterns, phanōn) – 비록 헬라어 phanos의 초기 용례는 횃불을 가리켰으나, 신약 때에는 이것이 주로 바람과 일기로부터 보호하는 장치를 갖추고 옥외용으로 사용되는 등대를 밝히는 데 사용되었다(LN 6.103, BAGD 853). '랜턴들과 횃불들'의 언급은 목격자의 상세한 당시 상황을 제시하지만, 요한복음의 빛/어둠의 주제에 비추어볼 때 이것은 마침내 밤(어둠)이 도래했다는 것을 생생하게 상기시켜준다(9:4, 13:30 참고). [phanos]

횃불(Torches, lampadōn) – 여기에서 이 용어는 고전 헬라어 작가들이 빈번하게 사용하는 것과 같이 '횃불'을 가리키는 데 사용된다. 이 단어는 다른 문맥들에서 심지와 기름통이 있는 등불을 가리킬 수 있으나, 용어 phanos(랜턴)와 함께 옥외에서 사용되는 횃불을 의미한다(BAGD 585). [lampas]

무기들(Weapons, hoplōn) – 이 단어는 '도구'를 묘사하는 데 사용될 수 있으나, 군인들과 관련된 문맥에서는 '무기'를 가리킨다. (방패들과 같이) 방어용 무기들은 물론 검들과 같이 공격용 무기들도 포함된다(BDAG 716). [hoplon]

18:4. **알고**(Knowing, eidōs) – 미래 사건들에 대한 예수님의 지식이 여기에 보인다. 이것은 6장 6절과 13장 1절에서 이 동사를 사용하여 앞에서 언급되었다. 이 동사는 예수님 편에 있는 초자연적인 지식을 6장 61, 64절, 13장 11절에서 암시한다고 볼 수 있다. [oida]

18:5. **그를 배반한 자**(Who betrayed him, paradidous) – 복음서 기자는 여기에서 '그분을 배반한 자'(18:2, 6:71 참고)인 유다가 군인들과 대제사장들의 관리들 그룹과 함께 있었다는 추

가적인 언급을 삽입한다. 비록 많은 주석가들은 이것을 어색한 삽입으로 간주했으나, 사실상 이것은 다음 구절에서 예수님께서 자기 자신을 밝힌 것에 대한 반응의 극적인 효과를 상당히 고조시킨다. 이것은 다른 사람들과 함께 배반자 자신이 역설적으로 예수님의 발에 엎드러졌다는 사실을 독자에게 알려주는 추가적인 효과를 가진다(6절). [paradidōmi]

18:6. **나는…이다**(I am, egō eimi) – (8절에도 나옴) 여기에서 '나는…이다'라는 표현 속에 얼마나 많은 의의가 들어있는지 파악하기는 어렵다. 한 차원에서 여기에는 암시된 서술부가 있고, 이 문구는 예수님께서 "나는 (그 사람)이다"라고 자기 자신을 밝히는 것이나 마찬가지이기 때문이다. 예수님께서는 '나사렛 예수' 자신이 바로 그 그룹이 체포하기 위해서 찾는 자라는 답변을 하셨다. 그렇지만 예수님께서는 네 번째 복음서의 독자들에게 8장 24, 28, 58절에서 앞서 등장한 공식을 사용하여 자신의 정체를 이와 같이 확증하셨다. 예수님께서는 출애굽기 3장 14절의 '나는…이다'라는 하나님의 이름을 자기 자신에게 적용하셨다. 그러므로 다른 차원에서 이 사건은 원수들을 뒤로 물러가게 하고 그 앞에 무릎을 꿇게 한 일종의 신적 현현으로 기능한다. 이것은 심지어 이 어둠의 시간에도 예수님께서 원수들과 어둠의 권세에 대한 궁극적인 권능을 가지고 계셨음을 요한의 독자들에게 생생하게 상기시킨다. 체포에 굴복한 것은 예수님 자신의 선택이었다. 4장 26절에 나오는 논의도 보라. [egō + eimi]

18:8. **이 사람들로 가게 하라**(Let these go, hypagein) – 제자들을 풀어주라는 이 요구를 하심으로 예수님께서는 자신의 배반과 체포의 시간에도, 그들을 위해서 자신을 내어주면서 여전히 자신의 추종자들을 보호하고 보살피셨다. 자기 자신을 원수들에게 넘겨주심으로 예수님께서는 제자들의 자유를 확보하셨다. 요한의 관점에 의하면, 그분은 십자가로 나가실 때 실제로 자신의 추종자들을 위해서 하실 것을 미리 실행하고 계셨다. [hypagō]

18:9. **성취되기 위하여**(May be fulfilled, plērōthē) – 복음서 기자는 여기와 18장 32절에서 이 형식을 사용하여 예수님의 말씀들을 가리킨다. 요한복음의 다른 곳에서 이 동사는 구약 성경의 신약 성취를 묘사한다(12:38, 13:18, 15:25, 17:12, 19:24, 36). [plēroō]

나는 그들 가운데 하나도 잃지 않았다(I did not lose one pf them, apōlesa) – 비록 6장 39절과 약간의 유사성이 있지만, 가장 가까운 병행 구절은 배반자 유다가 구체적으로 제외된 것을 언급하는 17장 12절이다. 예수님께서는 여기에서 그분의 진정한 제자들을 가리키신다. [apollymi]

18:10. **검**(A sword, machairan) – (다음 구절에도 나옴) 이 용어는 단도와 매우 흡사한 짧은 검을 묘사한다. 이러한 검들은 헬라 세계에서 널리 알려졌으며 많이 사용되었다. 이 용어는 호머만큼이나 오래 되었으며, 주전 5세기 헤로도토스(Herodotus)의 시대 이래로 무기를 묘사하는 데 사용되었다(TDNT 4:524). 이것은

전형적으로 벨트에 매달려 있는 칼집에 넣어 가지고 다녔다. [machaira]

그의 오른쪽 귀(His right ear, ōtarion) – 동일한 헬라어 용어인 이중 축소형은 마가복음 14장 47절에서 '잘려진' 것을 묘사하기 위해서 사용된다. 이것은 오른쪽 귀의 일부만 절단된 것을 지적한다. [ōtarion]

18:11. **칼집**(The sheath, thēkēn) – 이 용어는 고전 헬라어 문서와 요세푸스에서(고대사 8.10.4 [8.264], 16.7.1 [16.181]) '무덤'을 가리키는 데 사용되나, 다른 의미인 '칼집'도 요세푸스에 발견되며(고대사 7.11.7[7.284]) 여기에 적용된다(BDAG 455). [thēkē]

잔(The cup, potērion) – 잔은 또한 공관복음 기사 가운데 겟세마네에서 언급된다(마 26:39, 막 14:36, 눅 22:42). 공관복음의 기사에서 이것은 예수님의 기도 가운데 언급된다. 유다가 군인들과 관리들과 함께 현장에 나타나기 직전에 이것과 관련하여 기도하는 것을 마치셨다면, 이 단어의 등장은 확실하게 공관복음의 기사를 보충할 것이다. 요한복음의 이곳에서만 아버지께서 예수님께 마시라고 잔을 주셨다고 구체적으로 언급되나, 이것은 예수님의 기도에 나오는 잔에 대한 공관복음의 언급과 일치한다. 예수님께서 곧 경험하실 것은 고난의 잔이다. [potērion]

18:12. **지휘관**(The commanding officer, chiliarchos) – 이 헬라어 용어는 문자적으로 '1,000명의 지휘관'을 묘사하나, 라틴어 트리브누스 밀리티움(tribunus militium) 또는 트리브누스 밀리타레(tribunus militare)의 표준 번역으로 사용되었다. 이 지휘관은 군인 600명으로 구성된 보병대를 지휘하는 군사적인 집정관이다(BAGD 881, LN 55.15). [chiliarchos]

그를 결박했다(Bound him, edēsan) – 예수님의 '결박'은 공관복음이 언급하지 않는 세부적인 내용이다. 요한의 모든 기록은 예수님께서 자신을 체포한 사람들을 기꺼이 따라갔다고 제시한다. 복음서 기자는 제단에 '결박되는' 것을 허락한 이삭, 곧 다른 자발적인 희생 제물을 언급하는 것 같다(창 22:9). [deō]

18:15. **다른 제자**(Another disciple, mathētēs) – 많은 해석자들은 이름이 밝혀지지 않는 이 다른 제자를 '사랑 받은 제자', 곧 세베대의 아들 요한으로 밝혔다. 여기에 나오는 '다른 제자'가 20장 2-4, 8절에서 '사랑을 받은 제자'를 묘사하는 데 사용된다. 베드로는 13장 23-26절, 20장 2-10절, 21장 7, 20-23절에서 사랑을 받은 제자와 밀접하게 연관된다. [mathētēs]

대제사장에게 알려졌다(Was known to the high priest, gnōstos) – (다음 구절에도 나옴) 어떤 사람들은 이 구절에 나오는 '다른 제자'를 세베대의 아들 요한으로 간주하는 것을 반대했다. 이 제자가 '대제사장에게 알려졌다'는 진술 때문이다. 잘 알려지지 않은 갈릴리 어부의 교육받지 않은 아들이 어떻게 예루살렘에서 그렇게 세도가 있고 영향력 있는 가문에 알려질 수 있겠는가? 그러나 제자들의 낮은 신분과 공식적인 교육의 결여에 관한 일반적인 태도는 오해일 수 있다. 마가복음 1장 20절에서 세베대는 고용된 종들을 둘 수 있을 정도로 부요한 사람으로 묘사되며, 마가복음 10장 35-45절은 세베대의 아들들이 모두 지위와 위엄에 관심을 가지고 있는 것을 보여준다. 요한의 어머니는 동일한 시각에서 마태복음 20장 20-28절에 등장한다. 예루살렘에 있는 대제사장의 가문과의 접촉은 그러한 상황으로 볼 때 개연성이 아주 없는 것은 아니다. 유세비우스(Eusebius)는 폴리크라테스(Polycrates)를 인용하여, 세베대의 아들 요한이 제사장이었다는 진술을 남겼다 (교회사 3.31.3). [gnōstos]

18:17. **문을 지킨 소녀 사환**(The slave girl who attended the door, thyrōros) – 이 용어는 집이나 건물로 들어가는 문을 지키는 사람을 묘사한다(LN 46.8). 이 단어는 남자나 여자에게 사용될 수 있는데, 여기에서는 문을 지킨 사람은 소녀 종으로 밝혀진다(paidiskē). [thyrōros]

나는 아니다(I am not, ouk eimi) – 이 문구는 예수님께서 자기 자신을 밝힐 때 18장 6, 8절에서 사용하신 문구 '나는…이다'와 대조된다. [eimi]

18:18. **숯불**(A charcoal fire, anthrakian) – 숯불은 많은 양의 빛을 내지 않는다. 날씨가 '추웠기' 때문에 불을 피웠던 것이다. 종들과 관리들과 함께 '자신을 따뜻하게' 하는 베드로의 행동은 어떤 사람들이 제시했던 것과 같이 그렇게 위험스러운 일은 아니었다. 침침하고 어두운 뜰에서 그를 예수님을 따르는 자들 가운데 하나로 식별하는 것은 어려웠을 것이기 때문이다. [anthrakia]

18:19. **그의 제자들에 관하여**(Concerning his disciples, mathētōn) – 그의 성격에 대해 알려진 것처럼 안나스(Annas)는 예수님의 가르침의 참됨이나 거짓보다는 그분이가 얼마나 많은 제자들을 모을 수 있었는지에 대해 더 많은 관심을 가졌다. 그래서 그분의 '제자들'에 대한 질문을 먼저 한 것이다. [mathētēs]

18:20. **공개적으로**(Openly, parrēsia) – 이 진술은 예수님의 가르침이 분명했다는 것이 아니고, 단지 예수님께서 메시아라는 주장을 '비밀리에'가 아니라 공개적으로 했다는 것을 뜻한다. [parrēsia]

세상에(To the world, kosmō) – 7장 4절에서와 같이 여기에서도 이 문구는 본질적으로 '공적으로' 또는 '크게 세상에'를 의미한다. 7장에서 예수님의 동생들은 예수님께 그 자신을 '세상에' 알리라고 권고했다. [kosmos]

모든 유대인들(All the Jews, Ioudaioi) – 1장 19절을 보라. 여기에서 이 문구는 유대 백성을 일반적으로 가리킨다. 그들에게 회당들과 예루살렘에 있는 성전 뜰은 중요한 공적인 모임 장소였기 때문이다. [Ioudaios]

18:22. **때렸다**(Struck, rapisma) – 이것은 문자적으로 '타격을 가한 것'을 의미한다. 이 용어는 곤봉, 막대기, 회초리로 때리는 것이나 손으로 찰싹 때리는 것을 묘사한다(BAGD 734). 마태복음 5장 39절에는 얼굴을 때리는 것이 분명히 지적되고, 여기에서도 거의 확실하게 동일한 의미를 가진다(NRSV, NLT, NET, '얼굴을 때렸다'). [rapisma]

18:23. 그릇되게(Wrongly, kakōs) – 예수님께서는 율법에 따라 자신이 증인들을 세울 자격이 있다는 것을 아셨다(신 17:6, 19:15). 율법이 준수되어야 한다고 주장할 때 그분은 잘못하신 것이 아무것도 없다. [kakōs]

증거하라(Testify, martyrēson) – 여기에서 이 동사는 '잘못이 무엇인지 밝히는 것' 또는 '잘못의 증거를 대는 것' 을 의미한다(BAGD 492, NLT, "당신들은 이에 대한 증거를 제시해야 한다"). [martyreō]

18:24. 그를 보냈다(Sent him, apesteilen) – 이것은 역설이다. 세상을 구하기 위해서 아버지(1:6 참고)께서 예수님을 보내신 것(3:7)이 아니라, 안나스가 심문을 위해서 예수님을 '보낸 것' 을 말한다. [apostellō]

18:26. 친척(A relative, syngenēs) – 이 용어는 동일한 확대 가정에 속하는 어떤 한 친척을 묘사한다(LN 10.6). 이 사람은 겟세마네 동산에서 베드로가 '귀' 를 잘라낸 '대제사장의 종' 말고와 관련이 있었다(10절 참고). 이것은 베드로에게 더 많은 문제를 가져다주었다. 이 사람은 자기를 적극적으로 밝혀낼 수 있는 자였기 때문이다. 이것은 베드로의 세 번째이며, 마지막 예수님 부인을 촉발했다. [syngenēs]

18:27. 부인했다(Denied it, ērnēsato) – 예수님께서 베드로가 그분 자신을 부인할 것이라는 예언을 기록하는 13장 38절을 보라. 세 번째로 예수님을 부인할 때 베드로의 감정적인 상태(마 26:74, 막 14:71에서와 같이), 예수님께서 그의 부인을 예언하셨다는 것을 그가 기억했다는 것(마 26:75, 막 14:71, 눅 22:61), 또는 나중에 베드로가 느낀 쓰라린 후회(마 26:75, 막 14:72, 눅 22:62)에 대한 어떠한 언급도 나오지 않는다. [arneomai]

수탉이 울었다(A rooster crowed, alektōr ephōnēsen) – 13장 38절을 보라. 다수의 학자들은 이것이 라틴어로 갈리시니움(gallicinium)으로 알려진(이것은 헬라어로 마 26:34와 막 13:35에 사용된 용어인 alektorophonia로 번역된다) 밤의 제3경(자정에서 새벽 3시)이 끝났음을 알려주는 나팔 소리를 가리키는 전문 용어라고 제안했다. 그러나 이것보다는 실제적인 수탉의 울음을 가리킬 가능성이 더 있다. 이 경우 예수님께서는 베드로의 부인이 일어난 정확한 시간을 예언하신 것이 된다(Bernard, 2:604). 어쨌든 닭의 자연스런 울음으로 보아 팔레스타인의 이 시기(3-4월) 가운데 대략 새벽 3시경이었을 것이다. [alektōr + phoneō]

18:29. 프라토리움(The praetorium, praitōrium) – (이 구절에 두 번 나옴) 이 용어는 로마 총독의 공식적인 저택을 가리키는 라틴말 차용어다(LN 7.7, NRSV- '빌라도의 본부', NET- '로마 총독의 저택'). 팔레스타인에서 총독의 영구적인 저택은 가이사랴에 있었다(행 23:33-35 참고). 총독은 또한 주요 절기나 정치적으로 불안한 기간에만 머무는 저택이 예루살렘에 있었다. 이 건물의 위치는 확실하지 않다. 이것은 두 가지 견해로 나뉜다. (1) 12세기 이래로 로마 프라토리움의 전통적인 위치인 성전 지역의 북쪽 동편 언덕에 있는 안토니아 요

새나 망대, (2) 현재 자파성문 근처 서쪽 언덕에 있는 헤롯의 왕궁이다. [praitōrion]

그들이 더럽혀지지 않도록(So that they would not be defiled, mianthōsin) – 어떤 유형의 의례적인 더럽힘을 염두에 두는지 분명하지 않다(NIV, '부정함'). 사도행전 10장 28절은 유대인이 이방인과 어울리거나 그를 방문하는 것을 '불법'이라고 진술하지만, 어떻게 더럽혀지게 되는지 구체적으로 밝히지 않는다. 어떤 사람은 요한이 다음 날 유월절 음식을 먹는 것에 관한 진술에 대하여 오류를 범했다고 생각했다. 유대인들이 여기에서 범할 수 있는 의례적인 부정함의 유형은 그날 저녁에 목욕으로 제거될 수 있기 때문이다. 그러나 이것은 부정함의 정확한 성격에 대한 지식을 요구한다. 예를 들어, 만일 이것이 시신과의 접촉을 포함했다면 부정함은 7일 동안 지속되었을 것이다(민 19:11). [miainō]

18:29. **무슨 고소**(What accusation, katēgorian) –빌라도가 예수님을 체포하는 데 로마 군인들을 제공하여 그들과 협조했으므로, 유대인 지도자들은 빌라도가 그들에게 예수님에 대한 사형 선고 실행권을 허락해줄 것을 기대하고 있었던 것으로 보인다(유대인 당국자들은 로마의 공식적인 허락이 없이는 로마인의 점령 아래서 사형을 집행할 수 없었다. 31절 참고). 그들은 "이 사람에 대하여 너희가 무슨 고소(NIV, CEV, '무슨 고발들')를 하느냐?"는 빌라도의 질문을 들었을 때 다소 놀랐을 것이 틀림없다. 이 질문은 그가 죄수를 친히 심문하려는 것을 암시했기 때문이다. 그러므로 빌라도는 가야바와 공회 앞에서 예수님의 심문은 조사로, 그들의 판정은 고소로 간주하고 있었다. [katēgoria]

18:30. **행악자**(An evildoer, kakon poiōn) –유대 종교 지도자들은 빌라도의 진술에 구체적인 범죄를 언급하지 않고, 단지 예수님이 '행악자'라는 진술로 답변했다(NIV, NRSV, NLT, NET, '범법자'). [kakos + poieō]

그를 넘겨주었다(Handed him over, paredōkamen) –이 동사는 유다를 예수님의 배반자로 묘사하는 데 반복적으로 사용되었다(6:64, 71, 12:4, 13:2, 11, 21, 18:2, 5, 21:20). 그렇지만 여기에서는 빌라도에게 '예수님을 넘겨준' 유대 종교 당국자들과 관련하여 사용된다. [paradidōmi]

18:31. **그를 재판하라**(Judge him, krinate) –이 동사는 분명하게 '언도를 내리다' 또는 심지어 '정죄하다'를 의미한다. 유대 종교 당국자들은 자기들이 사형 집행하는 것을 허락받지 않았다고 대답했기 때문이다. [krinō]

당신들의 법에 따라서(According to your law, nomon) –이것은 모세 율법을 가리킨다. 문제되는 지역에서 로마의 최고 대표자로서 빌라도는 소요의 위험 때문에 유월절을 위해 예루살렘에 있었다(그의 주요 관저는 가이사랴에 있었다. 행 23:35 참고). 그는 이 절기의 전야에 바쁘면서도 걱정을 많이 하고 있었을 것이다. 그가 예수님을 다시 유대 당국자들에게 넘겨주어 그에 대한 판결을 내리게 하겠다고 제안한 것은 놀랄 일이 아니다. 빌라도는 구체적인 고소가 언급되지 않았으므로 일부 종교적인 문제를 다루고 있다는 점을 인식했을 것이다. 그는 이러한 일에 조금도 관심을 가지려고 하지 않았다. 요한은 자신의 복음서에서 누가 진정으로 예수님의 죽음에 책임이 있는지를 지적한다. 로마 총독은 유대 종교 당국자들에게 압박을 받지 않았다면 이 일에 상관하지 않았을 것이다. 사실 진정한 책임은 그들에게 있었다. [nomos]

우리는 어떤 사람도 사형에 처하는 것을 허락받지 않았다(We are not permitted to put anyone to death, exestin) – 이 진술 뒤에 있는 역사적인 배경을 재구성하는 것은 어렵다. 학자들은 요한복음에서 이 진술이 1세기 팔레스타인에서 유대 당국자들과 로마인들 사이의 사법적인 상황을 정확하게 반영하는지 의견이 나누인다. 로마 총독은 종교적인 범죄인 경우(예를 들면, 예루살렘 성전의 안뜰에 침입하다 잡힌 이방인들의 사형 선고)에 한해서 사형을 집행하도록 유대 당국자들에게 허락을 해주었던 것으로 보인다. 유대인 당국자들은 사실상 다수의 처형을 집행한 것이 지적되기도 한다. 그 일부는 특별히 그리스도인들과 관련되어 있다(예를 들면, 행 7:58-60에 기록된 스데반과 요세푸스의 고대사 20.9.1 [20.200]에 따르면 60년대 돌에 맞아죽은 의인 야고보). 그러나 스데반의 죽음은 공식적인 처형보다는 '군중 폭력'의 결과로 설명될 수 있고, 요세푸스가 이어서 지적하는 것과 같이 야고보는 로마 총독의 교체 기간에 처형되었고, 이 시기의 대제사장은 나중에 이 행동으로 처벌받았다. 전반적으로 로마인들은 반란을 일으키는 지방 사람들의 손에서 그러한 권한이 로마에 호의적이거나 유익한 당파들을 제거하는 데 사용될 수 있는 점을 두려워하여 사형 선고를 매우 엄격하게 통제한 것으로 보인다. 유다와 같이 골치 아픈 지역이 여기에서 면제되었을 것 같지는 않다. [exestin]

18:32. **성취되기 위하여**(Fulfilled, plērōthē) – 여기에서 성취된 예수님의 '말씀'은 12장 32절에 기록된 것이 틀림없다. 12장 33절은 정확하게 여기에서 발견되는 동일한 설명 문구를 포함하고 있기 때문이다("그가 어떠한 종류의 죽음으로 죽게 될지를 보여주며"). [plēroō]

18:33. **유대인들의 왕**(The King of the Jews, basileus) – 빌라도가 예수님께 이 질문을 했을 때 그의 태도가 어떠했는지 아는 것은 어렵다. 어떤 사람은 로마 총독이 예수님을 천하고 비참한 죄수로 보았기 때문에 이 말은 냉소적이거나 회의적이었을 것으로 이해했다. 다른 사람들은 빌라도가 예수님의 왕적인 성향과 위엄에 깊은 인상을 받았으므로 성실하게 질문했을 것이라고 생각했다. 빌라도가 나중에 예수님을 무죄한 사람(38절)이며, 그렇기 때문에 해로운 사람이 아니라고 간주한 것은 분명하다. 고소 내용에 대한 불신의 태도가 여기에서 나오는 것으로 보인다. 그렇지만 이에 대한 분명한 문맥적인 암시는 전혀 없다. [basileus]

18:35. **내가 유대인이냐**(Am I a Jew, Ioudaios) – 많은 사람들은 빌라도의 대답에서 유대 백성에 대한 로마인의 경멸을 읽었다. 그러한 태도가 여기에도 일부 있었을 것이나, 엄격하게 말해서 빌라도가 확언한 모든 것은 로마인으로서

유대인의 관습이나 신앙에 대한 일차적인 정보를 가지지 않았다는 것이다. 예수님에 대한 그의 지식은 유대인 당국자들에게서 온 것이 틀림없다. [Ioudaios]

18:36. 내 나라(My kingdom, basileia) – (이 구절에 세 번 나옴) 예수님께서는 자신이 정치적인 혁명가가 아니라는 것을 빌라도에게 분명하게 하기 위해서 대답을 한정하셨다. 3장 3절에 나오는 '나라' 를 보라. [basileia]

싸울 것이다(Would fight, ēgōnizonto) – 예수님의 '종들' (그의 제자들)에 의한 군사적인 저항의 부재는 예수님의 '나라' 가 '여기로부터', 곧 '이 세상' 으로부터 기원한 것이 아님을 빌라도에게 가르쳐주어야 했다. 실제적으로 베드로는 저항하려고 애썼으나(18:10–11), 예수님께서는 그에게 멈추라고 명령하셨다. [agōnizomai]

유대인들에게(To the Jews, Ioudaiois) – 여기에서 이 표현은 유대 종교 지도자들, 특히 공회의 회원들을 가리킨다(11:49–50 참고). [Ioudaiois]

18:37. 나는 태어났다(I was born, egennēmai) – 예수님께서는 '세상으로' 온 방법인 자신의 육체적인 탄생을 가리키신다. '세상에 들어오다' 란 문구와 관련하여 "모든 사람을 비추는 참 빛이 세상에 오고 있다" 고 언급하는 1장 9절을 보라. [gennaō + erchomai + kosmos]

진리(The truth, alētheia) – (여기에 두 번, 다음 구절에 한 번 나옴) 1장 14절을 보라. 다음 구절에 나오는 답변 "진리가 무엇이냐?" 로 빌라도는 문제를 회피했다. 33절에서와 같이 이 시점에서 빌라도의 태도는 분명하지 않다. 복음서 기자는 이 기사에서 확신할 수 있는 충분한 정보를 제공하지 않는다. 그렇지만 이 기사 안에서 빌라도의 질문은 독자들에게 '진리' 가 무엇인지에 대하여 생각하게 하는 역할을 하며, 이에 대한 답은 기사 안에 이미 제공되었다(14:6). 빌라도는 "진리가 무엇이냐?" 고 질문했을 때, 바로 자기 앞에 서 있는 분이 '진리' (하나님에게서 온 인격적이고 관계적인 계시, 다시 말하면 예수님 자신)라는 사실을 알지 못했다. [alētheia]

18:38. 아무런 죄목(No cause, aitian) – 이것은 법정에서 고소의 근거들을 가리키는 전문적인 법적 용어다(LN 56.4, NET 참고). 이 용어를 사용함으로 빌라도는 어떠한 죄목으로도 예수님을 고소할 수 있는 근거를 자신이 발견하지 못했음을 나타냈다. 누가 역시 빌라도가 예수님의 무죄함을 말했다고 지적한다(눅 23:4). [aitios]

18:39. 내가 풀어주는 것(That I release, apolysō) – (이 구절에 두 번 나옴) 빌라도는 유월절에 그들을 위해서 한 죄수를 '풀어주는' 그들의 '관습' 에 대하여 유대 당국자들에게 상기시키면서 예수님을 풀어주겠다고 제안했다. 이러한 관습의 언급은 성경에서만 찾아볼 수 있다. 마태복음 27장 15절(로마 총독의 관습으로 묘사된다)과 마가복음 15장 6절(빌라도의 관습으로 묘사된다)에 언급되고 있다. 여기에서 알 수 있는 것은 이것이 팔레스타인의 모든 로마 총독들이 인정한 영구적인 것이 아니라는 점이다. 이것은 자신이 다스리는 백성과 더 좋은 관계

를 증진시킬 의도를 가진 회유의 수단으로 빌라도에게만 발견되는 독특한 관습이었기 때문이다. 그러한 제한된 의미는 확실하게 여기에 나오는 진술과 일치된다. [apolyō]

18:40. **바라바**(Barabbas, Barabban) – 아람어로 '바라바'라는 이름은 '아바의 아들', 즉 '아버지의 아들'을 의미한다. 그는 다른 이름을 가진 것으로 추정된다(비록 확실하지는 않지만, 마 27:16의 상이한 본문에 따르면 심지어 예수일 수도 있다). 복음서 기자에게 '바라바'란 이름은 역설적인 의의를 가진다. 무리는 '아버지의 아들', 즉 바나바라 불리는 사람의 석방을 요구하고 있었다. 반면 참으로 아버지의 아들 예수님께서는 그를 대신해서 사형 선고를 받으셨다. [Barabbas]

강도(A robber, lēstēs) – 바라바는 단지 '강도' 또는 노상강도였을 가능성이 있다. 그러나 이 헬라어 용어 lēstēs가 요세푸스와 다른 초기 문서들에 사용된 점을 감안해 볼 때, 그는 게릴라 전사 또는 혁명적인 지도자였을 가능성이 더 크다(Brown, 2:857, TDNT 4:258, NIV–"반란에 참여하였다", CEV–"테러리스트였다", NET–"혁명주의자였다"). 요세푸스는 동일한 헬라어 단어를 여러 번 사용하여(유대인의 전쟁사, 2.13–3 [2.253–54]) 민족주의와 탐욕이 뒤섞인 동기를 가지고 1세기에 유대의 지방지역들을 지속적인 혼란에 빠트린 혁명주의자들이나 게릴라 전사들을 묘사하였다. [lēstēs]

19:1. **그분에게 매질했다**(<u>Scourged</u> him, emastigōsen) – 이 헬라어 동사는 사형 판결을 받은 사람들에게 가해지는 매질을 가리킨다(BAGD 495, NIV, NRSV, "그에게 채찍질을 가했다"). 이 동사는 사역적인 뜻으로 이해해야 한다("그에게 매질하게 하다"). 빌라도 자신이 매질을 가하지 않았고, 그의 관리들에게 매질하라고 명령했다. 로마 총독은 몸소 그러한 심판을 집행하지 않는다. 복음서 기자가 여기에서 이 단어를 선택한 것은 이사야 50장 6절의 '나를 때리는 자들에게 내 등을 맡기며'라는 말씀을 언급하는 것 같다. 로마인들은 세 가지 체벌 형태를 사용했다. 체벌의 강도가 엄해지는 순서로 말하면 fustigatio('때림')과 flagellatio('매질함')과 verberatio('심한 매질, 채찍질')이다. 첫 번째 체벌은 경우에 따라 처벌 자체일 수 있으나, 로마법에 따르면 더욱 혹심한 형태는 십자가 처형에 대한 전주곡으로 사형 선고의 일부다. 헬라어 동사 mastigoō는 이 세 가지 체벌 가운데 가장 혹심한 형태를 가리킨다. 이 체벌은 뼈의 조각이나 금속 조각이 끝부분에 달린 채찍으로 집행되었다. 이러한 조각들은 희생자의 몸을 찢거나 뼈에 붙어 있는 근육과 힘줄을 절단할 수도 있었다. 매질의 횟수는 규정되지 않았다. 매질은 피 묻은 살이 찢길 때까지 계속되었다 (TDNT 4:516). [mastigoō]

19:2. **가시 <u>면류관</u>**(A <u>crown</u> of thorns, stephanon) – (5절에도 나옴) 이 헬라어 용어는 나뭇잎이나 비싼 금속을 나뭇잎들과 비슷하게 만들기 위해서 두드리거나 주조하여 만든 화환이나 화관을 묘사한다(LN 6.192). 그렇지만 여기에 언급된 면류관은 약간의 가시가 있는 재료로 만들어졌다. 이것은 전통적으로 고문의 추가적

인 도구로 간주되었으나, 그보다는 가시들의 목적이 더 많은 고통을 가하기 위한 것이 아니고 '빛나는 화관'의 뾰족한 끝을 모방하기 위한 것이다. 이러한 화관은 이 시기부터 많은 주화 속 통치자들의 머리에 그려진 면류관의 유형이다. 이러한 유형의 면류관 위에 있는 뾰족한 끝은 밖으로 지시하는 빛의 광선을 묘사했다(현대의 가장 좋은 예는 뉴욕 항에 있는 자유의 여신상의 머리에 있는 면류관이다). [stephanos]

자색 옷(A <u>purple</u> robe, porphyroun) – (5절에도 나옴) 이 단어는 일종의 조개로 만든 염료를 가지고 불그스름한 자색으로 염색한 옷감을 가리킨다. 조개에서 이 단어가 유래되었다(BDAG 855). 자주 색깔은 왕적인 지위를 나타냈고, 가시 면류관에 추가로 예수님을 더욱 모욕하는 것이었다. 로마 관리들은 권위의 표시로 자주색 겉옷을 입었다(마 27:28, 여기에서는 '관복'이라 불림). [porphyra]

19:3. **만세**(Hail, chaire) – 군인들이 사용한 '유대인들의 왕 만세'라는 인사말은 황제에에 대한 표준적인 환영 인사인 "Ave, Caesar"(시저 만세)에 근거하여 예수님을 모욕하는 것이다. [chairō]

19:4. **아무런 <u>죄목</u>**(No <u>cause</u>, aitian) – 18장 38절을 보라. 빌라도는 두 번째로 예수님의 무죄함을 선언했다. [aitios]

19:5. **이 사람을 <u>보라</u>**(<u>Behold</u> the man, idou) – 헬라어 불변화사 idou는 이어서 나오는 내용에 주목을 끄는 역할을 한다(LN 91.13). 빌라도는 "여기에 고소받은 자가 있다." 또는 더욱 경멸적인 방법으로 "여기에 너희 왕이 있다"라는 것 이상을 의미하지 않을 수 있다. 그러나 다른 사람들은 빌라도의 진술이 예수님을 고소하는 자들로부터 동정심을 자아내기 위한 것이라고 이해했다. 이 경우 이 말의 뜻은 "이 가련한 사람을 보라"가 된다. 그렇지만 복음서 기자에게 빌라도의 말은 스가랴 6장 12절의 "보라 순이라 이름하는 사람이 자기 곳에서 돋아나서"라는 말씀에 대한 무의식적인 언급이다. 이 경우에 빌라도는 (알지 못한 채 역설적으로) 메시아의 칭호로 예수님을 유대 국가에 제시한 것이다. [idou]

19:6. **십자가에 못 박다**(Crucify, staurōson) – (이 구절에 세 번 나옴) 십자가 처형은 로마인들이 실행한 가장 잔인한 형벌 방식이었다. 로마 시민들은 일반적으로 십자가 형벌을 받을 수 없다. 이것은 대역죄와 사형 받을 죄에 있어서 정당한 절차조차 필요 없이 취급되는 최악의 범죄에만 지정되었다. 로마 역사가 키케로(Cicero)는 십자가 처벌을 '잔인하고 혐오감을 주는 형벌'이라고 불렀다(Against Verres [In Verrum] 2.5.63–66[163–70]). 요세푸스는 이것을 최악의 죽음이라고 불렀다(전쟁사, 7.6.4[7.203]). [stauroō]

그를 <u>데려가라</u>(<u>Take</u> him, labete) – 빌라도는 예수님의 십자가 처형을 원하는 유대인 지도자들에게 심각한 대안을 주고 있는가? 그는 유대 당국자들이 사형 선고를 내릴 권세를 가지지 못했다는 18장 31절의 진술에 대한 예외를 그들에게 주고 있는가? 비록 소수 학자들은 이 시점의 상황이 통제 불능이었기 때문에, 빌라도가 대제사장들에게 자신이 무죄한 것으로 발견한 사람을 십자가에 처형하라고 진정으로 말하는 것이라고 제안했으나, 이러한 견해는 가능성이 매우 희박하다. 이것보다 훨씬 더 가능한 이해는 빌라도의 진술이 좌절과 냉소에서 비롯된 것이라는 점이다. 문맥은 이러한 이해를 지지한다. 유대 당국자들은 예수님을 잡아 십자가에 처형할 시도를 전혀 하지 않았고, 그 대신 예수님의 십자가 처형을 명령하라고 계속적으로 빌라도에게 졸라대고 있었기 때문이다. [lambanō]

어떠한 죄책도 발견하지 못하다(Find no <u>cause</u>, aitian)−18장 38절을 보라. 이것은 빌라도가 예수님의 무죄를 세 번째 선언한 것이다. [aitios]

19:7. **<u>유대인들</u>**(The <u>Jews</u>, Ioudaioi)−1장 19절을 보라. 여기 문맥에서 이 용어는 앞절에 언급된 대제사장들과 관리들을 구체적으로 가리킨다. 이들은 예수님을 가야바의 집에서 빌라도에게 데려온 자들이다. 그들은 의식적인 부정을 타지 않으려고 총독 관저 밖에 머물러 있었다(18:28). [Ioudaios]

우리가 법을 가지고 있다(We have a <u>law</u>, nomon)−(이 구절에 두 번 나옴) 빌라도가 '너희의 율법'을 언급하는 18장 31절을 보라. 유대 지도자들이 언급한 '율법'은 모세 율법 전체가 아니고, 구체적으로 하나님을 모독하는 것을 금하는 율법인 레위기 24장 16절이다. [nomos]

19:8. **그는 더욱 <u>두려웠다</u>**(He has more <u>afraid</u>, ephobēthē)−예수님에 대한 빌라도의 두려움은 유대 종교 당국자들에게 고소를 받는 두려움을 극복할 정도로 충분하지 않았다(다음 12절을 보라). [phobeō]

19:9. **당신은 <u>어디에서</u> 왔느냐**(<u>Where</u> are you from, pothen)−요한복음의 독자는 이 질문에 대한 답을 이미 안다. 독자들은 예수님께서 하나님께로부터 오셨다는 것을 안다. 이것은 여기에서 고조된 역설을 낳는다. [pothen]

19:10. **권세**(Authority, exousian)−(여기에 두 번, 다음 구절에 한 번 나옴) 빌라도는 자신이 시저(Caesar)를 위해서 제국적인 권능인 임페리움(imperium)을 지니고 있다고 예수님께 상기시켰다. 이와는 대조로 요한복음의 독자는 예수님께서 로마 황제의 권세를 능가하는 '권세'를 그분의 아버지께로부터 수여받으셨다는 사실을 기억할 것이다(5:27 참고). [exousia]

19:11. **이것은 <u>위로부터</u> 당신에게 주어졌다**(It was given to you <u>from above</u>, anōthen)−이 표현은 '하늘로부터', 곧 '하나님께로부터'를 의미하나 요한복음의 예민한 독자는 3장 3절과 니고데모와 예수님의 대화를 회상할 것이다. [anōthen]

나를 너희에게 넘겨준 사람(The one who betrayed me to you, paradous)−이것은 유다에 대한 언급으로 보인다(6:71 참고). 그렇지만 유다는 예수님을 빌라도가 아니라 유대 당국자들에게 넘겨주었다. 이 단수 분사는 대제사장으로서 유대의 모든 당국자들의 대표인 가야바에 대한 언급이거나, 유대의 모든 당국자들을

직접적으로 언급하는 총칭적인 단수일 수 있다. [paradidōmi]

더 큰 죄(The greater sin, meizona) - 빌라도는 하나님께서 그에게 수여하신 것 외에 예수님에 대한 권세를 가지고 있지 않았기 때문에, 예수님을 빌라도에게 넘겨준 사람은 '더 큰 죄'를 범한 것이다. 그러나 이것이 빌라도의 모든 책임을 면제시키지는 않는다. 이것은 단순하게 그의 죄책이 예수님을 그에게 넘겨준 사람들보다 덜했다는 것을 의미한다. 빌라도는 유대 당국자들과 같이 고의적인 미움이나 계산된 악의로 예수님을 대적하여 행동하지는 않았기 때문이다. [megas + hamartia]

19:12. **애쓰고 있었다**(Was seeking, ezētai) - 여기에서 동사는 '시도하는 것' 또는 '애쓰는 것'을 의미한다. 이 경우가 얼마나 역설적인지를 보여주는 유사한 용례를 위해서 7장 1절을 보라. 유대 종교 지도자들은 예수님을 죽이려고 '애쓰고 있었고', 지금 로마 총독 빌라도는 그분을 풀어주려고 '애쓰고' 있다. [zēteō]

유대인들(The Jews, Ioudaioi) - 1장 19절을 보라. 여기 문맥에서 이 용어는 위의 7절에서와 같이 대제사장들과 그들의 관리들을 구체적으로 가리킨다. [Ioudaios]

시저의 친구(Friend of Caesar, philos) - '시저의 친구'란 표현은 일반적인 의미로 로마 황제에게 충성을 하는 사람을 단지 가리킬 수 있고, 전문적인 의미로는 황제의 섬김을 위해서 황제가 수여한 직함일 수 있다(BAGD 395). 어떤 사람들은 황제 베스파시안(Vespasian) 시대(주후 69-79년) 전에는 전문적인 의미(형식적인 칭호)가 사용되지 않았다고 주장했다. 그러나 이것이 초기에 칭호로 많이 사용되었다는 중요한 증거가 있다. 1세기 초반부에 '황제의 친구'란 형식적인 칭호가 사용되었다고 가정한다면, 이것이 빌라도에게 주어질 가능성이 있는가? 빌라도는 원로원 계급에 반대 되는 더 낮은 귀족을 지칭하는 기사도 계급에 속했다. 그러한 계급에 속한 자로서 빌라도는 그러한 칭호를 받을 자격이 있었을 것이다. 강력한 정치적인 인물인 세자누스(Sejanus)가 로마에서 그의 후견인이었던 것으로 보인다. 세자누스는 황제 티베리우스(Tiberius)에게 상당한 영향력을 가지고 있었다. 역사가 타키투스(Tacitus)는 원로원 앞에서 자신을 변호하며 세자누스와의 친밀한 우정은 "모든 경우에 황제의 우정에 대한 강력한 추천이었다"고 말할 때 마르쿠스 테렌티우스(Marcus Terentius)를 인용했다(Annals 6.8).

그러므로 빌라도가 '황제의 친구'란 칭호를 가졌을 가능성이 있다. 만일 그렇다면, 유대 당국자들은 예수님을 단죄하고 처형하라고 빌라도에게 매우 중요한 심리적인 압박을 가하고 있었던 것이다. 그들은 마침내 대역죄로 예수님을 고소했다('자기 자신을 왕이라고 주장하는 사람마다'). 만일 빌라도가 예수님을 단죄하는 일에 실패했다면, 유대 당국자들은 빌라도가 반역자를 석방시켰다고 로마에 불평을 할 수 있었다. 그러한 불평은 총독으로서 책망받을 기록을 남기는 것이 되기 때문에, 그것은 상상보다 더 중요한 무게를 수반했을 것이다. 더욱이 로마에서 멀리 떨어진 카프리 섬에 살고 있는 티베리우스는 특별히 경쟁자들이나 정치적 위협을 가하는 사람들에 대하여 의심을 품었던 것으로 알려졌다. 마지막으로 로마에 있는 빌라도의 후견인 세자누스는 황제의 자리를 차지하려고 음모를 꾸민다는 의심을 받게 되어 주전 31년 10월에 그의 자리를 박탈당했다. 빌라도가 유대 총독으로 세움을 받은 것은 세자누스 덕분일 가능성이 있다. 만일 예수님의 심문이 세자누스의 죽음 후에 일어나고 있었다면, 빌라도는 정치적으로 매우 미묘한 입장에 있었을 것이다(가장 일반적으로 제안된 예수님이 죽으신 시기는 주후 30년과 33년이다). 유대 당국자들은 빌라도의 충성심을 역으로 그에게 불리한 잣대로 사용했다. 만일 예수님의 심문이 세자누스의 몰락 이전에 일어나고 있었다면, 반역자를 지지하거나 석방했다는 고소는 티베리우스에 의하여 매우 심각하게 생각되었을 것이다. 유대 종교 지도자들이 빌라도에 대한 보이지 않는 위협이 얼마나 강력했는지를 알았든지 몰랐든지 상관없이 이것은 의도했던 결과를 가져왔다. 빌라도는 직접 재판석으로 가서 판결을 선언했다. [philos]

19:13. **재판석**(The judgment seat, bēmatos) – '재판석'은 전형적으로 계단으로 올라가는 높은 발판이었고, 일반적으로 자리가 마련되어 있다. 이 자리는 회집된 백성에게 연설을 하거나 종종 법적인 성격을 가진 공식적인 공포를 할 때 정부 관리들이 사용했다(LN 7.63, BAGD 140). [bēma]

포장(The Pavement, Lithostrōton) – 이 헬라어 용어는 '돌 포장' 또는 '모자이크'를 의미할 수 있다. 이것은 일종의 일반적인 용어다. 이것은 헬라어 구약 성경 역대하 7장 3절에서 솔로몬 성전의 포장을 묘사하기 위해서 사용되었다. 여기에서는 어떤 의미도 가능하다(BAGD 474). 이 장소의 정확한 위치는 아직도 불확실하다. 물론 안토니아 요새의 아래층에 있는 포장된 뜰이라는 견해도 있다(이 포장된 지역이 주후 135년 이전에 있었는지 분명하지 않다). [lithostrōtos]

히브리 말로(In Hebrew, Hebraisti) – (17, 20절에도 나옴) 이것은 히브리어보다는 아람어를 가리킨다(NIV, CET, NET). 5장 2절을 보라. [Hebraisti]

가바다(Gabbatha, Gabbatha) – 복음서 기자는 가바다가 헬라어 용어 Lithostrōton의 아람어 번역이라고 말하지 않는다. 그는 아람어로 이 장소는 다른 이름을 가졌다고 단순하게 지적한다. 이 이름에 다수의 의미들이 있다고 하는데, 그 가운데 가장 가능성이 있는 의미는 '높여진 장소'다. 일반 백성이 이 용어를 사용하여 재판석 자체를 가리켰을 가능성이 있다. 재판석은 항상 높이 올려진 발판 위에 있었기 때문이다. [Gabbatha]

19:14. **유월절 준비의 날**(The day of preparation of the Passover, paraskeuē) – 이 헬라어 용어 paraskeuē('준비의 날')는 네 권의 복음서에서 모두 예수님께서 죽으신 날로 나온다. 이 날은 안식일(토요일)을 위한 준비의 날로 금요일을 가리킬 수 있고, 이러한 방식으로 공관복음은 이 단어를 사용한다(마 27:62, 막 15:42, 눅 23:54). 그러나 요한복음은 이 날이 안식일을 위한 준비의 날이었을 뿐만 아니라, 유월절

을 위한 준비의 날도 되었다고 추가적으로 상세하게 밝힌다. 따라서 다음 날 있을 안식일은 유월절이다(31절 참고). [paraskeuē]

제6시경에(About the sixth hour, hektos) – 1장 39절을 보라. '제6시경' 이란 시간의 언급이 '유월절을 위한 준비의 날' 과 결합될 때 분명해지는 것은 유월절 어린양들이 성전 뜰에서 희생되고 있는 바로 그 시간에 예수님께서 십자가 위에서 죽으신다는 것이다. 출애굽기 12장 6절은 유월절 전야인 니산월 14일까지 유월절 양을 산 채로 간수하고 있다가 해질 무렵(문자적으로 헬라어 구약 성경에서는 '두 저녁들 사이에' 로 나온다)에 가장이 잡을 것을 요구한다. 1세기에는 각 가정의 가장들이 양을 잡지 않았고, 성전에서 제사장들이 잡았다. 유월절을 기념하기 위해서 예루살렘에 올라오는 수만 명의 순례자들을 위해서 많은 어린양들이 필요했다(어떤 사람은 순례자를 10만 명 정도로 잡는다). 그러나 이렇게 많은 양을 하루 저녁 동안에 다 잡는 것이 불가능했다. 그래서 랍비들은 '두 저녁 사이란' 문구를 다시 정의하여 태양이 지평선을 향하여 기울어지기 시작하는 때인 정오에 이 시간이 시작되는 것으로 간주했다. 그러므로 제사장들은 유월절 어린양을 잡는 데 니산월 14일 오후 전 시간을 활용할 수 있었다. 이 시간은 요한복음에 따르면 예수님께서 십자가 위에서 죽어가고 계셨던 바로 그 시간이다. [hektos]

유대인들(The Jews, Ioudaiois) – 여기 문맥에서 이 용어는 7절과 12절에서와 같이 특별히 대제사장들과 그들의 관리들을 가리킨다. [Ioudaios]

19:16. 빌라도는 그를 그들에게 넘겨주었다(He handed him over to them, paredōken) – 대제사장들이(18:35) 빌라도에게 '넘겨준' 예수님께서 이제 유대 종교 지도자들에게 '넘겨졌다.' 십자가 처형은 로마 군인들의 분대가 집행하였으므로 여기에서 이 진술은 상징적인 의미를 가진다. 그들이 예수님에 관한 한 자기들의 소원을 마침내 성취하게 되었다는 의미에서 예수님께서는 유대 종교 지도자들에게 '넘겨졌다.' 예수님께서는 로마 총독에 의하여 사형 선고를 받으셨다. [paradidōmi]

19:17. 운반하며(Carrying, bastazōn) – 이 헬라어 동사는 상대적으로 무겁거나 지기 부담스러운 물체를 운반하거나 지고 가는 것을 묘사하는 데 사용된다(LN 15.188). 로마의 십자가 처형에서 흔한 관습이었던 것과 같이 정죄받은 죄수는 자신의 십자가를 '지고 가게' 되었다. [bastazō]

자신의 십자가(His own cross, stauron) – 이것은 아마도 라틴어로 파티불룸(patibulum)이라 불리는 십자가의 가로나무였을 것이다. 이는 세로기둥이 일반적으로 처형 장소에 남아 있기 때문이다. 마태복음 27장 32절(막 15:21)에 따르면 군인들은 시몬에게 강제로 십자가를 지고 가게 했다. 누가복음 23장 26절은 예수님 뒤에서 지고 가도록 십자가를 시몬에게 지웠다고 진술한다. 이와 관련하여 요한의 진술에 대한 합리적인 설명은 예수님께서 더 이상 십자가를 지고 가실 수 없을 정도가 될 때가지 자신의 십자가를 운반했고, 도저히 더 이상 운반하지 못하게 되었을 때 시몬이 강제로 십자가를

지게 되었다는 것이다. [stauros]

해골의 장소(Place of a <u>Skull</u>, Kraniou) – 이 헬라어 단어 kranion은 '해골'을 의미하나, 신약에서 예수님께서 십자가에 처형된 언덕을 묘사하는 데만 사용된다(LN 8.11). 20절에 따르면 이 장소는 도성 밖에 있었다. 헬라어 kranion과 동등한 라틴어는 calvaria(칼바리아)다. 그러므로 영어 단어 '갈보리'는 신약의 장소 이름보다는 라틴어를 음역한 것이다(눅 23:33 KJV 참고). [kranion]

19:18. **그들이 그를 십자가에 못 박았다**(They crucified him, estaurōsan) – 6절을 보라. 네 번째 복음서 기자는 십자가 처형의 세부 내용을 상술하지 않았다. 이것은 1세기 독자들에게 필요하지 않았을 것이다. [stauroō]

19:19. **칭호**(A title, titlon) – (다음 구절에도 나옴) 범법자가 처형된 십자가 위에 고소의 내용을 간판이나 '공고'(NIV, NET, NRSV, NASB–'새긴 글씨', NLT–'사인')에 붙이는 것은 관습이었다(BAGD 820). 헬라어 동사 '기록했다'와 '붙였다'는 사역동사로 이해된다. 이것은 빌라도가 몸소 이 같은 행동을 하지 않았을 것이기 때문이다. 그는 그렇게 하라고 명령했다. [titlos]

십자가 위에(On the <u>cross</u>, staurou) – 17절을 보라. 요한은 단순하게 공고가 '십자가 위에' 있다고만 말한다. 누가복음 23장 38절은 새긴 글씨가 '그 위에' 놓였다고 진술한다. 마가복음 27장 37절은 이것이 예수님의 머리 위에 놓였다고 말한다. [stauros]

유대인들의 왕(The <u>King</u> of the Jews, basileus) – 18장 33절을 보라. 이 글씨는 예수님께서 왕이라고 주장해서 처형되었다는 것을 보여주므로 중요한 내용이다. 빌라도와 형 집행자들의 관점에서 볼 때, 이것은 아마도 냉소적인 의도를 가진 것으로 보인다. 빌라도는 세 번이나 예수님께서 어떠한 죄에 대하여도 죄가 없다고 진술했기 때문이다(18:38, 19:4, 6). 나무판 위에 '유대인들의 왕'이라고 쓴 빌라도의 동기는 분명하게 알기 어렵다. 그는 이것으로 예수님에 대한 마지막 조롱을 의미했을 수도 있다. 그러나 빌라도의 앞선 조롱은 예수님을 풀어주기 위해서 유대 당국자들로부터 동정심을 얻으려는 동기에서 비롯된 것으로 보인다. 이러한 정황으로 볼 때, 빌라도는 자신이 무죄하다고 생각한 예수님을 처형하라고 압력을 가한 유대 당국자들에게 미묘한 방식으로 보복하는 것이라는 견해가 유력하다. 복음서 기자에게 이 팻말은 확실하게 역설적이다. 예수님께서는 진정으로 '유대인들의 왕'이었으나, 자기 자신의 백성에 의하여 대대적으로 배척을 받으셨다(1:11 참고). [basileus]

19:20. **<u>유대인들</u> 가운데 많은 사람**(Many of the <u>Jews</u>, Ioudaiōn) – 1장 19절을 보라. 여기에서 이 문구는 일반적으로 예루살렘의 거주자를 가리킨다. 종교 지도자들은 다음 구절에서 지목된다. [Ioudaios]

19:21. **<u>유대인</u>들의 <u>대제사장들</u>**(The <u>chief priests</u> of the <u>Jews</u>, archiereis…Ioudaiōn) – 6–7절을 보라. 요한복음 어디에서도 이 두 표현 '대제사장들'과 '유대인들'이 합쳐서 사용되지 않

았다. 앞서 15절에서 대제사장들은 단순하게 archiereus(대제사장들)이라고 불렸다. '유대인들의 왕' 이란 글귀를 언급한 후에 바로 이것을 배치하는 것은 요한이 사용하는 역설의 또 다른 예다. 그들은 '유대인들의 왕' 에게 반응하는 데 실패했다. [archiereus + Ioudaios]

19:23. **군인들**(The soldiers, stratiōtai) – (여기에 두 번, 다음 구절에 한 번 나옴) 18장 3절과 19장 2절을 보라. 요한복음은 네 복음서 가운데서 유일하게 십자가 처형에 참여한 군인들의 숫자를 밝힌다. 로마군인 4명으로 구성된 대원은 쿠아텔니온(quarternion)으로 불린다. 십자가 처형을 시행한 군인들이 정죄받은 사람의 소유물을 나누어 갖는 것은 로마인들의 관례였다. [stratiōtēs]

속옷(The tunic, chitōna) – (이 구절에 두 번 나옴) 이것은 남녀 모두가 속에 입는(LN 6.176, NIV, '내복') 것으로서 겉옷 안에 착용하는 긴 옷(NASB, NRSV, NET–'속옷', NLT–'긴 옷') 이었다(BAGD 882). [chitōn]

솔기 없는(Seamless, araphos) – 이 용어는 솔기가 없는 옷을 묘사한다(LN 48.6). 요한은 이 옷이 '위에서부터 아래까지' 짜여졌다고 언급한다. 그와 같이 솔기 없는 속옷은 예수님의 제사장직을 대표하거나 모든 신자가 하나 됨을 대표하는 것과 같이, 이 진술의 상징적인 의의를 추측하려는 많은 시도가 있었으나 복음서 기자는 이에 대하여 상술하지 않는다. 이 기사에 관한 한 속옷에 솔기가 없다는 언급의 요점은 군인들이 옷을 네 몫으로 나누어 찢지 않고 한 사람이 전체를 가지기 위해서 제비뽑기로 결정했다는 것이다. 이로써 성경의 예언은 성취된다. [araphos]

19:24. **제비를 뽑다**(Cast lots, lachōmen) – 그들은 제비뽑기를 위해서 표시된 조약돌이나 깨진 그릇 조각들을 사용했다(LN 30.104, NLT, NET, '주사위를 던지다'). [lanchanō]

19:28. **아시고**(Knowing, eidōs) – 예수님의 초자연적인 지식이 암시된다. 6장 61절과 13장 1, 11절을 참고하라. [oida]

완수되었다(Completed, tetelestai) – 예수님을 향한 아버지의 일이 이제 '완성되었다' (NRSV, NLT, 17:4 참고). [teleō]

성경을 성취하기 위하여(To fulfill the Scripture, teleiōthē) – 이 헬라어 동사 teleiōthē('성취하다')에는 앞에 나오는 동사 tetelestai('그것이 완수되었다')와 관련된 언어유희가 들어 있다. 여기에 언급된 성경은 시편 69편 21절의 "저희가 쓸개를 나의 식물로 주며 갈할 때에 초로 마시웠사오니"란 말씀과 시편 22편 15절의 "내 힘이 말라 질그릇 조각 같고 내 혀가 잇틀에 붙었나이다 주께서 또 나를 사망의 진토에 두셨나이다"란 말씀이다. 예수님께서 십자가 위에서 하신 말씀인 "내 하나님이여 내 하나님이여 어찌 나를 버리셨나이까"는 시편 22편 1절의 말씀인데, 마태복음 27장 46절과 마가복음 15장 34절에도 나온다. [teleioō]

내가 목마르다(I thirst, dipsō) – 네 번째 복음서에 나오는 목마름과 예수님께서 제공하시는 생수(4:13–15 참고) 사이의 연결에 비추어볼 때, 이 생수의 근원이신 예수님께서 친히 여기에서 자신의 목마름을 표현하시는 것은 매우 역설적이다. 또한 7장 39절은 생수와 성령을 연결시키고 있으므로, 여기에서 예수님의 말씀은 이 시점에서 그분이 하나님께 버리심을 받았다는 인정과 다르지 않다(시 22:1, 마 27:46, 막 15:34). [dipsaō]

19:29. 신포도주(Sour wine, oxous) – (여기에 두 번, 다음 구절에 한 번 나옴) '신포도주'(NASB, NRSV, NIT, NET, NIV, '포도주 식초') 는 라틴말로 포스카(posca)로 알려졌으며, 물로 심하게 희석한 값싼 식초 포도주로 언급되었다. 이것은 종들과 군인들의 음료수였으며, 갈증을 해소하는 데 상대적으로 효과적이었다(BAGD 574, LN 6.201). 이 포도주는 십자가 처형을 집행한 군인들을 위한 음료수였던 것 같다(TDNT 5:288). [oxos]

우슬초 위에(On hyssop, hyssōpō) – 이 헬라어 용어 hyssōpos는 향기 높은 작은 관목을 가리키는데, 그것이 정확하게 어떤 것인지는 확실하지 않다. 젖은 스펀지를 들어올리기 위해 사용된 우슬초는 갈대의 형태일 수 있다(헬라 용어 kalamos는 마 27:48과 막 15:36에 사용된다). 성경적인 이름 '우슬초'는 여러 다른 종류의 식물을 가리킬 수 있다(적어도 18종의 다른 식물들이 제시된다). 우슬초는 구약에서 유월절 결례 의식을 위해서 사용되었으므로(출 12:22), 이러한 연관성은 사용된 식물의 종류보다 요한에게 더 중요할 수 있다. [hyssōpos]

19:30. 이것이 이루어졌다(It is finished, tetelestai) – 네 번째 복음서의 많은 주제들이 여기에 요약되고 있다. 예수님께서는 이 진술로 아버지의 일이 이제 이루어졌다고 지적하셨다(17:4). 그분은 아버지의 뜻을 순종하여 성취하셨다(18:11). [teleō]

영을 <u>넘겨주었다</u>(<u>Handed over</u> the spirit, paredōken) – 요한복음에서 예수님께서는 마지막 순간에 이르기까지 사건들을 통제하고 계시는 것으로 묘사된다. 그분은 이 시점에 자발적으로 자신의 생명을 내어놓으셨다(10:18 참고). [paradidōmi]

19:31. 그들의 다리가 <u>꺾이게</u>(That their legs <u>might be broken</u>, kateagōsin) – (32, 33절에도 나옴) 이 동사는 '깨뜨리는 것, 또는 (단단한 물체를) 박살내는 것'을 의미한다(LN 19.35). 유대 당국자들은 이 날이 안식일(그리고 유월절, 14절 참고)을 위한 준비의 날이므로 십자가에 못 박힌 세 사람의 발을 꺾으라고 명령을 내려줄 것을 빌라도에게 요청했다. 다리를 꺾는 것은 죽음을 재촉할 것이다. 십자가에 못 박힌 사람이 숨을 쉬기 위해서는 다리를 사용하여 몸을 위로 밀어올려야 했기 때문이다. 십자가에 처형된 희생자들의 다리를 꺾는 관습은 라틴어로 crurifragium으로 알려졌으며, 이를 위해 육중한 나무방망이가 사용되었다. 일단 죽으면 오후 6시 안식일이 시작되기 전에 시신을 십자가에서 내릴 수 있다. 이것은 처형된 범죄자들의 시신이 나무에 매달린 채 밤을 넘기지 않게 해야 한다고 지적하는 신명기 21장 22–23절과 여호수아 8장 29절에 근거한다. 요세푸스에 따르면, 이 법은 1세기에 십자가에 처형된 사람들의 시신에도 적용되었다(전쟁사 4.5.2

[4.317]). 알렉산드리아의 필로(Philo)도 경우에 따라 특별히, 절기에 장례를 하도록 시신을 친척들에게 넘겨주었다고 언급한다(Flaccus 10[83]). 일반적인 로마 관습은 다른 미래의 범죄자들에 대한 경고로서 시신들을 십자가 위에 매달아 놓는 것이었다. [katagnymi]

19:34. **찔렀다**(Pierced, enyxen) – 이 헬라어 동사 nyssō('찌르다, 찔러 죽이다')는 약간 찌르는 것으로부터 치명적인 상처에 이르기까지의 행동의 범위를 가리킨다(LN 19.15 참고). 그렇지만 예수님께서 이미 죽으신 것이 분명했다면, 그들 군인 가운데 하나가 그분에게 상처를 가하려고 애쓰지 않았을 것이다. 한 군인이 몸이 움직이는지 보려고 창으로 시험 삼아 찔렀을 가능성이 농후하다. 몸이 움직이지 않으면 희생자는 참으로 죽은 것이다. 군인은 매우 심하게 찔러서 예수님의 옆구리를 뚫었다. 복음서 기자가 "피와 물이 즉시 흘러나왔다"고 이어서 진술하는 것은 이 사실을 지지한다. [nyssō]

창으로(With a <u>spear</u>, lonchē) – 이 용어는 '창' 또는 '단창'을 가리킬 수 있다. 물론 '창끝'이란 의미에 대한 고전적인 지지가 있다. 이것은 구체적으로 나무 단창이나 창의 금속 끝부분을 가리킨다(BDAG 601). 본문에서는 이것일 가능성이 많다. [lonchē]

피와 물(Blood and water, haima…hydōr) – 창으로 찌른 결과로 예수님의 옆구리에서 흘러나온 '피와 물'은 요한일서 5장 6-8절에 나오는 진술들과 연결되어 있다. 두 본문은 '물', '피', '증거'란 단어를 공유한다. 요한일서 5장 7절에서 성령은 증거의 출처로 언급되어 있는 반면, 여기에서 증거는 제자들 가운데 한 사람으로 말미암는다(35절). 이전 문맥에서 성령과 생수가 예수님께서 죽기 직전에 말씀하신 '목마르다'는 진술과 연결된다는 사실은 이미 지적되었다(28절). 요한에게 예수님의 옆구리에서 흘러나온 '피'는 예수님께서 영화롭게 되셨기 때문에 이제 주어질 수 있는 성령에 대한 상징적인 언급이다(7:39 참고). 예수님께서는 이제 떠나셨고, 세상 창조 전에 아버지와 함께 가지셨던 영광으로 돌아가셨다(17:5 참고). '피'의 언급은 희생 짐승으로서 유월절 양을 상기시킨다. 미쉬나에 나오는 희생 제사 절차에 대한 후대의 언급은 이것을 지지하는 것으로 보인다. m. Pesahim 5:3, 5는 희생 짐승의 피는 응고되어서는 안 되고, 죽을 때 피가 흐르게 하여 피를 뿌리는 데 사용할 수 있게 해야 한다고 진술한다. m Tamid 4:2는 제사장이 희생 짐승의 심장을 찔러 피가 흘러나오게 해야 한다고 실제적으로 상술한다. [haima + hydōr]

19:35. **증거했다**(Has testified, memartyrēken) – 이 진술은 십자가 사건에 대한 기록이 목격자의 '증언'으로 구성된 것을 확증한다. 그렇지만 신학적인 상징이 아무리 크게 이야기된다고 할지라도, 이것들은 실제적으로 일어난 사건이며 신학적인 요점을 단순히 주장하기 위해서 구성된 것이 아니다. [martyreō]

19:36. **그의 한 뼈도 <u>꺾이지</u> 않을 것이다**(Not a bone of him <u>will be broken</u>, syntribēsetai) – 이 문구는 출애굽기 12장 10절(헬라어 구약성경으로), 12장 46절, 민수기 9장 12절, 시편

34편 20절에서 인용한 것이다. 그 형식으로 볼 때 첫 번째 본문이 여기 인용된 말씀에 가장 가깝다. 예수님의 죽음은 이 본문을 성취한다. [syntribō]

19:37. **그들이 찌른 자**(Whom they have pierced, exekentēsan) – 이 문구는 스가랴 12장 10절의 인용이지만, 스가랴의 전체 문맥이 십자가 사건을 둘러싼 사건들과 연결된다. 스가랴 12장 10절의 첫째 부분에서 '은혜와 간구의 영'이 다윗의 집과 예루살렘의 거민들에게 부어진다. 스가랴 13장 1절에서는 야웨(Yahweh, 구약에서 전형적으로 '주님'으로 번역됨)께서 "그날에 죄와 부정함을 씻기 위한 샘물이 다윗의 집과 예루살렘의 거민들을 위해서 열릴 것이다"라고 말씀하신다. 요한은 예수님의 찔린 옆구리에서 흐르는 피가 이 본문과 연결된 것으로 보았을 수 있다. 희생 짐승의 피 흘림은 죄로부터 씻김을 나타내기 때문이다. 유대 당국자들과 로마 군인들은 예수님께서 십자가 위에 매달려 있을 때 확실히 '자기들이 찌른 그분을 보았으나' 요한은 예수님의 재림도 염두에 두었을 수 있다. 이것이 분명하게 스가랴 12–14장의 문맥이기 때문이다. 예수님의 십자가 처형에 책임을 진 사람들은 그분이 심판하기 위해서 돌아오실 때 다른 방식으로 "그분을 보게 될 것이다"(계 1:7). [ekkenteō]

19:39. **몰약의 혼합물**(A mixture of myrrh, symrnēs) – 헬라어 단어 smyrna는 관목 발라모덴드론 미라(Balamodendron myrrha)의 진액을 가리켰다. 이것은 장례를 위해서 시신을 준비하는 데 사용된 주요 성분이었다(BAGD 758, LN 6.208). [smyrna]

향품(Aloes, aloēs) – 헬라어 단어 aloē(이 단어는 영어에서 그대로 사용된다)는 장례를 위해서 시신을 준비하는 데 사용되는 것으로 백합과 유사한 식물의 향이 진한 진액을 가리킨다(LN 6.209). [aloē]

약 백 파운드(About a hundred pounds, litras) – 로마의 1'파운드'는 12온스 정도의 무게가 나갔으므로, 이것은 향품 75파운드 정도가 될 것이다(NIV, CEV, NLT, NET). [litra]

19:40. **세마포 천들로**(In linen cloths, othoniois) – 헬라어 용어 othonion은 '세마포 천의 조각들'을 가리킨다(NET, LN 6.154, 11:44에 나오는 용어는 다르다). 여기에 사용된 용어는 복수이며 동시에 단축형이므로, 학자들 사이에 상당한 논란을 일으켰다. 이것은 세마포 천의 한 큰 조각인 sindōn을 언급하는(마 27:59) 공관복음과 모순이 되는 것으로 보이기 때문이다. 만일 여기에 나오는 단어가 붕대들과 같은 작은 천 조각들을 가리키는 것이라면 차이점이 있을 것이나, 단축형은 종종 코이네 헬라어에서 단축적인 의미가 없으므로 어떠한 차이도 있을 수 없다(CEV–'세마포', NLT–'긴 세마포 천'). [othonion]

향품들(The spices, arōmatōn) – 이 헬라어 단어는 장례를 위해서 시신을 준비하는 데 사용된 향내 나는 기름들, 향품들과 허브들을 가리키는 일반적인 용어다(LN 6.207). 유대인들은 애굽인들, 또는 현대인들같이 시신을 방부 처리하는 관습이 없기 때문에, 그들의 이러한 향

품들은 부패하는 고약한 냄새를 중화시키고 시신의 부패를 늦추기 위해 사용되었다. [arōma]

19:41. **새 무덤**(A new <u>tomb</u>, mnēmeion) – (다음 절에도 나옴) 이것은 아마도 인위적으로 확장된 동굴로서 입구가 낮았으며(약 90m 높이), 무덤을 봉인하기 위해 입구를 가로질러 굴려놓은 돌이 있었다. 그와 같은 많은 무덤들이 예루살렘 주위에서 발굴되었다. [mnēmeion]

20:1. **아직도 <u>어두울</u> 때 <u>일찍이</u>**(<u>Early</u>, while it was still <u>dark</u>, prōi skotias) – 이 진술은 여인들이 무덤에 도착했을 때 해가 이미 떴다고 진술하는 마가복음 16장 1-2절과 모순되는 것처럼 보인다. 이것에 대한 모순되지 않는 여러 가지 설명이 가능하다. 해가 이미 뜬 후에도 무덤과 그곳으로 이어지는 길이 잠시 동안 여전히 어두울 수 있다. 어떤 사람들은 요한의 언급은 마리아가 자기 집에서 떠난 시간을 가리키고, 마가의 언급은 여인들이 이미 무덤에 도착했을 때를 가리키는 것이라고 생각했다. [prōi + skotia]

<u>**돌**</u>(The <u>stone</u>, lithon) – 이것은 무덤의 홈으로 굴려 넣은 원반 모양의 '돌'이었을 것이다. 이러한 돌들 가운데 일부는 너무 커서 무덤 입구에서 굴려 옮기려면 여러 사람이 필요로 했다. [lithos]

20:2. **그녀는 달려갔다**(She ran, trechei) – 마리아는 무덤 돌이 옮겨진 것을 발견했을 때, 베드로와 예수님의 사랑받은 제자에게 알려주기 위해서 '달려갔다.' 요한의 기사는 마리아가 무덤에 갔을 때 다른 여자들의 무리 가운데 있었다고 언급하지 않는다. 이것은 그녀가 베드로와 사랑 받은 제자에게 보고한 "우리는 그들이 그 분을 어디에 두었는지 알지 못합니다"에 나오는 복수 동사에 의해 암시되고 있다. [trechō]

20:4. **앞서 달려갔다**(Ran ahead, poedramen) – 이 헬라어 동사는 '앞서 달려가는 것'(BAGD 722), '앞에서 달리는 것, 앞서서 달리는 것'(LN 15.235), '다른 사람보다 빨리 달리는 것'(LN 703, RSV, NIV, NRSV, NLT)을 나타낸다. '다른 제자'('예수님께서 사랑하시던 제자', 2절)는 베드로를 앞질러서 먼저 무덤에 도착했다. 이 동사는 세베대의 아들 요한을 젊은 사람으로 묘사하는 데 있어서 중요한 요소다(그는 네 복음서 기자 가운데 가장 마지막으로 복음서를 썼으며, 황제 도미티안 시대까지 살았다는 전승들과 결부될 때 특별히 그렇다). 그러나 이 구절은 요한의 나이에 대하여 실제적으로 아무것도 말하지 않으며, 나이는 달리는 속도와 직접적으로 항상 관련된 것은 아니다. [protrechō]

20:5. **보려고 구푸리며**(Bending over to look, parakypsas) – 이 헬라어 동사는 어떤 것을 더욱 자세하게 본다는 함축적 의미와 함께 '구푸리는 것 또는 굽히는 것'을 뜻한다(LN 17:31). 예루살렘 인근에서 발굴된 무덤에서 증거되는 것과 같이, 대부분의 경우 무덤 입구는 그 높이가 90센티미터보다 낮아서 어른은 등을 굽히고 실제적으로 기어서 안으로 들어가곤 했다. 예수님의 사랑을 받은 제자가 무덤에 당도했을 때에는 낮은 구멍을 뚫고 들어오는 햇빛이 충

분히 있어 거기에 놓여 있는 세마포의 끈들을 볼 수 있었던 것으로 추정된다. [parakyptō]

20:7. 얼굴을 덮는 수건(The facecloth, soudarion) – 이 수건은 19장 40절에서 예수님의 장례와 관련하여 언급되지 않았으나, 아마도 관습적으로 사용된 것으로 가정된다. [soudarion]

스스로 한 곳에 감싸져 있었다(Rolled up in a place by itself, entetyligmenon) – 여기에서 헬라어 분사는 '위로 접혀진'(BAGD 270, NIV, NLT), '감싸진, 말아진 것이 되었다'(LN 79.120, NRSV, CET, NET)라는 뜻은 나타낸다. 이 용어의 정확한 의미는 논란을 낳았다. 일부 해석자들은 제자들이 수의를 보았을 때, 이것들이 예수님의 시신에 둘러져 있을 때와 같이 여전히 정리되어 있었다고 증명하려고 애썼다(그러므로 부활시, 예수님의 부활한 몸은 이 옷들을 재정리하거나 흩트리지 않고 통과했다). 이 경우 얼굴을 덮는 수건이 '감싸져 있다'는 묘사는 그것이 접혀져 있는 것을 가리키는 것이 아니라, 예수님의 머리에 감싸져 있을 때의 모양 그대로 주저앉은 것을 가리킨다. 이러한 재구성의 미묘한 성격에도 불구하고, 이 문구는 이 천이 다른 수의와 분리되어 감싸 있거나 접혀 있었다는 것을 의미하는 것으로 이해될 가능성이 매우 높다. 이것은 베드로와 다른 제자가 도달한 결론과는 다른 결론이다(8-10절). 당시 수의가 놓인 형태와 그것이 그대로 남아 있다는 사실은 예수님의 시신이 무덤 도굴자들에 의하여 도난된 것이 아니라는 점을 뒷받침한다. 시신을 옮기러 사람이 왔었다면 그는 (유대인 당국자들이든 어떤 다른 사람이든) 번거롭게 수의를 풀어야 할 필요가 없었을 것이기 때문이다. 심지어 사람들이 그렇게 했다고 상상해도(아마도 시신과 함께 매장된 반지들이나 보석과 같은 귀중품들을 찾기 위해서), 그들은 번거롭게 얼굴을 덮는 수건을 감싸거나 접어 무덤 안 다른 곳에 놓을 시간이 확실히 없었을 것이다. [entylissō]

20:8. 그는 보고 믿었다(He saw and believed, episteusen) – 여기에서 동사 pisteuō와 연결된 목적어는 무엇인가? 주어는 사랑을 받은 제자이나, 그는 (7절에서 그가 본 것을 묘사한다) 무엇을 믿었는가? 어떤 사람은 그가 믿은 것은 시신이 도난되었다는 막달라 마리아의 보고(2절)라고 제시했다. 그러나 결코 그렇게는 이해될 수 없다. 전 장면의 이야기를 살펴볼 때, 그러한 경박한 결론은 용두사미적인 결론이 될 것이다. 다음 구절에 나오는 '그들'이 베드로와 사랑을 받은 제자 모두에게 적용되고, 사랑받은 제자가 '믿은 것'이 예수님의 부활이었다고 이해한다면 난점이 될 것으로 보인다. 그렇지만 다음 구절은 단순하게 베드로와 다른 제자가 부활에 관한 성경을 이해하지 못했다고 말하고 있을 뿐이다. 그러므로 요한은 사랑을 받은 제자가 베드로를 뒤따라 무덤에 들어가서 수의들의 상태를 보았을 때 요한 자신이 부활을 믿었다는 것을 자신의 독자들로 이해하도록 의도한 것으로 보인다. [pisteuō]

20:9. 죽은 자들 가운데서 일어나는 것(To rise from the dead, anastēnai) – 요한은 구체적

으로 어떤 성경 구절을 염두에 두고 있었는지 언급하지 않는다(바울도 고전 15:4에서 그랬다). 초대 교회의 그리스도인들은 이사야 53장 10-12절과 시편 16편 10절에서 일반적인 용어로 메시아의 부활을 보았을 것이다. 부활에 대한 구체적인 언급은 '제3일'을 언급하는 것으로 보아 요나 1장 17절과 호세아 6장 2절과의 연결로 볼 수도 있다. [anistēmi]

20:12. **두 <u>천사들</u>**(Two <u>angels</u>, angelous) – 1장 51절을 보라. '천사들' 자체는 요한복음의 예수님 부활 기사에서 주요한 역할을 하지 않는다. 그들은 빈 무덤의 의미를 설명하지 않고, 단지 마리아에게 왜 울고 있는지 이유를 물었을 뿐이다(13절). [angelos]

20:13. **여자여**(Women, gynai) – (15절에도 나옴) 이것은 정중한 인사말 형식이다(BAGD 168). [gynē]

20:15. **<u>정원사</u>**(The <u>gardener</u>, kēpouros) – 본문은 마리가가 어떻게 정원사에게 그렇게 말하게 되었는지 그 어떤 실마리도 제공하지 않는다. 이것은 아마도 주어진 상황 아래서 얻어지는 유일하게 논리적인 결론이었을 것이다. 요한은 예수님께서 어떤 모습을 하셨는지, 또는 그분이 어떻게 옷을 입으셨는지에 대하여 묘사하지 않는다. 어떤 사람은 예수님께서 모든 수의를 무덤에 두고 나왔으므로 마지막 요점은 난해한 질문으로 보았으나 이것은 필연적으로 문제가 되지 않는다. 무덤에 나타난 두 천사들은 모두 흰 옷을 입었다. 그러므로 부활하신 예수님의 모습이 이와 유사했을 것이라는 가정은 합리적이다. [kēpouros]

20:16. **히브리어로**(In hebrew, Hebraisti) – 이것은 히브리어보다는 아람어를 가리킨다(NIV. CEV. NET). [Hebraisti]

랍오니(Rabboni, rabbouni) – 이것은 (헬라어로 음역된) 아람어 단어로 '나의 선생님'을 의미한다(유대인 성경의 교사에 대한 존칭이다). LN 33.247을 보라. [rabbouni]

20:17. **나를 <u>만지지</u> 말라**(Do not <u>touch</u> me, haptou) – 이 동사는 일반적으로 친밀한 접촉을 가리킬 수 있으나, 어떤 사람을 붙잡는다는 의미로 '달라붙다'를 뜻할 수 있다(BDAG 126, NASB, NLT). 이것은 현재 명령법으로 진술된 금지다. 이것과 같은 구체적인 경우에 부정과거 명령법이 통상적으로 사용된다(반면 현재 명령법은 일반적인 명령과 금지에서 더 자주 사용된다). 구체적인 경우에서 현재 명령법의 뉘앙스는 마리아가 이미 만지고 있다는 암시를 하고, "나를 만지는 것을 멈추라"는 뜻을 가질 수 있다. [haptō]

승천했다(Ascended, anabebēka) – (이 구절에 두 번 나옴) 마리아가 왜 예수님을 붙잡는 것을 멈춰야 하는지 그분이 가르쳐주신 이유는 아직 아버지께로 '승천하지' 않았기 때문이라는 것이다. 예수님께서 특히 나중에 도마에게 자신의 상처를 만지라고 초청을 하셨는데(20:27), 왜 이 말씀을 하셨는지에 대하여 많은 기상 천외한 설명이 제시되었다. 그렇지만 여기에 사용된 동사는 다르다. 마리아는 예수님께 '달라붙을' 의도를 분명하게 가지고 있었다(앞에 나오는 논의를 보라). 예수님께서는 부활로 말미암아 자신의 모든 추종자들과 새로운 차원의 관계 안으로 들어가셨다. 그래서 마리아가 예수님께 달라붙는 것은 적절하지 않다. [anabainō]

20:18. **선포하며**(Proclaiming, anagellousa) – 이 동사는 어떤 사람에게 어떤 것을 '공포하는 것'을 의미한다(BDAG 8, NASB). 요한은 자신이 부활하신 주님을 보았다는 마리아의 선포에 제자들이 어떻게 반응했는지 기록하지 않는다. 마가복음 16장 9–11절(마가복음의 논란이 되는 더 긴 끝부분)은 마리아가 이것을 알려주었을 때, 제자들은 믿기를 거절했다고 말한다. 그녀의 메시지의 내용을 감안할 때, 그러한 반응은 놀라운 일이 아니다(눅 24:11을 보라). [angellō]

20:19. **문들이 <u>닫혀 있을 때</u>**(The doors <u>being shut</u>, kekleismenōn) – 헬라어 동사 kleiō는 '닫는 것, 잠그는 것, 빗장을 질러 잠그는 것'을 의미힌다(BAGD 434). 현재 문맥에서 문들이 유대인 당국자들을 두려워한 나머지 닫혀 있었으므로, '잠그다' 또는 '빗장을 질러 잠그다'란 의미가 암시될 수 있다(NIV, NRSV, NLT, NET). 이 진술의 의의는 종종 논쟁된다. 예수님께서 제자들이 모여 있는 방에 들어오실 때 닫힌 문들을 통과하셨다는 사실을 의미하는 것으로 종종 이해된다. 이렇게 이해될 수도 있으나, 본문은 이것 자체를 확언하지 않는다. 문들이 그 앞에서 스스로 활짝 열렸거나, 문들이나 벽들을 전혀 통과하지 않고 그분이 단순하게 '실체를 나타내셨다'고 가정하는 것이 가능하다. 여기에서 요한의 요점은 그 정확한 세부내용들이 아니고, 닫힌 문들이 부활하신 예수님께 전혀 걸림돌이 되지 못했다는 사실이다. [kleiō]

평화(Peace, eirēnē) – (21절에도 나옴) 이것은 유대인의 흔한 인사말이다. [eirēnē]

20:20. **기뻐했다**(Rejoiced, echarēsan) – 예수님께서는 앞의 고별 강화(16:20–22)에서 세상이 기뻐할 때 제자들이 슬퍼할 것이나, 그들의 슬픔은 예수님을 다시 볼 때 지속적인 기쁨으로 바뀔 것이라고 말씀하셨다. 이것은 예수님께서 제자들에게 하신 이 말씀의 성취다. [chairō]

20:21. **아버지께서 나를 <u>보내신</u> 것과 같이 나도 너희를 <u>보낸다</u>**(As the Father has <u>sent</u> me, I <u>send</u> you, apestalken…pempō) – 이것은 본질적으로 요한복음에서 예수님께서 마태복음 28장 19–20절과 유사하게 제자들에게 '위임하시는 것'이다. '보는 것'을 가리키는 두 동사는 같은 구절에 함께 등장한다. 1장 6절을 보라. [apostellō + pempō]

20:22. **그분은 숨을 내쉬었다**(He breathed, enephysēsen) – 여기에서 예수님의 행동을 묘사하기 위해서 헬라어 동사 emphysaō를 사용한 것은 헬라어 구약 성경 창세기 2장 7절을 상기시킨다. "여호와 하나님이 흙으로 사람을 지으시고 생기를 그 코에 불어넣으시니 사람이 생령이 된지라." 그러나 이 때 위로부터 오는 생명인 영원한 생명의 호흡/성령(동일한 헬라어 단어임)을 그분의 제자들에게 불어넣으신 분은

예수님이시다(3:3-10 참고). 더욱이 마른 뼈들의 부활에 관한 예언인 에스겔 37장 1-14절의 이미지도 여기에 나온다. 에스겔 37장 9절에서 '인자'는 바람/호흡/성령(동일한 히브리어, 또한 헬라어 구약 성경에서도 같은 헬라어 단어임)이 시체들에게 불어와서 그들로 다시 살아나게 예언하라는 지시를 받는다. 에스겔 37장 14절에서 주님께서는 "내가 또 내 신을 너희 속에 두어 너희로 살게 하고 내가 또 너희를 너희 고토에 거하게 하리니"라고 약속하셨다. 궁극적인 성취의 관점에서 볼 때 에스겔 37장의 예언은 메시아의 왕국을 세우기 직전 이스라엘의 중생을 내다본다. 그렇지만 복음서 기자는 예수님께서 제자들을 위해 여기에서 하신 말씀에서 베드로가 오순절 날에 있던 자신의 설교에서 요엘 2장 28-32절의 예언을 활용한 것과 마찬가지로 에스겔의 예언의 부분적이고 상징적인 성취를 보았다(행 2:17-21).

그렇다면 예수님께서 여기에 있는 제자들을 위해서 하신 것은 무엇인가? 에스겔 37장에서 나온 중생의 상징은 물론 새 창조의 상징에 비추어볼 때, 이 시점에 예수님께서는 제자들에게 영원한 생명의 '호흡'을 '불어넣으셨다.' 이것은 그들 속에 내주하게 될 성령의 형태로 임했을 것이다. 오실 성령의 약속은 요한복음 7장 37-39절에서 주어졌다. 예수님께서는 이제 영화롭게 되셨으므로, 성령께서 임하실 수 있게 되었다. 그렇다면 이 사건과 사도행전 2장에 나오는 성령의 오심에 대한 설명과 무슨 관계가 있는가? 이 둘을 약간 서로 다른 두 목적을 가진 별개의 두 사건으로 보는 것이 아마도 가장 적절할 것이다. 여기 요한복음 20장 22절에서 주어진 것은 영생 자체이나, 성령의 능력은 나중의 오순절 날에 주어졌다(행 2장). 이때 제자들은 증거하고, 예수님께서 그들에게 주신 임무를 수행하기 위한 능력을 수여받게 될 것이다. 마지막으로 교회를 위한 하나님 계획의 역사적인 전개에서 이러한 사건들은 새 시대의 기초를 확립하는 데 중요하고 독특하다는 사실을 기억하는 것이 중요하다. [emphysaō]

20:23. 만일 너희가 <u>그대로 두면</u>(If you <u>retain</u>, kratēte) - (이 구절에 두 번 나옴) 이 문맥에서 이 동사는 '잡는 것, 지키는 것, 존속시키는 것'(LN 13.34)이나 '그대로 두는 것'을 의미한다(BAGD 448). 이 진술에 가장 가까운 병행 구절은 마태복음 16장 19절과 18장 18절에 발견된다. 이것은 아마도 개인의 죄들을 '용서하거나' '보류할 수' 있는 사도적인 '권능'을 가리키는 것 같지 않다(이 말씀은 종종 이렇게 이해된다, NIV- '만일 너희가 그들을 용서하지 않으면', NLT- '만일 너희가 그들을 용서하기를 거절하면'). 오히려 이것은 예수님께서 제자들에게 위임한 용서를 선포하는 권능을 가리킨다. 이것은 고별 강화의 반복된 주제인, 예수님께서 이 세상을 떠나서 아버지께로 돌아가신 후에 제자들이 예수님의 사역을 지속해야 한다는 개념과 일치한다(15:27, 16:1-4, 17:18). [krateō]

20:25. 나는 믿지 않을 것이다(I will not <u>believe</u>, pisteusō) - 여기에서 도마가 '믿기'를 거절하고 있었던 것은 동료 제자들에게 전해들은 예수님께서 죽은 자들 가운데서 일어나셨다는 소식이다. 이 기사의 극적인 긴장은 도마가 친히 부

활하신 예수님을 보고 단지 부활 이상으로 그분을 믿을 때 고조된다(20:28을 보라). [pisteuō]

20:27. <u>안 믿지</u> 말고 <u>믿고</u> 있으라(Do not be <u>unbelieving</u> but <u>believing</u>, apistos…pistos) – 이 단어들은 동사가 아니라 형용사지만, 그 의미는 3장 15, 16, 18절에서 동사 '믿다'가 '믿음을 행사하다, 신뢰하다'를 의미하는 것과 같이 본질적으로 동일하다. [apistos + pistos]

20:28. 나의 <u>주님</u>과 나의 <u>하나님</u>(My <u>Lord</u> and my <u>God</u>, kurios…theos) – 도마의 말은 다양하게 이해되어 왔다. (1) 보어가 생략된 주어들이다("나의 주님과 나의 하나님께서 [죽은 자들 가운데서 살아나셨다]"). (2) 서술적인 주격이다("[당신께서는] 나의 주님과 나의 하나님이십니다"). (3) 호격이다("나의 주님과 나의 하나님!"). 여기에서는 고백적 문맥으로 보아 두 번째 견해가 더 개연성이 있다. 도마의 진술은 감탄일 수도 있지만, 사실상 전에 결여되었던 신앙의 고백이다. 예수님께서는 도마의 진술이 마치 고백인 것과 같이 반응하셨다(29절). 여기에서 도마의 선포와 함께, 예수님의 인격에 대한 이렇게 심오한 분석이 주어질 수 있을까 인식하는 것은 어렵다. 이것은 1장 1절의 "말씀이 하나님이다"와 1장 14절의 "그 말씀이 육신(나사렛 예수님)이 되었다"라는 말씀을 함께 반영한다. 요한복음은 예수님의 다른 많은 칭호를 가지고 문을 열었다. 관련된 칭호들은 하나님의 어린양(1:29, 36), 하나님의 아들(1:34, 49), 랍비(1,38), 메시아(1:41), 이스라엘의 왕(1:49), 인자(1:51) 등이다. "나의 주님과 나의 하나님!"이란 도마의 선언으로 이제 절정에 도달했다. 독자는 요한이 예수님의 정체성을 확증한 1장 1절에서부터 그분의 마지막 제자가 예수님의 정체성에 대해 온전히 깨달을 것을 보여주는 20장 28절까지 온전히 한 바퀴를 돌았다. 예수님께서 8장 28절에서 예언하신 것이 이제 실현되었다. 관련된 말씀은 "너희가 인자를 들어올리면, 그때 너희는 내가 (그)인 줄 알리라"(헬라어는 '나는…이다')이다. 십자가 처형에서 '들림'으로(이것은 차례로 그분의 죽음, 부활과 아버지와 함께 승귀로 이어진다), 예수님께서는 주님(헬라어 구약 성경이 야웨를 번역하기 위해서 사용한 kurios)과 하나님(헬라어 구약 성경이 엘로힘를 번역하기 위해서 사용한 theos)으로 자신의 참된 정체를 계시하셨다. [kyrios + theos]

20:29. 네가 믿느냐(Do you believe, pepisteukas) – (이 구절에 두 번 나옴) 여기에서 표현되지 않은 믿음의 대상은 예수님의 부활이다(20:25 참고). [pisteuō]

20:30. 표적들(Signs, sēmeia) – 복음서 기자는 예수님께서 제자들 앞에서 행하신 많은 다른 기적적인 표적들(NIV, NLT, NET)을 언급한다. 이것들은 요한복음에 기록되지 않았다. 우리는 이러한 다른 표적들이 무엇인지는 추측만 할 수 있을 뿐이다. 요한은 여기에서 이러한 표적들이 제자들의 임재 가운데서 행해졌다고 말한다. 이것은 또한 증인들로서 제자들의 역할을 또다시 강조한다(15:27 참고). 여기에서 요점은 복음서 기자가 자신의 자료를 사용함에 있

어서 선택적임을 인정하는 것이다. 그는 이 복음서의 기록 목적을 지지한 사건들을 예수님의 삶과 사역에서 취하여 기록하기로 선택했다. 이것은 굉장한 흥미를 주지만, 요한복음을 기록하는 목적에 직접 기여하지 않는 것들은 생략되었다. [sēmeion]

이 책에서(In this book, bibliō) – 여기에서 '이 책'은 요한복음 자체를 가리킨다. [biblion]

20:31. 너희가 믿도록 하기 위해서(That you may believe, pisteusēte) – (이 구절에 두 번 나옴) 이 구절은 요한복음의 목적을 진술한다. 비록 이것이 표면에는 분명하게 보이는 것 같으나, 요한이 순전히 전도의 강조점(NRSV – '너희들이 믿음에 도달하기 위해서', CEV – '너희가 그에게 믿음을 두기 위해서')을 가지고 주로 믿지 않는 청중을 위해 요한복음을 썼는지, 아니면 신자들의 믿음을 강화시키기 위해서 믿는 청중을 염두에 두었는지에 대하여 많은 논란이 되었다. 이 논의에는 여러 가지 중요한 요점들이 있다. (1) 직접적인 문맥(20:30)에서 저자가 말한 다른 표적들이 제자들의 면전에서 행해졌다. (2) 이 표적들 가운데 가나에서 행해진 첫째 표적의 경우, 저자는 이 기적이 제자들에게 미친 영향을 언급한다(2:11). (3) 네 번째 복음서의 주요 요지가 불신자를 위한 것이라면, 거의 배타적으로 제자들을 대상으로 하는 많은 자료들(마지막 식사와 제자들을 위한 예수님의 기도로 끝나는 고별 강화)이 13–17장에 왜 포함되었는지 이해하기 어렵다. (4) 제자들 자신은 2장 11절에서 시작하여 요한복음 전체에서 예수님을 믿었다고 반복적으로 언급되나, 그들은 여전히 부활 후에도 더 믿어야 할 필요가 있었다(20:27–28에 나오는 도마의 경험이 어떠한 지적을 제시한다면). (5) 요한복음은 독자들이 기본적인 이야기(또는 비록 이것은 덜 확실하나 공관복음 가운데서 하나, 혹은 그 이상)에 익숙하다는 가정 아래서 기록된 것으로 보인다.

그러므로 저자는 예수님 탄생의 기사를 전혀 다루지 않는다. 비록 예수님께서 나사렛 출신으로 밝혀지지만 바리새인들과 대제사장들이 니고데모에게 한 말들(7:52)은, 예수님께서 참으로 어디에서 오셨는지 요한의 독자가 안다고 가정한다면 거의 확실하게 냉소적인 것으로 이해된다. 이와 같이 마리아가 11장 2절에서 예수님의 발을 기름으로 씻은 자로 밝혀질 때, 그곳에 언급된 사건이 실제적으로 12장 3절까지의 이야기에서 언급되지 않는 것으로 보아 독자들이 이 사건에 이미 익숙하다는 것을 분명히 가정할 수 있다.

그렇지만 이러한 모든 고려는 중요한 전도의 강조점을 가지는 것으로 보이는 본 구절에 언급된 목적의 분명한 진술을 배경으로 이해되어야 한다. 여기에 추가해서 네 번째 복음서 전반에는 '증거'에 대한 반복된 강조가 나온다(1:7, 8, 15, 32, 34와 5:33에서 세례 요한의 증거, 8:14, 18, 37에서 예수님을 보내신 아버지의 증거와 함께 예수님 자신의 증거, 15:27에서 제자들 자신의 증거와 마지막으로 19:35와 21:24에서 저자 자신의 증거). 이 모든 증거에 비추어볼 때, 요한은 이중적인 목적을 가지고 기록했다고 말하는 것이 최상으로 보인다. 이중적인 목적은 불신자들에게 예수님에 관하여 증거하여 그들로 그분을 믿어 영생을 얻게 하는 것과 예수님께서 누구신지에 대한 그들의 이해를 심화시키고 확장시켜줌으로 이미 믿은 자들의 신앙을 강화시켜 주는 것이다. [pisteuō]

그리스도(The Christ, Christos) – 1장 20절에 있는 논의를 보라. [Christos]

하나님의 아들(The Son of God, huios) – 1장 34절에 있는 칭호 '하나님의 아들'에 대한 요약적인 논의를 보라. [huios]

생명(Life, zōēn) – 여기에서의 의미는 '영원한 생명'이다. 1장 4절과 17장 2절을 보라. [zōē]

21:1. **자신을 나타내셨다**(Revealed himself, ephanerōsan) – (이 구절에 두 번 나옴) 이 동사는 분명하고 약간 상세하게 '알리는 것, 계시하는 것'을 의미한다(LN 28.36). 여기에서 이것은 부활 후 예수님께서 나타나신 여러 번 가운데 하나로 제자들에게 나타나신 것을 묘사한다. [phaneroō]

21:3. **나는 고기 잡으러 간다**(I am going fishing, halieuein) – 이 동사는 낚시 또는 그물로 '고기 잡는 것'을 의미한다(LN 44.7). 갈릴리 바다에서 고기잡이는 종종 밤에 이루어지며, 잡은 고기는 그 다음 날 아침에 팔렸다. 비록 어떤 해석자들은 베드로의 행동 속에 그가 옛 직업으로 영구적으로 돌아갔다는 생각을 집어넣어 본문을 읽지만, 이야기의 관점에서 볼 때 그것에 관한 어떤 근거도 제시하지 않는다. 베드로는 다른 제자들과 함께 부활하신 주님을 보았다(20:19–20). 제자들은 심지어 일반적인 사명과 함께 진술된 일종의 '위임'을 부여받았다(20:21). 그 가운데 베드로가 예수님을 부인했기 때문에 자신의 소명을 포기했거나 실망을 했다는 사실을 전혀 지적하지 않는다. [halieuō]

21:5. **아이들아**(Children, paidia) – 이것은 갓난 아기는 물론 일반적으로 사춘기 연령 이래의 아이들에게도 사용될 수 있는 용어다(BAGD 604l, LN 9.42). 예수님의 추종자들이 요한복음에서 전형적으로 teknon(1:12 참고), 또는 teknion(13:33을 참고하라)로 언급된다는 점에서 이 단어가 여기에 사용된 것은 다소 이례적이다. [paidion]

고기(Fish, prosphagion) – 이 헬라어 단어는 다소 이례적이다. 이것은 헬라화된 헬라어에서 빵과 함께 먹는 부과적인 요리를 묘사하나(BAGD 719), 일부 문맥에서는 헬라어 단어 opson('고기')과 동등한 단어다. 이 문맥에서는 분명하게 일반적인 고기를 의미하는 것으로 보인다. [prosphagion]

21:6. **그물**(The net, diktyon) – (8, 11절에도 나옴) 이것은 고기 잡는 그물을 가리키는 신약의 일반적인 용어다(마 4:20 참고). 이것은 두 척의 배 사이에 있는 고기를 잡기 위해서 양쪽 배에서 끌어당기는 그물이었을 것이다. [diktyon]

그들은 그물을 끌어당길 수 없었다(They could not pull it in, helkysai) – 이 동사의 기본적인 의미는 '당기다' 또는 '끌다'이다(TDNT 2:503, NASB, NIV, NRSV–'잡아끌다', NLT–'끌어들이다', NET–'안으로 당기다'). 여기에서 이것은 고기로 가득 찬 그물을 가리킨다. 이 단어는 아버지께서 사람을 예수님께 '이끄심'(이에 대한 상세한 설명이 없음)을 묘사하기 위해서

6장 44절에서 사용된 동사와 같다. [helkyō]

21:7. **그는 자신의 겉옷에 띠를 띠었다**(He girded his outer garment, diezōsato) – 이 동사는 겉옷 둘레에 벨트나 천 조각을 두름으로 옷(NET)을 '감싸는 것', '접어올리는 것'을 의미하거나, 허리 주위에 벨트나 천 조각을 매는 것을 의미한다(LN 49.14). [diazōnnymi]

그는 벗었기 때문이었다(For he was naked, gymnos) – 헬라어 단어 gymnos는 완전한 '벌거벗음'(막 14:52)이나 '간신히 옷을 걸친 것'(LN 49.22)을 가리킨다. '겉옷이 없이'란 의미는 주전 4세기 아리스토파네스(Aristophanes)의 글(Nubes 498)에 발견된다(TDNT 1:773). 간신히 옷을 걸쳤다는 의미가 일반적으로 사용된다. 나체는 유대인들에게 불쾌감을 주는 것으로 널리 인식되어 있었다. 그러므로 이것은 '일을 위해서 옷을 벗다'와 같은 어떤 다른 뜻을 의미할 것이다(RSV, NASB, NLT). 다시 말해서 자신의 겉옷을 벗었으므로 베드로는 허리에 두르는 간단한 옷이나 대충 맞는 속옷(겉옷 아래 입는 길고 짧은 옷)을 입고 있었을 것이다. 주님을 맞이하기에는 자신이 부적절하게 옷을 입었다고 믿은 베드로는 겉옷을 몸에 두르고 바다 속으로 뛰어들었다. 발레트(Barrett, 580-81)에 의하면, 인사가 종교적으로 중요한 행동이므로 온전히 옷을 입지 않고는 할 수 없다는 설명을 제공했다. 그렇지만 이것은 물에 대하여 상당한 경험을 가진 사람이 물에 뛰어들기 전에 겉옷을 입는 것은 개연성이 떨어지는 장면을 여전히 남긴다. 이 설명보다는 헬라어 동사 diazōnnymi('자기 자신을 띠 띠었다')는 겉옷을 입는 것이 아니고, 겉옷을 몸 둘레에 매는 것을 의미한다는 브라운(2:1072)의 제안이 더 개연성이 있다(예수님께서 자기 둘레에 수건을 메는 것을 묘사하는 13:4-5를 보라). 이 경우 베드로가 '벌거벗었다'는 것은 속옷이나 겉옷 아래에 아무것도 입지 않았다는 것을 의미할 수 있으므로, 그는 물로 뛰어내리기 전에 이것을 벗을 수가 없었다. 잠시 멈추어 옷을 접어올리고 자기의 발을 더 잘 움직이기 위해서 끈이나 거들로 옷을 묶었을 것이다. 그러므로 베드로가 벗었다고 진술하는 구절은 왜 베드로가 옷을 벗는 대신 잠시 멈추어 그의 옷을 졸라맸는지 그 이유를 설명하는 역할을 한다('왜냐하면'을 주목하라). [gymnos]

21:8. **이백 큐빗**(Two hundred cubits, pēchōn) – 헬라어 용어 pechys('큐빗')는 길이가 약 46센티미터 정도 되는 척도를 묘사한다(BAGD 657). 거리는 대략 91미터 정도 된다. [pēchys]

끌며(Dragging, syrontes) – 이것은 6절에 사용된 동사와는 다른 동사로 '끌어당기는 것, 끄는 것, 당기는 것'을 의미한다. 이 단어의 사용은 요한이 스타일상의 변화를 얼마나 좋아하는지 보여준다. [syrō]

21:9. **숯불**(A charcoal fire, anthrakian) – 이것은 모두 타버려 목탄이 된 불을 묘사한다. 이 기사 안의 상세한 내용은 단순하게 목격자가 상기하는 것일 수 있으나, 대제사장의 뜰에 있는 '숯불'을 상기시켜주기 위해서 고의적으로 의도된 것일 수 있다(18:18). 베드로는 자신이 예수님을 부인할 때 이 불가에서 자기의 몸을

쬐고 있었다. 이 연결은 베드로와 예수님 사이에 이어지는 대화의 주요 목적이 그가 예수님을 부인한 후에 그를 회복시키는 것이기 때문에 중요하다. 베드로는 여기에서 분명히 이 이야기의 초점이다. [anthrakia]

생선(Fish, opsarion) – (다음 구절에도 나옴) 이 단어의 일반적인 의미는 떡과 함께 먹는 음식의 적은 양이지만, 일부 문맥들에서는 '고기'를 의미한다(LN 5.16). [opsarion]

21:11. **큰 <u>고기</u>**(Large <u>fish</u>, ichthyōn) – 이것은 본문에서 '고기'를 가리키는 세 번째 헬라어 단어다(6, 8절에도 나온다. 다른 헬라어 단어들을 사용하는 5, 9절을 참고하라). BAGD 384에 따르면 이 단어는 음식을 묘사하기 위해서 빈번하게 사용된다(마 7:10, 14:17, 19, 15:36, 17:27, 막 6:38, 41, 43, 눅 5:5, 9, 9:13, 11:11, 24:42, 요 21:6, 8, 11). 그물에 있는 '큰 고기'의 숫자 153마리는 많은 억측의 대상이 되었다. 비록 많은 상징적인 해석들이 제안되었으나(많은 사람들은 그물이 찢어지지 아니했다는 점에서 '일치'를 본다), 본문 자체는 숫자의 의미에 대하여 어떤 실마리도 제공하지 않는다. 여기에 주어진 상세한 내용은 이 장면을 회상하는 목격자를 가리킨다고 보는 것이 더욱 개연성이 있다. [ichthys]

21:15. **이 <u>사람들</u>보다 더**(More than <u>these</u>, toutōn) – 분명히 '이 사람들'은 다른 제자들을 가리킨다. 이 경우 예수님의 질문은 "네가 이 다른 제자들보다 나를 더 사랑하느냐?"이다(CEV-'다른 사람들이 사랑하는 것보다', NET-'이 사람들이 사랑하는 것보다'). 여기에는 역설이 있다. 베드로는 13장 37절에서 "나는 당신을 위해서 내 생명을 내려놓겠습니다"고 자랑했다. 공관복음은 예수님께 대한 그의 충성을 더욱 분명하게 자랑하는 것으로 제시한다("그들이 모두 넘어질지라도 나는 넘어지지 아니할 것입니다", 마 26:33, 막 14:29). 그러므로 예수님께서 여기에서 베드로에게 하는 질문의 깊은 의의는 "내가 너에게 말한 것과 같이 이제 나를 모른다고 세 번을 부인했으니, 이제 너는 이 다른 제자들이 사랑하는 것보다 나를 더 사랑하느냐?"와 같다. [houtos]

내가 당신을 <u>사랑합니다</u>(I <u>love</u> you, philō) – (16절에 한 번, 17절에 세 번 나옴) 이것은 본문에 사용된 '사랑'을 가리키는 두 번째 헬라어다. 비록 대중적인 차원에서 phileō는 '인간적인' 사랑이나 자연스런 애정을, agapaō는 더 고차원적인 '하나님의' 사랑을 각각 가리킨다고 둘 사이의 구분을 빈번하게 하지만, 요한이 여기에서 이러한 구분을 할 가능성은 전혀 없다. (1) 복음서 기자는 의미상 중요한 차이점이 없이 반복된 자료에서 스타일상의 변화를 선호하는 습관을 가지고 있다(예를 들면, 3:3과 3:5, 7:34와 13:33을 각각 비교하라). 요한복음에서 두 헬라어 동사 agapaō와 phileō의 용례에 대한 검토는 두 단어가 상호 교환적임을 보여준다. 두 용어는 백성을 향한 하나님의 사랑(3:16, 16:27), 아들을 향한 아버지의 사랑(3:35, 5:20), 백성을 향한 예수님의 사랑(11:3, 5), 서로를 향한 인간의 사랑(13:34, 15:19), 예수님을 향한 백성의 사랑(8:42, 16:27)을 묘사하는데 모두 사용되었다.

(2) 만일 예수님과 베드로 사이에 원래 대화가 아람어로 이루어졌다면(개연성이 있는 것과 같이), 아람어와 히브리어는 모두 사랑을 표현하는 한 가지 기본적인 단어만 가지고 있으므로 어떠한 차이점도 표현될 수 없었을 것이다. 헬라어 구약 성경에서 두 동사, agapaō와 phileō는 사랑을 가리키는 동일한 히브리어 단어를 번역하는 데 사용된다(물론 agapaō가 더 빈번하게 나온다). 물론 신약 성경의 시리아역도 15-17절에 나오는 두 헬라어 동사를 번역하기 위해서 한 동사만 사용한다(시리아어는 팔레스타인 아람어와 유사하다).

(3) agapaō로 물은 질문들에 대한 베드로의 답은 비록 그가 phileō로 대답을 해도 '예, 그렇습니다' 였다. 만일 베드로가 '더 고차원적인' 또는 '더 영적인 차원' 에서 예수님을 사랑하느냐고 질문을 받고 있는 것으로 보더라도, 그의 질문은 이에 대한 어떠한 암시도 제시하지 않는다. (두 헬라어 동사 사이에 구분이 있다는 것을 일관성 있게 주장하기 위해서) 예수님께서는 마침내 자신의 패배를 인정하고 베드로로부터 '낮은 형식' 의 사랑만 수용했다는 결론을 강요받게 될 것이다. 여기에서 두 헬라어 동사 사이의 상호 교환은 다른 곳에서 요한이 사용하는 작은 변경의 용례와 일치하는, 단지 스타일상의 변화라는 주장이 더욱 개연성이 있다. [phileō]

내 <u>어린양들</u>(My <u>lambs</u>, arnia) - 16-17절에서 이 단어와 '양' 을 가리키는 단어 사이의 차이점은 복음서 기자 편에서 스타일상의 변화다. [arnion]

21:16. **목양하라**(Shepherd, poimaine) - 앞절과 17절에서 다시 사용된 동사('먹이다')는 짐승을 먹이는 좀더 제한된 활동을 묘사하나, 이 동사는 양을 먹이는 것은 물론 양 무리를 인도하고 보호하는 것을 가리킨다고 때때로 지적된다. 이것이 참될 수 있으나, 종합적으로 볼 때 이 두 용어는 목회적인 보살핌의 일반적인 기술을 형성한다. 또다시 우리는 복음서 기자의 편에서 스타일상의 변경을 다룬다. [poimainō]

21:18. **네가 네 자신에게 <u>띠 띠었다</u>**(You <u>girded yourself</u>, ezōnnues) - 이 동사는 자기 자신이 옷 입는 것을 가리킨다(NIV, CEV). 이것은 옷을 입는 마지막 단계인 '벨트로 매는 것' 을 문자적으로 의미하나, 상징적으로는 옷을 입는 전 과정을 가리킨다(LN 49.8). [zōnnuō]

너는 네 손들을 <u>펼칠</u> 것이다(You will <u>stretch out</u> your hands, ekteneis) - 이 동사는 배에서 닻을 내려놓는 것을 묘사할 때 사용되나, 에픽테투스(Epictetus, 3.26.22)에서는 십자가에 처형된 자와의 비교로 나온다(BDAG 310). 아마도 여기에서 이 단어의 의미는 십자가 처형에 대한 언급일 것이다. [ekteinō]

다른 사람이 너에게 <u>띠 띠울</u> 것이다(Another will <u>gird</u> you, zōsei) - 또다시 이 동사는 '벨트로 매는 것' 을 의미하며 전형적으로는 옷 입는 것을 가리키지만, 문맥에서 언어유희는 '너를 묶을 것이다' (NET)는 의미를 결과적으로 가져온다(NET). 이것은 베드로가 묶여서 처형받으러 끌려가는 것을 가리킨다. 초대 교회의 전통은 베드로가 주후 64년경 네로의 치하에서 로마에서 십자가에 처형되었다고 주장한다(터툴리

안, Scorpiace 15). [zōnnymi]

21:19. 그는 영화롭게 할 것이다(He would gorify, doxasei) – 여기에서 "하나님을 영화롭게 하다"는 표현은 거의 확실하게 베드로의 순교를 가리킨다(벧전 4:16 참고). 이 문구가 12장 33절과 18장 32절에 나오는 십자가형에 의한 예수님 자신의 죽음을 묘사하는 유사한 문구들과 병행을 이룬다는 사실을 두고 많은 해석자들은 예수님께서 베드로의 순교뿐만 아니라, 십자가 처형도 예언하고 계셨음을 제시했다. 이것은 앞절에 나오는 "너의 손들을 펼치다"란 문구에 의해 확증된다. 어떤 사람들은 만일 이 문구가 진정으로 십자가 처형을 가리킨다면, 18절에서 사건들의 순서가 잘못되었다고 반대했다. '결박하는 것'과 '자신이 가기를 원하지 않는 곳으로 인도하는 것'은 십자가 위에서 '손들을 펼치는 것'에 선행해야 하기 때문이다. 그렇지만 브라운(Brown, 2:1108)은 손들을 펼치는 것을 강조하기 위해서 정상적인 순서를 의도적으로 반전시킨 것이라고 본다. 또 다른 가능한 설명은 로마 관습으로 볼 때 전형적으로 정죄받은 죄수의 손들을 펼쳐서 십자가의 가로막대에 매는 것(라틴어에서는 파티불룸[patibulum]으로 알려졌다)과 처형의 장소(똑바로 선 기둥은 일반적으로 땅에 박혀 있었으며 다시 사용되었다)로 이것을 지고 강제로 가는 것을 포함한다는 것이다. 17장 1절도 보라. [doxazō]

21:20. 당신을 <u>배반하는</u> 자(The one who <u>betrays</u> you, paradidous) – 이것은 이 제자가 배반자에 대하여 예수님께 질문한 것을 언급하는 13장 25절의 마지막 만찬에서 있었던 사건을 상기시킨다. [paradidōmi]

21:22. 남아 있는 것(To remain, menein) – (다음 구절에도 나옴) '남아 있는 것'은 '살아남아 있는 것' 또는 계속해서 사는 것을 의미한다(BAGD 504, NIV, NLT). 요한복음 21장 23절은 "이 제자가 죽지 않을 것이다"란 말씀을 설명한다. [menō]

내가 올 때까지(Until I <u>come</u>, erchomai) – (다음 구절에도 나옴) 이것은 이 대화가 예수님의 부활 이후에 나오고 있으므로 예수님의 재림(NIV, NLT–'돌아올', NET–'다시 올')에 대한 분명한 언급일 것이다. [erchomai]

21:24. <u>기록한</u> 자(Who has <u>written</u>, grapsas) – 이것은 아마도 24절만 제외하고 요한복음 자체를 가리키는 것으로 보인다. 24절은 다른 증인들이 삽입한 확증일 수 있다. 그렇지만 일인칭 단수가 25절에서 다시 나오므로, 일인칭 복수 '우리'는 여기에서 단지 독자들을 가리키는 포괄적인 방법일 수 있다. [graphō]

21:25. 이 <u>세상</u>(The <u>world</u>, kosmon) – 이 용어는 현재 물리적인 '세상'을 가리킨다. [kosmos]

기록될 수 있었던 <u>책들</u>(The <u>books</u> that would written, biblia) – 20장 30절을 보라. 복음서 기자는 요한복음을 자신의 자료 선택에 관한 언급으로 끝낸다. 그는 예수님의 말씀과 사역들에 대한 완벽한 기사를 기록하려고 시도하지 않았다. 이것은 가능하지 않을 것이기 때문이다. "세상이 쓰여질 책들을 담아두지 못할 것이다"라는 진술은 과장법으로서 그 자체로 전도서의 결론과 약간의 유사성을 가진다(전 12:9-12). 결국 이 진술은 요한복음 자체에도 맞는 말이다. 해가 지날 때마다 요한복음은 책들과 논문들과 주석들의 끊임없이 길어지는 목록의 주제다. 여기에서 예수님에 대한 우리의 지식은 그것이 아무리 잘 확증된다고 할지라도, 여전히 부분적일 뿐이라고 마지막으로 상기시키는 역할을 한다. 예수님께서 자신의 3년 반의 지상사역 기간 동안 말씀하시고 행한 모든 것은 부분적이다. 그렇지만 이것은 요한복음의 핵심 주제를 지지한다. 예수님께서는 반복적으로 하나님으로 밝혀지며, 비록 그분의 자기 계시에 근거하여 예수님을 참으로 알 수 있지만, 결코 완전하게 알 수 없다. 기록될 수 있거나 알려질 수 있는 것 이상으로 예수님에 대하여 알아야 할 것은 훨씬 더 많다. 요한복음은 이 적절한 언급으로 결말을 내린다. [biblion]

한글 색인

한글 색인

한글 색인

헬라어음역 색인

헬라어음역 색인

D

E

L

워드로 푸는 성경 사복음서

쇄 인쇄 / 2005년 12월 12일
쇄 발행 / 2005년 12월 26일

책임 편집 / 대럴 L. 보크
옮긴이 / 유상섭
펴낸이 / 양승헌
펴낸곳 / 주)도서출판 디모데 〈파이디온선교회 출판 사역 기관〉

등록 / 2005년 6월 16일 제319-2005-24호
주소 / 서울 동작구 사당동 1045-10
전화 / 영업부 031)908-0872
팩스 / 영업부 031)908-1765
홈페이지 / www.timothybook.com

값 25,000원
ISBN 89-388-1215-4

X

Z

키워드로 푸는 성경 사복음서

1쇄 인쇄 / 2005년 12월 12일
1쇄 발행 / 2005년 12월 26일

책임 편집 / 대럴 L. 보크
옮긴이 / 유상섭
펴낸이 / 양승헌
펴낸곳 / 주)도서출판 디모데 <파이디온선교회 출판 사역 기관>

등록 / 2005년 6월 16일 제319-2005-24호
주소 / 서울 동작구 사당동 1045-10
전화 / 영업부 031) 908-0872
팩스 / 영업부 031) 908-1765
홈페이지 / www.timothybook.com

값 25,000원
ISBN 89-388-1215-4